JEAN LE LYDIEN

DES MAGISTRATURES DE L'ÉTAT ROMAIN

TOME II

Livres II et III

COLLECTION DES UNIVERSITÉS DE FRANCE
publiée sous le patronage de l'ASSOCIATION GUILLAUME BUDÉ

JEAN LE LYDIEN

DES MAGISTRATURES DE L'ÉTAT ROMAIN

TOME II

Livres II et III

TEXTE ÉTABLI, TRADUIT ET COMMENTÉ
PAR
JACQUES SCHAMP
Professeur à l'Université de Fribourg (Suisse)

PARIS
LES BELLES LETTRES
2006

Conformément aux statuts de l'Association Guillaume Budé, ce volume a été soumis à l'approbation de la commission technique, qui a chargé MM. Eugenio Amato et Dominique Briquel d'en faire la révision et d'en surveiller la correction en collaboration avec M. Jacques Schamp.

95 boulevard Raspail, 75006 Paris
www.lesbelleslettres.com

ISBN 10 : 2-251-00535-8
ISBN 13 : 978-2-251-00535-5
ISSN : 0184-7155

NOTICE

1. LE CADRE HISTORIQUE DE CONSTANTIN À JUSTINIEN

1. La réforme de Constantin Pas plus que celles d'Auguste, les réformes de Constantin n'eurent l'heur de plaire à Jean le Lydien. Curieusement, il n'a que peu à dire sur le plus grand fait du règne, la fondation de Constantinople, qui d'ailleurs ne reçoit point ce nom. Notre historien ne l'appelle que " nouvelle Rome " (II **30** 2, cf. 5). Il la présente comme une copie conforme de la Rome des origines (**30** 2), en usant d'une terminologie néoplatonicienne[1]. Du même coup, le vocabulaire contribue à renforcer la thèse officielle, celle de la pérennité de l'empire universel byzantin[2]. Nulle part cependant, Jean ne fait de la fondation un des mérites de Constantin. Au contraire, il souligne vigoureusement la bassesse des origines de la ville (**30** 3). Dans sa démonstration, la capitale n'atteignit sa véritable dimension qu'au cours d'une étape ultérieure, atteinte sous Justinien (**30** 5). Loin d'être un thuriféraire de Constantin, notre historien s'arrange pour terminer son deuxième livre sur le rappel de l'action de l'empereur contemporain.

1. Voir, sur ce point, t. I, p. LII-LV.
2. Hélène Ahrweiler, (1975), p. 13.

Dans le cadre d'un développement sur la politique de Constantin à l'Est s'inscrit un fragment de Celse " le tacticien "[3]. Anticipant sur les menées de son fils Constance II, l'empereur sur le point de mourir aurait décrété que l'on ne se débarrasserait jamais de l'hypothèque parthe sans faire fondre sur l'ennemi une attaque soudaine (**33** 3)[4]. Ce faisant, l'empereur n'aurait fait que répéter l'enseignement d'un spécialiste, Celse, auteur d'un ouvrage séparé sur la question. L'explication prêtée au tacticien va occuper **34** 1-5 (en partie). Dans la version de Jean, elle offre toutefois un assez joli tissu d'absurdités, que notre système de notes infrapaginales eût permis d'éviter.

Les §1 et 3-5 contiennent des informations intéressantes sur le plan stratégique. Mais le développement s'interrompt sur une notation particulièrement saugrenue : si l'on en croit **34** 2, avant chaque départ en expédition, les Perses coupaient un homme en deux et faisaient passer l'armée entre les deux tronçons. En réalité, les faits n'eurent lieu qu'une seule fois[5], et dans des circonstances exceptionnelles. Xerxès punit de la sorte Pythios de Lydie, dans une scène où l'ironie est atroce.

3. Sur le personnage, voir t. I, p. CLXVIII-CLXX.

4. Le fragment est dûment répertorié par H. Peter [(1883), p. 365].

5. Hdt., VII, 39-40, 1 : Ὡς δὲ ταῦτα ὑπεκρίνατο, αὐτίκα ἐκέλευε τοῖσι προσετέτακτο ταῦτα πρήσσειν τῶν Πυθίου παίδων ἐξευρόντας τὸν πρεσβύτατον μέσον διαταμεῖν, διαταμόντας δὲ τὰ ἡμίτομα διαθεῖναι τὸ μὲν ἐπὶ δεξιὰ τῆς ὁδοῦ, τὸ δ' ἐπ' ἀριστερά, καὶ ταύτῃ διεξιέναι τὸν στρατόν. Ποιησάντων δὲ τούτων τοῦτο, μετὰ ταῦτα διεξήιε ὁ στρατός. Sous Xerxès, un certain Pythès aurait perdu un de ses fils dans les mêmes conditions (Plut., *V.Fem.*, 263 A-B : Ξέρξου δὲ καταβαίνοντος ἐπὶ τὴν Ἑλλάδα λαμπρότατος ἐν ταῖς ὑποδοχαῖς καὶ ταῖς δωρεαῖς γενόμενος χάριν ᾐτήσατο παρὰ τοῦ βασιλέως, πλειόνων αὐτῷ παίδων ὄντων, ἕνα παρεῖναι τῆς στρατείας καὶ καταλιπεῖν αὐτῷ γηροβοσκόν. Ὁ δὲ Ξέρξης ὑπ' ὀργῆς τοῦτον μὲν, ὃν ἐξῃτήσατο, σφάξας καὶ διατεμὼν ἐκέλευσε τὸν στρατὸν διελθεῖν, τοὺς δ' ἄλλους ἀπηγάγετο, καὶ πάντες ἀπώλοντο κατὰ τὰς μάχας. Y a-t-il eu confusion entre les deux anecdotes ?

Père de cinq fils, ce dernier avait magnifiquement traité le Roi. Pour récompense, il demanda que l'un au moins d'entre eux, l'aîné, fût dispensé de l'obligation d'accompagner l'armée. Xerxès laissa la vie sauve à Pythios et à quatre de ses fils ; en récompense, l'aîné subit le sort décrit par Hérodote[6]. Jean transforme l'événement en une

6. J. Schamp, (1987), p. 128. Peut-être le cas est-il moins isolé qu'il n'y paraît. Hérodote (IV, 84) relate le cas d'Oiobaze qui supplia Darius de lui laisser un de ses trois fils qui participaient à l'expédition contre les Scythes. Le roi répondit qu'il les lui laisserait tous. Ironie atroce, une fois encore. Cependant, le mode d'exécution des jeunes hommes (ἀποσφαγῆναι) n'est pas autrement précisé. M.D. Briquel attire notre attention [*Tullus Hostilius et le thème indo-européen des trois péchés du guerrier*, dans *Rhr*, 221 (2004), p. 23-62, spécialement p. 51-52], et il renvoie à un précieux article d'O. Masson, [*À propos d'un rituel hittite pour la lustration d'une armée : le rite de purification par le passage entre les deux parties d'une victime*, dans *RHR*, 137 (1950), p. 5-25] sur la trahison sous le règne de Tullus Hostilius de l'Albain Mettius Fufetius, qui fut châtié par écartèlement (LIV., I, 28). Tite-Live souligne bien que le supplice tenait lieu de sacrifice de lustration (*sacrificium lustrale*). Il ne nous dit pas cependant si l'armée passa entre les deux parties du corps ainsi dépecé. Lors de la prise d'Iolcos, Pélée fit mettre en pièces la femme d'Acaste, Astydamie, et l'armée fit sa joyeuse entrée dans la cité en défilant entre les restes (ps.-Apoll., III, 13, 173 : Πηλεὺς δὲ μετὰ ταῦτα σὺν Ἰάσονι καὶ Διοσκούροις ἐπόρθησεν Ἰωλκόν, καὶ Ἀστυδάμειαν τὴν Ἀκάστου γυναῖκα φονεύει, καὶ διελὼν μεληδὸν διήγαγε δι᾽ αὐτῆς τὸν στρατὸν εἰς τὴν πόλιν). En Égypte, le rite était un préalable à un règne tranquille et prospère. Ainsi, à propos du Pharaon Shabaka l'Éthiopien, chez Diodore de Sicile (I, 65) : ἔδοξε μὲν γὰρ κατὰ τὸν ὕπνον λέγειν αὐτῷ τὸν ἐν Θήβαις θεὸν ὅτι βασιλεύειν οὐ δυνήσεται τῆς Αἰγύπτου μακαρίως οὐδὲ πολὺν χρόνον, ἐὰν μὴ τοὺς ἱερεῖς ἅπαντας διατεμὼν διὰ μέσων αὐτῶν διέλθῃ μετὰ τῆς θεραπείας. On trouvait déjà le même récit chez Hérodote (II, 139), sauf que c'est un homme qui apparaît en rêve et que manque la marche au milieu des restes. Une lustration du même genre était encore connue en Macédoine, sauf que la victime humaine était remplacée par une chienne (Q.C., X, 9, 12 : *Macedonum reges ita lustrare soliti erant milites, ut discissae canis viscera ultimo in campo, in quem deduceretur exercitus, ab utraque abicerent parte, intra id spatium armati omnes starent, hinc equites, illinc phalanx,* cf. LIV., XL, 6, 1-3, où les faits eurent lieu en 182). On trouve trace de l'usage en Béotie (Plut., *QR,* 290 D : Βοιωτοῖς δὲ δημοσίᾳ καθαρμός ἐστι κυνὸς διχοτομ-

donnée ethnologique. On croira malaisément qu'un spécialiste ait cédé au plaisir douteux de pareille digression.

Que Constantin fut un bon élève du tacticien se marque clairement dans le rappel des termes, comme il ressortira clairement du tableau suivant :

CELSE	CONSTANTIN
33 4 μὴ αἰφνιδίως εἰς τὴν ἐκείνων χώραν Ῥωμαῖοι γνόφου δίκην ἐσκήψουσιν	**33** 3 μὴ εἶναι ῥᾴδιον ἄλλως καταπολεμηθῆναι Πέρσας μὴ ἐξαπίνης αὐτοῖς ἐπιχεομένης ἐφόδου

L'expression γνόφου δίκην, pas plus que δίκην πρηστήρων (voir p. XI), n'existe pas ailleurs, autant que nous sachions. Dans la première, je verrais volontiers la seule trace littérale du passage de Celse.

On notera qu'un jeu de correspondances analogue existe dans le chapitre **34**, qui constitue la démonstration des principes émis en **33**. Celse précise qu'un assaut bien mené doit partir de la Colchide (**34** 5). Le problème consiste à définir la longueur du fragment ainsi transmis. La conclusion de Jean (**34** 5), avec une légère *oratio variata,* joue sur certains des termes que nous avons prê-

ηθέντος ‹διὰ› τῶν μερῶν διεξελθεῖν). Dans la *Genèse* (15, 10 et 17), Abraham coupe en deux une génisse de trois ans, une chèvre de trois ans, un bélier de trois ans, une tourterelle et un pigeonneau, entre lesquels passent un brasier fumant et une torche enflammée ; pour une alliance conclue dans des conditions assez semblables, voir Jér 34, 18 (un taureau partagé en deux moitiés au milieu desquelles a lieu le passage). Surtout, O.Masson (p. 6) offre le témoignage d'une tablette hittite : “ Quand les troupes sont battues par l'ennemi, on organise un sacrifice en arrière du fleuve de la façon suivante : en arrière du fleuve, on coupe en deux un homme, un bouc, un jeune chien et un cochon de lait. Et l'on place les moitiés de ce côté-ci, les (autres) moitiés de ce côté-là. Mais devant on fait une porte en bois *hattalkessar* et l'on tire par-dessus un *tijamar (?)*. Ensuite on allume un feu ici devant la porte et on allume là un feu. Et les troupes passent à travers (...) ”. Son article fait état de la persistance un peu partout de coutumes du même genre jusqu'à la fin du 19e siècle.

tés à Celse : ἣν καὶ αὐτὴν ἀπέλιπον τὸ τηνικαῦτα δίκην πρηστήρων τῶν Ῥωμαίων αὐτοῖς ἐπικειμένων. Par conséquent, il y a toute chance qu'on doive l'interpréter comme le résultat des leçons administrées par le tacticien, ce que confirme le début de **35** 1 (ταύτης οὖν τῆς ἐννοίας ὁ Κωνσταντῖνος γενόμενος). Dans ces conditions, elle ne peut appartenir au passage de Celse. Jean mentionne les campagnes de Corbulon (**34** 5), au cours desquelles il aurait enlevé Nisibe. Les événements se situeraient au cours des années 60-61[7]. Autant que nous sachions, personne d'autre n'évoque ce succès de Corbulon.

De toute évidence, la prise de la ville de Nisibe revêt aux yeux de Jean une valeur symbolique, qu'elle n'avait pas au même degré dans le troisième quart du Ier s. de notre ère. En fait, Nisibe n'a été d'un très grand prix aux yeux des Byzantins que depuis le moment où, en 363, Jovien a consenti à la céder à l'empire parthe. Les clauses du pacte conclu en la circonstance firent l'objet de maintes contestations, car on se mit à soutenir que la cession n'aurait valu que pour une durée de cent vingt ans[8]. Ce point de friction, un des plus importants de la politique étrangère des deux puissances rivales, continua à dominer toutes les préoccupations au long du VIe s. : la

7. Stein, art. *Domitius (Corbulo)*, dans *RE SupplB* III (1918), col. 401.

8. M.Whitby, (1988), p. 206-207. Ammien Marcellin (XXV, 9, 5-6) offre du départ des populations un tableau particulièrement pathétique : *Adpositis itaque conpulsoribus, mortem, siqui distulerit egredi, minitantibus, moenia permixta sunt lamentis et luctu, et per omnia civitatis membra una vox cunctorum erat gementium, cum laceraret crines matrona, exul fuganda laribus, in quibus nata erat et educata, orbataque mater liberis vel coniuge viduata, procul ab eorum manibus pelleretur, et turba flebilis, postes penatium amplexa vel limina, lacrimabat. Exin variae complentur viae, qua quisque poterat dilabentium. Properando enim multi furabantur opes proprias, quas vehi posse credebant, contempta reliqua supellectili, pretiosa et multa. Hanc enim reliquerunt penuria iumentorum.*

clef de la frontière orientale de l'empire byzantin était à Dara, place forte toute proche qu'eurent à défendre aussi bien Anastase que Justinien. Jean lui-même en parle à diverses reprises.

Fort ancienne, la cité avait déjà le statut de capitale d'un royaume arménien entre 911 et 890 aCn[9]. Naturellement, Jean n'a cure (**33** 5) de ses origines et de son nom oriental : dans les tablettes en cunéiformes apparaît déjà un nom Nₐ-si-pi-na[10]. Le nom d'Antioche (de Mygdonie) tient au fait que la cité fut occupée par un souverain hellénistique, probablement Antiochos IV[11], mais quantité d'auteurs affirment que les natifs continuèrent d'utiliser parallèlement le toponyme ancien[12]. On croira malaisément que de tels choix n'aient pas eu, dans l'optique des locuteurs, une signification politique. Notre écrivain n'est d'ailleurs pas le seul à commettre une " erreur " sur ce point. Josèphe écrit, de façon analogue[13] :

> *Nisibe est le nom que l'on donne à la région : ce fut là aussi que, précédemment, les Macédoniens fondèrent la cité d'Antioche, qu'ils surnommèrent l'" Épimygdonienne ".*

En raccourcissant la perspective historique, on fait basculer du même coup la cité dans le monde hellénistique ou romain.

9. J. Sturm, art. *Nisibis,* dans *RE* XVII, 1 (1936), col. 724.

10. J. Sturm, *o.l.,* col. 718. Pour une longue liste des textes donnant une forme analogue à Nisibis dans les textes des littératures classiques, voir col. 718-719.

11. *CIG* 6856, 5 : ἣν ἔδειμε Νικάτωρ. Polybe (V, 51, 1) donne à la cité son nom grec en évoquant une expédition d'Antiochos III (223-187 aCn). Reste que le témoignage peut être interprété d'autre manière (J. Sturm, *o.l.,* col. 728). On attachera davantage de prix à un texte de Julien [3 (*Constance*), 11] ᾗ δὴ Μυγδόνιος ποταμῶν κάλλιστος τὴν αὑτοῦ προστίθησι φήμην, οὔσῃ δὲ καὶ Ἀντιόχου βασιλέως ἐπωνύμῳ.

12. Liste, avec les textes, dans J. Sturm, *o.l.,* col. 729.

13. *H.J.,* XX, 68 : Νίσιβις δ' ἐστὶν ὄνομα τῇ γῇ, καὶ ἐν αὐτῇ πρότερον Μακεδόνες ἔκτισαν πόλιν Ἀντιόχειαν, ἣν Ἐπιμυγδονίαν προσηγόρευσαν.

On peut synthétiser les heurs et malheurs de la cité sous la forme d'un tableau. Par précaution, on écartera le témoignage, isolé, de Jean le Lydien :

Date	*Rome*	*Parthes*
été 68 aCn[14]	Lucullus	-
après 67 Acn[15]	-	Artabanos III
114 pCn[16]	Trajan	-
117 pCn[17]	Lucius Quietus	-
165 pCn[18]	Lucius Verus	-
?[19]	-	Shapur Ier
242 pCn[20]	Gordien III	-
256[21]	-	Shapur Ier
entre 260-266/267[22]	Odénath (Gallien)	-
297 pCn[23]	Dioclétien	-
363 pCn[24]	-	Shapur II

On peut résumer assez facilement les campagnes et tractations de Corbulon durant le règne de Néron. Elles eurent pour résultat (paix de 63) de consolider la position de Rome à l'Est grâce à la création d'un royaume d'Arménie sous protectorat romain, mais dont le déten-

14. Plut., *Luc.*, 32, 4-5 ; D.C., XXXVI, 6, 2-8, 1 ; Amm., XXV, 9, 8 ; Eutr., VI, 9, 1 ; Fest., 15, 3 ; Oros., VI, 3, 7 ; Zos., III, 32, 2.

15. J., *AJ.*, XX, 68.

16. D.C., LXVIII, 23.

17. D.C., LXVIII, 30.

18. Lucien, *Comment on écrit l'histoire,* 15.

19. [Capitol.], *H.A. Gord.,* 26, 6.

20. [Capitol.], *H.A. Gord.,* 26, 6 ; 27, 6, cf. Aurel. Vict., *Cés.,* 27, 8 ; Eutr., IX, 2 ; Zos., I, 18, 1-2 ; GSync, p. 681 Bonn ; Zonar., VII, 18.

21. [Treb.], *H.A.Gall.,* 12, 1 ; *Tr. Tyr.,* 15, 3.

22. [Treb.], *H.A.Gall.,* 10, 3 ; 12, 1 ; *Tr. Tyr.,* 15, 3 ; Zos., I, 39, 1.

23. Lact., *Mort pers.*, 9, 5-7 ; Jul., 1 (*Éloge de Constance*), 13, p.30-31 Bidez ; Amm., XXIII, 5, 2 et 11 ; XXIV, 1, 10 ; XXV, 7, 9 ; Aurel. Vict., *Cés.,* 39, 33-37 ; Fest., 25 ; Eutr., IX, 25, 1 ; Pierre le Patrice, fr. 14 (IV, p. 189 Müller).

24. Amm., XXV, 7, 9-11 ; Lib., 18 (*Ép. Jul.*), 276-278 ; 24 (*Sur la vengeance de Julien*), 9 ; Zos., III, 31, 1.

teur serait un cadet de la famille parthe régnante, Tiridate. On peut distinguer quatre phases :

1. Première campagne, prises d'Artaxata et de Tigranocerte (printemps 58-paix de 60) : Tigrane V roi[25].
2. Période de paix renforcée (60-61) : la Syrie est mise en état de défense. À Tigranocerte, le roi Tigrane V soutient victorieusement un siège[26].
3. Division de l'armée en deux, L. Caesennius Paetus au nord (Cappadoce), Corbulon au sud (Syrie). L'attaque de Paetus se termine par la défaite de Rhandeia. Les négociations échouent et l'Arménie demeure sans maître (62)[27].
4. Corbulon seul responsable est victorieux des Parthes ; la conférence de Rhandeia conduit à la paix de 63 : cadet de la famille royale parthe, Tiridate devient roi d'Arménie sous protectorat romain[28].

Il est parfaitement exact que les convois d'approvisionnement romains arrivaient par le nord-est, à partir de Trébizonde, et que les troupes de Rome en bloquaient les passes et défilés[29]. On notera toutefois que, quoi qu'aient écrit les historiens[30], Jean ne dit point expressé-

25. Tac., *Ann.,* XIII, 41, 3 (Artaxata) ; XIV, 24, 5-6 (Tigranocerte) ; D.C., LXII, 20, 1 (Artaxata et Tigranocerte). Jean évoquera Artaxata plus loin, quand il sera question de la paix de 363 conclue par Jovien (III **52** 2). Aujourd'hui Artashat, au sud-est d'Érevan, la ville fut fondée en 189 aCn par Hannibal pour le roi Artaxias. Strabon (XI, 14, 6 p. 528-529) la trouve admirablement construite, voir encore Plut., *Luc.,* 31, 4-5 avec H. Treidler, art. *Artaxata,* dans *KP* 1 (1975), col. 615.

26. Tac., *Ann.,* XV, 5 ; 7, 1 ; D. C., XV, 20.

27. Tac., *Ann.,* XV, 10-11 ; D.C., LXII, 21 (Rhandeia) ; Tac., *Ann.,* XV, 14 ; D.C., LXII, 21 (négociations) ; Tac., *Ann.,* XV, 17, 4 (l'Arménie sans maître).

28. Tac., *Ann.,* XV, 27 (succès de Corbulon) ; Tac., *Ann.,* XV, 28, 1-3 ; D.C., LXII, 23 (conférence de Rhandeia) ; Tac., *Ann.,* XV, 29 ; D.C., XV, 23 (choix de Tiridate).

29. Tac., *Ann.,* XIII, 39, 1-2. Selon Jean, la Colchide et la Lazique sont deux noms pour une même région.

30. Stein, art. *Domitius (Corbulo),* dans *RE SupplB* III (1918), col. 401.

ment que Corbulon s'empara de Nisibe, mais qu'après avoir appartenu aux Romains, la ville tomba entre les mains des Parthes, qui l'abandonnèrent par la suite. La donnée peut donc viser n'importe laquelle des séquences, connues par l'histoire, de perte et de reconquête de Nisibe. Le plus logique est de supposer que Jean visait les périodes de trouble que connut la région sous le règne de Constance II.

Fort éclairé sur la situation géopolitique de la frontière orientale de l'empire[31], Constantin savait qu'il ne pouvait triompher de l'adversaire qu'en le prenant par surprise. Les dernières campagnes contre l'ennemi séculaire remontaient au règne de Dioclétien, où Galère avait connu l'humiliation de la défaite avant de triompher de Narsès l'année suivante (297)[32]. Du côté romain, les négociations de paix, conclues pour cinquante ans, furent menées par le *magister memoriae* Sicorius Probus[33]. N'avaient été les troubles dynastiques qui déchirèrent la cour orientale, les relations entre Perses et Romains demeurèrent paisibles jusqu'à la fin du règne de Constantin. Dans l'intervalle cependant, Rome eut le privilège d'accueillir un transfuge royal. À la mort d'Hormisdas II (Hormizd), fils de Narsès, en 309 ou 310[34], son fils aîné, Adranarsès,

31. Jean suggère que sa source aurait été Celse (III **33** 4).

32. Voir, par exemple, M.Besnier, (1937), p. 296 ; E.Stein, *Bas-Empire* I, p. 130. Les sources littéraires sont Lactance (*Mort des p.*, 9, 5-7), Ammien Marcellin (XXV, 7, 9), qui donne une liste des provinces gagnées par Rome en la circonstance [voir la précieuse note 646 de J. Fontaine, (1977), p. 257-258], Aurelius Victor (*Cés.*, 39, 33-37), Eutrope (IX, 24-25, 1), Festus (25), Orose (VII, 25, 9-11), Malalas (p. 312, l. 13-22 B., cf. p. 306, l. 16-21), Théophane (A.M. 5793, p. 9, l. 1-20) et Zonaras (XII, 31).

33. Pierre le Patrice, fr. 13-14 (IV, p. 188-189 Müller). Jean indique la participation de Palladius, futur maître des offices de Constantin (II **25** 2), voir t. I, p. CDLXXIII.

34. Pour ces événements, les seuls récits dont on dispose sont un chapitre de Zosime (II, 27) et de Zonaras (XIII, 5), qui se recoupent en certains points seulement. Ammien (XVI, 10, 16) affirme avoir narré lui aussi les circonstances de la fuite d'Hormisdas, évidemment dans

prit la succession mais il finit par être renversé par une conjuration de nobles, qui élevèrent sur le trône non pas le deuxième fils de Narsès, Hormisdas, mais le troisième, Sapor II (Shapur)[35]. Hormisdas fut donc emprisonné quelque temps, jusqu'à ce que sa mère et sa femme trouvassent le moyen de faire parvenir dans sa geôle une lime grâce à laquelle il réussit à s'évader puis à gagner l'empire romain où il reçut le meilleur des accueils. Le problème est celui de la durée du règne d'Adranarsès. Fr. Paschoud paraît la juger très courte, voire nulle[36] : 309-310 pour la mort de Narsès, de même que pour l'emprisonnement de celui que nous appellerons Hormisdas III. Comme Zosime, notre savant collègue paraît, pour la chronologie, faire l'impasse sur le règne d'Adranarsès. Par la suite, Hormisdas III collabora aux expéditions romaines contre la Perse. En 357, il se trouvait à Rome en compagnie de Constance II[37]. Lors de l'expédition de 363, Julien lui fait commander l'aile gauche, avec la cavalerie[38] ; au cours de l'expédition, le prince perse échappe à un guet-apens[39], car il passait pour un traître[40]. Dans le système chronologique de Fr. Paschoud, Hormisdas III, né vers 290, marié déjà en 309-310, aurait eu quelque soixante-treize ans au moment de l'expédition de Julien. Le savant suisse relève lui-même l'impossibilité dont il affirme ne point pouvoir sortir. Rien n'oblige à serrer à ce point la localisation des événements. Zonaras n'indique nullement que le roi Adranarsès ne régna qu'un temps symbolique ; sa cruauté finit par soulever l'indignation et la révolte. L'ensemble des faits pourrait avoir

une partie de son œuvre que nous ne lisons plus. La source pourrait avoir été les *Annales* de Nicomaque Flavien, selon Fr. Paschoud, [(1971), p. 218 (n. 37 à la p. 100)].

35. Zosime omet de signaler le règne d'Adranarsès. C'est le type de faute qui pourrait s'expliquer par homéotéleute.

36. (1971), respectivement p. 218-219 et p. 219.

37. Amm., XVI, 10, 16.

38. Amm., XXIV, 1, 2.

39. Amm., XXIV, 2, 4 (cf. 5, 4).

pris une dizaine d'années, et l'arrivée d'Hormisdas III avoir eu en effet pour cadre la cour de Constantin Ier, où Zosime la situe. Même sincère, la collaboration du Perse aux entreprises romaines paraît n'avoir pas été tout à fait désintéressée. Constance II autant que Julien avaient intérêt à rétablir sur le trône de Ctésiphon un prince qui devait tout à l'empire[41].

Pourtant, les Romains n'usèrent pas comme subterfuge des revendications dynastiques d'Hormisdas III pour renouer les hostilités avec la Perse. À partir de 333, la tension renaît entre les deux puissances. Les textes attribuent la responsabilité aux menées des Orientaux[42] :

> *Du vivant même de ton père* (sc. Constantin Ier), *ils* (sc. les Perses) *troublent la paix et la violent, je ne sais comment ; puis ils échappent à la vengeance, car il meurt au milieu des préparatifs faits pour les combattre.*

En 334, les Perses envahirent l'Arménie et capturèrent le roi Daran, dont les yeux furent crevés. Les Arméniens adressèrent une ambassade au " roi des Grecs "[43]. L'empereur de Rome ne pouvait admettre la rupture unilatérale de la paix de Nisibe en 298. Excellent prétexte pour ouvrir un nouveau front à l'Est, sans restaurer toute-

40. Amm., XXIV, 2, 11. Au cours du siège de Pirisabora, en moyenne Mésopotamie (auj. Al-Ambar), les assiégés demandèrent, en faisant reddition, de pouvoir s'entretenir avec lui (Amm., XXIV, 2, 20).

41. J. Fontaine, (1977), p. 134 (n. 290).

42. Jul., 1 (*Éloge de Constance*), 13 p. 31 : ἣν οὐκ οἶδ' ὅπως περιόντος τοῦ πατρὸς τοῦ σοῦ συγχέαντες καὶ συνταράξαντες, τῆς μὲν παρ' ἐκείνου τιμωρίας διήμαρτον, ἐν ταῖς πρὸς τὸν πόλεμον παρασκευαῖς τὸν βίον μεταλλάξαντον (...). Voir Eutr., X, 8, 2 : *Bellum adversus Parthos moliens, qui iam Mesopotamiam fatigabant, uno et tricesimo anno imperii aetatis sexto et sexagesimo, Nicomediae in villa publica obiit* (sc. *Constantinus*).

43. Le seul témoignage dont on dispose est celui de Fauste de Byzance, en arménien (III, 20 = V, p. 230-231 Müller), voir A.Piganiol, (1947), p. 57 ; E.Stein, *Bas-Empire* I, p. 130, avec I 2, p. 483 (n. 209 à I, p. 130).

fois la dynastie des Arsacides. Constantin fit nommer comme roi d'Arménie un membre de sa famille, Hannibalianus[44], qui en 336 réussit à chasser les Perses. À leur tour, ceux-ci exigèrent le départ des troupes romaines. Constantin répondit en déclarant la guerre, qu'il n'eut point le temps d'entreprendre[45]. On ne parlera donc pas d'une attaque par surprise, comme le fait notre auteur (III **33** 3), visiblement pressé d'introduire un morceau de bravoure, qui fera l'objet du chapitre suivant.

L'abandon de Rome, sanctionné par le revirement de la Fortune, et le déplacement en Asie Mineure des forces militaires cantonnées sur le Danube conduisirent à la perte de territoires riches, comme la Scythie et la Mysie, et au déferlement des barbares sur l'Europe (II **10** 1 = III **40** 1, cf., mais de façon encore plus abrupte, III **31** 5 ;

44. Ps.-Aurel. Vict., *Ép.* 41, 20 *Hi singuli has partes regendas habuerunt* (...) *Annibalianus, Dalmatii Caesaris consanguineus, Armeniam nationesque circum socios* ; voir *Anonyme de Valois,* 35 *Dalmatium filium fratris sui Dalmati, Caesarem fecit. Eius fratrem Annibalianum data ei Constanti[a]na filia sua regem regum et Ponticarum regionum constituit* et Zos., II, 39, 2 (où Hannibalianus est simplement donné comme συνάρχων lors du partage de Constantin). Constance Chlore avait eu deux épouses ou maîtresses, Hélène, qui eut Constantin, et Théodora, qui avait eu trois fils, Jules Constance (le père de Gallus et de Julien), Hannibalianus et Dalmatius. Ce dernier avait eu deux fils, Dalmatius et Hannibalianus, dont il est question ici. Voir l'arbre généalogique d'A.Piganiol [(1947), p. 47].

45. Nous suivons ici E. Stein, *Bas-Empire* I, p. 130. On retiendra les témoignages de Libanios [59 (*À Constant et Constance*), 71] ὡς οὖν ἡτοίμαστο πάντα καὶ διὰ πάντων ἡ δύναμις εὐτρέπιστο, οὐκέτι κατέχειν οἷός τε ἦν αὐτόν, ἀλλ' ὁρῶν μὲν τὸ πλῆθος τῆς στρατιᾶς, ὁρῶν δὲ τὸ τῆς ὁπλίσεως ἀρραγές, λογιζόμενος δὲ καὶ τῆς παρασκευῆς τὸ μῆκος καὶ τῆς μελέτης τὸν χρόνον καὶ τῆς κρείττονος τύχης ἀνατυπωσάμενος τὴν ἐλπίδα πέμπει πρεσβείαν ὑπὲρ τῶν ὅρων ἀμφισβητήσουσαν, ἵν' εἰ μὲν παραχωρήσαιμεν τῆς χώρας, ἀκμητὶ κεκρατηκὼς εἴη, εἰ δὲ μηδαμῶς εἴξαιμεν, ἀφορμὴν ταύτην τοῦ πολέμου προστήσαιτο et de Festus (26, 2) *Sub cuius* (de Constantin) *adventu Babyloniae in tantum regna trepidarunt, ut supplex ad eum legatio Persarum adcurreret, facturos se imperata promitterent, nec tamen pro adsiduis eruptionibus, (...), veniam mererentur.*

33 1). Notre écrivain met les faits en perspective : on lit ici une allusion à la prophétie attribuée à Fonteius sur la Fortune de Rome (II **12** 1). Le résultat est de discréditer l'action de Constantin.

La première erreur aurait été de déplacer les troupes cantonnées sur le bas Danube. L'allusion aux réformes militaires est patente, mais celles-ci n'ont de sens que devant l'urgence à prendre des mesures de sauvegarde de l'Empire sur le front nord-est européen. En Scythie, en Dacie et dans les deux Mésies, les habituels régiments de cavalerie sont complètement remplacés par des unités appelées *cunei equitum*. On trouve côte à côte en Valérie et dans les deux Pannonies des *cunei* et les régiments de cavalerie. Les *alae* ont disparu de toutes ces provinces. Les légions sont divisées en trois détachements pour le moins. Fort peu de cohortes subsistent, et quand c'est le cas, c'est sur les arrières, et à leur place apparaissent des unités d'infanterie appelées *auxilia*. L'ennui, c'est qu'il est difficile de dater ces modifications. L'ordre de bataille ici décrit existait certainement déjà tel quel en 375, car une loi de Valens[46] mentionne ceux *qui in ripa per cuneos auxiliaque fuerint constituti*. Elle vise certainement une disposition plus ancienne portant création d'*auxiliares cunei* sous le commandement de *duces*. Celle-ci date d'un des règnes précédents, celui de Constantin ou de Constance II. Certains de ces *cunei* ou *auxilia* portent des épithètes comme Constantiniani ou Constantiniana, ce qui montre qu'à la fin du règne de Constantin, il y eut une grosse activité militaire dans le bas Danube contre les Goths et les Sarmates, signalée d'ailleurs par l'*Anonyme de Valois*[47], mais plus grand-chose par la suite, au moins jusqu'à Valens. Bref, le système de défense mis en place par Dioclétien a dû être mis à mal sous Constantin, et la sauvegarde de la frontière réorganisée sur des bases nou-

46. *CTh* VII, 13, 7, 3 p. 337, l. 28.
47. 31-32, p. 9 Moreau-Velkov.

velles[48]. L'appréciation de Jean va dans le même sens que celle de Zosime[49] :

> *Or, abolissant cette sécurité* (sc. le système de défense mis en place par Dioclétien, qu'il vient de décrire au § précédent) *et retirant des frontières la plus grande partie des soldats, Constantin les installa dans les villes qui n'avaient pas besoin de protection, priva de secours ceux qui étaient sous la menace des Barbares* (...), *et en un mot fut lui-même à l'origine et sema les germes de la ruine de l'État qui nous afflige aujourd'hui encore.*

Sur les événements militaires, Jean semble être fort précis. Un passage de la *Vie de Constantin* offre une partie de l'explication[50] :

48. A.H.M. Jones, *LRE* I, p. 99. Dans l'appendice II, table XII (II, p. 1448), le savant historien anglais offre en tableau un aperçu de ces modifications. On lira aussi la synthèse très claire de Fr. Paschoud [(1971), p. 235 (n. complémentaire 47, à la p. 107)]. Constantin avait formé une armée de manœuvre, avec les troupes les meilleures, celles des *comitatenses* en ne laissant aux frontières que des régiments de moindre valeur, les *ripenses,* appelés par la suite les *limitanei.* Selon A.H.M. Jones (*LRE* I, p. 97), les premiers *ripenses* remonteraient à la campagne de 312 contre Maxence ; ils proviendraient de Gaule et de Germanie occidentale.

49. II, 34, 2 : Καὶ ταύτην δὴ τὴν ἀσφάλειαν (*sc.* le système mis en place par Dioclétien, décrit au § précédent) διαφθείρων ὁ Κωνσταντῖνος τῶν στρατιωτῶν τὸ πολὺ μέρος τῶν ἐσχατιῶν ἀποστήσας ταῖς οὐ δεομέναις βοηθείας πόλεσιν ἐγκατέστησε, καὶ τοὺς ἐνοχλουμένους ὑπὸ βαρβάρων ἐγύμνωσε βοηθείας (...) καὶ ἁπλῶς εἰπεῖν τῆς ἄχρι τοῦδε τῶν πραγμάτων ἀπωλείας αὐτὸς τὴν ἀρχὴν καὶ τὰ σπέρματα δέδωκε. Voir encore à ce sujet, les indications de Fr. Paschoud [(1971, p. 235 (n. 47 à II, 34)].

50. Eus., *V.C.,* IV, 5, 1 : (...) ὡς τὰ βάρβαρα φῦλα τῇ Ῥωμαίων καθυπέταττεν ἀρχῇ, ὡς τὰ Σκυθῶν καὶ Σαυροματῶν γένη μήπω πρότερον δουλεύειν μεμαθηκότα πρῶτος αὐτὸς ὑπὸ ζυγὸν ἤγαγε, δεσπότας ἡγεῖσθαι Ῥωμαίους καὶ μὴ θέλοντας ἐπαναγκάσας. Σκύθαις μὲν γὰρ καὶ δασμοὺς οἱ πρόσθεν ἐτέλουν ἄρχοντες, Ῥωμαῖοί τε βαρβάροις ἐδούλευον εἰσφοραῖς ἐτησίοις. Οὐκ ἦν δ' ἄρα οὗτος βασιλεῖ φορητὸς ὁ λόγος, οὐδὲ τῷ νικητῇ καλὸν ἐνομίζετο τὰ ἴσα τοῖς ἔμπροσθεν προσφέρειν, τῷ δ' αὐτοῦ ἐπιθαρρῶν σωτῆρι τὸ νικητικὸν τρόπαιον καὶ τούτοις ἐπανατείνας, ἐν ὀλίγῳ καιρῷ πάντας παρεστήσατο, ἄρτι μὲν τοὺς ἀφηνιῶντας

(...) *qu'il soumit les tribus barbares à l'Empire romain et que lui-même fut le premier à mettre sous le joug les races des Scythes et des Sauromates, qui jusque-là n'avaient pas encore appris l'esclavage, en les contraignant à tenir, même contre leur gré, les Romains pour leurs maîtres. Les dirigeants précédents payaient même tribut aux Scythes, et les Romains pour les barbares étaient des esclaves qui leur versaient des contributions annuelles. Ce n'était point là propos supportable pour l'empereur, et l'on ne jugeait point convenable que le vainqueur versât les mêmes sommes que ses prédécesseurs ; prenant confiance en son sauveur, il leva aussi sur eux le trophée de la victoire et en un court instant, il les soumit à sa loi : tantôt en amenant, par le bras de son armée, les récalcitrants à la sagesse, tantôt en les conciliant à la faveur d'ambassades persuasives, il les fit passer d'une existence sans loi et bestiale à la culture et à la légalité.*

On comparera avec un autre témoignage historique[51] :

Ensuite il entreprit une guerre contre les Goths et, à la prière des Sarmates, il leur porta secours. C'est ainsi que

στρατιωτικῇ σωφρονίσας χειρί, ἄρτι δὲ λογικαῖς πρεσβείαις τοὺς λοιποὺς ἡμερώσας, ἐξ ἀνόμου τε καὶ θηριώδους βίου ἐπὶ τὸ λογικὸν καὶ νόμιμον μεθαρμοσάμενος. Dans l'histoire, les Goths n'apparaissent, avec Pline l'Ancien, que dans le troisième quart du Ier s. pCn. Leur migration vers le sud-est, en direction des steppes pontiques, commença peu avant 150. Ils occupaient les plaines du nord-ouest de la mer Noire vers 230. Ils adoptèrent le costume des Iraniens, en sorte qu'ils furent confondus avec les Scythes. En 271, Aurélien dut leur abandonner la Dacie. Ils fournissaient des recrues à l'Empire et en recevaient un tribut, voir L. Musset, (1994), p. 81-82.

51. Anon. Val., 31-32, p. 9 Moreau-Velkov : *Deinde adversum Gothos bellum suscepit et implorantibus Sarmatis auxilium tulit. Ita per Constantinum Caesarem centum prope milia fame et frigore extincta sunt. Tunc et obsides accepit, inter quos Ariarici filium. Sic cum his pace firmata in Sarmatas verses est, qui dubiae fidei proba<ba>ntur. Sed servi Sarmatarum omnes adversum dominos rebellarunt, quos pulsos Constantinus libenter accepit et amplius trecenta milia hominum mixtae aetatis et sexus per Thraciam Scythiam Macedoniam Italiamque divisit.* Voir *Cons. Constantinop.* ad a. 332 ; Eutr. (Paeonius), X, 7, 1 Σκύθας τε κατεπολέμησε σπονδάς τε κατ᾽ ἐξουσίαν ἐποιήσατο.

par le fait du César Constantin périrent de faim et de froid près de cent mille personnes. Alors il reçut aussi des otages, parmi lesquels le fils du roi Ariaric. Une fois la paix conclue ainsi avec eux, il se tourna contre les Sarmates, dont la loyauté douteuse était prouvée. Mais tous les esclaves des Sarmates se rebellèrent contre leurs maîtres, qui les chassèrent. Constantin consentit à les accueillir et ce fut plus de trente mille personnes de tout âge et sexe qu'il déporta en Thrace, en Scythie, en Macédoine et en Italie.

Pressés par les Goths, les Sarmates du Banat demandèrent l'intervention de l'Empire : à la tête des troupes impériales, le César Constantin passa le Danube et battit les Goths, ce qui conduisit à la conclusion d'un traité aux termes duquel ceux-ci, moyennant versement d'argent romain et de vivres, s'engageaient à monter la garde et à fournir des troupes auxiliaires pour les guerres impériales. D'autre part, il faut faire état d'événements qui eurent lieu en 334, non loin de la frontière européenne nord-est de l'Empire. Les Sarmates libres, les Argaragantes[52], avaient armé les Sarmates serfs, les Limigantes, contre les Goths. Les Limigantes chassèrent de la région riche du Banat les Argaragantes qui s'enfuirent en direction du Nord, au pays des Victohales, des Germains de l'Est établis dans l'actuelle Slovaquie[53]. La conclusion

52. Le nom n'est donné que par s. Jérôme : *Chron.*, a. 334, p. 233.

53. Amm., XVII, 12, 18-19 : *Potentes olim ac nobiles erant huius indigenae regni* (*sc.* des Sarmates libres), *sed coniuratio clandestina servos armavit in facinus ; atque ut barbaris esse omne ius in viribus adsuevit, vicerunt dominos, ferocia pares et numero praeminentes. Qui, confundente metu consilia, ad Victohalos discretos longius confugerunt, obsequi defensoribus, ut in malis, optabile quam servitutem mancipiis arbitrati : quae deplorantes, post inpetratam veniam recepti in fidem, poscebant praesidia libertati ; eosque, iniquitate rei permotus, inspectante omni exercitu, convocatos adlocutus verbis mollioribus imperator, nulli nisi sibi ducibusque Romanis parere coepit.* Voir G. Sabbah, (1989), p. 184 (n. 103 à XVII, 12, 18, p. 73). C'est à eux que fait allusion Eusèbe (*V.C.*, IV, 6) : Σαυρομάτας δ' αὐτὸς ὁ θεὸς ὑπὸ τοῖς Κωνσταντίνου ποσὶν ἤλαυνεν, ὧδέ πη τοὺς ἄνδρας βαρ-

d'E. Stein[54] est tranchante : " La politique de Constantin à l'égard des Barbares danubiens a tellement rehaussé le prestige de l'Empire que pendant la durée d'une génération la sécurité de la péninsule balkanique ne sera pas sérieusement menacée ". Elle va exactement à l'opposé des thèses de Jean et de Zosime.

Toutefois, des recherches toutes récentes apportent d'importantes précisions qui tendent à rehausser la valeur historique du témoignage de Jean. Elles mettent en cause notamment la réforme de la préfecture du prétoire. On l'a souvent souligné, aux yeux des historiens chrétiens, la victoire sur Licinius marqua le début d'une ère nouvelle pour l'Empire. Les historiens païens virent les choses sous un tout autre jour[55]. Le succès de Constantin se traduisit par la perte de la Mysie et de la Scythie, suivant Jean (II **10** 1 ; III **40** 1). Quelles qu'aient été les convictions intimes de notre auteur, on voit bien qu'il inscrit la succession des événements dans un schéma analogue à celui d'un Zosime. Suivant ce dernier[56], Constantin avait

βαρικῷ φρονήματι γαυρουμένους χειρωσάμενος. Σκυθῶν γὰρ αὐτοῖς ἐπαναστάντων τοὺς οἰκέτας ὥπλιζον οἱ δεσπόται πρὸς ἄμυναν τῶν πολεμίων. Ἐπεὶ δ' ἐκράτουν οἱ δοῦλοι, κατὰ τῶν δεσποτῶν ἤραντο τὰς ἀσπίδας πάντας τ' ἤλαυνον τῆς οἰκείας. Οἱ δὲ λιμένα σωτηρίας οὐκ ἄλλον ἢ μόνον Κωνσταντῖνον εὕραντο, ὁ δ' οἷα σῴζειν εἰδὼς τούτους πάντας ὑπὸ τῇ Ῥωμαίων εἰσεδέχετο χώρᾳ, ἐν οἰκείοις τε κατέλεγε στρατοῖς τοὺς ἐπιτηδείους, τοῖς δ' ἄλλοις τῶν πρὸς τὴν ζωὴν εἵνεκα χώρας εἰς γεωργίαν διένεμεν, ὡς ἐπὶ καλῷ τὴν συμφορὰν αὐτοῖς ὁμολογεῖν γεγενῆσθαι Ῥωμαϊκῆς ἐλευθερίας ἀντὶ βαρβάρου θηριωδίας ἀπολαύουσιν. Semblablement, Aurélius Victor fait état d'une considérable activité militaire dans la région (*Césars,* 41, 18) : *pons per Danubium ductus ; castra castellaque pluribus locis commode posita* (cf. l'historiographe arien dans J. Bidez-Fr. Winckelmann, *Philostorgius,* p. 205 et E. Stein, *Bas-Empire* I, p. 128, avec la n. 198, p. 482).

54. *Bas-Empire,* I, p. 129.

55. Fr. Paschoud, (2000), p. 204 (n. 12, p. 78).

56. Zos., II, 31, 3 : διετέλεσεν πόλεμον οὐδένα κατωρθωκώς· ἐπελθόντων δὲ Ταϊφάλων, Σκυθικοῦ γένους, ἱππεῦσι πεντακοσίοις, οὐ μόνον οὐκ ἀντετάξατο τούτοις, ἀλλὰ τὸ πολὺ τῆς δυνάμεως ἀποβαλὼν καὶ τὰ μέχρι τοῦ χάρακος αὐτοὺς ληζομέ-

à peine commencé les travaux de Constantinople qu'après avoir bâti des maisons pour certains de ses compagnons dont il avait fait des sénateurs

> *il continua à ne mener aucune guerre avec succès ; les Taïfales, de race scythe, ayant passé à l'attaque avec cinq cents cavaliers, non seulement il ne leur opposa aucune troupe, mais encore, après avoir perdu le plus gros de ses forces, et les avoir vus porter leurs ravages même jusqu'à son retranchement, il parvint tout juste à trouver son salut dans la fuite.*

D'ailleurs, malgré les accords conclus avec Constantin, Licinius n'avait sans doute pas renoncé à toute ambition[57] :

> *D'autres (historiens) affirment que Licinius ne se tenait pas non plus tranquille dans la résidence qui lui avait été assignée à Thessalonique et qu'il préparait un coup d'État.*

Rien n'interdit de croire que même après l'exécution de Licinius des régiments de ses troupes défaites n'aient continué à jouer les trublions dans les régions qui avaient été de leur ressort précédemment. La situation à la frontière danubienne de l'Empire était donc loin d'être calme. Bien entendu, chez Zosime, toute indication de date fait défaut. Peut-on rapprocher les deux séries de faits pour en tirer des éléments de datation ? C'est ce qu'a fait

νους ἰδὼν ἀγαπητῶς ἀποδρὰς διεσώθη. Zosime est seul à mentionner la défaite de Constantin [[Fr. Paschoud, (2000), p. 244 (n. 43, à la p. 20]. Cependant, comme l'indique P. Porena [(2003), p. 531], Zonaras (XIII, 2, p. 179 Dindorf) paraît bien, dans un contexte analogue, faire allusion aux mêmes événements : Σαρματῶν δὲ καὶ Γότθων κατὰ τῆς Ῥωμαίων ὑπηκόου κεκινημένων καὶ τὴν Θρᾳκῴαν μοῖραν ληιζομένων, διανίσταται κατ' αὐτῶν Κωνσταντῖνος ὁ μέγιστος.

57. Zon., XIII, 1, p. 6 Dindorf : Ἄλλοι δὲ οὐδὲ ἐν Θεσσαλονίκῃ αὐτόν φασι διατρίβοντα ἠρεμῆσαι, τυραννίδα δὲ μελετᾶν.

P. Porena[58], en reconstituant minutieusement les allées et venues de l'Empereur entre le 25 septembre 326, où il se trouvait avec son *comitatus* à Spolète, et le 27 février 327, quand il séjournait à Thessalonique, apparemment pour préparer la contre-offensive. Ceci l'amène à fixer l'invasion des Taïfales à la fin de 326 ou au début de 327. Dans ce cas, Constantin ne trouva qu'à partir de juillet 328 le moyen de mener, non sans difficultés, une guerre de revanche au-delà du Danube : l'action conjointe ou successive des vétérans insoumis débandés en simples corps-francs et des Taïfales avaient dû en effet faire perdre toute valeur contributive aux provinces ravagées. Dans ce cas, la réforme de la préfecture du prétoire[59] aurait été une mesure consécutive à la victoire obtenue sur le front nord-est. En outre, le déplacement de troupes se justifiait sur le plan stratégique. Certains éléments avaient dû être peu ou prou en contact avec Licinius : en somme, une purge en due forme.

En III **31** 5, l'écrivain évoque sommairement les événements, puis il cède à la tentation d'une digression. C'est dans le fil de celle-ci qu'il évoque alors la Pannonie et les malheurs de Sirmium (**32** 5). Après avoir été cédée par l'Occident à l'Orient en 437, la ville de Sirmium, capitale de la Pannonie seconde depuis Dioclétien et siège d'un évêché (aujourd'hui Sremska Mitrovika, en ex-Yougoslavie) tomba entre les mains des Huns en 440/441[60]. Les sources alléguées par les historiens[61] ne mentionnent pas explicitement la chute de la ville ; elle tomba pourtant, avec quantité d'autres, à en juger par les

58. P. Porena, (2003), p. 534-536. Sa reconstitution diffère légèrement de celle de T.D. Barnes [(1982), p. 77.

59. Nous l'évoquons ailleurs plus en détail, voir t. I, p. DCXXXVII-DCXLII.

60. A. Kazhdan, art. *Sirmium,* dans *ODB* 3 (1991), p. 1906 et N. Duval, (1979), p. 58.

61. Voir, par exemple E. Stein, *Bas-Empire* I, p. 567 (n. 12 à la p. 291).

énumérations de catastrophes disponibles[62] :

> *Avec de nombreux soldats, les rois des Huns envahirent l'Illyricum : ils passèrent par le fil de l'épée Naïsos, Singidunum avec d'autres cités et de très nombreuses places-fortes d'Illyrie.*

et[63]

> (Théodose II) *envoie Aspar, avec toute la force dont il disposait, Aréobindus et Argagliscos contre Attila, qui avait déjà mis à sac Ratiaria, Naïsos, Philippoupolis, Arcadioupolis, Constantia et une très grande quantité d'autres places et qui, à la tête de quantité d'esclaves prisonniers, amenait avec lui un butin écrasant.*

Ratiaria est en Dacie *Ripensis,* Singidunum en Mésie Supérieure, Naïsos en Dardanie, Philippopolis et Arcadiopolis en Thrace. Après la chute de l'empire hunnique en 453, Sirmium retourna à l'Empire, mais les Ostrogoths furent autorisés à s'installer en Pannonie en 455, et Sirmium devint probablement la capitale du chef goth Valamer. En s'installant en Italie après 474, ils abandonnèrent la cité aux Gépides, qui en firent leur capitale, mais, l'épée au poing, ils récupérèrent la province en 504 et capturèrent même une princesse gépide à Sirmium. Dès l'année suivante, la défaite sur la Morava du *Magister militiae per Illyricum* Sabinien, dépêché par Anastase, obligea l'Empire à céder officiellement la province en 510. En 535, grâce à l'aide des Gépides, les Byzantins réussirent à recouvrer Sirmium, mais pour une année seulement, car en 536, les Gépides en firent à nouveau leur

62. Marcell., *Chron.* a. 441 p. 80 Mommsen *Hunnorum reges numerosis suorum cum milibus Illyricum irruerunt : Naisum, Singidunum aliasque civitates oppidaque Illyrici plurima exciderunt.*

63. Thphn., A.M. 5942 (p. 102, l. 19-23 de Boor) ἀποστέλλει δὲ (*sc.* ὁ Θεοδόσιος) τὸν Ἄσπαρα σὺν τῇ ὑπ' αὐτὸν δυνάμει καὶ Ἀρεόβινδον καὶ Ἀργαγλίσκον ἐπὶ τὸν Ἀττίλαν Ῥατιαρίαν ἤδη καὶ Νάϊσον καὶ Φιλιππούπολιν καὶ Ἀρκαδιούπολιν καὶ Κωνσταντίαν καὶ ἕτερα πλεῖστα πολίσματα καταστρεψάμενον καὶ σὺν αἰχμαλώτοις πολλοῖς ὑπέρογκον συμφορήσαντα λείαν.

capitale[64]. Tout donne à croire que notre auteur établit un lien logique entre la réforme militaire de Constantin et les malheurs subis au nord-est à la suite de la création de l'éphémère empire hunnique.

D'ailleurs, la création de préfets du prétoire sous un régime tout à fait autre, avec la rationalisation du nombre des provinces à l'Est, équivalait à une volonté de renouer avec une politique agressive à l'endroit des Sassanides[65]. Bref, plus de dix ans avant la fin du règne, tous les éléments d'un nouveau *Drang nach Osten,* étaient en place (III **33** 2)[66] : Constantin lui-même aurait fait par écrit état de ses intentions. On le sait, le rêve se fracassa en même temps que le règne de Julien, avec des suites durables pour l'Empire, jusqu'à l'époque de l'auteur. De tout temps, la position des Portes Caspiennes, dont Jean fait la cause du renouvellement des guerres à partir du règne d'Anastase (**51** 6) a joué un rôle capital dans la géographie antique : elles séparaient l'Occident et l'Orient, le Nord et le Midi[67] (**52** 1). Procope avait consacré au site un morceau de bravoure, qui, presque mot pour mot, a passé dans la *Bibliothèque* de Photios[68] :

64. Voir, pour tout ceci, la belle synthèse de N. Duval, (1979), p. 58-59 et E. Stein, *Bas-Empire* II, p. 145-146 ; 156 et 307-309.

65. P. Porena, (2003), p. 522.

66. Voir déjà t. I, p. DCXL.

67. A. Berthelot, A., (1930), p. 94. Dans les p. 95-97, le savant géographe définit les distances par rapport aux cités les plus importantes d'après ses prédécesseurs de l'Antiquité.

68. *Pers.,* I, 10, 1-8 : Τὸ Κιλίκων ὄρος ὁ Ταῦρος ἀμείβει μὲν τὰ πρῶτα Καππαδόκας τε καὶ Ἀρμενίους καὶ τῶν Περσαρμενίων καλουμένων τὴν γῆν, ἔτι μέντοι Ἀλβανούς τε καὶ Ἴβηρας, καὶ ὅσα ἄλλα ἔθνη αὐτόνομά τε καὶ Πέρσαις κατήκοα ταύτῃ ᾤκηνται. Ἐξικνεῖται γὰρ ἐς χώραν πολλήν, προϊόντι δὲ ἀεὶ τὸ ὄρος τοῦτο ἐς μέγα τι χρῆμα εὔρους τε καὶ ὕψους διήκει. Ὑπερβάντι δὲ τοὺς Ἰβήρων ὅρους ἀτραπός τίς ἐστιν ἐν στενοχωρίᾳ πολλῇ, ἐπὶ σταδίους πεντήκοντα ἐξικνουμένη. αὕτη δὲ ἡ ἀτραπὸς ἐς ἀπότομόν τινα καὶ ὅλως ἄβατον τελευτᾷ χῶρον. δίοδος γὰρ οὐδεμία τὸ λοιπὸν φαίνεται, πλήν γε δὴ ὅτι ὥσπερ τινὰ χειροποίητον πυλίδα ἐνταῦθα ἡ φύσις ἐξεῦρεν, ἣ Κασπία ἐκ παλαιοῦ ἐκλήθη.

Chaîne montagneuse de Cilicie, le Taurus traverse d'abord la Cappadoce, l'Arménie et le pays des Persarméniens, mais aussi l'Albanie, l'Ibérie et le territoire de toutes les peuplades fixées dans ces régions, qu'elles soient autonomes ou assujetties aux Perses. Il s'étend sur une vaste superficie et, pour le voyageur, il atteint de toute part une largeur et une hauteur considérables. Lorsqu'on a franchi la frontière des Ibères, un sentier court à travers un défilé aux parois très rapprochées sur une distance de cinquante stades ; ce sentier finit dans un site abrupt et absolument désert, car aucun passage ne s'y montre, excepté une poterne qu'on dirait faite de main d'homme et que la nature y a ménagée : de longue date, elle s'appelle " Caspia ". Au-delà s'étend une plaine praticable pour les chevaux et regorgeant de multiples cours d'eau avec un vaste pays propre à l'élevage des chevaux, plat d'ailleurs, où se sont établis presque tous les clans des Huns, dont le territoire va jusqu'au lac Maiotis. Quand ils prennent par la poterne que je viens de mentionner le chemin des pays perses et romains, les Huns s'y élancent avec des chevaux frais, sans avoir à faire le moindre détour et à traverser des terrains rocheux sauf sur l'intervalle dont on a parlé de cinquante stades qui donne accès, comme on l'a dit, à la frontière des Ibères.

Naturellement, ce qui intéressait Jean c'était, non pas la géographie, mais les problèmes stratégiques de l'Empire à l'est. Il évoque alors (**52** 4) la fortification des Ibères, c'est-à-dire " Biraparach ", en arménien " Vir-a-parhak "[69], qu'il appelle ailleurs les Portes Caspiennes

Τὸ δὲ ἐνθένδε πεδία τέ ἐστιν ἱππήλατα καὶ ὑδάτων πολλῶν ἀτεχνῶς ἔμπλεα, καὶ χώρα πολλὴ ἱππόβοτός τε καὶ ἄλλως ὑπτία. οὗ δὴ τὰ Οὔννων ἔθνη σχεδόν τι ἅπαντα ἵδρυται ἄχρι ἐς τὴν Μαιῶτιν διήκοντα λίμνην. Οὗτοι ἢν μὲν διὰ τῆς πυλίδος, ἧς ἄρτι ἐμνήσθην, ἴωσιν ἐς τὰ Περσῶν τε καὶ Ῥωμαίων ἤθη, ἀκραιφνέσι τε τοῖς ἵπποις ἴασι καὶ περιόδῳ τινὶ οὐδαμῇ χρώμενοι οὐδὲ κρημνώδεσιν ἐντυχόντες χωρίοις, ὅτι μὴ τοῖς πεντήκοντα σταδίοις ἐκείνοις, οἷσπερ εἰς ὅτι μὴ τοῖς πεντήκοντα σταδίοις ἐκείνοις, οἷσπερ εἰς τοὺς Ἰβηρίους ὅρους, ὥσπερ ἐρρήθη, διήκουσιν. Voir aussi Phot., *Bibl., cod.* 63, 22 b 17-35 (I, p. 66-p. 67 H.).

69. A. Bandy, (1983), p. 328 (n. à la p. 212, l. 27-28), qui cite

(**51** 6), comme Procope. La confusion du grand historien a été dénoncée depuis longtemps[70] : “ les portes d'Ibérie se trouvent au milieu du Caucase ; c'est un passage étroit de six milles de longueur, qui, du côté septentrional de l'Ibérie ou de la Géorgie, débouche dans la plaine qui se prolonge jusqu'au Tanaïs et au Volga[71]. ” Il s'agit aujourd'hui de la passe de Dariel, au nord de Tbilissi[72].

Ceci nous vaut une série de réflexions intéressantes à propos des questions de frontière, sur le Caucase, et en Arménie. La passe de Daricl fait partie des bornes de la géographie politique depuis la fin de la République. Durant sa campagne de 65, Pompée traversa le centre de l'Ibérie, dont il avait forcé les passes[73]. Un des lieutenants d'Antoine, P. Canidius Crassus se soumit lui aussi en 37 les rois d'Ibérie et d'Albanie et s'avança jusqu'au

Tomaschek, art. *Biraparach,* dans *RE* III, 1 (1897), col. 489. Sur l'emplacement de ces fortifications, voir Th. Mommsen II (1985), p. 787 n. 2 ; A. Christensen, (1944), p. 238-239 ; O.Veh, *Prokop. Perserkriege,* Munich, 1970, p. 458 : “ aujourd'hui les portes de Darial, à l'est de Kasbek, immédiatement après la route des armées Grusiniennes ”. *Darial* est une forme raccourcie de *Dar i Alan,* “ la porte contre les Alains ” [A. Christensen, (1944), p. 239, n. 1].

70. On pourra déjà consulter les très riches indications d'E. Gibbon II, (1983, p. 72-73], que reprend en les complétant en partie B. Rubin, art. *Prokopios von Kaisareia,* dans *RE* XXIII, 1 (1957), col. 364-366. En réalité, il existe diverses passes dans le massif du Caucase ; celle de Dariel, située à 7 milles au nord de Qazbegi, n'est que la plus connue, voir D. Braund, *Caucasia,* dans le “ Map-by-map II ” de R.J.A. Talbert, (2000), p. 1257.

71. E. Gibbon, (1983), p. 72.

72. Tomaschek, art. *Biraparch,* dans *RE* III, 1 (1897), col. 489 ; R. Maisano, (1995), p. 1002, n. 37. Quant aux “ Portes Caspiennes ” proprement dites, défilé par lequel s'introduisaient notamment les Huns blancs, elles doivent être identifiées “ avec le long défilé de Serdere, qui franchit à 12 km au sud-est d'Ayvanaki (60 km SE de Téhéran) un contrefort méridional du Demavend ” [Fr. Lasserre, (1975), p. 171 (lexique)].

73. Plut., *Pomp.,* 34, 6-7 ; D. C., XXXVII, 1,4-5 ; Str., XI, 3, 5 p. 501.

Caucase[74]. Sous Tibère, en 35 de notre ère, les Ibères franchirent la passe de Dariel et se mirent à déferler sur l'Arménie, où ils s'emparèrent de la ville d'Artaxata[75]. Néron avait en 67 projeté une campagne pour une guerre contre les Albaniens : il n'eût pu se dispenser d'user des mêmes voies que ses prédécesseurs[76]. En 72, Vespasien procéda à une réorganisation de la province de Cappadoce, qui passa sous l'autorité de légats impériaux. Une garnison romaine fut installée à Harmozica (auj. Mtzchetha, près de Tbilissi) afin de protéger le roi des Ibères, Mithridate[77]. Depuis longtemps, l'Ibérie faisait partie du glacis créé par Rome contre les invasions. Lorsqu' Hadrien eut renoncé à placer la frontière de l'empire aussi loin que son prédécesseur, certains roitelets des marches se mirent à nourrir des ambitions nouvelles. Ainsi, en Ibérie, Pharasmanès II ouvrit en 135 ses fameuses portes aux Alains afin qu'ils allassent semer pillage et destruction en Albanie et en Médie Atropatène : le but n'était sûrement pas de tailler à Rome des croupières, mais plutôt d'affaiblir des puissances locales comme l'Albanie. Hadrien venait d'écraser la révolte des Juifs[78] :

74. Plut., *Ant.*, 34, 10 ; D. C., XXXXIX, 24, 1 et Str., XI,3, 5 p. 501 ; d'après qui il aurait franchi les mêmes passes que Pompée.

75. Tac., *Ann.*, VI, 39, 1-3 ; J., *AJ* XVIII, 97.

76. Plin., *Nat.*, VI, 40 ; Tac., *Hist.*, I, 6, 4 ; Suét., *Nér.*, 19, 4 ; D. C., LXIII, 8, 1.

77. Suét., *Vesp.*, 8, 7 avec Th. Mommsen, (1985), II, p. 777 ; L. Homo, (1933), p. 369-370. On connaît le nom du légat, C. Rutilius Gallicus, par Stace (*Silv.*, I, 4, 78). Sur l'importance d'Harmozica, voir Pline l'Ancien, VI, 30, avec A.B. Bosworth, (1977), p. 226.

78. D. C., LXIX, 15, 1 : ἕτερος δὲ (sc. πόλεμος) ἐξ Ἀλβανῶν (εἰσὶ δὲ Μασσαγέται) ἐκινήθη ὑπὸ Φαρασμάνου · καὶ τὴν μὲν Μηδίαν ἰσχυρῶς ἐλύπησε, τῆς δ' Ἀρμενίας τῆς τε Καππαδοκίας ἁψάμενος, ἔπειτα τῶν Ἀλβανῶν τὰ μὲν δώροις ὑπὸ τοῦ Οὐλογαίσου πεισθέντων, τὰ δὲ καὶ Φλαούϊον Ἀρριανὸν τὸν τῆς Καππαδοκίας ἄρχοντα φοβηθέντων, ἐπαύσατο. Il ne pouvait être question ici d'entrer dans une étude détaillée des faits. Pour une partie des périodes évoquées, voir l'article récent d'E. Dabrowa [*Roman Policy*

Mais une autre guerre, celle des Albains (ce sont les Massagètes), fut excitée par Pharasmanès (II) ; *elle causa de gros dommages à la Médie, lorsqu'elle eut touché l'Arménie et la Cappadoce ; puis, lorsque les Albains se furent laissé gagner par les présents de Vologèse et eurent aussi pris peur devant Flavius Arrien, le gouverneur de Cappadoce, elle prit fin.*

Jean esquisse rapidement l'histoire des relations entre Romains et Parthes depuis Jovien. Il fait allusion à la paix de 363 (**52** 2), qualifiée d'" infamante "[79]. Les Romains cédaient une grande partie de la Mésopotamie romaine, avec Singara et Nisibe, dont la population dut réintégrer le giron de l'Empire, y compris les troupes servant dans les garnisons, et cinq des neuf satrapies de l'Arménie méridionale acquises en 297 ; ils renonçaient à la suzeraineté sur l'Arménie et à toute immixtion ultérieure dans les affaires du pays. En outre, l'Empire aurait eu à payer un tribut annuel pour l'entretien de fortifications dans le Caucase, afin de protéger les deux parties contractantes contre les irruptions de barbares venus du Nord[80]. Parmi les négociateurs du côté romain est men-

in Transcaucasia from Pompey to Domitian, dans D.H. Frenche-C.SS. Lightfoot (édd.), *The Eastern Frontier of the Roman Empire,* dans *British Institute of Archaelogy at Ankara,* Mon. 11, 1989, p. 67-76].

79. Par E. Stein (*Bas-Empire* I, p. 171).

80. Sur la nouvelle frontière romano-perse, voir E. Honigmann, *Die Ostgrenze des byzantinischen Reiches von 363 bis 1071,* Bruxelles, 1935, p. 5-8. Les clauses de la paix de 363 sont à peine mentionnées par A. Christensen, (1944), p. 238-239. R.C. Blockley [(1985), p. 63-65] souligne vigoureusement que le traité de 363 ne comportait aucune clause sur la passe du Caucase. D'ailleurs, la *Chronique* du ps.-Josué (8, p. 7 Wright = p. 8-9 Trombley-Watt = p. 39 Luther) fait état seulement d'une alliance défensive contre tout ennemi extérieur commun : " Further there was a treaty between the Greeks and the Persians, that, if they need of one another when carrying on war with any nation, they should help one another ny giving three hundred able-bodied men, with them arms and horses, or three hundred staters in lieu of each man, according to the wish of the party they had need ". C'est bien le même type de message que rappelle le vieux Khawad à Justinien peu

tionné le préfet du prétoire Salutius[81] ; du côté perse, Suréna[82]. Le prince perse exigeait d'entrer en possession de cinq provinces transtigritanes, l'Arzanène, la Moxoène, la Zabdicène, la Réhimène et la Gordyène avec quinze places fortes, ainsi que Nisibe, Singara et Le-Camp-des-Maures[83].

Toutefois, Jean déplore la défaite des Romains, qui met à mal une politique d'équilibre profitable tout autant aux Perses qu'à l'Empire : elle permettait d'assurer une défense efficace contre les raids des barbares venus d'Asie centrale. Naturellement, c'est là une analyse historique rétrospective, car elle relate les faits à la lumière des préoccupations du VIe s. Il cite, à la suite de la défaite de Julien, parmi les négociateurs de 363 Salutius (**52** 3) et les principaux chefs parthes[84]. Les accords en cause

avant le renouveau de la guerre sans doute en 530 (Mal., XVIII, 44, p. 449-450 B. = p. 378 Thurn) : Ηὕραμεν ἐν τοῖς ἡμετέροις ἀρχείοις ἀναγεγραμμένα ἀδελφοὺς ἡμᾶς ἀλλήλων εἶναι, καὶ ἐάν τις ἐπιδεηθῇ σωμάτων ἢ χρημάτων, παρέχειν τὸν ἕτερον. Καὶ μεμενήκαμεν ἐξ ἐκείνου καὶ μέχρι τοῦ παρόντος οὕτως διατελοῦντες. Devant Rufin (*Rufinus* 13, voir *PLRE* II, s.v., p. 954-957), Khawad rappelle les rétroactes de l'affaire (Procop., *Pers.*, I, 16, 4) : Πύλας γὰρ τὰς Κασπίας ἡμεῖς ἔσχομεν ἐπὶ τῶν Περσῶν τε καὶ Ῥωμαίων ἀγαθῷ βιασάμενοι τοὺς ἐκείνῃ βαρβάρους, ἐπεὶ Ἀναστάσιος ὁ Ῥωμαίων αὐτοκράτωρ, ὥς που καὶ αὐτὸς οἶσθα, παρὸν αὐτὰς χρήμασιν ὠνεῖσθαι, οὐκ ἤθελεν, ὅπως μὴ στράτευμα εἰς πάντα τὸν αἰῶνα ἐνταῦθα ἔχων χρήματα μεγάλα ὑπὲρ ἀμφοτέρων προΐεσθαι ἀναγκάζηται.

81. Amm., XXV, 7, 7. Bandy [(1983), p. 327] rappelle les deux préfectures exercées par Saturninus Secundus Salutius (1er mars 362-30 juin 365 et 2 novembre 365-printemps de 367), d'après *PLRE* I, p. 464 et Ven. Grumel, *La chronologie*, p. 367.

82. Amm., XXV, 7, 5.

83. Amm., XXV, 7, 9 ; pour le sort de la population et des garnisons, voir XXV, 7, 11. Rome abandonnait aussi l'Arménie à son triste sort (XXV, 7, 12).

84. Du côté romain se trouvaient Arintheus et Salutius, du côté perse, Suréna et un autre grand (Amm., XXV, 4, respectivement 7 et 5), que Jean (III **52** 3) nomme Ἰσδιγέρδης (voir *PLRE* I, s.v. *Isdegerdès*, p. 464), en le confondant avec Yezdegerd II, le roi de Perse (438-457), comme le fait observer avec pertinence An. Bandy [(1983),

étaient loin cependant d'avoir tout réglé. Dans la mesure où Rome désormais refusait de soutenir Arsace, les Parthes pouvaient estimer qu'ils avaient les mains libres pour intervenir en Arménie et même en Ibérie, région dont ne traitaient pas les clauses du traité de paix[85]. Sous Valens, en 378, on décida, au moins pour un temps, de procéder à un nouveau partage des influences en Arménie[86]. Un accord durable ne fut signé, probablement en 387, que sous Shapur III et Théodose Ier : l'Arménie fut partagée entre deux rois de la maison des Arsacides, des fantoches naturellement, en manière telle que quatre cinquièmes du pays tomberaient sous la suzeraineté parthe, Rome ne gardant la prépondérance que sur les districts confinant à l'Empire (**52** 3)[87]. Peu à peu, à partir de 390, la prépondérance se mua en souveraineté directe. Le climat des relations entre Romains et Parthes évolua dans un sens positif durant la majeure partie du Ve s. C'est que, de part et d'autre, on avait à défendre vigoureuse-

p. 327] en prêtant à la *PLRE* I, *l.l.*, une prise de position qui n'y figure pas. Jovien avait en l'occurrence à préserver un équilibre délicat entre la faction fidèle à Julien, représentée par Salutius, et les partisans de Constance II, probablement chrétiens, comme Arintheus [J. Fontaine, (1977), p. 256 (n. 643]. Suréna est le nom d'une grande famille de Perse [J. Fontaine, (1977), p. 255 (n. 641)], à moins que ce ne soit un titre de fonction. Les négociations eurent lieu du 8 au 11 juillet 363.

85. L. Angliviel de la Beaumelle, (1999), p. 213 (n. 227 à la p. 61). Voir R.C. Blockley, *The romano-persian Treatises of A.D. 299 and 363*, dans *Florilegium*, 6 (1984), p. 28-49 ; *The Division of Armenia between the Romans and Persians at the End of the fourth Century*, dans *Historia*, 36 (1987), p. 227-228.

86. Amm., XXX, 2, 1-8 ; XXXI, 7, 1, voir E. Stein, *Bas-Empire*, I, p. 187 et I 2, p. 517, n. 178.

87. E. Stein, *Bas-Empire*, I, p. 205-206. En 384, selon M. Whitby, (1988), p. 204, cf. A.Bandy, (1983), p. 328 (n. à la p. 214, l. 2), qui, en citant A.H.M. Jones, *PLRE* I, 851 et Grumel, Ven., *Chronologie*, p. 351, signale que ce Sporacius, envoyé de Théodose Ier en 383, était peut-être l'ancêtre de Fl. Sporacius qui fut consul dans la partie orientale de l'Empire en 452. Aucune autre source ne mentionne l'activité de ce personnage.

ment les frontières septentrionales et orientales contre les incursions, des Goths et des Huns, pour les Romains, des Hephtalites notamment, du côté parthe[88]. À sa mort, en 408, Arcadius confiait dans son testament[89] son successeur, son fils Théodose II, à la tutelle d'Yesdigerdès Ier. Le souverain parthe (399-421) fit preuve d'une loyauté admirable en acceptant. Pendant tout son règne, il n'entreprit rien contre l'Empire[90]. La politique favorable au christianisme qu'il mena à l'intérieur de ses états lui valut le surnom de " Pécheur " et entraîna une réaction hostile de son fils et successeur Vararanès V (Bahram : 421-438/439).

Immédiatement après, Jean mentionne le nom de Yesdigerd (**52** 3). Il ne peut évidemment s'agir de Yesdigerd Ier mais de son petit-fils Yesdigerd II (438/439-457). En réalité, l'embellie se troubla en 422, peu après l'avènement de Vararanès V, qui inaugura une nouvelle période de persécution du christianisme. Les victimes s'enfuirent dans le giron de l'empire, à qui elles réclamèrent du secours. Il s'ensuivit une guerre de courte durée sur

88. M. Whitby, (1988), p. 204-205. Les Hephtalites ou Huns blancs venaient de la province chinoise de Kan-su et avaient envahi d'abord les régions du Tokharistan. Ils n'étaient probablement pas de vrais Huns ; le nom de Huns blancs aurait été donné initialement à une autre peuplade, celle des Chionites, puis il serait passé ensuite à celle des Hephtalites, voir A. Christensen, (1944), p. 293, n. 2.

89. Procop., *Pers.*, I, 2, 7-10, voir aussi Agath., IV, 26, 3-4, où est cité Procope, et Thphn., A.M. 5900, p. 80, l. 8-19. Les autres sources disponibles sont en syriaque et beaucoup plus tardives, voir B. Rubin, art. *Prokopios von Kaisareia,* dans *RE* XXIII, 1 (1957), col. 361. En fait, le climat avait déjà commencé à se détériorer dès la fin du règne de Yazdgard Ier, en raison de certains membres du clergé chrétien. La nouvelle guerre fut de courte durée et les deux parties signèrent un texte accordant la liberté de culte tant aux chrétiens qu'aux mazdéens sur le territoire des deux empires, et recommandant à Rome de contribuer à l'entretien des forteresses frontalières du nord-est, voir A. Christensen, (1944), p. 281. Sur le roi Isdigerdes Ier (399-421), voir aussi *PLRE* II, s.v. *Isdigerdes* I, p. 627.

90. Agath., IV, 26, 8.

laquelle les sources ne nous renseignent qu'imparfaitement[91]. En 441, les deux empires se heurtèrent à nouveau, en sorte que Théodose II fut contraint à demander la paix par l'entremise du patrice Hélion et d'Anatolios, stratège du Levant : probablement l'entretien des forteresses de Biraparach (**52** 4) était-il un des points en litige. Le traité interdisait aussi de construire des fortifications tout près de Nisibe[92], en sorte que la Mésopotamie romaine était fort mal protégée contre les incursions perses. Les camps retranchés d'Amida et de Constantine étaient situés trop loin de la frontière[93]. En somme, on revenait aux dispositions de 363[94]. C'est ce qui expliquerait le raccourci de Jean qui mentionne Yesdigerd II aussitôt après Salutius.

Naturellement, les Romains mirent à profit les difficultés intérieures de l'adversaire pour contester les clauses financières touchant l'entretien des garnisons à la frontière caucasienne. Jean glisse allusivement (**53** 2) sur ces faits, qui marquèrent le règne de Léon Ier. Entre 457 et 484, l'empire perse était tombé au plus bas sous le règne de Pérozès (Pérôz), qui laissa la noblesse et l'église mazdéenne mettre l'État en coupe réglée[95]. En 456 déjà, sous

91. Thdt., *HE,* V, 39, 1, d'après qui un évêque nommé Abdas aurait montré l'exemple de l'intolérance en détruisant un bûcher édifié par des Mazdéens ; Socr., *HE,* VII, 18 ; Marcell., *Chron*., a. 422, 4 ; Thphn., A.M. 5918, p. 85-86.

92. Procop., *Pers.,* I, 11, 16 ; 17, 6, avec E. Stein, *Bas-Empire* II, p. 100. R.C. Blockley [(1985), p. 66] croit que pour la passe du Caucase on ne parvint à rien de concluant lors de ces négociations.

93. Le fait est bien indiqué par Procope (*Pers.,* I, 17, 25).

94. Procop., *Pers.,* I, 12 ; Socr., *HE,* VII, 20, 1-2, avec le commentaire d'O. Veh [(1970), p. 458-459]. Il n'y eut pas de modification sensible par rapport aux dispositions prises antérieurement, d'après A. Christensen [(1944), p. 283].

95. À deux reprises, soutenu par le clergé, il avait affronté les Huns blancs ou Hephtalites et subi défaites sur défaites (Procop., *Pers.,* I, 3-4, 13). Sur le règne de Pérozès, voir A. Christensen, (1944), p. 289-294 et *PLRE* II, s.v. *Perozes,* p. 860.

le règne de Marcien, une expédition militaire romaine était partie en direction de la Colchide, dont le roi Goubazès jura allégeance à l'Empire dix ans plus tard[96]. En 468, ce dernier attaqua la Suanie, une région proche sous l'autorité des Sassanides, mais, après quelques succès des Parthes, Léon renonça à soutenir les efforts de l'allié lazique. Quand l'empereur décida de suspendre les contributions à l'adversaire oriental, Pérozès ne put émettre qu'une inutile protestation[97]. D'ailleurs, battu à plates coutures par les Hephtalites, il mourut sous leurs coups au début de 484[98]. Les paiements furent, semble-t-il, repris par Zénon, au moins pendant quelques temps à partir de 483[99]. La situation allait encore être troublée dans l'empire sassanide pendant quelques années. La noblesse installa sur le trône le frère de Pérozès, Valash (Βλάσης dans les sources grecques), qui régna quatre années seulement avant d'être destitué et aveuglé[100]. Ce

96. E. Stein, *Bas-Empire,* I, p. 352-353.

97. E. Stein, *Bas-Empire,* I, p. 357.

98. Josué le Stylite, 11, p. 8-9 Wright (= p. 11 Trombley-Watt = p. 40 Luther) ; Lazare de Pharbe, 73 ; 78 (Collection des historiens de l'Arménie II, p. 349-351 ; p. 357 Langlois) ; Élie de Nisibe, dans CSCO Scr. syr. III, 7, p. 55, 14 Brooks, qui semble indiquer une éclipse ; Procop., *Pers.,* I, 4, 32. Sur la mort de Pérozès, voir A.Christensen, (1944), p. 294.

99. Josué le Stylite, 8 p. 7 Wright (= p. 8-9 Trombley-Watt = p. 39 Luther), voir aussi E. Stein, *Bas-Empire,* II, p. 64 avec la n. 4.

100. A. Christensen, (1944), p. 296-297, avec Josué le Stylite, 19 p. 12-13 = p. 16-17 Trombley-Watt = p. 44 Luther. Le récit de Procope est fort différent. Précédemment, le fils de Pérozès, Kavadh (Καβάδης dans les sources grecques) aurait régné deux ans, avant d'imposer à son peuple la mise en commun des femmes (*Pers.,* I, 6, 17). L'innovation aurait suscité une révolution de palais qui lui fit perdre le trône. Christensen [(1944), p. 348] évoque cet épisode, qu'il situe en 496 (*Pers.,* I, 5, 1-2). L'évasion de Kavadh a donné lieu à des récits romanesques que rapporte Procope par exemple. Dans le même passage, on lit une description fort détaillée du supplice de Valash (cf. Thdr.Lect., p. 156, l. 11 = J. Diacr., *Ep.* du livre VIII). On notera toutefois que, selon Agathias (IV, 28, 6-7), le souverain intérimaire, un autre fils de Kavadh, s'appelait Ζαμάσφης et céda le pouvoir à Kavadh sans qu'il y eût le moindre déchaînement de violence.

fut en 498 ou 499 seulement que Kavadh, le fils de Pérozès, put reprendre avec fermeté les rênes du pouvoir. Obligé lui-même de verser tribut au roi des Hephtalites, qui l'avait aidé à monter sur le trône, Kavadh s'adressa à Anastase Ier aux fins d'obtenir un prêt. Les conseillers de l'empereur firent valoir que l'or romain servirait à renforcer l'alliance entre les Parthes et les Hephtalites. Anastase aurait exigé un document écrit : c'était obliger l'adversaire à renoncer aux droits acquis depuis longtemps et encore rappelés en 442. Le refus sonna les débuts d'une nouvelle guerre, commencée à l'été 502[101].

La guerre aurait connu deux phases : une série de défaites d'abord, que les Romains eussent évitées sans les fautes des généraux en charge, Aréobindus, Patricius et Hypatios ; puis une période de redressement au cours de laquelle Amida fut reconquise et qui ramena le Sassanide à la table des négociations (**53** 2). Le récit est évidemment tendancieux. Jean commence par s'en prendre avec virulence au comportement des généraux en charge, à Aréobindus pour son goût des chants, de la flûte et de la danse[102], à Hypatius et à Patricius pour leur lâcheté[103].

101. A. Christensen [(1944), p. 352] utilise ici Procope (*Pers.*, I, 7, 1-3) qu'il ne mentionne pas. Le jeu diplomatique est bien marqué par Thphn., A.M. 5996, p. 144, l. 21-26 : Τούτῳ τῷ ἔτει Καβάδης, ὁ τῶν Περσῶν βασιλεύς, χρήματα ἀπαιτεῖ 'Αναστάσιον. 'Ο δὲ 'Αναστάσιος, εἰ μὲν δανείσασθαι βούλοιτο, ἔγγραφον ὁμολογίαν ἔλεγε ποιῆσαι, εἰ δὲ ἄλλῳ τρόπῳ, μὴ διδόναι. Ὅθεν παρασπονδήσας τὴν γενομένην πρὸς Θεοδόσιον τὸν νέον ἔμποσθεν εἰρήνην ἐπέρχεται μετὰ πλήθους πολλοῦ Περσικοῦ τε καὶ ἐπεισάκτου πρότερον μὲν 'Αρμενίαν καὶ λαμβάνει Θεοδοσιούπολιν (...), cf. Thdr.Lect., p. 156, l. 12-14 Hansen = J. Diacr., *Ep.*, 552 du livre VIII : 'Αναστάσιος ὁ βασιλεὺς Κωάδου χρήματα παρ' αὐτοῦ ζητήσαντος ἀπεκρίνατο, εἰ μὲν δανείσασθαι βούλοιτο, γραμματεῖον ποιῆσαι, εἰ δὲ ἄλλως, οὐ δίδωσιν· καὶ ὅτι διὰ τοῦτο Κωάδης κατὰ 'Ρωμαίων ἐστράτευσεν, voir R.C. Blockley [(1985), p. 68].

102. Nous ne connaissons pas de texte où les trois données soient rapprochées comme ici.

103. Les protagonistes mentionnés ici sont respectivement Flavius Aréobindus Dagalaiphus Aréobindus I, Flavius Hypatius 6 et Flavius Patricius 14, dans la *PLRE* II, voir aussi les notes *ad loc.*

Ce dernier était déjà âgé au moment où la guerre s'ouvrit[104].

La campagne, que fit Aréobindus en qualité de *magister utriusque militiae per Orientem,* ne fut pas sans mérite, quoi qu'écrive Jean le Lydien[105]. Aux trois noms de généraux cités ici, Procope ajoute celui de Celer[106]. En mai 503, le point de départ des armées fut fixé à Édesse en Osrhoène et à Samosate en Euphratésie[107]. Aréobindus installa son campement, avec une armée de 12.000 hommes, sur la frontière proche de Daras et d'ʿAmmudin, et Patricius et Hypatius, chargés d'assiéger Amid[108], à Siphrios. Aréobindus réussit à déloger Kavadh de Nisibe, non sans tuer un des principaux généraux ennemis[109]. Marri de sa défaite, Kavadh, qui s'était replié, lança une énorme armée contre Aréobindus. Obligé de céder, celui-ci eut beau lancer des appels au secours à ses deux collègues. Devant la masse des troupes qui étaient venues en juillet gonfler l'armée des Perses, des renforts de Huns et d'Arabes notamment, il dut battre en retraite sur Tella puis sur Édesse[110]. Sous la plume de Procope, les faits prennent l'allure d'une franche défaite[111] :

104. Zacharie, *HE,* VII, 4 p. 20, 27-28 Brooks : *vir senex aequus ac fidelis, verumtamen ingenio parum acuto.*

105. Τῆς ἑῴας τότε στρατηγός écrit Procope (*Pers.*, I, 8, 1), στρατηλάτης ἀνατολῆς, selon Jean Malalas [XVIII, 9 p. 326, 39 Thurn (p. 398, l. 19 B) = Eustathe, fr. 7].

106. *Perses,* I, 8, 2. Chez Malalas (p. 398, l. 22 B.), Celer devient Ἄππιον.

107. Thphn., A.M 5997, p. 146, 6-7 de Boor.

108. Josué le Stylite, 54, p. 63 Wright (= p. 64-65 Trombley-Watt).

109. Thphn., A.M 5997, p. 146, 7-16 de Boor ; Josué, *Chr.,* 54 (p. 44 Wright = p. 65 Trombley-Watt = p. 69 Luther).

110. Josué, *Chr.* 55 (p. 44 Wright = p. 67 Trombley-Watt = 69-70 Luther).

111. Procop., *Pers.*, I, 8, 11-19 : Ἀρεόβινδος δὲ ἐπειδὴ Καβάδην παντὶ τῷ στρατῷ ἐπιέναι σφίσιν ἐπύθετο, ἀπολιπὼν τὸ στρατόπεδον ξὺν τοῖς ἑπομένοις ἅπασιν ἐς φυγὴν ὥρμητο καὶ ἐς Κωνσταντίναν δρόμῳ ἐχώρει. Ἐπελθόντες δὲ ὀλίγῳ ὕστερον οἱ πολέμιοι ἔρημον ἀνδρῶν αὐτοῖς χρήμασι τὸ στρατόπεδον εἷλον.

Lorsqu'il eut appris que Cabadès fonçait sur eux avec son armée entière, Aréobindus abandonna son armée, prit la fuite avec tous ses seconds et, à bride abattue, fit retraite en direction de Constantine. Arrivé un peu plus tard, l'ennemi s'empara du campement vide d'hommes avec ses richesses. Ensuite, il fila à toute vitesse à la rencontre de l'autre armée des Romains. Les troupes de Patricius et d'Hypatius, qui avaient rencontré huit cents Ephtalites, l'avant-garde de l'armée perse, les avaient tués presque tous. (En août 503), *sans rien savoir de l'entourage de Cabadès et de son armée, parce qu'elles avaient remporté une victoire, elles étaient au camp sans instaurer la moindre garde. Quant aux armes, elles les avait déposées et vaquaient au repas de midi. Déjà en effet le moment du jour y invitait. Un ruisseau courait à l'endroit, et les Romains avaient commencé à nettoyer la viande, dont ils allaient faire leur repas. Accablés par la chaleur, certains avaient même jugé bon de faire trempette. Partant, l'eau*

Ἔνθεν τε κατὰ τάχος ἐπὶ Ῥωμαίων τὸ ἄλλο στράτευμα ᾔεσαν. Οἱ δὲ ἀμφὶ Πατρίκιον καὶ Ὑπάτιον Ἐφθαλίταις ἐντυχόντες ὀκτακοσίοις, οἳ τοῦ Περσῶν στρατοῦ ἔμπροσθεν ᾔεσαν, σχεδόν τι ἅπαντας ἔκτειναν. Οὐδὲν δὲ ἀμφὶ τῷ Καβάδῃ καὶ τῇ Περσῶν στρατιᾷ πεπυσμένοι, ἅτε νενικηκότες, ἀδεέστερον τῇ διαίτῃ ἐχρῶντο. Τὰ γοῦν ὅπλα καταθέμενοι ἄριστον σφίσιν ἡτοίμαζον. Ἤδη γὰρ τῆς ἡμέρας ὁ καιρὸς ἐνταῦθα ἦγε. Ῥύαξ δέ τις ἔρρει ἐν τούτῳ τῷ χώρῳ, ἵνα Ῥωμαῖοι τὰ κρέα καθαίρειν ἤρξαντο, οἷς δὴ σιτίζεσθαι ἔμελλον. Τινὲς δὲ ἀχθόμενοι τῷ πνίγει καὶ λοῦσθαι ἠξίουν. ταύτῃ τε ταραχθὲν τὸ τοῦ ῥύακος ὕδωρ πρόσω ἐχώρει. Καβάδης δὲ τὰ ἐς τοὺς Ἐφθαλίτας ξυμπεσόντα μαθὼν ἐπὶ τοὺς πολεμίους κατὰ τάχος ᾔει. Κατιδών τε συγκεχυμένον τὸ τοῦ ῥύακος ὕδωρ καὶ ξυμβαλὼν τὸ ποιούμενον ἔγνω ἀπαρασκεύους τοὺς ἐναντίους εἶναι, καὶ κατὰ κράτος ἤδη ἐπ' αὐτοὺς ἐλαύνειν ἐκέλευεν. Αὐτίκα τε αὐτοῖς ἑστιωμένοις τε καὶ ἀνόπλοις οὖσιν ἐπέστησαν. Ῥωμαῖοι δὲ οὐκ ἐνεγκόντες τὴν ἔφοδον ἐς ἀλκὴν μὲν τὸ παράπαν οὐκ ἔβλεπον, ἔφευγον δὲ ὡς ἕκαστός πῃ ἐδύνατο, καὶ αὐτῶν οἱ μὲν καταλαμβανόμενοι ἔθνησκον, οἱ δὲ ἀνιόντες εἰς τὸ ὄρος, ὃ ταύτῃ ἀνέχει, ἐρρίπτουν αὑτοὺς κατὰ τὸ κρημνῶδες ξὺν φόβῳ καὶ θορύβῳ πολλῷ. Ὅθεν δὴ οὐδένα σεσῶσθαί φασι, Πατρίκιος δὲ καὶ Ὑπάτιος κατ' ἀρχὰς τῆς ἐφόδου διαφυγεῖν ἴσχυσαν. Hypatios et Patricius avaient abandonné le siège d'Amida pour s'en prendre à un détachement d'Ephtalites.

du ruisseau était troublée en aval. Cabadès, lui, qui avait appris ce qui était arrivé aux Ephtalites, avançait à toute vitesse contre l'ennemi. Lorsqu'il eut remarqué que l'eau du ruisseau était brouillée et qu'il en eut déduit ce qui se passait, il comprit que ses adversaires n'étaient point prêts et il fit foncer contre eux à toute allure sans attendre. Aussitôt, il fut sur eux, qui étaient à table et sans armes. Les Romains, qui avaient plié devant l'attaque, n'avaient pas le moindre souci de se défendre, mais s'enfuyaient chacun par les moyens qu'il trouvait ; surpris, les uns étaient tués ; les autres, grimpant sur la montagne dominant l'endroit, se jetaient dans le précipice, complètement terrorisés et affolés. C'est pourquoi, dit-on, personne n'en sortit sain et sauf, mais Patricius et Hypatius, dès le début de l'attaque, avaient eu la ressource de filer entre les mailles.

Hypatius et Patricius trouvèrent refuge à Samosate[112]. Assiégé par Kavadh à Édesse en août et septembre, Aréobindus, de son côté, s'efforçait de négocier avec lui pour faire lever le siège, mais le roi se montra intraitable[113].

À l'automne 503, Hypatius fut rappelé à Constantinople et il fut remplacé par Celer[114].

En janvier ou février 504, lorsqu'il eut entendu dire que les Perses mettaient à profit l'occupation d'Amida pour la munir d'armes et de nourriture, Patricius quitta Mélitène, où il passait l'hiver, pour investir Amida, où il fit main basse sur le convoi de ravitaillement ; après quoi, à l'approche des renforts perses, il commença par se retirer, puis il les attaqua et captura les chefs avant de

112. Trombley-Watt, p. 84, n. 402 ; Josué le Stylite, 57 (p. 46 Wright = p. 70 Trombley-Watt = p. 71 Luther) ; Marcell. Comes, a. 503.

113. Josué le Stylite, 58-63 (p. 46-54 Wright = p. 71-82 Trombley-Watt = 71-77 Luther).

114. Le nom de Céler, peut-on supposer, devient Pharasmane, Josué le Stylite, 88 [p. 70 Wright = p. 108 Trombley-Watt (voir p. 64, n. 307 et p. 108, n. 503) = p. 89 Luther (avec la note p. 209-210)] ; Malal., XVIII, 9 p. 326, 47-50 Thurn (p. 399 B.) ; Procop., *Pers.*, I, 9, 1 (où le nom d'Hypatius est confondu avec celui d'Aréobindus).

reprendre le siège d'Amida[115]. Patricius mina et détruisit une partie des murs extérieurs, mais il dut s'arrêter en raison de l'activité accrue de l'ennemi[116]. Plus tard, Céler le rejoignit à Amida, avec le gros de l'armée romaine[117]. Laissant Patricius à Amida, Céler emmena le gros des troupes en Perse, où il enfonça profondément les troupes ennemies[118]. Durant l'été de 504, Aréobindus se lança dans la reconquête de l'Arménie perse, qu'il dévasta sans rencontrer beaucoup d'opposition, avant de retourner à Amida, en passant par Nisibe. Non loin de là, il tendit une embûche avec succès[119]. Après quoi, Patricius se retira à Mélitène, Aréobindus à Antioche pour passer l'hiver, et Céler à Constantinople, pour y rendre compte à l'empereur[120].

À la fin de la guerre (504/505), Céler contribua à la négociation pour la rançon d'Amida[121], où sévissait une atroce famine dans la population civile. La cité fut rendue à l'Empire, au prix de mille livres d'or, au cours d'une trêve[122]. Les tractations ne s'achevèrent qu'en novembre

115. Josué le Stylite, 66 (p. 55-56 Wright ; p. 83-85 Trombley-Watt = p. 77-78 Luther).

116. Josué le Stylite, 71 (p. 58-59 Wright = p. 88-89 Trombley-Watt = p. 79-80 Luther).

117. Josué le Stylite, 71, p. 58-59 Wright, et surtout p. 89, n. 425 Trombley-Watt, cf. Procop., *Pers.*, I, 9, 1 : οἱ δὲ λοιποὶ ἐς Ἄμιδαν ἀφικόμενοι χειμῶνος ὥρᾳ ἐς πολιορκίαν καθίσταντο.

118. Josué le Stylite, 75 [p. 61 Wright = p. 91 Trombley-Watt (avec la n. 437) = p. 82 Luther].

119. Josué le Stylite, 75 (p. 61 Wright = p. 92-93 Trombley-Watt = p. 82 Luther).

120. Josué le Stylite, 87 (p. 68 Wright = p. 105 Trombley-Watt = p. 88 Luther).

121. Marcell. Comes, a. 503.

122. C'est le chiffre de Procope, qui équivaut à 72.000 sous (*Pers.*, I, 9, 4). Il s'agirait de 1100 livres (= 79.200 sous), d'après Zacharie le Rhéteur (*HE,* VII, 5, p. 23 Brooks) *undecim centenaria*, de trois talents seulement, d'après Thphn., A.M. 5998, p. 148, l. 25, c'est-à-dire 30.000 sous d'or au maximum, voir E. Stein, *Bas-Empire,* II, p. 98, n. 3.

506 avec la conclusion d'un traité signé pour sept ans. L'empereur s'engageait à verser chaque année la somme de 550 livres, soit 39.600 sous d'or[123]. Jean minimise la portée des concessions d'Anastase (**53** 3). La guerre avait, en définitive, tourné à l'avantage de Constantinople, qui ne manqua pas d'exploiter aussitôt son avantage territorial. À peine les Perses avaient-ils quitté Amida qu'Anastase la faisait restaurer à ses frais. Les aménagements constituèrent sans doute d'importants renforcements, car les occupants perses ne s'en étaient pas pris aux constructions[124]. Dès l'automne de 505, l'empereur transforma le village de Dara, situé à 18 km de Nisibe et à 5 km de la frontière, en puissante forteresse, il le détacha du territoire d'Amid et l'éleva au rang de cité en lui donnant le nom d'Anastiopolis. De Constantine, la résidence du duc de Mésopotamie fut transférée à Dara[125], qui désormais, sur le plan stratégique, faisait le contrepoids à Nisibe. Les Perses étaient en effet les perdants du conflit[126]. La paix signée en 363 par Jovien avait perdu le plus gros de ses effets nocifs.

La responsabilité de la catastrophe essuyée durant la première année du conflit incombait autant à Patricius qu'à Hypatios. Or, celui-ci fut le seul à être remplacé au front des troupes. Naturellement, dans son *Panégyrique d'Anastase,* Priscien passe sur l'incident comme chat sur braise[127] :

123. Pour la durée de validité du traité, Procop., *Pers.,* I, 9, 24. Nous donnons les chiffres d'E. Stein (*Bas-Empire* II, p. 99, avec la n. 5).

124. Évagr., *HE,* III, 37, p. 135, l. 32-p. 136, l. 1 et, pour l'état des bâtiments, Procop., *Arc.,* 23, 7.

125. Procop., *Pers.,* I, 22, 3.

126. Les Perses auraient souhaité pouvoir faire obstacle aux desseins d'Anastase, mais une invasion de Huns appelait l'armée sur l'autre front. Cabadès fit valoir que le traité de 442 n'autorisait en rien l'établissement de nouvelles garnisons romaines (Procop., *Pers.,* I, 11, 16).

127. Prisc., *Anast.,* 298-300 : *Hypatii vestri referam fortissima*

Rapporterai-je les si vaillants exploits de votre Hypatios
Qui repousse les peuplades scythes loin des rives du Danube
Et dont le Parthe a vu la vaillance et senti la force redoutable.

L'ordre d'énonciation des données est l'inverse de celui que suggérerait la chronologie. L'expédition en Perse n'a en somme servi que de mise en bouche pour l'étape militaire suivante au cours de laquelle Hypatios au début de 513 eut à prendre la responsabilité des troupes sur le front thrace. Dans son cas, le jugement féroce de Jean le Lydien (III **53** 2) n'est pas dépourvu d'une certaine pertinence. À la différence d'Hypatios, Patricius paraît avoir fait une carrière militaire ininterrompue jusqu'en 518. Si l'on met à part les premières escarmouches de la guerre qui furent en effet désastreuses, en raison de son association avec Hypatios, il n'a point démérité par la suite. La haine que nourrissait Hypatios pour Aréobindus conduisit à une sorte de trahison sur le terrain.

Le nom du troisième homme avait de quoi étonner, au moins dans les troupes byzantines. Il est sûrement d'origine gotique[128], et l'on n'en lit point de pareil ailleurs dans le traité. Pour le dignitaire, on connaît la titulature en entier parce que pour son consulat de 506 il avait fait fabriquer les diptyques d'usage : on a conservé deux exemplaires au complet et trois autres, dont un panneau seulement est parvenu jusqu'à nous[129]. Sur le premier

facta | qui Scythicas gentes ripis repellit ab Histri, | quem vidit validum Parthus sensitque timendum. Nous adoptons le texte d'A.Chauvot [(1986), p. 67], mais nous modifions la traduction (p. 83).

128. Pour Aréobindus, on le décompose en *Ario-/Aria-* et *–bindus*. La seconde partie doit être rattachée au gotique *bindan* qui signifie “ lier ”. Semblablement, *Dagalaïfus* contient la racine de *Tag* “ jour ” et le gotique *laiba* “ vestige, reliquat ”, voir M. Schönfeld, *Wörterbuch der altgermanischen Personen- und Völkernamen,* Heidelberg, 1911, s.v. respectivement p. 27 et 68-69.

129. Voir *PLRE* II, s.v. Fl. Aréobindus Dagalaiphus Aréobindus 1,

panneau se lit le nom au complet, suivi de *v.i.* (*vir inlustris*), sur le second, la titulature. Le diptyque de Lucques est muni sur les deux panneaux d'un monogramme au nom d'Aréobindus et de dessins symboliques : en haut, des cornes d'abondance dont surgissent des rameaux ; en bas, un panier rempli de fruits. Le diptyque de Zurich et ses succédanés portent une imagerie tout aussi éloquente. En haut, le consul est assis sur un siège curule orné de têtes de lion ; la main droite levée tient une *mappa,* pour marquer l'ouverture des jeux ; la gauche un sceptre sur lequel s'élève un aigle au milieu d'une couronne, sur laquelle se voit la figure d'un homme (l'empereur ?) avec un bouclier et une lance ; derrière ce personnage se dressent deux hommes en chlamydes ; sur les deux côtés du siège se montrent, mains levées, deux victoires qui tiennent un bouclier avec une protome. En bas, on découvre les jeux du cirque avec huit têtes de spectateurs ; sur le panneau de gauche, des hommes au combat avec des lions, sur l'autre, des hommes avec des ours, un cheval avec un ours, un lion avec un taureau. Les vainqueurs reçoivent des couronnes[130]. Faut-il chercher ici une sorte de programme des jeux que se proposait de donner le consul entrant en fonction ?

L'ouverture des jeux donnait lieu à des réjouissances, d'après notre auteur[131] :

p. 143. Les diptyques complets sont *CIL* XI, 8137 (conservé à Lucques) et XIII, 5245 (= 10032) = *ILS* 1303 = *I.L.C.V.* 71 (conservé à Zurich). Un panneau identique au premier de Zurich est conservé à Besançon (Musée Coste) et à Paris (chez Basilewski), un autre exemplaire du second à Paris (Musée de Cluny), voir respectivement *CIL* XIII, 3 b, d et c.

130. Sur les jeux et le rôle des consuls, voir t. I, p. DXCV.

131. *Mois,* I, 12 p. 6, 2-4 W. : εἰώθησαν γὰρ οἱ ὕπατοι εὐωχεῖσθαι πρότερον ἐν τῷ θεάτρῳ καὶ μετὰ τὴν εὐωχίαν τὰ τῶν χειρῶν ἐκμαγεῖα ῥιπτεῖν.

Les consuls avaient pris en effet l'habitude de donner un banquet au théâtre et après le banquet, de jeter les mouchoirs de leurs mains

La description du comportement d'Aréobindus est surprenante. Jean la compose à l'aide d'une alliance de mots qui se retrouve deux fois seulement dans la littérature conservée. Précédemment, φιλορχήμων n'apparaît que chez Arrien[132], où il s'agit des Indiens ; le groupement φιλῳδὸς καὶ φίλαυλος ne figure dans le même ordre, que chez Élien, où il est question des dauphins de la légende d'Arion[133] :

Que l'espèce des dauphins ait le goût du chant et de l'aulos, Arion de Méthymne aussi suffit à l'attester, d'après la statue qu'il a sur le Ténare et l'épigramme qu'elle porte en-dessous : " Tel est l'équipage qui sauva de la mer sicilienne Arion, fils de Cycleus, escorté d'immortels ". Un hymne pour remercier Poséidon : pour témoigner du goût qu'ont les dauphins pour les Muses, voilà ce qu'Arion, pour les récompenser de lui avoir sauvé la vie, écrivit en leur honneur.

Le Ténare avait depuis longtemps un culte et des fêtes en l'honneur de Poséidon, auxquelles en mission sur place Gorgos le frère de Périandre eut l'avantage d'assister, d'après le *Banquet des sept sages* de Plutarque[134] :

132. *An.*, VI, 3, 5 : φιλῳδοὶ γάρ, εἴπερ τινὲς ἄλλοι, Ἰνδοὶ καὶ φιλορχήμονες ἀπὸ Διονύσου ἔτι καὶ τῶν ἅμα Διονύσῳ βακχευσάντων κατὰ τὴν Ἰνδῶν γῆν.

133. Él., *NA*, XII, 45 : Τὸ τῶν δελφίνων φῦλον ὥς εἰσι φιλῳδοί τε καὶ φίλαυλοι, τεκμηριῶσαι ἱκανὸς καὶ Ἀρίων ὁ Μηθυμναῖος ἔκ τε τοῦ ἀγάλματος τοῦ ἐπὶ Ταινάρῳ καὶ τοῦ ἐπ᾽ αὐτῷ γραφέντος ἐπιγράμματος. Ἔστι δὲ τὸ ἐπίγραμμα · ἀθανάτων πομπαῖσιν Ἀρίονα Κυκλέος υἱὸν | ἐκ Σικελοῦ πελάγους σῶσεν ὄχημα τόδε. Ὕμνον δὲ χαριστήριον τῷ Ποσειδῶνι, μάρτυρα τῆς τῶν δελφίνων φιλομουσίας, οἱονεὶ καὶ τούτοις ζωάγρια ἐκτίνων ὁ Ἀρίων ἔγραψε.

134. Plut., *B. sept Sages*, 18 (= *Mor.*, 160 E) : Τῆς θυσίας ἐφ' ἡμέρας τρεῖς συντελεσθείσης ὑπ᾽ αὐτοῦ καὶ τῇ τελευταίᾳ παννυχίδος οὔσης καὶ χορείας τινὸς καὶ παιδιᾶς παρὰ τὸν αἰγιαλόν.

La fête organisée s'était achevée au bout de trois jours et le troisième jour se déroulaient une veillée durant toute la nuit ainsi que des chœurs et des jeux le long du rivage.

Le banquet, les jeux et le nom que portait Aréobindus ou Ariobindus dans certaines graphies invitaient à rapprocher ironiquement le prince d'origine barbare du poète à demi-légendaire de la période archaïque. Nous ne savons pas si les soldats l'avaient affublé d'un sobriquet rappelant le nom du vieux barde. Jean a profité de la situation pour brocher dans son évocation une de ces cuistreries dont il est coutumier, sans aucun souci de l'honnêté intellectuelle ou historique.

On aimerait savoir ce que signifie au juste l'expression “ le dernier Aréobindus ” (τοῦ τελευταίου'Αρεοβίνδου). S'il faut l'entendre au sens de “ dernier du nom ”, Jean a tort. Parmi les personnages qu'il aurait pu connaître, on peut citer cinq, voire six porteurs du nom[135]. Parmi eux, seul Aréobindus 2, qui fut *magister utriusque militiae* pour l'Afrique en 545 et patrice en 546, pourrait avoir été le petit-fils du général qui avait mené la guerre contre Kavadh, encore que le rapport de filiation ne repose que sur l'onomastique. Époux d'Anicia Iuliana 3, fille d'un des derniers empereurs d'Occident (Anicius Olybrius 6, d'avril 472 probablement au 2 novembre de la même année, date de sa mort) et, par sa mère, petite-fille de Valentinien III, il eut d'elle un fils, Olybrius 3, qui, encore enfant, fut consul en 491. Marié à une Irène, ce dernier eut d'elle deux filles, mais pas de fils[136]. Quant à Dagalaïphus 1, qui fut comte d'Égypte vers 509[137], ses attaches avec la *gens* Anicia sont rien moins que certaines. Jean veut-il critiquer des prétentions nobiliaires abusives ?

135. Voir *PLRE* III, s.v. *Areobindus* 1-6, p. 107-111.
136. Voir *PLRE* II, s.v. *Olybrius* 3, p. 795.
137. Pour tout ceci, voir *PLRE* II, p. 1310 (stemma IV).

2. La réforme de Théodose Ier

Devant l'histoire, Théodose Ier partage avec Constantin l'honneur de porter le surnom de Grand. Il fut desservi par ses fils qui étaient loin d'avoir ses qualités. Aussi se sentit-il contraint de faire passer une loi aux termes de laquelle l'empereur en personne ne pourrait plus prendre la direction des guerres (II **11** 4 = III **41** 4). Le texte en question n'existe nulle part. Ce qui est vrai, en revanche, c'est que pendant plus de deux siècles, l'empereur agit bien de la sorte[138]. Toujours est-il que déplorant l'incurie de ses fils, Théodose Ier les confia à des préfets du prétoire, faute sans doute d'avoir lui-même le temps de s'occuper d'eux. En Orient, ce pédagogue en chef fut Rufin (II **10** 3 = III **40** 2). On peindra les deux princes comme de “ pâles fleurs de gynécée ”. A-t-on mis en place une légende noire ?

À vrai dire, les deux héritiers, Arcadius et Honorius, qui allaient hériter respectivement de l'Orient et de l'Occident, n'avaient pas été fort bien dotés par Dame Nature. En outre, le 17 janvier 395, à la mort de Théodose s'ouvrait une période de minorité pour l'empire : point d'auspices plus défavorables. Né vers 377, Arcadius n'avait pas la beauté de son père[139] :

> *il était de petite taille, de constitution fragile, presque maladive, avec un teint noirâtre, et sa paresse apparaissait dans ses discours et ses yeux à demi fermés, clos de sommeil, qui s'ouvraient difficilement.*

De surcroît, le jeune homme pouvait avoir des accès de colère redoutables. Ainsi, il fit chasser un jour du palais

138. M. Mc Cormick, (1986), p. 47.

139. Philost., XI, 3 : βραχὺς τῷ μεγέθει καὶ λεπτὸς τὴν ἕξιν καὶ ἀδρανὴς τὴν ἰσχὺν καὶ τὸ χρῶμα μέλας · καὶ τὴν τῆς ψυχῆς νωδείαν οἵ τε λόγοι διήγγελλον καὶ τῶν ὀφθαλμῶν ἡ φύσις, ὑπνηλῶς τε καὶ δυσαναφόρως αὐτοὺς δεικνῦσα καθελκομένους. Nous adoptons la traduction d'Émilienne Demougeot [(1951), p. 9, n. 28]. Pour la date de naissance d'Arcadius, voir D. Kienast, (1990), p. 335.

sa belle-mère Galla[140]. Même si Théodose lui avait confié la responsabilité de l'éducation de son fils, l'influence du philosophe Thémistios fut sûrement très faible, voire nulle, en partie parce qu'elle put s'exercer, dans le meilleur des cas, durant quelques années seulement. Le jeune prince avait dix ans accomplis à peine quand mourut, en 388, l'orateur-philosophe[141]. Ce dernier était fort pénétré du rôle que lui avait imparti Théodose, probablement durant l'hiver 384-385. Il profite de l'occasion pour dresser l'esquisse d'un " miroir du prince "[142] :

Venez donc céans, mon cher enfant, et prenez place sur mes genoux : je vous donnerai le goût de ces chères études et je vous y ferai grandir, non pas comme Phoenix a fait pour Achille, en lui offrant pain et viande, mais en vous présentant la nourriture que la philosophie est seule à élaborer pour les jeunes princes, même quand ils sont d'âge à exercer l'empire, des doctrines mûries, hautes et profitables et qui font la gloire des empereurs d'antan, celles dont furent nourri Cyrus le Grand, le Romain Numa, le glorieux Marc (Aurèle) et le noble Titus, à qui revient ce mot brillant et grand : " Aujourd'hui, je ne me

140. Marcell., *Chr.*, a. 390 (p. 62, l. 23 Mommsen) : *Galla Theodosii uxor ab Arcadio privigno suo eiecta est.*

141. Sur la date de mort de Thémistios, voir H. Dörrie, art. *Themistius*, dans *KP*, 5 (1975), col. 677. c

142. 18 (*Le prince doit écouter le philosophe*), 12 M. = I p. 324, l. 18-p. 325 l. 2 : Δεῦρ' ἴθι οὖν, ὦ φίλε παῖ, ἐπὶ τῶν ἐμῶν καθίζου γονάτων, ὅπως ἄν σε ἐκείνων γεύσαιμι τῶν παιδευμάτων καὶ ἀναθρέψαιμι, οὐχ ὥπσερ ὁ Φοῖνιξ τὸν'Αχιλλέα, σῖτα καὶ ὄψα ἐπάγων, ἀλλὰ τροφεῖα παρέχων ἃ μονη σκευάζει φιλοσοφία τοῖς νέοις βασιλεῦσι καὶ εἴσω τῆς αὐτοκράτους ἡλικίας, λόγους ἐγκάρπους καὶ ὑψηλοὺς καὶ ὠφελίμους καὶ παλαιῶν κλέα αὐτοκρατόρων, οἷς Κῦρος ὁ μέγας ἐτράφη καὶ Νουμᾶς ὁ'Ρωμαῖος καὶ Μάρκος ὁ κλεινὸς καὶ Τίτος ὁ γενναῖος, οὗ τὸ λαμπρὸν καὶ μέγα ἐκεῖνο ῥῆμα ὅτι · " τήμερον οὐκ ἐβασίλευσα · οὐδένα γὰρ εὖ ἐποίησα ". Pour la date du discours, voir R.Maisano, (1995), p. 623. Le mot est célèbre, et en latin, on le trouve pour la première fois chez Suét. (*Titus,* 8, 2) : *atque etiam recordatus quondam super cenam, quod nihil cuiquam toto die praestitisset, memorabilem illam meritoque laudatam vocem edidit : " Amici, diem perdidi. "*

suis pas comporté en roi ; il n'est personne à qui j'aie fait du bien ".

Themistios orchestra le mot à diverses reprises, en l'attribuant à chaque fois, explicitement ou non, à Titus[143]. Pourtant, une Vie d'Aristote le donne à son protégé, Alexandre le Grand[144] :

> *C'est aussi pour qu'il fasse du bien à tous les hommes qu'* (Aristote) *écrit pour Alexandre un livre* Sur la royauté, *en lui enseignant comment on doit régner. Ce livre exerça sur l'âme d'Alexandre une influence telle qu'il disait, quand il n'avait point secouru quelqu'un : " Aujourd'hui, je ne me suis point comporté en roi, car il n'est personne à qui j'aie fait du bien. "*

Le mérite de l'invention revient-il à Titus ou à Alexandre ? L'ennui, pour Alexandre, c'est que la Vie d'Aristote, œuvre peut-être d'un certain Ptolémée el-Garib[145], est fort tardive, IVe s. Le témoignage est repris chez les néoplatoniciens[146]. L'auteur de la Vie cite lui-même, en même temps qu'Andronicos de Rhodes, sa source, un autre Ptolémée. Cette fois, le contexte n'est plus néoplatonicien. Il s'agit du péripatéticien Ptolémée Chennos, connu aussi comme mythographe, qui travailla à la fin du Ier s. de notre ère et au début du suivant, sous

143. 6 (*Fraternité et humanité*), 12 (364-365, à Valens ; le mot est d'un empereur romain, non nommé ; Themistios vient de lire à qui il revient) ; 8 (*Nature du prince*), 8 (empereur anonyme, mars 368, à Valens) ; 13 (*Erôtikos*), 14 (Titus ; sans doute 24 août 376, à Gratien) ; 15 (*À Théodose*), 10 (Titus ; 19 janvier 381).

144. Arist., fr. 646 = *Vit. Arist. Marc.* f. 276 a extr. (p. 5, 2 Robbe) : ἵνα δε καὶ πάντας ἀνθρώπους εὐεργετήσῃ, γράφει τῷ᾽Αλεξάνδρῳ βιβλίον περὶ βασιλείας, διδάσκων ὅπως βασιλευτέον. Ὅπερ οὕτως ἔδρασεν εἰς τὴν ᾽Αλεξάνδρου ψυχὴν ὡς λέγειν ὅτε μὴ ὠφέλησέ τινα " σήμερον οὐκ ἐβασίλευσα · οὐδένα γὰρ εὖ ἐποίησα ".

145. Maroun Aoud, art. *Aristote de Stagire,* dans R. Goulet (éd.), I (1989), p. 414-416, où l'on trouvera un exposé très à jour des problèmes.

146. David (*olim* Elias), *Cat.,* p. 112 dans Busse, *C.A.G.,* XVIII, 1.

Trajan et Hadrien, mais peut-être déjà sous Vespasien[147]. Un autre problème tient au fait que Themistios a prêté le mot à Titus, exactement sous la forme qu'a retenue la Vie d'Aristote. Or, on le trouve sous une forme légèrement différente à peu près à la même époque, sous la plume de Paianios, élève d'ailleurs de Libanios, le traducteur d'Eutrope. Le passage n'a pas d'équivalent dans l'original latin[148] :

> *Un jour qu'il dînait et qu'il faisait un examen de conscience, il regretta que personne n'eût en ce jour bénéficié d'aucune de ses munificences et, comme si pour lui le jour fût perdu, il dit : " Je ne me suis pas comporté en empereur ce jour-ci ; il n'est personne qui grâce à moi ait bénéficié d'une munificence aujourd'hui.*

Paianios avait maintes fois contaminé sa version d'extraits, perdus aujourd'hui en tradition directe ou non conservés par les compilateurs byzantins, prélevés dans l'*Histoire romaine* de Dion Cassius[149]. Les circonstances relatées par le traducteur rappellent celles de la *chrie* de Suétone. De surcroît, la date de 380, à laquelle on situe la publication de la version grecque d'Eutrope[150], est trop tardive pour que l'on y voie la source de Themistios.

Themistios avait-il lu une première version de la Vie d'Aristote ? On peut croire qu'il avait pu le faire. Possé-

147. Καὶ τελευτᾷ (ὁ 'Αριστοτέλης) ἐκεῖσε διαθήκην ἔγγραφον καταλιπών, ἣ φέρεται παρά τε 'Ανδρονίκῳ καὶ Πτολεμαίῳ μετὰ τοῦ πίνακος τοῦ αὐτοῦ συγγράμματος p. 435, 15 Rose, que cite O. Luschnat [(1965), p. 91]. Toutefois, on a proposé d'identifier le Péripatéticien avec el-Garib " l'étranger ". " Chennos " ne serait autre qu'une copie maladroite de ξένος. Sur les difficultés du problème, voir l'exposé de P. Moraux [(1951), p. 292-294].

148. VII, 21 : Δειπνοῦντα δέ ποτε καὶ λογισάμενον ὡς οὐδὲν οὐδεὶς ἐκείνην εὖ πάθοι τὴν ἡμέραν σχετλιάσαι καὶ, καθάπερ αὐτῷ τῆς ἡμέρας ἀπολωλυίας, εἰπεῖν Οὐκ ἐβασίλευσα τὴν παροῦσαν ἡμέραν· οὐδεὶς γὰρ ἐξ ἐμοῦ εὖ πέπονθε σήμερον.

149. J. Kabiersch, (1960), p. 93.

150. P.L. Schmidt, dans R. Herzog, (1993), p. 237.

dant, en grec aussi, une solide formation rhétorique[151], Titus a fort bien pu reprendre, sur le ton de la plaisanterie et pour faire un trait d'esprit, le précepte qu'Alexandre devait à Aristote. Rapportant les données, un érudit de langue grecque a dû collationner l'anecdote de Titus avec l'original et restituer le mot dans la littéralité en le laissant au second utilisateur[152]. Nommer ce correcteur est impossible.

Sur l'éducation d'Arcadius, Zonaras a transmis un autre témoignage auquel on accordera un intérêt surtout symbolique [153] :

> *(Théodose) fit venir de Rome le grand Arsénius, un diacre de l'église occidentale, fameux tant par sa science que par sa vertu ; et il lui confia ses enfants en lui enjoignant de se conduire envers eux non comme s'ils étaient des princes, mais des particuliers, des gens du commun, et de leur donner du fouet s'il les voyait négligents ou oublieux*

151. Suét., *Tit.*, 3, 2 : *Latine Graeceque vel in orando vel in fingendis poematibus promptus et facilis ad extemporalitatem usque.*

152. J. Kabiersch, (1960), p. 92. Kabiersch croit pouvoir conclure que Thémistios ne connaissait pas l'attribution à Aristote. Dans ce cas, on peut trouver étrange qu'apparaisse souvent le nom d'Alexandre dans les passages environnants. En vérité, la mention de Titus convenait mieux aux aspirations pacifistes de Thémistios, surtout dans un empire qui se voulait romain.

153. XIII, 19 : ἐκ Ῥώμης ἤγαγε τὸν μέγαν Ἀρσένιον διάκονον ὄντα τῆς ἐκεῖ ἐκκλησίας, ἐπὶ σοφίᾳ τε καὶ ἀρετῇ περιβόητον · καὶ αὐτῷ τοὺς παῖδας παρέδωκε, μὴ ὡς βασιλεῦσιν αὐτοῖς, ἀλλ' ὡς ἰδιώταις καὶ τοῖς τυχοῦσιν προσφέρεσθαι ἐντειλάμενος, καὶ μαστίζειν, εἰ ἀμελοῦντας δρῴη ἢ παρεξιόντας τι τοῦ καθήκοντος, καὶ ὡς οἰκείοις τούτοις κεχρῆσθαι παισί. Τιμῆς δὲ μεγάλης ἠξίωσε τὸν Ἀρσένιον καὶ χρήμασι κατεπλούτισεν. Ὁ δὲ τοὺς παῖδας παραλαβὼν ἐκείνους μὲν ἐπὶ θρόνων ἐκάθιζεν, αὐτὸς δ' ἑστὼς ἐπλήρου τὴν διδασκαλίαν αὐτοῖς. Καί ποτε ἀθρόον αὐτοῖς ὁ βασιλεὺς ἐπιστὰς καὶ τοὺς μὲν καθημένους εὑρών, ἱστάμενον δὲ τὸν Ἀρσένιον, ἠγανάκτησε, καὶ τοὺς μὲν παῖδας τῶν θρόνων ἐξαναστήσας, καθίσας δὲ τὸν Ἀρσένιον, οὕτω διδάσκειν αυτοὺς διετάξατο. Καὶ ἦσαν ἔκτοτε οἱ μὲν παρεστῶτες τῷ διδασκάλῳ, ὁ δὲ διδάσκων καθήμενος. W. Hagl [(1997), p. 86] paraît admettre les données sans réserve.

de leur devoir, et d'en user avec eux comme avec ses propres enfants. Il accorda de grands honneurs à Arsenius et il le combla de richesses. En accueillant les enfants, Arsénius les fit asseoir sur des trônes et debout lui-même, il se mit à accomplir son enseignement. Un jour, l'empereur survint auprès d'eux à l'improviste et il trouva les enfants assis et Arsénius debout ; irrité, il força les enfants à quitter leurs trônes, il y fit asseoir Arsénius, et il lui commanda de dispenser ainsi son enseignement. Et depuis lors, les élèves se tiennent debout à côté de l'enseignant, et celui-ci est assis.

Saint Arsène est bien connu : né à Rome en 354, il mourut à Troie, tout près de Memphis en Égypte, en 445[154]. L'épisode a valeur étiologique : il explique l'origine d'une technique d'enseignement chère aux Byzantins. Toutefois, la suite a quelque chance de correspondre à la vérité psychologique d'Arcadius[155] :

Pour lors, un jour qu'Arcadius avait commis une faute, le maître lui fit infliger le fouet. Fâché contre lui pour ces raisons, Arcadius ourdit contre lui un complot ; il envisagea de tuer l'homme et il se mit en quête d'un assassin.

Le seul tort du pédagogue aurait été de prendre à la lettre les injonctions de Théodose et son malheur d'avoir en face de lui un élève rancunier.

À première vue, Honorius paraît avoir été mieux pourvu. En tout cas, il a hérité de la beauté de son père[156]. Avec sa belle chevelure blonde[157], il possède de réels

154. A. Kazhdan-Nancy Patterson Sevcenko, art. *Arsenios the Great,* dans *ODB* I (1991), p. 187-188, qui signale le présent passage (p. 188).

155. Ποτὲ τοίνυν παρασφαλέντι τῷ Ἀρκαδίῳ μάστιγας ἐνέτεινεν ὁ διδάσκαλος. Ὁ δὲ μηνιῶν διὰ ταύτας αὐτῷ ἐπιβουλὴν συντίθησι κατ' αὐτοῦ καὶ κτεῖναι τὸν ἄνδρα διεμελέτησε καὶ τὸν σφαγέα ἡτοίμαζε.

156. Claud., 8 (*Le quatrième consulat d'Honorius*), 518 : *Quantus in ore pater radiat.*

157. Claud., 8, 552-553 : *confusaque motu /caesaries* ; 11 (*Fescennins*), 12 : *luduntque ventis instabiles comae*

talents de cavalier et de chasseur[158], et il se plaît à l'élevage des oiseaux[159].

Dans l'évocation de Jean le Lydien, l'autre protagoniste est Rufin, en fait, de son nom complet, Flavius Rufinus, maintes fois cité dans le traité (III **7** 5 ; **23** 3 ; **40** 2)[160]. Il semble qu'Arcadius n'ait jamais eu d'affection pour lui[161], à la différence de celle qu'il éprouva pour celui qui allait le supplanter en influence à la cour de Constantinople, l'eunuque Eutrope, à qui le jeune souverain dut la main d'Eudoxie[162]. On doit rappeler ici à grands traits sa " résistible ascension ". Le personnage était d'origine occidentale (Elusa ou Novempopulana en Gaule, c'est-à-dire Eauze en Aquitaine)[163]. Il commença sa carrière sous Théodose Ier[164]. En 382, on lui donne le titre de *vir excellentissumus*[165]. L'empereur fit de lui son

158. Honorius cavalier (8, 551 : *ipse labor pulvisque decent*) et chasseur (11, 13 : *telis jacebunt sponte tuis ferae*).

159. On lira le trait, féroce, rapporté par Procope (*Vand.*, I, 2, 24-26), où Honorius paraît attacher plus de prix à un de ses oiseaux, nommé " Rome ", qu'à la cité éternelle, prise par Alaric.

160. *PLRE* I, *Flavius Rufinus* 18 (778-781). Son nom complet est donné dans *POxy* 1033 ; *P.Gron.* 9, IX, 6192 (documents datés tous deux de 392) ; Rossi I 399 ; 403.

161. Jean présente la préfecture du prétoire de Rufin comme parfaitement calamiteuse. Ce fut son arrivée au pouvoir qui obligea Arcadius à prendre des mesures de rétorsion à l'endroit de la magistrature (II **10** 4). Évoquant les mêmes faits plus loin, il souligne les craintes d'Arcadius (δεδιττόμενος III **23** 2). Le verbe correspondant n'apparaît nulle part ailleurs dans le *corpus* conservé des œuvres de Jean le Lydien.

162. Voir, par exemple, Émilienne Demougeot, (1951), p. 191.

163. Claud., 3 (*Contre Rufin,* I, 137) : Elusa ; Zos., IV, 51, 1 : Κελτὸς τὸ γένος.

164. Zos., *l.l.* Rufin se rendit à la cour de Constantinople aux environs de 379/380 [O. Seeck, art. *Rufinus* 23, dans *R.-E.,* 1 A 1 (1914), col. 1189 ; M.Clauss, (1980), p. 187].

165. Symm., *Lettres,* II, 22, 2, où toutefois on doit procéder par inférence. Il reste qu'en 382 déjà Symmaque lui écrit pour le remercier d'avoir contribué à la promotion de son frère (*Lettres,* III, 81, cf. 89).

magister officiorum de 388 à 392[166]. Les conflits d'ambition ne tardèrent pas à opposer Rufin à d'autres dignitaires de l'empire, comme en 391 aux *magistri praesentales* Timasios et Promotus[167]. Ceux-ci laissèrent entendre à l'empereur que les faveurs qu'il prodiguait à Rufin ne les comblaient pas d'aise. Rufin s'en prit avec arrogance à Promotus[168] :

> *(Promotus) ne le supporta pas, leva la main sur lui et le frappa au visage et le mit dans un tel état de colère qu'il déclara que, s'ils ne renonçaient pas à leur jalousie contre Rufin, ils le verraient bientôt empereur.*

Personne n'accordera grand crédit au mot de Théodose Ier, qui pèche par invraisemblance. Toutefois, déjà le thème de l'usurpation est abordé. Promotus paya cette altercation de sa vie, au moins d'après Zosime. Envoyé en mission en Thrace, il y tomba sous les coups des Bastarnes placés en embuscade à l'instigation de Rufin[169].

Probablement en remerciement de la réconciliation qu'il avait obtenue entre Théodose et Ambroise[170], Rufin fut nommé consul, pour l'Occident, en 392, avec Arca-

166. Rufin apparaît comme tel dans une lettre de 388 (Lib., *Épîtres,* 865), voir O. Seeck, art. *Rufinus* 23 dans *RE* 1 A 1 (1914), col. 1190 ; Fr. Paschoud, (1979), p. 448 (n. 198 à la p. 320). Le premier texte de loi à lui être adressé date du 8 mars 390 (*CTh* X, 22, 3, p. 567).

167. Sur les charges de Timasios et Promotus, voir Al. Demandt, art. *Magister militum,* dans *RE* SupplBd. XII (1970), col. 714-715.

168. Zos., IV, 51, 2 : Ὁ δὲ οὐκ ἐνεγκὼν ἐπήγαγε τῷ προσώπῳ τὴν χεῖρα καὶ ἔπληξεν · ὁ δὲ εἰσελθὼν καὶ τῷ βασιλεῖ τὸ πρόσωπον δείξας τοσοῦτον ἐξανέστησεν εἰς ὀργὴν ὥστε εἰπεῖν, εἰ μὴ τὸν κατὰ Ῥουφίνου φθόνον ἀποθοῖντο, ταχέως αὐτὸν ὄψονται βασιλεύοντα.

169. Zos., IV, 51, 3 ; Claud., 21 (*Éloge de Stilicon*), I, 95-96, voir Al. Demandt, art. *Magister militum,* dans *RE* SupplBd. XII (1970), col. 715. Il n'est pas sûr pourtant que la responsabilité de Rufin soit engagée dans ce drame [M. Clauss (1980), p. 188, n. 220].

170. O. Seeck, art. *Rufinus* 23, dans *RE* 1 A. 1 (1914), col. 1190 ; M. Clauss, (1980), p. 188.

dius comme collègue[171]. La cour était dominée alors par deux fonctionnaires païens, Tatianos et son fils Proclos, préfets respectivement du prétoire d'Orient et de la Ville. Rufin monta contre eux un complot, évoqué en détail par Zosime[172], au moins pour ce qui est de la liquidation de Proclos. Toutefois, tout n'est pas clair dans les données. Proclos perdit sa charge entre le 25 juin 392 et le 27 février 393. La dernière loi qui lui fut adressée est datée du 25 juin 392[173] et son successeur, Aristaenetos, fut remplacé par Aurélianos au plus tard le 27 février 393[174]. Le plus vraisemblable est qu'il fut déposé en même temps que son père, au début de septembre 392. Il fut décapité le 6 décembre 393, dans le faubourg de Sycae, c'est-à-dire dans l'actuel quartier de Galata, sur la gauche de la Corne d'Or[175]. On doit donc supposer qu'il réussit à se cacher durant plus d'une année.

La trajectoire de Tatianos est moins clairement tracée. Après sa chute, il fut assigné à résidence dans son pays d'origine, la Lycie[176]. On l'aurait fait revenir d'exil pour assister à l'exécution de son fils Proclos[177]. La suite est plus confuse. Selon Astérios d'Amasée[178], il aurait été, lui aussi, condamné à mort, avant d'être sauvé de toute justesse, alors qu'il avait déjà presque la corde au cou ; après quoi, il acheva de traîner une existence misérable. Emporté par la rhétorique, l'homéliste n'offre pas un aperçu clair de la succession des faits. D'après la *Vie d'Athanase* prêtée à Syméon le Métaphraste[179], aveugle, il aurait été réduit à la mendicité ; on tire une conclusion

171. Émilienne Demougeot, (1951), p. 121.
172. IV, 52.
173. *CTh* XIV, 17, 10 p. 795.
174. *CTh* I, 1, 3 p. 27.
175. Zos., IV, 52, 4, voir R. Janin, p. 466 sqq. ; *Chr. Pasc.* dans *PG* 92, col. 776 = p. 565, 2 Bonn.
176. Zos., IV, 52, 4 ; Eunape, fr. 59.
177. Claud., 3 (*contre Rufin*), I, 243 + 249.
178. Hom. 4 (*Contre la fête des Calendes),* 9, 2-3 p. 43 Datema.
179. *BHG* 185 = *PG* 21, col. CCXLV B 3-11.

du même genre[180] d'une autre *Vie d'Athanase*. Or, un texte législatif de 396[181] le donne encore comme *vir illustris*. On peut imaginer au moins deux explications. Ou bien Tatianos mourut alors que l'opération de réhabilitation était engagée, ce qui ne peut avoir eu lieu avant l'assassinat de Rufin, ou bien Astérios et *les* deux *Vies d'Athanase*, dans l'idée qu'un ennemi des orthodoxes, persécuteur des Chrétiens pendant ses fonctions de *praefectus Augustalis* en 367-370, ne pouvait mourir que misérablement, ont donné sur lui des renseignements faussés[182]. Naturellement, Rufin recueillit la succession de Tatianos. Le 10 septembre 392, il est donné pour la première fois comme préfet du prétoire d'Orient[183].

Timasios et Promotus ne furent pas les seuls avec qui Rufin eut maille à partir. Jean le Lydien (III **23** 3) fait allusion à un certain Lucianus, comte d'Orient[184], que Rufin fit battre à mort. Le passage est difficile, faute de documents parfaitement clairs. Les traductions font peser les responsabilités sur la victime, qui aurait aspiré à la préfecture du prétoire[185]. Ami de Rufin, qui avait concouru à sa promotion, Lucianus avait eu le tort de

180. *BHG* 184 = Phot., *Bibl. cod.* 258, 484 b 39-42 (VIII p. 39 H.).

181. *CTh* IX, 38, 9, p. 498, l. 6 (31 août 396).

182. Voir, sur tout ceci, Fr. Paschoud, (1979), p. 449-450 (n. 199 à IV, 52, p. 322).

183. *CTh* IX, 28, 1 p. 482.

184. Zos., V, 2, 2 (cf. *Souda,* Λ 684, s.v. Λουκιανὸς ἕτερος) offre une définition de la charge : αὕτη δὲ ἡ ἀρχὴ βούλεται τὸν προβεβλημένον αὐτῆς ἐφεστάναι πᾶσι τὰς τὰς τῆς ἑῴας ἐπαρχίας ἰθύνουσι καὶ ἐπὶ τοῖς οὐ κατὰ ‹τὸ› δέον πραττομένοις εὐθύνειν. Dans le diocèse d'Orient, le *Comes Orientis* joue le rôle normalement dévolu à un vicaire. Il contrôle les gouverneurs des provinces qui sont de son ressort et il y exerce la juridiction d'appel. *Vir spectabilis,* il a sa résidence à Antioche, où il est à la tête d'une administration nombreuse, six cents employés en 394 [*CTh* I, 13, 30 mai (?)], voir Fr. Paschoud, (1986), p. 79 (n. 2 à la p. 8).

185. " Quod verbis aemulari praefecturam ausus esset " [J.D. Fuss, (1812), p. 191], " in return for his having ventured to vie with the prefecture in standing " [T.C. Carney (1971 c), p. 80], " because he had dared to arouse by his words the ill-will of the prefect " [A. Bandy, (1983), p. 169].

repousser des demandes illégales d'Eucher, l'oncle de Théodose. Rufin essuya d'amers reproches pour avoir fait la carrière d'un dignitaire trop peu docile[186] :

Rufin saisit ce prétexte et, vivement courroucé, à l'en croire, de ce que l'empereur lui avait reproché, sans révéler à qui que ce soit l'intention qu'il avait, il se rend en hâte avec une toute petite escorte à Antioche, pénètre en pleine nuit dans la ville, se saisit de Lucien et le somme de rendre compte de sa conduite, sans qu'absolument personne ne formule d'accusation. Il ordonne qu'on le frappât sur le cou avec des boules de plomb et, lorsqu'il eut cessé de vivre, il le fit aussitôt emporter, caché dans une litière, suggérant à tous qu'il n'était pas mort et qu'il serait traité avec beaucoup d'humanité.

Fr. Paschoud[187] paraît être le seul à avoir opéré le rapprochement entre Zosime et Jean le Lydien. Dans le récit

186. Zos., V, 2, 3-4 : λαβὼν πρόφασιν ὁ Ῥουφῖνος, καὶ ἐφ' οἷς ἐμέμψατο βασιλεὺς δῆθεν ἀγανακτῶν, οὐδενὶ τὴν γνώμην ἣν εἶχεν ἐκφήνας, ἅμα σφόδρα ὀλίγοις ἐπὶ τὴν Ἀντιόχειαν ἵεται, νυκτός τε βαθείας ἐπιδημήσας τῇ πόλει τὸν Λουκιανὸν συναρπάσας εἰς εὐθύνας ἄγει, κατηγοροῦντος παντάπασιν οὐδενός. Σφαίραις δὲ μολιβδίναις αὐτὸν κατὰ τοῦ τενόντος ἐνεκελεύετο παίεσθαι, καὶ διαλιπόντα παραχρῆμα φέρεσθαι φορείῳ κεκαλυμμένον ἐποίει, διδοὺς ἅπασιν ὑπονοεῖν ὡς οὐ τεθνηκὼς εἴη, τεύξεται δὲ πάντως φιλανθρωπίας. La *Souda* (Λ 684, s.v. Λουκιανὸς ἕτερος) fait écho à l'affaire, sur un ton tout à fait favorable à Lucien : οὗτος τοίνυν πᾶσαν ἀρχικὴν ἀρετὴν εἰς τοὺς ἀρχομένους ἐπιδεικνύμενος ἐπὶ δικαιοσύνῃ καὶ σωφροσύνῃ καὶ πᾶσι τοῖς ἄρχοντας κοσμεῖν δυναμένοις διαβόητος ἦν, οὔτε προσώπων διαφορὰν οὔτε ἕτερόν τι κατὰ νοῦν ἔχων, πλὴν ὧν ὁ νόμος ὑπηγόρευεν. ὥστε ἀμέλει καὶ τὸν τοῦ βασιλέως θεῖον Εὐχέριον αἰτοῦντά τι παρὰ τὸ προσῆκον ἀποσεισάμενος ἐς τοσοῦτον ἐκίνησεν, ὥστε πρὸς τὸν βασιλέα διαβαλεῖν. ἐπεὶ δὲ ὁ βασιλεὺς αἴτιον εἶπεν εἶναι Ῥουφῖνον, ἀνδρὶ τοιούτῳ τοσαύτην ἀρχὴν δεδωκότα, λαβὼν πρόφασιν ὁ Ῥουφῖνος τὸν Λουκιανὸν σφαίραις μολυβδίναις ᾔκίσατο κατὰ τοῦ τένοντος.

187. (1986), p. 77 et p. 80 (n. 2 à la p. 8), voir toutefois *PLRE* I, s.v. *Lucianus* 6, p. 516. Le supplice appliqué à Lucianus fut une sorte de knout dont l'usage est connu pour l'époque : Amm., XXIX, 1, 23 (*pondera plumbea cum fidiculis et verberibus*) ; Prud., *Cour.*, 10, 117 ; *CTh* XI, 7, 3 (1er février 320) ; IX, 35, 2, 1 (17 septembre 376) ; XII, 1, 80 (17 mars 380) et 85 (21 juillet 381).

de Zosime, l'insertion du passage ne va pas sans difficulté. Il faudrait le situer entre la mort de Théodose Ier (17 janvier 395) et le mariage d'Arcadius, le 27 avril de la même année[188]. Or, à en juger par les données historiques connues, on devrait loger durant la courte période de quatre mois une foule de faits qui, de toute évidence, ne peuvent tous y avoir pris place : demande d'Eucher à Lucianus, refus de celui-ci, plainte d'Eucher à l'empereur, admonestation d'Arcadius à Rufin, convocation et procès de Lucianus à Constantinople, retour du condamné à Antioche, voyage de Rufin à Antioche et châtiment de Lucianus, retour de Rufin à Constantinople, ses intrigues pour marier sa fille à Arcadius, échec de ses manœuvres et succès de celles d'Eutrope, qui réussit à conclure le mariage d'Eudoxie et d'Arcadius[189].

Depuis longtemps, O. Seeck a montré qu'il fallait expliquer le passage de Zosime à la lumière des discours 1 (*Autobiographie*) et 56 (*Contre Lucianus*) de Libanios. On trouve de part et d'autre des appréciations antithétiques sur le comportement du personnage :

188. C'est la date que retiennent la plupart des historiens, voir par exemple, Émilienne Demougeot, (1951), p. 126-128, cf. p. 148 ; *PLRE* I, s.v. *Lvcianvs* 6, p. 516. G. Downey [(1961), p. 433-434, voir en particulier p. 434 n. 130] avait d'abord opté pour la date retenue par O. Seeck, puis, sans plus discuter, il admet celle qu'adopte Émilienne Demougeot " restated in conclusive fashion ". J'avoue ne pas voir en quoi. Ainsi fait aussi, tout récemment, J.-L. Charlet [(2000, 1), p. 200, n. 1 (n. complémentaire à la p. 71)], qui n'argumente pas.

189. O. Seeck, (1920), p. 95-96 et Fr. Paschoud, (1986), p. 78. Le fait n'est pas relevé par M. Clauss [(1980), p. 187-189]. En outre, Zosime (V, 2, 4) signale le don par Rufin d'un portique impérial, afin d'amadouer la population. Le Portique de Rufin est signalé par Évagre le Scholastique (*HE,* I, 18 p. 27, 24-25 Bidez-Parmentier). On imagine mal que durant cette brève période de neuf mois Rufin ait encore trouvé le temps de veiller à une construction du genre, voir Fr. Paschoud, (1986), p. 79 (n. 2 à la p. 8).

LIBANIOS

Avec le gouverneur suivant, ce fut le règne de la colère, de la violence, " l'Épouvante et la Peur personnifiées ", les abus, l'impudence, un langage intempérant et tous les excès, bref la tyrannie en œuvre au sein des lois. Il ne voulait pas donner l'impression de l'arrogance, mais il agissait tout à l'opposé, trompant tout le monde par des promesses toutes prêtes[190].

ZOSIME

(Théodose) *le nomma comte d'Orient ;* (...) *or Lucien témoignait envers ses administrés de toutes les vertus du gouvernement et était célèbre pour sa justice, sa sagesse et toutes les qualités qui peuvent honorer des gouverneurs ; il ne faisait pas d'acceptions de personnes et ne songeait à rien qui ne fût conforme à ce que la loi ordonnait*[191].

Toutefois, il ne s'agit pas des mêmes faits. Point n'est question ici de condamnation à mort. Consulaire de Syrie et créature du préfet du prétoire Cynegios, Lucianus fut nommé à son poste avant mars 388. Quand un païen, Tatianos, accéda à son tour à la préfecture, Lucianus devint un gêneur[192]. Le nouveau préfet accueillit avec

190. 1 (*Autobiographie*), 269 : Ἄρχων ἕτερος, ὀργή, θυμός, ἀσέλγεια, πᾶν μὲν φθέγξασθαι, πᾶν δὲ τολμῆσαι, τὰ τυράννων ἐν νόμοις ἐργάσασθαι. Οὗτος οὐ δοκεῖν μὲν τολμᾶν ἐβούλετο, πᾶν δὲ τοὐναντίον ἔπραττεν, ἐν ἑτοίμοις ὑποσχέσεσι πανταχοῦ ψευδόμενος (...). La traduction est celle de P. Petit, légèrement modifiée, voir J. Martin-P.P., (1979), p. 197-198. Lors de la plainte adressée en haut lieu, il y eut intervention du général stationné à Antioche, le *magister militiae per Orientem* probablement, voir Lib., 56 (*Contre Lucianus*), 21 et J.H.W.G. Liebeschuetz, (1972), p. 115.

191. Zos., V, 2, 2 : Ὁ δὲ κόμητα τῆς ἑῴας πεποίηκεν · (...) ὁ Λουκιανὸς τοίνυν πᾶσαν ἀρχικὴν ἀρετὴν εἰς τοὺς ἀρχομένους ἐπιδεικνύμενος ἐπὶ δικαιοσύνῃ καὶ σωφροσύνῃ καὶ πᾶσι τοῖς ἄρχοντας κοσμεῖν δυναμένοις διαβόητος ἦν, οὔτε προσώπων διαφορὰν οὔτε ἕτερόν τι κατὰ νοῦν ἔχων, πλὴν ὧν <ὁ> νόμος ὑπηγόρευεν. Le passage est reproduit dans la *Souda* (Λ 684, s.v. Λουκιανός), ce que signale opportunément Fr. Paschoud [(1986), p. 7].

192. O. Seeck [(1920), p. 90 et 92] est parvenu à fixer les événements. Entre janvier 387 (Celsus) et août 388 (Eustathius), trois Consulares Syriae se sont succédé à Antioche, dont deux ont quitté leur charge avec les honneurs. Lucianus a exercé le pouvoir durant une

joie les plaintes émanant d'Antioche[193], accompagnées par un rapport circonstancié du *magister militum per Orientem* [194]. Lucianus fut ramené à Constantinople et suspendu, tandis que le poste de consulaire, vacant, allait à son successeur, Eustathios[195]. Au terme du procès, qui conduisit à sa destitution, Lucianus eut à se présenter à nouveau devant ses anciens administrés afin de se défendre des plaintes qu'ils souhaitaient formuler[196]. Lors de son retour à Antioche, Lucianus mit en scène un cérémonial de proclamation ambigu[197] :

> *Car jusqu'au fait qu'il se soit trouvé des hommes sur le chemin était l'œuvre d'un artifice. En poussant la cité à faire procession, les hérauts proclamaient le nom de la magistrature en dupant et en éveillant la crainte, qui n'existait plus, comme si l'homme avait encore, s'il le*

courte période, entre la mi-mars et juillet 388 au plus tard dans les deux cas. Chrétien, Lucianus fut nommé par un coreligionnaire, Cynegius, et démis par un païen, Tatianos.

193. Lib., 56 (*Contre Lucianus*), 14. Les curiales furent probablement les auteurs de ces plaintes, cf. O. Seeck, (1920), p. 91.

194. 56, 21 (cf. 14).

195. P. Petit, (1956), p. 501-502.

196. La procédure est formulée dans une loi promulguée sous Julien (*CTh* VIII, 1, 6, p. 361, du 17 janvier 362) : *Verum cum quinquennio administraverint chartas publicas, unum integrum annum vacent, ut ad incusantium iurgia facilis adpetitu sit vita privata,* voir P. Petit, (1956), p. 502, n. 2.

197. Lib., 56 (*Contre Lucianus*), 9-10 : ἐπεὶ καὶ αὐτὸ τό τινας γενέσθαι τοὺς ἀπαντῶντας τέχνης ἔργον ἦν. Οἱ γὰρ δὴ κήρυκες κινοῦντες εἰς ἔξοδον τὴν πόλιν τοὔνομα τῆς ἀρχῆς λέγοντες καὶ παρακρουόμενοι καὶ τὸν οὐκέτ᾽ ὄντα φόβον ἐπάγοντες ὡς ἔχοντος, εἰ βούλοιτο, ἔτι καὶ τρῶσαι, τοῦτο δὴ τοῦ συνδίκου ῥάψαντος, ἀνθρώπου πᾶν ἂν ὑπὲρ αὐτοῦ μηχανησαμένου πρᾶγμα οὕτως ἐξέβη. Τῆς ἐσθῆτος δὲ ἕτερα μηνυούσης καὶ τῶν πρὸ τοῦ ζεύγους οὐκ ἂν φαίην, ὡς κατηρώμεθα τοῖς κήρυξιν, ἀλλ᾽ ὡς ἤδειμεν χάριν μᾶλλον ὄψιν ἡδίστην θεώμενοι, Λουκιανὸν ἀσθενῆ καὶ ζητοῦντα τὴν ἀρχήν, οὐκ ἔχοντα, ἃ χρῆν οὐκ αὐτὸν ἐνθυμούμενον, κλέψαι τῇ νυκτὶ τὴν εἴσοδον, ἐπεὶ μὴ πρίασθαί γε ἐξῆν ποθεν τὸν Γύγου δακτύλιον ἢ μισθωσάμενον γοητείαν ὑπὸ τοῖς ἐκείνης μαγγανεύμασι δραμεῖν.

voulait, le moyen d'infliger encore des blessures, telle était justement la trame ourdie par le syndic, un homme qui avait tout manigancé pour lui : ce fut bien ce qui arriva. Mais, comme son habit portait un autre message, de même que les hommes qui marchaient devant son bige, je ne saurais dire que nous maudissions les hérauts ; au contraire, nous leur rendions grâce en voyant plutôt le plus doux des spectacles, un Lucianus sans force et cherchant dès le départ, sans en avoir le moyen — ce dont un autre que lui eût dû s'aviser — à cacher son arrivée à la faveur de la nuit : car il n'avait point de cassette pour acheter l'anneau de Gygès ni de quoi recruter la sorcellerie à son service pour livrer une course sous le couvert de ses charmes.

Ce qui se produisait hors les murs n'était pas moins suspect[198] :

Mais, par Zeus, au-delà des portes, les rites étaient-ils plus convenables qu'à l'intérieur ? Je ne saurais dire que lui manquaient les tresseurs de louanges, mais qui étaient-ils donc ? Ceux qui prennent pour exutoire le cul des danseurs, ou plutôt les deux, cul et bouche (...) À ces hommes, déjà circonvenus au préalable par d'autres faveurs offertes par les danseurs, il avait, avant son retour dans la ville, fait des distributions d'argent, et il les avait fait sortir pour des mots qui, ou j'en serais surpris, devraient valoir un châtiment général pour la cité. Ils commencèrent par les dieux et les fustigèrent en paroles avant de

198. 56, 15-16 : Ἀλλά, νὴ Δία, τὰ μετὰ τὴν πύλην τῶν πρὸ αὐτῆς ἐπιεικέστερα ; ἀλλ᾽ οὐκ ἂν μὲν φαίην, ὡς οὐκ εὐπόρησε τῶν ἐπαινούντων, ἦσαν δὲ οὗτοι τίνες ; Οἷς ἄρουρα μὲν τὰ τῶν ὀρχηστῶν κάτω, μᾶλλον δὲ ἄμφω, τά τε κάτω τά τε ἄνω. Λέγεται δὲ πᾶν τὸ ἐπελθόν, κἂν πάντες κωλύωσί με. Τούτοις πρὶν ἥκειν δεῦρο διαδοὺς χρυσίον καὶ πρότερον ἑτέραις κατειλημμένοις χάρισι ταῖς διὰ τῶν ὀρχηστῶν ἐπὶ ῥήματα τοιαῦτα ἐξήγαγεν, ἃ θαυμάσαιμ᾽ ἂν εἰ μὴ κοινὴν τῆς πόλεως ποιήσει τὴν ζημίαν. Ἀρξάμενοι γὰρ ἀπὸ τῶν θεῶν καὶ τούτους μαστιγώσαντες ἐν τοῖς λόγοις ἠσέβησαν μὲν εἰς τὸν αὐξόμενον τοῖς Ῥωμαίων πράγμασι τὸν καλὸν Ἀρκάδιον, οὐκ ἀπέσχοντο δὲ τῆς τῶν ἐπάρχων συνωρίδος, τοῦ μὲν πατρός τε καὶ διδασκάλου, τοῦ δὲ παιδός τε καὶ μαθητοῦ, λύκους ἐπαφιέντες τοῖς Λυκίοις.

tourner leur impiété contre Arcadius le beau, qui grandissait pour prendre en charge les affaires de l'empire, sans épargner le couple des préfets, le père et maître, le fils et disciple : c'étaient des loups qu'ils lâchaient contre les Lydiens.

Surtout, la parodie d'entrée triomphale[199] exécutée à l'initiative de Lucianus et de son parti pouvait passer pour sacrilège. L'homme n'était pas vaincu.

Toujours est-il qu'attrait en procès à Constantinople, Lucianus y fut placé sous étroite surveillance et rudement secoué au cours de la procédure, ce que Libanios décrit avec volupté[200] :

Nous demandions à Zeus d'en être débarrassés ; il nous écouta et nous donna rapidement satisfaction, et par dessus le marché le fit partir dans la honte. Car il vécut désormais dans les angoisses et les tiraillements, gardé à vue et privé de sommeil, prostré chez son hôtelier qu'il avait soudoyé, tombé entre les mains de ceux qui lui demandaient des comptes ; dans la grande ville les agents du fisc l'entouraient et en pleine agora se le renvoyaient de main en main de tous côtés comme une balle.

Sous le mot “ Zeus ”, on doit évidemment entendre une autorité supérieure qui avait le pouvoir de ramener le consulaire à une attitude plus acceptable. Peut-on tirer davantage de l'allusion mythologique ? Le préfet du pré-

199. On lira l'excellente analyse d'O. Seeck [(1920), p. 85-88]. Dans le rapport de Libanios qui constitue le discours 56 (*Contre Lucianus*), les faits sont évidemment travestis au gré des thèses de l'auteur. Il ne pouvait voir d'un bon oeil la popularité de Lucianus, soutenu par ceux qu'il tient pour la lie de la population, sans doute les classes modestes de la population majoritairement chrétiennes.

200. 1, 270 : Αἰτοῦμεν δὴ παρὰ τοῦ Διὸς ἀπαλλαγήν, ὁ δὲ ἤκουσέ τε καὶ ταχέως ἔδωκε, προσθεὶς τὸ μετὰ αἰσχύνης. Καὶ γὰρ ἤγχετο καὶ εἵλκετο, καὶ φυλακαὶ καὶ ὕπνος νικώμενος, ἔκειτό τε τὸν πανδοκέα πριάμενος, οἱ θηραταὶ δὲ καὶ οὗτοι τῶν λόγων ηρήκεσαν, ἔν τε τῇ μεγάλῃ πόλει μέσος ὢν πρακτόρων ἐπὶ μέσης ἀγορᾶς σφαίρας δίκην πανταχοῖ πανταχόθεν ἐπέμπετο.

toire en place est, naturellement, à l'époque, le païen Tatianos.

À notre connaissance, il n'existe pas de témoignage net sur la seconde chute de Lucianus autre que ceux de Zosime et de Jean le Lydien. La date n'est pas solidement assurée. Celle de 395 paraît difficile à soutenir, comme on l'a dit[201]. Il vaut mieux situer l'exécution de Lucianus en 393[202]. Peut-être doit-on déceler une allusion à la répression chez Claudien[203] :

> *Indolent en général, il allait vite au crime, ardent à gagner les régions secrètes par des voies reculées. L'ardeur de Sirius ou les frimas quand siffle l'aquilon sur les monts Rhipées ne le retardent point.*

Ou encore chez Libanios, qui félicite Rufin[204] :

> *Toi qui t'es montré pour nous un faucon, dont ta vitesse imite le vol.*

À l'époque, deux frères, Lucianus et Florentius, occupaient les plus hauts postes à Antioche, l'un comme *Comes,* l'autre comme *Consularis*. Une seule famille au pouvoir ! Effet du népotisme mais aussi de l'ambition. Même si, pour changer radicalement la hiérarchie mise en place sous Tatianos, le nouveau préfet du prétoire,

201. Voir *supra,* p. LVIII.

202. P. Petit, (1956), p. 500 et O. Seeck, (1920), p. 96. P. Petit fait observer que le discours 46 (*Contre Florentius*) ne date pas du règne d'Arcadius, mais bien de celui de Théodose. Par suite, antérieur à la mort de Théodose (17 janvier 395), il est postérieur à la mort de Lucianus. A. Cameron [(1970), p. 80] garde celle de 395, mais sans discuter les documents de Libanios.

203. 3 (*Contre Rufin,* I), 239-242 : *Cetera segnis, / ad facinus velox ; penitus regione remotas / impiger ire vias. Non illum Sirius ardens, / brumave Rhipaeo stridens Aquilone retardat,* voir A. Cameron, (1970), p. 80.

204. Lib., *Ép.* 1106, 3 (à Rufin) : ὃς νῦν γε ἱέραξ ἡμῖν ἦσθα τάχος δὲ πτεροῦ τοῦ κείνου μιμούμενος avec P. Petit, (1956), p. 499-500 et O. Seeck, (1920), p. 96 qui ajoute un passage de la même lettre décrivant l'état actuel de l'Oronte local : τῷ πολλῷ μὲν τοῦ χειμῶνος, ὀλίγῳ δὲ νῦν.

Rufin avait aidé Lucianus à entrer dans les hauts cadres de l'administration, son protégé n'était pas un homme commode, comme l'avaient montré les événements de 388. Peu sûr des sentiments d'Arcadius à son égard, le préfet devait se sentir sous surveillance. À la moindre erreur, y compris dans le chef de ses favoris, il aurait à payer comptant. L'incident d'Eucher, rapporté par Zosime, prouve que Lucianus n'entendait rien changer à la rugosité de ses manières à l'endroit des curiales ou des membres de la haute administration. Au rapport de Libanios, le frère de Lucianus, Florentius, avait, en qualité de consulaire de Syrie, imité la brutalité de notables que Rufin avait eus en point de mire et dont il avait obtenu la chute[205] :

> *Ce fut lui le premier à avoir osé en usant de coups faire œuvre de mort, en quoi il avait eu pour élève Tatianos, et celui-ci son propre fils.*

Jeune encore[206], Florentius put revendiquer d'illustres exemples, son propre père, dont le précédent servit pour le préfet du prétoire Tatianos et son fils, le préfet de la Ville, Proculus, une des " bêtes noires " de Libanios. Son frère avait-il agi de même au cours de ses fonctions de comte d'Orient ? En 388, Libanios avait eu des mots terribles pour Lucianus : *la tyrannie en œuvre au sein des lois*. Le même chef d'accusation pouvait servir cinq ans plus tard. Dans le passage de Jean le Lydien, Arcadius n'a introduit le *princeps* dans l'administration du préfet du prétoire que parce qu'il redoute l'influence grandissante de Rufin (III **23** 2). La forte personnalité de Lucianus faisait ombrage à Rufin, dont elle menaçait l'essor, et la présence au pouvoir de deux de ses protégés

205. Lib., 46 (*Contre Florentius*), 8 καὶ πρῶτος ἐκεῖνος ἐτόλμησε πληγαῖς ἐργάσασθαι θάνατον, οὗ μαθητὴν ἔσχε Τατιανόν, ἐκεῖνος δὲ τὸν υἱόν.

206. 46, 1 : τούτῳ τῷ τηλικαύτην ἀρχὴν ἐν νεότητι λαβόντι. Voir O. Seeck, (1920), p. 98-99.

trop voyants n'était pas sans danger pour sa position à la cour. Le préfet eut donc à faire preuve de loyalisme, malgré qu'il en eût.

Les historiens mettent souvent en parallèle les ambitions de Rufin et de Stilicon de se substituer soit en personne soit par un intermédiaire aux empereurs en place, Arcadius et Honorius[207]. L'occurrence la plus ancienne de la locution employée par Jean (II **10** 3) μελετᾶν τὴν τυραννίδα est chez Olympiodore, au début du Ve s.[208], chez qui il est question des menées contre Honorius d'Héraclianus, l'assassin de Stilicon. Théodoret l'emploie à plusieurs reprises pour décrire les expéditions de l'Arien Gaïnas en Thrace[209]. Aussi ne tarda-t-elle pas à s'introduire dans la langue de la théologie et de la philosophie[210], dans un passage où, au sujet du thème de la philosophie en tant qu'exercice à mourir, l'auteur voit dans la thèse une véritable subversion des liens assignés

207. Philost., XI, 3 p. 134 B.-W. : ὁ μὲν γὰρ Ῥουφῖνος καὶ τὸ τῆς βασιλείας ὄνομα εἰς ἑαυτὸν μεθέλκειν ἐτέχναζεν ; Paul Oros., VII, 37, 1 : *Interea cum a Theodosio imperatore seniore singulis potentissimis infantum cura et disciplina utriusque palatii commissa est, hoc est Rufino orientalis aulae, Stilicone occidentalis imperii, quid uterque egerit quidve agere conatus sit, exitus utriusque docuit, cum alius sibi, alius filio suo affectans regale fastigium* (...) ; Zos., V, 7, 1 : Ῥουφῖνος μὲν οὖν, ἀγγελθέντος αὐτῷ τοῦ περὶ τὴν Ἑλλάδα πάθους, ἐπίδοσιν ἐλάμβανεν ἧς εἶχε περὶ τὴν βασιλείαν ἐπιθυμίας ; V, 1, 4 : ἐπεὶ δὲ ἄπλετος ἦν αὐτοῖς πλοῦτος συνειλεγμένος, ἤδη καὶ τὴν βασιλείαν ἑαυτῷ μνᾶσθαι Ῥουφῖνος ὠνειροπόλει, διανοούμενος, ἣν εἶχε θυγατέρα γάμων ὡραίαν, κατεγγυῆσαι τῷ βασιλεῖ, ὅπερ εἰσδύσεως πρόφασιν εἶχε ; J. Ant., fr. 188, dans IV p. 610 Müller = Constantin Porphyrogénete, *Exc. de virt.*, p. 849 : ἑκάτερός τε αὐτῶν (*sc.* Rufin et Stilicon) τὴν βασιλείαν περιεσκόπει.

208. Phot., *Bibl. cod.* 80, 59 a 40 (I, p. 174 H.).

209. *HE* V, 32, 1 ; 2 et 8 (p. 332, ll. 1 et 5 ; p. 333, l. 13-14). Voir encore, à propos de Théodose II avec Cyrus, J.Mal., p. 363, l. 2 ; et avec Zénon, Constantin Porphyrogénete, *Exc. de ins.* , p. 124, l. 10 ; de Léon et d'Aspar, ID., p. 160, l. 31 ; J. Mal., p. 371, l. 9.

210. Thdt., *Ézéch.*, dans *PG* 81, col. 1124, à propos de l'impiété de Nabuchodonosor.

par le créateur entre l'âme et le corps. Il faut traduire l'expression par " viser au pouvoir ". L'élucidation du passage est plus difficile.

La situation était celle d'une minorité. Au moment de mourir, Théodose n'avait pris aucune disposition particulière, si ce n'est de confier ses deux fils à la vigilance d'un parent en qui il avait confiance, Stilicon. D'après s. Ambroise[211] :

> *Pour ses fils, le testament ne recelait rien de neuf comme disposition : il leur laissait tout, sous réserve qu'il les confiait au parent qui était présent.*

Une affirmation du même genre revient sous la plume de Zosime[212] :

> (Stilicon) *affirmait en effet qu'au moment de mourir, Théodose lui avait confié la tâche de veiller avec le plus grand soin sur le sort de l'un et l'autre des deux empereurs.*

211. *De la mort de Théodose*, 5 : *De filiis enim nihil habebat novum quod conderet, quibus totum dederat nisi ut eos praesenti commendaret praesenti*. Le pluriel désigne les *deux* fils de Théodose et le parent en cause est Stilicon, Émilienne Demougeot, (1951), p. 101.

212. Zos., V, 4, 3 : ἔλεγε γὰρ ἐπιτετράφθαι παρὰ Θεοδοσίου τελευτᾶν μέλλοντος τὰ κατ' ἄμφω τοὺς βασιλέας ἔχειν ἐν πάσῃ φροντίδι, voir 34, 6 : καὶ ἀμφοῖν αὐτοῦ τοῖν παίδοιν τὰς βασιλείας ἐπιτραφείς, mais il s'agit de la partie du livre qui dérive d'Olympiodore, voir Fr. Paschoud, (1986), p. 84 (n. 5 à la p. 10) et Olympiodore [Phot., *Bibl. cod.* 80, 56 b 31-33 (I, p. 167 H.)] : καταστὰς ἐπίτροπος τῶν παίδων Ἀρκαδίου καὶ Ὀνωρίου ὑπ' αὐτοῦ τοῦ πατρὸς αὐτῶν Θεοδοσίου τοῦ μεγάλου. Claudien donnera au fait toute son orchestration, 7 (*3e consulat d'Honorius*), 151-153 : *Ergo age, me quoniam caelestis regia poscit, / tu curis succede meis ; tu pignora solus / nostra fove ; geminos dextra tu protege fratres* et 5 (*C. Rufin* II), 4-5 : *Jamque tuis, Stilicho, romana potentia curis, / et rerum commissus apex*. En déformant les données, Orose (VII, 37, 1) associe Rufin au " testament " de Théodose : *Interea cum a Theodosio imperatore seniore singulis potentissimis infantum cura et disciplina utriusque palatii commissa esset, hoc est Rufino orientalis aulae, Stiliconi occidentalis imperii.*

La réalité du “ testament ” a fait couler beaucoup d'encre[213]. De fait, l'exercice du pouvoir incomberait à Rufin puis à Eutrope pour les années suivantes à l'Est, à Stilicon à l'Ouest. Est-ce le sens du propos de Jean (II **11** 4 = III **41** 4), d'après qui les empereurs en place n'auraient plus le droit de prendre eux-mêmes la tête des armées ? Dans ce cas, la base textuelle de son affirmation serait simplement le prétendu testament de Théodose Ier.

À première vue, le souhait du mourant n'avait rien que de logique. Stilicon avait su plaire à Séréna, nièce et fille adoptive de Théodose, qui l'aimait plus que ses enfants naturels. Gendre de l'empereur défunt, l'ancien soldat, devenu *magister utriusque militiae,* avait donc quelque titre à faire valoir pour mener à bien la tutelle qui lui était confiée[214]. Par conséquent l'option de Rufin dut être de se créer des liens de parenté avec la dynastie en place afin de se rendre aussi indispensable que l'était Stilicon. Il ne pouvait y parvenir qu'en glissant sa fille dans la couche d'Arcadius, mais il fut devancé par l'eunuque

213. Voir, par exemple, E. Stein, *Bas-Empire* I, p. 226 ; Émilienne Demougeot, (1951), p. 99-102 ; Fr. Paschoud, (1986), p. 84-85 (n. 5 à la p. 10). Ce dernier conclut raisonnablement qu'il n'y eut point de testament en forme, mais une simple recommandation morale.

214. Son ascension fut d'ailleurs relativement lente. En 393 et lors de l'expédition contre Eugène de 394, il tient encore le deuxième rang de l'armée, après le vieux Timasios (Zos., IV, 57, 2). Le 29 juillet 393 (*CTh* VII, 4, 18, p. 319 et 9, 3, p. 332), il est nommé après Abundantius. D'après Zosime (IV, 59, 1), Stilicon devint généralissime au moment même où Honorius fut élevé à l'Augustat, c'est-à-dire après la bataille du Frigidus, voir la reconstruction des événements par Fr. Paschoud, (1979), p. 468-469 (n. 212 à la p. 328). D'après Claudien, il dispose de toute l'armée, [5 (*C. Rufin* I), 5-6 : *tibi credita fratrum / utraque maiestas, geminaeque exercitus aulae,* voir 21 (*Él. Stilicon* I), 151 *nil inter geminas acies* et 160 *ductor Stilicho tot gentibus unus*. Stilicon reçoit les hommages que l'on doit à un prince du sang. Ainsi, en 398-399, *CIL,* VI, 1730 (= 31913 a), Stilicon est *evectus ad columen gloriae sempiternae et regiae adfinitatis* ou encore *cooptatus in adfinitatem regiam* ; pour la période entre 405 et 408, *CIL,* VI, 1731 (= 31913 b) *evectus ad columen regiae adfinitatis,* voir Émilienne Demougeot, (1951), p. 139, n. 120.

Eutrope, *praepositus sacri cubiculi,* c'est-à-dire grand chambellan de la cour, qui réussit à faire préférer les appas d'Eudoxie, une des filles de Promotus, un des anciens adversaires de Rufin, lequel causa peut-être involontairement sa mort. Le 27 avril 395, Rufin avait définitivement perdu sa dame sur l'échiquier de la cour. Eudoxie devenait l'épouse d'Arcadius, à qui elle devait donner cinq enfants.

En raison des titres qui étaient les siens, Stilicon disposait de l'autorité sur toute l'armée de l'empire. Aussi l'Orient était-il cruellement dépourvu de troupes. Dévoré d'ambition, le jeune Alaric n'était pas très heureux de l'issue qu'avait connue la bataille du Frigidus (5-6 septembre 394). Il n'avait point reçu la charge militaire qu'il espérait tirer de sa collaboration, celle de *magister militum per Illyricum* [215]. En mars 395, ses Goths ravagent la Thrace et foncent droit sur Constantinople[216]. En outre, Rufin avait à faire face à une invasion de Huns : le suicide politique pour lui eût précisément été de faire appel à Stilicon[217]. À tout prix, les Goths devaient être dévoyés en direction de l'Ouest, infiniment mieux armé pour les affronter[218]. Ils suivirent la côte de Thrace et s'apprêtèrent à envahir la Macédoine par la *Via Egnatia,* puis

215. Socr., *HE,* VII, 10, 1 : Ἀλάριχος γάρ τις βάρβαρος, ὑπόσπονδος ὢν Ῥωμαίοις, καὶ τῷ βασιλεῖ Θεοδοσίῳ εἰς τὸν κατὰ Εὐγενίου τοῦ τυράννου πόλεμον συμμαχήσας, καὶ διὰ τοῦτο Ῥωμαϊκῇ ἀξίᾳ τιμηθεὶς, οὐκ ἤνεγκε τὴν εὐτυχίαν, avec Émilienne Demougeot, (1951), p. 117.

216. Claud., 5 (*C.Rufin* II), 54-56 *Urbs etiam, magnae quae dicitur aemula Romae, / et Chalcedonias contra despectat arenas, / jam non finitimo Martis terrore movetur* ; Zos., V, 5, 5 et Socr., *HE,* VII, 10, 2-3.

217. Philost., XI, 8 ; Soz., VIII, 1, 2 (Rufin soupçonné d'avoir partie liée avec eux), voir Émilienne Demougeot, (1951), p. 148.

218. Zos., V, 5, 5 ; Marcell., *Chr.,* a. 395, p. 64, l. 18-21 Mommsen : *Rufinus patricius Arcadio principi insidias tendens Alaricum Gothorum regem missis clam pecuniis infestum rei publicae fecit et in Graeciam misit.*

peut-être au-delà les Pannonies et l'Illyricum par la Thrace et la Macédoine[219]. C'était le moment de revendiquer le retour de l'Illyricum à la partie orientale, moyennant quoi Rufin pourrait négocier l'installation des Goths dans la région et gagner des *foederati* à l'empire[220].

Les historiens accusèrent Rufin d'aspirer à supplanter Arcadius au pouvoir suprême, parce qu'il avait fait appel aux Huns[221]. Soucieux des intérêts de tout l'empire, Stilicon décida de bloquer l'invasion menée par Alaric et ne tarda pas à rejoindre les hordes barbares en Thessalie, sans doute en septembre 395[222]. Il reçut alors l'injonction de se retirer[223] :

> *Devait-il continuer les combats ou à ses généreux desseins renoncer ? Il brûle de voler à la rescousse des malheurs de l'Illyrie : il redoute de faire opposition aux ordres ; son loyalisme brise en lui les aiguillons du courage.*

Malgré qu'il en eût, il devait se débarrasser de Rufin par la violence[224]. La mission fut confiée à un chef goth,

219. Socr., *HE*, VII, 10, 2 ; Zos., V, 5, 5.

220. Émilienne Demougeot, (1951), p. 149.

221. Oros., VII, 37, 1 : *cum alius sibi* (sc. Rufinus) (...) *affectans regale fastidium* ; Socr., *HE,* VI, 1, 6-7 Ὑπωπτεύετο γὰρ εἰς τυραννίδα ὁ Ῥουφῖνος· καὶ δόξαν εἶχεν, ὡς αὐτὸς εἴη τοὺς Οὔννους τὸ βάρβαρον ἔθνος ἐπικαλεσάμενος εἰς τὴν Ῥωμαίων χώραν. Καὶ γὰρ ἦσαν κατ' ἐκεῖνο τοῦ καιροῦ Ἀρμενίαν τε καί τινα μέρη τῆς ἑῴας κατατρέχοντες ; Soz., VIII, 1, 2 ἐλέγετο δὲ ὡς λάθρα τούτους ἐπηγάγετο ἐπὶ ταραχῇ τῆς βασιλείας Ῥουφῖνος ὁ τῆς ἀνατολῆς ὕπαρχος, ὕποπτος ὢν καὶ ἄλλως ὡς τυραννεῖν βούλεται.

222. Émilienne Demougeot, (1951), p. 152-153.

223. Claud., 5 (*C. Rufin,* II), 100-103 : (...) *peragat pugnas, an fortia coepta / deserat ? Illyricis ardet succurrere damnis : / praeceptis obstare timet ; reverentia frangit / virtutis stimulos.*

224. D'après Claudien [5 (*C. Rufin* II), 268-271], l'armée de Stilicon murmurait contre son chef qu'il fallait s'en prendre au traître qui avait permis l'entrée des envahisseurs, Huns ou Alains : *Te sine, dulce nihil : jam formidata tyranni / tempestas subeunda mihi, qui forte nefandas / jam parat insidias ; qui nos aut turpius Hunnis, / aut impacata famulos praestabat Alanis.*

Gaïnas[225], dont l'armée mit une trentaine de jours à atteindre Constantinople. Le 27 novembre 395, conformément à l'usage, pour souhaiter la bienvenue au renfort concédé par Stilicon, Arcadius sortit à l'entrée de la ville, à l'Hebdomon, là où souvent par le passé avait été célébrée l'investiture des empereurs[226] :

> *dès que les soldats se trouvèrent à proximité de Constantinople, Gaïnas prit les devants, pour annoncer à l'empereur Arcadius leur présence et le fait qu'ils étaient là avec mission de porter remède à la situation qui s'était dégradée. Comme l'empereur se réjouissait de leur arrivée, Gaïnas lui conseilla d'aller à la rencontre des soldats qui étaient sur le point de faire leur entrée : il déclara en effet qu'il était habituel que les soldats fussent honorés de cette marque d'estime ; l'empereur se laissa convaincre, sortit devant la ville à leur rencontre, et Rufin le suivit, vu qu'il était préfet du prétoire ; quand ils se furent prosternés et que l'empereur leur eut témoigné comme il fallait sa bien-*

225. Zos., V, 7, 4-5 (d'après qui la décision fut prise d'accord avec Arcadius) ; J. Ant., fr. 190 (IV, p. 610 Müller).

226. Zos., V, 7, 4-5 : τῶν δὲ στρατιωτῶν ἤδη πλησίον τῆς Κωνσταντινουπόλεως ὄντων, φθάσας ὁ Γαΐνης ἀπήγγειλεν Ἀρκαδίῳ τῷ βασιλεῖ τὴν αὐτῶν παρουσίαν, καὶ ὡς παραγένοιντο τοῖς πράγμασι πεπονηκόσιν ἐφιέμενοι βοηθεῖν. Τοῦ δὲ βασιλέως ἡσθέντος ἐπὶ τῇ τούτων ἀφίξει, ὑπαντῆσαι τοῖς στρατιώταις εἰσιέναι μέλλουσι παρεκάλει τὸν βασιλέα Γαΐνης · ταύτης γὰρ τῆς τιμῆς ἠξιῶσθαι τοὺς στρατιώτας ἔλεγε σύνηθες εἶναι · πεισθέντος δὲ τοῦ βασιλέως καὶ πρὸ τῆς πόλεως ὑπαντήσαντος, εἵπετο καὶ ὁ Ῥουφῖνος, οἷα τῆς αὐλῆς ὕπαρχος · ἐπεὶ δὲ προσκυνήσαντες τῆς προσηκούσης ἠξιώθησαν παρὰ τοῦ βασιλέως φιλοφροσύνης, δόντος Γαΐνου τὸ σύνθημα πάντες ὁμοῦ τὸν Ῥουφῖνον ἀπολαβόντες ἐν μέσῳ τοῖς ξίφεσι παίουσι. Le nom de Gaïnas est donné encore par Jean d'Antioche (fr. 190), Marcellinus Comes (*Chr.* a. 395, p. 64, l. 23 Mommsen) et Jordanès (*Succession des temps,* 14 ; *Histoire des Goths,* 11). Des récits analogues, plus ou moins résumés, figurent chez Philostorge (XI, 3), Socrate (VI, 1, 3-8), et Jean d'Antioche (fr. 190). Tous dérivent, à des degrés divers, de la *Chronique* d'Eunape, Fr. Paschoud, (1986), p. 101 (n. 13 à la p. 14), voir aussi le récit de Claudien [5 (*C. Rufin,* II), 391-404], qui ne prononce d'ailleurs nulle part le nom de Gaïnas.

veillance, au signal donné par Gaïnas ; ils isolent tous en même temps Rufin au milieu d'eux et le frappent de leurs épées.

Jean a dû lire des récits de l'assassinat de Rufin. Le genre de surnom qu'il lui donne (II **10** 3), " l'insatiable " (ἀκόρεστος), référence à son avarice bien connue, a été repris justement à propos de la scène d'atroce bacchanale qui a suivi immédiatement après. L'imagination des auteurs s'est donnée libre carrière, par exemple chez Zosime[227] :

Celui-ci lui coupa la main, celui-là lui trancha l'autre, un troisième, après lui avoir séparé la tête du cou, partit en chantant des péans de victoire ; ils poussèrent la dérision jusqu'à promener sa main à travers toute la ville et à demander à ceux qu'ils rencontraient de donner de l'argent au tonneau sans fond

ou chez Philostorge[228] :

Quant à la tête de Rufin, que l'on avait coupée, on lui mit un caillou dans la bouche, on la hissa sur une pique et on se mit à la promener partout. On coupa pareillement la main droite, et on l'exhibait dans les ateliers de la ville, en disant : " Donnez de l'argent pour le tonneau sans fond ". La collecte rapporta quantité d'or.

227. V, 7, 6 : Καὶ ὁ μὲν ἀφῃρεῖτο τῆς δεξιᾶς, ὁ δὲ τὴν ἑτέραν ἔκοπτεν, ὁ δὲ τὴν κεφαλὴν τοῦ τραχήλου χωρίσας ἀπῄει, παιᾶνας ᾄδων ἐπινικίους · ἐς τοσοῦτον δὲ ἐπετώθασαν ὥστε τὴν χεῖρα πανταχῇ τῆς πόλεως περιάγειν, αἰτεῖν τε ἀργύριον δοῦναι τῷ ἀπλήστῳ τοὺς προστυγχάνοντας. Trad. de Fr. Paschoud [(1986), p. 14], légèrement modifiée.

228. XI, 3, p. 135 Bidez-Winckelmann : τὴν μέντοι κεφαλὴν Ῥουφίνου τεμόντες τῷ στόματι λίθον ἐνέθεσαν, ἐπὶ καμάκου δ' ἀναρτήσαντες πανταχοῦ περιέθεον. Καὶ τὴν δεξιὰν ὡσαύτως τεμόντες ἐν τοῖς ἐργαστηρίοις τῆς πόλεως περιῆγον " δότε τῷ ἀπλήστῳ " λέγοντες. Καὶ πολὺ χρυσίον ἡ αἴτησις ἠρανίσατο. S. Jérôme imagine que c'est la main seule qui se met à mendier de porte en porte : *Ép.* 60 (à Héliodore), 16 (III p. 106 Labourt) *Rufini caput pilo Constantinopolim gestatum est, et abscissa manus dextera ad dedecus insatiabilis avaritiae ostiatim stipes mendicavit.* Claudien

Marcellinus Comes est le seul à bannir toute enflure[229]. La seule originalité de Jean consiste à avoir substitué " insatiable " (ἀκόρεστος) à " tonneau sans fond " (ἄπληστος) que l'on trouve chez Philostorge et chez Zosime.

3. La politique linguistique de Théodose II

Par malheur, on avait mal tiré la la leçon d'un oracle donné à Romulus, le fondateur de Rome. Si elle oublie la langue de ses pères, la Ville éternelle perdra sa Τύχη (II **12** 1-2 = III **42** 1-2). Naturellement, la référence est vague, le contenu rapporté de mémoire, d'après un antiquaire, inconnu par ailleurs, nommé Fontéius. La prédiction se rapportait aux origines de l'*Urbs,* alors que Jean vise le destin de Constantinople[230]. La négligence sera catastrophique. Dans leur majorité, les empereurs qui suivirent furent calamiteux ; même lorsqu'ils étaient pétris d'éminentes qualités, comme Anastase voire Justinien, ils eurent des préfets du prétoire détestables. La suite en montrera les conséquences. Le responsable est un Égyptien, Cyrus, dont la vie est assez correctement résumée dans la *Souda* [231] :

[5 (*C. Rufin* II), 433-439] imagine que la main coupée retrouve des nerfs pour quémander : *Nec minus assiduis flagrant elidere saxis / prodigiale caput, quod jam de cuspide summa / nutabat, digna rediens ad moenia pompa. / Dextera quin etiam ludo concessa vagatur / aera petens, fraudesque animi persolvit avari / terribili lucro vivosque imitata retentus / cogitur adductis digitos inflectere nervis* ; Jordanès (*Succession des temps*, 14) a toutefois un ton plus modéré : *caput eius cum dextera manu Constantinopoli ad ludibrium circumductum.*

229. *Chr.* a. 395, p. 64, l. 25-26 : *Caput ejus manusque dextra per totum Constantinopolim demonstrata.*

230. B. Rochette, (1997), p. 414.

231. *Souda,* K 2776, s.v. Κῦρος, Πανοπολίτης, ἐποποιός. Γέγονεν ἐπὶ Θεοδοσίου τοῦ νέου βασιλέως, ὑφ' οὗ καὶ ἔπαρχος πραιτωρίων καὶ ἔπαρχος πόλεως προεβλήθη· καὶ γέγονεν ἀπὸ ὑπάτων καὶ πατρίκιος. Εὐδοκία γὰρ ἡ Θεοδοσίου γαμετή, βασιλὶς οὖσα, ὑπερηγάσθη τὸν Κῦρον, φιλοεπὴς οὖσα. Ἀλλὰ αὐτῆς ἀποστά-

Cyrus de Panopolis, poète épique. Il eut son akmé *sous l'empereur Théodose II, sous lequel il fut promu à la dignité de préfet tant du prétoire que de la Ville. Eudocie, l'épouse de Théodose, qui était l'impératrice, avait fait de Cyrus son principal favori, parce qu'elle aimait la poésie épique. Mais lorsqu'elle eut quitté le palais impérial et qu'elle vécut en Orient, à Jérusalem, Cyrus, qui était tombé suite à une cabale, fut sacré évêque de Cotyaion en Phrygie et il vécut jusque sous le règne de l'empereur Léon. Ce fut lui qui fonda l'église de la Mère de Dieu appelée l'Église de Cyrus.*

Quelques poèmes de Cyrus sont conservés dans l'*Anthologie* : le fait seul suffit à montrer que leur succès fut durable. L'un paraît être un bref panégyrique versifié[232], deux autres sont des épigrammes, l'une funéraire pour une femme de trente-trois ans[233], l'autre démonstrative pour des thermes[234] ; la troisième pièce enfin justifie les critiques de Jean sur les capacités de l'auteur en politique. Propos mélancolique de poète évidemment[235] :

Ah ! si mon père m'avait appris à paître les brebis à l'épaisse toison ! Assis sous un orme ou au pied d'un rocher, en jouant du chalumeau je charmerais mes peines. Piérides, fuyons cette ville bien bâtie ; cherchons une autre patrie. Et j'annoncerais à tous que les pernicieux frelons ont perdu les abeilles.

σης τῶν βασιλείων καὶ εἰς ἀνατολὴν ἐν Ἱεροσολύμοις διατριβούσης, Κῦρος ἐπιβουλευθεὶς ἐπίσκοπος τῶν ἱερῶν γίνεται ἐν Κοτυαείῳ τῆς Φρυγίας καὶ παρέτεινε μέχρι Λέοντος τοῦ βασιλέως. οὗτος κτίζει τὸν νάον τῆς θεοτόκου τὸν λεγόμενον τὰ Κύρου. Le nom complet était Fl. Taurus Seleucus Cyrus, voir *Plre* II, s.v. *Cyrus* 6, p. 336.

232. *Anth.*, XV, 9.

233. VII, 557.

234. IX, 623.

235. IX, 136 : Αἴθε πατήρ μ' ἐδίδαξε δασύτριχα μῆλα νομεύειν, / ὥς κεν ὑπὸ πτελέῃσι καθήμενος ἢ ὑπὸ πέτρῃς, / συρίσδων καλάμοισιν ἐμὰς τέρπεσκον ἀνίας. / Πιερίδες, φεύγωμεν ἐϋκτιμένην πόλιν· ἄλλην / πατρίδα μαστεύσωμεν. Ἀπαγγελέω δ' ἄρα πᾶσιν / ὡς ὀλοοὶ κηφῆνες ἐδηλήσαντο μελίσσας.

Au point de vue technique, les vers ont une facture éminemment classique[236].

Cyrus occupa le poste de préfet de la Ville peut-être à partir du 26 décembre 435[237]. Toujours est-il que des documents législatifs où le titre lui est donné sont conservés pour la période du 23 mars au 1er novembre 439[238]. Cyrus est en poste comme préfet du prétoire à partir du 6 décembre 439[239] jusqu'au 18 août 441[240]. Cependant le titre " préfet de la Ville " apparaît encore une fois durant cette période[241]. À la préfecture du prétoire, on lui connaît un successeur dès le 25 février 442[242]. Que, comme l'affirme notre écrivain, en accord avec de nombreuses sources[243], il cumula les deux préfectures est donc parfaitement avéré.

236. T.E. Gregory, art. *Kyros,* dans *ODB* II, p. 1163-1164.

237. *CJ* II, 7, 5 sur les privilèges des avocats de la préfecture urbaine est daté du 26 décembre 426 et du 12e consulat de Théodose II. Ou bien on suppose qu'il s'agit d'un préfet Cyrus, inconnu par ailleurs, ou bien du grand Cyrus, mais alors la datation de la loi est erronée. Dès lors, on a proposé de corriger en deux sens. Il s'agirait soit du *quinzième* (435) soit du *dix-septième* (439).Quoique plus coûteuse, la seconde correction aurait l'avantage de conférer davantage d'unité aux succès politiques de Cyrus, voir les références dans le livre de G. Dagron [(1974), p. 267-268, avec la n. 1 de la p. 268].

238. *CJ* I, 2, 9 = XI, 18 (23 mars) ; VIII, 11, 20 (1er novembre).

239. Théodose, *Nov.* XVIII.

240. *CJ* I, 55, 10. La loi *CJ* X, 71, 4 à laquelle renvoie *PLRE* II, p. 337 ne peut être datée que de façon approximative à 441-442.

241. I, VIII, 21 (22 janvier 440).

242. G. Dagron, (1974), p. 269.

243. Prisc., fr. 3a p. 73 Mûller = *Chr. Pasch.* p. 588 B. : Κῦρος προεβλήθη ἐν Κωνσταντινουπόλει ἔπαρχος τῶν πραιτωρίων καὶ ἔπαρχος πόλεως ; J. Mal., p. 361, 14-16 B. : ὁ δὲ αὐτὸς βασιλεὺς προεβάλετο ἔπαρχον πραιτωρίων καὶ ἔπαρχον πόλεως τὸν πατρίκιον Κῦρον, τὸν φιλόσοφον, ἄνδρα σοφώτατον ἐν πᾶσι ; Évagr., *HE,* I, 19 (p. 28, l. 18-21) : Κῦρον δὲ καὶ πρὸς τὸν μέγιστον τῶν ὑπάρχων ἀναβῆναι θρόνον, ὃν ὕπαρχον τῆς αὐλῆς οἱ πρὸ ἡμῶν κεκλήκασι, καὶ τῶν ἑσπερίων (οιλ φαυτ λιρε σανσ δουτε ἑῴων) ἐξηγήσασθαι δυνάμεων. Toutefois, R.C. Blockley [(1983), p. 381, n. 18] préfère rattacher à l'ouvrage de Priscus le passage de Malalas donné ci-avant plutôt que celui du *Chronicon.*

Cyrus, en tant que préfet du prétoire, aurait été le premier à produire des décrets en grec (II **12** 2 = III **42** 2). L'affirmation de Jean le Lydien n'est confirmée par aucun texte. On doit fortement nuancer les données, comme l'indique G. Dagron dans une brillante étude[244]. Le premier signe d'hellénisation remonte à une loi d'Arcadius du 9 janvier 397 qui autorise les juges à rendre leurs arrêts en grec aussi bien qu'en latin[245]. De notre point de vue, on accordera plus d'importance à une *Novelle* de Théodose II datée du 12 septembre 439. Elle reconnaît la validité des testaments rédigés en grec[246]. À ce moment, autant que l'on puisse voir, Cyrus n'est pas encore préfet du prétoire, mais déjà préfet de la Ville. On peut donc supposer qu'il exerçait depuis longtemps une réelle influence sur Théodose II et était en mesure de peser sur les décisions de politique générale.

L'empereur réagit en privant la préfecture du prétoire d'une série considérable de pouvoirs (III **42** 3) : allègement des taxes, octroi aux cités de rations de vivres, de luminaires, de spectacles et de restaurations de bâtiments publics. L'allusion aux luminaires vise-t-elle une initiative particulièrement heureuse de Cyrus, qui dota la capitale de son premier éclairage public ? C'est, en tout cas, ce qu'affirme le *Chronicon* [247] :

244. G. Dagron, (1984), p. 41-42.

245. *CJ* VII, 45, 12 : *Iudices tam Latina quam Graeca lingua sententias proferre possunt.* La loi est adressée au proconsul d'Afrique. On doit certainement corriger en *Iuliano proconsuli Asiae.* Voir, à ce propos, *PLRE* II, s.v. *Iulianus* 3, p. 637, où l'on trouvera d'intéressantes considérations sur l'état du texte. Même le lieu d'émission, Milan, est loin d'être assuré.

246. *Nov.* XVI, 8 : *quoniam Graece iam testari concessum est, legata quoque ac directas libertates, tutores etiam Graecis verbis liceat in testamentis relinquere.* Le texte revêt une forme encore plus nette dans le *CJ* VI, 23, 21, 6 : *Illud etiam huic legi perspeximus inserendum, ut etiam Graece omnibus liceat testari.*

247. Prisc., fr. 3a p. 73 Müller = *Chr. Pasch.* p. 588 B. : καὶ αὐτὸς ἐπενόησεν τὰ ἑσπερινὰ φῶτα ἅπτεσθαι εἰς τὰ ἐργαστήρια ὁμοίως καὶ τὰ νυκτερινά. Nous traduisons de notre mieux, car le

Il fut aussi celui qui imagina de faire allumer les luminaires du soir devant les boutiques tout comme les luminaires nocturnes.

On ne tarda pas non plus à prêter à Cyrus la restauration de bâtiments publics et, au moins après le VIe s., celle des murailles de Constantinople[248]. Mais les documents ne sont pas dénués de confusions. Il semble que les historiens aient attribué au seul Cyrus l'œuvre d'Anthémius à partir de 412, le raccordement en 439 de la muraille maritime de Constantin à celle, terrestre, de Théodose dans la région de la Porte Dorée et la reconstruction de 447-448[249]. Jean décrit la réaction de l'empereur en terme de partage des pouvoirs uniquement (**42** 3). Vise-t-il la chute de Cyrus[250] ?

texte n'est pas entièrement clair. D'après G. Dagron [(1974), p. 269, n. 1], Cyrus avait peut-être prescrit aux ateliers de rester éclairés le soir et la nuit.

248. Mal., p. 361, l. 17-18 B. : καὶ φροντίζων τῶν κτισμάτων καὶ ἀνανεώσας πᾶσαν Κωνσταντινούπολιν ; Thphn., A.M. 5937, p. 96, l. 33-p. 97, l. 1 : Τούτῳ τῷ ἔτει Κῦρον, τὸν ἔπαρχον τῆς πόλεως καὶ τῶν πραιτωρίων, ἄνδρα σοφώτατον καὶ ἱκανὸν κτίσαντά τε τὰ τείχη τῆς πόλεως καὶ ἀνανεώσαντα πᾶσαν Κωνσταντινούπολιν (...) ; Zonar., XIII, 22 : Βουληθεὶς δὲ ὁ βασιλεὺς Θεοδόσιος τὰ τείχη μεταθεῖναι τῆς πόλεως καὶ μείζονα τὴν ταύτης θέσθαι περιοχήν, Κύρῳ τῷ ἐπάρχῳ τὸ ἔργον ἀνέθετο · καὶ ὃς σπουδῇ πολλῇ καὶ προθυμίᾳ χρησάμενος ἀνήγειρε τὸ χερσαῖον τεῖχος ἀπὸ θαλάσσης ἕως θαλάσσης δι' ἑξήκοντα ἡμερῶν. Pour d'autres sources, voir G. Dagron, (1974), p. 270 ; *PLRE* II, p. 338.

249. G. Dagron, (1974), p. 270.

250. Les faits sont bien connus et ont été maintes fois narrés. Pour avoir modifié la répartition des gradins à l'Hippodrome, Théodose II s'était heurté à l'hostilité des Verts. En guise de conciliateur, il envoya le préfet Cyrus, qui fut le premier à discuter avec le peuple divisé en factions rivales. Bientôt, le peuple entier acclama le populaire Cyrus, à l'égal de Constantin. C'était exiger que le préfet du prétoire devînt le collègue de l'empereur en place. Mais la chute de Cyrus est liée aussi à l'arrivée au pouvoir de l'eunuque Chrysaphios, dont le rôle religieux fut si important, en qualité de *primicerius* et de *spatharius*. Il s'ensuivit un véritable changement de régime. C'est à peu près au même

Toujours est-il que désormais les préfets du prétoire refusèrent d'accorder des indemnités à quiconque aux frais du trésor public. Sous Justin, le préfet Démosthène exigea même une pragmatique sanction pour donner force de loi aux ordres revêtus de la signature de l'empereur (**42** 4). Le renseignement ne figure pas ailleurs. Si elle mérite quelque crédit, la donnée se comprend bien. Jean a indiqué ailleurs que Justin était un illettré (**51** 5 ; voir déjà II **28** 1). Quant à Démosthène, de son nom complet Fl. Theodorus Petrus Demosthenes, il est relativement bien connu, encore que les documents conservés prêtent à la critique. D'après une *Novelle,* il aurait été ex-préfet de la Ville, ex-consul et préfet du prétoire[251]. Apparemment, il n'a jamais été en réalité ni préfet de la Ville ni consul[252]. On le trouve en fonction une première fois en qualité de préfet du prétoire du 1er juin 521[253], puis revêtu des mêmes fonctions beaucoup plus tard, en 529, les 17 septembre et 30 octobre[254].

moment que l'impératrice Eudocie, la protectrice attitrée de Cyrus, prit le chemin de Jérusalem. Devenu évêque de Cotyaion en Phrygie, une bourgade dont la population avait déjà assassiné quatre évêques, Cyrus se lia avec Daniel le Stylite, qui commençait alors sa quête personnelle de Dieu, puis, à la mort de Théodose II, il regagna la capitale et y reprit son statut de laïc, voir G. Dagron, (1974), p. 270-272.

251. *Novelle* CLXVI : Φλάβιος Θεόδωρος Πέτρος Δημοσθένης, ὁ μεγαλοπρεπέστατος ἔπαρχος τῶν ἱερῶν πραγμάτων καὶ ἀπὸ ἐπάρχων τῆς βασιλίδος πόλεως καὶ ἀπὸ ὑπάτων. Il est vrai qu'elle est signée aussi par Fl. Faustus et Fl. Stephanus et adressée à Hortalinus, consulaire de Lydie. La publication de la *Novelle* n'est pas datée.

252. *PLRE* II, s.v. *Demosthenes* 4, p. 354.

253. *CJ* VI, 22, 8. V, 4, 23 sont donnés comme des années 520-523, VII, 62, 34, des années 520-524.

254. E. Stein, *Bas-Empire* II, p. 784, d'après respectivement *CJ* I, 4, 24 et 2, 22. Pour les autres textes législatifs adressés durant cette période, voir les références dans *PLRE* II, s.v. p. 354. Toujours est-il, d'après Procope (*Arc.*, 12, 5), qu'il joua un rôle prépondérant au Sénat, mais que ses héritiers, à la suite d'un faux monté par le couple impérial, furent privés des biens auxquels ils avaient droit.

4. Le règne de Marcien Jean n'évoque presque rien du règne de Théodose II (1er mai 408-28 juillet 450), si ce n'est en relation avec la préfecture de Cyrus. Le gouvernement de Marcien (25 août 450-fin janvier 457) est à peine rappelé (III **43** 1), alors que notre historien s'attarde assez longuement sur les hauts faits de deux empereurs désastreux, avant de chanter le panégyrique d'Anastase Ier. La présentation est tendancieuse. En matière de finances, Marcien était bien le responsable d'un relatif regain de prospérité. Il avait décidé de rompre avec la politique de concessions à l'ennemi menée par Théodose II. Attila avait imposé à l'Empire un lourd tribut annuel après la paix de 443 (au plus tard) : 151.200 sous d'or, sans compter une contribution spéciale de 432.000 sous d'or[255]. Marcien refusa désormais d'acquitter le tribut[256] :

> *Attila envoya aussi des gens à la cour des Romains d'Orient pour réclamer les contributions fixées. Ces ambassadeurs, de part et d'autre, s'en revinrent bredouilles.* (...). *Les gens d'Orient dirent qu'il n'y aurait point de versement de la contribution, que Théodose avait fixée : s'il se tenait tranquille, (Attila) recevrait des cadeaux ; s'il lançait une menace de guerre, on lui opposerait des forces et des troupes qui ne le cédaient pas en puissance à la sienne.*

Tout en ménageant habilement le contribuable, Marcien sut enrichir le trésor de l'État par de sages écono-

255. E. Stein, *Bas-Empire,* I, p. 292. Salvien (*Gouvernement de Dieu,* VII, 46 ; 54) traite uniquement *des Goths et des Vandales.*

256. Prisc., fr. 15, IV p. 98 Müller (= *Exc. De leg gent.*, 39, 40) = 2O, 1, p. 304-306 Blockley : (Ἀττήλας) ἔπεμπε δὲ καὶ πρὸς τοὺς ἑῴους Ῥωμαίους τῶν ταχθέντων φόρων ἕνεκα. Ἀπράκτων δὲ ἐξ ἀμφοτέρων τῶν αὐτοῦ ἐπανελθόντων πρέσβεων (...) Οἱ δὲ τῆς ἕω ἔφασαν οὐχ ὑποστήσεσθαι τὴν τοῦ φόρου ἀπαγωγήν, ἣν ὁ Θεοδόσιος ἔταξεν · καὶ ἡσυχάζοντι μὲν δῶρα δώσειν, πόλεμον δὲ ἀπειλοῦντι ὅπλα καὶ ἄνδρας ἐπάξειν τῆς αὐτοῦ μὴ λειπομένους δυνάμεως.

mies. Le refus opposé à Attila n'est qu'un exemple. La distribution de largesses au peuple par les consuls entrant en charge fut remplacée par une souscription pour la réparation des aqueducs[257]. Sans doute la mesure était-elle aussi dictée par le désir de se concilier la faveur de l'ordre sénatorial. Ainsi l'empereur put abolir le *follis* sénatorial[258]. Nombreuses aussi étaient dans le même cercle les plaintes sur les dépenses somptuaires exigées par les jeux et les spectacles. En réponse, Marcien réduisit le nombre des préteurs à trois, qui devaient être choisis par le sénat parmi les *illustres* résidant dans la capitale, et ils furent dispensés de leurs obligations de participer financièrement à l'organisation des jeux[259]. De la sorte, Marcien réussit à accroître considérablement les réserves disponibles[260] : Jean les estime à plusieurs centaines de livres d'or (**43** 3).

Quand Attila fut-il sur le point d'envahir l'Empire romain d'Orient pour faire main basse sur ce trésor ? Naturellement, la chronologie interdit de faire de lui et de Léon des contemporains, au moins en tant que titulaires d'une autorité gouvernementale ou militaire. De toute façon, mort dans son lit, de façon naturelle, en 453[261], il n'aurait profité que d'une pelote à qui le temps avait manqué pour être vraiment grosse. Que les empires de Théodose II et de Valentinien III furent menacés par les hordes hunniques est un fait relevant de l'histoire univer-

257. *CJ* XII, 3, 2, 3, p. 454, de 452, voir E. Stein, *Bas-Empire,* I, p. 351 ; A.H.M. Jones, *LRE* I, p. 219, avec la n. 3 (II, p. 1111).

258. *CJ* XII, 2, 2, p. 454. Sur le *follis,* créé peut-être dès la fin de 312, un impôt de classe échelonné selon la fortune (8, 4 ou 2 *folles* par an, soit une livre, une demi ou un quart de livre d'or), voir E. Stein, *Bas-Empire,* I, p. 115-116.

259. *CJ* I, 39, 2, p. 85, de 450.

260. Sur les réserves d'or accumulées dans l'Empire d'Orient, voir E. Stein, *Bas-Empire* I, p. 352, avec la n. 9 (p. 588) ; A.H.M. Jones, *l.l.*.

261. Sur la mort d'Attila, voir E. Stein, *Bas-Empire* I, p. 356.

selle[262]. Après la sanglante défaite des Champs Catalauniques en 451, le “ fléau de Dieu ” fondit sur l'Italie l'année suivante : il y rasa Aquilée avec d'autres villes, opéra des razzias dans nombre de régions du Nord, quand une ambassade menée par le pape Léon le fit réfléchir, bien qu'il continuât à brandir la menace[263]. Il persistait à exiger le règlement de la contribution arrêtée du temps de Théodose II[264], faute de quoi il lancerait ses hordes contre l'Empire[265]. Durant les premières années de Marcien, le risque de voir déferler à l'Est les troupes du Hun n'avait donc rien de chimérique. La seule faute de Jean est d'avoir commis une erreur de chronologie et d'avoir envisagé les données telles qu'elles se présentaient après le décès de Marcien (fin janvier 457). Curieusement, son témoignage n'est pratiquement jamais utilisé par les historiens spécialistes de la période.

5. Le règne de Léon Ier “ le Grand ”

Léon Ier monta sur le trône, le 7 février 457. Dans le déclenchement de la guerre contre les Vandales, Jean prête à l'empereur de pauvres motifs d'ordre personnel (**43** 3). Officier thrace au service du *magister militum praesentalis*, l'Alain Aspar, Léon n'avait été désigné par le sénat et les troupes de la capitale que pour permettre à son ancien chef de

262. Voir, par exemple, Prisc., fr. 21 (*Chr. Pasch.*, p. 587 sqq.) p. 308 Blockley.

263. E. Stein, *Bas-Empire* I, p. 336.

264. Prisc., fr. 23, 1 (*Exc. de leg. gent.*, 9) p. 314 Blockley : Ὅτι ὁ Ἀττήλας μετὰ τὸ τὴν Ἰταλίαν ἀνδραποδίσασθαι ἐπὶ τὰ σφέτερα ἀναζεύξας τοῖς κρατοῦσι τῶν ἑῴων Ῥωμαίων πόλεμον καὶ ἀνδραποδισμὸν τῆς χώρας κατήγγελλεν, ὡς μὴ ἐκπεμφθέντος τοῦ παρὰ Θεοδοσίου τεταγμένου φόρου.

265. Prisc., fr. 24, 2 (Thphn., A.M. 5946 p. 108, l. 5-7) p. 318 Blockley : Ὁ δὲ Ἀττίλας εὐτρεπίζετο πολεμῆσαι Μαρκιανῷ μὴ ἀνεχομένῳ τὸν φόρον αὐτῷ παρασχέσθαι τὸν ὑπὸ Θεοδοσίου ταχθέντα. Théophane évoque la mort d'Attila immédiatement après.

gouverner par personne interposée[266]. Or, depuis le moment où, dans les années 431-434, il avait eu l'occasion de l'affronter, Aspar menait une politique de conciliation avec le royaume vandale de Geiséric. On conçoit que Léon ait voulu se libérer d'une tutelle pesante. Surtout, les difficultés de l'Occident l'amenèrent à modifier sa politique. Depuis la fin de 465, l'Ouest était sans empereur. Gouverneur de l'Italie, le patrice Ricimer, qui avait à lutter notamment contre les Vandales, cherchait des renforts du côté de l'Orient. Un traité fut conclu, aux termes duquel un César destiné à l'Occident fut désigné à Constantinople, en la personne d'Anthémius, le gendre de Marcien[267] :

> *(Que) l'empereur Léon mande Phylarchos à Geiséric pour lui annoncer l'accession à l'Empire d'Anthémius et pour le menacer d'une guerre, s'll ne se retirait pas d'Italie et de Sicile. (Phylarchos) s'en revint avec la nouvelle que (Genséric) n'avait pas accepté d'entrer en pourparlers, mais qu'il se préparait à la guerre pour la raison que les Romains d'Orient avaient rompu la trêve.*

Anthémius fut proclamé Auguste par l'armée : on envoya dès lors dans toutes les villes son portrait, couronné de lauriers, à côté de celui de Léon[268]. En même temps, Léon signifiait à Geiséric que toute nouvelle

266. Pour une description détaillée du couronnement de Léon Ier, d'après Pierre le Patrice, voir G. Dagron, (1996), p. 79-83.

267. Prisc., 52, p. 360 Blockley : Ὅτι Λέων ὁ βασιλεὺς στέλλει πρὸς τὸν Γεζέριχον Φύλαρχον τὴν τοῦ Ἀνθεμίου βασιλείαν μηνύσων καὶ πόλεμον ἀπειλήσων, εἰ μή γε τῆς Ἰταλίας καὶ Σικελίας ἀφέξοιτο. Ἐπανῆκε δὲ ἀγγέλλων, μὴ ἐθέλειν αὐτὸν τοὺς τοῦ βασιλέως προσίεσθαι λόγους, ἀλλὰ ἐν πολέμου εἶναι παρασκευῇ, ὡς ὑπὸ τῶν ἑῴων Ῥωμαίων παρασπονδούμενον.

268. Jord., *Rom.* 336 ; *Cons. Ital.* a. 467 ; Hyd., *Chr.*, 234 sqq. ; Cassiod., *Chron.*, 1283, a. 467 ; Sidoin., *Poèmes*, II, 13-29 ; 209 ; 221-298 ; 478-481 ; 504-507 ; Pierre le Patrice, dans Constantin Porphyrogénete, *Cér.*, p. 395, l. 9-p. 396, l. 7 ; pour avoir une idée de l'aspect de ces portraits, voir Gr. Naz., *Discours*, 4 (*Contre Julien* I), 80, p. 204 Bernardi.

agression contre l'Occident déclencherait une réaction belliqueuse de la part des deux parties de l'Empire. Loin de se tenir coi, Geiséric déclara la guerre à l'Orient, contre lequel il commença une campagne de razzias[269] :

> *À cette époque-là, Geiséric, qui, après la mort de Valentinien, s'était adjoint le concours des Maures, envahit chaque année, au début du printemps, la Sicile et l'Italie, où il réduisit en esclavage la population de certaines cités, rasa les murailles des autres et pilla tout. Quand ces pays furent privés de toute ressource humaine et financière, il s'attaqua à la partie orientale de l'empire et y pilla donc l'Illyrie, la majorité du Péloponnèse et, en général, de la Grèce et de toutes les îles qui la jouxtent.*

et

> *En effet, lorsqu'autrefois Geiséric avait fondu sur les places du Péloponnèse, il avait entrepris d'attaquer Tainaros. Mais comme il avait été rapidement refoulé après avoir perdu une partie importante des soldats qui l'accompagnaient, il avait fait retraite de façon totalement désordonnée. Aussi était-il encore courroucé quand il avait abordé à Zacynthe : alors il y avait mis à mort un*

269. Procop., *Vand.*, I, 5, 22-23 : Τότε δὲ Γιζέριχος Μαυρουσίους προσποιησάμενος, ἐπειδὴ Βαλεντινιανὸς ἐτελεύτησεν, ἀνὰ πᾶν ἔτος ἦρι ἀρχομένῳ ἔς τε Σικελίαν καὶ Ἰταλίαν ἐσβολὰς ἐποιεῖτο καὶ τῶν πόλεων τὰς μὲν ἀνδραποδίσας, τὰς δὲ καθελὼν ἐς ἔδαφος, ληισάμενός τε ἅπαντα, ἐπεὶ ἀνθρώπων τε ἡ χώρα καὶ χρημάτων ἔρημος ἐγεγόνει, ἐς τὸ τοῦ ἑῴου βασιλέως ἐσέβαλε κράτος. Ἰλλυριοὺς οὖν ἐληίζετο καὶ τῆς τε Πελοποννήσου τῆς τε ἄλλης Ἑλλάδος τὰ πλεῖστα καὶ ὅσαι αὐτῇ νῆσοι ἐπίκεινται. αὖθις δὲ ἔς τε Σικελίαν καὶ Ἰταλίαν ἀπέβαινεν, ἦγέ τε καὶ ἔφερεν ἐκ περιτροπῆς ἅπαντα. et I, 22, 16-17 : Γιζέριχος γὰρ, ἐπισκήψας ποτὲ τοῖς ἐν Πελοποννήσῳ χωρίοις, Ταινάρῳ προσβαλεῖν ἐνεχείρησεν. ἐνθένδε τε κατὰ τάχος ἀποκρουσθεὶς καὶ πολλοὺς τῶν οἱ ἑπομένων ἀποβαλὼν ἀνεχώρησεν ουδενὶ κόσμῳ. Διὸ δὴ τῷ θυμῷ ἔτι ἐχόμενος Ζακύνθῳ προσέσχε, καὶ πολλοὺς μὲν τῶν ἐν ποσὶ κτείνας, τῶν δὲ δοκίμων ἐς πεντακοσίους ἀνδραποδίσας δι᾿ ὀλίγου ἀπέπλευσεν ; voir aussi Vict.Vit. I, 51 p. 13 Halm ; *Vie de Daniel le Stylite*, 56 (*AB* 32, 175)] ; pour les faits, on se reportera à E. Stein, *Bas-Empire*, I, p. 359.

grand nombre d'habitants que le hasard lui avait présentés et avait réduit en esclavage 500 notables avant de reprendre le large peu après.

La guerre entreprise contre Geiséric répondait bien à des provocations vandales ; de surcroît, elle marquait une rupture nette avec la politique pratiquée précédemment sous Aspar. Enfin, la date où fut lancée l'expédition montre qu'elle n'avait rien d'une improvisation.

Procope[270] a laissé un beau récit de l'expédition désastreuse de 468 ; c'est celui que suit E. Stein[271]. Procope reconnaît lui aussi le luxe des moyens déployés pour la circonstance[272] : 100.000 hommes, un engagement financier de 130.000 livres pour une flotte[273]

dont la puissance, dit-on, n'avait jamais eu d'égale auparavant chez les Romains.

Les chiffres de Procope pour les dépenses sont supérieurs à ceux de Jean (**43** 5) que les historiens ne citent pas pour cette malheureuse équipée. Candidus donne 64.000 livres d'or et 700.000 livres d'argent, sans compter de l'argent provenant de confiscations et d'apports de l'empereur d'Occident Anthémius[274]. Jean donne pour

270. *Vand.*, I, 6, 8-25.

271. *Bas-Empire* I, p. 390-391.

272. *Vand.*, I, 6, 1-2. Les chiffres sont repris par Théophane (A.M. 5961, p. 115, l. 25-29).

273. Procop., *Vand.*, I, 6, 11 : οἷος οὐδείς πω ἐλέγετο Ῥωμαίοις πρότερον γεγενῆσθαι.

274. Candidus, fr. 2 p. 470 Blockley = *Souda*, X 245, s.v. Χειρίζω ἀεί · ἦσαν γάρ, ὥς οἱ ταῦτα ἐφανέρωσαν κεχειρικότες, διὰ μὲν τῶν ὑπάρχων χρυσίου λίτραι τετρακισμύριαι πρὸς ἑπτακισχιλίαις · διὰ δὲ τοῦ κόμητος τῶν θησαυρῶν ἑπτακισχίλιαι πρὸς μυρίαις καὶ ἀργυρίου λίτραι ἑπτακόσιαι χιλιάδες, ἄτερ τῶν ἀνηλωμένων ἐκ τῶν δημευσίμων ἀρχόντων καὶ ἐκ τοῦ βασιλέως Ἀνθεμίου, voir aussi C. Mango-R. Scott (1997), p. 181, n. 3 à la p. 180 et Ensslin [art. *Leo* 3, dans *RE* XII, 2 (1925), col. 1954-1955], qui indique que Candidus était de tous les historiens celui qui pouvait avoir la meilleure connaissance de l'état des caisses impériales. En effet, l'historien servait comme secrétaire au service de hauts digni-

source de cette manne étonnante le “ trésor d’Attila ”, dont, à notre connaissance ne parle aucun historien. Depuis son avènement, Marcien avait refusé de verser à Attila les sommes fixées en 443. Vu l’énormité de la contribution due, et parce que l’allègement des impôts pesant sur les citoyens n’avait pas été substantielle[275], l’économie était énorme pour l’empire. Pour l’importance des troupes engagées, Jean est largement au-delà du nombre avancé par Procope[276]. Comme on sait, le combat eut lieu sur mer, et par conséquent les difficultés d’accès propres au littoral africain de la Méditerranée (**43** 4) ne sont pour rien dans la défaite des troupes impériales, mais bien le délai de cinq jours consenti par Basiliscus. Attaqué par surprise, Geiséric eut ainsi le temps d’organiser sa flotte et d’allumer les brûlots qu’il jeta sur les beaux navires de Basiliscus.

Le désastre ruina l’État tout entier (**44** 1). Jean le prouve en versant un *lamento* sur le délabrement des finances publiques (**44** 2). La disposition des données prête à croire que les autres malheurs qui frappèrent aussi l’Empire sous Léon sont la conséquence de la défaite essuyée au large des côtes africaines. Rien de pareil ne se vérifie naturellement.

Notre écrivain évoque le gigantesque incendie qui ravagea la capitale du 2 au 6 décembre 465. Nous en possédons deux longues descriptions[277] :

taires de la faction isaurienne [fr. 1, p. 464, l. 11 Blockley = Phot., *Bibl. Cod.* 79, 55 a 15-17 (I, p. 162 H.)].

275. Ensslin, art. *Leo* 3, dans *RE* XII, 2 (1925), col. 1954-1955.

276. Je ne vois pas comment Ph. Richardot [(1998), p. 173, avec la n. 22] trouve le chiffre de dix mille vaisseaux chez Jean et chez Théophane, qui évoque une flotte fantastique de 100.000 bâtiments.

277. Évagr., *HE*, II, 13 p. 64-65 : Τὸ δέ γε πῦρ στυπτίου λαβόμενον φλόγα μεγίστην ἐξᾶραι, λόγου τε θᾶτον ἐμπρῆσαι τὸ οἴκημα˙ ἐκ τούτου δὲ τὰ παρακείμενα ῥᾴδιον ἀφανισθῆναι, τοῦ πυρὸς ἀμφιγενομένου οὐ μόνον τὰ εὐέξαπτα ἀλλὰ καὶ τὰς ἐκ λίθων οἰκοδομίας, καὶ ἄχρι τετάρτης ἡμέρας διαμείναντος, καὶ πᾶσαν ἄμυναν ὑπερβεβηκότος, τὸ μεσαίτατον ἅπαν τῆς πόλεως

Le feu prit à de l'étoupe et fit éclater une très grande flamme, et plus vite qu'on ne peut le dire, il incendia toute la maison. À partir de là, tout ce qui était voisin fut promptement anéanti, le feu faisant sa pâture non seulement de ce qui est aisément inflammable, mais aussi des bâtiments de pierre ; comme il dura quatre jours et l'emporta sur tout moyen de défense, tout le milieu de la ville depuis le nord jusqu'au midi fut consumé, sur une longueur de cinq stades et une largeur de quatorze stades, en sorte qu'il ne resta rien au milieu, ni bâtiments publics ni maisons privées, ni colonnes, ni les arches faites de pierre, mais que toute espèce de matériau sec fut entièrement brûlée comme si c'était l'une des choses qui prennent aisément feu. Ce fléau s'étendit, d'une part, dans la région du nord, là où sont les arsenaux de la ville, depuis ce que l'on appelle le Boosporos jusqu'au vieux temple d'Apollon, d'autre part ; dans la région du sud, depuis le port de Julien jusqu'aux maisons situées non loin de l'église dite église de la Concorde, et, dans la partie médiane de la ville, depuis le Forum dit de Constantin jusqu'au Forum dit du Taureau, spectacle le plus lamentable et le plus hideux à voir.

On lit de même chez Zonaras[278] :

ἀπὸ τοῦ ἀρκτῴου μέχρι τοῦ νοτίου κλίματος δαπανηθῆναι, ἐπὶ πέντε μὲν σταδίους τὸ μῆκος, δεκατέσσαρας δὲ τὸ πλάτος · ὡς μηδὲν μεταξὺ καταλειφθῆναι μὴ δημοσίων μὴ ἰδιωτικῶν, μὴ κίονας, μὴ τὰς ἐκ λίθων ψαλίδας, ἀλλὰ πᾶσαν ἀπεσκληκυῖαν ὕλην ὥσπερ τι τῶν εὐεξάπτων κατακαυθῆναι. Τοῦτο δὲ τὸ κακὸν γενέσθαι ἐν μὲν τῷ βορείῳ κλίματι, ἐν ᾧ καὶ νεώρια τῆς πόλεως καθεστᾶσιν, ἀπὸ τοῦ καλουμένου βοοσπόρου μέχρι τοῦ παλαιοῦ Ἀπόλλωνος ἱεροῦ, ἐν δὲ τῷ νοτίῳ ἀπὸ τοῦ Ἰαλιανοῦ λιμένος μέχρις οἰκιῶν οὐ πολὺ κειμένων τοῦ εὐκτηρίου τῆς ἐπίκλην Ὁμονοίας ἐκκλησίας, ἐν δὲ τῷ μεσαιτάτῳ τῆς πόλεως μέρει ἀπὸ τοῦ Κωνσταντίνου προσαγορευομένου φόρου μέχρι τῆς τοῦ Ταύρου καλουμένης ἀγορᾶς, οἰκτρὸν πᾶσι θέαμα καὶ εἰδεχθέστατον, à compléter par le commentaire d'A.-J. Festugière, (1975), p. 271, n. 87.

278. XIV, 1, 16 : Ἐπὶ τούτου τοῦ βασιλέως γέγονεν ἐν τῇ νέᾳ Ῥώμῃ φρικωδέστατος ἐμπρησμός, ὃς ἀπὸ θαλάσσης ἕως θαλάσσης, ἀπὸ τοῦ ἀρκτῴου δηλαδὴ μέρους ἕως τοῦ μεσημβρινοῦ, τὴν

Sous le règne de cet empereur éclata dans la nouvelle Rome un incendie tout à fait effroyable qui ceintura la ville d'une mer à l'autre, c'est-à-dire de la région nord à la région sud, et qui s'étendit du Bosphore jusqu'à l'église de Saint-Jean le Calybite, au sud, de l'église de Saint Thomas l'Apôtre jusqu'à celle des Saints Martyrs Serge et Bacchus ; au centre de la ville, le feu dévora tous les bâtiments, depuis le Lausus jusqu'au Taurus. Ce fut alors aussi, dit-on, qu'Aspar parcourut les rues portant sur les épaules un seau plein d'eau, encourageant le peuple à l'imiter, afin d'éteindre le feu et récompensant chacun d'une pièce d'argent. Le feu régna en maître sur la ville quatre jours durant et dévora en outre le grand palais sis dans ce que l'on appelle le Sénat, où les sénateurs et les notables se réunissaient pour délibérer, et même l'empereur en place (y venait), lorsqu'il prenait l'habit consulaire — un ouvrage remarquable et brillant d'un vif éclat, avec ce que l'on appelle le Nymphée, un autre palais situé

πόλιν διέζωσεν, εἰς μῆκος δὲ διεξῆλθεν ἀπὸ τοῦ Βοσπορίου μέχρι τοῦ ναοῦ τοῦ ἁγίου Ἰωάννου τοῦ Καλυβίτου, πρὸς δὲ νότον ἀπὸ τοῦ ναοῦ τοῦ ἁγίου Θωμᾶ μέχρι τοῦ ναοῦ τῶν μεγάλων μαρτύρων Σεργίου καὶ Βακχου · ἐν δὲ τῷ μέσῳ τῆς πόλεως ἀπὸ τῶν Λαύσου ἕως τοῦ Ταύρου τὰ ἐν μέσῳ πάντα κατέκαυσεν.῞Οτε λέγεται καὶ ὁ ῎Ασπαρ διαθέειν τὰς ἀγυιὰς ἀγγεῖον ὕδατος φέρων καὶ τὸν δῆμον παρακαλῶν ὁμοίως ποιεῖν, ἵνα τὸ πῦρ κατασβέσωσι, καὶ διδοὺς ἑκάστῳ ὑπὲρ μισθοῦ νόμισμα ἀργυροῦν. Διήρκεσε δὲ τὸ πῦρ ἐκεῖνο τὴν πόλιν νεμόμενον ἐφ' ἡμερῶν τετρακτύν, καὶ κατέκαυσε πρὸς τοῖς ἄλλοις τόν τε ἐν τῷ Σενάτῳ καλουμένῳ μέγιστον οἶκον, εἰς ὃν ἥ τε γερουσία καὶ οἱ λογάδες συνερχόμενοι ἐβουλεύοντο, καὶ αὐτὸς ὁ βασιλεύων, ὅτε στολὴν ὑπατικὴν ἀνελάμβανεν, ἔργον περιφανὲς καὶ ὑπέρλαμπρον, καὶ τὸ καλούμενον Νυμφαῖον, οἶκον ἕτερον ἀντικρὺ κείμενον τοῦ προρρηθέντος οἴκου, εἰς τὸ τοὺς γάμους γίνεσαι ἐν αὐτῷ χρηματίζοντα τῶν μὴ κεκτημένων οἴκους χωροῦντας πλῆθος ἐν ἑαυτοῖς · καὶ ἕτερον οἶκον ἐν τῷ Ταύρῳ βασιλικὸν πολυτελῆ τε καὶ μέγιστον · καὶ ἐπὶ τούτοις ναοὺς περιφανεστάτους καὶ ἰδιωτικὰς οἰκίας τῶν λαμπροτέρων πολλάς. Le dévouement civique d'Aspar est souligné par d'autres sources, voir par exemple, Candidus, fr. 1 = Phot., *Bibl. Cod.* 79, 55 a 34-36 (I p. 163-163 H. = p. 466 Blockley) τὸν συμβάντα τῇ πόλει ἐμπρησμόν, καὶ ὅσα῎Ασπαρι περὶ τούτου ἐπὶ τὸ κοινῇ συμφέρον διαπέπρακται.

en face du précédent — c'est là qu'avaient lieu les mariages pour les personnes qui ne possédaient pas de demeure capable d'accueillir une nombreuse assistance —, et un autre palais impérial, riche et très vaste, situé au Taurus, sans compter des églises de grand prestige et maintes demeures particulières appartenant à de hauts notables.

Après une telle avalanche de malheurs, le dénouement aurait dû être une mort horrible pour l'empereur. En fait, rien de pareil ne s'est produit (**45** 1). Jean prête au préalable à Léon une dépression ou une crise de folie ; c'est pourquoi il compare son sort à celui d'Oreste, la femmelette (**44** 3). Nous n'avons pas trouvé d'autre occurrence pour le qualificatif méprisant[279] appliqué à Oreste. L'expression fait penser à la scène, répandue par le théâtre classique, du fils d'Agamemnon en proie au remords, symbolisé par les Érinyes. Quant au souverain, il ne mourut nullement fou, mais il succomba à une maladie des intestins, à soixante-treize ans, le 18 janvier 474[280]. Au contraire a couru une tradition favorable à Léon Ier [281] :

Il avait toutes les vertus en général pour ornement, mais celle qui brillait le plus en sa personne était son goût pour la pitié ; il avait coutume de dire : si le soleil brille en offrant sa chaleur en partage, l'empereur doit à ceux sur qui il jette le regard accorder sa pitié.

279. R. Wünsch [(1903), p. 134] est le seul éditeur à vouloir corriger ἄνανδρον en ἄντανδρον. L'émendation ne se justifie pas.

280. Une dysenterie, selon Ensslin [art. *Leo* 3, dans *RE* XII, 2 (1925), col. 1953]. D'après Malalas (p. 376 B.) : τῷ δὲ μετ' αὐτὸν φεβρουαρίῳ μηνὶ γ' νόσῳ βληθεὶς ὁ βασιλεὺς Λέων ὁ μέγας δυσεντερίας τελευτᾷ, ὢν ἐνιαυτῶν ογ' (cf. Marcell., *Chron.*, a. 474, p. 91 : *Leo senior imperator Leone iuniore a se iam Caesare constituto morbo periit*). Pour la date, voir E. Stein, *Bas-Empire* I, p. 362.

281. Zonar., XIV, 1 : Κεκόσμητο δὲ καὶ ἄλλαις μὲν ἀρεταῖς, ἐπέλαμπε δ' ἐκείνῳ μάλιστα τὸ φιλοίκτιστον, εἰωθότι λέγειν ὅτι ὥσπερ ὁ ἥλιος οἷς ἐπιλάμπει, τῆς θέρμης αὐτοῦ μεταδίδωσιν, οὕτω δεῖ καὶ τὸν βασιλέα, οἷς ἂν ἐπιβλέψῃ, οἴκτου αὐτοὺς ἀξιοῦν ".

Léon perpétra-t-il cependant un crime autorisant la comparaison avec Oreste ? On ne voit guère que le massacre d'Aspar et de sa famille représentant le parti des Goths. Les faits de 471 sont bien connus et devaient valoir à Léon son surnom de " boucher "[282]. Il suffit de lire le résumé de Candidus[283] :

Aussi à propos de Titianus et de Vivianus et comment à leur propos s'éleva un différend entre Aspar et l'empereur et les mots qu'ils échangèrent. Et comment l'empereur de ce fait s'acquit l'alliance du peuple des Isauriens par l'entremise de Taracodissa le fils de Rousoumbladeotès, auquel il donna aussi le nom de Zénon en faisant de lui son gendre, quand celui-ci eut perdu sa précédente épouse. Et comment Ardabour, qui s'appliquait à contrer le parti de l'empereur, envisagea, lui aussi, de mettre les Isauriens de son côté ; et que Martin, un des familiers d'Ardabour, dévoile à Taracodissa ce qu'Ardabour était en train de tramer contre l'empereur ; et comment, parce que les soupçons qu'ils nourrissaient les uns contre les autres allaient s'exacerbant, l'empereur Léon fait assassiner

282. G. Dagron, (1984), p. 318-319.

283. Phot., *Bibl. cod.* 79, 55 a 36-b 10 (I, p. 163 H. = Candidus, fr. 1 p. 466 Blockley) : Καὶ περὶ Τιτιανοῦ καὶ Βιβιανοῦ καὶ ὡς περὶ αὐτῶν διηνέχθη Ἄσπαρ καὶ ὁ βασιλεύς, καὶ οἷα εἰς ἀλλήλους ἀπεφθέγξαντο. Καὶ ὡς ὁ βασιλεὺς διὰ τοῦτο ἡταιρίσατο τὸ Ἰσαύρων γένος διὰ Ταρακοδίσσα Ῥουσουμβλάτεω, ὃν καὶ Ζήνωνα μετονομάσας γαμβρὸν ἐποιήσατο, τὴν προτέραν γυναῖκα θανάτου νόμῳ ἀποβαλόντα. Καὶ ὡς Ἀρδαβούριος ἐς τὸ ἐναντίον μελετῶν τῷ βασιλεῖ, καὶ αὐτὸς οἰκειοποιήσασθαι τοὺς Ἰσαύρους διενοήθη · καὶ ὅτι Μαρτῖνος, οἰκεῖος ὢν Ἀρδαβουρίου, μηνύει Ταρακοδίσσᾳ ἅπερ Ἀρδαβουρίῳ κατὰ βασιλέως ἐτυρεύετο · καὶ ὡς ἐντεῦθεν εἰς τὸ τραχύτερον τῆς ἐς ἀλλήλους ἐπινοίας προϊούσης ἀναιρεῖ Λέων ὁ βασιλεὺς Ἄσπαρα καὶ τοὺς παῖδας Ἀρδαβούριον καὶ Πατρίκιον τὸν Καίσαρα. Ἀλλ' ὁ μὲν Καῖσαρ τῶν πληγῶν ἀνενεγκὼν παραδόξως διεσώθη καὶ διέζησεν. Ἀλλὰ καὶ ὁ ἕτερος τῶν παίδων Ἀρμενέριχος οὐ συμπαρὼν τῷ φύντι τὸν φόνον τότε διέφυγε. Les sources offrent d'étranges divergences. Ainsi, d'après Théophane (A.M. 5963, p. 117, l. 11-14), Patricius n'échappa point au piège ; voir aussi le récit, tiré de Priscus (fr. 61, p. 370 Blockley), que conserve Évagre (*HE* II, 16, p. 66, l. 14-18).

Aspar avec ses fils Ardabour et le César Patricius. Mais le César, qui avait merveilleusement supporté les coups, en réchappa et survécut. L'autre fils, Erménérich, qui n'était point aux côtés de son père, réussit alors lui aussi à échapper au massacre.

À propos de la mort du souverain, on lit chez Évagre[284] :

Vers ce temps-là, Léon, l'empereur à Byzance, quitte l'Empire, qu'il avait gouverné dix-sept ans.

À juste titre, A.-J. Festugière[285] trouve l'expression " quitte l'Empire " particulièrement malencontreuse parce que le sens obvie est " dépose le pouvoir ". Une remarque semblable vaut pour " abandonne la cour ", qu'on ne retrouve, semble-t-il, pas ailleurs. Jean insiste très fort sur l'idée : il y aurait eu l'idée de deux abandons successifs, vis-à-vis de la cour d'abord, puis de la capitale elle-même. Léon aurait-il pensé à entrer en religion avant de mourir ?

Le drame de 471 est relaté aussi par Jean Malalas[286] :

Sous le même règne, l'empereur, qui soupçonnait le patrice Aspar d'aspirer à l'usurpation — il était le premier au Sénat —, le fit assassiner au palais, ainsi que ses

284. *HE* II, 17, p. 67) Κατὰ τοῦτον τὸν χρόνον Λέων ὁ βασιλεὺς ἐν Βυζαντίῳ τὴν βασιλείαν ἀποτίθεται, ἑπτὰ καὶ δέκα ταύτην ἔτη ἰθύνας.

285. (1975), p. 274, n. 97.

286. P. 371, l. 9-23 : Ἐπὶ δὲ τῆς αὐτοῦ βασιλείας ὑπονοήσας τυραννίδα μελετᾶν Ἄσπαρα τὸν πατρίκιον, ὡς πρῶτον τῆς συγκλήτου, ἐφόνευσεν ἐν τῷ παλατίῳ καὶ Ἀρδαβούριον καὶ Πατρίκιον τοὺς υἱοὺς αὐτοῦ ἐν κομβέντῳ, καὶ αὐτοὺς ὄντας συγκλητικούς, κατακόψας τὰ σώματα αὐτῶν. Καὶ ἐγένετο ἐν Κωνσταντινουπόλει ταραχή · εἶχον γὰρ πλῆθος Γόθτων καὶ κόμητας καὶ ἄλλους παῖδας καὶ παραμένοντας αὐτοῖς ἀνθρώπους πολλούς. Ὅθεν εἷς Γόθτος τῶν διαφερόντων τῷ αὐτῷ Ἄσπαρι ὀνόματι Ὄστρυς, κόμης, εἰσῆλθεν εἰς τὸ παλάτιον τοξεύων μετὰ ἄλλων Γόθτων · καὶ συμβολῆς γενομένης μετὰ τῶν ἐξκουβιτώρων καὶ αὐτοῦ Ὄστρυ πολλοὶ ἐκόπησαν. La tentative d'Ostrys est aussi rapportée par Théophane (A.M. 5964, p. 117, l. 26-32).

fils Ardabour et Patricius au cours d'une entrevue — ils étaient sénateurs eux aussi — en les faisant hacher menu. Il se produisit des troubles à Constantinople. Leur parti avait une foule de Goths, des comtes, des serviteurs et une suite d'hommes nombreux. C'est pourquoi, un des Goths, qui se distinguaient aux côtés d'Aspar, un certain Ostrys, un comte, pénétra dans le palais avec d'autres Goths, et se mit à décocher des flèches ; et y eut lieu un engagement entre Ostrys lui-même et les excubitores, *au cours duquel tombèrent de nombreux hommes.*

Le coup d'état de Léon, qui souhaitait installer le parti des Isauriens à la cour en chassant celui des Alains et des Goths, faillit tourner mal, n'avait été l'intervention conjuguée de Basiliscus, revenu de Sicile, et de Zénon, depuis Chalcédoine, d'où il guettait les nouvelles du Palais[287].

Toutefois, l'ordre des données ne suit pas la chronologie. Parmi les événements identifiables que l'on relève au fil des pages consacrées à Léon, on découvre successivement : mesures de persécution contre les Ariens (p. 372, l. 3-5) ; présages néfastes (l. 6-10)[288] ; incendie de 465 (l. 11-16)[289] puis expédition malencontreuse de 468 contre Geiséric (l. 17-p. 373, l. 8)[290]. Si l'on en croit Malalas[291], Léon aurait eu une attitude particulièrement lâche face à l'incendie :

Et craignant pour le Palais, l'empereur l'abandonna en faisant la traversée jusqu'à Saint-Mamas ; six mois

287. Thphn., A.M. 5964, p. 117, l. 29-32.

288. Signalés aussi par Théophane (A.M. 5966, p. 119, l. 29-33), mais pour l'année suivante, et par Théodore le Lecteur (p. 111, l. 14-16).

289. Voir Thdr.Lect., p. 110, l. 21-25.

290. Thdr.Lect., p. 111, l. 17-21.

291. P. 372, l. 13-16 : καὶ φοβηθεὶς τὸ παλάτιον ἐξῆλθεν ὁ βασιλεὺς Λέων πέραν εἰς τὸν ἅγιον Μάμαντα, καὶ ἐποίησεν ἐκεῖ μῆνας ἓξ ἐν προκέσσῳ · καὶ ἔκτισεν ἐκεῖ λιμενάριον καὶ ἔμβολον, ὅνπερ ἐκάλεσε νέον ἔμβολον · ὅστις οὕτω καλεῖται ἕως τῆς νῦν. Voir Ensslin [art. *Leo* 3, dans *RE*. XII, 2 (1925), col. 1959], qui cite le *Chr. Pasch.* I, 598, 15 sqq., mais pas celui de Malalas ni celui de Jean le Lydien.

durant, il y fit des processions solennelles ; et il y construisit un petit port et un portique, qu'il appela " Portique neuf " ; c'est encore le nom qu'il porte aujourd'hui.

L'ordre du récit chez Jean le Lydien, on l'a vu, ne répond pas non plus à une chronologie très stricte. Que, de part et d'autre, la succession des données réponde à une logique étrangère aux exigences de l'histoire ne surprendra pas. Chez Jean, le ton est franchement au sarcasme. La ruine des principaux édifices a sans doute entraîné des pratiques propitiatoires hors le cadre même de la cité. Il était facile de leur donner une signification infamante. C'est ce qu'a fait Jean le Lydien. Dans le même sens, la piété un peu ostentatoire de l'empereur prêtait à la raillerie. Le résultat, c'est que Léon appelé " le Grand " a réussi à transformer en une " non-ville " celle qui était tout or (**44** 3 τὴν πάγχρυσον ... ἄπολιν)[292].

6. Zénon " le couard " On ne devait guère s'attendre à lire un portrait plus flatteur de son successeur Zénon (474-475 et 476-491). De façon générale d'ailleurs, les sources contemporaines et les historiens ne l'ont pas flatté, pas plus que Jean (**45** 2), d'après qui il aurait été un couard. Même si on lui a fait grief de ses origines barbares, on reconnaît que Zénon ne se laissa point emporter par les

292. L'adjectif n'a évidemment pas trouvé place chez notre historien. Léon n'hésite pas à consulter Syméon le Stylite sur des questions de foi (Évagr., *HE* II, 9, p. 61, l. 10-12). Il en reçoit de Baradate et de Jacques de Cyrrhestique [Phot., *Bibl., cod.* 229, 266 a 11-b 3 (IV, p. 174 H.)]. Il soutient les efforts de s. Daniel le Stylite juché sur sa colonne proche des rives du Bosphore et il aime aller le consulter [Flusin, B., (1998), p. 600-601, qui cite la *Vie de s. Daniel le Stylite* (*BHG* 489)]. Au VIe s., Éphrem d'Antioche le qualifie de saint Empereur [Phot., *Bibl., cod.* 229, 266 b 3 (IV, p. 174 H.)]. Il convient d'ajouter que l'épithète πάγχρυσος n'apparaît qu'ici, à notre connaissance, pour désigner une cité, en l'occurrence Constantinople. Pour une explication du passage, voir la note *ad loc.*

excès de colère auxquels avait succombé Léon Ier. Évagre en a aussi laissé un portrait au vitriol, qu'il met en relation avec l'usurpation dont fut victime, le 9 janvier 475, l'empereur légitime[293] :

> *Quand, après la mort* (sept. 474) *de son fils* (Léon II), *Zénon eut seul revêtu le pouvoir, comme s'il estimait n'être pas le souverain maître de l'univers à moins de poursuivre en toute licence tous les plaisirs qui se présentaient, il se livra à tel point, dès le départ, aux assauts de*

293. Évagr., *HE*, III, 1 et 3 : Ζήνων δέ, ἐπεὶ τὴν βασιλείαν τοῦ παιδός οἱ τελευτήσαντος μόνος περιεβάλετο, ὥσπερ οὐκ οἰόμενος τῶν ὅλων ἐγκρατὴς γενέσθαι εἰ μὴ καὶ πάσαις ταῖς ἐπιούσαις ἡδοναῖς μετ' ἐξουσίας ἐπεξέλθοι, τοσοῦτον ἐκ προοιμίων ἑαυτὸν ταῖς ἐπιθέσεσι τῶν ἐπιθυμιῶν ἐκδέδωκεν ὡς μηδὲν αὐτὸν ἐπισχεῖν τῶν ἀπρεπῶν τε καὶ ἀθέσμων, ἀλλ' οὕτως τούτοις ἐμπολιτεύσασθαι ὡς τὸ σκοτίως ταῦτα καὶ ἐν παραβύστῳ γίγνεσθαι χαμερπὲς εἶναι νομίζειν, τὸ δέ γε ἀναφανδὸν καὶ ὥσπερ ἐξ ἀπόπτου βασιλικὸν καὶ αὐτοκράτορι μόνῳ πρέπον (...). Ἐπαναστάντος δέ οἱ Βασιλίσκου τοῦ Βερίνης ἀδελφοῦ- καὶ τὰ οἰκεῖα γὰρ αὐτῷ ἐκπεπολέμωτο, πάντων ἐπ' ἴσης τὸν αἴσχιστον αὐτοῦ βίον ἀποστρεφομένων ἀνδρικὸν μὲν οὐδὲν ὅλως ἐφρόνησεν - ἀγεννὲς γὰρ καὶ δύσελπι ἡ ἀνοσιουργία, ἐκ τῆς περὶ τὰς ἡδονὰς ἥττης τεκμηριοῦσα τὸ ἄνανδρον -, φεύγει δὲ προτροπάδην τῆς τοιαύτης ἀρχῆς ἀκονιτὶ παραχωρήσας τῷ Βασιλίσκῳ. La traduction reproduite ici est celle, très légèrement modifiée, d'A.-J. Festugière [(1975), p. 303-304], fondée sur le texte établi par J. Bidez et L. Parmentier. On aura observé que la critique touchant la virilité dans le comportement revient deux fois. C'est aussi celle que retient Jean le Lydien. Zonaras (XIV, 1 et 2) fait écho à des déclarations ne laissant aucun doute sur la mauvaise opinion qu'avait Léon de son futur sucesseur : Τὸν γὰρ Ζήνωνα τῇ βασιλείᾳ μὴ προσήκοντα ἔκρινεν (*sc.* ὁ Λέων), ὅτι μήτε τὴν γνώμην εἶχε βασιλικὴν μήτε μὴν εἶδος ἄξιον τυραννίδος, ἀλλὰ καὶ τὴν ὄψιν ἦν εἰδεχθέστατος καὶ τὴν ψυχὴν εἶχε τῆς ὄψεως χείρονα. (...) Ἦν δὲ ὁ Ζήνων ἐξ ἔθνους αἰσχίστου τοῦ τῶν Ἰσαύρων, αἴσχιστος καὶ αὐτὸς καὶ τὴν μορφὴν καὶ τὴν ψυχὴν γεγονώς, καὶ οὐχ ὡς βασιλεὺς τὴν ἀρχὴν ἀνύων, ἀλλ' ὡς ἄντικρυς τύραννος. voir Cramer, *Anecd.*, II, 105 ; Nicéphore, Calliste, XVI, 24 (= *PG* 147, col. 160 C παῖδα γὰρ ἐξ ὀσφύος οὐκ ἔσχε). En XVI, 1 (*PG* 147, col. 117 A), Nicéphore reproduit servilement Évagre qui pourrait avoir suivi Zacharie le Rhéteur, cité en III, 12 (p. 110, l. 2), voir Ad. Lippold, art. *Zeno* 17, dans *RE* XIX (1972), col. 150.

ses désirs que non seulement il ne s'abstint d'aucune des actions indécentes et criminelles, mais encore se roula en elles au point d'estimer qu'il n'appartenait qu'à des êtres vils et rampants de commettre ces actes dans les ténèbres et en cachette, mais qu'un empereur en revanche, un autocrate, les devait commettre ouvertement et comme à la vue de tous. (...) *Bien plus, quand Basiliciscus, le frère de Vérine, se fut révolté contre lui — car ses proches mêmes lui étaient hostiles, tous ayant également en horreur son infect genre de vie — il ne montra pas la moindre espèce de courage — c'est chose en effet sans vaillance et prompte au désespoir que l'habitude du vice : la faiblesse même à l'égard des plaisirs est une preuve assez forte du manque de virilité —, mais il s'enfuit en toute hâte, après avoir cédé sans combat un si noble pouvoir à Basiliscus.*

Théophane fait écho aux critiques d'Évagre[294]. Zacharie le Scholastique aussi bien qu'Évagre avaient les meilleures raisons religieuses de polémiquer contre Zénon. De surcroît, Zénon manquait de capacité pour faire la guerre[295]. La chute de l'empereur, le 9 janvier 475, et sa fuite en Isaurie, dans son pays d'origine, sont des faits bien connus. Qu'un empereur cédât la place à un usurpateur avant de recouvrer la pourpre une année plus tard est sans exemple dans l'histoire de l'empire. La dérobade n'a en rien contribué à restaurer le prestige du souverain isaurien.

Les difficultés qu'eut à affronter Zénon, sur les plans tant extérieur qu'intérieur, résultent de la situation difficile qu'avait laissée son prédécesseur. Après sa lourde défaite contre Geiséric en 468, Basiliscus, le beau-frère de Léon Ier, avait été cruellement humilié. Force lui fut donc de refréner les ambitions qu'il nourrissait[296] :

294. A.M. 5966 (p. 120, l. 11-12) : τοῦ βασιλέως ἡδοναῖς ἀτόποις καὶ πράξεσιν ἀδίκοις σχολάζοντος.

295. Malch., fr. 5, p. 410, l. 1 Blockley = Constantin, *Exc. De leg. Rom.* 3 : Ὅτι Ζήνων ἀνὴρ ὢν ἀπόλεμος ἄγαν. La donnée est contestable, selon Ad. Lippold [art. *Zeno* 17, dans *RE*, XIX (1972), col. 153].

296. Procop., *Vand.*, I, 6, 26 : Βασιλίσκος δὲ ἀφικόμενος ἐς

Quant à Basiliscus, une fois qu'il fut parvenu à Byzance, il alla s'installer en suppliant dans le sanctuaire du Christ, le Dieu tout puissant (c'est le temple que les habitants de Byzance appellent Sophia, car selon eux cette appellation convient tout particulièrement à Dieu). Sur l'invitation pressante de l'impératrice Vérine il échappa alors au danger qu'il courait, mais il ne put, à cette époque-là, accéder à l'Empire, bien que ce fût l'objectif de toutes ses entreprises.

L'usurpateur, lové au sein même de la cour, n'attendait que son heure. La nécessité de continuer à mener les affaires italiennes, pour y sauver les restes de l'autorité impériale, de protéger la frontière orientale contre les Wisigoths, d'affaiblir le dangereux état vandale planté en Afrique du Nord, allait dévorer le temps de Zénon : autant de fronts sur lesquels il devrait faire preuve d'ingéniosité, en y injectant plutôt l'argent de l'État et les ressources de la diplomatie que le sang des soldats. En thuriféraire de la politique menée au VIe s., au moins sur le plan extérieur, Jean le Lydien présente naturellement ce projet politique sous un angle défavorable (**45** 2). Pour revenir sur son trône, Zénon réussit à mettre dans son camp non seulement un autre Isaurien, de tendance ultra chalcédonienne, Illous, mais aussi les Goths de Théodoric Amale, le futur Théodoric le Grand[297]. Pour garder son autorité à la cour, Zénon allait devoir ménager les puissances antagonistes, celle des Ostrogoths, où deux parents, Théodoric Amale et Théodoric Strabon, se disputaient la prééminence, et le clan des Isauriens, piloté par Illous, à qui l'empereur devait son retour.

Βυζάντιον ἱκέτης ἐκάθητο ἐς τὸ ἱερὸν Χριστοῦ τοῦ μεγάλου θεοῦ (Σοφίαν καλοῦσιν οἱ Βυζάντιοι τὸν νεὼν, ταύτην δὴ μάλιστα τῷ θεῷ πρέπειν τὴν ἐπωνυμίαν ἡγούμενοι), ἐξαιτησαμένης δὲ αὐτὸν Βηρίνης τῆς βασιλίδος τὸν μὲν κίνδυνον τοῦτον διέφυγεν, ἐς βασιλείαν δὲ τότε παρελθεῖν, ἧς δὴ ἕνεκα πάντα αὐτῷ εἴργαστο, οὐχ οἷός τε ἦν.

297. Ad. Lippold, art. *Zeno* 17, dans *RE* XIX (1972), col. 161-162.

Le prix de la paix (**45** 2 τὴν εἰρήνην ὠνεῖσθαι) est la multitude de traités que l'Empire eut à conclure successivement avec les deux Théodoric, Strabon et Amale. Zénon opta d'abord pour le second : il le confirma dans la possession des territoires qu'il détenait en Mésie seconde et lui concéda un subside annuel[298]. Le document le plus clair sur ce renversement est l'œuvre de Jordanès[299] :

> *Par ailleurs, lorsqu'il apprit que Théodoric avait été promu roi de sa nation, l'empereur Zénon accueillit cette nouvelle avec plaisir. Il lui adressa une convocation et lui commanda de venir en ville, auprès de lui. Il l'y accueillit avec les honneurs qu'il méritait et le plaça parmi les éminences de son palais. De plus, après quelques temps, pour l'honorer davantage, il l'adopta comme fils d'armes et lui offrit à ses propres frais un triomphe dans la ville ; Théodoric fut aussi nommé consul ordinaire* (...). *Ce n'est pas tout : il plaça encore une statue équestre devant le palais impérial afin de servir la renommée d'un si grand homme.*

Au printemps de 478 probablement, Strabon se mit à réarmer. L'Amale n'accepta de se mettre en route contre lui que moyennant l'assurance formelle que l'Empire ne s'allierait pas avec son adversaire aussi longtemps que lui-même observerait le *foedus* conclu précédemment. Suivant un itinéraire convenu, il quitta la Mésie inférieure vers la Thrace afin de rejoindre, près d'un défilé du Balkan, douze mille hommes des armées impériales, puis, à Andrinople, vingt-six mille autres. Franchissant le

298. E. Stein, *Bas-Empire,* II, p. 11 ; Ad. Lippold, *o.l.,* col. 167-168.

299. *Gèt.,* 57, 289 : *Theodericum vero genti suae regem audiens ordinatum imperator Zeno, gratum suscepit, eique evocatoria destinata, ad se in urbem venire praecepit, dignoque suscipiens honore, inter proceres sui palatii collocavit. Et post aliquod tempus ad ampliandum honorem ejus in arma sibi eum filium adoptavit, de suisque stipendiis triumphum in urbe donavit. Factusque est consul ordinarius,* (...). *Nec tantum hoc, sed etiam equestrem statuam ad famam tanti viri ante regiam palatii collocavit.*

Balkan, il tomba, non pas sur les troupes dirigées par le maître des milices Martinien, comme il l'attendait, mais sur celles de Strabon, de surcroît, dans une position stratégique supérieure à la sienne. L'Amale cria à la trahison. Afin de le calmer, Zénon lui offrit le paiement d'une somme de mille livres d'or et de quarante mille livres d'argent, une subvention annuelle de dix mille sous d'or, sans compter la main de Julia Anicia, fille d'Olybrius et de Placidie la jeune, soit l'arrière-petite-fille de Théodose Ier. Devant le refus auquel il se heurta, l'empereur décida de prendre lui-même la direction militaire des affaires, mais il en fut empêché par un terrible tremblement de terre qui en août et en septembre dévasta la capitale[300]. Les catastrophes avaient provoqué des émeutes à Constantinople. L'empereur s'enfuit sur le rivage asiatique du Bosphore, à Chalcédoine ; les troupes rassemblées se mutinèrent. L'empereur eut à négocier parallèlement sur deux fronts. Abandonnée à elle-même, la capitale était à portée d'épée de l'Amale, qui multipliait les dévastations. Il importait donc de procéder à un renversement des alliances en mettant Théodoric Strabon dans son camp : impossible évidemment sans ouvrir à nouveau la cassette impériale[301]. L'empereur le nomma à nouveau *magister militum praesentalis*, lui confia le commandement de deux scholes palatines et lui accorda

300. Malch., fr. 18, 2 p. 426-428 Blockley = Constantin, *Exc. De leg. Rom.* 8, avec E.Stein, *Bas-Empire* II, p. 12-13. Pour les offres de Zénon, voir fr. 18, 3, p. 432, l. 25-29 = Constantin, *o.l.*, 6 : ἐπαγγέλλεσθαι αὐτῷ ταῦτα δώσειν νικῶντι, χρυσίου λίτρας χιλίας, μυριάδας δ' ἀργυρίου, πρόσοδόν τε πρὸς τούτοις νομισμάτων μυρίων· καὶ γάμον αὐτῷ δώσειν τῆς 'Ολυβρίου παιδὸς ἢ ἄλλης τῶν ἐνδόξων γυναικῶν ἐν τῇ πόλει. Sur le tremblement de terre, voir Marcell., *Chron.* a. 480, p. 92 ; Thphn., A.M. 5970, p. 125, l. 29-p. 126, l. 5

301. J. Ant., fr. 211, 2 = Constantin, *Exc. de ins.*, p. 80 : Τότε μὲν οὖν ὁ Ζήνων (...) θεραπεῦσαι τὸν 'Ιλλοῦν ἐσπουδακώς, καὶ τὸν Θευδέριχον προχειρίζεται, τὸν ἐπιλεγόμενον Στραβόν, δωρεαῖς τε αὐτὸν πολλαὶς σύμμαχον καὶ φίλον ἐποιήσατο.

des allocations annuelles pour l'entretien et la solde de treize mille fédérés[302]. La nouvelle coalition mit Théodoric l'Amale dans une situation difficile. Fort heureusement, pour lui, les accords avec Strabon ne tardèrent pas à voler en éclat, à la suite d'un coup d'état avorté à la fin de 479.

Les émeutes de 478 n'avaient été réprimées que de façon sommaire. À la fin de 479, Marcianus, fils de l'empereur romain d'Occident Anthémius et de Léontia, fille cadette de Léon Ier et de Vérine, en s'appuyant sur Strabon, les masses populaires et la soldatesque des Goths stationnée à Constantinople, toutes deux hostiles à la faction isaurienne, fit valoir que son épouse était née princesse impériale et que l'emprisonnement de Vérine ne se justifiait pas. On fut sur le point de s'emparer de la personne de l'empereur ; le premier jour, l'insurrection eut le dessus dans la rue, mais bientôt, à la tête de troupes isauriennes, Illous réussit à briser la mutinerie. Strabon venait menacer Constantinople. On lui offrit d'abord de grosses sommes pour qu'il renonçât à ses projets, mais comme il refusait de livrer les partisans de Marcianus réfugiés dans son camp, on le dépouilla à nouveau de ses dignités et on le déclara ennemi public. C'était à nouveau jeter les deux Théodoric dans les bras l'un de l'autre[303].

302. Malch., fr. 18, 4 p. 434, l. 12-17 Blockley = Constantin, *Exc. De leg. Rom.* 9 : Ὡς δὲ ἦλθον οἱ πρέσβεις, τίθενται τὴν εἰρήνην ἐφ' ᾧ τε μυρίας μὲν καὶ τρισχιλίοις ἀνδράσιν οἷς θέλοι Θευδέριχος συντάξεις τε καὶ τροφὴν χορηγεῖν βασιλέα, δυοῖν δὲ αὐτὸν σχολῶν προβάλλεσθαι ἄρχοντα, ἀπολαβεῖν δὲ αὐτοῦ τὴν οὐσίαν, ὅσην πρότερον εἶχεν, λαβεῖν δὲ τὴν ἑτέραν τῶν δύο στρατηγιῶν τῶν περὶ βασιλέα, καὶ ἔχειν τὰς ἀξίας, εἰς ἃς ἤδη προῆκτο ὑπὸ τοῦ Βασιλίσκου.

303. Malch., fr. 22, p. 450 Blockley = Constantin, *Exc. De Leg. Rom.* 2, p. 164 : Ὅτι ἐπὶ Ζήνωνος τοῦ βασιλέως στάσεως γενομένης παρὰ Μαρκιανοῦ καὶ ἄλλων τινῶν, Θευδέριχος ὁ Τριαρίου μαθὼν τὰ γεγονότα καὶ ὑπολαβὼν καιρὸν νῦν αὐτῷ παρεστάναι τῇ πόλει ἐπιθέσθαι καὶ τῷ βασιλεῖ αὐτῷ, πᾶν εὐθὺς ἀναστήσας τὸ βαρβαρικὸν ἦγε, δῆθεν μὲν ὡς βουλόμενος αὐτῷ τε τῷ βασι-

Strabon était en route pour l'Illyricum, où il cherchait pour les siens un habitat nouveau, quand il mourut en 481 d'un accident de cheval[304].

En 483, Zénon avait compris qu'il n'en aurait jamais fini avec Illous sans conflit armé. Aussi, pour avoir les mains libres du côté du dernier des Ostrogoths, conclut-il avec lui un accord qui lui accordait sa réintégration en qualité de *magister militum praesentalis*, le consulat pour 484 et des terres pour ses troupes en Dacie Ripuaire et en Mésie Seconde[305]. La bonace ne dura point cependant. En 486, Théodoric dévastait à nouveau la Thrace[306] et

λεῖ καὶ τῇ πόλει ἀμῦναι, πρόδηλος δὲ ὢν πᾶσιν ἐφ' ὅτῳ ἠπείγετο. Βασιλεὺς δὲ ἀκούσας ἱππέα ἐξέπεμψε καὶ βασίλεια γράμματα τῆς μὲν προθυμίας αὐτὸν ἐπαινῶν, κελεύων δὲ ἀπελθεῖν, ὡς οὐκ ἔτι οὔσης χρείας, μὴ μόλις ἐκστᾶσαν ἐκ σάλου τοιούτου τὴν πόλιν αὖθις εἰς ὑπόνοιαν ἐμβαλόντες ἑτέραν τὸ θορυβεῖσθαι φιλοῦν εἰς χείρω καὶ μείζονα ἐκταράξωσι στάσιν. Ὁ δὲ αὐτὸς μὲν ἔφη τῷ βασιλεῖ πείθεσθαι, τὸ δὲ πλῆθος οὐκ ἔτι δύνασθαι ἀναστρέφειν τοσοῦτόν τε συλλεγὲν καὶ μέρος τι οὐ βραχὺ ** διαναπαύων. Ὑπέρ τε γὰρ τειχῶν οὐδένα ἐνόμιζεν αὐτῷ ἀντιστήσεσθαι, μήτε ἐπάλξεως μηδεμιᾶς μήτε πύργου ἑστῶτος, καὶ εἰσελθόντι πάντα τὸν δῆμον προσέσεσθαι τῇ τῶν Ἰσαύρων ἀπεχθείᾳ. Ἃ δὴ καὶ φοβούμενος Ζήνων ἐκπέμπει Πελάγιον χρήματα ἔχοντα πολλά, τὰ μὲν αὐτῷ Θευδερίχῳ, τὰ δε καὶ τῷ Γοτθικῷ τῷ παντὶ διδόναι, καὶ ἄλλας ὑποσχέσεις δωρεῶν οὐκ ὀλίγας. Ἐλθὼν δὲ Πελάγιος καὶ τὰ μὲν ἀπειλήσας, τὰ δὲ ὑποσχόμενος, τὰ δὲ καὶ τοῖς χρήμασιν οὐκ ὀλίγοις γε οὖσι τὸ φύσει φιλάργυρον τοῦ βαρβαρικοῦ τρόπου μετελθών, διαπέμπει. Voir aussi J. Ant., fr. 211, 3, p. 619 Müller : Συνέστη δὲ καὶ πόλεμος ἐμφύλιος πρὸς τῷ τέλει τῆς Ζήνωνος ὑπατείας, ὑπὸ Μαρκιανοῦ καὶ Προκοπίου τῶν ἀδελφῶν, διὰ τὴν πρόφασιν Βηρίνης. (...) Συνεμάχουν δὲ τούτοις Βουσαλβός τις ἡγούμενος στρατιωτικοῦ τάγματος, καὶ Νικήτας καὶ ὁ Τριαρίου Θευδέριχος.

304. E. Stein, *Bas-Empire* II, p. 17.

305. Marcell., *Chron.* a. 483, p. 92 : *Idem Theodoricus rex Gothorum Zenonis Augusti munificentiis paene pacatus magisterque praesentis militiae factus, consul quoque designatus creditam sibi Ripensis Daciae partem Moesiaeque inferioris cum suis satellitibus pro tempore tenuit.*

306. Thphn., A.M. 5977, p. 131, ll. 9-10 Καὶ ἐξελθὼν ἐν τῇ Θρᾴκῃ καὶ στρατοπεδευσάμενος ἐπέρχεται τῷ Βυζαντίῳ.

l'année suivante, il se présentait devant Constantinople[307]. Zénon réussit enfin à délivrer l'Empire d'Orient en deux coups, dont le second porte la marque du génie. Pour le premier, il fit appel à une sœur de l'Amale, qui appartenait à la maison de l'impératrice. Les mains chargées de riches cadeaux, elle se présenta au camp de son frère[308], afin de l'engager à se retirer sur ses terres de Mésie. Peu après, Zénon chargea Théodoric de renverser Odoacre, de conquérir l'Italie et de s'y établir avec ses Ostrogoths[309]. L'empire d'Orient en avait terminé avec les deux Théodoric, décidément très encombrants, et les Goths.

307. Marcell., *Chron.* a. 487, p. 93 : *Theodoricus rex Gothorum Zenonis Augusti numquam beneficiis satiatus cum magna suorum manu usque ad regiam civitatem et Melentiadam oppidum infestus accessit plurimaque loca igne cremata ad Novensem Moesiae civitatem, unde advenerat, remeavit* ; J. Mal., p. 383, ll. 8-13 B. : ἔλαβε τὴν ἰδίαν βοήθειαν καὶ ἐξῆλθεν ἀπὸ Κωνσταντινουπόλεως, ἐπὶ Σαλαβρίαν ἀπιὼν διὰ τοὺς ἐκεῖ καθεζομένους ἀριθμούς. Καὶ τυραννήσας παρέλαβε τὴν Θρᾴκην πᾶσαν· καὶ ἦλθε κατὰ τοῦ βασιλέως Ζήνωνος ἕως Συκῶν πέραν κατέναντι Κωνσταντινουπόλεως, κόψας καὶ τὸν ἀγωγὸν τῆς πόλεως. Voir E. Stein, *Bas-Empire* II, p. 39 ; C. Mango-R. Scott (1997), p. 202, n. 7 (à la p. 201).

308. Constantin, *Exc. De ins.*, p. 163, l. 23-27 : Τῷ δὲ ἑξῆς ἔτει Θεοδώριχος ἐπανελθὼν ἐκ Νοβῶν ἐστρατοπέδευσεν ἐν τῷ λεγομένῳ Ῥηγίῳ καὶ κατέρχεται τὰ πλησίον. Ὁ δέ γε Ζήνων βουλόμενος αὐτὸν ὑποκλῖναι ἣν εἶχεν αὐτοῦ ἀδελφὴν τῇ βασιλίδι συνδιαιτωμένην ἀπέπεμπεν ἔτι πολεμοῦντι ἅμα πολλῷ πλούτῳ, ὁπότερον ἐθέλοι διδούς. Voir E. Stein, *Bas-Empire* II, p. 39.

309. E. Stein, *Bas-Empire,* II, p. 40, voir, par exemple, Marcell., *Chron.* a. 488, p. 93 : *Eodem anno Theodoricus rex omnium suorum multitudine adsumpta Gothorum in Italiam tetendit* ; J.Mal., p. 383, l. 13-18 B. καὶ ποιήσας ἡμέρας πολλάς, καὶ μὴ δυνηθεὶς βλάψαι τὸν βασιλέα, ἀνεχώρησεν ἐκεῖθεν ὁρμήσας ἐπὶ τὴν Ῥώμην, τότε κατεχομένην ὑπὸ τοῦ Ὀδοάκρου, ῥηγὸς τῶν βαρβάρων. Καὶ πολεμήσας αὐτῷ κατὰ γνώμην καὶ προδοσίαν τῆς συγκλήτου Ῥώμης, παρέλαβεν ἀνεπηρεάστως τὴν αὐτὴν Ῥώμην καὶ τὸν Ὀδοάκρον ῥῆγα ; Thphn., A.M. 5977, p. 131, l. 12-14 : καὶ προτραπεὶς ὑπὸ Ζήνωνος κατέρχεται εἰς Ἰταλίαν. Καὶ Ὀδοάκρου μάχῃ μεγάλῃ κρατήσας τὸ ῥηγὸς ἐν Ῥαβέννῃ περιτίθεται σχῆμα.

Sous de tels auspices, Zénon ne pouvait connaître, le 9 avril 491, qu'une mort horrifique (**45** 3), que certains lui ont prêtée en effet[310]. La cause du décès paraît avoir été la dysenterie[311]. Beaucoup plus tard, on multiplia les récits sur sa mort. Ainsi, d'après Zonaras[312], il aurait, à la suite d'une beuverie, perdu connaissance et aurait été enfermé dans son cercueil par son épouse Ariane, sans égard pour les cris qu'il poussa par la suite ; pour d'autres, quand on l'y enferma, l'empereur était à

310. E. Stein, *Bas-Empire* II, p. 76, n. 3, qui ne fait pas état du témoignage de Jean. L'événement date du 9 avril 491, d'après C. Mango-R. Scott [(1997), p. 209, n. 4 (à la p. 208)].

311. D'après Évagre (III, 29 p. 125, ll. 6-8) τοῦ Ζήνωνος τοίνυν ἄπαιδος τελευτήσαντος ἐπιληψίας νόσῳ μετὰ ἕβδομον καὶ δέκατον ἔτος τῆς αὐτοῦ βασιλείας, que rejoint Théophane (A.M. 5983, p. 135, ll. 31-33) καὶ ἐπὶ τούτοις τελευτᾷ Ζήνων ἐπιληψίᾳ κατασχεθεὶς καὶ ἐπὶ στόματος φέρων ἀπαύστως τὴν Πελαγίου προσηγορίαν τοῦ παρ' αὐτοῦ φονευθέντος ἀδίκως cf. Nicéphore Calliste, XVI, 24 (*PG* 147, col. 160 C). L'épilepsie est indiquée dans les deux cas, mais Théophane ajoute la touche du remords ; faute de description, on ne peut évidemment émettre aucun diagnostic. La dysenterie l'aurait emporté, selon Malalas (p. 391, ll. 1-2 B.) : μετὰ δὲ ὀλίγον καιρὸν δυσεντερίᾳ ληφθεὶς ὁ αὐτὸς βασιλεὺς Ζήνων ἐτελεύτησεν, ce serait, selon E. Stein, la version officielle de sa mort ; voir aussi *Chr. Pasch.*, 607 B ; Michel le Syrien, IX, 6, II, p. 149 Chabot ; Zacharie le Rhéteur, VI, 6 p. 10, 13-14 (mort à soixante et un ans) ; VII, 1, p. 12, 4 Brooks (il régna 17 ans) ; Agapios de Menbidj, *PO* VIII, 422 (sur son âge).

312. XIV, 2 : Ὁ δὲ τρόπος τῆς τούτου τελευτῆς ἀντιλέγεται · οἱ μὲν γὰρ γαστριζόμενον αὐτόν φασι καὶ μεθύοντα τῶν τε φρενῶν ἐξίστασθαι καὶ καταπίπτοντα μηδὲν διαφέρειν νεκροῦ. Μισούμενον δὲ καὶ ὑπ' αὐτῆς τῆς γαμετῆς αὐτοῦ 'Αριάδνης, οὕτως οἰνωθέντα ποτὲ ὡς ἤδη θανόντα λάρνακι τῶν βασιλικῶν ἐντεθῆναι παρ' ἐκείνης, καὶ αὐτίκα τὸν ἐπιπωματίζοντα ταύτην μέγιστον λίθον ἐπιτεθῆναι αὐτῇ · τὸν δὲ ἀνανήψαντα βοᾶν μὲν καὶ ὀλοφύρεσθαι ἔνδοθεν, μήτινος δ' ἐπιστρεφομένου, οἰκτρῶς ἐκεῖσε θανεῖν, οἱ δὲ νοσήσαντά φασι καὶ περιωδυνίαις βαλλόμενον σφοδροτάταις δόκησιν τοῖς ὁρῶσιν ὡς τέθνηκε παρασχεῖν καὶ οὕτως ἐντεθῆναι τῷ τάφῳ καὶ ἐν αὐτῷ τεθνάναι γοώμενον καὶ τοὺς οἰκείους ἀνακαλούμενον, τῆς 'Αριάδνης μήτινι συγχωρούσης ἀνοῖξαι τὸ μνῆμα ἢ ὅλως ἐπιστροφὴν ἐκείνου ποιήσασθαι, voir aussi Cédr, I, 622 B.

l'article de la mort. Même si la phrase de Jean est concise, les mots indiquent une mort qui doit être interprétée comme un châtiment divin. Le remords indiqué par Évagre prêtait au développement romanesque. Notre auteur paraît bien avoir indiqué la même direction.

7. L'empereur Anastase La description du règne d'Anastase, à certains égards, a l'aspect d'un panégyrique. On sait que les productions du genre conservées n'abondent pas pour l'époque considérée. On n'en possède que deux, celles de Procope de Gaza et de Priscien de Césarée. Certaines des rubriques obligatoires figurent en effet dans les chapitres consacrés à l'empereur[313] : naissance (III **46** 3), éducation (**47** 1), mœurs (**47** 1-2), actes (**47** 1-3 ; **48** 2-5 ; **50** 2-6), destin (**51** 4), comparaison avec les souverains antérieurs, ici Néron (**45** 3).

a. La naissance. Jean, qui avait commencé sa carrière bureaucratique sous le règne d'Anastase, profite de la mention d'un *scriniarius,* devenu préfet du prétoire d'Orient, Marinos (**46** 2), pour décrire la légende noire d'Anastase (**46** 3-8), à coup de digressions. L'élection de ce *scriniarius* ne pouvait plaire à notre historien : la promotion des *scriniarii* dans l'administration préfectorale depuis Constantin fut source de confusions, selon lui (**35-36** ; **38**). En réalité, le raisonnement courant à travers les lignes vise à excuser Anastase. Le mauvais génie du règne fut Marinos, dont le but unique fut toujours de faire rentrer de l'argent. Les origines syriennes du préfet rendaient la conséquence inévitable, car les Syriens avaient colonisé la région dont Anastase était originaire. L'empereur ne pouvait donc qu'être contaminé par le même vice.

313. Les règles sont fixées depuis Ménandre le Rhéteur au IIIe s., voir, par exemple, A. Chauvot, (1986), p. 113.

Toutes les sources sont d'accord pour fixer la naissance d'Anastase à Épidamne, c'est-à-dire Dyrrachium, en Illyrie[314]. Les habitants d'Épidamne étaient précédés d'une réputation fâcheuse[315] :

> *Je sais comment sont faits les gens de ce pays : les Épidamniens sont de grands noceurs et de grands buveurs ; la ville abonde en intrigants et en escrocs de tout poil. Et les filles de joie donc ! Il n'y a pas de pays, dit-on, où elles sachent mieux vous prendre. C'est pour cela qu'on n'y peut séjourner qu'à son dam.*

L'*Anthologie* a conservé des épigrammes anonymes[316] assez proches de celle que Jean rapporte (**46** 4). D'après le lemme, la première était ἄδηλον. Εἰς εἰκόνα Ἀναστασίου βασιλέως ἐν τῷ Εὐρίπῳ. Le texte de Jean a-t-il perdu un mot de liaison pour distinguer les épigrammes, qui sont évidemment, comme le montre *l'Anthologie,* au nombre de deux ? Sans doute pas, car les deux sont cen-

314. Évagr., *HE,* III, 29, p. 125, ll. 23-25 Οὗτος ὁ Ἀναστάσιος πατρίδα τὴν Ἐπίδαμνον ἔχων, Δυρράχιον νῦν προσηγόρευται (...) ; J. Mal., p. 392, ll. 1-3 B. : Μετὰ δὲ τὴν βασιλείαν Ζήνωνος ἐβασίλευσεν ὁ θειότατος Ἀναστάσιος ὁ δίκορος, ὁ Δυῤῥαχηνός, ὁ ἀπὸ τῆς νέας Ἠπείρου ; voir C. Capizzi, (1969), p. 17.

315. Plaut., *Mén.,* 258-264 : *Nam ita est haec hominum natio : in Epidamnieis, / voluptarii atque potatores maxumi ; / tum sycophantae et palpatores plurumi / in urbe hac habitant ; tum meretrices mulieres / nusquam perhibentur blandiores gentium. / Propterea huic urbi nomen Epidamno inditumst, / quia nemo ferme sine damno huc devortitur* ; voir C. Capizzi, (1969), p. 22. Jean en tire la conclusion (**46** 7) que tous les habitants de la province correspondante se distinguaient par leur avidité. Le grammairien Polémon, commentateur de Lucain, qu'il cite à l'appui, n'est pas connu par ailleurs, d'après H. Gärtner [art. *Polemon* 6, dans *KP* 4 (1975), col. 973]. Citant l'art. de C. Wendel [*Polemon* 12, dans *RE* XXI, 2 (1952), col. 1357-1358], An. Bandy [(1983), p. 325] le situe au IVe s. de notre ère. Mais l'argument est de pure vraisemblance : on ne peut guère supposer qu'en Grèce quelqu'un se mît à étudier Lucain avant le IVe s. [sur le succès de Lucain à l'époque tardive, voir R. Herzog, (1993), p. 19-20] ; notre texte paraît avoir échappé à la sagacité de Br. Rochette (1997).

316. XI, 270 et 271.

sées avoir été griffonnées sur les murs de l'Hippodrome. Deux poètes débordants de haine ont fort bien pu vider leur venin au même endroit. Simplement, la seconde est plus spirituelle. En tout cas, Jean ne les cite pas d'après une lecture personnelle. Anastase s'était fait ériger en 506 une statue d'argent sur la colonne de Théodose dressée sur le *Forum Tauri*. Le monument a probablement été détruit au cours du soulèvement de 512[317].

On retrouve le ton acerbe de l'épigramme sous la plume de Jean d'Éphèse, qui écrivait dans le premier quart du VIIe s. [318] : *en outre, il inclinait à avoir un désir insatiable d'argent*. Le 1er décembre 519, à la faveur d'un texte de loi adressé au préfet Marinus[319], Justin Ier avait donné caution à la calomnie en mentionnant la *parca subtilitas* de son prédécesseur. L'appréciation de Procope est beaucoup plus nuancée[320] : *Anastase, qui était le plus prévoyant et le meilleur administrateur de tous les empereurs.*

En somme, Jean laisse percer une opinion coïncidant avec celle de Procope.

L'équivalence " originaire d'Épidamne " et " Taulantien "[321] vient de Thucydide, expressément cité comme " l'historien " (**46** 3)[322] :

317. R. Janin, 1950, p. 85 et R. Aubreton, (1972), p. 167, n. 1.

318. Fr. 215, p. 621 Müller : καὶ πρός γε χρημάτων ἀκόρεστον ἐπιθυμίαν τραπείς. C'est la même épithète qu'employait Jean pour stigmatiser l'avarice de Rufin (II **10** 3 et III **40** 2).

319. *CJ* II, 7, 25, *pr.*, p. 101.

320. Procop., *Arc.*, 19, 5 : Ἀναστάσιος γὰρ προνοητικώτατός τε ἅμα καὶ οἰκονομικώτατος πάντων αὐτοκρατόρων γενόμενος.

321. Les Taulantii étaient un peuple illyrien originaire du sud-ouest de la Dalmatie. Les Anciens hésitaient sur sa localisation précise, voir J. Fitz, art. *Taulantii*, dans *KP* I (1975), col. 539.

322. Th., I, 24, 1-2 : Ἐπίδαμνός ἐστι πόλις ἐν δεξιᾷ ἐσπλέοντι ἐς τὸν Ἰόνιον κόλπον· προσοικοῦσι δ' αὐτὴν Ταυλάντιοι βάρβαροι, Ἰλλυρικὸν ἔθνος. Ταύτην ἀπῴκισαν μὲν Κερκυραῖοι, οἰκιστὴς δ' ἐγένετο Φαλίος Ἐρατοκλείδου Κορίνθιος γένος τῶν ἀφ' Ἡρακλέους, κατὰ δὴ τὸν παλαιὸν νόμον ἐκ τῆς μητροπόλεως κατακληθείς. Ξυνῴκισαν δὲ καὶ Κορινθίων τινὲς καὶ τοῦ ἄλλου

Épidamne est une ville que l'on trouve sur la droite en entrant dans le golfe d'Ionie. Elle a pour voisins les Taulantiens, des barbares de race illyrienne. La ville a été fondée par Corcyre ; mais le chef de la colonie était Phalios, fils d'Ératocleidès, un Corinthien de naissance qui descendait des Héraclides et que l'on avait, suivant la règle ancienne, fait venir à cet effet de la métropole ; il y avait aussi, parmi les premiers colons, des gens venus de Corinthe et des pays voisins.

Autant que nous sachions, le toponyme Δουρράχιον n'apparaît qu'ici sous cette forme. Appien rapporte la légende topique de fondation[323] :

Le roi des barbares de la région, Épidamnos, fonda une cité sur le bord de mer et il lui donna son nom, Épidamnos. Le fils de sa fille, Dyrrhachos, qui passait pour être des œuvres de Poséidon, fonda pour la cité un chantier destiné aux vaisseaux et l'appela Dyrrhachium.

Le récit est également isolé.

Toutefois, la version thucydidéenne n'a pas paru assez satisfaisante à notre auteur, qui, semble-t-il, lui préfère

Δωρικοῦ γένους. Appien (*G.C.*, II, 39), qui fait explicitement référence à Thucydide, offre un aperçu très détaillé sur les mythes de fondation de la cité. Sur les origines d'Épidamne, colonie corinthienne et corcyréenne fondée en 627 aCn, voir N.G.L. Hammond, *Epirus : the geography, the Ancient Remains, the history and the topography of Epirus and adiacent areas,* Oxford, 1967, p. 417 ; 418, n. 4 et surtout 425-426. Les Taulantii étaient un peuple illyrien originaire du sud-ouest de la Dalmatie. Les Anciens hésitaient sur sa localisation précise, voir J. Fitz, art. *Taulantii,* dans *KP* I (1975), col. 539. Nous ne connaissons pas d'autre document donnant aux gens de Taulantios une réputation d'avarice.

323. *G.C.*, II, 39 p. 298 White : βασιλεὺς τῶν τῇδε βαρβάρων, Ἐπίδαμνος, πόλιν ᾤκισεν ἐπὶ θαλάσσης καὶ ἀφ᾽ ἑαυτοῦ προσεῖπεν Ἐπίδαμνον. τούτου θυγατριδοῦς Δύρραχος, νομιζόμενος εἶναι Ποσειδῶνος, ἐπίνειον ᾤκισε τῇ πόλει καὶ Δυρράχιον ὠνόμασε. Procope de Gaza reprend une partie de la donnée à son compte (*Pan.*, 2 p. 5, l. 29-30 Chauvot) : Αὐτόχθων Ἐπίδαυρος ἐντεῦθεν προῆλθε καὶ τῇ πόλει τὴν ἐπωνυμίαν χαρίζεται. Voir A. Chauvot, (1986), p. 26, n. 2.

une donnée prise à une tradition héritée de Lucain. On voit assez facilement comment la confusion s'est produite. Le poète évoque d'abord Brindes, d'un côté de la mer Adriatique. La colonisation par des Crétois est patente[324] :

Il est une ville, jadis possession des colons dictéens, exilés de Crète que portèrent par les mers les poupes cécropiennes, quand les voiles mensongères annoncèrent la défaite de Thésée.

En face, quelle que soit la direction que prennent les vaisseaux[325],

De la route la mer s'étend largement, soit que les voiles se portent, Corcyre, dans tes ports, soit que l'on gagne à gauche l'illyrienne Épidamne inclinée sur les flots ioniens.

L'ensemble du passage a été mal compris, et les données mythiques propres à Brindes ont tout simplement été transférées à Épidamne, de l'autre côté de la mer.

D'autre part, il existait en effet en Épire une cité portant le nom de Phoenice, chef-lieu de la Chaonie. Après la chute du royaume d'Épire, vers 233 aCn, elle devint le siège de la ligue des Épirotes[326]. La cité de Nicopolis,

324. II, 610-612 : *Urbs est Dictaeis olim possessa colonis, / quos Creta profugos vexere per aequora puppes / Cecropiae, victum mentitis Thesea velis.* Les mots sont repris par le scoliaste (à II, 612, p. 75 Endt) : *Theseus inde loci odio navigavit venit que ad Italiam condiditque Brundisium ; ideo profugos eos dixit a Creta.* La légende ne paraît pas avoir retenu l'attention de J. Bérard [(1957), p. 171 ; 373 ; 410 ; 426]

325. II, 622-624 : *Hinc late patet omne fretum, seu vela ferantur / in portus, Corcyra, tuos, seu laeva petatur / Illyris Ionias vergens Epidamnos in undas.* La précision de la référence de Jean (**46** 3) est parfaitement illusoire.

326. Voir, pour la chute de la monarchie épirote, Ed. Will [(1966), p. 317-318] ; à Phoenicé fut signée la paix de 205 entre les Romains et Philippe V de Macédoine [Éd. Will, (1967), p. 80-84] ; la ligue des Épirotes est attestée par une inscription d'environ 165 aCn, Dittenberger, *S.I.G.*^{3} 653, 4 : τὸ κοινὸν τῶν Ἠπειρωτῶν [τῶν] περὶ Φοινίκη[ν χρυ]σῷ στεφάνῳ (voir 654, 4, d'environ 151 aCn). L'inscrip-

“ cité de la victoire ”, ou Actia Nicopolis se situe à environ 6 km de la ville actuelle de Prevesa, mais elle ne fut pas fondée par Hérode le Grand, comme le dit notre auteur (**46** 8), mais par le vainqueur d’Actium, en 30[327] :

> *Pour mieux perpétuer le souvenir de sa victoire d’Actium, il fonda près de cette ville celle de Nicopolis, où furent institués des jeux quinquennaux (...).*

On comprend bien pourquoi Jean fait intervenir Hérode. Le roi, qui avait à se faire pardonner de longues années d’alliance avec Antoine, multiplia les offrandes à Nicopolis, où il avait apporté sa contribution pour l’édification de la plupart des bâtiments publics[328]. Il existait aussi un lieu d’Épire nommé Palaeste, que mentionnent César et Lucain. Le nom a passé à la postérité, en rapport avec la bataille de Pharsale. C’est l’endroit où César fit débarquer ses troupes[329] :

tion lui donne bien comme siège la cité de Phoenicé, voir E. Polaschek, art. *Phoinike* 9, dans *RE* XX, 1 (1941), col. 1306, qui signale, d’après Ad. Willems, *IG* IX, 2, 510 : [οἱ ’Απειρῶται οἱ ἀπ]ὸ Ποινίκης ; pour les attestations littéraires de Phoenicé à haute époque, voir Kaerst, art. *Epeiros,* dans *RE* V, 2 (1905), col. 2729 ; G. Busolt-H. Swoboda, (1926), p. 1476, n. 2.

327. Suét., *Aug.*, 18, 3 : *Quoque Actiacae victoriae memoria celebratior et in posterum esset, urbem Nicopolim apud Actium condidit ludosque illic quinquennales constituit* (...). Les pièces de monnaie frappées sur place ne laissent aucune place au doute : Σεβαστοῦ κτίσμα ετ Αὐγοῦστος κτίστης. La cité était toujours prospère au VIe s. de notre ère ; pour un rapide survol historique, voir F. Schober, art. *Nicopolis,* dans *RE* XVII, 1 (1936), col. 516-518. Pour le nom double, voir *CIL* III, 7334 = *ILS,* 2080.

328. J., *AJ,* XVI, 147 ; *GJ,* I, 425, cf. E. Schürer, (1985), p. 386.

329. Lucain, V, 458-460 : *Inde rapi coepere rates atque aequora classem / curva sequi, quae iam vento fluctuque secundo / lapsa Palaestinas uncis consistere castris.* Voir Cés., *Civ.*, III, 6, 3 : *ad eum locum qui appellabatur Palaeste omnibus navibus ad unam incolumibus, milites exposuit.* Palaeste est une conjecture de Glandorp, pour le *pharsalia* des manuscrits unanimes. Paleste est une ville d’Épire, aujourd’hui Palasa, au sud du promontoire d’Acrocéraunie, voir P. Fabre, 1936, 2, p. 136 (index des noms propres). Ceci a été bien relevé par G. Wendel, art. *Polemon* 12, dans *RE* XXI, 1 (1952), col. 1357.

Puis les vaisseaux commencèrent à être entraînés, la flotte suivit les ondulations de la houle ; bientôt, glissant à la faveur du vent et des flots, elle enfonça ses ancres dans les sables de Paleste.

Or, le même nom a été utilisé pour les Philistins[330]. C'est sans doute ce qui a amené le nom d'Hérode, d'autant qu'il existait aussi une cité de Nicopolis en Palestine, d'après Eusèbe[331].

b. L'éducation. Pour la longue période précédant la montée sur le trône, les données sur la jeunesse d'Anastase sont rares et d'interprétation malaisée. Dans le *Chronicon breve* de Georges Hamartôlos, on découvre un récit assez édifiant[332] :

330. E. Meyer, art. *Palaiste,* dans *KP* IV (1975), col. 417.

331. *Onomast.*, p. 90 : Ἐμμαοῦς (Luc, 24, 13). Ὅθεν ἦν Κλεώπας ὁ ἐν τῷ κατὰ Λουκᾶν Εὐαγγελίῳ. Αὕτη ἐστὶν ἡ νῦν Νικόπολις τῆς Παλαιστίνης ἐπίσημος πόλις, voir aussi Thdr. Lect., 143 (p. 60, 23-25) Ἐν Νικοπόλει τῆς Παλαιστίνης τῇ ποτε Ἐμμαοῦς πηγή ἐστιν παντοίων παθῶν ἀνθρώπων τε καὶ ἀλόγων ἰάσεις παρέχουσα, ἐν ᾗ λόγος τὸν κύριον ἐξ ὁδοιπορίας τοὺς πόδας ἀπονίψασθαι, qui exploite un texte de Sozomène (V, 21, 1) Πόλις ἐστὶ τῆς Παλαιστίνης ἡ νῦν καλουμένη Νικόπολις. Ταύτην δὲ ἔτι κώμην οὖσαν οἶδεν ἡ θεία τῶν εὐαγγελίων βίβλος καὶ Ἐμμαοῦς προσαγορεύει, Ῥωμαῖοι δὲ μετὰ τὴν ἅλωσιν Ἱεροσολύμων καὶ τὴν κατὰ τῶν Ἰουδαίων νίκην Νικόπολιν ἀνηγόρευσαν, voir C. Mango-R. Scott, (1999), p. 80. Pour une explication rationnelle du toponyme, voir Const.Porph., *Them.*, I, 8 p. 55, 6-8 : ἐν αὐτῷ τῷ ἀκρωτηρίῳ τῷ καλουμένῳ Ἀκτίῳ· καὶ νικήσας ὁ Καῖσαρ τὸν Ἀντώνιον καὶ τὴν Κλεοπάτραν ἔκτισε πόλιν, καλέσας αὐτὴν Νικόπολιν διὰ τὸ ἐκεῖσε ἡττηθῆναι τὸν Ἀντώνιον et Thphn. Cont., p. 420, 7-10 : Νικόπολις δὲ ἐπωνόμασται κατὰ τὸ ἐπώνυμον τῆς νίκης, ἣν Αὔγουστος Σεβαστὸς κατὰ Ἀντωνίου καὶ Κλεοπάτρας εἰργάσατο καὶ τὴν Αἰγυπτίων ἀρχὴν τοῖς Ῥωμαίοις ὑπέκλινεν.

332. IV, 213 dans *PG* 110, 794 a-b : Δυῤῥαχίτης ὢν, υἱὸς πρεσβυτέρου, καὶ χρεώσας λίτρας χρυσίου ρ´ διὰ τὸ ναυαγῆσαι αὐτὸν γ´, ὁ δὲ στρατηγὸς ὁ ὢν ἐν τῷ Δυῤῥαχίῳ διὰ τὰ νομίσματα βουλόμενος λαβεῖν τὴν γυναῖκα τοῦ πρεσβυτέρου, τοῦ συγγενέσθαι μετ᾽ αὐτῆς, διεκωλύθη παρὰ θείας ὀπτασίας· ἔλαβε δὲ τὸ παιδίον τοῦ πρεσβυτέρου, καὶ ἀνῆλθεν ἐν τῷ παλατίῳ. (2) Καὶ μετὰ

> *Originaire de Dyrrachium, fils d'un prêtre, qui avait emprunté cent livres d'or en raison de trois naufrages, le gouverneur de Dyrrachium voulut, pour la dette, emmener l'épouse du prêtre afin de coucher avec elle, mais il en fut empêché par une vision ; il prit l'enfant du prêtre et se rendit au palais* (de Constantinople). *Et après la mort de Zénon, Ariane, sa femme, promut Anastase comme empereur.*

Selon le ps.-Codinos[333],

> *arrivé enfant de Dyrrhachium, il se mit à apprendre les lettres à Constantinople et à y habiter.*

Rien dans les écrits que l'on peut rattacher à l'activité impériale d'Anastase ne permet de jeter une lumière sur la formation intellectuelle dont il bénéficia : tout au plus peut-on supposer qu'il maîtrisait le grec aussi bien que le latin[334].

c. Le caractère. E. Stein[335] se contente de citer les passages de notre auteur, sans offrir de texte parallèle, notamment pour l'attachement de l'empereur vis-à-vis de la culture intellectuelle. Jean ne fait allusion nulle part à la piété qu'évoque le panégyrique, à moins que l'on ne doive entendre en ce sens le mot que nous avons traduit par " amabilité " (ἐπιείκεια)[336] :

τελευτὴν Ζήνωνος Ἀριάδνη ἡ γυνὴ αὐτοῦ προχειρίζεται Ἀναστάσιον βασιλέα. Voir C.Capizzi, (1969), p. 47. Il n'existe pas encore d'édition critique à ce jour, voir *PmbZ*, p. 20-22.

333. *De aed. Constantinopol.* III, 52 (p. 236, 3-6 Preger) : (...) ὅταν ἦλθεν ἀπὸ Δυρράχιον παῖς καὶ ἐμάνθανεν τὰ γράμματα ἐν Κωνσταντινουπόλει, ἐκεῖσε ᾤκει.

334. C. Capizzi, (1969), p. 49, avec la n. 11, où, toutefois, le passage de Jean n'est pas mentionné.

335. *Bas-Empire* II, p. 78-79.

336. Procop.Gaz., *Pan.*, 3, p. 6, l. 16-21 Chauvot (Apollon, Héraclès et Zeus viennent d'être cités) : Ἐκ τοιούτων γὰρ προελθὼν καὶ τραφείς, ὥσπερ εἰκὸς τὸν οὕτω τοῖς πᾶσι νενικηκότα, καὶ προιόντι τῷ χρόνῳ συναύξων τὰς ἀρετάς, πρέπειν ἡγούμενος ἀρίστου βίου καλὴν ὑποκεῖσθαι κρηπῖδα, τῆς εὐσεβείας ἐλογίζου.

Héritier d'une telle ascendance et formé à son école, comme si c'était naturel pour qui a toujours manifesté ainsi sa supériorité en tout domaine, tu as grandi en âge et en sagesse, et, convaincu qu'il faut un beau fondement pour sous-tendre une noble existence, tu as considéré <...> la piété comme l'aspiration suprême.

La générosité (**47** 2) est rappelée par Priscien de Césarée[337] :

Supérieur à tous par ta libéralité sans précédent, tu assures à chacun de vivre dans l'aisance, sans éprouver de cupidité ; quoique tes dons soient proprement innombrables, ta bienfaisance œuvre dans l'ombre à assister les faibles, désireux que tu es de n'être vu que du regard divin, et jamais l'orgueil n'a corrompu ton cœur.

C'est évidemment ce point qu'illustre l'anecdote de **48** 2-5 sur Paul et Bibianos, dont nous avons déjà cité les protagonistes ailleurs[338]. Toutefois, le texte mérite quelques éclaircissements, car il n'est pas facile à comprendre en raison de son manque de netteté sur le plan grammatical. Dans la forme qu'il revêt, il offrirait une proposition relative assez bizarre d'aspect. En effet, *stricto sensu*, celle-ci ne permettrait guère de décider si le personnage en cause était le père, Bibianos, ou le fils, Paul. En outre, elle introduit une comparaison avec des consuls du passé, sans que Bibianos ou Paul aient été expressément désignés comme tels. En plus, telle qu'elle est présentée par Jean, la nomination de Zénodote, le prêteur, comme consul, même à titre honorifique, donne à supposer que l'écrivain vient tout juste d'en mentionner d'autres. Heureusement, pour Bibianos et Paul, les dates

337. Prisc., *Anast.*, 228-233 : *Et superans omnes mentis novitate benignae, / sufficis haud animo cupienti commoda cunctis / largiri ; quamvis numerum vincentia donas, / ingenuos relevas occulte munera praestans ; / namque cupis superi te cerni lumine solo, / corrupitque tuum non ulla superbia novavit.*

338. Voir t. I, p. DXCIII-DXCIV. C. Capizzi, (1969), p. 243 se contente de traduire notre passage.

sont connues. Bibianos fut consul en 465[339] après avoir été préfet du Prétoire d'Orient en 459-460. Paul fut consul pour la première partie de l'année 512[340]. C'est ce qui a conduit J.Caimi[341] à s'interroger sur la forme du texte. Il propose à son lecteur de choisir entre deux corrections. L'une, à vrai dire, est assez économique. Elle consiste à remplacer les mots ὑπ' αὐτῷ par ὑπάτου. Ce fut Bibianos qui se montra le grand consul de la famille ; il aurait, à ce compte, même en partie obéré les ressources de son fils Paul au point de l'obliger à emprunter quand il fut lui-même désigné au consulat[342]. E.Stein[343] évalue à environ deux mille livres d'or les frais d'un consulat. C'est la somme même que l'empereur accepte de partager à égalité entre les deux adversaires. On peut donc supposer que l'emprunt contracté par Paul s'était monté à mille livres d'or : sans doute a-t-il ruiné sa propre famille pour la plus grande gloire de son propre consulat. Il est difficile de nier que Jean a établi un certain parallélisme formel entre la relative du §2 et celle du §3. Il a d'ailleurs multiplié les récurrences d'expression dans tout le chapitre : §1 τῶν ἰδικῶν τἀνδρὸς ἀρετῶν (Anastase) et §2 χρειῶν ἰδιωτικῶν ἕνεκα λυσιτελῶν (Paul) ; §5 ἀπόδοσιν (Paul) ἔκδοσιν (Zénodote). Dans ce cas, les mille livres d'or cédées à Paul viseraient à restaurer la situation de la famille et le reste à rembourser l'emprunt contracté par Paul. Il vaudrait mieux écrire ἐπισημότατος γέγονεν ὕπατος. Tout ingénieuse qu'elle est, la conjecture a l'inconvénient d'être moins économique que la précédente. Cependant, une des raisons pour lesquelles Anastase accepta de faire un geste en

339. *POxy* 902, l. 18.

340. *Sammelbuch* I, 5174 (= *P.Dubl.* I, 32, l) ; 5175 (= Ibid, I, 33, 1, daté de 513) ; *P.Collection Nessana* 16, 1.

341. (1984), p. 222-223.

342. Telle est l'interprétation à laquelle se rallient, entre autres, *PLRE* II *Paulus* 34 et *Vivianus* 2.

343. (1929-1930), p. 380 = p. 252.

faveur de Paul tient sans doute au fait qu'il fut, par son faste désintéressé, une des illustrations de son règne. Nous croyons donc la locution ὑπ' αὐτῷ nécessaire à ce titre. Par conséquent, l'antécédent de ὅς au §2 ne paraît pas douteux : il s'agit bien de Paul. D'autre part, le καὶ de 3 2 renvoie évidemment au contenu de la proposition relative du §2. Je ne crois donc pas indispensable de corriger.

Les anecdotes de **50** 2 et 3-4 confirment l'attachement et le respect d'Anastase pour les lettrés (**47** 2). L'intercession de l'impératrice eut lieu en faveur d'Anthémius, le fils de l'empereur d'Occident (467-472), à qui Anastase avait conféré le consulat ordinaire en 515[344]. Le dernier véritable grand aristocrate à avoir été nommé à la préfecture du prétoire d'Orient pourrait avoir été Q. Clodius Hermogenianus Olybrius, sous Gratien à la fin de 378. Après lui, on ne trouva plus guère comme descendants des grandes familles que Postumianus, les frères Caesarius et Aurelianus ainsi qu'Anthémius, et, avec Taurus, désigné pour la deuxième fois le 17 février 445, ils disparurent complètement pour céder la place à des hommes d'origine beaucoup plus modeste. La règle devint de ne plus nommer que des gens dotés de remarquables connaissances en matière de droit ou des techniques de gouvernement. Peut-être déjà sous Zénon, mais sûrement sous Anastase (pour Polycarpe et Marinus, voir III **36** 1), on élut des *scriniarii* au poste, et ce devint la règle à partir de Justin Ier. Le parti de ne choisir que parmi les avocats plaidant devant le tribunal du préfet du Prétoire, c'est-à-dire les δικανικοὶ ἄνδρες, les *consiliarii* de ce dernier, répond à une politique (voir déjà III **11** 2). Le préfet Sergius était du nombre (voir II **21** 1 ; III **20** 10). On comprend le refus qu'Anastase opposa à l'impératrice, dont le choix eût constitué un retour en arrière sur le plan administratif. De façon générale, l'exercice du

344. E. Stein, *Bas-Empire,* II, p. 194.

métier d'avocat était considéré comme une excellente prémisse à l'aube d'une grande carrière politique (III **20** 10). Il en alla tout autrement à l'Ouest, où l'attribution à l'aristocratie de postes à très hautes responsabilités ne contribua qu'à fomenter désordres et replis égoïstes[345]. Le tour des nominations était bien connu à l'Ouest. À propos d'un certain Paeonius, de petite noblesse, qui, en sa qualité de préfet du prétoire des Gaules, s'associa en 458 à l'aristocratie pour soutenir Marcellinus contre Majorien élevé à l'Empire par Léon Ier, Sidoine Apollinaire donne à percevoir les préjugés en vigueur[346] :

> *Lorsque se trama la conjuration Marcellinienne pour se saisir du diadème, il s'offrit lui-même comme porte-drapeau aux jeunes aristocrates dans la dissidence, encore homme nouveau dans un âge avancé, jusqu'au moment où la coupure de l'interrègne permit enfin aux expériences heureuses de son audace de jeter quelque éclat sur l'obscurité de sa naissance. Dans la vacance du trône et le trouble de l'État, il se trouva être le seul en effet à oser revêtir les fonctions du gouvernement des Gaules avant d'en avoir reçu le titre, et durant de longs mois il siégea comme préfet — mais préfet de seconde classe — sur un tribunal de dignitaires du rang le plus élevé ; c'est à peine si au bout de l'année, presque au terme de sa magistrature, il en fut officiellement investi, à la façon des officiers comptables ou plutôt des avocats qui ne reçoivent leurs promotions qu'une fois leurs missions accomplies.*

Durant la préfecture de Serge, en 517 (**50** 4-5), un fonctionnaire de Lydie nommé Hermias se mit dans son

345. Voir, sur tout ceci, E. Stein, *Officium*, p. 72-73.

346. *Ép.*, I, 11, 6 : *Nam vacante aula turbataque republica solus inventus est, qui ad Gallias administrandas fascibus prius quam codicillis ausus accingi mensibus multis tribunal inlustrium potestatum spectabilis praefectus escenderet, anno peracto militiae extremae terminum circa vix honoratus, numerariorum more seu potius advocatorum, quorum cum finiuntur actiones, tunc incipiunt dignitates.* La lettre a sans doute été écrite à Lyon en 469 et elle porte sur des événements de 461, d'après A. Loyen, (1970), p. 34.

tort vis-à-vis de son supérieur. Malgré les prières de la mère de l'intéressé et une intervention de l'empereur lui-même, Serge sut rester ferme dans la décision qu'il avait prise, en sorte que l'empereur finit par céder. L'épisode n'est pas connu par ailleurs[347].

d. **Les hauts faits d'Anastase.** Ils sont, d'après notre auteur, de trois ordres.

α. Ses propositions en faveur des lettrés (**47** 1).
β. Son œuvre de constructeur, en général (**47** 2) ct surtout à Daras (**47** 4).
γ. L'allègement des impôts (**47** 3).

α. **Les suppléments pour fonctionnaires instruits.**

Si l'on en croit Jean le Lydien, il aurait favorisé la carrière des hommes de lettres ou des gens de savoir. À notre connaissance, aucun historien n'a jamais mentionné aucune disposition légale dans ce sens. Après avoir raconté l'épisode d'Hermias, notre auteur fait observer que l'empereur eut le courage de faire triompher les causes justes (**50** 5). De quelles causes s'agit-il ? Celle d'Hermias ou celle des pauvres hommes de lettres talentueux égarés dans l'administration ? Quoique la démonstration formelle soit hors de portée, c'est la seconde interprétation qu'il faut préférer à notre sens. Ne retenir comme préfets du prétoire possibles que des hommes instruits revenait à favoriser la culture en général. Les préfets en place sous Anastase autorisèrent leurs subordonnés instruits à arrondir leurs revenus en prononçant des plaidoiries au cours des auditions publiques (**50** 6).

347. J. Caimi, (1984), p. 224-225. Sur les dates de la préfecture de Serge, attestée par des textes législatifs du 1er avril et du 1er décembre 517, voir E. Stein, *Bas-Empire* II, p. 783. Je ne suis pas sûr pourtant qu'il faille comprendre qu'Hermias fut acquitté “ prosciolto ”, comme l'affirme J. Caimi. Le savant italien croit pouvoir tirer la conclusion de la proposition suivante, qui paraît avoir une portée générale.

β. **L'œuvre de constructeur**.

L'argument le plus important en faveur d'Anastase réside évidemment dans l'œuvre accomplie à Daras, point avancé de la défense romaine contre les Perses. À la fin de l'automne 505, Daras était toujours un village situé sur une colline à 18 km de Nisibe et à 5 km de la frontière romano-perse[348]. Jusque-là, il n'apparaît nulle part dans les sources. Procope[349], qui le qualifie de " poste avancé de tout l'empire romain " en définit parfaitement l'importance stratégique.

On peut donner la liste des constructions réalisées au temps d'Anastase, en plus des murs d'enceinte[350].

1. un grand bain public[351] ;
2. des silos à grain[352] ;
3. un aqueduc[353] ;
4. des citernes[354] ;
5. la grande église[355], construite par l'évêque Eutychianos, après la mort d'Anastase, mais avec l'argent qu'il avait donné à cette fin ;

348. Procop., *Pers.*, I, 10, 14 : ἀπέχει δὲ αὕτη πόλεως μὲν Νισίβιδος σταδίους ἑκατὸν δυοῖν δέοντας, χώρας δέ, ἣ τὰ Ῥωμαίων τε καὶ Περσῶν διορίζει, ὀκτὼ καὶ εἴκοσι μάλιστα.

349. *Éd.*, II, 1, 13 : πάσης μὲν προβεβλημένη τῆς Ῥωμαίων ἀρχῆς. Les textes les plus importants sont ceux de Zacharie le Rhéteur (*H.E.*, VII, 6, p. 23, 29-p. 24, 17 Brooks) et de Josué le Stylite (*Chronique*, 90, p. 70 Wright = p. 89-90 Luther).

350. Sur tout ceci, voir E. Stein, *Bas-Empire*, II, p. 100-101, et surtout C. Capizzi, (1969), p. 216-221, qui pouvait encore écrire (p. 216) " e anche in sede archeologica Dara resta, se non proprio terra vergine, certo relativamente poco e male coltivata ".

351. J. Mal., p. 399, 13-21 ; cf. Évagr., *HE*, III, 37, p. 136 : ἐποίησεν ἐν αὐτῷ δημόσια λουτρὰ δύο.

352. ὡρεῖα εἰς ἀπόθετα σίτου.

353. Procop., *Éd.*, II, 2, 5 : ὀχετὸν μὲν ἐκ τοῦ περιβόλου πεποίηνται μέγαν, ὀβελοῖς δὲ σιδηροῖς τὸ τοῦ ὀχετοῦ στόμα συχνοῖς τε καὶ ὡς παχυτάτοις καταλαβόντες, τοῖς μὲν ὀρθοῖς, τοῖς δὲ ἐγκαρσίοις, διεπράξαντο τῷ ὕδατι ἐς τὴν πόλιν εἰσιτητὰ εἶναι, οὐκ ἐπὶ πονηρῷ τοῦ ὀχυρώματος.

354. J. Mal., *l.l.* καὶ κιστέρνας ὑδάτων.

355. Zacharie, *HE*, VII, 6, p. 25, 6-26, 13 ; 7. Le chapitre suivant (VII, 7) est " De Macedonii haeretici ex urbe regia eiectione ".

6. l'église de Saint-Barthélemy[356] ;
7. des portiques[357] ;
8. la *turris Herculea,* à un emplacement stratégique[358].
9. un palais[359].

Mais les entreprises d'Anastase ne se limitèrent pas à la seule ville de Daras. On mentionne en outre des travaux dans divers sites de l'Empire, à Dercos (province d'Europe), Dyrrhachium, Théodosiopolis (Arménie I), Mélitène (Arménie III), diverses localités de Cappadoce, Europos (province d'Euphratensis), Édesse (Osrhoène), diverses forteresses en Palestine III, Émèse (Phénicie II), un refuge fortifié à Rasar el-Ruz (Syrie I) et une forteresse à Quératin (Syrie II)[360]. L'appréciation de Jean (**47** 2 et **47** 4) est donc parfaitement exacte.

γ. L'allègement des impôts.

Jean (**47** 3) fait probablement allusion à l'allègement d'un quart, concédé en 513, de la *capitatio* dans le diocèse d'Asie et du Pont[361]. Il en mentionne aussi par ailleurs, en citant les noms des *scriniarii* Polycarpe et Marinos (**36** 1). Outre l'abolition fameuse du chrysargyre, ce fut probablement durant la préfecture du premier que fut adoptée la grande constitution sur la *coemptio,* où les abus furent réprimés et dont le fonctionnement fut sévèrement réglementé[362]. Néanmoins, l'empereur sut, à

356. Thdr.Lect., II, 57 ; Procop., *Éd.*, II, 2, 1 : τοῦ νεώ, ὃς Βαρθολομαίῳ ἀποστόλῳ ἀνεῖται πρὸς δύοντά που τὸν ἥλιον.

357. Évagr., *l.l.* βασιλείων τε στοῶν.

358. Marcell., a. 518, 3, p. 101 : *ingens huius frontispicium civitatis in editiori loco constructa murisque continuata turris Herculea sic nomine dicta suspicitur Nisibin quidem ad orientem, Amidam huius ad aquilonem respiciens.*

359. Procop., *Pers.,* I, 26, 8.

360. A. Chauvot, (1986), p. 133, qui fait la synthèse de C. Capizzi, (1969), p. 202-228.

361. J. Ant., = Constantin, *Ex.. de ins.* p. 103 ; cf. C. Capizzi, (1969), p. 150, avec la n. 242 ; Voir J. Caimi, (1984), p. 230.

362. E. Stein, *Bas-Empire* II, p. 202, avec la note 3 ; voir aussi

l'occasion, tempérer la rigueur des mesures décidées dans son administration financière, comme dans les cas d'Édesse, victime d'une invasion de sauterelles en mars 500, ou de la Thrace[363].

N'avait été l'influence de Marinos, le règne d'Anastase eût été merveilleux, selon notre auteur. Le mauvais génie était Syrien (III **36** 1 ; **49** 2)[364]. Il avait été *scriniarius* au service de la préfecture du prétoire d'Orient (**36** 1 ; **46** 2). Spécialiste du département financier, il fut d'abord nommé en 498[365] *tractator* de Syrie, où il succéda à Jean le Cappadocien (*PLRE* II, *Ioannes* 45), qui devint *comes sacrarum largitionum.* Bientôt *chartularius,* Marinus devint à ce titre un des principaux conseillers de l'empereur[366]. On tourna ainsi en dérision l'activité incessante de

A.H.M. Jones, *LRE* I, p. 235. Stein se fonde sur un texte de Jean Malalas (p. 394, l. 8-10 B.) : Ὁ δὲ θειότατος βασιλεὺς Ἀναστάσιος ἐποίησε χρυσοτέλειαν τῶν ἰούγων τοῖς συντελεσταῖς πᾶσι διὰ τὸ μὴ ἀπαιτεῖσθαι τὰ εἴδη καὶ διατρέφεσθαι ὑπὸ τῶν στρατιωτῶν. La donnée vient entre le récit sur la guerre isaurienne et la sédition qui éclata au cirque en 498, deux événements contemporains de la préfecture de Polycarpe. La date de la grande Constitution en cause (*CJ* X, 27, 2-3) n'a pas été conservée ; elle a été fixée, conjecturalement, par les éditeurs, à 491-505.

363. M. Kaplan, (1992), p. 380-383 [analyse détaillée de la situation à Édesse, d'après la *Chronique* de Josué le Stylite, 39 (p. 27 Wright = p. 40-41 Trombley-Watt = p. 57-58 Luther)].

364. C'est ce que disent aussi Évagre (III, 42 p. 144, l. 26) et Malalas [XVI, 12, 73-74 (p. 400, 14) ; 19, 21 (407, 10 B.)]. Il était né à Apamée, d'après les sources orientales (Zacharie le Rhéteur, *HE,* VII, 9 p. 39 ; VIII, 1 p. 41, 26 (" Marinus Apamenus vir ") cf. IX, 1, p. 53, 25-26 Brooks ; Sévère d'Antioche, *Ep. Sel.,* VII, 6 ; Michel le Syrien, IX, 7), citées dans *PLRE* II, s.v. *Marinus* 7.

365. J. Mal., XVI, 12, 70-74 et 76-78 (p. 400, l. 10-14 et 16-19 B.) : Ὁ δὲ αὐτὸς βασιλεὺς κουφίσας Ἰωάννην τὸν Παφλαγόνα ἐκ τοῦ τρακτεύειν τὰ δημόσια χαρτία τοῦ πραιτωρίου τῶν ἐπάρχων ἐποίησεν αὐτὸν ἀπὸ ὑπάτων, ἀντ' αὐτοῦ ποιήσας τρακτευτὴν καὶ λογοθέτην Μαρῖνον τὸν Σύρον · (....) ὁ δὲ αὐτὸς βασιλεὺς προεχειρίσατο κόμητα λαργιτιώνων ἐν Κωνσταντινουπόλει τὸν ἀπὸ ὑπάτων Ἰωάννην τὸν Παφλαγόνα τὸν λεγόμενον Καϊάφαν, voir R. Delmaire, (1989), p. 238.

366. D'après Zacharie le Rhéteur (*HE,* VII, 9 p. 33, 27-28

ce loyal serviteur de l'État : travailleur inlassable, il avait dans son entourage des *notarii* prêts à prendre note de ses idées, quelle que fût l'heure ; il dormait avec une veilleuse constamment allumée, une écritoire attachée à son lit, et, le matin venu, il faisait part de ses cogitations nocturnes et faisait triompher ses conceptions devant l'empereur[367]. Aussi, en matière de taxation, réussit-il à imposer ses vues (**46** 2 ; **49** 1), notamment pour la suppression de la rcsponsabilité des curiales en matière financière et leur remplacement dans ce rôle par les *vindices* (**49** 1)[368]. Il exerçait sur l'esprit de l'empereur une influence décisive, comme le fait observer Cyrille de Scythopolis, à propos d'événements de la fin de 511[369]. Men-

Brooks) : *fide constans fuit, et regis amicus ac familiaris et chartularius et consiliarius eius. Chartularius* équivaut à peu près à notre responsable de la comptabilité (A.H.M. Jones, *LRE* I, p. 450).

367. Zacharie le Rhéteur, *HE*, VII, 9 p. 39, 28-33 Brooks : *cum in vico ambularet aut alicubi sederet quicquid cogitabat notariis imperabat ut capitulatim adnotarent : necnon noctibus* καλαμάριον *ad lectum eius pendebat, et lucerna ad pulvinum eius accensa cogitationes suas ipse in charta scribebat, et die regem instruebat eique ut exsequeretur suadebat.* Le " calamar ", c'est-à-dire le plumier était un des insignes propres aux très hauts dignitaires, voir t. I, p. DCCXXX-DCCXXXV.

368. Voir, sur ce point, notre développement sur les questeurs t. I, p. DLXXIII-DLXXV.

369. *V. Sabae*, 54 : Μαρῖνός τις ἀδικώτατος καὶ κατὰ συγχώρησιν Θεοῦ τῶν τῆς πολιτείας πραγμάτων κρατῶν καὶ κατὰ τὸ δοκοῦν αὐτῷ ἄγων καὶ φέρων τὴν τοῦ βασιλέως εὐρίπιστον γνώμην. Voir toute la notice (54, p. 145, l. 29-p. 146, l. 18), qui est traduite et commentée par A.-J. Festugière, [(1962), p. 72-75]. Profitant d'une audience qui lui avait été accordée en 511 par Anastase, Sabas obtint la rémission d'une surtaxe de cent livres d'or que les *vindices* et les *tractatores* avaient fait peser sur les contribuables de Jérusalem, parce qu'ils s'étaient révélés insolvables. À l'époque, Marinos qui était encore *numerarius* près le *scrinium* d'Orient, fit valoir de bons arguments, sans doute d'ordre financier, pour faire supprimer la libéralité. Naturellement, Cyrille de Scythopolis soutient que Marinos était mû par son hostilité de monophysite pour les orthodoxes de Jérusalem [C. Capizzi, (1969), p. 147, n. 219], qui situe l'événement au printemps de 512.

tionnant une paralysie des nerfs de l'État (**49** 2)[370], Jean éclaire cette période d'un jour uniquement négatif. A-t-il subi à ce moment un revirement de fortune catastrophique ? Le début de sa carrière avait eu lieu durant la préfecture de Zôticos, un de ses compatriotes, et sous des auspices particulièrement prometteurs (III **26** 4), notamment un riche mariage (**28** 1). Or, Marinos (**36** 1 ; **46** 2) paraît avoir immédiatement succédé à Zôticos[371]. Toutefois, il faut plutôt expliquer la noirceur du récit par la rivalité entre *Augustales* et *scriniarii*. Jean reproche leur esprit de corps (**36** 1) aux anciens *scriniarii* élevés à la préfecture, Polycarpe[372], puis Marinos. La réduction des impôts conduisit le personnel des bureaux de la préfecture à une situation catastrophique. Hommes de chiffres, et non pas juristes, à la différence de la plupart de leurs prédécesseurs ou successeurs, ils ne pouvaient avoir la même considération à l'endroit des plus cultivés parmi les *Augustales* ou les tachygraphes (**36** 2). De surcroît, d'après les usages anciens, parvenus à la dignité de préfet du prétoire, ils faisaient, aux yeux de Jean, figures d'usurpateurs (**36** 2).

370. Le même verbe apparaît déjà en **46** 1. On retrouve l'image des nerfs de l'État dans Majorien, *Nov.* VII *pr.* p. 167 ll. 1-2 *nervos rei publicae*, mais aussi l. 2 *viscera civitatum*. L'impopularité de Marinos a été fréquemment soulignée, voir, par exemple, Pauline Allen, (1981), p. 162.

371. E. Stein, *Bas-Empire* II, p. 783. On doit citer aussi le préfecture d'Arménius, mais on ne peut la situer dans le temps.

372. Membre du personnel du préfet, il avait à Béryte, probablement à la fin des années 480, aidé Zacharie le Rhéteur et son ami, Sévère, le futur évêque d'Antioche, à lutter contre la pratique de la magie, voir *PLRE* III, *Polycarpus,* p. 895-896. Polycarpe est attesté comme préfet du prétoire le 1er avril 498, voir E. Stein, *Bas-Empire* II, p. 782 et *CJ* V, 30, 4. C'est le seul document législatif qui lui soit adressé. Sous sa préfecture furent adoptées de nombreuses et importantes dispositions financières, notamment la célèbre suppression, en mai 498, du chrysargyre, un impôt levé depuis Constantin Ier (E. Stein, *Bas-Empire* II, p. 202 et 204) ; sur le chrysargyre, que notre écrivain ne mentionne pas, voir A. Chauvot, (1986), p. 148-154.

La fin du règne d'Anastase fut marquée par les troubles en raison des dogmes et de Vitalien (**51** 4). Le rapprochement des données n'autorise guère le doute sur les faits auxquels Jean fait allusion. Les premières sont connues par quantité de sources : c'est l'affaire du *Trishagion* revu que l'on chanta à Sainte-Sophie le dimanche 4 novembre 512. On peut, par exemple, s'en tenir au récit d'Évagre[373] :

373. III, 44 p. 146, l. 3-31 : Καὶ ἀνὰ δὲ τὸ Βυζάντιον προσθήκην τοῦ βασιλέως ἐν τῷ Τρισαγίῳ βουληθέντος ποιήσασθαι τὸ " Ὁ σταυρωθεὶς δι' ἡμᾶς ", μεγίστη στάσις γέγονεν, ὡς ἐς τὰ μάλιστα τῆς Χριστιανῶν θρησκείας ἀθετουμένης. Ἧς ἀρχηγὸν καὶ προστάτην γενέσθαι τὸν Μακεδόνιον καὶ τὸν ὑπ' αὐτὸν κλῆρον (...). Ἐντεῦθεν ἀκάθεκτα τοῦ δήμου φερομένου, οἵ τε ἐν ἀξιώσει τελοῦντες περὶ τῶν ἐσχάτων κεκινδυνεύκασι καὶ πολλοὶ τῶν ἐπισήμων ἐφλέχθησαν τόποι· καί τινα δὲ χωρίτην μοναδικὸν μετιόντα βίον εὑρὼν ὁ λεὼς ἀνὰ τοὺς οἴκους Μαρίνου τοῦ Σύρου, τὴν κεφαλὴν ἀπέτεμε λέγων ὑποθήκαις τούτου τὴν ῥῆσιν προστεθῆναι· καὶ κοντῷ περιαρτήσας ἀνέκραγεν ἐπιτωθάζων ὡς αὐτὸς ἄρα τῆς τριάδος ἐπίβουλος εἴη. Καὶ οὕτως τὰ τῆς στάσεως ἤρθη πάντα ληϊζομένης καὶ πᾶσαν ἰσχὺν ὑπερβάσης, ὡς τὸν βασιλέα πρὸς ἀνάγκης οἰκτιζόμενον στεφάνων ἄνευ πρὸς τὴν ἱπποδρομίαν ἀφικέσθαι, κήρυκάς τε τῷ δήμῳ διαπέμψασθαι βοῶντας ὡς καὶ τὴν βασιλείαν ἑτοιμότατα μὲν ἀποτίθεται, τῶν ἀδυνάτων δὲ καθεστάναι πάντας ἐπὶ ταύτην ἀναβῆναι, ἥκιστα πολλῶν ἀνεχομένην, ἕνα δὲ πάντως τυγχάνειν τὸν μετ' αὐτὸν ταύτην διακυβερνήσοντα. Ἅπερ θεασάμενος ὁ λεὼς ὥσπερ ἔκ τινος θείας ‹ῥοπῆς› μετετίθετο, καὶ παρεκάλει τὸν Ἀναστάσιον τὸν στέφανον περιθέσθαι ὑποσχόμενος τὴν ἡσυχίαν ἄγειν. Οἷς ἐλάχιστον ἐπιβιώσας χρόνον ὁ Ἀναστάσιος (...). Pour d'autres témoignages, voir Marcell., *Chron.* a. 512, 2-7, p. 97-98 ; Cyrille de Scythopolis, *V. Sabas,* 54, p. 146-147 ; J. Mal., XVI, 19-41 (p. 406, 22-p. 408, 11 B.) ; Thdr. Lect., *Ép.* 508, p. 144-145 ; Victor de Tunnuna, a. 513 ; *Chron. Pasch.*, p. 609-610 B ; Zacharie le Rhéteur, *HE,* VII, 9, p. 33, 33-34, 15 Brooks ; Thphn., A.M. 6005, p. 159, l. 5-19 ; Michel le Syrien, IX, 9 II, p. 162 Chabot. L'addition était l'œuvre de Pierre le Foulon, quatre fois patriarche monophysite à Antioche ; ajoutés à cet endroit, en apposition au mot " Dieu ", les quatre mots devenaient une profession de foi en faveur de l'unicité de nature [A.-J. Festugière, (1975), p. 359, n. 150 ; voir, en dernier lieu, P. Maraval, *Réception de Chalcédoine dans l'Empire romain d'Orient,* dans Mayeur, J.-M., Piétri, Ch. (†) et Luce, Vauchez, A. et Venard, M., *His-*

À Byzance, comme l'Empereur avait voulu insérer dans le Trisagion l'addition " Crucifié pour nous ", il éclata un grand soulèvement, à la pensée que la religion chrétienne était rejetée sur un point capital. Le promoteur et le chef de file de ce soulèvement fut Macédonius avec son clergé (...). *En conséquence, comme le peuple se portait de côté et d'autre sans pouvoir être contenu, les principaux magistrats furent dans le plus grand péril et plusieurs bâtiments considérables furent brûlés. Et comme la populace avait trouvé près de la maison de Marinus le Syrien un paysan qui menait la vie de moine, elle lui coupa le cou, disant que c'était sur son conseil qu'on avait fait cette addition ; on planta sa tête sur un pieu et la foule criait avec moquerie : " Ah ! voilà bien le conspirateur contre la Trinité ! " Le soulèvement fut tel, ravageant tout et dépassant tout excès, que l'Empereur fut contraint de se présenter à l'Hippodrome, l'air lamentable, sans couronne, et d'envoyer au peuple des hérauts qui proclamaient qu'il était tout prêt à quitter le trône, qu'il était impossible que tous y montassent, car l'Empire ne souffrait d'aucune manière d'être gouverné par plusieurs, mais que, de toute façon, il se trouverait quelqu'un qui gouvernerait après lui. À cette vue, le peuple, comme mû par une inspiration divine, changea d'avis, se mit à exhorter Anastase à reprendre la couronne, et lui promit de se tenir en paix. Anastase ne survécut que très peu à cet événement* (...).

Les deux séries d'événements sont évidemment liées entre elles. Fils de Patriciolus avec qui il avait pris part à la dernière guerre contre les Perses, Vitalien servait en qualité de *comes foederatorum*[374] sous les ordres d'Hypatius, un neveu de l'empereur[375], qui était maître des

toire du christianisme. 3. *Les Églises d'Orient et d'Occident (432-610)*, s.l. (Desclée), 1998, p. 116-117].

374. Victor de Tunnuna (a. 510 ; 511 ; 514) est la seule source à indiquer pour Vitalien la qualité de Comte des Fédérés [E. Stein, *Bas-Empire* II, p. 179 (suite de la n. 2 à la p. 178)].

375. On a contesté qu'Hypatius fût le neveu d'Anastase. Voir E. Stein, *Bas-Empire* II, p. 179 (suite de la n. 2 à la p. 178). L'illustre

milices de Thrace. Agissant probablement en accord avec la papauté et en bonne intelligence avec le royaume ostrogothique, il exigea que les patriarches exilés, Flavien[376], qui était peut-être son parrain, et Macédonius[377], fussent rétablis sur leurs sièges. Les débuts de la révolte, présentée souvent comme une usurpation[378], eurent lieu en 513. À la tête d'une armée considérable, cinquante mille hommes, il se présenta devant Constantinople ; après une première trêve et quelques péripéties militaires, en 514, Vitalien réussit à s'approcher à nouveau de la capitale, que gagnait aussi par mer une flotte acquise à ses desseins. Il obtint des présents pour une somme de peut-être trois mille livres d'or, une rançon de neuf cents livres d'or pour la libération d'Hypatius, la dignité de maître des milices de Thrace, sans compter la promesse d' un concile général, le 1er juillet 515, sous la présidence du pape[379]. Cette réunion de conciliation ne fut jamais

historien a raison de citer Priscien (*Anast.*, 294-298) : *Ore canam quonam pietatis culmina tantae / qua fratris natos animo complecteris aequo, / non patrui tantum, sed patris more colendo, / indole quos nutris dignos et stirpe parentum ? / Hypatii vestri referam fortissima facta* (…).

376. Il s'agit de Flavien d'Antioche, destitué au bénéfice de Sévère, en novembre 512. Il fut exilé à Pétra (E. Stein, *Bas-Empire* II, p. 173), où il mourut peu après.

377. Patriarche de Constantinople. Il fut arrêté le 5 août 511 et exilé aux Euchaïtes, dans le Pont (E. Stein, *Bas-Empire* II, p. 170).

378. Procop., *Pers.*, I, 8, 3 (ἐτυράννησε, cf. J. Mal., p. 402, l. 3 B. ; Évagr., *HE,* III, 43, p. 145, l. 1) ; 13, 10.

379. E. Stein, *Bas-Empire* II, p. 180-181, voir Marcell., a. 514 et 515, 2 (p. 98-99), pour les chiffres avec J.Ant., fr. 204, 14 p. 34 = Constantin, *De insid.*, p. 146, 15-21 (cinq mille livres d'or) ; Victor de Tunnuna, a. 514 ; Thdr.Lect., *Ép.* 509 p. 145, 20-28 ; Évagr., *HE,* III, 43, p. 145, 1-16 ; Zacharie le Rhéteur, *HE,* VII, 13 p. 39 Brooks (qui ne cite pas les acquis politiques, mais décrit l'emprisonnement d'Hypatios) ; VIII, 2, p. 141-142 ; Cyrille de Scythopolis, *V. Sabas,* 56, p. 151, 14-15 ; Thphn., A.M. 6006, p. 160, 13-28. On lira aussi avec intérêt les impressions d'un témoin oculaire amateur d'astrologie, Jean le Lydien (*Prod.* Préf. 6, p. 13, l. 19-p. 14, l. 12), que nous traduisons dans notre introduction, voir t. I, p. XXXVI.

organisée. Ainsi s'explique qu'à l'automne de 515, Vitalien se souleva à nouveau. L'empereur, toutefois, avait pris de sages précautions en confiant le gouvernement des armées impériales à l'ancien préfet du prétoire Marinos. Vitalien eut beau occuper Sycae, l'actuelle Galata, un faubourg de la capitale situé sur la rive nord de la Corne d'Or, tandis que sa flotte venait croiser dans le Bosphore, Marinos réussit à bouter le feu aux vaisseaux de l'ennemi à l'entrée de la Corne d'Or et à enlever Sycae. Avec le reste de ses troupes, Vitalien se réfugia à Anchialos, mais trois de ses principaux lieutenants tombèrent entre les mains des impériaux. Destitué de sa dignité de maître des milices, il put pourtant prendre la fuite et échapper à toutes les recherches[380].

Néanmoins, Jean conclut qu'Anastase laissa un trésor qui s'élevait à des dizaines de milliers de livres d'or, une infinité, précise-t-il (**51** 5). On peut contrôler l'affirmation[381] :

380. Évagr., *HE,* III, 43 p. 145, l. 8-29 ; Marcell., *Chron.* a. 516, 1 p. 99 ; J. Mal., p. 403, l. 5-406, l. 8 (qui fait intervenir un " philosophe " athénien nommé Proclos) ; J. Ant., fr. 214, 15-18 p. 34. Nous suivons le résumé des événements donnés par E.Stein (*Bas-Empire* II, p. 184-185). Sur Vitalien, voir aussi *PLRE* II, s.v. *Fl. Vitalianus* 2, p. 1171-1176.

381. Procop., *Arc.,* 19, 4-8 : Ἰουστινιανὸς δὲ οὗτος, ἡνίκα οἱ ὁ θεῖος Ἰουστῖνος τὴν βασιλείαν παρέλαβε, χρημάτων δημοσίων ἔμπλεων τὴν πολιτείαν εὗρεν. Ἀναστάσιος γὰρ προνοητικώτατός τε ἅμα καὶ οἰκονομικώτατος πάντων αὐτοκρατόρων γενόμενος, δείσας ὅπερ ἐγένετο, μή οἱ ὁ τὴν βασιλείαν ἐκδεξόμενος χρημάτων ὑποσπανίζων ἴσως τοὺς κατηκόους ληΐζηται, χρυσοῦ τοὺς θησαυροὺς ἅπαντας κατακόρως ἐμπλησάμενος, τὸν βίον ξυνεμετρήσατο. οὕσπερ ἅπαντας Ἰουστινιανὸς ὡς τάχιστα διεσπάσατο, πὴ μὲν θαλασσίοις οἰκοδομίαις λόγον οὐκ ἐχούσαις, πὴ δὲ τῇ ἐς τοὺς βαρβάρους φιλότητι· καίτοι ᾠήθη ἄν τις αὐτοὺς βασιλεῖ ἐς ἄγαν ἀσώτῳ ἐσομένῳ ἐτῶν ἑκατὸν ἐπαρκέσειν. Ἰσχυρίζοντο γὰρ οἱ τοῖς θησαυροῖς τε καὶ ταμείοις καὶ ἄλλοις ἅπασι τοῖς βασιλικοῖς χρήμασιν ἐφεστῶτες, Ἀναστάσιον μὲν Ῥωμαίων ἔτη πλέον ἢ ἑπτὰ καὶ εἴκοσιν ἄρξαντα διακόσια καὶ τρισχίλια χρυσοῦ κεντηνάρια ἐν δημοσίῳ ἀπολιπεῖν. Ἐπὶ μέντοι Ἰουστίνου ἔτη ἐννέα τὴν αὐτοκράτορα ἀρχὴν ἔχοντος, τούτου

Ce Justinien, lorsque le divin Justin reçut l'empire, trouva le trésor public bien rempli. Anastase, en effet, qui était le plus prévoyant et le meilleur administrateur de tous les empereurs et craignait cela même qui est arrivé — que celui qui recevrait l'empire, se trouvant à court de ressources, en vienne peut-être à piller ses sujets —, avait surabondamment rempli d'or tous les trésors avant d'arriver au terme de son existence. Justinien les dilapida tous en un clin d'œil, et dans de folles constructions maritimes, et dans ses largesses envers les Barbares, alors qu'on aurait pu croire que ces fonds auraient suffi pour cent ans à un empereur extrêmement prodigue. Ceux qui étaient préposés aux trésors, aux dépôts et à toutes les richesses impériales assuraient qu'Anastase, qui avait régné sur les Romains plus de vingt-sept ans, avait laissé dans le trésor public 3200 centenaria *d'or ; que, durant les neuf années où Justin eut le pouvoir impérial et où ce Justinien procurait à l'État le trouble et le désordre, 4000* centenaria *rentrèrent dans le trésor de manière illégale, et que de tout cela rien ne subista, mais ce fut dépensé par cet homme alors même que Justin était encore vivant* (...).

Sur le plan comptable, la comparaison est évocatrice. En 1025, Basile II, qui avait régné sur un empire presque aussi étendu et depuis un siècle de pleine prospérité, laissait un trésor de 200.000 livres d'or, soit 14.400.000 sous[382].

8. Le règne de Justin Par la faute de l'histoire, Justin Ier tombait mal. Entre le panégyrique nuancé d'Anastase et Justinien, à qui Jean ne pouvait se dispenser de verser les éloges à flots, son rôle ne pouvait paraître que négligeable. Jean le

Ἰουστινιανοῦ ξύγχυσίν τε καὶ ἀκοσμίαν τῇ πολιτείᾳ προστριψαμένου, τετρακισχίλια κεντηνάρια ἐς τὴν βασιλείαν εἰσκομισθῆναι οὐδενὶ νόμῳ, καὶ τούτων ἁπάντων οὐδ' ὁτιοῦν ἀπολελεῖφθαι, ἀλλ' ἔτι περιόντος Ἰουστίνου πρὸς τοῦδε τοῦ ἀνθρώπου δεδαπανῆσθαι (...).

382. E. Stein, *Bas-Empire* II, p. 193.

donne comme fort ignorant (**51** 5 ; voir déjà II **28** 1). Procope a commis contre lui des pages particulièrement venimeuses, qui ont donné le branle à une tradition défavorable[383] :

> *L'empereur Anastase le nomma chef des gardes du palais, et lorsque l'empereur disparut d'entre les hommes, il reçut l'empire grâce à l'importance de son commandement. Il était alors un vieillard proche du tombeau, totalement ignorant des lettres et, comme on dit, analphabète, ce qui n'était jamais arrivé, chez les Romains du moins. Alors que la coutume voulait que l'empereur appose sa propre signature sur les documents qui transmettaient ses ordres, lui n'était pas capable de donner des ordres ni de vérifier ce qui avait été fait. Mais celui à qui échut la tâche de conseiller, un nommé Proclos, qui exerçait l'office de celui qu'on appelle le questeur, décidait de tout selon son gré. Pour avoir cependant une attestation de la main de l'empereur, ceux à qui incombait cette charge*

383. *Arc.*, 6, 11-16 : Ἄρχοντα γὰρ αὐτὸν Ἀναστάσιος βασιλεὺς κατεστήσατο τῶν ἐν Παλατίῳ φυλάκων. Ἐπειδή τε ὁ βασιλεὺς ἐξ ἀνθρώπων ἠφάνιστο, αὐτὸς τῇ τῆς ἀρχῆς δυνάμει τὴν βασιλείαν παρέλαβε, τυμβογέρων μὲν γεγονὼς ἤδη, ἀμάθητος δὲ γραμμάτων ἁπάντων καὶ τὸ δὴ λεγόμενον ἀναλφάβητος (les mots ἀμάθητος - ἀνάλφαβητος sont repris dans la *Souda,* Α 1470, s.v. ἀμάθητος et I 449, s.v. Ἰουστῖνος) ὤν, οὐ γεγονὸς ἔν γε Ῥωμαίοις πρότερον τοῦτό [γε]. Εἰθισμένον δὲ γράμματα οἰκεῖα τοῖς βιβλίοις ἐντιθέναι τὸν βασιλέα, ὅσα ἂν ἐπαγγέλλοντος αὐτοῦ γίνοιτο, αὐτὸς μέντοι οὔτε ἐπαγγέλλειν οὔτε τοῖς πρασσομένοις ξυνεπίστασθαι οἷός τε ἦν. Ὃς δὲ παρεδρεύειν αὐτῷ ἔλαχεν, ἀρχὴν ‹ἔχων› τὴν τοῦ καλουμένου κοιαίστωρος Πρόκλος ὄνομα, αὐτὸς δὴ αὐτονόμῳ γνώμῃ ἅπαντα ἔπρασσεν. ὅπως δὲ μαρτυρίαν τῆς βασιλέως χειρὸς ἔχοιεν, ‹οἷς δ›ὴ ἐπίκειται τὸ ἔργον τοῦτο, ἐπενοήθη τάδε. ξύλῳ εἰργασμένῳ βραχεῖ ἐγκολάψαντες μορφήν τινα γραμμάτων τεττάρων, ἅπερ ἀναγνῶναι τῇ Λατίνων φωνῇ δύναται, γραφίδα τε βαφῇ βάψαντες, ᾗ βασιλεῖς γράφειν εἰώθασιν, ἐνεχειρίζοντο τῷ βασιλεῖ τούτῳ. καὶ τὸ ξύλον, οὗπερ ἐμνήσθην, τῷ βιβλίῳ ἐνθέμενοι, λαβόμενοί τε τῆς βασιλέως χειρὸς, περιῆγον μὲν ξὺν τῇ γραφίδι ἐς τῶν τεττάρων γραμμάτων τὸν τύπον, ἐς πάσας τε τὰς τοῦ ξύλου αὐτὴν περιελίξαντες ἐντομὰς οὕτω δὴ ἀπηλλάσσοντο, τοιαῦτα βασιλέως γράμματα φέροντες.

imaginèrent la chose suivante. Ayant fait creuser dans un petit morceau de bois travaillé le dessin des quatre lettres qui signifient, en langue latine, qu'on a lu, ils plongeaient la plume dans l'encre dont les empereurs se servent habituellement pour écrire et la mettaient dans la main de cet empereur. Plaçant alors ce morceau de bois dont j'ai parlé sur le document et prenant la main de l'empereur, ils passaient avec la plume dans la marque des quatre lettres et suivaient toutes les encoches du bois, réussissant ainsi à obtenir des signatures de l'empereur.

On lit de même ailleurs à son propos : " rompu aux combats, ambitieux, mais illettré "[384].

Toutefois, on peut découvrir des contradictions dans la tradition. Justin s'était opposé vigoureusement, selon Zonaras, à une ascension trop rapide de son neveu. Pourtant[385],

> (Les membres de l'aristocratie) *bientôt après firent émettre un décret conférant à Justinien la dignité de " nobélissime " et ils obtinrent de l'empereur qu'il accordât sa sanction à leur décret. Aussi céda-t-il en donnant la sanction de sa signature personnelle.*

Zonaras ne reproduit donc pas la tradition malveillante héritée de Procope.

La montée sur le trône de Justin Ier, comte des excubiteurs et patrice, entraîna une réaction de la faction orthodoxe. Néanmoins, l'empereur n'empêcha pas le Syrien

384. J. Mal., XVIII, 1, 11-12 (p. 410, l. 8 B.) : ἐν πολέμοις κοπωθείς, φιλότιμος, ἀγράμματος δέ. L'indication manque dans le Malalas slavon, [A.A. Vasiliev, (1950), p. 84, n. 62, qui décrit bien le procédé (p. 82-83), en traduisant la page de Procope] ; voir aussi E. Stein, *Bas-Empire* II, p. 221-222 et p. 791. La donnée a passé dans la littérature syriaque et a été reprise, sans contrôle, par maints historiens modernes.

385. Zonar., XIV, 5, 37 : οἱ δ'αὖθις μετ' οὐ πολὺ ψήφισμα ἔθεντο τὴν τοῦ νωβελισίμου ἀξίαν τῷ Ἰουστινιανῷ ἐπιψηφιζόμενον καὶ τὸν βασιλέα ᾐτοῦντο κυρῶσαι τὸ ψηφισθέν · καὶ ὃς εἴξας γράμμασιν οἰκείοις τοῦτο ἐκύρωσε. La date est celle d'E. Stein (*Bas-Empire* II, p. 240).

Marinos de reprendre du service. En effet, on retrouve ce dernier en qualité de préfet du prétoire pour 519, mais la circonscription n'est pas précisée[386]. Logiquement, une fois enveloppé de la pourpre, Justin Ier sut changer le haut personnel de son administration (**51** 5). Quoi qu'il en fût, Marinos se trouvait dans une situation fausse à l'endroit du nouveau pouvoir. Toujours est-il que le 1er juin 521 c'était Démosthène qui était à la tête de la préfecture[387]. On peut donc supposer que rapidement Marinos prit sa retraite ou mourut. Sous le nouvel empereur, il aurait fait peindre sur les parois d'un bain public des fresques montrant l'arrivée à Constantinople de Justin et la carrière qui fut la sienne par la suite. L'initiative n'aurait pas eu l'heur de plaire et lui aurait valu la disgrâce[388].

Par la suite, on dépensa sans compter tout le trésor amassé par Anastase (**51** 5). L'Empire fut frappé par les malheurs en foule et dut livrer quantité de guerres, notamment contre la Perse, en raison de désaccords nouveaux sur la fortification de Biraparach que Romains et Perses entretenaient, non sans difficultés, à frais communs contre les envahisseurs du Nord (**51** 6). Ce point fait l'objet d'une longue digression sur le déroulement des événements de Constantin à Anastase (**52-53**), que nous avons expliquée précédemment[389]. En revanche, ce qui est parfaitement vrai, même si notre historien en parle de façon allusive (**51** 6), c'est qu'à partir de 522 les tensions reprirent entre Justin et Kavadh au sujet des zones de glacis couvrant les deux Empires dans la région du Caucase. Depuis toujours, le royaume de Lazique (la

386. Son nom apparaît dans plusieurs documents législatifs : 9 novembre 519 (*CJ* V, 27, 7) ; 1er décembre 519 (*CJ* II, 7, 25).

387. *CJ* VI, 22, 8.

388. *PLRE* II, s.v. *Marinus* 7, qui cite Zacharie le Rhéteur, *HE,* VIII, 1 p. 41, 25-29 Brooks. Voir Ensslin, art. *Marinus* 13, dans *RE* XIV, 2 (1930), col. 1800.

389. Voir plus haut, p. XXVII-XLVI.

Colchide) relevait des territoires soumis à la domination perse. À la mort de son père Damnazès en 522, le prince héritier Tzath préféra obtenir l'investiture de Constantinople que de Ctésiphon. Il y reçut le baptême, une épouse chrétienne, avec des présents à foison[390]. C'était barrer toute possibilité d'accès à la mer Noire aux Perses, en fermant une voie d'accès de plus aux barbares du nord. Les protestations de Kavadh, qui fit valoir les termes de la paix conclue sous Anastase, n'empêchèrent pas le renversement des alliances[391]. Il eut beau s'adresser à Zilgibi, le roi des Huns Sabires, pour qu'il attaquât les territoires romains, les diplomates de Justin lui révélèrent que le personnage mangeait aux râteliers byzantin autant que perse, en sorte que ce fut Kavadh qui se chargea de l'exécuter[392]. Le roi avait à se débarrasser définitivement de la secte des Mazdakites, à tendance communiste[393], et à confier sa succession à Chosroès (Khosrau), le troisième de ses fils. C'est aussi pourquoi il décida de le faire adopter par Justin. Il tentait ainsi de restaurer sur des bases fermes l'amitié entre les deux empires en usant du même procédé, mais en sens inverse, qu'avait utilisé, au siècle précédent, Arcadius en faisant nommer Yezdgerd Ier tuteur de son fils Théodose II. Avec hauteur, on lui répliqua que Chosroès ne pouvait, en sa qualité de barbare, bénéficier d'une adoption que par les armes, c'est-à-dire suivant la coutume dont on avait excipé pour faire de

390. Notamment des vêtements de cérémonie de type tout à fait byzantin. Son épouse était Valériana, la fille du patrice Nomos, voir J. Mal., XVIII, 9, 53-77 (p. 412, 16-413, 21 B.), repris par Théophane (A.M. 6015, p. 168, 14-169, 12).

391. J. Mal., XVIII, 9, 79-93 (p. 413, 22-414, 5 B.).

392. J. Mal., XVIII, 10, 16-20 (p. 415, 13-19 B.).

393. Malalas [XVIII, 30, 1-24 (p. 444, 5-19 B.)] raconte la liquidation de cette secte, qui avait pourtant soutenu Kavadh à ses débuts, voir aussi Thphn., A.M. 6016, p. 169, l. 27-170, l. 24. La source de Malalas est un Perse qui reçut comme nom de baptême Timothéos (p. 444, l. 18-19).

Théodoric l'Amale le fils adoptif de Zénon[394]. Kavadh essaya alors de rétablir l'équilibre en resserrant les liens de vassalité qui unissaient l'Ibérie à la Perse. Ainsi, il se mit à entraver l'exercice du culte chrétien, mais il se heurta à l'opposition du roi Gourgen qui trouva un protecteur en la personne de l'Empereur Justin. Ce dernier chargea un neveu d'Anastase, le patrice Probus, de se rendre sur place, de lever une armée de Huns et de la lancer contre l'Ibérie, mais les troupes étaient trop faibles pour empêcher l'invasion des Perses en sorte que Gourgen et les notables de son peuple se replièrent sur la Lazique, où l'ennemi ne réussit pas à les atteindre[395]. La guerre reprenait avec la Perse, sans doute en 526, après une paix de plus de vingt ans[396]. Toutefois, à la suite de quelques engagements dépourvus de véritable portée, une nouvelle trêve fut conclue et l'on entama une fois de plus des négociations[397]. Notre historien n'a donc pas tort de mettre en relation le règne de Justin avec la reprise des engagements contre l'ennemi héréditaire (**51** 6).

Jean rapproche, toutefois, la célèbre catastrophe qui détruisit Antioche, les 29 et 30 mai 526, de l'invasion menée en 540 par Chosroès contre la Syrie (**54** 5). En vérité, les faits n'ont rien à voir les uns avec les autres. Le procédé vise évidemment à soulager le règne de Justinien d'une série de revers gênants en même temps qu'à annoncer la période de malheurs qui va suivre. Une pré-

394. L'affaire échoua principalement à cause de l'intervention du questeur Proclos, un homme de vieille roche. Tous les détails sont racontés dans Procope (*Pers.*, I, 11, 6-30). Chosroès fut profondément ulcéré par cet échec.

395. Procop., *Pers.*, I, 12, 3-6 ; 10-13.

396. E. Stein, *Bas-Empire* II, p. 270-271.

397. Zacharie le Rhéteur, VIII, 5 p. 52, 28-53, 3 Brooks, que cite E. Stein (*Bas-Empire* II, p. 272, n. 3). On ne peut comprendre Procope (*Pers.*, I, 13, 4 ; 14, 3 ; 16, 7), si l'on n'admet pas une suspension des hostilités et des négociations, liées au décès de l'Empereur (Procop., *Pers.*, I, 13, 4), le 1er août 527.

sentation de même style apparaît ailleurs, dans un passage où il est question de l'incendie de 525[398] :

En ces mêmes années de Justin, il y eut à Antioche de fréquents et terribles incendies, comme s'ils marquaient le début des effroyables séismes qu'elle eut à subir et fournissaient un prélude à ses malheurs à venir.

Le tremblement de terre d'Antioche fut le plus terrible que connut l'histoire de l'Empire tardif[399]. Bien qu'il ne s'attarde pas longuement, le compte rendu de Jean confirme ce que l'on sait sur Antioche en matière de topographie. La cité était en effet coincée entre le mont Silpius et le cours du fleuve[400], en sorte que les parties pentues n'y faisaient pas défaut, selon Libanios[401], qui évoque l'aspect des portiques et la montagne jouxtant la cité :

De ces portiques il part des ruelles dont les unes vont vers le Nord sur un terrain partout uni, et dont les autres s'élè-

398. Évagr., *HE,* IV, 5 p. 155, l. 23-26 : Ὑπὸ τοῖς αὐτοῖς Ἰουστίνου χρόνοις ἐμπρησμοί τε συχνοὶ καὶ δεινοὶ κατὰ τὴν Ἀντιόχου γεγόνασιν, ὥσπερ ἡγούμενοι τῶν γενομένων ἐν αὐτῇ φοβερωράτων κλόνων καὶ προοίμιον τοῖς παθήμασι παρεχόμενοι. Sur l'incendie de 525, qui détruisit la ville depuis le *martyrium* de Saint-Étienne jusqu'au prétoire du maître des milices, non loin du Forum de Valens, voir Gl.Downey, (1961), p. 520-521.

399. E. Stein, *Bas-Empire* II, p. 241.

400. Voir “ le plan de la ville d'Antioche ” de R. Martin, dans le livre d'A.-J. Festugière [(1959), p. 37],

401. Lib., 11 (*Antiochikos*), 198 et 200 : Στενωποὶ δὲ ἀπὸ τῶν στοῶν τὰς ἀρχὰς εἰληφότες οἱ μὲν ἐπ᾽ ἄρκτον ἴασι δι᾽ ὁμαλοῦ τοῦ παντός, οἱ δὲ ἐπὶ μεσημβρίας πρὸς τοὺς πρόποδας τοῦ ὄρους ἀνατείνουσιν ἠρέμα μέχρι τοσούτου τὴν οἴκησιν προάγοντες, μέχρι τοῦ σώζεσθαι συμφωνίαν πρὸς τὸ λοιπὸν σχῆμα τῇ πόλει καὶ μὴ τῷ λίαν ἐξῆρθαι τῆς λοιπῆς οἷον ἀφεστάναι. (...) Ἀνέχει δὲ τὸ ὄρος παρεκτεινόμενον ὥσπερ ἀσπὶς εἰς ὕψος προβεβλημένη, τοῖς δὲ ἐπὶ τῆς ὑπωρείας ἐσχάτοις οἰκοῦσι φοβερὸν μὲν οὐδὲν οἷον ἐξ ὄρους, πάσης δὲ εὐθυμίας ἀφορμαὶ πηγαὶ καὶ φυτὰ καὶ κῆποι καὶ αὖραι καὶ ἄνθη καὶ ὀρνίθων φωναὶ καὶ τὸ πρὸ τῶν ἄλλων ἀπολαῦσαι τῶν ἠρινῶν. Nous citons la traduction d'A.-J. Festugière [(1959), p. 23-24].

vent doucement en direction du Sud vers les contreforts de la montagne où elles font s'avancer les lieux d'habitation, mais seulement jusqu'à une hauteur telle que soit conservé l'accord avec la figure générale de la cité et que ce quartier ne soit pas, par une altitude excessive, comme séparé du reste. (...) La montagne, qui s'étend le long de la ville, s'élève comme un bouclier dressé vers le haut, et pour ceux qui habitent à ses pieds aux extrémités de la ville, non seulement il n'y a rien à craindre, protégés qu'ils sont par ses flancs, mais tout contribue à leur contentement, sources, bosquets d'arbres, jardins, brises, fleurs, chants d'oiseaux et le fait de jouir avant les autres du printemps.

Jean Malalas fut probablement un témoin oculaire du drame[402] :

402. Gl. Downey, (1961), p. 522, n. 83 ; J. Mal., p. 419, 5-420, 8 B. : Τῷ δὲ ἑβδόμῳ ἔτει τῆς αὐτοῦ βασιλείας ἔπαθεν ὑπὸ θεομηνίας Ἀντιόχεια ἡ μεγάλη τὸ πέμπτον αὐτῆς πάθος ἐν μηνὶ μαΐῳ, ὑπατείας Ὀλυβρίου· πολὺς γὰρ ἦν ὁ φόβος ὁ τοῦ θεοῦ γενόμενος κατ' ἐκεῖνον τὸν καιρόν, ὥστε τοὺς συλληφθέντας ὑπὸ τῶν οἰκημάτων ἐν τῇ γῇ καὶ πυρικαύστους γενέσθαι, καὶ ἐκ τοῦ ἀέρος δὲ σπινθῆρας πυρὸς φαίνεσθαι· καὶ ἔκαιον ὡς ἀπὸ ἀστραπῆς τὸν εὑρισκόμενον, καὶ ἐκόχλαζε τὸ ἔδαφος τῆς γῆς, καὶ ἐκεραυνοῦντο οἱ θεμέλιοι, κουφιζόμενοι ὑπὸ τῶν σεισμῶν καὶ ὑπὸ τοῦ πυρὸς τεφρούμενοι, ὥστε καὶ τοῖς φεύγουσιν ὑπήντα τὸ πῦρ. Καὶ ἦν ἰδεῖν θαῦμα φοβερὸν καὶ παράδοξον, πῦρ ἐρευγόμενον ὄμβρον, ὄμβρος καμίνων φοβερῶν, φλὸξ εἰς ὑετὸν λυομένη, καὶ ὑετὸς ὡς φλὸξ ἐξαπτόμενος καὶ τοὺς βοῶντας ἐν τῇ γῇ κατανήλισκε. Καὶ ἐκ τούτου Ἀντιόχεια ἄχρηστος ἐγένετο· οὐκ ἔμεινε γάρ, εἰ μὴ τὰ πρὸς ὄρος μόνον παροικούμενα οἰκήματα. Οὐκ ἔμεινε δὲ οὔτε ἅγιος οἶκος εὐκτηρίου ἢ μοναστηρίου ἢ ἄλλου ἁγίου τόπου ἀδιάῤῥηκτος· τὰ γὰρ ἄλλα συνετελέσθησαν εἰς τὸ παντελές· ἡ δὲ μεγάλη ἐκκλησία Ἀντιοχείας ἡ κτισθεῖσα ὑπὸ Κωνσταντίνου τοῦ μεγάλου βασιλέως τῆς θεομηνίας γενομένης καὶ πάντων πεπτωκότων εἰς τὸ ἔδαφος ἔστη ἐπὶ ἡμέρας β' μετὰ τὸ γενέσθαι τὴν τοῦ θεοῦ φοβερὰν ἀπειλήν· καὶ αὐτὴ ὑπὸ πυρὸς ληφθεῖσα κατηνέχθη ἕως ἐδάφους. Καὶ ἕτεροι δὲ οἶκοι μὴ πεπτωκότες ὑπὸ τοῦ πάθους τοῦ θεϊκοῦ ὑπὸ τοῦ πυρὸς διελύθησαν ἕως θεμελίων. Καὶ ἀπώλοντο ἐν αὐτῷ τῷ φόβῳ ἄχρι χιλιάδων διακοσίων πεντήκοντα· ἦν γὰρ ἡ μεγάλη ἑορτὴ Χριστοῦ τοῦ θεοῦ ἡμῶν ἡ τῆς ἀναλήψεως· καὶ πολὺ πλῆθος ἦν τῶν

La septième année de son règne, Antioche la Grande, victime de la colère de Dieu, eut à subir sa cinquième catastrophe, au mois de mai, sous le consulat d'Olybrius. Grande fut la crainte de Dieu que l'on éprouva à ce moment : ceux qui furent écrasés sous les ruines de leurs maisons furent pris, sous terre aussi, par le feu et en l'air jaillissaient des étincelles de feu et elles brûlaient celui qu'elles touchaient, à la façon d' un coup de foudre ; le pavement recouvrant le sol se mettait à bouillonner et la base des édifices était frappée par la foudre, soulevée par le séisme et réduite en cendres, en sorte que le feu dressait un rideau de flammes devant ceux qui fuyaient. Et c'était un spectacle effrayant et extraordinaire à voir : le feu vomissant de la pluie, une pluie en fournaise effroyable, des flammes qui se résolvaient en averse, et une averse qui faisait brûler comme une flamme et qui consumait jusqu'à ceux qui criaient sous terre. Et à partir de ce moment, Antioche fut anéantie ; il ne subsistait, sauf celles qui étaient bâties à flanc de colline, plus de maisons ; il ne subsistait point d'édifice sacré ni oratoire ni monastère ni sanctuaire qui ne fût démoli ; tout le reste était complètement détruit. La grande Église d'Antioche, celle qui avait été construite par Constantin le Grand, après que la colère de Dieu eut éclaté et que tous les bâtiments eurent été ruinés jusqu'au sol, resta debout deux jours durant, après que Dieu eut lancé sa terrible menace ; elle aussi cependant fut la proie des flammes et fut rasée jusqu'au sol. Et d'autres constructions, qui n'avaient pas succombé sous les coups de Dieu, furent dévorées par le feu jusqu'à leurs fondements. Il mourut, au cours de cette catastrophe jusqu'à deux cent cinquante mille personnes ; c'était la grande fête de l'Ascension du Christ notre Dieu, et considérable était l'affluence d'étrangers en visite.

D'après Michel le Syrien, la cité subit une sorte d'énorme conflagration[403] :

ξένων ἐπιδημῆσαν. Le texte de Thurn (XVIII, 16, 92-40) est truffé d'ajouts divers et exigerait sans doute une longue analyse de détail que l'on ne peut envisager ici.

403. Michel le Syrien, IX, 16 (II, 2, p. 181-182 J.-B. Chabot). On

Ce fléau fut tellement violent que le feu enveloppait ceux qui avaient échappé et les consumait ; des étincelles voltigeaient et brûlaient tout ce qu'elles atteignaient ; la terre elle-même bouillonnait sous la cendre, brûlait et incendiait tout ce qui se rencontrait. Les fondements eux-mêmes avec les édifices, étaient projetés en l'air, étaient soulevés, montaient et descendaient, et retombaient brisés. Quand ceux qui avaient échappé voulaient fuir, le feu les enveloppait et les consumait comme du bois sec. Les flammes pleuvaient du ciel comme une pluie, et toute la ville était comme une fournaise. A part quelques maisons qui demeurèrent sur le flanc de la montagne, et encore lézardées et prêtes à s'écrouler, il ne resta pas une maison ou une église, ni même un mur, qui n'ait été crevassé. De sous terre bouillonnait et s'élevait une poussière humide. On constatait aussi une odeur de pourriture marine, comme si les flots de la mer l'envahissaient. (...) ceux qui restèrent en vie trouvèrent et découvrirent deux cent cinquante mille asphyxiés ; car c'était le moment d'une fête, et il y avait beaucoup d'étrangers dans la ville, qui tous furent suffoqués.

Jean évoque alors brièvement le redressement de la cité (**54** 5), auquel prit part un de ses héros, Phocas[404].

9. Le règne de Justinien Curieusement, à la différence du cas d'Anastase, on ne trouve point trace d'un panégyrique de l'empereur régnant, Justinien. Jean observe que l'empereur accepta de se faire appeler “ maître ” (δεσπότης) (I **6** 5) par pure bonté (ἀγαθός) pour ses sujets, afin de ne point les

en trouve de nombreuses descriptions dans les sources, qu'énumère E. Stein (*Bas-Empire* II, p. 242, n. 3).

404. Voir déjà t. I, p. XL-XLI. Il sera encore question du même personnage à propos du règne de Constantin. Apparemment, il n'est pas question chez notre auteur d'un second séisme (le 29 novembre 528) qui détruisit probablement toutes les reconstructions exécutées dans l'intervalle. Voir Gl. Downey, (1961), p. 528-529.

désobliger, parce qu'il tenait à se comporter comme un bon père. Ce détail du protocole est interprété à la lumière du passé de la Rome antique. Même s'il rapporte la même donnée, Procope lui donne une signification tout à fait autre, en décrivant les réalités de l'étiquette[405] :

> *Quant aux innovations que Justinien et Théodora ont introduites dans l'État, les voici. Autrefois le Sénat, lorsqu'il se rendait en présence de l'empereur, avait coutume de le saluer de la manière suivante. Les patriciens se penchaient vers son côté droit et l'empereur, leur ayant baisé la tête, les renvoyait ; tous les autres pliaient le genou devant l'empereur et se retiraient. Ce n'était pas l'habitude toutefois de saluer l'impératrice. Mais tous ceux qui venaient en présence de Justinien et Théodora, même ceux qui avaient la dignité de patricien, tombaient face contre terre, et c'est après avoir touché de leurs lèvres les pieds de l'un et de l'autre que, mains et pieds*

405. *Arc.*, 30, 21 : Τῶν δὲ πρός τε Ἰουστινιανοῦ καὶ Θεοδώρας ἐπὶ τῇ πολιτείᾳ νεοχμωθέντων καὶ ταῦτά ἐστι. Πάλαι μὲν ἡ σύγκλητος βουλὴ παρὰ βασιλέα ἰοῦσα τρόπῳ τοιῷδε προσκυνεῖν εἴθιστο. Πατρίκιος μέν τις ἀνὴρ παρὰ μαζὸν αὐτοῦ προσεκύνει τὸν δεξιόν. Βασιλεὺς δὲ αὐτοῦ καταφιλήσας τῆς κεφαλῆς ἐξίει, οἱ δὲ λοιποὶ ἅπαντες γόνυ κλίναντες βασιλεῖ τὸ δεξιὸν ἀπηλλάσσοντο. Βασιλίδα μέντοι προσκυνεῖν οὐδαμῇ εἴθιστο. Παρὰ δὲ Ἰουστινιανόν τε καὶ Θεοδώραν τὰς εἰσόδους ποιούμενοι οἵ τε ἄλλοι ἅπαντες καὶ ὅσοι τὸ πατρικίων ἀξίωμα εἶχον ἔπιπτον μὲν εἰς τὸ ἔδαφος εὐθὺς ἐπὶ στόμα, χειρῶν δὲ καὶ ποδῶν ἐς ἄγαν σφίσι τετανυσμένων τῷ χείλει ποδὸς ἑκατέρου ἁψάμενοι ἐξανίσταντο. Οὐδὲ γὰρ ἡ Θεοδώρα τὴν ἀξίωσιν ἀνεδύετο ταύτην, ἥ γε καὶ τοὺς πρέσβεις προσίεσθαι Περσῶν τε καὶ τῶν ἄλλων βαρβάρων, χρήμασί τε αὐτοὺς δωρεῖσθαι, ὥσπερ ὑπ' αὐτῇ κειμένης τῆς Ῥωμαίων ἀρχῆς, οὐδαμῇ ἀπηξίου, πρᾶγμα πώποτε οὐ γεγονὸς ἐκ τοῦ παντὸς χρόνου. Καὶ πάλαι μὲν οἱ τῷ βασιλεῖ ξυγγενόμενοι αὐτόν τε βασιλέα καὶ τὴν γυναῖκα βασιλίδα ἐκάλουν, ἀρχόντων τε τῶν λοιπῶν ἕκαστον ὅπῃ αὐτῷ ἀξιώματος πέρι τὰ πάροντα ἔχοι. Ἦν δέ τις τούτοιν ὁποτέρῳ ἐς λόγους ξυμμίξας βασιλέως ἢ βασιλίδος ἐπιμνησθείη, ἀλλ' οὐ δεσπότην τε ἀποκαλοίη καὶ δέσποιναν, ἢ καὶ μὴ δούλους τῶν τινας ἀρχόντων ὀνομάζειν πειρῷτο, τοσοῦτος δὴ ἀμαθής τε καὶ τὴν γλῶτταν ἀκόλαστος ἐδόκει εἶναι, καὶ ἅτε ἡμαρτηκὼς τὰ πικρότατα καὶ ὑβρίσας ἐς οὓς ἥκιστα ἐχρῆν ἐνθένδε ἀπῄει.

étendus, ils se relevaient pour se retirer. Même Théodora ne se dérobait pas à cette marque d'honneur, elle qui n'hésitait aucunement à recevoir les ambassadeurs des Perses et des autres Barbares et à leur faire des dons d'argent, comme si l'empire était à ses pieds — une chose qui jamais, depuis le commencement du temps, n'était arrivée. Et autrefois ceux qui vivaient auprès de l'empereur l'appelaient " empereur ", et sa femme " impératrice ", et chacun des magistrats en fonction de la dignité qu'il avait à ce moment-là. Mais si quelqu'un entrait en conversation avec l'un ou l'autre en utilisant " empereur " ou " impératrice ", sans les appeler " maître " et " maîtresse ", ou s'il essayait de nommer un des magistrats autrement qu'" esclave ", celui-là paraissait être un ignorant ou un insolent ; comme un homme qui a commis une faute très grave et insulté ceux qu'il devait le moins traiter ainsi, il devait quitter les lieux.

La situation des personnages a dû être toute différente. Membre de l'état-major de Bélisaire, Procope a dû assister maintes fois au cérémonial qu'il décrit. En revanche, Jean affecte de n'avoir point fréquenté la cour de près (III **28** 2). Certes, l'Empereur fit appel à lui pour un panégyrique (**28** 4), mais ce fut longtemps après l'engagement de notre homme dans la fonction publique, lorsque sa réputation de lettré fut parvenue en haut lieu. Hormis les documents officiels indiqués en **29-30**, il n'y a point trace d'autre contact direct entre les deux hommes.

Évidemment, Jean mentionne des qualités de l'Empereur : bonté et équité (**57** 4 ; **69** 3), pitié pour ses sujets (**69** 5), vigilance (**28** 4), prodigieuse érudition (II **28** 2-3). Reste que pointent des traits moins rassurants : lenteur (**69** 3) et ignorance (**61** 6 et **69** 2). En somme, sans la sollicitude vigilante de l'impératrice Théodora, l'État fût allé à la ruine (**69** 2). On ne trouve pas ici un portrait de Justinien attestant une véritable relation personnelle, à la différence de celui que l'on peut lire chez Procope[406] :

406. *Arc.*, 13, 1-2 et 15, 11-12 : Ἰουστινιανὸς (..) εὐπρόσιτον δὲ

Mais Justinien (...) se montrait affable et doux pour ceux qui venaient à lui, et absolument personne n'était empêché d'avoir accès à lui ; bien plus, jamais il ne se fâcha contre ceux qui se tenaient en sa présence ou lui parler sans observer l'étiquette. Ce n'est pas pour autant qu'il rougissait devant un de ceux qu'il allait perdre. Il ne laissa jamais paraître un signe de colère ou d'emportement envers ceux qui l'avaient offensé, mais c'est avec un visage placide, sans sourciller et d'une voix douce qu'il ordonnait le massacre de milliers de gens complètement innocents, la destruction de villes, la confiscation de tous les biens pour le trésor public. (...) *Quant à Justinien, il lui était facile de s'occuper de tout, non pas tant parce qu'il avait l'esprit vif, mais parce qu'il dormait très peu, comme on l'a dit, et qu'il était extrêmement accessible à tous. Toute licence était donnée aux gens, fussent-ils de condition modeste et totalement inconnus, non seulement d'approcher ce tyran, mais de converser et de traiter en privé avec lui.*

Naturellement, notre écrivain fait état des exigences que Justinien aurait exprimées à l'endroit des serviteurs de l'État (III **55** 1), essentiellement la vigilance (le mot figure deux fois dans le passage). Apparemment, cette

παρεῖχεν αὑτὸν καὶ πρᾶον τοῖς ἐντυγχάνουσιν, οὐδενί τε τῶν πάντων ἀποκεκλεῖσθαι τῆς εἰς αὐτὸν εἰσόδου συνέβαινεν, ἀλλὰ καὶ τοῖς οὐκ ἐν κόσμῳ παρ' αὐτῷ ἑστῶσιν ἢ φθεγγομένοις οὐδεπώποτε χαλεπῶς ἔσχεν. Οὐ μέντοι διὰ ταῦτα ἠρυθρία τινὰ τῶν πρὸς αὐτοῦ ἀπολουμένων. Οὐ μὴν οὐδὲ ὀργῆς πώποτε ἢ ἀκροχολίας τι ὑποφαίνων ἐς τοὺς προσκεκρουκότας ἔνδηλος γέγονεν, ἀλλὰ πρᾶος μὲν τῷ προσώπῳ, καθειμέναις δὲ ταῖς ὀφρύσιν, ὑφειμένῃ δὲ τῇ φωνῇ ἐκέλευε μυριάδας μὲν διαφθεῖραι μηδὲν ἠδικηκότων ἀνθρώπων, πόλεις δὲ καθελεῖν, χρήματά τε ἀνάγραπτα ἐς τὸ δημόσιον πάντα ποιεῖσθαι (...). Τῷ μὲν οὖν Ἰουστινιανῷ ἅπαντα πράσσειν ῥᾴδιον ἦν, οὐχ ὅσον τῷ τῆς διανοίας εὐκόλῳ, ἀλλ' ὅτι καὶ ἄϋπνος ἦν ἐπὶ πλεῖστον, ὥσπερ εἴρηται, καὶ εὐπρόσοδος πάντων μάλιστα. Πολλὴ γὰρ ἀνθρώποις ἐξουσία ἐγίνετο, καίτοι ἀδόξοις τε καὶ ἀφανέσι παντάπασιν οὖσιν, οὐχ ὅτι ἐντυχεῖν τῷ τυράννῳ τούτῳ, ἀλλὰ καὶ κοινολογεῖσθαι καὶ ἐξ ἀπορρήτων συγγίνεσθαι. Voir J. Caimi (1984), p. 241 ; on lira aussi la page, tout en nuances, d'E. Stein (*Bas-Empire* II, p. 278).

qualité essentielle paraît être tombée en sommeil à la veille de la fameuse sédition Nika, car c'est l'impératrice cette fois qui en a fait preuve (**69** 2 ἀγρυπνοῦσα). Le paradoxe est d'autant plus sensible qu'en **55** Jean s'apprête à décrire les succès militaires du règne alors que **69** roule sur la seule crise grave qu'eut à traverser le pouvoir à une époque antérieure aux grandes expéditions militaires.

Les pages correspondantes ne pouvaient qu'être élogieuses. Comme en III **1** 2, il brosse une sorte de " portrait du règne ". La distribution des données n'a rien de chronologique. L'œil de Justinien (la vigilance est encore rappelée en **56** 1) voyage d'Est en Ouest en passant par le Sud et s'arrête au Nord-Ouest, où il se fixe. Ainsi comparaissent sous son regard successivement les Perses, les Vandales, les Gètes et les Gaulois, puis derechef les Perses. Toutes les parties du monde sont ainsi tenues sous un seul regard.

Le mieux, pour le commentaire et l'analyse, est de rendre compte des données front par front, mais en suivant l'ordre que Jean a prévu.

a. **Le front perse**.

Notre historien affirme qu'après avoir enterré Chosroès sous l'or, Justinien le fit à nouveau un peu plus tard, mais sous le fer (**55** 2). L'évocation de l'or rappelle la " paix perpétuelle " conclue en septembre 532. L'autre terme de l'opposition vise une sanglante victoire militaire des Romains, à l'été 556, suivie de la trêve ratifiée vers l'automne de 557[407]. Le nom de Kavadh n'apparaît plus, parce qu'il était lié aux deux empereurs précédents, Anastase et Justin. On notera, en particulier, que Jean ne rappelle pas les engagements qui eurent lieu non loin de Daras, en 531. La défaite de Bélisaire entre Soura et Callinice, provoquée, au rapport de Procope, par l'indisci-

407. Voir Introduction, t. I, p. XLVI.

pline des généraux en second, le fit rappeler à Constantinople, puis assura la promotion de Sittas comme généralissime sur le front oriental. Les succès remportés sur les Perses compensèrent la déroute antérieure. Le conflit s'arrêta avec la mort de Kavadh, le 13 septembre 531. Peut-être fut-il le véritable inspirateur de la Paix " Éternelle "[408].

Le conflit entre les deux grandes puissances ne reprit qu'en mars 540, lorsqu'à la tête d'une armée fort nombreuse, Chosroès Ier envahit le territoire romain (III **56** 1, où est rappelée la Paix perpétuelle) et bientôt mit le siège devant Antioche, en juin de la même année[409]. Les seuls détails auxquels nous avons droit apparaissent comme la conséquence de l'impéritie de Justin, dont la mort est signalée sans que soit prononcé le nom de son successeur (III **54** 5). Lorsqu'ils eurent franchi les murailles, les soldats de Chosroès furent surpris par le cadre qui leur fit redouter une embuscade. Sans doute la catastrophe naturelle de 526 avait-elle imprimé des stigmates que l'on n'avait encore pu réparer complètement[410] :

> *Sans rencontrer la moindre opposition, les Perses, qui avaient posé leurs échelles contre les remparts, en faisaient l'escalade sans aucun mal. Parvenus rapidement sur les créneaux, ils mirent un temps sans vouloir en descendre ; examinant les lieux avec soin et perplexes, ils donnaient l'impression, me semble-t-il, de s'attendre à un piège en soupçonnant que le méchant état du terrain*

408. E. Stein, *Bas-Empire* II, p. 292-294.
409. E. Stein, *Bas-Empire* II, p. 488-489.
410. Procop., *Pers.*, II, 8, 20-21 : Οἱ δὲ Πέρσαι, οὐδενὸς σφίσιν ἀντιστατοῦντος, κλίμακας ἐπιθέντες ἐπὶ τὸ τεῖχος οὐδενὶ πόνῳ ἀνέβαινον. Ἔν τε ταῖς ἐπάλξεσι κατὰ τάχος γενόμενοι χρόνον τινὰ καταβαίνειν οὐδαμῇ ἤθελον, ἀλλὰ διασκοπουμένοις τε καὶ ἀπορουμένοις ἐῴκεσαν, ἐμοὶ μὲν δοκεῖ, προλοχίζεσθαι τὰς δυσχωρίας ἐνέδραις τισὶ τῶν πολεμίων ὑποτοπάζοντες. Τὰ γὰρ ἐντὸς τοῦ περιβόλου ἀπὸ τῆς ἄκρας εὐθὺς κατιόντι ἀοίκητος χώρα ἐπὶ πλεῖστόν ἐστι. Πέτραι τε λίαν ὑψηλαὶ ἀνέχουσιν ἐνταῦθα καὶ τόποι κρημνώδεις.

cachait des embûches de l'ennemi. En effet, l'intérieur de l'enceinte, quand on descend immédiatement du sommet des remparts, forme sur sa plus grande part une zone inhabitée. Des pans de rocher fort élevés y surgissent, avec des lieux escarpés.

Chosroès ne laissa pratiquement rien d'intact. Jean signale lui aussi qu'Antioche ne défendit point sa position et subit un massacre (**54** 5). Procope évoque lui aussi la brutalité de la soldatesque, puis le sac de la ville[411] :

411. *Pers.*, II, 8, 34-35 et 9, 14-18 : Ἤδη γὰρ Ἀντιοχέας Πέρσαι βιασάμενοι πλήθει ἐτρέψαντο, καὶ γέγονε φόνος ἐνταῦθα πολύς. Οἱ γὰρ Πέρσαι οὐδεμιᾶς ἡλικίας φειδόμενοι τοὺς ἐν ποσὶν ἅπαντας ἡβηδὸν ἔκτεινον. Τότε φασὶ γυναῖκας τῶν –ἐν Ἀντιοχεῦσιν ἐπιφανῶν δύο γενέσθαι μὲν ἔξω τοῦ περιβόλου, αἰσθομένας δὲ ὡς ὑπὸ τοῖς πολεμίοις γενήσονται (πανταχόσε γὰρ ἤδη περιιόντες καθεωρῶντο) δρόμῳ μὲν παρὰ ποταμὸν Ὀρόντην ἐλθεῖν, φοβουμένας δὲ μή τι σφᾶς ἐς τὸ σῶμα ὑβρίσωσι Πέρσαι, ταῖς τε καλύπτραις ἐγκαλυψαμένας τὰ πρόσωπα καὶ ἐς τὸ τοῦ ποταμοῦ ῥεῦμα ἐμπεσούσας ἀφανισθῆναι. Οὕτω πᾶσα κακοῦ τοὺς Ἀντιοχέας ἰδέα ἔσχεν. (...) Χοσρόης δὲ τὸ μὲν στράτευμα τῶν Ἀντιοχέων τοὺς περιόντας ζωγρεῖν καὶ ἀνδραποδίζειν ἐκέλευε καὶ τά χρήματα πάντα ληΐζεσθαι, αὐτὸς δὲ ξὺν τοῖς πρέσβεσιν ἐς τὸ ἱερὸν ἀπὸ τῆς ἄκρας κατέβαινεν, ὅπερ ἐκκλησίαν καλοῦσιν. Ἐνταῦθα κειμήλια χρυσοῦ τε καὶ ἀργύρου τοσαῦτα τὸ πλῆθος ὁ Χοσρόης εὗρεν, ὥστε τῆς λείας ἄλλο οὐδὲν ὅτι μὴ τὰ κειμήλια ταῦτα λαβὼν πλούτου τι μέγεθος περιβεβλημένος ἀπιὼν ᾤχετο. Καὶ μάρμαρά τε πολλὰ καὶ θαυμαστὰ ἐνθένδε ἀφελὼν ἔξω τοῦ περιβόλου ἐκέλευε κατατίθεσθαι, ὅπως καὶ ταῦτα ἐς τὰ Περσῶν ἤθη κομίσωνται. Ταῦτα διαπεπραγμένος ξύμπασαν τὴν πόλιν ἐμπρῆσαι Πέρσαις ἐπέστελλε. Καὶ αὐτοῦ οἱ πρέσβεις ἐδέοντο τῆς ἐκκλησίας ἀπέχεσθαι μόνης, ἧς τὰ λύτρα κεκομισμένος διαρκῶς εἴη. Ὁ δὲ τοῦτο τοῖς πρέσβεσι ξυγκεχωρηκὼς τἆλλα καίειν ἐκέλευε πάντα, ὀλίγους τέ τινας αὐτόθι ἀπολιπὼν τοὺς τὴν πόλιν ἐμπρήσοντας (...). Gl. Downey [(1961), p. 544] donne une paraphrase du passage de Procope. Avouant suivre Procope, Évagre (*HE* IV, 25 p. 172, 17-18) écrit sobrement : καὶ ὡς πάντα ἀπόλλυσι κτείνων τε καὶ ἐμπιπρὰς Χοσρόης. Ce serait le patriarche Éphrem qui aurait pris l'initiative de faire accumuler tous ces trésors dans l'Église afin de ménager une possibilité de la sauver (IV, 25 p. 172, 11-14). La date est donnée par Malalas [XVIII, 85, 65 (p. 479, 23 B.)]. Nous ne voyons pas pourquoi, selon E.Stein (*Bas-Empire* II, p. 734), la prise d'Antioche serait donnée comme si elle avait eu lieu pendant la première guerre perse de Justinien.

Déjà les Perses avaient fait éprouver aux gens d'Antioche leur violence et les avaient fait fuir en masse : il y eut alors aussi un grand bain de sang. Sans épargner aucun âge, les Perses passaient au fil de l'épée tous ceux qui étaient sur pieds en état de se défendre. C'est alors, dit-on, que deux épouses de grands bourgeois d'Antioche se trouvèrent à l'extérieur de l'enceinte ; voyant qu'elles étaient sur le point de tomber entre les mains des ennemis (elles les voyaient partout venir encercler les femmes), elles coururent sur les berges de l'Oronte et, de peur que les Perses ne leur fissent subir les derniers outrages, elles s'enveloppèrent le visage dans leurs voiles et se jetèrent dans les flots où elles disparurent. C'est ainsi qu'Antioche fut en proie au mal sous toutes ses formes. (...) Chosroès commandait à son armée de faire prisonniers les survivants d'Antioche, de les réduire en esclavage et de prendre comme butin tous leurs biens, tandis que lui-même, en compagnie des ambassadeurs, descendait des hauteurs pour se rendre au sanctuaire, que l'on appelle l'Église. Là, il trouva des objets en or et en argent en masse telle qu'en ne prenant qu'eux comme butin il pouvait se retirer couvert de quantités de richesses. Et il y eut aussi en foule des plaques de marbre et des objets merveilleux qu'il en fit enlever et déposer à l'extérieur de l'enceinte, afin qu'on les transportât en Perse. Après ces dispositions, il entendait enjoindre aux Perses de bouter le feu à toute la ville. Et les ambassadeurs le supplièrent d'épargner au moins l'Église, pour laquelle il avait reçu une rançon suffisante. Il accorda aux ambassadeurs l'objet de leur requête et fit brûler tout le reste, en ne laissant sur place qu'une poignée d'hommes chargés d'incendier la ville.

Plusieurs dizaines de milliers de personnes furent ainsi emmenées en captivité. Toutefois, leur sort ne fut pas aussi déplorable qu'on eût pu le craindre. À deux jours de marche de Ctésiphon, Chosroès fit construire une cité nouvelle, à laquelle il donna son nom, l'Antioche de Chosroès, il y établit les prisonniers, pour qui il bâtit des thermes, un hippodrome, il fit venir les conducteurs de chars, les musiciens des cités romaines qu'il avait prises

et accorda aux déportés un régime alimentaire sans rapport avec celui de prisonniers ordinaires. En outre, appelés “ peuple de l’empereur ”, les prisonniers ne relèveraient désormais que de sa seule autorité[412]. Le but était évidemment de priver Justinien de la perle de l’Orient. Sur le plan politique, l’opération fut un échec, car Justinien s’empressa bientôt de relever la cité détruite en la dotant de murailles plus efficaces, encore qu’au pourtour réduit. Jean n’a pas un mot pour la reconstruction décidée par l’Empereur, une des œuvres majeures du règne[413]. En revanche, il souligne vigoureusement la perte sèche qu’essuya l’Empire en terme de recettes pour le trésor (**54** 6). Naturellement, soucieux d’éviter la censure, il présente les événements dans la ligne fâcheuse ouverte par Justin.

b. **Le front africain**.

Depuis le IIe s. au moins, les Vandales étaient divisés en deux groupes, les Hasdings et les Silings. Les premiers occupaient la Galice, les autres, la Bétique, tandis que les Alains étaient cantonnés en Lusitanie. Les Silings furent massacrés par les Wisigoths de Walla (416-418) agissant sur ordre des Romains[414]. Ceux des Alains qui leur avaient échappé rejoignirent les Hasdings, dont les souverains prirent désormais le titre de “ rois des Vandales et des Alains ”[415]. Les Hasdings, c’est-à-dire les *Hæstingas* ou “ gens de *Hæsta* ”, leur chef, étaient à l’origine le groupe tribal, qui donna son nom à la ville du Sussex[416].

412. *Pers.*, II, 14, 1-4. Voir E. Stein, *Bas-Empire* II, p. 490 ; Gl. Downey, (1961), p. 545. Le vrai nom était “ Beh-az-Andio-Khusrau ”, c’est-à-dire “ la ville de Chosroès meilleure qu’Antioche ” [Cl. Huart, (1925), p. 161].

413. Procop., *Éd.*, II, 10, 2-25.

414. R. Folz, (1972), p. 53.

415. A.C. Bandy, (1983), p. 330 (n. complémentaire à la p. 218, 13-14) ; M. Mac Cormick, (1986), p. 201.

416. L. Musset, (1994), p. 157.

La durée donnée pour l'expédition est à peu près correcte. Partie de la capitale, la flotte romaine cinglait en direction de l'Afrique à la mi-juin 533 et Bélisaire pénétra à Carthage le 15 septembre 533[417]. Jean donne un aperçu simplifié du triomphe de Bélisaire (voir aussi II **2** 5-6), au cours duquel, comme c'était l'usage, le roi Gélimer capturé défilait en posture d'esclave, comme le rappelle Procope[418] :

> *Parmi les esclaves de guerre que comportait le triomphe figuraient Gélimer, qui portait sur ses épaules un vêtement de pourpre, et avec lui toute sa famille et tous ceux des Vandales qui, pour leur très haute stature et leur belle prestance, sortaient du lot. Lorsque Gélimer eut atteint l'hippodrome, qu'il eut vu l'empereur assis sur une haute tribune et le peuple de chaque côté de celle-ci, et qu'il eut pris conscience, en s'examinant, du degré de déchéance auqueil il était arrivé, il s'abstint de pleurer et de se lamenter, mais ne cessa de répéter, en citant les Écritures hébraïques : " Vanité des vanités ! Tout est vanité ! ". Et quand il fut parvenu devant la tribune impériale, on lui arracha sa pourpre et on le força à s'incliner et à se prosterner devant l'empereur Justinien (telle fut aussi l'attitude de Bélisaire, qui l'accompagnait pour supplier l'empereur).*

417. F. Lot, (1968), p. 282-283 ; E. Stein, *Bas-Empire* II, p. 312-316.

418. *Vand.*, II, 9, 10-12 : Ἀνδράποδα δὲ ἦν τοῦ θριάμβου Γελίμερ τε αὐτός, ἐσθῆτά πού τινα ἐπὶ τῶν ὤμων ἀμπεχόμενος πορφυρᾶν, καὶ τὸ ξυγγενὲς ἅπαν, Βανδίλων τε ὅσοι εὐμήκεις τε ἄγαν καὶ καλοὶ τὰ σώματα ἦσαν. Ὡς δὲ ἐν τῷ ἱπποδρόμῳ Γελίμερ ἐγεγόνει καὶ τόν τε βασιλέα ἐπὶ βήματος ὑψηλοῦ καθήμενον τόν τε δῆμον ἐφ' ἑκάτερα ἑστῶτα εἶδε καὶ αὑτὸν οὗ ἦν κακοῦ περισκοπῶν ἔγνω, οὔτε ἀπέκλαυσεν οὔτε ἀνῴμωξεν, ἐπιλέγων δὲ οὐκ ἐπαύσατο κατὰ τὴν Ἑβραίων γραφὴν " ματαιότης ματαιοτήτων, τὰ πάντα ματαιότης ". Ἀφικόμενον δὲ αὐτὸν κατὰ τὸ βασιλέως βῆμα τὴν πορφυρίδα περιελόντες, πρηνῆ πεσόντα προσκυνεῖν Ἰουστινιανὸν βασιλέα κατηνάγκασεν. Τοῦτο δὲ καὶ Βελισάριος ἐποίει ἅτε ἱκέτης βασιλέως σὺν αὐτῷ γεγονώς. Le texte est partiellement repris par Théophane (A.M 6026, p. 199, l. 27-p. 200, l. 2), voir C. Mango-R. Scott, (1997), p. 309, n. 61-62 à la p. 295.

Le triomphe, le dernier à avoir été célébré, eut lieu probablement à l'extrême fin de l'été ou à l'automne 534, mais il fut renouvelé le 1er janvier 535. Comme Procope, compagnon de Bélisaire, Jean dut prendre place parmi les spectateurs. On peut distinguer deux phases dans le cérémonial. La première prit la forme d'une parade de victoire à partir de la maison de Bélisaire, probablement sise à l'intérieur de l'enceinte de la capitale, jusqu'à l'hippodrome. La seconde consista en une parade triomphale avec butin et captifs jusqu'au milieu de l'hippodrome. Seule la première était relativement neuve : le projet était évidemment de renouer avec les coutumes romaines anciennes. C'était la partie qui méritait l'appellation de " triomphe " de Bélisaire. Toutefois, le héros avait dû se présenter à pieds, et non pas juché sur le char triomphal, comme dans l'Antiquité. Il convient de se rappeler que les faits se déroulèrent treize mois à peine après la sédition Nika, au cours de laquelle avait vacillé le trône de Justinien. Malgré sa victoire, Bélisaire était rentré à Constantinople sous un nuage de suspicion qu'il importait de dissiper. C'est ce qui explique la demi-mesure assez humiliante pour le bénéficiaire, qui eut à se prosterner en même temps que le prisonnier[419]. Pour son quatrième consulat, le 1er janvier 535, avec Bélisaire, Justinien avait fait exécuter des vases dont la gravure évoquait la cérémonie[420].

Justinien et Théodora trouvèrent en la personne de Gélimer un arien convaincu et lui ménagèrent une retraite

419. M. Mc Cormick, (1986), p. 125-129. Depuis L. Cornélius Gallus, sous Auguste, seuls des personnages revêtus de la pourpre avaient été autorisés à célébrer une telle cérémonie (E. Stein, *Bas-Empire* II, p. 320).

420. Coripp., *Just.*, III, 121-125 : *Ipse triumphorum per singula vasa suorum / barbarico historiam fieri mandaverat auro, / tempore quo captis iniecit vincla tyrannis / Justinianus ovans, quarto cum consule princeps / alta triumphali teneret Capitolia pompa.* Voir S. Antès, (1981), p. 116 (n. complémentaire à III, 121-125).

dorée en Galatie, sans toutefois l'admettre, pour des raisons religieuses, au nombre des patriciens[421].

Les Vandales prisonniers à Constantinople[422] furent enrôlés dans cinq régiments de cavalerie et envoyés servir sur le front parthe sous le titre de *Justiniani Vandali*.

Jean fait allusion (**56** 1) à d'autres incidents graves qui plus tard touchèrent encore l'Afrique. Elle fut le théâtre d'une révolte militaire, entre 535 et 539, bientôt suivie par la conquête de la Mauritanie sur les Berbères (540)[423]. En 543, la région flamba à nouveau, principalement du fait des Maures, auxquels s'allièrent bientôt les Berbères. La paix ne revint qu'au printemps de 548 après la victoire de Jean Troglita[424]. Pour les besoins de la rhétorique, Jean répète ici aussi l'évocation des événements perses (voir **55** 2). C'est ce qui a incité à croire que l'allusion aux Maures concerne seulement la défaite de Gélimer en 534[425]. L'allusion répétée au désastre d'Antioche eût perdu toute résonance si les faits mis en relation avaient été dépourvus de signification. À notre sens, Jean mentionne ici la conquête, toute provisoire, de la Mauritanie.

c. **Le front italien**.

Le mot “ Gète ” désigne les Goths. Les faits relevés pour Rome, eux, sont moins transparents (III **1** 2 ; **55** 4). S'agit-il de la conquête définitive par Narsès en 552 ou plutôt des événements de 540 au cours desquels le roi

421. *Vand.* II, 9, 13-14. L'expression de Jean “ comme des serviteurs parfaitement inutiles ” (**55** 4 καθάπερ οἰκέτας ἀχρειοτάτους) fait-elle allusion à la retraite ménagée à Gélimer ? Elle n'apparaît, à notre connaissance, que deux fois ailleurs, Plat., *Alc.*, 122 b 2 τῶν οἰκετῶν τὸν ἀχρειότατον ὑπὸ γήρως (où il est question d'un pédagogue thrace nommé Zôpyros et perclus de vieillesse donné par Périclès à Alcibiade) et Ach. Tat., V, 17, 8.

422. Procop., *Vand.* II, 14, 17.

423. E. Stein, *Bas-Empire* II, p. 321-328.

424. E. Stein, *Bas-Empire* II, p. 547-558.

425. Voir J. Caimi, (1984), p. 308.

ostrogoth Vitigès fit sa soumission à Bélisaire et fut ensuite conduit comme prisonnier à Constantinople ? Il est vrai que la ville près de laquelle Vitigès perdit la liberté n'est pas Rome, comme on pourrait le croire, mais Ravenne[426]. Procope souligne que Rome fut prise jusqu'à cinq fois sous le règne de Justinien[427]. Dès la régence de la fille de Théodoric, Amalasonthe, Justinien avait résolu d'imposer l'autorité de Byzance sur l'Italie. Le faible Théodat fut destitué à la fin de novembre 536 puis bientôt assassiné à l'instigation de son successeur Vitigès, au début de décembre. Ce dernier n'avait laissé à Rome qu'une faible garnison de quatre mille hommes, en sorte que Bélisaire, qui avait déjà pris Naples, n'eut pas grand-peine à s'emparer de la Ville Éternelle[428]. Malgré un siège d'un an et neuf jours qu'eut à endurer Bélisaire, avec cinq mille hommes à peine, à partir du printemps de 537, jamais Vitigès ne fut en mesure de récupérer Rome. Durant cette période, les Goths détruisirent des installations vitales[429] :

426. Procop., *Goth.,* II, 29.

427. *Goth.*, IV, 33, 27, par Narsès, qui en envoya aussitôt les clefs à l'Empereur. Au total, la Cité fut prise par Bélisaire, le 9 ou le 10 décembre 536 (E. Stein, *Bas-Empire* II, p. 347) ; par Totila, durant la nuit du 17 décembre 546 (E. Stein, *o.l.*, p. 584) ; par Bélisaire, pour les Impériaux, en avril 547 (E. Stein, *o.l.,* p. 586) ; par Totila, le 16 janvier 550 (E. Stein, *o.l.,* p. 593) et par Narsès, en 552 (E. Stein, *o.l.,* p. 602).

428. E. Stein, *Bas-Empire* II, p. 347.

429. Procop., *Goth.,* I, 19, 13 et 27 ; 26, 3-4 : Γότθοι μὲν οὖν οὕτω ταξάμενοι διεῖλον τοὺς ὀχετοὺς ἅπαντας, ὅπως δὴ ὕδωρ ὡς ἥκιστα ἐς τὴν πόλιν ἐνθένδε εἰσίοι. Ῥώμης δὲ ὀχετοὶ τεσσαρεσκαίδεκα μὲν τὸ πλῆθός εἰσιν, ἐκ πλίνθου δὲ ὀπτημένης τοῖς πάλαι ἀνθρώποις πεποίηνται, ἐς τοσοῦτον εὔρους καὶ βάθους διήκοντες ὥστε ἀνθρώπῳ ἵππῳ ὀχουμένῳ ἐνταῦθα ἱππεύειν δυνατὰ εἶναι (...). Τῶν δὲ βαλανείων τοῦ ὕδατος τῇ ἀπορίᾳ παντάπασιν ἀπεκέκλειντο. (...) Μετὰ δὲ Οὐίττιγις πολλὴν ἄδειαν ὁρῶν τοῖς πολεμίοις οὖσαν ἐκφορεῖν τε εἴ τι ἐκ τῆς πόλεως βούλοιντο, καὶ τὰ ἐπιτήδεια κατά τε γῆν καὶ θάλασσαν ἐσκομίζεσθαι, τὸν λιμένα, ὃν δὴ Πόρτον Ῥωμαῖοι καλοῦσι, καταλαβεῖν ἔγνω. En juin 537, ils bloquèrent tout accès par la Via

Après ces mesures, les Goths coupèrent absolument tous les aqueducs, afin d'empêcher l'eau de pénétrer désormais dans la cité. Rome a des aqueducs au nombre de quatorze, constructions en briques cuites des gens d'autrefois, à ce point spacieux en largeur et en profondeur qu'un homme à cheval pouvait y circuler (...) Quant aux thermes, en raison du manque d'eau, ils avaient été complètement fermés. (...) Voyant que l'ennemi avait pleine liberté de faire sortir de la ville toute espèce de produits qu'il voulait et d'y faire entrer par terre et par mer les denrées indispensables, Vitigès décida de prendre le port que les Romains appellent Porto, à une distance de cent vingt-six stades de la cité.

Aussi les assiégés de Rome ne tardèrent-ils pas à compter deux ennemis de plus, la disette et l'épidémie. Est-ce à de tels actes, d'ailleurs propres à tout blocus, que Jean fait allusion ? L'aspect rhétorique de la phrase n'encourage pas à lui chercher un véritable fondement historique (**55** 4).

d. **Le front nord**.

Jean établit une équivalence entre " Francs " et " Sicambres " (**56** 1). Il s'agit pour lui d'étaler son érudition. Le mot " Sicambres " a deux graphies en grec, Σούγαμβροι, qui se lit chez Strabon et Plutarque[430] et Σύγαμβροι, qui est propre à Dion Cassius[431] et à notre écrivain. On lira l'excellente notice de R. Baladié[432] :

Appia et par la Via Latina en construisant dans la Campagne un fort entre les deux (II, 3, 1-12). Les aqueducs ne furent jamais réparés, selon E. Stein (*Bas-Empire* II, p. 351). Toutefois, d'après R. Krautheimer [*Rome. Portrait d'une ville 312-1308,* Paris (trad. Françoise Monfrin), 1999, p. 167 ; p 175, avec la n 32, p. 224 ; p. 293 ; p. 297], une fois restaurés, ils fonctionnèrent encore correctement, au moins certains d'entre eux, pendant deux siècles.

430. Str., IV, 3, 4 p. 194 ; VII, 1, 3 p. 291 ; 4 p. 291 ; p. 292 ; 2, 4 p. 294 ; Plut., *Cés.,* 22, 5.

431. XXXIX, 48, 3-5 ; XL, 32, 4 ; LIV, 33, 2 ; 36, 3 ; LV, 6, 2.

432. R. Baladié, (1989), p. 327-328 (*Lexique des noms de lieux*).

“ Puissante tribu germanique qui, à l’époque de César, habitait sur la rive droite du Rhin au nord de Cologne. Ils avaient pour voisins, à l’est, les Chérusques et les Chattes, au sud, les Ubiens, au nord, les Bructères et la tribu celtique des Ménapiens. Dès les campagnes de César, ils se manifestèrent comme des adversaires acharnés des Romains. Tibère réussit à les soumettre et transplanta 40000 Sycambres et Suèves en Gaule entre le cours inférieur de la Meuse et le Rhin. Ils y formèrent par la suite une partie importante de la nation ou confédération des Francs. ” À notre connaissance, l’équation par métonymie “ Francs ” - “ Sicambres ” ne se retrouve pas ailleurs dans la littérature de langue grecque et latine conservée.

L’intérêt de Justinien pour les événements de Gaule est à mettre en rapport avec l’expédition infructueuse que mena le roi Théodebert en Italie en 539[433]. Le personnage en effet méritait quelque attention[434] :

433. Voir Procop., *Goth.* II, 25 ; E. Stein, *Officium,* p. 28, n. 3 et surtout *Bas-Empire* II, p. 361. Durant l’été, les Francs durent se replier et retourner chez eux.

434. Agath., I, 4, 1-3 : Παραλαβὼν δὲ τὴν πατρῴαν ἀρχὴν ὁ Θευδίβερτος τούς τε Ἀλαμανοὺς κατεστρέψατο καὶ ἄλλα ἄττα πρόσοικα ἔθνη. Τολμητίας τε γὰρ ἦν ἐς τὰ μάλιστα καὶ ταραχώδης καὶ πέρα τοῦ ἀναγκαίου τὸ φιλοκίνδυνον κεκτημένος.ʽηνίκα γοῦν τοῖςʽΡωμαίοις ὁ πρὸς Τωτίλαν τὸν ἡγεμόνα τῶν Γότθων ὠδίνετο πόλεμος, τούτῳ δὴ τότε τῷ Θευδιβέρτῳ ἐβεβούλευτό οἱ καὶ διεσπούδαστο, ἕως ἐν Ἰταλίᾳ Ναρσῆς τε καὶ στρατεύματα ἐμόχθει καὶ ἐνησχόλητο, αὐτὸς πλήθη ἀγείρας ἄλκιμά τε καὶ μαχιμώτατα ἐς τὰ ἐπὶ Θράκης ἀφικέσθαι χωρία τε τὰ τῇδε καταστρεψάμενος ἀμφὶ τὸ Βυζάντιον τὴν πόλιν τὴν βασιλίδα τὸν πόλεμον μεταστῆσαι. Οὕτω δὲ ἐνεργὸν τὸ βούλευμα ἐποιεῖτο καὶ τὴν παρασκευὴν ἐμβριθεστάτην ὡς καὶ πρεσβεύεσθαι πρός τε Γήπαιδας καὶ Λαγγοβάρδους καὶ ἄλλα ἄττα πρόσοικα ἔθνη, ἐφ’ ᾧ καὶ οἵδε ξυλλάβοιντο τοῦ πολέμου. Οὐ γὰρ ᾤετο ἀνεκτὰ εἶναι, ὅτι δὴ βασιλεὺς Ἰουστινιανὸς ἐν τοῖς προγράμμασι τοῖς βασιλείοις Φραγγικός τε καὶ Ἀλαμανικός, ἔτι δὲ Γηπαιδικός τε καὶ Λαγγοβαρδικὸς καὶ ἑτέροις τοιοῖσδε ὀνόμασιν ἀνεκηρύττετο, ὡς δὴ τούτων αὐτῷ τῶν ἐθνῶν ἁπάντων δεδουλωμένων. Αὐτός τε δὴ οὖν χαλεπῶς ἔφερε τὴν ὕβριν καὶ τοὺς ἄλλους ξυγχαλεπαίνειν ἠξίου ἅτε δὴ καὶ ξυνυβρισμένους.

Lorsqu'il eut reçu en héritage le pouvoir paternel, Théodebert se soumit les Alamans et tous les peuples des alentours. C'était un homme audacieux et turbulent, qui possédait au-delà du nécessaire le goût du danger. En tout cas, lorsque faisait rage la guerre des Romains contre Totila, le chef des Goths, Théodebert avait ourdi des trames et des brigues avec lui, aussi longtemps que Narsès et son armée avaient à souffrir et à traîner en Italie : lui-même rassemblait des foules d'hommes robustes et combatifs pour se rendre sur les territoires de Thrace et après s'être soumis tous les peuples de la région, pour porter la guerre devant Byzance, la capitale impériale. Si ferme était la résolution qu'il avait prise et si forte la préparation qu'il avait faite, qu'il envoyait même des ambassadeurs aux Gépides, aux Lombards et à tous les peuples voisins, afin qu'ils s'alliassent avec lui pour la guerre. Il était intolérable, pensait-il, que, dans ses proclamations impériales, l'empereur Justinien se donnât les titres de " Franc ", d'" Alaman ", voire de " Gépide ", de " Lombard " et d'autres noms de même farine, comme si vraiment il avait réussi à réduire tous ces peuples en esclavage. Lui-même souffrait donc fort mal son orgueil et entendait que les autres partageassent ses sentiments, parce qu'ils étaient, comme lui, les victimes de cet orgueil.

Afin de parer à un éventuel coup de main des Francs en direction de la capitale, Justinien persuada en 546 le roi des Lombards, Audoin, de venir s'installer avec son peuple en Pannonie et dans le sud-est du Norique[435], en sorte que l'affrontement n'eut jamais lieu[436].

e. " L'année terrible ".

À l'extrême nord-est, Justin Ier avait réussi à conquérir pacifiquement la Lazique[437]. L'influence civilisatrice de Byzance rayonna si loin que le roi des Huns de Crimée,

435. E.Stein, *Bas-Empire* II, p. 528.

436. Agath., I, 4, 4 : Οἶμαι μὲν οὖν, εἰ καὶ τήνδε τὴν ἐκστρατείαν ἐποιήσατο, ἀπώνατο ἂν οὐκ ἐν καλῷ τῆς προπετείας (...). Théodebert mourut probablement en 547 (E.Stein, *Bas-Empire* II, p. 530).

437. E. Stein, *Bas-Empire* II, p. 303.

Grod[438], qui avait sa résidence dans les environs de Bosporus, courut recevoir le baptême à Constantinople des mains de l'empereur, qui devint son parrain. À son retour, il fit fondre les symboles d'idolâtrie, les statues d'argent et d'electrum que vénéraient les Huns. Conduits par son frère Mougel[439], les prêtres se soulevèrent contre lui et l'assassinèrent, ainsi que le régiment byzantin formant la garnison de la ville. Les conjurés durent s'enfuir quand l'empereur eut envoyé à leurs trousses les généraux Baduarius et Jean[440]. En 541, les coups décisifs portés par Chosroès à l'Empire décidèrent les Lazes à secouer le joug byzantin pour se jeter dans les bras des Perses. Les aspirations des Lazes ne pouvaient que ravir le roi des rois. Feignant de se rendre en Ibérie pour réprimer une tentative d'invasion des Huns, il infléchit sa route et déboucha ainsi en pleine Lazique, où il recueillit la soumission du roi Goubazès. L'avant-garde perse mit le siège devant Pétra, que tenait fermement Jean Tzibus. Au cours de l'assaut général, les Perses furent à nouveau repoussés, mais Jean Tzibus périt au champ d'honneur. La ville finit par se rendre, en bénéficiant de conditions extraordinairement généreuses[441]. Chosroès néanmoins

438. Le personnage, connu sous différents noms suivant les sources, Γρῴδ chez Malalas, Γορδᾶς chez Théophane et Georges Cedrénos, Gordios chez Michel le Syrien et le ps.-Denys de Tell Maré, Jârôks chez Jean de Nikiou, est donné comme roi des Huns en 528, voir *PLRE* III, s.v. *Grod*, p. 557-558.

439. Connu sous divers noms, Μοῦγελ, chez Jean Malalas, Μουάγερις, chez Théophane, Μοαγέρας chez Georges Cédrénos, voir *PLRE* III, s.v. *Mougel*, p. 896.

440. L'épisode est connu par Malalas [XVIII, 14, 51-77 (p. 360-362 B.)], Théophane (A.M. 6020 p. 175, 24-176, 17 de Boor) et Georges Cédrénos (p. 644, 13-645, 6 B.). Sur Baduarius, peut-être *magister utriusque militiae* et *dux* de Scythie en 528, voir *PLRE* III, p. 163-164 ; sur Jean, consul honoraire, qui fut nommé *comes angustiarum Pontici maris*, voir *PLRE* III, s.v. *Ioannes* 7, p. 625-626.

441. E. Stein, *Bas-Empire* II, p. 492-494 ; C. Mango-R. Scott, (1999), p. 335-336. Les faits sont connus par Procope (*Pers.* II, 15 ; 17 ; *Goth.*, IV, 4, 3-6 ; 7, 4 ; *Arc.*, 2, 26-30 ; 30, 14), Théophane

dut se replier parce que, nommé maître des milices d'Arménie, Valérien venait d'anéantir des Huns qui, pour le compte de la Perse, avaient envahi l'Arménie romaine et surtout parce que Bélisaire était sur le point d'occuper la Mésopotamie perse. La région demeura relativement calme durant la suite du règne de Justinien.

Autrement grave était le danger qui menaçait les régions proches de Constantinople. Depuis toujours, tout à ses préoccupations de conquête ou de consolidation des territoires de Perse, d'Afrique ou d'Italie, Justinien négligeait de renforcer les garnisons chargées de défendre les diocèses de Thrace, de Macédoine et d'Illyricum[442]. Les conséquences ne tardèrent pas à se marquer sur les provinces d'Europe, dès 540. Le récit de Procope dispense de toute description[443] :

(A.M. 6046, p. 229, 14-18 de Boor, à propos de la reprise de Pétra, en 553-554). Sur Jean Tzibus, voir *PLRE* III, s.v. *Ioannes* qui et *Tzibus* 20, p. 638-639. Il fut probablement en fonction à Pétra, comme στρατηγός, depuis 535. Sur Pétra Pia Justiniana, sur la côte pontique, voir la carte 87 du Barrington. C'est aujourd'hui la ville de Tsikhisdziri.

442. E. Stein, *Bas-Empire* II, p. 309-310. Toutefois, le savant autrichien ne fait pas état de notre texte, pas plus que B. Rubin [art. *Prokopios von Kaisareia,* dans *RE,* XXIII, 1 (1957), col. 382].

443. *Pers.*, II, 4, 4-11 : Μέγα μὲν εὐθὺς στράτευμα Οὐννικὸν, διαβάντες ποταμὸν Ἴστρον, ξυμπάσῃ Εὐρώπῃ ἐπέσκηψαν, γεγονὸς μὲν πολλάκις ἤδη, τοσαῦτα δὲ τὸ πλῆθος κακὰ ἢ τοιαῦτα τὸ μέγεθος οὐκ ἐνεγκὸν πώποτε τοῖς ταύτῃ ἀνθρώποις. Ἐκ κόλπου γὰρ τοῦ Ἰονίου οἱ βάρβαροι οὗτοι ἅπαντα ἐφεξῆς ἐληίσαντο μέχρι ἐς τὰ Βυζαντίων προάστεια. Καὶ φρούρια μὲν δύο καὶ τριάκοντα ἐν Ἰλλυριοῖς εἷλον, πόλιν δὲ τὴν Κασσάνδρειαν κατεστρέψαντο βίᾳ (ἣν οἱ παλαιοὶ Ποτίδαιαν ἐκάλουν, ὅσα γε ἡμᾶς εἰδέναι) οὐ τειχομαχήσαντες πρότερον. Καὶ τά τε χρήματα ἔχοντες αἰχμαλώτων τε μυριάδας δυοκαίδεκα ἀπαγόμενοι ἐπ᾽ οἴκου ἅπαντες ἀνεχώρησαν, οὐδενὸς σφίσιν ἐναντιώματος ἀπαντήσαντος. Χρόνῳ τε τῷ ὑστέρῳ πολλάκις ἐνταῦθα γενόμενοι ἀνήκεστα ἐς Ῥωμαίους δεινὰ ἔδρασαν. Οἳ δὴ καὶ ἐν Χερρονήσῳ τειχομαχήσαντες, βιασάμενοί τε τοὺς ἐκ τοῦ τείχους ἀμυνομένους καὶ διὰ τοῦ τῆς θαλάσσης ῥοθίου τὸν περίβολον ὑπερβάντες, ὃς πρὸς κόλπῳ τῷ μέλανι καλουμένῳ ἐστὶν, οὕτω τε ἐντὸς τῶν μακρῶν τειχῶν γεγενημένοι καὶ τοῖς ἐν Χερρονήσῳ Ῥωμαίοις ἀπροσ-

Une importante armée de Huns immédiatement (après l'apparition de la comète) franchit le Danube et déferla sur toute l'Europe ; l'événement s'était certes déjà produit souvent, mais jamais les habitants n'avaient eu à essuyer des maux en quantité et de nature comparables. Depuis le golfe de la mer d'Ionie, ces barbares pillèrent toutes les régions l'une après l'autre jusqu'aux faubourgs de Byzance. Ils prirent trente-deux places en Illyrie et mirent à sac, l'épée au poing, la cité de Cassandreia — c'est celle que les Anciens appelaient Potidée, autant que nous sachions —, sans avoir dû au préalable en faire le siège. En plus de toutes les richesses, ils emmenaient cent vingt mille prisonniers en rentrant tous chez eux sans rencontrer de résistance ; et, dans la suite, au cours de leurs fréquentes incursions sur le terrain, ils infligèrent aux Romains des dommages irréparables. D'autres Huns, qui menaient aussi un siège en pleine Chersonèse, se saisirent des défenseurs du rempart en profitant des remous de la mer pour franchir l'enceinte qui se trouve du côté que l'on appelle le Golfe Noir ; une fois à l'intérieur des longs murs, ils tombèrent à l'improviste sur les Romains de Chersonèse, en tuèrent beaucoup et réduisirent presque tous les autres à l'esclavage. Quelques-uns d'entre eux allèrent jusqu'à traverser le bras de mer séparant Sestos d'Abydos ; ils pillèrent les places d'Asie puis, après une retraite en Chersonèse, avec le reste de l'armée et tout le produit de leurs pillages, ils rentrèrent chez eux ; lors d'une nouvelle incursion, au cours de laquelle ils pillèrent autant l'Illyrie que la Thessalie, ils entreprirent d'attaquer la barrière des Thermo-

δόκητοι ἐπιπεσόντες, ἔκτεινάν τε πολλοὺς καὶ ἠνδραπόδισαν σχεδὸν ἅπαντας. Ὀλίγοι δέ τινες καὶ διαβάντες τὸν μεταξὺ Σηστοῦ τε καὶ Ἀβύδου πορθμὸν, ληισάμενοί τε τὰ ἐπὶ τῆς Ἀσίας χωρία καὶ αὖθις ἐς Χερρόνησον ἀναστρέψαντες ξὺν τῷ ἄλλῳ στρατῷ καὶ πάσῃ τῇ λείᾳ ἐπ' οἴκου ἀπεκομίσθησαν. Ἐν ἑτέρᾳ τε εἰσβολῇ τούς τε Ἰλλυριοὺς καὶ Θεσσαλοὺς ληισάμενοι τειχομαχεῖν μὲν ἐνεχείρησαν ἐν Θερμοπύλαις, τῶν δὲ ἐν τοῖς τείχεσι φρουρῶν καρτερώτατα ἀμυνομένων διερευνώμενοι τὰς περιόδους παρὰ δόξαν τὴν ἀτραπὸν εὗρον ἣ φέρει εἰς τὸ ὄρος ὃ ταύτῃ ἀνέχει. Οὕτω τε σχεδὸν ἅπαντας Ἕλληνας, πλὴν Πελοποννησίων, διεργασάμενοι ἀπεχώρησαν. Dans le même sens, *Éd.*, IV, 9, 8 (pour les longs murs).

pyles ; alors que la garnison des remparts se défendait avec la dernière vigueur, ils cherchèrent le moyen de tourner l'obstacle et contre toute attente, ils découvrirent le sentier menant à la montagne surplombant la place. Ce fut ainsi qu'ils vinrent à bout de presque tous les Grecs, sauf les Péloponnésiens, avant de faire retraite.

Qu'il s'agisse des Maures en Libye, des Goths en Occident, des Scythes en Colchide et dans le Caucase, où les incursions furent innombrables, ou de populations diverses, non autrement nommées, en Thrace, on trouve sous la plume de Jean une récapitulation dont la fonction est d'impressionner et de rehausser le nombre et l'importance des succès de Justinien durant ces années cardinales de 540-541, où se jouait la destinée de l'Empire.

Au fond, exactement comme le séisme d'Antioche, signe du destin, et, par la suite, la ruine de la Syrie furent la conséquence de l'incurie de Justin, de même les excès de Jean le Cappadocien, le mauvais génie de Justinien et la " bête noire " de notre historien, provoquèrent la seule difficulté sérieuse du règne sur le plan intérieur, la sédition dite " Nika ". Personne ne trouvera que c'est par hasard que le récit des succès de Justinien sonne ici comme une sorte de point d'orgue, avant la description des turpitudes de Jean le Cappadocien, disgracié justement en 541, et de ses satellites.

f. **La sédition " Nika ".**

En une belle page d'histoire ou plutôt de rhétorique, Jean relate le déclenchement de la sédition Nika, qu'il explique par un surcroît de population dû aux malversations dont se sont rendus coupables les préfets du prétoire et principalement Jean le Cappadocien (III **70** 1-3). En réalité, l'abandon des campagnes n'est pas un phénomène nouveau : il est bien connu pour l'époque impériale tardive[444]. De surcroît, on peut être convaincu que

444. Évelyne Patlagean, (1977), p. 179-181.

l'explication ne doit rien à l'observation directe. On retrouve presque les mêmes phrases comme justification dans une constitution de 539 portant création[445] du *questeur*.

En réalité, les faits, fort célèbres, obéissent à l'ordonnance d'un drame en trois actes. Le témoignage le plus précis sur les origines des exactions est celui de Malalas[446]. À Constantinople, des troubles s'étaient produits entre les factions du Cirque, les Bleus et les Verts, au début de 532. Le Préfet de la Ville, Eudémon, avait fait emprisonner quelques individus, grâce auxquels il avait appris les noms des meneurs, au nombre de sept, qu'il fit conduire en procession à travers la cité et exécuter, quatre par décapitation, et trois par pendaison. Deux des gibets se brisèrent sous le poids des condamnés, un Vert et un Bleu. La foule présente applaudit, et les moines qui vivaient près de Saint-Conon, les recueillirent et leur donnèrent asile à Saint-Laurent. Averti, Eudémon fit mettre les deux hommes sous bonne garde. Au cours des jeux du Cirque, qui eurent lieu trois jours plus tard, le 13 janvier, les deux factions ne cessèrent de réclamer la grâce des condamnés, sans recevoir de réponse. Deux jours plus tard, de commun accord, elles marchèrent sur la préfecture de la Ville, en criant le mot d'ordre " Nika " et y boutèrent le feu. Le premier jour, l'incendie détruisit le prétoire, la Chalkè jusqu'aux Scholes, Sainte-Sophie et le portique de la Mésè[447]. Ce fut le lendemain seulement qu'usant du feu comme arme de pression, les séditieux exigèrent des changements de ministère. Les victimes furent Jean le Cappadocien (**70** 4), préfet du Prétoire, Eudémon, préfet de la Ville et Tribo-

445. Voir t. I, p. DLXXX.

446. P. 473, 5-474, 20 B., que suivent E. Gibbon [(1983), p. 46] et E. Stein (*Bas-Empire* II, p. 449-451), voir aussi Thphn., A.M. 6024, p. 184, l. 4-15.

447. Ὁ δημόσιος ἔμβολος, J. Mal., XVIII, 71, 54-56 (p. 474, 17-19 B.).

nien, questeur[448]. Brûlèrent pour lors les gradins de l'Hippodrome et une partie des portiques, jusqu'au Zeuxippe. La répression fut menée par Bélisaire, à la tête de régiments goths[449]. Irritée, la foule bouta le feu à d'autres édifices et réagit par la violence[450]. Le trône de Justinien ne vacilla vraiment qu'à partir du lendemain, sans doute le 15 janvier, quand les rebelles se mirent à réclamer un empereur nouveau. Leur choix se porta d'abord sur un des neveux de Justinien, Probus. Faute de le trouver, ils mirent le feu à sa maison[451]. Une tentative de Justinien pour apaiser les troubles échoua le matin du dimanche 18 : le peuple alla chercher un neveu de l'empereur Anastase, le vieux Hypatios, qui, après maintes hésitations et malgré le désespoir de sa femme, accepta de paraître revêtu de la pourpre à la loge impériale du cirque[452]. Les forces conjuguées de Bélisaire, à la tête de ses Goths, de Mundus, avec les Hérules, avec les apports de Narsès, le sacellaire, dont l'argent rallia quelques-uns des meneurs Bleus à la cause légitimiste, réussirent à défaire les forces de l'usurpateur.

La répression pouvait commencer (**70** 8) : cinquante mille victimes, d'après notre auteur. Les chiffres ont varié selon les sources : trente mille au moins, suivant Procope[453] ; plus ou moins trente-cinq mille, sur le seul Hippodrome[454] ou dans le Palais[455] selon d'autres ; environ quarante mille, pour Zonaras[456] ; une foule innom-

448. J. Mal., XVIII, 71, 62-64 (p. 475, 3-8 B.).
449. J. Mal., XVIII, 71, 67-68 (p. 475, 8-10 B.).
450. J. Mal., XVIII, 71, 68-69 p. 475, 10-11 B.).
451. *Chr. Pasc.* p. 622, 2-5 ; Thphn., A.M. 6024, p. 184, 22-24.
452. Procop., *Pers.*, I, 24, 22-25, qui, toutefois, ne fait pas allusion au cirque ; *Chr. Pasc.* p. 624, l. 13-19 ; Thphn., A.M. 6024, p. 185, l. 2-8.
453. Procop., *Pers.*, I, 24, 54.
454. J. Mal., XVIII, 71, 3-4 (p. 476, 19-20 B.).
455. *Chronicon Paschale,* p. 627, l. 12-15 : εἰς τὸ παλάτιν.
456. XIV, 6.

brable de victimes dans le cirque, au rapport de Marcellinus Comes[457].

La description de l'incendie permet à notre écrivain de brocher trois digressions d'ordre patriographique : les origines du Zeuxippos (**70** 4), des bains (**70** 5) et des constructeurs de la cité sous Constantin (**70** 6), sans compter une référence érudite (**70** 4) et une comparaison (**70** 7). On aura remarqué que l'on trouve ici trois éléments fondamentaux de la ville. Nous en traiterons plus loin. Il reste que l'on peut faire état de plusieurs descriptions de l'incendie. Celle de Jean, en tout cas, ne fait pas allusion au déroulement de la crise dans ses aspects chronologiques. Toujours est-il que Procope, lui aussi, mentionne la destruction des mêmes édifices[458] :

> *L'Église de Sainte-Sophie, le bain de Zeuxippe et les parties de la résidence impériale qui s'étendent depuis les Propylées jusqu'à l'édifice appelé " maison d'Arès " furent la proie des flammes et périrent ; puis, ce furent les deux grands portiques qui vont jusqu'à l'agora, qui porte le nom de Constantin, avec les nombreuses maisons et les vastes richesses de gens fort aisés.*

Jean indique aussi le feu qui prit à Sainte-Sophie, au bain de Zeuxippe, au palais, en sorte que les portiques ornant la Mésé furent détruits (**70** 6). Au fond, au nord comme au sud, les constructions symbolisant une exis-

457. Marcell., *Chron.* a. 532, p. 103, l. 23-24 : *Innumeris passim in circo populis trucidatis*, voir aussi E. Stein, *Bas-Empire* II, p. 455 (suite de la n. 2 de la p. 454) et G. Dagron, (1984), p. 214.

458. Procop., *Pers.*, I, 24, 9 : καὶ τὸ ἱερὸν ἡ Σοφία τό τε βαλανεῖον ὁ Ζεύξιππος καὶ τῆς βασιλέως αὐλῆς τὰ ἐκ τῶν προπυλαίων ἄχρι ἐς τὸν Ἄρεως λεγόμενον οἶκον καυθέντα ἐφθάρη, ἐπὶ τούτοις τε ἄμφω αἱ μεγάλαι στοαὶ μέχρι τῆς ἀγορᾶς ἀνήκουσαι, ἣ Κωνσταντίνου ἐπώνυμός ἐστιν, εὐδαιμόνων τε ἀνθρώπων οἰκίαι πολλαὶ καὶ χρήματα μεγάλα. Pour d'autres descriptions, mais où aussi l'anecdotique prend le dessus, voir J. Mal., p. 474, l. 14-p. 475, l. 1 B. ; Thphn., A.M. 6024, p. 181 ll. 27-30 ; Constantin Porphyrogénète, *Exc. de ins.* 46, p. 172 ; Zonar., XIV, 6.

tence urbaine avaient péri dans les flammes. Jean mentionne simplement en plus le Sénat de Julien.

α. **Sainte-Sophie**.

" Le premier Sanctuaire " (**70** 3 Τὸ πρῶτον ἱερόν) est évidemment Sainte-Sophie. Plus loin (**76** 7), Jean l'appelle " L'enceinte du Grand Dieu " τὸ τοῦ Μεγάλου Θεοῦ τέμενος. Ces variations ne doivent pas trop surprendre. Jean Malalas[459] fait état d'une autre dénomination évocatrice des origines païennes de la ville : La Grande Église de Constantinople, que l'on a appelée jusqu'aujourd'hui " la Cour d'Hélios ".

β. **La Salle des Anciens de Julien ou Senatus.**

Constantinople avait deux maisons du Sénat. L'une se trouvait près du Forum de Constantin. L'autre, attribuée aussi à Constantin, donnait sur l'Augousteion, à l'extrémité orientale[460]. Toutefois, le patronage de Julien serait invoqué à plus juste titre, comme il ressort de notre texte, appuyé par Zosime[461] :

> *Installé là, (Julien) voua ses soins à cette ville et en même temps à ses légions ; il accorda à la ville, comme à Rome, d'avoir un Sénat (...).*

459. XIII, 38, 78 (p. 345, 15-16 B.) τῇ μεγάλῃ ἐκκλησίᾳ Κωνσταντινουπόλεως, ἥτις αὐλὴ κέκληται ἕως τοῦ νῦν τοῦ Ἡλίου ; en fait, il n'y eut, semble-t-il, pas de construction païenne antérieure à Sainte-Sophie, voir G. Dagron, (1974), p. 375 et p. 376, n. 2.

460. R. Janin (1950), p. 154 et 156. Pour ce Sénat, réalisation de Constantin, voir J. Mal., XIII, 8, 97-5 (p. 321, 8-12 B.) : κτίσας ἐγγὺς καὶ βασιλικὴν καὶ ἔξω μεγάλους κίονας καὶ ἀνδρίαντας, ἥνπερ ἐκάλεσε Σενᾶτον, κατέναντι στήσας τῇ ἰδίᾳ μητρὶ Ἑλένῃ στήλην Αὐγούστας ἐν πορφύρῳ μικρῷ κίονι, καλέσας τὸν τόπον Αὐγουστιῶνα ; Pallad., *V. Chrys.*, 10, l. 96-98 p. 212 Malingrey : περὶ τῆς ἐκκλησίας, ὅπου γε καὶ τὴν καλουμένην παρὰ τοῖς ἔξω σύγκλητον, ἀπὸ πολλῶν βημάτων κειμένην ἀντικρὺ τῆς ἐκκλησίας ἐκ μεσημβρίας.

461. III, 11, 3 : Ἐν ταύτῃ τῆς πόλεως ἅμα καὶ τῶν στρατοπέδων ἐπιμελούμενος ἔδωκε μὲν τῇ πόλει γερουσίαν ἔχειν ὥσπερ τῇ Ῥώμῃ, voir C. Mango (1959), p. 56.

γ. **Le bain de Zeuxippe.**

Autant que nous sachions, nul ne fait allusion à une agora de Zeuxippos (**70** 4). Le nom doit lui être venu des célèbres bains tout proches. Jean les évoque ailleurs, sans justifier le toponyme[462] :

Sévère, l'Empereur des Romains, au cours d'une campagne contre Niger et d'un séjour à Byzance, l'actuelle Constantinople, qui est aussi la reine des villes, y fonde, en raison du plaisir qu'il y trouva, des thermes gigantesques ; il avait trouvé aussi un endroit proche qui était consacré aux Dioscures : il en fit un hippodrome, qu'il munit de gradins et de portiques.

Toutefois, selon Hésychios[463], à l'endroit en cause se dressait un autel de Zeus Hippios, dans le bois d'Héraclès, car ce dernier y avait dompté les chevaux de Diomède.

La version de Malalas est tout autre[464] :

462. *Mois,* I, 12 p. 7, 5-12 Wünsch : Σεβῆρος ὁ βασιλεὺς Ῥωμαίων κατὰ Νίγερος ἐκστρατεύσας καὶ εἰς τὸ Βυζάντιον παραγενόμενος, τὴν νῦν Κωνσταντίνου πόλιν καὶ βασιλίδα τῶν πόλεων ἁπασῶν, κτίζει μὲν ἐκεῖσε διὰ τὸ τῆς πόλεως ἐπιτερπὲς λουτρὸν παμμέγεθες · εὑρὼν δὲ καὶ τὸν παρακείμενον τόπον τοῖς Διοσκόροις ἀνακείμενον ἐποίησε τοῦτον ἱπποδρόμιον, ἰκρίοις καὶ στοαῖς διακοσμήσας αὐτόν.

463. 37, p. 15, 13-p. 16, 4 Preger : Παυσαμένου δὲ τῆς ὀργῆς τοῦ Σεβήρου αὖθις εἰς μείζονα κόσμον ἐπανῆλθον λουτρὸν μὲν αὐτοῖς μέγιστον κατὰ τὸν τοῦ Διὸς Ἱππίου βωμόν, ἤτοι τὸ Ἡρακλέους ἄλσος καλούμενον (ἔνθα τὰς Διομήδους αὐτόν φασι δαμάσαντα ἵππους Ζεύξιππον τὸν τόπον ὀνομάσαι), πολυτελῶς ἐγείραντος καὶ τὸν τούτῳ πλησιάζοντα χῶρον τῆς ἱπποδρομίας τοῖς τοῦ Διὸς ἀνακείμενον κούροις ἰκρίοις τε καὶ στοαῖς διακοσμήσαντα [voir G. Dagron, (1984), p. 70, qui offre une traduction du passage ; Ph. Koukoulis, Βυζαντινῶν βίος καὶ πολιτισμός IV, Athènes, 1951, p. 431].

464. XII, 20, 62-67 (p. 291, 15-20 B.) : Ἐλθὼν δὲ ὁ Σέβηρος ἐπὶ τὸ Βυζάντιον, καὶ ἑωρακὼς τὴν τοποθεσίαν τῆς πόλεως καλήν, ἀνήγειρε τὴν Βυζούπολιν, καὶ ἔκτισε δημόσιον λουτρὸν τὸ λεγόμενον Ζεύξιππον διότι ἐκεῖ ἵστατο ἐν μέσῳ τοῦ τετραστῴου στήλη χαλκῆ τοῦ Ἡλίου, καὶ ὑποκάτω αὐτῆς ἔγραψε τὸ μυ-

Lorsqu'il fut venu à Byzance et qu'il eut vu la belle disposition topographique de la ville, Sévère releva la cité de Byzas et il y fonda un therme public que l'on appelle Zeuxippe, parce que s'y dressait au centre du Tétrastoôn une stèle de bronze en l'honneur d'Hélios et qu'à la base on avait écrit le nom mystique d'Hélios, en l'honneur du dieu Zeuxippos. Tel était en effet le nom que les Thraces avaient donné à Hélios.

En vérité, à l'époque byzantine, l'identité et le rôle de Zeuxippe ont beaucoup varié. D'après le ps.-Dorothée, il aurait été un contemporain de s. André et un persécuteur des chrétiens[465] :

στικὸν ὄνομα τοῦ ἡλίου, Ζευξίππῳ θεῷ · οἱ γὰρ Θρᾷκες οὕτως ἔλεγον τὸν ἥλιον. Au VIIIe s., la version des *Parastaseis* n'est plus qu'un grêle résumé (73, p. 67, l. 14-16 Preger) Ὁ Ζεύξιππος τὸ λουτρὸν Σευῆρος καλεῖται · ὑπὸ Σευήρου γὰρ ἐκτίσθη. Σὺν αὐτῷ δὲ καὶ τὸ Ἱπποδρόμιον τὸ πρῶτον ἔλαβε κτίσμα ἐν ὀλίγῳ ἀρθρίτιδι νόσῳ ἐνοχλούμενος.

465. *Index des Apôtres et disciples du Seigneur*, p. 146, 11-p. 147, 6 Schermann : Ὁ γὰρ Ἀνδρέας ἐπὶ τὸν Πόντον διαπερούμενος ἤθελεν τοῖς ἐν τῷ Βυζαντίῳ τὸν Χριστὸν καταγγεῖλαι. Ἀλλ' ἐπειδήπερ Ζεύξιππος τὸν τόπον τότε ἡγεμονεύων αἱμοβόρος τις ὢν πάντας τοὺς προσβάλλοντας ξένους τῷ Βυζαντίῳ πρότερον διερωτωμένους τὰ περὶ Χριστοῦ, εἶθ' οὕτως εἰσιέναι συνεχώρει. Καὶ ἐάν τις ὡμολόγησεν τὸν Χριστόν, εἰς δέσμα τοῦτον εὐθὺς καὶ παρ' αὐτὰ δεσμευθέντας τοὺς πόδας τε καὶ χεῖρας θαλαττοῦσθαι προσέτασσεν. Διὰ τὴν τοιαύτην οὖν ὠμότητα παραπλεύσας ὁ Ἀνδρέας τὸ Βυζάντιον, κατῴκησεν ἐπὶ διετῆ χρόνον πλησίον τοῦ Βυζαντίου τῷ Θρᾳκίῳ μέρει ὡς ἀπὸ σταδίου ἑνὸς τῆς Ἀργυροπόλεως, ἐκεῖ ἐπὶ συναγωγὴν τῶν ἐνθέσμων καὶ φιλαλήθων ἀνδρῶν ποιούμενος. Ὡς οὖν περὶ τοὺς δισχιλίους ἐπισυνάξας τῷ Χριστῷ θυσιαστήριον ἑδράσας ἐν τῇ Ἀργυροπόλει καὶ τὸν Στάχυν ἐπίσκοπον καταστήσας εἰς Σινώπην τοῦ Πόντου μεθίσταται, voir encore p. 148, 8-17 : Ἤδη δὲ πλήθους ἱκανοῦ συναθροισθέντος τῶν εἰς Χριστὸν ἠλπικότων, παυσαμένης δὲ καὶ τυραννίδος τοῦ Βυζαντίου μετὰ τὴν τοῦ Ζευξίππου τελευτὴν ἐγκρατεῖς τε τόπων πλεόνων γενόμενοι οἱ τῆς ἐν Ἀργυροπόλει ἐκκλησίας προεστῶτες τὴν τῶν πολλῶν ὄχλησιν καὶ τὴν τῶν Ἑλλήνων καὶ Ἑβραίων προσβολὴν ἐκφυγεῖν βουλόμενοι, ἐν τοῖς μεσογείοις πλησίον τῆς Ἀργυροπόλεως ἐκκλησίαν ἄλλην ἀνεγείρουσιν, ἣν Κωνσταντῖνος ὁ μέγας βασιλεὺς μετέπειτα μει-

En faisant la traversée de l'Hellespont, André voulait annoncer le Christ aux Byzantins. Mais il se trouvait que celui qui gouvernait la place, Zeuxippos, était un homme assoiffé de sang ; il commençait par interroger sur la religion du Christ tous les étrangers qui abordaient à Byzance puis leur accordait le droit d'entrée. Et lorsque quelqu'un confessait le Christ, il le faisait jeter dans les chaînes puis, pieds et poings liés, à la mer. C'est en raison de cette cruauté que cinglant au large de Byzance, André fit une fondation pour deux ans proche de Byzance, dans la province de Thrace, à environ un mille d'Argyropolis, afin d'y réunir les hommes qui vivaient en conformité avec la loi et la vérité (du Christ). Lorsqu'il eut établi un lieu de sacrifice à Argyropolis pour environ deux mille personnes et qu'il eut sacré Stachys comme évêque, il se rendit à Sinope.

Naturellement, cette version vise à exonérer Constantinople de ses origines païennes et à rehausser les mérites de s. André.

Que Jean vise en effet les bains de Zeuxippos ressort du fait qu'il s'attache ensuite à justifier un changement d'appellation. Les thermes ont reçu après Septime Sévère le nom de *Severeum* (**70** 5)[466]. Fuss[467] avait remarqué que le passage s'inspirait pour la forme d'un passage d'Hérodien[468] :

ζοτέραν πεποίηκεν, σταυροειδῆ αὐτὴν διαγραψάμενος, βουλόμενος καὶ τὸ αὐτοῦ σῶμα ἐκεῖσε κατατεθῆναι. Sur la signification et la portée de l'œuvre, voir, par exemple, Fr. Dvornik, (1964), p. 73-74. Le nom de Stachys figure dans Rm 16, 9. L'étude de R. Guilland [(1966), p. 261] se contente de donner le contenu de la note de Jean sur l'ancien roi Zeuxippos, sans aucune explication.

466. Nom éphémère, d'après G. Dagron [(1984), p. 65].

467. J.D. Fuss, (1820), p. 44.

468. II, 15, 4 : αὐτὸν ὄντα πρεσβύτην καὶ ὑπὸ νόσου ἀρθρίτιδος ἐνοχλούμενον, τῶν τε παίδων αὐτῷ ὄντων πάνυ νηπίων (...). Le rapprochement est sûr. Les mentions de l'ἀρθρῖτις sont habituellement introduites à l'aide du verbe ἐνοχλέω et les passages d'Hérodien et de Jean sont les deux seuls à évoquer la maladie de Septime Sévère.

Puisque lui-même, Sévère, était vieux, tourmenté par la goutte, et que ses fils étaient dans la toute petite enfance.

Les portiques de Zeuxippe paraissent avoir été particulièrement recherchés pour l'établissement de boutiques, dès l'époque de Théodose II. Les loyers perçus servaient à l'éclairage et à l'entretien des lieux[469]. Dans le même quartier se trouvait la *Maison des Lampes* [470] évoquée par Cédrénos pour l'incendie des Thermes de Zeuxippe lors de la sédition Nika. La Maison des Lampes était vraisemblablement le bazar des étoffes aménagé dans les portiques proches des Thermes, et c'est sans doute elle qu'évoque Jean sous le nom d'ἀγορὰ τοῦ Ζευξίππου, qui désignait, de façon tout à fait précise, la Mésè le long du Zeuxippe[471].

δ. L'agora de Constantin

L'expression " l'Agora de Constantin " (**70** 6 ἡ Κωνσταντίνου ἀγορά) désignait la grande place publique de Byzance[472]. D'après la *Chronique Pascale*[473], Constantin avait fait bâtir une double rangée de portiques décorés de statues et d'œuvres d'art. Ils s'étendaient depuis l'entrée du Grand Palais jusqu'au Forum. Bordée de portiques, la rue prit le nom de " Royale " ἡ

469. *CJ* VIII, 11, 19 *de operibus publicis* du 8 janvier 424 : *quia plurimae domus cum officinis suis in porticibus Zeuxippi esse memorantur, reditus memoratorum locorum pro quantitate, quae placuit, ad praebenda luminaria et aedificia ac tecta reparanda regiae huius urbis lavacro sine aliqua iubemus excusatione conferri* (*CJ* VIII, 11, 19 *de operibus publicis* du 8 janvier 424).

470. Ὁ τῶν λαμπτήρων οἶκος. Ces Thermes se trouvaient πλησίον τοῦ Ἱππικοῦ καὶ τῆς Ῥηγίας τοῦ παλατίου (*Chr. Pasc.* p. 730).

471. Voir R. Guilland (1948), p. 172-173 et 178 = II (1969), p. 70 et 73.

472. R. Guilland, (1948), p. 178-179 = II (1969), p. 73-74.

473. P. 528 B. : ἔκτισε δύο ἐμβόλους ἀπὸ τῆς εἰσόδου τοῦ παλατίου ἕως τοῦ φόρου (...) καλέσας τὸν τόπον τῶν ἐμβόλων Ῥηγίαν.

ῥηγία. D'après le ps.-Codinos[474], les portiques avaient deux étages ; dallé de marbre, l'étage supérieur formait promenoir. De loin en loin, un escalier permettait d'accéder à l'étage supérieur, réservé à la circulation[475]. Comptoirs et boutiques occupaient les intervalles entre les colonnes[476].

D'après notre auteur, ces portiques auraient été construits par des Campaniens, reconnaissants à l'endroit de Constantin. Les artisans en cause provenaient de Naples et de Puteoli (**70** 6). Les informations sur les anciens noms de Naples[477] et de Pouzzoles[478] en Campa-

474. I, 68 p. 148, 19-p. 149, 2 Preger : Ἐπάνω δὲ τῶν ἐμβόλων περίπατοι πλακωτοὶ λίθινοι καὶ στῆλαι χαλκαῖ ἄπειροι εἰς διακόσμησιν τῆς πόλεως ἵσταντο. Zosime (II, 30, 4) fait allusion à des στοαῖς διστέγοις.

475. Voir *CTh* XV, 1, 45, du 22 octobre 406 (*De operibus publicis*) : *Omnibus tabulatis tam his, quae intercolumnis adfixa sunt quam his, quae superiores porticus dividunt, ad formam pristinam civitatis habitus revocetur, ascensibus etiam his, qui ad superiores porticus ducunt, tam in latiorem modum patentibus quam pro ligneis scalis lapideis gradibus fabricandis*

476. Voir R. Guilland, (1948) p. 171 = II (1969), p. 69.

477. Pour Naples, voir Strabon (V, 4, 7 p. 246) : μετὰ δὲ Δικαιαρχίαν ἐστὶ Νεάπολις Κυμαίων · ὕστερον δὲ καὶ Χαλκιδεῖς ἐπῴκησαν καὶ Πιθηκουσσαίων τινὲς καὶ Ἀθηναίων, ὥστε καὶ Νεάπολις ἐκλήθη διὰ τοῦτο. Ὅπου δείκνυται μνῆμα τῶν Σειρήνων μιᾶς, Παρθενόπης, καὶ ἀγὼν συντελεῖται γυμνικὸς κατὰ μαντείαν) qu'il faut combiner avec la note d'un commentateur de Virgile, Phylargirius, qui l'a empruntée à l'historien Lutatius (Géorgiques, IV, 654 : *Lutatius libro IV dicit, Cumanos incolas a parentibus digressos Parthenopen urbem constituisse, dictam a Parthenope sirena, cuius corpus etiam illic sepultum sit. Postquam ob locorum ubertatem amoenitatemque magis coepta sit frequentari, veritos Cumanos ne Cumae omnino desererentur, inisse consilium Parthenopen diruendi. Postea tamen pestilentia affectos ex responso oraculi urbem restituisse sacraque Parthenopes cum magna religione suscepisse, nomen autem Neapoli ob recentem institutionem imposuisse*). Pour les faits, on lira en outre les pages de J. Bérard [(1957), p. 55-57].

478. Pour Pouzzoles, voir Strabon (V, 4, 6 p. 245) : ἑξῆς δ' εἰσὶν αἱ περὶ Δικαιαρχίαν ἀκταὶ καὶ αὕτη ἡ πόλις. Ἦν δὲ πρότερον μὲν ἐπίνειον Κυμαίων ἐπ' ὀφρύος ἱδρυμένον κατὰ δὲ τὴν Ἀννίβα

nie sont exactes. Sans doute, Puteoli avait-elle contracté une dette de gratitude vis-à-vis de l'empereur et elle tenait à s'en acquitter. Est-ce la subvention de 150.000 *modii* de blé par année accordée par Constantin, d'après un document daté des années 384-385 ? La quantité allouée fut réduite de moitié sous Constant, puis ramenée à 100.000 *modii* par Constance II. D'autres cités campaniennes bénéficièrent d'avantages analogues[479].

Constantin s'était décidé à agrandir considérablement la cité ancienne de Byzance et à en augmenter la population en y important des étrangers, quitte à leur conférer la dignité de sénateur[480]. Pour les historiens chrétiens, il aurait reçu en rêve un oracle de Dieu[481]. L'opération

στρατείαν συνῴκισαν Ῥωμαῖοι καὶ μετωνόμασαν Ποτιόλους ἀπὸ τῶν φρεάτων). On complétera par s. Jérôme (Chr. a. 531, p. 104 Helm) et Stéphane de Byzance (s.v. Ποτιόλοι), voir J. Bérard, (1957), p. 54-55. Autant que je sache, notre passage n'est évoqué par aucun des spécialistes qui ont étudié la ville de Pouzzoles dans l'Antiquité. Ch. Dubois [(1907), p. 164-185] a un chapitre très fouillé sur les " origines chrétiennes ", mais le nom de Constantin n'y apparaît pas.

479. A.H.M. Jones, *LRE* I, p. 709-710, voir Symm., *Rel.*, 40, 2 p. 311 Seeck : *Est autem de quo agitur, eiusmodi : Puteolanis municipibus divus Constantinus centum quinquaginta milia modiorum in alimoniam civitatis indulsit, quae summa a divo Constante regente rem publicam media parte mutilata est. Post Constantius aeque relatus in caelum supplicatione deposita annonam Puteolani populi viginti et quinque milium adiectione cumulavit, atque ita factum est, ut centum milia eiusdem populi victus acciperet.*

480. Them., 3 (Discours d'ambassade pour Constantinople), 11 : Ὥστε προτοῦ μὲν ὑπ' ἀνάγκης ἐτιμᾶτο ἡ γερουσία καὶ ἡ τιμὴ τιμωρίας ἐδόκει μηδ' ὁτιοῦν διαφέρειν, νῦν δὲ ἐθελονταὶ καὶ αὐτοκέλευτοι συνθέουσιν ἁπανταχόθεν. Καὶ τότε μὲν καὶ χώρᾳ πολλῇ καὶ χρήμασιν ἐξωνούμενοι δέλεαρ ἡγοῦντο τὰς δωρεὰς τῆς οἰκήσεως, νῦν δὲ καὶ προσεισφέροντες οἴκοθεν ἥδονται τοῖς δαπανήμασιν ; Anonyme de Valois, I, 30 (p. 8-9 Moreau-Velkov) : *Constantinus autem ex <se> Byzantium Constantinopolim nuncupavit ob insignis victoriae <memoriam>. Quam velut patriam cultu decoravit ingenti et Romae desideravit aequari : deinde quaesitis ei undique civibus divitias multas largitus est, ut prope in ea omnes regias facultates exhauriret.*

481. Soz., II, 3, 3.

conduisit à un dépeuplement des curies dans les diverses cités[482]. On connaît par ailleurs les noms de quelques-uns de ces artisans, authentiques ou inventés, qui contribuèrent à la construction de la capitale nouvelle. On les doit à un texte écrit vers 995[483], qui énumère une série de personnages légendaires, munis de titres tout à fait anachroniques, Euphratas le parakimomène, Urbicius, Olybrius le préposite, Isidore, les deux patrices Eustorgios et Michel, protovestiaire, et Honorésios, l'éparque. En outre, il fait état d'une série de sources, où l'on chercherait en vain les textes correspondants : Eutychianos (?), un compagnon de Julien l'Apostat, Eutrope (l'historien ?), Eleusios (?), Troïlos (?) et Hésychios, sans doute l'historien de Milet[484]. Naturellement, la construction de la cité entraîna une vraie frénésie de dépenses. Il s'agis-

482. Libanios [49 (*À l'empereur. Pour les curiales*), 2] réprouve Constantin avec vigueur : Ἦνθουν αἱ βουλαὶ πάλαι ταῖς πόλεσιν ἁπάσαις, καὶ ἦν ἥ τε γῆ τῶν βουλευόντων καὶ τῶν γε οἰκιῶν αἱ βελτίους καὶ χρήματα ἦν ἑκάστῳ καὶ παρ' ἀλλήλων ἐγάμουν καὶ ἦν εὔδαιμον τὸ βουλῆς μετασχεῖν. Οὕτω τοίνυν ἐχούσας αὐτὰς παραλαβών τις βασιλεὺς χείρους ἐποίησεν ἄλλοις τε οὐκ ὀλίγοις καὶ τῇ γε ὑφ' αὐτοῦ πεποιημένῃ πόλει.

483. G. Dagron (1984), p. 22 et le ps.-Codinos (*Patria*, I, 57-58 = II, p. 143-144 Preger).

484. Voir G. Dagron (1974), p. 122, n. 1 : Ἐπὶ δὲ τῇ τῶν ἐγκαινίων ἡμέρᾳ διέταξεν ἐπὶ τοὺς ἐφεξῆς χρόνους τὴν αὐτοῦ στήλην ὁρᾶσθαι μετὰ τῆς εἰθισμένης τιμῆς ἱππικοῦ ἀγομένου τῷ κατὰ καιρὸν βασιλεύοντι καὶ τῷ δήμῳ καὶ ἀνέρχεσθαι μέχρι τοῦ στάματος. Ταῦτα δ' ἐπράχθη τῷ δωδεκάτῳ ἔτει τῆς βασιλείας τοῦ μεγάλου καὶ ἐν ἁγίοις Κωνσταντίνου συμπραττόντων καὶ συνευδοκούντων εἰς τὴν οἰκοδομὴν τῆς θεοφρουρήτου Κωνσταντινουπόλεως Εὐφρατᾶ τε φημὶ τοῦ παρακοιμωμένου καὶ Οὐρβικίου καὶ Ὀλυβρίου πραιποσίτου καὶ Ἰσιδώρου καὶ Εὐστοργίου καὶ Μιχαὴλ πρωτοβεστιαρίου ἀμφοτέρων πατρικίων, καὶ Ὁνωρησίου ἐπάρχου, καθὼς ἱστοροῦσιν Εὐτυχιανὸς πρωτοασηκρήτης ὁ γραμματικός, ὁ συμπαρὼν τῷ παραβάτῃ Ἰουλιανῷ ἐν Περσίδι, Εὐτρόπιός τε ὁ σοφιστὴς καὶ ἐπιστολογράφος Κωνσταντίνου, Ἐλεύσιός τε διάκονος ὁ φιλόσοφος καὶ Τρωΐλος ὁ ῥήτωρ ὁ πολλὰς ἀρχὰς διανύσας μετὰ δόξης καὶ Ἡσύχιος ὁ ταχυγράφος - οὗτοι πάντες αὐτόπται καὶ θεαταὶ γενόμενοι τῶν τηνικαῦτα πραχθέντων ἀκριβῶς.

sait de nourrir une population démesurée d'abord, puis de remettre en état des bâtiments édifiés à la hâte[485] :

> *Restant sans faire aucune guerre et passant sa vie dans la mollesse, (Constantin) fit au peuple de Byzance des distributions de nourriture aux frais de l'État dont il a continué à profiter jusqu'aujourd'hui ; il dilapida les deniers publics dans de très nombreuses constructions inutiles et éleva certains bâtiments qui s'écroulèrent peu après : construits à la hâte, ils n'avaient acquis aucune solidité (...).*

On vient de voir l'explication religieuse qu'il convient probablement de retenir pour le nom de Zeuxippos. Elle ne pouvait convenir à Jean qui cherche à le faire remonter au fondateur, le roi mégarien qui portait ce nom. Le site correspondant à Constantinople fut habité dès le néolithique. On a retrouvé en 1871 les restes de murs cyclopéens, qui correspondent à l'agglomération la plus ancienne. Sans doute s'agissait-il du Lygos qu'évoquait Pline[486]. Les noms tant des villes que des dieux étaient thraces. Le dieu cavalier, figuré maintes fois, mais dont la représentation la plus grande a été trouvée à Thessalonique et est conservée au musée des Antiquités d'Istanbul, avait la même origine. Il avait des autels sur le plateau qui recevra plus tard l'Augustéon de Constantin et le forum du même empereur. C'est Ζεὺς ἵππιος, c'est-à-dire le dieu solaire qu'invoque le Térée de Sophocle[487].

Un comptoir phénicien s'installa sur le promontoire de la future Chalcédoine et fut supplanté, vers 685, par une

485. Zos., II, 32, 1 : Μείνας δὲ ἀπόλεμος καὶ τρυφῇ τὸν βίον ἐκδοὺς διένειμε τῷ Βυζαντίων δήμῳ σίτησιν δημοσίαν, ἣν ἄχρι τοῦδε διέμεινεν ἔχων · ἐς οἰκοδομίας δὲ πλείστας ἀνωφελεῖς τὰ δημόσια χρήματα δαπανῶν, τινὰ κατεσκεύασεν ἃ μικρὸν ὕστερον διελύετο, βέβαια διὰ τὴν ἔπειξιν οὐ γενόμενα (...).

486. *Nat.*, IV, 46 : *Oppidum Byzantium liberae condicionis antea Lygos dictum.*

487. Fr. 523 N = sc. A à Hom. O 705 : Ἥλιε, φιλίπποις Θρῃξὶ πρέσβιστον σέλας.

colonie de Mégariens conduite par Archias[488]. À la génération suivante, vers 659, un autre contingent de même provenance choisit la rive européenne du détroit, d'après Hérodote[489]. Sur l'origine de ces colons, la tradition a cependant connu quelques errements : Sparte[490], l'Attique[491], c'est-à-dire Athènes, ou Milet, qui occupa Cyzique en même temps[492]. Rien dans les institutions de Cyzique n'autorise à y voir le résultat d'une colonisation mégarienne[493]. Évidemment, quoique Cyzique eût des restes importants, vus et décrits par Cyriaque d'Ancône au XVe s.[494], nul n'a jamais évoqué des Στοαί de Charidémos.

488. R. Janin, (1950), p. 15-16. Vers 684, d'après Eusèbe [E. Meyer, art. *Megara* 2, dans *R.-E.*, XV, 1 (1931), col. 183], voir encore St. Byz., s.v. Βυζάντιον, p. 189 χρησμὸς δ' ἐδόθη ἐρωτησάντων εἰς Δελφοὺς Μεγαρέων τοιοῦτος), Hsch.Mil., fr. 4, 5 IV, *Fhg* IV p. 147 Müller : ἕτεροι δὲ Μεγαρεῖς ἱστόρησαν ἀπὸ Νίσου τὸ γένος κατάγοντας, εἴσπλουν ἐν αὐτῷ ποιησαμένους τῷ τόπῳ ὑφ' ἡγεμόνι Βύζαντι, οὗπερ τὴν προσηγορίαν μυθεύουσι τῇ πόλει προστεθῆναι) ; GCedr I, p. 197, l. 9-10 Bonn ὑπὸ Μεγαρέων.

489. IV, 144. La date est celle d'E. Meyer [art. Megara 2, dans R.-E., XV, 1 (1931), col. 183]. On a découvert sur place de la poterie corinthienne de la fin du VIIe s. [G.L. Huxley, (1983), p. 313].

490. D'après Trogue-Pompée/Justin (IX, 1, 3 *urbs condita primo a Pausania rege Spartanorum*, voir Oros., III, 13, 2). Pausanias avait gouverné Byzance entre 477 et 471/470, voir Marie-Pierre Arnaud-Lindet, *Orose. Histoires (Contre les païens)* I, Paris, 1990, p. 157, n. 2. Kubitschek, art. *Byzantion*, dans *RE* III, 1 (1897) indique à juste titre qu'il faut corriger le verbe en *capta*.

491. Selon Ammien Marcellin (XXII, 8, 8) : *et Constantinopolis, vetus Byzantium, Atticorum colonia.*

492. Vell., II, 7, 7 : *Cyzicum ac Byzantium Mileto, genitali solo.*

493. F.W. Hasluck, (1910), p. 164, avec la n. 2 qui cite le passage de Jean. Dès lors, G.L. Huxley [(1983), p. 312] suggère une correction de Κύζικον en 'Αστακόν, voir Memnon d'Héraclée, fr. 20 Müller = Phot., *Bibl. Cod.* 224, 228 a 6-11 (IV, p. 64-65 H.) : Τὴν 'Ασταкὸν δὲ Μεγαρέων ᾤκισαν ἄποικοι ὀλυμπιάδος ἱσταμένης ιζ', 'Ασταкὸν ἐπίκλην κατὰ χρησμὸν θέμενοι ἀπό τινος τῶν λεγομένων Σπαρτῶν καὶ γηγενῶν ἀπογόνων τῶν ἐν Θήβαις, 'Αστακοῦ τὴν κλῆσιν, ἀνδρὸς γενναίου καὶ μεγαλόφρονος, avec Str., XII, 4, 2 et St. Byz., s.v. Μεγαρικὸν πολίχνιον.

494. F.W. Hasluck, (1910), p.10-15.

Jean prétend tirer son explication de la Χρονικῶν ἐπιτομή de Castor de Rhodes (**70** 4 = 250 F 2a J). Il faut faire le rapprochement avec le fragment précédent[495] : " der siebente letzte Charimedos, der, da er den Aufwand nicht aushielt, entfloh. Von welchem bis zur ersten Olympiade 352 Jahre (1128/7-777/6). Insgesamt für die sikonische Könige und Priester 998 [l. 995] Jahre ". Or, dans la même liste d'Eusèbe apparaît le nom de Zeuxippos, dernier (vingt-sixième) de la liste des rois de Sicyone (1192/1-1162/1), comme Charimédos en fut le septième et dernier grand-prêtre. Sicyone avait une Στοὰ Ποικίλη fameuse construite à l'initiative d'une certaine Lamia, la fille de Cléanor d'Athènes[496]. Le rapprochement de Jean a-t-il comme point de départ la même source d'information qu'utilisa Velleius Paterculus, avec une confusion Mégare/Milet due à l'ordre alphabétique ? De toute façon, la date de la 38ᵉ olympiade (628/627-625/624 aCn) ne correspond pas aux données courantes pour la fondation de Byzance : il s'en faut d'une dizaine d'olympiades[497]. Sans doute Jean a-t-il commis une inexactitude en citant Castor de Rhodes. Il ne servirait à rien d'imaginer une série de fautes en cascade. L'explication définitive du passage demeure hors de portée[498].

495. 250 F 2 J = Eus., *Chr.* arm. p. 83 Karst.

496. Ath., XIII, 577 c, qui cite le traité de Polémon Περὶ τῆς ἐν Σικυῶνι Ποικίλης Στοᾶς. L'œuvre n'est pas citée par Pausanias [Geyer, art. *Sikyon,* dans *R.-E.,* II A 2 (1923), col. 2533].

497. Moment assez tardif, au moins en fonction des autres données de la tradition : Eus. arm., *Chr.* a. 1357 (*PG* 19, col. 453-454) = 650/659 ; Jér., *Chr.* a. 1358 = 659/658 (= 657/656) ; ps.-Denys de Tellmaré, *Chr.* a. 1358 [J.B. Chabot, *Chronicon pseudo-Dionysianum vulgo dictum,* dans *Csco* 121 Scr. Syri III, 1 (trad.), Louvain, 1949, p. 28] ; Cassiod., *Chr.* a. 1359 Mommsen. D'autres chroniques établissent des synchronismes par rapport à différents souverains : époque de Tullus Hostilius, d'après Cassiodore (*Chr.* a. 1359 de Jérôme, p. 122 Mommsen) et de Manassé, d'après Nicéphore (87, 22 de Boor).

498. G.L. Huxley [(1983), p. 312] a essayé de montrer que, pour la datation de Zeuxippos, Jean a préféré suivre le système d'Eusèbe. En

En conclusion, le cœur de la cité fut la proie des flammes. Il n'en resta guère qu'un ensemble chaotique, pareil au résultat d'une éruption volcanique (**70** 7). La comparaison évoque celle qui a été faite pour la destruction d'Antioche sur l'Oronte (**54** 3). Les îles Lipari constituent un archipel, d'origine volcanique, situé au Nord-Est de la Sicile. La graphie du mot " Vésuve " a varié. On trouve chez Strabon[499] Βέσβιος ou Οὐεσούϊος. Diodore de Sicile[500] a la forme Οὐεσούουιος. L'éruption des 24 et 25 août 79 est demeurée célèbre[501], notamment par les descriptions de Pline, mais aussi de Dion Cassius. Une autre eut lieu sous le règne de Septime Sévère, en 202. Dion Cassius[502] l'entendit de Capoue, où il avait coutume de se retirer pour rédiger son histoire. L'éruption de 472 (8 novembre ?) laissa aussi un souvenir assez vif[503]. Pro-

outre, il corrige le texte de Jean tel qu'il avait été établi par Fuss, en substituant le groupe prépositionnel ἀφ' οὗ à ὑφ' ᾧ. Nous sommes beaucoup plus pessimistes que lui.

499. I, 2, 18 p. 26 ; on notera cependant que Germaine Aujac (dans G.A.-Fr. Lasserre, *Strabon. Géographie* I, Paris, 1969, p. 106) corrige le texte des manuscrits Βεσβίῳ en Βαΐαις, ce qui ne s'impose pas ; voir aussi la n. 6, p. 191 ; elle ne paraît pas connaître la graphie Βέσβιος, attestée au moins chez Xiphilin, voire chez Dion Cassius et V, 4, 8 p. 247 Οὐεσούϊος, où l'information vient de Posidonios d'Apamée, d'après Fr. Lasserre (*Strabon. Géographie*. III, Paris, 1967, p. 111, n. 4).

500. IV, 21, 5.

501. *Ép.*, VI, 16, 1-20 et 20, 3-18, mais aussi de Dion Cassius [LXVI, 21-23 (extraits de Xiphilin)] ; voir aussi Suét., *Tit.*, 8, 7 ; Mart., IV, 44, 6-8.

502. LXXVI, 2, 1 (Xiphilin) : Ἐν δὲ τῷ Βεσβίῳ τῷ ὄρει πῦρ τε πλεῖστον ἐξέλαμψε, καὶ μυκήματα μέγιστα ἐγένετο, ὥστε καὶ ἐς τὴν Καπύην, ἐν ᾗ, ὁσάκις ἂν ἐν τῇ Ἰταλίᾳ οἰκῶ, διάγω, ἐξακουσθῆναι.

503. Marcell., *Chron.* a. 472, p. 90, l. 18-21 : *Venusius mons Campaniae torridus intestinis ignibus aestuans exusta evomuit viscera nocturnisque in die tenebris incumbentibus omnem Europae faciem minuto contexit pulvere. Huius metuendi memoriam cineris Byzantii annue celebrant VIII idus Novemb.*

cope a décrit longuement celle de 512[504]. Le préfet du Prétoire Faustus fait part à Théodoric des mesures à prendre pour soulager les victimes, une réduction des impôts[505]. Il n'y a donc aucune raison *a priori* pour prêter à Jean pour la circonstance des souvenirs littéraires. Notre auteur était bien placé durant les années 512 et suivantes pour avoir entendu évoquer la dernière catastrophe de Campanie[506]. En outre, il s'était bien renseigné sur les phénomènes volcaniques qu'avait connus l'Antiquité. On disposait, au temps de Strabon déjà, d'un riche stock d'informations sur les phénomènes volcaniques propres aux îles sises au Nord-Est de la Sicile. Il a probablement pour origine Panétios de Rhodes, qui fut un observateur direct[507]. Le Vésuve et les îles Lipari sont associés par deux fois dans un passage mutilé du traité[508] des *Mois* :

504. *Goths,* IV, 35, 1-5 ; le Vésuve est appelé Βέβιος.

505. Cassiod., *Var.* IV, 50, 1 p. 137, l. 1-3 (Mommsen date le document des années 507/511) : *Campani Vesuvii montis hostilitate vastati clementiae nostrae supplices lacrimas profuderunt, ut agrorum fructibus enudati subleventur onere tributariae functionis, quod fieri debere nostra merito pietas adquiescit.*

506. K.-D. Fabian, art. *Vesuvius,* dans *KP* 5 (1975), col. 1231-1232.

507. Voir Str., V, 10-11, p. 275-277 ; Fr. Lasserre, *Strabon. Géographie* III, Paris, 1967, p. 233 (n. 6 complémentaire à la p. 171) ; B. Tatakis, *Panétius de Rhodes le fondateur du moyen stoïcisme, sa vie et son œuvre,* Paris, 1931, p. 78-79.

508. IV, 115, p. 153, 22-p. 154, 8 : ὑπερκείμενον ὄρος ἢ γῆν ἢ θάλασσαν, ὄρος μὲν ὡς τὸ ἐν Ἰταλίᾳ Βέσβιον καὶ ‹τὸ ἐν› Λιπάραις καὶ τὸ ὑπερκείμενον τῆς Καταναίων πόλεως ἐν Σικελίᾳ, θάλασσαν δὲ ἣν Παναίτιος μεταξὺ Λιπάρας καὶ τῆς Ἰταλίας ἱστορεῖ, γῆν δὲ οἵα τυγχάνει παρὰ τὴν ἐν Λυκίᾳ Κώρυκον. Οὐ μόνον δὲ ἀναρρήγνυσιν ὄρη τε καὶ γῆν, ἀλλὰ καὶ ‹θαλάσσης› ἀναφυσήματα ποιεῖ, ὥσπερ γέγονε τὰ περὶ τὴν Θήραν καὶ Θηρασίαν, καὶ ἐὰν μὲν ᾖ τὰ ἀναστομωθέντα συνεχῶς ἀναφυσῶντα πῦρ, πηγαί τε πυρὸς καὶ κρατῆρες ὀνομάζονται, οἷά ἐστι τὰ περὶ τὴν αὐτὴν Λιπάραν τε καὶ Στρογγύλην καὶ Βέσβιον· ἣν δ' αὖ μύσῃ .... οἷον τὸ κατὰ Φιλαδέλφειαν τὴν ἐν Λυδίᾳ πεδίον καὶ τοὺς πρόποδας τοὺς ἐπὶ Μαζάκοις -οἱονεὶ Καππάδοκας-, καὶ τὸ ἐπὶ Δικαιαρχίᾳ Ἡφαίστου πεδίον ποτὲ προσαγορευθέν.

Il est un mont qui domine tant la terre que la mer, une montagne comme le Vésuve en Italie, le volcan des Lipari et celui qui surmonte la cité de Catane en Sicile, la mer que Panétius situe entre l'île Lipari et l'Italie, une terre pareille à celle qui se trouve près de Corycos en Lycie. Non seulement (le volcan) *déchire les monts et la terre, mais il suscite des éruptions dans la mer, comme cela s'est passé pour Théra et Thérasia, et là où il y a les ouvertures dégorgeant le feu continuellement, on les appelle sources de feu et cratères, comme il s'en trouve sur Lipari même, à Strongylé et au Vésuve. En revanche, s'il mugit, comme la plaine qui entoure Philadelphie en Lydie et les piémonts de Mazaca, — un mot mis pour Cappadoce — et la région de Dicéarchia* (*sc.* Puteoli), *que l'on appelait autrefois la plaine d'Héphaistos.*

Jean avait donc toute raison de s'intéresser à ces phénomènes naturels. Dans sa jeunesse, il avait pu les observer dans son propre pays, que l'on appelait la " Terre brûlée " dans l'Antiquité. On relira tel passage de Strabon pour s'en convaincre[509] :

À Philadelphie, la ville voisine, même les murs ne sont pas sûrs : chaque jour, d'une manière ou d'une autre, ils subissent des secousses et se disjoignent. Les habitants de la ville sont attentifs en permanence aux modifications du sol et leurs constructions en tiennent compte.

509. Str., XII, 8, 18 p. 579 : ἥ τε Φιλαδέλφεια, ἡ πρὸς αὐτῇ πόλις, οὐδὲ τοὺς τοίχους ἔχει πιστούς, ἀλλὰ καθ᾽ ἡμέραν τρόπον τινὰ σαλεύονται καὶ διίστανται διατελοῦσι δὲ προσέχοντες τοῖς πάθεσι τῆς γῆς καὶ ἀρχιτεκτονοῦντες πρὸς αὐτά. On lit plus loin (XIII, 13, 4, 10 p. 628) une description plus détaillée sur l'habitat : Μετὰ δὲ Λυδούς εἶσιν οἱ Μυσοὶ καὶ πόλις Φιλαδέλφεια σεισμῶν πλήρης. Οὐ γὰρ διαλείπουσιν οἱ τοῖχοι διιστάμενοι καὶ ἄλλοτ᾽ ἄλλο μέρος τῆς πόλεως κακοπαθοῦν· οἰκοῦσιν οὖν ὀλίγοι διὰ τοῦτο τὴν πόλιν, οἱ δὲ πολλοὶ καταβιοῦσιν ἐν τῇ χώρᾳ γεωργοῦντες, ἔχοντες εὐδαίμονα γῆν· ἀλλὰ καὶ τῶν ὀλίγων θαυμάζειν ἔστιν ὅτι οὕτω φιλοχωροῦσιν, ἐπισφαλεῖς τὰς οἰκήσεις ἔχοντες· ἔτι δ᾽ ἄν τις μᾶλλον θαυμάσειε τῶν κτισάντων αὐτήν.

Plus loin encore, on peut lire[510] :

Après cela se trouve le " Pays brûlé ", comme on l''appelle, qui s'étend sur une longueur de cinq cents stades et une largeur de quatre cents (...) : elle est toute dépourvue d'arbres, excepté le vignoble qui produit le " Vin brûlé ", qui n'est inférieur en rien aux vins célèbres. La surface des zones de plaine est couverte de cendrée, les zones montagneuses et pierreuses y sont noires, comme à la suite d'une conflagration. D'après les conjectures de certains, ce serait le résultat de coups de foudre et d'incendies (... ou) *plutôt d'un feu brûlant sous terre dont les sources sont à présent épuisées. On y montre trois trous, que l'on appelle des soufflets, distants les uns des autres d'environ quatre cents stades ; au-dessus se dressent des collines rocailleuses, qui ont été formées par l'entassement des masses rejetées par les soufflets des forges.*

Ce qui est curieux, c'est qu'à en croire notre écrivain (**70** 4) Jean le Cappadocien disparut au cours de la sédition.

510. Str., XIII, 4, 11 p. 628 : Μετὰ δὲ ταῦτ᾽ ἔστιν ἡ Κατακεκαυμένη λεγομένη χώρα μῆκος μὲν καὶ πεντακοσίων σταδίων πλάτος δὲ τετρακοσίων (...), ἅπασα ἄδενδρος πλὴν ἀμπέλου τῆς τὸν Κατακεκαυμενίτην φερούσης οἶνον οὐδενὸς τῶν ἐλλογίμων ἀρετῇ λειπόμενον. Ἔστι δὲ ἡ ἐπιφάνεια τεφρώδης τῶν πεδίων, ἡ δ᾽ ὀρεινὴ καὶ πετρώ-δης μέλαινα ὡς ἂν ἐξ ἐπικαύσεως. εἰκάζουσι μὲν οὖν τινες ἐκ κεραυνοβολιῶν καὶ πρηστήρων συμβῆναι τοῦτο, (...) ἀλλὰ μᾶλλον ὑπὸ γηγενοῦς πυρός, ἐκλιπεῖν δὲ νῦν τὰς πηγάς· δείκνυνται δὲ καὶ βόθροι τρεῖς, οὓς φύσας καλοῦσιν, ὅσον τετταράκοντα ἀλλήλων διεστῶτες σταδίους· ὑπέρκεινται δὲ λόφοι τραχεῖς, οὓς εἰκὸς ἐκ τῶν ἀναφυσηθέντων σεσωρεῦσθαι μύδρων, cf. LIV., XLIV (fr. 24 p. 219 Jal = Servius, *Én.*, IX, 712) : *Livius in libro nonagesimo quarto Inarimem in Maeoniae partibus esse dixit, ubi per quinquagenta milia terrae igni exustae sunt* et Vitr., II, 6, 3 : *id autem genus spongiae, quod inde eximitur non in omnibus locis nascitur, nisi circum Aetnam et collibus Mysiae quae a Graecis* Κατακεκαυμένη *nominatur, et si quae eiusdem modi locorum proprietates.* L. Robert (*Villes d'Asie Mineure. Études de géographie ancienne*, 2e éd., Paris, 1962, p. 290-291) cite en plus les *Actes du martyr Paeonios* (§21-23) et enfin (p. 292-297) les descriptions des voyageurs modernes qui sont plus qu'évocatrices.

g. Bon et mauvais génies du règne

En raison de l'état du manuscrit (la fin de notre actuel III **70** et le début de III 71, ainsi que la fin de III **72** et le début de III **73**, comme la fin de III **76** et ce qui constitue la dernière page du traité sont irrémédiablement endommagés) nous n'avons sans doute pas une idée correcte de l'équilibre des développements dans cette partie, où notre historien oppose Jean le Cappadocien, originaire de Césarée (III **57** 2-8 ; **62** ; **64-65** 4) et son suppôt Jean " Maxilloplumbacius " (**58-61**) à l'éphémère préfet Phocas (**72** 2-**76** 10). On traitera donc dans le même ordre de l'action des trois personnages.

α. Jean le Cappadocien.

À l'occasion d'une première esquisse sur les débuts de Jean de Cappadoce, notre auteur offre des renseignements intéressants sur sa ville d'origine, Césarée, siège futur de l'évêché qu'illustra s. Basile le Grand (**57** 2). Sur ce point, les traditions sont divergentes. Strabon[511] ne connaît encore que le seul nom de Mazaca. Au IIe s. de notre ère, Hérodien[512] donne deux anciens noms, Eusébeia et Mazaca. Pour avoir consulté trop vite Strabon, il a confondu les cités de Cilicie (Eusébeia) et de Cappadoce, comme Stéphane de Byzance[513], qui le recopie *verbatim*. La tradition hésite sur le bénéficiaire du changement de toponyme, Auguste, Tibère ou Claude. La première donnée surgit dès la fin du IVe s., chez Festus[514] :

511. XIV, 2, 29 p. 663.

512. *Prosodie* (vol. 3, 1, p. 278, 28 cf. p. 380, 21-22) : Καισάρεια μητρόπολις τῆς Καππαδοκίας ἡ πρὶν Εὐσέβεια καὶ Μάζακα ὡς Στράβων (XII, 2, 7, cf. 9).

513. P. 347, 5-6.

514. 11, 4 : *Semper inter auxilia nostra fuere Cappadoces et ita maiestatem coluere Romanam ut in honorem Augusti Caesaris Mazaca, civitas Cappadociae maxima, Caesarea cognominaretur*. La même donnée est reprise par Malalas [IX, 17, 9-13 (p. 224, 2-7 B.)] : ὁ δὲ Ἀρχέλαος βασιλεὺς καὶ τοπάρχης ἐκάλεσε Καισάρειαν

Les Cappadociens furent toujours parmi nos auxiliaires et ils honorèrent la majesté romaine au point que Mazaca, la plus grande cité de Cappadoce, fut surnommée Césarée en l'honneur d'Auguste César.

L'explication mettant Tibère en cause eut davantage de succès. Elle apparaît d'abord sous la plume d'Eutrope[515] :

Καππαδοκίας τὴν πρῴην λεγομένην Μάζακαν. Ἦν γὰρ ὁ Καῖσαρ θεῖος τοῦ αὐτοῦ Αὐγούστου τοῦ παρεσχηκότος αὐτοῖς ἔχειν τῆς τετραρχίας τὴν βασιλείαν ἐπὶ τῶν τῆς ζωῆς αὐτῶν χρόνων. Constantin Porphyrogénète (*Th.,* II, 61) établit la relation avec le nom de Jules César, mais sans indiquer le responsable de la modification toponymique : Καισάρεια μητρόπολις, ἡ ἀπὸ τοῦ μεγάλου Καίσαρος Ἰουλίου ὠνομασμένη, ἥτις πρότερον ἐκαλεῖτο Μάζακα, ἀπὸ Μουσὼχ τοῦ τῶν Καππαδοκῶν ἀρχεγόνου. L'initiative revient à Archélaos Sisines Philopatris, le fils d'Archélaos son prédécesseur, et de la courtisane Glaphyra [sur le personnage, voir, par exemple, H.Volkmann, art. *Archelaos* 6, dans *KP,* 1 (1975), col. 503]. Il fut nommé roi par Antoine en 36 aCn (Str., XII, 2, 11 p. 540 ; D.C., XLIX, 32, 3). Avant son avènement, il était connu sous le nom de Sisinès. Son grand-père et son père avaient été grands-prêtres du sanctuaire de Comana où la dynastie avait été installée par Pompée, ce qui n'empêcha pas les démêlés ultérieurs avec Rome. Les vues sur le trône de Cappadoce s'exprimèrent à partir de 41 aCn. Archélaos régna pendant un demi-siècle, voir Marie-Laure Freyburger-M. Roddaz, (1994), p. 182 (n. 267 à la p. 141). En 9 aCn, il fut amené à intervenir en urgence à la cour d'Hérode le Grand pour sa fille Glaphyra et son gendre Alexandre (J., *G.J,* I, 499-512 ; *A.J.*, XVI, 261-269). Tibère dut le défendre devant Auguste (Suét., *Tib.,* 8, 1), mais en 17 pCn, il convoqua le roitelet devant le sénat à Rome et annexa son royaume dont il fit une province (Tac., *Ann.,* II, 42, 4-7 ; Suét., *Tib.*, 37, 9 ; D.C., LVII, 17, 3-7). Fort âgé et presque agonisant, Archélaos mourut en pleine séance ou très peu de temps après. Il avait commis l'erreur de n'aller point faire sa cour à Rhodes lors d'un séjour antérieur qu'y avait fait Tibère. D'après M. Sartre [(1997), p. 29], Archélaos serait mort en 15. Il régnait depuis 36 aCn.

515. VII, 11, 2 : *Quosdam reges apud se per blanditias evocatos numquam remisit, in quibus Archelaum Cappadocem, cuius etiam regnum in provinciae formam redegit et maximam civitatem appellari nomine suo iussit, quae nunc Caesarea dicitur, cum Mazaca antea vocaretur*, suivi par la *Souda* (K 1201, s.v. Καισάρεια) ἡ μητρόπολις, ἀπὸ Καίσαρος Τιβερίου Ὀκταβίου· ἣν ἀφείλετο Ἀρχέλαον, πρότερον Μάζακα ἐπονομαζομένην, ἔπειτα Καισάρειαν κλη-

Après avoir fait venir auprès de lui certains rois grâce à des flatteries, il ne les laissa pas repartir, entre autres Archélaüs de Cappadoce, dont il réduisit même le royaume en province, en imposant son nom à la cité la plus importante, appelée aujourd'hui Césarée, alors qu'elle se nommait auparavant Mazaca.

La troisième est propre à Sozomène[516] :

À la même époque, ce fut aussi Césarée, sise au pied du (mont) *Argaion, la métropole de la province de Cappadoce, qui était grande et heureuse, que l'empereur* (Julien) *raya du catalogue des cités et à laquelle il enleva son nom, tiré de César, qu'elle avait reçu autrefois, sous le règne de Claude César, alors que, précédemment, elle s'appelait Mazaca.*

Selon notre historien, Archélaos aurait été jeté dans les geôles romaines, avant de perdre son royaume. Le récit est en accord avec le trait que l'on découvre chez Dion Cassius[517] :

θεῖσαν τῇ ἰδίᾳ προσηγορίᾳ ; T 551, s.v. Τιβέριος · (...) κακοήθης δὲ ὢν ἔστιν οὓς τῶν συμμάχων βασιλέων τῶν οἰκείων ἀρχῶν ἀπάτῃ μετελθὼν ἀφείλετο· ὧν Ἀρχέλαος ἦν ὁ Καππαδόκων βασιλεύς, ὃν ἠπίοις καὶ θεραπευτικοῖς καλέσας ὡς ἑαυτὸν λόγοις, οὐκέτι πρὸς τὴν οἰκείαν ἀπονοστῆσαι συνεχώρησεν, ἀλλ' ἐπαρχίαν τὴν Καππαδοκίαν ἀπέφηνε καὶ τὴν μεγίστην τῶν τῇδε πόλεων Μάζακα ἔμπροσθεν ὑπὸ τῶν ἐποίκων ὀνομαζομένην, ἀφ' ἑαυτοῦ φέρειν τὴν προσηγορίαν ἐπέταξεν· ἥπερ δὴ καθ' ἡμᾶς Καίσαρός ἐστιν ἐπώνυμος.

516. V, 4, 1 : Περὶ δὲ τὸν αὐτὸν χρόνον καὶ τὴν πρὸς τῷ Ἀργαίῳ Καισάρειαν, μεγάλην καὶ εὐδαίμονα καὶ μητρόπολιν οὖσαν τοῦ Καππαδοκῶν κλίματος, ἐκ τοῦ καταλόγου τῶν πόλεων ἐξήλειψεν ὁ βασιλεὺς καὶ τῆς ἐπωνυμίας τοῦ Καίσαρος ἀφείλετο, ἧς πάλαι ἔτυχεν ἐπὶ Κλαυδίου Καίσαρος, Μάζακα τὸ πρὶν ὀνομαζομένη. En fait, les citoyens avaient détruit les temples païens, ce qui avait provoqué le courroux impérial, voir A. Piganiol, (1947), p. 139.

517. LVII, 17, 5 : ἐθανατώθη, εἰ μὴ καταμαρτυρῶν τις αὐτοῦ ἔφη ποτὲ αὐτὸν εἰρηκέναι ὅτι ἐπειδὰν οἴκαδε ἐπανέλθω, δείξω αὐτῷ οἷα νεῦρα ἔχω. γέλωτος γὰρ ἐπὶ τούτῳ, διὰ τὸ τὸν ἄνθρωπον μὴ ὅτι στῆναι ἀλλὰ μηδὲ καθίζεσθαι δύνασθαι, πολλοῦ γενομένου οὐκέτ' αὐτὸν ὁ Τιβέριος ἀπέκτεινεν.

Toutefois, il eût été condamné à mort, sans un témoin qui déposa que le roi avait dit à un moment : “ Quand je serai de retour chez moi, je leur ferai voir la vigueur de mes muscles ”. Un énorme éclat de rire salua ces paroles parce que l'homme n'était même plus en mesure de rester assis, à plus forte raison de se tenir debout : Tibère renonça à le faire exécuter.

Pour le changement de toponyme, Jean suit l'explication d'Eutrope ou de sa source. Le nom de Mazaca est tiré de Masoch, nom qui fut employé aussi pour désigner la Cappadoce[518], devenue province romaine en 18/19, avec frontière à l'Euphrate[519].

La progression de Jean de Cappadoce eut lieu par étapes (**57** 2-3), comme celle de Marinos (voir **46** 2). Comme lui, il était *scriniarius,* mais au service du *magister militum,* peut-être au moment où Justinien lui-même exerçait la fonction, de 520-527[520] ; comme lui, il avait promis des innovations révolutionnaires, ce qui lui valut le titre de “ logothète ”, titre d'interprétation malaisée. Souvent le mot revêt le sens de *discussor,* qui ne désigne pas un poste, mais une mission. Le plus vraisemblable est que Jean devint *numerarius,* c'est-à-dire qu'il prit la tête des départements financiers[521] des services du *magister militum.* Dans ce cas, on aurait encore une analogie avec la progression de Marinos[522].

Devenu sénateur, il devint préfet du prétoire d'Orient, poste qu'il occupa depuis 531 (à une date située entre le 20 février et le 30 avril) jusqu'au 14 janvier 532. En principe, notre historien n'aurait dû traiter que de la première

518. Sur tout ceci, voir W. Ruge, art. *Caesarea* 5 dans *RE* III (1897), col. 1289, cité par J. Caimi [(1984) 289, n. 6].

519. H. Treidler, art. *Kappadokia,* dans *KP* 3 (1975), col. 114, avec M. Sartre, (1997), p. 29-30. Le nom lui-même de Cappadoce est d'origine perse (Katpatuka).

520. *PLRE* II, s.v. *Fl. Ioannes* 11 (“ the Cappadocian ”), p. 627.

521. *PLRE* II, p. 627-628.

522. Voir *supra,* p. CXVI-CXVIII.

préfecture de Jean ; en fait, c'est tout le contraire qui se passe.

La préfecture de Jean servit de leçon à l'empereur (**54** 5), qui apprit ainsi à connaître les tares propres aux Cappadociens. Le traité l'illustre en citant une épigramme. C'est exactement le même procédé qu'employait l'historien à propos de Marinos. Le document produit représente une variante d'une pièce anonyme[523] connue par l'*Anthologie* :

Les Cappadociens sont toujours de mauvaises gens. Obtiennent-ils un ceinturon ?
Ils le sont encore davantage ; avec le gain ils le sont tout à fait.
Mais si, deux ou trois fois, ils s'octroient l'honneur du char officiel,
Alors ils touchent au comble de la méchanceté.
Non, je t'en supplie, César, pas quatre fois,
Ou c'est la fin d'un monde tout " encappadocisé " !

Aussi les excès du Cappadocien notamment en matière de taxation ont-ils été dûment stigmatisés à l'époque[524] :

523. *Anth.* XI, 238 : Καππαδόκαι φαῦλοι μὲν ἀεί, ζώνης δὲ τυχόντες / φαυλότεροι, κέρδους δ' εἵνεκα φαυλότατοι. / Ἢν δ' ἄρα δὶς καὶ τρὶς μεγάλης δράξωνται ἀπήνης, / δὴ τότε γίνονται φαυλεπιφαυλότατοι / μή, λίτομαι, βασιλεῦ, μὴ τετράκις, ὄφρα μὴ αὐτὸς / κόσμος ὀλισθήσῃ καππαδοκιζόμενος. La traduction est celle de R. Aubreton [(1972), p. 155]. Tous les manuscrits donnent comme auteur Démodocos de Léros, un poète du Ve s. aCn. On voit bien comment l'erreur d'attribution s'est produite. La pièce vient au terme d'une courte série de pièces satiriques représentant autant de charges contre des peuples, Chios (XI, 235), Cilicie (XI, 236), Cappadoce (XI, 237). *Anonyme*, XI, 238 a simplement été jointe à la série, à moins que le nom d'auteur n'ait disparu dans la tradition. Constantin Porphyrogénète (*Th.*, Asie-Europe, 2, 70-77) donne dans l'ordre les quatre premiers vers de XI, 238 puis XI, 237.

524. Procop., *Arc.*, 21, 1-5 : Πρὸς δὲ τοῦ τῶν πραιτωρίων ἐπάρχου ἀνὰ πᾶν ἔτος πλέον ἢ τριάκοντα κεντηνάρια πρὸς τοῖς δημοσίοις ἐπράσσετο φόροις. οἷς δὴ ὄνομα τὸ ἀερικὸν ἐπιτέθεικεν, ἐκεῖνο, οἶμαι, παραδηλῶν, ὅτι δὴ οὐ τεταγμένη τις οὐδὲ ξυνειθισμένη οὖσα ἡ φορὰ ἐτύγχανεν αὕτη, ἀλλὰ τύχῃ τινὶ

Du préfet du prétoire, (Justinien) *recevait chaque année, en plus des taxations publiques, plus de trente* centenaria. *Il avait donné à cela le nom de taxe aérienne, pour signifier, je pense, qu'elle n'était ni régulière ni habituelle, mais qu'il la recevait toujours par hasard, comme venant de l'air ; il aurait dû en réalité l'appeler produit de sa méchanceté. En vérité, sous ce nom, ceux qui étaient chargés de cet office s'adonnaient sans la moindre honte au pillage de ses sujets. Ils prétendaient certes remettre cette taxe à l'empereur, mais ils s'appropriaient sans difficulté la richesse impériale. Justinien fermait les yeux sur ces pratiques, mais il guettait l'occasion, lorsqu'ils s'étaient acquis une grande abondance de richesses, de pouvoir les dépouiller soudain de leur fortune en portant contre eux une accusation imparable. C'est précisément ce qu'il fit avec Jean de Cappadoce.*

Après quoi, notre historien se livre à une longue énumération des méfaits de Jean le Cappadocien. D'abord, ce dernier fit construire une prison à l'intérieur même de la cour prétorienne (**57** 5). Aucun autre texte ne confirme le renseignement, qu'il n'y a point toutefois de raison de mettre en doute. Le Lydien prétend, à deux reprises, avoir été témoin d'une opération punitive menée contre un certain Antiochos, une de ses connaissances, dénoncé comme en possession d'or (**57** 6)[525]. Cette fois encore,

ὥσπερ ἐξ ἀέρος ἀεὶ αὐτὴν φερομένην ἐλάμβανε, δέον τῆς πονηρίας τῆς αὐτοῦ ταῦτα ἐπικαλεῖν ἔργα. Ὧν δὴ τῷ ὀνόματι οἱ ἐπὶ τῆς ἀρχῆς τεταγμένοι ἀδεέστερον ἀεὶ ταῖς ἐς τοὺς κατηκόους λῃστείαις ἐχρῶντο. Καὶ ταῦτα μὲν τῷ αὐτοκράτορι ἀποφέρειν ἠξίουν, αὐτοὶ δὲ πλοῦτον βασιλικὸν περιεβάλλοντο οὐδενὶ πόνῳ. Ὧνπερ Ἰουστινιανὸς ἐπιστροφὴν οὐδεμίαν ἐδικαίου ποιεῖσθαι, καιροφυλακῶν ὅπως, ἐπειδὰν τάχιστα πλούτου τι μέγα περιβάλωνται χρῆμα, ἔγκλημα ὅ τι δὴ αὐτοῖς ἐπενεγκὼν ἀπροφάσιστον ἀθρόον αὐτοῖς ἀφαιρεῖσθαι τὴν οὐσίαν ἱκανὸς εἴη. Ὅπερ καὶ Ἰωάννην τὸν Καππαδόκην εἰργάσατο.

525. On voudrait connaître le motif et la nature du supplice infligé. On peut supposer que le grief était une tricherie sur la fortune avouée. Le bas de laine en cause doit avoir été assez important pour éveiller les convoitises. Dans l'Antiquité, normalement, on ne torturait pas un

toute confirmation fait défaut. On peut supposer que si l'écrivain se trouvait sur place, c'est, tout simplement parce que l'y appelaient les devoirs de son service[526]. Pour la circonstance, il compare le Cappadocien à Phalaris, dont il éclipsa les crimes (**57** 5).

Mais le préfet confiait plutôt à d'autres le rôle de bourreau. Le meurtre légal d'Antiochos est le seul qui soit mis à sa charge. Pour le reste, l'historien déplore plutôt les exactions dont il a montré l'exemple, à commencer par ses débauches crapuleuses (II **21** 2-4 et III **62** 4-**65** 4). La description de Procope est plus sobre, mais confirme celle de notre écrivain[527] :

> *En tout cas, lorsqu'il se fut entouré de grandes richesses, il se jeta à fond de train dans une crapule sans limite : jusqu'à l'heure du déjeuner, il pillait la fortune des sujets, accordant le reste du temps à l'ivrognerie et à la débauche ; il n'avait en aucun cas la force de se contrôler, mais tout en ingurgitant de la nourriture jusqu'au vomissement, il était prêt à voler les richesses en toute circonstance, davantage encore à les jeter par les fenêtres et à les dépenser.*

Au point de vue de notre auteur, un autre crime impardonnable était d'autoriser l'emploi du grec en matière

honestior, surtout s'il s'agissait d'un homme vieux, A.H.M. Jones, *LRE* I, p. 519-520. Toutefois, en Pentapole, Andronicos n'hésita pas à faire mettre à mort un curiale, non sans lui avoir infligé des tortures au préalable (Synes., *Ép.* 79, 20-22 et 41, 216-230 Garzya respectivement). Sur Andronicos, *praeses* de Libye supérieure en 411, voir *PLRE* II, s.v. *Andronicus* 1, p. 89-90.

526. Voir déjà Introduction, t. I, p. XXXVIII.

527. Procop., *Pers.*, I, 24, 14-15 : χρόνου γοῦν ὀλίγου χρήματα μεγάλα περιβαλόμενος ἐς κραιπάλην τινὰ ἐκλελάκτικεν ὅρον οὐκ ἔχουσαν, ἄχρι μὲν ἐς τὸν τοῦ ἀρίστου καιρὸν ληιζόμενος τὰς τῶν ὑπηκόων οὐσίας, μέθῃ δὲ τὸ λοιπὸν καὶ σώματος ἔργοις ἀσελγέσιν ἠσχολημένος· κατέχειν δὲ ἑαυτὸν οὐδαμῇ ἴσχυεν, ἀλλὰ τά τε βρώματα μέχρι ἐς τὸν ἔμετον ἤσθιε καὶ τὰ χρήματα κλέπτειν μὲν ἦν ἐς ἀεὶ ἕτοιμος, προΐεσθαι δὲ καὶ δαπανᾶν ἑτοιμότερος.

administrative (**68** 3). On a vu précédemment que le processus se dessinait déjà sous Arcadius, mais surtout sous Théodose II. Il ne fit que se développer sous Justinien, notamment à travers son œuvre législative. Rares furent les *Novelles* de Justinien rédigées dès le départ dans les deux langues[528]. Quand elles sont destinées à l'Italie et à l'Afrique et, le plus souvent[529], à l'Illyricum, elles sont en latin[530]. Le *quaestor Justinianus exercitus* Bonus reçoit des *Novelles* tantôt en latin, tantôt en grec[531]. On peut croire que le palais vit s'opposer partisans du latin et du grec. Le grand légiste Tribonien appartenait certainement au groupe des premiers. Sur sept *Novelles* rédigées en latin, sans que la province ou le destinataire expliquent nettement le choix, quatre portent l'adresse de Tribonien[532]. Deux portent sur des attributions administratives[533] ; la dernière va à la préfecture du prétoire, immédiatement après la chute de Jean le Cappadocien[534]. La suivante sera bilingue[535], et la troisième sera rédigée en grec[536]. La date de la dernière, novembre 541, pourrait correspondre au moment où Tribonien, mort en 542, prit sa retraite. On peut donc supposer que ce dernier fut

528. Ce sont XVII, XVIII, XXXII = XXXIV et CXII. Voir G. Dagron, (1984), p. 44, n. 5.

529. Deux *Novelles* sont en grec (CLIII et CLXII) ; VIII (19 avril 535), adressée à Jean de Cappadoce et à Dominicus, préfet du prétoire d'Illyricum, est la traduction grecque d'un original latin. Sur ce dernier personnage, voir *PLRE* III, s.v. *Domnicus (Dominicus)* 2, p. 415.

530. G. Dagron, (1984), p. 44.

531. XLI (1er septembre 537) et L (même date), respectivement. Sur le personnage, voir *PLRE* III, s.v. *Bonus* 1, p. 240-241.

532. Pour tout ceci, voir G. Dagron, (1984), p. 45, qui suit une étude d'E. Stein [(1937), p. 365-390]. Il s'agit de XVII (1er mai 535), XXIII (3 janvier 536), XXXV (23 décembre 534) et LXXV = CIV (décembre 537).

533. LXII (à Jean de Cappadoce, janvier 537) et CXIV (à Théodote, préfet du prétoire, 1er novembre 541).

534. CXI (1er juin 541, au préfet du prétoire Théodote).

535. CXII (10 septembre 541, au préfet du prétoire Théodote).

536. CXIII (22 novembre 541, au préfet Théodote).

l'âme d'un mouvement d'opposition à l'élargissement de l'emploi du grec et qu'il profita de la disgrâce de Jean de Cappadoce pour tenter une dernière fois d'imposer ses vues. Notre auteur était certainement à son côté. Ainsi s'expliqueraient son chaud éloge de Tribonien.

Le crime capital dont le Cappadocien se rendit coupable fut celui d'aspirer à la plus haute responsabilité, bref, d'avoir voulu jouer les usurpateurs (**62** 1). Le grief n'avait évidemment aucun sens pour la première préfecture, car la sédition Nika fut précisément un mouvement populaire. En cherchant l'appui des couches les plus basses, dont la faction des Verts représentait les intérêts, le préfet se conduisait comme tout candidat à l'usurpation. Du reste, on ne manquait pas de le flatter dans ses aspirations[537] :

> *Et c'étaient des empoisonneurs qu'il fréquentait le plus souvent ; prêtant jusqu'au bout l'oreille aux prophéties impies qui faisaient miroiter à ses yeux le pouvoir suprême, il se laissait manifestement emporter par ces chimères et exalter par l'espérance d'accéder à l'empire.*

Aussi s'efforça-t-il de promouvoir le plus grand nombre possible de ses affidés (**62** 4). Procope rappelle qu'il s'était entouré de gardes du corps et de défenseurs par milliers, ce que n'avait jamais fait aucun préfet du prétoire jusque-là[538]. Jean était probablement au comble de sa puissance, lorsqu'il entreprit un voyage en Orient, revêtu, non sans ostentation, d'un bel habit vert, comme celui de la faction à laquelle il appartenait (**62** 2), mais aussi pour marquer son hostilité à la faction des Bleus,

537. Procop., *Pers.*, I, 25, 8 : Καὶ φαρμακεῦσι μὲν τὰ πολλὰ ὡμίλει, μαντείαις δὲ ἀσεβέσιν ἐς ἀεὶ χρώμενος τὴν αὐτοκράτορα αὐτῷ τερατευομέναις ἀρχήν, ἀεροβατῶν τε καταφανὴς ἦν καὶ μετέωρος ἀρθεὶς ταῖς τῆς βασιλείας ἐλπίσι. Voir aussi I, 25, 19 ; II, 30, 52.

538. *Pers.*, I, 25, 7 : ἑταιρισάμενος δορυφόρων τε καὶ ὑπασπιστῶν χιλιάδας πολλάς, οὐ γεγονὸς ὑπάρχων τινὶ πρότερον τοῦτό γε.

celle du couple impérial. On peut dater ce voyage avec quelque précision. Entre le 7 septembre 540 et le 26 avril 541, on n'a aucune trace d'une loi adressée à Jean, alors que deux lois du 1er février 541 sont adressées au *comes domesticorum* Bassus faisant fonction de préfet du prétoire[539]. On n'a aucune raison d'imaginer une maladie de longue durée pour expliquer le congé de Jean. Par conséquent, l'intérim ne s'explique que par le voyage du préfet[540]. Selon notre historien, ce dernier se serait rendu en Cilicie (**62** 3).

Le récit de la chute ne viendra que plus tard. Dans l'intervalle, le Lydien décrit les débauches du préfet, non sans recourir à des digressions, afin de produire un effet d'exagération (**62** 4-**65** 4), puis ses innovations en matière administrative (**65** 5-**68** 6) avec leurs conséquences. Nous y reviendrons plus loin. Est-il utile de chercher les modèles de Jean ? On en trouve à Rome, évidemment, et la citation de Juvénal (**62** 4) n'indique probablement pas une fausse piste. Qu'il suffise de mentionner le riche Hostius Quadra dont Sénèque décrit les turpitudes[541] :

> *Partagé quelque fois entre un mâle et une femelle, abandonnant tout son corps aux outrages d'autrui (...).*

En outre, l'époque de Jean était friande de développements du genre. On pense évidemment à certains épi-

539. *Nov.* CVI (datée du 7 septembre ; le grec est de deux jours plus tard) et CX (26 avril ; le grec est daté du jour suivant) sont adressées toutes les deux à Jean le Cappadocien. Bassus officie *obtinenti locum Iohannis gloriosissimi praefecti sacrorum praetoriorum per Orientem* dans la *Nov.* CVII (du 1er février 541), voir CVIII (de la même date). CIX, adressée à Jean, date du 7 mai 541. La chute surviendra quelques jours plus tard.

540. E. Stein, *Bas-Empire* II, p. 481, n. 1.

541. Sen., *Nat.*, I, 16, 5 : *nonnumquam inter marem et feminam distributus et toto corpore patientiae expositus* (...). Plus loin, Sénèque fait parler le personnage lui-même : *Simul* (...) *et virum et feminam patior. Nihilominus illa quoque supervacua mihi parte alicuius contumelia marem exerceo ; omnia membra stupris occupata sunt.*

sodes particulièrement scabreux de la jeunesse que Procope de Césarée prête à l'impératrice Théodora[542] :

> *Souvent, s'étant rendue à un repas commun avec dix jeunes gens ou davantage, tous remarquables par leur force physique et qui faisaient métier de faire l'amour, elle couchait avec tous les convives toute la nuit, et lorsque tous abandonnaient la partie, elle allait vers les serviteurs de ceux-ci, y en eût-il trente, et elle s'accouplait avec chacun d'eux ; et même de cette débauche elle n'avait jamais assez. (...) Lorsqu'elle avait usé de ses trois ouvertures, elle adressait des reproches à la nature, s'irritant qu'elle n'ait pas percé ses seins de manière un peu plus large, pour qu'elle puisse expérimenter par là une nouvelle manière de s'accoupler.*

La description de notre traité encadre deux digressions. À la manière du Lydien sert-elle de réplique aux frasques attribuées à Théodora ? Dans ce cas, elle revêtirait une valeur polémique et exprimerait un attachement à la coterie correspondante.

Notre historien ouvre son récit en s'appuyant sur un hexamètre dactylique (**69** 1)[543]. L'empereur ne réagissait pas en raison des craintes que lui inspirait son second (**69** 2) : ce dernier s'était entouré d'une véritable armée de complices (**62** 4). Il n'y eut que Théodora pour oser révéler le désarroi des victimes dans toute son étendue et la

542. Procop., *Arc.*, 9, 16 et 18 : ἐπεὶ καὶ ἐς ξυναγώγιμον δεῖπνον πολλάκις ἐλθοῦσα ξὺν νεανίαις δέκα, ἢ τούτων πλείοσιν, ἰσχύϊ τε σώματος ἀκμάζουσι λίαν καὶ τὸ λαγνεύειν πεποιημένοις ἔργον, ξυνεκοιτάζετο μὲν τοῖς συνδείπνοις ἅπασι τὴν νύκτα ὅλην, ἐπειδὰν δὲ πρὸς τὸ ἔργον τοῦτο πάντες ἀπείποιεν, ἥδε παρὰ τοὺς ἐκείνων οἰκέτας ἰοῦσα τριάκοντα ὄντας, ἂν οὕτω τύχοι, ξυνεδυάζετο μὲν αὐτῶν ἑκάστῳ, κόρον δὲ οὐδ' ὣς ταύτης δὴ τῆς μισητίας ἐλάμβανε. (...) ἡ δὲ κἀκ τριῶν τρυπημάτων ἐργαζομένη ἐνεκάλει τῇ φύσει, δυσφορουμένη ὅτι δὴ μὴ καὶ τοὺς τιτθοὺς αὐτῇ εὐρύτερον ἢ νῦν εἰσι τρυπῴη, ὅπως καὶ ἄλλην ἐνταῦθα μίξιν ἐπιτεχνᾶσθαι δυνατὴ εἴη.

543. Dont nous avons échoué à trouver l'origine. Toutefois, on ne doit pas exclure qu'il s'agisse d'une production de l'écrivain luimême.

menace qui pesait sur l'Empire, c'est-à-dire le risque d'usurpation (**69** 2). La grande habileté de Jean a constitué dans le fait de télescoper des événements qui se sont déroulés à près de dix années de distance. Ainsi, il évitait de mettre au compte de l'impératrice la chute du favori. À l'endroit du Cappadocien, Jean le Lydien ne s'est jamais senti tenu à un minimum d'honnêteté intellectuelle.

La déposition de Jean de Cappadoce fut sans doute décidée en son absence. Il importe de rappeler ici l'articulation des faits. Les rapports entre Jean de Cappadoce et le glorieux Bélisaire ne furent jamais des meilleurs. Or, en mars 541, ce dernier se préparait pour partir en guerre contre les Perses. Jean de Cappadoce était jaloux de ses lauriers[544]. En outre, il avait laissé dans la capitale sa fille unique Euphémie, à laquelle il était tendrement attaché. Proie aisée à circonvenir pour l'intrigante Antonine, l'épouse de Bélisaire, qui jouait le jeu de l'impératrice ! Antonine s'aboucha avec Euphémie et lui dit en confidence[545] :

> *Après avoir donné à l'Empire de Rome une superficie qu'il n'avait jamais eue et ramené à Byzance deux empe-*

544. Procop., *Pers.*, I, 25, 12 : (Βελισάριος) καὶ τοῖς μὲν ἄλλοις ἅπασιν ἔντιμός τε καὶ λόγου πολλοῦ ἄξιος, ὡς τὸ εἰκός, ἦν, μόνος δὲ Ἰωάννης αὐτῷ χαλεπῶς εἶχε καὶ πολλῇ ἐπιβουλῇ ἐς αὐτὸν εἴχετο, κατ' ἄλλο μὲν οὐδέν, ὅτι δὲ αὐτὸς μὲν τὸ ἐκ πάντων ἔχθος ἐφ' ἑαυτὸν εἷλκε, Βελισάριος δὲ πάντων εὐδοκιμῶν μάλιστα ἔτυχεν · ἐπ' αὐτῷ τε γενομένης τῆς Ῥωμαίων ἐλπίδος αὖθις ἐπὶ Πέρσας ἐστράτευσε, τὴν γυναῖκα ἐν Βυζαντίῳ ἀπολιπών. Pour la date du départ de Bélisaire, voir E.Stein, *Bas-Empire* II, p. 481.

545. *Pers.*, I, 25, 15 et 17 : (...) Βελισάριος εὐρυτέραν ποιησάμενος τὴν Ῥωμαίων ἀρχὴν πλείονι μέτρῳ ἢ πρότερον οὖσα ἐτύγχανε, βασιλεῖς τε δορυαλώτους δύο καὶ πλούτου τοσοῦτόν τι χρῆμα ἐς Βυζάντιον ἀγαγών, ἀχαρίστου Ἰουστινιανοῦ ἔτυχε· (...). Οὐ γὰρ οἷοί τέ ἐσμεν (...) ἐν στρατοπέδῳ νεωτέροις ἐγχειρεῖν πράγμασιν, ἢν μὴ τοῦ ἔργου ξυνεπιλάβωνται ἡμῖν τῶν ἔνδον τινές · ἀλλ' εἴπερ ὁ σὸς πατὴρ ἤθελε, ῥᾶστα ἂν ἐς τηνδε τὴν πρᾶξιν καθιστάμενοι ὅσα ἦν τῷ θεῷ βουλομένῳ ἐπράσσομεν.

reurs prisonniers et des richesses en telle quantité, Bélisaire n'avait trouvé qu'ingratitude chez Justinien. (...) Nous ne sommes pas en mesure, avec l'armée, d'entreprendre un coup d'état, si les gens de l'intérieur ne nous donnent pas un coup de main ; mais si votre père y consentait, il serait très facile de commencer l'action et de réussir avec l'aide de Dieu.

On croira malaisément que Jean eût pu s'engager dans une intrigue qui sentait le piège à plein nez. Bien plutôt il avait dû voir dans la rencontre une occasion de compromettre définitivement Bélisaire et Antonine. Toujours est-il qu'il accepta de rencontrer celle-ci dans le palais des Rufinianes, propriété de Bélisaire sur la rive asiatique, malgré l'avertissement de Justinien. Antonine avait engagé deux témoins, le sacellaire Narsès et le comte des excubiteurs Marcellus, qui avaient pour mission d'assassiner le préfet si la volonté de trahison ressortait des propos ; Jean avait avec lui quelques-uns de ses bucellaires. Après quelques minutes d'entretien, l'un des bucellaires frappa Marcellus d'un coup de glaive, en sorte que Jean put s'échapper et regagner Constantinople où il se réfugia dans une église. Ce fut la seule erreur qu'il commit : il y a toute chance que s'il avait eu le front de raconter à l'empereur sa version de l'attentat, il aurait eu gain de cause et aurait conservé son poste. Au lieu de quoi, il fut déporté à Astaké, un faubourg de Cyzique, où on le revêtit de l'habit de prêtre. Frappé dans ses biens, dont l'empereur lui laissa toutefois une partie, il refusa cependant d'exercer le ministère. Sans doute eût-il pu continuer à vivre dans une fort honnête aisance à Cyzique, sans l'assassinat de l'évêque du lieu, Eusébios, vers la fin de 542. Une commission d'enquête de cinq personnes[546] fut dépêchée sur place, avec notamment sans doute

546. J. Mal., fr. 47 = Constantin Porphyrogénète, *De insidiis,* p. 172, l. 31-173, l. 12 est le seul à donner le nom de certains des commissaires, Florus, Paulus le Galate, ancien consul, le patrice Phocas et Thomas l'ancien préfet.

l'ancien préfet Phocas, qui instrumenta conformément aux vœux de l'impératrice. Jeté nu dans un cul de basse fosse, déchiré à coups de verge, Jean refusa d'avouer quoi que ce fût touchant l'assassinat d'Eusébios. Privé du reste de ses biens, une grossière tunique pour tout vêtement, il fut chargé sur un bateau en partance pour Antinoopolis d'Égypte, sans recevoir la moindre nourriture en sorte que sa seule ressource était de mendier à chacune des escales quelques oboles pour acheter un quignon de pain. Malgré tout, il continuait à se soucier des intérêts de l'Empire : ainsi, il dénonça aux autorités des fonctionnaires ou contribuables d'Alexandrie auteurs de délits aux dépens du fisc. Néanmoins, il survécut à Théodora, morte en 548, et il fut autorisé à revenir dans la capitale, sans rien de ses avantages d'antan. Il mourut en simple prêtre, oublié de tous[547].

β. **Jean " Mâchoires de plomb ".**

L'essentiel des forfaits commis durant la préfecture de Jean de Cappadoce est à mettre au passif d'un de ses affidés, un pays de surcroît (**58** 3), Jean surnommé " Mâchoires de plomb " en raison de son aspect physique. Après quoi, l'écrivain offre une brève description du personnage. C'est la seule de l'espèce que l'on puisse trouver dans l'œuvre. Les traits sont trop étranges pour que l'on n'essaie pas d'en dégager la signification. On lit ainsi dans un traité de physiognomonie prêté à Aristote[548] :

547. On lira l'admirable récit de Procope (*Pers.,* I, 25, 31-44) avec l'interprétation d'E. Stein (*Bas-Empire* II, p. 481-483).

548. *Physiogn.,* 807 b 19-26 : ἀναισθήτου σημεῖα τὰ περὶ τὸν αὐχένα καὶ τὰ σκέλη σαρκώδη καὶ συμπεπλεγμένα καὶ συνδεδεμένα, κοτύλη στρογγύλη, ὠμοπλάται ἄνω ἀνεσπασμέναι, μέτωπον μέγα περιφερὲς σαρκῶδες, ὄμμα χλωρὸν κωφόν, κνῆμαι περὶ σφυρὸν παχεῖαι σαρκώδεις στρογγύλαι, σιαγόνες μεγάλαι σαρκώδεις, ὀσφὺς σαρκώδης, σκέλη μακρά, τράχηλος παχύς, πρόσωπον σαρκῶδες, ὑπόμακρον ἱκανῶς. Sur ce traité, voir J. André, (1981, 2), p. 26-28.

Signes de l'insensibilité : les parties constitutives du cou et des jambes charnues, enveloppées et ramassées, la hanche ronde, les omoplates tirées vers le haut, le front haut, arrondi et charnu, l'œil vert et éteint, le bas des jambes dans la région du mollet épais, charnu et rond, les mâchoires longues et charnues, la hanche charnue, les jambes longues, le cou épais, le visage charnu et légèrement trop long.

On le verra, la sensibilité vis-à-vis des malheurs d'autrui n'était sûrement pas la qualité maîtresse de l'homme. Après une présentation générale de ses exactions (**58** 5-6), Jean le Lydien va entrer dans le détail en allant crescendo : tortures, sacrilège, pressions mortelles, misère infligée à des régions entières.

Pareil à Briarée, le géant aux Cent bras[549], Jean de Cappadoce avait à son service une foule de suppôts prêts à servir ses projets *perinde ac cadaver*. L'un d'entre eux, " Mâchoires de plomb ", était un authentique Cerbère (**58** 5 ; **60** 1), qui ruina Philadelphie, la cité natale de notre auteur, de fond en comble. On peut donc supposer qu'il passa au moins une année en Lydie[550], en y multi-

549. Sur Briarée, voir la note à III **58** 1.

550. *PLRE* III, s.v. *Ioannes " Maxilloplumacius "* 10, p. 626. On ne sait exactement avec quel titre : gouverneur de Lydie, vicaire du diocèse asianique ou logothète chargé de mission, avec des pouvoirs très étendus (E. Stein, *Bas-Empire* II, p. 448), à moins qu'il n'ait été *discussor* chargé de vérifier les comptes ou *tractator* en mission pour la supervision de la perception des taxes (*PLRE* III, *l.l.*). Jean Maxilloplumbaceus ne serait autre que le *scriniarius* Jean envoyé comme *discussor* dans la province d'Hellespont et puni par Justinien pour les graves malversations qu'il avait commises, comme il apparaît dans l'*Edit* 12 de 535. La proposition d'identification est l'œuvre d' E. Stein (*Bas-Empire* II, 448, n. 2). Toutefois, l'*Ed.* 12, qui ne dit rien du nom des *scriniarii* envoyés comme *discussores* en province pour contrôler les finances des cités, est apparemment destiné au préfet Jean de Cappadoce, comme l'*Ed.* 2, sans date, mais certainement adressé au même Jean. Or, dans les deux cas, Jean le Cappadocien agit comme informateur de l'empereur. Son but était de prévenir les abus du personnel de la préfecture travaillant en province. C'est là une image de Jean le

pliant les crimes les plus atroces : vols et viols, aussi bien de vierges que de jeunes garçons (**58** 6). Afin de rehausser son récit des couleurs du tragique (**59** 1), Jean saisit l'occasion d'insérer quelques mots d'Euripide[551]. Sur place, le chargé de mission égala dans l'excès les monstres les plus extraordinaires : le tyran Phalaris, pour les punitions infligées aux innocents[552], Busiris pour le méchant accueil réservé aux étrangers[553], Sardanapale pour la débauche (**59** 6). Ce fut à Philadelphie qu'au milieu des protestations les plus vives " Mâchoires de plomb " s'en prit à un certain Pétronius, inconnu par ailleurs, qu'il fit enfermer dans une écurie — une étable destinée à des mules —, avant de le faire battre de verges pour lui extorquer le trésor de pierreries qu'il dissimulait (**59** 2-4 et 7). Pour la circonstance, le narrateur le compare à un Cyclope (**59** 3). Au moment de passer à la description d'un autre méfait, Jean recourt à un hexamètre dactylique, de provenance inconnue (**59** 4)[554] : la gradation est habilement ménagée. On passe de l'humain au divin. Muni des Écritures, l'évêque de Philadelphie eut beau intercéder en faveur de Pétronius[555], rien n'y fit. " Mâchoires de plomb " l'obligea, en habit de cérémonie, à monter sur scène pour jouer une parodie de messe, au cours de laquelle les symboles sacrés firent l'objet des insultes les plus grossières (**59** 5-6). Pour la circonstance, il est qualifié de Salmoneus (**59** 5)[556]. Le Cerbère fit pis encore lorsqu'il s'en prit à un simple *honestior*, vétéran de l'armée, à qui il réclama la somme exorbitante de

Cappadocien qui tranche radicalement sur celle que nous offre Jean le Lydien. Voir J. Caimi (1984), 248, avec la n. 148.

551. Pour l'adaptation du passage, voir la note à III **58** 6.

552. Qualité qu'il avait en commun avec son maître (**57** 5).

553. Pour Busiris, voir la note à III **58** 7.

554. Voir la note *ad l.*

555. Pétronius n'est pas connu par ailleurs, voir *PLRE* III, s.v. *Petronius* 1, p. 992, pas plus que l'évêque de Philadelphie du moment.

556. Sur le personnage, voir la note *ad l.*

vingt livres d'or. Après mille tortures, Proclos[557] promit à ses tourmenteurs de céder à leurs exigences et profita d'un instant où la surveillance s'était relâchée pour se pendre. On outragea le cadavre qu'on laissa sans sépulture et l'on pilla les biens abandonnés. Cette fois, il y avait eu mort d'homme (**60** 2-4). Le récit des malheurs de la Lydie s'achève sur une double allusion littéraire, les Lestrygons[558] et un trimètre de Lycophron, parfaitement en situation[559]. Cette fois, ce fut à tout le diocèse asianique que " Mâchoires de plomb " réserva sa sollicitude en supprimant le service public des postes (**61** 2-5) : l'écrivain peint les conséquences catastrophiques de la mesure pour l'économie régionale (**61** 7-8)[560].

On peut s'interroger sur les conséquences de la réforme mise en œuvre à l'instigation de " Mâchoires de plomb ". Le ralentissement des échanges a dû entraîner des difficultés tant pour la levée des impôts en nature que pour le remboursement. La technique de la *coemptio* explique les difficultés que l'on rencontra sur le terrain. Le revenu des grands propriétaires fonciers reposait sur un double versement effectué par leurs colons partie en produits naturels, partie en espèces. Mais au cours des périodes difficiles, les contributions en produits naturels ne suffirent plus à couvrir les dépenses de l'État, en sorte que l'on fut obligé d'accroître la quotité de l'annone à verser en espèces, notamment pour l'entretien de l'armée. Depuis toujours, l'État s'accordait le droit de contraindre ses sujets à lui vendre les fruits des cultures et récoltes. En somme, c'était une vente forcée, dans laquelle les services fiscaux fixaient eux-mêmes l'équivalent monétaire des denrées, à un taux qu'ils déterminaient en fonction des objectifs politiques. De surcroît, les colons ne voyaient généralement ni

557. Inconnu par ailleurs, il n'a même pas trouvé à se loger dans la *PLRE* III.

558. Voir la note *ad l.*

559. Voir la note *ad l.*

560. Voir p. CCLXXII-CCLXXIV.

l'ombre ni la couleur de ce qu'ils avaient versé, qui venait en déduction de l'annone à verser en espèces[561].

Les haltes ménagées pour le service des postes constituaient une clientèle précieuse pour les grands domaines, d'après Procope[562] :

> *D'autre part, les propriétaires de domaines en tous lieux, en particulier lorsque ces domaines étaient à l'intérieur des terres, étaient extrêmement prospères grâce à cela. En vendant chaque année au trésor le surplus de leurs récoltes pour nourrir les chevaux et les écuyers, ils gagnaient beaucoup d'argent. Il en résultait que le Trésor recevait régulièrement les impôts dus par chacun, que ceux qui les payaient recevaient presque aussitôt de l'argent en retour.*

On chercha une compensation en transférant dans cette paisible région des troupes qui devraient être entretenues de même par voie de *coemptio* (**61** 8). L'allocation des fournitures ne fut adjugée qu'à un taux dérisoire. Or, les contribuables continuaient à devoir verser l'annone en espèces, alors qu'ils se trouvaient dans l'impossibilité de vendre les produits de leurs terres. Les récoltes furent condamnées à pourrir dans les greniers. Bref, le remède ne fit qu'aggraver le mal.

En somme, les conséquences furent de même nature que celles qui sont censées avoir produit la sédition Nika (**70** 1-2). On a vu qu'il n'en était rien, mais que les troubles intérieurs sont à rattacher à la résurrection de la

561. Nous suivons l'excellent exposé d'E. Stein, *Bas-Empire* II, p. 199-200. Voir aussi A.H.M. Jones, *LRE* I, p. 235, 254 et II, p. 840.

562. *Arc.*, 30, 5-7 : πρὸς δὲ καὶ οἱ τῶν χωρίων πανταχῇ κύριοι, ἄλλως τε κἂν ἐν μεσογείοις τὰ χωρία ὄντα ἐτύγχανεν, εὐδαιμονέστατοι ἐπ' αὐτοῖς ἐν τοῖς μάλιστα ἦσαν. Τοὺς γὰρ ὄντας ἐκ τοῦ περιόντος σφίσι καρποὺς ἵππων τε καὶ ἱπποκόμων τροφῆς ἕνεκα τῷ δημοσίῳ ἀνὰ πᾶν ἔτος ἀποδιδόμενοι, χρήματα πολλὰ ἐφέροντο. Ξυνέβαινέ τε διὰ ταῦτα τῷ δημοσίῳ δέχεσθαι μὲν ἀεὶ τοὺς ἐγκειμένους ἑκάστῳ φόρους, ἀντιπαραδέχεσθαι δὲ αὐτοὺς τοῖς ἐσκομίζουσιν αὐτίκα δὴ μάλα.

préture en 539[563]. C'est ce qui incite à croire que la mission de " Mâchoires de plomb " date des années 537-539 environ, mais sans la moindre assurance. On a essayé de percer le mystère des fonctions qu'exerçait " Mâchoires de plomb ". E. Stein émet trois suppositions : gouverneur de Lydie, logothète en mission avec des pouvoirs étendus ou vicaire du diocèse asianique[564]. Toutefois, avec une intention venimeuse, notre écrivain indique les titres qu'il ne s'arrogeait pas (**58** 6)[565]. Parmi les titres d'importance moyenne, on peut énumérer ceux de *clarissimus* ou de *spectabilis*, correspondant respectivement à un gouvernement de province, le proconsulat excepté, et à l'une des *administrationes mediae*, auxquelles appartenait le vicariat[566]. D'autre part, on sait que le vicariat était fréquemment, sinon officiellement, appelé ἡ ἔπαρχος ἐξουσία[567]. Si " Mâchoires de plomb ", après avoir été gouverneur de la province de Lydie, devint par la suite vicaire de l'Asiane, il pouvait user de la locution ἔπαρχος ἐξουσία. Or, le vicariat fut supprimé par la loi du 15 avril 535 dans les diocèses asianiques, pontiques et d'Orient[568]. Par suite, on a toute raison de supposer que le triste personnage finit sa carrière comme le dernier vicaire d'Asiane. Après la chute de

563. Voir t. I, p. DCXXXV.

564. *Bas-Empire,* II, p. 448.

565. Nous suivons ici les grandes lignes d'un développement de D. Feissel [(1998), p. 103].

566. Pour ces administrations de niveau moyen, voir *Nov.* XXIII, 3 (5 janvier 536, à Tribonien, *magister officiorum* et *quaestor sacri palatii*) ; XXIV, 4 (p. 193, 24-27 : *sitque etiam haec administratio inter mediass constituta et in spectabilium numerum conscripta, ut quaecumque olim quidem in vicariis,* du 18 mai 535, à Jean le Cappadocien).

567. D. Feissel [(1998), p. 96-97] reproduit cinq inscriptions donnant les titres de cinq vicaires de la fin du IVe s., où chaque fois figure la précision en cause. Un seul d'entre eux, Flavios Ménandros, est daté avec précision à 385.

568. E. Stein, *Bas-Empire* II, p. 465, d'après *Nov.* VIII, 2

Jean le Cappadocien, l'expression ἔπαρχος πραιτωρίων est d'une ironie cinglante.

γ. **Phocas.**

D'autre part, Phocas était apprécié pour ses qualités de discrétion, de sollicitude envers la justice et de droiture morale dans l'exercice de la préfecture : ceci est vrai autant pour le Procope officiel que pour le Procope secret[569]. La sobriété de Phocas (**72** 4) fait un contraste cru avec les excès prêtés à Jean le Cappadocien[570]. Comme dans le cas d'Anastase, analysé plus haut, on retrouve dans la présente partie des éléments de panégyrique.

Jean indique la généalogie de Phocas (**72** 3), petit-fils du très juste Salvius[571], inconnu par ailleurs, et le fils de Crateros[572], qu'il appelle " le plus pieux d'entre les hommes ". On notera toutefois que l'*Anthologie* renferme trois épigrammes en l'honneur d'un certain Crateros, qui paraît avoir été un remarquable orateur. Deux sont des poèmes funéraires, le troisième, une épigramme démonstrative. Les deux premières sont l'œuvre de Julien l'Égyptien, ancien consul (VII, 561-562 : ἀπὸ ὑπάτων), la troisième, du même donné comme préfet honoraire (IX, 661 : ἀπὸ ὑπάρχων). Le poète en cause est vraisemblablement celui qui fut, lui aussi, préfet du prétoire d'Orient (du 18 mars 530 au 20 février 531)[573], c'est-à-dire le prédécesseur de Jean de Cappadoce. On ne connaît pas les dates du consulat de Julien. Toutefois, les

569. Procop., *Pers.*, I, 24, 18 ; *Arc.*, 21, 6, voir J. Caimi, (1984), p. 266-269.

570. Voir J. Caimi, (1984), p. 258.

571. C'est Salvius 3 de la *PLRE* II, p. 974.

572. Même indication dans Malalas [XVIII, 42, 19(p. 449, l. 5 B.)], le *Chronicon Paschale* (a. 532, p. 621, 6 B.) et Théophane (A.M. 6019, p. 173, 11 ; 6022, p. 180, 16-17). Aucun de ces textes n'en dit plus. L'article de *PLRE* II, s.v. *Craterus,* p. 328 ne mentionne aucun autre texte. Sur Phocas, voir déjà Introduction, t. I, p. XXXVII.

573. E. Stein, *Bas-Empire* II, p. 784.

deux premières épigrammes donnent Crateros pour mort jeune au temps où Julien était encore simple ex-consul, c'est-à-dire, si l'identification est correcte, à un moment où il n'avait pas encore accédé à la préfecture, bref, avant mars 530.

Or, Jean le Lydien n'a pas un mot pour lui. Julien semble avoir cependant exécuté loyalement sa tâche. On a même supposé qu'il avait exprimé par les arts figurés son respect à l'empereur, après la victoire remportée en juin 530 non loin de Daras. Pour la circonstance, il aurait fait édifier en son honneur une statue équestre[574] :

> *Un coursier, un empereur, Babylone détruite, tout cela est modelé dans l'airain des dépouilles assyriennes. C'est Justinien ! Et Julien, qui tient le joug de l'Orient, l'a fait dresser comme un témoin " tueur de Mèdes ".*

Relevé de sa charge depuis quelques mois, Julien se trouvait en janvier 532, durant la sédition Nika, aux côtés d'Hypatios, le neveu de l'empereur défunt Anastase[575]. On ne peut reconstituer le détail des faits et gestes. On peut supposer que Julien y joua un rôle, mais qu'il sut éviter d'y prendre une part trop prépondérante, ce qui dut lui valoir la vie sauve par la suite. La *Chronique pascale* vient d'expliquer que Justinien a ordonné un " sauve qui peut " aux principaux dignitaires du palais[576] :

574. *Anth.Pl.*, 63 (anonyme) : Πῶλον ὁμοῦ καὶ ἄνακτα καὶ ὀλλυμένην Βαβυλῶνα / χαλκὸς ἀπὸ σκύλων ἔπλασεν Ἀσσυρίων. /Ἔστι δ' Ἰουστινιανός, ὃν ἀντολίης ζυγὸν ἕλκων / στῆσεν Ἰουλιανός, μάρτυρα Μηδοφόνον, voir Cameron, Alan, *Some Prefects called Julian,* dans *Byzantion,* 47 (1977), p. 42-64, particulièrement, p. 42-48. On peut discuter l'identité du personnage. Ce n'est pas l'avis de R. Aubreton et de F. Buffière [(1980), p. 252, n. 8 (à la p. 105)] qui identifient le personnage avec Julien (cf. *Anth.*, IX, 779 et 803-804), qui fut consul et préfet de la Ville à la mort de Justinien et sous le règne de Justin II (565-566). Cependant, l'expression'Ἀντολίης ζυγὸν ἕλκων serait dans ce cas fort inappropriée.

575. Voir déjà Introduction, t. I, p. XXXIX-XL.

576. P. 624, 5-18 B. : Καὶ ἐξελθόντων αὐτῶν ὑπήντησεν ὁ δῆμος Ὑπατίῳ τῷ πατρικίῳ καὶ Πομπηίῳ τῷ πατρικίῳ· καὶ ἔκρα-

Mais lorsqu'ils s'en furent allés, le peuple se rendit auprès d'Hypatios le patrice et de Pompeius le patrice, et il l'acclama : " Auguste Hypatios, tu seras vainqueur ". Le peuple emmena le même patrice Hypatios, revêtu d'une tunique blanche, au forum de Constantin, où il le jucha au-dessus des degrés de la colonne portant la stèle de l'empereur Constantin ; il emporta du palais appelé des Placillianes les insignes impériaux qui s'y trouvaient entreposés, et il les plaça sur la tête du même Hypatios, ainsi que le torque (μανιάκιον) *d'or, qu'on lui passa au cou. Quand l'empereur eut appris l'événement, le palais fut encerclé, et le peuple, qui avait emmené le même Hypatios, Pompeius le patrice et l'ex-préfet du prétoire Julien, conduisit le même Hypatios à la loge impériale, voulant prendre au palais impérial la pourpre impériale, le diadème et le couronner comme empereur.*

Au cours de la répression qui suivit, Hypatios fut assassiné. Julien avait encore composé deux épigrammes à la mémoire d'Hypatios[577]. On peut donc supposer qu'il avait fort peu apprécié de se voir supplanté par Jean de Cappadoce ; même si aucun texte n'évoque les faits, sans

ξαν, Ὑπάτιε Αὔγουστε, τοῦ βίγκας. Καὶ λαβόντες οἱ δῆμοι τὸν αὐτὸν πατρίκιον Ὑπάτιον εἰς τὸν φόρον Κωνσταντίνου, φοροῦντα ἄσπρον χλανίδιν, ἀναγαγόντες αὐτὸν ὕψος εἰς τοὺς βαθμοὺς τοῦ κίονος τῆς στήλης Κωνσταντίνου τοῦ βασιλέως ἤνεγκαν οἱ δῆμοι ἀπὸ τοῦ παλατίου Πλακιλλιανῶν οὕτω λεγομένου σίγνα βασιλικὰ ἀποκείμενα ἐκεῖσε, καὶ ἔβαλον εἰς τὴν κεφαλὴν τοῦ αὐτοῦ Ὑπατίου, καὶ μανιάκιον χρυσοῦν εἰς τὸν τράχηλον αὐτοῦ. καὶ τούτου γνωσθέντος τῷ βασιλεῖ, ἐσφαλίσθη τὸ παλάτιον, καὶ λαβόντα τὰ τοῦ δήμου πλήθη τὸν αὐτὸν Ὑπάτιον καὶ Πομπήιον τὸν πατρίκιον καὶ Ἰουλιανὸν τὸν ἀπὸ ἐπάρχων πραιτωρίων ἀπήγαγον τὸν αὐτὸν Ὑπάτιον εἰς τὸ βασιλικὸν κάθισμα, βουλόμενοι ἐκβαλεῖν ἐκ τοῦ παλατίου πορφύραν βασιλικὴν καὶ διάδημα καὶ στέψαι αὐτὸν εἰς βασιλέα.

577. *Anth.* VII, 591-592. Dans les manuscrits, la première est munie d'un lemme τοῦ αὐτοῦ Ἰουλιανοῦ, ce qui renvoie à l'épigramme précédente, devant laquelle on lit Ἰουλιανοῦ Αἰγυπτίου. En revanche, VII, 592 n'est précédée d'aucune indication. Aussi la plupart des commentateurs l'attribuent-ils au même poète. C'est pourquoi P. Waltz lui donne τοῦ αὐτοῦ comme lemme.

doute la répression au cours de laquelle périt Hypatios avait-elle fait davantage que l'effleurer. Ceci expliquerait le ton amer des épigrammes sur Hypatios, dont on concevrait mal qu'elles eussent couru autrement que sous le manteau. Un seul exemple suffira à la démonstration[578] :

> *L'empereur lui-même s'est indigné contre les vagues de la mer mugissante qui avaient englouti le corps d'Hypatios ; car il voulait que celui-ci eût, une fois mort, les honneurs suprêmes, et la mer a caché cette faveur de sa malignité. C'est pourquoi, témoignage éclatant d'un cœur bienveillant, il a honoré par ce cénotaphe le mort illustre.*

Peut-on imaginer, comme le suppose J.Caimi[579], que Jean le Lydien, admirateur et peut-être ami de Crateros, sans doute en bons rapports avec le fils de celui-ci, Phocas, fût bien en cour auprès du préfet Julien ? Crateros, Phocas, Julien ont dû constituer une sorte de coterie avec laquelle Jean le Lydien avait partie liée. Mais le climat politique se modifia radicalement après la chute de Julien et surtout après la sédition Nika. Julien a dû payer assez cher de s'être affiché en compagnie d'Hypatios au cours des troubles. Mieux valait pour notre écrivain ne point souffler son nom.

Jean évoque aussi les mœurs de Phocas, ou plutôt la modestie de son train de vie ainsi que sa générosité, d'autant plus surprenants que l'homme disposait d'une immense fortune (**72** 4-5). On peut supposer que la partie perdue du chapitre **73** dans le *Caseolinus* devait contenir une présentation d'un Libyen parfaitement inconnu nommé Speciosus, qui, à en juger par la suite du récit, devait appartenir à la même tendance politique que Pho-

578. VII, 592 : Αὐτὸς ἄναξ νεμέσησε πολυφλοίσβοιο θαλάσσης / κύμασιν Ὑπατίου σῶμα καλυψαμένοις· / ἤθελε γάρ μιν ἔχειν γέρας ὕστατον οἷα θανόντα / καὶ μεγαλοφροσύνης κρύψε θάλασσα χάριν. / Ἔνθεν, πρηϋνόου κραδίης μέγα δεῖγμα, φαεινὸν / τίμησεν κενεῷ σήματι τῷδε νέκυν.

579. (1984), p. 273.

cas, c'est-à-dire à l'aristocratie[580], mais qui était fort appauvri. Aussi pouvait-on l'aider, sans le vexer, en le chargeant de dispenser des leçons de latin. Au nom de Phocas (**73** 6), Jean se chargea de verser à Speciosus une somme de cent livres d'or au titre de συστατικά. Ce dernier mot figure par exemple dans les *Novelles* de Justinien[581]. Phocas consignait cent livres d'or au bénéfice de Speciosus au titre de rémunération anticipée[582]. Le geste avait un caractère d'autant plus méritoire qu'il était entièrement gratuit, car Phocas, expert en droit, n'avait nul besoin de leçons de latin[583].

Dans l'admiration qu'il éprouvait pour Phocas, Jean ne pouvait manquer de relever une de ses actions majeures, qui eut pour bénéficiaire la communauté chrétienne. Il s'agit d'une église située à Pessinonte[584] en Galatie et dédiée à l'immaculée armée des saints Anges de Dieu ineffable, à laquelle il fit une importante donation. Les investigations archéologiques confirment-elles la véracité de l'affirmation ? On doit craindre que le contrôle soit

580. J. Caimi, (1984), p. 259.

581. Justinien, *Nov.* VI, 3 p. 41, 27 (de 535). Le fait est signalé par Du Cange, II, col. 1495, s.v. συστατικόν. Le mot est traduit par *commendaticiae litterae,* suivant les indications de Du Cange, par Schoell et Kroll.

582. J. Caimi, (1984), p. 259, n. 188.

583. Selon W. Ensslin [*Phokas* 5 dans *RE* XX (1941), col. 449], Phocas devait avoir besoin d'un enseignant de latin ; selon G. Purpura [*Giovanni di Cappadocia e la sua composizione del primo codice di Giustinano,* dans *Asgp,* 36 (1976), p. 49-67, plus spécialement p. 63, n. 37], Jean le Lydien aurait été le précepteur de latin de notre Phocas, qui partant ne pourrait s'identifier avec le commissaire du même nom, sûrement ferré en latin, du premier *Codex de Justinien* ; *PLRE* II *Phocas* 5, p. 882 : " Durant sa préfecture, il commença à apprendre le latin ". Toutes ces hypothèses sont en l'air, faute de données textuelles, voir J. Caimi, (1984), p. 259-260.

584. Les ruines de la cité et de l'acropole sont situées à la limite occidentale du village de Ballihisar, à 14 km au sud-sud-est de Sivrihisar (94 km Ese d'Eskisehir), à 128 km au sud-ouest d'Ancyre, voir Fr. Lasserre, (1981), p. 229 (Lexique des noms de lieu) ; Kl. Belke, (1984), p. 214.

malaisé. L'ancienne Pessinonte servit au fil des siècles de carrière pour le village proche de Sivrihisar en sorte que les monuments byzantins furent les premiers à être pillés et qu'il ne subsiste guère que de rares inscriptions chrétiennes[585]. Toutefois, une Église au nom à peine différent est mentionnée à propos d'un miracle pour lequel s. Théodore de Sykéôn servit d'intercesseur. La région était en proie à une sécheresse catastrophique[586] :

> *Quand Théodore fut entré dans la ville, le très bienheureux métropolite Georges vint à sa rencontre et le reçut avec joie. Le serviteur du Christ Théodore ordonna qu'on proclamât une procession pour le lendemain. Le matin étant venu, toute la ville se rassembla à Sainte-Sophie,*

585. Kl. Belke, (1984), p. 214. Les inscriptions chrétiennes sont publiées par P. Lambrechts et P. Bogaert (*Nouvelles données sur l'histoire du christianisme à Pessinonte,* dans *Festschrift F. Altheim* I, Berlin, 1969, p. 552-564).

586. *Vie de Saint Théodore,* 101 = *B.H.G.* 1748 : Εἰσελθόντος οὖν αὐτοῦ ἐν τῇ πόλει ὑπήντησεν αὐτῷ ὁ μακαριώτατος Γεώργιος ὁ μητροπολίτης καὶ ὑπεδέξατο αὐτὸν χαίρων. Ὁ δὲ θεράπων τοῦ Χριστοῦ Θεόδωρος προσέταξε λιτὴν προκηρύξαι εἰς τὴν αὔριον. Καὶ πρωΐας γενομένης συνήχθη πᾶσα ἡ πόλις ἐν τῇ καθολικῇ καὶ πρώτῃ ἐκκλησίᾳ τῇ ἁγίᾳ σοφίᾳ. Καὶ ἐκβαλόντες λιτὴν ὅ τε μακάριος Θεόδωρος καὶ ὁ μητροπολίτης Γεώργιος σὺν παντὶ τῷ λαῷ ἀπῆλθον λιτανεύοντες ἐν τῷ σεβασμίῳ ναῷ ἀπῆλθον λιτανεύοντες ἐν τῷ σεβασμίῳ ναῷ τῶν ἁγίων Μυριαγγέλων ἔξω τειχῶν. Καὶ ποιήσαντες ἐκεῖ τὸ εὐαγγέλιον, ὑπέστρεψαν πάλιν λιτανεύοντες ἐν τῇ ἁγίᾳ Σοφίᾳ. Προτραπεὶν δὲ ὑπὸ τοῦ μητροπολίτου ὁ ἁγιώτατος ἀνὴρ ἐποίησε τὴν ἀναφοράν, ἅμα δεηθεὶς τοῦ φιλανθρωποτάτου Θεοῦ καταπέμψαι ὑετὸν εἰς τὴν χώραν αὐτῶν. Μεταλαβόντων δὲ πάντων καὶ ἐπὶ εὐωχίαν καθεσθέντων, ἐγένετο σύννεφος ὁ οὐρανός, καὶ τῇ αὐτῇ ἡμέρᾳ ἔβρεξεν ὑετὸν πολὺν ἐπὶ πᾶσαν τὴν γῆν αὐτῶν, ὥστε πηγὰς ὑδάτων συστῆναι ἐπὶ δευτέραν καὶ τρίτην ἡμέραν καὶ τὰ ἐπὶ τὸ δυτικὸν μέρος ἀπέρατα εἶναι, ποταμοῦ κινηθέντος. Le texte et la traduction, très légèrement modifiée, sont ceux d'A.-J. Festugière (*Vie de Théodore de Sykéôn,* dans *Subsidia Hagiographica,* n° 48, Bruxelles, 1970, I, p. 81 et II, p. 84). Le rapprochement n'est fait ni par Kl. Belke (1984) ni par notre compatriote M. Waelkens, auteur d'un article extrêmement fouillé sur Pessinonte [(1971), p. 349-373, surtout p. 350-352].

l'église cathédrale et principale. Le bienheureux Théodore et le métropolite Georges firent sortir une procession avec tout le peuple, et ils allèrent en procession à la vénérable église des saints Dix-mille Anges hors-les-murs. Ils firent la lecture de l'Évangile du jour, puis s'en retournèrent, toujours en procession, à Sainte-Sophie. Sur l'invitation du métropolite, le très saint Métrodore célébra le saint sacrifice, priant en même temps le Dieu qui aime les hommes d'envoyer de la pluie sur leur territoire. Quant tous eurent communié et se furent assis pour un repas de fête, le ciel se couvrit de nuages et, ce même jour, il fit tomber une pluie violente sur toute leur terre, en sorte que des cours d'eau se formèrent pendant deux ou trois jours et que le quartier de l'Ouest était devenu inaccessible parce que le fleuve avait débordé.

À mon sens, le lieu de culte mentionné par Jean et par la *Vie* sont identiques.

Un certain Ellamos[587] avait fait une donation de vingt livres d'or ; Phocas s'empressa de verser en complément quatre-vingt *solidi* d'or afin que les prêtres fussent en mesure d'y pratiquer l'hospitalité (**74** 1-2)[588]. La donnée est incontrôlable. Nous ne connaissons pas d'autre occurrence du nom d'Ellamos, qui n'a pas trouvé place dans la *PLRE* II ou III. On l'a vu, des soupçons d'appartenance au paganisme pesaient sur Phocas. L'anecdote rapportée par Jean vise-t-elle à les dissiper ? Quoi qu'il en soit, il ne manque pas l'occasion de se livrer à une étymologie à la manière du *Cratyle* puis à une digression historique (**74** 1), sur les origines de la région.

Jean avait déjà eu précédemment l'occasion d'évoquer un " Brennus ", chef des Sénons (I **50** 1). Mais le contexte était tout autre[589] : il s'agissait d'expliquer la naissance des *praefecti vigilum*. Le personnage visé était un autre " Brennus ", celui de la bataille de l'Allia, le 18

587. Nous ne connaissons pas d'autre occurrence de ce nom.
588. J. Caimi, (1984), p. 260.
589. Voir J. Schamp, (1996), p. 381-408 et t. I, p. CDLXIII.

juillet 387. Celui dont il est question ici, en compagnie d'Acichorius, envahit la Grèce en 279 aCn et conquit la Macédoine, la Thessalie et les régions grecques situées au sud, lorsqu'il fut bloqué aux Thermopyles pendant plusieurs mois par le général Callipos, puis battu avec force pertes. Lorsqu'on lui eut fait connaître un passage permettant de franchir aisément l'obstacle naturel, il réussit à mettre en fuite les forces adverses et, à la tête d'une armée de 65.000 hommes, il fonça sur Delphes, où il fut blessé. Mis en fuite à leur tour, les Gaulois furent repoussés jusqu'aux Thermopyles. Durant leur retraite en désordre vers le nord, les Gaulois essuyèrent des escarmouches lancées par les Thessaliens. " Brennus " se suicida parce qu'il ne supportait plus ni l'humiliation des défaites subies ni les douleurs de ses blessures. Sous le commandement d'Acichorius, qui prit la succession de " Brennus ", une partie des hordes gauloises, environ 20.000 hommes, dont la moitié seulement de vrais combattants, franchit le Bosphore et s'installa en Phrygie, d'où le nom de Galatie[590]. Parmi les Celtes qui déferlèrent sur l'Asie Mineure, les Tolistoboïens s'installèrent dans la région de Pessinonte, qu'ils choisirent comme capitale[591]. En fixant l' habitat originel de ses Gaulois sur le Rhône, Jean ne se trompe guère. D'une part, même aujourd'hui, pareille détermination demeure relativement imprécise ; de toute façon, il y eut des Volsques Tolisboïens ou Tolistosages dans la région de Toulouse aussi bien qu'en Bavière[592]. Pessinonte, située à la frontière de la Phrygie sur le cours supérieur du Sangarios (aujourd'hui Sakarya), passa ensuite sous la domination des souverains de Pergame, puis conquit son indépendance en 166 aCn avant de tomber sous la coupe des Romains et d'être intégrée à la province de Galatie en 25 aCn.

590. A. Bandy, (1983), p. 344 (n. à **74** 1 p. 252) ; H. Hubert, 2 (1932), p. 47-53 ; Ed. Will, (1966), p. 88-90 ; 123-125.

591. H. Hubert, 2 (1932), p. 57.

592. H. Hubert, 2 (1932), p. 306, n. 320 (à la p 73).

L'étymologie du toponyme est ignorée[593], ce qui n'empêche pas notre écrivain d'en proposer une. Il n'est pas le premier. Ainsi, dans une longue digression d'Hérodien sur la Mère des Dieux et la vénération dont elle fait l'objet chez les Romains, on peut lire[594] :

> *Sa statue est, dit-on, tombée du ciel ; on n'en connaît pas la matière et l'on ignore le nom de l'artiste qui l'a faite ; elle ne serait même pas l'œuvre des hommes. Tombée du haut du ciel il y a longtemps, elle parvint, raconte-t-on, dans un canton de Phrygie (ce lieu, qui s'appelle Pessinonte, tire son nom du fait que la statue y est " tombée "* (πεσεῖν) *et y apparut pour la première fois sur terre. Mais selon d'autres auteurs, il y aurait eu à cet endroit-là une guerre entre le Phrygien Ilos et le Lydien Tantale, pour une question de frontières selon les uns, à propos du rapt de Ganymède selon les autres ; le combat aurait été longtemps indécis, et de chaque côté une quantité notable de combattants seraient " tombés "* (πεσεῖν), *carnage qui serait à l'origine du nom de cette localité.*

L'empereur Julien fut un dévot enthousiaste de la Mère des Dieux. Aussi éprouva-t-il le besoin de se rendre dans la ville de Pessinonte. Ammien rapporte, en manière de digression, l'introduction du culte à Rome par les soins de Scipion Nasica en 204 aCn. Comme Hérodien, il avait, dans un passage perdu aujourd'hui, décrit le sacrifice offert par Commode. Lui aussi trouva le moyen de

593. D. Roques, (1990), p. 224, n. 93.

594. I, 11, 1-2 : Αὐτὸ μὲν τὸ ἄγαλμα διοπετὲς εἶναι λέγουσιν, οὔτε δὲ τὴν ὕλην οὔτε τεχνιτῶν ὅστις ἐποίησεν ἐγνωσμένον οὐδὲ ψαυστὸν χειρὸς ἀνθρωπίνης. τοῦτο δὲ πάλαι μὲν ἐξ οὐρανοῦ κατενεχθῆναι λόγος ἔς τινα τῆς Φρυγίας χῶρον (Πεσσινοῦς δὲ ὄνομα αὐτῷ, τὴν δὲ προσηγορίαν λαβεῖν τὸν τόπον ἐκ τοῦ πεσόντος ἀγάλματος ἐξ οὐρανοῦ) καὶ πρῶτον ἐκεῖσε ὀφθῆναι. ὡς δὲ παρ' ἑτέροις εὕρομεν, Ἴλῳ τῷ Φρυγὶ καὶ Ταντάλῳ τῷ Λυδῷ πόλεμον ἐκεῖ γενέσθαι λέγουσιν, οἳ μὲν περὶ ὅρων, οἳ δὲ περὶ τῆς Γανυμήδους ἁρπαγῆς· ἰσορρόπου δὲ ἐπὶ πολὺ τῆς μάχης γενομένης ἑκατέρωθεν πεσεῖν ἱκανούς, καὶ τὴν συμφορὰν ὄνομα δοῦναι τῷ χωρίῳ.

glisser dans son récit une dissertation érudite sur les origines du nom de la cité[595] :

> *Car certains ont affirmé qu'une image de la déesse étant tombée du ciel, la ville reçut son nom du mot* πεσεῖν *— ce que nous rendons par " tomber ". D'autres rapportent qu'Ilos, fils de Tros et roi de Dardanie, donna au lieu ce nom à cause d'une guerre <où " tombèrent " bien des combattants>. Quant à Théopompe* (115 F 260 J), *il affirme que ce n'est pas Ilos qui l'a fait, mais Midas, jadis très puissant roi de Phrygie.*

Sans doute l'étymon πεσεῖν (" tomber ") est-il encore le fondement de la notice qui se lit chez le grammairien Aelius Denys[596] : *Pessinonte, une cité de Galatie, qui doit son nom à un galle. D'autres disent qu'elle doit son nom à une source qui coule de la colline où fut enterré Marsyas.*

Même s'il est question aussi d'un massacre de Gaulois, l'explication de Jean ne coïncide pas avec celle d'Hérodien répercutée par Ammien. Rien là que de logique : elle provient de Fenestella et de Sisenna, relayés par le traité *Les affaires humaines* de Varron (**74** 1)[597]. Elle est moins judicieuse que la précédente, qui, à défaut de

595. XXII, 9, 7 : *Quidam enim figmento deae caelitus lapso,* ἀπὸ τοῦ πεσεῖν, *quod cadere nos dicimus, urbem adeseruere cognominatam, alii memorant Ilum, Trois filium Dardaniae regem, bello cum <plurimi ibi cecidissent, locum> sic appellasse ; at Theopompus non Ilum id egisse sed Midam adfirmat, Phrygiae quondam potentissimum regem.* Les mots entre crochets brisés recouvrent une lacune, que J. Fontaine, l'éditeur [(1996), p. 118, voir la n. 879 *ad l.*, p. 310] a comblée à partir du passage d'Hérodien cité plus haut. La référence au passage perdu est donnée en XXII, 9, 6. Midas était étroitement lié au culte de la Mère des Dieux, soit qu'il passât pour son fils (Hyg., *Fab.*, 274, 6) ou qu'il fût réputé avoir lui-même construit son temple à Pessinonte (D.S., III, 59, 8), voir J. Fontaine, (1996), p. 310, n. 881.

596. Ael.den., *Prosodie générale*, III, 1, p. 243, l. 11-12 : Πεσσινοῦς πόλις Γαλατίας ἀπό τινος Γάλλου Πεσσινοῦντος· τινὲς δὲ ἀπὸ πηγῆς ῥεούσης τοῦ λόφου τοῦ ἐν ᾧ ἐτάφη ὁ Μαρσύας.

597. Fenestella, fr. 8 (p. 273 P.) et Sisenna, fr. 133 (p. 296 P.), voir A. Bandy, (1983), p. 344, n. *ad l.* (p. 252).

valeur scientifique, a au moins le mérite d'établir un lien avec l'objet même, un bétyle, du culte pratiqué sur place.

Jean ne pouvait manquer de signaler la part que prit Phocas dans la restauration de Sainte-Sophie, sous la forme d'un versement de 4000 livres d'or (**76** 7-8). On le sait, elle fut l'œuvre d'Anthémius de Tralles et d'Isidore de Milet[598]. Les travaux commencèrent le 23 février 532, quelques jours à peine après la fin de l'incendie ; Justinien composa des tropaires de son cru pour la circonstance, et l'on créa la fête de l'Hypapante[599].

598. E. Stein, *Bas-Empire* II, p. 457 ; on sait que dans le *corpus* des patriographes, il existe un *Récit sur la construction du temple de la grande église de Dieu nommée Sainte-Sophie,* dont G. Dagron [(1984), p. 191-314] a donné une traduction et un riche commentaire. Hormis la généreuse mise de fonds, la part prise par Phocas à la restauration de l'édifice demeura au total relativement modeste. La construction fut achevée en avril-mai 548 [G. Dagron, (1984), p. 256 (n. 194 à la p. 207)], mais un nouveau séisme le 7 mai 566 fit tomber la coupole, qui s'était déjà fissurée le 14 décembre 557, [G. Dagron, (1984), p. 257 (n. 204 à la p. 208)]. Aucun des deux maîtres d'œuvre n'a bénéficié d'une notice dans le *DPhA,* et on le regrettera d'autant plus que l'un et l'autre étaient, comme on pouvait le supposer, liés d'assez près aux mouvements philosophiques contemporains, spécialement avec les héritiers de l'école néoplatonicienne d'Athènes. Un des élèves de Proclus, Ammonios, prit la direction de l'école d'Alexandrie, où il enseigna les mathématiques ; le mathématicien Eutocios, qui fut peut-être son successeur immédiat, adressa à Anthémius son commentaire aux *Coniques* d'Apollonios de Pergé ; quant à Isidore de Milet, il avait préparé une édition des œuvres mathématiques d'Eutocios. Or, l'enchaînement des formes que l'on découvre dans le plan de Sainte-Sophie [voir la description de Sainte-Sophie chez Procope (*Éd.,* I, 1, 27-49)] reflète dans les détails, cercle, demi-cercle, triangle, carré, la géométrie du divin comme l'avait décrite Proclus dans son commentaire à Euclide. On lira la brillante démonstration de D.J. O'Meara [*Geometry and the Divine in Proclus,* dans T. Koetsier-L. Bergmans (éd.), *Mathematics and the Divine : a historical Study,* 2005, p. 135-145, plus spécialement, p. 142-145]. Phocas, Anthémius et Isidore appartenaient-ils à la même coterie ? Dans ce cas, ils auraient réussi, contre vents et marées, à inscrire dans le premier édifice du monde byzantin l'essentiel du message philosophique païen qui était le leur.

599. La date (mais avec une erreur sur l'indiction) est donnée par Syméon le Logothète, chez Léon le Grammairien (p. 126, 18-p. 127, 2

Modestie dans la charité, extrême générosité dans le versement de rançons pour les prisonniers : autant de comportements normalement propres aux institutions ecclésiastiques (**75** 1-3)[600]. Parmi les hauts faits durant le temps de paix de Phocas, dont on a vu l'attachement à l'apprentissage du latin (**73**), Jean soutient qu'il mit un terme aux innovations de Jean le Cappadocien en matière de procédure. Pourtant, la durée de sa préfecture fut de neuf mois seulement, en sorte que l'on imagine mal des réformes d'envergure[601]. Nous n'avons conservé qu'une seule constitution contemporaine de la préfecture de Phocas[602].

Pour achever le panégyrique, il restait à montrer en lui un homme choyé par le destin[603]. La cérémonie de collation du char préfectoral, au cours de laquelle il échappa par miracle à une flèche (**76** 5), en fut la meilleure preuve[604]. On reconnaîtra le caractère tout à fait exceptionnel des appels de Jean le Lydien à la providence de Dieu dans l'ensemble du traité, voir I **15** 4 où il remercie les fonctionnaires de la magistrature de lui avoir avoir accordé d'y faire une carrière honorable ; II **28** 3 à propos de la piété de Justinien, dépassant celle d'Auguste ;

B.) Ἰστέον δὲ ὅτι τῷ ἑξακισχιλιοστῷ μ' ἔτει ἀπὸ κτίσεως κοσμοῦ, ἰνδικτιῶνος ιε', ὥρᾳ πρώτῃ τῆς ἡμέρας, τοῦ Φεβρυαρίου μηνὸς εἰκοστῇ γ', τὸν τῆς μεγίστης ἐκκλησίας ἀνοικισμὸν ἤρξατο ποιεῖν ὁ Ἰουστινιανὸς εἰς κάλλος καὶ μέγεθος ὑπὲρ τὸ πρότερον, παραδοὺς καὶ τροπάρια αὐτῇ ὑπ' αὐτοῦ μελισθέντα ψάλλεσθαι " ὁ μονογενὴς υἱὸς καὶ λόγος τοῦ θεοῦ ". ἀλλὰ καὶ ἡ ὑπαπαντὴ ἔλαβε δῶρον ἑορτάζεσθαι, μὴ συναριθμουμένη πρότερον ταῖς δεσποτικαῖς ἑορταῖς. Voir E.Stein, *Bas-Empire* II, p. 458, avec la n. 1.

600. Voir C. Capizzi, *L'imperatore Anastasio,* p. 243 et surtout L. Amirante, *Appunti per la storia della " redemptio ab hostibus "*, dans *Labeo* 3 (1957), 198-220. Voir J. Caimi (1984) 260.

601. Voir, cependant, R.D. Scott, (1972), p. 449-451.

602. *CJ* I, 44 *de officio praefecti annonae* du 8 mars 532.

603. Voir J. Caimi, (1984), p. 261-262.

604. Il n'y a aucune raison de douter de l'attentat, incontrôlable en l'absence d'autre document.

III **59** 7 au sujet du pieux Pétronios, victime des manœuvres de Jean Maxilloplumbacius ; **70** 9 et **71** 1-2 intervention divine après l'incendie de Constantinople consécutif à la sédition Nika. Toutefois, ces deux passages préparent l'entrée en scène de Phocas[605].

Il est difficile de ne pas trouver suspect l'enthousiasme de Jean le Lydien. L'écrivain cherche-t-il à dédouaner Phocas d'attaches évidentes avec le paganisme ? Les persécutions contre les tenants du paganisme ancien ne manquèrent pas sous le règne de Justinien. La première eut lieu durant l'automne de 529[606]. Selon Jean Malalas, certains des accusés, parmi lesquels Phocas, y perdirent la vie[607]. Pourtant, l'information paraît mal fondée. Selon Théophane, de nombreux personnages interrogés, y compris Phocas, furent seulement incarcérés[608]. Certains, et parmi eux Phocas, traversèrent-ils l'épreuve sans dommage et furent-ils réhabilités par la suite ? C'est ce qu'il est impossible de dire. En 545/546, durant l'épuration suivante, non enregistrée par Malalas, un patricien haut placé et riche, Phocas, préféra échapper à la condamnation en se suicidant par le poison. Les sources sont syriaques, respectivement des VIe et XIIe s[609]. Probable-

605. J. Caimi, (1984), p. 263, n. 197.

606. *CJ* I, 11, 9-10. Les clauses de la première loi portent interdiction de donner un héritage et confiscation des biens. Celles de la seconde stipulent que les relaps subiront les pires châtiments.

607. XVIII, 42, 17-20 (p. 449, 3-6 B.) : Ἐν αὐτῷ δὲ τῷ χρόνῳ διωγμὸς γέγονεν Ἑλλήνων μέγας, καὶ πολλοὶ ἐδημεύθησαν, ἐν οἷς ἐτελεύτησαν Μακεδόνιος, Ἀσκληπιόδοτος, Φωκᾶς ὁ Κρατεροῦ, καὶ Θωμᾶς ὁ Κοιαίστωρ· καὶ ἐκ τούτου πολὺς φόβος γέγονεν.

608. A.M. 6022, p. 180, l. 13-17 : Κατηγορήθη δὲ καὶ Μακεδόνιος, ὁ ἀπὸ ῥεφερενδαρίων, καὶ Ἀσκληπιόδοτος, ὁ ἀπὸ ἐπάρχων, ὅστις καὶ φοβηθεὶς ἐπίπισε καὶ ἀπέθανεν · καὶ Πηγάσιος ὁ ἡλιουπολίτης σὺν τοῖς τέκνοις αὐτοῦ ἐν προόδῳ ἐξητάσθησαν καὶ Φωκᾶς, ὁ πατρίκιος τοῦ Κρατεροῦ, καὶ ὁ κυαίστωρ Θωμᾶς καὶ ἄλλοι συνελήφθησαν · καὶ πολὺς φόβος ἐγένετο. Beaucoup des noms reviennent aussi bien chez Malalas que chez Théophane, mais avec davantage de précisions chez ce dernier.

609. Jean d'Éphèse [éd. F. Nau, *Revue de l'Orient chrétien,* 2

ment s'agissait-il du même personnage qui, après avoir échappé à la condamnation en 529 et être revenu au pouvoir, céda à la panique ou se rendit à l'évidence des preuves réunies pour la circonstance[610]. Comme on l'a noté, Procope fait état de persécutions contre les païens, mais point d'exécutions[611]. Par suite, la relation de Théophane mérite davantage le crédit que celle de Malalas, qui confond peut-être avec les événements de 546, au cours desquels nombre de sénateurs, de *grammatici*, de sophistes, d'hommes de loi et de médecins furent en effet dénoncés, battus et emprisonnés.

Toutefois, la prudence est de mise, car il faut tenir compte de l'existence d'un dignitaire homonyme. Dans les constitutions impériales de programmation et de publication du premier[612] *Codex Iustinianus*, parmi les commissaires chargés de la rédaction se trouve mentionné un certain Phocas, *vir eminentissimus, magister militum, consularis atque patricius*. On doit sans doute le distinguer du préfet, parce que Jean, qui se préoccupe d'évoquer la carrière antérieure à la préfecture de son idole, signale la charge de *silentiarius*, mais non pas celle, bien plus importante, de *magister militum* en 528-529, et aussi parce que autrement l'ajout, dans les sources de chroniques, de la paternité de notre Phocas comme " fils de Crateros " serait superflue. En effet, parmi les érudits il ne manque pas de gens qui, implicitement, réfutent le patronymique de Phocas spécifié par Malalas et Théophane, voient dans le *magister militum* et le membre

(1897), p 481 = ps.-Denys de Tell-Maré, *Chr.* II, 76 sqq. J.-B. Chabot] et Michel le Syrien (IX, 24).

610. Cf. E. Stein, *Bas-Empire* II, p. 371 ; *PLRE* II *Phocas* 5, p. 882.

611. Procop., *Arc.*, 11, 31 : Ἐντεῦθεν ἐπὶ τοὺς Ἕλληνας καλουμένους τὴν δίωξιν ἦγεν αἰκιζόμενός τε τὰ σώματα καὶ τὰ χρήματα ληϊζόμενος, voir C. Mango-R. Scott [(1997), p. 275 (n. 3 à la p. 274].

612. *CJ* : const. *Haec* 1, p. 1 (15 février 528) et const. *Summa* 2, p. 2 (7 avril 529).

de la commission du premier *Codex Justinianus* et, pour les besoins de la cohérence, aussi commissaire pour la reconstruction d'Antioche détruite par un tremblement de terre en 526, la victime de la persécution de 529 et jugent l'épisode du suicide de Phocas en 545-546 une duplication erronée[613]. D'autres, en revanche, dans la même ligne, supposent que le *magister militum* Phocas survécut à l'enquête de 529, mais pas à celle de 545-546, tandis que le Phocas de Jean le Lydien demeura constamment au-dessus de tout soupçon[614]. Peut-être qu'au fond de toutes ces tentatives pour identifier la personnalité de Phocas païen avec le commissaire pour le premier *Codex Justinianus* agit, plus ou moins consciemment, la ressemblance avec le destin, non douteux, d'un autre commissaire, le *quaestor sacri palatii* Thomas, accusé de paganisme durant la persécution de 529[615]. J. Caimi[616] trouve préférable de s'en tenir à l'interprétation traditionnelle des sources qu'il vient d'exposer et d'invoquer le témoignage insistant de Jean sur la dévotion de son Phocas et sur la protection que lui accorda Dieu pour soutenir plutôt la consistance des soupçons d'adhésion intime au paganisme de la part du préfet, plutôt qu'à l'inverse le scrupule spécial de Jean le Lydien à distinguer le bon Phocas, fervent chrétien, d'un homonyme effectivement poursuivi à cause de ses croyances païennes. Toute certitude en la matière est hors d'atteinte pour l'instant.

613. Par exemple, G. Purpura, *Giovanni di Cappadocia,* p. 64, n. 37.

614. W. Ensslin [*Phocas* 5, dans *RE* XX (1941), col. 450], suggère encore la possibilité de l'existence d'un troisième Phocas.

615. E. Stein (*Bas-Empire* II, p. 371, avec la n. 2) rappelle que dans la *Nov.* XXXV (23 mai 535) praef. (p. 242, l. 6) le questeur Thomas est dit *gloriosissimae recordationis*, c'est-à-dire défunt. Par quoi il faudrait entendre qu'il a fait l'objet d'un procès en réhabilitation par la suite. Et les noms de Phocas et de Thomas ne réapparaissent pas parmi les personnages chargés de compiler le second *Codex Justinianus* en 534.

616. (1984), p. 263-266.

2. L'*OFFICIUM*

1. Aspects économiques La masse des bureaucrates était considérable à l'époque de Jean. Il signale qu'à une certaine époque, avant les réductions drastiques qu'imposèrent Justinien et Jean de Cappadoce, les tachygraphes étaient en service au nombre de plus de mille chaque année (III **66** 3, cf. **6** 1)[1]. La plupart des *officiales* de l'empire tardif recevaient un payement qui, à l'origine et au moins partiellement, était versé en nature, d'après une loi de Théodose II du 14 février 423[2], mais qui finit par être acquitté uniquement en argent. On connaît les chiffres pour la préfecture du prétoire d'Afrique, une création de Justinien en 534 : préfet[3], 7200 *solidi, princeps* et *cornicularius* au titre de *consiliarii,* 720 chacun, *cancellarii,* 252, les autres *officiales,* des salaires allant de 38 à 9[4]. Les *cancellarii* dans la préfecture du prétoire touchaient 365 *solidi* par année (III **36** 2), au moins avant la suspension du versement (**37** 3). On voit que la comparaison est largement à l'avantage des premiers, mais sans doute faut-il compter avec le niveau de vie propre à la capitale. La

1. E. Stein (*Officium,* p. 18) considère que l'on peut malaisément compter sur moins de deux mille personnes au total. Un service moins considérable, celui de la *Comitiva sacrarum largitionum,* fut, le 20 décembre 399 (*CTh* VI, 30, 15), réduit à 834 personnes, soit 224 statutaires et 610 surnuméraires. Il est probable que la distinction entre *statuti* et *supernumerarii* était faite aussi au sein de la préfecture du prétoire, même si les documents conservés ne nous en disent rien.

2. *CTh* VII, 4, 35 = *CJ* XII, 37, 15. n

3. Mais, naturellement, il n'avait droit à aucune sportule.

4. E. Stein, *Officium,* p. 18-19, d'après *CJ* I, 27, 21, du 13 avril 534 ; voir aussi le tableau récapitulatif de la p. 75. La grande masse des *officiales* (en Afrique, il y avait 296 *praefectiani* qui touchaient chacun 9 *solidi*) n'aurait pas pu vivre sans autre rentrée.

situation des *officiales* pouvait d'ailleurs beaucoup varier en fonction des services auxquels ils étaient attachés. Le *clarissimus consularis Palaestinae* ne recevait absolument rien, avant que Justinien ne lui conférât le proconsulat *spectabilis,* le 1er juillet 536. Après quoi, il reçut vingt-deux livres d'or, à partager avec toute son administration[5]. Les six cents *officiales* du *dux* et *augustalis* d'Alexandrie reçoivent, eux, mille *solidi,* encore précédemment n'avaient-ils droit qu'à un tiers de la somme[6] ; les cent du préteur de Thrace, 360[7] ; les cent du *moderator Hellenoponti,* 447 et un tiers[8]. Par conséquent, aspirant légitimement à faire une belle carrière administrative, Jean avait tout intérêt à bien choisir le département dans lequel il s'engagerait. Les chiffres connus pour le *cancellarius* du préfet du prétoire pouvaient servir de critère de décision. Toutefois, il faut avouer que l'*annona* prévue ne permettait certes pas de mener la grande vie[9].

Lors du départ d'un fonctionnaire, on versait aussi une indemnité correspondant à son dernier traitement annuel. Grâce à Cassiodore[10], on sait que le *cornicularius* recevait 700 *solidi* d'or. Les derniers mots montrent que le mode d'organisation en cause était beaucoup plus ancien que le VIe s. Des primes analogues étaient prévues, même si nous n'en connaissons pas le montant, pour le *prin-*

5. *Nov.* CIII, 1 p. 497 : *pro annonarum vero occasione XX duas libras auri damus ei, ut sibi et suo consilario et oboedienti sibi officio haec dividat secundum quem ipse voluerit modum.*

6. Justinien, *Édit* XIII, 4 p. 781 : *et alios mille solidos eius officium, licet antea tertiam eorum partem perceperit.* Nous ne comprenons pas pourquoi E. Stein (*Officium,* p. 19, n. 2), qui donne les références correctes, parle de “ gar nur von zusammen 900 solidi ”.

7. *Nov.* XXVI, 5, 1 p. 209 (17 mai 535) : *eius officio auri libras V.* Le texte grec correspondant donne 2 livres.

8. *Nov.* XXVIII, 3 p. 214 l. 31-32 (16 juillet 535).

9. Comme le souligne, à juste titre, E. Stein (*Officium,* p. 19).

10. *Var.*, XI, 36, 4 p. 350, ll. 15-17 (pour l'année 534) : *Et ideo illi, qui inculpabiliter cornicularii est perfunctus officio, septingentos solidos, quos ei longaeva consuetudo deputavit.*

ceps[11] et pour le *primiscrinius*[12]. Les sommes en question étaient à prélever sur les rentrées d'impôts des provinces correspondantes, selon une loi de Théodose II du 29 avril 422[13] sur les *mittendarii* de la *comitiva sacrarum largitionum.* Comme en Italie et en Afrique, on versait des salaires dans la préfecture d'Orient[14]. Naturellement, l'époque ne connaissait pas la retraite au sens moderne du terme.

Aussi, pour compenser la maigreur de l'annone, les *officiales* durent-ils créer un système de perceptions compensatoires, à lever naturellement sur les personnes qui entraient en rapport avec l'administration. Ce sont les sportules, qu'il faut voir, non pas comme des pourboires, mais comme un impôt indirect, une sorte de droit de timbre[15]. Les sommes ainsi récoltées étaient distribuées dans le service. Le *cornicularius* avait toute autorité pour organiser le système qui frappait chacune des pièces à émettre (III **23** 1). Ainsi, lors d'un appel, l'introduction d'une pétition unilatérale (μονομερὴς ἐντυχία *postulatio simplex*) coûtait 37 pièces d'or (**25** 4)[16], au moins avant les réformes qui, radicalement, réduisirent la somme à une pièce de bronze (**25** 4).

Le système (III **23** 1 ; **25** 3), qui existait depuis le IIIe s.[17], engendrait des abus de tout ordre, contre lesquels

11. Avant le 24 décembre 534 : Cass., *Var.*, XI, 35, 3, p. 349, ll. 17-18.

12. 534 : Cass., *Var.*, XI, 37, 4, p. 351, ll. 18-19.

13. *CTh* VI, 30, 23, p. 301 l. 1-4 : *Quattuor mittendarios, qui per annos singulos ex officio palatino exire sollemniter consuerunt, beneficiis, quibus tuo culmini visum fuerit, ex his videlicet, quae suae iurisdictionis esse nec aliis ex consuetudine caelitus deputata cognoverit, tua sublimitas prosequatur.*

14. Voir E. Stein, *Officium*, p. 18-19.

15. L'expression est d'E. Stein (*Officum*, p. 20).

16. Le renseignement paraît être isolé, voir U.v. Bethmann-Hollweg, (1886), p. 203, n. 55. Nous ne connaissons pas d'autre occurrence de la locution.

17. U.v. Bethmann-Hollweg, (1865), p. 159.

on essaya rapidement de porter le fer, dès l'époque de Constantin[18], mais la mesure visait sans doute uniquement les magistrats ou les gouverneurs de province. Le *Codex Théodosien* ne fait pas mention de lois portant sur le paiement de sportules. En revanche, il en est souvent question à partir du règne de Marcien[19]. Justinien s'attacha à en réglementer la perception, dès le début de son règne : le montant est fonction des sommes en litige[20] et du niveau de l'instance devant laquelle on portait l'affaire[21]. Une disposition du 17 octobre 530 interdit même aux autorités ecclésiastiques de percevoir des sommes trop importantes[22]. Un des mérites de Jean de Cappadoce aura été de comprendre l'intention administrative qui présidait à cette réorganisation.

Jean signale à diverses reprises les réductions de revenus qui frappèrent les *officiales*. Les coûts administratifs d'un procès près la préfecture du prétoire étaient prohibitifs. Il ne trouve qu'à se louer des pratiques qu'avait connues une certaine époque. Il se place, naturellement,

18. *CTh* I, 16, 7 du 1er novembre 331 : *Cessent iam nunc rapaces officialium manus, cessent, inquam : nam nisi moniti cessaverint, gladiis praecidentur. Non sit venale iudicis velum, non ingressus redempti, non infame redempti, non infame licitationibus secretarium, non visio ipsa praesidis cum pretio.*

19. U.v. Bethmann-Hollweg [(1866), p. 200, n. 31] donne toutes les références : sous Marcien [*CJ* I, 3, 25, 2 p. 21 (456 ?) : deux *solidi* à verser au procurateur] ; sous Léon Ier [XII, 25, 4, 1-3 (474)] ; sous Léon (II) et Zénon (XXVIII, 3) ; sous Zénon [XII, 21, 8 pr. (1er sep. 484)] et sous Anastase [XII, 19, 12 ; 20, 6 pr. ; 36, 18, 2 (1er janv. 492)].

20. *CJ* III, 2, 5 (25 juin 430), cf. *Institutes,* IV, 6, 25.

21. On lira un exposé très circonstancié des différents cas qui donnaient lieu à des perceptions et des montants exigés chez U.v. Bethmann-Hollweg [(1886), p. 201-204].

22. *CJ* I, 4, 29, 6. Le texte fait état d'abus commis. Pour d'autres allusions, voir *Nov.* XVII, 3 p. 119, l. 5-7 (1er mai 535) ; LIII, 3, 2 (23 sep. 537), qui fait allusion à des mesures prises en la matière ; LXXXII, 7 pr. (8 avril 539) ; LXXXVI, 9 (18 avril 539) ; CXXIV, 3 (14 décembre 544).

au point de vue du *praefectianus*, qui en tirait des revenus substantiels. Lorsqu'il intente un procès de même type près le *magister officiorum*, l'*agens in rebus*, qui jouit pourtant d'une situation privilégiée, doit verser deux sous d'or, alors que le salaire annuel d'un ouvrier peut se monter à trois sous d'or[23]. Évidemment, un procès d'appel était hors de portée des personnes à revenus modestes[24].

2. Administration Nous avons montré précédemment que le chapitre III **1** marquait l'introduction d'un nouveau projet littéraire et jouait le rôle d'une préface[25]. Il reste pourtant que la composition du livre III pose autant de problèmes que celle des livres précédents. On est d'abord surpris par l'emplacement de l'esquisse autobiographique de Jean le Lydien (**26-30**). Toutefois, si l'on veut bien soulager le texte des multiples bourgeonnements qui l'obscurcissent, on s'aperçoit qu'elle occupe une position logique. La première partie du livre (**2-25**) est consacrée à la structure des services de la préfecture du prétoire, qui culmine avec le poste de *cornicularius*, dont le prestige a été sapé par la promotion du *princeps* (**22-25**) : autre façon de dire que Jean fut lui-même *cornicularius*. La suite est consacrée au déclin du personnel affecté à la magistrature : l'intrusion des *scriniarii* et leur montée en puissance, qui leur permit de se poser en rivaux des *praefectiani* (**31-36**), avec l'abus du titre de *cancellarius* (**36** 2-**38**), et surtout, les changements qui touchèrent les affaires (**39**). Le premier responsable en fut Constantin. Jean reprend ici presque *verbatim* un développement du livre II (II **10-12** = III **40-42** 2), avant de brosser un tableau de l'évolution de l'Empire. Il le commence avec

23. J. Caimi, (1984), p. 394-395, voir A.H.M. Jones, *LRE* I, p. 498 avec *CJ* XII, 21, 8, 4 (1er septembre 484, à Jean, *magister officiorum*).
24. A.H.M. Jones, *LRE* I, p. 499 ; J. Caimi, (1984), p. 395.
25. Voir Introduction, t. I, p. CXXXI.

Léon Ier dit “ le Grand ” (**43** 3) et passe en revue tous les empereurs dans l'ordre chronologique, Zénon (**45** 1-3), Anastase, dont il rédige un vrai panégyrique (**45** 3-**51** 4), Justin (**51** 5-**54**) et Justinien (**55-56** 2), non sans marquer l'évolution administrative par brèves échappées. Il conclut le développement par un tableau coloré de la préfecture de Jean le Cappadocien (**57-65**), qui fut catastrophique pour le personnel attaché aux cours de justice (**66-68**). Dès lors, la chute était inéluctable : elle eut lieu au cours de la sédition Nika en 532 (**70**) ! Heureusement, l'accession au pouvoir de Phocas, dont Jean fait un éloge appuyé, fut une véritable renaissance sur tous les plans (**71-76**).

3. La Hiérarchie : A. Les *litterati*

Jean eût simplifié l'exposé en déclarant d'emblée qu'il distinguait deux types de personnel, *litterati* et *illitterati*. La distinction est clairement formulée au moment où notre écrivain a besoin d'une transition (**7** 1)[26]. Naturellement, l'exigence de culture n'avait pas grand sens d'un point de vue historique, surtout si l'on tient compte du fait que les quatre “ divisionnaires ” des origines ne pouvaient être recrutés sur la base d'une formation intellectuelle parfaitement inutile. On touche là du doigt un des faits qui embrouillent cet ensemble de chapitres.

26. Les mots de **7** 1 αἱ λογικαὶ λειτουργίαι constituent une allusion à des fonctions dites *ministeria litterata*. Il en va de même en **21** 3 pour les λογικὰ συστήματα. Naturellement, tous les *exceptores*, dirigeants ou non, appartenaient à la catégorie, dite des *viri litterati*. À ce propos, on verra D. Nellen, *Viri litterati. Gebildetes Beamtentum und spätrömisches Reich im Westen zwischen 284 und 395 nach Christus*, Bochum, 1977, spécialement le ch. IV (p. 117-147 : “ Die Bildung der Beamtenschaft im Westen ”). Mais l'étude n'aborde guère les problèmes propres à l'Orient. Sur tout ceci, voir J. Caimi, (1984), p. 32-33. On leur oppose logiquement les fonctions dites *ministeria illitterata*.

a. Les *promotae* Dans les pages roulant sur le personnel de la préfecture, la difficulté tient à la multiplicité des points de vue qu'adopte simultanément l'auteur : philologique, historique et administratif à la fois, sans compter les récriminations personnelles. À l'origine, les *praefectiani* auraient tous porté le nom de *promotae* et ils se répartissaient en quatre divisions, les *ducenarii,* les *centenarii,* les *centuriones* et les *biarchi* (**2** 1). Les " divisionnaires " en cause détenaient donc des postes très élevés. Aujourd'hui, ils sont relégués à des emplois tout à fait subalternes, les derniers d'entre tous (**7** 6), tout en bas de la hiérarchie des *illitterati*. Ils ont donc essuyé, à envisager les choses au VIe s., une double dégradation, à la fois dans la classification et au sein de la hiérarchie correspondante. Le préfet du prétoire portait les armes, avec tous les hommes qui servaient sous ses ordres (**2** 1) : renvoi patent à I **14-15**. La position de ces derniers à la tête de l'armée, en qualité d'escorte du chef de cavalerie, leur valait le nom de *promotae (copiae)* : c'est évidemment jouer sur l'étymologie (voir I **48** 2)[27]. Le mot *promotus* apparaît assez souvent dans les textes juridiques[28]. Dans chacun des cas, le mot désigne un membre des services publics[29], sans que transparaisse l'étymologie. Nous avons conservé des formules de *promotiones officii praetoriani quae natale Domini fiunt*[30]. Toutefois, sous le dominat, les *promoti* étaient aussi des unités de cavalerie. C'était le nom que l'on donnait à la cavalerie détachée de la légion pour que les soldats fussent " pro-

27. C'est ce que souligne J. Caimi (1984), p. 32, n. 103.

28. *CTh* VIII, 5, 2, du 14 mai 316, à Tatianus, de magistrature inconnue (p. 375, l. 7) ; IX, 21, 2, 3, du 20 nov 321, à Ianuarinus, de magistrature inconnue (p. 471, l. 13) ; IX, 26, 2, du 31 mai (?) 400 (p. 480, l. 4). Voir E. Stein, *Officium,* p. 15, n. 2.

29. Les *promoti* étaient les membres du département judiciaire et administratif de l'*officium*. Voir J. Caimi, (1984) p. 32. Le sens dans lequel Jean use du terme ici est historique, J. Caimi, (1984), p. 32, n. 103.

30. Cassiodore, *Var.,* XI, 17-34, p. 345-349.

mus " dans les troupes d'intervention dépendantes de l'empereur[31]. Du même coup, l'écrivain confère des lettres de noblesse et de bravoure aux unités correspondantes.

Toutefois, il souhaite prouver ses dires. Il cherche des éléments de démonstration dans la persistance de certains titres, comme ceux de *ducenarii, centenarii, centuriones* et *biarchi* ou dans l'emploi traditionnel du terme *promotae* dans les matricules[32]. L'énumération de titres est une référence à I **48** 2, où ils apparaissent dans un ordre différent, *biarchi, ducenarii, centuriones* et *centenarii.* Malheureusement, le manuscrit a perdu une page au moins à cet endroit. On doit donc supposer que là non plus il ne nous administrait pas la longue digression inspirée des tacticiens à laquelle il refuse de sacrifier ici, contrairement à ses habitudes. Naturellement, la présence du mot dans les matricules, c'est-à-dire les tableaux d'avancement, montre quel sens le mot avait pris durant l'empire tardif, celui de promus. La " matrice " dont il est question ici était un *commentarius,* c'est-à-dire un répertoire

31. A.H.M. Jones, *LRE* I, p. 57-58 ; Éd. Galletier - J. Fontaine, (1978), p. 240, n. 180 (n. complémentaire à la p. 115). Il se peut que l'introduction des *promoti* remonte au règne de Gallien (260-278). D'après la *Notitia dignitatum,* les *equites promoti seniores* étaient les *vexillationes* palatines de rang le plus élevé dans la partie orientale, tandis qu'elles venaient en second, immédiatement après les *comites seniores,* dans la partie occidentale [voir A. H. M. Jones, *LRE* II, p. 1076, n. 30 (à I p. 53), qui cite respectivement *Or.* V, 28 et *Occ.* VI, 44]. Au temps de Dioclétien, on comptait soixante-dix *vexillationes* de cavalerie alignées sur le front oriental ; chacune des six provinces de la Mésopotamie à l'Arabie avait quatre unités d'*equites Illyriciani,* évidemment des troupes de renfort amenées d'Illyricum, peut-être au temps d'Aurélien lors de la défaite de Zénobie. Les autres avaient des hommes levés sur place, au nombre desquels vingt unités de *promoti* (A.H.M. Jones, *LRE* I, p. 57). En Orient, il y avait huit unités d'*indigeni promoti* dans les provinces de Thébaïde, de Phénicie, de Syrie, d'Euphrate Auguste, de Palestine, de Mésopotamie et d'Arabie [Ph. Richardot, (1998), p. 256].

32. Sur ces titres, voir t. I, p. CDXXXVI-CDXXXVII.

général de tous les membres de l'armée romaine. Des documents analogues sont mentionnés ailleurs, ainsi les *breves* qu'utilisait Alexandre Sévère. L'empereur savait tout de ses soldats, d'après l'*Histoire Auguste*[33]. Ce type de *commentarius* peut recevoir d'autres appellations, comme *matriculae*[34], βιβλίον ἐφήμερον[35], *breviculum*[36]. Ce répertoire général était de la compétence de l'*a memoria*[37].

b. Les *adjutores* Toutefois, dans l'intervalle, le maître de cavalerie a disparu et a cédé la place au préfet du prétoire (III **2** 3). La réforme s'est accompagnée d'une modification d'ordre terminologique, l'ἵππαρχος est devenu un ὕπαρχος. Le fait a déjà été souligné I **15** 2-3 et surtout II **6** 1[38]. Pareillement, on aurait introduit à la même époque les *adiutores*. En réalité, le renforcement eut lieu à l'époque non pas d'Auguste, mais d'Hadrien[39]. Sous le principat, le mot *adiutor* avait le sens d'" auxiliaire ", d'" employé subalterne "[40]. Tels qu'ils furent organisés par Hadrien, mais principalement installés sous Dioclétien et surtout sous Constantin, les *officia* étaient

33. (Lampr.), *H.A. Alexandre,* 21, 4 : *Milites suos sic ubique scivit, ut in cubiculo haberet breves et numerum et tempora militantum semperque, cum solus esset, et rationes eorum et numerum et dignitates et stipendia recenseret, ut esset ad omnia instructissimus.*

34. Vég., *Mil.*, I, 26 ; II, 5 ; 7,

35. App., *GC,* V, 46.

36. Rufin, *Apol. C.Jérôme,* II, 36 ; Isid., *Or.*, I, 24, 1.

37. *CTh* I, 8, 2 = *CJ* I, 30, 1 (1e texte date de 424) : *Imp. Theodosius A. Sallustio viro illustri comiti et quaestori. Laterculi curam totius scias ad tuae sublimitatis sollicitudinem pertinere, ita ut tuo arbitratu ex scrinio memoriae totius minoris laterculi dignitates, hoc est praepositurae omnes, tribunatus et praefecturae iuxta consuetudinem priscam clementiae meae auctoritate deinceps emittantur.* Voir L. Mourgues (1998), p. 156, n. 89.

38. Voir t. I, p. DXXXVII.

39. Stein, *Officium,* p. 16 (suite de la n. 2 de la p. 15).

40. Voir, par ex., H. Hausmaninger, art. *adiutor,* dans *KP,* 1 (1975), col. 65 ; J. Scheid, (1992), p. 105.

desservis par des *officiales* considérés avant tout comme des militaires. Dès lors, le mot *adiutor* revêtit non seulement le sens que lui reconnaissait le droit de l'État, mais aussi celui de membre de la vieille *legio I adiutrix,* dont les fonctionnaires sont, au moins en Orient, aux Ve et VIe s., des soldats. Ce sens continuait à être connu, comme en témoignent des textes littéraires et législatifs des IVe et Ve s[41]. Aussi tout le développement n'est-il pas pur jeu de mots, comme on a pu l'écrire[42].

Le mot *adiutor* serait désormais le seul terme qu'emploient les *probatoriae* III **2** 3. Naturellement, Jean joue avec les époques. L'effet est de conférer un extraordinaire brevet d'ancienneté aux institutions dont il prétend retracer l'histoire. À lire le texte avec naïveté, on en déduit que les *probatoriae* remontent à Auguste, l'auteur de la réforme (**2** 3). Les *sacrae probatoriae* sont mentionnées dans une constitution de Théodose II, datée du 26 juin 426 et adressée au préfet du prétoire Hierius, et de Léon, adressée, vers 472, au préfet Erythrius[43]. C'était, pour les *praefectiani,* le *scrinium epistularum* qui les produisait, au plus tard depuis Léon Ier et, formellement, elles étaient envoyées par l'empereur au préfet du Prétoire[44] ; pour le personnel rattaché aux services de

41. *CJ* XII, 36, 6 p. 472 [de 444 (?), émis par Théodose II et Valentinien III pour le préfet Zoilus] *qui in officio tui culminis merendi licentiam habere noscuntur, ac si in legione prima adiutrice nostra militent,* cf. 52, 3, 2, p. 482 [des mêmes au même, 444 (?)] et un passage de Symmaque, en 385 (*Rel.,* 23, 6, p. 297, 22-23, cf. 7, 26) *ad haec Fulgentius v.v. tribunus et notarius conventos adiutores urbanae sedis adseruit, ne Memorius navigaret.*

42. Voir E. Stein, *Officium,* p. 15, avec la n. 2.

43. *CTh* VIII, 7, 21 : *nemo ad tuae sublimitatis admittatur officium nisi eum emissa ex sacris scriniis probatoria consecrarit ; CJ* XII, 59, 10, 1 p. 485 : (...) *omnium officiorum, quibus necesse est per sacras probatorias militiae sociari, notitiam in sacris apicibus subdendam esse censuimus* ; E. Stein, *Officium,* p. 8, n. 1.

44. *CJ* XII, 59, 10, 3 p. 485 : *scrinii memoriae probatoriae agentium in rebus, palatinorum largitionum, palatinorum rerum privatarum partis Augustae.*

l'empereur, l'expédition revenait au *scrinium memoriae*[45]. C'est là que devait se trouver la formule administrative *et collocare eum in legione prima adiutrice nostra,* mentionnée en III **3** 1[46]. Depuis la fin du IVe s., on exigea la délivrance au candidat de documents stipulant que son origine et son genre de vie n'étaient pas incompatibles avec l'exercice d'une *militia*[47]. Le but était évidemment de faire en sorte notamment que personne ne trouvât ainsi le moyen d'échapper aux obligations du curiale. Une fois obtenue la *probatoria* demandée, la recrue était affectée par le préfet à la *schola* où elle servirait désormais.

En bon philologue, Jean ne peut s'empêcher d'achever son développement par des considérations d'ordre étymologique et phonétique. Nous avons droit ainsi à l'explication du verbe *probare,* dont la prononciation évoluée (b>v, c'est-à-dire *probare* > *privare*) lui permet une flèche sur la qualité des recrues récentes (**2** 4-5)[48].

c. Le *cornicularius* Le premier des *adiutores* serait le *cornicularius* (**3** 2 et 6), qui serait ainsi le chef de file

45. *CJ* XII, 59, 10, 3, p. 485 : *Item scrinii sacrarum epistularum sic : in officiis virorum illustrium praefectorum praetorio Orientis et Illyrici et urbis* (…).

46. Voir *CTh* XII, 52, 3, 2 [Théodose II et Valentinien III, au préfet du prétoire Zoilus, en 444 (?)] : *scriniariis autem exceptoribus ceterisque, qui in officio tui culminis merent, cum in legione prima adiutrice nostra militant* (…)..

47. *CTh* VII, 2, 1, du 19 juillet 383 : *quotiescumque se aliquis militiae crediderit offerendum, statim de natalibus ipsius ac de omni vitae condicione examen habeatur, ita ut domum genus non dissimulet et parentes.* (…) *ita enim fiet, ut et curias nemo declinet et ad militiam nullus adspiret, nisi quem penitus liberum aut genere aut vitae condicione inquisitio tam cauta deprehenderit.* ; voir aussi VII, 2, 2, p. 314 du 10 juillet 385, dont le contenu est analogue. Pour un document de facture semblable, voir **12** 2-4.

48. La tendance à confondre b et v dans la prononciation remonte au moins au Ier s. de notre ère. Voir V. Väänänen, (1981), p. 50.

des six mille hommes constituant la légion[49]. Glorieux destin que celui de ce fonctionnaire ! Jean souhaite évidemment monter en épingle son rôle, sur lequel il va revenir à différentes reprises, **4** 2, **12** 5 et **22-25**. C'est ce développement qu'il amorce ici, mais sans réussir à le mener à bien. Alors même que l'écrivain consacre de longues pages au *cornicularius*, on trouvera étonnant qu'il ne multiplie pas sur lui les dissertations plus ou moins érudites.

À n'en pas douter, *cornicularius*, pour l'étymologie, vient de *corniculum*[50]. Les dictionnaires définissent ce dernier mot comme une petite aigrette de métal distribuée comme récompense militaire[51]. Il est donc utile de revenir sur les modalités de la distribution des *cornicula*. Chez Valère Maxime[52], le *cornicularius* est donné comme le subordonné d'un simple centurion. La distinction fut méritée collectivement par les cavaliers du consul Papirius Cursor après la bataille d'Aquilonia en 293 aCn[53]. Au début du dernier siècle de la République, elle fut accordée aussi à M. Aemilius Scaurus[54]. Durant sa jeunesse, le célèbre *plagosus*, L. Orbilius Pupillus de

49. L'expression est curieuse. On échappe difficilement à l'impression que Jean joue sur le vocabulaire administratif en usage de son temps, dont il déforme le sens à des fins de propagande historique. L'expression πρωτεύων τοῦ παντὸς καταλόγου désigne le responsable du *commentarius* judiciaire du préfet du prétoire. Voir, sur ce point, J.-L. Mourgues, (1998), p. 143-144, en particulier p. 144, n. 1.

50. L'étymologie est encore indiquée dans les documents contemporains, voir Cassiod., *Var.*, XI, 36, 4 p. 350, 19-20 (en 534, à Anatolicus, *cancellarius* de la province du Samnium) : *praefuit enim cornibus secretarii praetoriani, unde ei nomen est derivatum.*

51. Voir, par exemple, Ernout-Meillet, *DELL*, s.v. *cornu*, p. 143.

52. VI, 1, 11. Dans la note 12 de l'édition récente de R. Combès (1997, p. 144, on corrigera la date en 313 *a* Cn ; la traduction donne " ordonnance ".

53. LIV., X, 44, 5) : (*Et Papirius*) *equites omnes ob insignem multis locis operam corniculis armillisque argenteis donat.*

54. Ps-Aur. Vict., *Hom. ill.*, 72, 3 p. 63 Pichlmayr : *Primo in Hispania corniculum meruit.*

Bénévent la mérita à son tour en Macédoine[55]. Frontin[56] fait état, pendant les guerres civiles, d'un *tribuni cornicularius* : Le *cornicularius* Clodianus participa à l'assassinat de Domitien[57]. Plusieurs inscriptions portent témoignage de *cornicularii,* c'est-à-dire de soldats porteurs de la récompense. Faute de représentation, on en est réduit à conjecturer l'aspect de celle-ci ; il s'agirait d'une ou deux petites cornes fixées sur le côté du casque[58]. Elle valait au détenteur une position privilégiée qui faisait de lui une sorte d'adjudant placé à l'époque d'Orbilius au côté du tribun de légion[59].

Mais sous le dominat, en 337, quand Firmicus Maternus écrit sa *Mathesis*[60], le *cornicularius* semble bien être devenu un pur administratif. On peut croire que beaucoup d'entre eux avaient dû se distinguer par leur âpreté au gain. Certains sont situés dans la même géniture[61] que des *homicidiis publicis praepositi et exceptores earum sententiarum quae de hominum capitibus proferuntur, aut* (...) *aut commentarienses.* Ils détenaient sûrement des fonctions à responsabilités car une loi du 11 avril 364[62] leur interdit d'acheter des propriétés dans les provinces où ils sont nés ou bien où ils exercent leur autorité. L'appartenance du *cornicularius* est dûment marquée dès 30 janvier 365, dans une constitution adressée

55. Suét., *Gramm.,* 9, 1 : *primo apparituram magistratibus fecit, deinde in Macedonia corniculo, mox equo meruit.*

56. *Strat.,* III, 14, 1.

57. Suét., *Dom.,* 17, 4) : *Clodianus cornicularius et Maximus Partheni libertus et Satur decurio cubiculariorum et quidam e gladiatorio ludo* (...) *contrucidarunt.*

58. E. Pottier, art. *cornicularius* dans Daremberg-Saglio-Pottier, I, p. 509.

59. Marie-Claude Vacher, (1993), p. 94 (n. complémentaire 3 à 9, p. 11).

60. Pour la date, voir R. Turcan, (1982), p. 9-10 ; P. Monat, (1992), p. 8.

61. Firm., *Math.,* III, 5, 26.

62. *CTh* VIII, 15, 3 p. 416.

au préfet Mamertinus[63]. Dans son chef, il y a donc eu une lente montée en dignité qui a duré des siècles. En vérité, le plus clair de ce que Jean a à dire sur les fonctions du *cornicularius* se réduit à un strict minimum : il était le chef de tous les services.

Le *cornicularius* avait la responsabilité de distribuer les affaires entre les différents services dépendant de la préfecture (III **23** 1). Il donnait son contre-seing (**12** 5) aux pièces dont étaient munis les actes. On connaît le salaire du *cornicularius*. Il s'élevait à douze livres d'or par an, à quoi il faut ajouter les trois pièces que lui valait la gestion de l'ensemble des pièces (**24** 2)[64]. Toutefois, ces dispositions résultaient d'un accord entre le *princeps* et le *cornicularius*. Les textes législatifs ne portaient pas de prescriptions sur le point (**25** 5). Aussi l'usage a-t-il fini par se perdre. Sous la préfecture d'Héphaestos en 551-552, Jean n'avait plus rien reçu du genre (**25** 3). La politique de réduction des frais de justice instaurée par Jean de Cappadoce et soutenue par Justinien gardait le même cap.

Un *scrinium* permanent n'était pas utile, car le haut fonctionnaire pouvait puiser à son gré des exécutants dans la *schola exceptorum*. À vrai dire, des *adiutores corniculariorum* sont mentionnés dans certaines administrations provinciales ; c'est le cas pour le vicaire d'Afrique Dracontius, d'après une disposition du 30 mars 365[65]. Au cours de la conférence de Carthage en 411 se trouve mentionné un certain Exitiosus *adiutor cornicularii*[66], à qui est adjoint un collègue, Restitutus, lors de la

63. *CTh* VIII, 7, 8, p. 396, 1-3 : *Praefecturae cornicularios, qui annis singulis ex numero deputatorum exeunt, post transactos corniculos nostram purpuram adorare volumus* (…).

64. A.H.M. Jones, *LRE* I, p. 580-581.

65. *CTh* VIII, 4, 10, p. 369, 1 et 4. La traduction est celle de Fr. Paschoud, (1971), p. 54 ; (2000), p. 52.

66. I, 1 et II, 1, p. 558, 7-8 et 922, 7-8 Lancel.

troisième séance[67]. Le *cornicularius* avait donc certainement dans la chancellerie proconsulaire d'Afrique son *scrinium* propre. Le fait tient à ce que les *cornicularii* des offices provinciaux, dont celui du proconsulat d'Afrique était le plus important, avaient aussi des responsabilités d'intendance, comme la rémunération et l'approvisionnement. C'est ce qui apparaît bien dans une constitution du 17 août 412 adressée à Leontius, préfet de l'Illyricum[68]. Pour de telles besognes, un bureau était indispensable[69].

On a toute raison de croire que le *cornicularius* pouvait exercer aussi les fonctions du *matricularius*, que le versement des *sportules* devait rendre particulièrement attrayantes. La charge revenait à un *officialis* de dernière année (**66** 4), c'est-à-dire à un des *primates*, qui devait être un des *primiscrinii* de la préfecture. C'était à eux que revenait le commissionnement d'exécuteurs de l'*officium* pour l'application des sentences des procès ; à ce titre, ils devaient avoir sous la main la matricule (**12** 3-4) et les indications sur la qualité du personnel en cause. Ainsi, d'après une loi du 22 décembre 399[70], adressée au préfet

67. III, 1, p. 980, 9-10.

68. *CTh* VII, 4, 32, p. 322, l. 1-3 et 7-8 : *Procuratores curiarum annonarum et cellariensium specierum gratia minime fatigentur, quas (...) rectores provinciarum et comites solent accipere. (...) Ideoque per cornicularium cuiuscumque provincialis officii hanc sollicitudinem inpleri conveniet.*

69. Le texte des *Actes* de la réunion de Carthage a donné à A.H.M. Jones (*LRE* II, p. 1242, n. 58 à I, p. 587) l'occasion de polémiquer contre E. Stein. Comme S. Lancel (1972), p. 59, n. 2), nous ne croyons pas valide l'argumentation de l'historien britannique. Jones faisait observer qu'au départ, l'*adiutor* avait son service près le *scrinium* du *princeps*, comme en fait foi une constitution du 1er novembre 331 (*CTh* I, 16, 7, p. 57, l. 3-4 : *ad provinciales*). Il n'est donc pas question d'un *cornicularius*, et il s'agit d'une administration provinciale. C'est, de toute façon, oublier que, de l'aveu même de Jean (**4** 3), le *cornicularius* était hors cadre.

70. *CTh* VI, 30, 16, p. 299, l. 9-10 : *adiutoribus quoque, qui matriculas tractant,* cf. *CTh* VI, 30, 17, p. 300, l. 4-5, émise le lendemain.

Messala, c'est explicitement aux *adiutores* qu'était confiée la direction du matricule dans la *comitiva sacrarum largitionum*. Ce dernier fait est dûment souligné, pour la préfecture du prétoire, par une disposition du 3 décembre 386 adressée à Eusignius. Elle interdit à tout fonctionnaire d'exercer une mission dans une province dont il est originaire. Dans le cas où la loi ne serait pas respectée, l'*adiutor* responsable essuiera une lourde pénalité d'une livre[71]. Dans la préfecture de la Ville de Constantinople, le 20 décembre 424, le rôle revenait au *primicerius adiutorum* (...) *per biennium*[72].

L'emploi au singulier du mot ματρικουλάριος en Orient tient au fait que l'on laissa toujours dans l'indétermination lequel des *primates* aurait à gérer le matricule et aussi à recevoir les sportules y afférant : pour la progression par radiation ou pour l'admission dans le matricule, les *primates* étaient solidairement responsables. Les exemples de responsabilité solidaire des *primates officiorum* ne manquent pas, dans les services du préfet du prétoire[73], comme dans celui du *Comes sacrarum largitio-*

71. *CTh* VIII, 8, 4 p. 402 l. 14-15 = *CJ* XII, 59, 3, p. p. 484 : *adiutores vero officiorum palatinorum ac numerarii comitum inlustrium virorum sive actuarii libram fisci viribus solvant, nisi statuta fuerint custodita*. Voir aussi *CTh* I, 10, 7 p. 46, l. 1-4 (27 février 401, où il est question des devoirs généraux des *adiutores* de la *comitiva sacrarum largitionum*) : *Observandum esse censemus, ut bini in singulis indictionibus per singulas provincias palatini dirigantur, ita ut singularum librarum auri adiutores per singulos multa constringat, si legis nostrae definitiones neglexerint vel minus idoneos destinaverint* cf. *CTh* VIII, 8, 2, du 25 octobre 379 p. 401 = *CJ* III, 2, 1, p. 123.

72. *CTh* I, 6, 12, p. 42, l. 1-3 = *CJ* I, 28, 5, p. 81 : *primicerius adiutorum tuae sedis officii per biennium, quod in eodem gradu ex consuetudine priscae ordinationis emeruit, curam insuper personarum usurpatione omni atque ambitione cessante suscipiat* (...).

73. *CTh* XI, 16, 4, p. 598, l. 8-9 (9 mai 328, au préfet Aemilianus) ; II, 1, 6, p. 73, l. 6-7 (30 avril 385, à Neoterius,) ; IX, 40, 16, 1, p. 504, l. 16-17 (27 juillet 398, à Eutychianus = *CJ* I, 4, 6, 1, p. 40) ; I, 34, 3, p. 70, l. 1-2 (31 mai 423, à Asclepiodotus = *CJ* I, 51, 8, p. 89).

num[74], du proconsul d'Afrique[75], du *comes rerum privatarum*[76] et du vicaire de la Ville[77].

En fin d'exercice, le *cornicularius* accédait à la retraite, qu'il prenait dans des conditions spéciales, que décrit Jean. Devenant *illustris,* il recevait le grade de comte et il recevait les codicilles. Il était le seul chef de service à bénéficier de cet avantage (III **4** 2, cf. **30** 10). Les codicilles dont il est question étaient les décrets de nomination promulgués par les empereurs destinés aux dignitaires en exercice ou aux simples titulaires. Ils étaient en usage pour les fonctions de cour, comme celle de *comes*. Ils revêtaient la forme soit de diptyques soit de rouleaux[78].

d. Structure générale des *officia* Par la suite, Jean offre, suivant l'ordre hiérarchique, une liste des grades dans l'*officium* du préfet du prétoire, soit un *cornicularius* (**4** 2), deux *primiscrinii* (**4** 3), deux *commentarienses* (**4** 4), deux *regendarii* (**4** 5) et deux *ab epistulis* (**4** 5). Il en traitera plus loin, non sans avoir au préalable expliqué pourquoi la préfecture de la Ville (**5**) n'a pas d'*ab epistulis,* avant de revenir sur chacun de ces membres du cadre, dans l'ordre *primiscrinii* (**11** 3 ; **12** 2-**15**), *commentarienses* (**16-19**), *ab actis* (**20**), *regendarius* (**21** 1), *ab epistulis* (**21** 2), sans compter les *tractatores* (**21** 3), dont l'ascension est concomitante de celle des *scriniarii,* qu'il abordera par la suite. Tels sont les grades au sein d'un

74. *CTh* X, 20, 13, p. 564, l. 4-5 (27 juin 406, à Filometor = *CJ* XI, 8, 10, p. 431) ; XII, 6, 30, p. 721, l. 7-9 (27 janvier 408, à Lucius = *CJ* X, 72, 13, 1, p. 426) ; voir aussi I, 12, 8, p. 50, l.4-5 (31 décembre 400.

75. *CTh* I, 12, 8 p. 50 l. 4-5 (à Pompeianus, 31 décembre 400). Il en va de même dans le service dirigé par Pasifilus, le 25 décembre 395 (*CTh* II, 1, 8 p. 74 l. 14-16).

76. *CTh* XI, 20, 4, 3 p. 608 l. 20-22 (à Trygetius, le 19 mai 423).

77. *CTh* XII, 11, 2, p. 726, l. 4-6 (5 août 386, à Hellenius). Sur tout ceci, voir E. Stein, *Officium,* p. 56, 59 et 61.

78. Voir R. Delbrück [(1929), p. 3-5], qui donne des figures tirées de la *Notitia dignitatum.*

système hiérarchique réclamant du personnel le recours à la culture (**21** 4). Conformément au règles de la Ringkomposition, Jean en revient alors au *cornicularius,* dont il monte en épingle la prodigieuse ancienneté, qui remonterait aux origines même de Rome (**22** 2)[79], encore que les réformes de Fuscus sous Domitien l'aient privé du plus gros de son prestige (**22** 3). Le chapitre représente un des points d'orgue du traité.

Jean y ajoute une étude sur les *scriniarii* (**23-25** ; **31** ; **35-36**), où l'écrivain prend pour exemple le sort qui fut le sien dans l'administration préfectorale : excellent prétexte pour glisser un essai d'autobiographie (**26-30**). Ce qui frappe ici, c'est la présence des *ab actis,* que rien n'annonce dans la table des matières. C'est ce qui justifie un ajout en **4** 5. On entre dans la carrière administrative parce que l'on peut faire état d'une certaine culture (**6** 1 et **21** 4). Le reste de l'effectif ne répond pas à de telles exigences. Jean en traite cependant, mais avec davantage de brièveté (**7-8**), car il s'agit de personnel auxiliaire. La clef de la préfecture est donc entre les mains des *exceptores* ou tachygraphes, dont il faut d'abord dessiner la progression. Après quoi, nous aborderons le système hiérarchique puis le personnel auxiliaire. En somme, c'est l'ordre même que suggère l'écrivain. Toutefois, l'ensemble du développement est entrecoupé de longs gémissements et de digressions qui l'obscurcissent.

Comprendre le fonctionnement de l'*officium* du préfet du prétoire tel que le présente notre auteur n'est certes pas chose facile, car le livre III est une pièce unique. Suivant tous les spécialistes, on doit faire appel à plusieurs documents mais de natures différentes, soit antérieur, comme la *Notitia dignitatum,* ou contemporains, tels l'édit de Justinien du 13 avril 534 portant création de la préfecture du prétoire d'Afrique[80] ou les *Variae* de Cas-

79. On vient de voir que le *cornicularius* ne joua de rôle administratif important qu'à partir du IVe s. pCn.

80. *CJ* I, 27.

siodore, qui évoquent divers problèmes administratifs propres à l'Italie ostrogothique. Dans ce dernier cas, les comparaisons sont légitimes, car, en raison de l'éducation qu'il reçut à Constantinople, Théodoric reconnaît qu'il s'est borné à adapter les institutions fonctionnant dans la capitale impériale[81]. Toutefois, on a mis en parallèle le système des différents services constitutifs de la préfecture du prétoire tels que les dessinent ces différentes sources. Au moins pour les cadres, la présentation la plus riche[82] est celle de la *Notitia dignitatum*. Dans le tableau qui suit, les chiffres correspondent au nombre des fonctionnaires attestés, X marque leur absence et " scr. " la présence d'un bureau approprié :

CADRES	*N.D.*	Cassiodore	Jean	*CJ*
Princeps	1	-	1	-
Cornicularius	1	1	1	-
Adiutor ou *primiscrinius*	1	1	2	X
Commentariensis	1	-	2	scr.
Ab actis	1	scr.	2	scr.
Numerarii	X	-	-	-
Subadiuvae	X	-	-	scr.
Cura epistularum	X	X	-	-
Reg(er)endarius	X	scr. curae	2	-
Exceptores ou ταχυγράφοι	X	X	X	X

e. Les tachygraphes La piétaille du personnel administratif est représentée par l'ensemble des tachygraphes, qui étaient fort nombreux et groupés en quinze scholes[83]

81. Cassiod., *Var.*, I, 1, 2 (Théodoric à Anastase) : *in re publica vestra didicimus, quemadmodum Romanis aequabiliter imperare possimus* (...) ; 3 : *Regnum nostrum imitatio vestra est, forma boni propositi, unici exemplar imperii.*

82. Nous adaptons la " tabella n.1 " de R. Morosi, (1977), p. 108.

83. Les scholes à l'origine, peut-être déjà sous le règne de Dioclétien, constituaient les régiments de la garde impériale, et ils étaient sous la direction du maître des offices. Elles gardèrent leur caractère militaire à l'Est jusque sous le règne de Zénon, voir A.H.M. Jones, *LRE* I p. 613-614. Après cette période, le terme prit une portée géné-

(**6** 1 ; **66** 4). Les candidats à un poste cherchaient d'abord à être enrôlés directement par le préfet du Prétoire à la faveur d'une ordonnance. Ce fut de la sorte que Jean le fut lui-même (**26** 4). À tort, il tient le procédé pour une prérogative ancienne (**67** 3)[84]. Aussi, moyennant les " passe-droit " que l'on peut imaginer, le personnel avait-il tendance à devenir pléthorique[85]. Notre auteur lui-même signale l'entrée en service de plus de mille tachygraphes chaque année (**66** 5)[86]. L'entrée dans les services de la préfecture s'opérait normalement *via* l'attribution d'une *sacra probatoria* (**2** 3 ; **66** 6 ; **67** 1-2) que diligentait le *scrinium memoriae*. Jean nous indique le prix : 5 sous d'or qui devinrent 20, après 534, au cours de la préfecture de Jean de Cappadoce (**67** 1)[87]. Les autorités durent s'efforcer d'obturer ce canal parallèle que représentait le recrutement par favoritisme. Elles le firent en promulgant une pragmatique sanction. Elle était produite à la demande des *memoriales*, en fait des *epistulares*, et peut-être même confectionnée par eux : personne ne pourrait entrer désormais au service de l'*officium* du préfet du Prétoire d'Orient sans autorisation impériale écrite. En somme, une *probatoria* renforcée ou, peut-être, de vrais codicilles impériaux. Dans le royaume ostrogothique, la promotion des *praefectoriani* s'accomplissait sans la moindre intervention du souverain[88]. En

rale et fut employé pour désigner des bureaux civils, évidemment par analogie avec l'ancienne garde impériale (Lampe, *PGL*, s. v. σχολή, p. 1361.

84. E. Stein, *Officium*, p. 9, avec la n. 1.

85. J. Caimi, (1984), p. 435.

86. Au début du VIe s., quelque deux mille personnes travaillaient au service du préfet du Prétoire [E. Stein, *Officium*, p. 18 ; Ensslin, art. *Praefectus praetorio*, dans *RE*, XXII, 2 (1954), col. 2483], contre 396, dans la préfecture du Prétoire d'Afrique, au moment de la reconquête, en 534.

87. La loi ne figure pas dans le *CJ*.

88. Cassiod., *Var*. XI, 17-34, particulièrement 17, p. 345, 10-13 (avant le 24 décembre 534) : *quapropter unusquisque iuxta matriculae seriem tua designatione vulgetur, ut quem loci ordo postulat, gradibus*

fait, une loi de Constance II du 27 mai 358 adressée au préfet Taurus interdisait d'engager ou de promouvoir du personnel sans le recours à une procédure de probation[89]. Sans doute s'agissait-il déjà d'une *probatoria sacra.* Faut-il croire qu'une telle formalité s'imposait aussi en cas de promotion[90] ? Dans ce cas, les services administratifs eussent été chargés d'expédier dans les départements des milliers de documents du genre, alors que les lois ne font état de *probatoriae* que pour les engagements. L'exemple de Jean, qui n'a pas dû être isolé, montre que le favoritisme continuait à jouer — notre auteur ne cherche nullement à le dissimuler —, comme déjà au temps de Constance II. On peut supposer que, faute de s'être acquitté de la *probatoria* réglementaire lors de son entrée en service, le bénéficiaire d'une promotion devait au moins passer à la caisse pour la circonstance.

Après la période d'essai, la recrue était désignée à un poste d'*exceptor*, dans un service qu'il choisissait lui-même[91] (**4** 1), avant d'être nommé *chartularius.* Au temps d'Anastase, le favoritisme permettait encore tous les " passe-droits ". Ainsi, Jean eut une période d'essai fort raccourcie, grâce évidemment à son cousin Ammianos (**26** 4) et à son pays, le préfet du prétoire Zôticos, qu'il remercia en composant un panégyrique (**27** 2). En moins d'un an, il devint ainsi *chartularius ;* on peut supposer qu'Ammianos, le cousin providentiel, était juste-

promotionis accedat. Egrediatur unus, ut anteponat universos. Totam sequentium seriem ad provectum trahit, dum prior militiam perfunctus exierit. Lors de la création de la préfecture du prétoire d'Afrique, Justinien abandonna entièrement à son magistrat le soin de procéder au recrutement de ses hommes, voir R. Morosi, (1977), p. 131 et n. 135.

89. *CTh* VIII, 7, 7 p. 396 : *instaurata necessaria sanctione id volumus de cetero custodiri, ne ullus quemquam iudicum probare audeat vel provehere.*

90. Karlowa, *Römische Rechtsgeschichte,* I, 1885, p. 878 sqq.

91. R. Morosi [(1977), p. 132, n. 136] écrit à tort, en reproduisant **4** 1, ταξῆναι pour ταχθῆναι.

ment *ab actis,* ce qui dut faciliter les affaires de Jean (**27** 2). Le système d'alternance ne lui permit pas de rester à son poste, en sorte qu'un peu plus tard, on le retrouve, avec le même titre, en service près le bureau du *commentariensis* (**17** 3). Après une année de service comme *chartularius*, l'usage voulait que l'on rentrât dans le rang, c'est-à-dire que l'on redevînt un simple *exceptor,* sauf à être à nouveau sélectionné par un autre chef de service (**20** 4), naturellement pour une durée d'un an aussi[92]. Après neuf années de bons et de loyaux services, on pouvait accéder, moyennant les qualités requises de formation et de compétence, au statut d'*adiutor* et entreprendre une carrière dans la classe des *Augustales* (II **18** 3 et III **6** 1)[93]. Apparemment, le Lydien n'eut pas à traverser un long désert, car il fut une seconde fois *chartularius*, près le bureau du *commentariensis,* encore sous le règne d'Anastase, soit avant 519. Tout donne à croire, et il en administre lui-même la preuve (III **26** 2-3)[94], qu'il avait les qualités requises pour devenir *Augustalis.* Au terme des neuf années exigées, il a dû entrer dans la classe en effet au début du règne de Justin Ier, vers 521. Une année après l'autre, le promu passait alors d'un *scrinium* à l'autre[95], pour devenir enfin *primicerius Augustalium.*

f. Les *chartularii* Le terme χαρτουλάριος surgit pour la première fois en III **17** 3. On perçoit certains aspects matériels du métier grâce à la fourniture de *chartae* pour la curatèle des adductions d'eau et des fontaines monumentales évoquée dans le sénatus-consulte de 11 aCn. Le document est conservé par Frontin[96]. La confec-

92. Voir R. Morosi, (1997), p. 132.

93. Je ne vois pas ce qui permet à J.-L. Mourgues [(1998), p. 168, n. 118], d'écrire que Jean “ fut *exceptor* (…) puis *chartularius* pendant plus de vingt ans ”.

94. Voir Introduction, t. I, p. XXVIII.

95. R. Morosi, (1977), p. 132.

96. *Aq.*, 100, 4 : *Utique tabulas, chartas ceteraque quae eius cura-*

tion des *regesta* — c'est-à-dire le journal des procès de la journée[97] — était à la charge des *chartularii* dans le bureau *ab actis* (III **20** 4), où c'était l'*adiutor* le plus capable qui lui confiait le travail à exécuter (**20** 3)[98]. Pour la forme, le début de la phrase rappelle nettement celui de II **15** 1. Le rapprochement pourrait donner à croire qu'ici encore Jean vise l'époque du règne de Jean de Cappadoce. Il n'en est rien cependant. D'une part, il rappelle des souvenirs personnels (III **20** 9), qui remontent évidemment à l'époque où il était en service actif dans l'*officium.* C'est la raison pour laquelle il évoque le rôle (**20** 5) de l'*instrumentarius*, un des *adiutores* des *ab actis* dans l'élaboration d'une sorte de cahier ou de registre (le *personalium* contenant, en latin, les données d'une procédure). Ainsi, pour le cas où les actes originaux seraient perdus ou déficitaires, on pourrait reconstruire tout le dossier judiciaire de l'action[99]. En sa qualité de premier *chartularius*, Jean a dû être chargé au moins de la rédaction du regeste et du *personalium,* dans ce dernier cas à la place d'un *adiutor* (**27** 3)[100].

Il fut amené à officier lors de procès plus conséquents encore, des appels contre des décisions de la préfecture du prétoire (**27** 3-4)[101]. En principe, la cour du préfet du prétoire connaissait depuis longtemps des causes qui avaient été normalement du ressort de l'empereur luimême, mais ce dernier s'en était déchargé à son avantage. La décision du magistrat officiant ès-qualité n'était

tionis causa opus essent iis curatoribus praebenda, voir J.-L. Mourgues (1998), p. 176.

97. E. Stein, *Officium,* p. 36, n. 2.

98. E. Stein, *Officium,* p. 40.

99. J. Caimi, (1984), p. 305-306.

100. D'après J. Caimi [(1984), p. 36], un extrait comme celui-ci permet de tirer la conclusion que les *chartularii* ne recevaient aucun salaire de la caisse de l'État ; ce serait encore le cas, à plus forte raison, pour les *exceptores* de base. Pour notre part, nous ne voyons pas ce qui, dans le passage en cause, autorise une telle induction.

101. E. Stein, *Officium,* p. 40.

dès lors pas soumise à appel. Toutefois, des décisions pouvaient être manifestement controuvées. Dans ce cas, on devait bien recourir à une procédure plus archaïque, celle qui faisait interjeter appel (δίκη ἐφέσιμος **27** 4) devant l'empereur en personne, à la tête du sénat ou du consistoire, c'est-à-dire son *comitatus*. S'agissait-il bien du sénat, comme le croient E.Stein et Ensslin[102], ou d'une assemblée plus restreinte ? Jean utilise en effet le mot βουλή à deux reprises (**27** 4). Dans les sources des Ve et VIe s., les mots σύγκλητος ou βουλή servaient souvent à désigner l'assemblée résultant de l'absorption du sénat par le consistoire impérial[103]. À l'époque de Justinien, les deux assemblées tiennent des réunions communes[104]. Y prenaient part les fonctionnaires de rang le plus élevé (II **9** 2)[105]. Le plus compétent des *adiutores* ou, à titre

102. E. Stein, *Officium*, p. 40 ; Ensslin, art. *praefectus praetorio*, dans *RE*, XXII, 2 (1954), col. 2491.

103. G. Dagron, (1974), p. 141, avec la n. 2 (où il renvoie à II **9** 2) ;146 avec la n. 1.

104. *Novelle*, XXIII, 2 p. 188 (3 janvier 536) : *ad hoc sancimus, si quando lis speratur in nostrum inferri consistorium, si forte contigerit imperatoriam maiestatem occupatam publicis causis ex mundanis provisionibus non posse convocare patres, quatenus causa agitetur, non ex hoc litem periclitari* ; LXII, 1, 2 p. 332-333 (1er janvier 537) : *quaedam autem causae post appellationes iudicibus porrectas in sacrum nostri numinis consistorium inferuntur et a nostris proceribus examinantur, idcirco nobis <placuit> non solum iudices nostros, sed etiam senatores ad examinandas lites in consultationibus convenientes una cum aliis florentissimis nostris proceribus litium facta trutinare ;* CXXIV, 1 p. 626 l. 10-14 (14 décembre 544) : *Hoc autem servari praecipimus et in sacro nostro consistorio, quando consultationes intromittuntur, ut sub praesentia sacri senatus memorata sacramenta praestentur* ; Procop., *Arc.*, 14, 7 ... τά τε <τῇ> συγκλήτῳ βουλῇ καὶ τῷ αὐτοκράτορι δεδοκιμασμένα (...) ; J. Mal., XVIII, 22, 97-5 (p. 438, 23-439, 4 B.) καὶ γενομένου σιλεντίου κομβέντου ἐπὶ πράξεως ὑπομνημάτων ἐγγράφως, καὶ τῶν πεπραγμένων πάντων ὑπαναγνωσθέντων τῷ βασιλεῖ μετὰ τὸ ἐλεγχθῆναι τὸν αὐτὸν Πρόβον ἐπὶ κοινοῦ τῆς συγκλήτου, λαβὼν ὁ αὐτὸς βασιλεὺς τὰ πεπραγμένω ἔσχισεν (...).

105. C'est sans doute en ce sens qu'il faut interpréter la locution οἱ

exceptionnel, comme ce fut le cas pour notre auteur, le *chartularius* le plus versé en latin composait la *suggestio*[106], c'est-à-dire un rapport sur le cas à discuter lors de l'audience du conseil[107]. L'essentiel, dans ce cas, était de réussir une opération de prestige en face des ministres les plus importants, comme le questeur *sacri palatii* (voir déjà I **28** 1)[108] et ses ἀντιγραφεῖς.

Qui étaient ces derniers ? La critique a longtemps hésité sur le sens que revêt ici le terme *antecessor*. D'abord, on a vu en eux des professeurs de droit[109]. *A priori,* on voit mal ce que fussent venus faire là d'éminents juristes, que les détails de la chicane ne devaient intéresser que médiocrement. Dans la constitution bilingue[110] *Tanta* Δέδωκεν, qui date du 16 décembre 533 et a pour objet la publication du *Digeste,* est donnée l'équivalence entre ἀντιγραφεὺς τοῦ θείου σκρινίου τῶν τε λιβέλλων καὶ τῶν βασιλικῶν διαγνώσεων et *magister scrinii libellorum sacrarumque cognitionum.* Or, en 535[111], le questeur disposait de deux bureaux, *ab epistulis* et *a libellis*. Le *magister libellorum et cognitio-*

τῶν ἐκεῖ πρωτεύοντες στρατευμάτων d'après J. Caimi [(1984), p. 153, n. 159].

106. L'équivalent grec était διδασκαλία.

107. J. Caimi [(1984), p. 52] fait observer que Jean n'emploie pas le terme ἀναψηλάφησις, équivalent du latin *retractatio.* Pour le recours à l'ἀναψηλάφησις, voir *CJ* VII, 62, 35 p. 323 (527 ?) ; XII, 37, 19, 2 c p. 475 (sous Anastase) ; Just., *Nov.* 82, 12 p. 407 (8 avril 539) ; Psellos, *Actum* 1, p. 149, l. 165 Dennis.

108. À son propos, voir t. I, p. DLXXXVI.

109. Identification que rejette J. Caimi [(1984), p. 53, qui cite, n. 162, les études d'E. Zachariä Von Lingenthal et d'H. J. Scheltema sur la question.

110. 9, p. 17, à propos de Constantinus, cité en second lieu, après Tribonien, qui exerce les fonctions de questeur, voir J. Caimi, (1984), p. 54.

111. *Nov.* 35, p. 242, l. 4-5 (18 décembre 534), adressée au questeur Tribonien : *Inter viros devotos memoriales tam sacri scrinii memoriae quam epistolares nec non libellenses* (...) *viri excelsi pro tempore quaestoris.*

num selon la *Notitia Dignitatum*[112] traitait les *cognitiones et preces*. Ils étaient chargés de rédiger les rescrits impériaux et sans doute de préparer les réponses des empereurs et ses jugements. Quand le questeur officiait en qualité de juge, il est probable que les *magistri scriniorum libellorum* et *epistularum* l'assistaient comme assesseurs[113].

g. Les *Augustales* Après engagement, la matricule leur ouvrait théoriquement deux possibilités de carrière. Devenus *Augustales*, les plus distingués d'entre eux, via le poste d'*adiutor*, pouvaient briguer le grade suprême de *cornicularius* (**6** 1 ; **9** 2), tandis que les plus modestes pouvaient envisager seulement d'occuper la fonction de *primiscrinius* en fin de carrière (**6** 2 ; **9** 2).

Le titre d'*Augustalis* n'était pas un honneur aux yeux de Jean. Simplement, il permettait à celui qui le détenait d'accéder plus rapidement au grade de *primiscrinius,* ouvert aussi aux tachygraphes ordinaires, et surtout à celui de *cornicularius,* qu'il occupa lui-même (**30** 3-4 et 10). On a fait observer à juste titre[114] que notre écrivain ne médit jamais de la catégorie, cependant inférieure, des tachygraphes non *Augustales,* alors que, par orgueil de corps, en dépit d'une évolution administrative inéluctable, il n'a que dédain pour les *scriniarii*, auxquels il refuse jusqu'à l'appartenance à l'*officium* (**31** 2 ; **35** 2-3). Le fait s'explique bien. D'abord, dans le corps des tachygraphes aussi bien que des *Augustales*, il se trouvait des hommes fort instruits. Pour cette raison, Anastase permit aux uns et aux autres d'arrondir leurs fins de mois en prononçant des discours en public afin de faire valoir leur savoir et leur éloquence (**50** 6). D'autre part, les lois n'évoquent jamais les *Augustales*. Enfin, comme on le

112. Or. 19, 11 = Occ. 17, 13.
113. R. Guilland, (1976), p. 82-83 ; J. Caimi, (1984), p. 55.
114. E. Stein, *Officium,* p. 38.

voit ici, Jean n'éprouve nullement le besoin d'établir une ligne de démarcation nette entre *Augustales* et *exceptores* ordinaires.

En vertu de **9** 8, deux *exceptores* terminaient leur carrière chaque année. L'un, issu du corps des *exceptores* ordinaires, était le *primiscrinius* et l'autre, venu de celui des *Augustales*, le *cornicularius*[115]. L'entrée en fonction et la sortie correspondante était réglée notamment par une loi du 4 mai 419[116]. Par conséquent, il faut sans doute comprendre aussi que toute fonction de direction ne durait qu'une année[117] : chaque poste de direction avait un bureau, sauf celui du *cornicularius,* en sorte que chacun des *promoti* dans les deux catégories devenait, année après année, d'après l'ordonnance prévalant dans les séries, tour à tour pour chacun des diocèses *cura epistularum, regendarius, ab actis, commentariensis* et *primiscrinius,* grade suprême pour les simples *exceptores*. Si les grandes lignes du système administratif sont parallèles à l'Ouest et à l'Est, on observe que chez Cassiodore la liste des *promotiones officii praetoriani* chez les *litterati* mentionne à la fois les *cornicularii* et les *primiscrinii, De corniculario qui egreditur*[118], *De corniculario qui accedit*[119]*, De primiscrinio qui egreditur*[120], *De primiscrinio qui accedit*[121], mais simplement *De scriniario actorum*[122] et *De cura epistularum*[123]. Symétriquement, du côté des *illitterati,* on a le schéma *De primicerio singulariorum*

115. E. Stein, *Officium,* p. 31.

116. *CTh* VI, 30, 22 (au comte des largesses sacrées Anysius) : *ad similitudinem exceptorum eiusdem militiae conpleto an[no] recedere eos subituris eundem locum sequentib[us] praecipimus.*

117. J. Caimi, (1984), p. 35.

118. Cassiod., *Var.* XI, 18.

119. XI, 19,

120. XI, 20.

121. XI, 21.

122. XI, 22.

123. XI, 23.

qui egreditur[124] et *De primicerio singulariorum qui accedit*[125]. C'est dans le même sens aussi qu'il y avait dans l'*officium* deux *cancellarii* par année[126], officiant côte à côte dans la salle du tribunal (**37** 2).

Toutefois, on doit soigneusement distinguer deux catégories d'*Augustales*. C'est ce que Jean lui-même invite à faire, en recourant à une terminologie différente. En effet, le τάγμα des *Augustales* devait probablement se composer de tous ceux qui revêtaient une βοηθοῦρα dans un des trois *scrinia, primiscrinii, commentariensis* et *ab actis*, au nombre de dix-huit (**9** 7-8). Au terme de leur mandat, ils éprouvaient de la répugnance à rentrer dans le rang (**10** 1), comme il eût été normal. On décida donc, sous Arcadius, de créer un corps spécial d'*Augustales*, au nombre de trente, chargés de missions spéciales au sein de la préfecture (**10** 2), dont quinze, les *deputati,* allèrent renforcer le secrétariat de l'empereur (**10** 3). La constitution de cet organe interne de la préfecture remonterait au règne d'Arcadius. On peut supposer que ce nombre ne tarda pas à être dépassé. Évidemment, les premiers ne tardèrent pas à devenir nettement plus nombreux que le nombre prévu à l'origine, trente (**10** 4). On doit tenir compte aussi du fait que chaque année un de ces fonctionnaires partait à la retraite après avoir assuré la direction du bureau et que, d'autre part, la βοηθοῦρα était une fonction sujette à rotations, sans qu'il y eût pour autant de dégradation du personnel intéressé dans les intervalles (**9** 8), attendu qu'elle perdait son objet avec celui qui l'avait créée[127].

Le groupe des quinze *deputati*, d'après l'ordre du texte, doit avoir été de création plus récente que le σύστημα des trente, dont ils prirent la tête. Sur le plan méthodologique, on doit d'abord déterminer le mode de recru-

124. XI, 31.
125. XI, 32, E. Stein, *Officium,* p. 31-32.
126. R. Morosi, (1978), p. 136 avec la n. 51.
127. E. Stein, *Officium,* p. 41.

tement de ce groupe, puis voir à quelle époque ils furent amenés à servir près les *officia* impériaux. Le nombre de quinze a dû être fixe. *Augustales* eux aussi, ils ont bientôt pris le nom de *deputati*. Un chapitre de Cassiodore montre que le *secundicerius deputatorum* portait le titre de *primicerius Augustalium*[128]. Or, l'ensemble des *exceptores* se divisait en quinze *scholae* ou συμμορίαι. On peut donc supposer que les quinze *deputati* constituaient eux-mêmes la première *schola*, et que les autres quinze membres du σύστημα τῶν Αὐγουσταλίων créé sous Arcadius, formaient la seconde, la *schola Augustalium*, de ces petites *scholae* en lesquelles se divisait tout le τάγμα τῶν Αὐγουσταλίων. La promotion d'une *schola* à l'autre a dû se faire par voie normale, *decurrente matricula*. C'est ce qu'il est possible d'induire d'une lettre de Synésios de Cyrène à un de ses correspondants les plus habituels, Pylaiménès (la lettre a été datée récemment, avec une précision accrue, de la fin du troisième trimestre 405[129]). Il le prie de s'adresser à un certain Marcus pour qu'il fasse remettre de sa part un cadeau, un tapis, à Astérios, ταχύγραφος du préfet du prétoire *in comitatu*. La promesse faite à Astérios datait de longtemps, au temps de l'ambassade[130] (399-402). Marcus occupait un poste important à la préfecture, où il était[131]

> *le chef de la section des tachygraphes qui comprenait Astérios.*

D'autre part, Astérios lui-même n'était pas un subalterne dans son service administratif[132] :

128. *Var.*, XI, 30, p. 348 avec E. Stein, *Officium*, p. 46 et 52.

129. D. Roques, (1989), p. 200 ; (2000), p. 168 (n. 1 complémentaire à la p. 76).

130. 399-402, voir D. Roques, (1989), p. 132.

131. *Ép.* 61, p. 78, l. 35-36 Garzya : οὗτος ἦν ὁ τότε τῆς συμμορίας ἄρχων τῶν ταχυγράφων τῆς τὸν Ἀστέριον ἐχούσης. Nous adoptons la traduction de D. Roques.

132. P. 78, l. 37-38 : οὐκ ἦν Ἀστέριος ἔσχατος ἀλλ' ἐν τοῖς πρώτοις τρίτος ἢ τέταρτος.

Astérios n'y occupait pas la dernière place, mais la troisième ou la quatrième.

L'emploi du *chef de la section* ne coïncidait sûrement pas avec celui de πρῶτος. Depuis, les données avaient sûrement évolué. Dans l'intervalle, il se pourrait bien qu'Astérios eût été promu à la première place[133], c'est-à-dire qu'il fût devenu *primicerius scholae*. Fin 405, l'écrivain ne connaît sans doute plus la fonction exacte de Marcus, qu'il appelle " un homme fort en vue " (φανερώτατον ἄνδρα). Synésios paraît donc employer le terme ταχύγραφος au sens large, en sorte que l'on ne peut déceler d'emblée à laquelle des deux catégories, *exceptores* ou *Augustales*, appartenaient Astérios et Marcus. Toutefois, à l'époque, la distance hiérarchique entre Marcus et Astérios devait être assez considérable, en tout cas supérieure à deux ou trois grades. Par conséquent, comme en deux ans voire quatre, Astérios a pu atteindre le rang de πρῶτος, la règle en matière d'avancement au sein d'une même *schola* n'est pas l'âge mais la situation dans le matricule. En vertu de la même logique, les 14 autres membres de la *schola* de l'*ordo Augustalium* n'en étaient pas les plus âgés, mais ceux qui sur le matricule suivaient immédiatement et à leur ordre le *primicerius Augustalium*. Apparemment, Marcus ne servait plus à la cour. Logiquement, les *deputati* devaient être retournés dans la préfecture du prétoire d'où ils étaient issus. Pour la remise de son cadeau, Synésios avait pu s'adresser à un *officialis* de haut rang, en court-circuitant les usages habituels. Autrement, il importait sans doute de saisir le *scrinium primiscrinii* pour les affaires de ce type. Le bureau délivrait alors un mandat d'exécution qu'il adressait aux *officiales* qui n'avaient pas la latitude de se dérober, s'ils voulaient garder leur droit à l'avancement au sein du matricule et sous réserve d'impossibilités liées à leurs relations personnelles, comme leur région d'origine

133. L. 39 : νυνὶ δὲ κἂν πρῶτος εἴη.

ou leur famille. Pareils mandats allaient naturellement d'abord aux πρωτεύοντες τοῦ τάγματος auxquels revenait l'exécution pratique de l'ordre. La formulation était au pluriel (**12** 3-4). Le principe de la responsabilité collective jouait à plein : chaque membre d'une *schola* supérieure avait la responsabilité d'une des *scholae* subordonnées et, collégialement, chacun des membres de la *schola* la plus élevée assumait celle des *scholae* inférieures[134].

Il reste à se demander si Jean a raison de dater la création des *deputati* du règne d'Arcadius. La justification avancée est sûrement erronée. Il fait allusion à des audiences qui se déroulaient en présence de l'empereur. Le nombre excessif des procès à conduire ne permettait pas un déroulement satisfaisant de l'action judiciaire (**10** 3). L'écrivain vise sans doute la procédure d'appel devant l'empereur[135], à laquelle pouvaient recourir les *spectabiles*. La création des *deputati* aurait été destinée à accompagner une réforme, sans doute le transfert à une autre instance, le tribunal de la cour, présidé collégialement par le préfet du prétoire *in comitatu* et le questeur. La réforme eut lieu en effet, mais beaucoup plus tard, sous le règne de Théodose II, après une loi promulguée le 20 mai 440[136]. Dans l'esprit de Jean, le détachement de ces quinze *officiales* près la cour doit avoir été pris dans

134. Voir, pour tout ceci, la belle démonstration d'E. Stein (*Officium*, p. 52-54).

135. La décision incombait à l'empereur, voir P. Willems, *Le droit public romain*, 2e éd., Louvain-Paris-Bonn, 1872, p. 317.

136. *CJ* VII, 62, 32 *pr.* et 1, p. 323 (la date est celle d'O. Seeck, *Regesten*, p. 128, parce que le texte est adressé à Cyrus, préfet du prétoire et que la suivante, adressée au même, est datée de l'année suivante) : *praecipimus ex appellationibus spectabilium iudicum, quae per consultationes nostri numinis disceptationem implorant, non nostram ulterius audientiam expectari,* (...) *Sed si a proconsulibus vel Augustali vel comite Orientis vel vicariis fuerit appellatum, virum illustrem praefectum praetorio, qui in nostro est comitatu, virum etiam illustrem quaestorem nostri palatii sacris iudiciis praesidentes disceptationem iubemus adripere.*

le même train de mesures qui affaiblissaient la préfecture (II **10** 5 = III **40** 4). On voit bien le parti idéologique qu'il en tire. Si le coup de caveçon d'Arcadius soumettait la préfecture à l'action d'une sorte d'inspecteur en chef greffé à partir d'un ministère étranger et rival, le détachement de l'élite des quinze *Augustales* à la cour constituait une superbe fiche de compensation. C'était reconnaître à ces derniers un mérite dont aucun *officialis* d'autre provenance ne pouvait se prévaloir.

Selon Jean (**10** 3), les *deputati* auraient été remplacés dans le service impérial par les *a secretis*. On a sans doute un terminus *ante quem* pour la fin de leur détachement pour le service de l'empereur. C'est au concile de Chalcédoine (451) que l'on peut montrer pour la première fois en action des *a secretis* ou *secretarii sacri consistorii*[137]. Il se trouve même un certain Constantin présenté comme μαγιστριανὸς καὶ βοηθὸς τῶν θείων σηκρήτων, c'est-à-dire un *adiutor sacri secretarii*[138]. Bien que l'origine des *a secretis* ne soit pas parfaitement claire, il n'est pas douteux qu'ils appartenaient aux *notarii* impériaux. On les trouve pour la première fois à propos d'Aurélien, qui aurait pris un certain Mnesteus comme son secrétaire particulier, ce dont il eut à pâtir[139]. E. Stein[140] fait observer que la donnée ne vaut pas pour le IIIe s., mais sans doute pour le début du Ve s. Autant poser à nouveau tout le problème de la date de rédaction de l'*Histoire Auguste*, qui n'est pas de notre compétence[141]. Mais nous ne croyons pas que l'on puisse aussi

137. On trouve, par exemple, des σηκρητάριοι τοῦ θείου κονσιστωρίου dans *ACO* II, 1, 1, p. 65, l. 16 ; p. 66, l. 21, etc.

138. *ACO* II, 1, 1, p. 77, l. 5.

139. (Vopisc.), *H.A. Aurel.*, 36, 4] : *Incidit autem*, (...), *ut Mnesteum quendam, quem pro notario secretorum habuerat, libertum, ut quidam dicunt, suum.*

140. *Officium*, p. 47, n. 2.

141. Voir, en dernier lieu sur ce point, Fr. Paschoud, (1996), p. XVI-XVIII.

aisément rejeter le témoignage. Dans son récit de l'assassinat d'Aurélien, le 23 mars 275, Zosime[142], qui dépend d'Eunape, fait intervenir un personnage d'un autre nom, Éros, mais qui paraît avoir exercé, au côté de l'empereur, des fonctions identiques, en sa qualité de *chargé de la publication des sentences officielles*. L'épisode réapparaît chez Aurélius Victor[143], où, anonyme, le personnage est donné comme *cui secretorum officium crediderat*. Or, le substantif μηνυτής chez Zosime est l'équivalent du latin *notarius*[144]. De toute façon, l'origine des données nous fait remonter au moins à la fin du IVe s. au plus tard. C'est ce que confirme un texte de loi du 18 novembre 367[145]. On a bien ici l'énumération de plusieurs composants d'un système administratif où l'équivalence entre *notarii* et *a secretis* ou bien *secretarius* est marquée sans ambiguïté.

Toutefois, ces derniers n'apparaissent pas dans une position particulièrement avantageuse, en sorte qu'il faut se demander si c'est bien eux que vise le Lydien. Or, la situation administrative d'Éros était élevée : on ne peut la comparer avec celle des *notarii* de 367. D'autre part, on a la preuve qu'il existait des *notarii* occupant des postes importants dans la hiérarchie des fonctionnaires de l'Empire, par exemple, dans un document de 507[146], où il

142. I, 62, 1 : ἦν ἐν τοῖς βασιλείοις Ἔρως ὄνομα, τῶν ἔξωθεν φερομένων ἀποκρίσεων μηνυτὴς τεταγμένος.

143. *Césars*, 35, 9 :

144. P. Dufraigne, (1975), p. 173 (n. 13 au ch. 35) ; pour un relevé des autres sources muni des références, voir Fr. Paschoud, (1971), p. 171 (n. 91 à la p. 54) et (2000), p. 179 (n. 91 à la p. 53), où l'exposé est légèrement corrigé.

145. *CTh* VI, 35, 7, p. 305, l. 1-3 (au préfet de la Ville Praetextatus) : *Omnes, qui intra consistorii secreta veneranda notariorum funguntur officio quique in scriniis militant quique inter agentes in rebus plenum vigiliarum munus exercent* (...).

146. Cassiod., *Var.*, I, 4, 10, p. 15, l. 8-10 (adressée par Théodoric au sénat de Rome) : *Pater enim candidati sub Valentiniano principe gessit tribuni et notarii laudabiliter dignitatem : honor qui tunc daba-*

est bien question d'une sélection. Sous Justinien, l'un d'entre eux, en compagnie de Jean, fils de Rufin, est chargé d'une haute mission diplomatique auprès de Chosroès[147] : le terme employé est celui d'ἀξίωμα, mot qui, en néogrec, désigne le grade d' " officier " dans les armées. Procope précise[148] :

> A secretis *est l'appellation des Romains pour cet office :* secreta *est l'appellation dont ils usent d'ordinaire pour désigner les secrets.*

L'origine de ces fonctionnaires sous le haut Empire byzantin n'est pas facile à établir ; toutefois[149], de même que les *referendarii,* ils appartenaient aux *notarii*, d'après Procope[150] :

> *À ceux qu'on appelait les secrétaires privés* (a secretis), *on ne confiait pas la charge de rédiger les instructions*

tur egregiis, dum ad imperiale secretum tales constet eligi, in quibus reprehensionis vitium nequeat inveniri. La *formula notariorum* souligne la haute valeur du rôle qui leur est confié (*Ibid.*, VI, 16, 1-2, p. 188-189) : *Non est dubium ornare subiectos principis secretum, dum nullis aestimantur necessaria posse committi, nisi qui fuerint fide magna solidati. Publicum est quidem omne quod agimus : sed multa non sunt ante scienda, nisi cum fuerint deo auxiliante perfecta.* (…) *Regis consilium solos decet scire gravissimos.*

147. Procop., *Pers.,* II, 7, 15.

148. Ἀσηκρῆτις καλοῦσι τὸ ἀξίωμα τοῦτο Ῥωμαῖοι · σήκρητα γὰρ καλεῖν τὰ ἀπόρρητα νενομίκασιν.

149. Comme l'indique E. Stein (*Officium,* p. 47),

150. *Arc.*, 14, 4 et 11-13 : τοῖς δὲ ἀσηκρῆτις καλουμένοις οὐκ ἀπεκέκριτο τὸ ἀξίωμα ἐς τὸ τὰ βασιλέως ἀπόρρητα γράφειν, ἐφ' ᾧπερ τὸ ἀνέκαθεν ἐτετάχατο (…) Τοῖς δὲ ῥεφερενδαρίοις καλουμένοις οὐκέτι ἀπέχρη ἀνενεγκεῖν εἰς τὸν βασιλέα τὰς τῶν ἱκετευόντων δεήσεις, ἐς δὲ τὰς ἀρχὰς ἀναγγεῖλαι μόνον, ᾗπερ εἰώθει, ὅ τι ἂν αὐτῷ ἀμφὶ τῷ ἱκέτῃ δοκῇ, ἀλλὰ ξυμφορήσαντες ἐκ πάντων ἀνθρώπων τὸν ἄδικον λόγον, φενακισμοῖς μὲν τὸν Ἰουστινιανὸν καὶ παραγωγαῖς τισιν ἐξηπάτων, τοῖς ταῦτα ἐπιτηδεύουσιν ὑποκείμενον φύσει. Ἔξω δὲ αὐτίκα γενόμενοι καὶ τῶν σφίσιν ὡμιληκότων τοὺς ἀντιδίκους καθείρξαντες χρήματα οὐδενὸς ἀμυνομένου ἀνεξελέγκτως ἐπράσσοντο ὅσα ἂν αὐτοῖς διαρκῆ εἴη.

secrètes de l'empereur, ce pour quoi on les avait établis à l'origine, (...). À ceux qu'on appelait référendaires, il ne suffisait plus d'apporter à l'empereur les requêtes des suppliants et d'informer les magistrats, de la manière habituelle, de ses décisions concernant le requérant. Au contraire, après avoir recueilli auprès de tous les hommes " le raisonnement injuste ", par des impostures et des tromperies ils abusaient Justinien, qui était par nature une victime facile pour les individus de cet acabit. À peine sortis du palais, ils faisaient enfermer les adversaires de leurs clients et leur extorquaient impudemment, sans qu'aucun se défende, autant d'argent qu'il leur paraissait bon.

Au dire de l'historien, les *referendarii* jouissaient d'une réelle liberté d'action, sans compter certains privilèges. Attestés depuis 427, ils étaient au service du cabinet civil de l'empereur, notamment en qualité de messagers[151]. Leur dignité, celle de *spectabilis,* et leur nombre, huit, sont précisés par Justinien, le 16 avril 535[152]. On peut supposer que les *secretarii* avaient, eux aussi, maintes prérogatives. Ainsi, une loi du 25 décembre 524[153], dont l'objectif est en général d'interdire le cumul

151. A.H.M. Jones, *LRE* I, p. 175, avec la n. 24, II, p. 1236 ; c'est ce qu'indique la *formula referendariorum* de Cassiodore (*Var.*, VI, 17, 1, p. 189, l. 22-23) : *Per eum nobis causarum ordines exponuntur, per eum interpellantium vota cognoscimus et ipsis responsa reddimus, ut negotia compedita solvamus,* cf. Procop., *Pers.*, II, 23, 6 : Στρατιώτας οὖν ἐκ παλατίου καὶ χρήματα νείμας Θεόδωρον ἐκέλευε τοῦ ἔργου τούτου ἐπιμελεῖσθαι, ὃς δὴ ἀποκρίσεσι ταῖς βασιλικαῖς ἐφειστήκει, ἀεὶ τῷ βασιλεῖ τὰς τῶν ἱκετῶν δεήσεις ἀγγέλλων, σημαίνων τε αὖθις ὅσα ἂν αὐτῷ βουλομένῳ εἴη.

152. *Nov.*, X, *pr.* , p. 92, l. 11-13 et 1, p. 93, l. 3-7 : *neque ea quae de spectabilibus* (περιβλέπτους) *nostris referendariis sunt foras relinquere existimavimus a nostra providentia* (...) *sed manere quidem eos sancimus secundum figuram qua sunt, neminem tamen adici omnino, donec in octo virorum perveniat numerus,* voir aussi Pierre le Patrice (dans Constantin Porphyrogénète, *Cér.*., p. 390, l. 4-14). Leur rang est confirmé par un texte de 449 : Μακεδονίου τοῦ περιβλέπτου τριβούνου νοταρίου καὶ ῥεφερενδαρίου (*ACO* I, 1, 177).

153. *CJ* XII *Excipiendis videlicet nec deducendis in hanc perpetuo*

des *militiae,* les autorise en vertu d'une coutume ancienne à servir dans les *sacra scrinia* ou en qualité d'*agentes in rebus*. D'ailleurs, les deux *secretarii* mentionnés dans les Actes du concile de Chalcédoine, où ils font lecture de pièces, y officiaient en qualité d'*agentes in rebus*. Dans la loi de 524, les *secretarii* sont rapprochés des *laterculenses* et des *pragmaticarii*. Le texte ne permet pas de décider s'ils sont identiques ou proches d'eux seulement.

Pour la période qui nous intéresse, les référendaires impériaux sont cités pour la dernière fois dans des textes que l'on peut dater des années 550. C'est le cas, on l'a vu, pour les *Anecdota* de Procope et pour un passage d'une encyclique du pape Vigile, du 5 février 552[154]. Triés sur le volet dans l'élite des *tribuni et notarii praetoriani,* les *referendarii* disparaissent par la suite complètement, au moins dans la terminologie, alors qu'on retrouve différents corps dans l'organisation administrative des IXe et Xe s., où l'*officium* se répartit entre les νοτάριοι τῶν ἀσηκρητείων[155], qui sont des secrétaires de confiance, et les βασιλικοὶ νοτάριοι τῶν σεκρέτων[156], d'un rang largement inférieur[157].

Peut-on combler le trou que l'on croit déceler entre les années 550 et le système administratif bien en place au IXe s. ? On doit trouver un autre fil d'Ariane, celui que tend l'évolution du titre le plus élevé de la hiérarchie. Le premier *proto a secretis* connu date de 756[158]. Sans doute

conservandam legem pragmaticam eis, qui binas militias simul compositas et sociali nexas consortio fuerint adsecuti, ut in viris dicatissimis scholaribus atque candidatis fieri moris est nec non in viris devotis laterculensibus et pragmaticariis vel a secretis contigit, quos memorialium etiam aut agentum in rebus adornat cingulus, et si qui stipendiorum iunguntur copula.

154. Mansi, IX, 51 ; 55.

155. Philothée, *Liste,* p. 157, l. 4 Oikonomidès.

156. Philothée, *Liste,* p. 121, n. 5 Oikonomidès.

157. E. Stein, *Officium,* p. 48 ; N. Oikonomidès, (1972), p. 311-312.

158. *Liber pontificalis, v. Steph.* II, 43 : *Georgius scilicet proto a secreto.*

même faut-il remonter sensiblement plus haut, mais ce sont les flottements de la terminologie qui dissimulent les détails de l'évolution administrative de l'Empire. Au VIe concile oecuménique de Constantinople en 680, on trouve deux *a secretis* impériaux auxquels on donne le titre de μεγαλοπρεπέστατος = *magnificus*. Or, c'étaient là des titres qui étaient donnés aux *spectabiles*[159]. Peu avant, en 678, un de leurs collègues portait celui de *gloriosus*[160], qui conférait le premier rang dans les cérémonies et, au moins sous Justinien, c'était celui que portaient les grands officiers palatins, comme les préfets du prétoire ou le préfet de la Ville[161]. Cela signifie qu'il était en possession au moins d'un illustrat vacant. Même si le nom de *protasecretis* n'est pas écrit, peut-être en occupait-il *de facto* les responsabilités — il est assez normal que la langue grecque ait mis quelque temps avant d'adopter une terminologie d'origine étrangère. De toute façon, ce dignitaire exerçait de hautes responsabilités. En outre, des autres secrétaires impériaux, on n'entend plus parler par la suite, alors que des *a secretis* sont expressément cités pour la fin du VIe et le début du VIIe s. Malalas[162] mentionne un Zénodore. À la fin de 567[163], Corippe[164] signale *hinc secreta sacrae tractans Demetrius aulae*. L'indication vient au terme d'une énumération des hauts dignitaires qui avaient suggéré au poète de se mettre à l'ouvrage, soit le questeur Anastase, au service duquel il travaillait (I, 16), Thomas (I, 18), préfet du prétoire d'Afrique, Magnus, *comes sacrarum largitionum* (I, 22-23), Théodoros, *magister officiorum*, (I, 25-26 :

159. Mansi XI, 219 sqq. ; 223 sqq. ; 231 sqq. ; 359 sqq. et ailleurs ; XII, 204.

160. *Liber Pontificalis, V.Agath.*, 3.

161. L. Bréhier, (1949), p. 90, avec la n. 535, p. 483.

162. XVIII, 141, 60-61 (p. 494, 8-9 B.) : Ζηνοδώρου ἀσεκρῆτις, ἐκλαμβάνοντος τὰς αὐτῶν ἀποκρίσεις.

163. Pour la date, voir S. Antès, (1981), p. XX.

164. *Just.*, I, 27.

c'est le successeur de Pierre le Patrice). Il s'agit là sans doute de la plus ancienne occurrence de la fonction de *protasecretis* que l'on puisse atteindre. Ce Demetrius demeure malheureusement impossible à identifier par ailleurs[165]. Les mots *secreta aulae sacrae* rappellent le titre même que Jean leur donne en **27** 5 : τοὺς λεγομένους ἀ σηκρήτις τῆς αὐλῆς.

En 579, au moment où Tibère II, qui vient tout juste de monter sur le trône, envoie une ambassade chargée de conclure la paix avec Hormisdas IV, ses plénipotentiaires, le médecin Zacharias, nommé préfet pour la circonstance, et le *magister militum* Théodôros, rencontrent un haut fonctionnaire perse, dont on nous décrit les fonctions comme celles d'un *a secretis*[166]. Les deux Byzantins n'acceptent d'ouvrir la discussion qu'entre responsables de niveaux comparables. Par conséquent, un poste comparable à celui du Perse devait exister à Byzance. Un certain Théodore, *a secretis,* joue un rôle considérable lors de la proclamation de Phocas en 602[167].

Entre le moment où les *referendarii* sont attestés pour la dernière fois (552) et celui où il est question d'un *protasecretis* (567) pour la première fois, quinze ans ont passé à peine. Justinien évoque les *referendarii* à deux reprises en des termes rien moins qu'amicaux, le 22 novembre 541 et du 17 décembre 545[168]. Il exprime le

165. S. Antès, (1981), p. 93 (n. complémentaire à I, 27).

166. Mén.Prot., fr. 55 dans *FHG* IV p. 256 = Const.Porph., *Exc. de legatione,* p. 213, 28-30) : τῶν τις παρὰ Πέρσαις τοῖς βασιλικοῖς τε καὶ δημοσίοις πράγμασιν ἐξυπηρετουμένων (οὓς εἴ τις τῇ Λατίνων χρήσοιτο φωνῇ, ἀσηκρῆτις προσαγορεύσειεν).

167. Thphyl., VIII, 10, 2 : τὸν ἀσηκρῆτις Θεόδωρον, τῶν βασιλικῶν ταχυγράφων ἄνδρα ἐπίσημον, cf. Thphn., A.M. 6094, p. 289, l. 10-11 ; C. Mango - R. Scott, (1997), p. 417 (n. 48 à la p. 413) commentent sobrement : " a senior member of the official stenographers ".

168. *Nov.* CXIII, 1, p. 530, l. 26-34 et CXXIV, 4, p. 629, l. 1-9, respectivement : : *Si vero dum causa dicitur pragmatica nostra forma aut depositio spectabilium nostrorum referendariorum aut alterius*

besoin de donner un coup de caveçon aux intrusions abusives dans les décisions prises par son cabinet civil. Les indications sarcastiques de Procope prennent ici tout leur sens. Par conséquent, la réforme de Justinien a dû survenir entre 552 et 565 : elle a consisté à remplacer les *referendarii,* discrédités, par des *a secretis* nouvelle manière. Le prédécesseur du *protasecretis* portait sans doute encore le titre de *primicerius notariorum.* Poste éminent, qui s'accompagnait de la dignité d'*illustris,* d'après un document du 16 janvier 444[169] et, dans l'Italie de Théodoric, de l'entrée au sénat[170]. Par conséquent, les *a secretis* " une excroissance récente " évoquée par Jean (**10** 3) ne peuvent être ceux que l'on voir apparaître en 451, mais ceux qui ont pris la place des *referendarii* après 552. La note de Jean est précieuse pour la datation de la réforme de Justinien[171].

Fidèle à son parti de rechercher les origines les plus hautes, Jean fait remonter les *augustales* de l'administra-

ciuiuslibet aut aliud quid horum quae dicta sunt omnium iudicanti insinuetur ordinans eius examinationem aut sententiam, iubemus iudicem quidem haec omnino non respicere, sed his vacantibus et nullam penitus habentibus virtutem secundum generales nostras leges causam examinare et legitimo fini contradere (...) et *easdem leges firmantes iubemus spectabiles referendarios in causis quas docent seu referunt ad nostram tranquillitatem nullam habere licentiam, eos aut adiutores eorum, vel per se vel per aliquam quamcumque personam tenere aliquem aut sub fideiussores facere aut aliquid exigere, aut cogere transactiones aut pacta quaedam cum suis adversariis exponere, aut quolibet modo in quacumque causa se permiscere.*

169. Théodose, *Nov.* XXV, 5, p. 65, l. 38-43 : *quos ipsa quidem administrationis condicio spectabiles novit, honor tamen additus a nostra liberalitate reddit in(lustres) : excepto videlicat viro spectabili primicerio notariorum, cui volumus in excusandis aedibus inlustrium magistratuum privilegium convenire.*

170. D'après Cassiodore (*Var.,* VI, 16, 3, p. 189, l. 7-10) : *Sed quoniam (...) ab illa indictione notarium te nostrum esse censemus, ut ordine decurso militiae ad primiceriatus feliciter pervenias summitatem. Honor, qui efficit senatorem, cui patrum aula reseratur, non iniuria.*

171. Les recherches d'E. Stein (*Officium,* p. 43-51) demeurent fondamentales.

tion préfectorale à Auguste (II **3** 8). Ce qui autorise pareille analyse est une sorte de tableau des cadres de la légion telle qu'elle existait à l'époque de Végèce[172] :

> *On nomme* ordinarii *ceux qui au combat conduisent les rangs* [ordines]. *On appelle* Augustales *ceux qui furent joints par Auguste aux* ordinarii.

On peut, croyons-nous, en trouver confirmation dans les documents papyrologiques d'Égypte. Un document daté d'environ 550 cite un certain Flavius Abraham, fils de Paul, nommé αὐγουστάλιος de la légion de Syène[173]. Ailleurs que dans le traité de Jean le Lydien, nous ne connaissons pas d'αὐγουστάλιος exerçant des fonctions administratives.

Le sens habituel d'αὐγουστάλιος n'est évidemment pas celui-là. Le mot est bien connu pour désigner le préfet d'Égypte[174]. Le personnel correspondant portait le nom d'αὐγουσταλιανὴ (τάξις)[175]. Dans la partie occi-

172. Vég., *Mil.,* II, 7 p. 40, 23-41, 1 Lang : *Ordinarii dicuntur qui in proelio ordines ducunt. Augustales appellantur qui ab Augusto ordinariis iuncti sunt.*

173. *PLond* 5, 1734, 23 : Φλ(αύιος) Ἀβραὰμ Παύλου αὐγουστάλ(ιος) αὐγουσταλ(ιος) λεγ(εῶνος) Συήνης ἀξιωθεὶς (Syène, 550) ; voir *Pmonac* 1, 8, 46 (Syène, 540) Φλ(αύιος) Ἰωσὴφ Ἀλλάμωνος (ὀρδ ?)(δινάριος) αὐγουστάλιος Συήνης μαρτυρῶ ; 13, 82-83 (Syène, 594) : Φλαύιος Ἰωάννης ? Βείεκ(τορος) αὐγουστάλει(ος) ἀριθμοῦ Συήνης μαρτυρῶ. Φλ(αύιος) Βίκτωρ Ψεαεβὴτ αὐγουστάλιος ἀριθμοῦ Συήνης μαρτυρῶ .

174. *LSJ,* s.v. Αὔγουστος, p. 275, voir Neumann, art. *Augustales,* dans *RE* II 2 (1896), col. 2361 et D. Roques, dans A. Garzya - D. Roques, (2002, 2), p. 368-369 (n. 54 à la p. 241), à propos de la *Lettre* 105 : “ Le titre d'Augustal était porté par le responsable administratif du diocèse civil d'Égypte, d'Augustamnique, d'Arcadie, de Thébaïde, de Libye Inférieure et de Libye Supérieure (ou Pentapole). Ce titre n'existait que depuis la création du diocèse, au plus tard en 392 et sans doute dès 367 ”. La traduction de Lampe (s.v. Αὐγουστάλιος 1, p. 261) n'est guère acceptable pour le passage de Synésios : “ priest of municipal cult of Augustus ”.

175. Du Cange, s.v. αὐγουσταλιανή, col. 152.

dentale de l'Empire, les (*seviri*) *augustales* furent chargés du culte du *genius,* du *numen* ou des *Lares Augusti* à partir de 12 aCn. Quoiqu'il y eût parmi eux quelques *ingenui,* la plupart d'entre eux étaient des affranchis[176]. La seule similitude que l'on puisse découvrir réside dans le nombre, six, des *Augustales,* qui officiaient au service des *Commentarienses* (III **16** 1). Jean n'avait pas intérêt à la souligner, à supposer qu'il eût connu les *seviri augustales* occidentaux.

h. Les assistants Nous avons déjà traité de l'origine des emplois du mot au sens administratif[177]. La nouvelle réalité obligea à l'invention d'un néologisme, βοηθοῦρα (III **6** 1 ; **13** 3)[178]. Encore faut-il être attentif au vocabulaire, dont Jean joue avec ostentation. Ainsi, il introduit le mot *subadiuva* (II **16** 4) à propos d'un procès qui se déroule au palais. Le personnage devait avoir un rôle important car il apparaît comme le chef de la classe (ὁ τῆς τάξεως προεστηκώς), c'est-à-dire le chef du personnel. D'autre part, rappelant un souvenir personnel (III **8** 7), Jean signale la place considérable des *turmarii* dans le bureau des *subadiuvae,* manifestement dans le secteur de la justice. Plus haut, il évoque le personnel servant près le *commentariensis, applicitarii* et *clavicularii.*

176. J. Scheid, art. *Augustales* [1], dans *Der Neue Pauly,* 2 (1997), col. 291-292 ; R. Duthoy, *Les Augustales,* dans *ANRW,* II, 16, 2, p. 1254-1309 ; Neumann, art. *Augustales,* dans *RE* II 2 (1896), col. 2349-2350.

177. Voir *supra,* p. CCXII.

178. Le terme βοήθεια n'est jamais employé dans le même sens (I **46** 5 ; III **52** 3). Les *subadiuvae* étaient les *adiutores* de la présidence de l'*officium,* choisis parmi les *exceptores.* Bethmann-Hollweg ont donc tort de suggérer que là où il y a pluralité de fonctionnaires le second d'entre eux seul avait droit au titre de *subadiuva,* d'après E. Stein (*Officium,* p. 57), qui ne paraît pas avoir mesuré l'incidence des deux passages de Jean sur les *subadiuvae.*

B. Les *illitterati* À l'origine, à côté des membres principaux appelés à servir sous les ordres de l'ancien maître de cavalerie devenu au fil des siècles préfet du prétoire, c'est-à-dire les tachygraphes et les *Augustales,* l'administration pouvait compter sur l'emploi d'un personnel recruté sans exigence de formation culturelle, les *illitterati* (**7** 1). Visiblement, Jean ne s'intéresse à eux qu'assez médiocrement. Aussi son exposé ne brille-t-il pas par la clarté. Ensuite, il décrit brièvement les attributions revenant à chacun de ceux qui relevaient des catalogues de la préfecture (**8** 1), soit :

α. les *singularii* (**7** 1-2) ;
β. 1 les *mancipes* et 2 les *rationales* (**7** 3) ;
γ. les *frumentarii* (**7** 4) ;
δ. les *ducenarii, biarchi, centenarii* et *centuriones* (**7** 5, cf. **21** 4).

Apparemment, il existait d'autres catégories de personnel employé près la magistrature mais figurant hors de ses catalogues ou à titre indépendant :

α. les *cursores* (**8** 2) ;
β. les *applicitarii* ;
γ. les *claviculari* (**8** 2) ;
δ. les *nomenculatores* (**8** 3-4) ;
ε. les *turmarii* (**8** 7),
sans compter les *togati* (**8** 5-6), les *diaetarii, thecophori* et *praecones* (**8** 8 et **21** 4) sur lesquels manque toute autre information.

Il ne sera plus question ici des *ducenarii,* des *biarchi,* des *centenarii* et des *centuriones,* dont nous traitons ailleurs[179].

On retrouve dans le décret de Justinien du 13 avril 534 relatif à la création de la préfecture d'Afrique[180] une schole des *singularii*[181] ; des *nomenculatores*[182] et des *praecones*[183].

179. Voir t. I, p. CDXXXVI-CDXXXVII.
180. R. Morosi, (1977), p. 107, avec le tableau n° 1 de la p. 108.
181. *CJ* I, 27, 1, 29.
182. *CJ* I, 27, 1, 32.
183. *CJ* I, 27, 1, 34.

a Le personnel des catalogues

α. *Les* singularii

L'étymologie (**7** 2) permet à notre auteur de décrire leur travail. Ils doivent leur nom à l'unique monture dont ils disposent pour se rendre en province[184]. Les *singularii* sont organisés en *scholae*[185], et ils terminent leur carrière avec le grade de *primicerius singulariorum*[186].

L'explication étymologique mérite un détour. Les *singularii* anciens étaient des parangons de diligence et de dévouement. Sans autre moyen qu'un cheval, ils étaient chargés de transmettre les ordres dans les provinces. Le mot *singularius* équivaut à *ver(a)edarius,* c'est-à-dire le courrier d'État, le messager(**7** 2)[187]. L'introduction du terme, un néologisme que condamne notre auteur, serait le fait des services du *magister officiorum,* ce que ne contredit pas la date des occurrences les plus anciennes. Par suite, on doit établir une relation avec le rôle nouveau confié au *princeps*. Le *veredus* ou βέραιδος était le cheval de selle du postier[188]. Le cheval de poste, chargé des bagages et de la poste proprement dite, avait reçu celui de *paraveredus* ou de πάριππος. Nous ne sommes absolument pas convaincus qu'il y ait confusion entre le simple et le composé, entre cheval de selle et de poste[189]. Nulle part il n'est ici explicitement question de courrier.

184. M.A. Von Bethmann-Hollweg, (1866), p. 156 ; J. Caimi, (1984), p. 33 avec la n. 106.

185. *CJ* I, 27, 1, 29 *in schola singulariorum.*

186. Cassiodor., *Var.* XI, 31 p. 348, cf. XI, 32 p. 348 *de primicerio singulariorum qui acceditur* , voir R. Morosi, (1977), p. 128, avec la n. 123.

187. Voir, par exemple, *Vulg. Esther,* 8, 10 ; Jér., *Ép.* 22, 28 ; Sidoin., V, 7, 3. Selon Fuss [(1820), p. 30], il s'agirait du cheval de selle du postier *paraveredus* (Cassiod., *Var.* V, 39, 14 p. 166 l. 6-8 de 523/526).

188. Attesté depuis Martial, le mot a été emprunté au gaulois (Ernout-Meillet, *DELL,* s.v. *veredus,* p. 723).

189. Comme le dit A. Bandy, (1983), p. 304.

β.1. Les mancipes

Le terme μάγκιψ est un emprunt au latin *manceps*. Toutefois, on se gardera ici de donner au mot le sens qu'il avait sous la République. Il a pris celui de " corporation " : on connaissait ainsi des *mancipes* pour les thermes, les boulangeries, la levée de la *collatio lustralis*[190]. En évoquant une époque antérieure à l'entrée de Théodose à Rome, l'historien Socrate décrit le service des boulangeries confié aux *mancipes*[191] :

> *Il y avait depuis l'ancien temps, dans Rome la toute grande, d'énormes maisons, où se fabriquait le pain fourni à la ville, et leurs directeurs, ceux qu'on appelle en latin les* mancipes, *avaient, au fil du temps, fait de ces maisons des repères de brigands.*

En 539, de telles corporations existaient encore[192]. Toutefois, d'autres textes législatifs établissent une équivalence entre *mancipes* et *pistores*[193]. Sous Léon VI le

190. Voir Steinwenter, art. *Manceps,* dans *RE* XIV, 1 (1928), col. 995 et, pour le dernier exemple, *CTh* XIII, 1, 17 (4 juin 399, à Ianuarius, consulaire de Numidie).

191. V, 18, 3 : Ἦσαν ἐξ ἀρχαίου κατὰ τὴν μεγίστην Ῥώμην οἶκοι παμμεγέθεις, ἐν οἷς ὁ τῇ πόλει χορηγούμενος ἄρτος ἐγίνετο, οἵ τε προϊστάμενοι τούτων, οἳ μάγκιπες τῇ Ῥωμαίων γλώσσῃ καλοῦνται, προϊόντος τοῦ χρόνου λῃστήρια τοὺς οἴκους πεποίηντο. Les faits sont donc postérieurs à 389, moment où Théodose vint célébrer son triomphe à Rome, après avoir pris Milan pour capitale de la partie occidentale. Voir, pour les dates, A. Piganiol, (1947), p. 255.

192. Justinien, *Nov.* LXXX, 5 (10 mars ou mai 539, suivant que l'on suit la date du grec ou du latin ; la *Novelle* est destinée au consul Appion). Les προεστῶτες ἀρτοποιητικῶν ἐργαστηρίων sont mis sur le même pied que οἱ τῶν ἔργων τῶν δημοσίων τεχνῖται εἰς ὑπουργίαν.

193. *CTh* VIII, 8, 4 (3 décembre 386, au préfet du prétoire Eusignius) : *solutus militia mancipum corpori sociabitur ; CJ* XI, 16 (457-465, au préfet du prétoire Vivianus) : *quicum ex mancipibus comitis horreorum ;* 24, 1 (23 juillet 416, à Ursus, préfet de la Ville) et 2 (28 novembre 434, à Leontius, préfet de la Ville). Voir Steinwenter, art. *Manceps,* dans *RE* XIV, 1 (1928), col. 996.

Sage, le *Livre du Préfet* admet la synonymie entre *manceps* et boulanger[194]. Dans notre texte, la subordination des ἀρτοποιοί aux *mancipes* montre que Jean entend ce dernier mot au sens où Justinien l'employait en 539. Les *mancipes* ne mettaient pas la main à la pâte, mais assuraient une direction technique, comme les *patroni pistorum* cités ailleurs[195].

Au temps de Théodose II en tout cas, sinon plus tôt déjà[196], l'annone appartenait à la juridiction du préfet de la Ville. C'est ce que montrent des lois du 26 avril 409 (adressée au préfet Monaxius) et du 26 novembre 434 (au préfet Leontius)[197]. Le fait que l'administration resta pendant quelques temps encore du ressort de la magistrature du prétoire après la disgrâce de Jean de Cappadoce (III **38** 1), donc toujours sous le gouvernement du premier successeur de Jean le Cappadocien, Theodotus[198], puis, après le bref intermède de Gabriel, qu'elle retourna définitivement à Pierre Barsymes[199], prouve que l'innovation

194. Περὶ τῶν ἀρτοποιῶν ἤτοι μαγκίπων, Voir Steinwenter, art. *Manceps,* dans *RE* XIV, 1 (1928), col. 996.

195. *CTh* XIV, 3, 7 (8 octobre 367, au préfet de la Ville Viventius).

196. Les informations qui vont suivre ont été développées par l'un d'entre nous dans un article, voir J. Schamp, (2003), p. 400-414.

197. *CTh* XIV, 16, 1 et 3. Voir A. H. M. Jones, I p. 698 et la n. 24 (II, p. 1287). Je ne comprends pas bien la conclusion de Jones : “ The fund was administered by the prefect of the city, and despite the efforts of John the Cappadocian to bring it under the control of the praetorian prefecture remained in his hands under Justinian ”. Nous croyons qu'il faut interpréter en sens contraire. Sans doute y eut-il une réforme en ce sens sous Jean le Cappadocien. Mais, hormis durant la brève période de la préfecture de la Ville sous Gabriel en 543, le transfert de responsabilité demeura acquis, puisqu'elle retourna à Pierre Barsymes par la suite. À bien voir les choses, il apportait à la magistrature un surcroît de juridiction qu'approuve Jean le Lydien (III **38** 1-2).

198. Le personnage fut deux fois préfet du prétoire [1er juin 541-18 décembre 542 (- ? 543] puis, après Pierre Barsymès, entre 546/547- ? 548 (voir *PLRE* III, s.v. *Theodotus* 3 p. 1301).

199. Voir *PLRE* III, s.v. *Petrus* qui et *Barsymes* 9, p. 1001-1002. Il fut lui aussi préfet du prétoire à deux reprises (du 16 juin 543 au 1er mai 546 puis du 1er juin 555 à mai 562).

avait quelques mérites. Un service chargé d'acheter le blé puis de fabriquer le pain était indispensable.

On s'en doute, tout le système d'approvisionnement est un héritage. Constantin lui-même n'avait pas manqué d'implanter les usages de Rome dans la cité qu'il avait fondée[200] :

> *En achevant son consulat, Constantin le divin à Constantinople fit distribuer aux Byzantins en guise de présent des jetons frumentaires donnant un droit régulier à des pains chaque jour ; on les appelait " pains palatiaux ", parce qu'on accordait ces mêmes pains au palais, en assignant par pain (une quantité de) vin, de viandes et de vêtements et en assignant pour en couvrir les frais des rentrées de sa cassette personnelle. On les appelait aussi " pains civiques ".*

La présentation du pseudo-Codinos est à peine moins obscure[201] :

> *Il s'efforça d'offrir au peuple l'année où il fut consul des pains pour chaque jour, qu'il appela " palatiaux ", parce qu'ils étaient fournis par le palais, et il lui attribua du vin, de la viande, de l'huile et une annone en argent : c'est là un avantage dont jouit la cité jusqu'ici, car elle porte les signes distinctifs propres aux jetons qu'il distribuait.*

200. J. Mal., XIII, 9 (p. 322-323, l. 17-2 B.) : Ὁ δὲ θειότατος Κωνσταντῖνος ἐν τῇ συμπληρώσει τῆς αὐτοῦ ὑπατείας ἔρριψεν ἐν Κωνσταντινουπόλει χάρισμα τοῖς Βυζαντίοις καλάμων συντόμια ἄρτων ἡμερησίων διαιωνιζόντων, οὕστινας ἄρτους ἐκάλεσε παλατίνους διὰ τὸ ἐν τῷ παλατίῳ ῥογεύεσθαι τοὺς αὐτοὺς ἄρτους, ἑκάστου ἄρτου ἀφορίσας οἶνον, κρέα καὶ βέστια, ἀφορίσας πρόσοδον ὑπὲρ αὐτῶν ἐκ τῶν ἰδίων καὶ καλέσας αὐτοὺς πολιτικούς.

201. I, 47 p. 139 Preger : Ἐφιλοτιμήσατο δὲ τῷ δήμῳ καθ' ὃν ὑπάτευσε χρόνον ἄρτους ἡμερησίους, ὀνομάσας αὐτοὺς παλατίνους ὡς ἐκ τοῦ παλατίου χορηγουμένους, καὶ οἶνον καὶ κρέας καὶ ἔλαιον καὶ σιτηρέσια τάξας, ὧν καὶ μέχρι τοῦ νῦν ἡ πόλις ἀπολαύει τῶν ὑπ' αὐτοῦ ῥιφέντων καλάμων φέρουσα τὰ γνωρίσματα. Nulle part le patriographe ne fait état des pains " civiques " ou " politiques ", c'est-à-dire offerts par la ville.

Le pain “ palatial ” correspondait sans doute au traitement en nature offert aux fonctionnaires impériaux[202]. Existaient d’autre part dans la législation des *panes aedium,* c’est-à-dire des parts d’annone allouées pour favoriser la construction à Constantinople[203] À une certaine époque, les boulangeries publiques de Rome produisirent aussi du pain vendu à bas prix au bénéfice de l’État. La denrée portait le nom de *panis fiscalis* ou *ostiensis,* mais l’usage paraît bien avoir été cantonné à l’Italie et Jean n’a dû connaître ni la loi ni l’expression, en sorte qu’il n’y a pas lieu d’imaginer un rapprochement étymologique entre *ostiensis* et *ostiarius* [204]. Les pains civiques ou *gradiles* représentaient les distributions de pains faites chaque jour aux nécessiteux de Constantinople, sur présentation d’un jeton et selon un barème inscrit sur une table des bénéficiaires de chaque quartier[205]. L’institution remonte à Constantin, qui en avait confié les responsabilités aux églises de la Ville[206] :

202. G. Dagron, (1974), p. 533. Le savant byzantiniste français énumère (p. 534) les bénéficiaires connus, qui se rendent chaque matin aux guichets de leur quartier. Parmi eux figurent de grands personnages, comme le philosophe-orateur Thémistios, qui mentionne aussi des luthiers, des employés de bains et des cordonniers [*Discours* 22 (*Sophiste*), 12 (p. 796 Maisano)], Libanios, vers 350-353 [1 (*Autobiographie*), 80], les sept copistes recrutés sous Valens pour la bibliothèque de Constantinople [*CTh* XIV, 9, 2 (8 mai 372), adressé au préfet de la Ville Clearchus] ainsi que sans doute les architectes de la ville, les *archiatri* et beaucoup d’autres.

203. G. Dagron, (1974), p. 534-535. Voir *CTh* XIV, 17, 1, du 27 mars 364 et Anonyme, *Vie d’Olympias,* 7, p. 420, l. 5-6 Malingrey.

204. *CTh* XIV, 19, 1 (12 avril 398), adressée au préfet du prétoire Theodorus (voir A.H.M. Jones, *LRE* I, p. 701). Il était vendu à un sou (*unus nummus*). La loi n’est pas reprise dans le *Code Justinien.* Flavius Mallius Theodorus (*PLRE* I, s.v. *Flavius Mallius Theodorus* 27, p. 900-902) est attesté en qualité de préfet du prétoire d’Italie, d’Illyricum et d’Afrique entre le 31 janvier 397 et le 20 janvier 399.

205. Évelyne Patlagean, (1977), p. 185.

206. Eus., *V.C,* IV, 28 : Ταῖς δ’ ἐκκλησίαις τοῦ θεοῦ καθ’ ὑπεροχὴν ἐξαίρετον πλεῖσθ’ ὅσα παρεῖχεν, ὧδε μὲν ἀγρούς, ἀλλαχόθι δὲ σιτοδοσίας ἐπιχορηγίᾳ πενήτων ἀνδρῶν παίδων τ’ ὀρφανῶν καὶ γυναικῶν οἰκτρῶν δωρούμενος.

Ce fut aux églises de Dieu, en raison de son exceptionnelle éminence, qu'il fournissait des biens en énorme quantité, des terres par ici, des distributions de blé par là à donner pour la nourriture des gens pauvres, des enfants orphelins et des veuves éplorées.

Constance augmenta les quantités en 360[207]. Mais de telles distributions furent interrompues à l'époque de Julien qui transféra aux familles sénatoriales partie des charges incombant à l'Église[208] :

(Julien) *rendit les gens qui avaient été choisis pour la cléricature au service des curiales et il transféra les distributions de blé des églises aux serviteurs des démons.*

Saines sur le plan administratif et fiscal, les mesures de Julien ne tardèrent pas à être rapportées, et on en revint à l'ancien ordre. Les abus ne manquèrent pas non plus en la matière. Une loi romaine du 1er août 369[209] dut stipuler que l'on ne pouvait prétendre à recevoir les deux en même temps et que le *panis civilis* était réservé à la frange miséreuse de la population. Un dispositif administratif était mis en place pour la reconnaissance des " ayant droit "[210]. L'usage sub-

207. G. Dagron, (1974), p. 534.

208. Philost., VII, 4 p. 81-82 Bidez : τούς τε γὰρ ἐν κλήρῳ κατειλεγμένους εἰς τὴν τῶν βουλευτῶν ἀνέστρεφε λειτουργίαν καὶ τῶν ἐκκλησιῶν τὰ σιτηρέσια τοῖς τῶν δαιμονίων θεραπευταῖς μετεδίδου (...). Voir Soz., V, 5, 2-3 : Κληρικοὺς μέντοι πᾶσαν ἀτέλειαν καὶ τιμὴν καὶ τὰ σιτηρέσια ἀφείλετο, καὶ τοὺς ὑπὲρ αὐτῶν κειμένους νόμους ἀνεῖλε, καὶ τοῖς βουλευτηρίοις ἀπέδωκε, μέχρι τε παρθένων καὶ χηρῶν τὰς δι' ἔνδειαν ἐν τοῖς κλήροις τεταγμένας εἰσπράττεσθαι προσέταξεν, ἃ πρὶν παρὰ τοῦ δημοσίου ἐκομίσαντο. Ἡνίκα γὰρ Κωνσταντῖνος τὰ τῶν ἐκκλησιῶν διέταττε πράγματα, ἐκ τῶν ἑκάστης πόλεως φόρων τὰ ἀρκοῦντα πρὸς παρασκευὴν ἐπιτηδείων ἀπένειμε τοῖς πανταχῇ κλήροις, καὶ νόμῳ τοῦτο ἐκράτυνεν, ὃς καὶ νῦν κρατεῖ, ἐξ οὗ τέθνηκεν Ἰουλιανὸς ἐπιμελῶς φυλαττόμενος ; VI, 3, 4 : ἀπέδωκε δὲ καὶ τὰς ἀτελείας ἐκκλησίαις τε καὶ κλήροις, χήραις τε καὶ παρθένοις, καὶ εἴ τι πρότερον ἐπ' ὠφελείᾳ τε καὶ τιμῇ τῆς θρησκείας δωρηθὲν ἢ νομοθετηθὲν ἐτύγχανεν ὑπὸ Κωνσταντίνου καὶ τῶν αὐτοῦ παίδων, ὕστερον δὲ ἐπὶ Ἰουλιανοῦ ἀφηρέθη.

209. *CTh* XIV, 17, 5 p. 794, l. 5-8.

sistait encore en 539[211], grevé d'autant d'abus que précédemment. Les contestations contre lesquelles s'élève la *Novelle* montre que le système arrivait au bout de ses ressources. Justin II fit lever sur les pains une taxe annuelle de 4 sous pièce. Tibère la supprima à son avènement en restituant les sommes déjà perçues, mais en août 618 Héraclius mit définitivement un terme aux distributions[212].

β.2. Les rationales

Le mot est d'époque romaine et est l'équivalent de *procurator a rationibus,* c'est-à-dire un réviseur aux comptes[213]. Jean essaie d'expliquer la fonction de ce type de fonctionnaires à partir de l'étymon du mot (**7** 3). On trouvait déjà une formulation assez semblable chez Dion Cassius[214]. On prendra garde à la ponctuation de la plupart des éditeurs[215], qui revient à subordonner les *rationales* aux *mancipes* et à les placer sur le même pied que les ouvriers de boulangerie.

210. *Popularibus enim, quibus non est aliunde solacium, quibus enim panis hodieque distrahitur, et eorum successoribus clementia nostra deputavit in quo nunc emitur loco propriis gradibus erogandum.*

211. Justinien, *Novelles,* LXXXVIII, 2, p. 426, l. 32-p. 427, l. 3 : *videmus enim frequentari hoc in regia hac praecipue civitate, et aliquos interdicentes eis qui ministrant publicas annonas et tesseras accipiunt ab annonarum praefecto, volentes suspendi administrationem <et> eos qui solummodo forsan nutriuntur defraudari administratione, per quam ei omnis tribuitur vitae occasio.*

212. Évelyne Patlagean, *o.l.,* p. 186.

213. Voir *LSJ,* s.v. καθολικός, p. 855 et Liebenam, art. *Rationalis,* dans *RE* I A 1 (1914), col. 263. Le mot figure déjà chez le médecin Galien (*Antidotes,* XIV, p. 4, 15 Kühn), voir aussi Eus., *HE,* VII, 10, 5 (à propos de Macrien, avec aussi un jeu de mots), IX, 11, 4 (Peucetius). Dans les deux derniers cas, il ne s'agit pas d'un réviseur des comptes attachés à la préfecture du prétoire. D'ailleurs, Liebenam n'en mentionne aucun.

214. LXXIX, 21, 1 τοὺς γὰρ δὴ καθόλου λόγους ἐπιτετραμμένος (à propos d'Aurelius Eubulus d'Émèse).

215. Seul Fuss [(1812), p. 188] imprime une virgule après ἀρτοποιοί.

γ. Les frumentarii

Jean définit l'activité des frumentaires par une étymologie avec, à l'appui (**7** 4), une citation d'Aurélius Victor[216] :

> (sous Dioclétien) *l'on supprima l'engeance funeste des frumentaires, à qui ressemblent beaucoup les policiers d'aujourd'hui. Alors qu'ils paraissaient avoir été institués pour surveiller les provinces et faire connaître au pouvoir les révoltes qui pourraient y éclater, ils forgeaient de criminelles accusations, semaient de tous côtés le trouble, surtout parmi les citoyens les plus éloignés, et se livraient partout à de honteuses exactions. En même temps, le ravitaillement de la ville et la sauvegarde des contribuables furent considérés avec vigilance et sollicitude.*

On ne trouve pas trace d'une explication de l'espèce chez Aurélius Victor. La citation est donc produite pour donner l'apparence de l'érudition, et Jean n'en savait pas lourd sur les frumentaires. On ne peut guère croire qu'il ignorait leur remplacement par les *agentes rerum* ou *in rebus*. Sous le principat, les *frumentarii*, choisis parmi les légionnaires, avaient à s'occuper de l'approvisionnement de l'armée et dépendaient de la préfecture du Prétoire[217]. En se livrant à l'espionnage et à la levée de l'annone, ils se firent détester à telles enseignes que, sous la pression publique, Dioclétien les supprima. Mais, dès 319, ils furent remplacés par les *agentes in rebus,* dépendant du *magister officiorum*[218]. En fait, un extrait de l'*Histoire Auguste* en eût appris à Jean bien davantage[219] :

216. 39, 44-45 : *remoto pestilenti frumentariorum genere, quorum nunc agentes rerum simillimi sunt. Qui, cum ad explorandum annuntiandumque ecqui forte in provinciis motus exsisterent instituti viderentur, compositis nefarie criminationibus, iniecto passim metu, praecipue remotissimo cuique, cuncta foede diripiebant. Simul annona urbis ac stipendiariorum salus anxie sollicite que habita.*

217. P. Dufraigne, (1975), p. 188 (n. 45 à la p. 53) ; A. Chastagnol, (1994), p. 32, n. 4.

218. E. Stein, *Bas-Empire* I, p. 113-114 ; Fiebinger, art. *Frumentarii* dans *RE* VII, 1 (1913), coll.122-123 ; O. Hirschfeld, (1913), p. 624-625.

219. [Spart.], *H.A.Hadrien,* 11, 1 et 4 : *Laborabat praeterea, ut*

(Hadrien) *s'efforçait par ailleurs d'exercer un contrôle strict sur les magasins de l'armée et s'informait avec scrupule des ressources qu'on pouvait attendre des provinces, afin de suppléer éventuellement aux manques qui se produiraient ici ou là.* (...) *Il était curieux de ce qui concernait non seulement sa maison mais également celles de ses amis et cherchait à percer tous leurs secrets en utilisant à cet effet des frumentaires.*

L'allusion à Rufin (**7** 5) vise le même personnage qui aurait essayé de supplanter Arcadius. Sa tentative d'usurpation aurait eu pour conséquence l'intrusion près la préfecture du prétoire d'un agent du *Magister officiorum,* le *princeps* (II **10** 3-5 ; III **23** 2-3 ; **40** 2-4). Jean paraît confondre les mesures de Dioclétien avec celles d'Arcadius.

b. Personnel hors cadre ou indépendant.

α. Les cursores

La préfecture d'Afrique créée en 534 avait une schole de *cursores* de 30 hommes[220]. Dans chaque schole de ce type de personnel, la promotion avait lieu par ancienneté[221].

β. Les applicitarii

Les *applicitarii* étaient chargés d'appréhender les suspects ou les coupables[222]. Jean en parle plus loin, dans un passage assez impressionnant (**16** 2), qui les montre accompagnés d'une foule de licteurs munis des instruments symbolisant la répression.

condita militaria diligenter agnosceret, reditus quoque provinciales solerter explorans, ut <si> alicubi quippiam deesset, expleret. (...) *Et erat curiosus non solum domus suae sed etiam amicorum, ita ut per frumentarios occulta omnia exploraret.*

220. *CJ* I, 27, 31.
221. A.H.M. Jones, *LRE* I, p. 590.
222. J. Caimi, (1984), p. 27.

γ. Les clavicularii

Les *clavicularii* étaient chargés de mettre sous les verrous les accusés[223].

δ. *Les* nomenclatores

Chargés d'introduire les avocats et d'annoncer leurs noms devant le tribunal (**8** 3-4 ; **20** 3)[224], ils dépendaient du bureau des *ab actis*[225]. Ils étaient organisés en scholes, d'après la loi constitutive de la préfecture d'Afrique[226]. Jean les décrit à partir d'une étymologie, qu'il doit à Aemilius Asper[227].

ε. *Les* turmarii

Les *turmarii* étaient à la disposition (III **8** 7) du *primiscrinius* pour la rédaction des documents[228].

4. Les cadres supérieurs

En lisant cet ensemble de chapitres, on n'échappe pas à l'impression qu'ils remplissent des fonctions différentes. L'analyse révèle qu'il était logique de commencer par les *primiscrinii* parce que Jean offre à cette occasion un aperçu général de ce qui était le traitement de tout dossier administratif. Les autres responsables de départe-

223. J. Caimi, (1984), p. 27.

224. Bernert, art. *Nomenclator,* dans *RE* XVII, 1 (1938), col. 819 ; R. Morosi, (1977), p. 120-121 ; J. Caimi, (1984), p. 25.

225. Bernert, art. *Nomenclator,* dans *RE* XVII, 1 (1938), col. 820.

226. *CJ* I, 27, 1, 32. C'est là que se trouve indiquée leur appartenance au *scrinium* des *libelli,* c'est-à-dire des *ab actis.*

227. Selon Alf. Tomsin [(1952), p. 122], Jean ne peut guère avoir consulté directement le Commentaire sur Salluste ; il aurait consulté plutôt un lexique donnant des renseignements sur les institutions romaines où Asper était cité. La phrase suivante éveillera davantage le scepticisme : " Lydus ne consulte pas directement les auteurs latins ".

228. R. Morosi (1977), p. 121. Autant que nous sachions, le vocable n'a pas d'autre occurrence dans la littérature grecque conservée. Les *turmarii* sont cités pour le milieu du IVe s. (*CTh* VI, 35, 3 pr., 27 avril 319 ou plutôt 352).

ment ne font l'objet que d'un traitement sommaire. Rien de plus logique. Le *regendarius* a virtuellement perdu tout pouvoir, depuis que le *magister* s'est arrogé des droits de contrôle sur le fonctionnement de la poste publique (III **4** 5 et **21** 1). Quant aux *curae epistularum,* leur service a aussi beaucoup perdu de son lustre depuis que les *tractatores* ont dérobé l'autorité réelle sur les instructions à payer les impôts (**4** 5 et **21** 2). En revanche, Jean s'est longuement intéressé aux *commentarienses* et aux *ab actis* parce qu'il a travaillé dans l'un et l'autre service (voir respectivement **17** 1 et 3 ; **20** 9). Aussi les similitudes de composition sont-elles patentes entre les deux. On peut en effet analyser les chapitres correspondants de la manière suivante :

1. Attributions des *commentarienses* (**16** 2) et des *ab actis* (**20** 1) ;
2. Leurs assistants (**16** 1 et **20** 2, cf. **9** 8) ;
3. Fonctionnement du service (**18** 3-**19** 1 et **20** 4-9) ;
4. La décadence (**19** 2 et **20** 11).

On le verra, Jean était spécialement fier d'avoir appartenu au département des *commentarienses.*

a. Les *primiscrinii*

La structure de l'ensemble des chapitres **11-15** est spéciale, comme l'annonce d'ailleurs la manchette au double contenu. La part réservée aux *primiscrinii* eux-mêmes est passablement congrue. Ceux-ci étaient les chefs du secrétariat de la préfecture du prétoire[229]. Jean se contente d'évoquer la remise des sentences aux *primiscrinii,* qui désignaient alors des chargés d'exécution[230]. En outre,

229. Il n'est donc pas question, au moins pour la préfecture du prétoire, de leur prêter une compétence financière quelconque, comme le fait A. Bandy [(1983), p. XII], voir J. Caimi, (1984), p. 27, n. 81. Le mot, qui a une structure transparente, signifie littéralement " premier de bureau " ou chef de bureau. Voir W. Enßlin, art. *primiscrinius,* dans *RE* SupplB. VIII (1956), col. 624 et 625.

230. Les termes sont fluctuants dans le texte de Jean. L'*exsecutor*

leurs assistants complétaient les parties du dossier laissées en souffrance (**11** 3). Outre leurs assistants, les *primiscrinii* avaient à leur service quantité de *ducenarii* pour les enquêtes " conjointes " (**15** 1).

Dans les autres passages, il dépeint le fonctionnement du tribunal, au temps de la prospérité. On peut supposer que les opérations administratives étaient semblables, peu ou prou, dans les autres départements. Les débats faisaient l'objet d'une minute à laquelle on annexait la sentence. Les conseillers de la préfecture en confiaient la rédaction aux *cancellarii* qui en faisaient une mise au net, le *recensus ;* après quoi, celui-ci revenait à un *secretarius,* qui en donnait lecture, avant de la remettre aux conseillers pour signature par le préfet du prétoire. Pour les parties en litige, l'affaire était ainsi réglée (**11** 2). Toutefois, on gardait un aperçu en latin de la cause traitée pour prévenir toute falsification (cf. **20** 8). Le département des *primiscrinii* concluait alors le dossier en notant le nom du responsable administratif. D'autre part, la loi tenait à donner toute garantie contre les abus. On pourrait craindre, par exemple, la falsification de pièces passant d'une main à l'autre. De pareils faits se sont déjà vus dans le chef des collecteurs d'impôts dans les provinces (**12** 2). Aussi mandatait-on un fonctionnaire détaché d'un autre service à titre provisoire pour remplir les pièces (**12** 3-4). C'était là une garantie juridique de neutralité et d'objectivité qui était donnée au *princeps* et au *cornicularius* responsable des divers départements (**12** 5).

Les cours de justice étaient saisies de tant d'affaires que les assistants de l'année ne suffisaient pas à les traiter. Aussi, pour liquider l'arriéré judiciaire, ceux-ci continuaient à y travailler après leur sortie de charge, dans un

" exécuteur " ne serait autre que l'ἐκβιβαστής, cité en **11** 3 4 ; **12** 2 7. Ce serait le même que viseraient les termes de πληρωτής (**11** 3 9 ; **12** 2 3) et d'ἐγχειριζόμενος (**12** 4 3), J. Caimi, (1984), p. 28. Voir en outre W. Enßlin, art. *primiscrinius,* dans *RE* SupplB. VIII (1956), col. 626.

espace réservé. On y voyait même en nombre arriver à la rescousse les professeurs (de latin, faut-il supposer), appâtés sans doute par la perspective de compléments de revenus (**13**). Par conséquent le bénéfice financier du département des *primiscrinii* était le plus élevé de tous (**15** 1). Le préfet du prétoire montrait l'exemple d'un inlassable dévouement à la tâche (**15** 2), que l'on a pu taxer de " stakhanovisme "[231]. Néanmoins, il savait se montrer humain à l'endroit de son personnel (**15** 3).

C'est seulement à travers une loi du 3 décembre 386 qu'apparaît pour la première fois, au service d'Eusignius, un *primiscrinius* à la préfecture d'Orient sans doute dans la fonction qui sera encore la sienne aux Ve et VIe s[232]. Au titre de responsables de l'exécution des sentences, ils avaient la charge des *ducenarii* siégeant lors des " conjointes " ζευκταί, c'est-à-dire des audiences pour lesquelles n'avait pas été introduite de procédure écrite (**15** 1-2)[233]. On peut supposer qu'ils étaient au nombre des " autorités elles-mêmes en charge des procès " qui " resplendissaient dans leurs vêtements " (II **16** 2) et par conséquent qu'ils siégeaient sur l'estrade lors des procès que présidait le préfet en personne. Dans la plupart des autres services, le *primiscrinius* a une position dominante depuis longtemps, comme dans l'*officium* du *magister officiorum,* où il appartient au moins aux autorités supérieures, depuis une loi du 31 octobre 359[234].

À plusieurs reprises, Jean évoque la décadence du département. D'abord, il a perdu les locaux qui lui revenaient à l'entrée centrale de la cour du préfet, près du

231. " Stacanovista " écrit J. Caimi [(1984), p. 382] à propos du préfet.

232. *CTh* VIII, 8, 4, p. 402, l. 5 = *CJ* XII, 59, 3, 1, p. 484.

233. J. Caimi [(1984), p. 29 et n. 88] souligne que sur la nature exacte des ζευκταί, les historiens du droit ne s'accordent pas.

234. *CTh* I, 9, 1, p. 44, l. 9-10 = *CJ* I, 31, 1, p. p. 82 : *adiutor praeterea, in quo totius scholae status et magistri securitas constituta est, omni schola testimonium praebente.* La date est celle d'O. Seeck, *Regesten,* p. 207.

scrinium de l'Europe, occupés désormais par les receveurs du grain (**13** 2 et 5), car le nombre des affaires engagées a baissé considérablement (**14** 2). Des signes de pauvreté sont apparus : l'administration réclame une pièce de cuivre au plaideur pour prix du papier nécessaire (**14** 1). De surcroît, les *primiscrinii* ont perdu le droit de réclamer une indemnité spéciale pour les services qu'ils rendent (**15** 4).

On imagine mal que certaines prescriptions du formulaire remis par l'assistant au chef de département ne valussent pas pour tout membre des services publics. Une loi du 27 mars 470[235] en excluait tout païen ou tout chrétien non orthodoxe.

b. Les *commentarienses*

Les *commentarienses*[236] étaient évidemment en charge du département judiciaire de la préfecture du prétoire[237].

235. *CJ* XII, 59, 9, p. 485 [la date est celle d'E. Stein (*Officium*, p. 10, n. 3), voir aussi la note de l'apparat critique de l'édition de P. Krüger[11], *ad l.*] : *Probatorias memorialium et agentium in rebus, ceterorum nihilo minus apparitorum praetorianae per Orientem amplissimae praefecturae (...) qui sunt verae et catholicae fidei, iubemus admitti.*

236. Ce sont les anciens *a commentariis*. La titulature nouvelle s'introduisit à partir du IIe s. pCn [A. v. Premerstein, art. *a commentariis,* dans *RE* IV, 1 (1900), col. 759]. Le terme apparaît trois fois dans les *Novelles* de Justinien [I. Avotins, (1992), p. 130]. Jean donne en **4** 4 et **8** 2 une définition étymologique des *commentarienses*. J.-L. Mourgues [(1988), p. 162, avec la n. 100] traduit la définition de Jean sous la forme suivante : " c'est là le nom légal des préposés à la consignation des activités ". Ce faisant, il adopte tacitement la conjecture de Bekker dans le texte. Rien ne prouve que le manuscrit soit à ce point corrompu.

237. A. H. M. Jones, *LRE* I, p. 587 ; ce fut le cas au moins à partir de la fin du IVe s., d'après A. v. Premerstein [art. *a commentariis,* dans *RE,* IV, 1 (1900), col. 766]. C'est d'ailleurs Jean qui souligne lui-même en **8** 3 leur sphère d'activité. Ils apparaissent en cette qualité déjà dans *CTh* IX, 3, 5 (29 juin 371, au préfet du prétoire Probus) : *Ad commentariensem receptarum personarum custodia observatioque pertineat,* voir aussi IX, 3, 6 (30 décembre 380, au préfet du prétoire

L'optique est naturellement celle de l'éloge. Jean commence par décrire avec objectivité la structure du bureau : deux *commentarienses,* avec leurs six assistants, issus des *Augustales* (**16** 1, cf. **9** 8). À l'en croire, les *adjutores* formaient la véritable pierre d'angle du service, en raison de la dureté dont ils savaient faire preuve. L'éloge vaut au moins autant pour l'écrivain lui-même, qui a officié dans le service (**17** 3) au début de sa carrière en tout cas. Aussi les *adjutores* avaient-ils à leur service tout le personnel subalterne chargé de l'exécution des peines, *applicitarii, clavicularii* avec licteurs et *ducenarii.* Toutefois, généralement, la seule présence de gens d'armes, les *ducenarii,* suffisait généralement à obtenir les aveux (**16** 2), sans qu'il fût nécessaire de les arracher par la torture.

L'autorité des *commentarienses* pesait sur le simple sujet autant que sur tout magistrat, en sorte que leur passage soulevait toujours un sentiment de crainte (**17** 1). Ils officiaient sur ordre tant du préfet du prétoire que de l'empereur (**17** 2, cf. **18** 3). Les grandes heures du service se déroulèrent sous le règne d'Anastase, dont Jean brosse la chronique, en deux temps (**17** 3) :

a. la chute d'Apion, en 510, puis la préfecture d'un grand juriste, Léontios[238]. Les *commentarienses* réglèrent l'affaire avec une rare maestria.
b. la liquidation du patriarche Macédonios, pour un différend d'ordre religieux (7 août 511)[239].

Ces hauts faits politiques eurent lieu peu avant l'entrée de l'écrivain dans les services du préfet du prétoire. Naturellement, il ne manque pas de souligner que l'affaire ne fut pas confiée au *magister officiorum* Celer[240]. À

Eutropius) et 7 (25 janvier 409, au préfet du prétoire Caecilanus). Pour d'autres sources, voir A.H.M. Jones, *LRE* II, p. 1242 (n. 58 à I, p. 588).

238. Voir, sur ces points, Introduction, t. I, p. XXXII.

239. Voir Introduction, t. I, p. XXXIV-XXXVI.

240. Ce qui ne veut pas dire que Céler ne joua aucun rôle dans l'arrestation de Macédonios. Lié à ce dernier, Céler lui fit valoir que si

l'époque, la préfecture du prétoire était encore toute-puissante.

Surtout, l'essentiel résidait dans l'organisation du service. La plainte était enregistrée[241] au service du *commentariensis*. Le préfet du prétoire confiait au *commentariensis* le dossier (*commenta*) à traiter. Un *commentarius* ou ὑπόμνημα n'est, en raison de l'étymologie, rien de plus qu'un " aide-mémoire ". Jean appelle *commenta* les *commentarii* de la préfecture du prétoire (**8** 2). Le fait semble prouver que l'on ressentait encore l'étymologie du mot. Malheureusement, on ne peut que déplorer l'absence presque totale d'occurrence pour les mots *commentum* ou *comminiscor* employés avec ce sens dans les sources conservées[242]. En secret, ce dernier le confiait pour une mise au net en latin à un *chartularius,* qui se chargeait de faire comparaître l'accusé à la barre (**18** 3-4)[243]. La corruption des *chartularii* facilitait les acquittements (**18** 5) peut-être par simple disparition du dossier. Toujours est-il que les documents étaient normalement conservés aux archives par l'*instrumentarius*, qui disposait d'un bâtiment approprié (**19** 1). Mais tout ceci a dis-

Éphèse (431) avait opiné dans un sens et Chalcédoine (451) dans un autre, la vérité en matière de dogme pouvait bien se trouver entre les deux, et que par conséquent Macédonios pouvait sans faute signer l'*Hénotique* d'Anastase. Macédonios finit par s'empêtrer dans de multiples contradictions, à telles enseignes que son arrestation devint nécessaire (voir E. Stein, *Bas-Empire* II, p. 169-170).

241. Hesychios, κ 3441, s.v. κομενταρήσιος· τὰς ἐγγραφὰς τῶν ἐγκλημάτων δεχόμενος.

242. J.-L. Mourgues, (1998), p. 128, n. 16. Cependant, A. Ernout - A. Meillet (*DELL,* s.v. *miniscor,* p. 397) signalent des emplois rares et tardifs de *commentum* au sens de " livre ". Toutefois, le dictionnaire d'H. Goelzer (s.v. *commentum,* p. 288) répertorie le mot comme traduction du grec ὑπόμνημα dans Columelle (VII, 5, 17), à propos de l'ouvrage d'un ps.-Démocrite, les Χειρόκμητα de l'Égyptien du IIe s. aCn Bôlos de Mendès. L'adjectif " tardif " chez Ernout-Meillet ne se justifie donc pas.

243. Voir A. v. Premerstein, art. *a commentariis,* dans *RE* IV, 1 (1900), col. 767.

paru à l'heure où il écrit (**19** 2, cf. **18** 1). On peut admettre que le pouvoir détenu par les responsables de la *memoria* administrative de l'empereur était excessif. Mais on ne voit pas, *pace* J.-L. Mourgues[244], que Jean dépeigne “ les ravages et les escroqueries que pouvait créer son mauvais usage ”.

L'*instrumentarius* était préposé à la section des actes judiciaires[245]. Toutefois, il existait aussi des *instrumentarii* au service des *ab actis* (**20** 5), où ils officiaient en qualité de préposés à la section des actes civils. Ces deux postes correspondent probablement à celui du *scribae Ravennati* Deusdedit auquel s'adresse le préfet du prétoire durant les années 533/537[246].

On observera que les données topographiques contenues dans le passage n'ont guère retenu les historiens des institutions. Un des rares à avoir marqué l'intérêt du texte de Jean, qu'il qualifie de “ précieux ”, est G. Dagron[247], qui ne lui consacre pourtant que six lignes, à vrai dire très denses : l'*instrumentarius* disposait d'une série de pièces s'étendant sous le *kathisma* impérial jusqu'à la Sphendonè. Elles occupaient donc une bonne partie des substructions du long côté est. D'après R. Guilland[248], “ De tout temps, il y avait eu au Palais impérial des tribunaux où se jugeaient les affaires les plus importantes. Le choix des salles basses du Palais du Kathisma, pour y déposer les innombrables dossiers relatifs à ces affaires, est tout justifié. Le greffier se trouvait, ainsi, à proximité des cours de justice. ” Le même savant rappelle que le terme βῆμα servait à désigner la loge (impériale) chez Zosime[249],

244. [(1998), p. 165, n. 111], à propos des § 3-5.
245. J. Caimi, (1984), p. 25.
246. Cassiod., *Var.* XII, 21, p. 377, voir R. Morosi, (1977), p. 120.
247. (1974), p. 317.
248. (1957), p. 70-71 = I (1969), p. 485 ; voir aussi p. 75 = p. 489.
249. IV, 6, 3, à propos de l'usurpation de Procope en 365, ἀνελθὼν δὲ εἰς τὸ πρὸ τῆς αὐλῆς βῆμα.

Procope[250] et Théophane[251], à propos de la capture de Gélimer dans les deux derniers textes. Décrivant le cérémonial en vigueur le mardi de Pâques à Saint-Serge, Constantin Porphyrogénète[252] montre que le souvenir de ces bureaux n'avait pas disparu au Xe s. Comme l'écrit A.Vogt[253], qui ne rappelle pas le passage de Jean, “ ces bureaux étaient des édifices construits à une époque ancienne pour y établir l'administration byzantine. Ils furent abandonnés, en tout ou en partie, lorsque de nouveaux et plus spacieux palais, comme la Thermastra, s'élevèrent pour recevoir les innombrables services qu'exigeait le fonctionnement compliqué de l'immense machine impériale. Ce qui ne veut pas dire qu'au Xe siècle rien ne subsistait plus de l'ancienne organisation. ”

La référence à l'Antiquité (III **19** 1) est imprécise. Elle désigne au moins l'époque précédant le règne de Valens. L'expression de Jean a valeur emphatique. L'historien ne pouvait savoir où se trouvaient les dépôts d'archives de l'antique Byzance. Pour Constantinople, leur emplacement était lié à l'hippodrome, qui correspond à un ancien sanctuaire des Dioscures. Constantin sut incorporer les anciennes statues aux portiques de l'hippodrome et loger dans une partie de l'édifice le trépied de l'Apollon de Delphes, qui comportait une représentation figurée du dieu, d'après Zosime[254]. Selon le ps.-Codinos[255], en 202,

250. *Vand.*, II, 9, 11-12.

251. A.M. 6026, p. 200, l. 3 τόν τε βασιλέα ἐπὶ βήματος καθήμενον.

252. *Cér.* I, 20, p. 80, l. 19-24 Vogt = I, 11 p. 89, l. 1-7 B : Ἐξελθόντος δὲ τοῦ βασιλέως τὴν αὐτὴν πύλην, δέχονται αὐτὸν πατρίκιοι καὶ στρατηγοὶ ἐν τῇ αὐτῇ πύλῃ, ἐν ᾗ καὶ ἔμειναν ἐν τῇ εἰσόδῳ τοῦ βασιλέως, καὶ δηριγευόμενος ὁ βασιλεὺς ὑπὸ τῶν προειρημένων κατὰ τὴν αὐτὴν τάξιν διέρχεται διὰ τῶν παλαιῶν ἀσηκρητειῶν καὶ τοῦ Ἱπποδρόμου, οἱ δὲ πατρίκιοι μένουσιν εἰς τὰ Σκῦλα, ὑπερευχόμενοι τὸν βασιλέα.

253. *Commentaire* I, (1935), p. 121.

254. II, 31, 1 : καὶ τὸν ἱππόδρομον εἰς ἅπαν ἐξήσκησε κάλλος, τὸ τῶν Διοσκούρων ἱερὸν μέρος αὐτοῦ ποιησάμενος, ὧν καὶ τὰ δείκηλα μέχρι νῦν ἔστιν ἐκ τῶν τοῦ ἱπποδρόμου στοῶν ἑστῶτα

Septime Sévère laissa inachevée la construction des gradins pour faire face à une invasion de Gaulois qui s'en prenaient à Rome. Jean le Lydien[256] donne plus de précisions sur la mythologie liée à l'hippodrome :

> *Passablement de temps plus tard, se trouvant à Byzance, l'actuelle ville de Constantin et la reine de toutes les villes, lors d'une campagne contre Niger, l'empereur des Romains, Sévère, y fonde, en raison de l'agrément de la ville, des thermes très vastes. Trouvant aussi le lieu voisin dédié aux Dioscures, il en fit un hippodrome, qu'il fit orner de gradins et de portiques, après avoir fait couper un bois sacré placé sous la protection des deux frères, et il y mit cette beauté qui s'y voit aujourd'hui encore.*

Le remanieur d'Hésychios ajoute[257] que les bornes montrent les symboles des Dioscures, c'est-à-dire les deux oeufs dont ils sont issus. Pourtant, l'hippodrome lui-même de Sévère pourrait bien avoir été parfaitement achevé. On estime simplement que Constantin lui donna

ἰδεῖν · ἔστησεν δὲ κατά τι τοῦ ἱπποδρόμου μέρος καὶ τὸν τρίποδα τοῦ ἐν Δελφοῖς Ἀπόλλωνος, ἔχοντα ἐν ἑαυτῷ καὶ αὐτὸ τὸ τοῦ Ἀπόλλωνος ἄγαλμα

255. I, 41, p. 137, l. 5-8 : Τὸ δὲ ἓν μέρος τῶν βαθμίδων ἀνεπληρώθη παρὰ Σευήρου, τὸ ἕτερον καταλιπὼν ἀτελὲς διὰ τὸ ἐλθεῖν αὐτῷ ἀγγελίαν ὅτι οἱ Γάλλοι πορθοῦσι τὴν Ῥώμην.

256. *Mois,* I, 12, p. 7, l. 4-14 W : χρόνοις δὲ ὕστερον ἱκανοῖς Σεβῆρος ὁ βασιλεὺς Ῥωμαίων κατὰ Νίγερος ἐκστρατεύσας καὶ εἰς τὸ Βυζάντιον παραγενόμενος, τὴν νῦν Κωνσταντίνου πόλιν καὶ βασιλίδα τῶν πόλεων ἁπασῶν, κτίζει μὲν ἐκεῖσε διὰ τὸ τῆς πόλεως ἐπιτερπὲς λουτρὸν παμμέγεθες · εὑρὼν δὲ καὶ τὸν παρακείμενον τόπον τοῖς Διοσκόροις ἀνακείμενον ἐποίησε τοῦτον ἱπποδρόμιον, ἰκρίοις καὶ στοαῖς διακοσμήσας αὐτόν, καὶ ἄλσος ἐκκόψας δύο τινῶν ἀδελφῶν ὑποκείμενον δεσποτείᾳ καὶ εἰς τὸ νῦν δρώμενον κάλλος τοῦτο μεταγαγών ; l'adaptateur d'Hésychios [*Patria,* 37 (p. 16, l. 1-3 Preger)] lui emprunte une partie de sa notice : καὶ τὸν τούτῳ (il vient d'être question des célèbres bains du Zeuxippos) πλησιάζοντα χῶρον τῆς ἱπποδρομίας τοῖς τοῦ Διὸς ἀνακείμενον κούροις ἰκρίοις τε καὶ στοαῖς διακοσμήσαντος.

257. P. 16, l. 4-5 : ἔνθα καὶ νῦν οἱ καμπτῆρες δηλοῦσι τὰ τῶν ἐφόρων γνωρίσματα διὰ τῶν ἐπικειμένων ᾠῶν τοῖς χαλκοῖς ὀβελίσκοις.

des dimensions en rapport avec son projet de fonder une capitale nouvelle. D'après Mamboury, celui de Septime Sévère n'aurait guère compté que seize rangs de gradins et le long côté ouest aurait eu 20, 50 m. Constantin aurait allongé et élargi l'édifice, y aurait ajouté de nouveaux rangs de gradins, les déambulatoires à portiques qui les surplombent et, naturellement, des étais pour supporter les compléments de charge[258]. Le désir de calquer un plan romain est patent et souligné dans les sources[259]. De toute façon, il est au moins un élément important que Constantin ajouta aux infrastructures de son prédécesseur, la tribune impériale[260]. Le ps.-Codinos[261] situe la Sphendonè dans le prolongement d'un terrain jouxtant l'ancien sanctuaire. La Sphendonè ou Fronde représentait la partie sud-ouest incurvée de l'hippodrome de Constantinople. On peut supposer que le nom commun était fréquent. Or, comme l'indique A.Kazhdan[262], le mot était employé comme synonyme de " sceau " σφραγίς par le lexicographe Hésychios[263]. Au XIVe s., on le retrouve pour

258. Voir, pour la description et l'emprunt à Mamboury, J. Dagron, [(1974), p. 306, n. 2] qui efforce d'expliquer le mot par l'étymologie. Il évoque à ce propos trois locutions de structure identique, *a pigmentis, a secretis* et *a sabanis*.

259. Par exemple le Ps.-Codinos (I, 61 p. 145, l. 14-18) : Βουλόμενος δὲ κτίσαι ἱππικὸν κατὰ μίμησιν τῆς Ῥώμης εὗρεν τὸ τοῦ Σευήρου καὶ ἀνεπλήρωσεν αὐτὸ ἤγουν τὸ ἓν μέρος τῶν βαθμίδων καὶ τῶν δύο περιπάτων καὶ τὸ ἄνω τῶν καγκέλλων καὶ τὸν Σφενδόνα καὶ τοὺς καμπτῆρας καὶ τοὺς δήμους.

260. La source est Malalas (p. 320, l. 3-5 B) : ἀναπληρώσας καὶ τὸ Ἱππικὸν καὶ κοσμήσας αὐτὸ χαλκουργήμασι καὶ πάσῃ ἀρετῇ, κτίσας ἐν αὐτῷ καὶ κάθισμα θεωρίου βασιλικοῦ καθ' ὁμοιότητα τοῦ ἐν Ῥώμῃ ὄντος.

261. I, 40, p. 136, l. 21-p. 137, l. 5 : Τὸ δὲ νῦν σωζόμενον Ἱπποδρόμιον ἐκτίσθη παρὰ Σευήρου κήπων ὄντων ἐκεῖσε ἀδελφῶν δύο καὶ χήρας γυναικός. Μέχρι δὲ τοῦ Ξαλκοῦ πεδίον ἦν · ἀπὸ δὲ τοῦ Χαλκοῦ μέχρι τοῦ Σφενδόνος κίονες εὐμεγέθεις ἀνηγέρθησαν (ἐξ οὗ καὶ ἡ ψυχρὰ κινστέρνα ἐστί), διότι κρημνώδης ἦν ὁ τόπος.

262. Art. *Sphendone,* dans *ODB* III (1991), p. 1937.

263. Σ 2871 s.v. σφενδόναιαν· σφενδόνην. ἢ τὴν σφραγῖδα.

désigner un type de sceau apposé sur des documents que l'empereur destine à l'impératrice-mère, à l'impératrice en titre ou au prince-héritier[264]. Faut-il voir ici, en lisant en parallèle notre passage de Jean, la survivance d'un trait d'humour constantinopolitain qu'aurait conservé Hésychios ?

Le service de l'*instrumentarius* avait disparu à l'époque où Jean atteignait à la maturité (**19** 2). Sans doute avait-il été remplacé par celui du *secretarius,* comme c'était le cas dans le royaume ostrogothique[265]. Par qui l'emplacement a-t-il été occupé ? Par des serviteurs attendant leurs maîtres. Le ton est évidemment méprisant. Pourquoi un marché d'esclaves eût-il été installé à cet endroit ? Ne serait-ce pas plutôt un bureau dans lequel se tenaient les formalités d'engagement pour les concours de l'Hippodrome, par exemple, celui des cochers appartenant aux diverses écuries ?

c. Les *ab actis*

Le *scrinium* présidé par les *ab actis* était chargé d'instruire et de traiter les affaires civiles[266]. Jean s'efforce

264. Ps.-Codinos, *Traité des offices,* p. 175, l. 23-32 Verpeaux : ὁ παρακοιμώμενος τῆς σφενδόνης τὴν τοῦ βασιλέως σφενδόνην λαμβάνων σφραγίζει διὰ κηροῦ ἔνθα δεῖ · ἡ δὲ τοιαύτη σφραγίς, ἡ διὰ κηροῦ δηλαδή, οὐδαμοῦγίνεται ἀλλαχοῦ παρὰ τοῦ βασιλέως, εἰ μὴ πρὸς τὴν δέσποιναν τὴν μάναν αὐτοῦ καὶ τὴν δέσποιναν τὴν γυναῖκα αὐτοῦ καὶ τὸν βασιλέα τὸν υἱὸν αὐτοῦ. On trouve d'ailleurs un titre ὁ τῆς σφενδόνης (p. 132, l. 10).

265. R. Morosi (1978), p. 138. Voir Cassiod., *Var.* XII, 21, 1, 3 et 4 p. 377, l. 15-16 ; 28-30 ; 33-p. 378, l. 2 (au scribe de Ravenne Deusdedit, 533/537) : *scribarum officium securitas solet esse cunctorum, quando ius omnium eius sollicitudine custoditur* (...) *vox antiqua chartarum cum de tuis adytis incorrupta processerit, cognitores reverenter excipiunt : litigantes quamvis improbi coacti tamen oboediunt* (...) *da petentibus quae olim facta sunt. Translator esto, non conditor antiquorum gestorum. Exemplar velut anulum ceris imprime.*

266. On trouvera un excellent commentaire en forme de paraphrase dans J. Caimi, (1984), p. 24-25. R. Morosi [(1977), p. 109, n. 23] à juste titre trouve étrange que le *scrinium* ne soit absolument pas men-

d'expliquer le mot par l'étymologie. Il évoque à ce propos trois locutions de structure identique, *a pigmentis*, *a secretis* et *a sabanis*. Les *a secretis* sont relativement bien connus. Il n'en va pas de même pour les *a pigmentis* et les *a sabanis*, locutions dont nous ne connaissons pas d'autre occurrence.

Il définit le rôle des *adiutores* (**20** 3, cf. **9** 8). Le procès ne pourrait avoir lieu sans le concours des *adiutores* et des *nomenculatores*. Le rôle de ces derniers était, dans le passé, de convoquer à la barre les sénateurs (**20** 3). De quel passé s'agit-il ? À l'époque de Cicéron[267], le *nomenc(u)lator* " était un esclave chargé de rappeler en temps voulu à son maître le nom des personnes qu'il rencontrait. Il avait une grande importance en période électorale : une loi en condamna, vainement d'ailleurs, l'usage. (...) Cicéron en avait un. " Nous ne connaissons pas d'autre sens du mot. Aussi est-ce à titre conjectural que nous avons traduit le mot βουλευταί par " sénateurs ". Il pourrait s'agir aussi bien de " curiales ".

Jean distingue deux étapes dans la confection des documents relatifs aux affaires. L'une incombait aux *chartularii* attachés au bureau (**20** 4)[268]. Pour la forme, le début de **20** 4 rappelle nettement celui de II **15** 1. Le rapprochement

tionné dans le passage où Jean énumère tous les services de l'*officium* (III **4-8** 1). Il se demande si le fait tient à son introduction plus tardive au sein des services de la préfecture. En fait, il y a eu plus probablement un accident textuel.

267. L.-A. Constans, (1940), p. 280 (n. à la p. 92, 17) et (1935), p. 94, n. 1, voir *Ép.* 90, 5, du milieu de septembre 57 aCn (*Att.* IV, 1). La loi ne fut guère respectée, même si à un moment, Caton d'Utique (Plut., *Cat. Min.*, 8, 4-5) y obtempéra. Ce sens est le seul que connaissent Ernout-Meillet (*DELL*, s.v. *nomen*, p. 444), voir aussi Lampe (*PGL*, s.v. νομεγκλάτωρ, p. 918), qui ne donne qu'une seule référence, Thphl. Ant., *Autol.*, 3, 27 (à propos d'un affranchi de Marc Aurèle, nommé Chryséros). Ducange (s.v. νομεγκουλάτωρ, col. 1000) signale une glose aux *Basiliques*, où l'on peut lire : νομεγκουλάτωρ · ὁ ἐξ ὀνόματός τινα φωνῶν (imprimé φονῶν), ὁ παρὰ συνήθειαν κράκτης.

268. Voir E. Stein, *Officium*, p. 40.

pourrait donner à croire qu'ici encore Jean vise l'époque du règne de Jean de Cappadoce. Il n'en est rien cependant. Au titre de premier *chartularius,* notre écrivain prêta lui-même la main à un travail de ce genre (**27** 3). La technique ici décrite était celle qui prévalait au temps d'Anastase au plus tôt. Chaque phase de la procédure y était dûment enregistrée. Une traduction latine, extrêmement précise, des considérants et des conclusions de l'affaire était confectionnée ensuite par l'*adiutor* le plus qualifié[269]. Cette fois encore, l'opération rappelle à Jean des souvenirs de jeunesse, quand il avait suppléé un des *adiutores* de l'année (**27** 3). En cas de perte des actes, les traces enregistrées dans le *personalium* permettaient facilement de reconstituer toute la cause (**20** 9). Au terme des opérations, l'*instrumentarius*, comme on l'eût fait à l'époque de Courteline, donnait une cote au dossier. Elle comportait notamment des indications sur l'année et le consul en fonction (20 5). Jean ne donne aucun autre détail sur l'*instrumentarius.* On peut supposer que les pièces étaient conservées et archivées par le même *instrumentarius* évoqué à propos des *commentarienses* (**19** 1)[270].

Le prestige du personnel des *ab actis* resta longtemps sans égal. À titre de preuve, Jean évoque trois des gloires du temps qui reçurent des félicitations pour la qualité des services rendus (**20** 10). L'ordre suivi est chronologique. Serge, un ancien avocat attaché à la préfecture[271], est attesté en qualité de préfet du prétoire les 1ers avril et décembre 517[272]. Il n'a apparemment joué aucun rôle marquant dans les événements politiques de l'époque[273].

269. Voir E. Stein, *Officium,* p. 40.

270. Voir J. Caimi, (1984) 305-306.

271. Le renseignement de Jean (II **21** 1) est recoupé par une indication de la *Souda* (Σ 246 s.v. Σέργιος) : ἀπὸ δικηγόρων τῶν ὑπάρχων.

272. *CJ* V, 27, 6, p. 217 et II, 7, 24, p. 100, voir E. Stein, *Bas-Empire,* II, p. 783.

273. E. Stein, *Bas-Empire* II, p. 219.

Sous réserve que l'on soit en mesure de dater avec précision la préfecture d'Arménius[274], Serge pourrait bien être resté en place jusqu'à la désignation du premier préfet du règne de Justin Ier, Apion, en juillet 518[275]. Il fut le premier des préfets à aggrandir sa maison pour faire face à des obligations nouvelles (II **21** 1)[276].

Proclos fut *quaestor sacri palatii* sous le règne de Justin, au moins pour la plus grande part[277] :

> *Je suis Proclos, fils de Paul, de Byzance. Du palais de Diké, dans tout l'éclat de mon talent, la cour royale m'arracha, afin que je devienne du puissant empereur le porte-parole fidèle.*

Sa réputation de justice est confirmée par Procope[278] :

> *Proclos* (…), *qui était alors le conseiller de l'empereur en sa qualité de titulaire de ce que l'on appelle la questure, était un homme aussi juste qu'évidemment tout à fait inaccessible à la corruption.*

On en trouve la preuve dans un épisode qui se déroule à un moment où, dans la capitale, les dissensions de 524-525 entre les Bleus, soutenus par le couple Justinien et Théodora, et les Verts prenaient un tour inquiétant pour le pouvoir. Justin Ier ordonna à Théodote Colocynthius de mener une sévère répression, au cours de laquelle furent pendus ou brûlés vifs maints fauteurs de troubles. Néan-

274. *CJ* XII, 50, 23, p. 482.

275. J. Mal., XVII, 3, 22 (p. 411, 6 B) ; Thphne, A.M. 6011, p. 166 De Boor ; *CJ* VII, 63, 3, p. 325 (1er décembre 518).

276. Voir, sur ce point, t. I, p. DCLIV.

277. *Anth. Plan.*, 48, 1-3 :
Πρόκλος ἐγὼ Παύλου Βυζάντιος, ὃν περὶ δῶμᾳ
τηλεθάοντα Δίκης βασιλήϊος ἥρπασεν αὐλὴ
ὄφρ' εἴην στόμα πιστὸν ἐρισθενέος βασιλῆο.
Pour la carrière du personnage, voir *PLRE* III, s.v. *Proculus* 5, p. 924-925. Les années où il fut en fonction furent 522/523-525/526.

278. *Pers.*, I, 11, 11 : Πρόκλος (…) ὃς βασιλεῖ τότε παρήδρευε τὴν τοῦ καλουμένου κοιαίστωρος ἀρχὴν ἔχων, ἀνὴρ δίκαιός τε καὶ χρημάτων διαφανῶς ἀδωρότατος.

moins, Justinien tenta de châtier Théodote comme magicien et empoisonneur. Proclos fut le seul à tenir tête au neveu de l'empereur[279] :

> *Seul Proclos, qui avait la dignité de celui que l'on appelle le questeur, déclara que cet homme était innocent et ne méritait nullement la mort.*

Il avait un caractère hautement conservateur[280] :

> *C'est pourquoi il ne lui arriva donc pas ni d'écrire une loi quelconque à la hâte ni de consentir à modifier une des institutions existantes.*

Bref, c'était un homme selon le cœur de Procope, comme le dit Otto Veh[281], mais aussi de Jean le Lydien. Il fit capoter les tractations entre l'Empire et la Perse visant à faire adopter le prince héritier pressenti, le futur Chosroès Ier, comme Yezdegerd avait été le tuteur de Théodose II au siècle précédent[282]. Il mourut à la mi-527[283].

On ne reviendra pas ici sur Tribonien à qui nous avons consacré ailleurs une longue note[284].

d. Les *regendarii*

Le mot *regendarius* est calqué sur la locution latine *cursus regendi*[285]. C'est le titre du chef du service des

279. Procop., *Anecd.* 9, 41 μόνος ὁ Πρόκλος τὴν τοῦ καλουμένου κοιαίστωρος ἔχων ἀρχὴν καθαρὸν ἀπέφαινε τοῦ ἐγκλήματος εἶναι τὸν ἄνθρωπον καὶ θανάτου οὐδαμῇ ἄξιον.

280. *Pers.*, I, 11, 12 : Διὸ δὴ οὔτε νόμον τινὰ εὐπετῶς ἔγραφεν οὔτε τι τῶν καθεστώτων κινεῖν ἤθελεν.

281. *Prokop Perserkriege,* Munich, 1970, p. 468 (n. complémentaire à I, 11, 12).

282. Voir le discours prêté à Proclos par Procope (*Pers.*, I, 11, 13-18, cf. Thphn., A.M. 6013, p. 168, ll. 1-6) et E. Stein (*Bas-Empire* II, p. 268).

283. C. Mango — R. Scott (1997), p. 256 (n. 10 à la p. 254. *CJ* XII, 19, 15, 2, daté de 527, le donne comme *excelsae memoriae Proculo viro,* ce qui signifie qu'il était mort à l'époque.

284. Voir t. I, p. DLXXXVIII-DXC.

285. Voir *CTh* VI, 29, 4, p. 291-292, du 30 novembre 359 (*ad cursum regendum*) et E. Stein, *Officium,* p. 62.

postes à la préfecture du prétoire. Comme le fait observer E. Stein[286], **21** 1 est particulièrement bilieux, même s'il contient une part de vérité.

À l'origine et jusqu'à Constantin (326), la direction et le contrôle du *cursus publicus* se trouvaient entre les mains d'un *praefectus vehiculorum* central siégeant à Rome servi par un corps de *praefecti vehiculorum* régionaux de rang équestre[287] ; sous Constantin, les *praefecti vehiculorum*, naguère indépendants, furent soumis aux préfets du Prétoire[288], tandis que sous Constance II (en 341 ou en 346) les *praepositi cursus publici,* chargés de la direction et du contrôle des postes provinciales, c'est-à-dire de la délivrance des *evectiones*, la surveillance de l'emploi de ces permis et la bonne marche du *cursus* furent recrutés parmi les *agentes in rebus* du *magister officiorum*, chargés des fonctions de *curiosi cursus publici*, tandis que l'administration continua de dépendre des services du préfet du Prétoire[289].

Le *cursus publicus* comportait deux divisions, la poste express, c'est-à-dire le *cursus velox* ou ὀξὺς δρόμος, et le service lent, c'est-à-dire le *cursus clabularis* ou πλατὺς δρόμος[290]. Il représentait une charge considérable, en sorte qu'à diverses reprises on tenta d'en réduire le poids.

286. *Officium*, p. 62.

287. E. Stein, *Bas-Empire,* I, p. 42 ; M. Clauss, (1980), p. 45 ; R. Delmaire, (1995), p. 106, avec *CTh* VIII, 5, 4, du 22 juin 326.

288. E. Stein, *Bas-Empire,* I, p. 118.

289. E. Stein, *Officium,* p. 63 ; *Bas-Empire,* I, p. 133 ; M. Clauss, (1980), p. 45 ; R. Delmaire, (1995), p. 106 ; voir *CTh* VIII, 5, 3 (15 février 326), adressé au préfet du prétoire Acyndinus pour l'octroi des fournitures nécessaires et VIII, 5, 4 (22 février 326) pour la répression dans l'usage illégal des *evectiones.* On eut à rappeler les mises en garde contre les abus perpétrés par des *praefectiani* (*CTh* XII, 10, 1, du 18 novembre 373). En 341 ou 346, le *princeps magistri officiorum* devenait le *princeps officii* du préfet du Prétoire [E. Stein, dans *Zeitschrift der Savigny-Stiftung,* 41 (1920), 220-223 ; *Officium,* p. 44)]. Mesure de centralisation certes (E. Stein, *Officium,* p. 64), mais aussi façon habile d'installer comme oeil de Moscou un ancien *magistrianus* dans un autre ministère (A. H. M. Jones, *LRE* I, p. 128).

290. Voir A.H.M. Jones, *LRE* II 830-834.

Toutefois, sur le plan financier, le maintien du service de la poste constituait un problème, tant il était onéreux. On peut croire qu'à l'occasion tel préfet du Prétoire pouvait décider d'une réorganisation du service relevant de son autorité. Ce fut le cas pour Anatolius, préfet du Prétoire de l'Illyricum durant les années 357-360, qui soulagea ses provinces d'une charge accablante[291]. Sous Julien, le service fut supprimé dans la province de Sardaigne, parce qu'il y était à peine nécessaire[292].

Aussi le service était-il condamné, au moins dans l'organisation qu'il avait reçue durant l'Empire tardif, à une lente décadence. Suivant une proposition du préfet du Prétoire Pusaeus, Léon Ier fit supprimer ou au moins fortement réduire le *cursus clabularis* dans le diocèse d'Orient[293]. Il en alla de même sous Justinien, quand Jean de Cappadoce s'en prit aussi au *cursus velox*. Il n'en faudrait pas déduire pour autant que les mesures prises sous Léon eurent un caractère absolu et définitif. Procope[294] écrit en effet :

291. D'après Ammien Marcellin (XIX, 11, 3 ; voir Aurél. Vict., *Cés.*, 13, 6) : *correctione (...) vehiculariae rei iacturis ingentibus, quae clausere domus innumeras.*

292. *CTh* VIII, 5, 16, p. 379, ll. 1-4, du 25 novembre 363 : *in provincia Sardinia, in qua nulli paene discursus veredorum seu paraveredorum necessarii esse noscuntur, ne provincialium status subruatur, memoratum cursum penitus amputari oportere decernimus, quem maxime rustica plebs, id est pagi, contra publicum decus tolerarunt.*

293. *CJ* XII, 50, 22, *pr.* p. p. 481-482) : *cursum clavularem ab omni orientali tractu nec non ab his civitatibus aliarum regionum, quarum instructio tui culminis meminit, tolli amputarique decernimus.*

294. *Arc.* 30, 3-10 : Ἐς ἡμέρας ὁδὸν εὐζώνῳ ἀνδρὶ σταθμοὺς κατεστήσαντο, πῇ μὲν ὀκτώ, πῇ δὲ τούτων ἐλάσσους, οὐ μέντοι ἧσσον ἐκ τοῦ ἐπὶ πλεῖστον ἢ κατὰ πέντε. Ἵπποι δὲ ἵσταντο ἐς τεσσαράκοντα ἐν σταθμῷ ἑκάστῳ. Ἱπποκόμοι δὲ κατὰ λόγον τοῦ τῶν ἵππων μέτρου ἐτετάχατο ἐν πᾶσι σταθμοῖς. Συχναῖς δὲ ἵππων δοκιμωτάτων ὄντων διαδοχαῖς ἐλαύνοντες ἀεὶ οἷσπερ ἐπίκειται τὸ ἔργον τοῦτο, δέκα τε, ἂν οὕτω τύχοι, ὁδὸν ἡμερῶν ἀμείβοντες ἐν ἡμέρᾳ μιᾷ ἔπρασσον ἅπαντα ὅσα μοι ἀρτίως δεδήλωται, πρὸς δὲ καὶ οἱ τῶν χωρίων πανταχῇ κύριοι, ἄλλως τε κἂν ἐν μεσογείοις τὰ χωρία ὄντα ἐτύγχανεν, εἰδαιμονέστατοι ἐπ' αὐτοῖς ἐν

Sur le parcours journalier d'un homme alerte, ils établirent des stations, parfois huit, parfois moins, mais le plus souvent pas moins de cinq. Des chevaux se trouvaient dans chaque station, au nombre de quarante, et des écuyers étaient assignés à toutes les stations, à proportion du nombre de chevaux. Comme ils voyageaient en changeant fréquemment des meilleurs chevaux, ceux à qui était confié ce travail arrivaient à l'occasion à faire en un jour le trajet de dix journées, et ils accomplissaient tout ce que je viens de mentionner. D'autre part, les propriétaires de domaines en tous lieux, en particulier lorsque ces domaines étaient à l'intérieur des terres, étaient extrêmement prospères grâce à cela. En vendant chaque année au trésor le surplus de leurs récoltes pour nourrir les chevaux et les écuyers, ils gagnaient beaucoup d'argent. (...) *Mais cet empereur, en abolissant tout d'abord la poste de Chalcédoine à Dacibiza, obligea tous les courriers, bien contre leur gré, à partir en bateau de Byzance pour gagner Hélénopolis.* (...) *Ensuite, il laissa la poste vers la Perse dans son état antérieur, mais pour tout le reste jusqu'en Égypte il établit pour chaque étape journalière une seule station, et non plus avec des chevaux, mais avec quelques mules.*

Il laisse assez entendre que le service, fût-il réduit, existait encore à son époque. Apparemment, Jean le Cappadocien (**61** 6), sans en référer à Justinien, au moins d'après

τοῖς μάλιστα ἦσαν. Τοὺς γὰρ ὄντας ἐκ τοῦ περιόντος σφίσι καρποὺς ἵππων τε καὶ ἱπποκόμων τροφῆς ἕνεκα τῷ δημοσίῳ ἀνὰ πᾶν ἔτος ἀποδιδόμενοι, χρήματα μεγάλα ἐφέροντο (...) Ὁ δὲ αὐτοκράτωρ οὗτος πρῶτα μὲν τὸν ἐκ Καλχηδόνος ἄχρι ἐς Δακίβιζαν καθελὼν δρόμον ἠνάγκασε πάντας ἐκ Βυζαντίου εὐθὺς ἄχρι ἐς τὴν Ἑλενούπολιν οὔτι ἐθελουσίους ναυτίλλεσθαι. (...) Ἔπειτα δὲ κατὰ μὲν τὴν ἐπὶ Πέρσας ὁδὸν φέρουσαν τὸν δρόμον ἐπὶ σχήματος τοῦ πρόσθεν ὄντος εἴασεν εἶναι, ἐς δὲ τὴν λοιπὴν ξύμπασαν ἕω μέχρι ἐς Αἴγυπτον ἐν ἡμέρας ὁδῷ κατὰ σταθμὸν ἕνα κατεστήσατο μόνον, οὐχ ἵππων μέντοι, ἀλλ' ὄνων ὀλίγων. Procope (*Arc.*, 30, 11) signale brièvement les conséquences catastrophiques pour l'agriculture de la mesure prise par Jean de Cappadoce : οἱ δὲ τοὺς ἀγροὺς κεκτημένοι καρπῶν τῶν σφετέρων σεσηπότων τε καὶ εἰκῇ κειμένων ἀνόνητοι ἐς ἀεὶ γίνονται.

notre auteur, ordonna aussi dans les provinces dépendant de son administration, des mesures de réduction, voire de suppression tout aussi radicales que Léon Ier.

Il y avait donc en principe égalité stricte de responsabilités entre le *magister* et le préfet du prétoire. C'est, en tout cas, ce qu'autorise à croire la collation avec les textes de Cassiodore[295]. Pourtant, des empiètements survinrent : les membres d'autres services administratifs s'arrogeaient les mêmes droits que les *praepositi cursus publici,* en sorte que de multiples rappels à l'ordre furent nécessaires[296]. Sans doute n'y a-t-il pas lieu cependant de douter que le préfet du Prétoire demeurât la pièce maîtresse du dispositif.

Une constitution de Théodose Ier datée du 23 juillet 382 stipulait que l'expédition des certificats pour la poste publique était réservée à l'empereur lui-même, c'est-à-dire au chef de sa chancellerie, le *magister officiorum,* et aux préfets du Prétoire[297]. Néanmoins, c'étaient seule-

295. Dans la *formula praefecturae praetorio* (*Var.* VI, 3, 3 p. 176, l. 11-12, de 511), on lit *evectiones simili* (sc. *regis*) *potestate largitur.* Au même moment, la *formula magisteriae dignitatis* (*Var.* VI, 6, 4 p. 179, l. 35) stipule : *per eum nomini nostri destinatur evectio* mais elle ajoute aussitôt après : *isti* (sc. *magisterio officiorum*) *principaliter creditur quod tam necessarium sentitur,* voir R. Morosi, (1977), p. 111 n. 34.

296. C'est ce que dit *CTh* VI, 29, 2 p. 291, *pr.* l. 1-5 *agentes in rebus in curis agendis et evectionibus publici cursus inspiciendis nostrorum memores praeceptorum credimus in omnibus velle profutura rei publicae. Sed accedunt ex officio mirandae prudentiae tuae, qui parem sibi licentiam vindicent* (...) et l. 8-9 (du 17 avril 357) : *ideoque solos agentes in rebus in hoc genere iussimus obsequium adhibere et non ab alio penitus officio pr.* Le 18 nov. 364 (*CTh* XII, 10, p. 725, l. 2-6. = *CJ* XII, 52, 2, *pr.* p. 482), encore que les mots *cursus publici* soient absents ; pour la date, voir O. Seeck, *Regesten,* p. 36 ; 85), Valentinien Ier interdit encore que des *praefectiani* s'arrogent les pouvoirs des *curiosi.*

297. *CTh* VIII, 5, 40 *pr.*, p. 386, l. 2-4, au préfet du prétoire Florus (*cum id nostro numini et vestris tantum sit potestatibus reservandum*) = *CJ* XII, 50, 9, p. 431 ; cf. *Not. dign. Or.* II, 72 ; III, 33 ; XI, 53 ; Cassiodore, *Var.* IV, 47, 2 (507-511) ; V, 5, 2 (523-526) ; VI, 3, 3 (511) ; 6, 4.

ment les réquisitoires ou *tractoriae* joints régulièrement aux *evectiones* qui dépendaient des services de ce dernier : en d'autres termes, il avait à pourvoir seulement à l'approvisionnement des hommes (*annona*) et des bêtes[298]. C'était mettre sur pied d'égalité le *magister officiorum* et le préfet du Prétoire.

Le double contrôle par le préfet et le *magister officiorum* pour la circulation et les autorisations d'utilisation est formellement attesté par des lois du 24 juin et du 6 décembre 356[299]. Une loi du 17 avril 357[300] de Constance II ou d'un de ses corégents, stipulait que les *curiosi cursus publici* envoyés dans les provinces ne pouvaient être que des *agentes in rebus*. Depuis quand ceux-ci furent-ils désignés en tant que tels ? Le *terminus post quem* est la date de 337, année où Constance II accéda à l'empire. D'autre part, une inscription[301] indiquant Constance II et Constant Ier fait état d'un *ducenarius agens in reb(us) et p(rae)p(ositus) cursus publici* : le document est donc antérieur à 450[302]. D'autre part, il n'est pas sûr que le ciseau chronologique établi par E.Stein ait la sûreté qu'il lui prête. Le plus ancien *curiosus* connu apparaît en 335[303]. Il y a de bonnes chances pour que le titre original ait été *praepositus cursus publici*[304]. Dans ce cas, on devrait faire remonter à la fin du règne de Constantin l'habitude d'envoyer de tels contrôleurs en province.

298. *Annonas* [*CTh* VIII, 6, 1, p. 394, l. 4-7 du 25 janvier (?) 365, au préfet Rufinus = *CJ* XII, 51, p. 482 (26 septembre 392) ; *CJ* 50, 22, 1, p. 482 ; *CTh* XV, 11, 2, p. 826-827, du 27 sep 417, au préfet Monaxius] ; Symmaque, *Lettres,* IX, 25, 2.

299. *CTh* VIII, 5, 8, *pr.* p. 377, l. 5-9, au préfet Taurus ; pour la date, voir O. Seeck, *Regesten,* p. 46).

300. Au même Taurus (*CTh* VI, 29, 2, *pr.* p. 291, l. 8-9 : *solos agentes in rebus in hoc genere iussimus obsequium adhibere* = *CJ* XII, 22, 2, p. 463 ; date dans O. Seeck, *l.l.*).

301. Dessau, *ILS* 5905 (Flavius Valerianus).

302. Voir, pour tout ceci, E. Stein, *Officium,* p. 63-64.

303. Ath., *Ar.,* 73 : Παλλαδίῳ τῷ κουριώσῳ τοῦ Αὐγούστου et 75 Φλαβίῳ Παλλαδίῳ δουκηναρίῳ παλατίνῳ κουριώσῳ.

304. A.H.M. Jones, *LRE* II p. 1237 (n. 34 à I, p. 579).

Le 18 nov. 364[305], Valentinien Ier interdit encore que des *praefectiani* s'attribuent les pouvoirs des *curiosi*. Le 22 février 362[306], Julien fut amené à restreindre l'octroi des *evectiones* à deux services, le sien, c'est-à-dire la chancellerie, et celui du préfet du Prétoire. Et de proposer une répartition des octrois en fonction du rang administratif des personnages : les vicaires pour lui, et les *officia praesidum et consularium* pour la préfecture. La mesure eut d'ailleurs un retentissement dont font état maintes sources[307]. Il n'est d'ailleurs plus question du *magister officiorum* ni de ses droits. Parmi les 66 constitutions conservées sous le titre *De cursu publico,* il n'en est qu'une seule[308] qui soit adressée au *magister officiorum* Caesarius, alors que toutes les autres le sont au préfet du Prétoire ou à des fonctionnaires qui sont ou ses représentants ou ses subordonnés. Autant dire que, pour l'essentiel, le mécanisme dépendait alors, comme autrefois, des services du préfet, c'est-à-dire du *scrinium regendarii*, et que, hormis pour l'expédition des permis d'utilisation, le *magisterium officiorum* n'exerçait qu'une ingérence essentiellement répressive. Par conséquent, la juridiction disciplinaire sur les *curiosi agentes in rebus* revenait au préfet. Ce point est encore précisé par une constitution de Constance II au préfet Taurus du 31 octobre 359[309] : en

305. *CTh* XII, 10, p. 725, l. 2-6. = *CJ* XII, 52, 2, *pr*. p. 482, encore que les mots *cursus publici* soient absents ; pour la date, voir O. Seeck, *Regesten,* p. 36 ; 85.

306. *CTh* VIII, 5, 12, p. 378, à Mamertinus, préfet du Prétoire, respectivement l. 6 *manu mea* et l. 5 *exceptis igitur vobis nulli vectionem licebit facere de cetero.*

307. Voir les textes de Libanios, de Grégoire de Nazianze et de Socrate rassemblés par J. Bidez - Fr. Cumont, (1922), p. 80-81. Sur la réforme de Julien, on verra J. Bidez, (1930), p. 243-244.

308. *CTh* VIII, 5, 49, p. 389 du 3 sep. 386 ; pour la date, voir O. Seeck, *Reg.*, p. 90.

309. C'est ainsi qu'il faut interpréter *CTh* VI, 29, 3, p. 291 *ad agentes in rebus* = *CJ* XII, 22, 3, p. 463 ; pour la date, voir O. Seeck, *Reg.*, p. 207 ; cf. aussi *CTh* VIII, 5, 35, p. 385, l. 3, 27 février 377

tant que membres de la *schola agentium in rebus* relevant du *magister officiorum*, ils avaient tenté, semble-t-il, de faire jouer contre l'autorité du préfet le principe de la *praescriptio fori*[310]. De surcroît, le 28 mai 390[311], l'activité des *curiosi* fut limitée au contrôle des *evectiones* ; la mesure fut répétée cinq ans plus tard, en mai 395[312] :

> *Pour les* agentes in rebus, *nous arrêtons qu'ils doivent être envoyés à raison d'un par province. Ils auront cependant pour unique mandat de veiller à l'inspection des permis de transport.*

On peut croire que depuis longtemps la préfecture ne demandait plus, et encore avec parcimonie, des *evectiones* que pour l'exécution des missions qui lui revenaient. Sans doute ceux qui avaient besoin des autorisations préféraient-ils les demander au *curiosus cursus publici praesentalis* près le *magisterium officiorum*, là où des contrôles chicaniers n'étaient pas à redouter. En outre, depuis le Ve s., les *scriniarii* de la préfecture n'obtenaient plus[313] les *evectiones* des *regendarii* mais du service financier correspondant ; sans doute en allait-il de même pour les *tractoriae*. Si, ancien *magistrianus*, le *princeps officii praetoriani* avait de fait un droit de contrôle sur les expéditions en la matière, on pouvait, dans un certain sens, en conclure qu'il exerçait sur la section de la poste de la préfecture une direction non plus nominale mais effective. Bref, que celle-ci était passée entre les mains de serviteurs du *magister officiorum*. Pourtant la maîtrise en pratique du préfet du prétoire demeurait réelle : c'est la raison pour laquelle notre écri-

(379 ?) = *CJ* XII, 50, 8, p. 481 ; Symm., *Ep.*, II, 46, 3 (393) qui évoque la *cursualium praepositorum avaritia*.

310. Sur ce point, voir A. H. M. Jones, *LRE* I, p. 485.

311. *CTh* VI, 29, 7, p. 292, l. 4-6.

312. *CTh* VI, 29, 8, p. 292-293 = *CJ* XII, 22, 4, p. 463 : *Agentes in rebus singulos per singulas provincias li(tten)dos esse censemus, quibus tamen inspiciendarum e(vec)tionum tantum debeat cura mandari.*

313. *CJ* XII, 49, 10, 1, p. 479.

vain peut imputer à Jean de Cappadoce une responsabilité effective dans la réduction des services postaux survenue sous le règne de Justinien (III **61** 1-6). La conclusion de notre auteur est donc bien celle d'un aigri.

e. Les *curae epistularum*

À peine cités (**4** 5), les *curae epistularum* ont perdu toute autorité en raison de la promotion des *scrinarii* (**21** 2). Les *curae epistularum* avaient pour charge la rédaction des *epistulae canonicae* envoyées aux gouverneurs des provinces. Elles contenaient les instructions sur le recouvrement des impôts (cf. **21** 2)[314]. Le rôle des *curae epistularum* dans ce cadre est clairement défini[315]. On a conservé des exemplaires de ce type de lettre[316]. Les chefs de service envoyaient les mandats, appelés *delegatoriae,* par lesquels le préfet autorisait ses délégués dans les provinces à liquider financièrement les *officiales* qui arrivaient à la retraite[317]. Ils procédaient aussi à l'acquisition de denrées alimentaires[318].

Le contrôle exercé par les *tractatores* sur les *epistulae canonicae* affaiblissait évidemment la position des *curae epistularum.* La nécessité de maintenir les *curae* aussi

314. Voir R. Morosi, (1977), p. 111-112.

315. Cassiod., *Var.* XI, 23, p. 346, l. 11-12 : *hic itaque epistularum canonicarum curam provectus accipiat.*

316. Par exemple Cassiod., *Var.* XI, 7 (p. 336, avant le 1er septembre 533 : *universis iudicibus provinciarum*) ; XII, 2 (p. 360, avant le 1er septembre 534 : même adresse) ; XII, 16 (p. 374, avant le 1er septembre 537 : *canonicaria*).

317. Voir Cassiod., *Var.* XI, 35 (p. 349 : *delegatoria* d'avant décembre 534) ; 36 (p. 349, de la même année : *Anatolico cancellario provinciae Samnii*) ; 37 (p. 350, de la même année : *Lucino v.c. cancellario Campaniae*) et 38 (p. 351, de 534/535 : *Iohanni canonicario Tusciae*).

318. Cassiod., *Var.* XII, 4, 3 (p. 362, de 533/537, au *canonicarius* de Vénétie) ; 12, 5 (p. 369, l. 30, de 533/537, au *cancellarius* de Lucanie et du Bruttium) ; 18, 2 (p. 375, l. 17-19 : à Constantinien, *vir experientissimus*) ; 23, 1 (p. 379, l. 22-25, de 537/538 : à Laurentius, *vir experientissimus*).

bien que les *regendarii* ne s'imposait donc plus. Ainsi s'expliquerait qu'en 534 ils ne figurent plus dans la loi créant le personnel administratif du préfet d'Afrique, où ils sont remplacés apparemment par un *scrinium* nouveau, celui des *libelli*[319]. Sans doute les attributions de ces derniers recouvraient-elles celles des *curae epistularum* et des *regendarii* mentionnés par Jean ici[320].

En **4** 5, Jean paraît évoquer seulement les *curae epistularum* du diocèse du Pont. N'en existait-il point dans les autres ? Voilà qui serait en franche contradiction avec **5** 1 et **21** 2 où Jean évoque les *curae epistularum* qu'ont les autres diocèses[321]. Les *curae epistularum* ont sans aucun doute eu la charge, depuis le commencement, de toutes les affaires de gouvernement de la préfecture qui ne se rattachaient ni au droit ni à la poste, mais aussi des travaux publics en étroits rapports avec eux. Le lien originel entre *cura epistularum* et *scriniarii* explique que plus tard encore la responsabilité des travaux publics se trouvait entre les mains des *scriniarii*. L'importance des charges qui incombaient aux *curae epistularum* se traduit par le fait que l'on éprouva le besoin d'une certaine décentralisation : dans chacun des diocèses se trouvait un *cura epistularum* (voir **21** 2). Dans la préfecture d'Orient, il y avait quatre ou cinq *curae epistularum* venus des *Augustales* et tout autant venus des *exceptores*. C'est là une répartition par diocèses qui n'apparaît pas ailleurs dans les services de la préfecture. Un problème se pose cependant pour l'Égypte à partir du moment où elle fut érigée en diocèse. A-t-elle bénéficié elle aussi d'un *cura epistularum* ou les compétences du *cura epistularum* du diocèse d'Orient ont-elles été accrues, sans qu'il y eût changement local ? Au commencement, c'étaient les *scrinia curae epistularum* qui dirigeaient le travail revenant aux sections qui avaient en charge, *mutatis mutan-*

319. *CJ* I, 27, 1, 27, voir E. Stein, *Officium*, p. 61-62.
320. R. Morosi (1977), p. 112-113, avec le tableau I de la p. 108.
321. A.H.M. Jones, *LRE* II, 1187 (à I, 450, n. 96).

dis, les services du budget et des contributions du ministère des finances d'aujourd'hui. Les *scriniarii* administraient seulement celui de la caisse et des comptes. Mais quand ils furent devenus à leur tour employés d'État, les *scriniarii,* organisés en *scrinia* distincts, prirent de plus en plus en mains les tâches purement budgétaires dans les ministères financiers[322].

Pourquoi, en dépit de l'indispensable régionalisation des services, chacun des bureaux provinciaux pour l'armement n'avait-il pas à sa tête de *cura epistularum* ? On observera que le titre du responsable n'est pas mentionné (**5** 1 et 3). La liste donnée en III **5** se donne comme exhaustive. L'absence de cette catégorie de fonctionnaires est logique, car, dans l'optique de Jean, ils sont des *scriniarii.* Le fonctionnaire désigné en **5** 1 n'est autre que celui qui, dans l'Italie ostrogothique contemporaine, est connu sous le nom de *scriniarius curae militaris.* C'était un des postes dirigeants que pouvait convoiter l'*exceptor ordinarius*[323].

Dans la préfecture d'Italie, le chef de section du *cura militaris* appartenait de plein droit au département administrativo-judiciaire. On peut supposer qu'aux yeux du souverain, une section prêtant ses services à l'élément dominant, qui s'était réservé l'exclusivité de la force militaire, avait mérité par le fait d'être intégré à la section la plus ancienne et la plus noble de l'*officium*[324]. La *formula ad PPO de armifactoribus* donne à penser qu'au sein de l'*officium,* le *scrinium* avait en charge la correspondance avec les fabricants d'armes[325]. Dans la constitution créant la préfecture d'Afrique, l'empereur fait de

322. E. Stein, *Officium,* p. 68-69.

323. Voir J. Caimi, (1984), p. 34 ; R. Morosi, (1977) p. 119-120. ; 123.

324. E. Stein, *Officium,* p. 71 ; R. Morosi, (1977), p. 119.

325. Cassiod., *Var.,* VII, 18, p. 214, l. 6-7 : *idcirco illustris magnitudo vestra nos eum elegisse cognoscat, ut et militibus praesit secundum morem pristinum et artificibus iubere possit armorum.*

même à l'endroit des chefs d'armée qui lui notifient les besoins de leur armée[326]. En 545, on trouve le *scrinium* chargé de rédiger les *delegationes,* c'est-à-dire les mandats du préfet à envoyer aux gouverneurs de province, qui prescrivent de préparer les denrées revenant aux hommes. Le dispositif est double d'ailleurs. Il existe des chargés d'affaire sur le terrain et d'autres qui, en fonction des données recueillies, se chargent de l'administration centrale[327] ; en Italie, pour la partie pratique de la comptabilité et du calcul en rapport avec l'annone, le chargé de mission agissait en étroite liaison avec les employés de la section financière[328]. Les motifs sont plus explicitement soulignés que dans la *Novelle* de 545 : éviter les dévastations en procurant un approvisionnement sans nuire aux populations locales.

5. La décadence Même si le nom de Théodose (II) est à peine prononcé dans le traité, il est clair que l'empereur est une des bêtes noires de Jean sur le plan administratif[329]. La distinction opérée dans II **15** 1 entre causes *temporales* (ἐμπρόθεσμοι) et

326. *CJ* I, 27, 2, 15 : *cum autem magnitudo tua omnibus dispositis ad nos remeare iussa fuerit, tunc duces uniuscuiusque limitis, quotiens pro componendis civitatibus aut castris et pro stipendiis suis ac pro annonis aliquid opus habuerint, celerius ad virum magnificum praefectum per Africam significent, ut ipse quae necessaria fuerint festinet facere, ne aliqua protractio provinciis noceat.*

327. Justinien, *Nov.* CXXX, 1, envoyée au préfet du prétoire Pierre Barsymas (1er mars 545) : *iubemus igitur, quotiens transitus fit nostrorum iudicum et exercituum, delegatores simul esse cum iis, qui curam habeant eorum alimenti, et singularum provinciarum iudices per quas transitus fit praeparationem facere expensarum, ut nostri exercitus in unamquamque provinciam ascendentes inculpabiliter conversentur.*

328. Cassiod., *Var.* XII, 5, 3 et 6, p. 364, l. 1-2 et 27-28, de 535/536, adressé à Valerianus : *Veniens itaque numerosus exercitus, qui ad defensionem rei publicae noscitur destinatus, Lucaniae Bruttiorumque dicitur culta vastasse* (...) *in annonis vero reputandis esto sollicitus, ne aliquem cuiusquam possit fraudare versutia.*

329. Voir déjà *supra*, p. LXXII-LXXVII.

sacrae permet d'identifier la réforme visée par notre auteur. Une constitution de Théodose II[330], adressée au préfet du prétoire Cyrus, réglemente les appels interjetés contre des décisions prises en province par un gouverneur *clarissime* et ceux qui le sont contre les décisions de *spectabiles*. Dans un cas, l'instance supérieure est le préfet du prétoire, dans l'autre le préfet et le questeur *sacri*

330. Respectivement *CJ* VII, 62, 32, 1 a (440) *Quod si a duce fuerit appellatum, si idem et praeses sit, praefectura necessario tantum iure ordinario in sacro auditorio iudicabit* et VII, 62, 32, 1 *Sed si a proconsulibus vel Augustali vel comite Orientis vel vicariis fuerit appellatum, virum illustrem praefectum praetorio, qui in nostro est comitatu, virum etiam illustrem quaestorem nostri palatii sacris iudiciis praesidentes disceptationem iubemus adripere eo ordine, ea observatione, isdem temporibus, quibus ceterae quoque lites fatali die post appellationem in sacris auditoriis terminantur. Et hoc, licet quidam praedictorum spectabilium iudicum iure concesso ut sacri iudices appellationes acceperint.* Force est de convenir que le paragraphe de Jean n'est pas une merveille de clarté. Il utilise le mot ἀρχή à brève distance dans deux sens différents. L'ἀρχή provinciale en gros doit être celle du gouverneur de province, c'est-à-dire probablement un duc ; l'instance devant laquelle est censé avoir lieu l'appel est l'ἀρχή du préfet du Prétoire (et du *quaestor sacri palatii*). Voir J. Caimi (1984), 299. Les tribunaux ἐπὶ τῶν ἐπαρχιῶν sont opposés aux tribunaux ἐπὶ τῶν ἀρχαιοτικῶν δικαστηρίων. Pour ces derniers, l'instance d'appel n'était rien d'autre que l'empereur en personne, remplacé par le préfet du prétoire et le *quaestor,* mais ces tribunaux, à l'étage inférieur, avaient pu eux-mêmes déjà fonctionner comme instance d'appel. Mais on voudrait savoir de quoi il est question, car l'adjectif ἀρχαιοτικός ne figure dans aucun dictionnaire. On doit évidemment le rattacher à l'adjectif ἀρχαῖος, au sens d'“ antique, vénérable ”. On n'hésitera donc pas à voir derrière les ἀρχαιοτικὰ δικαστήρια des tribunaux composés de juges de rang *spectabilis*. Voir J. Caimi (1984), 299-302. D'autre part, Jean recourt à deux verbes significatifs, ἀναπέμπειν (à propos des *temporales*) et ἀναπέμπεσθαι (à propos des *sacrae*). C'est là une terminologie qui se retrouve dans la législation de Justinien. Voir, respectivement, *Nov.* XX, 4 p. 143, 1 et XC, 5 p. 450, 13). À l'actif et au passif, le verbe désigne le fait respectivement de transmettre les actes d'un procès à une instance supérieure d'une part et, à l'inverse, pour l'instance supérieure, de recevoir les actes susmentionnés. L'adverbe αὖθις porte sur l'infinitif ἀναπέμπειν. Jean n'en pouvait faire l'économie, en raison de la polysémie du mot ἀρχή.

palatii, qui remplacent l'empereur. Le document mentionne les délais fixés par un terme technique, *fatalis dies,* qui équivaut à *temporalis.* Le règlement en la matière était toujours en vigueur à l'époque (512) où notre Lydien fit ses premiers pas dans la carrière administrative[331]. La réforme de 440 ne pouvait être interprétée que favorablement par notre auteur, dans la mesure où, selon lui, elle fait ressortir le caractère divin de la magistrature (**16** 1)[332]. Toutefois, Justinien ne tarda pas à afficher sa volonté de corriger certains méfaits ou maladresses de l'administration compétente. Une constitution de 529 fait état d'erreurs de calcul touchant le moment où tombait le *dies fatalis,* ce qui pouvait avoir des conséquences graves, notamment sur le plan patrimonial. Ainsi, le délai d'appel pour les provinces proches de Constantinople est-il raccourci de trois mois[333]. Cepen-

331. J. Caimi, (1984), p. 317.

332. Jean n'a pas le moindre mot pour le *quaestor sacri palatii,* qui juge cependant à part égale avec le préfet du prétoire. Son silence exprime l'esprit de corps de l'*officialis* [J. Caimi, (1984), p. 356]. Surtout, à notre sens, son choix idéologique lui interdisait de le mentionner. Justinien lui-même en 546 (*Nov.* CXXVI, *pr.* p. 631, l. 14-16) commence par évoquer *CJ* VII, 62, 32 *pr.* (p. 323) : Θεοδόσιος καὶ Οὐαλεντινιανὸς οἱ τῆς θείας λήξεως νόμῳ διετύπωσαν φανερὰς ἐκκλήτων ὑποθέσεις τὸν κοιάστωρα τοῦ θείου παλατίου ἅμα τῷ ἐπάρχῳ τῶν ἀνατολικῶν ἱερῶν πραιτωρίων τῷ κατὰ καιρὸν τὸν θρόνον τῆς σῆς ὑπεροχῆς διέποντι κατὰ τὸ σχῆμα τῶν σακρῶν ἐξετάζειν et par conséquent les dispositions de 440.

333. *CJ* VII, 63, 5, 1 a : *Sin autem ex aliis nostri imperii partibus sive Asianae sive Ponticae sive Thraciae dioeceseos lis provocatione suspensa in hanc regiam urbem perveniat, pro semestri spatio trium tantummodo mensum spatium eis indulgeri.* Les autres provinces, Égypte, Libye, Orient jusqu'aux deux Cilicies, les Arménies et l'Illyricum (1), auront droit à un temps de six mois, comme à l'époque de Théodose II. Naturellement, il fallait ajouter en plus le délai usuel de trois mois accordé à titre de *reparatio* (1 b) aux deux parties. Les erreurs sont stigmatisées en 1 c : *cum nobis cognitum sit etiam ex errore calculi dierum quem officium habuit saepe esse causas periclitatas ; quod in posterum non fieri ex remedio legis praesentis sperandum est.* Sur tout ceci, voir J. Caimi, (1984), p. 317-319.

dant, Jean ne vise probablement pas en ordre principal la réforme de 529 car il fait allusion à des troubles qui divisèrent la population (II **15** 2). On pense spontanément à la sédition “ Nika ” qui mit Justinien à deux doigts de sa perte.

La mesure visée par Jean doit avoir été postérieure. Il fait allusion à des séances présidées par des συνεδρεύοντες (**16** 3), lesquelles se déroulaient ἐν παραβύστῳ, locution qui doit être rapprochée d'ἐν κοιτῶνι de **17** 1. À l'époque de Justinien[334], les mot *assessores* et *consiliarii* étaient équivalents. Ce sont des personnages officiant en tant que tels que vise Jean. On est loin des tribunaux présidés par deux des plus importants ministres de l'Empire. Le 8 avril 539, Justinien promulgua, à l'instigation de Jean de Cappadoce, une *Novelle* destinée à soulager encore les cours chargées de recevoir les appels. Elle portait création de douze “ juges sacrés ”, dont quatre étaient choisis parmi les hauts dignitaires et huit parmi les avocats[335]. Le chapitre 3 expose les conditions dans lesquelles auront à travailler les juges[336] :

> *Pour leur arbitrage, ils siégeront continuellement dans le portique (du palais) impérial* (ἐπὶ τῆς βασιλείου στοᾶς), *dans les petites salles* (ἐν οἰκίσκοις) *où ils rendent dès à présent leurs jugements, dès le matin et jusqu'au soir.*

La locution ἐν παραβύστῳ n'est pas d'un emploi rare. Au sens technique, elle vise un type de tribunal remon-

334. *CJ* I, 51, 14, *pr.* p. 89 (28 septembre 529, adressé au préfet du prétoire Démosthène), où les deux mots désignent visiblement les mêmes personnes. Ce fut déjà le cas à l'époque précédente, voir *CJ* I, 51, 11 (au préfet du prétoire Zoilus, du 25 février 444).

335. E. Stein, *Bas-Empire* II, p. 470. Il s'agit de *Novelle* LXXXII. Le chapitre 1 donne la liste des personnes appelées à siéger dans cette nouvelle cour. Parmi les hauts dignitaires, on relèvera la présence d'un préfet de la Ville, Plato, et de Phocas, l'ancien préfet du prétoire de 532.

336. *Nov.* LXXXII, 3 p. 402-403 : Καθεδοῦνται δὲ οἱ διαιτηταὶ διηνεκῶς ἐπὶ τῆς βασιλείου στοᾶς ἐν οἷς καὶ νῦν νῦν οἰκίσκοις δικάζουσιν, ὄρθριοί τε εὐθὺς καὶ εἰς δείλην ὀψίαν (...).

tant à l'époque classique, où les Onze étaient chargés de prononcer une sentence pour des causes dépourvues d'importance réelle. On se rappellera par exemple un passage de Pausanias[337] :

> *Ainsi celui que l'on appelle le* Parabyston *(le Bourré)* (...) *l'un dans un quartier peu connu de la cité, et on s'y rend pour des causes sans aucune gravité.*

Toutefois, on la trouve beaucoup plus souvent au sens figuré pour désigner un endroit obscur et retiré[338]. Notre auteur joue évidemment sur les doubles harmoniques de l'expression. Les Onze sont devenus simplement douze *consiliarii* délégués aux *sacrae causae*. De plus, suivant la *Novelle* même de Justinien, ils rendaient des jugements dans de petites salles (οἰκίσκοι). Ce sont les mêmes

337. I, 28, 8 : Τὸ μὲν οὖν καλούμενον Παράβυστον (...), τὸ μὲν ἐν ἀφανεῖ τῆς πόλεως ὂν καὶ ἐπ' ἐλαχίστοις συνιόντων ἐν αὐτοῖς (...). Selon Fr. Chamoux [(1992), p. 224 (n. complémentaire à 28, 8 p. 90)], le Parabyston " ne se trouvait pas au centre de la ville, mais dans un quartier " sans distinction ", donc périphérique ". Il tirait son nom " soit de l'entassement d'autres bâtiments aux alentours, soit de l'étroitesse des lieux, où on se bousculait ". Pour l'activité des Onze dans ce tribunal, voir Harpocration, p. 237, l. 1 = Photios, *Lex.* p. 381, s.v. Παράβυστον = *Souda,* Π 382 s.v. παράβυστον | οὕτως ἐκαλεῖτο τί τῶν παρὰ Ἀθηναίοις δικαστηρίων· ἐν ᾧ ἐδίκαζον οἱ ια΄. Harpocration cite le poète comique Timoclès et les orateurs Antiphon et Hypéride. Pollux (VIII, 121) indique aussi l'activité des Onze et plusieurs cours siégeant ἐν παραβύστῳ, en s'appuyant sur le témoignage de Lysias. De telles causes n'entraînaient que l'emprisonnement à titre préventif, voir G. Glotz, (1928), p. 283.

338. *LSJ* s.v. p. 1306 la traduit par " in a hole and corner ". Aux références données dans le dictionnaire on ajoutera pour le VIe s. Prisc., *Anast.*, 8, p. 31, 20 ; Évagr., *H.E.*, III, 1, p. 99, 11 ; 20, p. 118, l. 21 ; 32, p. 130, l. 1 ; V, 7, p. 203, l. 10 et un passage (*Ed. praef. praet.* 16) d'une ordonnance de Zôticos, le premier mentor de Jean le Lydien, où, sous la rubrique περὶ συστάσεως ὑπομνημάτων *de confectione gestorum*, on peut lire : ὥστε μὴ συνίστασθαι πρᾶξιν ἐν παραβύστῳ ἀλλὰ τὰ πραττόμενα παρούσης τῆς τάξεως ἢ τοῦ πλείονος αὐτῆς μέρος πράττεσθαι ; pour les incertitudes dans l'attribution, voir *Anecdota* éd. C. E. Zachariä, Leipzig, 1843, p. 272, avec la n. 116. Peut-on tirer parti de pareil rapprochement ?

juges qu'évoque Jean en III **65** 5, en situant leur activité ἐπὶ τῆς βασιλέως στοᾶς. II **16** 3 et III **65** 5 contiennent des citations à peine déguisées de la *Novelle* LXXXII. Par conséquent, le préfet du prétoire et les services administratifs auxquels il présidait étaient déchargés d'une bonne partie des appels qui leur parvenaient jadis. Autant de sportules perdues pour jamais ! Les plaintes de Jean sont donc amplement justifiées de son point de vue (III **66** 1). En amont, les charges de tachygraphe perdirent tout attrait et le recrutement se tarit (**66** 3-6).

Aux yeux de Jean, une administration correcte de la justice tient d'abord à l'application rigoureuse de règles uniquement formelles, qu'il décrit complaisamment, avec force termes techniques (III **11** 1-3). Quand donc ces usages disparurent-ils (**12** 1 et **13** 5) ? R.D. Scott[339] indique avec pertinence la similitude entre III **11,** II **18** 1-2, III **66** 1 et **68** 1-3 par opposition avec **76** 10. Il fallut attendre le retour à la préfecture de Phocas pour que les choses rentrassent dans l'ordre. Par conséquent, les mesures que fustige notre écrivain sont à situer durant la première préfecture de Jean le Cappadocien, entre le début de 531 et le 25 janvier 532.

Mais en vérité, le déclin de la magistrature tient à l'introduction d'éléments étrangers, en ordre principal le *princeps,* les *vindices,* les *tractatores* et les *scriniarii.*

a. Le *princeps.*

L'empereur Arcadius (III **23** 2, cf. **40** 4 ; II **10** 5) aurait confié une révision générale de l'*officium* préfectoral à un membre étranger issu d'un corps rival, le *princeps* des *magistriani*, c'est-à-dire un très haut fonctionnaire du *Magister officiorum*[340]. Les détails les plus

339. (1972), p. 446-451.

340. J. Caimi [(1984), p. 30, n. 92] trouve l'explication de Jean peu crédible. On a d'ailleurs beaucoup discuté sur la pertinence de la donnée. Pour la bibliographie, voir, notamment, R. Delmaire, (1995), p. 110-116 ; C. Kelly, (2004), p. 258-259 (n. 78 à la p. 58).

précis qu'offre Jean concernent surtout l'organisation du service postal, c'est-à-dire celui du *regendarius* (II **10** 5 ; III **40** 4, avec **4** 5 et surtout **21** 1)[341]. Le besoin d'établir un contrôle à l'échelon local des provinces existait déjà sensiblement plus tôt. Dans les années 340-350[342], on connaît déjà un certain Fl. Valerianus *ducenario agente in reb. et pp. cursus publici*. La langue courante utilisait plutôt les mots[343] *curiosus* ou *curagendarius*. Une loi de 359 pourvoyait à la rémunération de ces chargés de mission : ils prélevaient une taxe d'un *solidus* par transport[344]. Néanmoins, des malversations avaient lieu, loin du regard des autorités, qui se sont assez vite attachées à y porter remède, comme l'atteste une loi de 395[345].

Toutefois, la situation financière du *princeps* à la préfecture n'était pas si enviable à l'origine, d'après Jean[346]. À ses débuts, il ne disposait pas d'autres revenus que ceux que lui rapportait le contrôle assuré sur la distribution des sauf-conduits pour la poste impériale (**23** 2). Par la suite, il eut à négocier avec le *cornicularius* son droit de regard sur toutes les pièces qui passaient par la préfecture (**24** 2). On peut croire que le droit de timbre prélevé par le *princeps* était plus élevé encore que les trois pièces (**24** 2) prévues pour son subordonné[347]. Les docu-

341. Voir A.H.M. Jones, *LRE* I, p. 578.

342. *ILS* 5905.

343. *CTh* VI, 29, 1 : *ii quos curagendarios sive curiosos provincialium consuetudo appellat*. Adressé au préfet du prétoire Lollianus, le 22 juillet 355. Voir, sur tout ceci, A.H.M. Jones, *LRE* II, p. 1237 (n. 34 à I p. 579).

344. *CTh* VI, 29, 5 (31 octobre 359). Comme le suggère A.H.M. Jones (*LRE* I, p. 580),

345. *CTh* VI, 29, 8 (mai 395) : *nec naves debebunt inlicita concussione vexare (...) aut in carcerem quemquam trudere*. Libanios [4 (*Qu'il ne radote pas*), 25, cf. *Disc*. 18, 135 ; 27, 43] fustige les abus des *agentes in rebus*, qu'il appelle des " espions " (πευθῆνες).

346. Voir A. Giardina, (1977), p. 13-48 ; G. Purpura, *Il " magister officiorum "*, p. 202-208 ; M. Clauss, (1980), p. 24, n. 40.

347. A. H. M. Jones, *LRE* I, p. 580-581. Apparemment, la négociation entre le *princeps* et le *cornicularius* avait porté sur les revenus des

ments législatifs font allusion à la rémunération du *princeps*, mais ils demeurent désespérément vagues[348].

b. Les *vindices*

En fait, le déclin aurait commencé immédiatement après le retrait de Zôticos, le protecteur de Jean le Lydien. Il se serait traduit par l'instauration des *vindices* dès l'accession de Marinos à la préfecture (III **49** 2)[349]. Le résultat fut un appauvrissement des cités. On peut supposer que Jean fait écho, au moins en partie, à des plaintes de certains de ses compatriotes de Philadelphie, dont il n'est pas question ici toutefois. Surtout, le nombre des procès renvoyés devant la cour du préfet du prétoire se réduisit d'autant et par conséquent le nombre des sportules à distribuer à l'administration. Par force, les causes des particuliers étaient sensiblement moins prometteuses (**49** 5). Néanmoins, l'explication de notre auteur n'est pas des plus limpide[350]. J. Caimi serait tenté de trouver ici une allusion à des opérations de calcul de la masse fiscale connues, dans le jargon technocratique, sous le nom d'ἐξίσωσις et de μέτρησις[351]. On possède une trace des mesures prises sous le règne d'Anastase[352], au temps de

μονομερεῖς ἐντυχίαι, cf. J. Caimi, (1984), p. 30-31. Il avait aussi à apposer son seing personnel sur les pièces, voir *CTh* VI, 28, 4 (8 septembre 387, au préfet Pinianus) ; 5 (21 mai 395, au préfet de la Ville Theodotus) ; 6 (12 novembre 399, au préfet d'Illyricum Anatolius) ; Valentinien, *Nov.* XXVIII, 1 (11 septembre 449). À ce titre, on imagine mal que ses revenus furent inférieurs à ceux de son subordonné.

348. *CTh* VI, 28, 3 (28 février 386, au préfet du prétoire Cynegius) : *agentes in rebus post palmam laboris emeriti principatus honore muneramus.*

349. Sur les *vindices*, voir encore *supra*, p. CXVII et t. I, p. DLXXII-DLXXV.

350. C. Kelly, (2004), p. 266 (n. 67 à la p. 97).

351. J. Caimi, (1984), p. 414-415. La phrase fait aussi écho à III **42** 3. Sur l'ἐξίσωσις et la μέτρησις, voir III **66** 1.

352. Voir A.H.M. Jones, *LRE* II, p. 1112, n. 41 (n. à I, p. 235). Le texte est Just., *Éd.* 13, 15 (p. 788) : ἡνίκα Μαριανὸς ὁ τῆς ἐνδόξου ‹μνήμης› ἐπ' αὐτῷ τὰ πράγματα ἔπραττε, καταστῆναι δημοσίαν

Marinos, au moment où Potamon exerçait la fonction de *vindex*. Il s'agissait de réorganiser les finances d'Alexandrie. On sait, d'autre part, qu'un préfet du prétoire promulgua un édit portant limitation de la taxe ou *sportula* à une *siliqua* par *iugum*. Le nom du préfet ne nous est pas parvenu, mais le document s'inscrit dans une série de textes produits par Zôticos, Eustathios et Constantinus, tous en fonction sous Anastase[353]. Comme le fait observer A. Chauvot[354], les *vindices* dépendaient de la préfecture du prétoire, de surcroît, ils étaient recrutés en fonction du montant qu'ils promettaient de rapporter. Spécialistes des finances publiques, ils ne sortaient sûrement pas du rang des tachygraphes, mais probablement de celui des *scrinarii,* comme Marinos, comme Jean de Cappadoce. Si tel était le cas, on ne pouvait attendre du Lydien un traitement objectif de la donnée.

c. Les *tractatores*.

La plus ancienne mention des *tractatores* en grec (τρακτευταί) est chez s. Basile[355]. Les *canonicarii* dans la préfecture d'Orient étaient communément appelés *tractatores* ou τρακτευταί[356]. Depuis longtemps, le préfet du prétoire envoyait chaque année un membre de son personnel dans chaque province afin de superviser et de stimuler l'activité financière des gouverneurs, en particu-

πυκτήν, Ποταμῶνος τηνικαῦτα τῶν δημοσίων τῆς 'Αλεξανδρέων προεστῶτος κατὰ τὸ τοῦ βίνδικος σχῆμα (...).

353. A.H.M. Jones, *LRE* II, p. 1113, n. 42 (n. à I, p. 235). Les personnages en question sont Fl. Alypius Constantinus 19 (*PLRE* II, s.v., p. 315), en place du 15 février 502 au 1er janvier 505, et *Eustathius* 11 (*PLRE* II, s.v., p. 436), en place du 19 avril 505 au 20 novembre 506.

354. A. Chauvot, (1986), p. 257 (n. 331 à la p. 156).

355. *Lettres,* 144, titre : τρακτευτῇ τῶν ἐπαρχῶν), voir encore Malalas (p. 400, l. 13 Bonn) et ici même, III **68** 4. Pour une première approche, on pourra consulter l'exposé sommaire de R. Haase, *Untersuchungen zur Verwaltung des spätrömischen Reiches unter Kaiser Justinian I. (527 bis 565),* Wiesbaden, 1994, p. 77.

356. R. Morosi, (1977), p. 125, n. 112.

lier pour accélérer la récolte des arriérés ; c'était lui qui étudiait les comptes de chaque province[357].

La plupart des τρακτευταί connus au VIe s. paraissent avoir été des officiers provinciaux[358]. En raison du titre qui leur était accordé, certains d'entre eux semblent avoir été de hauts personnages[359]. Marinos remplaça dans ce poste un certain Jean, qui devenait comte des largesses sacrées vers 498[360]. Profitant d'une audience qui lui avait été accordée en 511 par Anastase, Sabas obtint la rémission d'une surtaxe de cent livres d'or que les *vindices* et les *tractatores* avaient fait peser sur les contribuables de Jérusalem, parce qu'ils s'étaient révélés insolvables. À l'époque, Marinos qui était encore *numerarius* près le *scrinium* d'Orient, fit valoir de bons arguments, sans doute d'ordre financier, pour faire supprimer la libéralité[361]. Naturellement, Cyrille de Scythopolis soutient que Marinos était mû par son hostilité de monophysite pour les orthodoxes de Jérusalem[362].

357. A.H.M. Jones, *LRE* I 450-451.

358. *Vie d'Eutychès,* 68 συνέβη πάντας τοὺς τὴν ἐπιαρχίαν τοῦ Πόντου διοικοῦντας, τρακτευτὰς φημὶ καὶ ἀνυτὰς των δημοσίων, ἔτι γε μὴν καὶ τὰ τῆς μοδερατοριανῆς τάξεως ἐμπεπιστευμένους, ὁρμᾶσθαι τοὺς πάντας ἐκ τῆς Ἀραβισσηνῶν πόλεως, Voir Justn.. *Ed.* XIII, 9-12 ; 27 ; Cyr. S., *V. Sab.,* 54, p. 145, l. 22-23 οἱ κατὰ καιρὸν τρακτευταὶ καὶ βίνδικες τῶν κατὰ Παλαιστίνην δημοσίων et 73 κελεύσας τοῖς τρακτευταῖς Παλαιστίνης χρυσίον ὑπουργῆσαι εἰς τὴν οἰκοδομήν.

359. Ainsi, le Mélas du *PFlor* III 303, 2 μεγαλοπρεπέστατος καὶ εὐδοκιμώτατος τρακτευτής, ainsi que les deux frères Léontios et Stéphanos, qualifiés tantôt de περίβλεπτοι τρακτευταί (*Igls* II 316, 3), tantôt de λαμπρότατοι τρακτευταί (*Ibid.* II, 318, 3-4), qui exercèrent, à une date inconnue, des fonctions identiques en Syrie [voir A.H.M. Jones, *LRE* II, p. 1188 (n. 98 à I 451)].

360. J. Mal., XVI, 12, 71-74 (p. 400, 11-14 B.), voir R. Delmaire, (1989), p. 238.

361. *V. Sab.* [54, p. 145, l. 29-p. 146, l. 18 traduite et commentée par A.-J. Festugiere, (1962), p. 72-75].

362. C. Capizzi [(1969) p. 147, n. 219] situe l'événement au printemps de 512.

Ce que Jean critique (**21** 2), c'est le contrôle exercé par les *tractatores* sur les délégués du *cura epistularum*. Le système de commandement était assez complexe. Le gouverneur était subordonné au *cura epistularum*, au moins pour l'exécution de ce type de tâches, alors que le *tractator* relevait des *scriniarii* et de son organisation hiérarchique. Naturellement, certains de ces derniers cherchaient à se parer[363] indûment du titre de *canonicarii*.

La généralisation du contrôle par les *tractatores* eut des conséquences graves sur le plan institutionnel. Elles se traduisirent définitivement lors de la réorganisation des diocèses d'Asiane, de Pontique et d'Orient en vertu de la loi du 15 avril 535. Les vicaires avaient cessé d'avoir des fonctions d'ordre financier. Leurs cours de justice étaient soumises à une instance d'appel devant l'empereur. Aussi les fonctionnaires qui la desservaient étaient mal payés et corrompus à proportion. On préférait dès lors interjeter appel directement devant le préfet du prétoire. Le vicariat de Thrace avait déjà disparu. Dans la foulée, pour réaliser des économies et pour simplifier l'administration, on raya les vicariats qui existaient encore. Les titulaires furent remplacés par des *tractatores,* dont l'autorité vint coiffer celle des gouverneurs de province[364]. À l'époque de Jean de Cappadoce, les *tractatores* d'ancien style furent définitivement remplacés par des agents spécialement détachés par le préfet du prétoire. Sans doute doit-on entendre qu'il s'agissait d'anciens *scrinarii*. Les résultats auraient été catastrophiques (III **68** 4). En III **21** 2, Jean souligne vigoureusement que les gouverneurs de province devaient leur rendre compte à telles enseignes que toute leur autorité réelle s'était envolée.

363. Cassiod., *Var.* XII, 13, 1 p. 370, l. 11 (édit de 533/537) : *nonnullam exinde partem numerariorum nomine canonicarii subtrahebant.*

364. *Nov.* VIII, 2-5, voir A.H.M. Jones, *LRE* I, p. 281 ; E. Stein, *Bas-Empire* II, p. 465-466. Le vicariat du diocèse de Thrace avait déjà disparu avant 535.

d. Les *scriniarii*.

Chez Jean, l'antiquité d'un mot vaut estampille. Le terme *scriniarius* n'existerait pas avant Constantin (**31** 1) : l'hostilité que montre ailleurs Jean à l'empereur est significative. Il ajoute quelques considérations sur les mots analogues, *scrinium* et *scriba* (**31** 2). Le mot *scrinium* apparaît pour la première fois dans la langue latine chez Catulle[365] à propos des *scrinia librariorum*. Toutefois, il est déjà employé au sens de " coffret " à onguents chez Pline l'Ancien[366], de " coffret " à médicaments (de Mithridate) chez Quintus Sammonicus[367]. Il faut attendre l'*Histoire Auguste* pour le trouver avec celui de " bibliothèque, archive "[368]. Toutefois, *scriniarius* est d'un emploi ancien. On trouve déjà sous Néron un *scriniarius ab epistulis* et *a libellis*, qui sont des affranchis impériaux[369]. On conçoit que Jean, qui travaillait sur des livres exclusivement, n'ait pu connaître de telles locutions. En revanche, dans le domaine administratif, *scrinia* au sens de bureaux de la chancellerie apparaît pour la première fois le 29 octobre 314[370], où il est expliqué par *memoriae epistularum libellorumque*. Quand il s'agit de désigner

365. 144, 18, cf. Sall., *Catil.*, 46, 6 ; Hor., *Sat.*, I, 1, 120 ; *Ep.*, II, 1, 113 ; Prop., III, 6, 14 ; OV., *Trist.*, I, 1, 106 ; *Pont.*, I, 1, 24 ; Val. Max., VI, 5, 6 ; Sén., *Contr.* X, 6 pr. ; Sén., *Dial.*, IV, 23, 4 ; *Ep.*, 27, 7 ; Suét., *Néron,* 47, 2 ; *Gramm.*, 9, 7 ; Juv., 6, 278 ; Mart., I, 2, 4 ; 3, 2 ; 66, 6 ; IV, 33, 1 ; 86, 10 ; VI, 64, 10 ; XIV, 37 (titre) ; Plin., *Nat.*, VII, 94 ; 108 ; XXV, 7 ; *Ep.*, IV, 6, 2 ; V, 5, 5 ; VII, 27, 14 ; VIII, 4, 7 ; X, 65, 3 ; *Dig*. XXXII, 1, 52, 1.

366. XIII, 3.

367. 1062.

368. [Spartian.], *H.A.Hel.*, 4, 7 ; [Lamprid.], *H.A.Alex.* , 15, 6 ; 26, 6 (à propos d'Ulpien) ; 31, 1 ; [Vopisc.], *H.A.Aurélien,* 9, 1.

369. Respectivement *ILS* 1671 = *CIL* X, 527 et *ILS* 1675 = *CIL* VI, 8617, cités par Seeck, art. *scrinium,* dans *RE* II A 1 (1921), col. 894.

370. *CTh* VI, 35 (adressé aux *palatinis bene meritis suis*). La date que nous reproduisons ici est celle de l'édition Krüger-Mommsen (p. 303). O. Seeck [art. *scrinium,* dans *RE* II A 1 (1921), col. 894] donne celle de 313 en renvoyant à ses propres *Regesten* (82, 34).

les employés qui y travaillent, on use de périphrases, au singulier ou au pluriel *obsecundatores sacrorum scriniorum, in scriniis palatii militantes, qui intra nostra scrinia se devoverit, qui in scriniis laboraverunt, qui in sacris scriniis militant* ou *memoriales.* On voit aussi que le mot *scriniarius* désigne quantité d'employés administratifs recrutés dans des ministères différents, particulièrement dans celui du *quaestor Sacri palatii.*

Il est assez piquant que la première ambition de Jean fut précisément de travailler dans les services impériaux, sous l'autorité du *magister officiorum* par conséquent (**26** 2). Dans la suite, il se laissa apparemment gagner par l'esprit de corps des *praefectiani* et cessa de nourrir son vieux rêve (**28** 2, cf. **9** 10), au point de vouer une haine féroce au personnel jadis tellement envié. *Scriniarius* en réalité était un titre utilisé en Orient[371] pour le collaborateur immédiat du chef de service[372], qu'il s'agisse du préfet du prétoire[373], des *magistri militum*[374], du *Comes sacrarum largitionum*[375], du *Comes rerum privatarum*[376],

371. Voir, pour tout ceci, Seeck, art. *scrinium,* dans *RE* II A 1 (1921), col. 894-895. On trouve souvent le mot dans les *Novelles* de Justinien [I. Avotins (1992), p. 193-194] et dans le traité *Des cérémonies.* En Occcident, seuls les *Comites sacrarum largitionum* et *rerum privatarum* disposent de *scriniarii.*

372. *CTh* VIII (titre : *de numerariis, actuariis, scriniariis et exceptoribus*).

373. *CTh* XI, 5, 3 (4 juin 436, au préfet du prétoire Isidorus) ; *Mag.* III **35** 2.

374. *CTh* VIII, 1, 15 ((16 mars 415, au *magister militum per Orientem* Hypatius), voir *Not. dign. Or.* V, 73 ; VI, 76 ; VII, 65 ; VIII, 60 ; IX, 55. Toutefois, Jean signale que, de son temps, on avait supprimé les *scriniarii* attachés aux *magistri militum* (**38** 1). Ils avaient la charge de l'approvisionnement militaire. L'annone passa alors sous l'autorité du Préfet de la Ville, puis du Prétoire, avec une brève interruption.

375. *CTh* VI, 30, 7 (10 juillet 384, au *Comes sacrarum largitionum* Trifolius), voir *Not. dign. Or.* XIII, 31 ; *Occ.* XI, 97.

376. Thds. Imp., *Nov.* V, 3, 1 (26 juin 441, au préfet du prétoire Cyrus), voir *Not. dign. Or.* XIV, 13 ; *Occ.* XII, 36.

du Proconsul d'Asie[377], du Proconsul de Syrie[378], du Duc de Libye[379] ou des Comtes des trésors[380].

Aux yeux de Jean, ce qui faisait l'infériorité essentielle des *scriniarii* par rapport aux *praefectiani,* c'est qu'ils n'avaient pas l'uniforme distinctif (**35** 2). Par là, il faut entendre qu'ils n'avaient pas l'insigne propre au personnel de la préfecture du prétoire, le ceinturon (**4** 2). Les tâches financières de la préfecture étaient fort anciennes ; or, l'appartenance des *scriniarii* à l'*officium* ne fut acquise que dans la seconde moitié du IVe s. pCn.

Les *scriniarii* constituaient la branche financière de l'*officium*[381]. Leur ascension commença dès Constantin, ce qui, aux yeux de Jean, ne constituait pas un titre de mérite. Ils devinrent puissants au fur et à mesure que le sort du préfet se gâtait. Ils gagnèrent en importance au point de pouvoir placer certains des leurs au poste suprême de préfet, ainsi Polycarpios, en 498, et Marinos en 512-515 et en 519[382]. “ Au IVe s. les scriniaires étaient encore des auxiliaires organisés en corporation et ne possédant pas la qualité de fonctionnaires, comme l'étaient avant eux les *exceptores*, et on les employait seulement dans les services de la caisse et de la comptabilité ; ce n'est qu'à partir de Valentinien Ier qu'ils furent élevés peu à peu au rang de fonctionnaires d'État ; puis, dans le courant du Ve siècle, au sein des préfectures du prétoire les *exceptores* ont été, pour l'administration financière, presque entièrement évincés par les scriniaires. Ces derniers, sous l'autorité de leurs chefs les *numerarii*, se répartissaient en *scrinia*, consacrés respectivement à

377. *Not. dign. Or.* XX, 16.

378. *Mag.* III 36 1 (à propos de Marinos).

379. *CTh* VIII, 1, 16 (24 octobre 417, au Duc de Libye Vitalianus).

380. *CTh* VIII, 7, 14, 1 (25 janvier 377, au *Comes sacrarum largitionum* Tatianus).

381. A.H.M. Jones, *LRE* I, p. 450 n. 96 = II, p. 1187.

382. Pour les deux personnages, voir **36** 1, *supra*, p. CXVI-CXVIII, avec J. Caimi (1984), p. 210.

l'administration fiscale de chaque diocèse, aux finances de l'armée (*cura militaris*, στρατιωτικόν), aux arsenaux, aux travaux publics, aux affaires de la capitale et à la caisse préfectorale, laquelle sera, à partir des dernières décades du Ve siècle, divisée dans la préfecture d'Orient en deux sections, la caisse " générale " (τράπεζα γενική) et la caisse " particulière " (τράπεζα ἰδική). Mais, moins on montre de ménagements en exploitant les sources d'impôts, plus grandit le nombre des scriniaires que les bureaux mentionnés ci-dessus envoient dans les provinces pour contrôler l'administration fiscale ; il y deviennent peu à peu les représentants les plus puissants et les plus redoutés du pouvoir central et cela aux dépens de toutes les autres autorités. Appartiennent à cette catégorie de scriniaires le *cancellarius* (...) "[383].

On conçoit l'amertume de Jean. Dans la loi constitutive de la préfecture d'Afrique, en avril 534[384], leurs services, organisés en quatre *scrinia,* avec, en tête, celui du *numerarius,* sont mentionnés en premier lieu ; Cassiodore fait allusion à ces personnages à plusieurs reprises[385]. Ce dernier poste allait servir de marche-pied à un candidat à la préfecture du prétoire, Jean le Cappadocien, l'ennemi par excellence. À cette occasion, Jean lui donne le titre précis qui était le sien à l'époque, λογοθέτης c'est-à-dire *numerarius* (**57** 2). Cassiodore permet de définir le ressort d'activité de ce personnel : établir le budget à titre provisionnel et l'assiette des impôts[386], entrer en communication avec les gouverneurs de provinces pour faire exécuter les recouvrements[387] et, à la fin

383. E. Stein, *Bas-Empire* I, p. 221.

384. *CJ* I, 27, 1, 22-23.

385. *Var.* XII, 13, 2 (p. 370, l. 12), un édit de 533/537 ; 23, 1 (p. 379, l. 25), adressé en 537/538.

386. *Var.* XI, 37, 2 (p. 351, l. 5-7) de 534, au *cancellarius* Lucinus : *quid publicas illationes per difficiles minutias referamus esse collectas, quas magna subtilitate compositas et ab illis exigunt, quos offendere non praesumunt ?*

de l'année fiscale, en rapport avec le compte des entrées et des sorties, arrêter les bilans[388]. Dans l'emploi de **57** 2, le terme λογοθέτης revêt probablement sous la plume de l'écrivain une acception péjorative, par exemple celle de " comptable ". Ce fut seulement à l'époque de Théodose Ier que les *numerarii* furent admis définitivement au sein de l'*officium* (**35** 4). À l'égal du *princeps,* Jean les considère comme des usurpateurs (ὑφαρπάζω, περιποιῶ **21** 2). Pour un esprit réactionnaire, il était donc logique qu'ils fussent omis du plan initial (**4-8** 1). D'ailleurs, Cassiodore ne leur fait point place non plus dans son ordonnance de l'*officium*[389].

Le corps des *scriniarii* a dû être à l'origine rattaché aux bureaux des *cura epistularum*[390], car en dehors d'eux aucun *scrinium* de l'*officium* n'avait rien à voir avec les affaires financières. Au commencement, c'étaient les *scrinia curae epistularum* qui dirigeaient le travail revenant aux sections qui avaient en charge, *mutatis mutandis,* les sections du budget et des contributions du ministère des finances d'aujourd'hui. Les *scriniarii* administraient seulement le service de la caisse et des comptes. Mais bientôt, devenus à leur tour employés d'État, les *scriniarii,* organisés en *scrinia* distincts, prirent de plus en plus en mains les tâches purement budgétaires dans les ministères financiers. Les *cura epistularum* en outre ont eu la charge, depuis le commencement,

387. XI, 7, 4 (p. 336, 25-26), du 1er septembre 533, à tous les juges des provinces : *unde singulis quibusque temporibus sollemni more factos breves ad scrinia nostra transmittite* ; XII, 2, 5 (p. 361, 6-7) : *te officiumque tuum cum dei iuvamine possessorem praecipimus ammonere, ut tributa indictiones tertiae decimae devota mente persolvat* ; 7, 2 (p. 366, l. 6-7), au *cancellarius* de Vénétie, en 536/537.

388. XII, 2, 6 (10-12) : *expensarum quoque fidelem notitiam quaternis mensibus comprehensam consuetudine custodita ad scrinia nostra dirigere maturabis* ; cf. XII, 16, 4 (p. 16-17), d'avant septembre 537, cf. 10, 2 (p. 368, 5-9), de 533/537, à divers *cancellarii* de provinces.

389. R. Morosi (1977), p. 110-111 et le tableau de la p. 108.

390. E. Stein, *Officium,* p. 68.

des travaux publics. Le lien originel entre *cura epistularum* et *scriniarii* explique que plus tard encore la responsabilité des travaux publics se trouvait entre les mains des *scriniarii*. L'importance des charges qui incombaient aux *cura epistularum* se traduit par le fait que l'on éprouva le besoin d'une certaine décentralisation : dans chacun des diocèses se trouvait un *cura epistularum* (voir **21** 2). Un problème se pose cependant pour l'Égypte à partir du moment où elle fut érigée en diocèse. A-t-elle bénéficié elle aussi d'un *cura epistularum* ou les compétences du *cura epistularum* du diocèse d'Orient ont-elles été accrues, sans qu'il y eut changement local ? Dans la préfecture d'Orient, il y avait ou quatre ou cinq *cura epistularum* venus des *Augustales* et tout autant venus des *exceptores*. C'est là une répartition par diocèses qui n'apparaît pas ailleurs dans les services de la préfecture. Elle est commune avec les *scriniarii* des départements financiers. Elle n'a pas totalement disparu de la préfecture d'Orient au VIe s., et probablement pas davantage de celle de l'Illyricum. C'est la preuve la plus tangible de leur communauté d'origine[391].

La promotion des *scrinarii* au titre de *cancellarii* constitue aux yeux de Jean le Lydien une preuve de leur montée en puissance et en même temps un abus manifeste. Libanios ne mentionne qu'un seul chambellan par magistrat : c'est à lui qu'il faut verser espèces sonnantes et trébuchantes, si l'on veut obtenir une audience[392]. On doit distinguer, toutefois, entre le *cancellarius*, collaborateur immédiat du magistrat et officiant à la cour même de justice[393], et ceux qui, avec le même titre, sont envoyés en mission dans les provinces (**37** 3). Nommés pour la

391. E. Stein, *Officium*, p. 68-69.

392. Lib., 26 (*Sur le Comte d'Orient Icarios*), 32 : Τρίτον τὸ τὴν λύσιν ὠνεῖσθαι χρημάτων διὰ τῶν ὡς τὸν ἄρχοντα εἰσιόντων ἄνευ τῶν τῷ τῆς θύρας κυρίῳ καθ' ἑκάστην διδομένων ἡμέραν.

393. Cassiod., *Var.*, XI, 6, 5. Le passage est cité et traduit plus loin, p. CCXCIX, n. 402 et CCC.

durée d'une indiction, les *cancellarii* députés auprès des gouverneurs de provinces devaient être investis le 1er septembre, début de l'année fiscale, d'après Cassiodore[394]. On doit à Cassiodore quantité de lettres à ses *cancellarii*. On peut voir ainsi ce qu'il attendait d'eux[395]. À plusieurs reprises, le préfet du prétoire d'Italie donne des ordres précis au *cancellarius* sur la mission de collecteur du fisc qui est la sienne dans telle province[396]. Ces fonctionnaires étaient, semble-t-il, envoyés en mission par couples[397]. Le propos de Jean ne s'éclaire que par référence à **68** 4 et à différents textes de Cassiodore[398].

Jusqu'à l'époque de Jean, on ne connaissait que deux *cancellarii,* recrutés parmi les tachygraphes et les *Augustales.* Ils avaient droit à un salaire considérable, un sou d'or par jour (III **36** 2)[399]. On peut donc supposer, confor-

394. *Var.,* XII, 1, 4 (p. 359, l. 21-23), adressé en 533/537, aux divers *cancellarii* de chacune des provinces] : *perge igitur per illam indictionem iuvante deo ad illam provinciam, cancellorum pompa decoratus et gloriosa gravitate praecinctus,* voir R. Morosi, (1977), p. 111.

395. Pour une liste, voir R. Morosi, (1978), p. 144, n. 92.

396. Ainsi, en 533/537, à Vitalianus, *cancellarius* pour les provinces de Lucanie et du Bruttium : *ambos titulos in assem publicum iam redactos diligentia tua statutis illationibus procurabit* (*Var.* XI, 39, 4 p. 353, l. 13-14) ou en 536/537 au *canonicarius* de Vénétie : *reliqua vero sollemni compulsione procura ut constitutis temporibus arcario nostro residuam compleas quantitatem* (*Var.* XII, 7, 2 p. 366, l. 5-7).

397. R. Morosi (1977), p. 126 avec la n. 113. C'est ce que tendent à montrer deux ordres du préfet du prétoire, d'avant le 1er septembre l'un de 533, l'autre de 534 : *ut oistissimarum praeceptionum diligentior procuretur effectus, illum atque illum praecedentibus meritis comprobatos tibi officioque tuo iussimus imminere* (*Var.* XI, 7, 5 p. 336, l. 31-32) et *ut facilius possis deo auxiliante quae sunt statuta perficere, illum atque illum sedis nostrae milites tibi officioque tuo consuetudinarie praecipimus imminere* (*Var.* XII, 2, 6 p. 361, l. 16-18).

398. Voir *supra*, p. CCXCVII, avec la note 393 et ici même, notes 394, 396 et 397.

399. Ce que Seeck [art. *cancellarius,* dans *RE,* III, 2 (1899), col. 1459] trouve invraisemblable, parce que toute la préfecture d'Afrique

mément au principe de partage des tâches et responsabilités prévalant en Orient, que l'un des *cancellarii* était issu des *Augustales,* l'autre, des tachygraphes[400].

Fidèle à ses habitudes de grammairien, Jean commence par une leçon sur l'étymologie du mot, qu'il rattache à *casses* et à son diminutif supposé *cancelli* (**37** 1). Dans le chef de *cancelli,* l'étymologie est correcte[401], mais pas pour *casses.* Notre écrivain n'est d'ailleurs pas seul à nous offrir une description relativement précise du dispositif dont étaient munies les salles de justice. À propos du *Cancellarius* Jean, Cassiodore écrit ainsi en 533[402] :

n'avait droit qu'à une rémunération de 504 *solidi* par année. Le chiffre donné pour le salaire du *cancellarius* dans la préfecture d'Orient est isolé : 365 *solidi* d'or par année [R. Morosi (1978), p. 141].

400. R. Morosi (1978), p. 135-136 avec la n. 51 ; J. Caimi, (1984), p. 33.

401. Pour *cancelli,* terme attesté depuis Cicéron, voir Ernout-Meillet, *DELL,* s.v. *cancri,* p. 91 ; pour *casses,* s.v. *casses,* p. 103. Ce dernier est sans doute un emprunt. Selon Bandy [(1983), p. 319], Jean cite ici P. Festus (40, 8 L) : Cancri *dicebantur ab antiquis, qui nunc per deminutionem cancelli ; ex quo genere sunt calces, qui per deminutionem appellantur calculi.* Le grec a des calques κάγκελος, κάγκελον ou κάγγελον (voir *LSJ* s.v. p. 848) en face du classique κιγκλίς.

402. *Var.* XI, 6, 5 p. 335, 27-29 Mommsen : *Latere non potest quod inter cancellos egeris. Tenes quippe lucidas fores, claustra patentia, fenestratas ianuas et quamvis studiose claudas, necesse est ut te cunctis aperias.* Nous utilisons le mot " cancel ", qui a vieilli en français, parce que Cassiodore joue lui aussi sur l'étymon. C'est évidemment aux mêmes *cancellarii* de Narsès qu'Agathias le Scholastique (I, 19, 4 p. 35, 2-7 Keydell) fait allusion, en recourant à la synonymie d'une langue à l'autre, afin d'éviter l'emploi du terme latin : Ναρσῆς δὲ ἐπὶ Ῥάβενναν ἰὼν μόνους ἐπήγετο τοὺς ἀμφ' αὐτὸν θεραπευτάς τε καὶ δορυφόρους καὶ ὅσοι τῆς ἀρχῆς αὐτῷ ὑπηρέται ἐτύγχανον ὄντες, οἷς δὴ τὰ ἀρχεῖα ἐπεφρόντιστο τῆς τε ἄλλης εὐκοσμίας πέρι καὶ ὅπως μὴ χύδην ἅπασι τοῖς βουλομένοις ὡς αὐτὸν εἰσιτητέα εἴη. Τούτους δὲ ἔθος Ῥωμαίοις ἐκ τῶν κιγκλίδων ἐπονομάζειν καὶ τῆς ἐν τούτοις ἐπιμελείας. L'expression τὰ ἀρχεῖα signifie ici, non pas le dépôt d'archives (χαρτοφυλάκια), mais le *secretum,* c'est-à-dire la cour du tribunal. La *Souda* A

Ne peut passer inaperçu ce que vous avez fait dans l'espace des cancels. Car c'est vous qui gardez les portails ajourés, l'accès aux barrières, les portes munies de fenêtres et, quelque soin que vous mettiez à les garder fermées, nécessairement, vous devez les ouvrir pour tous.

Il confirme la description de Jean (**37** 2)[403] :

(...) *vous gardez les secrets de notre consistoire avec une fidèle intégrité, c'est par votre entremise qu'arrive celui qui doit se présenter, par votre entremise que nos oreilles ont connaissance des désirs d'un suppliant, vous exposez nos ordres sans céder à la corruption, vous faites tout pour faire valoir notre justice.*

Au IVe s., ils étaient encore des subalternes, des portiers ou des chambellans, des huissiers ou des geôliers que Libanios qualifie de " maîtres de la porte "[404].

La catastrophe pour les fonctionnaires survint (**37** 3) quand le pouvoir impérial décida de suspendre l'octroi du *donativum*. Depuis longtemps, en accédant au pouvoir, l'empereur versait une prime aux soldats, le *donativum*. Par la suite, la prime fut versée régulièrement tous les cinq ans. On en connaît encore le montant pour les années 360, 457, 473, 491 et 518, soit, pour la dernière date, la montée sur le trône de Justin Ier : 5 sous d'or et une livre d'argent. La somme ne fut pas modifiée en sub-

4089 s.v. ἀρχεῖα donne les deux significations : ἔνθα οἱ δημόσιοι χάρται ἀπόκεινται, χαρτοφυλάκια· ἢ τὰ χωρία τῶν κριτῶν, voir R. Morosi (1978), p. 132 et n. 30. Les faits mentionnés datent de la fin de l'année 553. Voir *PLRE* III, s.v. *Narses* 1, p. 921.

403. XI, 6, 3, p. 335, 14-17 : *ut consistorii nostri secreta fideli integritate custodias, per te praesentandus accedat, per te nostris auribus desiderium supplicis innotescat, iussa nostra sine studio venalitatis expedias omniaque sic geras, ut nostram possis commendare iustitiam.*

404. *Disc.* 26 (*Sur le Comte d'Orient Icarios*), 32 ; 33 (*Contre Tisamenos*), 30 ; 45 (*Sur les prisonniers*), 10. La référence de Seeck [art. *cancellarius*, dans *RE* III, 2 (1899), col. 1457, 5] est erronée et incomplète.

stance en 578[405]. Procope paraît confirmer le témoignage de notre écrivain[406] :

Il existait une loi selon laquelle, tous les cinq ans, dans tout l'Empire romain, des messagers qui remettaient cinq statères d'or à chaque soldat. Il ne pouvait se faire que cela n'ait pas lieu, et pour quelque raison que ce soit. Mais du jour où cet homme administra l'État, il ne fit jamais une telle distribution ni n'envisagea de la faire, bien que déjà trente-deux ans se fussent écoulés, de sorte que les gens ont oublié que cette pratique a jamais existé.

Jean ne pouvait être trop précis sur la date de cette suppression. Le début de la cinquième année de règne, où elle a dû avoir lieu, tombe au beau milieu des quelques mois au cours desquels Phocas exerça sa préfecture. Son silence incite le lecteur à en prêter la responsabilité à Jean de Cappadoce.

En III **67** 1, on voit comment les *epistulares* du maître des offices peuvent tirer un large parti des abus auxquels ils se livrent à l'occasion du recrutement ou des promo-

405. Voir les sources dans E. Stein, *Bas-Empire* II, p. 426, n. 1, avec A.H.M. Jones, *LRE* I, p. 670. Ce dernier cependant ne relève pas le texte de Jean le Lydien [*LRE* II, p. 1277 et 1259 (n. 147, 33 et 31 à I p. 671, 624 et 623)]. Les doutes exprimés par le savant anglais sont donc injustifiés.

406. Procop., *Arc.*, 24, 27-29 : Νόμος ἦν ἀνὰ πενταετηρίδα ἑκάστην τὸν βασιλέα τῶν στρατιωτῶν ἕκαστον δωρεῖσθαι χρυσίῳ τακτῷ. Πέμποντες δὲ ἀνὰ πεντάετες πανταχόσε τῆς Ῥωμαίων ἀρχῆς παρείχοντο στατῆρας χρυσοῦς στρατιώτῃ ἑκάστῳ πέντε. Καὶ τοῦτο οὐχ οἷόν τε ἦν μὴ πράσσεσθαι ἀεὶ μηχανῇ πάσῃ. ἐξ ὅτου δὲ ἀνὴρ ὅδε διῳκήσατο τὴν πολιτείαν, τοιοῦτο οὐδὲν οὔτε διεπράξατο οὔτε ἐμέλλησε, καίπερ χρόνου δύο καὶ τριάκοντα ἐνιαυτῶν τριβέντος ἤδη, ὥστε καὶ λήθην τοῦ ἔργου τούτου τοῖς ἀνθρώποις γενέσθαι τινά. Sur le sens du mot ἐπίδοσις, voir *LSJ* s.v. p. 631, E. Stein, *Officium*, p. 19, n. 3 et R. Morosi (1978), p. 141, n. 76. Cependant, on peut difficilement croire que cette réduction drastique des salaires fut accueillie sans murmures. Sans doute le gouvernement avait-il prévu un dispositif de rémunération différé à titre compensatoire, par exemple la distribution année par année d'un complément de salaire jusqu'à concurrence de la somme habituelle, voir A.H.M. Jones, *LRE* I, p. 670.

tions, grâce au quadruplement des droits prélevés sur les *probatoriae*. Le cas de Jean montre que les ordonnances impériales sur les *probatoriae* obligatoires, la plus ancienne remontant à 356 laissaient place à des abus. Par exemple, certains pouvaient être recrutés par le préfet en personne, grâce au trafic d'influence, de relations personnelles, etc. (**67** 3, cf. **26** 4). La législation impériale n'allait pas pourtant jusqu'à retirer leur poste à ceux qui l'avaient obtenu de la sorte[407]. Appliquée avec une rigueur accrue, elle détournait les jeunes de s'engager dans une carrière d'accès plus difficile ; en outre, les plus âgés sur le point de partir et le *matricularius* allaient devoir brader des postes qui leur avaient coûté cher. Sur trois terrains au moins, les *magistriani* remportaient une victoire[408].

Un coup de caveçon du même genre est donné, mais grâce aux *sacrae iussiones* ou θεῖαι κελεύσεις, c'est-à-dire les constitutions impériales (III **9** 10)[409]. Le problème est d'expliquer comment la production des *sacrae iussiones* par les *memoriales* pouvait causer du tort à l'*officium* préfectoral. Théoriquement, le passage de Jean pourrait les viser toutes en général ou une catégorie seulement, par exemple, celle des rescrits. Il ne paraît pas douteux qu'il y ait ici une allusion à la fabrication de res-

407. Voir, par exemple, pour la préfecture du prétoire, *CTh* VIII, 7, 21 du 22 juin 426 = *CJ* XII, 49, 7 : *Quin si quis talis sub tua fuerit iudicatione convictus, profecto inritis his, quae vetita contrectavit, etiam congruam indignationem incurret, his retentis in suo nomine et gradu militiae, qui qualitercumque ad praesentem diem admissi sunt.*

408. Tout ceci est exposé avec brio par C. Kelly [(2004), p. 87-89].

409. Le sens des mots ou expressions a été dûment éclairci, voir A. J. Fridh, *Terminologie et formules dans les* Variae *de Cassiodore. Études sur le développement du style administratif aux dernières siècles de l'Antiquité,* Stockholm, 1956, p. 86-87 ; P. Kussmaul, *Pragmaticum und Lex. Formen spätrömischer Gesetzgebung 408-457,* Göttingen, 1981, p. 40-45 : *iussio* est synonyme de *lex*, *sanctio*, *constitutio* dans les chancelleries des deux parties de l'empire : cf. Théodose, *Nov*. XVII, 2, 5 p. 43, 39-40 du 22 avril 444. L'explication de l'allusion est de J. Caimi [(1984), p. 436-440].

crits dans les *scrinia sacra*. Le processus est bien décrit grâce à une constitution qu'adressait Théodose II le 14 novembre 424 à son préfet du prétoire Asclepiodotus[410]. L'intéressé adresse à l'empereur une requête (*libellus, preces, supplicatio*), dans laquelle il lui soumet son affaire en lui demandant justice (*preces offerre*). L'empereur donne sa réponse spéciale (*speciale quoddam ... responsum*). Cette réponse n'est autre que le rescrit lui-même, mais elle ne dispense pas d'y ajouter une apostille (*per adnotationem*). Même si les rescrits indiquent assez souvent que le prince a répondu *manu sua,* de fait c'est normalement un *notarius* ou un *referendarius* qui en a la charge. Toutefois, il existait deux types de rescrits[411]. Les uns comportaient l'*adnotatio* donnée sous le contrôle impérial, les autres (*rescriptum simplex*) étaient élaborés sans la participation du souverain et émanaient des services du *quaestor Sacri palatii* : le fonctionnaire qui en avait la charge était un *magister scrinii* de rang *spectabilis.* Toutefois, la mise en œuvre de certains rescrits ne pouvait jamais être confiée aux services du *quaestor* et

410. *CTh* IV, 14, 1 (*de actionibus certo tempore finiendis*) = *CJ* VII, 399, 3, 1 (*de praescriptione XXX vel XL annorum,* daté à tort des règnes d'Honorius, mort en 423, et de Théodose II) : *Quae ergo ante non motae sunt actiones, triginta annorum iugi silentio, ex quo conpetere iure coeperunt, vivendi ulterius non habeant facultatem. Nec sufficiat precibus oblatis speciale quoddam, licet per adnotationem, meruisse responsum vel etiam iudiciis allegasse, nisi allegato sacro respecto aut in iudicio postulatione deposita fuerit subsecuta conventio.* L'*adnotatio* est en grec παρασημείωσις. Nous suivons ici l'analyse de P. Collinet (*La procédure par rescrit,* Paris, 1932, p. 399-400).

411. Pour tout ceci, voir E. Andt, *La procédure par rescrit,* Paris, 1920, p. 4-5. La base du raisonnement est pour une bonne part Valentinien III, *Nov.,* XIX du 10 décembre 445. Pour le ministère, celui du *quaestor sacri palatii*, qui se chargeait de la rédaction des rescrits dépourvus de contrôle impérial, voir *Nov*. XIX p. 106, 5-6 : *cum rescripta huiusmodi etiam viro inl(ustri) quaestore nesciente procedant, quem custodem statuimus esse iustitiae qua nullum carere debet oraculum* avec *CTh* XI, 30, 54 p. 637, 1-2 (25 mai 395) : *Si ante annum relationi missae responsum sacra scrinia non dedissent* (...).

continuait à relever directement du souverain, comme pour les affaires de sang[412]. En cas de détournement de l'autorité, le *magister scrinii* était frappé d'une amende de cinq livres d'or, et l'auteur de la copie était privé de son poste pour une durée de cinq ans[413]. Les souverains eurent donc aussi à dissuader les faussaires tentés de fabriquer, contre espèces sonnantes et trébuchantes, les *adnotationes speciales* qui étaient de leurs prérogatives. Justinien en particulier édicta le 1er novembre 541[414] que tout rescrit *simplex* devrait désormais porter aussi une *adnotatio* du *quaestor Sacri palatii*. Dans le présent passage, Jean fait allusion à la période qui précède immédiatement ces mesures, visant à parer les possibilités de corruption : c'est ce que cachent les mots θυμήρεις τοῖς πράττουσι.

Afin de remercier l'empire en la personne de Théodose Ier, qui ouvrit aux *scriniarii* l'accès à la fonction publique, ceux-ci décidèrent d'ériger en l'honneur de l'empereur une colonne surmontée d'une statue en argent (III **35** 6). Une statue de même style se trouvait dans le

412. Valentinien III, *Nov.* XIX, 1 p. 106, 7-10 : *Merito ergo male usurpata prohibentes hac edictali lege sancimus, ut homicidii, quod tamen casibus inputaverit confessio supplicantis, non aliter indulgentia nisi nostri numinis adnotatione praestetur* (...).

413. *Ibid.* 3, p. 106, 15-19 : *V(ir) s(pectabilis) magister scrinii, qui interdicta supplicantibus responsa praebuerit, quinque librarum auri multam sacro aerario nostro cogatur inferre. Memorialis quoque cuiuslibet scrinii, qui adversum vetita rescriptum fuerit exsecutus, spoliatus militia quinquennii relegatione plectatur.*

414. Justinien, *Nov.* CXIV, 1 p. 533, 9-13 (latin seul conservé) : *Nam praesenti lege decernimus nullam divinam iussionem neque per viri magnifici quaestoris adiutores neque per aliam cuiuslibet militiae aut dignitatis aut officii personam cuicumque iudici confectam a quolibet suscipi cognitore, cui magnifici viri quaestoris adnotatio subiecta non fuerit, qua contineatur et inter quos et ad quem iudicem vel per quam fuerit directa personam, quatenus omni posthac ambiguitate submota nulla cuilibet excusationis relinquatur occasio.* Cette *Novelle* annonce la précédente (CXIII, du 17 novembre 541). Elles sont toutes deux adressées à Théodotos, le successeur immédiat de Jean de Cappadoce.

quartier de l'Hebdomon (**35** 7). Longtemps, l'emplacement de ce quartier a fait difficulté. L'étymologie enseigne qu'il se trouvait au septième mille[415]. Il faut donc le situer à Macrikeuy (aujourd'hui Bakirköy)[416]. Le choix du lieu n'est sûrement pas dénué de significations politiques et symboliques. Comme l'a observé G. Dagron[417], " l'Hebdomon, Champ-de-Mars de la septième borne " est l'endroit où les empereurs sont proclamés chefs de l'armée romaine. Ce fut le cas pour Valens, en 364[418] ; pour Arcadius, le 19 janvier 383[419] ; Honorius, le 23 janvier de la même année[420] ; Théodose II, le 10 janvier 402[421] ; Marcien, le 25 août 450[422] et Léon Ier, le 7 février 457[423]. L'Hebdomon est un lieu de passage obligé pour quantité de processions, depuis l'époque théodosienne[424]. Durant les périodes d'extrême danger, comme les invasions barbares ou les tremblements de terre, le peuple y courait, évêque en tête. Ce fut le cas, sous Théodose II, le 25 septembre 437, au cours d'un tremblement de terre qui dura quatre mois[425]. Le cas ne

415. C'est ce que montrent aussi deux textes, l'un de Théophylacte Simokatta (*Hist.* VIII, 10, 2) ἐν τῷ λεγομένῳ Ἑβδόμῳ (τόπος δὲ οὗτος τοῦ ἄστεος ἀπὸ σημείων ἑπτά) ; l'autre, de Cédrénos (I, p. 641 B), qui situe le Kampos de l'Hebdomon εἰς τὸ πρὸ τῆς πόλεως πεδίον ἑπτὰ σημείοις ἀπέχον.

416. Voir R. Janin, (1950), p. 408-409, et les cartes n° VIII (banlieue européenne de Constantinople) et IX (l'Hebdomon).

417. (1974), p. 100-101.

418. Amm., XXVI, 4, 3 *Valentem in suburbanum* ; pour l'emplacement, voir Marie-Anne Andrié, (1984), p. 211, n 39 (compl. à la p 67), qui cite à juste titre G. Dagron, (1974), p. 100-101.

419. *Chr. Pasch.* p. 562-563.

420. Marcell., *Chr.* a. 393.

421. *Consularia italica,* I, dans *M.G.H. a.a.* IX *Chron. min.* I, p. 299 ; *Chr. Pasch.* p. p. 568 B.

422. *Chr. Pasch.* p. 590 B.

423. Marcell., *Chr.* a. 457 ; *Chr. Pasch.* p. 592 B ; cf. Const. Porph., *Cér.* p. 410, l. 8 ἐν τῷ κάμπῳ.

424. G. Dagron, (1974), p. 102 ; voir déjà R. Janin, (1950), p. 409.

425. Selon Théophane (A.M. 5930, p. 93, l. 7-9) φοβηθέντες οἱ Βυζάντιοι ἔφυγον ἔξω τῆς πόλεως ἐν τῷ λεγομένῳ Κάμπῳ καὶ

demeura pas isolé, même si celui-ci s'accompagna d'un miracle : soulevé en l'air, un enfant entendit une voix divine enjoignant à l'évêque Proclos et à la foule de crier trois fois Ἅγιος, afin de justifier par avance le sens trinitaire du *Trishagion.* Quelques décennies plus tard, l'enjeu sera capital durant les luttes contre le monophysisme. Ni les *Patria* ni les ouvrages modernes sur la topographie de Constantinople[426] ne paraissent s'être intéressés à notre texte pour en exploiter les données. Depuis longtemps, la cour impériale s'était installée dans le faubourg de l'Hebdomon, dont le palais le plus ancien était celui de la Magnaure, au cap situé au sud-ouest de l'échelle de Bakırköy, à l'est de la poudrière. Plus à l'Est, Justinien fit ériger le magnifique palais dit, on ne sait trop pourquoi, Jucundianae[427], selon certains, Secundianae, suivant d'autres[428]. Et il y rédigea plusieurs lois[429]. Devant le palais se dressait, munie d'une stèle, une colonne en porphyre surmontée d'une statue de Théodose II (**35** 5) : le tout fut renversé lors du tremblement de terre du 14 décembre 558[430]. On est tenté d'identifier la

ἦσαν διημερεύοντες σὺν τῷ ἐπισκόπῳ ἐν ταῖς πρὸς Θεὸν δεήσεσι λιτανεύοντες.

426. Tout au plus un voyageur du XVIe s., P. Gylles, a-t-il relevé que près d'un édifice de l'Hebdomon, appelé " palais de Constantin " par le peuple, bien que dans son état actuel il ne pût guère remonter au-delà du XIIe s., voire plus tard, se trouvaient encore quelques colonnes, voir R. Janin, [(1950), p. 129]. La carte IX de P. Janin indique bien une colonne dans le quartier de l'Hebdomon, mais le savant français n'en indique ni la nature ni l'origine.

427. Procope, *Éd.,* I, 11, 16 (Ἰουκουνδιάναι) ; Thphn., A.M. 6050, p. 231, 25 de Boor ; *Chr. Pasch.,* p. 571, 1 B.

428. Grég. G., *Ép.,* XI, 11 ; J. Mal., XVIII, 114 p. 415 Thurn.

429. Pour tout ceci, voir R. Janin, [(1950), p. 140. Il cite (n. 9) : *De Sacr. Eccl. Lex XXII recitata septimo milliario inclytae civitatis in novo consistorio palatii Justinani.*

430. Thphn., A.M. 6050 p. 231, 24-27 : καὶ ὁ κίων δὲ ὁ πορφυροῦς, ὁ ἑστὼς ἔμπροσθεν τοῦ παλατίου Ἰουκουνδιανῶν μετὰ τῆς ἐπικειμένης αὐτῷ στήλης ἔπεσε καὶ ἐπάγη εἰς τὴν γῆν πόδας ὀκτώ.

colonne avec celle qu'évoque Jean, à condition de lui prêter une erreur. Toutefois, à ma connaissance, on n'a pas identifié de façon précise le site correspondant à l'agora de l'Hebdomon. D'autre part, la statue était dédiée " à notre excellent empereur ". Il est difficile de supposer qu'il se soit agi d'un autre que Justinien Ier (**35** 7).

Non contents de la colonne impériale, les *scriniarii* réalisèrent aussi l'ornementation du Πλακωτόν non loin de l'horloge de la ville. Le mot ὡρολόγιον peut signifier aussi bien cadran solaire qu'horloge au sens moderne du mot. On en connaît sept à Constantinople[431]. Pour notre propos, on doit éliminer celles qui furent installées à l'initiative, l'une, de Justin II, l'autre, du patriarche Serge au VIIe s. Une autre se trouvait au Forum de Constantin. Elle avait été apportée de Cyzique[432]. S'agit-il d'une importation de Constantin ? La maigreur de la documentation disponible n'autorise aucune conclusion. Une autre, peut-être un cadran solaire, que mentionne à trois reprises le *Livre des Cérémonies*[433], était proche du Tripédôn, qui servait lui-même de vestibule au *Triclinos d'Or*. Ce dernier édifice fut construit ou achevé sous Justin II et embelli par Tibère II[434]. Il ne s'agit donc probablement pas de celle qu'évoque Jean le Lydien. Le groupe de bâtiments jouxtant l'église des Saints-Apôtres en avait une aussi. Les Saints-Apôtres remontent à Constantin[435]. L'horloge se trouvait probablement dans l'atrium de la basilique[436].

431. R. Janin, (1950), p. 103.

432. Ps.-Codinos, III, 12, p. 218, l. 3-4 Preger : καὶ ὡρολογεῖον ἐκεῖσε ἦν, ὅπερ ἔφερεν ἀπὸ Κυζίκου χαλκοῦν.

433. Voir les références dans R. Janin, (1950), p. 103.

434. R. Janin, (1950), p. 115-116.

435. G. Dagron (1974), p. 401-409. L'horloge est signalée dans le *Livre des Cérémonies* (II, 7 p. 535, l. 9-11) : κατέρχονται δὲ οἱ δεσπόται ἀπὸ τῶν ἵππων ἐν τῇ αὐλῇ τῶν ἁγίων ἀποστόλων τῇ εἰσαγούσῃ πρὸς τὸ ὡρολόγιον τῆς αὐτῆς ἐκκλησίας.

436. R. Janin (1950), p. 103.

La présence simultanée d'un πλακωτόν et de l'horloge devrait permettre la détermination des lieux. Or, nul ne signale un dispositif semblable pour les Saints-Apôtres. La principale horloge ornait la partie méridionale de Sainte-Sophie. Elle est mentionnée dans les *Patria*[437]. L'endroit constituait une des étapes des itinéraires impériaux[438]. L'existence d'un Πλακωτόν est avérée : le Πλακωτὸς Φόρος ou Πλακωτόν était le pavé, fait de larges dalles, du Forum de Constantin. Les fouilles pratiquées en 1929 autour de la colonne de porphyre ont permis d'en exhumer les larges dalles[439].

Enfin, Justinien avait établi une horloge en 535 au Milion[440]. Pour R. Guilland[441], le site mentionné par Jean ne serait autre que le πλακωτὸν τοῦ Μιλίου, c'est-à-dire la station dite Μαρμαρωτόν. Le savant français fait le rapprochement avec l'itinéraire indiqué par Constantin Porphyrogénète pour le lundi de Pâques[442]. *Pace* R. Guilland, je ne vois pas le moyen de trancher, sauf que le geste devait avoir un sens politique et marquer le triomphe des *scriniarii*. À ce titre, le Milion conviendrait bien aussi, mais la certitude est hors d'atteinte.

Est-ce uniquement par pédantisme que notre auteur éprouve à ce moment le besoin de mentionner sa source

437. Voir la traduction des textes dans G. Dagron, (1984), p. 110-111 et 199-201, avec le commentaire de la p. 225 ; et aussi la description d'A. Vogt [(1935 bis), p. 57-58].

438. Const.Porph., *Cér.* I, 9, p. 63, l. 18-20 B. = I, p. 58, l. 12-14 Vogt : καὶ διερχόμενος διὰ μέσου τοῦ μιλίου καὶ τοῦ αὐγουστεῶνος εἰσέρχεται ἐν τῇ πύλῃ τοῦ ὡρολογίου τῆς μεγάλης ἐκκλησίας.

439. R. Janin (1950), p. 77-79.

440. Thphn., A.M. 6028, p. 216, l. 24-25. Sur le Milion, voir R. Janin, (1950), p. 104-105. Ce serait, bien qu'on n'ai pu le situer avec une parfaite certitude, à la bouche d'eau que l'on rencontre au nord-ouest de la place Sainte-Sophie.

441. (1961), p. 99 = I (1969), p. 232, avec la n. 109, p. 246.

442. *Cér.* I, 10, p. 84, l. 5-6 = I, p. 75, l. 23-25 Vogt, qui a corrigé le texte de Reiske : δέχονται τὸν βασιλέα ἐν τῷ πλακωτῷ τοῦ μιλίου τῆς πολιτικῆς ‹τοῦ› μέρους τῶν Πρασίνων.

d'information, le dépôt d'archives de l'*instrumentarius* (**35** 6) ? Habitant Constantinople depuis longtemps, on peut supposer qu'il en connaissait les monuments pour les avoir vus mille fois. Les lois du panégyrique l'obligeaient à mentionner une des plus imposantes statues de Justinien, celle qui se trouvait à l'Hebdomon. Rien n'oblige, d'autre part, à lier pour la topographie le Πλακωτόν et l'érection de la statue dédiée à l'autre empereur, celui auquel les *scrinarii* doivent leur ascension, Théodose Ier. De celui-ci, on ne connaît guère qu'une seule statue en argent, qui est célèbre et bien attestée[443]. Il vaut la peine d'examiner à nouveau les témoignages que nous possédons sur ce monument. La colonne fut dressée en 385/386[444]. Théodose inaugura le Forum en 393[445] et, le 1er août 394, il y fit poser une statue de grande dimension. Nous avons d'autres détails sur lesdits monuments[446] :

443. Voir R. Janin, (1950), p. 64-65.

444. Thphn., A.M. 5878, p. 70, 20-21 : Τῷ δ' αὐτῷ ἔτει ἔστησεν ὁ βασιλεὺς Θεοδόσιος τὸν κίονα τοῦ Ταύρου. On ne sait pourquoi on appela ainsi le Forum sur lequel on l'érigea. L'appellation est en tout cas postérieure au règne de Théodose Ier, mais elle était courante depuis les années 440.

445. *Chr. Pasch.*, p. 595, 1 et 3-4 : Ἰνδ. (2)'. ιε'. ὑπ. Θεοδοσίου τὸ γ' καὶ Ἀβουνδαντίου. (...) Καὶ αὐτῷ τῷ ἔτει ἐνεκαινίσθη ὁ Θεοδοσιακὸς φόρος, avec 5-8 ὑπ. Ἀρκαδίου τὸ γ' καὶ Ὁνωρίου τὸ β'. Ἐπὶ τούτων τῶν ὑπάτων ἐστάθη μέγας ἀνδριὰς Θεοδοσίου Αὐγούστου ἐν τῷ Θεοδοσιακῷ φόρῳ μηνὶ λώῳ καλανδαῖς αὐγούσταις. D'après les Fastes (voir *PLRE* I, p. 1045), Théodose Ier et Fl. Abundantius furent consuls en 393 (à l'Est) et, en 394, Arcadius et Honorius le furent en 394. Tout ceci a été correctement signalé par An. Bandy [(1983), p. 319].

446. Cédrénos, p. 565, 4-9 : p. 565, 4-9 : Ὅτι τὸν τοῦ ταύρου κίονα ἔστησεν ὁ μέγας Θεοδόσιος, τρόπαια καὶ μάχας ἔχοντα κατὰ Σκυθῶν καὶ βαρβάρων τοῦ αὐτοῦ. Ἔχει δὲ οὗτος ἔνδοθεν καὶ ὁδὸν ἄνω φέρουσαν. Καὶ ὁ κατὰ τὸ ἄμφοδον δὲ ἑστὼς ἱππότης αὐτός ἐστιν ὁ μέγας Θεοδόσιος, χεῖρα τείνων δεξιὰν πρὸς τὴν πόλιν, καὶ δεικνὺς τὰ ἐγγεγραμμένα τῷ στύλῳ τρόπαια.

(Que) cette colonne du Taureau fut érigée par Théodose le Grand. Elle comportait les trophées et les combats remportés par lui sur les Scythes et les barbares. À l'intérieur, il y avait un passage menant au sommet. Et au croisement des routes, la statue équestre qui se dresse est Théodose le Grand lui-même, dont la main droite est tendue vers la ville et montre les trophées gravés sur la colonne.

L'escalier en cause est bien connu, à travers le témoignage de maints historiens ou visiteurs, comme Geoffroy de Villehardouin, au temps de l'Empire latin, et des pèlerins russes. La colonne elle-même existait toujours à la fin du XVe s., quand elle fut démolie par le sultan Bajazet afin de faire place à un bain[447]. Non loin de là se dressait la statue monumentale qui en désignait les ornements triomphaux. Le socle de la statue portait une inscription, que nous a conservée l'*Anthologie de Planude*[448] :

Tu t'élances de l'Orient, comme un nouveau soleil flambeau des humains, ô Théodose, centre de l'univers, cœur plein de bonté. Tu as à tes pieds l'Océan après la terre immense ; de toutes parts tu resplendis sous ton casque et ton brillant coursier, malgré sa fougue, sans peine, tu le retiens, ô grand héros.

La statue et le Forum jouèrent un rôle considérable dans le cérémonial politique byzantin, au moins suivant les patriographes[449] :

447. R. Janin, (1950), p. 81-82.

448. XVI, 65 : Ἔκθορες ἀντολίηθε, φαεσφόρος ἥλιος ἄλλος, | Θευδόσιε, θνητοῖσι, πόλου μέσον, ἠπιόθυμε, | Ὠκεανὸν παρὰ ποσσὶν ἔχων μετ' ἀπείρονα γαῖαν, | πάντοθεν αἰγλήεις, κεκορυθμένος, ἀγλαὸν ἵππον | ῥηιδίως, μεγάθυμε, καὶ ἐσσύμενον κατερύκων. Nous utilisons ici le texte et la traduction de R. Aubreton et de F. Buffière (*Anthologie grecque*. Deuxième partie. *Anthologie de Planude*. XIII, Paris, 1980, p. 106). Pour le métal choisi, l'argent, voir la n. 1.

449. II, 49 p. 175-176 Preger : Περὶ τοῦ Ταύρου. Ὅτι ἐν τῷ Ταύρῳ στήλη τοῦ μεγάλου Θεοδοσίου ἵσταται· ἦν δὲ πρώην ἀργυρᾶ · ἔνθα τοὺς ἀπὸ τῶν ἐθνῶν ἥκοντας ἐδέχετο.

Sur le Taureau. Que sur le Taureau se dresse une statue de Théodose le Grand ; autrefois, elle était en argent ; c'est là que l'on recevait ceux qui arrivaient de l'étranger.

Les auteurs de chroniques ont conservé le souvenir de quelques hauts faits dont le Forum de Théodose fut le théâtre. Ainsi, le 29 septembre 415[450] :

Et, cette année-là arriva d'Héraclée à Constantinople le prince Théodose II, pendant le mois de Gorpiaion, le dimanche 29 septembre ; il y reçut, suivant l'usage, la couronne d'or du préfet de la Ville Ursus et du sénat sur le Forum de Théodose.

Endroit judicieusement choisi : le fils d'Arcadius fut couronné devant la statue de son grand-père et homonyme.

Quant aux motifs de la colonne, ils furent, progressivement, réinterprétés *ad maiorem gloriam imperii*. Le témoignage est fourni par le ps.-Codinos, sept siècles plus tard[451] : la patte gauche du cheval de Théodose a devant elle une créature humaine revêtue de bronze, qui est figurée à genoux et attachée. Le patriographe y voit l'évocation du triomphe de l'Empire face aux attaques des Russes. En évoquant le tragique destin d'Alexis V Doukas Murzuphle, dernier empereur avant la chute de 1204, Geoffroy de Villehardouin[452] risquera sa propre

450. Chr. Pasch. p. 574, 4-8 : Καὶ αὐτῷ τῷ ἔτει εἰσῆλθεν ὁ δεσπότης Θεοδόσιος νέος ἀπὸ Ἡρακλείας εἰς Κωνσταντινούπολιν μηνὶ γορπιαίῳ πρὸ α᾽ καλανδῶν ὀκτωβρίων ἡμέρᾳ σαββάτῳ, κομισάμενος κατὰ τὴν συνήθειαν τὸν χρυσοῦν στέφανον ἐν τῷ Θεοδοσιακῷ φόρῳ ὑπὸ Οὔρσου ἐπάρχου πόλεως καὶ τῆς συγκλήτου.

451. II, 47 p. 176, 10-16 Preger : Τὸ δὲ τετράπλευρον τοῦ ἐφίππου τὸ λιθόξεστον ἔχει ἐγγεγλυμμένας ἱστορίας τῶν ἐσχάτων τῆς πόλεως, τῶν Ῥῶς τῶν μελλόντων πορθεῖν αὐτὴν τὴν πόλιν. Καὶ τὸ tἐμπόδιοvtt, ὅπερ ἀνθρωποειδὲς χαλκούργημα βραχὺ παντελῶς καὶ δεδεμένον γονυκλινὲς ἔχει ὁ ποὺς ὁ εὐώνυμος τοῦ ἵππου τοῦ μεγαλιείου, καὶ αὐτὸ σημαίνει, τί ἐστιν ἐκεῖσε γεγραμμένον. L'éditeur donne le mot ἐμπόδιον comme corrompu, et l'apparat critique propose diverses solutions.

452. *La conquête de Constantinople*, 308. Le passage est signalé

exégèse du monument, qui retourne ironiquement celle des Byzantins eux-mêmes : “ En cele coulombe dont il sailli aval, avoit ymages de maintes manières ovrees ou marbre ; et entre les autres en y avoit une qui estoit labouree en forme d'empereeur, et cele si chaï contreval. Car de lonc tans estoit profecie qu'il aurait. I. empereeur en Costentinoble qui devoit estre geté aval cele coulombe ”.

La statue équestre, elle, n'allait pas subsister longtemps. Elle ne tarda pas à succomber en 480 à un séisme, comme la région n'en essuie que trop[453]. La colonne de support resta vide pendant plus d'un quart de siècle. En 506, Anastase décida de remplacer la statue de Théodose Ier par la sienne[454]. Le dignitaire chargé de l'opération était le Comte des Largesses sacrées Jean le Paphlagonien, qui fit fondre plusieurs statues prélevées sur la place de Constantin[455]. Les graves troubles de 512, au

par R. Janin, (1950), p. 82. Nous citons le texte de l'historien médiéval dans l'édition et la traduction de J. Dufournet (*Geoffroy de Villehardouin. La conquête de Constantinople,* Paris, 2004, p. 204).

453. Marcell., *Chr.* a. 480, 1 p. 92 Mommsen : *statua Theodosii magni in foro Tauri super cochlidem columnam posita conruit duobus fornicibus eiusdem conlapsis. Hunc formidolosum diem Byzantii celebrant VIII kal. Octobris.* La date n'est cependant pas parfaitement assurée. On peut supposer que l'événement relaté pour 477/478 par Théophane est le même (A.M. 5970, p. 126, 2-3 de Boor) : ἔπεσε δὲ καὶ ἡ σφαῖρα τοῦ ἀνδριάντος τοῦ Φόρου καὶ ἡ στήλη τοῦ μεγάλου Θεοδοσίου, ἡ εἰς τὸν κίονα τοῦ Ταύρου. Théophane ne signale pas de séisme pour 480.

454. Marcell., *Chr.* a. 506 p. 96 Mommsen : *His consulibus* (sc. Areobindas et Messala) *Anastasii principis statua in eodem loco, quo dudum Theodosii magni steterat, super inmanem columnam in foro Tauri statuta est.*

455. J. Mal., XVIII, 13 p. 328 (p. 400, 22-401, 8 B.) : Ὁ δὲ αὐτὸς Ἰωάννης τὰ χαλκουργήματα τῆς πλατείας Κωνσταντινουπόλεως ἐχώνευσεν, ἅπερ ὁ θειότατος βασιλεὺς Κωνσταντῖνος ὡς καλλιστεύοντα ἀπὸ ἑκάστης πόλεως συναγαγὼν ἤνεγκεν εἰς κόσμησιν τῆς αὐτῆς Κωνσταντινουπόλεως δι' ἀρετῆς. Ὁ δὲ αὐτὸς Ἰωάννης χωνεύσας αὐτὰ ἐποίησεν ἐξ αὐτῶν στήλην μεγάλην εἰς πᾶσαν ὑπερβολὴν τῷ αὐτῷ Ἀναστασίῳ βασιλεῖ· ἥντινα ἔστησεν

cours desquels Anastase fut à deux doigts de perdre son trône, durent entraîner la chute de la nouvelle statue[456]. Jean ne dit plus rien de cet édifice au double titulaire. En contre-pied, il évoque celui qui fut construit pour Justinien à l'Hebdomon (**35** 7) : *habent sua fata signa.* La supériorité de l'action de ce dernier est patente. De la statue du Forum, il ne resta guère que le support avec son inscription, dont le contenu pourrait être détourné au bénéfice de l'empereur actuel, qui fut un exceptionnel bâtisseur.

εἰς τὸν κίονα τὸν μέγαν, ἑστῶτα ἀργὸν εἰς τὸν φόρον τοῦ Ταύρου τοῦ λεγομένου· ὅστις κίων πρῴην μὲν εἶχεν στήλην Θεοδοσίου τοῦ μεγάλου, καὶ ἦν πεσοῦσα εἰς τοὺς φόβους ἡ αὐτὴ στήλη μόνη. Le passage est résumé par Théophane (A.M. 5998, p. 149, 10-14 de Boor). Le dignitaire en question est identifié *PLRE* II, s.v. *Ioannes " the Paphlagonian "* 45, p. 604-605.

456. Marcell., *Chr.* a. 512, p. 98, 5 : *imaginibus deinde statuisque Anastasii in terram deiectis.*

SIGLORVM CONSPECTVS

Manuscrits

O *codex Caseolinus* (*Paris. suppl. gr.* 257), s. X

O2 correcteur du XVIIIe s. (= copiste de **A** ?)

O^{mg} notes marginales d'un ou de plusieurs lecteurs byzantins

A *Codex Atheniensis* 1765 (collationné par Vassis ; aujourd'hui disparu).

Tradition indirecte

Bas = Citations tirées par WÜNSCH, p. XX-XXIII des *Glossae Basilicon* éditées par Charles Labbé (*Veteres glossae iuris verborum quae passim in Basilicis reperiuntur* en annexe à *Observationum et emendationum in synopsin basilicon*, Paris, 1606)[1].

Gl = Gloses tirées de divers manuscrits apparentés au glossaire de Cyrille, d'après *Fontes Minores* X, Francfort sur le Main, 1998, p. 227-237 ; 448-453 :

B *Vat. gr.* 2130 (s. XII) : ff. 218^{v}, 236^{v}-239^{r} ;
C *Crypt.* Z α XXX (s. XI), ff. 101^{v}-102^{r}, 112^{r}-113^{r} ;

1. Par la suite, Ch. Labbé en donna une réédition, qu'il annexa à ses *Glossariis latino-graecis et graeco-latinis*, Paris, 1679. Pour d'autres éditions, voir H. Haupt, dans *Rh. Mus.*, 34 (1879), p. 507, que cite R. Wünsch [(1903), p. XX].

F *Laur.* 57. 42 (s. XII), ff. 151^{v}-152^{r}, 163^{r}-168^{v} ;
H *Oxon. Holkham* 112 (s. XII), ff. 169^{v}, 184^{v}-186^{v} ;
J *Vallicellianus* E 37 (A. D. 1317), f. 88^{r} ;
M *Vall.* E 55 (s. XIV), ff. 252^{r}-253^{r} ;
N *Vat. gr.* 845 (s. XII), ff. 101^{v}-103^{r} ;
W *Vind. phil. gr.* 124 (s. XIII), ff. 1^{r}-3^{v} ;
X *Crypt.* Z γ VII (s. XII), ff. 189^{r}-199^{v} ;
Y *Laur.* 56. 13 (ca. A. D. 1477), ff. 2^{r}-4^{v} ;
Z *Vat. gr.* 867 (A. D. 1258-1259), ff. 181^{r}-182^{v} ; 182^{v}-183^{v}.

Ph Photios, *Questions à Amphilochios* 323 (*De officiis Romanis*) dans L.G. Westerink, *Photii Patriarchae Constantinopolitani Epistulae et Amphilochia* VI, 1 *Amphilochiorum pars tertia*, Leipzig, Teubner, 1987, pp. 132-135.

Éditions

Fu^{1} Fuss, J.D. [-Hase, C.B.], édition *princeps*, Paris, 1812.

Fu^{2} Fuss, J.D., *Epistula ad C.B. Hasium*, Liège, 1820.

Fu^{n} notes de l'édition.

Be Bekker, I., édition du *Corpus* de Bonn, 1837.

Be^{n} Notes de l'édition.

Wü Wünsch, R., édition de la « Bibliotheca Teubneriana », Leipzig, 1903 (réimpr. 1967).

By Bandy, A.C., *Ioannes Lydus on Powers,* Philadelphie, 1983.

Conjectures

Heis. c.r. de l'édition de Wünsch dans *BZ*, 13 (1904), p. 222.

Kroll c.r. de l'édition de Wünsch dans *Berliner philologische Wochenschrift*, 28 (1904), col. 868-872.

RÉSUMÉ DU LIVRE II

La tyrannie est une fatalité (**1** 1). Fâcheux précédents de Marius et Sylla, de César et de Pompée (**1** 2-7). César s'empare de toutes les magistratures (**2** 1-3) ; description de la toge *triumphalis* (**2** 4-6) ; la leçon de la Fortune (**2** 7). Octavien se fait appeler " divin ", comme tous ses successeurs (**3** 1-3), mais il ne peut encore porter le titre de " César " (**3** 4-7) ; son titre de " Dieu ", ses pouvoirs et la création du préfet du prétoire avec son personnel, les *Augustales* (**3** 8) ; un jugement critique sur lui (**3** 9). Costume d'apparat du César comme *pontifex* (**4**). Position éminente du préfet du prétoire (**5**). La réforme de l'État sous César, sauf pour le commandant de cavalerie (**6** 1) ; sens et origine de la dénomination " préfet du prétoire ", avec le témoignage de Suétone (**6** 2-4). La préfecture du prétoire à l'origine de tous les autres pouvoirs ; vraies et fausses magistratures (**7**). Caractère exceptionnel du consulat, garant de la liberté (**8**). Cérémonial d'entrée du préfet du prétoire (**9** 1-2) ; innovations introduites sous Théodose II (**9** 3-5) ; insignes distinctifs du préfet du prétoire (**9** 6-7). Réformes apportées par Constantin à la préfecture du prétoire (**10** 1-2) ; nouvelles dégradations provoquées par Rufin sous Arcadius (**10** 3-6). Monnayage des fonctions exercées autrefois par le préfet du prétoire, du fait des *magistri militum* et du *magister officiorum* (**11**). L'oracle de Fonteius et le début d'accomplissement de la malédiction sous Cyrus (**12**). Tenue d'apparat du préfet du prétoire (**13**). Les insignes

distinctifs (**14**). La procédure d'appel autrefois devant l'empereur (**15**). Les audiences pour les causes *sacrae* ont lieu devant le préfet du prétoire (**16** 1) ; majesté de la mise en scène (**16** 2) ; dégradations introduites par après (**16** 3) ; comment on marquait alors le temps (**16** 4). Contraste entre la situation nouvelle et le rituel ancien (**17**). Règles d'avancement prévues pour les *officiales* et importance des revenus que l'on pouvait espérer (**18**). De quelques insignes perdus par le préfet du prétoire à partir de Domitien (**19** 1-4) ; le sarment de vigne du *princeps* (**19** 5) ; le bâton arboré par les *biarchi* (**19** 6) ; évolution de la hache et des *vexilla* comme insignes (**19** 7-8) ; l'action fâcheuse de tyrans comme Domitien (**19** 9-10). Histoire du palais de fonction du préfet du prétoire jusqu'à Léon Ier (**20**). Histoire de ce palais sous Anastase puis sous Jean de Cappadoce, avec première peinture de ses débauches (**21**). Chapitre programmatique : la description du personnel (**22**). Vues philosophiques sur la permanence de la préfecture du prétoire (**23**). Les rapports de pouvoir entre le commandant de cavalerie et le *magister officiorum* (**24**). Brève histoire de la fonction de *magister officiorum* d'après Pierre le Patrice (**25**). Les pouvoirs croissants du *magister officiorum* et éloge de Pierre le Patrice (**26**). Faux magistrats créés par la suite : *comes sacrarum largitionum, comes rerum privatarum, comes sacri patrimonii* (**27**). Création sous Justinien du préfet de Scythie ; ressources de la région autrefois (**28**). Avantages de la nouvelle création (**29** 1) ; Justinien crée dans la foulée d'autres magistratures, le *praetor urbanus* et le *quaesitor iustinianus* (**29** 2-3). La “ nouvelle Rome ” de Constantin comme monade (**30** 1-2) ; Constantin crée le *praetor Constantianus* et le *magister census* (**30** 2-4) ; conclusion sur la création des magistrats de Justinien (**30** 5-6).

DE CÉSAR ET DE SES INSIGNES

<LIVRE II>

1. Ceux qui, à une période quelconque, se sont risqués à la tyrannie, ont non seulement maltraité les gens des périodes où ils ont vécu, mais aussi pour la postérité sont devenus une cause de nuisance en abandonnant derrière eux pour leurs sujets des imitateurs de leurs méfaits. 2. C'est ainsi que, quand Marius eut exercé et favorisé la tyrannie, Sylla se dressa contre lui et exerça une contre-tyrannie. Quand ils s'affrontèrent, l'État romain, champ de bataille pour les tyrans, devint la proie des épées[1]. 3. Et, à ses débuts, Marius l'emportait sur les forces de Sylla, mais, comme la Fortune s'attachait à la perte de chacun d'eux, ce furent tantôt Sylla tantôt Marius qui l'emportaient ; mais l'aboutissement pour chacun d'eux fut la ruine. 4. Une fois défait, Marius fut haché menu par Sylla ; après sa victoire, Sylla, qui émettait des lombrics en bouillons, connut une fin lamentable[2] sans rien tirer d'autre de sa victoire que le surnom de “ Bienheureux ”. 5. Encore du vivant de Sylla, Pompée, qui s'était lié avec

Voir Notes Complémentaires p. 143.

1. Sall., *Jug.*, 41, 5 : *ita omnia in duas partis abstracta sunt, res publica, quae media fuerat, dilacerata.*

2. Sur la fin de Sylla, légende et réalité, voir t. I, p. CCCXLV, avec la n. 216.

ΠΕΡΙ ΚΑΙΣΑΡΟΣ ΚΑΙ ΤΩΝ ΚΑΙΣΑΡΟΣ ἘΠΙΣΗΜΩΝ Wü 54 By 82

⟨ΛΟΓΟΣ Β⟩

1. Οἱ τυραννίδα καθ᾽ ὅντιναοῦν καιρὸν τολμήσαν-
τες οὐ μόνον τοὺς ἐν οἷς ἐγένοντο καιροῖς ἐλυμή-
ναντο ἀλλὰ καὶ τοῖς μεταγενεστέροις πρὸς βλάβης ἐγέ-
νοντο, ζηλωτὰς κακῶν τοῖς ὑπηκόοις ἀπολιμπάνοντες.
2. Μαρίου τοίνυν τυραννήσαντος καὶ ὑπουργήσαντος,
Σύλλας ἀναστὰς ἀντετυράννησεν· αὐτῶν δὲ ἀλλήλοις | O 54
ἀντιφερομένων, ἡ Ῥωμαίων μεταίχμιον οὖσα τοῖς τυράν-
νοις ἐσπαθίζετο πολιτεία. 3. Καὶ Μάριος μὲν ἐν προοι-
μίοις τῶν Σύλλου ἐκράτει δυνάμεων, τῆς δὲ Τύχης ἑκά-
τερον διαφθεῖραι σπουδαζούσης, νῦν μὲν ὁ Σύλλας, νῦν
δὲ ὁ Μάριος ἐκράτει· πέρας δὲ ἑκατέροις ὄλεθρος.
4. Μάριος μὲν γὰρ ἐλαττωθεὶς εἰς τεμάχη λεπτὰ πρὸς
τοῦ Σύλλου κατετμήθη, Σύλλας δὲ μετὰ τὴν νίκην
σκώληκας ἀναβλύσας καὶ ἕτερον οὐδὲν παρὰ τὴν
Εὐτυχοῦς προσηγορίαν ἐκ τῆς νίκης λαβὼν ἀπεφθάρη.
5. Περιόντι δὲ ἔτι τῷ Σύλλᾳ προσπελάσας ὁ Πομπήϊος

Tit. Περὶ — ἐπισήμων om. Be.

1 1 1 καθ᾽ ὁντιναοῦν O^2 Be : καθ᾽ ὅντιναοῦν Wü καθοντιναοῦν O καθ᾽ ὅντινα οὖν Fu By ‖ 2 3 μεταίχμιον O^2 edd. : μετέχ- O ‖ 4 ἐσπαθίζετο O^2 edd. : ἐσπαθείζ- O ἀπαθίζετο A ‖ 4 1 μὲν O Wü By : om. Fu Be ‖ τεμάχη A edd. : τε μάχην O ‖ 5 1 τῷ edd. : τὸ O.

lui, s'efforçait de l'imiter, devint son gendre, quand il eut épousé Antistia, sa fille, et appartenait corps et âme à son parti. 6. Entiché de Pompée à ses débuts, César, dès la mort de sa fille Julia, qu'il avait donnée en mariage à Pompée, embrassa le parti opposé, se prit à honorer Marius et à se laisser gagner par ses façons[3]. 7. Ils entrèrent tous deux en conflit l'un avec l'autre, comme s'ils étaient les héritiers des tyrans : tout peuple qui se trouvait en direction du Levant prenait la cause de Pompée, tous les barbares qui occupaient l'Occident et le Nord, celui de César et de son armée. Le reste est bien connu.

2. César est le maître de toutes choses ; lorsque, triomphant de trois cents rois prisonniers, il fut monté à Rome, il ne toléra point d'accepter le titre de roi (y en aurait-il un plus élevé ?) ou[4] de commandant unique quelconque : c'était un honneur autre et inconnu de la Fortune qu'il cherchait à obtenir. 2. On le transportait, après son triomphe, du Capitole au Sénat, lorsqu'un officier sortit du rang[5] et, à son insu, lui posa une couronne sur la tête. Ce fut César en personne qui la prit et la rejeta avec irritation, car il prenait pour une insulte que l'on donnât le titre de roi à celui qui avait réduit à l'esclavage tant de rois et capturé jusqu'à la Fortune même. 3. Il était à ce point exalté par ses succès que ce fut tout juste s'il daigna prendre à la fois les dénominations de dieu, de grand

3. L'idée qui domine le passage est celle de « déviation » par rapport à ce que l'on attendait. La tendance de Marius avait continué à faire des émules, et César était du nombre. Il importait donc de laisser tout son sens au préverbe, et non pas de corriger en ἐπήγετο, comme l'avait proposé W. Kroll [*Berliner philologische Wochenschrift*, 24 (1904), col. 869].

4. Comme l'avait déjà fait observer Vasis [(1909), p. 31], μόναρχος n'est pas ici un synonyme de βασιλεύς. Dans ce cas, il eût fallu écrire en effet ἤγουν qui est très fréquent dans les gloses ou dictionnaires. Jean envisage une alternative. Il vaut donc mieux écrire ἤ γ' οὖν. Voir An. Bandy, (1983), p. 286.

ἐζήλου τε αὐτὸν καὶ γαμβρὸς ἐγένετο, Ἀντιστίαν τὴν ἐγγόνην αὐτοῦ πρὸς γάμον ἑλών, καὶ ὅλος ἦν ἐκεί-νου. 6. **Νοσῶν δὲ Καῖσαρ ἐξ ἀρχῆς πρὸς Πομπήϊον, Ἰουλίας ἤδη τῆς αὐτοῦ θυγατρὸς τελευτησάσης, ἣν ἔτυχε πρὸς γάμον Πομπηΐῳ δούς, τὴν ἐναντίαν ἠσπάσατο καὶ Μάριον ἐτίμα καὶ τοῖς αὐτοῦ τρόποις ἀπή-γετο.** 7. **Συγχέονται οὖν ἄμφω κατ' ἀλλήλων ὡς εἰ |** Wü 55
κληρονόμοι τῶν τυράννων, ἔθνους μὲν παντὸς ὅσον ἦν πρὸς ἀνίσχοντα ἥλιον, Πομπηΐῳ, βαρβάρων δὲ πάντων ὅσοι πρὸς δύνοντα ἥλιον καὶ τὴν ἄρκτον ἐνέμοντο, τῷ Καίσαρι ἅμα τῷ στρατιωτικῷ συναιρομένων· καὶ δῆλα τὰ λοιπά.

2. Κρατεῖ δὲ τῶν ὅλων ὁ Καῖσαρ καὶ ἐπὶ τριακοσίοις αἰχμαλώτοις θριαμβεύων βασιλεῦσιν ἀναβὰς εἰς τὴν Ῥώμην οὐ βασιλέως (τί δ' ἂν εἴη μεῖζον ;) ἢ γ' οὖν μονάρχου τινὸς ὑπέμεινεν ὑπελθεῖν προσηγορίαν, ἄλλην δέ τινα καὶ τῇ Τύχῃ ἠγνοημένην ἐζήτει τιμήν. 2. **Ὡς γὰρ ἐκ τοῦ Καπιτωλίου μετὰ τὸν θρίαμβον ἐπὶ τὴν βουλὴν ἐφέρετο, ἐκδραμόντος τινὸς τῶν ἐν τέλει τῆς | στρατιᾶς καὶ στέφανον αὐτῷ ἀγνοοῦντι περιθεμέ-** By 84
νου, λαβὼν αὐτὸς ἔρριψεν ἀγανακτῶν, ὡς ὕβριν ὑπομένειν ὑπολαβὼν εἰ βασιλεὺς χρηματίσοι ὁ τοσούτους βασιλέας εἰς δουλείαν ὑπαγαγὼν καὶ αὐτὴν δὲ τὴν Τύχην ἑλών. 3. **Οὕτως ἐμφορηθεὶς ταῖς εὐπραγίαις ἠξίωσε μόλις θεός τε ἅμα | καὶ ἀρχιερεὺς καὶ ὕπατος** O 54^{v}
καὶ μόναρχος ἐς ἀεὶ καὶ Ῥωμαίων μὲν πρῶτος, ἐπίτρο-

---

2 τε αὐτὸν Fu^{n} Be Wü By : τὰ ἑαυτῶν O Fu ‖ 6 1 νοσῶν O edd. : νεύων coni. dub. Be^{n} ‖ 7 3 ἀνίσχοντα O^{2} edd. : ἀνίσχον O ‖ 5 συναιρομένων Be Wü By : συναιρουμένων O Fu.

2 1 3 ἢ γ' οὖν By : ἢ γοῦν Vasis ἤγουν O Fu Be Wü ‖ 2 2 ἐκδραμόντος edd. : -μοῦντος O ‖ 3 αὐτῷ O : om. edd. ‖ 6 δουλείαν O^{2} edd. : -λίαν O ‖ 3 2 ἠξίωσε O^{2} edd. : -ίοσε O ‖ ἀρχιερεὺς edd. : non leg. in O.

pontife, de consul, de dictateur (μόναρχος) perpétuel et de premier des Romains, avec celles de procurateur des rois de partout, de commandant de cavalerie, de père de la patrie, de préteur, de gardien de la cité et de premier des tribuns : toutes ces indications figurent sur la toge qu'il avait revêtue. Aussi avait-elle pour nom *triumphalia* ; car il n'était pas facile non plus d'inventer pour cette toge une dénomination répondant à d'aussi nombreuses significations. 4. C'était une tunique, dont l'intérieur était de pourpre, l'extérieur tout en or, rigide comme de l'or martelé, avec un *lorus* au-dessus, — c'est ainsi que les Romains se plaisent à appeler l'épaulette en or martelé. 5. L'usage de passer cette toge prévalut depuis lors chez les empereurs romains, lorsqu'ils célèbrent un triomphe sur des rois prisonniers. Et on en fit encore une claire démonstration sous nos yeux, quand Dieu fit comparaître devant l'Empire d'aujourd'hui, avec tout son peuple, Gélimer, roi des Vandales et de Libye[6]. 6. Il n'était pas possible, en effet, que le vainqueur portât une tenue identique, la pourpre, à celle du soumis à son pouvoir. 7. Tels furent, pendant trois ans, les hochets arrogants avec lesquels la Fortune se jouait de César, quand la Nature le força à reconnaître qu'il n'était qu'un être humain.

3. Après, Octavien, un neveu que César devait à sa soeur nommée Atia et qu'il avait adopté[7], quand lui furent transmis en héritage les honneurs de l'empire, s'obstinait à refuser, sous couleur d'une piété empreinte de modération, le nom de “ dieu ”, en préférant celui de “ divin ”. Ce fut aussi la dignité que l'on conféra à tous ses successeurs. 2. Le premier appartient à ceux qui le

6. An. Bandy [(1983), p. 286] a raison de rétablir le texte du manuscrit τῶν, contre la correction, légère, des éditeurs précédents, τὸν.

7. Sur ce point, voir t. I, p. CCCLXII-CCCLXIII.

πος δὲ τῶν ἁπανταχοῦ βασιλέων καὶ ἵππαρχος καὶ πατὴρ πατρίδος καὶ στρατηγὸς καὶ φύλαξ πόλεως καὶ πρῶτος δημάρχων χρηματίσαι, στολὴν ταῦτα πάντα σημαίνουσαν ὑποδύς. Καὶ ὄνομα μὲν αὐτῇ τριουμφάλια οὐδὲ γὰρ ἦν εὔπορον οὕτω πολυσήμαντον ἐξευρεῖν τῇ στολῇ προσηγορίαν. 4. Χιτὼν δὲ ἦν, ἔνδον μὲν ἐκ πορφύρας, ἔξωθεν δὲ χρυσὸς ὅλος, ὥσπερ ἐλασθέντος διεστηκὼς τοῦ χρυσοῦ· καὶ λῶρος ἄνωθεν· οὕτω δὲ τὴν χρυσήλατον ἐπωμίδα Ῥωμαίοις ἀρέσκει καλεῖν. 5. Ταύτην τὴν | στολὴν ἔθος ἐκράτησεν ἐξ ἐκείνου τοὺς Wü 56
Ῥωμαίων αὐτοκράτορας ἀμπέχεσθαι ὅταν ἐπὶ βασιλεῦσιν αἰχμαλώτοις θριαμβεύσωσιν· καὶ τοῦτο δῆλον ἐν ἡμῖν ἀπεδείχθη ὅτε Γελίμερα τὸν Βανδίλων καὶ Λιβύης βασιλέα πανεθνεὶ θεὸς αἰχμάλωτον τῇ καθ' ἡμᾶς παρεστήσατο βασιλείᾳ. 6. Οὐδὲ γὰρ ἦν ὁμοσχήμονα τὸν νικητὴν πορφύραν περικειμένῳ γίνεσθαι τῷ κρατηθέντι. 7. Τοιούτοις τὸν Καίσαρα τῆς Τύχης ἐπὶ τριετῆ χρόνον διαπαιζούσης φρυάγμασιν, ἡ φύσις ἔπεισεν ἄνθρωπον εἶναι.

3. Ὀκταβιανὸς δὲ μετ' αὐτόν, ἀδελφιδοῦς ἐξ Ἀτίας τοὔνομα τῆς ἀδελφῆς αὐτῷ γενόμενος καὶ θετὸς παῖς, διαδεξάμενος τὴν αὐτοκράτορα τιμήν, θεὸς μὲν δῆθεν εὐσεβῶς μετριάζων ὀνομάζεσθαι παρῃτεῖτο, θεῖος δὲ μᾶλλον· καὶ τοῦτο πᾶσι τοῖς μετ' αὐτὸν τὸ ἀξίωμα περιετέθη. 2. Τὸ μὲν γὰρ τῶν φύσει πεφυκότων ἐστίν, τὸ δὲ

8 εὔπορον O edd. : ἄπορον A ‖ 8-9 τῇ στολῇ O edd. : τῆς στολῆς A ‖ 4 1 χιτὼν O^{2} edd. : χειτὸν O ‖ 2 ἔξωθεν Fu^{n} Wü By : ἄνωθεν O Fu Be ‖ χρυσὸς O edd. : χρυσοῦς coni. dub. Be^{n} ‖ ὅλος O Wü By : ὅλως O^{2} Fu [coni. dub. ὅλος] Be ‖ 3 διεστηκὼς O^{2} edd. : -κὸς O ‖ 4 ἐπωμίδα O^{2} edd. : -μήδα O ‖ 5 3 θριαμβεύσωσιν O^{2} By : -σι Fu Be Wü θριαμβεύωσιν coni. Be^{n} ‖ 4 Γελίμερα edd. : Γελίμερ O ‖ τὸν Fu Be Wü : τῶν O By ‖ Βανδίλων Fu By : Βανδήλων O Be Wü ‖ Λιβύης edd. : Λυβίης O ‖ 5 πανεθνεὶ O edd. : πανσθενεὶ A.

3 2 1 ἐστίν O By : -τί O^{2} Fu Be Wü.

sont par nature, le second, à ceux qui le sont devenus par adoption : c'est pour rendre hommage ou plutôt, par flagornerie blasphématoire, qu'on le confère aux rois. 3. Quant à user des insignes de César le Grand, il n'en eut pas la possibilité pendant un temps. En premier lieu parce qu'il avait eu à partager le pouvoir avec Antoine et Lépide, 4. et parce que tout jeune et portant ce que les Romains appellent une *bulla*, en d'autres termes une “ pierre ” (ψῆφος)[8], il avait l'appellation de César. 5. C'est pourquoi, de nos jours encore, ceux qui accèdent à l'empire[9] n'en reçoivent pas les symboles avant qu'en leur plaçant au cou un torque les officiers supérieurs de l'armée ne les déclarent dignes de l'empire : ils présentent ainsi un (autre) César, en tant qu'il est comme César le Jeune et qu'il est digne aussi bien des honneurs que du titre décerné au premier César. 6. Chez les Perses, la loi prescrit de promouvoir pour exercer sur eux la royauté le rejeton d'un roi ; il en allait de même chez les Romains de jadis qui confiaient le pouvoir non pas à un homme de rencontre, mais seulement aux descendants de la lignée de César. 7. C'était donc à mi-chemin que se trouvait César le Jeune. Il n'avait pas été mis en totale possession des honneurs attachés au pouvoir à cause des associés à sa souveraineté[10] et il n'était certes pas non plus sans en avoir sa part, mais il avait l'avantage[11] à Rome en raison du surnom de César que, de son vivant encore, son oncle lui avait conféré en décrétant[12] qu'il lui laissait son héritage. 8. À la mort de Lépide et quand Antoine eut obéi à son inclination pour Cléopâtre, après la répudiation de la sœur de César le Jeune, Fulvia, son ancienne épouse[13], Octavien prit l'Égypte, avec Antoine, et mit fin aux

9. Comme l'observe An. Bandy [(1983), p. 287], le mot βασιλεία désigne ici, comme, par exemple, chez Socrate (III, 1, 35 ὡς δὲ στέφανος βασιλικὸς οὐ παρῆν, εἷς τῶν δορυφόρων ὃν εἶχε περιτραχήλιον ἑαυτοῦ στρεπτὸν λαβὼν περιτέθεικε), la fonction impériale. C'est dans le même sens que le terme est employé en II **4** 4 ; **8** 3 ; **25** 2 ; III **17** 3 ; **41** 3.

τῶν θέσει, τιμῆς ἢ μᾶλλον βλασφήμου κολακείας χάριν
τοῖς βασιλεῦσι περιτιθέμενον. 3. Τοῖς δὲ ἐπισήμοις
χρήσασθαι, οἷς Καῖσαρ ὁ μέγας, τέως οὐκ ἔσχεν·
πρῶτον μέν, ὅτι κοινωνοὺς εἶχε τῆς ἀρχῆς Ἀντώνιον καὶ
Λέπιδον, 4. νέος δὲ ὢν κομιδῇ καὶ τὴν λεγομένην παρὰ
Ῥωμαίοις βοῦλλαν, οἷον εἰ ψῆφον, ⟨φορῶν⟩, | τῆς Καί- By 86
σαρος ἠξιοῦτο προσηγορίας. 5. Ὅθεν ἔτι καὶ νῦν τοῖς
εἰς βασιλείαν προαγομένοις οὐ πρότερον | τὰ ταύτης O 55
ἐπιτίθεται σύμβολα πρὶν στρεπτὸν τῷ τραχήλῳ περ-
ιθέντες αὐτῷ οἱ ἐν τέλει τῆς στρατιᾶς ἄξιον εἶναι τῆς
βασιλείας ἀποφήνωσιν, Καίσαρα δεικνύντες αὐτὸν καθά-
περ τὸν νέον Καίσαρα καὶ τῆς τοῦ πρώτου Καίσαρος
ἄξιον τιμῆς τε καὶ προσηγορίας. 6. Ὥσπερ γὰρ Πέρ|- Wü 57
σαις ἐστὶ νόμιμον τὸν ἐκ βασιλέως τεχθέντα προάγειν
ἑαυτοῖς εἰς βασιλείαν, οὕτω Ῥωμαίοις τοῖς τὸ πάλαι μὴ
τῷ τυχόντι ἀλλὰ μόνοις τοῖς ἐκ τῆς Καίσαρος σειρᾶς
κατιοῦσιν ἐγχειρίζειν τὸ κράτος. 7. Μέσος οὖν ἦν ὁ νέος
Καῖσαρ, μήτε τῆς ὅλης ἐπειλημμένος τοῦ κράτους
τιμῆς διὰ τοὺς κοινωνοὺς τῆς ἀρχῆς, μήτε μὴν ἀμοι-
ρῶν, τὸ δὲ πλέον ἔχων παρ' ἐκείνοις διὰ τὸ Καίσαρος
ἐπώνυμον, ὃ περιὼν ἔτι ὁ θεῖος αὐτῷ περιέθηκεν,
διάδοχον ἑαυτοῦ καταλεῖψαι ψηφισάμενος. 8. Ὡς δὲ
Λέπιδος μὲν ἐτελεύτα, Ἀντώνιος δὲ πρὸς Κλεοπάτραν
ἔρρεψεν, Φουλβίαν τὴν ἀδελφὴν τοῦ νέου Καίσαρος
συνοικοῦσαν αὐτῷ τὸ πρὶν ἀποπτύσας, Αἴγυπτόν τε

2 κολακείας O^2 edd. : -κίας O || 3 2 ἔσχεν O By : -χε Fu Be Wü || 4 Λέπιδον edd. : Λεπίδον O || 4 2 φορῶν suppl. Be^n Wü By : φέρων Fu^n || τῆς O Be Wü By : τοῖς O^2 Fu || 5 2 τὰ ταύτης Be Wü By : ταῦτά τις O Fu || 4 τέλει edd. : τελλει O || στρατιᾶς edd. : -τείας O || 6 2 μόνον post νόμιμον add. Kroll || 4 τοῖς By : οἷς O Fu ἦν Fu^n Wü om. Be || 5 τὸ edd. : τῶ O || 7 3 ἀμοιρῶν Be Wü By : ἄμοιρον O Fu ἄμοιρος Fu^n || 4 ἐκείνοις O Fu By : ἐκείνους Fu^n Be Wü || 5 ὃ O^2 Fu^n Be Wü By : om. O Fu || 6 ψηφισάμενος O^2 edd. : ψιφησ- O || 8 3 ἔρρεψεν By : ἔρρεψε Wü ἔρεψε O^2 Fu Be ἔρεψεν O || 4 αὐτῷ Fu Be By : αὐτῶ O αὐτοῦ Fu^n Wü.

troubles civils à Rome. Gonflé d'orgueil, il prit aussi lui-même le titre de " dieu ", lui qui peu auparavant affichait la modération, il accepta en hommage la consécration de temples, fit désigner en son honneur, comme s'il était un dieu intercalaire, un grand prêtre, en lui donnant le premier rang parmi les prêtres des dieux que l'on révérait à l'époque, et il usa de tous les insignes de son père, des armées, des personnels et des gardes du corps dont Romulus et ses successeurs jusqu'à eux avaient fait usage. Il se contenta de changer le commandant de cavalerie en un préfet qu'il honora d'un char superbe en argent et à qui il attribua un personnel civil sous ses ordres. Il l'appela de son propre nom Augustales : nous en parlerons un peu plus tard, dans la section sur le personnel des préfets[14]. 9. Ce fut avec douceur pourtant qu'il traita ses sujets, au point que les Romains disaient de lui dans leur langue maternelle : *utinam nec natus nec mortuus fuisset.* [Puisse-t-il n'avoir connu ni naissance ni mort]. On maudissait en effet sa naissance, parce qu'à lui seul il avait assis l'autorité des Césars et, pareillement, son décès tant pour la douceur qu'il avait montrée que pour la suppression des discordes intestines, car, après lui, il n'y eut plus de guerre civile qui se ralluma[15].

4. Il portait en temps de paix, en sa qualité de *pontifex*, mot équivalant à " archiprêtre du pont "[16], une toge pourpre, descendant jusqu'aux pieds, sacerdotale, ornée de javelots d'or, avec un vêtement pareillement pourpre, orné de cannelures d'or aux extrémités, et il se couvrait la tête, pour les raisons que j'ai données dans le traité de ma plume *Sur les mois*[17]. 2. En temps de guerre, il portait des

14. Renvoi à III **9** 2.

15. Sur l'histoire de ce mot et les sources, voir t. I, p. CCCLXXIV-CCCLXXVI.

16. Pour l'étymologie, voir t. I, p. DCCXVIII-DCCXXI.

17. Voir, en outre, Suét., *Aug.*, 82, 2 : *Solis vero ne hiberni quidem patiens, domi quoque non nisi petasatus sub divo spatiabatur.*

εἷλε μετ᾿ Ἀντωνίου καὶ τοὺς ἐμφυλίους ἔπαυσε θορύβους τῆς Ῥώμης, ὀγκωθεὶς καὶ αὐτὸς θεός τε ἐχρημάτισεν ὁ ἄρτι μετριάζων καὶ ναοὺς ὡσιωμένους πρὸς τιμῆς αὐτῷ ἀπεδέξατο καὶ ἀρχιερέα ὡσεὶ θεὸς ἐπεμβόλιμος προεχειρίσατο, πρῶτον αὐτὸν τῶν ἱερέων τῶν τότε νομισθέντων θεῶν ἀποδείξας, ἐπισήμοις τε πᾶσιν ἐχρήσατο, οἷς ὁ πατήρ, καὶ στρατείαις καὶ τάξεσι καὶ δορυφόροις, ὅσοις ὁ Ῥωμύλος τε καὶ πάντες οἱ ἀπ᾿ αὐτοῦ μέχρι τούτων ἐχρήσαντο, μόνον τὸν ἵππαρχον εἰς ἔπαρχον μεταβαλών, ὀχήματι τιμήσας ὑπερηφάνῳ ἐξ ἀργύρου πεποιημένῳ, καὶ τάξιν πολιτικὴν ἀπονείμας αὐτῷ πειθαρχεῖν, Αὐγουσταλίους ἐξ αὐτοῦ καλέσας αὐτούς, περὶ ὧν ἐν τῷ περὶ τῆς τάξεως τῶν ὑπάρχων | μικρὸν Wü 58 **ὕστερον ἐροῦμεν.** 9. **Ἠπίως δὲ ὅμως ἐχρήσατο τοῖς ὑπηκόοις, ὥστε τοὺς Ῥωμαίους εἰπεῖν ἐπ᾿ αὐτῷ τῇ πατρίῳ φωνῇ·** Utinam nec natus nec mortuus fuisset. **Ἀπηύχοντο γὰρ αὐτοῦ τὴν γένεσιν, ὅτι μόνος ἐστήριξε τὴν τῶν Καισάρων | ἡγεμονίαν | καὶ ὁμοίως τὴν τελευτὴν** By 88 O 55^{v} **διὰ τὸ ἤπιον ἅμα καὶ τὸ τῶν ἐμφυλίων στάσεων ἀναιρετικόν· οὐδὲ γὰρ μετ᾿ αὐτὸν ἐμφύλιος ἀνήφθη πόλεμος.**

4. Ἐχρῆτο δὲ στολῇ ἐπ᾿ εἰρήνης, οἷα ποντίφεξ, ἀντὶ τοῦ ἀρχιερεὺς γεφυραῖος, πορφυρᾷ, ποδήρει, ἱερατικῇ, χρυσῷ λελογχωμένῃ, ἀμφιβλήματι δὲ ὁμοίως πορφυρῷ, εἰς χρυσοῦς αὔλακας τελευτῶντι, τήν τε κεφαλὴν ἔσκεπε δι᾿ ἃς ἐν τῇ γραφείσῃ μοι Περὶ Μηνῶν πραγματείᾳ ἀποδέδωκα αἰτίας. 2. **Ἐπὶ δὲ τῶν πολέμων**

FONT. : **4** 1 4-6 *Mens.* I 20 p. 11, 4-5 Wü.

---

8 ὡσεὶ O^{2} Fu Be Wü : ωσει O ὡς εἰ By || 9 τῶν^{1} bis scr. O || 11 δορυφόροις O^{2} edd. : δωρ- O || 15 ἀπονείμας O^{2} edd. : ἀπονήμ- O || 16 Ἀγουσταλίους O || 9 3 Utinaminecatousecmoy Tuusfuisset O utinaminecatousei mortuus fuisset A.

4 1 2 πορφυρᾷ Fu^{n} Be Wü By : πορφύρας O Fu || ποδήρει edd. : -ρη O || 5 ἔσκεπε edd. : -πεν O || 6 πραγματείᾳ O^{2} edd. : -τία O || ἀποδέδωκα O^{2} edd. : -δοκα O.

paludamenta. Ce sont des manteaux écarlates à double drapement, en soie grège de premier choix, attachés aux épaules par une broche d'or incrustée d'une pierre précieuse : nous l'appelons *fibula* [fibule] comme en latin, mais au palais on la nomme aujourd'hui encore, dans un sens un peu particulier, *cornucopion* [corne d'abondance][18]. 3. Lors des banquets, il portait des *limbi* (ce sont des manteaux pourpres ordinaires descendant jusqu'aux pieds, avec des lignes sinueuses[19], et, sur les épaules, des *tabulamenta* en or, en d'autres termes, des pans de tissu à cannelures, en rehaussaient l'éclat), et des paragodes à *aurigammas*, c'est-à-dire des tuniques brodées de petits gammas en or, qui, depuis la bordure du pied et l'extrémité du vêtement, forment un motif en or pour l'endroit et le revers de la tunique. 4. Au sénat, il portait des casaques pourpres (comment eût-on pu envisager une autre couleur ?), mais qui, sur la bordure du pied, avaient comme ornements des dessins rectangulaires tout en or (les gens de la cour les appellent des *segmenta*, en d'autres termes, des chamarrures d'or, mais la masse, des *sementa*, d'après les casaques des personnes privées), *bracteolatae*, *gemmatae* et *lanciolatae*, c'est-à-dire couvertes de plaques d'or, incrustées de gemmes, ornées de pointes de lance et de tous les insignes propres à l'empire[20]. Trouvant superflu d'en offrir une description détaillée, je passe outre. L'ordonnance de mon récit m'amène dès lors à décrire celle qui fut autrefois la première des magistratures.

18. Nous ne connaissons pas d'autre occurrence du mot en grec. Suivant An. Bandy [(1983), p. 288], Fuss [(1820), p. 24] ferait allusion à la taille de la fibule. Fuss évoque simplement la forme (“ forma ”) de l'ornement. On ne cherchera donc pas ici une intention satirique.

19. An. Bandy [(1983), p. 288] a sans doute raison de ne pas corriger l'étrange masculin pluriel μαιανδριοις de O. Il signale à juste titre la locution κατὰ τὴν θερινὸν de *Prod.*, 21 p. 55, 14 W. Nous ne croyons pas toutefois que le rapprochement avec **4** 4-6 soit vraiment pertinent, car les neutres βραττεολάτοις … λογχωτοῖς s'accordent, sylleptiquement, avec le σήμεντα de la parenthèse.

παλουδαμέντοις· αἱ δέ εἰσι δίπλακες ἀπὸ κόκκου, πρωτείας μετάξης κλωστῆς, χρυσῇ περόνῃ λιθοκολλήτῳ ἀναρπαζόμεναι τοῖς ὤμοις, ⟨ἣν⟩ ἡμεῖς μὲν φίβουλαν ὡς Ἰταλοὶ καλοῦμεν, κορνουκόπιον δὲ ἰδίᾳ πως ἐν τοῖς βασιλείοις ἔτι καὶ νῦν λέγουσιν. 3. Ἐν δὲ ταῖς εὐωχίαις λιμβοῖς (πορφυροῖ δέ εἰσι τρίβωνες ποδήρεις Μαιανδρίοις γραμμαῖς, ἐπὶ ⟨δὲ⟩ τῶν ὤμων χρυσοῖς τουβουλαμέντοις, οἱονεὶ σωληνωτοῖς, ὑφάσμασι διαλάμποντες) καὶ παραγώδαις αὐριγάμμοις, ἀντὶ τοῦ χιτῶσι χρυσοῖς γαμματίσκοις ἀναλελογχωμένοις, ἀπὸ τῆς περὶ τοὺς πόδας ᾤας καὶ τελευτῆς τοῦ ἐσθήματος ἐξ ἑκατέρων τῶν πλαγίων εἰς γάμμα στοιχεῖον διαζωγραφοῦσι χρυσῷ | Wü 59 τὸν χιτῶνα. 4. Ἐν δὲ τῇ βουλῇ χλαμύσι, πορφυραῖς μέν (πῶς γὰρ οὐχί ;), πρὸς δὲ τὸ πέρας τῆς ποδήρους ᾤας γραμμαῖς τετραγώνοις δι᾿ ὅλου χρυσῷ κοσμουμέναις (σηγμέντα αὐτὰς ⟨οἱ⟩ τῆς αὐλῆς καλοῦσιν, ἀντὶ τοῦ χρυσόσημα· τὸ δὲ πλῆθος ἐπὶ τῶν ἰδιωτικῶν χλαμύδων σημέντα) βραττεολάτοις καὶ γεμμάτοις καὶ λαγκιολάτοις, ἀντὶ τοῦ χρυσοπετάλοις διαλίθοις καὶ λογχωτοῖς, καὶ τοῖς λοιποῖς τῆς βασιλείας ἐπισήμοις, περὶ ὧν κατὰ λεπτὸν ἀφηγεῖσθαι περιττὸν ὑπολαμβάνων πάρειμι, τοῦ λόγου με τὸ λοιπὸν ἐπὶ τὴν ἀφήγησιν τῆς ποτε πρώτης τῶν ἀρχῶν κατὰ τάξιν ἄγοντος. | O 56 By 90

2 3 περόνῃ O^2 edd. : -ρώνῃ O ‖ 4 ἀναρπαζόμεναι Be Wü By : ἀνασπαζόμεναι O^2 A Fu ἀναπαζ- O ‖ ἣν suppl. Wü By ‖ 5 κορνουκόπιον By : κορνοκ- O Fu Be Wü ‖ 3 2 Μαιανδρίοις O By : μαιανδρίαις Fu Be By ‖ 3 δὲ suppl. Fu^n Be Wü By ‖ τουβουλαμέντοις By e coni. Skutsch : τουβαλ- O Fu Be Wü τουμαλ- A ‖ 4 σωληνωτοῖς edd. : -νοτοῖς O ‖ 5 παραγώδαις OA Fu Be By : παραγαύδ- Wü ‖ χιτῶσι O^2 edd. : χειτ- O ‖ 6 γαμματίσκοις Be By : -τισκοῖς O Fu -τισκίοις Wü e coni. Be^n -τισμοῖς coni. dub. Be^n γαρματισκοῖς A ‖ 4 1 ἐν edd. : εἴη OA ‖ 4 αὐτὰς edd. : αὐταρ O ‖ οἱ suppl. edd. ‖ 6 βραττεολάτοις O By : -λάταις Fu Be Wü ‖ γεμμάτοις O By : -μάταις Fu Be Wü ‖ 7 λαγκιολάτοις By : -λάταις Fu Be Wü λακ- O ‖ 8 λογχωτοῖς O By : -ωταῖς Fu Be Wü ‖ 9 ἀφηγεῖσθαι O Wü By : -γήσασθαι Fu Be ‖ 10 πάρειμι O Wü By : παρίημι Fu Be.

De la préfecture du prétoire

5. Éminente était la position de la magistrature, qui ne cédait le pas qu'au sceptre seul ; son ombre indistincte, la seule qu'elle en semble encore préserver, peut fournir des signes suffisants pour la faire comprendre. En effet, la hauteur d'une situation se donne à comprendre jusque dans l'amoindrissement même qu'elle connaît. 2. Or, le temps est terrible et pour dévorer et pour saper tout ce qui est doté à la fois de génération et de corruption. 3. Mais l'empereur a une valeur si haute que tout ce qui s'est perdu dans le passé peut, grâce à lui, envisager une régénération.

6. Telle avait donc été, comme je viens de le dire, la progression des magistratures jusqu'à la prise du pouvoir par le premier César, quand, parvenu à la tête des affaires avec le concours de la Fortune, il altéra en profondeur toute la structure de l'État, ne laissant aux consuls rien d'autre que leur dénomination, prétendument pour marquer le comput. Quant il eut subordonné à sa personne l'armée dans sa totalité, il accorda à ses successeurs licence de mener à leur terme, soit par eux-mêmes (sauf s'ils privilégiaient la mollesse[21]) soit en recourant à des généraux de leur choix[22] ou à des lieutenants-généraux, ceux que les Romains appellent des *legati*, les guerres qui éclateraient ; il n'y eut que le commandant de cavalerie, qui était Lépide au temps où il était commandant unique, à qui il laissa[23] le pouvoir de sa magistrature avec une autorité accrue. Lorsque, après lui, Octavien César,

21. Le concept de τρυφή est malaisé à traduire. Pour la notion, voir *infra*, la note 71 à **16** 1.

23. Comme l'indique An. Bandy [(1983), p. 288], la leçon καταλεπτον de O résulte d'une mélecture d'onciales (Ι Π devenu ΠΤ), en sorte qu'il vaut mieux corriger en καταλείπων, et non καταλιπὼν comme les éditeurs précédents.

ΠΕΡΙ ΤΗΣ ᾿ΕΠΑΡΧΟΤΗΤΟΣ ΤΩΝ ΠΡΑΙΤΩΡΙΩΝ

5. Τὸ μὲν περίβλεπτον τῆς ἀρχῆς καὶ μόνῳ τῷ σκήπτρῳ παραχωροῦν καὶ ἐξ αὐτῆς τῆς ἀμυδρᾶς σκιᾶς ἣν ἔτι καὶ μόνην δοκεῖ διασῴζειν ἱκανοῖς ἄν τις καταλάβοι γνωρίσμασιν· πέφυκε γὰρ τὰ τῶν πραγμάτων ὑπέροπτα καὶ ἐξ αὐτῆς καταλαμβάνεσθαι τῆς ἐλαττώσεως. 2. **Δεινὸς δὲ ὁ χρόνος ἐκφαγεῖν τε καὶ ὑπεργάσασθαι τὰ γένεσιν ἅμα καὶ φθορὰν εἰληχότα.** 3. **Ἀλλ᾽ ἡ βασιλέως ἀρετὴ τοσαύτη τίς ἐστιν, ὥστε παλιγγενεσίαν δι᾽ αὐτοῦ τὰ πρὶν ἐξολωλότα καραδοκεῖν.**

6. Οὕτως οὖν τῶν ἀρχῶν ὡς ἔφθην εἰπὼν ἄχρι τῆς Καίσαρος τοῦ πρώτου ἐπικρατείας προελθουσῶν, αὐτὸς μετὰ τῆς Τύχης ἐπιστὰς τοῖς πράγμασι ξύμπαν ἐξηλλοίωσε τὸ πολίτευμα, ὑπάτοις μὲν μηδὲν παρὰ τὴν προσηγορίαν ἀπολιπών, εἰς μήνυμα τοῦ χρόνου δῆθεν· ὑφ᾽ ἑαυτῷ δὲ τάξας τὸν σύμπαντα στρατόν, δέδωκε | Wü 60 **τοῖς μετ᾽ αὐτὸν ἢ δι᾽ ἑαυτῶν (πλὴν εἰ μή γε τὸ τρυφᾶν προτιμῷεν) ἢ διὰ στρατηγῶν, ὧν ἂν θέλωσιν, ἢ δι᾽ ὑποστρατήγων, τῶν παρὰ Ῥωμαίοις λεγομένων ληγάτων, τοὺς ἐνισταμένους διεργάζεσθαι πολέμους, μόνῳ τῷ ἱππάρχῳ, ὃς ἦν αὐτῷ Λέπιδος μοναρχοῦντι, καταλείπων μετὰ μείζονος αὐθεντίας τὴν δύναμιν· ὃν μετ᾽**

---

tit. om. Be ‖ πραιτωρίων O^2 Fu Wü By : -τορίων O.

5 1 4 γνωρίσμασιν O^2 By : -σι O Fu Be Wü ‖ 3 2 ἀρετὴ edd. : ἀρετὴν O ‖ 3 ἐξολωλότα O^{2}A edd. : εξωλοτα O.

6 1 3 πράγμασι edd. : -σιν O ‖ ἐξηλλοίωσε edd. : -σεν O ‖ 5 ἀπολιπών O^2 edd. : ἀπολείπων O ‖ 6 δέδωκε edd. : -κεν O ‖ 7 τοῖς Fu^n Be Wü By : τοὺς O Fu ‖ αὐτὸν edd. : αὐτῶν O ‖ 8 προτιμῷεν Be Wü By : προτιμῶμεν O Fu ‖ θέλωσιν O^2 edd. : θέλου- O ‖ 9 ληγάτων edd. : -γάστων O ‖ 11 καταλείπων By : καταλιπὼν Fu^n Be Wü κατὰ λεπτὸν O Fu.

comme on l'a dit, se fut nommé un préfet, avec pour ressort non la cour seulement, mais aussi une armée entière et un personnel civil qu'il n'avait pas précédemment, à la suite d'une déformation légère due à un usage inattentif, on remplaça le nom de commandant de cavalerie (ἵππαρχος) par celui de préfet (ὕπαρχος)[24]. 2. Même à Rome (c'est aussi le seul endroit où l'usage est d'appeler la cour *palatium* [palais]), son titre usuel[25] était celui de préfet (ὕπαρχος) de César, c'est-à-dire de second après lui, mais dans les *castra* (c'est le nom habituel des camps chez les Romains en temps de guerre), celui de *praefectus praetorio*, en d'autres termes, de chef du prétoire ; car la résidence du général à l'étranger a pris chez eux le nom de *praetorium*, même si le hasard fait que César en personne y bivouaque. 3. Mais j'ai trouvé une nouvelle raison solide[26] pour laquelle à l'appellation de préfet on ajoute encore la qualification “ du prétoire ” (τῶν πραιτωρίων) : c'est de façon à introduire la magistrature dans la catégorie des relatifs et à lui conférer une élévation qui ne paraisse point dénuée d'estampille en raison d'une dénomination identique à celle du préfet de la Ville : ce dernier portait aussi de son côté le nom de préfet (ὕπαρχος), comme on l'a montré plus haut[27], alors que son appellation plus ancienne était *praetor urbanus* (πραίτωρ οὐρβανός)[28]. 4. En faisant hommage de ses *Vies des Césars* à Septicius, qui était préfet des cohortes prétoriennes de son temps, Tranquillus [Suétone] a bien

25. Comme l'indique à juste titre An. Bandy [(1983), p. 288], aucune correction ni ajout n'est nécessaire après le verbe principal ἐνόμιζε, car on supplée facilement le verbe qui manque. On ne le cherchera pas, toutefois, dans un hypothétique καλεῖσθαι, mais, tout simplement, dans un προσαγορεύεσθαι, qui se tire du προσηγορεύθη terminant la phrase précédente.

27. Voir déjà I **34** 3, mais surtout I **48** (texte perdu, cf. la table des matières).

αὐτὸν Ὀκταβιανὸς Καῖσαρ, ὡς εἴρηται, ὕπαρχον ἑαυτῷ οὐ τῆς αὐλῆς μόνης ἀλλὰ μὴν καὶ στρατιᾶς ἁπάσης καὶ πολιτικῆς τάξεως, ἣν οὐκ εἶχε πρότερον, ἀναδείξας, ὡς βραχὺ παρατραπείσης τῆς λέξεως ἐξ ἀφυλάκτου συνηθείας, ἀντὶ ἱππάρχου ὕπαρχος προσηγορεύθη. 2. Καὶ ἐπὶ μὲν τῆς Ῥώμης (ἐφ᾽ ἧς καὶ μόνης τὴν αὐλὴν παλάτιον καλεῖσθαι νόμος) ὕπαρχος τοῦ Καίσαρος ἐνόμιζεν, οἱονεὶ δεύτερος μετ᾽ ἐκεῖνον, ἐπὶ δὲ τῶν κάστρων (οὕτω δὲ τὰς ἐν πολέμῳ παρεμβολὰς Ῥωμαίοις ἔθος καλεῖν) πραίφεκτος πραιτωρίῳ, οἱονεὶ προεστηκὼς τοῦ πραιτωρίου· τὸ γὰρ στρατηγικὸν ἐπὶ ξένης κατάλυμα | πραιτώριον ἐκείνοις ἔδοξεν ὀνομάζειν, κἂν O 56^{v} εἰ τυχὸν αὐτὸν τὸν Καίσαρα αὐλίζεσθαι | ἐπ᾽ ἐκείνου By 92 συμβαίνῃ. 3. Ηὗρον δὲ καὶ στερεὰν αἰτίαν ἧς ἕνεκα τῇ τοῦ ἐπάρχου προσηγορίᾳ καὶ τὸ τῶν πραιτωρίων προστίθεται γνώρισμα, ὡς εἶναι τὴν ἀρχὴν τῶν πρός τι καὶ μὴ δοκεῖν ἀσήμαντον ἔχειν τὴν ἐξοχήν, συνώνυμον δὲ τῷ πολιάρχῳ, ὃν καὶ αὐτὸν ὕπαρχον ὀνομασθῆναι προδεδήλωται, πραίτωρα οὐρβαiνὸν τὸ πρὶν προσαγορευόμενον. Wü 61 4. Τράγκυλλος τοίνυν τοὺς τῶν Καισάρων Βίους ἐν γράμμασιν ἀποτείνων Σεπτικίῳ, ὃς ἦν ὕπαρχος τῶν πραιτωριανῶν σπειρῶν ἐπὶ αὐτοῦ, πραίφεκτον αὐτὸν

FONT. : **6** 4 1-5 Suet. p. 286 Roth.

14 στρατιᾶς O^2 edd. : -τείας O || 15 εἶχε edd. : -χεν O || 16 ὡς O Fu Be Wü : ὃς Wü || 2 2 καλεῖσθαι post Καίσαρος transpos. Wü || 3 ἐνόμιζεν O edd. : ἐχρημάτιζεν coni. dub. Be || οἷον εἰ By || 5 πραιτωρίῳ Fu^n Be : πραιτωρίων O^2 [-το- O] Fu Wü || 6 στρατηγικὸν O^2 edd. : στρατιγ- O ut vid. || 9 συμβαίνῃ O^2 Fu Be Wü : -νει O By || 3 1 στερεὰν O edd. : ἑτέραν O^2 A || 6 πραίτωρα O^2 Fu Be By : -τορα O Wü || τὸ edd. : τὰ O || 4 1 Τράγκυλλος Be Wü By : Τράκ- O Fu || 2 ἀποτείνων Fu By : ἀποτίνων Be Wü αποτινὼν O ἀπό τινος O^{2}A ὑποτείνων coni. dub. Be προτείνων coni. Kroll ἀνατείνων Morgan || Σεπτικίῳ e coni. Roth Wü By : Σεμπτιμίῳ O Fu Be Σεπτιμίου O^{2}A || 3 πραιτωριανῶν O^2 edd. : πραιτο- O || ἐπὶ O Wü By : ἐπ᾽ Fu Be || αὐτὸν O^2 edd. : -τῶν O.

montré qu'il exerçait la fonction de *praefectus* des troupes prétoriennes et de commandant des armées de bataille[29]. Aussi ne saurait-on tenir seulement pour correcte la dénomination de préfet de la cour — nous avons montré déjà la fréquence de l'emploi au singulier du mot pour *praetorium*, mais aussi au pluriel. On ne l'appelle pas seulement *praefectus* du *praetorium*, mais aussi des *praetoria*, en d'autres termes, chef des troupes prétoriennes, entendez des troupes, cohortes, armées ou forces.

7. Des explications causales de cet ordre, il ne serait pas hors de propos d'en donner sur la dénomination de la magistrature, qui est une manière d'océan pour les affaires du gouvernement dont proviennent " tout fleuve et toute mer ". Sortes d'étincelles projetées par un feu intarissable[30], les autres magistratures du gouvernement dépendent d'elle : oui, elle est vraiment la magistrature des magistratures, comme on le démontre. 2. Sans elle, les autres ne pourraient même pas exister du tout et, pareillement, ni elles ni celles qui leur sont subordonnées, c'est-à-dire en quelque sorte leur personnel, ne pourraient même se constituer, si la préfecture ne procurait leurs ressources à elles en même temps[31] qu'à ceux

30. Le texte des manuscrits est gravement corrompu. À la différence de Bandy [(1983), p. 97], nous ne voyons pas la nécessité d'introduire ici une image (ἀφθάρτου) renvoyant à un contexte philosophique. L'adjectif " intarissable " (ἀενάου) continue l'image de l'océan, tout en faisant oxymore. La conjecture de Wünsch ὑετοῦ va dans le même sens. Comme l'indique M.E. Amato, le passage paraît bien jouer sur un vers de Pindare (*P.* 1, 6) αἰενάου πυρὸς en sorte que l'image du volcan reste présente.

31. Comme le souligne avec pertinence An. Bandy [(1983), p. 290], le σύν que l'on trouve ici est employé comme adverbe. Le phénomène n'est pas rare dans la prose tardive. Le savant américain cite comme témoin un passage d'Athénée (II, 49 a) : εἰ μὴ τὴν Διογένους βακτηρίαν σὺν καὶ τὼ πόδε ἀριθμῶν οὗτος τρίποδα προσηγόρευσε.

τῶν πραιτωριανῶν ταγμάτων καὶ φαλάγγων ἡγεμόνα τυγχάνειν ἐδήλωσεν. Ὥστε οὐ μόνον ἄν τις λάβοι τὸν ὕπαρχον τῆς αὐλῆς, ἣν καὶ πραιτώριον πολλαχοῦ καλουμένην κατὰ τὸν ἑνικὸν ἀριθμὸν ἐδηλώσαμεν ἀλλὰ μὴν καὶ κατὰ τὸν πληθυντικὸν καλῶς ὠνομασμένον· οὐ μόνον γὰρ λέγεται πραίφεκτος πραιτωρίου ⟨ἀλλὰ καὶ πραιτωρίων⟩, οἷον εἰ ἡγεμὼν τῶν πραιτωριανῶν, ὑπακουομένου ταγμάτων ἢ σπειρῶν ἢ στρατευμάτων ἢ δυνάμεων.

7. Αἰτίας μὲν οὖν ἄν τις τοιαύτας οὐκ ἔξω λόγου ἐπὶ τῆς προσηγορίας τῆς ἀρχῆς ἀποδοίη, ἥτις καθάπερ ὠκεανός τις τῶν πραγμάτων τῆς πολιτείας ἐστίν,

ἐξ ἧσπερ πάντες ποταμοὶ καὶ πᾶσα θάλασσα.

σπινθῆρες γάρ τινες ὥσπερ ἀενάου πυρὸς αἱ λοιπαὶ τῆς πολιτείας ἀρχαὶ ἐκείνης, τῆς ἀληθῶς ἀρχῆς τῶν ἀρχῶν, δείκνυνται οὖσαι. 2. Οὐδὲ γὰρ εἶναι ⟨ἂν⟩ ἄνευ ἐκείνης δύναιντό ποτε, καθ' ὃν δὲ ⟨μηδὲ⟩ αὐταὶ μηδὲ μὴν αἱ | τελοῦσαι ὑπ' αὐτὰς ὡσανεὶ τάξεις τινὲς συνε- Wü 62
στάναι δύναιντο, μὴ τὴν δαπάνην αὐταῖς τε καὶ τοῖς σὺν αὐτῶν ἡγουμένοις χορηγούσης τῆς ἐπαρχότητος.

FONT. : **7** 1 4 Hom. Φ 196 *qui habet* ἐξ οὗπερ ‖ **7** 1 5 Pind. *P* 1, 6 αἰενάου πυρός.

---

4 πραιτωριανῶν O^2 edd. : πραιτο- O ‖ 6 πραιτώριον O^2 edd. : πραιτό- O ‖ 7 ἐδηλώσαμεν ante κατὰ — ἀριθμὸν (vv. 7-8) transp. Fu ‖ 9-10 ἀλλὰ καὶ πραιτωρίων suppl. By : ἀλλὰ καὶ πραίφεκτος πραιτωρίων Wü ‖ 10 ἡγεμὼν O Wü By : ἡγεμόνα Fu Be.

7 1 1 ἔξω λόγου O edd. : ἐξ ἀλόγου A ‖ 3 et 6 πολιτείας O^2 edd. : -τίας O ‖ 4 ἧσπερ O edd. : οὗπερ Fu^n ‖ 5 ἀενάου nos : ἀφθάρτου By ἀετοῦ O Fu Be ἐκ τοῦ A ὑετοῦ Wü ταυτοῦ Fu^n Αἰτναίου Be^n ‖ 6 ἀρχαὶ edd. : -χὰν O ‖ 2 1 ἂν Be^n suppl. Wü By ‖ 2 καθ' ὃν O Fu By : καθὸ Be Wü ‖ δὲ O Fu By : om. Be Wü ‖ μηδὲ suppl. By ‖ 3 ὡσανεὶ O Fu Be Wü : ὡς ἂν εἰ By ‖ 5 σὺν del. Fu^n Wü γοῦν Fu ‖ χορηγούσης Be Wü By : χωρηγ- Fu χοριγ- O.

qui leur commandent. 3. Il en va de même pour un particulier entré en possession d'un objet en argent. Il le détient, non pour l'avoir acquis de ses propres deniers mais pour en avoir hérité ; tombé bientôt dans la pauvreté, il met l'objet en pièces. Il n'a cure ni de sa solidité ni de sa beauté, mais il a de quoi fabriquer une foule de petits objets de pacotille, en imaginant tirer beaucoup d'argent d'une camelote ou un objet très grand et ancien d'un seul[32]. Ainsi, quand la magistrature suprême fut tombée en pièces surgit en foule une floraison, peut-être superflue, de magistratures. La Fortune avait signifié plus nettement son déplaisir au poète qui a dit (B 204) : “ Il ne vaut rien d'avoir plusieurs chefs : qu'il n'y ait qu'un seul chef ”. 4. Ceux que l'on appelle les chefs d'armée doivent à l'antiquité le rang de “ comtes ” seulement (de ce fait, c'est aussi sous le nom de *comitiani* que l'Antiquité connaît les chefs d'armée en second[33] ; 5. ces comtes, ce sont les amis et compagnons de voyage dans la langue italienne, et le *comitatus* simplement la suite de voyage de l'empereur) ; quant au département de celui que l'on appelle le “ magister ”, il n'est pas une magistrature reconnue comme telle ; il est très grand cependant et, dans son essor, il atteint un niveau proche de celui des préfets tant pour le rang que pour le pouvoir. 6. J'en parlerai vers la fin de la présente recherche[34]. On ne doit pas, en raison de sa nouveauté relative, le compter au même rang que les magistratures plus anciennes, mais lui donner la place que le temps lui a concédée.

32. An. Bandy [(1983), p. 290] propose une explication de la phrase passablement embrouillée. Pour lui, le verbe φαντάζεται serait suivi d'une proposition infinitive dont le sujet serait μέγιστον (...) καὶ ἀρχαῖον (σκεῦος) et le complément d'objet direct πολὺν ἄργυρον. Πολὺν aurait la valeur du comparatif πλείονα. On ne dira pas que le naturel y gagne. Jean le Lydien donne en somme une définition de l'inflation.

34. Renvoi explicite à II **24** 2-4.

3. Ὃν γὰρ τρόπον τις σκεῦος μέγιστον ἐξ ἀργυρίου
πεποιημένον οὐκ ἐξ ἑαυτοῦ ἀλλ᾽ ἐκ προγόνων ἔχει
κεκτημένος, | εἶτα πρὸς πενίαν ὑποσυρόμενος καταλύει By 94
μὲν τὸ σκεῦος, ὀλίγα φροντίσας | ἰσχύος τε καὶ κάλ- O 57
λους, πολλὰ δὲ καὶ ἀσθενῆ ἐξ αὐτοῦ σκευῦφια κατασ-
κευάζων πολὺν ἄργυρον ἐξ εὐτελείας ἢ μέγιστον ἐξ
ἑνὸς καὶ ἀρχαῖον ἔχειν φαντάζεται· οὕτως, τῆς μεγί-
στης ἀρχῆς καταλυομένης, πολλαί τινες καὶ τάχα περ-
ιτταὶ μεγίστης ἀρχῆς καταλυομένης, πολλαί τινες καὶ
τάχα περιτταὶ ἀνέφυσαν ἀρχαί, μᾶλλον τῆς Τύχης
ἀπαρεσθείσης τῷ ποιητῇ εἰπόντι οὐκ ἀγαθὸν πολυκοι-
ρανίη, εἷς κοίρανος ἔστω. 4. Οἱ μὲν γὰρ λεγόμενοι
στρατηλάται τὴν τῶν κομίτων ἔχουσιν ἐκ τῆς ἀρχαιότ-
ητος καὶ μόνην τιμήν (ταύτῃ καὶ κομιτιανοὺς τοὺς δευ-
τεροστρατηλατιανοὺς ἡ παλαιότης οἶδεν. 5. Κόμιτας
δὲ τοὺς φίλους καὶ συνεκδήμους Ἰταλοὶ λέγουσι καὶ
κομιτᾶτον ἁπλῶς τὴν βασιλέως συνοδίαν), ἡ δὲ τοῦ
λεγομένου μαγίστρου φροντὶς ἀρχὴ μὲν οὐκ ἔστιν
οὕτως ἐγκεκριμένη, μεγίστη δὲ ὅμως, καὶ ἐγγὺς τῆς
ὑπάρχων ἀνίπταται τιμῆς τε καὶ δυνάμεως. 6. Περὶ ἧς
πρὸς τῷ τέλει τῆσδε τῆς ἱστορίας ἐρῶ· δεῖ γὰρ αὐτὴν
νεωτέραν οὖσαν μὴ ταῖς πρεσβυτέραις τῶν ἀρ|χῶν Wü 63
συναριθμεῖν, δοῦναι δὲ αὐτῇ χῶρον, ὃν ὁ χρόνος αὐτῇ
παρεχώρησεν.

FONT. : 3 11-12 Hom. B 204.

3 2 πεποιημένον O^2A edd. : πεποιημένου O^1 || 6-7 ἐξ ἑνὸς O edd. : ἐξ εὐτελείας ἢ μέγιστον ἐξ ἑνὸς A || 10 ἀνέφυσαν O [ἀνε-] edd. : ἀνεφύησαν O^2 Be^n || 11 ἀγαθὸν O^2 edd. : ἀθὸν O || πολυκοιρανίη O^2 edd. : πολλοὶ κυραννοι O πολὺ κοιραννῇ O^2 || 12 κοίρανος edd. : κορ- O κοιρ- O^2 || 4 2 κομίτων O^2 Wü By : κομή- Fu Be –ιτῶν O || 3 μόνης coni. Fu || κομιτιανοὺς O Wü By : κομη- Fu Be || 5 1 κόμιτας O Wü By : κομη- Fu Be || 3 κομιτᾶτον Wü By : -τάτον Fu Be –ταπον O || 5 ἐγκεκριμένη O^2 Wü By : ἐγκεκρυμμένη O Fu Be ἐκκεκριμένη Be^n || 6 2 τῷ τέλει Wü By : τὸ τέλος O Fu Be || 4 συναριθμεῖν O^2 edd. : συαρ- O.

8. La dignité de consul est sortie du lot[35] cependant et elle a dépassé toutes les magistratures, inférieure qu'elle est en puissance à la préfecture, mais supérieure à elle dans la hiérarchie. La préfecture dirige le gouvernement dans sa totalité, sans rien lui fournir de son propre fonds, mais en conduisant l'administration du trésor public ; l'autre fait pleuvoir sur les citoyens, à la manière de flocons de neige, une richesse inépuisable qu'elle tire de son propre fonds, donne son nom au temps de l'année et écarte des contrats tout risque de malfaçon : elle n'endosse plus désormais les charges de la guerre, mais elle est comme la mère garantissant la liberté de Rome. 2. Elle est l'adversaire de la tyrannie, et quand l'une est au pouvoir, l'autre ne subsiste pas. Aussi, du jour où Brutus, le défenseur de la chasteté[36] et le champion de la liberté, eut conféré tout son éclat à la dignité consulaire, Tarquin le tyran se trouva supprimé. 3. En raison des redressements qu'il imposa dans les affaires et des dons qu'il fit à ses sujets, celui qui est à la fois notre père et notre empereur très clément est un consul aussi longtemps qu'il est en exercice, mais par la vertu de l'investiture, il le devient encore chaque fois qu'il entend[37] rehausser sa fortune en faisant de la dignité de consul un grade plus élevé que l'empire.

9. Comme on l'a dit précédemment, à l'origine ce fut au sceptre seulement qu'à l'origine la magistrature céda le pas[38] : la dignité qu'elle avait reçue était l'égale de la sienne, on peut le saisir d'emblée d'après la position que prenait l'empire. 2. Lors des réunions du Conseil (elles se

35. A. Heisenberg [*BZ*, 13 (1904), p. 222] estime que la forme de O devrait être maintenue sans correction. Pourtant, on a souvent fait observer que la morphologie de Jean le Lydien était somme toute classique. À notre sens, il n'y a pas de raison d'introduire ici une forme attestée en grec byzantin d'époque ultérieure. Le -ε- résulte d'une faute régressive à la copie. On constate le même phénomène en III **7** 6 5 (προαπεδεδώκαμεν O).

8. Ἐξῄρηται δὲ ὅμως καὶ πάσας ἀναβέβηκε τὰς ἀρχὰς ἡ ὕπατος τιμὴ καὶ τῇ μὲν δυνάμει τῆς ἐπαρχότητος μείων, τῇ δὲ τιμῇ μείζων. ἡ μὲν γὰρ τὴν ὅλην διέπει πολιτείαν, οἴκοθεν μὲν οὐδὲν παρέχουσα, τὸ δὲ δημόσιον διοικοῦσα· ἡ δὲ πλοῦτόν τε βαθὺν οἴκοθεν νιφάδων δίκην ἐξαυλακίζει τοῖς πολίταις καὶ τῷ χρόνῳ τὴν προσηγορίαν χαρίζεται κἀκ πλάνης ἀπαλλάττει τὰ συναλλάγματα, πολέμους μὲν τὸ λοιπὸν οὐκ ἀναδεχομένη, μήτηρ δὲ ὥσπερ τῆς Ῥωμαίων ἐλευθερίας τυγχάνουσα. 2. Ἐναντίως γὰρ ἔχει πρὸς τυραννίδα καί, κρατούσης ἐκείνης, οὐχ ὑφίσταται· τοιγαροῦν ἅμα Βροῦτος ὁ τῆς σωφροσύνης ἔκδικος καὶ τῆς ἐλευθερίας ὑπέρμαχος τὴν ὕπατον ἐξέλαμψε τιμήν, ἅμα Ταρκύνιος ὁ τύραννος ἀπωλώλει. 3. Ὁ δὲ ἡμέτερος πατήρ τε ἅμα | By 96
καὶ βασιλεὺς ἡμερώτατος ταῖς μὲν ἐπανορθώσεσι τῶν πραγμάτων καὶ δωρεαῖς | τῶν ὑπηκόων ὕπατός ἐστιν O 57v
ἐφ' ὅσον ἐστίν, τῇ δὲ στολῇ γίνεται ὅταν κοσμεῖν τὴν τύχην ἐθελήσοι, βαθμὸν ἀνώτερον βασιλείας τὴν ὕπατον τιμὴν ὁριζόμενος.

9. Ὅτι δὲ κατὰ τὸ πρόσθεν εἰρημένον μόνῳ τῷ σκήπτρῳ ἀνέκαθεν ἡ ἀρχὴ παρεχώρησεν, τὴν ἴσην ἐκείνῳ λαχοῦσα τιμήν, ἄντικρυς ἐκ τῆς βασιλείας ἔστι λαβεῖν. 2. Συναγομένης γὰρ τῆς βουλῆς (πάλαι μὲν ἐν τοῖς

---

8 1 1 ἀναβέβηκε edd. : ἀνεβεβέβηκεν O || 4 παρέχουσα OA : παρασχοῦσα legisse primum videt. A || 7 κἀκ πλάνης By : κἄπλανης O καὶ πλάνης O^2 Fu Be Wü || 8 συναλλάγματα edd. : συναλά- O || 2 4 ἐξέλαμψε edd. : -ψεν O || 5 ἀπωλώλει O Wü By : ἀπολ- Fu Be || 3 2 ἐπανορθώσεσι edd. : -σιν O || 4 ἐστίν O^2 By : ἐστί O Fu Be Wü || τῇ δὲ στολῇ O edd. : τὴν συστολὴν A || 5 ἀνώτερον edd. : -τεροι O || 6 ὁριζόμενος O edd. : ὁρισάμενος A.

9 1 1 μόνῳ edd. : μόνω O^2 μόνως O || 2 παρεχώρησεν O^2 By : -σε Fu Be Wü || ἐκείνῳ edd. : ἐκεῖνο O || 3 ἐκ τῆς βασιλείας O edd. : ἐκ τῆς βουλῆς coni. dub. Be^n || ἔστι O^2 edd. : ἔστιν O.

tenaient autrefois dans le palais du *senatus*, en d'autres termes, l'assemblée des Vieux, mais aujourd'hui au Palais), les chefs de la fonction publique s'avancent assez loin des sièges qui leur sont réservés pour recevoir, genou en terre, la magistrature[39] ; elle les gratifie d'un baiser à leur approche afin de marquer sa sollicitude pour l'administration. Et le César lui-même, en d'autres termes l'empereur des Romains, quitte le palais impérial et s'avance à pied en personne (δι' ἑαυτοῦ) pour recevoir le magistrat. Dès que celui-ci se trouve lui-même[40] à l'intérieur, toute la garde n'autorise aucune des magistratures à y entrer après lui, et, après la dissolution de l'assemblée, ne permet à aucun des membres du Conseil de se retirer avant la magistrature. 3. Et l'usage se conserva dans toute sa rigueur jusqu'au temps de Théodose le Jeune : parce qu'il était jeune et n'avait pas la force pour s'avancer en personne (δι' ἑαυτοῦ), conformément à l'usage, afin de rendre hommage à la magistrature, il décida de faire dresser une effigie pour recevoir le préfet à sa place. 4. Et, suite à une altération de la prononciation correcte, le peuple appelle le sceptre *persicion*, parce que la locution " en personne " (δι' ἑαυτοῦ) se dit *per se* en latin[41]. 5. C'est là un hommage auquel a droit aussi le gardien de la Ville : à cause de l'identité de nom avec le magistrat supérieur, il a été gratifié d'un hommage égal. 6. Le préfet portait à l'origine un poignard à la ceinture, en tant qu'il détenait aussi le pouvoir des armes ; c'est bien ce qu'aujourd'hui l'on peut constater de ses propres yeux si, amateur d'antiquités, pendant la traversée vers Chalcédoine[42], on examine de près la

39. L'abstrait ἐπαρχότης est employé par métonymie pour le concret ὕπαρχος. Voir encore III **23** 3 ; **29** 1 ; **30** 4.

40. Comme l'indique à juste titre An. Bandy [(1983), p. 290-291], il faut s'abstenir de corriger le αυτοῦ du manuscrit O en αὐτῷ, comme l'on fait les éditeurs précédents, pour en faire un anaphorique régi par la préposition ἅμα. En fait, αὐτοῦ équivaut au latin *ipsius* et se rapporte à οὗ, qui est un relatif de liaison. Le personnage principal de la cérémonie est bien le préfet du prétoire.

**καλουμένοις σενάτοις, οἱονεὶ γερουσίαις, καθ᾽ ἡμᾶς ⟨δ'⟩
| ἐπὶ τοῦ παλατίου), οἱ τῶν ἐκεῖ πρωτεύοντες στρα- Wü 64
τευμάτων, προϊόντες πορρωτέρω τῶν οἰκείων ἑδρῶν, ἀποδέχονται γονυπετεῖς τὴν ἐπαρχότητα· ἡ δὲ φιλήματος ἀξιοῖ προσιόντας αὐτοὺς εἰς θεραπείαν τοῦ στρατοῦ· καὶ αὐτὸς δὲ ὁ Καῖσαρ, οἷον εἰ τῶν Ῥωμαίων βασιλεύς, τῆς βασιλείας ἐκλείπων, πρόσεισιν ἐκ ποδὸς δι᾽ ἑαυτοῦ ἀποδεχόμενος τὸν ἄρχοντα· οὗ ἔνδον ἅμα αὐτοῦ γενομένου, φυλακὴ πᾶσα μηδεμίαν μετ᾽ αὐτὸν εἴσω γενέσθαι τῶν ἀρχῶν συγχωροῦσα, ἀλλ᾽ οὐδέ, διαλυθέντος τοῦ συλλόγου, πρὸ αὐτῆς ἀναχωρεῖν τινα τῶν ἐκ τῆς βουλῆς ἐπιτρέπουσα. 3. Καὶ τοῦτο ἐγκρατῶς ἐφυλάχθη ἄχρι τῶν Θεοδοσίου τοῦ Νέου καιρῶν, ὅς, ἐπεὶ νέος ἦν καὶ δι᾽ ἑαυτοῦ προϊὼν κατὰ τὸ συνειθισμένον τὴν τιμὴν προσφέρειν οὐκ ἴσχυε τῇ ἀρχῇ, εἰκόνα στήσας ὥρισεν ἀντ᾽ αὐτοῦ ἀποδέχεσθαι τὸν ὕπαρχον. 4. Καὶ τραπείσης τῆς ὀρθῆς ἐκφωνήσεως περσίκιον τὸ σκῆπτρον ὁ δῆμος καλεῖ, ὅτι πέρ ση κατὰ Ῥωμαίους τὸ "δι᾽ ἑαυτοῦ" λέγεται. 5. Ταύτης δὲ τῆς τιμῆς καὶ ὁ τῆς πόλεως φύλαξ ἀπολαύει διὰ τοῦ μείζονος ἄρχοντος τῇ ὁμωνυμίᾳ τῆς ἰσοτιμίας ἀξιωθείς. 6. Ξίφος δὲ διεζώννυτο ἀνέκαθεν ὁ ὕπαρχος, οἷα καὶ τῶν ὅπλων
ἔχων τὴν δύναμιν· | καὶ τοῦτο δυνατὸν αὐταῖς ὄψεσιν O 58
ἐπὶ τοῦ παρόντος εὑρεῖν εἴ γέ τις φιλάρχαιος ὢν ἐπὶ τὴν Καλχηδόνα περαιωθεὶς τὴν Φιλίππου τοῦ ὑπάρχου**

---

2 2 σενάτοις O edd. : coni. σενάτῳ Fu ‖ δ' suppl. Fu^n Be Wü By ‖ 4 πορρωτέρω edd. : -τέρωι O ‖ 6 αὐτοὺς Fu^n Be Wü By : αὐτοῖς OA Fu ‖ 8 τῆς βασιλείας O Fu Be By : τὴν βασιλείαν Fu^n Wü ‖ 9 δι᾽ ἑαυτοῦ ἀποδεχόμενος post βασιλεὺς et post ποδὸς (v. 8) scrips. O ‖ 10 αὐτοῦ O Fu By : αὐτῷ Fu^n Be Wü ‖ 12 αὐτῆς O Fu By : αὐτοῦ Fu^n Be Wü ‖ 3 3 συνειθισμένον O^2 edd. : συνηθ- O ‖ 4 ἴσχυε O Fu Be Wü : -υεν O^2 -σε By ‖ 4 2 πέρ ση Wü By : περ ση O Fu Be πέρσικα O^2 A ‖ 5 2 μείζονος O^2 edd. : -ζωνος O ‖ 3 τῇ ὁμωνυμίᾳ OA Fu Be : τὴν ὁμωνυμίαν Wü coni. dub. Be^n ‖ 6 1-2 δὲ διεζώννυτο OA By : δὲ ἐζώννυτο Fu Be Wü ‖ 5 περαιωθεὶς O^2 edd. : περεω- O.

statue du préfet Philippe[43]. 7. Les Romains appellent *sica* l'épée portée sous la ceinture, d'où *sicarii* le nom que l'on donne aux bouchers, et *sicata* celui du plat fait de viandes découpées en menus morceaux[44].

10. Mais " tout ce qui a reçu un commencement a une fin ", selon l'expression poétique[45]. 2. En effet, Constantin avait, en même temps que sa Fortune[46], délaissé Rome et, par un décret de l'empereur, les forces qui montaient la garde sur l'Ister avaient été dispersées en Asie Mineure : le trésor public eut dès lors à essuyer la perte de la Scythie, de la Mysie[47] et des impôts qu'on y levait, tandis que les barbares d'au-delà de l'Ister, sans opposition de quiconque, déferlaient sur l'Europe. Or, les peuples de l'Est avaient subi depuis longtemps le poids de taxes démesurées. Il devint nécessaire que le préfet n'exerçât plus son commandement à la cour et sur les forces en armes (l'une alla à celui que l'on appelle le *magister*, les autres furent dévolues aux généraux récemment mis en place) mais que, à la tête du gouvernement de l'Orient en plus de l'Asie Mineure et des régions attenantes, il prît dorénavant le titre de préfet d'Orient. 3. Ce fut néanmoins un dépeçage que, mise à mort jour après

43. Sur l'identification du personnage, voir t. I, p. DCCXXXVII-DCCXXXVIII.

45. Ce fragment (élément b 1 d'un hexamètre dactylique ?) est d'origine inconnue. À notre connaissance, il n'a pas été repris dans un recueil approprié.

46. Il s'agit de la Fortune de l'empereur, voir D. C., XLIV, 6, 1 ; LVII, 8, 3 ; J., *A. J.*, XVI, 344. Pour un commentaire historique du passage, voir *supra*, p. LXXII.

47. Naturellement, il faut entendre qu'il s'agit de la Mésie, région occupée normalement par les Bulgares, appelés Μυσοί. Ici, le toponyme remplace un ethnonyme. Voir A. Kazhdan, art. *Moesia*, dans *ODB*, p. 1389 ; P. Stephenson, (2000), p. 78-79.

εἰκόνα καταμάθοι. | 7. Σῖκαν δὲ τὸ ὑποζώνιον ξίφος By 98
Ῥωμαῖοι καλοῦσιν, ἐξ οὗ σικαρίους τοὺς κρεουργούς, | Wü 65
καὶ σικᾶτα τὴν ἐκ σαρκῶν εἰς λεπτὰ κατακοπεῖσαν ἐδωδήν.

10. Ἀλλ'

" ἀρχὴν ὅσσα λέλογχεν ἔχει τέλος ",

τὸ ποιητικὸν εἰπεῖν. 2. Κωνσταντίνου γὰρ μετὰ τῆς Τύχης τὴν Ῥώμην ἀπολιπόντος καὶ τῶν δυνάμεων ὅσαι τὸν Ἴστρον ἐφρούρουν ἐπὶ τὴν κάτω Ἀσίαν ψήφῳ τοῦ βασιλέως διασπαρεισῶν, Σκυθίαν μὲν καὶ Μυσίαν καὶ τοὺς ἐξ ἐκείνων φόρους ἐζημιώθη τὸ δημόσιον, τῶν ὑπὲρ Ἴστρον βαρβάρων μηδενὸς ἀνθισταμένου καταtρεχόντων τὴν Εὐρώπην· τῶν δὲ πρὸς τὴν ἕω παρὰ τὸ πάλαι δασμοῖς οὐ μετρίοις βαρυνθέντων, ἀνάγκη γέγονε τὸν ὕπαρχον μηκέτι μὲν τῆς αὐλῆς καὶ τῶν ἐν ὅπλοις ἄρχειν δυνάμεων (τῆς μὲν τῷ λεγομένῳ μαγίστρῳ παραδοθείσης, τῶν δὲ τοῖς ἄρτι κατασταθεῖσι στρατηγοῖς ἐκτεθεισῶν), τὴν δὲ ἀνατολὴν πρὸς τῇ κάτω Ἀσίᾳ καὶ ὅσα ταύτης διοικοῦντα, τὸ λοιπὸν τῆς ἀνατολῆς χρηματίζειν ὕπαρχον. 3. Διεσύρη δὲ οὐδὲν ⟨ἧττον θανατῶσα καθ' ἑκάστην ἡ⟩ τῆς ἀρχῆς δυναστεία

FONT. : **10** 1 2 Poet. ign.

---

7 1 σῖκαν Wü By : σίκαν O σίκην Be σικὴν Fu || 3 σικᾶτα Wü By : σικάτα Fu Be σίκατα O^{2}A σικατα O σικευτα O^{mg}.

10 1 2 ὅσσα Wü By e coni. Be^n : ὅσα Fu Be ὅσω O ὅσῳ A || 2 2 ἀπολιπόντος O^2 edd. : ἀπολεί- O || 7 τὴν^2 om. A || 9 γέγονε O^2 edd. : -νεν O || μηκέτι O^2 edd. : -κέτη O || 11 παραδοθείσης O Be Wü By : -δωθείσης Fu || κατασταθεῖσι O^2 edd. : -θεῖσιν O || 12 ἐκτεθεισῶν edd. : ἐκταθ- O || τῇ edd. : τὴν O || 13 διοικοῦντα edd. : -νται O A || 3 2 ἧττον θανατῶσα καθ' ἑκάστην ἡ suppl. Wü By coll. III **40** 2 1-2 : ἧττον ἡ Fu Be.

jour, subit la magistrature dans l'exercice de son pouvoir, jusqu'au temps d'Arcadius, le père de Théodose le Jeune : sous son règne, il advint que son préfet, Rufin, surnommé l' " insatiable ", qui avait visé à s'emparer du pouvoir[48], échoua — tout bénéfice pour le bien commun — dans son objectif, et jeta la magistrature dans l'abîme. 4. Aussitôt en effet l'empereur dépouilla la magistrature de la puissance qu'elle devait aux armes, puis du département des *fabricae*, c'est-à-dire des manufactures d'armement, de la poste publique et du reste des prérogatives qui constituent ce que l'on nomme le *magisterium*[49]. 5. Mais il n'était point pratique que le préfet eût à charge dans les provinces tout l'entretien des chevaux de la poste publique et du personnel des relais, alors que d'autres détiendraient l'autorité et l'administration correspondantes : on prit donc un arrêt de loi qui donna la haute main au préfet sur le département de la poste publique, tandis qu'au premier des *frumentarii* (on l'appelle parfois aujourd'hui *princeps*) on attribua droit de présence permanente à la cour de justice du préfet du prétoire, et mission d'y fureter et d'examiner à fond les raisons pour lesquelles une foule de gens ont obtenu de la magistrature ce que l'on appelle des passeports pour user de la poste publique (de ce fait, on lui a donné aussi le nom de *curiosus* [espion], mis pour " fureteur " [περίεργος], et pas à lui seulement, mais aussi à tous ceux qui, même dans les provinces, forment le personnel des relais postaux)[50] : celui que l'on appelle le *magister* revêt aussi de son seing les passeports autorisant les courses[51]. 6. Il

48. Le passage fait l'objet d'une brève indication dans la marge de droite : Ἀρκαδίου Ῥουφῖνος τύραννος.

49. Pour des expressions semblables, voir II **25** 3 ; III **40** 4.

50. Pour tout ceci, voir *supra*, p. CCLXXV-CCLXXVIII. Les συνθήματα sont l'équivalent des *evectiones*.

ἄχρι τῶν Ἀρκαδίου, τοῦ πατρὸς Θεοδοσίου τοῦ Νέου, καιρῶν, ἐφ᾽ οὗ συμβέβηκε Ῥουφῖνον τὸν ἐπίκλην ἀκόρεστον, ὃς ἦν ὕπαρχος αὐτῷ, τυραννίδα μελετήσαντα τοῦ μὲν σκοποῦ ὑπὲρ λυσιτελείας τῶν κοινῶν ἐκπεσεῖν, εἰς βάραθρον δὲ τὴν ἀρχὴν καταρρῖψαι. 4. Αὐτίκα μὲν γὰρ ὁ βασιλεὺς τῆς ἐκ τῶν ὅπλων ἰσχύος ἀφαιρεῖται τὴν ἀρχήν, εἶτα τῆς τῶν λεγομένων φαβρικῶν, οἷον εἰ ὁπλοποιϊῶν, φροντίδος, τῆς τε τοῦ δημοσίου δρόμου καὶ πάσης ἑτέρας δι᾽ ὧν τὸ λεγόμενον | συνέστη | O 58^{v} Wü 66 μαγιστέριον. 5. Ὡς δὲ δύσεργον ἦν ἀποτρέφειν μὲν τὸν ὕπαρχον ἀνὰ τὰς ἐπαρχίας τοὺς δημοσίους ἵππους καὶ τοὺς αὐτοῖς ἐφεστῶτας, ἑτέρους δὲ κεκτῆσθαι τὴν ἐπ᾽ αὐτοῖς ἐξουσίαν τε καὶ διοίκησιν, νόμος ἐτέθη θεσπίζων, ἀντέχεσθαι μὲν τὸν ὕπαρχον τῆς τοῦ δημοσίου δρόμου φροντίδος, τὸν πρῶτον μέντοι τῶν φρουμενταρίων (πρίγκιπα αὐτὸν σήμερον συμβαίνει | ⟨καλεῖ- By 100 σθαι⟩) παρεῖναι διὰ παντὸς τῷ δικαστηρίῳ τοῦ τῶν πραιτωρίων ὑπάρχου καὶ πολυπραγμονεῖν καὶ τὰς αἰτίας ἐξερευνᾶν ὧν ἕνεκα πολλοὶ ποριζόμενοι παρὰ τῆς ἀρχῆς τὰ λεγόμενα συνθήματα τῷ δημοσίῳ κέχρηνται δρόμῳ (ταύτῃ καὶ κουριῶσος ὠνομάσθη, ἀντὶ τοῦ περίεργος· καὶ οὐκ αὐτὸς μόνος ἀλλὰ καὶ πάντες ὅσοι κἀν ταῖς ἐπαρχίαις τοῖς δημοσίοις ἐφεστήκασιν ἵπποις), προϋπογράφοντος τοῖς ἐπὶ τῶν δρόμων συνθή-

4 συμβέβηκε O^2 Fu Be Wü : -κεν O By || 7 καταρρῖψαι O^2 edd. : -αριψαι O || 4 2 ὅπλων edd. coll. III **40** 3 2 : πολλῶν O || ἀφαιρεῖται O^2 edd. : ἀφερ- O || 3 φαβρίκων OA || 4 ὁπλοποιϊῶν O^2 Fu Wü By : -ποιιῶν Be -ποιειῶν O -ποιῶν A || 5 inter πάσης et ἑτέρας spat. vac. ca. 8 litt. relic. O || 6 μαγιστέριον edd. : μαγεσ- O || 5 1 ἀποτρέφειν edd. : ἀποστ- O || 2 ἀνὰ τὰς O^2 edd. : ἀναστὰς O || 6 μέντοι edd. : μὲν O || 7 καλεῖσθαι suppl. edd. coll. III **40** 4 8 || 8 πραιτωρίων O^2 edd. : πραιτορ- O || 9 πολυπραγμονεῖν O^2 edd. : -μονῆν O || 12 κουριῶσος Wü By : -ρίωσος Fu Be -ρίως σός O -ριωσσὸς A || ὠνομάσθη O^2 edd. : ὀνο- O || 14 ἐπαρχίαις edd. : -χειαις O || 15 προϋπογράφοντος Fu^n Wü coll. III **40** 4 : προσεπιγράφοντος O Fu Be προσυπογράφοντος By || συνθήμασι O^2 edd. : -σιν O.

en va bien ainsi, comme on peut l'entendre dans les termes même de la disposition qui figure dans le vieux *Code Theodosien*[52], mais a été omise dans le nouveau.

11. Ainsi donc, tandis que, comme degré par degré, la magistrature s'effondrait, pour les registres militaires, l'empire les mit sous le contrôle de ceux que l'on appelait alors comtes et généraux, pour les régiments servant au palais, sous celui du chef des forces de la cour : c'est vers la fin de mon exposé, comme je l'ai promis, que j'en parlerai[53]. 2. Il est devenu lui aussi un commandant d'importance non négligeable, comme ceux que l'on nomme " maîtres de milice " (στρατηλάται) : c'est le résultat des amoindrissements qu'a subis la préfecture. Les bâtiments coûteux fournissent en se désagrégeant un matériau suffisant pour en bâtir beaucoup d'autres. 3. Et aussi longtemps qu'il arrivait aux empereurs de sortir en personne au cours des guerres pour affronter l'ennemi, la magistrature, dans une certaine mesure, gardait, bien que moins importantes, mais supérieures à toutes les autres, à la fois force et pouvoir ; 4. du jour où, prévoyant l'indolence de ses propres enfants, Théodose Ier donna par voie légale un coup de caveçon à la bravoure[54] en empêchant à cause d'eux l'empereur de Rome de prendre la direction des guerres, les généraux eurent désormais la compétence pour les troupes destinées à la guerre, le *magister* pour celles du palais, 5. en sorte que la préfecture n'eut plus rien d'autre à l'avenir que le département chargé des

52. Le *Code Théodosien* est encore cité en III **23** 3 et **40** 5.
53. Référence explicite à II **23-25**.

μασι καὶ τοῦ λεγομένου μαγίστρου. 6. Ὅτι δὲ οὕτως, αὐτῆς δυνατὸν ἀκοῦσαι τῆς διατάξεως ἐν μὲν τῷ πάλαι Θεοδοσιανῷ κειμένης, ἐν δὲ τῷ νεαρῷ παροφθείσης.

11. Οὕτως οὖν ὥσπερ δι᾽ ὑποβάθρων τινῶν καταφερομένης τῆς ἀρχῆς, τοὺς μὲν στρατιωτικοὺς καταλόγους ἔταξεν ἡ βασιλεία ὑπὸ τοῖς τότε καλουμένοις κόμισιν καὶ στρατηγοῖς, τὰς δὲ ἐν τῷ παλατίῳ τάξεις ὑπὸ τῷ πρωτεύοντι τῶν δυνάμεων τῆς αὐλῆς, περὶ οὗ πρὸς τέλος, ὡς ὑπεσχόμην, ἐρῶ, 2. ὃν καὶ αὐτὸν ἄρχοντα οὐ μικρόν, καθάπερ τοὺς λεγομένους στρατηλάτας, αἱ | τῆς ἐπαρχότητος ἐλαττώσεις ἀπετέλεσαν. Wü 67 τὰ γὰρ πολυτελῆ τῶν οἰκοδομημάτων καταλυόμενα πολλοῖς ἐπαρκεῖ πρὸς οἰκοδομήν. 3. Καὶ ἕως μὲν τοὺς βασιλέας ἐπεξιέναι δι᾽ ἑαυτῶν τοῖς πολέμοις συνέβαινεν, εἶχέ τινα ἡ ἀρχή, εἰ μὴ τοσαύτην, πλὴν ὑπὲρ πάσας τὰς ἄλλας ἰσχύν τε καὶ δύναμιν. 4. Ἐξ ὅτε δὲ Θεοδόσιος πρῶτος, τῆς τῶν οἰκείων παίδων ῥᾳστώνης προνοούμενος, νόμῳ δὲ τὴν ἀνδρίαν ἐχαλίνωσεν, κωλύσας δι᾽ ἐκείνους τὴν βασιλέως Ῥωμαίων ἐπὶ πολέμους ὁρμήν, | τὸ λοιπὸν τοῖς μὲν στρατηγοῖς τὰ τῶν πολέ- O 59 μων, τῷ δὲ μαγίστρῳ διοικεῖν τὰ τοῦ παλατίου γέγονε χώρα, 5. ὡς μηδὲν ἕτερον ἔχειν τὴν ἐπαρχότητα ἢ μόνην τὴν ἐπὶ ταῖς δαπάναις φροντίδα, ἣν εἰκός ἐστι

FONT. : 6 1-3 *CTh* VIII, 5, 35.

6 2 ἐν O^{2} edd. : ἓν O ‖ 3 νεαρῷ edd. coll. III **40** 5 3 : νοερῷ O ‖ παροφθείσης O^{2}A edd. : παραο- O.

11 1 4 κόμισιν O^{2} Wü By : κόμησιν O Fu Be ‖ καὶ O Wü By : ἢ Fu Be ‖ 2 5 οἰκοδομήν edd. coll. III **41** 2 2 : οἰκοδομημάτων O ‖ 3 εἶχέ O^{2} edd. : -χεν O ‖ 4 1 ἐξ ὅτε By : ἐξότε O Fu Be Wü ἐξότου O^{2} ‖ 2 πρῶτος O^{2} edd. : -τως O ‖ 3 δὲ Fu Wü By : del. Be ‖ ἐχαλίνωσεν O^{2} By : -σε O Fu Be Wü ‖ 5 2 ἣν O Fu Wü By : ἃς Fu^{n} Be ‖ ἐστι O^{2} edd. : -τιν O.

dépenses : c'est là une évolution normale suite à la nécessité liée aux commandants qui sont les rejetons de la préfecture, comme je l'ai dit[55], et bien entendu à ceux sur qui ils ont eux-mêmes reçu ordre d'exercer leur commandement.

12. Mais, si l'on consent à prendre en compte aussi les conjectures tirées des prédictions, ce que d'aucuns appellent des " oracles ", elles ont trouvé leur accomplissement, les paroles prononcées jadis par le Romain Fonteius. Il rapporte des vers prétendument donnés jadis à Romulus dans sa langue maternelle : ils prédisent clairement que leur Fortune abandonnera les Romains quand ils oublieront leur propre langue maternelle. Audit oracle, nous avons aussi donné une place dans notre traité *Des mois*[56]. 2. On a vu en tout point l'accomplissement des prophéties de ce type. Quand Cyrus, un Égyptien, dont on admire aujourd'hui encore le talent de poète et qui exerçait à la fois la préfecture de la Ville et du prétoire sans rien savoir d'autre que la poésie, se risqua par la suite à transgresser l'usage ancien et à promulguer ses décrets en langue grecque, ce fut, en même temps que la langue de Rome, sa Fortune que perdit la magistrature[57].

55. Renvoi explicite à II **7** 1-3.

56. **12** 1 3-9 : πέρας ... ἐντεθείκαμεν = *Mois*, incert. 7, 1-7 Wünsch. Le passage est relevé dans la marge de droite par un lecteur qui écrit en onciales : χρησμὸς φωνη τηΐου περὶ τῆς Ῥώμης.

57. Sur Cyrus, voir *supra*, p. LXXII-LXXVI.

γίνεσθαι κατὰ τὸ ἀναγκαῖον περί τε τοὺς ἐξ αὐτῆς ἄρχοντας, ὡς ἔφην, καὶ περὶ ἐκείνους γε μήν, ⟨ὧν⟩ αὐτοὶ ἄρχειν ἐτάχθησαν.

12. Εἰ δέ τις καὶ τοὺς ἐκ τῶν προρρήσεων στοχασμούς, οὕς τινες καλοῦσι χρησμούς, ἐν ἀριθμῷ λόγων παραλαβεῖν ὑπο|μένοι, πέρας ἔλαβε ⟨τὰ⟩ Φοντηΐῳ τῷ By 102 **Ῥωμαίῳ ῥηθέντα ποτέ· ἐκεῖνος γὰρ στίχους τινας δοθέντας δῆθεν Ῥωμύλῳ ποτὲ πατρίοις ῥήμασιν ἀναφέρει τοὺς ἀναφανδὸν προλέγοντας, τότε Ῥωμαίους τὴν Τύχην ἀπολείψειν ὅταν αὐτοὶ τῆς πατρίου φωνῆς ἐπιλάθωνται. Καὶ τὸν μὲν λεγόμενον χρησμὸν τοῖς Περὶ |** Wü 68 **Μηνῶν γραφεῖσιν ἐντεθείκαμεν. 2. Πέρας δὲ μᾶλλον ἔσχε τὰ τοιαῦτα μαντεύματα. Κύρου γάρ τινος Αἰγυπτίου, ἐπὶ ποιητικῇ καὶ νῦν θαυμαζομένου, ἅμα τὴν πολίαρχον ἅμα τὴν τῶν πραιτωρίων ἐπαρχότητα διέποντος, καὶ μηδὲν παρὰ τὴν ποίησιν ἐπισταμένου, εἶτα παραβῆναι θαρρήσαντος τὴν παλαιὰν συνήθειαν καὶ τὰς ψήφους Ἑλλάδι φωνῇ προενεγκόντος, σὺν τῇ Ῥωμαίων φωνῇ καὶ τὴν Τύχην ἀπέβαλεν ἡ ἀρχή.**

FONT. : **12** 1 4-8 *Mens.* fr. incertae sedis 7 (169) p. 180, ll. 10-16 Wü.

---

4 ὧν suppl. edd. ‖ 5 ἄρχειν edd. : ἀρχὴν O.

12 1 1 τοὺς [ex τοῖς]A edd. : τοῖς O ‖ 2 οὕς O edd. : ἅς Fu^n ‖ καλοῦσι O^2 edd. : -σιν O ‖ 3 ἔλαβε edd. : -βεν O ‖ τὰ suppl. Be Wü By coll. III **42** 1 3 ‖ Φοντηΐῳ Wü By : Φων- Fu Be τηΐῳ O Φων suprascr. O^2 φωνη τηΐου $O^{mg.}$ ‖ 4-5 τινας δοθέντας A Wü By : δ. τ. Fu Be δοθεντας τινας δοθεντας [δοθεντας^2 eras. O^2] O ‖ 6 τοὺς O edd. : αὐτοὺς O^2A ‖ 7 ἐπιλάθωνται O^2 edd. : -θονται O ‖ 9 ἐντεθείκαμεν O^2 edd. : θηκαμεν O ‖ 2 2 ἔσχε O^2 edd. : -χεν O ‖ 3 ποιητικῇ edd. : ποιητικη O ποιητικὴν A ‖ θαυμαζομένου edd. : -ζένου O ‖ 4 πολύαρχον O ‖ πραιτωρίων O^2 edd. : -τορίων O ‖ 5 μηδὲν παρὰ Wü By coll. III **42** 2 6 : μηδενα [λλο suprascr. O^2] παρα O μηδὲν ἄλλο παρὰ A Fu Be ‖ 6 παραβῆναι edd. : παραλωβῆναι [-λω- eras.] O ‖ 7 τὰς edd. : τοὺς O ‖ 7 προενεγκόντος Fu^n Be Wü By coll. III, **42** 2 8 : προσε- O Fu ‖ 8 ἀπέβαλεν O^2 edd. : ἀπελαβεν O.

Sur les insignes de la préfecture du prétoire

13. Eh bien, comme je le disais[58], lorsque le commandant de cavalerie eut été rayé par Auguste des magistratures et que le préfet du prétoire eut hérité de sa puissance, on donna naturellement un poids accru à la magistrature en ajoutant en plus des armes l'administration des affaires civiles. Néanmoins, il subsista chez elle quelques vestiges de la magistrature du commandant de cavalerie, à un changement près qui s'y introduisit. 2. L'habit que revêtait le préfet était en effet une casaque de Cos[59] (c'était sur cette île, et sur elle seule, que, pour la couleur rouge, on obtenait la teinte la plus profonde, dont on faisait autrefois l'éloge ; la teinte virant graduellement à la nuance " flamme ", sans gagner beaucoup en profondeur, est une invention de Parthyène ; c'est pourquoi aussi il arrive que l'on appelle " Parthica " les tissus de teinte flamme) ; 3. sa casaque (μανδύη) est une sorte de manteau appelée par la masse *mantion* (μαντίον) ; prenant aux épaules, elle ne descend pas plus bas que le genou ; on ne posait pas de *segmenta* sur la casaque, mais ce que l'on appelle chez nous des *tablia* (ταβλία), autre mot pour rayures ; — car, une fois que l'on y avait placé ces *segmenta*, il n'était permis à personne d'autre qu'au César de la porter. 4. *Segmenta* est le nom habituel que donnent les Romains aux insignes d'or, comme nous l'avons dit précédemment[60]. 5. Tel était ce manteau, mais il y avait aussi une paragode, une tunique d'un pourpre soutenu[61], une ceinture en peau cramoisie, qui y était fixée et qui était ouvragée depuis les bords

58. Renvoi explicite à II **6** 1.
60. Renvoi explicite à II **4** 4.

ΠΕΡΙ ΤΩΝ ἘΠΙΣΗΜΩΝ ΤΗΣ ἘΠΑΡΧΟΤΗΤΟΣ ΤΩΝ ΠΡΑΙΤΩΡΙΩΝ

13. Ὡς οὖν ἔφην, τοῦ μὲν ἱππάρχου πρὸς τοῦ Αὐγούστου ἐκ τῶν ἀρχῶν περιαιρεθέντος, τοῦ δὲ ὑπάρχου τῶν πραιτωρίων τὴν ἐκείνου δύναμιν διαδεξαμένου, εἰκὸς ὀγκωθῆναι πλέον τὴν ἀρχήν, τοῖς ὅπλοις προστεθείσης καὶ τῆς τῶν πολιτικῶν πραγμάτων διοικήσεως. Οὐδὲν δὲ ἧττον ἴχνη τινὰ τῆς ἱππαρχίας παραπέμεινεν αὐτῇ, μικρᾶς τινος παραλλαγῆς ἐμπεσούσης. 2. Μανδύην | μὲν γὰρ ὁ ἔπαρχος περιεβάλλετο Κώαν (ἐπ' O 59^{v}
ἐκείνης γὰρ τῆς νήσου καὶ μόνης ἡ βαθυτέρα βαφὴ τοῦ φοινικοῦ χρώματος τὸ πρὶν ἐπῃνεῖτο κατασκευαζομένη· ⟨ἣ⟩ γὰρ ἠρέμα πως ἐπὶ τὸ φλόγινον καὶ οὐ σφόδρα βαθὺ ἀναπτομένη πρὸς Παρθυαίων ἐξηύρηται· ὅθεν καὶ Παρθικὰ τὰ φλογοβαφῆ δέρματα συμβαίνει καλεῖσθαι). 3. Ὁ δὲ μανδύης χλαμύδος εἶδός ἐστι τὸ παρὰ | τῷ Wü 69
πλήθει μαντίον λεγόμενον, μὴ πλέον ἄχρι γονάτων ἐξ ὤμων | ἠρτημένον, σηγμέντων οὐκ ἐπιβαλλομένων τῷ By 104
μανδύῃ, τῶν ⟨δ'⟩ ἐν ἡμῖν λεγομένων ταβλίων, ἀντὶ τοῦ πτυχίων· ἐκείνων γὰρ ἐπιτιθεμένων οὐκ ἐξῆν ἑτέρῳ ἢ μόνῳ χρῆσθαι τῷ Καίσαρι. 4. Σηγμέντα δὲ τὰ χρυσόσημα Ῥωμαίοις ἔθος καλεῖν, ὡς προέφαμεν. 5. τοιαύτη μὲν ἡ χλαμύς, παραγώδης δέ, χιτὼν καταπόρφυρος, καὶ ζωστὴρ ἐκ φοινικοῦ δέρματος, ἐφ' ἑαυτὸν μὲν ἀνακεκολλημένος, ἐξ ἄκρων δὲ τῶν πλευρῶν εἰς λεπτὴν

---

13 2 2 Κώαν O Fu : Κῷον Be Wü By || 4 χρώματος O edd. : ὀνόματος A || 5 ἣ suppl. edd. || 6 ἀναπτομένη O : fortasse leg. ἀνασπωμένη dub. Fu^{n} βαπτομένη coni. Fu ἀναβαπτομένη coni. Th.Preger || 7 Παρθικὰ O^{2} edd. : -θηκὰ O || 3 1 ἐστι O^{2} edd. : -τιν O || 2 πλέον ἄχρι O edd. : π. ἢ ἄ. coni. Fu^{n} || 4 δ' suppl. Fu^{n} Be Wü By || ταβλίων By : ταβλιῶν Wü ταυλίων OA ταυλιῶν Fu Be || 5 πτυχίων O^{2}A edd. : πτυχηον O πτυχῶν coni. Fu^{n} || 4 2 Ῥωμαίους A || 5 2 παραγαύδης Wü || χιτὼν O^{2} edd.: χείτων O || 3 ἀνακεκολλημένος τε A.

extérieurs jusqu'au dernier point de couture ; à l'extrémité gauche, elle avait une lunule façonnée dans de l'or, et à l'autre, une languette, ou, si l'on veut, une boucle de soulier, en or[62] elle aussi, façonnée en forme de grappe de raisins, pour la raison que j'ai dite dans mon livre *Sur les mois*. Ramenée de la droite et sur la lunule, cette boucle serre la taille avec fermeté : un ardillon, en or lui aussi, imprime sa morsure dans la lanière et fixe la grappe à la lunule. C'est elle que, dans leur langue maternelle, les Romains désignent par le mot *fibula*, et la ceinture, par celui de *balteus*, mais tout le dispositif propre à serrer la taille l'est chez les Gaulois par celui de *cartamera*, que, faute d'éducation, la masse dénomme *cartalamum*. 6. Que ce vocable ne soit pas romain, c'est ce dont témoigne le Romain Varron dans son livre V *De la langue latine*, où il analyse dans le détail quel mot est éolien ou gaulois, et où il montre le vocabulaire d'origine toscane et le vocabulaire d'origine étrusque : leur mélange a produit l'idiome qui s'est imposé aujourd'hui à Rome[63].

14. Tel est l'aspect que prend la *paratura* de la magistrature, en d'autres termes, sa tenue de parade (στο-

62. Jean le Lydien est le seul à avoir utilisé χρυσοτελής pour désigner une couleur.

καταρραφὴν ἐσπουδασμένος, καὶ σεληνίσκον μὲν ἔχων τινὰ ἐξ εὐωνύμων, χρυσῷ πεποιημένον, ἐκ δὲ τῆς ἑτέρας γλωσσίδα τινὰ ἤγουν διάβλημα, χρυσοτελὲς καὶ αὐτό, εἰς βότρυος σχῆμα πεποιημένον, δι᾽ ἣν ἐν τῇ Περὶ Μηνῶν συγγραφῇ ἀποδεδώκαμεν αἰτίαν· ὅπερ διάβλημα ἀπὸ δεξιᾶς φερόμενον καὶ ἐπὶ τὸν σεληνίσκον βαλλόμενον διαζώννυσι τὸν περιτιθέμενον ἀσφαλῶς, περόνης καὶ αὐτῆς χρυσῆς ἐνδακνούσης τὸν ἱμάντα καὶ συναπτούσης τὸν βότρυν τῷ σεληνίσκῳ· φίβουλαν αὐτὴν πατρίως οἱ Ῥωμαῖοι καὶ βάλτεον τὸν ζωστῆρα λέγουσιν, τὴν δὲ ὅλην κατασκευὴν τοῦ περιζώματος οἱ Γάλλοι καρταμέραν, ἣν τὸ πλῆθος καρτάλαμον ἐξ ἰδιωτείας ὀνομάζει. 6. **Ὅτι δὲ οὐ Ῥωμαϊκὸν τουτὶ τὸ ῥημάτιον, μάρτυς ὁ Ῥωμαῖος Βάρρων ἐν βιβλίῳ πέμπτῳ Περὶ Ῥωμαϊκῆς Διαλέκτου, ἐν ᾧ διαρθροῦται ποία μέν τις λέξις ἐστὶν Αἰολική, ποία δὲ Γαλλική· | καὶ ὅτι** O 60
ἑτέρα | μὲν ἡ Θούσκων, ἄλλη δὲ Ἐτρούσκων, ὧν συγχυ- Wü 70
θεισῶν ἡ νῦν κρατοῦσα τῶν Ῥωμαίων ἀπετελέσθη φωνή.

14. Τοιαύτη μὲν τῆς ἀρχῆς ἡ παρ᾽ αὐτοῖς καλουμένη παρατοῦρα, ἀντὶ τοῦ στολή, ὄχημα δὲ ὁποῖον ἴσμεν καὶ

FONT. : **13** 5 6-8 *Mens.* I, 39 p. 17, 7-9 Wü. || 6 1-4 Varr. *L. l.* V, 116 (ad 5 14).

---

5 καταρραφὴν edd. : καταρα- O || 6 εὐωνύμου coni. Fu^{n} || 7 ἤ γ᾽ οὖν By || 8 πεποιημένον O^{2} edd. : πεπυη- O || 12 περόνης O^{2} edd. : περών- O || 13 φίβουλαν A [-βού-] edd. : φιβούλαν O φιβούλλαν O^{2} mg. || 14 βάλτεον edd. : βαλτέον A O$^{mg.}$ βαλτεον O || 15 λέγουσιν O^{2} By : -σι Fu Be Wü || περιζώματος edd. : ῥιζώματος O || 6 3 διαρθροῦται Fu^{n} Be Wü By : διαρθοῦ- O Fu || 4 ποία edd. : ποῖα O || Γαλλικὴ edd. : Γαλι- O || 5 ἡ del. Wü || Ἐτρούσκων edd. : ετερούσκων O ἑτερούσκων A || ὧν O edd. : τῶν A.

14 1 1 αὐτοῖς O^{2} edd. : αὐτῆς O || καλουμένη O Fu Be By : λεγομένη Wü.

λή)[64] ; il y avait aussi un char du type que nous savons et des " écrins " ; telle est la dénomination que l'on donne à ce que le commun désigne sous le nom de " calamarion ". C'est uniquement pour une raison de faste qu'avec la forme qui est la sienne il est en or martelé : il a une contenance de cent livres en pièces d'or, suppose-t-on. 2. Mais il y en a un autre en argent, tout en profondeur, destiné à contenir l'encre commune ; on le met à sa disposition à la cour [c'est le *calliclion* (*caliculum*), c'est-à-dire la petite coupe (κυαθίσκος), mot tiré de *calyx* (κάλυξ), selon l'usage reçu[65]], un canthare (coupe à boire à deux anses) en argent, une manière de baquet, que l'on pose sur un trépied d'argent[66], et un cratère que l'on place devant ceux qui, au tribunal, plaident les causes à terme légal fixé. Comme il serait déplaisant, à mon sens, d'allonger le propos, je suis contraint par la nécessité à en reprendre l'exposé plus tard, tout en mentionnant un point au préalable : jusqu'aujourd'hui encore trois bâtiments de transport sont à la disposition de la magistrature pour effectuer la traversée des détroits entre la capitale impériale et les continents voisins ; 3. *barcae*, en d'autres termes, " coursiers " [δρόμων] (c'était l'appellation que leur donnaient les Anciens dans leur langue maternelle), *celoces*, c'est-à-dire " rapides ", parce que rapide chez eux se dit *celer*, et *sarcinariae*, en d'autres termes, " navires de transport ", parce que chez eux la charge s'appelle *sarcina* [67]. 4. Mais en voilà assez aussi sur ces points. Revenons à l'objet de la discussion.

15. La loi prescrivait (c'est qu'elle vient d'être abrogée) aux plaideurs dans les provinces[68] d'interjeter appel contre les décisions du gouverneur en renvoyant la cause

64. De façon peu claire, un lecteur résume dans la marge de droite : παρατοῦρα ἤτοι στολὴ περὶ καλαμαρίου λιτρῶν χρυσίων ρ΄.

65. Le passage n'a pas semblé clair à un lecteur qui écrit dans la marge de droite : καλλίκλιον ἐν ᾧ τὸ μέλαν.

θῆκαι· οὕτω δὲ τὸ λεγόμενον τῷ πλήθει καλαμάριον ἐκεῖνοι λέγουσιν, ὅπερ ὄγκου καὶ μόνου χάριν εἰς τύπον τοιοῦτον χρυσήλατον κατεσκεύαστο· ἑκατὸν ἔχειν χρυσίου λίτρας ὑπείληπται. 2. Ἕτερον | δὲ ἐξ ἀργυρίου βαθὺ πρὸς ὑποδοχὴν κοινοῦ μέλανος ἐξυπηρετεῖται τῷ δικαστηρίῳ (καλλίκλιον αὐτό, οἷον εἰ κυαθίσκον, ἀπὸ τοῦ κάλυκος καλεῖσθαι νόμος) καὶ κάνθαρος, ὡς λεκάνη τις, ἐξ ἀργύρου ἐπὶ τρίποδος ἀργυραίου καὶ κρατὴρ ὑπὲρ τῶν τὰς ἐμπροθέσμους δίκας ἐν τῷ δικαστηρίῳ λεγόντων κείμενος· περὶ οὗ μακρηγορεῖν ἀηδὲς εἶναι κρίνων ἐξ ἀνάγκης ἀναλαβεῖν τὴν ἀφήγησιν συνωθοῦμαι, ἐκεῖνο προλέγων ὥς εἰσιν ἔτι καὶ νῦν πορθμίδες τρεῖς τῇ ἀρχῇ πρὸς τὰς ἀντιπόρθμους διαπεραιώσεις ἐκ τῆς βασιλίδος ἐπὶ τὰς γείτονας ἠπείρους. 3. Βάρκας αὐτάς, ἀντὶ τοῦ δρόμωνας, πατρίως ἐκάλεσαν οἱ παλαιότεροι καὶ κέλωκας, οἷον ταχινάς, ὅτι κέλερ κατ' αὐτοὺς ὁ ταχὺς λέγεται, καὶ σαρκιναρίας, ἀντὶ τοῦ ὁλκάδας, ὅτι σάρκινα κατ' αὐτοὺς τὸ ἄχθος καλεῖται. 4. Τοιαῦτα μέν τινα καὶ ταῦτα. Πρὸς δὲ τὸ προκείμενον ἐπανέλθωμεν. By 106

15. Νόμος ἦν (καὶ γὰρ ἄρτι παρεφθάρη) τοὺς μὲν ἀπὸ ψήφων τῆς ἀρχῆς ἐπὶ τῶν ἐπαρχιῶν τὰς δίκας | λέγοντας μετὰ ἔφεσιν αὖθις ἐπὶ τὴν ἀρχὴν ἐμπρο- Wü 71

---

5 χρυσήλατον edd. : χρυσίλ- O || ἑκατὸν ἔχειν O Fu Be By : ἑ. γὰρ ἔ. Wü coni. dub. Be || 2 2 ἐξυπηρετεῖται O Fu^n Be Wü By : -ρέτηται Fu || 3 αὐτό edd. : αὐτῷ O || 5 ἀργυραίου By : -ρέου O Fu Be Wü || 7 ἀηδὲς edd. : ἀειδὲς O || 8 ἀφήγησιν edd. : ἔφηγ- O || 9 πορθμίδες O^2 edd. : πορθμήδ- O || 10 διαπεραιώσεις O^2 edd. : -ρεώσεις O || 11 βασιλίδος O^2 edd. : -λείδος O || 3 1 δρόμωνας O^2 Be Wü By : -μονας O Fu || ἐκάλεσαν O Be Wü By : -λησαν Fu || 2 κέλωκας Wü By : κίλοκας O Fu κήλοκας Be καὶ κίλοκας [καὶ et λ in ras.] A || 4 αὐτοὺς A edd. : αὐτὰς O.

devant la magistrature dans les délais prévus par la loi sur l'appel, mais, quand le procès avait lieu devant les cours " vénérables "[69], d'en appeler de leurs décisions devant l'Empire. De telles causes s'appelaient les unes *temporales*, mot mis pour " dans les délais fixés par la loi ", les autres *sacrae*, c'est-à-dire " divines ", en raison, comme je l'ai dit, du renvoi après appel pour audition devant l'empereur. 2. Magnifique merveille et indice d'un régime parfaitement heureux : un empereur romain acceptait d'assumer la fonction d'un humble juge et de trancher des affaires, toutes choses restant égales, quitte à prendre à sa charge un procès tout à fait minable, précisément comme le faisait notre empereur très clément par amour pour ses sujets, malgré sa vigilance presque incessante devant l'ennemi et le danger qu'il bravait avec zèle pour nous ! Ah ! si, enflammé par des désaccords d'inspiration diabolique, le peuple ne rendait pas la paix trop remplie de chausse-trapes pour nous, ce qui a obligé le trésor public à assumer des débours écrasants pour la sauvegarde de la paix ou pour faire lâcher prise à l'ennemi ! — c'est de là que viennent les dépenses appelées *novae*, avec une restriction sur les denrées de première nécessité. 3. S'il est vrai que la facilité avait engendré l'inconsis-

69. Seule occurrence connue de l'adjectif. An. Bandy [(1983), p. 294], qui cite le dictionnaire de Sophocles (p. 256), rappelle que Porphyre (*VP*, 18) signale pour Crotone un " conseil des Anciens " (τὸ τῶν γερόντων ἀρχεῖον). Il estime que le passage, où il transcrit le mot sous la forme ἀρχαῖον, pourrait être à l'origine du néologisme chez Jean le Lydien. On ne doit pas chercher néanmoins à le corriger en ἀρχαιωτικῶν ou ἀρχειωτικῶν, que personne n'a proposé, car la forme n'est attestée nulle part.

θέσμως αὐτὰς κατὰ τὸν ἔκκλητον νόμον ἀναπέμπειν, τὰς δὲ ἐπὶ τῶν ἀρχαιοτικῶν δικαστηρίων ἀπὸ ψήφων αὐτῶν ἐπὶ τὴν βασιλείαν· κἀκείνας μὲν καλεῖσθαι τεμποραλίας, ἀντὶ τοῦ ἐμπροθέσμους, ταύτας δὲ σάκρας, οἷον θείας, διὰ τό, ὡς ἔφην, πρὸς τὴν βασιλέως ἀκρόασιν μετ' ἔκκλητον ἀναπέμπεσθαι. 2. **Θαῦμα μέγιστον καὶ πανευδαίμονος πολιτείας τεκμήριον· | βασιλεὺς** O 60^{v} **Ῥωμαίων ὑπέμενε χαμαιζήλου δικαστοῦ λειτουργίαν ὑφίστασθαι καὶ κρίνειν πράγματα, ἴσως καὶ σφόδρα γλίσχρης ὑποθέσεως ἀνεχόμενος, καθάπερ ὁ ἡμερώτατος ἡμῶν βασιλεὺς διὰ τὴν περὶ τοὺς ὑπηκόους στοργήν, καίτοι τὰ πλεῖστα κατὰ πολεμίων ἀγρυπνῶν καὶ προκινδυνεύειν ἡμῶν διὰ σπουδῆς ἔχων. Εἰ μὴ σφαλερωτέραν ἡμῖν τὴν εἰρήνην ὁ δῆμος θεηλάτοις διχονοίαις ἀναπτόμενος ἀπετέλει, ἧς ἕνεκα βαρυτέραν τὸ δημόσιον δαπάνην ὑφίσταται πρὸς φυλακὴν τῆς εἰρήνης ἢ πρὸς ἀναχαιτισμὸν τῶν πολεμίων· ἔνθεν | ἡ τῶν** By 108 **λεγομένων νόβων ἀναλωμάτων ἀφορμὴ καὶ στένωσις τῶν ἀναγκαίων.** 3. **Εἰ γὰρ τοὺς ἔμπροσθεν βεβασι-**

Test. : **15** 1 6-7 Bas p. xxiii W Τεμποραλία πρόσκαιρος, καὶ ἡ ἐμπρόθεσμος.

Font. : **15** 1 3-6 *CTh* XI tit. XXX.

---

15 1 4 ἀναπέμπειν O^{2} edd. : -πην O || 5 τὰς O Fu By : τοὺς Fu^{n} Be Wü || 8 οἷον O Wü By : οἱονεὶ Fu Be || 9 μετ' ἔκκλητον O^{2} [e coni. Dindorf]Wü By : μετέκκλητον Fu Be μετεκκλιτον O || 2 3 λειτουργίαν O^{2} edd. : γειαν O || 5 γλίσχρης O^{2} edd. : γλεισ- O || ἀνεχόμενος O^{2}A edd. : -ομενους O || 6 ὑπηκόους O^{2} edd. : ὑπηκους O || 9 θεηλάτοις O^{2} edd. : θειλ- O || διχονοίαις O^{2} edd. : -νοίας O || 10 ἧς O By : ὧν Fu Be Wü || 11 ὑφίσταται O^{2} edd. : -τε O || 12 ἀναχαιτισμὸν O^{2} edd. : ἀναχετ- O || ἔνθεν O Wü By : ἔνθα Fu Be || 13 στένωσις O^{2} edd. : -νοσις O.

tance des précédents titulaires de l'Empire, comment resterait désœuvré celui à qui le sommeil n'accorde pas la moindre détente et qui, en se nourrissant de pain sec, ne cherche même pas à atteindre le rassasiement[70].

16. Les usages de ce style s'étaient donc déjà dégradés jusqu'au laxisme[71], et les hommes de jadis avaient rejeté, en même temps que l'emploi des armes[72], jusqu'au souci même, à la lettre, des intérêts de l'État, quand une disposition de la loi enjoignit[73] au préfet d'accorder audience pour les *sacrae* : l'acte suffit, même après le changement, à démontrer le caractère divin qu'avait jadis sa dignité. 2. Sur la tribune, le préfet était vêtu de blanc, la classe des *officiales* avait de même un habit en harmonie avec le sien, les responsables eux-mêmes des litiges[74] resplendissaient dans leurs vêtements, le silence couvrait la salle du tribunal, les avocats les plus brillants étaient en tenue de fête, le trépied, avec le canthare suspendu au centre, régnait au milieu de l'auditoire, le cratère était placé tout près, grâce auquel, en se remplissant d'eau jusqu'à un certain niveau, le canthare donnait l'instant assigné à la fin du procès, à mesure que le vase se vidait de l'eau qu'il contenait à travers une sorte d'indicateur, et les plaideurs élevaient leur éloquence à la hauteur d'un juge divin. 3. Après la disparition de l'ensemble de ces pratiques, il ne subsistait pas à la cour de justice le moindre vestige de majesté, car c'étaient les membres du

70. Le trait rejoint Procope (*An.*, 12, 27) : ὅς γε ποτοῦ ἢ σιτίων ἢ ὕπνου εἰς κόρον οὐδέποτε ἦλθεν. Pour un portrait de Justinien à travers les textes, voir *supra*, p. CXXXII-CXXXVI.

72. Le passage vise les mesures prises par Théodose Ier pour ses deux fils et constitue donc un rappel de II **11** 4.

73. Le verbe φοιτάω aurait un sens passif dans ce type d'emploi, d'après An. Bandy [(1983), p. 295]. Pour une locution de même type, cf. III **21** 2. Sur la réforme en cause, qui remonte à Théodose II, voir *supra*, p. CCLXXXI-CCLXXXIV.

λευκότας ῥᾳστώνῃ διέλυσεν, πῶς ἂν ἠρέμησεν οὗτος, ὕπνῳ μὲν μηδὲ ὅλως χαλώμενος, τροφῆς δὲ χάριν μηδὲ ἄρτου ξηροῦ πρὸς κόρον ἁπτόμενος ;

16. Τῆς τοιαύτης οὖν συνηθείας ἤδη πρότερον εἰς τρυφὴν ἀναλυθείσης καὶ τῶν ἔμπροσθεν ἅμα τοῖς ὅπλοις καὶ αὐτὴν τὴν μέχρι λόγων φροντίδα τῶν κοινῶν Wü 72 ἀποπτυσάντων, νόμος ἐφοίτησεν, τὸν ὕπαρχον ἀκροάσασθαι τῶν σακρῶν διατυπῶν, πρᾶγμα καὶ μετὰ τὴν ἐναλλαγὴν ἀρκοῦν ἐπιδεῖξαι τὴν οὖσαν αὐτῷ τὸ πάλαι θειότητα. 2. Λευχείμων μὲν γὰρ ὁ ὕπαρχος ἐπὶ τοῦ βήματος, καὶ τάξις ἁρμοδία ὡσαύτως ἐσταλμένη μετ' αὐτοῦ, καὶ αὐτοὶ δὲ οἱ τῶν δικῶν κύριοι λαμπροφανεῖς, καὶ σιγὴ κατασκέπουσα τὸ δικαστήριον, καὶ ῥητόρων οἱ διαφανέστατοι ἀξίας ἑορτῶν ἀμπεχόμενοι στολάς, καὶ ὁ τρίπους ἐν μέσῳ τοῦ ἀκροατηρίου, ἐξηρτημένου κατὰ μέσον τοῦ κανθάρου, καὶ κρατὴρ παρακείμενος, δι' οὗ ποτε πληρούμενος ὁ κάνθαρος ὕδατος τοσοῦτον ἐδίδου καιρὸν τῷ τῆς δίκης τέρματι ἐφ' ὅσον διά τινος γνώμονος τοῦ ἐνόντος αὐτῷ ὕδατος διηθουμένου ὁ κύαθος ἀπηλλάττετο, καὶ ὁ λόγος τοῖς λέγουσιν ὅλως πρὸς θεῖον δικαστὴν ἀνυψούμενος. 3. Τούτων πάντων ἀπολομένων, οὐδὲ | ἴχνος τὸ λοιπὸν ἀπέμεινε σεμνότητος O 61 τῷ δικαστηρίῳ, τῶν συνεδρευόντων μόνον ἐν παρα-

---

FONT. : **16** 1 *CJ* VII tit. LXII, 32.

---

3 2 διέλυσεν O^2 By : -σε Fu Be Wü ǁ οὗτος O^2A edd. : οὕτως O ǁ 4 ἁπτόμενος O^2 edd. : -τώμενος O.

16 1 1 πρότερον O^2 edd. : πρώτ- O ǁ 4 ἐφοίτησεν By : ἐφοίτησε O^2A Fu Be Wü εφυτησεν O ǁ 5 διατυπῶν O Fu Be By : -πώσεων Wü ǁ 6 ἐναλλαγὴν O^2 edd. : ἐναλα- O ǁ 2 1 λευχείμων O^2 edd. : -χήμων O ǁ 6 ἐξηρτημένος A ǁ 10 γνώμονος edd. : -μωνος O ǁ 11 ὁ edd. : οὐ O ǁ ὅλως edd. : ὅλος O ǁ 3 2 ἀπέμεινε O^2 edd. : -νεν O ǁ σεμνότητος O Wü By : om. Fu Be.

conseil seulement qui, pour de prétendus procès, donnaient audience[75] dans une chambre au diable vauvert, sous les rires de l'assistance[76], comme lors des spectacles de mimes. 4. Et il n'y avait aucune classe (d'*officiales*) ou aucun signal, comme dans l'usage antérieur, pour marquer l'heure du jour. Il revenait en effet au chef de leur classe (on lui avait donné le nom de *subadiuva*, en quelque sorte " sous-assistant "), officiant à la tête des serviteurs de la magistrature quand elle traitait une affaire, la mine grave, de laisser tomber sur le sol, à l'instant décisif, une sorte de petite bille fabriquée à bon marché à partir d'argent et portant les heures du jour gravées en lettres et chiffres romains : en tombant sur le marbre avec un bruit[77] impressionnant la bille indiquait l'heure du jour.

17. Et, une fois tombé en désuétude ce cérémonial auguste et à ce point empreint de dignité, comme la magistrature, ou bien ne se voyait plus du tout au tribunal ou, suivant les usages du Cappadocien, dont je parlerai plus tard[78], se dissimulait dans une chambre, il n'y eut désormais plus une personne de qualité à s'engager dans la classe (des *officiales*), tant elle était ravalée bas et rapportait plutôt de la honte qu'une honorabilité quelconque à qui y entrait. 2. Du même coup, les affaires coururent à la ruine et plus que toute autre, celle qui était la première et la plus éminente des magistratures se dévalua plus encore quand on se mit, à tout moment, à l'attirer à la

75. Δικῶν ἀκροᾶσθαι signifie *causas dicere*. Voir J. Caimi, (1984) 356 et 366.

77. Nous ne connaissons pas d'occurrence en prose de la forme non contracte θρόον. C'est la raison pour laquelle nous préférons la leçon d'O² θροῦν, à la différence d'An. Bandy [(1983), p. 108 et 295]. Le passage a paru digne d'intérêt au lecteur qui a écrit dans la marge de droite : περὶ ὡρολογίου.

78. Renvoi explicite à III **57** 5.

βύστῳ μετὰ γέλωτος τῶν περιεστηκότων ὥσπερ ἐν μίμοις τινῶν δῆθεν δικῶν ἀκροωμένων. 4. Καὶ τάξις οὐδεμία ἢ μήνυμα κατὰ τὸ πρόσθεν συνειθισμένον παραδηλοῦν τὸν χρόνον τῆς ἡμέρας· ὁ γὰρ τῆς τάξεως προεστηκώς (σουβαδιούβαν αὐτὸν ὠνόμασαν, οἱονεὶ ὑποβοηθόν), πραττούσης τῆς ἀρχῆς, ἑστὼς ἐπὶ κορυφῆς τῶν ὑπηρετουμένων τροχίσκους τινὰς οὐκ εὐτελεῖς ἐξ ἀργύρου πεποιημένους, γραφὰς τῶν ὡρῶν ἔχοντας τῆς ἡμέρας τοῖς Ἰταλῶν ἀριθμοῖς καὶ γράμμασιν, ἐμβριθῶς ἀφιεὶς ἐξαπίνης ἐπὶ τὸ ἔδαφος θροῦν ἀπετέλει | σεμνόν, παραδηλοῦντος τοῦ βαλλομένου τροχίσκου Wü 73
κατὰ τοῦ μαρμάρου τὴν τῆς ἡμέρας ὥραν. | By 110

17. Καὶ τούτου τοῦ σεμνοῦ καὶ οὕτως ἀξιοπρεποῦς σχήματος ἀπολομένου, οἷα τῆς ἀρχῆς ἢ μηδ᾽ ὅλως ὁρωμένης ἐπὶ τοῦ βήματος ἢ κατὰ τοὺς νόμους τοῦ Καππαδόκου, περὶ οὗ ὕστερον ἐρῶ, ἐν κοιτῶνί τινι λανθανούσης, οὐδεὶς τὸ λοιπὸν ἀξιόλογος παρῆλθεν ἐπὶ τὴν τάξιν οὕτως ἀπερριμμένην καὶ μᾶλλον αἰσχύνην ἢ τιμήν τινα τῷ προσιόντι φέρουσαν. 2. Συγκατέπεσεν οὖν ἑαυτοῖς τὰ πράγματα καὶ προσευτελίσθη παρὰ πᾶσαν ἡ πρώτη καὶ ἀνίσχουσα τῶν ἀρχῶν, καθ᾽ ὀντιναοῦν καιρὸν ἐπὶ τὴν αὐλὴν εὐτελῶς ἑλκομένη, τὸ πρὶν

TEST. : **16** 4 4-5 Bas p. XXIII W σουβαίουβος ὁ τοῦ βοηθοῦ βοηθός.

---

4 2 συνειθισμένον O² edd. : συνηθ- O || 3 τῆς¹ edd. : τῆις O || 4 σουβαδιούβαν Fu Be By : -ιοῦβαν Wü σουβαδίουβαν O || ὠνόμασαν edd. : ὤνομασεν O || 7 ὡρῶν O² edd. : ὁρῶν O || 9 ἀφιεὶς edd. : ἀφίης O² ἀφιῆς O ἀφ᾽ ἧς A || θροῦν O²A Fu Be : θρόον O Wü By.

17 1 5 οὐδεὶς O edd. : οὐδ᾽ εἰ A || ἀξιόλογος edd. : -λόγως O A || 6 ἀπερριμμένην O² edd. : ἀπηρρ- O ἀπερριμένην A || 2 2 προσευτελίσθη O edd. : προευ- Fu^{n} || 3 πᾶσαν O Fu Wü By : πᾶσιν Be || ὅντινα οὖν By.

cour, au mépris des valeurs en usage. Il n'arrivait jamais autrefois, sans que le sénat tout entier n'accourût lui faire escorte lors de ce que l'on appelle les *silentia*, qu'elle fît une apparition à la cour : comme on l'a dit précédemment[79], elle était la dernière des magistratures à y faire son entrée, la première à faire sa sortie avec l'effigie de l'empereur, au titre de représentation, pour ouvrir le cortège en son honneur[80]. Aussi le premier de ceux que l'on appelait les silentiaires (il porte le nom d'*amissionalis*) était-il, dès l'aube, envoyé au nom de l'empire en mission auprès d'elle, et, genou en terre, il l'invitait à se rendre à la cour : à contrecoeur et regardant le tracas comme au-dessous de sa dignité, elle se mettait en branle[81].

18. Il reste, à propos de la classe des *officiales*, à décrire par le menu tant le nombre que la qualité des registres qu'elle remplit, et à énumérer ses us et coutumes. 2. C'est que j'ai désormais la conviction que ne s'est pas préservé le moindre souvenir des usages tombés en désuétude voici peu, dans la mesure où ce sont des hommes incultes et dépourvus de la moindre expérience de la cour de justice qui accaparent des matières traitées jadis idéalement à grand-peine par des hommes d'une profonde expérience et parvenus déjà à un âge auréolé de prestige. 3. La règle était — elle n'était pas tacite, mais mise par écrit —, de n'autoriser en aucun cas l'accès à la charge d'assistant avant que, faisant prévaloir l'honorabilité de son lignage et sa préparation dans les arts libéraux, après s'être distingué à l'écritoire neuf ans durant, s'être

79. Renvoi explicite à II **9** 2-3.

81. Pour une analyse détaillée de ce cérémonial, voir t. I, p. DCXLIV-DCL.

μηδέποτε, μή τί γε πάσης τῆς βουλῆς προτρεχούσης ἐν τοῖς λεγομένοις σιλεντίοις ἐπὶ τῆς αὐλῆς φαινομένη, κατὰ τὸ πρόσθεν εἰρημένον τελευταία μὲν πασῶν εἰσιοῦσα τῶν ἀρχῶν, πρώτη δὲ προϊοῦσα, τῆς βασιλέως εἰκόνος ἀντ᾿ αὐτοῦ παραπεμπούσης αὐτήν· ἔνθεν τοῦ πρώτου τῶν λεγομένων σιλεντιαρίων (ἀμισσιωνάλιος καλεῖται) ἐξ ἑωθινοῦ πρὸς τῆς βασιλείας πρὸς αὐτὴν στελλομένου καὶ γονυπετῶς προτρέποντος ἐπὶ τὴν αὐλὴν παρελθεῖν, ἡ δὲ μόγις καὶ ἀπαξιοῦσα τὸν σκυλμὸν ἐκινεῖτο.

18. Ὑπόλοιπον περὶ τῆς τάξεως | κατὰ λεπτὸν ἀφη- O 61^{v}
γήσασθαι, πόσοις τε καὶ ποίοις συμπληροῦται καταλό-
γοις, ἔθη τε καὶ νόμους ἀπαριθμήσασθαι. 2. Πέπεισμαι
γὰρ ἤδη μηδὲ μνήμην τινὰ σῴζεσθαι τῶν ἄρτι διαπε|- Wü 74
σόντων, ἀπαιδεύτων οἷα καὶ μηδεμίαν πεῖραν δικαστ-
ηρίου παρειληφότων ἐπεμβαινόντων τοῖς ποτε μόγις
πρὸς τῶν ἐμπειροτάτων καὶ πρὸς γῆρας ἤδη σεμνοφα-
νὲς ἀφικομένων μετ᾿ εὐχῆς χειριζομένοις. 3. Νόμος γὰρ
ἦν, οὐ ψιλὸς ἀλλ᾿ ἐν γράμμασιν, μηδενὶ παντελῶς ἐπι-
τρέπων ἐπὶ τὸ τοῦ βοηθοῦ ἀναβαίνειν φρόντισμα πρὶν
ἄν, γένους τε μετριότητι καὶ λόγων ἐλευθερίων παρα-
σκευῇ κοσμούμενος καὶ ἔνατον ἐνιαυτὸν ἐπὶ τῆς δέλτου

---

5 μή τί γε By : μήτι γε Wü coni. Be^{n} μητεγε O μήτεγε O^{2} Fu Be εἰ μή γε Fu^{n} εἰ μή τί γε Fu^{1} || 10 ἀμισσιωνάλιος Wü By : ἀμισσιον- O Fu Be || 13 ἡ δὲ edd. : ειδε O εἰ δὲ O^{2}A || 14-**18** 1 1 ἐκινεῖτο. Ὑπόλοιπον edd. : εκεϊίνει τὸ ὑπόλυπον O ἐκίνει τὸ ὑπόλοιπον O^{2}A.

18 1 1 τῆς O Fu Be By : τῆς τῶν Fu^{n} Wü || 2 συμπληροῦται By : -ροῦνται O Fu Be Wü || 2 2 διαπεσόντων O edd. : διαταττόντων A || 4 παρειληφότων O^{2} edd. : -φώτων O || ποτε Fu Wü By : ποτὲ O Be || 6 ἀφικομένων O^{2} edd. : ἀφεικ- O || 3 2 ψιλὸς Fu^{n} Wü By : ψιλῶς O Fu Be || 2 γράμμασιν O By : -σι O^{2} Fu Be Wü || 5 ἔνατον ἐνιαυτὸν edd. : ενατον ἐνιαυτόν O ἐνατῶν ἐνιαυτῶν O^{2} ἕνα τῶν ἐνιαυτῶν A.

rompu aux affaires de tout type et avoir transformé en compétence la pétulance héritée de sa jeunesse, on ne fût jugé digne d'un honneur méritant à ce point le respect, et valant un pouvoir non négligeable et un revenu qui, à un certain moment, se montait à mille pièces d'or.

19. Mais peut-être les plus avisés de mes futurs lecteurs m'attaqueront-ils, non sans à propos, en me disant : " Mais pourquoi donc, après avoir promis de parler des insignes de la magistrature, n'as-tu pas fait mention aussi des *vexilla*, des haches et des sarments de vigne ? 2. Car ils appartenaient au commandant de cavalerie jadis, et ce fut à sa place que le premier des empereurs, c'est-à-dire des Césars, nomma le préfet du prétoire ". 3. Oui, répondrais-je, c'étaient bien effet les signes distinctifs des préfets du prétoire jusqu'à Domitien, 4. mais, en élevant le dénommé Fuscus à la magistrature[82], ce dernier ne fut pas loin d'effacer tout souvenir de la charge de commandant de cavalerie en ne lui laissant pas la hache, les *vexilla* ni ce que l'on appelle les sarments de vigne. 5. Porté à présent par le *princeps*, le sarment de vigne ne préserve guère de l'antiquité que son appellation. 6. Mais aujourd'hui comme jadis, dans les services armés[83], le

82. Passage jugé digne d'intérêt par le lecteur qui indique dans la marge de droite : περὶ Φούσκου ὑπάρχου.

83. Comme le souligne An. Bandy [(1983), p. 296], il n'est pas utile d'ajouter l'article après le démonstratif intensif αὐτοῖς, car l'omission de l'article est relativement fréquente dans le traité, voir I **14** 3 ; **24** 2 ; **26** 2 ; **50** 6 ; II **9** 6 ; III **11** 3 ; **61** 4. Voir Kühner-Gerth, (1963), p. 629.

διαπρέψας, δι' ὅλης τε ἐλθὼν τῆς τῶν πραγμάτων | By 112 πείρας καὶ τὴν ἀπὸ τῆς νεότητος τόλμαν εἰς ἐπιείκειαν μεταβαλών, τιμῆς οὕτω σεμνῆς καὶ δύναμιν οὐ μικρὰν ἐχούσης καὶ κέρδος εἰς χιλίους ποτὲ συναγόμενον χρυσοῦς, ἄξιος εἶναι φανείη.

19. Ἀλλ' ἴσως τῶν ἀναγνωσομένων οἱ νουνεχέστεροι οὐκ ἔξω λόγου καταδραμοῦνται φήσοντες " τί δέ ποτε περὶ τῶν ἐπισήμων τῆς ἀρχῆς ὑποσχόμενος εἰπεῖν, μὴ καὶ βηξίλλων καὶ πελέκεων καὶ κλημάτων ἐμνημόνευσας ; 2. Ταῦτα γὰρ ἦν τῷ ἱππάρχῳ τὸ πάλαι, ἀντ' ἐκείνου δὲ ⟨τὸν⟩ τῶν πραιτωρίων ὕπαρχον ὁ πρῶτος τῶν βασιλέων, ἤ τοι Καισάρων, ἐχειροτόνησεν ; " 3. Ἦν μὲν οὖν, φημί, καὶ ταῦτα γνωρίσματα τῶν πραιτωρίων ὑπάρχων ἄχρι Δομιτιανοῦ. 4. Αὐτὸς δὲ Φοῦσκον τοὔνομα τῆς ἀρχῆς προστησάμενος ἐγγὺς ὅλην τὴν τῆς ἱππαρχίας μνήμην ἀπήλειψεν, μὴ πέλεκυν, μὴ βήξιλλα μηδὲ τὰ λεγόμενα κλήματα καταλιπών. 5. Τὸ γὰρ ἐπὶ τοῦ παρόντος τῷ πρίγκιπι κλῆμα φερόμενον οὐδὲν | Wü 75 ἕτερον παρὰ τὴν προσηγορίαν διασῴζει τῆς ἀρχαιότητος. 6. Πάλαι γὰρ καὶ νῦν δὲ παρ'αὐτοῖς τῶν ὅπλων

FONT. : **19** 6 *Mens.* I, 40 p. 17, 10-15 Wü.

---

7 ἐπιείκειαν O^2 edd. : -εικίαν O ‖ 9 χιλίους O^2 edd. : χειλ- O ‖ χρυσοῦς O^2 Be Wü By : χρυσούς O Fu.

19 1 1 ἀναγνωσομένων O^2 edd. : -σωμένων O ‖ 2 δέ ποτε O Fu Wü By : δήποτε O^2 Fu^n δή π. A Be ‖ 4 βηξίλλων edd. : βηξέλ- O ‖ 2 2 τὸν suppl. Wü By ‖ 3 Καισάρων O^2 edd. : Κεσ- O ‖ ἐχειροτόνησεν O^2 edd. : ἐχειρωτ- O ‖ 3 2 φημί [ex φήμη ut vid.] A edd. : φήμη O ‖ 3 Δομιτιανοῦ Wü By : Δομετ- O A Fu Be ‖ 4 2 τὴν A edd. : γῆν O ‖ 3 ἀπήλειψεν O^2 By : -ψε Fu Be Wü ἀπειλ- O ‖ βήξιλλα edd. : βεξελλα [corr. in βεξηλ-] O βέξηλλα A ‖ 4 καταλιπών O^2 A edd. : -λειπών O ‖ 5 2-3 οὐδὲν ἕτερον Be Wü By : οὐδέτερον O A Fu ‖ 6 1 παρ' αὐτοῖς O By : παρὰ τοῖς Fu Be Wü παρ' αὐτοῖς τοῖς coni. Kroll.

premier de celui que l'on appelle les *biarchi*[84] a à la main un bâton muni, comme entrelacs, d'un sarment de vigne en argent, en hommage[85] à Dionysos, comme le montrent à suffisance les notes rapportées dans notre traité *Des mois*[86]. 7. Quant à la hache, c'est au seul consul et aux magistrats consulaires des provinces que l'a laissée le temps à travers ses vicissitudes : peut-être rougissait-il d'arracher au consul jusqu'à ce signe distinctif de sa dignité. Pour les *vexilla*, le César en personne est le seul à les détenir comme signe distinctif. 8. Ce qu'ils étaient, nous l'avons bien montré dans le livre *Des mois*[87]. 9. Dans sa vanité, Domitien se plaisait aux innovations : le propre des tyrans, c'est de mettre sens dessus dessous les institutions de jadis[88]. 10. Aussi ne se contenta-t-il pas de frapper la préfecture du prétoire en la privant de la dignité qui lui appartenait autrefois, mais aussi celle de la ville, dans le ressort qui était le sien, en la dépeçant : il nomma douze préfets, au lieu d'un seul, à savoir pour chacun des quartiers de Rome.

20. Il n'y avait point de pied-à-terre défini à l'origine pour aucune de ces magistratures ni dans la première cité impériale ni dans celle qui l'est de nos jours, comme

84. La forme des manuscrits βιαρχῶν postule une forme βιάρχης. Partout ailleurs, on trouve βίαρχος, en sorte que la correction est nécessaire. Voir I **48** 2 ; III **2** 1 ; **7** 6.

85. La forme προ de O est due à l'omission de la sifflante finale. Ailleurs, on trouve πρὸς τιμῆς (II **3** 8 ; III **46** 8) et πρὸς τιμὴν (III **70** 4).

86. Le fragment est perdu, voir *Mois*, I, 40, p. 17, 10-15 W.

87. Autre fragment perdu, voir *Mois* I, 41 p. 17 (en note).

88. Voir t. I, p. DCII-DCIV.

στρατεύμασιν ἐπιφέρεται ὁ τῶν λεγομένων βιάρχων | O 62 πρῶτος ῥάβδον κλήματι ἐξ ἀργύρου πεποιημένῳ περιπεπλεγμένην πρὸς τιμῆς τοῦ ποτε τιμηθέντος Διονύσου, ὡς ἐν τοῖς Περὶ Μηνῶν ἀποχρώντως ἡμῖν ἀν⟨εν⟩ήνεκται. 7. Πέλεκυν δὲ μόνῳ τῷ ὑπάτῳ καὶ ταῖς ὑπατικαῖς ἀρχαῖς τῶν ἐπαρχιῶν καταλέλοιπεν ὁ χρόνος ἐναλλαγείς, ἴσως ἐρυθριάσας καὶ τούτου τοῦ γνωρίσματος τὴν ὕπατον ἀφελέσθαι τιμήν. Βήξιλλα γὰρ αὐτὸς μόνος ὁ Καῖσαρ ἔχειν τὸ λοιπὸν γνωρίζεται. 8. Τίνα δὲ ταῦτα, ἐν τῷ Περὶ Μηνῶν ἐπεδείξαμεν. 9. Κενόδοξος γὰρ ὢν ὁ Δομετιανὸς τοῖς νεωτερισμοῖς ἔχαιρεν· ἴδιον δὲ τυράννων ἀνατρέπειν τὰ πάλαι καθεστηκότα. 10. Ὅθεν οὐ μόνον τὴν ἐπαρχότητα | τῶν πραιτωρίων τῆς οὔσης By 114 αὐτῇ τὸ πρὶν τιμῆς ἐζημίωσεν, ἀλλὰ μὴν καὶ τὴν πολίαρχον ἐξουσίαν, τό γε εἰς αὐτὸν ἧκον, διεσπάθισεν, δύο πρὸς τοῖς δέκα ὑπάρχους πόλεως ἀνθ' ἑνός, ὡς δὴ καθ' ἕκαστον τμῆμα τῆς Ῥώμης, προχειρισάμενος.

20. Οὐκ ἦν δὲ καταγώγιον ὡρισμένον ἀνέκαθεν οὐδεμιᾷ τούτων τῶν ἀρχῶν, οὐκ ἐπὶ τῆς πρώτης, οὐκ ἐπὶ τῆς καθ' ἡμᾶς βασιλίδος, ὡς ἐπὶ τοῦ παρόντος, ἀλλ'

FONT. : 7 4-8 2 *Mens.* I, 41 p. 17, 16-21 Wü.

2 βιάρχων edd. : βιαρχῶν O A || 3 ἐξ ἀργύρου πεποιημένῳ edd. : ἐ. ἀ. -μένων O ἐ. ἀ. πεποιημένην O^2 ἐξαργυρουμένην A || περιπεπλεγμένην O edd. : τε post π. add. m. post. O περιπλεγμένην τε A || 4 πρὸς O^2 edd. : πρὸ O || Διονύσου O edd. : Διονυσίου A || 5 ἀποχρώντως edd. : -χρόντος O -χρόντως O^2 || ἀνενήνεκται By : ἀνήνεκται O Fu Be Wü μεμνημόνευται A || 7 1 πέλεκυν edd. : πελεκυ O πελέκει O^2 || 2 ἐναλλαγείς Fu^n Be Wü By : ἐναλλαγῆς O Fu || 4 ὕπατον O edd. : ὑπάτου A || βήξιλλα edd. : βίξ- O || 9 2 Δομετιανὸς O Fu Be : Δομι- Wü By || τυράννων O Wü By : τυράννου Fu Be || 10 4 πολίαρχον O^2 edd. : πολυα- O || ἧκον O^2 edd. : ηκων O || διεσπάθισεν A Fu^n Wü By : διεσπάθησε O Fu Be || 5 ὑπάρχους O edd. : ὑπάρχοις A.

20 1 1 ὡρισμένον O^2 edd. : ὁρ- O || οὐδεμιᾷ edd. : οὐδεμία O A.

c'est le cas à présent ; au contraire, c'était à son domicile privé que le titulaire de la magistrature exerçait son pouvoir. 2. Et telle fut la situation qui perdura jusqu'à notre Léon. Sous son règne, un patrice, Constantin, qui était titulaire[89] de la charge de préfet, — originaire de Mazaca lui aussi, il s'était approprié la vertu dans la proportion où le méchant Cappadocien l'avait fait pour le vice, et il s'était élevé grâce à la culture qu'il avait excellente et supérieure à celle des Italiens les plus honorés de son temps[90] —, fit bâtir un forum tout à fait magnifique en lui donnant le nom de Léon, et il y fit aussi graver la date de son accession à la magistrature[91]. 3. Il l'avait fait construire, comme je l'ai dit, de ses propres deniers, en sa qualité de voisin de l'endroit (il fut aussi le grand-père de notre contemporain Rufus), et il laissa ainsi à la magistrature une résidence simple et sobre, en vue de l'entretien de celui qui, en temps opportun, reçoit la magistrature à son tour, pour avoir construit un objet méritant l'approbation de tous. La première et la plus haute des magistratures, celle qui ne le cède qu'au sceptre seul, c'était dans une petite <résidence qu'elle exerçait le pouvoir à cette époque>. Ainsi, chez les hommes des temps plus anciens, les manifestations du luxe laissaient indifférent : leur seule jouissance était le bonheur des contribuables.

21. Plus tard, Serge, un sophiste sorti du rang des orateurs judiciaires et respecté pour ses discours par Anastase le Juste, en chargeant ladite résidence d'un pied-à-terre à l'étage, dédaigna le sobre au profit d'un luxe accru (la magistrature était sur la voie du dépérissement), qu'il

89. L'émendation de la leçon ἔπων (O) en διέπων proposée par Fuss s'impose en face de la conjecture ἐφέπων émise par Wünsch. En effet, on trouve à maintes reprises, comme l'indique An. Bandy [(1983), p. 297], une expression du genre (II **12** 2 ; III **42** 2 τὴν .... ἐπαρχότητα διέποντος cf. III **17** 3 ; **50** 5).

ἐπὶ τῶν οἰκείων ἑδρῶν ὁ τὴν ἀρχὴν διέπων ἔπραττεν.

2. Καὶ τοῦτο ἄχρι τοῦ καθ' ἡμᾶς Λέοντος διέμεινεν, ἐφ' οὗ Κωνσταντῖνος τὴν ὕπαρχον διέπων τιμήν, ἀνὴρ Wü 76 εὐπατρίδης, ἐκ Μαζάκης μὲν καὶ αὐτὸς ὁρμηθείς, ἀνάλογον δὲ τὴν ἀρετὴν τῇ κακίᾳ τοῦ πονηροῦ Καππαδόκου κεκτημένος, διὰ λόγων τε ἄριστα καὶ διαφερόντως τῶν παρ' Ἰταλοῖς τότε μάλιστα τιμωμένων ἡγμένος, ἀγορὰν ἐδείματο διαπρεπεστάτην, Λέοντος αὐτὴν προσαγορεύσας, ἐν ᾗ καὶ τὴν προαγωγὴν ἐκείνου ψηφῖδι κατεγράψατο. 3. Ταύτην, ὡς εἶπον, αὐτὸς οἰκείοις ἀναλώμασι κατασκευάσας, οἷα γειτνιῶν τῷ χωρίῳ (καὶ Ῥούφῳ τῷ καθ' ἡμᾶς πάππος γενόμενος), παρεχώρησεν τῇ ἀρχῇ δίαιταν εὐτελῆ καὶ σώφρονα | πρὸς θερα- O 62^{v} πείαν τοῦ κατὰ καιρὸν τὴν ἀρχὴν ἐκδεχομένου, κατασκευάσας πρᾶγμα πάσης ἀποδοχῆς ἄξιον. Ἡ πρώτη καὶ ἀνέχουσα τῶν ἀρχῶν, ἡ μόνῳ τῷ σκήπτρῳ παραχωροῦσα, ἐπὶ μικρᾶς ⟨τότε ἔπραττε διαίτης⟩· οὕτως ἦν παρὰ τοῖς παλαιοτέροις τὰ τῆς τρυφῆς ἠμελημένα, οἳ μόνης ἀπέλαυον τῆς τῶν ὑποτελῶν εὐθυμίας.

21. Σέργιος δὲ ὕστερον, ἐκ τῶν δικανικῶν ῥητόρων ἀνὴρ σοφιστὴς καὶ διὰ τοὺς λόγους αἰδέσιμος Ἀναστασίῳ τῷ χρηστῷ, τὴν εἰρημένην δίαιταν ὑπερῴῳ φορτώσας καταγωγίῳ, τὸ μὲν σῶφρον ὑπερεῖδεν, μείζονα δὲ τρυφήν, τῆς ἀρχῆς ἤδη μαραινομένης, εἰσήγα-

4 διέπων Fu^{n} By : ἔπων O Fu Be ἐφέπων Wü ἔχων coni. dub. Be^{n} || ἔπραττεν O^{2} By : -ττε O Fu Be Wü || 2 1 ἄχρι O^{2} edd. : ἄχρη O || 2 τιμὴν O edd. : ἀρχὴν A || 3 Μαζάκης Wü By : -κῆς O Fu Be Μεζακῆς A || 8 προαγωγὴν om. rel. spat. A || 3 1 ἀναλώμασι edd. : -σιν O || 2 γειτνιῶν O^{2} edd. : γιτ- O || 3 παρεχώρησεν Wü By : -σε Fu Be παρεχώρησεν ἐν O A || 4 ἐντελῆ A || 7 μόνῳ O^{2} edd. : μων- O || 8 τότε ἔπραττε διαίτης suppl. By : τ. ἔπραττεν οἰκίαν Wü spat. vac. relicto Fu Be || 10 ἀπέλαυον edd. : ἀπήλ- O.

21 1 4 ὑπερεῖδεν O^{2} By : -εῖδε O Fu Be Wü.

introduisit[92] : il n'avait pas prévu (la nature humaine n'a pas non plus le privilège de deviner l'avenir) qu'il construisait un repaire pour le Cappadocien. Quant aux bains, il se contenta de ceux de la résidence, en respectant, au moins sur ce point, la mesure. 2. Quant au Cappadocien (l'identité de cet individu, je la dirai un peu plus tard[93]), lorsqu'il eut fondu sur la magistrature, il céda l'antique et toute vénérable résidence de la magistrature aux phalanges de ses serviteurs. Pour sa part, faisant sa litière[94] de l'étage où le pissat et le bren veillaient autour de sa chambre, il restait vautré nu sur sa couche, enjoignant à tous les membres de son personnel, comme s'ils étaient de méchants domestiques, de monter la garde devant sa chambre[95] : il se chargeait de trier sur le volet ceux qui lui plaisaient et les offrait en pâture pour les châtier aux plus bestiaux de ses domestiques, des barbares, des loups, dans leur âme autant que dans leur nom. 3. Avec un luxe extravagant, il fit donc de l'ancienne salle de bains une écurie pour bêtes de somme et il y fit place, dans un espace restreint, pour ses troupeaux de chevaux ; quand il eut construit, suspendue en l'air, une nouvelle salle de bains[96] et qu'il eut contraint dans leur nature les eaux à couler largement à une hauteur extraordinaire, il se mit à s'y baigner, de la manière que l'on vient de déplorer. 4. Après quoi, là où il engloutissait, arrosés de vins de tous les cépages, les produits de l'air, de la terre et tout ce qui porte nageoires, et gaspillait sa

92. Serge fut préfet entre le 1er avril et le 1er décembre 517, voir *supra*, p. LXXII-LXXVI.

93. Renvoi explicite à III **57** 2-5, voir *supra*, p. CLXX-CLXXIII.

94. Cf. An. Bandy [(1983), p. 297], le verbe κατακοιτάζομαι est rare. Je n'en connais qu'une seule autre occurrence, dans la *Souda* (II, 459,9 Adler), signalée par E. Trapp, *Lexikon zur byzantinischen Gräzität*, 4, Vienne, 2001, s.v. κατακοιτάζομαι, p. 781.

96. Sur la question des salles de bains, surtout sur les toits, qui étaient des signes extérieurs de richesses, voir t. I, p. DCLV.

γεν, οὐ προθεωρήσας (οὐδὲ γὰρ ἀνθρωπίνης φύσεως τὸ ἐσόμενον στοχάζεσθαι) φωλεὸν τῷ Καππαδόκῃ κατασκευάζειν· τῷ γε μὴν βαλανείῳ τῆς διαίτης ἠρκέσθη, ἐπὶ γ' οὖν αὐτοῦ τιμήσας τὸ μέτριον. 2. Ὁ δὲ Καππαδόκης (τίς δὲ | οὗτος, μικρὸν ὕστερον ἐρῶ), ἐνσκήψας τῇ By 116 ἀρχῇ, τὴν μὲν παλαιὰν καὶ οὕτω σεμνὴν τῆς ἀρχῆς δίαιταν | ταῖς φάλαγξι τῶν θεραπόντων αὐτοῦ παρεχώ- Wü 77 ρησεν. Αὐτὸς δὲ ἐπὶ τῆς ὑπερῴας κατακοιταζόμενος, οὔρου καὶ ἀφόδου περισκοποῦντος τὸν κοιτῶνα, γυμνὸς ἐπὶ τῆς κλίνης ἐξεκέχυτο, πάντας τοὺς ἀπὸ τῆς τάξεως, ὡς εἰ πονηροὺς οἰκέτας, πρὸ τοῦ κοιτῶνος παραφυλάττειν ἐγκελευόμενος, αὐτὸς δὲ τοὺς ἀρέσκοντας ἐπιλεγόμενος καὶ τοῖς θηριωδεστάτοις τῶν οἰκετῶν, βαρβάροις καὶ λύκοις ταῖς ψυχαῖς ἅμα καὶ ταῖς προσηγορίαις, πρὸς τιμωρίαν ἐκτιθέμενος. 3. Τρυφῶν οὖν ἐκτόπως, τὸ πάλαι βαλανεῖον εἰς ἔπαυλιν ὑποζυγίων μεταθέμενος, ταῖς ἀγέλαις τῶν ἵππων εἰς μέρος βραχὺ παρεχώρησεν· ἕτερον δὲ ἐπὶ τοῦ ἀέρος κρεμάσας βαλανεῖον καὶ τὴν φύσιν τῶν ὑδάτων εἰς ὕψος ἄτακτον ἀναρρεῖν συνωθήσας, ἐλούετο ἐν αὐτῷ οὕτως ὡς προτετραγῴδηται. 4. Εἶτα ἐκεῖθεν, ⟨ἔνθα⟩ τά τε ἀέρος τά τε γῆς τά τε νηκτὰ πάντα μετὰ τῶν ἁπανταχόθεν οἴνων O 63 κατέπινε καὶ μυρίαις συνδιεφθείρετο μίξεσιν ἀδιακρί-

---

Font. : **21** 4 4-6 Plut. *Pomp*. 40, 7.

---

8 βαλανείῳ O^2 edd. : -νιω O || 9 γ' οὖν By : γοῦν O Fu Be Wü || 2 4 φάλαγξι O edd. : -ξιν O^2 || 6 κοιτῶνα O^2 edd. : κυτ- O || 7 κλίνης O^2 edd. : κλήν- O || 10 θηριωδεστάτοις O^2 edd. : θηριοδ- O || 3 1 τρύφων A || 2 βαλανεῖον vid. supra 1 8 || 3 τῶν O^2 edd. : των bis scr. O || 3 παρεχώρησεν O^2 edd. : -σε O || 5 βαλανεῖον vid. supra 1 8 et 3 2 || 6 συνωθήσας edd. : -θέστας O -θήστας O^2 || 4 1 ἔνθα suppl. Wü By || 3 κατέπινε O^{2}A edd. : -πιννε O || συνδιεφθείρετο O^2 edd. : συδ- O || μίξεσιν om. A spat. relicto || ἀδιακρίτως A.

semence en coucheries sans nombre, tous sexes confondus, c'était lui qui, en chlamyde, la tête nouée dans un voile pour l'été, c'est-à-dire une mantille, et les cheveux enveloppés d'une coiffe, à la façon du parasite de Pompée dans Plutarque[97] ou, pour dire vrai, des maîtres de la scène, se faisait transporter dans les palais qu'il avait fait construire pour son usage personnel. Si l'on voulait user de mots pour décrire la somptuosité et l'éclat de ces édifices, appeler logis modestes et dignes de philosophes les mausolées, les pyramides de Sésostris autant que d'Amasis et des autres[98], et en général les bâtiments que l'on cite dans les descriptions comme des objets dont s'enorgueillissent les Égyptiens[99] ne serait pas se tromper.

22. Il reste, conformément à ma promesse antérieure[100], à parler du personnel, de la qualité qui fut la sienne autrefois, au temps du commandant de cavalerie, ce qu'il devint par la suite, sous les ordres du préfet du prétoire, les registres afférents, dénominations et services rendus au public, les usages, conventions et termes utilisés dans les papiers que l'on y établissait, bref, tous les traits conservés jusqu'à nos jours qui se sont perdus pour jamais avec l'abaissement de la magistrature et la chute concomitante du personnel à son service. Il faut éviter qu'avec les vestiges de l'Antiquité jusqu'au souvenir même de ses vertus, au moins s'il n'est pas rapporté par

97. Plut., *Pomp.*, 40, 7 : Λέγεται γὰρ ὅτι πολλάκις ἐν ταῖς ὑποδοχαῖς, τοῦ Πομπηίου προσμένοντος καὶ δεχομένου τοὺς ἄλλους, ἐκεῖνος ἤδη κατέκειτο σοβαρός, ἔχων δι ὤτων κατὰ τῆς κεφαλῆς τὸ ἱμάτιον. Point n'est question ici d'un parasite, mais d'un jeune affranchi fastueux, originaire de Gadara, cité qu'il fit restaurer par Pompée. Au cours des réceptions qu'il organisait, loin de se lever, comme faisait Pompée, pour accueillir ses invités, il restait couché, sans daigner même se découvrir le visage.

99. Sur l'appréciation des monuments de l'ancienne Égypte, voir Procop. Gaz., *Ecphr.*, 15-19 Diels : Ἄλλοι μὲν ἄλλα δρώντων καὶ εἴ γε βούλοιντο λέγοιεν, οἱ μὲν Αἰγύπτου πυραμίδας οἷα δὴ τὰ Αἰγυπτίων ᾀδόμενα.

τοις, αὐτὸς ἐπὶ τῆς χλαμύδος θεριστρίῳ, ὡς εἰ κρηδέμνῳ, τὴν κεφαλὴν περιδεσμῶν καὶ τὰς τρίχας ἐνειλῶν τῇ καλύπτρῃ, ὡς Πομπηΐου παράσιτος κατὰ τὸν Πλούταρχον ἤ, τἀληθὲς εἰπεῖν, ὡς οἱ τῆς σκηνῆς ἄρχοντες, διεβαστάζετο ἐπὶ τὰς αὐλάς, ἃς αὐτὸς κατεσκεύασεν ἑαυτῷ· ὧν εἴ τις θέλοι τὴν ἀσωτίαν καὶ τὴν τῶν κτισμάτων διεξιέναι τῷ λόγῳ λαμπρότητα, Σεσώστριος ὁμοῦ καὶ Ἀμάσιος | καὶ τῶν ἄλλων μαυσώλειά τε καὶ Wü 78 **πυραμίδας καὶ τἄλλα ὅσων οἱ τὰς Αἰγυπτιακὰς ἀναγράψαντες ὑπερηφανίας μνημονεύουσιν, μέτρια καὶ φιλοσοφοῦσι πρέποντα καταυλήματα λέγων οὐ σφαλήσεται.**

22. Ὑπόλοιπόν ἐστι κατὰ τὸ πρόσθεν ἐπηγγελμένον περὶ τῆς τάξεως εἰπεῖν, ποία τέ τις ἦν ποτε παρὰ τῷ ἱππάρχῳ καὶ ποία γέγονε μετ᾽ ἐκεῖνον ὑπὸ τῷ τῶν πραιτωρίων ὑπάρχῳ, περί | τε τῶν ἐν αὐτῇ καταλόγων, By 118 **προσηγοριῶν τε καὶ λειτουργιῶν, περί τε ἐθῶν καὶ συμβόλων καὶ τῶν ἐπὶ τοῖς συνταττομένοις χάρταις ῥημάτων καὶ ἁπλῶς ὅσα ἡμῶν ἄχρι τηρούμενα, τῆς ἀρχῆς ἐλαττωθείσης καὶ τῆς ὑπηρετουμένης αὐτῇ τάξεως συμπεσούσης, παραπόλωλεν, ὅπως μὴ ⟨σὺν⟩ τοῖς ἴχνεσι τῆς ἀρχαιότητος καὶ αὐτὴ ἡ τῶν ἀρετῶν μνήμη μή γ᾽ οὖν γράμμασιν ἀναφερομένη παντελῆ λάχῃ τὴν**

---

4 τε post ἐπὶ add. Fu^{n} || κρηδέμνῳ O^{2} edd. : κριδ- [-νω] OA || 7 ἤ O^{2} edd. : ει O || οἱ edd. : ὁ OA || ἄρχοντες O edd. : ἄρχων *in ras.* O^{2} A || 9 ὧν edd. : ὢν O || 10 Σεσώστριος edd. : Σέσωστριν [-σώσ-] O A || 11 Ἀμάσιος edd. : Ἄμασιν A ἄσμασιν O || τῶν ἄλλων edd. : τοῖς ἄλλοις O A || μαυσώλειά τε edd. : μαυσωλέα τε O A || 12 πυραμίδας O^{2} edd. : -μηδας O || 13 μνημονεύουσιν O^{2} By : -σι Fu Be Wü || φιλοσοφοῦσι O edd. : -σιν O^{2}.

22 1 1 ὑπόλοιπόν O^{2} edd. : -λοπὸν O || ἐστι O edd. : -τιν O^{2} || 3 γέγονε O edd. : -νεν O^{2} || 4 πραιτωρίων O^{2} edd. : πραιτο- O || 6 ἐπὶ O Wü By : ἐν Fu Be || 8 ἐλαττωθείσης O^{2} edd. : -θησης O || 9 σὺν suppl. Fu^{n} Be^{n} By Wü || 10 ἴχνεσι O edd. : -σιν O^{2} || 11 μή γ᾽ οὖν By : μήγ᾽ οὖν O μὴ γοῦν O^{2} Fu Be Wü.

écrit, ne soit voué à un effacement complet[101]. 2. Mais, pour l'heure, il sera question du restant des magistratures de l'État et, pour mettre un terme au tout, je donnerai un exposé spécial sur le personnel. Il ne sied en effet pas non plus dans le cas des magistratures d'unir dans l'énumération titulaires et fonctionnaires.

Sur celui que l'on appelle magister des officia impériaux, en d'autres termes, le commandant des troupes de la cour.

23. Tous les étants sont à la fois dans le devenir et dans l'être conformément à la nature du bien ; les étants, en tant qu'ils sont ; les éléments entraînés dans le devenir, qui n'ont pas toujours l'être et ne le possèdent pas non plus de la même manière, mais qui connaissent une évolution de la génération à la corruption, puis de celle-ci à la génération, sont immortels en raison de leur être, mais sont davantage soumis à l'altérité en vertu du changement qui les affecte. Lorsqu'ils se retirent en eux-mêmes, ils ont l'être en vertu de leur essence, mais le devenir en vertu de la corruption, car la nature les maintient en elle puis, inversement, elle les pousse à se manifester, suivant les règles posées par le Démiurge. 2. Telles sont les données qu'affirme la raison à cause de l'aspect qu'avait, au stade d'archétype, l'État d'aujourd'hui[102] : nous le savons, avant toute magistrature, ce fut le pouvoir du commandant de cavalerie qui accéda, comme on l'a dit[103], au devenir ; ensuite, lorsqu'il se fut effacé dans le temps, il se transforma en dignité de préfet. Lorsque cette dernière eut pris en mains la charge du gouvernement, l'empire en revint à employer le maître de cavalerie. 3. Une avancée sous le regard de tous, ou plutôt une promotion voulue par la nature des choses, voilà ce que connut encore la magistrature, elle qu'avait biffée le

103. Référence à I **14** 2.

ἀναίρεσιν. 2. Τέως δὲ περὶ τῶν ὑπολοίπων τῆς πολιτείας ἀρχῶν καὶ τὸ δὴ πέρας ἴδιόν τινα περὶ τῆς τάξεως λόγον ἐκθήσομαι· οὐδὲ γὰρ εὐπρεπὲς ταῖς ἀρχαῖς τοὺς ἀρχομένους συναριθμεῖν.

ΠΕΡΙ ΤΟΥ ΛΕΓΟΜΕΝΟΥ ΜΑΓΙΣΤΡΟΥ ΤΩΝ ΘΕΙΩΝ ὈΦΦΙΚΙΩΝ ἈΝΤΙ ΤΟΥ ἌΡΧΟΝΤΟΣ ΤΩΝ ΑΥΛΙΚΩΝ ΣΤΡΑΤΕΥΜΑΤΩΝ

23. Πάντα τὰ ὄντα καὶ γίνεται καὶ ἔστι κατὰ τὴν τοῦ ἀγαθοῦ φύσιν· τὰ μὲν ὄντα, ὡς ἔστιν, τὰ δὲ γινόμενα,
οὐκ ὄντα μὲν ἀεί, οὐδὲ ὡσαύτως ἔχοντα, διὰ | δὲ τῆς Wü 79
γενέσεως ἐπὶ τὴν φθοράν, εἶτα ἐξ ἐκείνης ἐπὶ τὴν γένεσιν ἀναστρέφοντα, καὶ τῷ εἶναι μὲν ἀθάνατα, τῷ δὲ
μεταβάλλεσθαι ἀλλοιότερα· | εἰς ἑαυτὰ γὰρ ἀναχ- O 63^{v}
ωροῦντα τῇ μὲν οὐσίᾳ ἐστίν, τῇ δὲ φθορᾷ γίνεται, τηρούσης αὐτὰ τῆς φύσεως παρ' ἑαυτῇ προαγούσης τε αὖθις εἰς τοὐμφανὲς κατὰ τοὺς ὑπὸ τοῦ Δημιουργοῦ τεθέντας ὅρους. 2. Ταῦτά φησιν ὁ λόγος διὰ τὴν ἀρχέτυπον τῆς καθ' ἡμᾶς πολιτείας ὄψιν, ἐφ' ἧς ἴσμεν πρὸ πάσης ἀρχῆς τὴν τοῦ ἱππάρχου δύναμιν, ὡς εἴρηται, γενέσθαι· εἶτα ὡς ἀπαλιφεῖσα ἐκείνη τῷ χρόνῳ εἰς τὴν ὕπαρχον μετεφύη τιμήν. 3. Αὐτῆς δὲ τὸ πολίτευμα παραλαβούσης, αὖθις ἡ βασιλεία εἰς τὴν τοῦ ὑπάρχου περιέστη χρείαν· καὶ προῆλθεν εἰς τὸ μέσον, μᾶλλον δὲ
προηνέχθη ὑπὸ τῆς τῶν | πραγμάτων φύσεως ἡ πρὶν By 120

2 4 τοὺς ἀρχομένους Be Wü By : τοῦ ἀρχομένου O Fu.

Tit. om. Be.

23 1 1 πάντα μὲν Wü ‖ ἔστι O edd. : -τιν O^2 ‖ 2 τὰ-τὰ O edd. : τὸ-τὸ mal. Fu^n ‖ ἔστιν O^2 By : -τι O Fu Be Wü ‖ 4 εἶτα Be Wü By : εἴτε O Fu ‖ 5 τῷ-τῷ Be^n Wü By : τὸ-τὸ O Fu Be ‖ 7 ἐστίν O^2 Wü By : -τὶ Fu ἔστι Be ἐστι O ‖ 2 2 ἔσμεν A ‖ 2-3 πρὸ πάσης : πρὸς τὰς [ης] A ‖ 4 ἀπαλιφεῖσα Be Wü By coll. III **11** 11 : -λοιφεῖσα O Fu -λειφθεῖσα O^2A ‖ 5 μετεφύη om. A vac. spat. rel. ‖ 3 2 ὑπάρχου O By : ἱππάρχου Fu Be Wü ‖ 3 χρείαν O^2 edd. : χρίαν O.

recours à une autre appellation : sans déchoir en rien vis-à-vis de sa propre hypostase, elle s'est fortifiée d'un pouvoir plus grand, et par l'ajout de prérogatives qui ne lui appartenaient pas précédemment.

24. Personne ne regimbera contre la nouveauté de l'appellation. En effet, si l'on prend un point de vue juste sur les faits, on découvrira que la dénomination même n'est pas non plus en dissonance avec la magistrature. 2. Le commandant de cavalerie était toujours présent à côté du *roi* (*rex*) ou du commandant unique (μόναρχος), en qualité de chef de la force équestre et de premier de la cour tout entière, en sorte que celui que l'on nomme, d'après la nouvelle appellation, *magister* n'est rien d'autre que le commandant de cavalerie : s'il y eut changement de nom, la cause en fut la détention d'une puissance accrue. 3. Le nom de *magister officiorum* ne signifie rien d'autre que le responsable des catalogues de la cour, comme nous le disions précédemment[104] : on y observe que les forces de l'empire, tant pour la cavalerie que pour l'infanterie se montent à un total de dix mille soldats. 4. Telle était aussi seulement la fonction de direction qu'avait le commandant de cavalerie, mais le *magister* en a une plus étendue, depuis que l'empire s'est élevé à pareille hauteur. 5. Car à l'époque l'Italie seulement constituait le territoire possédé par les Romains, alors qu'aujourd'hui, avec Dieu à leur tête, c'est la totalité des terres et des mers qu'ils détiennent à la fois.

104. Référence à II **11** 1.

ἀπαλιφεῖσα δι' ἑτέρας προσηγορίας ἀρχή, κατὰ μηδὲν μὲν ἀποδέουσα τῆς οἰκείας ὑποστάσεως, μείζονι δὲ δυνάμει καὶ προσθήκῃ τῶν οὐκ ὄντων αὐτῇ τὸ πρὶν ὠχυρωμένη.

24. Καὶ μηδεὶς πρὸς τὸ καινὸν τῆς προσηγορίας ἀποπηδάτω· εἰ γὰρ ἀπίδοι ἐμμελῶς εἰς τὰ πράγματα, οὐδὲ αὐτὴν τὴν ἐπωνυμίαν τῆς ἀρχῆς διαφωνοῦσαν πρὸς ἑαυτὴν εὑρήσει. 2. Ὁ μὲν γὰρ ἵππαρχος παρῆν ἀεὶ τῷ ῥηγὶ ἢ τῷ μονάρχῳ, τῆς μὲν ἱππικῆς δυνάμεως ἡγούμενος, τῆς δὲ αὐλῆς πάσης προεστηκώς· ὥστε ὁ λεγόμενος κατὰ νεωτέραν προσηγορίαν μάγιστρος οὐδὲν ἕτερον ἢ ἵππαρχός ἐστιν· τῆς δὲ μεταβολῆς τοῦ ὀνό|ματος αἰτία ἡ τῆς πλείονος ἐξουσίας ἐπικράτεια Wü 80
γέγονεν. 3. Τὸ γὰρ μάγιστρος ὀφφικίων ὄνομα οὐδὲν ἢ τὸν ἡγούμενον τῶν αὐλικῶν καταλόγων σημαίνει, ὡς προέφαμεν, ἐν οἷς ἥ τε ἱππικὴ καὶ ἡ πεζομάχος δύναμις τῆς βασιλείας θεωρεῖται εἰς μυρίους συναγομένη πολεμιστάς. 4. Καὶ τοῦτο μὲν μόνον εἶχεν ὁ ἵππαρχος τὸ προνόμιον, ὁ δὲ μάγιστρος τὸ πλέον, τῆς βασιλείας εἰς τοσοῦτον ὕψος ἀνενεχθείσης. 5. Τότε μὲν γὰρ μόνην τὴν Ἰταλίαν ἐκέκτηντο Ῥωμαῖοι, νῦν δέ, θεοῦ προϊσταμένου, πᾶσαν ὁμοῦ γῆν τε καὶ θάλασσαν ἔχουσιν.

TEST. : **24** 2 vide infra **25** 2 ‖ 3 1 Gl Z 2 magistros officion ‖ 1-2 Gl 67 (MNvLWXZ p. 232 F.M.) Bas p. XXII W magistros officion ὀφφικίων ὄνομα οὐδὲν ἧττον τῶν ἡγουμένων τῶν αὐλικῶν καταλόγων διασημαινει.

---

5 ἀπαλιφεῖσα Be Wü By : -λοιφεῖσα O Fu -λειφθεῖσα O²A ‖ 6 μείζονι O² edd. : -ζωνι O ‖ 8 ὠχυρωμένη O² edd. : ὀχυρομ- O.
24 1 2 ἀπίδοι O²A edd. : ἀφειδοι O ‖ 2 2 ῥηγὶ O² edd. : γεὶ O ‖ 5 ἐστιν O² By : -τι Fu Be Wü ‖ 7 γέγονεν O² By : -νε Fu Be Wü ‖ 3 1 ὀφφικίων O Gl edd. : ὀφφίκιον O²A ‖ 1-2 ἢ τὸν [e coni. Kroll] Wü By : ἧττον O Gl Fu Be ἧττον τὸν Fu² ‖ 2 τῶν ἡγουμένων Gl ‖ διασημαίνει Gl ‖ 5 2 προϊσταμεμένου [*prius* με eraso] O ‖ 3 ἔχουσιν O² edd. : -σι O.

25. Qui fut donc au commencement nommé *magister* ? Je n'ai pas le moyen de le dire à cause du silence de l'histoire. Et avant Martinianus, qui était *magister* sous Licinius, l'histoire[105] ne fournit pas le nom de quelqu'un d'autre. 2. (Martinianus) l'était donc sous Licinius, quand Constantin, qui s'était emparé seul de tout le pouvoir sur l'empire, désigna comme *magister* de la cour Palladius, un homme intelligent et qui, précédemment, au cours d'une ambassade, avait réconcilié les Perses avec les Romains et Maximien Galère[106]. 3. Quant à ceux qui désirent n'être point dans l'ignorance des *magistri* qui se sont succédé jusqu'à nos jours, il leur suffira de s'en rapporter à l'enseignement de Pierre, un grand esprit à tous égards et un maître infaillible en matière d'histoire universelle : il en a traité dans son écrit sur ce que l'on appelle le magistère[107].

26. La progression en pouvoir de la magistrature alla donc *crescendo* : ce sont non seulement les ambassades des nations se présentant durant la période de charge qui incombent à la responsabilité du *magister*, avec la poste publique, la foule accablante de ceux qui étaient autrefois les *frumentarii*, aujourd'hui les *magistriani* [108], les manufactures d'armes y compris l'administration, mais en plus l'administration des affaires civiles. Excellent exemple aussi que celui de ce Pierre, ce grand personnage, qui

105. Pour tout ceci, voir t. I, p. CCV-CCVIII.

106. L'envoi de Palladius en Perse date peut-être de 297, et il exerça ses fonctions de *magister officiorum* durant les années 324-325 (voir *PLRE* I, s.v. *Palladius* 2, s.v. 658). Sur l'ambassade de 297 (?) en Perse, voir Pierre Le Patrice, fr. 14 p. 189 Müller = Exc. *De leg.* p. 29 : Ὅτι Γαλέριος καὶ Διοκλητιανὸς εἰς Νίσιβιν συνῆλθον, ἔνθα κοινῇ βουλευσάμενοι στέλλουσιν εἰς Περσίδα πρεσβευτὴν Σικόριον Πρόβον ἀντιγραφέα τῆς μνήμης. Jean est seul à mentionner la présence de Palladius, sans doute dans un poste subalterne. Sicorius Probus (voir *PLRE* I, s.v. *Probus* 7, p. 740) n'est connu que par ce dernier document.

108. Sur le titre de *magistriani*, voir T. des mat. II, 5 ; III **7** 1 ; **12** 5 ; **24** 1.

25. Καὶ ὅστις μὲν οὖν ὠνομάσθη τὴν ἀρχὴν μάγιστρος, οὐκ ἔχω | λέγειν, τῆς ἱστορίας σιγώσης· οὐδὲ γὰρ O 64
πρὸ Μαρτινιανοῦ, ὃς ἦν ὑπὸ Λικινίῳ μάγιστρος, ἄλλου τινὸς προσηγορίαν ἡ ἱστορία παραδίδωσιν. 2. Αὐτοῦ δὲ τούτου ὑπὸ Λικινίῳ, ὁ Κωνσταντῖνος, τὴν ὅλην τῆς βασιλείας μόνος κατασχὼν ἐξουσίαν, Παλλάδιον μάγιστρον τῆς αὐλῆς ἐχειροτόνησεν, ἄνδρα συνετὸν καὶ Πέρσας Ῥωμαίοις πρότερον καὶ Μαξιμιανῷ τῷ Γαλερίῳ διὰ πρεσβείας φιλώσαντα. 3. Τοῖς δὲ ἱμειρομένοις τοὺς ἐφ᾽ ἑξῆς μὴ ἀγνοῆσαι μαγίστρους ἄχρις ἡμῶν ἀρκέσει πρὸς διδασκαλίαν Πέτρος ὁ πάντα μεγαλόφρων καὶ τῆς καθ᾽ ὅλου ἱστορίας ἀσφαλὴς διδάσκαλος, δι᾽ ὧν αὐτὸς ἐπὶ τοῦ λεγομένου μαγιστερίου ἀνεγράψατο. | Wü 81 By 122

26. Προῆλθεν οὖν ἡ δύναμις ἐπὶ πλέον τῆς ἀρχῆς· οὐ μόνον γὰρ τὰς τῶν ἐθνῶν πρεσβείας ὑφ᾽ ἑαυτῷ τελούσας ὁ μάγιστρος ἔχειν πιστεύεται, τόν τε δημόσιον δρόμον καὶ πλῆθος ἐμβριθὲς τῶν πάλαι μὲν φρουμενταρίων, νῦν δὲ μαγιστριανῶν, τήν τε τῶν ὅπλων κατασκευὴν καὶ ἐξουσίαν, ἀλλ᾽ ἔτι καὶ τὴν τῶν πολιτικῶν πραγμάτων. Καὶ διαφερόντως Πέτρος οὗτος, ὁ πολύς,

Test. : **25** 2 Ph 134, 7-9 ὁ δὲ μέγας Κωνσταντῖνος ὁ βασιλεὺς τὸν ἔπαρχον εἰς τὸ τοῦ μαγίστρου ἀξίωμα μετήνεγκεν· ὁ δὲ ἔπαρχος καὶ ὕπαρχος ὠνομάζετο.

Font. : **25** 1 2-4 Aurel. Vict. *De Caes.* 41, 9.

25 1 2 σιγώσης O^2 edd. : σηγ- O || 3 Μαρτιριανοῦ A || Λικινίῳ O^2 edd. : λικν- O || μάγιστρος O^2 edd. : μαγίσ- O || 2 1 αὐτοῦ O edd. : αὐτῷ Fu^n || 2 τούτου O edd. : τούτῳ Fu^n || μαγιστρεύοντος post Λικινίῳ inser. Wü || 3 μάγιστρον O^2 edd. : μαγίσ- O || 4 αὐλῆς edd. : αὐτῆς O || 6 φιλώσαντα edd. : φειλώσ- O φιλιώσ- O^2 || 3 1 ἱμειρομένοις edd. : δμηρ- O δμειρ- O^2 || 3 διδασκαλίαν O^2 edd. : -κάλειαν O || 5 μαγιστερίου O Wü By coll. **10** 4 6 : μαγιστηρίου Fu Be μαγισταρίου A.

pour les mérites ne le cède en rien à personne. Il protège, garde la cour et, pour la grandeur de Rome que l'incurie de ses prédécesseurs a menée près de la ruine, loin de la bafouer, en sa qualité d'homme de science constamment attaché aux livres, il la restaure. 2. Connaissant mieux que personne les lois, dans lesquelles il fut instruit dès sa plus tendre enfance[109], avocat des gens dans le besoin, il se révéla un magistrat vraiment grand, en faisant montre d'un orgueil séant à la hauteur de sa charge, et un juge pénétrant et sachant rendre la justice avec intégrité, sans que les caprices du sort lui fissent jamais courber l'échine. 3. Doux et aimable, mais malaisé à manœuvrer et peu enclin à céder aux requêtes en dehors de la loi, il est aussi inébranlable qu'apte à percer à jour les intentions de ses visiteurs ; n'accordant aucun instant pour les futilités, il est pris la nuit par les livres, le jour par les affaires ; sur le trajet même qui sépare sa maison de la cour, il ne laisse en un mot pas le plus petit trou pour les conversations, mais il s'enferme[110] avec les maîtres en la matière dans des recherches intellectuelles et des récits sur des faits d'une haute antiquité. 4. Il n'a donc pas un instant où il ne se soucie d'enseignement, au point que les professeurs de littérature redoutent de faire sa rencontre : les piégeant à force de faits et de détours, il leur

109. Pour une expression analogue, voir Automédon (Ier s. pCn), dans *Anth.*, V, 129, 1-2 : τὴν κακοτέχνοις /σχήμασιν ἐξ ἁπαλῶν κινυμένην ὀνύχων. Elle était passée très tôt en latin, Cic., *Ép.* 103, 2 (*Fam.*, I, 6, 2, à Lentulus, mars 56) *qui mihi " a teneris ", ut Graeci dicunt, " unguiculis " es cognitus* ; Hor., *Od.*, III, 6, 23-24 : *incestos amores/ de tenero meditatur ungui.* Fort ancienne, elle est bien d'origine grecque. Toutefois, on n'en possède aucune occurrence dans la littérature grecque conservée avant Cicéron, voir Astérios, *Hom.*, 27, 2 ; Didym., *Comm. à Zacharie*, II, 268 ; fr. 737 a du *Comm. aux Ps.* ; *Comm. à Gen.*, p. 168, 21 ; Épiph., *Mes. et p.*, 25 ; Cyr. S., *Sab.*, p. 196, 11.

ὁ μηδενὶ ταῖς ἀρεταῖς κατὰ μηδὲν δεύτερος. Διασῴζει μὲν γὰρ καὶ φρουρεῖ τὴν αὐλὴν καὶ τὴν Ῥωμαϊκὴν οὐκ ἀποπτύει μεγαλειότητα, ἣν ἐγγὺς ἀπολομένην ἀβελτερίᾳ τῶν πρὸ αὐτοῦ, οἷα σοφὸς καὶ διὰ παντὸς τοῖς βιβλίοις προσανέχων, ἀποκαθίστησιν. 2. Τοὺς δὲ νόμους εἰδὼς εἴπερ τις ἄλλος, οἷς ἐξ ἁπαλῶν ὀνύχων ἐνετράφη, συνηγορῶν τοῖς δεομένοις, ἄρχων τε μέγιστος καὶ ἀξίαν ὀφρὺν τῆς ἐξουσίας ἀνατείνων ἐδείχθη καὶ δικαστὴς ὀξὺς καὶ τὸ δίκαιον κρίνειν εἰλικρινῶς ἐπιστάμενος, κατὰ μηδὲν αὐτὸν ὑπτιαζούσης τῆς τύχης. 3. Πρᾶος μὲν γάρ ἐστι καὶ μειλίχιος, ἀλλ᾽ οὐκ εὐχερὴς οὐδὲ πρὸς τὰς αἰτήσεις ἔξω τοῦ νόμου καμπτόμενος, ἀσφαλὴς δὲ ὁμοῦ καὶ προβλέπων τὰς ὁρμὰς τῶν προσιόντων, μηδένα καιρὸν ταῖς ῥᾳθυμίαις παραχωρῶν, τὴν μὲν νύκτα τοῖς βιβλίοις, τὴν δὲ ἡ|μέραν (O 64^{v}) τοῖς πράγμασιν ἐγκείμενος, μηδὲ αὐτὴν τὴν μέχρι τῆς αὐλῆς ἐκ τῆς οἰκίας ἐν ὁμιλίαις διασυρίζων ἁπλῶς, ζητήμασι δὲ λογικοῖς καὶ ἀφηγήσεσι πραγμάτων ἀρχαιοτέρων μετὰ τῶν περὶ ταῦτα σχολαζόντων εἰλούμενος. 4. Καὶ καιρὸς οὐδεὶς αὐτῷ διδαγμάτων ἐστὶν ἀμέριμνος, ὡς τοὺς τῶν λόγων ἐξηγητὰς δεδιέναι τὴν πρὸς αὐτὸν ἐντυχίαν· πράγμασι γὰρ αὐτοὺς καὶ στροφαῖς περιβάλλει | (Wü 82) με-

26 1 10 μεγαλειότητα O^2 edd. : -λιότητα O || ἀβελτερίᾳ O^2 edd. : -τερία O -τηρία A || 12 ἀποκαθίστησιν O^2 By : -σι O Fu Be Wü || 2 2 ἐνετράφη Be^n Wü By : ἀνετράφη O Fu Be || 3 1 ἐστι O edd. : -τιν O^2 || μειλίχιος O^2 edd. : μηλ- O || 3 προσιόντων Fu^n Be Wü By : προϊό- O Fu || 4 μηδένα καιρὸν edd. : μηδὲν ἄκαιρον O || παραχωρῶν O^2 edd. : -χορῶν O || 6 ἐγκείμενος Fu Wü By : ἐκκεί- O Be || 7 οἰκίας O^2 edd. : -κείας O || διασυρίζων O edd. : δια [συρίζων in spat. vac. deest] A || ζητήμασι O edd. : -σιν O^2 || 8 ἀφηγήσεσι O edd. : -σιν O^2 || ἀρχαιοτέρων O^2 edd. : ἀρχεο- O.

assène peu à peu à chaque fois la preuve qu'ils n'ont qu'en mots seulement, non en réalité, les qualités que trompette la renommée. 5. Chez moi, ce sont surtout des vertiges d'importance non négligeable qu'éveille mon commerce avec lui. J'aime dans sa personne que, bon, libéral, étranger à la vanité et à la clabauderie, il soit plein d'urbanité ainsi que de simplicité ; mais il produit[111] devant moi, comme on vient de le dire justement, des idées d'une belle profondeur, sans mettre sur le tapis aucun des sujets de recherche que je crois connaître, en introduisant par ce biais des données complètement inconnues, que les prières les plus instantes que je m'adresse sont qu'il ne tire de son carquois, comme il en a l'habitude, aucun thème de spéculation auquel je n'aie accès.

Du préfet de Scythie, du préfet Justinianus et du quaesitor

27. Tel est l'ensemble des magistrats reconnus à Rome par la loi : en fait mention l'histoire universelle qui court depuis les préludes de l'État romain jusqu'au décès de l'empereur Anastase. 2. Le *comes largitionum* comme l'appellent les Italiens, c'est-à-dire “ le préposé aux trésors impériaux ”, et le *comes privatarum*, c'est-à-dire

111. Le texte des manuscrits (επιση O, ἔπεισι O^2, ἐπεισί A) est sûrement corrompu, comme l'indique An. Bandy [(1983), p. 299]. Les éditeurs qui l'ont précédé avaient trouvé une solution très économique en corrigeant par le verbe ἐπισείει. Dans ce cas, ce serait l'unique occurrence de ce verbe dans l'œuvre conservée. Proposée par An. Bandy, la correction ἐφίησι, qui est moins économique, car elle suppose un double principe d'altération, fait appel à un verbe qui n'est pas non plus attesté dans un autre passage. Sous bénéfice d'inventaire, il vaut mieux, par conséquent, en rester à la leçon proposée par Fuss, Bekker et Wünsch.

τρίως ὑπελέγχων ὡς λέγοιντο μόνον, οὐκ εἰσὶ δὲ τοιοῦτοι ὁποίους αὐτοὺς ἡ φήμη διαθρυλεῖ. 5. Ἐμοὶ δὲ μάλιστα σκοτοδινίας οὐ μικρὰς ἀνακινεῖ ἡ πρὸς αὐτὸν συνήθεια. Χαίρω γὰρ αὐτῷ, ὅτι καλὸς ἅμα καὶ ἐλεύθερος καὶ τύφου καὶ κορύζης ἐκτός, ἀστεῖός τε καὶ κοινός· ἀλλ' ἐπισείει μοι, ὡς εἴρηται δή, φροντίδας οὐ μικράς, μηδὲν ὧν ἐπίστασθαι δοκῶ προτείνων | εἰς By 124
ζήτησιν, τὰ δὲ παντελῶς ἠγνοημένα παρεισάγων, ὥστε με τὰς πασῶν ἰσχυροτάτας εὐχὰς μελετᾶν, μηδεμίαν αὐτὸν ἄβατον ἐμοί, ὥσπερ εἴωθεν, ἐπιρροιζῆσαι θεωρίαν.

ΠΕΡΙ ΤΟΥ ἘΠΑΡΧΟΥ ΣΚΥΘΙΑΣ ΚΑΙ ΤΟΥ ἸΟΥΣΤΙΝΙΑΝΟΥ ΠΡΑΙΤΩΡΟΣ ΚΑΙ ΤΟΥ ΚΥΑΙΣΙΤΩΡΟΣ

27. Τοσούτων ἀρχόντων τῶν ἐπὶ τῆς Ῥώμης τῷ νόμῳ γνωριζομένων μνήμην ἡ καθ' ὅλου ἱστορία ἐκ προοιμίων ποιεῖται τῆς Ῥωμαϊκῆς πολιτείας ἄχρι τῆς Ἀναστασίου τοῦ βασιλέως τελευτῆς. 2. Κόμιτα γὰρ λαργιτιώνων, ⟨ὃν⟩ Ἰταλοὶ λέγουσιν, ἀντὶ τοῦ προεστῶτα τῶν τῆς βασιλείας θησαυρῶν, καὶ κόμιτα πριουάτων, ἀντὶ

---

5 1 ἐμοὶ O edd. : ἐμὲ A ‖ 2 ἀνακινεῖ O^2 edd. : -κεινει O ‖ 5 ἐπισείει Fu Be Wü : ἐπιση O ἔπισι O^2 ἐφίησί By ‖ δὴ Wü By : δε [quod del. O^2 Fu Be] O ‖ φροντίδας edd. : φροντιδας O φροντὶς O^2 A‖ 6 μικράς edd. : μικρᾶς O μικρά O^2 A ‖ 8 πασῶν spat. rel. deest in A ‖ 9 αὐτὸν edd. : αὐτῶν O ‖ ἐπιρροιζῆσαι Wü By : ἐπιρυζησαι O ἐπιροιζῆσαι O^2 Fu Be.

Tit. om. Be ‖ 2 πραίτωρος O^2A Fu By : -τορος O Wü ‖ 3 κυαισίτωρος Fu By : -τορος Wü κυεσίτορος O A.

27 1 1 τοσούτων edd. : τ[...]των O ante των loc. vac. rel. A ‖ 2 γνωριζομένων A edd. : γνωρι[..]μένων O ‖ καθ' ὅλου By : καθόλου [-θολ-] O Fu Be Wü ‖ 2 1 κόμιτα O Wü By : κόμη- Fu Be ‖ λαργιτιώνων edd. : λαργιτιό- OA ‖ 2 ὃν suppl. By : ὡς suppl. Fu^n Wü ‖ Ἰταλοὶ deest apud A vac. spat. rel. ‖ 3 κόμιτα O Wü By : κόμη- Fu Be ‖ πριουάτων By : προυά- O πριβά- A Fu Be Wü.

" le (préposé) aux domaines appartenant en quelque manière aux empereurs ", il ne saurait être question de les cataloguer au nombre des magistrats, mais bien à celui des régisseurs ; en effet, promus à des charges ne convenant pas à des magistrats, ils n'en ont point la dignité, mais ils doivent au bon plaisir de l'empire une origine qui, dans leur cas, est récente et secrète ; 3. il en va de même pour celui que l'on appelle le *patrimonius*, c'est-à-dire " le gardien de la fortune privée appartenant à un titre quelconque à l'empereur et provenant peut-être de ses ancêtres ". Il ne figurait pas non plus auparavant au nombre des magistrats, quand, dans son universelle sagesse, Anastase l'éleva à ce rang, en étudiant, à son habitude, une profonde révision des finances pour y éviter tout risque de désordre[112].

28. Mais après Anastase, — car Justin avait vécu dans la quiétude et n'avait introduit aucune innovation —, l'empereur suivant, le neveu de ce dernier, n'eut de cesse que de contribuer en tout utilement à l'intérêt commun, et il sonna le rappel de tout ce qui faisait le faste de l'antique apparat : sa première nouveauté fut celui que l'on appelle le préfet de la Scythie. 2. Homme de savoir, il avait découvert dans les livres que la région regorge de richesses et représente le point fort pour les armes autant aujourd'hui qu'elle le fut autrefois (le premier à s'emparer d'elle, en même temps que de Décébale, commandant chez les[113] Gètes, fut le fameux Trajan : cinq millions de

112. Sur ces trois ministres financiers, voir t. I, p. CDLXXXVIII-CDXCIV.

113. La leçon du manuscrit (τῶν O), qu'a retenue Fuss dans son édition, a paru difficile à Bekker et à Wünsch, qui lui ont préféré τῷ. Pourtant, la correction, comme l'observe An. Bandy [(1983), p. 300] n'est nullement indispensable.

τοῦ τῶν ἰδίᾳ πως τοῖς βασιλεῦσι προσηκόντων, οὐκ ἄν
τις ἐν ἀρχόντων ἀριθμήσειέ ποτε καταλόγῳ, θεραπόν-
των δέ· ⟨οὐ μὲν γὰρ⟩ προαγωγῆς ἄρχουσι πρεπούσης
ἀξιοῦνται, κατὰ δὲ τὸ δοκοῦν τῇ βασιλείᾳ πρόσφατον
ἔχουσι καὶ λανθάνουσαν τὴν γένεσιν, 3. ὥσπερ ὁ λεγό-
μενος πατριμώνιος, ἀντὶ τοῦ φύλαξ τῆς ἰδίᾳ πως ἀνη-
κούσης τῷ βασιλεῖ καὶ τυχὸν | ἐκ προγόνων περιου- O 65
σίας, | ὃν καὶ αὐτὸν οὐ πρὶν ἀριθμούμενον Ἀναστάσιος Wü 83
ὁ πάντα ἔμφρων ἀνεστήσατο, διάκρισιν, ὥσπερ εἰώθει,
περινοῶν τοῖς πράγμασιν ὅπως μὴ συγχύσει κάμνοιεν.

28. Μετ' ἐκεῖνον δέ, Ἰουστίνου ἐν ἡσυχίᾳ βιοῦντος
καὶ μηδὲν νεώτερον ἐξευρόντος, ὁ μετὰ ταῦτα, ἀδελφι-
δοῦς αὐτῷ γενόμενος, πᾶν ὅ τι χρήσιμον περιποιεῖν
τοῖς κοινοῖς ἐπειγόμενος, ὅλην τε τὴν ὀφρὺν τῆς ἀρ-
χαίας ὄψεως ἀνακαλούμενος, πρῶτον μὲν ἐξεῦρε τὸν
λεγόμενον τῆς Σκυθίας ὕπαρχον. 2. Σοφὸς γὰρ ὢν καὶ
διὰ τῶν βιβλίων εὑρὼν ὡς εὐδαίμων μὲν ἡ χώρα | τοῖς By 126
χρήμασιν, ἰσχυρὰ δὲ τοῖς ὅπλοις ἐστί τε νῦν καὶ πάλαι
γέγονεν (⟨ἣν⟩ πρῶτος ἑλὼν σὺν Δεκεβάλῳ τῶν Γετῶν
ἡγησαμένῳ Τραϊανὸς ὁ πολὺς πεντακοσίας μυριάδας
χρυσίου λιτρῶν, διπλασίας δὲ ἀργύρου, ἐκπωμάτων

FONT. : **28** 2 4-10 ἣν — διϊσχυρίσατο Criton 200 F 1 Jacoby.

---

4 βασιλεῦσι O edd. : -σιν O² || 5 ἀριθμήσειέ edd. : -σειεν O || 6 οὐ μὲν γὰρ suppl. By : οὐδὲ γὰρ Fuⁿ οἳ μηδὲ Wü e coni. Kroll || 7 δὲ O² edd. : δε O γε A || πρόσφατον O edd. : πρόφαντον Fu² || 3 5 εἰώθει O² edd. : εἰώθι O || 6 συγχύσει edd. : -χύσι O.

28 1 1 Ἰουστίνου edd. : Ἰουστινιανοῦ O || 4 ἐπειγόμενος O² edd. : ἐπιγ- O || 5 ἐξεῦρε O edd. : -ρεν O² || 2 3 ἐστί [sine acc.] O edd. : -τίν O² || 4 γέγονεν O² Be Wü By : -νε O Fu || ἣν suppl. Fuⁿ Be Wü By || Δεκεβάλῳ edd. : Δεκιβάλῳ A Δεκαιβάλω O || τῶν O Fu By : τῷ Fuⁿ Be Wü || 6 διπλασίας edd. : διαπλασίου [quod corr. est in διπλασίου] O διπλασίους A || ἐκπωμάτων edd. : ἐκπομ- O.

livres d'or, le double en argent, des coupes et du mobilier surpassant l'estimation, des troupeaux, des armes et des hommes experts au combat, au nombre de plus de cinq cent mille, sans compter leurs armes[114], voilà ce qu'il avait amené aux Romains, comme l'a vigoureusement affirmé Criton[115], qui était présent sur le terrain de cette guerre. Ne le cédant lui-même en rien à Trajan[116], il résolut de conserver dans le camp romain le Nord qui ruait dans les brancards depuis longtemps déjà. 3. Rien d'étonnant si toutes ses entreprises progressèrent selon ses voeux ; non content d'imiter Trajan sur le plan des armes, il surpassa aussi Auguste en personne pour la piété envers Dieu et la modération du caractère, Titus pour la noblesse et Marc (Aurèle) pour l'intelligence.

29. Comme je viens de le dire, il nomme donc un préfet pour superviser les forces de la Scythie, en lui assignant trois provinces, celles qui sont presque les plus riches de toutes en ressources : Cérastis (aujourd'hui Chypre ; elle doit à Cypris que, d'après la légende, on y avait vénérée, son changement d'appellation), la Carie entière, avec toutes les îles ioniennes. Alors qu'elles étaient, voici peu, sous la juridiction de la première des magistratures, l'empereur résolut, en les mettant à part, de les placer sous celle du préfet de Scythie, et il lui attribua un forum particulier comme tribunal et tout un personnel : c'était emprunter à la magistrature pour y servir de brandon comme une flammèche des cratères de

114. Pour une explication du passage, voir t. I, p. CCCLXXVII-CCCLXXIX.

115. Sur Criton, voir t. I, p. CLXXII-CLXXIII.

116. La leçon μηδὲν de A, suivie par les éditeurs, hormis Fuss, s'impose, contre celle de O (μηδενα, μηδένα O^2). Elle peut faire valoir les précédents de II **23** 3 et de **26** 1 et 2, voir aussi κατ' οὐδέν III **20** 9.

ἄνευ καὶ σκευῶν τιμῆς ὅρον ἐκβεβηκότων ἀγελῶν τε καὶ ὅπλων καὶ ἀνδρῶν μαχιμωτάτων ὑπὲρ πεντήκοντα μυριάδας σὺν τοῖς ὅπλοις Ῥωμαίοις εἰσήγαγεν, ὡς ὁ Κρίτων παρὼν τῷ πολέμῳ διϊσχυρίσατο) συνεῖδεν, αὐτὸς κατὰ μηδὲν Τραϊανῷ παραχωρῶν, περισῶσαι Ῥωμαίοις ἤδη ποτὲ ἀφηνιάζουσαν τὴν βορείαν. 3. **Καὶ θαυμαστὸν οὐδὲν εἰ πάντα κατ' εὐχὰς προῆλθεν αὐτῷ· οὐδὲ γὰρ Τραϊανὸν τοῖς ὅπλοις ἐζήλωσε μόνον, ἀλλ' αὐτὸν Αὔγουστον τῇ περὶ θεὸν εὐσεβείᾳ καὶ τρόπων μετριότητι, καὶ Τίτον τῇ καλοκἀγαθίᾳ, Μάρκον δὲ τῇ συνέσει παρώθησεν. |** Wü 84

29. **Ὡς ἔφθην εἰπών, προάγει τοίνυν ἔπαρχον ἐπόπτην τῶν Σκυθικῶν δυνάμεων, ἀφορίσας αὐτῷ ἐπαρχίας τρεῖς τὰς πασῶν ἐγγὺς εὐπορωτάτας· Κεραστίδα (τὴν καθ' ἡμᾶς Κύπρον, ἀπὸ Κύπριδος κατὰ τὸν μῦθον τιμηθείσης ἐν αὐτῇ μεταβαλοῦσαν τὴν προσηγορίαν) Καρίαν τε ὅλην σὺν ταῖς Ἰωνίσι νήσοις· ἃς ἄρτι τελούσας ὑπὸ τὴν πρώτην τῶν ἀρχῶν, ὥσπερ τὰς ἄλλας ἁπάσας, συνεῖδεν ὁ βασιλεὺς χωρισθείσας αὐτῆς τελεῖν**
| ὑπὸ ⟨τῷ⟩ Σκυθίας ἐπάρχῳ καὶ φόρον ἴδιον ἀπένειμε O 65^v
πρὸς δικαστήριον καὶ τάξιν ὅλην, ὡς εἰ σπινθῆρά τινα τῶν ἐν Λιπάρει κρατήρων ἀνάψας ἐκ τῆς ἐπαρχότητος,

---

7 τε O Fu^n Be Wü By : δὲ Fu ‖ 8 μαχιμωτάτων O^2 edd. : μαχημ- O ‖ 10 ὁ Κρίτων Fu Wü By : ἀκρίτον O ἀκρίτων O^2 Ἀκρίτων Be ‖ διϊσχυρίσατο O^2 edd. : -ρήσατο O ‖ 11 μηδὲν A Be Wü By : μηδένα O Fu ‖ τραιανῷ A By : -νοῦ O Fu Be Wü ‖ παραχωρῶν O^2 edd. : -χορῶν O ‖ 12 ἀφηνιάζουσι A ‖ 3 3 ἐζήλωσε O edd. : -σεν O^2 ‖ 5 καλοκἀγαθίᾳ O^2 edd. : -θηα O ‖ 6 συνέσει O^2 edd. : -ναίσει O ‖ παρώθησεν O^2 edd. : -θεσεν O.

29. 1 1 ἐπόπτην O^2 edd. : εφοπτην O ‖ 6 Ἰωνίσι edd. : Ἰονίσι O^2A ειωνεισι O ‖ νήσοις edd. : νήσους [υ ex ι] O A ‖ ἃς edd. : τὰς O ‖ ἄρτι Be Wü By : ἀντὶ O Fu ‖ 9 τῷ sup. lin. add. O^2 A edd. ‖ Σκυθίας O edd. : ἑαυτῆς A ‖ ἀπένειμε edd. : -νειμεν O^2 -νημε O ‖ 11 Λιπάρει nos : -άρη O^2 edd. Ληπαρη O.

Lipari[117] et se faire ainsi dans l'intérêt commun l'artisan de mesures d'utilité générale. 2. Pour ce qui est de l'autorité, tant de la plus haute que de la seconde[118], il fut le seul, et d'initiative personnelle, à la soulager de charges non négligeables, en répartissant les départements présidant aux affaires entre de nombreux magistrats, mais aussi, il facilita[119] pour ces derniers l'exercice de leurs magistratures et il modéra la rage des chercheurs d'embrouilles. 3. Ce serait ergoter, pensait-il, que[120] de ne point débarrasser du même coup la préfecture de la ville d'un poids non négligeable[121], et sur ce point encore, il imita Titus : à côté des magistrats, il introduisit le *praetor urbanus*, dans l'idée que le préfet de la ville avait une tâche suffisante avec les dissensions qui ne cessaient d'agiter la population, et, après eux (ou plutôt, avant eux, au point de vue de l'antiquité, comme nous l'avons dit précédemment[122]), celui que l'on appelle le *quaesitor*, un mot mis pour " très auguste enquêteur chargé des causes capitales "[123].

Sur le préteur *Constantianus* et *Iustinianus* et le *magister census*

30. La monade est une forme archétypale, alors que l'un est le paradigme de la monade. Ce fut ainsi qu'à l'origine fut considérée la cité connaissant le bonheur aujourd'hui par rapport à la Rome d'alors qui surpassait toute supériorité[124]. 2. C'est pourquoi on ne voit nulle

118. Soit, dans l'ordre hiérarchique, au moins dans les vues de Jean, le préfet du prétoire et le maître des offices, voir An. Bandy (1983), p. 300.

119. L'adjectif εὐχείριστος est d'un emploi rare. Hormis l'accusatif masculin pluriel, on trouve le neutre pluriel εὐχείριστα chez Didyme l'Aveugle (*Comm.* aux *Ps.*, 36, 15-19, cod. p. 249, 9). Comme le fait observer An. Bandy [(1983), p. 300], il n'est pas répertorié dans les dictionnaires courants (*LSJ*, Lampe et Sophocles), pas plus d'ailleurs que dans le Du Cange.

122. Référence explicite à I **25** 6.

123. Sur toutes ces créations, voir t. I, respectivement p. DLXXV-DLXXIX, DCXXXIII-DCXXXVI et DLXXIX-DLXXXV.

**πολλὰ καθ' ὁμαλοῦ χρηστὰ τοῖς κοινοῖς τεχνησάμενος.
2. Τήν τε γὰρ μεγίστην καὶ δευτέραν ἐξουσίαν αὐτὸς
καὶ μόνος οὐ μετρίων ἐκούφισε πόνων, διελὼν τὰς
φροντίδας τῶν πραγμάτων ἄρχουσι πολλοῖς· ἀλλὰ καὶ
αὐτοῖς εὐχειρίστους κατέστησε τὰς ἀρχὰς καὶ τοῖς
φιλοπράγμοσι τὴν λύσσαν ἐμέτρησεν. 3. Γλίσχρον δὲ
νομίσας ⟨εἰ⟩ μὴ καὶ τὴν πολιαρχίαν ἀπαλλάξῃ μοχθ-
ημάτων οὐ μικρῶν (καὶ τοῦτο τὸν Τίτον | ἐκμιμούμε-** By 128
**νος), τὸν οὐρβανὸν πραίτωρα τοῖς ἄρχουσι παρεισήγα-
γεν, ἀρκεῖν οἰόμενος τῷ πολιάρχῳ τὴν πάντα σοβοῦσαν
τῷ δήμῳ διχόνοιαν, καὶ μετ' αὐτοὺς (μᾶλλον δὲ πρὸ
αὐτῶν κατὰ τὴν ἀρχαιότητα, ὡς | προέφαμεν) τὸν** Wü 85
**λεγόμενον κυαισίτωρα, ἀντὶ ⟨τοῦ⟩ τῶν βιωτικῶν ἐγκλ-
ημάτων ἐρευνάδα σεμνότατον.**

ΠΕΡΙ ΤΟΥ ΚΩΝΣΤΑΝΤΙΑΝΟΥ ΚΑΙ 'ΙΟΥΣΤΙΝΙΑΝΟΥ ΠΡΑΙΤΩΡΟΣ ΚΑΙ ΤΟΥ ΜΑΓΙΣΤΡΟΥ ΤΩΝ ΚΗΝΣΩΝ

30. **Ὥσπερ ἀρχέτυπον εἶδος ἡ μονάς, παράδειγμα δὲ μονάδος ἕν, οὕτως ἐν προοιμίοις ἡ καθ' ἡμᾶς εὐδαίμων πόλις τῆς τότε πᾶσαν ὑπεροχὴν ἐκβεβηκυίας Ῥώμης ἐνομίσθη. 2. Ὅθεν ὁ Κωνσταντῖνος οὐδαμοῦ πρὸ τῆς**

Test. : **29** 3 7-9 Gl 70 [M(N)v_1WX p. 232 F. M.] quaestor Κοισίτωρ· ὁ τῶν βιωτικῶν ἐγκλημάτων ἐρευνάδας σεμνότατος.

---

2 1 τὴν ante δευτέραν suppl. Wü || 2 μετρίων Wü By : μετρίως O Fu Be || ἐκούφισε O^2 edd. : -φησεν O || 5 ἐμέτρησεν O^2 By : -σε O Fu Be Wü || 3 2 εἰ suppl. Wü By || πολιαρχίαν edd. : πολυα- O || ἀπαλλάξῃ O Fu Wü By : ἀπαλλάξαι Be || 3 μικρῶν edd. : -ρὸν O || καὶ τοῦτο O edd. : κἂν τούτῳ Be^n || 4 πραίτωρα O^2 A Fu Be By : -τόρα O Wü || 6 τῷ δήμῳ O Fu Wü : τοῦ δήμου Fu^n Be || 8 κυαισίτωρα Fu Be By : κυαισίτορα Wü κυεσίτορα OA || τοῦ suppl. edd. || βιωτικῶν O^2 edd. : βιοτ- O || ἐγκλημάτων O^2 edd. : ἐκκλ- O.

tit. om. Be || 1 'Ιουστινιανοῦ O^2 edd. : -νηανοῦ O || 2 πραίτωρος Fu By : -τορος O Wü || κήνσων O^2 edd. : κίνσων O.

part, avant la *consecratio*[125] qui y eut lieu (telle est la dénomination que les Romains donnent à l'apothéose), Constantin l'appeler " nouvelle Rome "[126], mais *castra* à l'égal des autres localités. Pour ces données aussi, on en rencontrera les preuves, si on lit les *Entretiens de Constantin*, qu'il a lui-même écrits dans sa propre langue et légués à la postérité[127]. 3. Une représentation, une esquisse tirée d'un modèle indécis : voilà ce qu'était à ses yeux la nouvelle Rome ; aussi résolut-il de se contenter de deux préteurs vu le nombre modeste des habitants et la petitesse des affaires. 4. Dès lors, dans la phalange des préteurs de Rome, il désigna le *titularius* < et le *fideicommissarius* > en donnant à l'un le nom de *Constantianus*, à l'autre celui de *magister census*, c'est-à-dire magistrat en charge des contrats originaux (ἀρχετύπων), parce que l'on nomme *census* le registre des capitaux (ἀρχαίων) et *regesta* celui des affaires non privées[128] ; et il attacha au service de l'un un scribe, mot mis pour

125. Nous ne connaissons pas d'autre transcription du mot latin dans la littérature conservée. Semblablement, Jean est le seul à établir une équivalence entre consécration et divinisation. Dans le cas de Constantinople, on doit distinguer entre *consecratio* et *dedicatio*. La première visait à faire disparaître le caractère profane, alors que la seconde créait l'appartenance religieuse. Voir G. Dagron, (1974), p. 37. La distinction remonte à Cicéron, mais correspond à une série de rites, dont, approximativement, les premiers datent de 324, les autres, de 330. La n. 2 de G.Dagron mentionne l'équivalence établie par notre passage.

126. Voir t. I, p. CCI et *supra*, p. CXXII.

127. Voir t. I, p. CXCVII-CCI. Quant à l'emploi du futur de l'indicatif avec ἄν, qu'An. Bandy [(1983), p. 301] trouve rare en prose attique, on en trouvera maints exemples dans les meilleures grammaires, voir R. Kühner - B. Gerth, I (1963), p. 209, voir encore ici même III **43** 2. Ce qui est plus difficile à justifier, c'est l'emploi de εἰ avec le subjonctif ἐντεύξηται.

128. Voir t. I, p. DCXXVIII-DCXXXVI. Le mot ἀρχαῖος avait déjà à l'époque classique le sens de " capital ", voir Ar., *Nu.*, 1156 ; D., 1 (*Ol.* 1), 15 ; 34 (*C.Phormion*), 26. Le complément apporté par Wünsch est tiré de III **20** 4.

ἐπ' αὐτῇ κωνσεκρατίωνος (οὕτω δὲ τὴν ἀποθέωσιν Ῥωμαῖοι προσαγορεύουσιν) Ῥώμην νέαν δείκνυται καλῶν, κάστρα δὲ καὶ αὐτὴν ἶσα ταῖς ἄλλαις τῶν χωρῶν· καὶ τούτων ἄν τις ἐπιστήσεται τοῖς ἐλέγχοις εἰ ταῖς Διαλέξεσι Κωνσταντίνου, ἃς αὐτὸς οἰκείᾳ φωνῇ γράψας ἀπολέλοιπεν, ἐντεύξηται. 3. Εἰκόνα τοίνυν καὶ στοχασμὸν ἀμυδροῦ παραδείγματος εἶναι κρίνων αὐτὴν πρὸς ἐκείνην, δύο πραίτωρσιν ἀρκεσθῆναι συνεῖδε διὰ τὸ τῶν οἰκητόρων μέτριον καὶ τῶν πραγμάτων σμικρόν.

4. Ἐκ τῆς φάλαγγος οὖν τῶν ἐν τῇ Ῥώμῃ πραιτώρων | O 66
τὸν τουτηλάριον ⟨καὶ τὸν φιδεϊκομμισσάριον⟩ προχειρίζεται, τὸν μὲν Κωνσταντιανόν, τὸν δὲ μάγιστρον τοῦ κήνσου ἐπιφημίσας, οἱονεὶ ἄρχοντα τῶν ἀρχετύπων συμβολαίων, ὅτι κῆνσον μὲν τὴν ἀπογραφὴν τῶν ἀρχαίων, ῥέγεστα δὲ ⟨τῶν πραττομένων⟩ λέγουσιν· καὶ σκρίβαν μὲν ἐκείνῳ, ἀντὶ τοῦ ὑπογραφέα, | κηνσουάλης Wü 86

TEST. : **30** 4 4-7 Gl 68 (MNv1LWX p. 232 F. M.) censon/regesta Κῆνσον καὶ ῥέγεσταν τὴν ἀπογραφὴν τῶν ἀρχαίων || Gl 69 ([M (N)vLWYZ p. 232 F. M.] scriban Σκρίβαν (Σκίρβας), ἀντὶ τοῦ ὑπογραφέα (-φεύς Z).

FONT. : **30** 2 4-6 Constantinus in H. Peter, *Hist. Rom. fragm.* p. 364.

---

30 2 2 κωνσεκρατίωνος By : κον- Fu Be κονσεκρατιῶνος Wü κονσεκρατίονος O κονσελατίονος A || 3 προσαγορεύουσιν O^2 By : -σι O Fu Be Wü || 4 ἶσα edd. : ἶσα O || 6 διαλέξεσι O edd. : -σιν O^2 || οἰκείᾳ O^2 edd. : -κία O || 7 ἀπολέλοιπεν O edd. : catalconi. Be^n || ἐντεύξηται O Fu Wü By : -ξεται O^2A Be || 3 3 πραίτωρσιν Fu Be By : -τορσιν O Wü || συνεῖδε O edd. : -δεν O^2 || 4 1 πραιτώρων O^2 Fu Be By : -τόρων O Wü || 2 τουτηλάριον O edd. : τουτι- A || καὶ τὸν φιδεϊκομμισσάριον suppl. Wü By post προχειρίζεται (v. 3) spat. vac. transp. Fu Be || 4 5 ἀρχαίων O Gl Fu Wü By : ἀρχείων Be || 6 ῥέγεστα O edd. : ῥεγεστὰν Gl || τῶν πραττομένων suppl. Wü By || λέγουσιν O^2 By : -σι Fu Be Wü || 7 ὑπογραφέα O^2 edd. : -φαία O || κηνσουάλης OA Be By : -ουάλες Fu -ουᾶλες Wü.

secrétaire, et des *censuales*, mot mis pour conservateurs des archives financières[129]. 5. La Rome qui est la nôtre s'était soustraite à la Némésis et dérobait sa puissance à la première (Rome), quand le souverain résolut encore que l'on devait recourir à l'appoint du *praetor urbanus*[130]. 6. Pour lors, voici qu'il le promeut en l'honorant de son propre nom, pour qu'il s'attache en même temps aux méfaits de la population ; l'empereur en même temps soulage avec sagesse la préfecture de la ville d'une infinité de soucis[131].

129. On trouve la forme κηνσούαλιοι, voir *Nov.*, XVII, 8 *pr.*, p. 122, 32, cf. p. 123, 9 (16 avril 535, à Bélisaire) ; CXXVIII, 13, p. 641, 7 (6 juin 545, à Pierre Barsymas, préfet du prétoire). La forme existe aussi au neutre pluriel, voir *Mag.*, III **70** 1, pour désigner un type d'impôt, voir t. I, p. CCXXII-CCXXIII. À notre connaissance, κηνσουάλης n'a pas d'autre occurrence.

130. Voir t. I, p. DCXXXIII-DCXXXVI. Le souverain en question est, cette fois, Justinien. La phrase commence par un double génitif absolu, qui a comme sujet τῆς ἡμετέρας Ῥώμης ; le verbe ἀποκρύπτω est construit avec τινα τινος, ce que l'on trouve déjà chez Homère (Σ 464-465). Notre construction paraît plus simple que celle préconisée par An. Bandy [(1983), p. 302].

131. Il s'agit donc d'un *praetor Justinianus*. La construction de la phrase est très entortillée. La présence d'un double groupe adverbial ἅμα permettait de supposer que l'on aurait ensuite une construction gouvernée par la symétrie. On ne constate rien de semblable. Le participe ἁψόμενον dépend d'un αὐτὸν qui désigne le *praetor urbanus*, c'est-à-dire *Justinianus*, puis, avec le nominatif ἐπικουφίσας, on en revient au sujet de l'ensemble de la phrase, c'est-à-dire à Justinien. La traduction ne réussit pas à rendre toutes ces ruptures de construction.

δὲ τούτῳ, ἀντὶ τοῦ ἀρχαιοφύλακας, ὑπηρετεῖσθαι διώρισεν. 5. Τῆς | δὲ ἡμετέρας Ῥώμης καὶ Νεμέσεως ἔξω By 130
καὶ τὴν πρώτην τῆς δυνάμεως ἀποκρυπτούσης, συνεῖδεν ὁ κράτιστος καὶ τῆς τοῦ οὐρβανοῦ πραίτωρος δεῖσθαι παρόδου. 6. Προάγει τοίνυν αὐτὸν τῇ οἰκείᾳ σεμνύνων προσηγορίᾳ ἅμα τῶν τοῦ δήμου παραπτωμάτων ἁψόμενον, ἅμα τὴν πολιαρχίαν φροντίδων ἀμετρίας ἐπικουφίσας ἐμφρόνως.

---

8 ἀρχαιοφύλακας O Fu Wü By : ἀρχεο- Be || διώρισεν O[2] By : -σε O Fu Be Wü || 5 3 πραίτωρος O[2] Fu Be By : -τορος O Wü || 6 2 προσηγορίᾳ edd. : -ρία O[2] -ρεια O || 3 ἁψόμενον O Fu Be By : ἁψόμενος Fu[n] Wü || πολιαρχίαν O[2] edd. : -χειαν O.

RÉSUMÉ DU LIVRE III

Annonce d'un nouveau traité sur le personnel de la préfecture du prétoire (**1** 1) ; éloge de la situation nouvelle sous Justinien (**1** 2-3). Rappel des fonctions militaires du commandant de cavalerie (**2** 1-2) ; introduction des *adiutores* sous Auguste, après la création de la préfecture du prétoire (**2** 3-5). Explication du mot *adiutor* et du dispositif stratégique correspondant (**3**). Les différents *adiutores* (**4**). Pourquoi le bureau du préfet de la Ville et celui de l'armement et des travaux publics ne disposent pas d'un *cura epistularum* (**5**) ? Les deux types de tachygraphes (**6**). Personnel non soumis à l'obligation de posséder de la culture (**7-8**). Les règles régissant la promotion chez les tachygraphes (**9**). Définition des *Augustales* et promotions dans leur service (**10**). Les *primiscrinii* et la production des documents autrefois (**11**). Formulaires administratifs utilisés (**12**). Importance des services rendus (**13**). Décadence du service (**14**). Les exigences de rendement qui y prévalaient (**15**). Les *commentarienses* comme bras armé de la magistrature (**16**). Hauts faits de leurs services sous le règne d'Anastase (**17**). Fonctionnement du service avant la décadence (**18**). Collaboration avec l'*instrumentarius* (**19**). Le service des finances des *ab actis* (**20**). Le *regendarius* (**21** 1) ; les *curae epistularum* (**21** 2-3) ; personnel non pourvu de culture (**21** 4). Rappel historique de l'importance du *cornicularius* (**22**). Dégradation de sa situation suite à l'installation du *princeps* dans les services de la préfecture sous Arcadius

(**23**). Incidences financières de cette introduction (**24**). Les conséquences catastrophiques pour le corps des tachygraphes, comme l'auteur les a vécues (**25**). Esquisse de la carrière de l'auteur, documents à l'appui (**26-30**). La réforme de Constantin et la fâcheuse instauration des *scriniarii* (**31**). Digression géographique sur les noms que l'on donne au Danube (**32**). Motifs stratégiques de la réforme de la préfecture du prétoire sous Constantin et culture de l'empereur (**33**). Commentaires sur les enseignements de Celse en la matière (**34**). Création des *scriniarii* et augmentation de leur importance jusqu'à Léon Ier (**35** 1-4) ; place des *scriniarii* dans le cérémonial (**35** 5) ; traces monumentales de leur succès (**35** 6-7). Faveur croissante des *scriniarii* à partir de Zénon et abus qui en furent la conséquence, notamment pour les *cancellarii* (**36**). Description de la charge des *cancellarii* (**37**). Le département de l'annone adjoint aux *scriniarii* (**38** 1) ; de ce fait, il passe sous l'autorité du préfet du prétoire (**38** 2-5). Réflexions très nuancées sur la dégradation de la magistrature (**39**). Réformes apportées par Constantin à la préfecture du prétoire (**40** 1) ; nouvelles dégradations provoquées par Rufin sous Arcadius (**40** 3-6). Monnayage des fonctions exercées autrefois par le préfet du prétoire, du fait des *magistri militum* et du *magister officiorum* (**41**). L'oracle de Fonteius et le début d'accomplissement de la malédiction sous Cyrus (**42** 1-2) ; réduction des pouvoirs du préfet du prétoire après la chute de Cyrus (**42** 3) ; mesures fâcheuses prises sous le règne de Justinien (**42** 4-6). Histoire de l'empire en rapport avec la dégradation de la préfecture du prétoire : le règne de Léon Ier et la catastrophe militaire de 468 (**43**). Autres catastrophes (**44**). Le règne de Zénon et sa politique extérieure dispendieuse (**45** 1-2) ; la bonne politique financière d'Anastase (**45** 3). Mauvaise influence de Marinos, un ancien *scriniarius*, sur l'empereur (**46**). Bonnes actions de l'empereur et construction de Daras (**47-48**). Méfaits de Marinos à la préfecture du prétoire à cause de

la création des *vindices* (**49**). Une belle fiche de promotion offerte par Anastase qui favorise les lettres au sein de la préfecture (**50**). Les richesses accumulées passent entre les mains de son successeur, Justin Ier (**51**). Le problème des Portes Caspiennes et la guerre contre les Perses remportée sous Anastase (**52-53**). La catastrophe d'Antioche et de Syrie sous le règne de Justin (**54**). Les succès de Justinien en politique extérieure ruinent la préfecture du prétoire (**55-56**). *Curriculum* administratif de Jean de Cappadoce devenu préfet du prétoire et premiers méfaits (**57**). Méfaits d'un de ses suppôts, Jean " Mâchoires de plomb ", notamment en Lydie et en Asiane (**58-60**). Suppression du service des postes et conséquences catastrophiques de la mesure sur le plan économique (**61**). Tentative d'usurpation de Jean de Cappadoce qui vit dans la crapule (**62**). Digression sur le poisson " élops " (**63**). Digression sur le *sandyx* (**64**). Les débauches de Jean de Cappadoce et incidences sur le service de la préfecture du prétoire (**65**). Situation calamiteuse des services administratifs (**66**). Les *probatoriae* trop chères tarissent le recrutement (**67**). Suites désastreuses de l'hellénisation progressive des documents (**68**). Chute de Jean de Cappadoce grâce à la vigilance de Théodora (**69**). Les origines de la sédition " Nika " due à l'afflux de miséreux et de mécontents dans la capitale (**70** 1-2) ; révolte de la populace qui met le feu à Constantinople (**70** 3-7) ; répression du soulèvement (**70** 8). Résurrection de la ville (**71**). Accession de Phocas à la préfecture du prétoire avec esquisse de son portrait (**72**). Sa générosité pour Speciosus, un professeur de latin besogneux (**73**). Donation à l'église des Saints-Anges de Pessinonte (**74**). Munificence de Phocas, notamment pour les prisonniers de guerre (**75**). Description de l'entrée en fonction de Phocas, marquée par un miracle et les bravos de la population (**76**).

LIVRE III

1. La loi de l'histoire, comme je le crois, a été observée et, — c'était la promesse faite antérieurement —, on a passé en revue dans le traité les magistratures de l'État ; aussi m'est-il venu l'idée d'annexer à mon histoire un traité spécial et unique sur le personnel le plus important de la première des magistratures. L'on verra ainsi s'y refléter[1] une esquisse de ce qui y avait autrefois prévalu : l'éclat autant que la bonne organisation. Quoiqu'ils soient sur le point d'avoir disparu, notre noble empereur ne les a pas laissé s'éteindre complètement, mais il les tient ensemble, de même aussi qu'il raffermit l'Antiquité qui s'écoule au fil du temps. 2. Mieux, grâce à lui, l'assise du gouvernement est plus vaste que voici peu : la Libye nous a été rendue — l'acquisition n'est pas négligeable, mais celle de l'Europe est la plus importante ; elle a en commun avec la précédente d'atteindre l'Occident, car l'Asie à elle seule fournit l'Orient dans sa totalité —, et Rome même, la mère des institutions, a été débarrassée, au prix des efforts éreintants de l'Empire, des chaînes et de l'autorité des barbares[2]. 3. Tous les

Voir Notes Complémentaires p. 155.

ΛΟΓΟΣ Γ

Wü 87 By 132

1. Τοῦ νόμου τῆς ἱστορίας, ὡς οἶμαι, τηρηθέντος καί, τὸ πρόσθεν ἐπηγγελμένον, τῶν πολιτικῶν ἀρχῶν διὰ τοῦ λόγου παρελθουσῶν, ἐπῆλθεν ἐμοὶ ἴδιόν τινα καὶ μονήρη λόγον περὶ τῆς μεγίστης τάξεως τῆς πρώτης τῶν ἀρχῶν ὑποθεῖναι τῇ ἱστορίᾳ, δι' οὗ ἂν τις ἀμυδρῶς ἐσοπτρίσοιτο τὴν πάλαι κρατήσασαν ἐν αὐτῇ λαμπρότητά τε καὶ εὐταξίαν· ἣν ἐγγὺς ἀπολομένην ὁ γενναῖος ἡμῶν βασιλεὺς οὐκ εἴασε παντελῶς ἀποσβεσθῆναι, συνέχει δὲ ὥσπερ καὶ σφίγγει διαρρέουσαν τῷ χρόνῳ τὴν ἀρχαιότητα. 2. **Καὶ μεῖζον μέν ἐστι δι' αὐτοῦ ἤπερ ἄρτι καθεστήκει τὸ πολίτευμα, Λιβύης ἡμῖν ἀποδοθείσης (οὐ μικρὸν δὲ τὸ κτῆμα, τῆς δὲ Εὐρώπης τὸ πλεῖστον· κοινωνεῖ γὰρ αὐτῇ τοῦ ζεφύρου, καθ' ὃ τὸν εὖρον ὅλον δίδωσιν ἡ Ἀσία καὶ μόνη), καὶ αὐτῆς δὲ Ῥώμης, τῆς τῶν πραγμάτων μητρός, ἀπαλλαγείσης ἱδρῶτι τῆς βασιλείας δεσμῶν καὶ βαρβαρικῆς ἐξουσίας,** 3. **πάντα δὲ ὅσα ἦν ποτε τῆς πολιτείας**

---

1 1 3 λόγον in lin. mg. dr. O ‖ 5 ὑποθεῖναι O^2 edd. : -θῆναι O ‖ 6 ἐσοπτρίσοιτο By : ἔσοπτρον σοι τα O [post ἔ. loc. vac.] A ἐσοπτρίσαιτο Fu Be Wü ‖ 7 τε O Wü By : om. Fu Be ‖ 7 εὐταξίαν deest et pro hoc loc. spat. vac. relic. A ‖ ἀπολομένην O^2 edd. : ἀπωλ- O ‖ 8 εἴασε edd. : -σεν O ‖ 9 συνέχει O^2 edd. : συνειχοι O ‖ διαρρέουσαν O^2 Be Wü By : διαρέ- O Fu ‖ 2 1 ἐστι O edd. : -τιν O^2 ‖ 4 πλεῖστον O^2 edd. : πλῆσ- O ‖ αὐτῇ O Fu Be By : αὐτῇ O^2 αὕτη Wü ‖ 7 ἱδρῶτι O^2 edd. : εἰδ- O.

signes distinctifs qui avaient été autrefois ceux du gouvernement se sont maintenus, dotés d'un pouvoir accru ; les lois ont été débarrassées des embarras et de la confusion au poids écrasant ; la justice se manifeste au grand jour, et les amoureux de chicane[3] regrettent leurs veilles d'autrefois avec l'affrontement des ambitions qu'ils aimaient, car il ne reste désormais plus la moindre place pour la lutte judiciaire tant les lois sont claires[4]. 4. Et la vertu de l'empereur est au-dessus de tout éloge, mais pour moi voici venu le moment de passer au but de mon traité.

2. Le corps obéissant au chef de cavalerie était donc jadis tout entier sous les armes, et le nom qu'on lui donnait communément était celui de *promotae* [les promotions], lequel comporte une division en quatre catégories, celle des *ducenarii*, des ‹*centenarii*, des› *centuriones* et des *biarchi*. 2. Autant de sujets sur lesquels je donnerais un exposé suivant la tradition des tacticiens, s'il ne m'entraînait loin de mon but[5]. De cette appellation aussi, j'entends celle des *promotae*, ce qu'on appelle les *matrices* [registres], mot équivalant à " registres des immatriculations ", porte une mention aujourd'hui encore. 3. Mais[6] lorsque à partir d'Auguste la magistra-

3. On peut hésiter sur le texte à retenir, et conserver, avec Bekker [(1837), p. 195], le texte du manuscrit, φιλοδικαίοις, adjectif fort bien attesté, ou corriger, comme le font les autres éditeurs, en φιλοδίκοις. Nous optons pour la seconde hypothèse, en supposant que la seconde partie du mot résulte de l'influence de δίκαιον un peu plus haut. C'est φιλονικίαις un peu plus loin qui donne sa connotation ironique à la phrase. On peut balancer sur le sens qu'il convient de réserver au mot, souvent mal orthographié dans les manuscrits (φιλονεικία ou φιλονικία ?). On soulignera le jeu sur φιλόδικος et φιλονικία avec le prolongement de l'image à travers le substantif μάχης.

4. Le ton annonce celui de III **76** 9-10.

5. Pour une transition analogue chez un autre historien, voir Sall., *Catil.*, 7, 7 : *Memorare possum* (...) *ni ea res longius nos ab incepto traheret*.

γνωρίσματα μετὰ κρείττονος ἀποσῴζεται δυναστείας· οἵ τε νόμοι θορύβων καὶ πολυφόρτου συγχύσεως ἀπηλλάγησαν καὶ προφανές ἐστι τὸ δίκαιον | καὶ μεταμέλει τοῖς φιλοδίκοις τὸ πρὶν ἐναγρυπνῆσαι ταῖς φιλονικίαις, μάχης οὐδεμιᾶς τὸ λοιπὸν διὰ τῆς τῶν | νόμων καθαρότητος ὑπολιμπανομένης. 4. **Καὶ κρείττων μὲν ἡ βασιλέως ἀρετὴ ἐπαίνου παντός· ἐμοὶ δὲ καὶ καιρὸς ἐπὶ τὸν σκοπὸν διαβῆναι τῷ λόγῳ.** O 66v Wü 88

2. Ἡ τοίνυν τῷ ἱππάρχῳ πειθαρχήσασα τάξις ποτὲ ἐν ὅπλοις μὲν ἦν ἅπασα· ὀνόματα δὲ αὐτῇ καθ' ὁμαλοῦ προμῶται, ὅπερ ὄνομα εἰς τέσσαρας τέμνεται λόγους· εἰς δουκηναρίους, εἰς ⟨κεντηναρίους, εἰς⟩ κεντουρίωνας, εἰς βιάρχους, 2. **περὶ ὧν ἂν κατὰ τὴν τῶν τακτικῶν παράδοσιν ἀφηγησάμην εἰ μὴ πόρρω τοῦ σκοποῦ παρωθούμην· καὶ ταύτης τῆς προσηγορίας, τῆς τῶν προμωτῶν λέγω, ἔτι καὶ νῦν αἱ λεγόμεναι μάτρικες, ἀντὶ τοῦ | ἀπογραφαὶ τῶν καταλόγων, μνήμην ἀναφέρουσιν.** 3. **Ἀπὸ ⟨δ'⟩ Αὐγούστου εἰς ἕτερον σχῆμα τῆς** By 134

Testimonia : **2** 2 4-5 Gl 71 (MNv$_1$LWXY p. 232 F. M.) matrices μάτρικες ἀντιγραφαί || Ph 134, 59 καὶ μάτριξ παρ' αὐτοῖς ἡ γραφή.

---

3 4 προφανές O^{2}A Fu^2 Be Wü By : προσ- O Fu || ἔστι O edd. : -τιν O^2 || 5 φιλοδίκοις Fu^n Wü By : -δικαίοις O Fu Be || φιλονικίαις O : φιλονεικίαις edd. || 4 1 κρείττων O^2 edd. : κρείττω O || 2 καιρὸς O edd. : ὄκνος A.

2 1 2 καθ' ὁμαλοῦ O^2 Be Wü By : καθομαλοῦ O Fu || 3 προμῶται edd. : -μώται O || τέσσαρας A Fu^n Be Wü By : τέσσαρα O Fu || λόγους O Fu Wü By : καταλόγους Fu^n Be || 4 δουκηναρίους Fu Be By : δουκι- OA Wü || κεντηναρίους εἰς suppl. Wü By, cf. III **7** 6 3 || κεντουρίωνας O edd. : κεντυ- O^2 || 2 1 τακτικῶν O^2 edd. : -τηκῶν O || 2 παράδοσιν O^2 edd. : -δωσιν O || πόρρω A edd. : πόρρσου O || 4 προμωτων O || λέγω edd. : λόγω O || μάτρικες O edd. : μα et loc. vac. praeb. A || 5 ἀναφέρουσιν O edd. : φέρουσι A || 3 1 δ' suppl. Be Wü By.

ture eut pris une autre forme vinrent s'y adjoindre ceux que l'on nomme les *adiutores* [commis], en d'autres termes les aides ; telle est aussi la seule appellation que mentionnent les *probatoriae* — au sens de recommandations et probations — délivrées par les empereurs à ceux qui entrent en service (car ce n'était pas non plus sans formalité que jadis la personne désireuse de se passer le ceinturon[7] y était autorisée pour une fonction quelconque, si elle n'avait pas au préalable fait la preuve qu'elle avait les capacités requises) : *probare* est en effet le verbe dont usent les Romains pour désigner l'action de faire ressortir, en les approuvant, les qualités d'un sujet. 4. Mais aujourd'hui la masse, à la suite d'une supposition grossière qui trahit la vérité, les appelle *privatoriae*[8], en suggérant par ce biais la situation d'un particulier dans la vie : en effet ne se distinguent guère d'un particulier ceux qui entrent, pour en porter le nom seulement, dans un service quelconque. 5. Ce n'est pas parce que les affaires publiques n'ont pas pris tournure meilleure et plus florissante grâce au talent de l'empereur, mais parce que ces gens occupent sans qualification appropriée les fonctions publiques où ils entrent.

3. Communément donc tous les catalogues relevant de la signature impériale avaient des *adiutores*[9], qui étaient jadis en poste au front de la ligne de bataille, avec l'ordre

7. Référence au *cingulum* qui, avec la chlamyde, était le symbole de la *militia*, comme il ressort de nombreuses constitutions. Par conséquent, le rejet du *cingulum* pouvait signifier le refus de servir, l'enlèvement, la dégradation. Voir, pour ceci, la note de R. Delmaire, (2004), p. 197.

8. An. Bandy [(1983), p. 302] explique l'erreur par une confusion entre les onciales T et Σ. Il signale le cas semblable de III **4** 2, λαμπρότησι pour λαμπρότητι.

9. La leçon absurde de O ἀδιθύτορες résulte d'une confusion des onciales O et Θ. On trouve un cas analogue en III **53** 4 παροικων pour Παρθικῶν.

ἀρχῆς περιστάσης, ὡς πολλάκις εἴρηται, προσετέθησαν οἱ λεγόμενοι ἀδιούτωρες, οἷον εἰ βοηθοί· καὶ ταύτης μόνης τῆς προσηγορίας μνημονεύουσιν αἱ παρὰ τῶν βασιλέων παρασχόμεναι τοῖς εἰς στρατείαν παριοῦσι προβατωρίαι, οἱονεὶ συστάσεις καὶ ἀποδείξεις (οὐδὲ γὰρ ἁπλῶς τὸ πρὶν ἄδειαν εἶχεν ὁ βουλόμενος ζώνην περιθέσθαι οἱανοῦν, μὴ πρότερον ἀποδείξας ὡς εἴη πρὸς αὐτὴν ἐπιτήδειος)· προβᾶρε γὰρ τὸ μετὰ δοκιμῆς ἐπιδεῖξαι τὸ ὑποκείμενον λέγουσιν οἱ Ῥωμαῖοι. 4. **Νῦν δὲ τὸ πλῆθος αὐτὰς ἐξ ἀμαθοῦς μαντείας τἀληθὲς παραδηλούσης πριβατωρίας καλεῖ, αὐτόθεν τὴν ἰδιώτου τύχην εἰσαγούσης. Οὐδὲ γὰρ ἰδιώτου διαφέρουσιν οἱ μόνῃ προσηγορίᾳ στρατείαν οἱανοῦν ὑπερχόμενοι·**
5. **οὐχ ὅτι τὰ πράγματα μὴ τὴν | κρείττονα καὶ καρ-** Wü 89
πιμωτέραν εἴληχεν ὄψιν τῇ βασιλέως ἐμμελείᾳ, ἀλλ᾽ ὅτι αὐτοὶ οὐκ εὐπρεπεῖς πρὸς τὰς λειτουργίας παρίασιν.

3. Κοινῇ μὲν οὖν ἅπασι τοῖς καταλόγοις ἐκ τῆς βασιλέως ὑποσημειώσεως ἀδιούτωρες, | ἐπὶ τοῦ μετώπου O 67
τῆς παρατάξεως τὸ πάλαι ταττόμενοι· φησὶ γὰρ οὕτως·

TEST. : 3 3-4 Gl 72 (Nv1WY p. 233 F. M.) adiutores Ἀδιούτορες· βοηθοί || 6 Gl 73 (MNvLWY p. 233 F. M.) probatoriae Προβατορίαι συστάσεις καὶ ἀποδείξεις.

FONTES : **3** 1 3-6 cf. *CJ* XII 52, 3, 2.

---

3 3 ἀδιούτωρες Fu Be By : -τορες O Wü || 5 παρασχόμεναι O Fu : παρεχόμεναι Be Wü By deest et pro hoc loc. vac. et καναι praeb. A || παριοῦσι O edd. : -σιν O[2] || 6 προβατωρίαι edd. : προβατορίαι Gl –τόριαι O || 7 ἄδειαν A edd. : α..ιαν O || 9 ἐπιτήδειος O[2] edd. : -τήδιος O || προβᾶρε Be Wü By : -βάρε O πρόβαρε Fu || 4 5 οἱ O[2] A edd. : ει O ut vid. || στρατείαν O[2] edd. : στρατίαν O || 5 1 οὐχ O[2] edd. : οὐκ O || καρπιμωτέραν O[2] edd. : -μοτέραν O || 2 εἴληχεν O[2] edd. : -λειχεν O || 4 παρίασιν edd. : –ιᾶσιν O[2] -ιᾶσι O.

3 1 2 ἀδιούτωρες Fu Be By : -τορες Wü ἀδιθύτορες O || ἦσαν ante ἐπὶ suppl. Wü.

suivant[10] : *Et <col>locare eum in legione prima adiutrice nostra*, en d'autres termes : " Vous lui donnerez un poste dans la première légion auxiliaire[11]. " 2. Par conséquent, celui qui vient en tête de tout le catalogue[12] est, aujourd'hui encore, désigné sous le nom de *cornicularius*, [corniculaire], c'est-à-dire cornette ou premier de ligne. 3. Le centre de l'armée au moment de l'engagement était occupé par le commandant en chef[13], ou, si l'on veut, le préfet ou le César, 4. avec le titre d'*imperator*, qu'ils partageaient, comme je l'ai dit[14], car il n'appartient pas aux seuls empereurs mais, de façon inconditionnelle à celui qui a reçu pour mandat de conduire la guerre avec une autorité personnelle absolue. 5. Et au centre se trouvait, comme on l'a indiqué, le commandant suprême, comme le dit Frontin, à l'aile gauche, le chef de cavalerie, ou, si l'on veut, le préfet[15] et, à l'autre aile, les *praetores* et les *legati*, mots mis pour préteurs et légats, que les consuls laissaient à leur place au moment précis où venait à son terme le temps de leur consulat, afin qu'ils prissent la tête de l'armée jusqu'à

10. Tout le chapitre est résumé sommairement par le lecteur qui écrit dans la marge de droite : τῆς παρατάξεως ἔμπροσθεν μαχεῖται.

11. Qu'une formule du genre a dû figurer dans les documents officiels est confirmé par *CJ* XII, 52, 3, 2 : *Scriniariis autem exceptoribus ceterisque, qui in officio tui culminis, merent, cum in legione prima adiutrice nostra militant*. Voir *supra*, p. CCXIII-CCXIV.

12. L'expression πρωτεύων τοῦ παντὸς καταλόγου désigne le responsable du *commentarius* judiciaire du préfet du prétoire. Voir, sur ce point, J.-L. Mourgues, (1998), p. 143-144, en particulier p. 144, n. 1. C'est, en somme, la fonction de *matricularius*, dont il sera question plus bas. Jean fait de l'archéologie institutionnelle.

13. Le sens normal de μονομάχος, leçon du manuscrit, est " qui se bat en combat singulier " et plus tard, " gladiateur ". De surcroît, le mot ne figure pas ailleurs dans le traité. En revanche, μόναρχος est relativement fréquent (I **38** 13, II **2** 1 et 3, **24** 2). L'émendation, retenue par tous les éditeurs, excepté Bekker, nous paraît donc s'imposer.

14. Référence explicite à I **4** 1-2.

15. Sur cet auteur, voir t. I, p. CLXX-CLXXII.

et <coll>ocare eum in legione prima adiutrice nostra, οἷον εἰπεῖν· “ καὶ τάξειας αὐτὸν ἐν τῷ πρώτῳ τάγματι τῷ βοηθοῦντι ἡμῖν. ” 2. Ὅθεν ὁ πρωτεύων τοῦ παντὸς καταλόγου ἔτι καὶ νῦν κορνικουλάριος ἀναφέρεται, ἀντὶ τοῦ κεραΐτης ἢ πρόμαχος. 3. Μέσος μὲν γὰρ ἦν τῆς στρατιᾶς ἐπὶ τῆς συμπλοκῆς ⟨ὁ⟩ μόναρχος ἤγουν ὁ ὕπαρχος ἢ ὁ Καῖσαρ. 4. Τὸ δὲ ἰμπεράτωρος ἐπώνυμον κοινὸν ἦν αὐτοῖς, ὡς ἔφην· οὐδὲ γὰρ μόνων τῶν βασιλέων ἐστὶν ἀλλ' ἀπολύτως τοῦ αὐτοκρατῶς | διοικεῖν By 136
εἰληχότος τὸν πόλεμον. 5. Καὶ μέσος μὲν ἦν, ὡς εἴρηται, ὁ αὐτοκράτωρ, ὡς ὁ Φροντῖνος λέγει, ἐξ εὐωνύμου δὲ πλευρᾶς ὁ ἵππαρχος ἤ γ' οὖν ὕπαρχος, ἐκ δὲ τῆς ἑτέρας οἱ πραίτωρες καὶ ληγᾶτοι, ἀντὶ τοῦ στρατηγοὶ καὶ πρεσβευταί, οὓς κατελίμπανον οἱ ὕπατοι ἀνθ' ἑαυτῶν, ἤδη τοῦ τῆς ὑπατείας αὐτοῖς συντελουμένου χρό-

---

TEST. : **3** 1 3 Gl 74 (MNv_1WXY p. 233 F. M.) adiutores Ἀδιθύτορες οἱ τῶν παρατάξεων ἔπροσθεν μάχοντες ‖ 2 1-3 Gl 75 (MNv_1 WX p. 233 F. M.) cornicularios Κορνικουλάριος ὁ κεραΐτης ἢ πρόμαχος ‖ 4 Gl 76 (MNJLWXY p. 233 F. M.) imperator Ἰμπεράτωρ πᾶς ὁ αὐτοκρατῶς διοικεῖν λαχὼν τὸν πόλεμον ‖ 5 4-5 Gl 77 (MNvWXY p. 233 F. M.) legatoi Ληγάτοι· οἱ στρατηγοὶ καὶ πρεσβευταί.

FONT. : 5 Frontinus e loco ignoto.

---

4 collegare Wü By : collega Fu Be vide adn. ‖ 5 αὐτὸν O^2 edd. : αὐτῶν O ‖ 2 1 πρωτεύων O^2 edd. : προτ- O ‖ 2 κορνικουλάριος edd. : κουρ- O ‖ 3 κεραΐτης A Be By : καιραΐτης O Fu κερατίτης Fu^2 Wü κεράστης Fu^n ‖ 3 2 στρατιᾶς O^2 edd. : -τείας O ‖ $ὁ^1$ Fu^n suppl. Wü By ‖ μόναρχος Fu^n Wü By : μονομάχος O Fu Be ‖ $ὁ^2$ O By : om. Fu Be Wü ‖ 4 1 ἰμπεράτωρος Be By : ἰνπεράτωρος Fu ἰνπεράτορος O Wü ‖ 3 αὐτοκρατῶς edd. : αὐτοκράτορος O ‖ 5 1 μὲν ἦν : μὲν ἡμῖν A ‖ εἴρηται O Be Wü By : -ρεται Fu ‖ 2 Φροντῖνος edd. : -τίνος [-ι- O]O^2 ‖ 4 πραίτωρες Fu Be By : -τορες O ‖ ληγᾶτοι Wü By : ληγάτοι O A Fu Be ‖ 5 πρεσβευταί Be Wü By : πρεσβύται O Fu ‖ 6 τοῦ edd. : τὸ O ‖ ὑπατίας A.

l'arrivée à la direction de la guerre du consul entrant en charge. 6. Mais dans ce qu'on appelle " la légion ", qui compte un effectif de six mille fantassins [il y en avait dix en tout et pour tout, à l'origine, hormis la cavalerie romaine, l'(unité) *auxiliaria*, la *cohortalis*, la *turmalis* et les autres forces, outre encore l'effectif étranger], comme je le disais[16], le premier du rang était le *cornicularius* et, pour cette raison, il a gardé jusqu'aujourd'hui encore le premier rang dans tout le personnel, <même si>[17] l'on a décidé que le préfet n'avait plus à partir en guerre, pour les raisons que nous avons dites[18].

4. Donc, comme tous les autres sont des *adiutores*, c'est le préfet qui, grâce à sa signature personnelle, donne à celui qui entre dans le service le catalogue dans lequel il a choisi lui-même son affectation[19]. 2. Les dénominations pour tous les catalogues de l'office sont les suivantes. Le *cornicularius* (vient) en premier lieu. Dans les distinctions, il accède à la dignité d'*illustris* de celui que l'on appelle le *comes* [comte], avant d'avoir remis son ceinturon, et reçoit les honneurs décernés par l'empire et comme gratification ce que l'on appelle les codicilles, en d'autres termes, les tablettes : c'est là un privilège qui n'appartient à aucun des chefs de service dans d'autres

16. Référence à III **3** 2.

17. Le texte est lacuneux. Bekker [(1837), p. 198] propose d'ajouter ἐπεὶ μηκέτι, comme R. Wünsch [(1903), p. 90]. Nous suivons An. Bandy [(1983), p. 303] qui trouve que κἄν est plus conforme à l'usage de Jean qu'ἐπεί.

18. Référence à II **10** 2.

19. Par la suite, le lecteur dégage dans la marge de droite la substance du chapitre sous la forme : αἱ προσηγορίαι τῶν τάξεων.

νου, εἰς τὸ ἐφεστάναι τῷ στρατῷ ἄχρι τῆς τοῦ μέλλοντος ὑπάτου ἐπὶ τὸν πόλε|μον παρουσίας. 6. Τῆς δὲ Wü 90
καλουμένης λεγιῶνος εἰς ἑξακισχιλίους τελούσης πεζομάχους τὸν ἀριθμόν (οὐσῶν δὲ ⟨δέκα⟩ καὶ μόνων τῶν πασῶν λεγιώνων ἀνέκαθεν, ἔξωθεν ἱππικῆς Ῥωμαϊκῆς καὶ αὐξιλιαρίας καὶ κοορταλίας καὶ τουρμαλίας καὶ τῶν λοιπῶν δυνάμεων, εἶτα δὲ καὶ ξενικῆς), ὡς ἔφην, πρῶτος ἐτέτακτο ὁ κορνικουλάριος καὶ διὰ τοῦτο προΰστηκεν ἔτι καὶ νῦν τῆς πάσης τάξεως, ⟨κἂν εἰ μηκέτι⟩ ἐπὶ τοὺς πολέμους ἀφικνεῖσθαι τὸν ὕπαρχον ἔδοξεν, δι' οὓς εἰρήκαμεν λογισμούς.

4. Τῶν οὖν ἄλλων πάντων ἀδιουτώρων ὄντων, ὁ ὕπαρχος δι' οἰκείας ὑποσημειώσεως δίδωσι τῷ πρὸς τὴν στρατείαν ἐρχομένῳ εἰς ὃν αὐτὸς ἕλοιτο ταχθῆναι κατάλογον. 2. Αἱ δὲ προσηγορίαι τῶν πάντων καταλόγων τῆς τάξεως αὗται· ὁ κορνικουλάριος πρῶτος, τῇ τοῦ λεγομένου κόμιτος ἐμπρέπων λαμπρότητι, μήπω τὴν ζώνην ἀποθέμενος καὶ πρὸς τὴν ἀπὸ τῆς βασιλείας τιμὴν καὶ τὴν τῶν λεγομένων κωδικίλλων, ἀντὶ τοῦ δέλτων, | ἐπίδοσιν ἀνελθών, οὐδενὶ τῶν ἐν ἄλλοις στρα- O 67^v
τεύμασι πρωτευόντων ταύτης τῆς προνομίας ὑπαρχού-

TEST. : **4** 2 5-6 Ph 134, 60 καὶ κωδήκελλος δὲ ἡ δέλτος.

7 ἐφεστάναι O Be Wü By : ἐφιστάναι Fu ‖ 6 2 λεγιῶνος O^2 edd. : λεγειων- O λεγεῶ- A ‖ 3 δὲ δέκα καὶ By : δὲ καὶ O Fu δέκα Fu^n Be Wü ‖ 4 λεγιώνων edd. : λεγιό O spatio rel. λεγεώ- A ‖ 7 ἐτέτακτο O^2 edd. : -τω O ‖ κορνικουλάριος edd. : κουρ- O ‖ 8 κἂν εἰ μηκέτι suppl. By : ἐπεὶ μηκέτι Be Wü ‖ 8 ἐπὶ τοῖς πολέμοις A.

4 1 1 ἀδιουτώρων Fu Be By : -τόρων O Wü ‖ 2 δίδωσι O edd. : -σιν O^2 ‖ 3 στρατείαν O^2 edd. : στρατειὰν O ‖ 2 2 κορνικουλάριος edd. : κουρνικ- [-νη- O]O^2 ‖ 3 κόμιτος O Wü By : κόμη- Fu Be ‖ λαμπρότητι O^2A edd. : -τησι O ‖ 5 κωδικίλλων edd. : κουδικίλλων [post κου duabus litteris erasis]O κωδικέλλων O^2A κωδηκέλ- legisse vid. Ph.

divisions[20] ; 3. après le *cornicularius* viennent deux *primiscrinii*, que l'on appelle en grec " les premiers dans l'office ", 4. deux *commentarienses* (c'est la dénomination légale pour les responsables de l'exécution au pénal des décisions consignées par écrit), 5. <deux *ab actis* qui ont la haute main sur les actes relatifs aux finances>, deux *regendarii* qui dirigent la poste publique, deux *cura epistularum* pour le (diocèse) du Pont.

5. Mais peut-être ne serait-il pas déplacé de poser en plus une question sur la cause : " Pourquoi, alors que tous les diocèses ont ceux que l'on appelle le *cura epistularum* , le bureau (du préfet) de la Ville, ainsi que ceux de l'armement et des travaux publics, n'a-t-il pas reçu le sien ? 2. Il est évident que celui de la Ville est du ressort du diocèse de Thrace, et qu'il en va de même pour celui des travaux publics vis-à-vis des provinces, <dans lesquelles> on aura à exécuter des travaux de restauration. Mais, parce que ceux-ci ne se répètent pas trop souvent,

20. Jean évoque plus loin son cas personnel (III **30** 10). On complétera les deux textes l'un par l'autre. Les codicilles en question étaient remis lors d'une cérémonie solennelle au cours de laquelle on baisait la frange de l'habit impérial (*adoratio purpurae*). C'étaient des tablettes articulées entre elles, analogues aux diptyques consulaires dont on a conservé de nombreux exemplaires ; dans le cas des dignitaires de très haut rang, elles étaient en ivoire rehaussé d'or ; pour les plus modestes, elles pouvaient être en bronze, en bois ou en parchemin. La face extérieure montrait un portrait de l'empereur, l'intérieur comportait la signature impériale avec les documents administratifs nécessaires, voir C. Kelly, (2004), p. 19.

σης. 3. Μετὰ δὲ τὸν κορνικουλάριον πριμισκρίνιοι δύο, οὓς Ἕλληνες πρώτους τῆς τάξεως καλοῦσιν· 4. κομμενταρήσιοι δύο (οὕτω δὲ τοὺς ἐπὶ τῶν ὑπομνηματογράφων πραττομένων ὁ νόμος καλεῖ)· 5. ⟨ἀβ ἄκτις δύο οἱ τοῖς ἐπὶ χρήμασι πραττομένοις ἐφεστῶτες⟩· ῥεγενδάριοι | δύο, οἱ | τὸν δημόσιον δρόμον ἰθύνοντες· κοῦρα ἐπιστουλάρουμ Ποντικῆς δύο. Wü 91 By 138

5. Ἀλλ᾽ ἴσως ἄν τις οὐκ ἔξω λόγου πύθοιτο τὴν αἰτίαν ἐπιζητῶν " τίνος χάριν, πασῶν τῶν διοικήσεων ἐχουσῶν τοὺς καλουμένους κοῦρα ἐπιστουλάρουμ, τὸ πόλεως σκρινίον τό τε τῶν ὅπλων καὶ τῶν ἔργων οὐκ εἴληχεν ; " 2. Δῆλον ὅτι τὸ μὲν τῆς πόλεως εἰς τὴν Θρᾳκικὴν διοίκησιν ἀναφέρεται, τὸ δὲ τῶν ἔργων εἰς ἄλλας τυχὸν ἐπαρχίας ⟨ἐν αἷς ἂν⟩ συμβαίη τὰς ἀνανεώσεις γίνεσθαι τῶν ἔργων· ὅτι δὲ οὐ σφόδρα συνεχεῖς,

---

TEST. : 3 1-2 Gl 78 (MNvLWXY p. 233 F. M.) primiscrinioi Πριμισκρίνιοι οἱ πρῶτοι τῆς τάξεως || 4 Gl 79 (MNvLWXY p. 233 F. M.) Bas p. XXI W commentarisioi Κομμενταρίσιοι τοὺς ἐπὶ τῶν ὑπομνηματογράφων πραττομένων (om. Bas) ὁ νόμος καλεῖ || 5 2-3 Gl 80 (MNv_1LWXY p. 233 F. M.) Bas p. XXII W regendarioi Ῥεγενδάριοὶ οἱ τὸν δημόσιον δρόμον ἰθύνοντες.

---

3 1 κορνικουλάριον edd. : κουρ- O || πριμισκρίνιοι edd. : πριμοισ- Gl προ- O || 2 καλοῦσιν O^2 By : -σι O Fu Be Wü || 4 1 κομμενταρήσιοι By : κομμενταρίσ- O Fu Be Wü κομενταρίσ- Gl || 2 οὕτω Fu Be Wü : -τως O By || τῶν O edd. : τῇ Be^n || ὑπομνηματογράφων O Gl edd. : ὑπομνημάτων Fu^n Be^n || 3 γραφῇ post ὑπομνημάτων add. propos. Be^n || πραττομένων O Fu Be By : πραττομένους Fu^n ταττομένους Be^n Wü || 5 1-2 ἀβ - ἐφεστῶτες add. esse censuit Caimi coll. **20** 1 2-3 || 4 ἐπιστουλάρουμ O Wü By : ἐπιστολ- Fu Be.

5 1 1 πύθοιτο O^2 edd. : πίθ- O || 3 ἐπιστουλάρουμ O Wü By cf. 2 5 : ἐπιστολ- Fu Be || 5 εἴληχεν O^2 : -χε O edd. || 2 1 δῆλον ὅτι O By : δηλονότι O^2 Fu Be Wü || 3 ἐν αἷς ἂν suppl. By : ἐν αἷς Fu^n suppl. Wü.

ce sont les *cura epistularum* régissant[21] les diocèses qui ont autorité pour les réquisitions consécutives à l'octroi des fonds d'État. 3. En effet, le bureau de l'armement, lui, a la charge des contributions fixes levées dans les provinces (j'entends les cordes des arcs, les cornes, etc.) mais, pour les besoins qui surgissent en temps de guerre, il y pourvoit à coups de réquisitions.

6. La grande, l'innombrable masse des tachygraphes[22] offre aussi des points de départ non négligeables pour travailler avec profit : ceux qui[23], regroupés en quinze collèges qu'on appelle " scholes ", tout en ayant le style le plus habile, rendent des services adéquats, entrent, s'ils le désirent, après avoir fait la démonstration de l'expérience acquise aux affaires, dans la classe des *Augustales* et parviennent au poste suprême de *cornicularius*, après toutefois ce que l'on appelle l' " assistanat " 2. (ceux qui demeurent à l'écritoire accèdent au poste suprême de *primiscrinius*)[24].

7. Voilà un surcroît de précision suffisant en réponse à la question : " Comment ? ". Après le personnel attaché aux services exigeant de la culture viennent ceux que l'on

21. E. Stein propose de lire le groupe prépositionnel ἐπὶ au lieu de ἐν ταῖς διοικήσεσιν, que nous retenons. Voir, sur ce point administratif, *supra*, p. CCLXXIX-CCLXXXI.

22. Comme l'indique Bekker [(1837), p. 199)], l'addition du καὶ se justifie par une tournure parallèle que l'on trouve en III **14** 1 Πολλῶν δὲ ‹ὄντων› καὶ ὑπὲρ ἀριθμόν. Sur la présence des tachygraphes, voir Agath., *Hist.*, IV, 1, 2 p. 123 Keydell : παρῆσαν δὲ αὐτῷ ἄνδρες γράφειν τε εἰς τάχος πεπαιδευμένοι καὶ ἐπιτροχάδην ἀναλέγεσθαι τὰ γεγραμμένα.

ὑπὸ τῶν ⟨ἐν⟩ ταῖς διοικήσεσιν ἐκείναις κοῦρα ἐπιστουλάρουμ τὰ προστάγματα τῆς ἐπιδιδομένης ἀπὸ τοῦ δημοσίου δαπάνης γίνεται. 3. Τὸ γὰρ τῶν ὅπλων σκρινίον ὡρισμένας μὲν ἔχει τὰς ἀπὸ τῶν ἐπαρχιῶν συντελείας (νεῦρα λέγω καὶ κέρατα καὶ τὰ λοιπά), πρὸς δὲ τὰς ἀνακυπτούσας χρείας ἐν τοῖς πολέμοις ὑπουργεῖ τοῖς προστάγμασιν.

6. Πολλῆς δὲ οὔσης ⟨καὶ⟩ ὑπὲρ ἀριθμὸν τῆς τῶν ταχυγράφων πληθύος καὶ οὐ μικρὰς ἐχούσης ἀφορμὰς ἐπὶ κέρδους ἐργασίας, ⟨οἵ⟩ τοι τούτων καὶ λογικώτεροι καὶ πρὸς τὴν ὑπηρεσίαν ἀρκοῦντες ἐν πεντεκαίδεκα συναγωγαῖς, ἃς καλοῦσι σχολάς, συλλεγόμενοι, τὴν οὖσαν αὐτοῖς πεῖραν τοῖς πράγμασιν ἐπιδειξάμενοι ἐπὶ τὸ τάγμα τῶν Αὐγουσταλίων, εἴ γε ἄρα θέλωσιν, παρίασι καὶ εἰς τὸ τοῦ κορνικουλαρίου πλήρωμα καταντῶσιν, μετὰ μέντοι τὴν λεγομένην βοηθοῦραν· 2. οἱ μένοντες ἐπὶ τῆς δέλτου εἰς τὸ τοῦ πριμισκρινίου ἀναφέρονται πλήρωμα.

7. Καὶ περὶ μὲν τούτου ἀκριβέστερον ὂν | τὸ " πῶς " O 68
| εἴρηται, μετὰ δὲ τοὺς ἐπὶ ταῖς λογικαῖς λειτουργίαις Wü 92

5 ἐν suppl. Be Wü By || ἐπιστουλάρουμ cf. 1 3 || 3 2 ὡρισμένας O^2 edd. : ὁρ- O || 4 χρείας O^2 edd. : χρί- O || 5 προστάγμασι O.

6 1 1 καὶ post οὔσης Be^n suppl. Wü By || 2 πληθύος A edd. : πλήθυος O^2 πλήθους O || 3 οἵ suppl. By || τοι By : τῇ O Fu τῇ O^2 οἱ Be Wü || λογικώτεροι O^2 edd. : -κότεροι O || 5 καλοῦσι O edd. : -σιν O^2 || συλλεγόμενοι Be By : συλλεγόμενοι οἱ O^2 Fu Wü συνλεγομενοι οι O || 7 εἴ γε O^2A edd. : εἴτε O || θέλωσιν O Be Wü By : θέλουσιν O^2 Fu || 8 παρίασι O^2 edd. : παρεί- O || κορνικουλαρίου edd. : κουρ- [-νη- O]O^2 || 9 καταντῶσιν O^2 By : -σι O Fu Be Wü || 2 1 οἱ μένοντες O edd. : οἱ δὲ μ. coni. Kroll || 2 ἀναφέρονται O^2 edd. : -ρωνται O. Post πλήρωμα des. cap. **6** ap. Wü By || **7** 1 1 ὂν τὸ πῶς By : ον το πως O Fu Be οὕτω πως Wü ἐντόπως Fu^n || 2 post εἴρηται des. cap. **6** ap. Fu Be || ἐπὶ ταῖς λογικαῖς O edd. : ὑπὸ τοῖς λογικοῖς A || λειτουργίαις post τεταγμένους transpos. Fu Be.

appelle les *singularii*, des hommes diligents que l'on envoie dans les provinces pour les besoins de l'État[25]. À l'origine, on leur mettait entre les mains les intérêts les plus vitaux et affectant jusqu'au gouvernement même dans sa totalité, quand s'introduisit insidieusement, alors que la préfecture était déjà sur son déclin, la manie, propre à ceux que l'on appelle les *magistriani* [fonctionnaires du *magister officiorum*], de forger des mots tarabiscotés[26]. 2. Lesdits *singularii* doivent le nom qu'ils ont pris au *veredus* unique dont ils usent, c'est-à-dire évidemment à l'unique cheval de renfort sur lequel ils se rendent dans les provinces : *singularius* est le mot d'usage en latin pour " unique " [μονήρης][27]. 3. Après eux viennent les corporations (μάγκιπες *mancipes*), les producteurs de pain destiné à la plèbe et aux esclaves, et, sous leur direction, les boulangers[28] ; ceux que l'on appelle en général les collèges des comptables, dont les guichets s'ouvrent à tous ceux qui ont un titre quelconque à toucher le ravitaillement public ; en latin, on les appelle *rationales*, parce que " comptes " se dit *rationes*, mais

25. Sur les *singularii*, voir *supra*, p. CCXLVI.

26. Évidemment intraduisible en français. Le mot n'est pas attesté ailleurs. On voit bien comment il a été fabriqué : c'est l'art de fagoter les mots afin de produire une illusion d'élégance. Pour un jugement dans le même sens, — preuve que la guerre entre les services ne connaît pas l'armistice —, voir l'expression λόγων ἐρασταί en III **9** 10 5-6.

28. À ce propos, voir *supra*, p. CCXLVII-CCLII et J. Schamp, (2002), p. 410-414.

τεταγμένους εἰσὶν οἱ λεγόμενοι σιγγουλάριοι, ἄνδρες ἐντρεχεῖς, ἐπὶ τὰς ἐπαρχίας δημοσίων ἕνεκα χρειῶν ἀποστελλόμενοι· ὧν ἀνέκαθεν τὰς ἀναγκαιοτάτας καὶ εἰς αὐτὴν συντελούσας τὴν ὅλην πολιτείαν χρείας ἐγχειριζομένων, παρεισέδυ, τῆς ἐπαρχότητος ἤδη μαραινομένης, | ἡ τῶν λεγομένων μαγιστριανῶν κομπο- By 140
φακελορρημοσύνη. 2. **Σιγγουλαρίους δὲ τοὺς εἰρημένους καλεῖσθαι συμβέβηκεν ἐκ τοῦ ἑνὶ βεραίδῳ χρωμένους ἤ γ' οὖν ἑνὶ δῆλον ὅτι παρίππῳ ἐπὶ τὰς ἐπαρχίας ὁρμᾶν· σιγγουλάριον γὰρ τὸν μονήρη Ἰταλοῖς ἔθος καλεῖν.** 3. **Μεθ' οὓς μάγκιπες οἱ τοῦ δημώδους καὶ ἀνδραποδώδους ἄρτου δημιουργοί· ὑφ' οἷς ἀρτοποιοὶ καὶ οἱ λεγόμενοι καθολικῶς συστήματα διαψηφιστῶν, οἳ πᾶσι τοῖς ὁπωσοῦν σίτησιν δημοσίαν ἔχειν ἠξιωμένοις ὑπακούουσιν· καὶ Ῥωμαῖοι μὲν αὐτοὺς ῥατιω-**

TEST. : **7** 2 Gl 81 (MNv$_1$Y p. 233 F. M.) singularioi Σιγγουλάριοι ἄνδρες ἐντρεχεῖς ἐπὶ τὰς ἐπαρχίας δημοσίαν ἕνεκα χρειῶν ἀποστελλόμενοι καὶ σιγγουλάριος ὁ μονήρης || 3 1-2 Bas p. XXII W ; Gl (W p. 453 F. M.) ὁ τεχνίτης τοῦ δημώδους ἄρτου (manceps μάγγιψ praeb. W ante ὁ) || 5-7 Gl 83 (MNv$_1$LWXYZ p. 234 F. M.) rationalious mancipas Ῥαντιοναλίους τοὺς μάγκιπας, τοὺς αὐτοὺς καὶ καθολικιανοὺς καὶ σιτῶνας καθ' Ἕλληνας (καὶ καθολικιανοὺς om. Z).

---

3 σιγγουλάριοι edd. : σιγου- O || 4 χρειῶν O edd. : χριῶν O^2 || 8 μαραινομένης O^2 edd. : μαρεν- O || κομποφακελορρημοσύνη A Fu Wü By : κομποφακελορη- O κομποφακελλορη- Be || 2 1 σιγγουλαρίους O Be Wü By : συγγ- Fu || 2 βεραίδῳ A edd. : βεραίδω O^2 βερέδω O παραβεραίδῳ Fu^2 || 3 ἤ γ' οὖν By : ἤγουν O Fu Be Wü ἢ A || post ἢ et ante δῆλον spat. vac. relic. A || ἑνὶ Fu^2 Be Wü By : ἑνὸς O^{2}A Fu ἕνοι O || παρίππῳ Fu^2 Wü By : παρίππου OA Fu Be || 4 ὁρμᾶν edd. : δρᾶν O || σιγγουλάριον O Be Wü By : συγγ- Fu || 3 3 καθολικιανοὶ A || 4 πᾶσι O edd. : -σιν O^2 || 5 ὑπακούουσιν O^2 By : -σι O Fu Be Wü.

les Grecs ont tranformé le mot en " καθολικοί "[29] [*procuratores a rationibus*, superviseurs aux comptes], en raison de la vigilance générale qu'ils montrent dans la supervision des comptes publics. 4. Alors viennent les acheteurs de blé : dans son *Histoire des guerres civiles*, l'historien Victor a bien vu que leur nom avait été autrefois celui de *frumentarii*, parce que leur département avait en charge l'approvisionnement du palais. 5. Mais lorsqu'au cours de sa tentative d'usurpation Rufin eut ruiné la magistrature préfectorale, ils disparurent eux aussi parallèlement[30]. 6. Les derniers d'entre tous sont ceux qui occupaient jadis les premiers rangs, dans la mesure où ils accomplissaient à l'origine le service du commandant de cavalerie, les *ducenarii*, les *biarchi*, les *centenarii*, les *centenarii* et les *centuriones*, autant de noms dont nous avons donné précédemment la traduction en grec. Mais qu'ils relevaient du personnel du commandant de cavalerie, c'est ce que l'on peut savoir d'après les codicilles émis à leur sujet par la cour, qui évoquent en détail certaines dignités, mais pas à leur propos.

29. À deux reprises, A propose, d'après Vasis [(1909), p. 42] une leçon divergente en καθολικιανοὶ ou en καθολικανοὺς en face des formes καθολικῶς et καθολικοὺς données dans O. Pas plus qu'An. Bandy [(1983), p. 304], nous n'avons pu trouver une forme de l'espèce dans la littérature conservée.

30. Sur les *frumentarii*, voir *supra*, p. CCLIII-CCLIV.

ναλίους καλοῦσιν, ὅτι κατ' αὐτοὺς ῥατίωνες οἱ λογισμοὶ λέγονται, οἱ δὲ Ἕλληνες καθολικοὺς μετωνόμασαν ἐκ τῆς καθ' ὅλου περὶ τοὺς δημοσίους λογισμοὺς ἀγρυπνίας. 4. Ἔνθεν σιτῶναι, οὓς Οὐΐκτωρ ὁ ἱστορικὸς ἐν τῇ Ἱστορίᾳ τῶν Ἐμφυλίων φρουμενταρίους οἶδε τὸ πρὶν ὀνομασθῆναι, ὅτι τῆς τοῦ παλατίου εὐθηνίας τὸ πρὶν ἐφρόντιζον. 5. Ῥουφίνου δὲ τηνικαῦτα τὴν ὕπαρχον ἀρχὴν τυραννίδι κρημνίσαντος, καὶ αὐτοὶ παραπώλοντο. 6. Τελευταῖοι πάντων οἱ τὸ πρὶν πρωτεύοντες, οἷα τὴν τοῦ | ἱππάρχου κατ' ἀρχὰς πληροῦντες θερα- Wü 93
πείαν· δουκηνάριοι καὶ βίαρχοι καὶ κεντηνάριοι καὶ κεντουρίωνες, ὧν πάντων τὰς Ἑλληνικὰς σημασίας προαποδεδώκαμεν· ὅτι δὲ τῆς τοῦ ἱππάρχου ἐτύγχανον τάξεως, γνῶναι δυνατὸν διὰ τῶν ἐπ' αὐτοῖς ἐκ τῆς αὐλῆς προφερομένων κωδικίλλων, οἳ περὶ ἀξιωμάτων τινῶν καὶ οὐ περὶ αὐτῶν διαγορεύουσιν.

FONT. : **7** 4 Aurelius Victor, *De Caes.* 39, 44-45 || 6 3-5 = *Mag.* I **48** 2 (in eo loco qui periit).

---

6 ῥατίωνες By : ῥατιῶνες Fu Be Wü ρατιονες O ῥατιόνες O^2 A || 7 καθολικοὺς O edd. : -κιανοὺς A || 4 1 σιτῶναι edd. : σιτῶνας O^2 σιτόνας O || οὓς edd. : ὃς OA || Οὐΐκτωρ O A Fu Be By : Βίκτωρ Wü || 3 οἶδε O edd. : -δεν O^2 || 5 1 τηνικαῦτα O edd. : τὴν κατὰ A || 2 κρημνίσαντος O^2 edd. : -νήσαντος O || 6 1 τελευταῖοι Fu^n Be Wü By : τελευταῖον O Fu || 2 πρωτεύοντες O^2 edd. : προτ- O || 3 δουκηνάριοι Be By : δουκι- O Fu Wü || καὶ^2 : ἢ coni. Fu^n || κεντηνάριοι Be By : κεντι- O Fu Wü || 4 κεντουρίωνες O [sine accentu] edd. : κεντυρίονες O^2A || πάντων edd. : παντας O πάσας O^2A || 5 προαποδεδώκαμεν O^2A edd. : προαπεδ- O || 6 γνῶναι O^2A edd. : γνῶμαι O || 7 κωδικίλλων A edd. : κοδικέλ- O κωδικέλ- O^2 ἐν κωδικίλλοις Fu^n || 8 διαγορεύουσιν O^2 edd. : -σι O.

8. Voilà pour la physionomie et l'importance des sections propres aux catalogues de la magistrature. 2. Car les *cursores*, c'est-à-dire les courriers, obtiennent de la cour la libération vis-à-vis de leur fonction. D'autre part, les *applicitarii* [gendarmes] et les *clavicularii* [porte-clefs], mots désignant seulement les licteurs dont les uns appréhendent ceux qui sont sous le coup d'accusations au criminel, les autres leur passent les chaînes, c'est pour des services, ceux qu'indiquent les mots, et non pas une fonction et un grade, qu'ils reçoivent leur congé ; ils servent sous le drapeau des *commentarienses* ; la constitution[31] de Rome a donné à ces derniers le nom de " rédacteurs des décisions prises au pénal ", comme nous l'avons dit[32]. 3. En effet, de même que les *nomenculatores* accomplissent une fonction et opèrent la sélection des orateurs en les appelant par leur nom[33], ainsi ces derniers prêtent leurs services dans les procès criminels. 4. Les *nomencu-*

31. Sur le sens du mot ici, qui est " ordre civil ", " constitution ", voir *LSJ*, s.v. τάξις, II, 5 p. 1756 et An. Bandy (1983), p. 304 ; toutefois, ce dernier donne à τάξις en III **30** 9, **65** 5, **76** 10 le même sens. Sur ce point, nous ne pouvons le suivre.

32. Référence à III **4** 4.

33. Voir *supra*, p. CCLV.

8. Τοιαῦται μὲν καὶ τοσαῦται | τομαὶ τῶν καταλόγων τῆς ἀρχῆς. 2. Κούρσωρες γάρ, οἷον εἰ ταχυδρόμοι, τὴν τῆς στρατείας | ἀπαλλαγὴν ἐπὶ τῆς αὐλῆς εὑρίσκουσιν· ἀπλικιτάριοί γε μὴν καὶ κλαβικουλάριοι, ὧν οἱ μὲν τοὺς ῥαβδούχους μόνον τοὺς συλλαμβάνοντας τοὺς ἐγκλημάτων ἕνεκα πιεζομένους, οἱ δὲ τοὺς δεσμὰ περιτιθεμένους αὐτοῖς διασημαίνουσι, λειτουργιῶν, οὐ μὴν στρατείας καὶ βαθμοῦ, πέρας λαμβάνουσιν, ὧν εἰσὶ δεικτικοί· ὑπασπίζουσι γὰρ τοῖς κομμενταρησίοις· αὐτοὺς ὑπομνηματογράφους ἡ τάξις Ῥωμαίων ὠνόμασεν, ὡς ἔφαμεν. 3. Ὃν γὰρ τρόπον οἱ νωμενκουλάτωρες φρόντισμα πληροῦσι καὶ τοὺς ῥήτορας ἀπολέγουσιν ἐξ ὀνόματος ἀναφωνοῦντες αὐτούς, οὕτως ἐκεῖνοι ταῖς ἐγκληματικαῖς ὑπηρετοῦνται δίκαις. 4. Οἱ δὲ νωμεν- O 68v By 142

Test. : **8** 2 1 Gl 82 (MNvWXY p. 233 F. M.) cursores Κούρσορες οἱ ταχυδρόμοι || Ph 134, 59 καὶ κούρσορες οἱ ταχυδρόμοι || 2 3 et 7-9 Bas p. XXI W Κομενταρίσιοι οἱ νῦν χαρτουλάριοι οἱ ταῖς ἐγκληματικαῖς δίκαις, ὑπασπιζόντων αὐτῶν ἀπλικιταρίων κουβικουλαρίων. Κομενταρίσιος ὁ ὑπομνηματογράφος.

Font. : **8** 4 1-4 Sall. *Hist.* I fr. 48 Maurenbrecher.

8 2 1 κούρσωρες Fu Be By : -σορες O Wü || 2 στρατείας O edd. : -τίας O[2] -τιᾶς A || 3 ἀπλικιτάριοί edd. : ἀπληκ- O A || κλαβικουλάριοι Fu[2] Be Wü By : καβι- O Fu κουβι- A cf. Gl || 6 λειτουργιῶν Fu[n] Wü By : -γίας O Fu Be || 7 post πέρας et ante ὧν spat. vac. praeb. A || λαμβάνουσιν By :...ξ...ενον Fu Be περιέμενον Wü ἀναδεξαμένων εἰσί coni. Be[n] huius loci O omnes litt. evanidae sunt || 8 κομμενταρησίοις By : κομμενταρι- O Fu Be Wü κομενταρί- Gl -ρισίους A || 9 αὐτοὺς By : τοὺς O οὓς Fu Be Wü || 3 1 νωμενκουλάτωρες By : νωμενκουλάτωρας A νωμεν[....]άτορες O νομενκλάτωρες Fu Be νωμενκλάτορες O Wü || 2 πληροῦσι O edd. : -σιν O[2] || ἀπολέγουσιν Fu Wü By : λέγουσιν OA [...]λέγουσιν Be || 4 1 οἱ δὲ edd. litteris evanidis || 2 νωμενκουλάτωρες By : -λάτορες A νομεν- Fu Be -κλάτωρες O Wü

latores, comme le dit Aemilius [Asper[34]] dans son *Commentaire aux Histoires de Salluste*, sont ceux qui nomment et appellent les *togati*, terme équivalant à avocats[35]. 5. *Togati* est l'appellation que l'on donne en latin à ceux qui ne sont pas fonctionnaires, mais qui, vêtus d'une *paenula* [manteau à capuchon], sont rémunérés pour assister les plaideurs en justice. Parce qu'ils sont sur l'agora tant à étudier les livres qu'à débusquer avec vigilance les arcanes de la loi, les plaideurs devant les *pedanei*, mot équivalant à " juges subalternes ", font appel, au moment de l'enquête, à leur assistance. 6. C'est aussi la raison pour laquelle on les appelle, aujourd'hui encore, *advocati*, en d'autres termes, " appelés à la barre ". 7. Quant aux *turmarii*, j'en ai encore pour ma part le souvenir précis, ils avaient une place près le *scrinium* des *subadiuvae*, ils y avaient des services pour les *completiones* [ratification légale] des livres de verdicts[36], en d'autres termes, l'exécution des remplissages, et en recueillaient une indemnité non négligeable, tant était grande la fructueuse abondance des affaires. 8. Il y a en outre des *diaetarii*, des *thecophori* et des *praecones* qui se chargent de services, mais relèvent d'autres personnels[37].

34. Sur cet auteur, voir t. I, p. CLXXXII.

35. D'autres textes littéraires montrent l'équivalence, comme *Querolus*, 31, p. 20 Jacquemard-Le Saos ; Sid. Apoll., *Ep.* II, 13, 1 (469) ; VI, 3, 2 (470-471) ; elle est acquise depuis le IVe s. ; pour les documents épigraphiques et papyrologiques, voir R. Delmaire, (2004), p. 197.

36. Lampe (*PGL*, s.v. κομπλατίων, p. 767) signale que le mot figure chez Jean Moschos (*Pré*, 193, dans *PG* 87, col. 3073 B) avec le sens de ratification légale (" legal ratification ").

37. Sur ce type de personnel, voir *supra*, p. CCXLV.

κουλάτωρες, ὥς φησιν ὁ Αἰμίλιος ἐν τῷ Ὑπομνήματι τῶν Σαλουστίου Ἱστοριῶν, ὀνομασταὶ καὶ | ἀναφωνηταὶ Wü 94 **τῶν τογάτων, ἀντὶ τοῦ τῶν δικολόγων, εἰσίν.** 5. **Τογάτους δὲ Ῥωμαῖοι τοὺς μὴ στρατευομένους καλοῦσιν, φαινόλας δὲ περικειμένους καὶ τοῖς λέγουσι τὰς δίκας μισθῷ συναγορεύοντας· ἐπὶ γὰρ τῆς ἀγορᾶς αὐτοὺς καὶ περὶ τὰ βιβλία σχολάζοντας καὶ ταῖς νομικαῖς δυσκολίαις ἀγρυπνοῦντας οἱ τὰς δίκας λέγοντες ἐπὶ τοὺς πεδανέους, ἀντὶ τοῦ χαμαιδικαστάς, περὶ τὸν καιρὸν τῆς διαγνώσεως ἐκάλουν πρὸς συνηγορίαν.** 6. **Ταύτῃ καὶ** advocati, **οἷον εἰ προσκαλούμενοι, ἔτι καὶ νῦν λέγονται.** 7. **Τουρμαρίους γὰρ ἔτι φθάσας ἐγὼ διαμέμνημαι παρόντας τῷ σκρινίῳ τῶν σουβαδιουβῶν καὶ ταῖς κομπλητίωσι τῶν ἐντυχιῶν, οἷον εἰ πληρώσεσιν, προσλειτουργοῦντας καὶ παραψυχὴν οὐ μικρὰν ἀναλεγομένους· τοσαύτη τις ἦν ἡ τῶν πραττομένων κάρπιμος ἀφθονία.** 8. **Διαιτάριοι πρὸς τούτοις καὶ θηκοφόροι καὶ πραίκωνες λειτουργίας μὲν ἀναδέχονται, ἐν δὲ ἑτέροις** O 69 By **τάγμασιν ἀναφέρονται. |** 144

Test. : 4 2-4 Gl 85 (MNv_1X p. 234 F. M.) nomenculatores togaton Νωμεγκουλάτορες ὀνομασταὶ καὶ ἀναφωνηταὶ τῶν τογάτων || 5 1-2 Gl 84 (MNv_1Y p. 234 F. M.) togatoi Τογάτοι οἱ μὴ στρατευόμενοι || 7 3 Gl 2 (MNv_1 p. 227 F. M.) completiosin Κομπλάτιος πληρώσεσιν.

---

2 ὑπομνήματι A edd. : ὑ[….]ματι O || 3 Σαλουστίου O : Σαλλου- edd. || ὀνομασταὶ edd. : ὀνόμασται O ὠνόμασται O^2A || ἀναφωνηταὶ By : ἀναφωνεῖται O ἀναφωνῆται Fuss || 4 εἰσὶν O^2 edd. : εἰσι O || 5 2 καλοῦσιν O^2 By : -σι O Fu Be Wü || 3 λέγουσι O edd. : -σιν O^2 || 4 μισθῷ edd. : ψισθῶ O || 5 δυσκολίαις A Fu^n Wü By : δυσκαλ- O Fu Be || 7 χαμαιδικαστὰς O^2 edd. : χαμεδ- O || 6 1 Ταύτῃ edd. : ταύτην O || 7 2 σουβαδιουβῶν O Be By : σουβαδιούβων Wü σουβαδιουυῶν Fu || 3 κομπλητίωσι Wü By : κομπλετ- Fu Be κομπλατ- [-σιν O^2] O || πληρώσεσιν O^2 By : -σι O Fu Be Wü || 8 2 πραίκωνες edd. : πρέκονες O || λειτουργίας edd. : λειτουργὰς O λειτουργοὺς A || ἐν δὲ ἑτέροις O^2 edd. : ἐν δ' ἑτέροις A ἐνδεδ' O.

Des tachygraphes et des Augustales

9. On l'a dit plus haut[38], unique était à l'origine le corps des tachygraphes, mais il se répartissait en deux départements et postes suprêmes. 2. Ceux d'entre eux qui demeurent à l'écritoire[39] y poursuivent leur carrière et parviennent au grade suprême de *primiscrinius* ; ceux qui bénéficient d'un transfert dans la classe des *Augustales* et accomplissent leur service plus rapidement que les tachygraphes accèdent en plus au poste suprême de *cornicularius*[40]. 3. Mais cependant, pour que les particularités de cette répartition n'échappent pas au profane (dans leur ignorance, les gens du commun se livrent encore chaque jour à d'inutiles recherches parce qu'ils sont déroutés devant les dénominations susdites), je montrerai clairement dans le traité la cause de cette division du corps en deux. 4. Des tachygraphes de nombreuses années sont requises, comme dans le cas des tribuns, pour l'accomplissement du service jusqu'à son terme, et le fait est qu'ils sont en masse, comme les tribuns. 5. S'il advient que la carrière fasse appel à eux jusqu'au terme

38. Référence à III **6** 1.

39. La locution οἱ ἐπὶ τῆς δέλτου μένοντες est l'exact équivalent du latin *in codicillo manentes*. Voir J. Caimi (1984) 419 n. 101, qui cite M.A. Von Bethmann-Hollweg, *Der römische Zivilprozess*, p. 155, n. 158.

40. Nous ne comprenons pas la construction d'An. Bandy [(1983), p. 305] qui donne au dernier καὶ de la phrase la valeur d'une conjonction de coordination. Le sens oblige évidemment à y voir un simple adverbe.

ΠΕΡΙ ΤΩΝ ΤΑΧΥΓΡΑΦΩΝ ΚΑΙ ΑΥΓΟΥΣΤΑΛΙΩΝ

9. Εἴρηται πρόσθεν ἓν μὲν ἀνέκαθεν εἶναι τὸ τῶν ταχυγράφων σῶμα, εἰς δύο δὲ τάγματα διῃρῆσθαι καὶ πληρώματα. 2. Οἱ μὲν γὰρ αὐτῶν ἐπὶ τῆς δέλτου μένοντες τὸν χρόνον διώκουσι καὶ εἰς τὸ τοῦ πριμισκρινίου παρίασιν πλήρωμα, οἱ δὲ εἰς τὸ τῶν Αὐγουσταλίων τάγμα μεθιστάμενοι καὶ θᾶττον τὴν | στρατείαν πλη- Wü 95 **ροῦντες παρὰ τοὺς ταχυγράφους καὶ εἰς τὸ τοῦ κορνικουλαρίου καταντῶσιν ἀξίωμα. 3. Ὅπως δὲ μὴ καὶ τοὺς ἔξωθεν λάθῃ τὰ τῆς διαιρέσεως (καὶ γὰρ ὁσημέραι ἀγνοοῦντες μάτην ζητοῦσιν οἱ πολλοὶ πρὸς τὰς εἰρημένας προσηγορίας ταραττόμενοι), τὴν αἰτίαν τῆς εἰς δύο τοῦ ἑνὸς σώματος τομῆς ὑποδείξω τῷ λόγῳ. 4. Οἱ ταχυγράφοι πολλῶν ἐτῶν δέονται, καθάπερ οἱ τριβοῦνοι, πρὸς τὸ διανύσαι τὴν στρατείαν· καὶ γὰρ εἰς πλῆθός εἰσιν ὥσπερ ἐκεῖνοι. 5. Εἴ τι δὲ τυχὸν ὁ χρόνος αὐτοὺς ἐπὶ τὸ πέρας τῶν πόνων καλεῖ, γήρᾳ κάμνουσι**

Tit. om. Be.

9 1 1-2 τὸ-σῶμα : post τὸ et ante σῶμα spat. vac. reliq. A ‖ 2 διῃρῆσθαι edd. : διειρ- O διαιρεῖσθαι A ‖ 2 2 διώκουσι O edd. : -σιν O^2 ‖ 3 παρίασιν πλήρωμα O Wü By : παριᾶσιν π. O^2A πλ. παρ. Fu Be ‖ οἱ O^2 edd. : εἰ O ‖ 4 μεθιστάμενοι O edd. : παρισ- A ‖ στρατείαν O edd. : -τίαν O^2 ‖ 5 παρὰ O Wü By : πρὸς Fu Be ‖ καὶ O Fu Be By : del. Wü cens. Fu^n ‖ κορνικουλαρίου edd. : κουρ- O ‖ 3 2 ἔξωθεν-διαιρέσεως : post ἐξ. et ante διαιρέσεως spat. vac. reliq. A ‖ λάθῃ τὰ τῆς e coni. edd. litt. evanidis ‖ ὁσημέραι O^2 Fu Be Wü : ωσ ἡμέραι O ὅσ' ἡμέραι By ‖ 3 post ἀγνοοῦντες et ante οἱ spat. vac. reliq. A ‖ μάτην ζητοῦσιν edd. e litt. -σιν remanentibus ‖ 4 ταραττόμενοι Fu^n Wü By : ταρ[..]τόμενοι O [...]όμενοι Fu Be ταττόμενοι A ‖ post verb. et ante τὴν spat. vac. reliq. A ‖ 5 ὑποδείξω O^2A edd. : -ξη O ‖ 4 2 ἐτῶν δέονται Fu^n Wü By : ἐ[.....]ονται O Fu Be πολλῶν δέονται A ‖ 3 διανύσαι O^2 edd. : διανοισαι O διανύσασθαι A ‖ τὴν om. A ‖ 5 2 αὐτοὺς edd. : αὐτοῖς O ‖ ἐπὶ Be Wü By : περὶ O Fu ‖ πόνων non praeb. A qui spat. vac. reliq.

de leur charge, c'est complètement exténués qu'ils y parviennent, dans une vieillesse qui les rend inutilisables pour le labeur. 6. Dès lors, naturellement, parce qu'ils n'ont pas la capacité d'assumer les fonctions propres aux grades supérieurs — c'est tout juste si en sont vraiment capables sans risques ceux qui ont pour armes la jeunesse physique et l'expérience des affaires —, ils ont besoin d'assistants. 7. Et, à l'origine, chacun (des *officiales*) sélectionnait trois hommes, les meilleurs sur tous les plans parmi les tachygraphes (on n'était pas autorisé non plus, sans pouvoir se prévaloir de son expérience et de sa formation, à accomplir son service près la cour de justice), mais à présent les règles en matière de sélection ont disparu ; or, le chiffre, lui, subsiste aujourd'hui encore. 8. Par conséquent, six assistants sont disponibles au bureau de l'*ab actis*, du *commentariensis* et du *primiscrinius*[41], car, comme on l'a montré plus haut[42], la loi retire leur ceinturon à deux des tachygraphes chaque année. 9. Et qui ne supputera pas[43], en considérant la masse des assistants en place, la grandeur de la cour de justice et le nombre infini des affaires qu'on y traitait jadis ? 10. Mais, dans la situation présente, en un temps où les sujets n'ont plus d'affaires à soumettre aucune belle cause ne parvient à la magistrature[44] par aucun des

41. Sur ces fonctionnaires, voir *supra*, p. CCLV-CCLXX.

42. Référence à III **6** 1-2 et **9** 1.

43. La tournure, ἂν avec le subjonctif, est évidemment, comme le souligne An. Bandy [(1983), p. 306], destinée à exprimer le potentiel. Le cas n'est pas isolé, voir III **20** 10, **43** 5, **73** 7. Toutefois, dans le premier de ces passages, on pourrait lire aussi bien ἐπιδακρύσοι que le subjonctif.

44. Le texte est difficile à comprendre en raison de l'état du manuscrit. J. Caimi [(1984), p. 421-430] a étudié le passage avec une sagacité qui force à lui rendre les armes. On trouvera en même temps dans son étude une critique des tentatives précédentes de reconstitution du texte. Pour l'essentiel, il suit Kroll [*Berl. Philol. Wochenschrift*, 24 (1904), p. 870], qui, toutefois, avait préféré μηκέτι à μή.

πάντως πρὸς καμάτους ἀχρήστῳ. 6. **Εἰκὸς οὖν, οὐκ ἀρκοῦντες πρὸς τὰς τῶν ἀνωτέρων βαθμῶν λειτουργίας, πρὸς ἃς μόγις οἱ νεότητι σώματος καὶ πείρᾳ πραγμάτων ὠχυρωμένοι κινδύνων ἔξω διαρκοῦσι, δέονται βοηθῶν.** 7. **Καὶ ἀνέκαθεν μὲν ἕκαστος τρεῖς ἄνδρας τοὺς πάντα ἀρίστους ἐκ τῶν ταχυγράφων ἐπελέγετο (οὐδὲ γὰρ ἐξῆν ⟨εἰ⟩ μὴ τοὺς πείρᾳ τε καὶ λόγοις κοσμουμένους τὴν λειτουργίαν τοῦ δικαστηρίου πληροῦν), νῦν δὲ τὰ μὲν τῆς ἐπιλογῆς οἴχεται, ὁ δὲ ἀριθμὸς ἔτι καὶ νῦν σῴζεται.** 8. **Ἔνθεν ἓξ βοηθοὺς παρεῖναι συμβαίνει τῷ τε ⟨τοῦ ἀβ ἄκτις⟩ σκρινίῳ τῷ τε ⟨τοῦ⟩ κομμενταρησίου καὶ τῷ τοῦ πριμισκρινίου· ἐπειδήπερ, ὡς προδεδήλωται, ἀνὰ δύο ἐπ᾽ ἔτος ἕκαστον ἐκ τῶν ταχυγράφων τῆς ζώνης ὁ νόμος ἀπαλλάττει. |** 9. **Καὶ τίς οὐκ** By 146
ἂν στοχάσηται, πρὸς τὸ | πλῆθος τῶν βοηθούντων O 69^{v}
ἀφορῶν, τὴν τοῦ δικαστηρίου μεγαλειότητα καὶ τὴν | Wü 96
τῶν ἐν αὐτῷ πραττομένων τὸ πρὶν ἀπειρίαν ; 10. **Ἐπὶ δὲ τοῦ παρόντος, πραγμάτων μὲν οὐκ ὄντων τοῖς ὑπηκόοις, καλὸν πρὸς τὴν ἀρχὴν ⟨ἥκει οὐδὲν ἐκ⟩ τῶν ἀπαν-**

TEST. : **9** 10 3-8 Gl (Z p. 236 F. M.) Μεμοράλιοι οἱ τὰς δίκας διὰ τῶν λεγομένων θείων κελεύσεων ἀπάγοντες.

---

6 1 εἰκὸς O^{2} edd. : -κὼς O εἰκότως an ὡς εἰκός coni. Be^{n} || 4 ὠχυρωμένοι O^{2} edd. : ὀχ- O || διαρκοῦσι O edd. : -σιν O^{2} || 7 3 εἰ suppl. Wü By e coni. Kroll || κοσμουμένους O edd. : -μένοις A || 8 2 τοῦ ἀβ ἄκτις Fu^{n} suppl. Wü By || σκρινίῳ Fu^{n} Wü By : σκρινίου O Fu Be || τοῦ Fu^{n} suppl. Wü By || κομμενταρησίου By : -ρισίου Fu Be Wü κομενταρισίου O || 5 ἀπαλλάτει O || 9 3 post τὴν^{1} et ante μεγαλειότητα loc. vac. praeb. A || 4 πραττομένων - ἀπειρίαν A edd. : πραττομέν[........] ἀπορίαν O || 10 2 πραγμάτων μὲν οὐκ ὄντων A By : πρ. μ. μὴ ὄ. Fu Be Wü πραγμά[..........]ντων O || 3 καλὸν OA By : καλῶν Fu Be καλεῖ Wü || ἥκει οὐδὲν ἐκ conj. Kroll : οὐδέν ὡς πάλαι αὐτῶν By ὡς πάλαι ... τῶν A οὐδὲν δικαστῶν Wü [...] τῶν O Fu Be.

canaux par où elles affluaient de toutes parts, alors qu'également en vertu d'une autorité qu'ils s'arrogent (révérence parler, car eux aussi sont gens friands de verbiage), les *memoriales* détournent[45], grâce aux ordonnances dites impériales, les procès au profit de juges autres et sensibles aux sollicitations des parties.

10. Des profits non négligeables en temps de paix et un prestige tout à fait extraordinaire, joint à une forte autorité, étaient l'apanage des assistants près les bureaux nommés, en sorte, naturellement, que, remplis d'orgueil, ils dédaignaient d'en revenir à l'écritoire et à la portion congrue résultant de l'absence de profit. 2. Par conséquent, ce fut à la suite d'une prière de leur part qu'une loi promulguée par Arcadius décréta la constitution à la préfecture, à son service, d'un organisme spécial et entièrement séparé d'hommes, au nombre de trente, qui se distinguaient déjà auparavant dans le rôle d'assistant. 3. C'est qu'il était malaisé pour tous à l'époque[46], quand l'empereur et le sénat avaient à connaître des procès, de prester un service excellent, en sorte que quinze d'entre les assistants, ceux qui avaient davantage de maturité et des qualités plus hautes dues tant à l'expérience qu'à une longue carrière, furent réservés pour le service de la signature impériale. On les nomme aujourd'hui encore

46. Comme le souligne C. Kelly [(2004), p. 265 (n. 59 à la p. 53)], le texte a donné de la tablature à maints critiques. Wünsch [(1903), p. 96] corrigeait en τοὺς πάντα ἄριστα. L'historien britannique lit τοὺς πάντα ἀρίστους et traduit (p. 93) " it was not easy for the best to do everything ". C'est suivre une suggestion d'E. Stein (*Officium*, p. 43, n. 1) qu'approuve J. Caimi [(1984), p. 420, n. 107]. Ce dernier indique alors une série d'utiles rapprochements : II **27** 3 (ὁ πάντα ἔμφρων), III **9** 7 (τοὺς πάντα ἀρίστους, sans variante), **28** 1 (τοῦ πάντα χρηστοῦ), **30** 10 (τῶν πάντα μοι γλυκυτάτων ἑταίρων), **39** 1 (ὁ πάντα καλός). Toutefois, la correction ne paraît pas indispensable, et, comme Bandy, nous suivons la lettre du manuscrit, parce que le sens n'est nullement incongru.

ταχῇ συρρεόντων, τῶν δὲ Μεμοριαλίων ἴσως κατ᾽ αὐθεντίαν (μετὰ συγγνώμης εἰρήσθω· καὶ γὰρ λόγων εἰσὶν ἐρασταί) ἐπὶ δικαστὰς ἑτέρους καὶ θυμήρεις τοῖς πράττουσι τὰς δίκας διὰ τῶν λεγομένων θείων κελεύσεων ἀπαγόντων.

10. Κερδῶν δὲ οὐ σμικρῶν τὸ πρὶν ἐπ᾽ εἰρήνης καὶ τιμῆς ἐξοχωτάτης μετὰ δυνάμεως ἰσχυρᾶς περιγινομένων τοῖς τῶν εἰρημένων σκρινίων βοηθοῖς, εἰκὸς ἦν ἐμφορουμένους αὐτοὺς ἀπαξιοῦν αὖθις ἐπὶ τὴν δέλτον καὶ τὴν ἐξ ἀκερδείας ἐπιείκειαν ἀναστρέφειν. 2. **Ἔνθεν ἐκ δεήσεως αὐτῶν νόμος πρὸς Ἀρκαδίου τίθεται θεσπίζων, ἰδιάζον καὶ πάντη κεχωρισμένον σύστημα τριάκοντα τὸν ἀριθμὸν ἀνδρῶν ἤδη πρότερον ἐν τῷ βοηθεῖν διαφαινομένων συστῆσαι τὴν ἐπαρχότητα πρὸς ὑπηρεσίαν ἑαυτῇ.** 3. **Οὐδὲ γὰρ εὐχερὲς ἦν τὸ τηνικαῦτα, τῶν βασιλέων ἅμα τῇ βουλῇ δίκας ἀκροωμένων, τοὺς πάντας ἄριστα ὑπηρετεῖν· ὥστε καὶ πεντεκαίδεκα ἐξ αὐτῶν τῶν πεπανωτέρων πείρᾳ τε καὶ τῷ χρόνῳ κρειττόνων πρὸς ὑπογραφὴν τοῖς βασιλεῦσιν ἀφορισθῆναι, οὓς ἔτι καὶ νῦν δηπουτάτους καλοῦσιν, οἳ τοῦ τάγματος τῶν Αὐγουσταλίων πρωτεύουσιν· οὔπω γὰρ ἦν τὸ**

---

4 Μεμοριαλίων nos auct. Caimi : [.......] αλίων O [...] Fu Be μαγιστριανῶν Wü coll. III **7** 1 7-8 et **24** 1 Αὐγουσταλίων A By ‖ ἴσως deest in A spat. vac. rel. ‖ καθ᾽ perperam Wü ‖ αὐθεντίαν O²A edd. : αὐδε- O ‖ 6 ἑτέρους edd. : ἑτέροις O non habet A spat. vac. reliq. ‖ πράττουσι O edd. : -σιν O².

10 1 1 post σμικρῶν et ante ἐπ᾽ spat. vac. praeb. A ‖ 5 τὴν ἐξ ἀκερδείας O² [-διας O] edd. : τῆς ἐπικερδείας A post δέλτον et ante ἐπικ. spat. vac. rel. ‖ ἐπιείκειαν O² edd. : -εικιαν O ‖ 2 1 Ἔνθεν O edd. : ὅθεν A ‖ 2 ἐκ δεήσεως O edd. : ἐκδικήσεως A ‖ Ἀρκαδίου O edd. : -δίαν A ‖ 3 ἰδιάζον [o ex corr.] A edd. : ἰδιάζων O ‖ 3 2 τοὺς O Wü By : τοῖς Fu Be ‖ 3 πάντας O By : πάντα Fu Be Wü ‖ ἄριστα Wü By : ἀρίστους O ἀρίστοις Fu Be ‖ 5 ἀφορισθῆναι O² edd. : ἀφωρ- O ‖ 6 δηπουτάτους edd. : διπουτᾶτους OA.

deputati : ils occupent les premiers rangs dans la classe des *Augustales*. En effet, le nom d'*a secretis*[47], une excroissance récente, n'existait pas encore, parce que les enquêtes pour des questions d'argent étaient encore en nombre fort modique, lorsque les empereurs précédents partaient en guerre et que les gouverneurs des provinces s'appliquaient, au prix de leur sommeil, aux lois, et non à perpétrer des vols. 4. Quant à l'organisme des trente hommes susdits, c'est la loi qui lui a conféré l'appellation d'*Augustales*, qui n'est ni neuve ni récente : elle évoque le nom du premier des empereurs qui, comme nous l'avons souvent dit, pour avoir été le premier à organiser la préfecture du prétoire, stipula qu'on appellerait *Augustales* ceux qui y officiaient, d'après son propre nom[48].

***Des primiscrinii et de l'ancienne publication des documents*[49].**

11. Devant l'abolition de la plupart, voire de tous les vestiges de la sage Antiquité, on ne saurait jusqu'au bout demeurer sans larmes[50] en se rendant compte d'après la situation actuelle de l'attachement qu'avait la loi de jadis pour la liberté de ses sujets ainsi que de la somme de biens dont peu à peu, suite à la malignité des administrés, notre temps s'est frustré. 2. L'usage ancien voulait que rien ne se traitât hors le Sanctuaire de la Justice — on

47. Le calque grec ἀσηκρῆτις est aussi chez Procope (*Pers.*, II, 7, 15) : ἐτύγχανε γὰρ Ἰουστινιανὸς βασιλεὺς Ἰωάννην τε τὸν Ῥουφίνου καὶ Ἰουλιανὸν τὸν τῶν ἀπορρήτων γραμματέα πρέσβεις παρὰ Χοσρόην στείλας. Ἀσηκρῆτις καλοῦσι τὸ ἀξίωμα τοῦτο Ῥωμαῖοι· σήκρητα γὰρ καλεῖν τὰ ἀπόρρητα νενομίκασιν. Pour la portée de ceci, voir *supra*, p. CCXXXV-CCXLII.

48. Sur ce chapitre, voir *supra*, p. CCXXIX-CCXXXII.

49. Pour les chapitres III **11-15**, voir *supra*, p. CCLVI-CCLIX.

τῶν ἄρτι παραφυέντων ἀ σηκρήτις ὄνομα, μετρίων
σφόδρα τῶν χρηματικῶν ζητήσεων οὐσῶν, τῶν μὲν | Wü 97
ἔμπροσθεν βασιλέων ἐπὶ τοὺς πολέμους ὁρμώντων, | O 70
καὶ τῶν τὰς ἐπαρχίας ἰθυνόντων τοῖς νόμοις ἀλλ᾽ οὐ
ταῖς κλοπαῖς προσαγρυπνούντων. 4. Τῷ δὲ συστήματι | By 148
τῶν εἰρημένων τριάκοντα ἀνδρῶν τὴν τῶν Αὐγουσταλίων ὁ νόμος ἔθετο προσηγορίαν, οὐ καινὴν οὐδὲ πρόσφατον, τὴν δὲ τοῦ πρώτου τῶν βασιλέων ὀνομασίαν ἀνακαλεσάμενος, ⟨ὅς⟩, ὡς πολλάκις ἔφαμεν, πρῶτος τὴν ἐπαρχότητα συστησάμενος τῶν πραιτωρίων τοὺς ὑπ᾽ αὐτῇ τελοῦντας Αὐγουσταλίους ἐκ τῆς οἰκείας προσηγορίας καλεῖσθαι διώρισεν.

ΠΕΡΙ ΤΩΝ ΠΡΙΜΙΣΚΡΙΝΙΩΝ ΚΑΙ ΤΗΣ ἈΡΧΑΙΑΣ ΤΩΝ ΧΑΡΤΩΝ ἘΚΔΟΣΕΩΣ

11. Τῶν πλείστων, τάχα δὲ πάντων, τῶν ἰχνῶν ἀπαλιφέντων τῆς ἔμφρονος παλαιότητος, οὐκ ἔξω δακρύων ⟨ἂν⟩ τις διατελῶν ὑπομείνοι, γιγνώσκων ἐκ τῶν ὑποκειμένων, ὅπως ἀντείχετο ⟨τὸ⟩ πρὶν ὁ νόμος τῆς τῶν ὑπηκόων ἐλευθερίας, καὶ ὅσων κατὰ σμικρὸν ἀγαθῶν ἐκ τῆς τῶν ἀρχομένων κακοδαιμονίας ὁ καθ᾽ ἡμᾶς χρόνος ἐξέπεσεν. 2. Ἔθος ἀρχαῖον ἦν μηδὲν ἔξωθεν πράττεσθαι τοῦ τῆς Δίκης Ἱεροῦ (ὃ καλεῖται Σήκρητον, οἷον εἰ

8 ἀ σηκρήτις Fu Wü By : ἀση- Be ἀσηκρῆτης O ‖ 4 5 ὅς suppl. Wü By ‖ πρῶτος Wü By : ὁ πρῶτος O ὁ πρώτως A ὃς πρῶτος Fu Be ‖ 6 πραιτωρίων O^2 edd. : -τορίων O ‖ 8 οἰκείας O^2 edd. : -κίας O.

11 1 1 ἀπαλιφέντων Be Wü By : απαλοιφεντων O ἀπαλειφθέντων O^2A ἀπαλοιφέντων Fu ‖ 2 ἔμφρονος O^2 edd. : -νως O ‖ 3 ἂν suppl. By ‖ τις O edd. : τι A ‖ διατελῶν O edd. : διατελεῖν Fu^n ‖ ὑπομείνοι O Fu Be By : -μένοι Fu^n Wü ‖ γιγνώσκων O Fu Be By : γιν- Wü ‖ 4 ἀντείχετο O^2 edd. : ἀντήχ- O ‖ τὸ suppl. Wü By ‖ 5 ὅσων O^2 edd. : ὅσον O.

l'appelle *Secretum*, c'est-à-dire dénué d'agitation, vénéré en silence, une qualité aussi qui n'existe plus en aucune façon —, afin qu'aucune faute ne portât préjudice ou dommage aux contribuables. Après le prononcé des sentences suivant les règles, une loi stipulait encore qu'en faisant d'abord la lecture des avis et en les annexant à ce que l'on nomme la minute, les assesseurs près la magistrature, de fins légistes, donneraient pour signature à la magistrature ce que l'on appelle le *recensus*, mot équivalant à " texte mis au net ", aux fonctionnaires qui en avaient la charge[51] — ils ont pour nom *cancellarii* dans les cours de justice ; j'en parlerai vers la fin du traité - ; puis, dans l'ordre de la procédure, pendant qu'au nom des *secretarii* se déroulait suivant les formes une lecture de la copie mise au propre et que se dénouait ainsi l'affaire devant le *litigator* [le plaignant][52], c'est-à-dire celui qui veille aux intérêts de la Justice, le *Secretarius* rédigeait en latin un aperçu des résultats de l'affaire traitée et le gardait par-devers lui pour prévenir tout ajout ou supppression arbitraires. 3. Au terme de la procédure, celui qui avait mené l'affaire, émerveillé par la précision mise en œuvre à la cour de justice, se rendait au service

52. Nous ne connaissons pas d'autre occcurrence du calque dans la littérature grecque conservée. An. Bandy [(1983), p. 307] renvoie à Athan.Sch., *Collectio novellarum constitutionum* IV, 15 ; V, 3 (G.E. Heimbach, *Anecdota* I, Leipzig, 1838, 58-59, 72), qu'il cite d'après Lampe (*PGL*, s.v. λιτιγάτωρ, p. 804).

ἀτάραχον καὶ σιγῇ σεμνόν, καὶ ὁποῖον οὐκέτι κατ’ οὐδένα τρόπον), ὅπως μή τι πρὸς ὕβρεως ἢ βλάβης τῶν συντελῶν ἁμαρτηθείη. Μετὰ δὲ τὴν ἔνθεσμον τῶν ψήφων ἀπόφασιν νόμος καὶ τοὺς συνεδρεύον|τας τῇ Wü 98 **ἀρχῇ, ἄνδρας νομικωτάτους, ἀναγινώσκοντας πρῶτον τὰς ψήφους καὶ ὑποτάττοντας τῷ λεγομένῳ σχεδαρίῳ τὸ παρ’ Ἰταλοῖς καλούμενον ῥέκηνσον, ἀντὶ τοῦ ἀντιβολήν, διδόναι πρὸς ὑπογραφὴν τῆς ἀρχῆς τοῖς εἰς τοῦτο τεταγμένοις (καγκελλαρίους αὐτοὺς ἐν τοῖς δικαστηρίοις ἐπιφημίζουσιν, περὶ ὧν πρὸς πέρας ἐρῶ)· εἶτα ἐκεῖθεν πρὸς τῶν σηκρηταρίων ἐμμελῶς ἀναγινωσκομένου τοῦ λεγομένου καθαροῦ οὕτω τε ἀπολυ|ομένου τῷ** O 70^{v} **λιτιγάτωρι, οἷον εἰ δίκης ἕνεκα παραφυλάττοντι, | σύνοψιν** By 150 **ὁ σηκρητάριος ἐποιεῖτο τῆς τοῦ πεπραγμένου δυνάμεως τοῖς Ἰταλῶν ῥήμασι καὶ ταύτην ἐτήρει παρ’ ἑαυτῷ πρὸς κώλυμα τολμηρᾶς προσθήκης ἢ ὑφαιρέσεως.** 3. **Οὗ δὴ γενομένου, λαβὼν ὁ πράξας καὶ τῆς ἀκριβείας θαυμάσας τὸ δικαστήριον παρῄει πρὸς τοὺς πριμισ-**

TEST. : **11** 2 2-3 Gl 20 (JvZ p. 230 F. M.) secreton Σέκρετον (Σίκρητον J)· ἀτάραχον καὶ σιγῆς σεμνόν ‖ Ph 134, 60 καὶ σήκρητον τὸ τῆς Δίκης ἱερόν, οἷον τὸ ἀτάραχον καὶ τῆς σιγῆς σεμνόν ‖ 9-10 Ph 134, 60 ῥεκῖνον δὲ τὸ οἷον ἀντιβόλιν.

---

2 3 τῆς σιγῆς σεμνόν praeb. Ph ‖ οὐκέτι O^{2} Fu Be By : οὐκετη O οὐκ ἐστὶ A οὐκ ἔστι coni. dubitanter Be^{n} οὐκέτι ἐστι Wü καὶ ὃ πτοεῖν οὐκ ἔστι coni. Kroll ‖ κατ’ O^{2} edd. : καθ’ O ‖ 4 τρόπον O Be Wü By : πρόπον Fu ‖ 6 καὶ O Fu Be : ἦν Wü By ‖ 7 νομικωτάτους O^{2} edd. : -κοτάτους O ‖ 8 σχεδαρίῳ A edd. : σχεδαρίω [σχη- O] O^{2} ‖ 9 τὸ Fu^{n} Be Wü By : τω O τῷ O^{2} Fu ‖ καλούμενον edd. : καλουμενον O καλουμένω O^{2} et Reuvens καλουμένῳ A ‖ ῥέκηνσον By : ῥέκινον O Fu Be ῥεκῖνον Ph ῥεκιτᾶτον Wü περίκλον Cramer et Th. Mommsen ‖ ἀντιβόλιν leg. Ph ‖ 11 καγκελλαρίους O^{2}A edd. : κανκ- O ‖ 12 ἐπιφημίζουσιν O^{2} By. : -σι O Fu Be Wü ‖ 13 σηκρηταρίων O^{2} Be Wü By : σηκριτ- O σηκρηταραρίων Fu ‖ 15 λιτιγάτωρι Fu Be By : -άτορι O Wü ‖ 17 ῥήμασι O edd. : -σιν O^{2} ‖ 18 ὑφαιρέσεως O^{2} edd. : ὑφερ- O ‖ 3 2 παρῄει O^{2} A edd. : παρίει O.

des *primiscrinii*, qui confieraient les sentences rendues à un chargé d'exécution ; par la main des assistants placés sous leurs ordres, des hommes qui, pour les questions d'ordre littéraire, en remontraient jusqu'aux professeurs eux-mêmes, les *primiscrinii* complétaient le dossier en écrivant au dos de la requête le nom du responsable en lettres qui prenaient de ce fait leur poids de respectabilité[53] absolue et d'autorité.

12. Les larmes me montent aux yeux, quand je mets en relation la portée de la loi et l'habileté qu'a mise le Démon à nous enlever toute valeur en nous mettant en coupe réglée[54]. 2. En effet, soupçonnant, et non sans raison, des collusions éhontées entre ceux qui transmettent les avis et ceux qui les remplissent, quelles que fussent les victimes, la loi a stipulé que ce serait en termes durs et comminatoires que les serviteurs de la Justice mettraient en garde ceux entre les mains de qui passaient les pièces, et que ces points devaient être mis par écrit pour amener à la raison les collecteurs d'impôts qui, dans les provinces, ont toutes les audaces. 3. En donnant cette injonction, elle agissait de la même manière que l'assistant à l'endroit des chefs du département où se trouvait enrôlé le fonctionnaire mandaté pour remplir les sentences rendues ; dans le texte qu'il leur écrivait, il utilisait les formules suivantes : " FAITES EN SORTE QUE "

53. La forme du manuscrit (σεσωβημενος O, σεσοβημένος O[2]) se corrige aisément en σεσοβημένως, qui a le sens de σοβαρῶς, comme le suggère à juste titre An. Bandy [(1983), p. 307-308]. On notera cependant que l'adverbe est d'un emploi rare. Jean est sûrement un des premiers à l'avoir utilisé. Le *Tlg* version E ne donne que quatre occurrences, voir le Commentaire anonyme au *Théétète*, 10, 35 du *POxy* 9782 ; Michel Psellos, *Or.* 17 (*Contre son propre maître*), p. 62, 7 Littlewood et Thomas Magister, *Ecl.*, p. 45, 5. En outre, on ne doit pas se tromper non plus dans l'analyse syntaxique de la phrase, où πρὸς n'est pas la préposition que l'on attendrait devant τὴν προσηγορίαν, mais un adverbe. Pour ce type d'emploi, voir *LSJ*, s.v. πρός D, p. 1499 et Lampe, *PGL*, s.v. πρός B, p. 1163. Il n'est donc pas utile d'éliminer πρός du texte comme le souhaitait W. Kroll [*Berliner philologische Wochenschrift*, 28 (1904), col. 870].

κρινίους τάξοντας ἐκβιβαστὴν τοῖς ἀποπεφασμένοις· οἱ δὲ διὰ τῶν βοηθεῖν αὐτοῖς τεταγμένων, ἀνδρῶν καὶ διδασκάλοις αὐτοῖς πράγματα περὶ λόγων ζητήσεις παρεχόντων, ἐπλήρουν, ἐπὶ τοῦ νώτου τῆς ἐντυχίας γράμμασιν αἰδοῦς αὐτόθεν ἁπάσης καὶ ἐξουσίας ὄγκῳ σεσοβημένως πρὸς τὴν προσηγορίαν τοῦ πληρωτοῦ προσγράφοντες.

12. Ἐμοὶ δὲ δακρύειν ἐπέρχεται τὴν τοῦ νόμου | Wü 99
συνιέντι δύναμιν καὶ ὅπως πάσης ἡμᾶς ἀρετῆς ἀφείλετο καταξαίνων ὁ Δαίμων. 2. Ὑποπτεύων γὰρ ὁ νόμος, καὶ οὐκ ἔξω λόγου, τῶν ποριζομένων τὰς ψήφους πρὸς τοὺς πληρωτὰς αὐτῶν τὰς καθ' ὧν προσφέροιντο αὐθάδεις ὁμονοίας αὐστηροῖς καὶ ποινὰς ἀπειλοῦσι ῥήμασι παραγγέλλεσθαι διώρισε πρὸς τῶν ὑπηρετουμένων τῇ δίκῃ τοὺς ἐγχειριζομένους, καὶ ταῦτα γράφεσθαι πρὸς ἐντροπὴν τῶν πάντα τολμώντων ἐν ταῖς ἐπαρχίαις ἐκβιβαστῶν. 3. Ἐπιτρέπων γὰρ ὥσπερ ὁ βοηθὸς τοῖς πρωτεύουσι τοῦ τάγματος, ἐν ᾧ συνέβαινε καταλέγεσθαι τὸν ἐπὶ τὴν πλήρωσιν τῶν ψήφων στελλόμενον, τούτοις γὰρ γράφων ἐχρῆτο τοῖς ῥήμασιν· Facite... | O 71

---

3 τάξοντας Fu^2 Be^n Wü By : τάξαντας O Fu Be || ἐκβιβαστὴν O edd. : -τικὴν A || 4 τῶν edd. : τὸ O || 5 διδασκάλους A || ζητήσεις O^2 edd. : ζητώσ- O || 6 ἐπλήρουν edd. : ἐπλήρου O || νώτου edd. : νότου O || 8 σεσοβημένως By : σεσοβημένος [-σω- O] O^2 σεσοβημένοις Fu Be Wü.

12 1 2 συνιέντι By : συνιόντι O Fu Be συνιδόντι Wü συνορῶντι coni. dubit. Be^n || 3 καταξαίνων By : κατα[......] O κατ' ἀξίαν A καταξῶν Fu Be καταξέων Wü e coni. Preger || 2 2 τῶν Wü By : τὴν τῶν O Fu Be || 3 αὐτῶν O edd. : ἢ αὐτῶν Fu^n || 3 προσφέροιντο O edd. : προφέροιτο Fu^2 || 5 παραγγέλλεσθαι edd. : -γέλεσθαι O || διώρισε O edd. : -σεν O^2 || 6 ταῦτα O A Fu Be By : ταὐτὰ Wü || 3 2 συνέβαινε edd. : -νεν O^2 –εβενε O || 3 τὸν O^2 edd. : τῶν O || 4 γὰρ del. Wü || 5 FACITE Wü By post ῥήμασιν legebantur in O Latina adiutoris verba per septem versus digesta, sed ad finem non perscripta et data opera erasa, quorum Wü memoria nihil perspiciebatur nisi FACITE (..) UICATUMLU, in. v. 2 ΡΟΓΑ, v. 4 med. NECΠ.UN.ATU, v.7 in fin. AGTOΓ[....]NON : FACITE non praeb. A lacuna versuum plurium relicta.

[FACITE] (...)[55]. 4. Ce que l'on peut traduire : " Aux chefs " (du département, où est enrôlé, comme je le disais, le fonctionnaire à qui incombe d'avoir entre les mains les sentences émises), de façon que dans son avancement au tableau il n'ait pas à souffrir par défaut, faites en sorte que soit assigné à une catégorie spéciale untel de votre département, à partir de la date d'aujourd'hui jusqu'à tel jour, sous le consulat d'untel, pour autant qu'il ait été initié aux mystères divins de la foi orthodoxe, qu'il n'ait pas de retard dans ses versements d'impôts au trésor public, qu'il n'ait point de lien familial avec le plaignant et qu'au cours de l'année écoulée, il n'ait pas eu entre les mains dans la même province la responsabilité d'un intérêt public ou[56] privé ; que l'on agisse de façon à ne point enfreindre la portée des articles de la loi." 5. Avec de telles formules, l'assistant du *primiscrinius* assurait la sauvegarde de tous ceux qui avaient une affaire en cours, et après lui, le *princeps*, c'est-à-dire le premier — ce n'est point le moment de parler de lui ; il n'appartient pas au département lui non plus, mais, issu des *magistriani* [fonctionnaires du *magister officiorum*], il accède grade par grade aux plus hautes cours de justice ; je donnerai un peu plus tard l'exposé à son sujet[57] —, et, après eux, le *cornicularius*, en sa qualité de garant du sens de la loi dans son intégralité et d'autorité en charge de toutes les affaires en cours, donnait par son seing personnel son approbation aux décisions rendues.

55. On doit reconnaître que la phrase est à peine construite. Le sujet de la phrase qui commence, sans s'achever jamais, est la loi dont il a été question au § précédent. La proposition participiale, qui amorce la phrase, laissée inachevée, introduit un autre personnage, l'assistant, chargé d'une mission de surveillance. À notre sens, c'est de lui qu'il est question juste avant la citation latine. C'est, en fait, l'incise, avec la citation qu'elle introduit, qui a fait perdre le fil de son développement à l'auteur. Dans le manuscrit, il y avait sept lignes de texte latin, qui ont été vigoureusement barrées par le copiste, en sorte qu'elles sont totalement indéchiffrables aujourd'hui, voir An. Bandy [(1983), p. 308].

4. Ὡς ἂν τις καθ' ἑρμηνείαν εἴποι· " πρὸς τοὺς πρωτεύοντας " (ὡς ἔφην, τοῦ καταλόγου, ἐν ᾧ τελεῖ τυχὸν ὁ τὰς ψήφους ἐγχειριζόμενος). " ὥστε μὴ περὶ τὸν βαθμὸν ἑαυτοῦ ἐξ ἀπολείψεως βλάβην ὑποστῆναι, ἀφορίσατε τόνδε ἐκ τάξεως ἀπὸ τῆς παρούσης ἡμέρας ἄχρι τῆσδε, ὑπατείας τοῦδε, εἰ μέντοι ἐστὶ τῆς ὀρθοδόξου πίστεως τοῖς θείοις μεμυημένος μυστηρίοις καὶ μὴ | By 152 δημοσίοις τελέσμασιν ὑπεύθυνός ἐστιν, μηδὲ πρὸς γένος συνάπτεται τῷ τὴν αἴτησιν ἀποθεμένῳ, μηδὲ μὴν ἐπὶ τοῦ παρελθόντος ἐνιαυτοῦ ἐνεχειρίσθη ἐπὶ | ⟨τῆς⟩ Wü 100 αὐτῆς ἐπαρχίας δημοσίας ἕνεκεν ⟨ἢ⟩ ἰδιωτικῆς χρείας· οὕτω μέντοι, ὥστε μὴ παραβῆναι τὴν δύναμιν τῶν νενομοθετημένων. " 5. Τούτοις μὲν τοῖς ῥήμασιν ὁ βοηθὸς τοῦ πριμισκρινίου τοὺς πραττομένους κατησφαλίζετο πάντας· μεθ' ὃν ὁ πρίγκεψ, οἷον ὁ πρωτεύων (περὶ οὗ τέως εἰπεῖν οὐ καιρός· οὐδὲ γὰρ μέρος τῆς τάξεώς ἐστι καὶ αὐτός, ἀπὸ δὲ τῶν μαγιστριανῶν κατὰ βαθμὸν παραγίνεται ἐπὶ τὰ μέγιστά ποτε δικαστήρια· καὶ μικρὸν ὕστερον τὴν ἐπ' αὐτῷ ἱστορίαν ἐκθήσομαι)· μεθ' οὓς ὁ κορνικουλάριος, οἷα τὴν ὅλην τοῦ νόμου δύναμιν διατηρῶν καὶ τῶν πραττομένων ἁπάντων κύριος, δι' οἰκείας ὑποσημειώσεως τὴν ὀφρὺν ἐδίδου τοῖς ἀποπεφασμένοις.

4 1 πρωτεύοντας edd. : προτ- O || 4 ἀπολείψεως O² edd. : ἀπολιψ- O || 5 ἐμέρας perperam Fu || 6 ὑπατείας O² edd. : -τίας O || ἐστὶ edd. : -τι O –τιν O² || 8 ἐστιν O² By : -τι Fu Be Wü || 9 γένος O Fu Wü By : γένους Be || 10 ἐνεχειρίσθη O²A edd. : ἐνεχρίσθη O || τῆς suppl. edd. || 11 ἢ ἰδιωτικῆς edd. : ηδιωτικῆς O ἰδιωτικῆς O²A || 12 νενομοθετημένων A edd. : [......]θετημένων O || 5 3 πρίγκεψ Wü By : πρίγκιψ O Fu Be || 4 εἰπεῖν edd. : εἰ[πεῖν] O || ἐστι O edd. : -τιν O² || 5 αὐτός ἀπὸ δὲ A Beⁿ Wü By : αὐτός αὐτὸς δὲ O Fu Be || κατὰ βαθμὸν edd. : καταβαθμῶν O καταβάθμων O² || 7 τὴν om. A || 8 κορνικουλάριος edd. : κουρνηκουλαρίους O || 9 ἁπάντων O Wü By : πάντων Fu Be.

13. Mais tel était le nombre des affaires traitées alors que l'on aurait grand-peine à en dresser un résumé récapitulatif en dix tomes[58]. 2. Et quelle difficulté y a-t-il à faire piétiner le traité pour administrer la preuve de ce que j'avance ? 3. Telle était la quantité des dossiers sur les affaires en cours que leur année entière ne suffisait pas aux assistants pour les remplir ; aussi au terme dudit " assistanat " [βοηθοῦρα] avaient-ils un emplacement réservé à leur usage, à l'entrée centrale de la cour du prétoire, près le *scrinium* de l'Europe ; c'est là qu'ils se pressaient pour remplir les dossiers des affaires restées en souffrance durant leur temps de service. 4. Même ceux qui venaient tout juste d'avoir été assistants près les *scrinia* de l'année en cours y étaient occupés, avec, à la clé, un profit constituant une indemnité non négligeable ; aussi ceux qui avaient laissé leur place vacante avant eux déjà affluaient à cet endroit ; c'étaient les ordonnances retentissantes de la magistrature et les plus importantes qu'on leur mettait entre les mains, ainsi que celles auxquelles personne d'autre n'avait été de taille à mettre le point final ; et même leur temps d'inactivité, ils ne le gardaient pas exempt de recherches sur des points de littérature : les gloires de l'enseignement en matière de lettres se pressaient auprès d'eux et se joignaient à leurs recherches sur des tournures ignorées. 5. Mais tous ces usages ont été balayés bel et bien ; parce que le lieu est vacant désormais, ceux que l'on appelle les *exceptarii*,

58. La surabondance des documents administratifs est déplorée dès le Ier s., voir déjà Sen., *Ad Polyb.*, 5, 6 (*non licet tibi quicquam arbitrio suo facere : audienda sunt tot hominum milia, tot disponendi libelli ; tantus rerum ex orbe toto coeuntium congestus, ut possit per ordinem suum principis maximi animo subici, extricandus est*) et Suét., *Vesp.*, 10 (*Litium series ubique maiorem in modum excreverant, manentibus antiquis intercapedine iuris dictionis, accedentibus novis ex conditione tumultuque temporum*).

13. Τοσαῦτα δὲ ἦν τὰ τότε πραττόμενα, ὡς δεκάτῳ τόμῳ μόγις ἀναλαμβάνεσθαι πρὸς σύνοψιν. 2. **Καὶ τί χαλεπὸν ἐμβραδῦναι τῷ λόγῳ πρὸς ἀπόδειξιν τοῦ προκειμένου ;** 3. **Τοσοῦτον ἦν τὸ πλῆθος τῶν πραττομένων, ὡς ὅλον τὸ ἔτος μὴ ἀρκεῖν τοὺς βοηθοῦντας πρὸς πλήρωσιν αὐτῶν, ὥστε μετὰ τὸ πέρας τῆς λεγομένης βοηθούρας ἔχειν χῶρον ἀπονενεμημένον αὐτοῖς ἐπὶ τῆς μέσης εἰσόδου τῆς πραιτωρίας αὐλῆς πρὸς τοῦ σκρινίου τῆς Εὐρώπης, ἐν ᾗ συντρέχοντες ἐπλήρουν τὰ ἐπὶ τῆς αὐτῶν λειτουργίας πραχθέντα.** 4. **Καὶ αὐτοὶ μὲν οἱ ἄρτι τοῦ βοηθεῖν τοῖς τρέχουσι σκρινίοις πεπαυμένοι | τούτοις ἐνησχολοῦντο, παραψυχὴν οὐ μι|κρὰν κερδῶν ἐκλεγόμενοι, οἱ δὲ πρὸ αὐτῶν καὶ ἤδη πρότερον σχολάζοντες ἐκεῖ συνέρρεον, τὰς μεγίστας καὶ λαμπρὰς τῶν τῆς ἀρχῆς προστάξεων ἐγχειριζόμενοι καὶ ὅσαις ἕτερός τις πέρας οὐκ ἴσχυσεν ἐπιθεῖναι, μηδὲ τὸν τῆς ἀργίας καιρὸν ἔρημον λογικῶν ζητημάτων ἀπολαμβάνοντες, τῶν ἐνδόξων ἐν διδασκάλοις λόγων συντρεχόντων ὡς αὐτοὺς καὶ περὶ τῶν ἀγνοουμένων | συζητούντων.** 5. **Ἀπέσβη δὲ οὕτως ἅπαντα ὡς, τοῦ τόπου τὸ λοιπὸν σχολάζοντος, τοὺς λεγομένους ἐκσκεπταρίους, οἷον εἰ**

O 71v
Wü 101
By 154

Test. : **13** 5 2-3 Gl 86 (LMNv1WX p. 234 F. M.) Bas p. XX W exceptarioi Ἐκσκεπτάριοι (Ἐκσικετάριοι Bas) ὑποδέκται τοῦ σίτου.

13 1 2 σύνοψιν edd. : σύναψιν O A || 2 2 ἐμβραδῦναι A Be Wü By : -δύναι O^{2} Fu ενβραδύναι O || ἀπόδειξιν O^{2} edd. : -διξιν O || 3 4 χῶρον edd. : χωρὸν O || 5 πραιτωρίας O^{2} edd. : -τορίας O || σκρινίου O^{2} edd. : σκρην- O || 6 ᾗ O Fu By : ᾧ Fu^{n} Be Wü || 4 1 αὐτοὶ O edd. : -τὸν A || 1-2 μὲν οἱ ἄρτι om. spat. vac. rel. A || 2 τρέχουσι O edd. : -σιν O^{2} || 5 λαμπρὰς edd. : -πρᾶς O || 7 ἐπιθεῖναι O^{2} edd. : -θῆναι O || 10 ἀγνοουμένων O^{2} edd. : ἀγνωου- O || συζητούντων O^{2} edd. : συνζ- O || 5 1 ἀπέσβη Be Wü By : -σωβη O -σόβη O^{2} Fu -σόβει A || οὕτως edd. : οὗτος O τὸ ὕψος A || ἅπαντα O edd. : ἅπαντας O^{2}A || τοῦ τόπου edd. : τοῦτό που O A || 2 ἐκσκεπταρίους cf. ἐκσικετάριοι Gl.

c'est-à-dire les receveurs de grain, ont accaparé leur *scrinium* : ceux que l'on admirait jadis avaient disparu.

14. Mais il est quantité, voire d'innombrables signes de la majesté de jadis à avoir été abolis : c'est jusqu'au papier que les membres du personnel ont le front de réclamer à ceux qui engagent des affaires, alors que l'usage de jadis était non seulement de ne point prêter la main à pareilles mesquineries, mais encore de consacrer au traitement des affaires les feuilles du papier le plus clair, avec des copistes aussi brillants que le parchemin sur lequel ils travaillaient ; mais désormais les uns et les autres sont bien loin ; une pièce d'un cuivre fort simple et modeste est exigé faute de numéraire, et l'on crache de l'oseille contre un papier[59] à l'écriture mauvaise et puant la pauvreté. 2. Voilà toutes les pratiques qui ont disparu et ont pris le chemin du non-retour ; le fait tient tant aux sujets rongés par la pauvreté, lesquels n'engagent pas d'affaires, qu'aux risques encourus s'il s'en trouve à être portées devant la cour de justice, à cause tantôt de l'inexpérience de ceux qui y officient, tantôt des accaparements perpétrés par des hommes trop jeunes qui jouent au petit bonheur les rênes des premiers honneurs contre des actes de puérile arrogance.

15. Tels étaient les procédés que l'usage appliquait aux écrits, mais quantité de *ducenarii* étaient à l'ouvrage

59. Le jeu de mots χάρτου - χόρτον est intraduisible en français. Il n'apparaît pas ailleurs dans la littérature. Toutefois, il a servi dans une spéculation étymologique que l'on trouve dans l'*EM*, p. 807, 25-28 Kalliergès : Χάρτης (...) ὁ χωρητικὸς τῶν ἐγγραφομένων· ἢ παρὰ τὸ χόρτος. Vient-elle indirectement du présent passage ?

ὑποδέκτας τοῦ σίτου, κατασχεῖν τὸ σκρινίον τῶν πάλαι θαυμαζομένων ἀφανισθέντων.

14. Πολλῶν δὲ ⟨ὄντων⟩ καὶ ὑπὲρ ἀριθμὸν τῶν ἐξολωλότων τῆς πάλαι σεμνότητος γνωρισμάτων, καὶ χάρτην ἀπαιτεῖν οἱ τῆς τάξεως ὑπομένουσι τοὺς πράττοντας, τὸ πρὶν εἰωθός, μὴ μόνον μὴ τοιούτοις γλίσχροις ἐγχειρεῖν ἀλλ᾽ ἔτι καὶ τοὺς πάντων διειδεστάτους χάρτας ἐπὶ τοῖς πραττομένοις ἀναλίσκεσθαι, ἀναλόγως ἐμπρεπόντων τοῖς σκύτεσι τῶν γραφέων· τὸ δὲ λοιπὸν ἑκάτερον ἐκποδών, καὶ χαλκὸν κάρτα μέτριον καὶ αἰσχρὸν εἰσπράττουσιν ἐξ ἀκερμίας καὶ χόρτον ἀντὶ χάρτου γράμμασι φαύλοις καὶ πενίᾳ ὄζουσιν ἐκδιδοῦσιν. 2. Ταῦτα πάντα παραπόλωλε καὶ ἀνυπόστροφον ἀπῆλθεν ὁδὸν τῷ τε μὴ εἶναι πράγματα τοῖς ὑπηκόοις πενίᾳ καταφθειρομένοις τῷ τε τὰ τυχὸν ἐπὶ τὸ δικαστήριον φερόμενα ⟨κινδυνεύειν⟩, νῦν μὲν ἀπειρίᾳ τῶν ἐν αὐτῷ τελούντων, νῦν δὲ σφετερισμοῖς νεωτέρων, ὡς | Wü 102
ἔτυχε τὰς ἡνίας τῶν πρώτων τιμῶν παιδαριώδεσιν αὐθαδείαις ἀναρριπτόντων.

15. Τοσαῦτα μὲν περὶ τῶν ἐν γράμμασιν ἐθῶν, πλῆθος δὲ δουκηναρίων ὑπούργει τῷ τῶν πριμισκρινίων

---

14 1 1 ὄντων Be[n] suppl. Wü By || ἐξολωλότων edd. : ἐξωλ- O || 3 ὑπομένουσι O edd. : -σιν O[2] || 4 μόνον Fu[n] Be Wü By : μόνοις OA Fu || γλίσχροις Be Wü By : γλισχροῖς [γλη- O] O[2] Fu || 5 ἐγχειρεῖν Be[n] Wü By : ἐγείρειν O Fu Be || 7 σκύτεσι O[2]A By : κύτεσι [-σιν] O Fu Be Wü || 8 ἐκποδών A Be Wü By : -δῶν O Fu || καὶ[1] O edd. : ἦν A || 10 γράμμασι O edd. : -σιν O[2] || πενίᾳ Fu By : πενία O πενίαν Be Wü πενίας A || ἐκδιδοῦσι Fu Be Wü : ἐκδίδωσι [-σιν O[2]] O ἐκδιδόασιν By || 2 1 παραπόλωλε O[2] edd. : παραπωλολεν O || 3 τῷ τε Fu Be Wü : τότε O τῶ τε O[2] || 4 κινδυνεύειν suppl. Wü By coll. **15** 4 3-4 <δικαστηρίων> κινδύνῳ || 6 ἔτυχε O Fu Be Wü : -χεν O[2] By || 7 ἀναρριπτόντων Wü By : ἀναρριπτούν- Fu Be ἀναριπτοντα O.

15 1 2 δουκηναρίων Be By : δουκιν- O Fu Wü.

près la tribune des *primiscrinii*, où ils prêtaient leurs services pour les enquêtes qu'ils appelaient " conjointes ", menées à la suite d'injonctions non écrites. Après l'introduction sans fin des profits générés par les papiers d'affaires, la pratique donnait, pour l'argent, le bilan le plus élevé au service du *primiscrinius*. 2. Depuis le milieu de la nuit jusqu'au lever du jour, le préfet était occupé aux enquêtes durant ses veilles nocturnes ; après quoi, durant la part de jour dévolue au travail[60], il consacrait son temps à ses fonctions publiques et aux consultations des chargés d'affaires pour les causes tant à l'instruction qu'engagées unilatéralement, en donnant celui qui allait jusqu'au soir à la liquidation de ce que l'on appelle les " conjointes " : ainsi, il déférait à tout désir tant des officiers de la justice que de ceux qui recevaient des affaires à traiter ou voyaient la liquidation de leurs procès. 3. Quant à céder sa place à la cour de justice ou à y fléchir sous le poids des travaux, il n'était aucun de ces hommes qui l'osât ; mais le préfet, lui, en reconnaissant les limites de sa magistrature, savait fort bien qu'il l'exerçait sur des hommes libres, et pas à toute heure. Et à son personnel, il accordait le bénéfice de suspensions de travail et leur procurait — aujourd'hui, c'est jusqu'à

60. Fuss [(1820), p. 33] fait observer que la conjonction ἄχρι était probablement inutile. À juste titre. L'introduction indue tient à la présence de la conjonction à la ligne précédente. Le copiste l'a reproduite par inadvertance ; le fait est d'autant plus vraisemblable qu'elle rappelle la substance du passage. Voir A. Bandy, (1983), p. 308.

βήματι, ταῖς ἐξ ἀγράφων προστάξεων διαγνώσεσιν, ἃς
ἐκάλουν | ζευκτάς, ἐξυπηρετουμένων - πρᾶγμα μετὰ O 72
τὴν ἐκ τῶν πραττομένων χαρτῶν ἄπειρον τῶν κερδῶν
εἰσαγωγὴν πλείστην ῥοπὴν χρημάτων περιποιοῦν τῷ
τοῦ πριμισκρινίου φροντίσματι. 2. **Ἀπὸ μὲν γὰρ ἀώρου**
νυκτὸς πράττων ὁ ὕπαρχος ἀνατολῶν ἄχρι τῆς ἡμέρας
ταῖς διαγνώσεσι νυκτηγρετῶν ἐνησχολεῖτο, μεθ' ἣν τὸν
ἐπὶ καμάτῳ | νενομισμένον καιρὸν τῆς ἡμέρας τοῖς By 156
δημοσίοις καὶ ταῖς ὑποβολαῖς τῶν πραγματικῶν διδασ-
καλικῶν τε καὶ μονομερῶν ἐδαπάνα χρόνον, τὸν δὲ
πρὸς ἑσπέραν ταῖς τῶν λεγομένων ζευκτῶν ἀπαλ-
λαγαῖς ἐπιδιδούς, δι' ὧν πάσης ἐπιθυμίας τούς τε λει-
τουργοὺς τῆς δίκης τούς τε τυγχάνοντας τῶν πρακτέων
καὶ τοὺς ἀπαλλαττομένους τῶν δικῶν ἐνεφόρει. 3. **Καὶ**
παραχωρεῖν μὲν τῷ δικαστηρίῳ ἢ χαλᾶσθαι τοῖς πόνοις
οὐδεὶς ἐκείνων ὑπέμενεν, ὁ δὲ ὕπαρχος τὸν ὅρον τῆς
ἀρχῆς ἔγνω σοφῶς ἐπιστάμενος ὅτι καὶ ἐλευθέρων
ἄρχει καὶ οὐ διὰ παντός· καὶ τῇ τάξει συνεχεῖς ἐδίδου
ἀνοχὰς τῶν καμάτων, τὰ νῦν καὶ αὐτῇ τῇ προσ|ηγορίᾳ Wü 103
τὸ λοιπὸν ἀγνοούμενα παρέχων μανούμισσα (οὕτω δὲ

---

3 βήματι deest in A spat. vac. rel. || 4 ἐξυπηρετούμενον coni. Be^{n} || 5 χαρτῶν Wü By : χαρτων O χάρτων A om. Fu Be || 6 πλείστην O^{2} edd. : πλησ- O || ῥοπὴν O^{2} edd. : ῥωπ- O || 2 3 διαγνώσεσι O edd. : -σιν O^{2} || τὸν O^{2} edd. : τὼν O || 4 ἐπὶ Be Wü By : ἄχρι ἐπὶ O Fu τῇ ἀρχῇ ἐ. fort. Fu^{2} || 5 ὑποβολαῖς Fu^{n} Be Wü By : ὑπουόλαις O Fu || 3 2 παραχωρεῖν edd. : παραχ[.....] O || post παραχ et ante μὲν spat. vac. praeb. A || μὲν O edd. : μὲν ἐν Fu^{n} || 3 post οὐδεὶς et ante ὑπέμενεν spat. vac. reliq. A || ἐκείνων Fu^{n} Wü By : [....]νων O Fu Be || ὑπέμενεν edd. : ὑπέμεινεν O || 4 σοφῶς edd. : σοφὸς O || ἐλευθέρων O edd. : -θέραν A || 5 ἄρχει O^{2} edd. : ἄρχη O || οὐ διὰ Be^{n} Wü By : οὐδ[..] O Fu Be οὐδὲ A οὐ δόλου Fu^{n} || παντὸς om. spat. vac. rel. A || συνεχεῖς Fu^{n} Be Wü By : συνέχειν O Fu || 6 post τῶν et ante τὰ νῦν spat. vac. praeb. A || 7 ἀγνοούμενα O edd. : -μενον A || μανούμισσα Fu^{n} : μονόμισσα O Fu Be Wü μουνούμισσα By.

l'appellation elle-même qui a sombré dans l'oubli — des congés [*manumissa*][61] (c'est ainsi que l'Antiquité avait appelé le repos journalier accordé au personnel à partir de midi) : à l'époque, ceux qui administraient les affaires — c'étaient des hommes sages et, bien formés, ils savaient que la nature avait réservé la nuit pour le repos et le jour pour les travaux — considéraient que c'était même une impiété après le lever du soleil[62] aussi de priver ceux qui veillent aux affaires d'un répit, si bref qu'il fût, dans l'exécution de leurs tâches[63]. 4. Mais ce changement dans le sens de la détérioration ne suffisait pas. Ce furent l'indemnité et les honneurs mêmes liés à leur position que l'on retira encore aux *primiscrinii* : on les privait, comme je le disais[64], de cette compensation pour les risques encourus près les cours de justice[65].

Sur les **Commentarienses**

16. Au nombre de deux, comme nous venons de le dire[66], se trouvaient eux aussi les *commentarienses*, transférés au fil du temps à partir du poste de tachygraphes. Six étaient aussi, comme pour les précédents, les assistants à leur service pour l'année en cours, choisis dans la classe des *Augustales* : hommes inflexibles et faisant montre d'une austérité digne de la loi, c'étaient eux qui détenaient toute la puissance de la magistrature. 2. Ils

61. Bandy [(1983), p. 309] trouve la lettre des manuscrits aussi bien que la conjecture de Fuss indéfendables. Il propose de lire μουνούμισσα qu'il tire de deux mots latins, *munus* et *missus*. L'ennui, c'est que l'on ne connaît guère d'occurrence du mot ni latin ni grec. En revanche, la relation se comprendrait fort bien avec *manumissum*. On donne congé à un serviteur, c'est-à-dire qu'on le libère de l'autorité exercée sur lui. Toutefois, nous ne connaisons pas d'occurrence de *manumissum* au sens de congé. À notre connaissance, le mot n'est pas attesté ailleurs en grec.

62. Comme l'indique à juste titre Fuss [(1820), p. 33], l'expression signifie " après le lever du soleil ". Elle équivaut au très classique μεθ' ἡμέραν.

τὴν καθ' ἅπαξ ἀνάπαυλαν ἐκ μέσης τῆς ἡμέρας διδομένην τῇ τάξει ἡ παλαιότης ἐκάλεσεν), τῶν τηνικαῦτα διοικούντων τὰ πράγματα (σοφοὶ δὲ ἦσαν καὶ παιδευθέντες ἠπίσταντο νύκτα μὲν ταῖς ἀναπαύσεσιν, ἡμέραν δὲ τοῖς πόνοις ὑπὸ τῆς φύσεως παρακεχωρῆσθαι) καὶ ἀνόσιον οἰομένων τοὺς ἐν πράγμασι νυκτηγρετοῦντας καὶ τῆς μετὰ ἥλιον ζημιῶσαι βραχείας οὖν τινος τῶν πόνων ἐνδόσεως. 4. **Οὐκ ἀρκούσης δὲ τῆς ἐπὶ τὸ χεῖρον παραλλαγῆς, καὶ αὐτῆς τῆς ἐκ τοῦ σχήματος παραψυχῆς τε καὶ τιμῆς ἀφῃρέθησαν οἱ πριμισκρίνιοι, ⟨δικαστηρίων⟩ κινδύνῳ τῆσδε παραμυθίας, ὡς ἔφην, ἀποστερούμενοι. |** O 72^v By 158

ΠΕΡΙ ΤΩΝ ΚΟΜΜΕΝΤΑΡΗΣΙΩΝ

16. Δύο τὸν ἀριθμὸν καὶ αὐτῶν, ὡς ἔφθημεν εἰπόντες, τυγχανόντων τῶν κομμενταρησίων, οὓς ὁ χρόνος ἐκ τῶν ταχυγράφων ἔφερε τῆς φροντίδος. Ἓξ καὶ αὐτοῖς, καθάπερ τοῖς πρὸ αὐτῶν, ὑπέτρεχον βοηθοί, ἐκ τοῦ τάγματος τῶν Αὐγουσταλίων προσλαμβανόμενοι, ἄνδρες ἀστεμφεῖς καὶ νόμῳ πρέπουσαν αὐστηρίαν ἀνατείνοντες, παρ' οἷς ἐτύγχανεν ἡ πᾶσα δύναμις τῆς ἀρχῆς.

---

8 διδομένην O^2 edd. : διδωμ- O ‖ 9 ἐκάλεσεν O^2 By : -σε O Fu Be Wü ‖ 11 ἠπίσταντο A By : ἐπίσταντο O Fu ἐπισταμένων Fu^n Be Wü ‖ 12 παρακεχωρῆσθαι O^{2}A edd. : -χωρίσθαι O ‖ 13 νυκτηγρετοῦντας O^2 edd. : νυκτιγ- O ‖ 4 3 δικαστηρίων suppl. Wü By ‖ 4 κινδύνῳ edd. : κινδύνω O ‖ παραμυθίας O^2 edd. : -θηας O.

Tit. om. Be ‖ κομμενταρησίων By : -σίων Fu Wü κομενταρισίων O A.

16 1 1 καὶ O [in compendio]A Wü By : coni. Be^n om. Fu Be ‖ ἔφθημεν A edd. : ἔφη- O ‖ εἰπόντες O^2 edd. : εἶπων- O ‖ 2 τῶν A coni. Be^n suppl. Wü By : om. O Fu Be ‖ κομμενταρησίων By : -ισίων Fu Be Wü κομενταρισίων O ‖ 3 αὐτοῖς edd. : αὐτούς O ‖ 4 ὑπέτρεχον O^{2}A edd. : -εχεν O ‖ 6 ἀστεμφεῖς O^{2}A edd. : ἀστεφ- O ‖ 7 παρ' O edd. : ὑφ' A.

introduisaient devant la cour les enquêtes menées sur plaintes, secondés, comme on l'a montré précédemment, tant par des *applicitarii* que par des *clavicularii*, avec une foule de licteurs munis de chaînes de fer[67] et d'un attirail d'instruments punitifs et de verges qui faisaient trembler la cour d'épouvante ; toutefois, cuirassés d'une troupe de *ducenarii*, même sans en appeler à l'autorité de la loi, ils suffisaient à amener les coupables à résipiscence[68].

17. Quant à moi, je reste stupéfait dans mon souvenir, quand ces hommes-là me reviennent à l'esprit. Combien était vive la crainte qu'inspiraient les *commentarienses* à ceux qui exerçaient un commandement quelconque au sein de l'office, particulièrement aux *scriniarii*, avec quels sentiments, en croisant un *commentariensis*, on accueillait le rendez-vous qu'il accordait ! 2. En effet, ils étaient au service, non pas des volontés politiques seules de la magistrature, mais aussi de l'irritation de l'empereur. 3. Aussi en ai-je pour ma part gardé le souvenir[69] : je remplissais à l'époque pour les *commentarienses* la fonction de celui que l'on appelle le *chartularius*.

67. La forme σιδηρέοις est dialectale et poétique. On voit mal pourquoi Jean eût cherché à se distinguer en l'introduisant (voir, toutefois, pour l'introduction d'une forme poétique III **18** 4 τετιμένος). En revanche, des formes de σιδηραῖος existent, bien qu'elles ne soient pas fréquentes. Voir la note 66 à II **14** 2.

68. Selon An. Bandy [(1983), p. 309], le datif ἁμαρτάνουσιν serait régi par le nom verbal σωφρονισμόν qui précède immédiatement. Pour nous, il dépend simplement du verbe principal ἤρκουν, construit normalement avec le datif. L'action est exprimée par la locution prépositionnelle πρὸς σωφρονισμόν. Le savant américain a raison de souligner que l'absence d'article donne au complément une généralité plus grande. La nuance ne pourrait être rendue en français sans forcer le ton. D'ailleurs, nous n'avons pas réussi à trouver d'occurrence de la *junctura* πρὸς τὸν σωφρονισμόν. On s'abstiendra donc de corriger comme l'aurait voulu W. Kroll [*Berliner philologische Wochenschrift*, 28 (1904), col. 870]. On ne le suivra pas davantage quand il propose de corriger le participe moyen θέμενοι en περιθέμενοι. Le verbe a ici un sens fort, celui de " s'armer ".

2. Οὗτοι τὰς μὲν ἐγκληματικὰς ἐξετάσεις ἔφερον τῷ δικαστηρίῳ, ὑπασπιζόντων αὐτοῖς, ὡς προ|δεδήλωται, Wü 104 ἀπλικιταρίων τε καὶ κλαβικουλαρίων μετὰ πλήθους ῥαβδούχων σιδηραίοις δεσμοῖς καὶ ποιναίων ὀργάνων καὶ πλήκτρων ποικιλίᾳ σαλευόντων τῷ φόβῳ τὸ δικαστήριον· δουκηναρίων δὲ στῖφος θέμενοι καὶ χωρὶς αὐθεντίας τοῦ νόμου ἤρκουν πρὸς σωφρονισμὸν ἁμαρτάνουσιν.

17. Ἐγὼ δὲ ἐκπλήττομαι ἀναπολῶν καὶ κατὰ νοῦν πρὸς ἐκείνους τοὺς ἄνδρας ἀνατρέχων, οἷος ἦν ὁ φόβος τῶν κομμενταρησίων παρὰ πᾶσι μὲν τοῖς ὁπωσοῦν ἡγουμένοις τῆς τάξεως, διαφερόντως δὲ παρὰ τοῖς σκρινιαρίοις, καὶ ὅπως ⟨ὁ⟩ παραπορευομένου κομμενταρησίου τυχὼν ὁμιλίας ἠξιοῦτο. 2. Δι' αὐτῶν γὰρ οὐ τὰ τῆς ἀρχῆς μόνα κινήματα ἀλλὰ καὶ ἡ βασιλέως ἀγανάκτησις ἐθεραπεύετο. 3. Τοιγαροῦν ἐγὼ διαμέμνημαι, τὴν τοῦ λεγομένου χαρτουλαρίου τηνικαῦτα χάριν πληρῶν τοῖς κομμενταρησίοις, ὡς (Ἀναστασίου τοῦ

---

2 2 προδεδήλωται A By : προ[........]αι vel εν O προέφαμεν Fu Be Wü ‖ 3 τε om. Fu Be ‖ κλαβικουλαρίων Fu^2 Be Wü By : καβι- Fu O ‖ πλήθους Fu^2 Wü By : τούτους Fu^n locus valde illeg. O spat. vac. relic. A [...] Fu Be ‖ 4 σιδηραίοις By : σιδηρέοις O Fu Be Wü ‖ ποιναίων edd. : ποινέων O ‖ ὀργάνων edd. : οργ[...]ν O ‖ 5 καὶ Fu^n Be By : [...] O Fu ἢ Wü ‖ ποικιλίᾳ σαλευόντων edd. : ποικιλίασαλευόντων O ‖ τὸ δικαστήριον om. spat. vac. relic. A ‖ 6 δουκηναρίων Be By : δουκι- OA Fu Wü ‖ δὲ edd. : τε O A ‖ 7 αὐθεντίας A edd. : [.......]ας O.

17 1 1 καὶ κατὰ Wü By : [...]τα O Fu Be κατὰ A Fu^n ‖ 2 οἷος edd. : [...]ς O οἷς A ‖ 3 κομμενταρησίων By : -ρισίων Fu Be Wü κομενταρισίων O ‖ πᾶσι O edd. : -σιν O^2 ‖ ὁπωσοῦν O^2 Fu Be Wü : οπως ουν O ὅπως οὖν By ‖ 5 ὁ suppl. By : πᾶς ὁ Wü e coni. Skutsch ‖ κομμενταρησίου vid. supra 1 3 κομμενταρησίων ‖ 6 τυχὼν O^2 edd. : τυχὸν O ‖ ὁμιλίας O^2 edd. : ὁμηλ- O ‖ 3 2 μαθεῖν post διαμέμνημαι coni. Stein ‖ 3 κομμενταρησίοις vid. supra 1 3 κομμενταρησίων.

L'empereur Anastase avait agi contre Apion, un homme tout à fait éminent et qui avait fait cause commune avec lui pour l'empire, à l'époque où Kavadh le Perse était en pleine effervescence ; Léontios, un homme féru de droit, exerçait la préfecture : dans sa colère, l'empereur ne confiait l'assouvissement de son irritation, sous forme tant des confiscations que des bannissements, à aucune autre des magistratures qu'à la préfecture. Les *Commentarienses* en charge alors firent montre d'une autorité si haute et de tant d'intense habileté, alliée à toute l'intégrité possible et au renoncement, sous toutes ses formes, à l'intrigue montée à des fins de vol que dans son admiration pour ceux qui officiaient alors dans le service, l'empereur déposa entre leurs mains (j'entends les *commentarienses* des préfets) le règlement nécessaire des dossiers qui surgissaient, y compris celui de son irritation contre l'évêque de la capitale de l'empire à l'époque, Macédonios, qui l'excommuniait, dit-on, pour ses innovations en matière de dogme. Et cependant, son grand favori, Céler, était à côté de l'empereur, et il exerçait avec honneur l'office de celui que l'on appelait le *magister*[70].

18. Mais voilà qui a péri " sous l'action tant des dieux que des hommes "[71]. Le reste n'entre " ni en ligne ni en compte "[72]. 2. L'ornement n'en était pas moins, pour

71. Nous ne connaissons pas l'origine du fragment, dactylique (?), ἔκ ‹τε› θεῶν ἔκ τ' ἀνθρώπων.

βασιλέως κινηθέντος κατὰ Ἀπίωνος, ἀνδρὸς ἐξοχωτάτου καὶ κοινωνήσαντος αὐτῷ τῆς βασιλείας ὅτε Κωάδης ὁ Πέρσης ἐφλέγμαινεν, Λεοντίου τὴν ἐπαρχότητα διέποντος, ἀνδρὸς νομικωτάτου) ἥ τε βασιλέως ὀργὴ δημεύσεις τε καὶ ἀφορισμοὺς οὐκ ἄλλῃ τινὶ τῶν ἀρχῶν ἢ μόνῃ τῇ ἐπαρ|χότητι τὰ τῆς ἀγανακτήσεως ἐπίσ- By 160 τευεν, ἐν ᾗ τοσαύτην ἐπεδείξαντο δυναστείαν | τε καὶ O 73 σύντονον ἐντρέχειαν οἱ τότε κομμενταρήσιοι μετὰ πάσης καθαρότητος καὶ ἀποχῆς παντοίας ἐπὶ κλοπὴν ἑστώσης | περινοίας, ὥστε τὸν βασιλέα, θαυμάσαντα Wü 105 τὴν ἀρετὴν τῶν τότε στρατευομένων, πάσας τὰς ἀνακυπτούσας χρείας, μεθ᾽ ἃς καὶ τὴν κατὰ Μακεδονίου τότε τὴν βασιλίδα πόλιν ἐπισκοποῦντος ἀγανάκτησιν, ὡς λόγος, περὶ νεωτερισμοῦ δογμάτων ἀποκλείοντος, αὐτοῖς ἐγχειρίσαι, λέγω δὲ τοῖς τῶν ἐπάρ-χων κομμενταρησίοις, καίτοι Κέλερος τοῦ πάντων φιλτάτου παρόντος τῷ βασιλεῖ καὶ τὴν τοῦ λεγομένου μαγίστρου φροντίδα κοσμίως ἀνύοντος.

18. Καὶ ταῦτα μὲν " ἔκ ⟨τε⟩ θεῶν ἔκ τ᾽ ἀνθρώπων " ἀπόλωλεν· τὸ γὰρ λοιπόν ἐστιν " οὔδ᾽ ἐν λόγῳ οὐδ᾽ ἐν ἀριθμῷ. " 2. Ἐκόσμει δὲ οὐδὲν ἧττον τὴν πολύτροπον

FONT. : **18** 1 fr. ignotum ‖ 2-3 *Anth.* XIV, 73, 8, vid. *Oracula Graeca,* n° 178 R. Hendess et *infra* **56** 4 2.

---

6 ἐφλέγμαινεν O^{2} By : -μαινε Fu Be Wü -μενε O ‖ 7 νομικωτάτου O^{2} edd. : νομικό- O ‖ τε O Fu Wü By : τοῦ Fu^{n} ‖ ὀργὴ O edd. : ἀρετὴ A ‖ 9 ἐπίστευεν O edd. : ἐπιστεύθη A ‖ 10 δυναστείαν O^{2} edd. : -τίαν O ‖ 11 κομμενταρήσιοι vid. supra 1 3 κομμενταρησίων ‖ 14 τὰς O Wü By : om. Fu Be ‖ 15 χρείας O^{2} edd. : χρίας O ‖ 16 τοῦ τότε Wü ‖ 17 λόγος O Fu Be By : λόγον Fu^{n} Be^{n} λόγους coni. Be Wü ‖ 18 κομμενταρησίοις vid. supra 1 3 κομμενταρησίων.

18 1 1 τε^{1} suppl. Be Wü By ‖ 2 ἀπόλωλεν O By : -λε Fu Be Wü.

l'autorité aux multiples ressorts du *scrinium*, aussi la puissance surnaturelle de ce que l'on appelait les *commenta* [mémoires][73]. 3. Soit sur injonction de l'empereur, soit de sa propre initiative en accord avec la loi, quand il souhaitait faire comparaître devant la loi un magistrat quelconque ou un sujet, le préfet prenait le *commentariensis* comme secrétaire particulier et lui confiait le dossier à traiter. 4. Emmenant avec lui en secret celui qui ressortait comme le plus fidèle en même temps que le plus révéré[74] de ses *chartularii*, ce dernier lui dictait le rapport d'accusation en termes latins chargés d'emphase[75] et, sous l'oeil[76] des membres de l'office, il remettait l'objet du courroux comme un oiseau entre les mains du plus fiable aussi bien que du plus distingué pour comparution à la barre. 5. Quand la bienveillance de l'empereur et aussi l'amour des magistrats pour leurs sujets consentaient le pardon aux gens dénoncés, naturellement l'acquitté devait à travers ses actions même témoigner sa dette[77] de gratitude pour les médiateurs.

19. Et il y avait étroite collaboration entre le *scrinium* des *commenta* [mémoires] et celui que l'on appelait l'*instrumentarius*, mot mis pour " conservateur des pièces aux archives[78] du tribunal " pour mettre le seing et la dernière main aux arrêtés judiciaires. Et celui-ci disposait depuis des temps archaïques[79] d'un local à l'Hippodrome, sous la tribune impériale, dans la partie sud qui s'étend jusqu'à la Sphendonè [la Fronde, courbe de l'Hippo-

73. *LSJ*, suppl. p. 86, s.v. κόμμεντα traduit par " secretariat ". Nous ne voyons pas la nécessité d'admettre ici un emploi métonymique. Au contraire, le sens premier du mot ajoute de la vigueur au texte. *Contra*, An. Bandy, (1983), p. 310.

74. Ce qui est curieux ici, c'est l'emploi de τετιμένος, une forme exclusivement poétique. Nous avons choisi de la traduire de façon emphatique. Le démonstratif τοῦτον a ici une valeur distinctive. Pour des emplois analogues, voir II **26** 1 et Préf. 3, avec notre n. 7.

79. Le mot " archaïque " fait écho à " archives ". Nous essayons de rendre le jeu de mots du grec.

δυναστείαν τοῦ σκρινίου καὶ ἡ τῶν λεγομένων κομμέντων ἐξουσία ὑπερφυής. 3. Ὁ γὰρ ὕπαρχος, ἢ παρὰ βασιλέως θαρρούμενος ἢ αὐτὸς κατὰ τὸν νόμον κινούμενος καὶ σπουδάζων ἄρχοντα ὁποῖον οὖν ἢ ὑπηκόων τινὰ παραστῆσαι τῷ νόμῳ, τὸν κομμενταρήσιον μυστογράφον λαμβάνων, τὸ πρακτέον ἐπέτρεπεν αὐτῷ. 4. Ὁ δὲ λαθὼν τοῦτον τὸν πιστότατον ἅμα καὶ μάλιστα τετιμένον τῶν οἰκείων χαρτουλαρίων παραλαβὼν μεθ' ἑαυτοῦ ὑπηγόρευε Ῥωμαϊκῶν ὀγκῶν ῥημάτων τὸ σύνθημα, κατ' ὦπα τῶν ἐκ τάξεως πιστικωτάτῳ ἅμα καὶ διαπρέποντι καταπιστεύων ὥσπερ πτηνὸν τὸν ἀγανακτούμενον παριστᾶν τῷ βήματι. | 5. Τῆς δὲ βασιλέως ἐπιει- Wü 106
κείας καὶ τῆς τῶν ἀρχόντων ἔτι περὶ τοὺς ὑπηκόους στοργῆς συγγνώμης ἀξιουσῶν τοὺς καταρρηθέντας, εἰκὸς ἦν τὸν ἐλευθερούμενον εὐχαριστίας δι' αὐτῶν τῶν ἔργων τοῖς μέσοις ὁμολογεῖν ὀφειλεῖν.

19. Καὶ συνῆπτο σχεδὸν τῷ σκρινίῳ τῶν κομμέντων ὁ καλούμενος ἰνστρουμεντάριος, ἀντὶ τοῦ χαρτοφύλαξ
τῶν ἀρχείων | τοῦ δικαστηρίου, εἰς τὸ ὑπογράφειν καὶ By 162
πληροῦν τὰς ψήφους· καὶ χῶρος μὲν αὐτῷ ἐν τῷ ἱππο-
δρομίῳ ὑπὸ τῷ τῆς βασιλείας βήματι | ἐπὶ τὸν νότον O 73v
ἄχρι τῆς καλουμένης Σφενδόνος ἐξ ἀρχαίου παρα-

2 2 κομμέντων By : [....]έντων O κομέ- Fu Be Wü || 3 4 κομμενταρήσιον By : [........]ήσιον O -ρίσιον Fu Be Wü || μυστογράφον edd. : μυστ[....]φον O || 5 πρακτέον O² edd. : πρακταῖον O || 4 2 λαθὼν τοῦτον Fuⁿ Wü By : λ[.......]τον O Fu Be || τὸν πιστότατον O² edd. : τῶν πιστοτάτων O || καὶ - τετιμένον Fuⁿ Wü By : [....] O Fu Be || 4 ὑπηγόρευε edd. : -γόρευεν O || ὀγκῶν edd. : ὄγκων O ὄγκῳ coni. Kroll et Preger || 5 κατ' ὦπα Fuⁿ Wü By : [...]ῶπα [o- O] O² Be || 6 πτηνὸν O² Wü By : πτηνων O ποηνῶν Fu Be ποινῶν coni. Fuⁿ || 5 1 βασιλέως O By : βασιλείας Fu Be Wü || 5 ὀφειλεῖν By : ὀφείλειν Wü [.......] O Fu Be.

19 1 2 ἰνστρουμεντάριος O² edd. : ισ- O || 3 ἀρχείων O² edd. : ἀρχίων O || 6 Σφενδόνος O Fu Wü By : σφενδόνης Fuⁿ Be.

drome] : tous les actes conclus dans les plus hautes cours de justice depuis le règne de Valens y sont conservés et s'y trouvent à la disposition des chercheurs, comme si leur conclusion datait justement de la veille. 2. Mais il est allé à sa perte[80] lui aussi, l'*instrumentarius*, et sa place demeure inoccupée : elle ne sert plus d'espace que pour des esclaves attendant leur propriétaire. Il n'y a plus d'enquête judiciaire ou en général de dossier à traiter, comme il est naturel, ni non plus de cause à présenter devant la cour : comment pourrait-on le considérer comme nécessaire au traitement des affaires ?

Sur les ab actis

20. *Ab actis* est le nom que l'on donne au bureau mais, en traduction, il signifie " responsable des actes relatifs aux finances ", comme celui d'*a pigmentis* " responsable pour les plantes aromatiques " et *a secretis* " responsable des *secreta* " (et non pas *adsecretis*, comme dit le profane, qui ignore qu'il y a eu interpolation de la lettre delta) et *a sabanis* " responsable des bains de la cour ". 2. Les *ab actis* sont aussi au nombre de deux ; ils sont appelés, grade par grade, au fil du temps, à sortir des tachygraphes, comme leurs prédécesseurs ; six hommes

80. Le mot " perte " (ἀπόλωλεν) fait écho à " a péri " (ἀπόλωλεν) de **18** 1 2.

κεχώρηται, πάντα δὲ τὰ ἀπὸ τῆς βασιλείας Οὐάλεντος ἐν τοῖς τότε μεγίστοις δικαστηρίοις πεπραγμένα αὐτόθι σῴζεται καὶ τοῖς ἐπιζητοῦσιν οὕτως ἐστὶν ἕτοιμα, ὡς εἰ χθὲς τυχὸν πεπραγμένα. 2. Ἀπώλετο δὲ καὶ αὐτὸς ὁ ἰνστρουμεντάριος καὶ ἔρημος ἡ καθέδρα μένει, μόνοις οἰκέταις ἀναμένουσι τοὺς κεκτημένους ἐγκεχωρημένη. Διαγνώσεως γὰρ οὐκ οὔσης ἢ ἄλλου πρακτέου τινός, ⟨ὡς⟩ εἰκός, οὐδὲ κινουμένης ἐν τῷ δικαστηρίῳ, πῶς ἂν αὐτὸς ἀναγκαῖος εἶναι τοῖς πράγμασι νομισθείη ;

ΠΕΡΙ ΤΩΝ ἈΒ ἌΚΤΙΣ

20. Ἀβ ἄκτις μὲν ὄνομα τῷ φροντίσματι, σημαίνει δὲ καθ' ἑρμηνείαν τὸν τοῖς ἐπὶ χρήμασι πραττομένοις ἐφεστῶτα, ὡς ἀ πιγμέντις τοὺς ἐπὶ τῶν ἀρωμάτων καὶ ἀ σηκρήτις τοὺς ἐπὶ τῶν σηκρήτων (οὐδὲ γὰρ | ἀδσηκρή- Wü 107
τις κατὰ τοὺς ἰδιώτας, ἐξ ἀγνοίας μετὰ τοῦ δέλτα στοιχείου τῆς προθέσεως ἐπιβαλλομένης) καὶ ἀ σαβάνις τοὺς ἐπὶ τῶν βαλανείων τῆς αὐλῆς. 2. Δύο δὲ καὶ αὐτῶν ὄντων τῶν ἀβ ἄκτις, οὓς κατὰ βαθμὸν ὁ χρόνος ἀπὸ τῶν ταχυγράφων, καθάπερ τοὺς πρὸ αὐτῶν, καλεῖ, ἓξ ἄνδρες ἐραστοὶ καὶ νουνεχέστατοι καὶ σφριγῶντες

---

7 Οὐάλεντος [sine acc.] O Fu Be By : Βάλεντος Wü || 2 1 ἀπώλετο O^2 edd. : ἀπόλ- O || 2 ἰνστρουμεντάριος edd. : ἰσ- O || 3 ἀναμένουσι O edd. : -σιν O^2 || ἐγκεχωρημένη edd. : ἐκκε- O || 4 ἢ O edd. : μηδ' Fu^2 || πρακτέου edd. : -ταίου O || 5 ὡς suppl. Wü By || κινουμένης O edd. : κινουμένου Fu^n || 6 πράγμασι Fu Be Wü : -σιν O Fu.

Tit. om. Be.

20 1 3 ὡς ἀ πιγμέντις Fu^n Wü By : [...]πιγμέντις O Fu Be || ἀ σηκρήτις Fu Wü By : ἀσηκρήτις Be ἀσηκρητὶς O^2 ἀσηκριτὶς O || 4 ἀδσηκρήτις edd. : ἀδσεκρήτης O || 5 ἀγνοίας Be Wü By : [.........] O ἀνοίας Fu || δέλτα O^2 edd. : -του O || 6 στοιχείου O^2 edd. : στοιχείῳ O || 7 βαλανείων edd. : βαλανείῳ [-νί- O] O^2 || τῆς αὐλῆς Fu^n Be Wü By : τῆς [..]λῆς O Fu || 2 2 ἀβ ἄκτις edd. : ἄβακτις O || 4 ἐραστοὶ Be Wü : εραστοι Fu σεραστοι priore σ- eraso O σεβαστοὶ Fu^n By ἄριστοι Cramer ἐργασταὶ vel ἐργάται Fu^2.

aimables[81], à l'intelligence extrêmement vive, encore tout frétillants de jeunesse au sortir de la classe des *Augustales*, sont leurs assistants, titre qui est encore prétendument le leur aujourd'hui. 3. Leur tâche consiste à *traiter* (mot mis pour " mener les investigations ") les documents relatifs aux finances, et à les faire parvenir à la barre pour jugement, avec l'aide des *nomenculatores* (leur rôle était jadis, comme nous l'avons dit précédemment, d'appeler à la barre et de convoquer les sénateurs, aujourd'hui les avocats attachés à la cour). 4. La loi prescrivait (c'est qu'elle n'existe plus, condamnée par un dédain récent qui tient à une sottise ou, pour dire vrai, à une malédiction) l'enregistrement de la main des *chartularii* attachés au bureau (eux aussi sortaient des tachygraphes) de tous les actes dans ce que l'on appelait le regeste ou " journalier ", un autre mot pour " registre journalier " (*regesta* est le nom que les Romains avaient décidé de donner aux livres dans lesquels ils enregistraient les affaires traitées, parce que *res gestae* désigne chez eux les actes de gouvernement). Aussi le sommaire des actes produits à tout moment était-il disponible très rapidement pour une recherche à tout moment : le texte du regeste ou du " journalier " donnait à connaître la portée des actes. 5. Plus tôt l'*instrumentarius* du département les recevait des *ab actis* et y notait en abrégé

81. Les données de la tradition permettent d'envisager deux solutions. Celle qu'a adoptée A. Bandy, σεβαστοί, n'apporte pas grand-chose à la compréhension du passage. Incurable conservateur, Jean le Lydien doit se rappeler ici les années de sa jeunesse qu'il embellit, sans compter son début de carrière prometteur. C'est la raison pour laquelle nous préférons la leçon ἐραστοί proposée pour la première fois par Bekker et déjà suggérée sous réserve par Fuss. Elle va dans le même sens que les deux expressions suivantes, voir, en dernier lieu, le compte rendu de Mary Whitby, dans *JHS*, 105 (1985), p. 246.

ἔτι ἀπὸ τοῦ τάγματος τῶν Αὐγουσταλίων βοηθοῦσι
δῆθεν ἔτι καὶ νῦν τῷ ὀνόματι. 3. Ἔργον δὲ αὐτοῖς τὰς
χρηματικὰς ὑποθέσεις τρακτεύειν, ἀντὶ τοῦ διαψη-
λαφᾶν, καὶ εἰσφέρειν κριθησομένας τῷ βήματι, ὑπουρ-
γούντων αὐτοῖς τῶν νομενκουλατώρων, οὓς ἀναφωνητὰς
καὶ συναγωγεῖς, | πάλαι μὲν τῶν συγκλητικῶν, νῦν δὲ By 164
τῶν δικανικῶν ῥητόρων εἶναι προειρήκαμεν. 4. Νόμος
δὲ ἦν (καὶ γὰρ οὐκ ἔστιν, ἄρτι παροφθεὶς ἐξ ἀβελτερίας
ἤ, τἀληθὲς εἰπεῖν, κακοδαιμονίας) πάντα διὰ τῶν παρόν-
των αὐτοῖς χαρτουλαρίων, καὶ αὐτῶν ἀπὸ τῶν ταχυ-
γράφων, ἀναφαίνεσθαι ἐπὶ τῶν λεγομένων ῥεγέστων ἢ
κοττιδιανῶν, ἀντὶ τοῦ ἐφημέρων (ῥέγεστα δὲ Ῥωμαῖοι
τὰς βίβλους, αἷς ἐνέγραφον | τὰ πραττόμενα συνεῖδον O 74
ὀνομάζειν, ὅτι ῥῆς γέστας τὰς πράξεις τοῦ πολιτεύμα-
τος εἶναι βούλονται), ἔνθεν τοῖς ὁτεδήποτε ζητοῦσι τὰ
ὁτεδήποτε πεπραγμένα συντόμως περὶ τὴν εὕρεσιν
εὐκολία· ἐξ αὐτῶν γὰρ τῶν ῥεγέστων, τῶν καὶ κοττι-
διανῶν, ἡ δύναμις τῶν | πεπραγμένων ἐγινώσκετο. Wü 108
5. Θᾶττον δὲ ⟨ὁ⟩ τῆς τάξεως ἰνστρουμεντάριος λαμ-
βάνων ἀπὸ τῶν ἀβ ἄκτις, τὸν χρόνον καὶ τὸν ὕπατον ἐν

---

5 βοηθοῦσι O edd. : -σιν O^2 || 3 1 αὐτοῖς Be Wü By : αὐτοὺς O Fu || τὰς edd. : τοὺς O || 2 ἀντὶ edd. : ἄρτι O || 4 αὐτοῖς O Be Wü By : αὐτο Fu || νωμενκουλατώρων By : νομενκολατώρων Fu Be -κλατόρων Wü νομενκολατόρων O || ἀναφωνητὰς O By : -νήτας Fu Be Wü || 6 δικανικῶν edd. : δεκ- O || 4 2 παροφθεὶς O^2 edd. : παρωφ- O || ἀβελτερίας O^2 edd. : -ταιρίας O || 3 ἤ O^2 edd. : εἰ O || τῶν παρόντων edd. : τῶν τῶν π. O τῶν² del. O^2 || 5 ἀναφαίνεσθαι O edd. : ἀναφέρεσθαι coni. Be^n || 6 κοττιδιανῶν edd. : -διάνων O || 8 ῥῆς γέστας Fu^n By : ῥήγεστα O Fu Be Wü || 9 ζητοῦσι O edd. : -σιν O^2 || 10 ὁτεδήποτε O Fu Be Wü : ὅτε δή ποτε By || συντόμως O By : σύντομος Fu Be Wü || 11 εὐκολία edd. : εὐκολίας O || αὐτῶν γὰρ τῶν Fu^n Be Wü By : αὐτῶν τῶν γὰρ O Fu || ῥεγέστων Fu^n Be Wü By : ῥηγέστων Fu ῥηγεστῶν O || 5 1 ὁ suppl. Be Wü By || ἰνστρουμεντάριος edd. : ἰνετ- O || 2 ἀπὸ τῶν bis praeb. O quarum primam locut. delev. O^2 edd. || χρόνον O^2 edd. : χρόν O.

l'année et le nom du consul pour accélérer la référenciation, plus tôt il était débarrassé de sa tâche[82]. 6. Et les opérations — c'était le signe admirable d'une belle organisation — se déroulaient dans le zèle ; chaque phase de la procédure était inscrite dans le registre quotidien ; on n'omettait même pas d'enregistrer les jours où nulle affaire n'était traitée, voire les raisons pour lesquelles il y avait des jours chômés pour l'enregistrement. 7. La procédure était admirable certes, mais c'était l'enregistrement des *personalia* qui surpassait tout éloge, pensait-on à juste titre. 8. Les considérants de l'arrêt étaient tournés en latin[83] par les soins de l'assistant le plus formé, avec un tel souci du détail que, même si un malheur faisait s'égarer le dossier de la cause, la traduction à elle seule, que l'on employait alors comme base de travail, permettait la reconstitution du dossier. 9. Et le fait s'est produit, j'en ai gardé le souvenir. Une cause avait été introduite, mais les actes y afférents ne figuraient nulle part ; quand on eut introduit devant la magistrature ledit *personalium*, la cause se trouva reconstituée, sans la moindre carence. 10. Et qui ne saluerait de ses larmes l'évocation des éloges qu'au nom du corps (des *officiales*) et pour les preuves d'excellence qu'il a montrées reçurent le fameux Serge[84], Proclos à la parfaite justice[85] et Tribonien à l'immense érudition[86] ? L'un, préfet incomparable, les deux autres en qualité de questeurs, avaient été l'orne-

82. L'interprétation est celle qu'avaient déjà retenue Fuss et Bekker. La ponctuation de R. Wünsch [(1903), p. 108], une virgule placée après ὕπατον, montre qu'il considérait τὸν χρόνον καὶ τὸν ὕπατον comme compléments d'objet de λαμβάνω. Kroll [(1904), col. 870-871] souhaitait corriger en ἐν ἐπιτόμῳ σημειούμενος πρὸς ταχεῖαν ἀνάμνησιν, λόγου θᾶττον ἀπηλλάττετο ‹τῶν› πόνων. Voir An. Bandy [(1983), p. 311].

84. Sur Serge, en poste durant tout le milieu de l'année 517 au moins, mais qui ne paraît pas avoir joué de rôle décisif dans les événements de son temps, voir *supra*, p. CXII-CXIII.

85. Sur Proclos, voir t. I, p. DLXXXVII-DLXXXVIII.

ἐπιτόμῳ σημειούμενος πρὸς ταχεῖαν ἀνάμνησιν λόγῳ, θᾶττον ἀπηλλάττετο πόνων. 6. Καὶ τοῦτο μὲν τὸ θαυμαστὸν γνώρισμα τῆς εὐταξίας ἐπράττετο μετὰ σπουδῆς, καὶ πᾶς καιρὸς τοῖς ἐφημέροις ἐνεγράφετο, μηδὲ τῶν ἀπράκτων ἡμερῶν παραλιμπανομένων τοῖς ἀναγράφουσιν, ἀλλ' ⟨αὐτῶν⟩ ἔτι καὶ τὰς αἰτίας ὧν ἕνεκα ἀργὰς αὐτὰς εἶναι συνέβαινεν ἀναγραφόντων. 7. Καὶ τοῦτο μὲν θαυμαστὸν ἦν, ἡ δὲ τῶν λεγομένων περσωναλίων ἀναγραφὴ παντὸς ἐπαίνου κρείττων δικαίως ἐνομίζετο. 8. Τὰς γὰρ διαγνώσεις περιέφραζεν Ἰταλίδι ὁ τῶν βοηθούντων λογικώτατος οὕτω κατὰ λεπτόν, ὥστε, κἂν εἰ τυχὸν παραπολέσθαι τὴν διάγνωσιν συνέβη ποτέ, ἐξ αὐτῆς μόνης τῆς παραφράσεως καὶ ὡς ὑποτυπώσεως αὖθις δύνασθαι στῆναι τὴν διάγνωσιν. 9. Καὶ τοῦτο συμβὰν ἐγὼ αὐτὸς διαμέμνημαι. Διαγνώσεως γὰρ εἰσαχθείσης μέν, τῶν δὲ ἐπ' αὐτῇ πραχθέντων οὐδαμοῦ φαινομένων, εἰσενεχθέντος ἐπὶ τῆς ἀρχῆς τοῦ λεγομένου | περσωναλίου, ἔστη διάγνωσις κατ' οὐδὲν By 166 ἐνδέουσα. 10. Καὶ τίς οὐκ ἂν ἐπιδακρύσῃ τῶν ἐγκωμίων εἰς μνήμην ἐρχόμενος, οἷς ὑπὲρ τῆς τάξεως καὶ τῶν τοιούτων τῆς ἀρετῆς γνωρισμάτων ἐχρήσατο Σέργιός τε ὁ πολὺς καὶ Πρόκλος ὁ δικαιότατος Τριβουνιανός τε ὁ πολυμαθέστατος, | ὧν ὁ μὲν ὕπαρχος οἷος οὐκ ἄλλος, Wü 109 οἱ δὲ ἄμφω κυαίστωρες γενόμενοι τὴν πολιτείαν ἐκόσ-

---

3 ταχεῖαν O[2] edd. : -χίαν O ‖ 4 πόνων O Fu Be By : πονῶν Wü ‖ 6 1 τοῦτο edd. : τοῦ O ‖ 3 ἐνεγράφετο Wü By : ἐγράφετο O Fu Be ‖ 5 αὐτῶν suppl. Wü By ‖ ἔτι O[2] edd. : αιτι O ‖ 7 2 ἡ O[2] edd. : εἰ O ‖ περσωναλίων Wü By : περσωναλί[..] O περσοναλί[..] O[2] περσο- Fu Be ‖ 8 1 περιέφραζεν O edd. : -έγραψεν coni. Cramer cf. Fu[2] ‖ Ἰταλίδι O Fu By : -λιστὶ Be Wü ‖ 2 βοηθούντων edd. : βοη[....]των O ‖ 3 παραπολέσθαι edd. : -πόλεσθαι [-ώ- O] O[2] ‖ 9 3 εἰσενεχθέντος O Wü By : εἰσαχθέντος Fu Be ‖ 4 περσωναλίου O Wü By : περσον- O[2] Fu Be ‖ ἔστη Be Wü By : ἐστὶ [-τὶν O[2]] O Fu ‖ κατ' O[2] edd. : καθ' O ‖ 10 1 ἐγκωμίων O[2] edd. : ἐγκομ- O ‖ 6 κυαίστωρες Fu Be By : κοεσ- O κοαί- O[2] -στορες Wü ‖ ἐκόσμησαν O[2] edd. : -μισαν O.

ment du régime ; en même temps, on joindra à eux dans l'éloge tous les jurisconsultes de l'époque : mieux vaut se taire à leur propos que prononcer un éloge trop orné pour leurs mérites. 11. Tels furent autrefois les usages ; aujourd'hui, non seulement ils n'existent plus, mais on ne daigne même plus les mentionner, pour des raisons que nous avons exposées à plus d'une reprise.

21. Après l'*ab actis* vient le *regendarius*, que l'on cite de nos jours encore comme le préposé au service des autorisations d'emploi de la poste publique, mais qui n'y fait rien : le *magister* de la cour y a fait main basse sur toute l'autorité en la matière[87]. 2. Après lui viennent les *cura epistularum* des diocèses, qui se bornent à mettre par écrit les décrets émanant de l'autorité en matière de taxes d'État, en butte au mépris par conséquent ; en soumettant à leur ordre de payer l'instruction dont les premiers avaient à connaître, les dénommés *tractatores* leur ont ravi toute l'autorité[88], surtout depuis que les *scriniarii* avaient l'outrecuidance de confisquer la magistrature à leur profit. 3. Ainsi s'achèvent les organismes constitués de classes de personnel avec formation culturelle. 4. Les *ducenarii* et *centenarii*, les *biarchi*, *adiutores* et autres membres du personnel, en achevant le service prescrit par la loi, ils atteignent le terme de leur carrière dans les conditions que leur donne la fortune ; ceux que l'on

87. Sur la poste publique et les problèmes qu'il pose, voir surtout *supra*, p. CCLXXI-CCLXXVIII.

88. Ce sont, paraît-il, les gouverneurs des provinces, dont Jean prétend décrire la fonction (III **68** 4) : τῶν χωρῶν ἐπιστάταις, οὓς καλοῦσι τρακτευτάς, ἀντὶ τοῦ κλιματάρχας. Évidemment, il n'en est rien, voir notre exposé *supra*, p. CCXCI.

μησαν, συλλαμβανομένων αὐτῶν αὐτοῖς περὶ τοὺς ἐπαίνους πάντων ὁμοῦ τῶν τότε δικολόγων, περὶ ὧν σιγᾶν ἄμεινον ἢ| παρ' ἀξίαν ἐπαινεῖν κοσμιώτερον O 74^v οἶμαι. 11. Καὶ ταῦτα μέν ποτε, νῦν δ' οὐ μόνον οὐκ ἔστιν, ἀλλ' οὐδὲ μνήμης τινὸς ἀξιοῦται δι' ἃς οὐχ ἅπαξ ἀποδεδώκαμεν αἰτίας.

21. Μετὰ δὲ τὸν ἀβ ἄκτις ὁ ῥεγενδάριος ἐπὶ τῆς φροντίδος τῶν συνθημάτων τοῦ δημοσίου δρόμου τεταγμένος ἔτι καὶ νῦν λέγεται μέν, πράττει δὲ οὐδέν, τοῦ μαγίστρου τῆς αὐλῆς τὴν ὅλην ὑφελομένου τοῦ πράγματος ἐξουσίαν. 2. Μεθ' ὃν οἱ τῶν διοικήσεων κοῦρα ἐπιστουλάρουμ, οἳ τὰς μὲν ἐπὶ τοῖς δημοσίοις φοιτώσας ψήφους γράφουσι μόνον, τὸ λοιπὸν καταφρονούμενοι· οἱ δὲ λεγόμενοι τρακτευταὶ τὴν ἐγνωσμένην αὐτοῖς διδασκαλίαν ὑποτιθέντες τῷ προστάγματι τὴν ὅλην ὑφήρπαζον ἐξουσίαν, μάλιστα ἐξότε τὴν ἀρχὴν ἑαυτοῖς ἐθάρρουν περιποιεῖν οἱ σκρινιάριοι. 3. Πέρας μὲν ὧδε τῶν λογικῶν τῆς τάξεως συστημάτων. 4. Δουκηνάριοι καὶ κεντηνάριοι βίαρχοί τε καὶ ἀδιούτωρες καὶ τὰ λοιπὰ τῆς τάξεως μέλη, ἀνύοντα τὴν ὑπὸ τοῦ νόμου τεθειμένην αὐτοῖς λειτουργίαν, τέρμα τῆς στρατείας, ὁποῖον ἡ τύχη δοίη, καταλαμβάνουσι, τῶν λεγομένων

7 συλλαμβανομένων O^2 edd. : συνλ- O || αὐτοῖς edd. : τῶν αὐτοῖς O || 9 σιγᾶν O^2 edd. : σηγ- O || κοσμιώτερον O^2 edd. : -μιότερον O || 11 2 ἀξιοῦται O Wü By : ἀξιοῦνται Fu Be || 3 ἀποδεδώκαμεν Wü By : ἀπεδόκαμεν O ἀπεδώκαμεν O^2 Fu Be.

21 1 1 ῥεγενδάριος O Wü By : ῥηγ- Fu Be || 2 1 Μεθ' ὃν edd. : μέσον O || 2 ἐπιστουλάρουμ O Wü By : ἐπιστολ- Fu Be || φοιτώσας O^2 edd. : φυιτ- O || 3 γράφουσι edd. : -σιν O || 6 ἐξότε O Wü : ἐξ ὅτε By ἐξ ὅτου Fu Be ἐξότου O^2 || 7 σκρινιάριοι edd. : σκρινάριοι O || 3 2 λογικῶν Fu^n Wü By : λογι[...] O Fu Be || 4 1 Δουκηνάριοι O Be By : Δουκι- O^2 Fu Wü || 2 γὰρ post δουκηνάριοι coni. Be^n suppl. Wü || κεντηνάριοι Be By : κεντινα[....] O κεντυνα[....] O^2 κεντι- Fu Wü || ἀδιούτωρες Fu Be By : -τορες O Wü || 5 δοίη O^2 edd. : δύη O || τῶν edd. : οἱ τῶν O.

appelle *thecophori*, qui portent les effigies de la magistrature, et *diaetarii*, eux, ils sont catalogués dans d'autres classes du personnel et ils y accomplissent un service.

Du Cornicularius *du corps le plus grand*

22. Tous les catalogues, je crois, ont été passés en revue, si je ne m'abuse, dans le traité ; il reste tout juste en fin de compte à monter en épingle à nouveau dans mon enquête le rôle du *cornicularius* en qualité de chef auguste. On doit démontrer en effet qu'assurant la cohésion de tout le personnel il en est à la fois l'alpha et l'ômégа. 2. Le temps suffit à lui seul à accréditer le fait que, depuis plus de treize cents ans, il est le chef de son corps et que, depuis la fondation même de Rome la sainte, il apparaît à la tête des affaires ; il était à l'origine à côté du commandant de cavalerie, comme le commandant de cavalerie l'était à côté du roi à l'époque[89]. 3. Aussi est-ce depuis les prémisses de l'État romain qu'est connu le *cornicularius*, même s'il ne lui est rien resté que l'appellation : depuis qu'en promouvant Fuscus (c'est l'adjectif latin pour “ à peau bronzée ”[90]) préfet du prétoire, Domitien a montré, en conformité avec la prise en mains d'Auguste, la superfluité du haut poste de

89. Il a déjà été question du *cornicularius* à plusieurs reprises. Voir III **3** 2 et 6 ; **6** 1 ; **9** 2 et **12** 5. La référence est au premier de ces passages.

90. L'étymologie a paru intéressante au lecteur qui indique dans la marge de droite : τί Φοῦσκος.

θηκοφόρων, οἳ τὰς προτομὰς τῆς ἀρχῆς φέρουσιν, καὶ διαιταρίων ἐν ἑτέροις μὲν τάγμασι τῆς τάξεως καταλεγομένων, λειτουργίαν δὲ πληρούντων. | By 168

ΠΕΡΙ ΤΟΥ ΚΟΡΝΙΚΟΥΛΑΡΙΟΥ ΤΗΣ ΜΕΓΙΣΤΗΣ ΤΑΞΕΩΣ

22. Πάντων, οἶμαι, τῶν καταλόγων, εἰ μή τι σφάλλομαι, παρελθόντων τῷ λόγῳ, ὑπόλοιπόν ἐστιν αὖθις καθάπερ ἡγεμόνα σεμνὸν ἐπὶ τέλους τὸν κορνικουλάριον ἐπὶ τῆς ἱστορίας ἀναδεῖξαι· δεῖ γὰρ αὐτὸν τὴν ὅλην συνέχοντα τάξιν ἀρχὴν ἅμα καὶ πέρας αὐτῆς ἀποδεῖξαι. 2. Ἀρκεῖ μὲν οὖν αὐτῷ πρὸς ἀξιοπιστίαν καὶ μόνος ὁ χρόνος ὑπὲρ τριακοσίους καὶ χιλίους ἐνιαυτοὺς ἡγουμένῳ τοῦ τάγματος καὶ σὺν αὐτῷ τῷ πολισμῷ τῆς ἱερᾶς Ῥώμης ἐπιφανέντι τοῖς πράγμασιν· παρῆν γὰρ ἀνέκαθεν τῷ ἱππάρχῳ, ὁ δὲ ἵππαρχος τῷ τότε ῥηγί. 3. Ὥστε ἐκ προοιμίων τῆς Ῥωμαϊκῆς πο|λιτείας O 75
γνώριμος ὁ κορνικουλάριός ἐστιν, κἂν εἰ μηδὲν αὐτῷ παρὰ τὴν προσηγορίαν ἀπολέλειπται· ἐξότε ⟨γὰρ⟩ Φοῦσκον (οὕτω δὲ ⟨τὸν⟩ μελάγχρωτα Ῥωμαῖοι καλοῦσιν) Δομιτιανὸς πραιτωρίων ὕπαρχον κατὰ τὴν Αὐγούστου ἐγχείρησιν προβαλόμενος τὴν τοῦ ἱππάρχου περιττὴν

6 φέρουσιν O^2 By : -σι O Fu Be Wü ‖ 7 τάγμασι O edd. : -σιν O^2 ‖ 8 δὲ O Fu Be By : τε Wü.

Tit. om. Be ‖ κορνικουλαρίου Fu Wü By : κουρ- O.

22 1 3 κορνικουλάριον edd. : κουρ- O ‖ 2 1 ἀξιοπιστίαν O edd. : ἀξιοπρέπειαν mal. Fu^n ‖ 4 πράγμασιν O By : -σι Fu Be Wü ‖ 5 τῷ τότε Be^n Wü By : τῶ τε O τῷ τε Fu τότε τῷ Fu^n Be ‖ 6 ῥηγί O^2 edd. : -γεί O ‖ 3 2 κορνικουλάριος edd. : κουρ- O ‖ ἐστιν O^2 edd. : -τι O ‖ 3 ἐξότε O Fu Be Wü : ἐξ ὅτε By ἐξότου O^2 ‖ γὰρ Fu^n suppl. Wü By ‖ 4 suppl. τὸν Be Wü By ‖ μελάγχρωτα Be Wü By : μελαγχρῶτα Fu μέλαν χρῶτα O ‖ καλοῦσιν O^2 By : -σι Fu Be Wü ‖ 5 ὕπαρχον edd. : ὕπαρχος O ‖ 6 προβαλόμενος Be Wü By : προβαλλό- O Fu.

commandant de cavalerie, en prenant la tête des forces armées, tout a été bouleversé[91].

23. Les actes émis pour une raison quelconque chez les préfets, voilà donc pourquoi le seul à les distribuer était le *cornicularius*, et il en rapportait les revenus à titre d'indemnisation personnelle ; et cette situation, qui prévalait depuis Domitien jusqu'à Théodose, à notre époque, changea à cause de l'usurpation de Rufin. 2. En effet, l'empereur Arcadius, qui redoutait le pouvoir de la magistrature dans son exercice, porta une loi aux termes de laquelle, en accédant aux plus hautes cours de justice, le *princeps* du corps du *magister* mettrait le nez partout, scruterait la portée des actes émis et trouverait les motifs qui faisaient délivrer les passeports pour la poste[92]. 3. Et, par la suite, en partant de sa propre initiative pour l'Orient, Rufin fit flageller à mort celui que l'on appelle le comte d'Orient[93], prétendument parce qu'il avait eu l'outrecuidance de briguer, à la lettre, la magistrature. Et, comme je le disais, la disposition d'Arcadius fut mise par écrit dans l'ancien *Codex Theodosianus* [code Théodosien], mais ceux qui ont constitué le nouveau l'ont négligée parce qu'elle leur paraissait superflue.

91. Sur les faits, voir t. I, p. DCXXXVII.

92. Voir, notamment, *supra*, p. CCLXXVII.

93. Il s'appelait Lucianus. Sur les faits, voir *supra*, p. LVI-LXV. Le titre κόμις τῆς Ἑῴας ne figure qu'ici dans le traité. On ne cherchera donc pas à voir dans le passage une allusion à la réforme des provinces de 535 à la suite de laquelle le *Comes Orientis* devint le titre du simple gouverneur de Syrie Ire (Justinien, *Nov.* VIII, 5 et A.H.M. Jones, *LRE* II, p. 1460, app. III).

ἀπέδειξε προαγωγήν, ὅπλων ἡγούμενος, μετηνέχθη πάντα.

23. Τοιγαροῦν τὰ ὁπωσοῦν παρὰ τοῖς ὑπάρχοις πραττόμενα μόνος διέταττεν ὁ κορνικουλάριος καὶ τοὺς ἐξ αὐτῶν πόρους εἰς οἰκείαν ἀπεφέρετο παραψυχήν· καὶ τοῦτο ἀπὸ Δομιτιανοῦ ἕως τοῦ καθ' ἡμᾶς Θεοδοσίου κρατοῦν ἠμείφθη διὰ τὴν Ῥουφίνου τυραννίδα. 2. Νόμον γὰρ ἔθετο ὁ βασιλεὺς Ἀρκάδιος τὸ τῆς | ἀρχῆς Wü 111 δυνατὸν δεδιττόμενος, ὥστε τὸν πρίγκιπα τῆς τάξεως τοῦ μαγίστρου παριόντα ἐπὶ τὰ μέγιστα δικαστήρια περιεργάζεσθαι καὶ πολυπραγμονεῖν τὴν δύναμιν τῶν πραττομένων ἐν αὐτοῖς καὶ οὗτινος χάριν γίνοιντο τὰ τοῦ δρόμου συνθήματα εὑρίσκειν. 3. Καὶ τὸ λοιπὸν ὁ Ῥουφῖνος, ἐξότε δι' ἑαυτοῦ ἐπὶ τὴν ἕω ἦλθεν, τὸν λεγόμενον κόμιτα τῆς ἀνατολῆς μαστίξας ἀπώλεσεν, ἀνθ' ὧν ἐτόλμησε ζηλῶσαι τῷ λόγῳ τὴν ἐπαρχότητα. Καὶ ἡ μὲν Ἀρ|καδίου, ὡς ἔφην, διάταξις ἐν τῷ πάλαι Θεοδοσιανῷ Κώδικι ἀνεγέγραπτο, By 170 οἱ δὲ τὸν νεαρὸν καταστησάμενοι παρεῖδον αὐτὴν ὡς περιττὴν αὐτοῖς εἶναι φανεῖσαν.

FONT. : **23** 3 4-6 *CTh* VIII, 5, 35, cf. supra II **10** 6 1-3.

7 αὐτὸς τῶν ante ὅπλων suppl. Wü || μετηνέχθη O^2 edd. : μετεν- O. **23** 1 1 ὁπωσοῦν O^2 Fu Be Wü : οπως οὖν O ὅπως οὖν By || 2 διέταττεν edd. : δεὶ ἔταττεν O δεῖ ἔταττεν O^2 || κορνικουλάριος edd. : κουρ- O || 3 οἰκείαν O^2 edd. : οικίαν O || 4 Δομιτιανοῦ Wü By : δομιτιανου O δομετ- O^2 Δομετ- Fu Be || 5 ἠμείφθη O^2 edd. : ἐμηφ- O || 2 4 ἐπὶ Fu^n Wü By : [...] O Fu Be || 5 πολυπραγμονεῖν Fu^n Wü By : πολ[.......]νεῖν O Fu Be || 6 οὗτινος edd. litt. evanidis || 3 2 ἐξότε O Fu Be Wü : ἐξ ὅτε By ἐξότου O^2 || ἦλθε edd. || τὸν O^2 edd. : το O || 3 κόμιτα O Wü By : κόμητα Fu Be || μαστίξας O^2 edd. : -τήξας O || 4 ἐτόλμησε O edd. : -σεν O^2 || 5 διάταξις O^2 edd. : διαταξεις O || 6 κώδικι O^2 edd. : κόδηκι O || τὸν νεαρὸν edd. : τῶν νεαρῶν O.

24. Ainsi, le *princeps* des *magistriani* avait une présence dans les plus hautes cours de justice de l'époque et n'en retirait rien d'autre que sa dénomination : il ouvrit des discussions avec le *cornicularius* du personnel de l'époque, aux termes desquelles ce dernier lui donnait accès aux actes et, une fois la décision prise, le *princeps* stipula que l'on offrirait en sus au *cornicularius* une livre d'or[94] chaque mois outre les dons usuels que l'on faisait sans barguigner à tous les membres du personnel recevant selon l'usage une part déterminée des rentrées. 2. Une fois les conventions arrêtées entre eux sur cette base, quand il eut reçu du *princeps* ses douze livres d'or sans la moindre déduction, le *cornicularius* en poste concédait à son supérieur, avec tous les honneurs, les revenus générés par les pétitions unilatérales, en gardant pour lui outre le privilège lié à son grade et à ses profits en général la charge de compléter les actes de son seing personnel : ceci lui faisait une rentrée d'au moins quinze pièces d'or.

25. " Pour la suite, sans larmes, je ne la saurais dire ", suivant le *Pélée* d'Euripide. 2. En effet, tous ces gains s'étaient déjà perdus précédemment, de la même manière

94. Il n'est pas inutile de rappeler que, depuis la réforme monétaire de la fin du Ve s., une livre d'or valait 72 sous d'or, lesquels étaient à leur tour divisés en 12 μιλιαρήσια d'argent, soit 24 κεράτια. Chaque κεράτιον valait 12 *folles*. Voir, par exemple, O. Mazal, (1989), p. 69. Sur le mode de rémunération, voir *supra*, p. CCIV-CCVIII.

24. Παρὼν οὖν ὁ πρίγκεψ τῶν μαγιστριανῶν τοῖς μεγίστοις ποτὲ δικαστηρίοις καὶ μηδὲν παρὰ τὴν προσηγορίαν ἔχων λόγους ἔθετο πρὸς τὸν τότε τῆς τάξεως κορνικουλάριον, ὥστε πάροδον αὐτῷ δοῦναί τινα πρὸς τὰ πραττόμενα καὶ δόξαν οὕτως ἐτύπωσεν ὁ πρίγκεψ μίαν χρυσίου λίτραν καθ' ἕκαστον μῆνα προσφέρειν τῷ κορνικουλαρίῳ μετὰ τὸ πᾶσι τοῖς ἐκ τάξεως κατὰ συνήθειαν λαμβάνουσι μοῖράν τινα τῶν πόρων ἀμελλητὶ διδόναι τὰ εἰωθότα. 2. Τούτων οὕτως συντεθειμένων
αὐτοῖς, λαμβάνων ὁ κατὰ | καιρὸν κορνικουλάριος O 75^v
παρὰ τοῦ πρίγκιπος τὰς δώδεκα τοῦ χρυσίου λίτρας δίχα τινὸς ἐλλείμματος μετὰ πάσης τιμῆς παρεχώρει τῷ κρείττονι μᾶλλον τὴν τῶν μονομερῶν ἐντυχιῶν εἰσαγωγήν, φυλάξας ἑαυτῷ μετὰ τὴν ἐκ τοῦ βαθμοῦ καὶ
| τῶν ἄλλων κερδῶν προνομίαν τὸ πληροῦν δι' οἰκείας Wü 112
ὑποσημειώσεως τὰ πραττόμενα, οὐκ ἔλαττον χιλίων χρυσῶν πόρον αὐτῷ περιποιοῦντα.

25. **" Τὰ δ' ἔνθεν οὐκέτ' ἂν φράσαι λόγῳ**
δακρύων δυναίμην χωρίς ",

κατὰ τὸν Εὐριπίδου Πηλέα. 2. Πάντων γὰρ ἤδη πρότερον τούτων ὃν τρόπον καὶ τῶν ἄλλων ἀπολομένων,

---

FONT. : **25** 1 1-2 Eur., fr. 621 N.

---

24 1 1 πρίγκεψ O^2 Wü By : -κιψ O Fu Be || 2 μηδὲν Fu^n Be Wü By : μηδένα O Fu || 4 κορνικουλάριον edd. : κουρ- O || 5 πρίγκεψ O^2 Wü By : -κιψ O Fu Be || 7 κορνικουλαρίῳ edd. : κουρ- O || πᾶσι O edd. : -σιν O^2 || 8 λαμβάνουσι O edd. : -σιν O^2 || μοῖράν Be Wü By : μίαν O Fu || 2 1 συντεθειμένων Be Wü By : συντιθεμ- O^2 Fu συντεθημ- O || 2 κορνικουλάριος edd. : κουρ- O || 3 δώδεκα O^2 edd. : δέδωκα O || 6 εἰσαγωγήν O^2 edd. : εισαγων O || 8 χιλίων O^2 edd. : χειλ- O || 9 πόρον edd. : πόρων O.

25 1 1 δ' post ἔνθεν add. O || φράσαι Be Wü By : φράσας O Fu || 2 2 ἀπολομένων O^2 edd. : ἀπουλωμ- O.

que les autres : j'ai goûté pour ma part aussi aux malédictions de ce temps pour être arrivé au terme des grades de la carrière sans y avoir rien acquis que mon titre. 3. En témoigne la Justice à laquelle, disant la vérité, je ne rougis pas d'en appeler : je ne sache pas avoir encaissé ni du *princeps* ni de ce que l'on appelle les *compleusima* [honoraires prélevés sur les *completiones*] fût-ce une seule obole. 4. D'où d'ailleurs en eussé-je perçu ? Dans l'ancien usage, c'était trente-sept pièces d'or[95] que l'on versait au personnel par pétition unilatérale à instruire près les plus hautes cours de l'époque ; désormais, c'est une pauvre pièce de bronze, oui, de bronze, et non pas d'or, que l'on donne avec pitié, comme par compassion, et encore sans régularité. 5. Ou quelle règle contraignait le *princeps* à ses dons de jadis au *cornicularius* en service, alors qu'on n'a même pas fût-ce une simple mention de titre pour les lui rappeler et qu'il ne consent pas non plus à se présenter aux audiences de la cour de justice, où ne se trouve plus personne de rang à faire carrière ? 6. Pour moi, j'ai du regret, trop tard en l'occurrence, en supputant ce que j'eusse dû faire : pour quel profit ai-je aussi longtemps occupé un siège près le tribunal sans y avoir rien trouvé à titre d'indemnisation ? Et telle est à juste titre la mésaventure que j'ai connue pour m'être embarqué dans cette fonction publique. Aussi n'y a-t-il aucune difficulté à faire dans mon traité place pour un récit de mon histoire personnelle depuis mes débuts jusqu'à présent.

95. On peut balancer sur la correction à apporter à la leçon de O χρυσίους. Suivant Preger, R. Wünsch [(1903), p. 112] proposait de lire χρυσείους. Fuss [(1820), p. 36] préférait lire χρυσίνους, à juste titre, car le mot est relativement fréquent dans le traité, voir III **27** 2 ; **36** 2 ; **60** 2 ; **67** 1 ; **73** 6.

παραπέλαυσα καὶ αὐτὸς ἐγὼ τῆς κακοδαιμονίας τοῦ χρόνου, καταντήσας εἰς τὸ πέρας τῶν τῆς στρατείας βαθμῶν, μηδὲν παρὰ τὴν προσηγορίαν κτησάμενος. 3. Καὶ μάρτυρα τὴν Δίκην ἀληθεύων οὐκ ἐρυθριῶ ἐπικαλούμενος· ἕως ἑνὸς ὀβολοῦ οὐκ ἀπὸ τοῦ πρίγκιπος οὐκ ἀπὸ τῶν λεγομένων κομπλευσίμων οἶδα κομισάμενος. 4. Πόθεν γὰρ ἔμελλον λαμβάνειν, τῆς μὲν ἀρχαίας συνηθείας ἐχούσης ἑπτὰ καὶ τριάκοντα χρυσίνους παρέχεσθαι τῇ τάξει ὑπὲρ μονομεροῦς ἐντεύξεως πρὸς τῶν ὁπωσοῦν εἰσβαλλόντων ἐν τοῖς τότε μεγίστοις δικαστηρίοις, τὸ δὲ λοιπὸν χαλκοῦ κάρτα μετρίου (οὐ γὰρ χρυ|σίου) ὥσπερ εἰς ἔλεον οἰκτρῶς καὶ οὐδὲ By 172
συνεχῶς ἐπιδιδομένου ; 5. Ἢ ὅπως ὁ πρίγκεψ πρὸς τὰ πάλαι διδόμενα παρ᾽ αὐτοῦ τῷ κατὰ καιρὸν κορνικουλαρίῳ συνωθεῖτο, μηδὲ εἰς μνήμην ψιλῆς γ᾽ οὖν προσηγορίας ἀναφερόμενος, μηδὲ παρεῖναι τὸ λοιπὸν ὑπομένων τῷ δικαστηρίῳ, οὐδενὸς οὐδενὶ ἐν βαθμῷ στρατευομένου ; 6. Ἐμοὶ δὲ μεταμέλει, ὀψίᾳ τοῦ καιροῦ Wü 113 O
τὸ προσῆκον ἀναλογιζομένῳ, | ἀντὶ τίνος τοσοῦτον 76
προσ|ήδρευσα χρόνον τῷ δικαστηρίῳ, μηδὲν ἐξ αὐτοῦ πρὸς παραψυχὴν εὑραμένῳ· καὶ δικαίως ταῦτά μοι συμβέβηκεν εἰς ταύτην ἐμβαλόντι τὴν λειτουργίαν· 7. ὥστε χαλεπὸν οὐδὲν τὴν ἐκ προοιμίων ἐπ᾽ ἐμοὶ διελθεῖν ἄχρι τοῦδε τῷ λόγῳ διήγησιν.

---

3 παραπέλαυσα edd. : παραπήλ- O || ἐγὼ Be Wü By : ἔσω O Fu || 4 2 χρυσίνους Fu^{2} Be By : χρυσίους O Fu χρυσείους Wü || 4 τῶν [-õ-] O^{2} edd. : τὸν O || ὁπωσοῦν O^{2} Fu Be Wü : οπως οὖν O ὅπως οὖν By || τότε edd. : τότε τε O || 5 κάρτα O^{2} edd. : καντα O || 6 ἔλεον Wü By : ἔλαιον O Fu Be || 5 1 ὅπως O Fu Be By : πῶς Fu^{n} Wü || πρίγκεψ O^{2} Wü By : -κιψ O Fu Be || 3 κορνικουλαρίῳ edd. : κουρ- O || συνωθεῖτο edd. : συνωθείτω O || γ᾽ οὖν By : γοῦν O Fu Be Wü || 5 οὐδενὶ ἐν edd. : οὐδενιω O || 6 1 ὀψίᾳ edd. : οψια O ὀψὲ O^{2} || 2 ἀντὶ τίνος edd. : ἀν τις τίνος O || 4 εὑραμένῳ edd. : εὑραμένω O εὑράμενος O^{2}.

26. J'étais dans la vingt et unième année de mon âge, sous le consulat de Secundianus[96], quand de la cité qui m'avait vu naître, Philadelphie, qui se trouve au pied du Tmôlos et en Lydie, j'arrivai dans cette cité bienheureuse. 2. Et, après maintes réflexions personnelles[97], je résolus de me rendre auprès des *memoriales* de la cour[98] et de m'engager auprès d'eux dans la carrière de fonctionnaire. Mais, pour ne point donner l'impression de gaspiller le temps qui s'écoulait dans l'intervalle, je décidai de fréquenter une classe de philosophie. 3. Il y avait en ce temps-là Agapios, dont le poète Christodore dit[99] dans son ouvrage en un livre *Sur les auditeurs du grand Proclos* : “ Agapios, le dernier mais le premier de tous ”[100]. Ce fut chez lui qu'après avoir parcouru les premiers éléments des leçons aristotéliciennes, j'eus la chance d'en entendre même quelques-unes de la philosophie platonicienne. 4. Mais la Fortune, qui avait plutôt en vue de me rejeter vers cette fonction publique, assura la promotion à la préfecture du prétoire d'un de mes concitoyens, qui, de surcroît, m'appréciait beaucoup[101], Zôticos, sous le règne d'Anastase, le plus doux de tous les empereurs[102]. (Zôticos), qui avait le pouvoir d'exercer sur moi non seulement persuasion mais aussi contrainte, m'enrôla parmi les tachygraphes de la magistrature, où justement se distinguait aussi le très équitable Ammianos, feu le neveu de mon père[103].

96. L'ensemble des chapitres **26-30** forment l'esquisse d'une autobiographie, voir déjà J. Schamp, (1987), p. 186-190. Nous y revenons, avec davantage de détails, dans l'Introduction, t. I, p. XVII-XXXI. Secundianus (voir *PLRE* II, s.v. *Secundinus* 5, p. 986) fut consul dans l'Empire d'Orient en 511.

98. Placés sous l'autorité du maître des offices. Voir déjà *supra*, p. CCXXIII-CCXXIV et t. I, p. XXI.

100. Sur Christodore et Agapios, voir t. I, p. XXI-XXVII.

102. Préfet du prétoire en 511-512, voir t. I, p. XXVIII-XXX.

103. Sur Ammianos, voir t. I, p. XXVIII.

26. Ἕνα καὶ εἰκοστὸν τῆς ἡλικίας ἄγων ἐνιαυτόν, ἐπὶ τῆς Σεκουνδιανοῦ ὑπατείας ἐκ τῆς ἐνεγκούσης με Φιλαδελφείας τῆς ὑπὸ τῷ Τμώλῳ καὶ ⟨ἐν⟩ Λυδίᾳ κειμένης παρῆλθον εἰς ταύτην τὴν εὐδαίμονα πόλιν. 2. Καὶ πολλὰ μεθ᾽ αὑτοῦ σκεψάμενος ἐπὶ τοὺς μεμοριαλίους τῆς αὐλῆς συνεῖδον ἐλθεῖν καὶ πρὸς στρατείαν ἀναζώσασθαι μετ᾽ ἐκείνων. Ὅπως δὲ μὴ τὸν ἐν μέσῳ χρόνον δόξαιμι ζημιοῦσθαι, εἰς φιλοσόφου φοιτᾶν διέγνων. 3. Ἀγάπιος ἦν κατ᾽ ἐκεῖνον τὸν χρόνον, περὶ οὗ Χριστόδωρος ὁ ποιητὴς ἐν τῷ Περὶ τῶν ἀκροατῶν τοῦ μεγάλου Πρόκλου μονοβίβλῳ φησίν οὕτως·

" Ἀγάπιος πύματος μέν, ἀτὰρ πρώτιστος ἁπάντων ",

παρ᾽ ᾧ τὰ πρῶτα τῶν Ἀριστοτελικῶν διδαγμάτων ἐπιών, ἔτυχον καί τινων ἐκ τῆς Πλατωνικῆς φιλοσοφίας ἀκροάσασθαι. 4. Ἡ δὲ Τύχη μᾶλλον εἰς ταύτην ⟨μ⟩ε παρωθῆσαι τὴν λειτουργίαν σκεψαμένη Ζωτικόν, πολίτην ἐμὸν καὶ χαίροντά μοι ⟨οὐ⟩ μετρίως, | ἐπὶ τὴν Wü 114
ἐπαρχότητα τῶν πραιτωρίων ὑπὸ τῷ πάντων βασιλέων ἡμερωτάτῳ Ἀναστασίῳ προήγαγεν· ὃς οὐ πείθειν με μόνον ἀλλὰ | καὶ ἀναγκάζειν δυνάμενος τοῖς ταχυγρά- By 174
φοις τῆς ἀρχῆς συνηρίθμησεν, ἐν ᾗ καὶ Ἀμμιανὸν τὸν ἐπιεικέστατον, ἀδελφιδοῦν τῷ ἐμῷ πατρὶ γενόμενον, συνέβαινε διαφαίνεσθαι.

---

26 1 3 καὶ om. Wü || ἐν Fu^{n} suppl. Wü By || 4 εἰς O^{2} edd. : ει O || τὴν O Be Wü By : om. Fu || 2 1 μεθ᾽ αὑτοῦ nos : μετ᾽ αὐτῶν O^{2} Fu Be μεταυτῶν O μετ᾽ ἐμαυτοῦ Fu^{n} Wü μεθ᾽ αὑτῷ By || μεμοριαλίους edd. : μεμωρ- O || 2 στρατείαν O^{2} edd. : -τίαν O || 3 τὸν O^{2} edd. : τῶν O || 3 3 φησίν O^{2} Fu Be Wü : εφησίν O τέ φησιν By || 5 πρῶτα Wü By : [...] O Fu Be στοιχεῖα Fu^{n} || 6 ἐπιὼν By : εἰπών O Fu Be del. O^{2} μαθὼν Wü || 4 1-2 με παρωθῆσαι edd. : επαρωθησαι O παρώθησε O^{2} || 3 οὐ Fu^{n} suppl. Wü By || 4 τῷ edd. : τῶ O^{2} τῶν O || 5 ὃς edd. : ὡς O || πείθειν O^{2} edd. : πίθει O || 9 συνέβαινε edd. : -νεν O.

27. Mais pour que je ne risque pas de céder à la facilité, le préfet me montra une voie tout ouverte au profit : durant tout le temps de sa magistrature, dont la durée fut médiocre et dépassa de peu une année, j'ai gagné non moins de mille pièces d'or, une somme modique ! 2. Aussi[104] ai-je, pour le remercier (comment ne l'eussé-je point fait ?), prononcé un bref éloge en son honneur. Heureux, il m'invita à aller toucher à sa banque une pièce d'or par vers, tandis que les *officiales* appelés à servir comme assistants auprès de celui que l'on dénomme l'*ab actis*, firent appel à moi, ce qui n'était jamais arrivé, et me prirent en qualité de premier *chartularius* (deux autres *officiales* seulement, déjà âgés, s'étaient précédemment, moyennant un don en or, joints à leur classe) ; mais ce ne fut point tout : ils fixèrent aussi ma rémunération à vingt-quatre pièces d'or par an. 3. Tout en confectionnant à leur place ledit *personalium* et “ journalier ”, que je viens de décrire, je rédigeais pareillement les *suggestiones*, dont l'explication est la suivante : à l'origine, tous les assistants des bureaux de l'année en cours attachés à la magistrature qui était alors la première brillaient par l'ampleur de leur culture, mais c'était pour leur maîtrise de la langue latine qu'ils s'efforçaient d'avoir la supériorité ; c'était un besoin pour eux, en raison des nécessités. 4. Eh bien, dans le cas où l'on interjetait appel et où l'affaire arrivait devant le Sénat pour amendement, il revenait à l'assistant supérieur aux autres

104. Il arrive qu'εἰκός soit employé seul dans le traité, voir III **9** 6 1 ; **69** 3 1. Le cas qui se présente ici paraît être identique à celui du second passage cité. Le précédent de **19** 2 5, où l'expression ‹ὡς› εἰκὸς figure au milieu de la phrase, ne peut être utilisé pour corriger le présent passage, n'en déplaise à An. Bandy [(1983), p. 315].

27. **Ὅπως δὲ μὴ τυχὸν ῥᾳθυμήσω, πᾶσάν μοι κέρδους ὁδὸν ὁ ὕπαρχος ἔδειξεν, ὡς παρ' ὅλον τὸν τῆς ἀρχῆς χρόνον αὐτοῦ (μέτριος δὲ ἦν καὶ βραχεῖ τὸν ἐνιαυτὸν ἐκβάς) οὐκ ἐλάττους χιλίων χρυσῶν ἀποκερδᾶναι σωφρόνως.** 2. **⟨Ὡς⟩ εἰκὸς οὖν εὐχαριστῶν ἐγὼ (πῶς γὰρ οὔ ;) ἐγκώμιον βραχὺ πρὸς αὐτὸν διεξῆλθον. Ὁ δὲ ἡσθεὶς ἀνὰ στίχον μὲν ἕκαστον χρύσινον ἀπὸ τῆς τραπέζης με κομί|σασθαι παρεκελεύσατο, οἱ δὲ πρὸς τὸ** O 76^{v} **βοηθεῖν ἀπὸ τοῦ λεγομένου ἀβ ἄκτις καλούμενοι, τὸ μήποτε γενόμενον, παρακαλοῦντες προσελάβοντό με εἰς πρῶτον χαρτουλάριον, ἑτέρων δύο μόνων, ἤδη γερόντων, πρότερον μετὰ χρυσίου δόσεως συνταξαμένων αὐτοῖς· καὶ οὐ τοῦτο μόνον, ἀλλὰ καὶ τέσσαρας πρὸς εἴκοσι χρυσοῦς κατ' ἔτος ὥρισαν ἕκαστον.** 3. **Ὁμοίως τε ποιῶν ἀντ' αὐτῶν τὸ λεγόμενον περσωνάλιον καὶ κοττιδιανόν, περὶ ὧν ἄρτι διεξῆλθον, σουγγεστίωνας ἐτιθέμην, ὧν ὁ λόγος ὧδε· πάντες μὲν ἀνέκαθεν οἱ παρὰ τῇ ποτε πρώτῃ τῶν ἀρχῶν βοηθοῦντες τοῖς τρέχουσι σκρινίοις διὰ πολλῆς ἐξέλαμ|πον παιδείας, περὶ δὲ τὴν** Wü 115 **Ῥωμαίων φωνὴν τὸ πλέον ἔχειν ἐσπούδαζον· χρειώδης γὰρ ἦν αὐτοῖς κατὰ τἀναγκαῖον.** 4. **Δίκης οὖν ἐφεσίμου τυχὸν γενομένης, εἶτα πρὸς τὴν σύγκλητον ἀναγομένης πρὸς διόρθωσιν, ὁ τῶν ἄλλων βοηθῶν κρείττων**

---

27 1 5 σωφρόνως O^{2} edd. : -φρώνως O ‖ 2 1 Ὡς Be^{n} suppl. Wü By ‖ εἰκὸς O^{2} edd. : εἰκὼς O εἰκότως coni. Be^{n} ‖ 2 οὔ ἐγκώμιον O^{2} edd. : ουκεγκώμιον O ‖ 3 ἀπὸ O Fu Be By : ὑπὸ Wü coni. Be^{n} ‖ 5 καλούμενοι O^{2} edd. : -μενος O ‖ 7 μόνων edd. : μόνον O ‖ 10 εἴκοσι O^{2} edd. : -σει O ‖ κατ' O^{2} edd. : καθ' O ‖ 3 2 ποιῶν Fu^{n} Wü By : ποιεῖν O Fu Be ‖ περσωνάλιον Wü By : περσον- Fu Be περσουν- O ‖ 3 σουγγεστίωνας Fu Be By : -ίονας O^{2} -ιῶνας Wü ‖ 4 οἱ edd. : οι O^{2} η O ‖ 6 διὰ πολλῆς Fu^{n} Wü By : δι[......]ης O δι[...]ης Fu Be ‖ 7 χρειώδης O^{2} edd. : χρειῶδεις O ‖ 4 2 σύγκλητον O^{2} edd. : συγκλητικον O ‖ ἀναγομένης O^{2} edd. : -γωμένης O ‖ 3 βοηθῶν Fu^{n} Wü By : [......] O Fu [....] Be.

de composer ladite *suggestio*, un mot mis pour " élucidation (juridique)[105] ", à fin d'audition devant le Conseil, de manière surtout à en imposer tant au questeur du Conseil qu'à ceux que l'on appelait autrefois les *antecessores*, de nos jours " les auteurs de rescrits ". 5. Avec l'aide de Dieu et avec l'encouragement dû aux rémunérations qui me revenaient, lequel me rendait insensible à la fatigue, je remplissais non seulement lesdites fonctions au bureau, mais j'assurais en plus un secrétariat chez les tachygraphes et je venais en aide à d'autres tachygraphes en poste au Temple de la Justice, que l'on appelle le *Secretum*[106]. Aussi n'était-elle pas médiocre la gloire que me valaient mes travaux, pas plus que l'opulence que je devais à la rémunération couronnant mes travaux. Dès lors, comme porté par des ailes, je me hâtais de gagner les rangs de ceux que l'on appelle les *a secretis* de la cour[107].

28. Mais, à la suggestion d'Ammianos, qui était tout obligeance et équité, et qui avait donné sa vie à l'amour tant du savoir que de la sagesse, voici que Zôticos me procure aussi une épouse qui m'amenait une dot de cent livres d'or et qui en général surpassait les femmes admi-

105. Sur la *suggestio*, voir *supra*, p. CCXXVIII.
106. Sur ce cumul, voir Introduction, t. I, p. XXIX-XXX.
107. On doit entendre, naturellement, la cour du préfet du prétoire, voir An. Bandy, (1983), p. 315.

συνέταττε τὴν λεγομένην σουγγεστίωνα, ἀντὶ τοῦ διδασκαλίαν, πρὸς ἀκρόασιν τῆς βουλῆς οὕτω μάλιστα, ὡς ἐκπλήττειν τόν τε τῆς βουλῆς κυαίστωρα καὶ τοὺς λεγομένους πάλαι μὲν ἀντεκήνσωρας, καθ' ἡμᾶς δὲ ἀντιγραφεῖς. 5. Τοῦ δὲ θεοῦ συλλαμβάνοντος καὶ τῆς ἀπὸ τῶν περι|γινομένων μοι παραμυθιῶν προθυμίας By 176
ἀνεπαίσθητον ἀποτελούσης τὸν κάματον, οὐ μόνον ἐπλήρουν τὰς εἰρημένας λειτουργίας ἐπὶ τοῦ σκρινίου, ἀλλὰ μὴν ἐπισηκρητεύων παρὰ τοῖς ταχυγράφοις, ἔτι καὶ βοηθῶν ἑτέροις ἐν τῷ Τεμένει τῆς Δίκης ταχυγραφοῦσιν, ὃ καλεῖται Σήκρητον· καὶ οὐ μικρὰ ἥ τε δόξα διὰ τῶν ἔργων ἥ τε τῆς παραμυθίας ἐπὶ τοῖς ἔργοις ἀφθονία· ἔνθεν ὥσπερ ἀναπτερωθεὶς ἐπὶ τοὺς λεγομένους ἁ σηκρήτις τῆς αὐλῆς ἠπειγόμην.

28. Ὁ δὲ Ζωτικός, ὑποβάλλοντος αὐτῷ τοῦ πάντα χρηστοῦ καὶ ἐπιεικοῦς φιλομαθοῦς τε καὶ φιλοσόφου τὸν βίον Ἀμμιανοῦ, καὶ γαμετήν μοι περιποιεῖ ἑκατὸν μὲν χρυσίου λιτρῶν φερνὴν προσάγουσαν, τὰ δὲ ἄλλα κρείττονα τῶν ὁτε|δήποτε ἐπὶ σωφροσύνῃ θαυμαζο- O 77

TEST. : **27** 4 7-8 Bas p. XX W Ἀντικένσορες ἀντιγραφεύς.

---

4 συνέταττε O edd. : -ττεν O^2 || σουγγεστίωνα Fu Be By : -τίονα O -τιῶνα Wü || διδασκαλίαν O^2 edd. : -λείαν O || 5 οὕτω Fu Be Wü : -τως O By || 6 κυαίστωρα Fu Be By : κυεστορα O κοαίστωρα O^2 κυαίστορα Wü || 7 ἀντεκήνσωρας Fu Be By : ἀντεκήνσορας Wü ἀντεκίνσορας O ἀντικένσο- Gl || 5 2 προθυμίας O^2 edd. : -μίαν O || 5 ἐπισηκρητεύων O^2 By : ἐπὶ σηκρητεύον O ἐπισηκρητευον Fu Be ἐπεσηκρήτευον Fu^n Wü || 6 βοηθῶν Wü By : -θὸν O Fu ἐβοήθουν Fu^n Be || ταχυγραφοῦσιν O Be Wü By : -γράφουσιν Fu || 7 Σήκρητον O^2 edd. : Σήκριτ- O || 10 ἁ σηκρήτις Fu Wü By : ασηκρητης O ἀσηκρῆτϊς O^2 ἀσηκρήτις Be || ἠπειγόμην O^2 Be By : ηπιγόμην O ἐπειγόμην Fu Wü.

28 1 1 τοῦ edd. : τὰ O || 4 μὲν Be^n Wü By : μοι O Fu Be || 5 ὁτεδήποτε O Fu Be Wü : ὅτε δή ποτε By.

rées pour leur vertu à n'importe quelle époque[108]. 2. Moi, qui nourrissais l'espoir que ce serait en nombre beaucoup plus grand qu'au fil du temps les affaires m'arriveraient entre les mains, je m'abstins de fréquenter la cour[109] avec zèle et je vouai au service l'intégralité de ma vie. 3. Parce que les affaires publiques de l'espèce avaient à tous égards connu la fin dans les conditions qu'a mentionnées mon traité et que, désormais, à la différence d'autrefois, la Fortune faisait grise mine aux gens munis d'une formation en lettres, je pris le service en grippe et je me donnai entièrement à mes livres. 4. Quand il eut appris les nuits de veille que je réservais à la littérature, l'empereur me jugea digne en un premier temps de prononcer devant lui un éloge, alors que se trouvaient présents, venus de Rome l'aînée, aussi des gens d'élite qui ont le souci constant, même au sein du malheur, de cultiver la littérature. 5. Ceci fait, il m'invita encore à écrire l'histoire de la guerre conduite d'une main heureuse[110] contre les Perses, quand, après avoir jeté le trouble dans Daras, la cité que le fameux Anastase avait posée comme un garrot sur la gorge de l'ennemi, ils avaient battu en retraite, non sans sérieux dommages, et qu'ils n'avaient plus poussé à nouveau jusque-là[111].

29. Dans l'arrêté d'exécution[112] qu'il écrivit à la préfecture à mon sujet, l'empereur tint les mots suivants : “ Pour Jean le grand lettré, dont nous reconnaissons les immenses mérites tant pour sa culture littéraire que pour

108. Nonobstant les plaintes qu'il multiplie au fil du traité, Jean était devenu un homme riche, car il avait fait un superbe mariage. Sur cet aspect de sa situation, voir Introduction, t. I, p. XXVIII-XXIX.

109. Le mot αὐλή apparaît déjà un peu plus haut, où il est question de la préfecture du prétoire (**27** 5). Arriviste, Jean essayait de se trouver un emploi dans l'administration impériale, et l'on se rappelle qu'il avait d'abord tenté sa chance du côté des services du maître des offices (**26** 2). C'est ce dernier service que désigne ici le mot αὐλή. On ne peut dire que notre auteur vise à faciliter la tâche de son lecteur.

μένων γυναικῶν. 2. **Ἐγὼ δὲ κρείττονα πολλῷ, τοῦ χρόνου προϊόντος, ἐλπίζων προσελθεῖν μοι τὰ πράγματα, τῆς μὲν ἐπὶ τὴν αὐλὴν σπουδῆς ἀπεσχόμην, ὅλον δέ
μου τὸν | βίον τῇ στρατείᾳ παρεχώρησα.** 3. **Τῶν οὖν** Wü 116
κοινῶν τοιούτων ἀποτελεσθέντων ἐπὶ πᾶσιν ὁποίων ὁ λόγος ἐμνημόνευσεν, καὶ τὸ λοιπὸν τοῖς λογικοῖς ⟨οὐχ⟩, ὡς τὸ πρίν, τῆς Τύχης ἀπαρεσκομένης, ἐμίσησα τὴν στρατείαν, ὅλον ἐμαυτὸν τοῖς βιβλίοις ἐκδούς. 4. **Γνοὺς δὲ ὁ βασιλεὺς τὴν ἐμὴν περὶ τοὺς λόγους ἀγρυπνίαν πρῶτον μὲν ἐγκώμιον εἰπεῖν με πρὸς αὐτὸν κατηξίωσεν, παρόντων ἐκ τύχης καὶ τῶν ἀπὸ τῆς μείζονος Ῥώμης λογάδων, οἷς ἀεὶ μέλει, καὶ τοῦτο ταλαιπωροῦσιν, τῆς περὶ λόγους σπουδῆς.** 5. **Οὗ γενομένου, καὶ συγγράψαι με τὸν πρὸς Πέρσας αἰσίμως αὐτῷ χειρισθέντα πόλεμον παρεκελεύσατο ὅτε Δάραν, τὴν πόλιν ἣν ὁ πολὺς Ἀναστάσιος ταῖς φάρυγξι τῶν πολεμίων ἐπιτέθεικεν, ἐνοχλοῦντες ἐκεῖθεν οὐ μετὰ μικρᾶς ζημίας ὑπενόστησαν, οὐκ ἐπ' αὐτοῦ πάλιν προελθόντες.**

**29. Πραγματικὸν πρὸς τὴν ἐπαρχότητα γράφων ὁ βασιλεὺς ἐπ' ἐμοὶ τοιούτοις ἐχρήσατο ῥήμασιν· " Ἰωάν-
νῃ τῷ λογιωτάτῳ | πολλὴν μὲν σύνισμεν τὴν ἐν λόγοις** By 178
παιδείαν τήν τε ἐν γραμματικοῖς ἀκρίβειαν τήν τε ἐν

6-2 1 γυναικῶν ἐγὼ edd. : litt. erasae apud O ‖ 2 προσελθεῖν O Fu Be By : προε- Be^n Wü ‖ 3 ἀπεσχόμην O Be Wü By : ἀπεχ- Fu ‖ 4 τῇ στρατείᾳ Fu^n Be Wü By : τῆς στρατείας O Fu ‖ 3 2 ὁποίων Be Wü By : οποιον O ὁποῖον Fu ‖ 3 ἐμνημόνευσεν O^2 By : -σε O Fu Be Wü ‖ 4 οὐχ suppl. Fu Wü By ‖ ἐμίσησα O^2 edd. : -σεισα O ‖ 4 1 ὁ O^2 edd. : ᾧ O ‖ 3 κατηξίωσεν O^2 By : -σε O Fu Be Wü ‖ 4 μέλει Be Wü By : μελεῖ Fu^n μέλλει O Fu ‖ ταλαιπωροῦσιν O^2 By : -σι O Fu Be Wü ‖ 5 2 αἰσίμως edd. : αισμως O ἀσμένως O^2 ‖ 4 φάρυγξι O edd. : -υξιν O^2 ‖ 5 ἐπιτέθεικεν O^2 edd. : -τέθηκεν O ‖ ἐκεῖθεν Fu^n Wü By : ἐ[.....] O Fu Be.

29 1 1 οὖν post πραγματικὸν add. Wü ‖ 3 πολλὴν O^2 edd. : πολλῆς O ‖ σύνισμεν O^2 edd. : σύνεισ- O ‖ 4 παιδείαν O^2 edd. : -δίαν O.

la précision de ses connaissances grammaticales, la grâce qu'il eut entre les poètes ou son érudition en général, et que, pour contribuer, à travers ses travaux personnels, à accroître le prestige de la langue latine, malgré son service administratif qui se déroule correctement dans les cours de justice de votre hautesse, il a choisi concurremment de mener sa vie dans des livres et de se vouer entièrement à la littérature. 2. Que, parvenu à un si haut degré de valeur, il soit laissé sans honoraires est, selon notre jugement, indigne de notre époque : par conséquent, nous enjoignons à votre hautesse de lui octroyer une subvention de tant sur la caisse publique. 3. Que le grand savant susdit sache que nous n'en resterons pas là, mais que nous l'honorerons de dignités et de libéralités impériales plus grandes encore : il serait absurde, pensons-nous, que de si belles aptitudes linguistiques soient gratifiées d'une récompense aussi mesquine ". 4. Quand celui qui dirigeait alors la préfecture de la ville eut apposé son sceau sur ce document et qu'il m'eut assigné, dans la cour du Capitole, un local qu'il réservait à des professeurs, je me mis, tout en restant attaché à mon service, à y enseigner et à me laisser emporter par de hautes spéculations.

30. Sans avoir eu, au long du service, à essuyer le moindre abaissement ni pour les grades ni pour les revenus, au fil du temps qui courait insensiblement, je parvins cependant au terme de mon service. 2. Pour les profits, je

ποιηταῖς χάριν καὶ τὴν ἄλλην αὐτοῦ πολυμάθειαν, καί, ὅπως τὴν Ῥωμαίων φωνὴν τοῖς ἑαυτοῦ πόνοις ἀποδείξει σεμνοτέραν, καίτοι τῆς στρατείας αὐτῷ τῆς ἐν τοῖς δικαστηρίοις τῆς σῆς ὑπεροχῆς ὀρθῶς φερομένης, ἑλέσθαι μετ' αὐτῆς καὶ τὸν ἐν βιβλίοις ἀσκῆσαι βίον καὶ ὅλον ἑαυτὸν ἀναθεῖναι τοῖς λόγοις. 2. Τὸν τοίνυν εἰς τοσοῦτον ἀρετῆς ἀναβάντα ἀγέραστον ἀπολιπεῖν ἀνάξιον τῶν ἡμετέρων χρόνων εἶναι κρίνοντες, | προστάττο- Wü 117
μεν τῇ σῇ ὑπεροχῇ ἐπιδοῦναι αὐτῷ τοῦ δημοσίου τόδε. 3. Ἴστω δὲ ὁ εἰρημένος σοφώτατος ἀνὴρ ὡς οὐ μέχρι τούτου στησόμεθα, ἀλλὰ καὶ ἀξιώμασι | καὶ ἱεραῖς μεί- O 77^v
ζοσι φιλοτιμίαις τιμήσομεν αὐτόν, ἄτοπον ἡγούμενοι τοιαύτην εὐγλωττίαν οὕτω μικρᾶς ἀμοιβῆς ἀξιωθῆναι, ἐπαινοῦντες αὐτὸν εἰ καὶ πολλοῖς ἑτέροις τῆς οὔσης αὐτῷ μεταδοίη παρασκευῆς." 4. Τούτοις ἐπιψηφισαμένου τοῦ τηνικαῦτα τὴν πολιαρχίαν ἰθύνοντος καὶ τόπον διδασκάλοις ἀπονενεμημένον ἀφορίσαντός μοι ἐπὶ τῆς Καπιτωλίδος αὐλῆς, ἐχόμενος τῆς στρατείας, ἐπαίδευον καὶ μεγαλοφρονεῖν ἐξηγόμην.

30. Παρὰ μέντοι τῆς στρατείας βαθμῶν τε καὶ πόρων ἄνευ τινὸς ἐλαττώσεως, ὥσπερ ἀνεπαισθήτως τοῦ χρόνου τροχάζοντος, ἐπὶ τὸ πέρας τῆς στρατείας ἀνῆλθον. 2. Καὶ κερδῶν μὲν ἕνεκα, ὡς εἰ μηδ' ἐν στρατείᾳ τελῶν,

---

4 ποιηταῖς O Fu Be By : ποιητικοῖς Fu^n Wü || 6 ἀποδείξει Be Wü By : ἀπέδειξεν O ἀπέδειξε Fu || 7 στρατείας O^2 edd. : -τίας O || τῆς^2 edd. : τοῖς O || 10 ἀναθεῖναι edd. : -θῆναι O || 2 4 αὐτῷ Fu Be Wü : ἑαυτῷ By ἑ αυτῷ O ἑ del. O^2 || 3 1 ὡς edd. : ὃς O || 2 μείζοσι O edd. : -ζοσιν O^2 || 3 ἄτοπον edd. : litt. eras. apud O || 6 μεταδοίη Wü By : μεταδῴη O^2 Fu Be μεταδόη O || 4 2 τοῦ edd. : τὴν O || πολιαρχίαν edd. : πολυα- O || 3 ἀπονενεμημένον edd. : ἀπονενημ- O^2 ἀπονενειμ- O || 4 Καπιτωλίδος Wü By : Καπετωλίδος O^2 Fu Be Καπετολιδος O || 5 ἐξηγόμην edd. : εξη- O -γούμην O^2.

30 2 1 μηδ' ἐν edd. : μηδεν O.

fus, comme si je n'officiais même pas dans le service, mis à l'écart, mais j'obtins dûment des autorités l'hommage et les marques de respect ; en plus — et c'est bien là le comble de l'agrément — le cours de ma vie s'était passé dans l'aisance. 3. En me consolant à juste titre dans sa haute sagesse, la Justice avait fait de moi un homme méritant le respect, comme je l'ai dit, des fonctionnaires du service et digne de l'hommage accordé par les magistrats. C'est bien ce qui ressort du décret promulgué à mon sujet lorsque je remis mon ceinturon pour me rendre à la cour. 4. D'abord, lorsque je fus monté à la tribune de la préfecture, suivant l'usage, pour remercier mon supérieur et remettre ma charge, le préfet (c'était l'obligeant Héphaistos[113], un homme de bien, dont le nom suffisait à montrer la réelle noblesse : il descendait, dit-on, d'Héphaistos qui, selon le Sicilien [Diodore][114], fut le premier roi d'Égypte) me fit l'hommage de se lever, me rendit mon salut avec affabilité et, me prenant dans ses bras, me remit aussitôt, en me remerciant, le certificat pour l'annone ; après mille éloges, en présence de tout le personnel, il lut le décret dont la teneur est la suivante : 5. « Jean, le grand lettré (tel est en effet le titre qu'il affectionne, plus que les signes de reconnaissance liés aux récompenses qui lui reviennent), bien qu'il possédât déjà les avantages les plus beaux, nous voulons dire la formation et les lettres, a montré ses qualités au point de susciter l'admiration non seulement pour lui-même, mais

113. Sur Héphaistos, préfet du prétoire en 551-552, voir Introduction, t. I, p. XLV.

παρηνέχθην, ἔτυχον δὲ τιμῆς καὶ τῆς ἀπὸ τῶν κρατούντων αἰδοῦς καί, τὸ δὴ πάντων γλυκύτερον, ἐν ἀνέσει τὸν βίον παρέδραμον. 3. Ἡ δὲ πάνσοφος Δίκη, δικαίοις με παραμυθουμένη τρόποις, τοῖς μὲν στρατιώταις, ὡς ἔφην, αἰδέσιμον ἔδειξεν, τοῖς δὲ ἄρχουσιν οὐκ ἀπάξιον τιμῆς. Καὶ τοῦτο δῆλον ἐκ τῆς προελθούσης ἐπ' ἐμοὶ ψήφου ὅτε τὴν ζώνην ἀφεὶς ἐπὶ τὴν αὐλὴν ἐχώρουν. 4. Πρῶτον μὲν γὰρ ἀναβάντα με ἐπὶ τοῦ βήματος τῆς ἐπαρχότητος, κατὰ τοῦτο δὴ τὸ σύνηθες, εὐχαριστῆσαι τῷ κρείττονι καὶ τὴν ἀρχὴν ἀπώσασθαι, τιμήσας ⟨ὁ⟩ ὕπαρχος (Ἥφαιστος δὲ ἦν ὁ χρηστός, ἀνὴρ ἀγαθὸς καὶ | ἐκ μόνης τῆς προσηγορίας | τὴν οὖσαν By 180 Wü 118 εὐγένειαν αὐτῷ δεικνύς· Ἡφαίστου γὰρ τοῦ πρώτου βασιλεύσαντος Αἰγύπτου κατὰ τὸν Σικελιώτην ἀπόγονος εἶναι διεφημίζετο) ἐγερθεὶς ἀντησπάσατό με λιπαρῶς, καὶ περιβαλὼν αὐτίκα μὲν τὸ πρόσταγμα τῶν ἀννωνῶν χερσὶν ἰδίαις ἐπιδίδωσιν εὐχαριστῶν, μετὰ δὲ μυρίους ἐπαίνους, πάσης τῆς τάξεως παρούσης, ψῆφον ἀνέγνω ἔχουσαν ὧδε· 5. " Ἰωάννης μὲν ὁ λογιώτατος (τούτῳ γὰρ χαίρει τῷ προσρήματι μᾶλλον ἢ τοῖς ἐκ τῶν ὑπαρξάντων αὐτῷ γερῶν προσγενομένοις γνωρίσμασιν) ἤ|δη φθάσας τοῖς ἁπάντων ἑαυτὸν καλλίστοις, O 78 παιδείᾳ τε καὶ λόγοις φαμέν, τοιοῦτον ἀπέδειξεν, ὡς οὐκ αὐτὸν θαυμάζεσθαι μόνον ἀλλὰ καὶ πολλοὺς ἑτέ-

FONT. : **30** 4 6-8 Diod.Sic. I, 13, 3.

3 2 δικαίοις edd. : [.....]οις O παντοίοις coni. Kroll || 4 προελθούσης edd. : προσε- O || 5 ἀφεὶς edd. : ἀφῆς O ἀφ' ἧς O^{2} || 3 3 ἔδειξεν O^{2} By : -ξε O Fu Be Wü || 4 2 ἐπαρχότητος edd. : ἀρχότητος O || 4 ὁ suppl. Be Wü By || Ἥφαιστος edd. : Ἥφεσ- O || 6 εὐγένειαν edd. : εὐγεν- O^{2} -γενίαν O || 9 περιβαλὼν O^{2} Be Wü By : περιλαβὼν [-βῶν] O Fu || 10 ἀννωνῶν edd. : ἀννώνων O ἀννόνων O^{2} || 11 μυρίους edd. : μυριους O || ψῆφον O^{2} edd. : -φων O || 5 2 τούτῳ edd. : τούτω O^{2} τούτο O || προσρήματι Fu^{n} Be Wü By : προσήματι O Fu.

aussi pour beaucoup d'autres qui sont bien les produits de son enseignement. 6. Mais il avait, à ce qu'il semble, considéré que ce serait bien peu que de s'illustrer seulement dans les activités que lui donnaient les belles-lettres (pourrait-on penser pourtant qu'il fût rien de plus important ?) : il s'engagea aussi dans les affaires de l'État. 7. Mais unique fut l'espèce d'harmonie que, servant près nos cours de justice, il sut préserver en toutes choses en suivant pas à pas ses modèles personnels en toute circonstance et en enseignant par son action même que, bonne et capable de donner corps à des produits d'utilité plus haute, une nature ne renonce point, quel que soit le type de vie vers lequel elle s'orientera, à ses prérogatives naturelles, mais qu'au contraire elle rend sa valeur plus respectable en mêlant sur sa palette belles-lettres et affaires de l'État. 8. Par conséquent, avec tous les succès qu'il a obtenus dans ses activités, au terme des grades et tâches qui furent les siens près nos cours de justice, Jean l'Illustrissime peut marcher sur les brisées de notre grand empereur[115] : il en tirera des bienfaits plus importants encore. 9. C'est que l'empereur est, outre les prérogatives qui sont les siennes, aussi un amoureux des belles-lettres, privilège dont le temps a gratifié nos contemporains, en manière telle que, dans sa majesté, le maître de l'État confère[116] à tout le reste du personnel un surcroît d'illustration[117] ". 10. Après cet hommage que je reçus de la cour de justice au lieu d'une forte somme d'argent, sous la conduite des compagnons qui m'étaient très chers en tous points, je partis pour la cour[118] : mon service avait duré en tout quarante ans et quatre mois. Quand j'eus

115. An. Bandy [(1983), p. 316] se demande s'il n'y aurait pas lieu d'écrire, suivant la leçon de O, μεγαβασιλ‹έως›. À titre de précédent, il invoque Ps.-Orph., *A.*, 749 (μεγαβρεμέτης) ou Aet., XI, 35, 68 citant Oribase (μεγαδάκτυλος). Tout ceci nous paraît inutile, car il ne semble pas que le mot μεγαβασιλεύς ait jamais été employé.

ρους, οἳ δὴ τῆς αὐτοῦ διδασκαλίας ἔργον γεγόνασιν. 6. Μικρὸν δέ, ὡς ἔοικεν, εἶναι νενομικὼς εἰ μόνοις κοσμοῖτο τοῖς ἐκ λόγων ἐπιτηδεύμασιν (καίτοι γε τί ἂν τις τούτων ἡγήσοιτο μεῖζον ;) καὶ τοῖς πολιτικοῖς ἐνέμιξε πράγμασιν. 7. Ὑπηρετησάμενος δὲ τοῖς ἡμετέροις δικαστηρίοις μίαν τινὰ διὰ πάντων ἐφύλαξεν ἁρμονίαν, τοῖς οἰκείοις πανταχοῦ κατακολουθῶν παραδείγμασι καὶ δι᾽ αὐτῶν διδάσκων τῶν ἔργων ὡς φύσις ἀγαθὴ καὶ τίκτειν οἵα τε οὖσα τὰ χρησιμώτερα, πρὸς ὅπερ ἂν βίου σχῆμα τραπείη, τῶν οἰκείων οὐκ ἐξίσταται πλεονεκτημάτων, σεμνοτέραν δὲ τὴν ἀρετὴν ἀπεργάζεται, λόγοις αὐτὴν καὶ πολιτικοῖς ποικίλλουσα πράγμασιν. 8. Τούτοις τοίνυν ἅπασιν ἐνευδοκιμηκὼς Ἰωάννης ὁ λαμπρότατος, τοὺς ἐν τοῖς ἡμετέροις δικαστηρίοις βαθμούς τε καὶ πόνους διανύσας, ἐπὶ τὰ τοῦ μεγάλου βασιλέως δραμεῖται ἴχνη καὶ μειζόνων | ἐκεῖθεν ἀπο- Wü 119
λαύσει δωρεῶν. 9. Ἔστι γὰρ δὴ πρὸς τοῖς ἄλλοις πλεονεκτήμασι καὶ φιλόλογος ὁ βασιλεύς, τοῦτο καλῶς ἐφ᾽ ἡμῶν πεποιηκότος τοῦ χρόνου ὅπως ἂν ἡ τοῦ προστατοῦντος σεμνότης καὶ τὴν λοιπὴν ἅπασαν τάξιν ἐπί τι φέροι λαμπρότερον." 10. Ταύτην τὴν τιμὴν ἀντὶ πολλῶν χρημάτων ἐκ τοῦ δικαστηρίου λαβών, ἡγουμένων τῶν πάντα μοι γλυκυτάτων ἑταίρων, ἐπὶ τὴν αὐλὴν ἀνεχώρησα, στρατευσάμενος τοὺς πάντας τεσσαράκοντα ἐνιαυτοὺς πρὸς μησὶ τέσσαρσιν, καὶ τυχὼν τοῦ

---

7 γεγόνασιν O² By : -σι O Fu Be Wü || 6 2 ἐπιτηδεύμασιν O² By : -σι O Fu Be Wü || τί O² edd. : om. O || 3 τούτων edd. : τούτον O || ἡγήσοιτο Wü By : ηγησοιτο O ἡγήσαιτο Fu Be || μεῖζον O² edd. : μείζων O || 7 3 οἰκείοις O² edd. : -κίοις O || παραδείγμασι O edd. : -σιν O² || 4-5 οἵα τε Be By : οἶα τε O οἷά τε O² Fu Wü || 8 πράγμασιν O² By : -σι O Fu Be Wü || 8 3 μεγάλου edd. : μεγαλ O² μεγα O || 9 2 φιλόλογος By : φιλογος O φιλολόγος O² Fu Be Wü || 10 3 ἑταίρων edd. : ἑτέρων O || 5 μησὶ O edd. : -σὶν O² || τέσσαρσιν O² By : -σι O Fu Be Wü.

obtenu la dignité usuelle conférée par l'empire à ceux qui font un service complet, je revins me consacrer à mes livres.

Sur les **scriniarii** *des diocèses, sur le militaire, le service du blé et les* **cancellarii**

31. Si quelqu'un doit parcourir pas à pas l'histoire romaine sur toute son étendue, jamais il ne trouvera, avant le règne de Constantin, le nom de *scriniarius*. 2. *Scrinium*, *scriba* et les mot dérivés bien entendu, on les trouvera, mais nulle part le titre de *scriniarius*. 3. Aussi à ses origines l'Etat ne les connaît-il pas, et ils ne font pas partie non plus du personnel du maître de cavalerie ni encore moins de celui des préfets. 4. Simples particuliers, ils sont arrivés aux affaires par nécessité. Comment ? C'est ce que je vais dire[119]. 5. Constantin Ier, comme on l'a dit précédemment[120], s'était résigné à infliger à l'Etat romain la perte de la Scythie, de la Mysie et des impôts levés sur ces régions en disséminant, par crainte d'une usurpation, en Asie mineure les forces gardant la rive nord de l'Ister [Danube]. 6. Au prix d'une courte digression par rapport à mon objectif, il me semble judicieux de traiter brièvement de la dénomination du cours d'eau. Tantôt Ister, tantôt Danube : pour le même cours d'eau, ce sont là les noms que l'on trouve. Aussi est-il besoin d'une explication.

119. Sur les *scriniarii*, voir *supra*, p. CCXCII-CCXCVII.

120. Référence à II **10** 2. Pour une interprétation du texte, voir *supra*, p. XVIII-XXIII.

εἰωθότος παρὰ τῆς βασιλείας ἀξιώματος τοῖς πληροῦσιν ἐπιδίδοσθαι αὖθις ἐπὶ τὰ βιβλία παρῆλθον. | By 182

ΠΕΡΙ ΤΩΝ ΣΚΡΙΝΙΑΡΙΩΝ ΤΩΝ ΔΙΟΙΚΗΣΕΩΝ ΣΤΡΑΤΙΩΤΙΚΟΥ ΤΕ ΚΑΙ ΣΙΤΩΝΙΚΟΥ ΚΑΙ ΚΑΓΚΕΛΛΑΡΙΩΝ | O 78^{v}

31. Εἰ πᾶσάν τις ἐπέλθοι κατὰ πόδα τὴν Ῥωμαϊκὴν ἱστορίαν, οὔποτε εὑρήσει πρὸ τῆς Κωνσταντίνου βασιλείας τὸ σκρινιάριον ὄνομα. 2. **Σκρινίον μὲν γὰρ καὶ σκρίβαν καὶ τὰ τούτων δὴ παράγωγα εὑρήσει, τὸ δὲ σκρινιάριον ἐπώνυμον οὐδαμοῦ.** 3. **Ὥστε οὐκ οἶδε μὲν αὐτοὺς ἀνέκαθεν τὸ πολίτευμα, οὐδ' εἰσὶ μέρος οὐ τῆς τοῦ ἱππάρχου οὐδὲ μὴν τῆς τῶν ἐπάρχων τάξεως,** 4. **ἰδιωτεύοντες δὲ παρῆλθον κατὰ τὸ ἀναγκαῖον ἐπὶ τὰ πράγματα· καὶ ὅπως, ἐρῶ.** 5. **Κωνσταντῖνος πρῶτος, ὡς ἔμπροσθεν εἴρηται, Σκυθίαν τε καὶ Μυσίαν καὶ τοὺς ἐξ ἐκείνων φόρους ἄκων ἐζημίωσε τὴν Ῥωμαϊκὴν πολιτείαν, τὰς φρουρούσας δυνάμεις τὴν ὄχθην τοῦ πρὸς |** Wü 120 **βορέαν Ἴστρου ἐπὶ τὴν κάτω Ἀσίαν δέει τυραννίδος διασκεδασάμενος.** 6. **Ἐμοὶ δὲ δοκεῖ βραχὺ παρατραπέντι τοῦ σκοποῦ περὶ τῆς προσηγορίας τοῦ ποταμοῦ διὰ βραχέων εἰπεῖν· νῦν μὲν γὰρ Ἴστρον, νῦν δὲ Δανούβιον τὸν αὐτὸν εὑρίσκομεν ὀνομαζόμενον· ὥστε δεήσει διδασκαλίας.**

---

6 εἰωθότος O^{2} edd. : ἰω- O || 7 ἐπιδίδοσθαι edd. : ἐπιδιδωσ- O δίδοσθαι O^{2}.

Tit. om. Be || 3 καγκελλαρίων Fu Wü By : -κιλαρίων O ||

31 1 3 σκρινιάριον O Fu Be By : σκρινιαρίων Wü || 2 2 παράγωγα O Fu Be By : παραγωγὰ Wü || σκρινιάριον Be By : -νιαρίων Fu Wü σκρηνιαρίων O || 3 1 οἶδε O edd. : -δεν O^{2} || 2 εἰσὶ O edd. : -σὶν O^{2} || 4 2 ἰδιωτεύοντες edd. : ἰδιοτ- O || 5 3 ἐζημίωσε edd. : -σεν O || 4 ὄχθην edd. : οχθαν O || 5 δέει Fu^{n} Be Wü By : δέοι O Fu.

32. Dans les montagnes de Rhétie[121], qui appartiennent, dit César au livre I de son journal des Gaules [*Guerre des Gaules*], à la Celtique montagneuse, naissent d'une source unique tant le Rhin que l'Ister, qui tous deux, non sans changer de nom, se jettent dans la mer. 2. Parcourant toute la Gaule centrale, qui se divise en trois, la Celtique, la Germanie et la Gaule, il ne se borne pas à l'arroser, en même temps que le Rhône, mais il la protège aussi en la gardant d'une invasion. 3. Mais, en arrivant presque à la fin de son cours, à son confluent avec la Meuse, le fleuve, voisin de la Mer du Nord au couchant, il perd la dénomination qui était la sienne au début et, confondu[122] avec la Meuse, il vient baigner les golfes de la mer de Bretagne. 4. Quant à l'Ister, laissant son jumeau, le Rhin, se retirer vers le soleil couchant, il doit pour sa part gagner l'est. 5. Jusqu'à la Pannonie (ce sont les Hellènes qui, par souci d'euphonie et pour éviter un barbarisme, ont innové en l'appelant Paionie) et à Sirmium, la cité bienheureuse qui appartenait jadis aux Romains, mais qui est aujourd'hui aux Gépides[123], il garde la dénomination qui est la sienne ; mais en faisant

122. A. Heisenberg [*BZ*, 13 (1904), p. 222] estime, erronément à notre sens, que Wünsch a tort de corriger la forme ὀλισθεύων de O en ὀλισθαίνων. Nous n'avons pas réussi à trouver d'occurrence de la forme qu'il propose.

123. Allusion à des événements de 536, voir *supra*, p. XXVI-XXVII. On consultera aussi la note d'An. Bandy [(1983), p. 318].

32. Ἐκ τῶν Ῥητικῶν ὀρῶν, ἃ τῆς Κελτικῆς ὀρεινῆς εἶναί φησιν ὁ Καῖσαρ ἐν βιβλίῳ τῷ πρώτῳ τῆς κατ' αὐτὸν Γαλλικῆς Ἐφημερίδος, ἐκ μιᾶς πηγῆς ὅ τε Ῥῆνος ὅ τε Ἴστρος, οὐδέτερος δὲ αὐτῶν μὴ τὴν ἐπωνυμίαν ἀμείψας, ἐπὶ τὴν θάλασσαν ἐξωθεῖται. 2. Ὁ μὲν γὰρ Ῥῆνος, πᾶσαν τὴν Γαλατικὴν μεσόγειον τριχῇ διῃρημένην εἰς Κελτικὴν Γερμανικὴν καὶ Γαλατικὴν διατρέχων, οὐκ ἄρδει μόνον αὐτὴν μετὰ Ῥοδανόν, ἀλλὰ καὶ φρουρεῖ, φυλάττων ἀνέφοδον. 3. Πρὸς δὲ τὸ πέρας σχεδὸν τῆς ῥύσεως εἰς Μόσον τὸν ποταμόν, γείτονα τοῦ βορείου πρὸς δύσιν ὠκεανοῦ, ὀλισθαίνων ἀποβάλλει μὲν τὴν οὖσαν αὐτῷ κατ' ἀρχὰς ἐπωνυμίαν, μετ' ἐκείνου δὲ τοῖς τῆς Βρεττανικῆς θαλάττης ἐπισύρεται κόλποις.
4. Ὁ δὲ Ἴστρος, ἐάσας τὸν ἀδελφὸν Ῥῆνον πρὸς δύ-
νοντα ἥλιον ἀναχωροῦντα, | αὐτὸς ἐπὶ τὴν ἑῴαν μερίζε- O 79
ται. 5. Καὶ ἄχρι μὲν | Παννονίας (ἣν Ἕλληνες Παιονίαν By 184
δι' εὐφωνίαν καὶ φυγὴν βαρβαρισμοῦ καινοτομοῦντες
ἐκάλεσαν) καὶ Σιρμίου, τῆς πάλαι μὲν Ῥωμαίων εὐδαί-
μονος πόλεως, νῦν δὲ Γηπαίδων, τὴν ἰδίαν | διασῴζει Wü 121
προσηγορίαν, περὶ δὲ τὴν Θρᾳκίαν εἰλούμενος ἀποβάλλει μὲν παρὰ τοῖς ἐπιχωρίοις τὸ ἔμπροσθεν ὄνομα,

---

FONT. : **32** 1 1-5 Caes., *De b.G.* I, 1.

---

32 1 1 Ῥητικῶν Fu Wü By : ῥητορικῶν O Ῥαιτικῶν Be ‖ ὀρεινῆς edd. : ὀριν- O ‖ 2 φησιν edd. : φασιν O ‖ 3 αὐτὸν O[2] edd. : -τὴν O ‖ 2 2 μεσόγειον edd. : -σόγιον O ‖ 3 διῃρημένην edd. : διειρ- O ‖ 5 φυλάττων edd. -ττον O ‖ 3 2 γείτονα edd. : γίτ- O ‖ 3 βορείου edd. : -ρίου O ‖ ὠκεανοῦ edd. : ὠκια- O ‖ ὀλισθαίνων Be Wü By : -θεύων O Fu ‖ 4 κατ' ἀρχὰς O Be Wü By : καταρχὰς Fu ‖ 5 τοῖς τῆς edd. : τουτῆς O ‖ 4 1 Ῥῆνον O Wü By : om. Fu Be ‖ 2 ἀναχωροῦντα Wü By : αναχωροῦν O -ρεῖν Fu Be ‖ 5 1 Παννονίας Fu Wü By : Παννων- O Be ‖ Παιονίαν Be Wü By : Παιων- O Fu ‖ 2 καινοτομοῦντες Fu[n] Be Wü By : κεν- O Fu ‖ 3 Σιρμίου Be Wü By : Σειρ- O Fu ‖ 4 Γηπαίδων By : -παιδῶν Be Wü Γιπαιδῶν Fu γιπαιδων O.

une boucle autour de la Thrace, il perd chez les populations du lieu son nom précédent pour prendre celui de Danube ; c'est l'appellation que lui ont donnée les Thraces parce que, au contact des montagnes exposées au nord et au vent du nord-nord-ouest (Θρασκίας), l'air qui s'y charge presque constamment de nuages suite à une surabondance des éléments humides sous-jacents est la cause des pluies continuelles qui s'y produisent. Danube est l'appellation que donnent les Thraces au porteur de nuages dans leur langue maternelle[124]. 6. Voilà qui suffira, en manière de digression, comme renseignements sur les cours d'eau, d'après l'historien romain Sammonicus[125] qui en a fait un exposé des *Questions diverses* dédiées à Dioclétien et à Galère l'Ancien.

33. Donc, Constantin avait perdu, comme je le disais[126], tant la Scythie et la Mysie que les impôts prélevés sur ces régions. 2. Quand il eut érigé en provinces toute la Syrie et la Palestine (c'est un seul territoire, et il n'y a que dans un décompte chiffré qu'on met le pluriel), il eut besoin, après celui de la Libye, de la Gaule, de l'Illyrie et de l'Italie, d'un préfet pour faire progresser ses affaires aussi à l'est : le projet était, comme l'empereur le dit lui-même dans ses propres écrits, de lancer par surprise une attaque contre les Perses. 3. Fameux tant par sa culture littéraire que par sa maîtrise des armes (on n'était

125. Document impossible à identifier, voir t. I, p. CLXXVI-CLXXVII.
126. Référence à III **31** 5.

Δανούβιος μετακληθείς· οὕτω δὲ αὐτὸν οἱ Θρᾷκες ἐκάλεσαν διότι ἐπὶ ⟨τὰ⟩ πρὸς ἄρκτον ὄρη καὶ θρασκίαν ἄνεμον συννεφὴς ὁ ἀὴρ ἐκ τῆς ὑποκειμένης τῶν ὑγρῶν ἀμετρίας σχεδὸν διὰ παντὸς ἀποτελούμενος αἴτιος αὐτοῖς συνεχοῦς ἐπομβρίας ἀποτελεῖσθαι νομίζεται· Δανούβιον δὲ τὸν νεφελοφόρον ἐκεῖνοι καλοῦσι πατρίως. 6. Καὶ ταῦτα μὲν περὶ τῶν ποταμῶν, ὡς ἐν παρεκβάσει, κατὰ Σαμμωνικὸν τὸν Ῥωμαῖον ἱστορικόν, ὃς πρὸς Διοκλητιανὸν καὶ Γαλέριον τὸν γέροντα Περὶ Ποικίλων Ζητημάτων διελέχθη.

33. Κωνσταντῖνος οὖν Σκυθίαν τε καὶ Μυσίαν καὶ τοὺς ἐξ αὐτῶν φόρους, ὡς ἔφην, ἀπώλεσεν. 2. Συρίαν δὲ ὅλην καὶ Παλαιστίνην (μία δέ ἐστι χώρα καὶ διὰ μόνον ἀριθμὸν εἰς πλῆθος ἀνάγεται) ἐπαρχίας ἀναδείξας, ἐδεήθη ὕπαρχον μετὰ τὸν Λιβύης καὶ Γαλατίας Ἰλλυρίδος τε καὶ Ἰταλίας καὶ τῆς ἑῴας προχωρήσασθαι, σκεπτόμενος, ὡς αὐτὸς ὁ βασιλεὺς ἐν τοῖς ἑαυτοῦ λέγει συγγράμμασιν, Πέρσαις ἀδοκήτως ἐπελθεῖν. 3. Ἠπίστατο γὰρ Κωνσταντῖνος, πολὺς ὢν ἔν τε παιδεύσει | Wü 122

FONT. : **33** 2 4-7 Constantinus H. Peter, *Hist. Rom. fragm.* p. 365.

7 δὲ post Δανούβιος add. Fu^n Be ‖ μετακληθείς Wü By : μεταβάλλει O Fu Be ‖ οὕτω Fu Be Wü : οὕτως O By ‖ 8 διότι Fu Be Wü : δι ὅτι O δι' ὅτι By ‖ ἐπὶ O Fu Wü By : ἐπεὶ Fu^n περὶ Be ‖ τὰ Fu^n suppl. Be Wü By ‖ ἄρκτον O edd. : τὰ ἀρκτῷα Fu^n ‖ θρασκίαν Fu^n Be Wü By : θρασκαίαν O Fu ‖ 9 συννεφὴς Fu^n Be Wü By : συνε- O Fu ‖ 11 ἀποτελεῖσθαι del. Be ‖ 12 καλοῦσι O edd. : -σιν O^2 ‖ 6 2 Σαμμωνικὸν Fu^n By : Σαμω- Be Wü Σαμωκον O Fu ‖ Ῥωμαῖον edd. : -μαίων O ‖ 3 ὃς Fu^n Be Wü By : ὡς O Fu.

33 1 2 φόρους edd. : [..]ρους O quod verbum φρούρους legit Fu^n ‖ ἀπώλεσεν O By : -σε Fu Be Wü ‖ 2 2 Παλαιστίνην edd. : Παλεσ- O ‖ ἐστι edd. : -τιν O ‖ 5 Ἰταλίας edd. : Ἠτ- O ‖ προχωρήσασθαι By : προχωρίσ- O προχειρίσ- Fu Be Wü ‖ 7 συγγράμμασιν O By : -σι Fu Be Wü ‖ 3 2 ἔν τε Be Wü By : ἐν τε O ἐν τῇ Fu.

pas non plus promu à l'empire sans se distinguer en cultivant chacune des deux disciplines[127]), Constantin savait bien qu'à la guerre on ne vient pas à bout des Perses sans faire fondre sur eux une brusque offensive. 4. Et à ce sujet, le tacticien romain Celse[128] a laissé un traité distinct où il démontre clairement que les Perses ne se rendront pas aux Romains si les Romains ne s'abattent pas soudain sur leur territoire à la façon d'une ténèbre. Il en fournit une explication qui n'est pas étrangère à la raison. En substance, c'est la suivante.

34. Le peuple perse dans sa totalité, bref, absolument toute la population, a coutume de partir en guerre, exactement comme les Romains avant l'organisation par Marius de ce que l'on appelle les légions. 2. Donc, ils coupent un homme en deux par le milieu et font d'eux-mêmes passer leur armée entre les deux tronçons[129]. 3. Il est évident en effet que les Perses n'entretiennent pas de troupes structurées ni sur pied de guerre, de façon à être prêts au combat, comme le sont les Romains. 4. Ils ont dès lors besoin de temps pour préparer une armée et d'un trésor de guerre suffisant. 5. Aussi est-il judicieux, dit Celse, de les attaquer par surprise, surtout en donnant le prélude à l'offensive à travers la Colchide (nos contemporains l'appellent Lazique, d'après le nom d'un de leurs chefs[130]). La difficulté du terrain le rend inaccessible à

127. Pour une *oratio variata* sur la même locution, voir III **73** 6 (ἑκατέρα … παιδεία). Toutefois, le sens n'est pas identique de part et d'autre. Dans le second cas, il s'agit de la formation de Phocas aux deux cultures, grecque et latine. Le témoignage a échappé à la sagacité de Br. Rochette [(1997, 2)].

128. Sur le fragment et l'identification de l'auteur, ainsi que les données historiques mentionnées, voir Introduction, t. I, p. CLXVIII-CLXX.

λόγων καὶ συνασκήσει ὅπλων (οὐδὲ γάρ, εἰ μὴ καθ' ἑκατέραν παίδευσιν ἔτυχέ τις διαπρέπων, βασιλεὺς Ῥωμαίων προεχειρίζετο) μὴ εἶναι ῥᾴδιον ἄλλως καταπολεμηθῆναι Πέρσας, μὴ ἐξαπίνης αὐτοῖς ἐπιχεομένης ἐφόδου. 4. Καὶ συγγραφὴν περὶ τούτου μονήρη Κέλσος ὁ Ῥωμαῖος τακτικὸς ἀπολέλοιπεν, σαφῶς ἀναδιδάσκων ὡς οὐκ ἄλλως Πέρσαι Ῥωμαίοις παραστήσονται, μὴ αἰφνιδίως εἰς τὴν ἐκείνων χώραν Ῥωμαῖοι γνόφου δίκην ἐνσκήψουσιν, αἰτίαν οὐκ ἔξω | λόγου παρασχόμενος· ἡ O 79^v δὲ τοιαύτη ἐστίν. | By 186

34. Περσῶν ὁ δῆμος ὅλος καὶ σύμπαν ἁπλῶς τὸ ἔθνος εἴωθεν ἐπὶ πόλεμον ὁρμᾶν, ὡς καὶ Ῥωμαῖοι πρὸ τῆς Μαρίου τῶν λεγομένων λεγιώνων διατάξεως. 2. Διχοτομοῦντες οὖν ἄνθρωπον αὐτοὶ διὰ μέσου τῶν δύο τοῦ σώματος τομῶν διαβιβάζουσι τὸν στρατόν. 3. Δῆλον γὰρ ὡς οὐχ ὡρισμένα οὐδὲ εὐτρεπῆ στρατεύματα τρέφουσιν οἱ Πέρσαι, ὡς ἑτοίμους εἶναι πρὸς τὰς μάχας, ὥσπερ οἱ Ῥωμαῖοι. 4. Χρόνου δεῖ τοίνυν αὐτοῖς εἰς παρασκευὴν στρατοῦ καὶ δαπάνης ἀποχρώσης τῷ πολέμῳ· 5. ὥστε ἁρμόδιόν φησιν ὁ Κέλσος ἀδοκήτως αὐτοῖς ἐπελθεῖν, καὶ μάλιστα διὰ τῆς Κολχίδος τὰ προοίμια τῆς ἐφόδου λαμβανούσης (Λαζικὴν αὐτὴν ἐξ ἡγεμόνος ἐπιφημίζουσιν οἱ καθ' ἡμᾶς)· ἡ γὰρ δυσχωρία Πέρσαις ἱππηλατοῦσι δυσέμβατος· ὅθεν ἀφόρητος

3 συνασκήσει O^2 edd. : -κέσει O || καθ' ἑκατέραν Fu^n Wü By : καθ' ἑτέραν Fu Be καθετέραν O || 4 ἔτυχε edd. : -χεν O || 4 2 ἀπολέλοιπεν O By : -πε Fu Be Wü || 3 ἄλλως edd. : ἄλλος O || μὴ O Fu By : εἰ μὴ Fu^2 Be Wü || 4 αἰφνιδίως edd. : ἐφ- O || γνόφου edd. : γνώφ- O.

34 1 1 ὅλος Fu^n Wü By : ὅλως O Fu Be || 3 λεγιώνων edd. : -ιόνων O || 3 3 οἱ O Wü By : om. Fu Be || 5 1 ἁρμόδιον edd. : ἀρ- O || ἀδοκήτως edd. : ἀδοκητος O || 2 Κολχίδος edd. : Κάλχιδος O || 4 δυσχωρία edd. : -χορία O || 5 ἱππηλατοῦσι edd. : -σιν O || ἀφόρητος edd. : -ριτος O.

des Perses montés à cheval ; c'est pourquoi Corbulon, sous Néron, leur parut irrésistible. Après avoir fermé la porte aux incursions auxquelles ils se livraient à travers l'Hyrcanie dans les déserts de Perse, il leur ôta toute chance de victoire par la fuite ; aussi furent-ils pris au piège dans un défilé, dans la mesure où c'est possible pour des masses perses, et ne trouvèrent-ils de refuge qu'à Antioche de Mygdonie (après l'avoir prise, les Perses ont changé son nom en Nisibe[131]) : c'est là une cité qu'ils abandonnèrent aussi quand les Romains leur tombèrent dessus à la manière d'un ouragan.

35. Lorsqu'il fut gagné à cette idée et qu'il eut promu un préfet pour l'Orient, Constantin établit à son service comme receveurs des impôts des hommes respectables et rompus aux subtilités de la comptabilité. 2. Partant, c'était en costume de simples citoyens qu'ils se présentaient à la cour de justice, sans rien avoir d'autre entre les mains que les relevés des comptes, avec le titre de *scriniarii*, un mot mis pour " conservateur des archives "[132], parce que les Romains appellent *scrinium* le coffre-fort[133] du tribunal, et cette désignation demeura la seule qu'on leur appliquât. 3. Bien entendu, ils n'ont pas fait carrière dans la fonction publique, pas plus qu'ils ne sont sortis

131. L'équivalence entre Antioche de Mygdonie et Nisibe est connue depuis Strabon au moins (XVI, 1, 23), cf. J., *AJ*, XX, 68 ; Plut., *Luc*., 32, 4 ; Thdt., *HE*, I, 7, 4 ; II, 30, 2 ; Thphyl., *Hist*., dialogue-index 3, 6, d'après qui le nom de Mygdonie fut donné par les Macédoniens. Dion Cassius (fr. dans Xiphilin, p. 236 Dindorf-Estienne) évoque la prise de la ville par Trajan, qui lui valut le surnom de *Parthicus*.

132. Jean s'amuse à gloser le vocable *scriniarius*, qu'il traduit par χαρτοφύλακες. Il entend évidemment rester dans la ligne de l'étymon qu'il a trouvé. Voir encore Chr. Gastgeber – J. Diethart, (1998), p. 470 : *Souda*, Σ 697, s.v. σκρινιάριος· ὁ χαρτουλάριος τοῦ ἐπάρχου, ὁ αἴρων τὸ σκρίνιον ἤτοι τὸ κιβώτιον ; Λ.Ρ.Δ. 188 p. 452 σκρινιάριος ὁ χαρτοφύλαξ ; *Lex.* ἄκτωρ Σ 6 σκρινιάριοὶ· καμποφόροι, τουτέστι χαρτουλάριοι.

αὐτοῖς ὁ Κορβουλὼν ἐπὶ τοῦ Νέρωνος ἐφάνη· τὰς γὰρ ἐκδρομὰς αὐτῶν τὰς ἐν ταῖς ἐρημίαις τῆς Περσίδος διὰ τῆς Ὑρκανῆς ἀποκλείσας, τὴν ἐκ τῆς φυγῆς νίκην ἀφεῖλεν, | ὡς ἐν στενωπῷ, ὅσον ἧκεν εἰς Περσικὰς Wü 123
πολυπληθείας, ζωγρηθέντας εἰς μόνην τὴν πρὸς τῷ Μυγδονίῳ Ἀντιόχειαν (Νίσιβιν αὐτὴν ἑλόντες μετεκάλεσαν οἱ Πέρσαι) καταφυγεῖν, ἣν καὶ αὐτὴν ἀπέλιπον τὸ τηνικαῦτα δίκην πρηστήρων τῶν Ῥωμαίων αὐτοῖς ἐπικειμένων.

35. Ταύτης οὖν τῆς ἐννοίας ὁ Κωνσταντῖνος γενόμενος καὶ ὕπαρχον ἐπὶ τῆς ἕω χειροτονήσας διαψηφιστὰς αὐτῷ κατεστήσατο τῶν φόρων ἄνδρας αἰδεσίμους καὶ περὶ λεπτότητα λογισμῶν παρασκευασαμένους. 2. Ἰδιωτικῷ τοίνυν σχήματι στελλόμενοι παρῆσαν ἐν τῷ δικαστηρίῳ, μηδὲν ἕτερον παρὰ τοὺς λογισμοὺς ἀνὰ χεῖρας ἔχοντες, σκρινιάριοι χρηματίζοντες, ἀντὶ τοῦ χαρτοφύλακες, ὅτι σκρινίον τὴν δρυφάκτην λάρνακα Ῥωμαῖοι καλοῦσιν, καὶ διέμεινεν ἡ προσηγορία παρ᾽ αὐτοῖς | O 80
μόνη. 3. Οὐ μὴν ἐν στρατείᾳ ἐτέλεσαν οὐδὲ τὴν ἰδιωτῶν τύχην ἐξῆλθον, ὡς αἱ παλαιαὶ διδάσκουσι μάτρικες.

Test. : **35** 2 4-5 Bas p. xxiii W Σκρινιάριοι οἱ χαρτοφύλακες ... σκρίνιον δὲ δρυφακτικὴν λάρνακα καλοῦσι Ῥωμαῖοι || Gl (Z p. 236 F. M.) Σκρινηάριοι ἀντὶ τοῦ χαρτοφύλακες, ὅτι σκρινεῖον τὴν φυλακτικὴν λάρνακα ῥωμαῖοι καλοῦσι.

---

6 Κορβουλὼν Wü By : Κουρβολὼν O Fu Be || 8 ἀποκλείσας edd. : -κλίσας O || 9 στενωπῷ edd. : -νοπῷ O || τὰς post εἰς add. Wü || εἰς Περσικὰς : τῆς Περσικῆς coni. Fu² || 11 Μυγδονίῳ Ἀντιόχειαν edd. : μυγδωνι ἀντιστοιχίαν O || Νίσιβιν edd. : Νίσηβιν O || 12 καταφυγεῖν edd. : καταφυγήν O || ἣν edd. : ἦν O || ἀπέλιπον τὸ edd. : ἀπελίποντο O || 13 τηνικαῦτα edd. : τινικ- O.

35 1 2 χειροτονήσας edd. : -νίσας O || διαψηφιστὰς edd. : -φίσας O || 2 2 παρῆσαν edd. : πάρησαν O || 5 δρυφάκτην O Fu Be By : -φακτικὴν Gl Fu² Wü || 6 καλοῦσιν O By : -σι Fu Be Wü || 3 2 διδάσκουσι edd. : -σιν O.

du statut de simples particuliers, comme l'indiquent les anciens matricules. 4. Mais, sous Théodose Ier, quand ils se virent en butte au dédain, alors que le personnel (de la préfecture) dirigeait les affaires à l'époque, ils s'inscrivirent sur les rôles, collectèrent de l'or pour servir d'appât et prièrent l'empire de les mettre au nombre de son personnel. Une fois qu'ils eurent obtenu gain de cause et qu'ils se furent procuré ce que l'on appelle les *probatoriae*, ils s'élevèrent au rang d'*adiutores*, c'est-à-dire d'assistants, à égalité de droit avec les autres, mais, bien qu'ils eussent payé cher leur nom d'*Augustales*, ce fut jusqu'à Léon qu'ils furent considérés comme ne relevant même pas de la fonction publique, au moins aux yeux des membres du personnel. 5. En effet, l'Antiquité romaine ne les connaît même pas. C'est pourquoi aujourd'hui encore, quand la magistrature se rend à une séance de la cour de justice, ils cèdent la priorité et viennent en arrière dans la suite, tandis que le personnel, en rang, est seul à faire escorte au préfet. 6. De ce fait, après avoir érigé pour l'empereur au sommet d'une colonne une statue en argent travaillé, ils ont réalisé l'ornementation de ce que l'on appelait jadis le Pavement [τὸ Πλακωτόν], près de l'horloge de la ville, comme je l'ai trouvé relaté dans les archives[134] de l'*Instrumentum* de l'État. 7. Et le pilier a, de notre temps, ouvert la voie aux travaux les plus utiles dans la cité, tandis que la colonne se dressant devant l'agora du quartier nommé Hebdomon, c'est la statue de notre excellent empereur qui fait sa majesté[135].

36. À dater du règne de Zénon, les *scriniarii* connurent désormais une faveur croissante dans la proportion où prit fin celle que l'on accordait au personnel. Quand,

135. Pour la localisation de ces divers édifices, voir *supra*, p. CCCIV-CCCXIII.

4. Ἐπὶ δὲ Θεοδοσίου τοῦ πρώτου, ὡς εἶδον ἑαυτοὺς μὲν ἠμελημένους, τοὺς δὲ τῆς τάξεως διοικοῦντας τότε τὰ πράγματα, ἑαυτοὺς διαγράψαντες καὶ χρυσίον εἰς | By 188 φίλτρα διαθροίσαντες ἐδεήθησαν τῆς βασιλείας συναριθμηθῆναι τῇ τάξει. Καὶ τυχόντες καὶ τὰς λεγομένας προβατωρίας πορισάμενοι εἰς μὲν ἀδιούτωρας, οἷον εἰ βοηθούς, ἀνηνέχθησαν ἴσα τοῖς ἄλλοις, τὸ δὲ Αὐγουσταλίων ὄνομα πριάμενοι τιμίως, ἄχρι Λέοντος ὡς εἰ μηδὲ στρατευόμενοι, ὅσον πρὸς τοὺς ἀπὸ τῆς τάξεως, ἐνομίσθησαν. 5. Οὐδὲ γὰρ οἶδεν αὐτοὺς ἡ Ῥω|μαίων Wü 124 παλαιότης. Ὅθεν, τῆς ἀρχῆς ἔτι καὶ νῦν ἐπὶ τοῦ βήματος προϊούσης, ἐξόπισθεν ὑποχωροῦντες παρέπονται, μόνης τῆς τάξεως στιχηδὸν διευθυνούσης τὸν ὕπαρχον. 6. Εἰκόνα οὖν τῷ βασιλεῖ ἀργυρήλατον ὅλην ἐπὶ κίονος ἀναστήσαντες τὸ πάλαι καλούμενον Πλακωτὸν πρὸς τῷ ὡρολογίῳ τῆς πόλεως διεκόσμησαν, ὡς ἐν τοῖς ἀρχαίοις τοῦ δημοσίου ἰνστρουμέντου ηὗρον ἱστορημένον. 7. Καὶ ἡ μὲν στήλη καθ' ἡμᾶς ἐπὶ τὰ χρειωδέστερα ἔργα τῆς πόλεως προεχώρησεν, ὁ δὲ κίων πρὸ τῆς ἐν τῷ λεγομένῳ Ἑβδόμῳ ἀγορᾶς ἀναστὰς τῇ τοῦ κρατίστου ἡμῶν βασιλέως εἰκόνι σεμνύνεται.

36. Ηὐξήθη δὲ λοιπὸν τὰ τῶν σκρινιαρίων ἀπὸ τῆς Ζήνωνος βασιλείας τοσοῦτον, ὅσον τὰ τῆς τάξεως ἔληξεν· πολλῶν μὲν γὰρ ἄλλων καὶ Πολυκάρπου δὲ ἀπ'

4 2 τότε edd. : τατε O ‖ 4 φίλτρα Wü By : φίλτρας O Fu Be ‖ διαθροίσαντες edd. : διαθρυσ- O ‖ 6 προβατωρίας Wü By : -τορίας Fu Be πραιβατορίας O ‖ ἀδιούτωρας Fu Be By : -τορας O Wü ‖ 5 4 διευθυνούσης By : διευθουν- O^2 διιθ- Be διηθουνούσης Fu διευθυνθείσης παραπεμπούσης Wü θουνούσης O ‖ 6 2 τὸ edd. : τὰ O ‖ Πλακωτὸν Wü By : πλακωτον O Πλάκωτον Fu Be ‖ 3 τῷ edd. : τὸ O ‖ 4 ἀρχαίοις Fu^n By : αρχαις O ἀρχαῖς Fu Be ἀρχείοις Wü ‖ ἱστορημένον edd. : -ριμένον O ‖ 7 1 ἡ μὲν O Fu Be By : μὲν ἡ Wü.

36 1 3 ἔληξεν O By : -ξε Fu Be Wü.

entre beaucoup d'autres, Polycarpe aussi eut été sous Anastase arraché à leurs rangs pour la magistrature[136], quand ensuite Marinos, qui se trouvait être de même un des *scriniarii* de Syrie, eut endossé toute l'administation des affaires et que dorénavant personne d'autre qu'eux seuls, ou presque, n'hérita de la magistrature[137], en raison de la réduction des impôts, les revenus du personnel se trouvèrent complètement ruinés. 2. On les voyait en *cancellarii*, en intendants des finances et en gouverneurs de la banque impériale et générale, alors que l'usage ancien était de n'admettre personne à la fonction de celui que l'on appelle le *cancellarius*, à l'unique exception de ceux qui avaient gagné une belle réputation dans les rangs des *Augustales* et des tachygraphes ; aussi bien, la cour de justice ne reconnaissait que deux *cancellarii*, ceux à qui précisément le trésor public octroyait une pièce d'or par jour. Quant à la cause de leur dénomination, c'est la suivante.

37. Autrefois, il y avait uniformément dans les cours de justice, comme il s'en trouve aujourd'hui encore dans les propriétés du pays, une clôture ou, pourrait-on dire, un “ barreau ”[138] ; en bois travaillé fait de longues lattes entrecroisées et formant des ouvertures à angles aigus, comme les mailles d'un filet ; elle s'étendait au milieu de la cour de justice, séparant le magistrat en exercice des justiciables. Les Romains le nomment *cancellum*, un

136. Attesté comme préfet du prétoire le 1er avril 498, voir déjà, *supra*, p. CXV et CXVIII, n. 372.

137. Sur Marinos, préfet du prétoire probablement de 512 à 515, voir *supra*, p. CXVI-CXVIII et *PLRE* II, s.v *Marinus* 7, p. 726-728.

αὐτῶν εἰς τὴν ἀρχὴν ἁρπασθέντος ὑπὸ τῷ Ἀναστασίῳ, εἶτα καὶ Μαρίνου τὴν ὅλην ἀναζωσαμένου τῶν πραγμάτων διοίκησιν, ὃς καὶ αὐτὸς εἷς τῶν τῆς Συρίας σκριναρίων ἐτύγχανεν, καὶ τὸ λοιπὸν οὐχ ἑτέρου ἢ αὐτῶν σχεδὸν καὶ μόνων τὴν ἀρχὴν ἐκδεχομένων, διὰ τὴν τῶν φόρων ἐλάττωσιν εἰς παντελῆ ἀπώλειαν | τὰ τῆς τάξεως O 80v κατέστη. 2. Καγκελλάριοι γὰρ αὐτοὶ καὶ λογοθέται καὶ τῆς θείας καὶ γενικῆς τραπέζης διοικηταί, τῆς ἀρχαίας συνηθείας ἐχούσης μηδένα εἰς τὸ τοῦ λεγομένου καγκελλαρίου λειτούργημα ἢ μόνους τοὺς εὐδοκιμοῦντας ἐκ τῶν Αὐγουσταλίων καὶ ταχυγράφων παριέναι· ἐπεὶ καὶ δύο μόνους καγκελλαρίους | τὸ δικαστήριον ἐγνώ- Wü 125 ριζεν, οἷς καὶ χρύσινος εἷς καθ' ἡμέραν ἀπὸ τοῦ δημοσίου ἀφώριστο. Ἡ δὲ αἰτία τῆς προσηγορίας ὧδε. | By 190

37. Τὸ πρὶν καθ' ὁμαλοῦ ἐν τοῖς δικαστηρίοις, ὥσπερ ἔτι καὶ νῦν ἐν τοῖς ἐπιχωρίοις ἐστίν, ἔρυμα καί, ὡς ἂν τις εἴποι " διαφραγμόν ", ξυλουργές, ἀπὸ σχιδάκων μακρῶν ἀντιπλαγιαζομένων ἐφ' αὑτοὺς καὶ διόπτρας ὀξυτελεῖς, καθάπερ δικτύου τινός, ἀποτελούντων, ἐπὶ μέσου διέτεινε τοῦ δικαστηρίου, χωρίζον τὸν ἄρχοντα τῶν ὑποδίκων· κάγκελλον αὐτὸ οἱ Ῥωμαῖοι καλοῦσιν

TEST. : **37** 1 7-3 5 Bas p. xx W Κάγκελλον ἀντὶ τοῦ δικτύϊσκον ὑποκοριστικῶς ὅτι κάσσεις Ῥωμαῖοι τὰ δίκτυα λέγουσι, καὶ ὑποκοριστικῶς κάγκελλον. Ἔνθεν καγκελλάριοι ἐκ (l. ἐπ') αὐτῷ ἑστηκότες δύο δὲ οὗτοι μόνοι.

---

4 ἁρπασθέντος edd. : ἀρ- O || τῷ edd. : τῶν O || 6 ὃς edd. : ὡς O || εἷς τῶν edd. : εἴ στῶν O || 7 ἐτύγχανεν O By : -νε Fu Be Wü || οὐχ edd. : οὐκ O || ἢ edd. : ει O || 8 μόνων edd. : μόνον O || 2 1 Καγκελλάριοι edd. : καγκελά- O || 3 τὸ edd. : τὴν O.

37 1 1 καθ' ὁμαλοῦ Be By : καθομ- Fu Wü καθωμ- O || 3 διαφραγμὸν By : -γμον O διάφραγμα Fu Be Wü || 4 αὑτοὺς edd. : αυτο[..] O.

diminutif pour " petit filet ", parce que, sous leur forme primitive, ils appellent les filets *casses* et, sous la forme d'un diminutif[139], *cancelli*. 2. À ce barreau se trouvaient postés, un de chaque côté, deux *cancellarii*, qui doivent leur nom à l'objet de leur activité. C'était par leurs mains, attendu que personne ne se risquait et n'était pas non plus autorisé à toucher la tribune, qu'avait lieu tant la présentation des pièces à la signature de la magistrature que la communication des données indispensables au procès en cours. 3. Mais, comme déjà dans le passé la dignité avait essuyé quantité d'outrages, le trésor public suspendit l'octroi de la largesse impériale [le *donativum*], et presque tous ceux qui, à un niveau quelconque, sont investis d'une charge d'ordre judiciaire, prennent de nos jours le titre de *cancellarii*, et pas seulement eux, mais ce sont aussi dans les provinces les collecteurs de pièces de bronze qui s'arrogent la dignité de *cancellarii*, afin que sans obstacle parviennent entre leurs mains les affaires provinciales.

38. Tels furent les faits entraînant la confusion qui affecta en plus ce poste ; aux *scriniarii*, on a adjoint encore ceux qui sont à la tête du département de l'approvisionnement militaire[140], en d'autres termes " de l'annone ", non parce qu'ils appartenaient eux aussi aussi à la cour de justice sous son visage ancien, mais parce que, quand on eut supprimé les *scriniarii* attachés aux généraux, il leur advint d'avoir à compléter par surcroît le catalogue de leur personnel. 2. Mais la vertu de

140. On lit bien dans le manuscrit καὶ σίτου, qui peut résulter d'une mélecture d'onciale καὶ οἱ τοῦ. Dans ce cas, le terme στρατιωτικόν doit s'entendre au sens technique comme équivalant à ἀννωνιακόν.

ὑποκοριστικῶς, ἀντὶ τοῦ δικτύδιον, ὅτι πρωτοτύπως κάσσης αὐτοὶ τὰ δίκτυα λέγουσιν, ὑποκοριστικῶς δὲ καγκέλλους. 2. Ἐπὶ τούτου ⟨τοῦ⟩ διατμήματος ἵσταντο δύο ἀφ' ἑκατέρας πλευρᾶς καγκελλάριοι, ἐκ τοῦ πράγματος ἐπιφημιζόμενοι· δι' ὧν, ἐπεὶ μηδεὶς ἐθάρρει ἀλλ' οὐδὲ συνεχωρεῖτο προσψαῦσαι τῷ βήματι, οἵ τε πρὸς ὑπογραφὴν χάρται τῇ ἀρχῇ προσεφέροντο ἥ τε τῶν ἀναγκαίων ἐγίνετο μήνυσις. 3. Ἀλλ' ἤδη πρότερον εἰς πλῆθος τοῦ ἀξιώματος ὑβρισθέντος, τὸ μὲν δημόσιον ἀνήρτησε τὴν ἐπίδοσιν, πάντες δὲ σχεδὸν οἱ ὁπωσοῦν δικασπολίαν περικείμενοι καγκελλάριοι καθ' ἡμᾶς χρηματίζουσιν, καὶ οὐκ αὐτοὶ μόνον ἀλλὰ καὶ οἱ ἐν ταῖς ἐπαρχίαις χαλκολογοῦντες τὸ καγκελλαρίων περιάπτουσιν ἑαυτοῖς ἀξίωμα ὅπως αὐτοῖς τὰ τῶν ἐπαρχιῶν ἀδεῶς προσάγοιτο.

38. Τοιαῦτα μὲν τὰ περὶ τῆς συγχύσεως καὶ τοῦδε | Wü 126
τοῦ σχήματος, τοῖς δὲ σκρινιαρίοις | προστέθεινται καὶ O 81
οἱ τοῦ στρατιωτικοῦ, οἷον εἰ ἀννωνιακοῦ, προεστηκότες φροντίσματος· οὐχ ὅτι καὶ αὐτοὶ μέρος ἐτύγχανον τῆς παλαιᾶς ὄψεως τοῦ δικαστηρίου, ἀλλ' ὅτι, τῶν στρατηγικῶν παρωθηθέντων σκρινιαρίων, καὶ τούτων συνέβη ἀποτελεσθῆναι τὸν κατάλογον. 2. Τῇ δὲ βασιλέως

---

8 δικτύδιον Be Wü By : δικτυδίου Fu δικτυδιου O || 9 κάσσης Fu Be Wü : κάσσεις Gl κα[......] O κάγκρους By || 2 1 τούτου τοῦ Be Wü By : του[....] O τούτου mal. Fu τοῦδε τοῦ Fu^{n} || 3 μηδεὶς ἐθάρρει edd. : μηδεθαρρει O || 5 ὑπογραφὴν edd. : -αφειν O || 6 ἐγίνετο O By : ἐγίγν- Fu Be Wü || 3 3 ὁπωσοῦν Fu Be Wü : ὅπως οὖν By || 4 δικασπολίαν By : [............] O [...] Fu Be δικα[στηρίοις] Wü || 7 ἐπαρχιῶν Wü By : [........] O εὐηφενῶν Fu Be.

Ordiuntur capitulum **38** ab τοιαῦτα (v. 1) Wü By ab τοῖς (v. 2) Fu Be || 1 3 οἱ τοῦ Wü By : σίτου O οἱ σίτου Fu Be || ἀννωνιακοῦ Be Wü By : ἀννον- Fu [..........] O.

l'empereur fit que ce qui avait été considéré comme une machinerie destinée à nuire se révéla avantageuse grâce à une bonne administration. 3. Les fonds de l'approvisionnement, qui étaient à l'origine du ressort de la préfecture de la Ville, mais qui lui avaient été enlevés par le pouvoir et l'arbitraire du maudit Cappadocien, dont je parlerai un peu plus tard (il pensait devoir encore soumettre aussi même la ville impériale aux dénis de justice perpétrés contre les provinces), Gabriel fut le seul, durant sa préfecture de la Ville, à rétablir ces fonds sous sa juridiction[141]. C'est que l'empereur, qui est bon et libéral, a un penchant naturel à rougir devant ceux qui, dans la mesure du possible, l'imitent dans leur noblesse, leur genre de vie et leur générosité. 4. Mais quand Gabriel se fut lui-même dessaisi de la magistrature, le département de l'approvisionnement retourna derechef à la juridiction plus élevée : c'était la démonstration claire sous les yeux de tous que l'empereur s'était plu à l'accorder à Gabriel à raison de ses mérites. 5. Homme bon et aux qualités incomparables, celui-ci devait en effet trouver faveur plus grande auprès d'un roi qui révère justice autant qu'amour de Dieu et éclat de la noblesse.

39. Reste donc désormais à énoncer les causes de l'abaissement de la magistrature et du changement si profond qui affecta les affaires. Même si aujourd'hui peut-être encore on considère que la magistrature se surpasse elle-même en grandeur et en gloire grâce à la vigilance de l'empereur — il n'est pas non plus d'organe de tout le gouvernement que de façon générale l'empereur n'ait

141. Gabriel fut préfet de la Ville en 543. Sur le personnage, voir *PLRE* III, s.v. *Gabrielius* 1, p. 498 et Introduction, t. I, p. XVI. Pour un commentaire institutionnel, voir *supra*, p. CCXLVIII-CCXLIX.

ἀρετῇ τὸ πρὸς ἄλλων ἐπηρείας ἐξηυρῆσθαι νομισθὲν εἰς λυσιτελοῦν καλῶς διοικούμενον ἀπεδείχθη. 3. **Τοῦ γε μὴν σιτωνικοῦ ἀνέκαθεν ὑπὸ τὴν πολιαρχίαν τελοῦντος, δυνάμει δὲ καὶ αὐθεντίᾳ τοῦ βδελυροῦ Καππαδόκου, περὶ οὗ μικρὸν ὕστερον ἐρῶ, ἀφαιρεθέντος, προσδεῖν γὰρ ᾤετο τοῖς κατὰ τῶν ἐπαρχιῶν | ἀδικήμασιν** By 192 **αὐτοῦ καὶ αὐτὴν τὴν βασιλέως πόλιν ὑπαγαγεῖν, μόνος Γαβριήλιος πολιαρχῶν ἀποκατέστησεν ἐκεῖνο τῷ δικαστηρίῳ· πέφυκε γὰρ ὁ βασιλεύς, καλὸς ὢν καὶ ἐλεύθερος, ἐρυθριᾶν τοὺς γένει καὶ βίῳ καὶ φιλοτιμίᾳ ζηλοῦντας αὐτὸν κατὰ δύναμιν.** 4. **Αὐτοῦ δὲ Γαβριηλίου τὴν ἀρχὴν ἀποθεμένου, αὖθις πρὸς τὸ μεῖζον ἡ φροντὶς τῆς εὐθηνίας δικαστήριον ἐπανῆλθεν, ὡς δῆλον ἄντικρυς πᾶσιν ἀποδειχθῆναι ὅτι Γαβριηλίῳ κατ' ἀξίαν χαίρων ὁ βασιλεὺς ἐνδέδωκεν.** 5. **Ἔδει γὰρ αὐτόν, ἄνδρα ἀγαθὸν ὄντα καὶ ταῖς ἀρεταῖς ἀσύγκριτον, τὸ πλέον εὑρεῖν παρὰ βασιλεῖ τιμῶντι δικαιοσύνην τε καὶ θεοφιλίαν καὶ γένους λαμπρότητα.**

39. Ὑπόλοιπον ἄρα τυγχάνει τὰς αἰτίας τῆς ἐλαττώσεως καὶ τῆς τοσαύτης τῶν πραγμάτων παραλλαγῆς ἀποδοῦναι. Κἂν εἰ τυχὸν αὐτὴν τὴν ἀρχὴν ἑαυτῆς καὶ | Wü 127 **μείζονα καὶ κλεινοτέραν τῇ βασιλέως ἀγρυπνίᾳ ἔτι καὶ νῦν ἔστι συνιδεῖν (οὐδὲ γὰρ μέλος ἐστὶ τῆς ὅλης πολιτείας ὃ μὴ καθόλου εἰς ὕψος τε ἅμα καὶ δύναμιν ἰσχυρὰν ὁ βασιλεὺς μετὰ καλοῦ ἀνέστησεν, περινοστῶν**

---

3 2 σιτωνικοῦ edd. : σιτον- O ‖ τελοῦντος edd. : τελούντων O ‖ 7 ἐκεῖνο Be^{n} Wü By : ἐκείνῳ Fu Be ε[.....] O ‖ 8 πέφυκε edd. : -κεν O ‖ 4 2 ἀποθεμένου By : [.....]μενου O ἀποι[..]μένου Fu ἀπο[...] Be ἀποδεξαμένου Fu^{n} ἀποδυσαμένου Wü ‖ 3 ἄντικρυς By : ἀντικρὺ O Fu Be Wü.

39 1 4 κλεινοτέραν edd. : κλην- O ‖ 6 καθόλου Fu Be Wü : καθολου O καθ' ὅλου By ‖ 7 καλοῦ By : καλ[...] O Fu Be κάλλους Wü καλοὺς Fu^{n} ‖ ἀνέστησεν O By : -σε Fu Be Wü.

avec bonté élevé à la fois au pinacle et à une forte puissance grâce à la circonspection tant de ses observations que de son regard, ni de signes distinctifs appartenant depuis les origines à la magistrature qu'elle n'ait recueillis en lui ajoutant des qualifications — ; c'est un fait par ailleurs que, funeste par nature, le temps a mis complètement sous l'éteignoir la plupart des pratiques utiles et ordonnées des membres du personnel sous les ordres de la magistrature ou qu'il les a transformées, au point de ne préserver pour l'avenir qu'un vestige flou de celles que l'on admirait autrefois : la magistrature doit sa consistance au pouvoir qui lui est propre, tandis que le personnel, lui, suite tantôt aux changements touchant la magistrature, tantôt à ses propres moments d'indolence, sans la sollicitude de Dieu et de l'empereur présent qui est toute bonté, est près de sombrer dans une totale désintégration. 2. Mais si d'aventure dans sa lutte ardente pour la liberté commune la lente progression de mon traité en vient à des attaques trop vives contre l'un de ceux qui se sont acquittés de leur magistrature dans une perspective étrangère à la parfaite probité de l'empereur, ceux qui voient les affaires publiques avec modération voudront bien imputer leur indignation, non aux magistratures elles-mêmes, mais à ceux qui s'y livrent à des abus contre la bienséance. 3. En effet, dans son audace, mon traité ne s'est point borné à révéler les vilains, mais il a aussi rendu hommage aux hommes de bien[142], même si ce ne fut point à proportion de leurs mérites. 4. Outrager ainsi les libertés, déchirer ses sujets flétrira de honte ceux qui ignorent les limites de la magistrature, et ceux qui imitent l'empereur dans sa douceur brûleront les étapes pour conquérir aussi ses autres vertus[143]. 5. Voici donc le moment d'achever la narration et de donner les raisons qui précipitèrent la situation du personnel dans des changements d'une telle ampleur.

142. Selon E. Stein (*Bas-Empire* II, p. 733, n. 6), ces mots viseraient le préfet Phocas.

ἅμα καὶ περιθεώμενος, μήτε τῶν ἀνέκαθεν ὑπαρξάντων
αὐτῇ γνωρισμάτων ὅ μὴ μετὰ προσθήκης τῶν ἀρετῶν
ὑπολάβοι), ἀλλ' ὅτι ὁ | χρόνος, λυμαντικὸς ὢν κατὰ O 81v
φύσιν, τὰ πολλὰ τῶν τῆς πειθομένης τῇ ἀρχῇ τάξεως
χρειώδη ἅμα καὶ κόσμια ἢ παντελῶς ἔσβεσεν ἢ τοσοῦ-
τον ἐνήμειψεν, ὡς ἴχνος ἀμυδρὸν τῶν ποτε θαυμαζο-
μένων τὸ λοιπὸν διασῴζειν, τῆς μὲν ἀρχῆς ἐν τῇ σφετέ-
ρᾳ δυνάμει συνισταμένης, τῆς δὲ τάξεως, νῦν μὲν ἐκ τῶν
ἐκείνης παραλλαγῶν, νῦν δὲ ἐκ τῶν οἰκείων ῥᾳθυμιῶν,
εἰ μὴ θεὸς καὶ βασιλεὺς οὗτος ὁ πάντα καλὸς ἐπεκού-
ρει, ἐγγὺς εἰς παντελῆ κατάλυσιν ὀλισθαινούσης. 2. **Εἰ
δέ που τυχὸν τῷ περὶ τὴν κοινὴν ἐλευθερίαν ζήλῳ τινὸς
τῶν μὴ κατὰ σκοπὸν τῆς βασιλέως καλοκἀγαθίας τὰς
ἀρχὰς διανυσάντων δριμύτερον ἠρέμα προϊὼν ὁ λόγος
καθάψεται, μὴ ταῖς ἀρχαῖς αὐταῖς ἀλλὰ τοῖς οὐ προση-
κόντως ἀποχρησαμένοις αὐταῖς τὴν ἀγανάκτησιν οἱ
σωφρόνως εἰς τὰ πράγματα βλέποντες ἀναγέτωσαν.**
3. **Οὐδὲ γὰρ τοὺς κακοὺς ἐλέγχειν μόνον ὁ λόγος ἐτόλ-
μησεν, ἀλλὰ καὶ τοὺς ἀγαθούς, | εἰ καὶ μὴ κατ' ἀξίαν,** By 194
ἐκόσμησεν. 4. **Οὕτω γὰρ ὑβρίζειν μὲν τὴν ἐλευθερίαν
καὶ σπαράττειν τοὺς ὑπηκόους οἱ τὸν ὅρον τῆς ἀρχῆς
ἀγνοοῦντες ἐντραπήσονται, οἵ τε ζηλοῦντες τὴν βασι-
λέως πραότητα καὶ πρὸς τὰς ἄλλας | ἀρετὰς αὐτοῦ ὀξεῖ** Wü 128
τῷ δρόμῳ σπουδάσουσιν. 5. **Καιρὸς δὲ ἄρα τὴν ἀφήγη-
σιν διελθεῖν καὶ τὰς αἰτίας εἰπεῖν, ὧν ἕνεκα ⟨τὰ⟩ τῆς
τάξεως ἐπὶ τοσαύτην ἐναλλαγὴν κατηνέχθη.**

---

10 ὅτι Fu Be By : [.]τι οὖν Be[n] Wü || 17 καλὸς edd. : καλῶς O || 18 ὀλισθαινούσης edd. : ὀλισθεν- O || 2 2 τῷ edd. : τὸ O || 3 τὰς ἀρχὰς O[2] edd. : τἀρχὰς O || 5 μὴ supra lineam postea addito O || 6 ἀποχρησαμένοις edd. : -χρησαμενος O || 7 σωφρόνως edd. : -φρώνως O || 3 1 μόνον edd. : μόνους O || 4 3 ἀγνοοῦντες edd. : ἀγνωου- O || 4 αὐτοῦ Fu[n] Be Wü By : αὐτοὺς [-ού-] O Fu || 5 τῷ edd. : τὸ O || σπουδάσουσιν By : -σουσι Fu Be Wü -σωσιν O || 5 2 τὰ suppl. edd.

40. Constantin avait, comme je le disais[144], en même temps que la Fortune, délaissé Rome et, sur un décret de l'empereur, les forces qui gardaient l'Ister avaient été dispersées en Asie mineure : dès lors, le trésor public avait eu à essuyer la perte de la Scythie, de la Mysie et des impôts qui y avaient été levés, tandis que les barbares d'au-delà de l'Ister, sans opposition de quiconque, déferlaient sur l'Europe. Or, les gens de l'est avaient subi le poids de taxes démesurées. Il devint nécessaire que le préfet n'exerçât plus son commandement sur la cour et sur les forces en armes — l'une alla à celui que l'on appelle le *magister*, les autres furent dévolues aux généraux que l'on venait de promouvoir —, mais qu'il prît le titre de préfet d'Orient. 2. Ce fut néanmoins un dépeçage que, mise à mort jour après jour, subit la magistrature dans l'exercice de son pouvoir jusqu'au règne d'Arcadius, le père de Théodose le Jeune : sous ce prince, il advint que le préfet, Rufin, surnommé l' " Insatiable ", qui avait visé à s'emparer du pouvoir, échoua — tout bénéfice pour le bien commun — dans son objectif et jeta (la magistrature) dans un abîme sans fond. 3. Aussitôt en effet l'empereur dépouilla la magistrature de la puissance qu'elle devait aux armes, puis du pouvoir qu'elle avait sur ce que l'on appelle les *fabricae*, c'est-à-dire les manufactures d'armement, du département de la poste publique et, en général, de l'autorité sur les prérogatives constituant ce que l'on appelle le *magisterium*. 4. Mais il n'était pas pratique que le préfet eût à charge dans

144. Référence à II **10** 2, III **31** 5 et **33** 1. Sur le rôle que joue la répétition presque mot pour mot de II **10-12** et III **40-42** 2, voir Introduction, t. I, p. CXXXI-CXXXII.

40. Κωνσταντίνου, ὥσπερ ἔφην, μετὰ τῆς Τύχης τὴν
Ῥώμην ἀπολιπόντος καὶ τῶν δυνάμεων ὅσαι τὸν Ἴστρον
ἐφρούρουν ἐπὶ τὴν κάτω Ἀσίαν ψήφῳ τοῦ βασιλέως
διασπαρεισῶν, Σκυθίαν μὲν καὶ Μυσίαν καὶ τοὺς ἐξ ἐκεί-
νων φόρους ἐζημιώθη τὸ δημόσιον, τῶν ὑπὲρ Ἴστρον
βαρβάρων, μηδενὸς ἀνθισταμένου, κατατρεχόντων τὴν
Εὐρώπην· τῶν δὲ πρὸς τὴν ἕω δασμῷ οὐ μετρίως βαρη-
θέντων, ἀνάγκη γέγονε τὸν ὕπαρχον μηκέτι μὲν τῆς O 82
αὐλῆς καὶ τῶν ἐν ὅπλοις ἄρχειν δυνάμεων (τῆς μὲν τῷ
λεγομένῳ μαγίστρῳ παραδοθείσης, τῶν δὲ τοῖς ἄρτι
προελθοῦσι στρατηγοῖς ἐκτεθεισῶν), ἀλλ᾽ οὖν ὕπαρχον
τῆς ἀνατολῆς χρηματίζειν. 2. Διεσύρη δὲ οὐδὲν ἧττον
θανατῶσα καθ᾽ ἑκάστην ἡ τῆς ἀρχῆς δυναστεία ἄχρι
τῆς Ἀρκαδίου, τοῦ πατρὸς Θεοδοσίου τοῦ Νέου, βασι-
λείας· ἐφ᾽ οὗ συμβέβηκε Ῥουφῖνον τὸν ἐπίκλην ἀκόρεσ-
τον, ὃς ἦν ὕπαρχος αὐτῷ, τυραννίδα μελετήσαντα τοῦ
μὲν σκοποῦ ὑπὲρ λυσιτελείας τῶν κοινῶν ἐκπεσεῖν, εἰς
βάραθρον δ᾽ ἀχανὲς τὴν ἀρχὴν καταρρῖψαι. 3. Αὐτίκα
μὲν γὰρ ὁ βασιλεὺς τῆς ἐκ τῶν ὅπλων ἰσχύος ἀφαι-
ρεῖται τὴν ἀρχήν, εἶτα τῆς τῶν λεγομένων φαβρικῶν,
οἷον εἰ ὁπλοποιϊῶν, ἐξουσίας, τῆς | ⟨τε⟩ τοῦ δημοσίου Wü 129
δρόμου φροντίδος καὶ τῆς ἑτέρας αὐθεντίας δι᾽ ὧν τὸ
λεγόμενον συνέστη μαγιστέριον. 4. Ὡς δὲ δύσεργον ἦν
ἀποτρέφειν μὲν τὸν ὕπαρχον ἀνὰ τὰς ἐπαρχίας τοὺς

---

40 1 2 ἀπολιπόντος edd. : -λειποντος O ‖ τὸν Ἴστρον edd. : τῶν Ἰστρῶν O ‖ 5 τῶν edd. : τὸν O ‖ 7 δασμῷ By : δασμων O δασμοῖς Fu Be Wü ‖ βαρηθέντων O Fu By : βαρυνθ- Be Wü ‖ 8 γέγονε edd. : -νεν O ‖ 9 δυνάμεων edd. : δυναμένων O ‖ 11 προελθοῦσι edd. : προσελθουσιν O ‖ στρατηγοῖς Fu^{n} Be Wü By : -ηγικοῖς O Fu ‖ ἀλλ᾽ οὖν edd. : ἄλλων O ‖ 2 4 οὗ Fu Be By : ου O οὗ Wü ‖ συμβέβηκε Fu Be Wü : -κεν O By ‖ ἐπίκλην edd. : -κλειν O ‖ 7 καταρρῖψαι Be Wü By : καταρρίψαι Fu καταριψαι O ‖ 3 2 ἀφαιρεῖται edd. : -ριται O ‖ 4 τε suppl. Wü By ‖ 6 λεγόμενον edd. : -γομένων O ‖ μαγιστέριον O Wü By : μαγιστήρ- Fu Be ‖ 4 1 Ὡς δὲ edd. : ὥστε O ‖ 2 ἀποτρέφειν edd. : ἀποστρεφειν O ‖ ἐπαρχίας edd. : ἐπαρχειας O.

les provinces tout l'entretien des chevaux de la poste publique et du personnel des relais, alors que d'autres détiendraient l'autorité et l'administration correspondantes ; on prit donc un arrêté de loi qui donna la haute main au préfet sur le département de la poste publique, tandis qu'au premier des *frumentarii* (on l'appelle parfois aujourd'hui *princeps* du *magister*) on attribua un droit de présence permanente à la cour de justice du préfet du prétoire, et mission d'y fureter et d'examiner à fond les raisons pour lesquelles une foule de gens ont obtenu de la magistrature ce que l'on appelle des passeports pour user de la poste publique — de ce fait, on lui a donné aussi le nom de *curiosus* [espion], mis pour " fureteur " [περίεργος], et pas à lui seulement, mais aussi à tous ceux qui, même dans les provinces, forment le personnel des relais postaux — : celui que l'on appelle le *magister* donne aussi un contreseing préalable aux passeports nécessaires pour la course. 5. Il en va bien ainsi, comme on peut l'entendre dans les termes même de la disposition qui figure dans le vieux *Code Theodosien*, mais a été omise dans le nouveau.

41. Ainsi donc, tandis que, comme degré par degré, la magistrature s'effondrait, pour les registres militaires, l'empire les mit sous le contrôle de ceux que l'on appelait comtes et généraux, pour les régiments servant au palais, sous celui du chef des forces de la cour. Il est devenu lui aussi un commandant d'importance non négli-

δημοσίους ἵππους καὶ τοὺς αὐτοῖς ἐφεστῶτας, ἑτέρους δὲ κεκτῆσθαι τὴν ἐπ' αὐτοῖς ἐξουσίαν καὶ διοίκησιν, νόμος ἐτέθη θεσπίζων, ἀντέχεσθαι μὲν τὸν ὕπαρχον τῆς τοῦ δημοσίου δρόμου φροντίδος, τὸν πρῶτον μέντοι τῶν φρουμεν|ταρίων (πρίγκιπα αὐτὸν σήμερον τοῦ μαγίστρου [By 196] καλεῖσθαι συμβαίνει) παρεῖναι διὰ παντὸς τῷ δικαστηρίῳ τοῦ τῶν πραιτωρίων ὑπάρχου καὶ πολυπραγμονεῖν καὶ τὰς αἰτίας ἐξερευνᾶν ὧν ἕνεκα πολλοὶ πoριζόμενοι παρὰ τῆς ἀρχῆς τὰ λεγόμενα συνθήματα τῷ δημοσίῳ κέχρηνται δρόμῳ (ταύτῃ καὶ κουριῶσος ὠνομάσθη, ἀντὶ τοῦ περίεργος· καὶ οὐκ αὐτὸς μόνος ἀλλὰ καὶ πάντες ὅσοι κἀν ταῖς ἐπαρχίαις τοῖς δημοσίοις ἐφεστήκασιν ἵπποις), προϋπογράφοντος τοῖς ἐπὶ τῷ δρόμῳ συνθήμασι καὶ τοῦ λεγομένου μαγίστρου. 5. Ὅτι δὲ οὕτως, αὐτῆς | δυνατὸν ἀκοῦσαι τῆς διατά- [O 82v] ξεως, ἐν μὲν τῷ παλαιῷ Θεοδοσιανῷ κειμένης, ἐν δὲ τῷ νεαρῷ παροφθείσης.

41. Οὕτως οὖν ὥσπερ δι' ὑποβάθρων τινῶν καταφερομένης τῆς ἀρχῆς, τοὺς μὲν στρατιωτικοὺς καταλόγους ἔταξεν ἡ βασιλεία ὑπὸ τοῖς τότε καλουμένοις κόμισιν καὶ στρατηγοῖς, τὰς δὲ ἐν τῷ παλατίῳ τάξεις ὑπὸ τῷ πρωτεύοντι τῶν δυνάμεων τῆς αὐλῆς, ὃν καὶ | [Wü 130] αὐτὸν ἄρχοντα οὐ μικρόν, καθάπερ τοὺς λεγομένους

FONT. : **40** 5 1-3 *CTh* VIII, 5, 35.

---

6 μέντοι Be Wü By : μὲν O Fu || 7 τῶν del. esse censet Fu[2] || μαγίστρου Fu Be By : μαγιστρου O μαγιστερίου Wü || 9 πραιτωρίων edd. : -τοριω O || πολυπραγμονεῖν edd. : πολλυπραγμονὴν O || 12 κουρίωσος O[mg.] || 13 ὠνομάσθη edd. : ὀνο- O || 15 προϋπογράφοντος O Fu Be Wü : προσυπο- By || 16 συνθήμασι edd. : -σιν O.

41 1 1 ὑποβάθρων edd. : ὑποβαράθρων O || 4 κόμισιν Wü By : κόμησιν [κομ-] O Fu Be || καὶ O Wü By : ἢ Fu Be || 5 δυνάμεων edd. : -ναμαιων O || 6 καθάπερ edd. : καθ' ἅπερ O.

geable, comme ceux que l'on appelle les maîtres de milice [στρατηλάται]. C'est le résultat des amoindrissements qu'a subis la préfecture. 2. Les bâtiments coûteux fournissent en se désagrégeant un matériau suffisant pour en bâtir beaucoup d'autres. 3. Et aussi longtemps qu'il arrivait aux empereurs de sortir en personne au cours des guerres pour affronter l'ennemi, la magistrature, dans une certaine mesure, gardait, encore que moins importantes, mais supérieures à toutes les autres, à la fois force et pouvoir ; mais, du jour où il advint que, tout jeune encore, Théodose II accéda à l'empire et qu'une disposition légale de son père ne lui concéda plus le droit d'être présent sur les fronts de guerre (l'empêchement tenait à une loi générale interdisant à l'empereur de Rome de partir en guerre), les généraux désormais eurent la compétence en matière de guerre, le *magister* pour les affaires du palais, en sorte que la préfecture n'eut plus rien d'autre à l'avenir que le département chargé des dépenses : c'est là une évolution normale suite à la nécessité liée aux commandants qui sont les rejetons de la préfecture et bien entendu à ceux sur qui ils ont eux-mêmes prétendûment reçu ordre d'exercer leur commandement.

42. Mais, si l'on consent à prendre en compte aussi les conjectures tirées des prédictions que l'on appelle des " oracles ", elles ont trouvé leur accomplissement, les paroles prononcées jadis par le Romain Fonteius. Il men-

στρατηλάτας, αἵ τῆς ἐπαρχότητος ἐλαττώσεις ἀπετέλεσαν. 2. Τὰ γὰρ πολυτελῆ τῶν οἰκοδομημάτων καταλυόμενα πολλοῖς ἐπαρκεῖ πρὸς οἰκοδομήν. 3. Καὶ ἕως μὲν τοὺς βασιλέας ἐπεξιέναι δι᾽ ἑαυτῶν τοῖς πολέμοις συνέβαινεν, εἶχέ τινα ἡ ἀρχή, εἰ καὶ μὴ τοσαύτην, πλὴν ὑπὲρ πάσας τὰς ἄλλας ἰσχύν τε καὶ δύναμιν· ἐξότε ⟨δὲ⟩ συνέβη τελευταῖον Θεοδόσιον νέον κομιδῇ τῆς βασιλείας ἐπιλαβέσθαι καὶ κατὰ τὴν τοῦ πατρὸς νομοθεσίαν μὴ συγχωρεῖσθαι τοῖς πολέμοις παρεῖναι, καὶ τούτου νόμῳ γενικῷ κωλυθέντος ἀπολέγοντι βασιλεῖ Ῥωμαίων ὁρμᾶν ἐπὶ πόλεμον, εἰκότως τοῖς μὲν στρατηγοῖς τὰ τῶν πολέμων, τῷ δὲ μαγίστρῳ τὰ τοῦ παλατίου γέγονε χώρα, ὡς μηδὲν ἕτερον ἔχειν τὸ λοιπὸν τὴν ἐπαρχότητα ἢ μόνον τὴν ἐπὶ ταῖς δαπάναις φροντίδα, ἣν εἰκός ἐστι γενέσθαι κατὰ τὸ ἀναγκαῖον περί τε τοὺς ἐξ αὐτῆς παραφυομένους ἄρχοντας καὶ περὶ ἐκείνους γε μήν, ὧν αὐτοὶ δῆθεν ἐτάχθησαν ἄρχειν. | By 198

42. Εἰ δέ τις καὶ τοὺς ἐκ τῶν προρρήσεων στοχασμούς, οὕς τινες καλοῦσι χρησμούς, ἐν ἀριθμῷ λόγων παραλαβεῖν ὑπομένοι, πέρας ἔλαβε τὰ Φοντηΐῳ τῷ Ῥωμαίῳ ῥηθέντα ποτέ· φησὶ γὰρ ἐκεῖνος καὶ στίχους τινὰς

FONT. : **42** 1 3-2 3 cf. II **12** 1 4-8 *Mens.* fr. incertae sedis 7 (169) p. 180, 10-16 Wü.

---

3 2 ἑαυτῶν edd. : αυτων O ε super α add. O^2 ‖ 3 εἶχέ edd. : ηχε O ‖ 4 ἐξότε O Fu Be Wü : ἐξ ὅτε By ‖ δὲ suppl. edd. ‖ 5 κομιδῇ edd. : -μηδὴ O ‖ 7 συγχωρεῖσθαι edd. : -ρισθαι O ‖ πολέμοις Be Wü By : -μίοις O Fu ‖ 8 κωλυθέντος edd. : κολ- O ‖ 10 γέγονε edd. : γεγ- O^2 γεγονα O ‖ 11 μηδὲν edd. : μηδενι O ‖ 12 ἣν Fu Wü By : ἦν O ἃς Fu^n Be ‖ εἰκός edd. : εικως O ‖ 14 ἄρχοντας O Be Wü By : -ντος Fu ‖ καὶ περὶ edd. : καίπερ O καί περι O^2.

42 1 1 προρρήσεων edd. : προρή- O ‖ 2 οὕς edd. : οὺς O ἃς Fu^n ‖ καλοῦσι edd. : -σιν O ‖ 3 ἔλαβε edd. : -βεν O ‖ Φοντηΐῳ Wü By : Φων- O Fu Be.

tionne et rapporte des vers prétendûment donnés jadis à Romulus dans sa langue maternelle : ils prédisent clairement que leur Fortune abandonnera les Romains quand ils oublieront leur propre langue maternelle. Audit oracle, nous avons aussi donné une place dans notre traité *Des mois*. 2. On a vu en tout point l'accomplissement des prophéties de ce type. Quand Cyrus, un Égyptien, dont on admire aujourd'hui encore le talent de poète et qui exerçait à la fois la préfecture de la Ville et du prétoire sans rien savoir d'autre que la poésie, se risqua par la suite à transgresser l'usage ancien et à promulguer ses décrets en langue grecque, ce fut, en même temps que la langue de Rome, sa Fortune que perdit la magistrature. 3. En effet, l'empereur se laissa convaincre de promulguer en riposte le texte d'une loi enlevant du pouvoir à la préfecture. Elle qui, peu auparavant, avait autorité et pour alléger des impôts et pour donner aux cités rations de blé, luminaires, spectacles et restaurations aux frais des travaux publics, n'en eut plus la compétence par la suite et ne se risqua plus à donner à quiconque une seule indemnité prélevée sur le trésor, si maigre qu'elle fût. 4. Notre contemporain Démosthène[145], qui fut préfet lui aussi, établit que, même avec un ordre écrit de l'empereur, à moins d'une loi pour lui conférer force exécutoire[146], la

145. Sur la préfecture du prétoire de Démosthène en 521 et 529, voir *supra*, p. LXXVII.

146. Dans cet emploi, l'adjectif πραγματικός a une signification purement juridique (cf. **29** 1, **67** 2). Pour l'expression πραγματικὸς νόμος, voir *CJ* I, 3, 38, 6 (sans date).

δοθέντας δῆθεν Ῥωμύλῳ ποτὲ πατρίοις ῥήμασιν ἀναφέρει τοὺς ἀναφανδὸν προλέγοντας, τότε Ῥωμαίους τὴν Τύχην ἀπολείψειν ὅταν αὐτοὶ τῆς πατρίου φωνῆς | ἐπιλάθωνται. (O 83 Wü 131) 2. **Καὶ τὸν μὲν λεγόμενον χρησμὸν τοῖς Περὶ Μηνῶν γραφεῖσιν ἡμῖν ἐντεθείκαμεν, πέρας δὲ μᾶλλον ἔσχε τὰ τοιαῦτα μαντεύματα. Κύρου γάρ τινος Αἰγυπτίου, ἐπὶ ποιητικῇ ἔτι καὶ νῦν θαυμαζομένου, ἅμα τὴν πολίαρχον ⟨ἅμα⟩ τὴν τῶν πραιτωρίων ἐπαρχότητα διέποντος, καὶ μηδὲν παρὰ τὴν ποίησιν ἐπισταμένου, εἶτα παραβῆναι θαρρήσαντος τὴν παλαιὰν συνήθειαν καὶ τὰς ψήφους Ἑλλάδι φωνῇ προενεγκόντος, σὺν τῇ Ῥωμαίων φωνῇ καὶ τὴν Τύχην ⟨ἀπέβαλεν⟩ ἡ ἀρχή.** 3. **Νόμον γὰρ ἀντιγράφειν ⟨ὁ⟩ βασιλεὺς ἀνεπείσθη πάσης ἀφαιρούμενον ἐξουσίας τὴν ἐπαρχότητα. Ἡ γὰρ ἄρτι καὶ κουφίσαι φόρους καὶ σιτήσεις καὶ φῶτα καὶ θέας καὶ ἀνανεώσεις ἔργων αὐθεντοῦσα ταῖς πόλεσιν ἐπιδοῦναι οὐκ ἤρκεσε τὸ λοιπὸν οὐδὲ ἐτόλμησε μικρᾶς γ' οὖν τινος παραψυχῆς ἐκ τῶν δημοσίων μεταδοῦναί τινι.** 4. **Ὁ δὲ καθ' ἡμᾶς Δημοσθένης, ὃς καὶ αὐτὸς ὕπαρχος ἦν, οὐδὲ μετὰ κέλευσιν τῆς βασιλείας γραμμάτων, χωρὶς εἰ μὴ πραγματικὸς ἠργάσατο νόμος, ἄδειαν ἔχειν τὴν ἐπαρχότητα ἐπιδοῦναι τοῖς ὑπηκόοις, κατεπρά-**

5 δοθέντας edd. : δεθέντας O ‖ 7 ἀπολείψειν edd. : απέλειπεν O ‖ 8 ἐπιλάθωνται edd. : -θονται O ‖ 2 2 γραφεῖσιν edd. : -φησιν O ‖ ἐντεθείκαμεν edd. : ενθηκαμεν O ‖ 3 ἔσχε edd. : -χεν O ‖ 5 ἅμα suppl. edd. ‖ πραιτωρίων edd. : -τορίων O ‖ 9 ἀπέβαλεν suppl. edd. ‖ 3 1 ἀντιγράφειν Wü By : αὐτιγαρφειν O αὐτιγράφειν Fu Be αὐτίκα γράφειν Fu^2 ‖ ὁ suppl. edd. ‖ ἀνεπείσθη edd. : -πίσθη O ‖ 3 κουφίσαι edd. : -φῆσαι O ‖ φόρους Fu^n Wü By : ὅρους O Fu Be ‖ 4 ἀνανεώσεις edd. : -νεωσις O ‖ 5 ἤρκεσε edd. : -σεν O ‖ λοιπὸν Fu^n Be Wü By : λόγιον [λο-] O Fu ‖ ἐτόλμησε edd. : -σεν O ‖ 6 γ' οὖν By : γουν O γοῦν Fu Be Wü ‖ 4 2 τῶν ante τῆς add. Wü ‖ 3 εἰ μὴ edd. : η μη O ‖ πραγματικὸς Fu^n Be Wü By : -ικῶς O Fu ‖ ἠργάσατο By : ἠργήσατο [-γη-] O Be εἰργήσατο Fu ἡγήσατο Wü.

préfecture n'aurait pas latitude de donner des subventions aux sujets : non seulement lui-même se garda bien d'accorder des réductions aux contribuables, mais il fit barrage pour que ses successeurs ne le pussent à l'avenir. 5. Quand la magistrature fut atteinte désormais jusque dans sa façade extérieure, pour ceux qui plaident les procès en appel, la conséquence fut une dépréciation de la cour de justice parce qu'il y avait obstruction de toute part. 6. Or, la règle avait été coulée en loi. Car, dans sa douceur, l'empereur ne supportait pas que se brisât dans le cœur des contribuables l'espérance tenant au droit d'interjeter appel : considération préalable qui incitera peut-être les juges à jeter un regard impartial sur les affaires.

43. Voilà assez de propos sur la magistrature : je les tiens en les arrosant de larmes. 2. Il n'y aura pas d'empêchement à évoquer, comme dans une esquisse, son abaissement graduel. Mais on ne saurait faire ressortir clairement le dépouillement qu'elle a subi sans une énumération préalable des biens qui lui appartenaient autrefois, avant d'en être dépouillée plus tard[147]. 3. Venu après Théodose et Marcien[148] le modéré, Léon[149] en tout cas avait trouvé (dans les coffres) le trésor qu'Attila, l'ennemi du monde civilisé, s'apprêtait à prendre (il était de passé cent mille livres d'or) ; gonflé de sa puissance,

147. Jean commence ici un long aperçu historique (III **43-56**), voir pour les détails, Cadre historique, *supra*, ch. 5-8.

148. Marcien, empereur de 450 à 457.

149. Léon Ier empereur de 457 à 474.

ξατο, μὴ μόνον αὐτὸς εὖ ποιῆσαι τοὺς ὑποτελεῖς παραφυλαξάμενος, ἀλλὰ καὶ ἄλλοις τὸ λοιπὸν ἀποκλείσας. 5. **Τῆς δὲ ἀρχῆς ἤδη καὶ αὐτὴν τὴν ἐπιπόλαιον ὄψιν ζημιωθείσης, ἠκολούθησε τοῖς τὰς δίκας λέγουσιν ἐκ|κλήτους εὐτελίσαι τὸ δικαστήριον παρὰ τὸ πάντη** Wü 132
κεκωλυμένον. 6. **Καὶ νόμῳ τοῦτο διωρίσθη· οὐ γὰρ |** By 200
ὑπέμεινεν ἡ βασιλέως πραότης τοῖς δικαζομένοις τὴν ἀπὸ τῆς ἐφέσεως περικόπτειν ἐλπίδα, ἣν προθεωροῦντες οἱ δίκαιοι ἴσως ἀδεκάστως εἰς τὰ πράγματα εἰσβλέψουσιν.

43. Τοσαῦτα περὶ τῆς ἀρχῆς ἐπιδακρύσας φημί. 2. **Κωλύσει δὲ οὐδέν, ὥσπερ ἐν ὑποτυπώσει, μνησθῆναι τῆς κατὰ μικρὸν ἐλαττώσεως· οὐ γὰρ ἄν τις ἐπιδείξει σαφῶς τὴν ἀφαίρεσιν, μὴ προαριθμησάμενος ταῦθ'**
ἅπερ | ὄντα τὸ πρὶν ὕστερον ἀφῃρέθη. 3. **Μετὰ γοῦν** O 83^{v}
Θεοδόσιον καὶ Μαρκιανὸν τὸν μέτριον ἐλθὼν ὁ Λέων καὶ τὸν πλοῦτον εὑρὼν ὃν Ἀττίλας ὁ τῆς οἰκουμένης πολέμιος λαμβάνειν ἤμελλεν (ἦν δὲ ὑπὲρ τὰς χιλίας ἑκατοντάδας τοῦ χρυσίου λιτρῶν), ὀγκωθεὶς τῇ δυνάμει

5 μόνον Wü By : μόνος O Fu Be || παραφυλαξάμενος edd. : -ξαμένους O || 5 1 ἐπιπόλαιον Be Wü By : επιπόλεων O ἐπὶ πόλεων Fu || ὄψιν O edd. : ἔποψιν mal. Fu^{n} || 2 ζημιωθείσης edd. : ζημιωθεὶς εἰς O || ἠκολούθησε edd. : -σεν O || 3 ἐκκλήτους Wü By : εκκλητοις O -κλήτοις Fu Be || εὐτελίσαι edd. : ευτελησαι O || τὸ post δικαστήριον add. Wü || εἰωθὸς post τὸ^{2} add. Wü || 4 ἐκκαλέσασθαι (aut ἐφιέναι), ἐξεῖναι post κεκωλυμένον suppl. Ed. Huschke || 6 1 τοῦτο edd. : τούτω O || διωρίσθη O edd. : ἀφωρίσθη mal. Fu^{2} || 3 περικόπτειν edd. : -κοπτην O || 4 εἰσβλέψουσιν O By : -σι Fu Be Wü.

Incipit capitulus **43** ab Τοσαῦτα (v. 1 1) ap. Wü By ab Κωλύσει (v. 2 1) ap. Fu Be || 2 3-4 ταῦθ' ἅπερ ὄντα Fu Be By : ταυθ' ἅπερὄντα O ταῦθ' ἃ παρόντα an ταῦθ' ἃ ὑπάρχοντα prop. Be^{n} ταῦθ' ἃ παρόντα Wü || 3 1 γοῦν O Fu Be Wü : γ' οὖν By || 4 ἤμελλεν [ή-] O Wü By : ἔμελλεν Fu Be || 5 τοῦ edd. : του O mal. deleri Be^{n}.

ce fut aux Vandales, une peuplade germanique qui, arrivée du nord sur les provinces d'Espagne à travers les Pyrénées, avait fondu sur la Libye, qu'il décida de faire la guerre. 4. Sur dix mille vaisseaux de guerre, que l'on appelle des *liburnae*[150], il fit dès lors embarquer une armée sans équivalente jusque-là durant la longue histoire (de Rome) pour l'admiration qu'elle provoqua, et il installa la magistrature dans une extrême pénurie en lui imprimant un tour de vis et en lui faisant violence, afin qu'elle couvrît les frais pour quatre cent mille hommes[151] en vue d'une bataille au-delà de la mer, sur un terrain d'accès difficile avec une côte aux mouillages dépourvus de ports et contre une puissance barbaresque aux richesses sans nombre. 5. On dépensa pour cette guerre maudite, où Basiliscus[152] assuma le commandement dans des circonstances effroyables, soixante-cinq mille livres d'or, soixante-dix mille livres d'argent et, en chevaux, armes et hommes, il y eut autant de pertes que sur tout le cours de l'histoire[153], selon une belle définition.

44. Par la suite, tout l'État sombra corps et biens. 2. Comme les fonds publics ou, quelle qu'en fût l'importance, tout ce qui était propriété d'empire n'avaient pu couvrir les frais, les réserves des armées périrent dans les échecs de la guerre. Mais je ne veux pas allonger le pro-

150. Nous ne connaissons pas d'autre occurrence du calque dans les sources littéraires.

151. Selon An. Bandy [(1983), p. 323], le datif μυριάσιν serait un agent à rattacher au substantif μάχην. On voit que nous ne suivons pas cette analyse. Il nous paraît logique que l'on consente des dépenses à l'avantage de quelqu'un.

152. Allusion à la catastrophe de 468, voir *supra*, p. LXXXIII-LXXXIV.

153. Sur tous ces chiffres, voir *supra*, p. LXXXIII.

ἔγνω Βανδίλοις, ἔθνει Γερμανικῷ, ἀπὸ τῆς ἀρκτῴας ἐπὶ τὰς Ἱσπανίας διὰ τοῦ Πυρηναίου ἐνσκήψαντι τῇ Λιβύῃ, πολεμεῖν. 4. **Μυρίαις οὖν ναυσὶ μακραῖς, ἃς καλοῦσι λιβύρνας, ἐπιστήσας στρατὸν οἷον ὁ μακρὸς ⟨οὔπω⟩ ἀπεθαύμασε χρόνος εἰς ἐσχάτην ἀπορίαν περιέστησε τὴν ἀρχήν, ἀποτείνων αὐτὴν καὶ βιαζόμενος καὶ δαπάνην τεσσαράκοντα μυριάσιν ἀνδρῶν πρὸς μάχην δια-** Wü 133
πόντιον καὶ γῆς ἀλιμένοις ὅρμοις ὠχυρωμένης δυσχωρίαν ⟨καὶ⟩ βαρβάρων ὑπὲρ λόγον πλουτούντων δύναμιν ἀρκεῖν. 5. **Ἀνάλωται γὰρ περὶ τὸν κακοδαίμονα πόλεμον ἐκεῖνον, Βασιλίσκου τῶν δεινῶν ἡγησαμένου, χρυσίου μὲν λιτρῶν μυριάδες ἓξ πρὸς πεντακισχιλίαις, ἀργύρου δὲ χιλιάδες λιτρῶν ἑπτακόσιαι, ἵππων δὲ καὶ ὅπλων καὶ ἀνδρῶν τοσοῦτον ὅσον ἄν τις τῷ παντὶ χρόνῳ ἐλλιπεῖν καλῶς ἀφορίσηται.**

44. Καὶ μετὰ ταῦτα πάντα ναυάγιον τῆς ὅλης πολιτείας. 2. **Οὐ γὰρ ἀρκέσαντος τοῦ δημοσίου χρήματος ἢ ὃ καὶ ὅσον ἦν ἴδιον τῇ βασιλείᾳ, πάντα τὰ τῶν στρατιῶν πληρώματα ταῖς ἀστοχίαις ἐναπώλετο τοῦ πολέμου. Καὶ ἵνα μὴ μακρηγορῶ, ἐξ ἐκείνου τοῦ συμπτώ-**

---

6 Βανδίλοις By : -δήλοις Fu Be Wü -διλοις O ‖ Γερμανικῷ edd. : γερμανικῶς O ‖ 7 μεταβάντι καὶ ἐκεῖθεν post Πυρηναίου add. Wü ‖ Λιβύῃ edd. : Λιβύη O^2 Λυβύη O ‖ 4 1 ναυσὶ edd. : -σὶν O ‖ μακραῖς edd. : μακρᾶς O ‖ καλοῦσι edd. : -σιν O ‖ 2 οὔπω suppl. Wü By : οὐκ coni. Fu^n ‖ 3 περιέστησε edd. : -σεν O ‖ 4 καὶ^2 O Fu Fu^2 Be By : εἰς Be^n Wü del. esse censet Fu^n ‖ 6 ἀλιμένοις edd. : ἀλιμμε- O ‖ ὠχυρωμένης Fu^n Be Wü By : -μένην Fu οχυρωμενην O ‖ 7 καὶ suppl. edd. : om. O spat. vac. ca. 5 litt. relicto ‖ 5 2 Βασιλίσκου edd. : -λεισκου O ‖ χρυσίου edd. : χρυσιον O ‖ 3 μυριάδες Fu^n Be Wü By : μυριάδων [-ιαδ-] O Fu ‖ πεντακισχιλίαις Fu^n Be Wü By : -χιλίας [-ιλι-] O Fu ‖ 4 χιλιάδες Fu^n Be Wü By : χιλιας O Fu ‖ 6 ἐλλιπεῖν By : ελλειπειν O ἐλλείπειν Fu Be ἐκλιπεῖν Fu^n Wü ‖ ἀφορίσηται Wü By : αφορησηται O ἀφορίσεται Fu Be.

44 2 1-2 ἢ ὃ By : η ο O om. Fu Be Wü ‖ 2 στρατιῶν O Fu Be By : -τειῶν Fu^2 Wü ‖ 4 μακρηγορῶ O^2 edd. : -γωρῶ O.

pos. Après cet effondrement, la trésorerie ne suffit plus à ses propres besoins ; au contraire, la voilà qui engage pour les affaires dans des surcroîts de dépenses les ressources qui ne sont pas encore en espérance, c'est-à-dire celles des contribuables : la pénurie dans les fonds publics ne connut plus de limites. 3. " Mais le temps nous ferait défaut ", si nous avions à énumérer les malheurs survenus quand l'Etat fut tombé sous la coupe de Léon. Aux malheurs qui frappaient à l'intérieur, quand les bâtiments se consumèrent au milieu des flammes, se joignit l'infortune due aux guerres du temps et à cent autres désastres, au point qu'affolé par ses malheurs domestiques, ce dernier, j'entends l'empereur, envisagea de laisser à l'abandon non seulement la cour — des fantômes l'obsédaient, comme cette femmelette d'Oreste — pour aller vivre ailleurs, mais aussi de laisser à l'abandon celle qui était tout en or, qui n'avait plus rien d'une ville[154]. Et un seul homme eût culbuté un empire si vaste, si Dieu n'avait préservé le pouvoir qu'il avait donné à la ville.

45. Léon laissait place nette à son tour en faisant couler la magistrature dans les remous qu'il avait soulevés, alors que Zénon s'était arrogé le pouvoir qui avait appartenu à son beau-père[155]. 2. C'était un couard, ou plutôt un

154. L'erreur résulte d'une faute d'iotacisme suivie d'une chute de ν à la finale. Nous construisons donc le passage autrement qu'An. Bandy [(1983), p. 324], qui veut introduire ici la particule exclamative ἆ, bien qu'elle soit rare en prose. Le ton est tragique, car Jean vient d'introduire une comparaison de Léon avec Oreste. Pour le sens de ἄπολις dans ce type d'emploi, voir *LSJ*, s.v., p. 207 : " πόλις ἄπολις *a city that is no city*, a ruined city ". Le style imite en la portant à l'excès le type de redondance propre à la tragédie, voir E., *Tr.*, 1291-1292 : Δέδορκεν, ἁ δὲ μεγαλόπολις / ἄπολις ὄλωλεν οὐδ' ἔτ' ἔστι Τροία. Ici, le sarcasme réside dans le fait que le lecteur attendait πόλιν. Tout risque de mauvaise interprétation est écarté, car à la ligne suivante, on trouve en effet le substantif πόλις attendu. En outre, le rapprochement entre ἄνανδρος et ἄπολις est patent.

ματος οὐκέτι τὸ ταμιεῖον ἐπήρκεσεν ἑαυτῷ, ἀλλὰ προσ| By 202 δαπανᾷ τοῖς πράγμασι πρὸ καιροῦ τὰ μήπω ἐν ἐλπίδι ἤ γ᾽ οὖν τοῖς ὑποτελέσιν ὄντα, ὡς ἀπέραντον εἶναι τὴν ἀπορίαν τοῦ δημοσίου. 3. Ἐπιλίποι δὲ ἂν ἡμᾶς ὁ χρόνος, εἰ τὰς ὑπὸ Λέοντι πεσούσης τῆς πολιτείας ἀπαριθμησώμεθα συμφοράς. Τῷ τότε οἴκοι κακῷ τῶν ἐν μέσῳ πυρὶ δαπανηθέντων συνέ|μιξεν τῶν τότε πολέμων τὸ O 84 δυστυχὲς καὶ ἄλλων μυρίων ἀτυχημάτων, ὡς αὐτὸν ἐκεῖνον, τὸν βασιλέα λέγω, τοῖς οἰκείοις κακοῖς ταραττόμενον μὴ μόνον τὴν αὐλὴν ἀπολιπεῖν (φασμάτων | Wü 134 αὐτὸν ὥσπερ Ὀρέστην ἄνανδρον ἐνοχλούντων) ἑτέρωθι διαιτᾶσθαι, ἀλλὰ καὶ αὐτὴν δὲ τὴν πάγχρυσον ἀπολιπεῖν διασκέψασθαι ἄπολιν· καὶ εἶς τοιαύτην βασιλείαν μετατρέψαι εἰ μὴ θεὸς τοῦθ᾽ ὃ δέδωκε τῇ πόλει διεσώσατο κράτος.

45. Καὶ Λέων μέν ποτε ἀπηλλάττετο, ἡ δὲ ἀρχὴ τοῖς ἐκείνου κατακλυσμοῖς ἐβυθίζετο, Ζήνωνος ἔνθεν τὸ τοῦ κηδεστοῦ κράτος ὑπεξελθόντος. 2. Δειλὸς δὲ ἦν, μᾶλ-

---

FONT. : **44** 3 1-2 Isocr. *Ad Demonicum*, 11 ἐπιλίποι δ᾽ ἂν ἡμᾶς ὁ πᾶς χρόνος.

6-7 ἤ γ᾽ οὖν By : ἤγουν Fu Wü ηγον O γοῦν Be || 7 ὡς ἀπέραντον edd. : οσαπερ αν τον O quod corr. O^2 || 3 1 Ἐπιλίποι By : επιλείποι O ἐπιλείποι Fu Be Wü || δὲ O Wü By : δ᾽ Be δι᾽ Fu || 2 εἰ edd. : εἰς O || 3 συμφοράς : edd. : -ρᾶς O || Τῷ ... κακῷ Wü By : τῶν ... κακῶν O Fu Be τοῖς ... κακοῖς Fu^n || 4 συνέμιξεν Wü By : -έμιξαν O Fu Be συμμίξαν Fu^n || 6 λέγῳ Fu || οἰκείοις edd. : -κίοις O || 7 ἀπολιπεῖν edd. : -λειπεῖν O || 8 αὐτὸν edd. : τὸν O || ἄνανδρον O Fu Be By : ἄντανδρον Wü || καὶ ante ἑτέρωθι add. Wü || 9 διαιτᾶσθαι edd. : διετάσ- O || ἀπολιπεῖν edd. : -λειπεῖν O || 10 ἄπολιν nos : ἃ πόλιν By ἀπολεῖ [απ-] O Fu Be πόλιν Be^n Wü ἀπωλείᾳ Fu^n || εἷς edd. : εις O || 11 μετατρέψαι O Fu Be By : μετέτρεψεν ἂν Wü || ὃ O Be Wü By : ὁ Fu || πόλει O Be Wü By : πολει Fu.

45 1 2 ἐβυθίζετο edd. : -θήζετο O || 3 ὑπεξελόντος Wü : -ελθόντος O Fu Be By ὑπεισελθόντος Caimi (vid. adnotationem).

capon[156] : il liquidait les guerres à coup d'argent, lui qui, même en images, ne pouvait souffrir de voir une bataille, et il contraignait son préfet à dépenser l'or en quantité afin d'acheter la paix, se mettant constamment en personne aux aguets pour des confiscations et ruiner les dignitaires du gouvernement. 3. Ce qu'il connut cependant lui aussi, ce fut une fin digne de sa mauvaise étoile[157]. Quoique tant de maux eussent déferlé sur celle des magistratures qui avait eu autrefois la faveur, la Fortune eut un éclat de rire bref, mais authentique en plaçant Anastase à la tête de ses sujets mourants[158] : il emprunta toutes les voies possibles pour combler l'indigence des coffres de l'État ; adaptant en réalité[159], à la façon d'un père de famille, les impôts, qui pourraient être conservés, aux dépenses, il se mit aussi à exiger des justificatifs pour les dépenses et à déposer des comptes justes, en évitant toute démesure, à la différence de Néron jadis et de ses émules qui se livraient à des dépenses hors de toute mesure, sans daigner réclamer pour les archives des justificatifs aux bureaux de la magistrature ni leur en donner, en croyant que l'or affluait dans leurs coffres comme des rivières, voire comme tout un océan.

46. Il advint cependant que la Fortune frappa de son courroux jusqu'au cœur de l'administration en paralysant les nerfs du gouvernement[160]. 2. Les assemblées de curiales administraient les cités, assuraient le service civil et prenaient vraiment la direction des affaires, lorsque un

156. Nous essayons, dans la mesure du possible, de rendre le jeu de mots du grec, δειλὸς/δείλαιος.

157. Allusion à la mort, le 10 avril 491, de Zénon, dont on a tiré une légende monstrueuse, voir *supra*, p. C-CI.

158. Anastase, empereur de 491 à 518. Voir aussi *supra*, p. CI.

λον δὲ δείλαιος, καὶ τοὺς πολέμους ἀπηργυρίζετο (μηδὲ ἐν εἰκόσι μάχην ὑπομένων ὁρᾶν) καὶ συνώθει τὸν ὕπαρχον χρυσίῳ πολλῷ τὴν εἰρήνην ὠνεῖσθαι, αὐτὸς περὶ δημεύσεις καὶ ὄλεθρον τῶν ἐν τέλει τῆς πολιτείας ἀγρυπνῶν. 3. Ἔσχε δὲ ὅμως καὶ αὐτὸς ἀναίσιον πέρας. Τοσούτων κακῶν ἐπιχεθέντων τῇ πρόσθεν εὐδαίμονι τῶν ἀρχῶν, ἡ Τύχη, βραχύ τι γνήσιον δὲ γελῶσα, τὸν Ἀναστάσιον θανατῶσιν ἐπέστησε τοῖς ὑπηκόοις, ὃς διὰ πάσης ἦλθεν ὁδοῦ τὴν ἔνδειαν τῶν κοινῶν ἀποτίσασθαι καὶ δίκην οἰκοδεσπότου τινὸς τοὺς φόρους, ὅσοι σῴζεσθαι δύναιντο ταῖς ἀληθείαις, ταῖς δαπάναις προσαρμόσας καὶ λογισμοὺς ἀπῄτει τῶν δαπανῶν καὶ δικαίως ἐτίθετο, τὴν ἀμετρίαν διαφεύγων· ⟨οὐχ⟩ ὥσπερ ὁ Νέρων ποτὲ καὶ εἴ τινες ἐκεῖνον ζηλώσαντες δαπάνας μὲν ἀμέτρους ἐποιήσαντο, λογισμοὺς δὲ ⟨μηδὲ⟩ μέχρι μνήμης ἢ λαβεῖν πρὸς τῆς ἐπαρχότητος | ἢ πρᾶξαι By 204
πρὸς αὐτὴν ἠξίωσαν, ποταμοὺς | ἢ τάχα θάλασσαν Wü 135
ὅλην βλύζειν αὐτοῖς τὸ χρυσίον οἰόμενοι.

46. Νεμεσήσασα δ' ὅμως ἡ Τύχη καὶ σκοπῷ διοικήσεως τὰ νεῦρα παρέλυσε τῆς πολιτείας. 2. Τῶν γὰρ βουλευτικῶν συστημάτων διοικούντων τὰς | πόλεις καὶ O 84^{v}
τὸν στρατιώτην ἀποτρεφόντων καὶ ἀληθῶς πολιτευο-

---

2 2 δείλαιος edd. : δειλεος O || 3 εἰκόσι edd. : εικοσει O || δρᾶν edd. : θρὰν O οραν O^{2} || 3 1 ἔσχε edd. : -χεν O || 2 δὲ ante κακῶν add. Wü || εὐδαίμονι edd. : -μωνι O || 4 θανατῶσιν edd. : -τῶσειν O || ἐπέστησε edd. : -σεν O || ὃς edd. : ὡς O || 7 ἀληθείαις ταῖς δαπάναις O edd. : τ. ἀληθεστάταις δ. Be^{n} || προσαρμόσας edd. : -μώσας O || 9 οὐχ Fu^{n} suppl. Be Wü By || 11 μηδὲ suppl. Wü auct. Kroll By || 13 ἠξίωσαν O edd. : οὐκ ἠ. Fu^{n} vel ἀπηξίωσαν Be^{n}.

46 1 1 Νεμεσήσασα Fu^{2} Wü By : Νέμασα [Νεμ-] O Fu Be νείμασα Fu^{n} νεμεσᾷ Be^{n} || ὅμως Be^{n} Wü : οιμως O Fu Be ὡμῶς Fu^{n} οἴμ' ὡς By || 2 παρέλυσε edd. : -σεν O.

certain Marinos[161], un ancien de ceux que l'on appelle les *scriniarii* du diocèse d'Orient, sut avec habileté se glisser aux côtés de l'empereur et le persuader de lui confier le gouvernement tout entier, parce qu'il avait eu la haute main sur la levée des taxes, moyennant engagement à procurer de l'or à l'empereur. 3. Justement, ce dernier avait un penchant à être âpre au gain[162] en sa qualité de Taulantien, et il était d'Épidamne en Illyrie — Dyrrhachium, d'après Dyrrhachos, le roi de Crète à l'époque, fut le nom donné par les Crétois qui en avaient fait une colonie, comme le dit le Romain Lucain[163], au deuxième livre de sa *Pharsale*, ou les Corcyréens, des colons de Corinthe, suivant l'Historien [Thucydide][164]. D'ailleurs, il y avait une rumeur persistante pour accuser Anastase d'insatiabilité au point que le peuple, en guise d'offrande, mit en graffito sur le mur de l'Hippodrome quelques vers élégiaques, quand on lui eut offert à l'Hippodrome une statue en fer. 4. Voici les vers de ce que l'on appelle un *famosum* à Rome, mais une pasquinade (βλασφημία) chez nous :

“ Roi destructeur du monde, vois la statue de fer
Que nous t'avons dressée en métal plus vil que l'airain,
Rançon pour les meurtres, la mortelle indigence, la faim, la colère,

161. Sur Marinos, voir *supra*, III **36** 1.

162. Sur l'ἀπληστία, maintes fois soulignée, d'Anastase, voir Pauline Allen, (1981), p. 168-169.

163. La référence est tout à fait précise. On lit en effet (II, 610-612) : *Urbs est Dictaeis olim possessa colonis, /Quos Creta profugos vexere per aequora puppes / Cecropiae, victum mentitis Thesea velis.*

164. Pour l'explication de ces différentes données, voir *supra*, p. CII-CVII.

μένων τοῖς πράγμασιν, Μαρῖνός τις ἐκ τῶν λεγομένων σκρινιαρίων τῆς ἑῴας διοικήσεως παρεισδὺς ἐντέχνως τῷ βασιλεῖ ἀναπείθει πᾶσαν αὐτῷ τὴν πολιτείαν διαψηφίσαντι τοὺς φόρους καταπιστεῦσαι, ὁμολογήσας χρυσίον τῷ βασιλεῖ περιποιεῖν. 3. **Φιλοκερδὴς δὲ ἠρέμα ἐτύγχανεν ἐκεῖνος, οἷα Ταυλάντιος, καὶ Ἐπιδάμνου τῆς Ἰλλυρίδος (Δουρράχιον αὐτὴν Κρῆτες ἀποικήσαντες ἐκεῖ προσηγόρευσαν ἀπὸ Δουρράχου τότε βασιλεύοντος Κρητῶν, ὡς ὁ Ῥωμαῖος Λουκανὸς ἐν τῇ δευτέρᾳ τῶν Ἐμφυλίων φησίν, ἢ Κορκυραῖοι, Κορινθίων ἄποικοι κατὰ τὸν Συγγραφέα)· καὶ πολὺς ἦν λόγος ἀπληστίας κατηγορῶν τοῦ Ἀναστασίου, ὡς καὶ ἐλεγείας τινὰς ἐπὶ τοῦ ἱπποδρομίου ἀνατεθῆναι πρὸς τοῦ δήμου κατ' αὐτοῦ, εἰκόνος αὐτῷ σιδηρᾶς ἐπὶ τοῦ ἱπποδρόμου ἀνατεθείσης.** 4. **Οἱ δὲ στίχοι τοῦ λεγομένου παρὰ μὲν Ῥωμαίοις φαμώσου, καθ' ἡμᾶς δὲ βλασφημίας, ὧδε·**

" Εἰκόνα σοι, βασιλεῦ κοσμοφθόρε, τήνδε σιδήρου
στήσαμεν, ὡς χαλκῆς οὖσαν ἀτιμοτέραν, | Wü 136
ἀντὶ φόνου πενίης τ' ὀλοῆς λιμοῦ τε καὶ ὀργῆς,

TEST. : **46** 4 1-2 Ph 135, 62-63 φαμόσον ἡ βλασφημία.

FONT. : **46** 3 2-6 Luc., II, 610-612 ‖ 5-6 Thuc., I, 24, 1-2 ‖ 4 3-6 *Anth.* XI, 270.

2 4 πράγμασιν O By : -σι Fu Be Wü ‖ 6 ἀναπείθει edd. : αναπίθειν O ‖ 3 2 καὶ O Fu Be By : ἐξ Be^{n} Wü ‖ 3 Δουρράχιον O Fu Wü By : Δυρ- Be ‖ ἀποικήσαντες Fu^{n} Be Wü By : αποικησαν O Fu ‖ 4 Δουρράχου O edd. : ὁ Δυρρα O^{mg} ‖ 6 ἢ Fu^{n} Be Wü By : οι O Fu ‖ 7 ἀπληστίας edd. : ἀπλεισ- O ‖ 8 τοῦ Wü By : τους O τὸν Fu Be ‖ Ἀναστασίου O Wü By : -τάσιον Fu Be ‖ ἐλεγείας τινὰς [-γία-] O edd. : ἐλεγεῖά τινα Fu^{n} ‖ 9 ἱπποδρομίου edd. : -δρομειου O ‖ 10 εἰκόνος edd. : εἶκωνος O ‖ ἀνατεθείσης O^{2} edd. : -θήσης O ‖ 4 1 ἤθους post στίχοι add. Wü ‖ 2 ὧδε O Fu Wü By : οἵδε Be ‖ 4 ἀτιμοτέραν O^{2} edd. : -μωτέραν O ‖ 5 λιμοῦ edd. : λοιμοῦ O ‖ τε O^{2} edd. : δε O.

Qui ne donne que ruine pour ton amour de l'argent.
5. Près de la statue de Scylla, on a, funeste Charybde,
Érigé le sauvage, le féroce Anastase.
6. Scylla, redoute en ton âme qu'il ne te dévore,
Et ne fonde en menue monnaie ta divinité de bronze. "

7. On critique dans l'Antiquité presque tous les habitants de l'Europe en raison de leur goût pour l'argent parce qu'à mesure qu'ils les amassent ils dépensent leurs ressources, les Épirotes surtout, qui sont des colons syriens, comme l'a montré Polémon dans son traité sur la *Pharsale* du Romain Lucain. 8. C'est aussi pourquoi l'Antiquité a appelé Palestine [sc. Paleste] l'Épire, où jadis Hérode a fait bâtir, pour faire honneur à Auguste, la cité de Nicopolis, proche de Leucate et de la baie d'Actium, où ce dernier s'était mesuré à Cléopâtre accompagnée d'Antoine.

47. Tel était donc le caractère de l'empereur : intelligent et cultivé à tous égards, il était aimable en même temps qu'agissant, munificent autant qu'inaccessible à la colère et attentif à la littérature au point d'avoir voulu procurer aux maîtres en matière de lettres un supplément

ᾗ πάντα φθείρει σῇ φιλοχρημοσύνῃ.
5. γείτονα δὲ Σκύλλης ὀλοὴν ἀνέθεντο Χάρυβδιν,
ἄγριον ὠμηστὴν τοῦτον Ἀναστάσιον.
6. δείδιθι καὶ σύ, Σκύλλα, τεαῖς φρεσί, μή σε καὶ αὐτὴν
βρώξῃ, χαλκείην δαίμονα κερματίσας. " | By 206

7. Διαβάλλονται γὰρ πρὸς τῶν ἀρχαίων οἱ τὴν Εὐρώπην οἰκοῦντες σχεδὸν ἅπαντες ἐπὶ φιλαργυρίᾳ, ἅμα κερδαίνοντες ἅμα δαπανῶντες τὰ περιγινόμενα αὐτοῖς, οἱ δ' Ἠπειρῶται μάλιστα, Σύρων ὄντες ἄποικοι, ὡς ὁ Πολέμων ἐν πέμπτῃ Ἐξηγήσεων τῆς κατὰ Λουκανὸν τὸν Ῥωμαῖον Ἐμφυλίου Συγγραφῆς ἀπεφήνατο. 8. Ὅθεν καὶ Παλαιστήνη πρὸς τῶν ἀρχαίων καλεῖται, ἐν ᾗ Ἡρώδης ποτὲ πρὸς τιμῆς Αὐγούστου Νικόπολιν ἐδείματο | τὴν πόλιν παρὰ Λευκάτην καὶ τὸν Ἄκτιον (O 85) κόλπον, ὅπου Κλεοπάτραν μετ' Ἀντωνίου παρεστήσατο.

47. Ἦν μὲν οὖν τοιοῦτος ὁ βασιλεύς, τὰ δὲ ἄλλα συνετὸς καὶ πεπαιδευμένος, ἐπιεικής τε ἅμα καὶ δραστήριος, μεγαλόδωρός τε καὶ κρείττων ὀργῆς, ἐρυθριῶν τε τοὺς λόγους, ὡς καὶ πλήρωμα χρόνου καὶ βαθμὸν | (Wü 137) τοῖς τῶν λόγων διδασκάλοις βουληθέντα παρασχεῖν

FONT. : 5-6 *Anth.* XI, 271 || 7 3-6 Luc., V, 458-460.

6 ᾗ Fu^2 Wü By : ἡ O Fu οἷς Fu^n Be || φθείρει σῇ φιλοχρημοσύνῃ Wü By : φ. σὴ φιλοχρημοσύνη Fu^2 Be φθειρεσει φιλοχρημοσυνη O Fu || 5 1 Σκύλλης edd. : κυλλης O || Χάρυβδιν edd. : χαρυβδην O || 2 ὠμηστὴν edd. : ὠμισ- O || 6 2 χαλκείην edd. : -κίην O || 7 1 τῶν ἀρχαίων edd. : τον ἀρχαῖον O || 5 Ἐξηγήσεων edd. : ἐξη[.]ησεων O || 6 Ἐμφυλίου Be Wü By : -λίους O -λίων Fu || Συγγραφῆς edd.. : -φεῖς O || 8 1 Παλαιστήνη O edd. : Παλαίστη Fu^n || 4 παρεστήσατο O^2 edd. : μαρ- O.

47 1 3 κρείττων edd. : κρίτ- O.

pour fin de carrière et une dignité, mais d'en avoir été empêché par leurs dissensions[165]. Il est dans l'ordre naturel qu'en raison de son détachement vis-à-vis des affaires le corps des *litterati* (τὸ λογικόν) soit en discordance avec lui-même. 2. Il était donc un homme bon, comme je l'ai dit, qui ne laissait à aucun de ses solliciteurs un visage renfrogné en lui donnant congé, en sorte qu'il n'était dans tout l'Empire romain cité, forteresse, sanctuaire, port ou lieu quelconque qui n'eut sa part des dons qu'il faisait en fonction des nécessités. 3. Ce fut lui le seul après Constantin à avoir allégé la collecte des impôts pesant sur les personnes[166], non pourtant en totalité (il n'en trouva point le temps) : puisse-t-il trouver grâce auprès de Dieu pour les erreurs qu'il a commises, car il était aussi un homme. 4. Anastase réalisa une foule d'actions aussi pour le bien public : il suffira, pour la démonstration, d'en citer une seule, la ville qu'il a fait bâtir au-delà de l'Euphrate (les gens du lieu l'appellent Daras, nos contemporains Anastasioupolis, d'après son nom). Si Dieu ne l'avait point fait peser, par son entremise, sur le gosier des Perses, ce serait depuis bien longtemps qu'ils se seraient emparés des territoires romains, dans la mesure où ils jouxtent les leurs[167].

48. Mais il n'y a aucune difficulté à faire encore mention aussi d'une action de lui demeurée obscure et inaperçue. En effet, on doit dans le traité réserver une place à un de ses mérites sur le plan privé. 2. Il y eut sous son règne un patrice, Paul, qui avait pour père, Vivianus, un

165. Ceci est confirmé, avec un accent légèrement différent, par III **50** 6. Selon C. Kelly [(2004), p. 37], Jean offrirait ici une confidence sur le désenchantement qu'il avait éprouvé en entrant dans le “ monde ” académique.

166. Il s'agit de la suppression de l'impôt, fort impopulaire, du *chrysargyre*, en 498. Voir *supra*, p. CXV. Toutefois, selon Av. Laniado [(2002), p. 41, n. 135], des vocables comme ψυχή ou ψυχικός devraient être mis en rapport avec la capitation.

ταῖς αὐτῶν διχονοίαις ἐμποδισθῆναι· πέφυκε γὰρ ἐξ ἀπραγμοσύνης τὸ λογικὸν πρὸς ἑαυτὸ διαφωνεῖν. 2. Ἦν οὖν ἀγαθός, ὡς ἔφην, καὶ μηδένα τῶν δεομένων σκυθρωπὸν ἀποπέμπων, ὡς μὴ πόλιν, μὴ φρούριον, μὴ ἐλευσίνιον ἢ λιμένα ἢ τόπον οὖν τινα τῆς πάσης Ῥωμαίων πολιτείας ἀμοιρεῖν τῶν ἐκείνου κατὰ τὸ ἀναγκαῖον δωρεῶν. 3. Ὅτι δὲ μόνος αὐτὸς μετὰ Κωνσταντῖνον τὴν τῶν ψυχῶν ἐκούφισε δασμολογίαν, εἰ καὶ μὴ πᾶσαν (οὐδὲ γὰρ ἔφθασεν), θεὸν ἐχέτω ἵλεων τῶν ὁπωσδήποτε πλημμεληθέντων αὐτῷ· καὶ γὰρ ἄνθρωπος ἦν. 4. Πολλῶν δὲ ὄντων καὶ ὑπὲρ τῶν κοινῶν ⟨ὧν⟩ Ἀναστάσιος ἔπραξεν, ἀρκέσει μόνη πρὸς ἀπόδειξιν ἡ παρ' αὐτοῦ ὑπὲρ Εὐφράτην κατασκευασθεῖσα πόλις (Δάραν αὐτὴν οἱ ἐπιχώριοι, Ἀναστασίου δὲ πόλιν ἐξ αὐτοῦ προσαγορεύουσι καθ' ἡμᾶς), ἣν εἰ μὴ θεὸς πρὸς ἐκείνου ταῖς φάρυγξι Περσῶν ἐπέβρισεν, ἔκπαλαι ἂν τὰ Ῥωμαίων Πέρσαι, οἷον προσεχῆ αὐτοῖς ἐστιν, κατεσχήκεσαν. | By 208

48. Χαλεπὸν δὲ οὐδὲν καὶ μιᾶς αὐτοῦ σκοτίας καὶ λανθανούσης ἔτι ἐπιμνησθῆναι πράξεως· δεῖ γὰρ καὶ τῶν ἰδικῶν τἀνδρὸς ἀρετῶν μίαν ἐναποθέσθαι τῷ λόγῳ. 2. Παῦλος ἀνὴρ εὐπατρίδης ἐκ Βιβιανοῦ πατρὸς ἐπισημοτάτου γέγονεν ὑπ' αὐτῷ, ὃς καὶ τοὺς πώποτε τῶν

---

2 1 ἀγαθός edd. : -θόν O || 2 ἀποπέμπων edd. : ἀπὸ πέμπων O || 2-3 μὴ ἐλευσίνιον del. Be || 3 ἐλευσίνιον By : εὐσίνιον O Fu Be συσκήνιον Wü εὐθήνιον Fu^{n} || λιμένα edd. : λημεινα O || οὖν τινα Fu Wü : o. τινὰ O Be οὖντινα By || 3 2 ἐκούφισε edd. : -φησεν O || 3 ἵλεων Wü By : ἵλεω Fu Be ἱλέω O || 4 ὁπωσδήποτε Fu Be Wü : ὅπως δήποτε O ὅπως δή ποτε By || πλημμεληθέντων Fu^{2} Be Wü By : πλημε- O Fu || 4 1 καὶ O edd. : ἃ coni. Fu^{n} || ἀριθμὸν ἃ ὑπὲρ post ὑπὲρ coni. Be^{n} suppl. Wü || 2 ὧν suppl. By || 7 οἷον Fu Be By : οἵον O ὅσα Be^{n} Wü || προσεχῆ edd. : προσέχη O || ἐστιν O By : ἐστι Fu Be Wü.

48 1 3 ἐναποθέσθαι edd. : -θέσθαιθαι O.

dignitaire très distingué, dont les générosités avaient éclipsé jusqu'à celles des consuls de jadis admirés pour leur magnificence. 3. Pour les besoins de sa carrière personnelle au profit de l'empereur[168], Paul avait contracté auprès de Zénodote, qui avait été admis, lui aussi, au rang de consul, seule dignité qu'il eut jamais, une créance inaliénable qui se montait à mille livres d'or. 4. Alors que Paul désespérait de rembourser la somme, Zénodote, de son côté, se mit, en le suppliant, à implorer Anastase de prendre son parti. 5. Considérant qu'ils n'avaient les ressources ni Paul pour s'acquitter ni Zénodote pour tenir quitte, l'empereur fit au second un don de deux mille livres d'or, une gratification qui alla pour mille livres au créancier, le reste, de même montant, à Paul[169].

49. Mais, dans mon traité, j'en reviens à Marinos. 2. Quand notre Syrien et vaurien eut, comme il était normal, remporté la levée des taxes, il paralysa[170] les curies dans toutes les cités, en vendant les sujets au tout venant à mesure que les enchères promises montaient plus haut et, au lieu des curiales qui à l'origine établissaient les injonctions de payement, le voilà qui promeut ceux que l'on appelle les *vindices* (c'est le nom usuel en latin pour " juges des Dieux ")[171] : une fois qu'ils eurent pris en mains les contribuables, ce fut rien moins qu'en ennemis

168. Nous ne comprenons pas l'analyse d'An. Bandy [(1983), p. 326]. Il voit dans λυσιτελῶν un adjectif et par conséquent le met sur le même pied que ἰδιωτικῶν, sans s'apercevoir qu'il eût fallu normalement trouver un καὶ pour les coordonner. Nous ne voyons pas pourquoi l'interprétation de Fuss [(1812), p. 237] serait moins correcte que la sienne. Dans la mesure où il fut probablement un adepte convaincu du monophysisme de Sévère d'Antioche, le conseiller ecclésiastique d'Anastase, Paul peut être considéré comme un suppôt actif du régime, dont il soutenait, sans doute de ses deniers, la propagande religieuse.

169. Tout le chapitre est d'interprétation particulièrement délicate. Nous y consacrons un long développement dans t. I, p. DXCII-DXCIV et *supra*, p. CIX-CXI.

ἔμπροσθεν ἐπὶ μεγαλοφροσύνῃ θαυμασθέντων ὑπάτων
ταῖς φιλοτιμίαις ἀπέκρυψεν. 3. Οὗτος χρειῶν ἰδιωτικῶν
ἕνεκα λυσιτελῶν αὐτῷ ἐπωφείλησε Ζηνοδότῳ, | ὃς καὶ Wü 138
αὐτὸς τοῖς ὑπάτοις προσ|⟨ετέθη, τοῦ⟩ ἀξιώματος καὶ O 85v
μόνου τυχών, ἀναφαίρετον χρυσίον εἰς χιλίας χρυσίου
λίτρας συναγόμενον. 4. Τοῦ δὲ Παύλου πρὸς τὴν ἔκτι-
σιν ἀθυμοῦντος, ὁ Ζηνόδοτος ποτνιώμενος τὸν Ἀνα-
στάσιον ἀντεβόλει ἀμύνειν αὐτῷ. 5. Ὁ δὲ συνορῶν μηδὲ
τὸν Παῦλον ἀρκεῖν πρὸς ἀπόδοσιν μηδὲ Ζηνόδοτον
πρὸς ἔνδοσιν, δύο χιλιάδας χρυσίου δέδωκε λιτρῶν
αὐτῷ, τὰς μὲν χιλίας τῷ χρήστῃ, τὰς δὲ λειπομένας
(τοσαῦται δὲ ἦσαν) τῷ Παύλῳ χαρισάμενος.

49. Ἐγὼ δὲ ἀναστρέφω τῷ λόγῳ πρὸς Μαρῖνον.
2. Ἐκλαβὼν τοίνυν Σύρος ἀνὴρ καὶ πονηρὸς ὡς ἐπιει-
κὲς τοὺς φόρους, τὰ μὲν βουλευτήρια πασῶν παρέλυσε
τῶν πόλεων, ἀπεμπολῶν τοὺς ὑπηκόους παντί, ὡς
ἔτυχεν, εἰ μόνον αὐτῷ τὸ πλέον ὑπόσχοιτο, καὶ ἀντὶ
τῶν ἀνέκαθεν στηριζόντων τὰ προστάγματα βουλευτῶν
προχειρίζεται τοὺς λεγομένους βίνδικας (⟨οὕτως γὰρ
ἔθος⟩ Ἰταλοῖς ⟨νεμέτορας⟩ θεῶν ἀποκαλεῖν), οἳ παρα-
λαβόντες τοὺς συντελεῖς οὐδὲν πολεμίων ἧσσον τὰς

---

3 1 Οὗτος edd. : οὕτως O || 2 ἐπωφείλησε edd. : επόφελησεν O || Ζηνοδότῳ : Ζηνωδωτω O || ὃς Wü By : ὡς O Fu Be || 3 τοῖς ὑπάτοις O edd. : τῆς ὑπατείας Fu[n] || προσετέθη τοῦ By : πρὸς O Fu Be προσηριθμήθη Wü || 4 ἀναφαίρετον edd. : ἀναφέρετον O || 4 2 ἀθυμοῦντος Wü By : [...]μοῦντος O ἀτονοῦντος Fu Be || Ζηνόδοτος edd. : ζνοδωτ- O || ποτνιώμενος Be Wü By : -ιούμενος [-ου-] O Fu || 5 2 Ζηνόδοτον edd. : -δωτον O.

49 2 1 ἐπιεικὲς Wü By : ἐπιεικὴς [επ-] O Fu Be || 2 παρέλυσε edd. : -σεν O || 4 ὑπόσχοιτο edd. : ὑπόσχοι τὸ O || βίνδικας (v. 6) post ὑπόσχοιτο O transp. edd. post λεγομένους (v. 6) || 5 προστάγματα O Wü By : πράγματα Fu Be || 6 προχειρίζεται edd. : προχειρ..εται O || 6-7 οὕτως γὰρ ἔθος suppl. Wü By || 7 νεμέτορας suppl. By : τοὺς ἐπιτρόπους coni. Wü[n] || θεῶν Wü[n] By : θεον O θεὸν Fu Be Wü || 8 ἧσσον edd. : ἥσσων O.

qu'ils traitèrent les cités. 3. Et tandis que l'empereur devient plus riche en or que quiconque, l'empereur et après lui Marinos, bref, tous ceux qui sont pris de " marinite "[172], un dénuement absolu et un gouffre de pauvreté engloutit les affaires publiques, parce que désormais, comme un juge subalterne, la préfecture n'était plus là que pour trancher les litiges soulevés par les particuliers. 4. Pourtant, il révérait la magistrature, Marinos, et il donnait l'impression de la respecter, avec un art d'y écarter la malveillance. 5. Dès lors, comme les taxes de l'État étaient administrées comme relevant d'autres ressorts et se traitaient hors procédure, le personnel glissait à la ruine et commençait à entrer dans la pauvreté. Que lui restait-il ? Il était au service seulement des procès intentés par les particuliers.

50. Lorsqu'ainsi les affaires furent tombées sous la coupe de Marinos, l'empereur résolut par un honneur nouveau de consoler la magistrature du déshonneur qu'elle avait essuyé. 2. Au moins, s'agissant des plus éminents d'entre les orateurs plaidant à la cour de justice, il s'efforçait de les promouvoir à la magistrature. Un jour que sa femme Ariane l'agaçait pour qu'il remît la magistrature entre les mains d'Anthémius, le fils d'Anthémius, qui avait été empereur de Rome, il se fâcha en disant que personne ne méritait la magistrature sauf des gens rompus aux lettres. 3. À quel point il révérait la magistrature, c'est ce que l'on déduira du fait suivant. 4. Un certain Hermias[173], inscrit au rôle des *scrinarii* de Lydie, avait encouru un blâme de Serge, le titulaire de la préfecture à

172. Le participe substantivé μαρινιῶν est évidemment une création verbale de notre auteur. Pauline Allen [(1981), p. 162, n. 9] traduit curieusement ὅσοι μαρινιῶντες par " the minion of Marinus ". Nous ne voyons pas en quoi le contexte ici serait érotique.

173. Le personnage n'est pas connu par d'autres sources, voir *PLRE* II, s.v. *Hermias* 6, p. 548-549.

πόλεις διέθηκαν. 3. **Καὶ γίνεται μὲν πολύχρυσος, εἴπερ τις ἄλλος, ὁ βασιλεὺς καὶ μετ᾽ αὐτὸν ὁ Μαρῖνος καὶ ὅσοι Μαρινιῶντες ἁπλῶς, ἀπορία δὲ παντελὴς καὶ πενίας βάθος κατέπιε τὰ πράγματα, τὸ λοιπὸν τῆς ἐπαρχότητος τρόπῳ χαμαιζήλου δικαστοῦ μόναις ταῖς ἰδιωτικαῖς διαδικασίαις σχολαζούσης.** 4. **Ἠρυθρία δὲ ὅμως ὁ Μαρῖνος καὶ τὴν ἀρχὴν ἐδόκει τιμᾶν, τέχνῃ τὸν φθόνον ἀπωθούμενος.** 5. **Ἔνθεν τῶν δημοσίων ὥσπερ | [By 210] ὑφ᾽ ἑτέρους τελούντων | [Wü 139] καὶ μὴ κατὰ τάξιν πραττομένων, ὑπώλισθεν ἡ τάξις καὶ πενίας ἐνήρχετο· τί γὰρ περιεγίνετο αὐτῇ, μόναις ταῖς δίκαις τῶν ἰδιωτῶν ἐξυπηρετουμένῃ ;**

50. Οὕτως οὖν τῶν πραγμάτων ὑπὸ τῷ Μαρίνῳ πεσόντων, συνεῖδεν ὁ βασιλεὺς ἑτέρᾳ τιμῇ τὴν ἀτιμίαν παραμυθήσασθαι τῆς ἀρχῆς. 2. **Τῶν γοῦν δικανικῶν ῥητόρων τοὺς ἀρίστους ἐπὶ τὴν ἀρχὴν προὔφερεν. | [O 86] Καί ποτε, πρὸς τῆς γαμετῆς Ἀριάδνης ὀχλούμενος Ἀνθεμίῳ τῷ Ἀνθεμίου τοῦ Ῥώμης βεβασιλευκότος παιδὶ τὴν ἀρχὴν ἐγχειρίσαι, ἠγανάκτησεν, εἰπὼν δέ, μηδενὸς ἢ μόνων λογικῶν ἀξίαν εἶναι τὴν ἐπαρχότητα.** 3. **Ὅπως δὲ ἠρυθρία τὴν ἀρχήν, γνώσεταί τις ἐκ τούτου.** 4. **Ἑρμίας τις τοῖς Λυδίας σκρινιαρίοις συναριθμούμενος ὑπὸ μέμψιν γέγονε Σεργίου, τοῦ τότε τὴν ἐπαρχότητα διέ-**

---

3 3 Μαρινιῶντες Be Wü By : μαρινιοντες O Μαρῖνοι ὄντες Fu ‖ 4 κατέπιε edd. : -πιεν O ‖ 5 χαμαιζήλου edd. : χαμεζ- O ‖ 6 διαδικασίαις σχολαζούσης edd. : διαδικασιαισχολαζούσης O ‖ 4 1 Ἠρυθρία O Be Wü By : Ηὐθρία Fu ‖ 3 ἀπωθούμενος edd. : ἀποθ- O ‖ 5 2 κατὰ τὴν τάξιν Fu[2] ‖ 2-3 πραττομένων ὑπώλισθεν edd. : πραττομενον ὑπολισθεν O ‖ 3 πενίας ἐνήρχετο O edd. : πενίᾳ συνείχετο coni. Be[n].

50 1 1 οὖν edd. : ου O ‖ 2 1 γοῦν O Fu Be Wü : γ᾽ οὖν By ‖ 2 ῥητόρων O[2] edd. : -τώρων O ‖ προὔφερεν By : προύφερεν O πρoύφερε Fu Be προὔφερε Wü ‖ 3 Ἀριάδνης edd. : αρεαζης O ‖ 4 3 γέγονε edd. : -νεν O.

l'époque[174], lequel s'était fâché. 5. Agacé par la mère d'Hermias, l'empereur fit le siège du préfet en le priant de céder au profit d'Hermias ; mais le préfet procédait par dérobades à l'infini, tandis que l'empereur faisait des concessions par égard tant pour la magistrature que pour la dignité de Serge. 6. Il eut cependant la force de s'interposer pour la cause du juste. À l'heure où les hommes formés à la littérature s'échangeaient eux-mêmes la magistrature de main à main, voici qu'ils donnent[175] à leurs suivants issus des rangs de ceux que l'on appelle les *Augustales*, surtout ceux qui brillaient dans la pratique des lettres, et en fait aussi des tachygraphes, le droit de se présenter en qualité d'orateurs, de prononcer des discours, d'exhiber en séance publique[176] la préparation qu'ils avaient en matière de lettres et d'obtenir de la sorte des émoluments non négligeables[177].

51. Voilà à peu près ce qui se traitait alors, 2. tandis que l'empereur se rengorgeait d'être riche grâce aux spéculations de Marinos et tirait vanité des applaudissements consulaires[178]. 3. Une paix profonde enflait de vanité l'Etat entier tout autant que le fonctionnaire, car chacun mimait le relâchement qui avait pris la cour, et suivait l'empereur dans ses façons de vivre. 4. Et ce fut alors pour Anastase le terme de sa vie, qui fut troublée par les tumultes dus aux dogmes et à Vitalien[179]. 5. Quand Justin eut hérité de l'empire[180] (l'homme était inactif et, hormis son expérience des armes, il ne possédait absolument aucune science)[181], Marinos et tous les suppôts d'Anastase qui avaient obtenu de lui leur avancement[182] lais-

174. Connu comme préfet du prétoire par des textes législatifs du 1er avril et du 1er décembre 517, voir *supra*, p. CXIII et n. 347.

177. Allusion à III **47** 1.

179. Sur Vitalien, *magister utriusque militiae per Thracias* en 514-515 ; *magister utriusque militiae praesentalis* en 518-520 et consul en 520, voir *PLRE* II, s.v. *Fl. Vitalianus*, p. 1171-1176. Sur son action sous le règne d'Anastase, voir *supra*, p. CXX-CXXII.

ποντος, ἀγανακτήσαντος. 5. **Ὁ δὲ βασιλεύς, πρὸς τῆς Ἑρμίου μητρὸς ὀχλούμενος, πολὺς ἐγίνετο τὸν ὕπαρχον παρακαλῶν παραχωρεῖν Ἑρμίᾳ· ἐκεῖνος δὲ μέχρι παντὸς ἀνεβάλλετο καὶ ὁ βασιλεὺς ἐνεδίδου, τήν τε ἀρχὴν τήν τε Σεργίου σεμνότητα παρατηρούμενος.** 6. **Ἴσχυσε δ' ὅμως ὑπὲρ δικαίου παρακαλῶν. Αὐτῶν οὖν τῶν ἐν λόγῳ ἀμοιβαδὸν τὴν ἀρχὴν παραλαμβανόντων, παραδίδωσιν ἐκ τῶν λεγομένων Αὐγουσταλίων, οἳ μάλιστα τοῖς λόγοις ἐνέπρεπον, καὶ μὴν καὶ ταχυγράφων τοῖς ἀκολούθοις παριέναι καὶ λόγους παραδιδόναι καὶ ἀκροάσεσι δημοσίαις ἐπιδείκνυσθαι τὴν οὖσαν αὐτοῖς ἐπὶ τοῖς λόγοις παρασκευήν, γερῶν τε οὐ μικρῶν τυγχάνειν. |** Wü 140

51. **Τοιαῦτα μέν τινα τότε ἐπράττετο,** 2. **ὁ δὲ βασιλεὺς ἐτρύφα ταῖς Μαρίνου περινοίαις πλουτῶν καὶ ταῖς τῶν ὑπάτων εὐφημίαις ἐναβρυνόμενος.** 3. **Εἰρήνη δὲ βαθεῖα τὴν πᾶσαν ἐχαύνου πολιτείαν, καὶ οὐχ ἥκιστα τὸν στρατιώτην, πάντων ὁμοῦ τὴν τῆς αὐλῆς ῥᾳστώνην ζηλούντων καὶ διωκόντων τὰ βασιλέως ἐπιτηδεύματα.** 4. **Καὶ πέρας ἦν λοιπὸν Ἀναστασίου τοῦ βίου τοῖς ἀπὸ τῶν δογμάτων καὶ Βιταλιανοῦ θορύβοις ταραττόμενον.** 5. **Ἰουστίνου δὲ τὴν βασιλείαν παραλαβόντος (ἀνὴρ δὲ ἦν ἀπράγμων καὶ | μηδὲν ἁπλῶς παρὰ τὴν τῶν ὅπλων** By 212 **πεῖραν ἐπιστάμενος), Μαρῖνος μὲν καὶ ὅσοι Ἀναστασίου τῆς αὐξήσεως ⟨ἔτυχον ἀπηλλάττοντο⟩, οὐκ ὄντων δὲ τὸ λοιπὸν τοῖς κρατοῦσι | κερδῶν, ὥσπερ τὸ** O 86^v

5 2 μητρὸς edd. : μηπρος O ‖ ἐγίνετο Be Wü By : ἐγέν- [εγε-] O Fu ‖ 3 παραχωρεῖν edd. : -ρων O -ρειν O^2 ‖ 6 1 ἴσχυσε edd. : -σεν O ‖ 3 παραδίδωσιν Fu Be : παραδωσιν O -διδόασιν By δίδωσιν Be^n Wü ‖ 6 ἀκροάσεσι edd. : -σιν O ‖ δημοσίαις edd. : -σίοις O ‖ 7 μικρῶν edd. : μικρον O.

51 3 3 ῥᾳστώνην edd. : ραστονην O ‖ 4 διωκόντων edd. : διοκόν- O ‖ 4 2 ταραττόμενον edd. : -τομένων O ‖ 5 4 ἔτυχον ἀπηλλάττοντο suppl. Wü By : [...] Fu Be ‖ 5 κρατοῦσι edd. : -σιν O.

saient place nette et, parce qu'il n'y avait désormais plus de profit pour les gouvernants, comme précédemment (on avait tourné le dos aux malversations contre les sujets), toute la richesse d'Anastase, qui se montait à des dizaines de milliers de livres d'or, leur coula entre les doigts, 6. des guerres en foule secouaient le monde romain, quand les Perses réclamèrent le défrayement, sujet éternel de bavardages, pour la garde assurée sur les Portes Caspiennes[183]. Le point requiert une explication que voici.

52. Du côté où le soleil se lève sous la constellation du Lion, dans les premières gorges du Caucase, là où, exposés au vent du nord du côté de la mer Caspienne, se séparent naturellement les piémonts du Caucase s'est produite une voie d'accès pour des barbares inconnus tant des Perses, qui séjournent en Hyrcanie, que de nous ; c'est par là que les barbares attaquaient les terres tant de l'est appartenant aux Perses que du nord appartenant aux Romains pour les mettre au pillage. 2. Aussi longtemps que les Romains tinrent en leur pouvoir Artaxata[184] et les régions situées au-delà, leur présence sur place permettait des campagnes de riposte, mais lorsqu'ils eurent décroché de ces points et de combien d'autres sous Jovien[185], les Perses ne parvenaient plus du tout à monter la garde tant sur leurs propres territoires que sur ceux qui appartenaient aux Romains, et une agitation intolérable s'emparait à chaque fois de l'Arménie de part et d'autre de la frontière. 3. Voici donc que s'ouvrent des discussions, après l'échec des Romains sous Julien, entre Salutius, de notre côté, lequel était préfet[186], et les plus éminents d'entre les Perses[187], et avec Yesdegerd par la suite[188]. Aux termes du pacte, ce serait à frais partagés que les deux États établiraient une garde à ladite entrée et installeraient sur les lieux une troupe auxiliaire pour y réfréner

πρότερον (καὶ γὰρ ἀπεστρέφοντο τὰς κατὰ τῶν ὑπηκόων ἐπηρείας), ἅπας μὲν ὁ πλοῦτος Ἀναστασίου εἰς ἀπείρους μυριάδας χρυσίου λιτρῶν συναγόμενος διερρύη, 6. ὄχλος δὲ πολέμων τὰ Ῥωμαίων ἐδόνει, Περσῶν τὴν ἀειθρύλητον ἐπὶ ταῖς Κασπίαις πύλαις ἀπαιτούντων δαπάνην. 7. Ὁ δὲ περὶ αὐτῆς λόγος τοιοῦτος.

52. Πρὸς ἀνίσχοντα ὑπὸ λέοντι ἥλιον ἐν ἀρχῇ στενῇ τοῦ Καυκάσου, πρὸς βορέαν ἄνεμον κατὰ τὴν Κασπίαν χωριζομένων φύσει τῶν τοῦ Καυκάσου σφυρῶν, εἴσοδος ἀπετελέσθη βαρβάρων τοῖς ἀγνοουμένοις ἡμῖν τε καὶ Πέρσαις, οἳ περὶ τὴν Ὑρκανὴν νέμονται· δι᾽ ἧς εἰσβάλλοντες τά τε πρὸς εὖρον Πέρσαις, τά τε πρὸς βορέαν Ῥωμαίοις ἀνήκοντα ἐδῄουν. 2. Καὶ ἕως μὲν Ἀρτάξατα καὶ ἔτι ἐπέκεινα εἶχον ὑφ᾽ ἑαυτοῖς οἱ Ῥωμαῖοι, ἀντέβαινον παρόντες ἐκεῖ· ὡς δὲ τούτων ἐξέστησαν καὶ ὅσων Wü 141
ἄλλων ἐπὶ Ἰοβιανοῦ, οὐκ ἐξήρκουν οἱ Πέρσαι τά τε ἑαυτῶν τά τε πάλαι Ῥωμαίων φρουρεῖν καὶ θόρυβος ἀεὶ τὰς ἑκατέρων Ἀρμενίας εἶχεν ἀφόρητος. 3. Γίνονται δὴ οὖν λόγοι μετὰ τὴν ἐπὶ Ἰουλιανοῦ Ῥωμαίων ἀστοχίαν Σαλουτίῳ τε, ὃς ἦν ὕπαρχος, ἐξ ἡμῶν καὶ Περσῶν τοῖς ἐξοχωτάτοις καὶ Ἰσδιγέρδῃ ὕστερον, ὥστε κοιναῖς δαπάναις ἄμφω τὰ πολιτεύματα φρούριον ἐπὶ τῆς εἰρημένης εἰσόδου κατασκευάσαι, ἐπιστῆσαί τε βοήθειαν τοῖς τόποις πρὸς ἀναχαιτισμὸν τῶν κατατρεχόντων δι᾽

7 ἐπηρείας edd. : -ρίας O ‖ 6 1 ἐδόνει O edd. : ἐδόνη O^2 ‖ 2 ἀειθρύλητον Be Wü By : αειθρυλητον O ἀειθρύλλη- Fu.

52 1 3 φύσει edd. : φύσι O ‖ 4 ἀγνοουμένοις edd. : ἀγνωου- O ‖ 7 ἐδῄουν edd. : ἐδῄουν O^2 ἔδη οὖν O ‖ 2 2 ἀντέβαινον edd. : -τεβενον O ‖ 3-4 ὅσων ἄλλων edd. : ὅσον ἄλλον O ‖ 4 ἐξήρκουν edd. : εξήρκον O ‖ 3 3 Σαλουτίῳ By : σαλουστιω O Σαλουστίῳ Fu Be Σαλλουστίῳ Wü ‖ 4 ἐξοχωτάτοις edd. : εξωχοτ- O ‖ Ἰσδιγέρδῃ edd. : Εἰσ- O^2 εἰσδιγέρδη O ‖ 5 εἰρημένης edd. : εἰρήνης O ‖ 6 τε O^2 edd. : ται O ‖ 7 ἀναχαιτισμὸν edd. : ἀναχετ- O^2 ἀνασχετ- O.

les déferlements barbares. 4. Mais au moment où les Romains étaient accaparés par des guerres à l'ouest et au nord, les Perses, dans la mesure où ils étaient exposés de plus près aux raids des barbares, eurent la nécessité d'y bâtir en réplique un poste gardé qu'ils appelèrent Biraparach dans leur langue maternelle, et ils y installèrent des forces. L'ennemi n' entrait plus.

53. Usant de ce prétexte, les Perses attaquèrent les Romains en se précipitant sur (les provinces) de Syrie et de Cappadoce, parce qu'ils étaient soi-disant victimes d'une injustice et spoliés de la part dévolue aux Romains dans les dépenses consenties pour l'intérêt commun. Aussi envoya-t-on le premier Sporacius[189] sous le règne de Théodose le Grand afin de négocier avec les Perses. Grâce au pouvoir de l'argent et à la sagacité de ses arguments, il fut près de convaincre les Perses, moyennant des concessions romaines, le versement d'un tribut, de se tenir tranquilles et de se comporter en amis. 2. Aussi les choses traînèrent-elles en longueur jusqu'à nos jours, sous Anastase, tant en palabres qu'en pactes, bref en ajournements. C'est sous Anastase, quand le vieux Khavad[190] a ligué la Perse entière contre Rome, qu'a eu lieu la guerre. Et les Romains, qui pouvaient être victorieux l'épée au poing, en raison du libertinage et de la mollesse du dernier Aréobindus (il raffolait de chant, de flûte et de danse[191]), et de

189. Le personnage n'est pas cité ailleurs, voir *PLRE* I, s.v. *Sporacius*, p. 851 : “ the date of the ambassy was 383 ”, voir *supra*, p. XXXIII, n. 87.

190. Roi de Perse de 488 à 531, voir *PLRE* II, s.v. *Cavades* I, p. 273-274. Voir *supra*, p. XXXVI-XXXVII.

191. La description du comportement d'Aréobindus, mort sans doute peu après 512 (voir *PLRE* II, p. 143) est surprenante. Nous l'étudions ailleurs dans le détail, voir *supra*, p. XXXVIII-XLVI.

αὐτῆς βαρβάρων. 4. Ῥωμαίων δὲ τοῖς περὶ τὴν ἑσπέραν καὶ τὴν ἄρκτον πολέμοις ἐνοχλουμένων, οἱ Πέρσαι ἔσχον ἀνάγκην, οἷα προσεχέστεροι ταῖς τῶν βαρβάρων ἐφόδοις, ἀντοικοδομεῖν φρούριον ἐκεῖ, Βιραπαρὰχ πατρίως αὐτὸ καλέσαντες, καὶ δυνάμεις ἐπέστησαν· καὶ πολέμιος οὐκ εἰσῄει.

53. Ἐκ ταύτης τῆς ἀφορμῆς | οἱ Πέρσαι Ῥωμαίοις O 87
ἐπετέθησαν, κατὰ σμικρὸν ἐπὶ τὰς Συρίας καὶ Καππαδοκίας ἐκχεόμενοι, ὡς δῆθεν ἀδικούμενοι καὶ τὴν ὑπὲρ τῶν κοινῶν γενομένην | δαπάνην κατὰ τὸ ἐπιβάλλον By 214
Ῥωμαίοις ἀποστερούμενοι, ὥστε Σποράκιον τὸν πρῶτον ὑπὸ Θεοδοσίου τοῦ μείζονος ἐκπεμφθῆναι διαλεχθησόμενον Πέρσαις· ὁ δὲ δυνάμει τε χρημάτων καὶ συνέσει λόγων ἐγγὺς ἔπειθε Πέρσαις, Ῥωμαίων ὥσπερ χαριζομένων αὐτοῖς, ὑποφόρων Ῥωμαίων ἡσυχάζειν καὶ φίλους εἶναι. 2. Καὶ ταῦτα ἕως τοῦ καθ' ἡμᾶς Ἀναστασίου διεσύρη λαλούμενά τε καὶ τυπούμενα καὶ ἁπλῶς | ἠρτημένα. Ἐπὶ δὲ αὐτοῦ, Κωάδου τοῦ γέρον- Wü 142
τος ὅλην Περσίδα κατὰ Ῥωμαίων ἄγοντος, γίνεται πόλεμος. Καὶ χειρὶ μὲν νικᾶν οἱ Ῥωμαῖοι δυνάμενοι, ἀσωτίᾳ δὲ καὶ τρυφῇ Ἀρεοβίνδου τοῦ τελευταίου (ἦν γὰρ φιλῳδὸς καὶ φίλαυλος καὶ φιλορχήμων) καὶ ἀπειρίᾳ καὶ δειλίᾳ Πατρικίου καὶ Ὑπατίου τῶν στρατηγῶν,

---

FONT. : **53** 2 6-7 Ael., *NA.*, XII, 45.

---

4 4 ἀντοικοδομεῖν edd. : -δομειν O^{2} ἀνθοικοδομειν O || Βιραπαρὰχ Be Wü By : Βιραπαραχ Fu Βιριπαραχ O || πατρίως αὐτὸ O Wü By : αὐτὸ πατρίως Fu Be || 6 πολέμιος O^{2} edd. : -μίως O.

53 1 7 χρημάτων O^{2} edd. : χρωμ- O || 8 ἔπειθε edd. : ἔπιθεν O || Πέρσαις O Fu Wü By : Πέρσας Be || 9 ὑποφόρων Ῥωμαίων Wü By : ὑπὸ ῥωμαῖων O ὑπὸ Ῥωμαίων Fu Be quod delendum esse cens. || 2 4 γίνεται O Wü By : γίγν- Fu Be || 5 οἱ Wü By : οι O om. Fu Be || 7 φιλορχήμων Fu^{n} Be Wü By : φιλορήμων O Fu || 8 Πατρικίου Fu^{n} Wü By : πατρικου O Πατρικοῦ Fu Be.

l'inexpérience et de la lâcheté des généraux Patricius[192] et Hypatios[193], eurent le dessous en un premier temps[194], quand les Perses par surprise fondirent sur eux, mais lorsqu'ils eurent lancé la poursuite contre les Perses et tiré de leurs mains Amida[195] qu'ils avaient prise, ce fut désormais le Perse qui engagea des pourparlers avec Céler[196], qui était le maître des offices d'Anastase, sur Biraparach, comme nous l'avons dit précédemment[197], et de la dépense effectuée isolément par les Perses pour ce poste. 3. Et la querelle prit fin, moyennant quelques concessions modestes d'Anastase à Kawadh ; dans sa magnanimité et sa pondération, Anastase supporta avec piété la perte essuyée pour la paix. 4. Tel est, en substance, le récit qu'ont laissé les historiens de Rome sur les Portes Caspiennes. Dans son *Histoire des Alains* et tout autant au huitième livre de son *Histoire des Parthes*, Arrien en a traité avec davantage d'exactitude, pour avoir été sur place en personne en qualité de gouverneur de la région sous le noble Trajan[198]. Tels étaient les mérites des commandants qu'eut cet empereur : ce sont autant leurs écrits que leurs actions qui ont élevé si haut la gloire de l'État.

54. Avec une telle situation sur le front perse, à l'heure où s'allumaient des guerres sans nombre, les hommes formés à la littérature ne trouvaient plus de voie d'accès

192. Le personnage fut en activité durant tout le règne d'Anastase, en qualité de consul en 500, puis de *magister utriusque militiae praesentalis* de 500 à 518, voir *PLRE* II, s.v. *Fl. Patricius* 14, p. 840-842. Voir aussi *supra*, p. XXXVII-XXXVIII ; XL-XLIII.

193. Neveu d'Anastase, Fl. Hypatius 6 (*Plre* II, s.v., p. 577-581), il eut une longue carrière qui dura jusqu'aux premières années du règne de Justinien, consul en 500, *magister utriusque militiae praesentalis* en 503, *magister utriusque militiae per Thracias* en 513, peut-être aussi, la même année, *magister utriusque militiae praesentalis, magister utriusque militiae per Orientem* en 516-518, en 525 (peut-être déjà depuis 520) et de 527 à 529.

ἡλαττώθησαν μὲν τὸ πρότερον, ἐξαπίνης τῶν Περσῶν ἐπιχεθέντων, τὸ δὲ λοιπὸν τούς τε Πέρσας διωξάντων καὶ Ἄμιδαν ἁλοῦσαν ῥυσαμένων αὖθις, ὁ Πέρσης λόγους ἐκίνησε πρὸς Κέλερα, ὃς ἦν μάγιστρος τῶν ⟨θείων ὀφφικίων⟩ τῷ Ἀναστασίῳ, περὶ Βιραπαράχ, ὡς προέφαμεν, καὶ τῆς κατὰ μόνας ὑπὸ Περσῶν γενομένης περὶ αὐτοῦ δαπάνης. 3. Καὶ πέρας ἔσχεν ἡ φιλονεικία, μετρίων τινῶν ὑπὸ Ἀναστασίου χαρισθέντων Κωάδῃ· τὸ γὰρ μεγαλόφρον Ἀναστασίου καὶ εὐμέθοδον εὐσεβῶς τὴν ὑπὲρ εἰρήνης ζημίαν ὑπέμενεν. 4. Τοιοῦτος μὲν οὖν ὁ περὶ τῶν Κασπίων πυλῶν τοῖς Ῥωμαίων συγγραφεῦσιν ὁ λόγος. Ἀρριανὸς ἐπὶ τῆς Ἀλανικῆς Ἱστορίας, καὶ οὐχ ἥκιστα ἐπὶ τῆς ὀγδόης τῶν Παρθικῶν, ἀκριβέστερον διεξέρχεται, αὐτὸς τοῖς τόποις ἐπιστὰς οἷα τῆς χώρας αὐτῆς ἡγησάμενος ὑπὸ Τραιανῷ τῷ χρηστῷ. Τοι|ούτους γὰρ ἄρχοντας ἐκεῖνος ἔσχεν, οἳ τοῖς τε O 87^v
λόγοις τοῖς τε ἔργοις εἰς τοσαύτην εὔκλειαν τήν πολιτείαν ἀνέστησαν. | Wü 143 By 216

54. Τοιούτων μὲν περὶ Πέρσας, μυρίων δὲ ἄλλων πολέμων ἀναπτομένων, τὸ λοιπὸν λογικοῖς πάροδος

---

10 ἐπιχεθέντων Fu^n Be Wü By : ἐπισχ- O Fu ‖ τὸ Wü By : τῶ O^2 τῶν O Fu Be ‖ λοιπὸν O Wü By : λοιπῶν Fu Be ‖ διωξάντων edd. : ἐδίωξεν τῶν O ‖ 11 Ἄμιδαν By : Ἀμίδαν Fu Be Wü ἀμειδαν O ‖ Πέρσης edd. : Περσις O ‖ 12 ἐκίνησε edd. : ἐκεινησεν O ‖ Κέλερα edd. : κελε- O^2 κελλε- O ‖ μάγιστρος edd. : μαγίσ- O ‖ 12-13 θείων ὀφφικίων suppl. By : ὀφφικίων Fu^n Wü ‖ 13 Βιραπαράχ By Wü : Βιριπαραχ O Fu Βιριπ- Be ‖ 14 γενομένης edd. : -μεινης O ‖ 3 1 πέρας O^2 edd. : πέρσας O ‖ φιλονεικία edd. : -νικία O ‖ 3 μεγαλόφρον edd. : -λόφρων O ‖ 4 ὑπέμενεν O By : -νε Fu Be Wü ‖ 4 2 ὁ del. Wü auct. Kroll ‖ τοῖς edd. : τοι O ‖ 3 ὃν post λόγος add. Be^n Wü ‖ 3 Ἀρριανὸς edd. : αριανός O ‖ Ἀλανικῆς edd. : σαλα- O ‖ 4 οὐχ edd. : οχ O ‖ Παρθικῶν Be Wü By : παροικων O παροίκων Fu ‖ 5 αὐτὸς Be Wü By : αὐτοῖς [αυτ-] O Fu ‖ 6 Τραϊανῷ Fu Be Wü : τραϊανου O Ἀδριανῷ By ‖ 8 τε post τὴν O servavit perperam By del. Fu Be Wü.

à la magistrature. 2. " De toute façon, il fallait de l'argent, et sans argent, rien d'indispensable ne se pouvait faire.[199] " 3. Or, aucun des moyens propres à culbuter la prospérité de naguère n'allait être négligé[200] : par tressautements ouvrant la terre depuis ses entrailles, des secousses brisèrent Antioche de Séleucos, quand elles eurent recouvert la ville sous la colline qui la dominait, effaçant sur le terrain la moindre différence entre montagne et ville, où tout n'était plus que vaux et rochers, ceux qui autrefois ombrageaient l'Oronte, quand il baignait la ville. 4. C'était donc une immense pluie d'or que la magistrature avait à faire tomber pour assurer entretemps le déblaiement des décombres qu'avait amoncelés l'effondrement et qui avaient enflé jusqu'à rendre escarpé un terrain d'accès difficile, car il n'était pas sans risque non plus de laisser la capitale de la Syrie rasée jusqu'au sol. 5. Avec force peine, des fonds en énorme quantité et la collaboration des artisans, la cité se mettait tout juste à renaître comme au sortir des Enfers, — Justin était arrivé au terme de ses jours[201] —, quand, traversant l'Arabie avec une immense armée pour envahir les provinces de Syrie, ce diable de Chosroès[202] prit au cours de la guerre la ville qui venait d'être démolie et qui paraissait facile à maîtriser parce que privée de défense, et il y bouta le feu après un vaste bain de sang ; quant aux statues qui décoraient la ville, en même temps que les stèles, les marbres et les tableaux, ce fut tout simplement le butin qu'il enleva : la Syrie entière était déportée en Perse. 6. Il n'y

199. Citation adaptée de Démosthène [1 (*Ol.* 1), 20] : δεῖ δὲ χρημάτων καὶ ἄνευ τούτων οὐδὲν ἔστι γενέσθαι τῶν δεόντων.

200. Jean fait allusion à la célèbre catastrophe des 29 et 30 mai 526, voir, pour d'autres descriptions, voir *supra*, p. CXXVIII-CXXXII. On ne tiendra aucun compte de la note saugrenue d'An. Bandy [(1983), p. 329] qui déclare : " during the reign of Anastasius two earthquakes caused great damage to Antioch : (1) October 4, 524 and (2) May 20, 526 ".

οὐκ ἦν ἐπὶ τὴν ἐπαρχότητα. 2. **Ἔδει δὲ χρημάτων, καὶ οὐδὲν ἦν ἄνευ αὐτῶν πραχθῆναι τῶν δεόντων.** 3. **Ὅπως δὲ μηδὲν τῶν πρὸς ἀνατροπὴν τῆς πρόσθεν εὐπραγίας παροφθείη, σάλοι σκιρτῶντες καὶ διϊστῶντες τὴν γῆν ῥιζόθεν τὴν Σελεύκου Ἀντιόχειαν κατέαξαν, τῷ ὑπερκειμένῳ βουνῷ τὴν πόλιν σκεπάσαντες, ὡς μηδεμίαν διαφορὰν ὄρους καὶ πόλεως ἀπολειφθῆναι τῷ χωρίῳ, νάπην δὲ τὸ πᾶν καὶ σκοπέλους, οἳ πάλαι τὸν Ὀρόντην παρολισθαίνοντα τῇ πόλει ἐσκίαζον.** 4. **Χρυσίον οὖν ἄπειρον ἐχρῆν ἐπομβρίσαι τὴν ἐπαρχότητα πρὸς ἐκφορὰν τέως τῶν ἀπὸ τοῦ πτώματος ἐξογκωθέντων καὶ εἰς ἠλίβατον δυσχωρίαν ἀνοιδησάντων χωμάτων· οὐδὲ γὰρ ἦν ἀσφαλὲς τὴν Σύρων πρωτεύουσαν παριδεῖν ἐρριμμένην εἰς ἔδαφος.** 5. **Ὡς δὲ κόπῳ πολλῷ καὶ χρημάτων ἀφθονίᾳ καὶ τεχνῶν συνεργείᾳ ὥσπερ ἐρεβόθεν ἡ πόλις ἀνεφύετο, Ἰουστίνου τέλος λαβόντος, Χοσρόης ὁ κακοδαίμων διὰ τῆς Ἀραβίας ἐμπεσὼν σὺν ἀπείρῳ στρατιᾷ ταῖς Συρίαις αὐτὴν μὲν τὴν ἄρτι καταπεσοῦσαν, εὐχείρωτον αὐτῷ φανεῖσαν ὡς ἄφρακτον λαβὼν πολέμῳ κατέφλεξεν, φόνον ἄπειρον ἐργασάμενος, τοὺς δὲ ἀνδριάντας, οἷς ἐκοσμεῖτο τὸ ἄστυ, σὺν πλαξὶ καὶ λίθοις καὶ πίναξιν ἁπλῶς ἀναρπάσας ὅλην εἰς Πέρσας Συρίαν ἀπήλασεν.** 6. **Γεωργὸς δὲ οὐκ ἦν, οὐχ ὑποτελὴς τῷ**

---

54 3 3 παροφθείη Wü By : παροφθῆ O[2] παροφθῇ Fu Be παρωφθεῖ O || 4 κατέαξαν edd. : -έοξαν O || 6 ἀπολειφθῆναι O[2] edd. : -θεῖναι O || 7 τὸν O Be Wü By : τὴν Fu ||'Ορόντην O[2] edd. : ὄρον την O || 8 παρολισθαίνοντα O[2] edd. : -σθενοντα O || 4 2 ἐπομβρίσαι edd. : επομβρισαι O -βρῆσαι O[2] || 3 τέως τῶν O[2] edd. : τε ὠστῶν O || 4 ἠλίβατον O[2] edd. : ηλιβάτων O || 5 πρωτεύουσαν O[2] edd. : προτ- O || 5 2 συνεργείᾳ Fu Wü By : -γεία O -γία O[2] -γίᾳ Be || ἐρεβόθεν O edd. : ἐρρε- O[2] || 3 λαβόντος O[2] Wü By : λαβών- O λαμβάνοντος Fu Be || 4 στρατιᾷ edd. : στρατεία O || 7 κατέφλεξεν O By : -ξε Fu Be Wü || ἐργασάμενος O Wü By : κατερ- Fu Be || 8 πλαξὶ O[2] edd. : -ξὶν O || 10 ἀπήλασεν O By : -σε Fu Be Wü || 6 1 ὑποτελὴς O[2] edd. : -τελεῖς O.

avait désormais plus de cultivateur, plus de contribuable pour le trésor public et, alors que l'impôt ne rentrait plus dans les caisses de l'Empire, le préfet avait à entretenir le service public et à pourvoir à toutes les dépenses du gouvernement. Or, il était non seulement privé des taxes de la Syrie, lesquelles suffisaient à faire pencher la balance en faveur des autorités, mais aussi contraint en plus à faire des dépenses supplémentaires impossibles à chiffrer tant pour les cités qui avaient été prises que pour les contribuables, si d'aventure il s'en trouvait qui avaient échappé aux chaînes perses et erraient dans les déserts couvrant des sites admirés autrefois.

55. Tels étaient les remous et tempêtes qui ballottaient le gouvernement dans les maux, quand, en contrepoint à l'indolence de jadis, la Fortune fit donner le bon rythme en installant à la tête des intérêts communs Justinien, le plus vigilant de tous les empereurs : il se tenait pour atteint dans sa propre vie, si tous ne l'imitaient pas dans la vigilance et ne combattaient pas pour la politique officielle, afin de recouvrer, non pas seulement les territoires détenus par Rome un jour et perdus en raison de l'inertie des hommes d'autrefois, mais encore d'y ajouter en les prenant à l'ennemi. 2. Pour les Perses et Chosroès l'insoumis, il les ensevelit dès lors en un premier temps sous l'or, ensuite, après de nouveaux combats, aussi sous le fer[203]. 3. Sur les Vandales, une nation germanique qui

203. Allusion aux paix signées en 532 (paix " perpétuelle ") et 561 (paix de cinquante ans). Voir Introduction, t. I, p. XLII et XLVI.

δημοσίῳ λοιπόν, καὶ δασμὸς μὲν οὐκ εἰσεφέρετο τῇ βασιλείᾳ, τὸν δὲ στρατιώτην ἀποτρέφειν ὁ ὕπαρχος ἠναγκάζετο καὶ πάσας τὰς συνήθεις ἐπιδιδόναι | τῇ O 88 Wü **πο|λιτείᾳ δαπάνας, οὐ μόνον τοὺς ἀπὸ Σύρων φόρους** 144 **ζημιούμενος, οἳ καὶ μόνοι ῥοπὴν τοῖς κρατοῦσιν ἐποίουν, ἀλλ' ἔτι καὶ προσεπιδιδόναι δαπάνας ἀριθμοῦ κρείττονας συνωθούμενος περί τε τὰς ἁλούσας τῶν πόλεων περί τε τοὺς συντελεῖς, εἴ πού τινας τὰ Περσῶν δεσμὰ διαφυγόντας ἐμπλανᾶσθαι ταῖς ἐρημίαις τῶν πάλαι θαυμαζομένων χωρίων συνέβαινεν. |** By 218

55. Τοιούτοις κλύδωσι τοῦ πολιτεύματος καὶ θυέλλαις κακῶν ῥιπταζομένου, ἀντίρροπον προὔθηκεν ἡ Τύχη τῆς πάλαι ῥᾳθυμίας τὴν ἐμμέλειαν, Ἰουστινιανὸν τὸν πάντων βασιλέων ἀγρυπνότατον ἐπιστήσασα τοῖς κοινοῖς, ὃς ζημίαν τῆς οἰκείας ζωῆς ᾤετο συμβαίνειν αὐτῷ εἰ μὴ πάντες κατ' αὐτὸν ἀγρυπνοῖεν καὶ ὑπερμάχοιντο τῆς πολιτείας ⟨ὡς⟩ μὴ τὰ Ῥωμαίοις διενεγκόντα ποτέ, εἶτα ῥᾳστώνῃ τῶν ἔμπροσθεν ἐξολωλότα μόνα, ἀλλ' ἔτι καὶ τὰ πολεμίων πρὸς ἐκείνοις λαμβάνοιεν. 2. **Καὶ Πέρσας μὲν οὖν καὶ Χοσρόην τὸν ἄτακτον χρυσίῳ μὲν πρῶτον, εἶτα παλιμμαχοῦντα καὶ σιδήρῳ κατέχωσεν·** 3. **Βανδίλοις δέ, ἔθνει Γερμανικῷ, τὴν Λι-**

---

4 συνήθεις O^2 edd. : συνήθειας O || 8 κρείττονας O^2 edd. : κρειτοτονας O || 9 εἴ πού Be By : εἰ ποῦ O^2 ποῦ O εἴπου Fu εἴ που Wü || 10 ἐν ante ταῖς suppl. Fu Be.

55 1 1 πολιτεύματος edd. : -τευματοῦ O || 2 ῥιπταζομένου O By Wü : ῥιπιζομένου O^2 Fu Be || 3 ἐμμέλειαν O^2 edd. : -μελίαν O || Ἰουστινιανὸν O Wü By : -ανοῦ Fu Be || 5 οἰκείας O^2 edd. : οἰκίας O || 6 ὑπερμάχοιντο O^2 edd. : ὑπερμαχον- O || 7 ὡς O^2 Fu^n suppl. Wü By || 8 ἐξολωλότα edd. : ἐξολολ- O || 2 2 χρυσίῳ O^2 edd. : χρυσίον O || πρῶτον O Be Wü By : πρῶτοι Fu || παλιμμαχοῦντα O^2 Be Wü By : πάλιν μαχοῦντα Fu παλινμαχουντα O || 3 κατέχωσεν O By : -χωσε Fu Be Wü || 3 1 Βανδίλοις O By : Βανδήλ- Fu Be Wü || 3 1 Γερμανικῷ edd. : -ικῶ O.

engloutissait la Libye, par surprise, il fit pleuvoir la guerre et, en deux mois à peine, il les captura et présenta à l'empire comme prises de guerre Gélimer[204] en personne avec les gens illustres de sa nation (les barbares les appelaient " Astings "), son épouse, ses enfants et d'immenses richesses : comme des serviteurs parfaitement inutiles, il les donnait à Rome en esclavage. 4. Ceci était pourtant bien peu à ses yeux : les Gètes[205] mettaient en pièces Rome la sainte ainsi que tout ce qui relevait de sa juridiction, et ils y outrageaient les gens de Rome qui étaient patriciens depuis les origines, quand il les attaqua, s'empara d'eux avec toute leur maison et, en même temps que Vitigès[206], leur usurpateur, il les fit défiler à son triomphe, mais il conserva sain et sauf de Rome tout ce qui était bien romain.

56. Il tenait aussi les Sicambres sous la menace de sa vigilance (ceux qui vivent sur le Rhin et le Rhône les appellent aujourd'hui des Francs, d'après le nom de leur chef)[207], quand à nouveau Chosroès, comme si aucun pacte n'avait été passé à date récente, submergea de façon imprévisible (les provinces) de Syrie[208], alors que les forces romaines combattaient tant pour la Libye ébranlée par les Maures[209] que pour tout l'Occident troublé par les Gètes[210], et que les Scythes jetaient le tumulte chez les Colques et dans le Caucase, de même que des myriades de bêtes fauves en Thrace. 2. L'empereur affrontait toutes ces guerres, comme s'il n'avait qu'un

204. Voir déjà II **2** 5-6. Le triomphe fut célébré une première fois à la fin de 534, puis le 1er janvier 535. Gélimer régna sur les Vandales de 530 à 534, *PLRE* III, s.v. *Gelimer*, p. 506-508. Voir *supra*, p. CXLI-CXLIII.

205. Mis pour Goths. La confusion est fréquente dans l'Antiquité tardive, voir Chr. Danoff, art. *Getai*, dans *KP*, 2 (1975), col. 789.

206. Vitigès régna sur les Ostrogoths de 536 à 540, voir *PLRE* III, s.v. *Vitigis*, p. 1382-1386. Pour les événements, voir *supra*, p. CXLIII-CXLV.

βύην κατεσθίουσι πόλεμον ἐξαπίνης ἐπιχέων, ἐν μόναις δύο σελήναις εἶλέ τε αὐτοὺς καὶ πολέμῳ λαβὼν παρεστήσατο τῇ βασιλείᾳ, Γελίμερα αὐτὸν σὺν τοῖς ἐνδόξοις τοῦ ἔθνους (οὓς ἐκάλουν Ἀστίγγους οἱ βάρβαροι) γαμετῇ τε καὶ παισὶ καὶ πλούτῳ βαθεῖ, καθάπερ οἰκέτας ἀχρειοτάτους, πρὸς δουλείαν Ῥωμαίοις ἐκδούς. 4. Μικροῦ δὲ τούτου φανέντος αὐτῷ, Γέταις ⟨τήν⟩ τε ἱερὰν Ῥώμην καὶ πάντα ὅσα ὑπ᾽ ἐκείνην ἐτέλει δια|σπῶσιν, Ῥωμαίων τε τοὺς ἀνέκαθεν εὐπατρίδας Wü 145
ὑβρίζουσιν ἐπελθὼν ἥρπασεν αὐτοὺς πανεστίους σύν ⟨τε⟩ Οὐϊττίγει τῷ τυράννῳ παρεστήσατο, τῇ δὲ Ῥώμῃ τὰ Ῥώμης ἀπέσωσεν.

56. Ὡς δὲ καὶ Συγάμβροις ἐπαγρυπνεῖν | ἠπείλει O 88^{v}
(Φράγγους αὐτοὺς ἐξ ἡγεμόνος καλοῦσιν ἐπὶ τοῦ παρόντος οἱ περὶ Ῥῆνον καὶ Ῥοδανόν), αὖθις Χοσρόης, ὡς μηδενὸς ἄρτι πραχθέντος, ἐπὶ τὰς Συρίας ἀπροόπτως ἐξεχύθη, τῶν Ῥωμαϊκῶν δυνάμεων Λιβύης τε πρὸς Μαυρουσίων σειομένης καὶ τῆς ἑσπέρας πρὸς Γετῶν ὅλης ταραττομένης ὑπερμαχουσῶν, Κόλχους τε καὶ τὸν Καύκασον Σκυθῶν καὶ τὴν Θρᾴκην μυρίων ὅσων θηρίων ἐνοχλούντων. 2. Καὶ ὁ μὲν βασιλεὺς ἤρκει πρὸς πάντας τοὺς πολέμους, ὡς εἰ πρὸς ἕνα μαχόμενος, ἡ δὲ

FONT. : **56** 4 2 *Anth.* XIV, 73, 8, vid. *Oracula Graeca,* n° 178 R. Hendess et *supra* **18** 1 2.

---

2 κατεσθίουσι Fu Be Wü : -σιν O By || 3 εἶλέ O^2 edd. : εἷλεν O || 6 παισὶ O^2 edd. : πασι O || 7 δουλείαν O^2 edd. : -λίαν O || 4 1 τήν suppl. Fu^n Be Wü By || 5 σύν τε Wü By : καὶ σὺν Fu^n σὺν O Be || Οὐϊττίγει Fu Be By : ουττιγι O Βιττίγει Wü.

56 1 1 Συγάμβροις edd. : συγγα- O || ἠπείλει edd. : ὑπ- O || 2 ἡγεμόνος O^2 edd. : -μώνος O || 5 Λιβύης O^2 edd. : Λυβύης O || 7 ὅλης edd. : ολων O || Κόλχους Wü By : Κολχούς O Fu Be || 8 Θρᾴκην O Wü By : Θρᾳκικὴν Fu Be.

seul adversaire à combattre, alors que la préfecture était la proie de tempêtes fatales voulues par Dieu : les sujets renonçaient à leurs biens immeubles par dénuement, et les collecteurs, faute de contribuables, n'arrivaient plus à faire rentrer les taxes dans la caisse des autorités. Subvenir aux dépenses si énormes et à ce point impossibles à différer était cependant le devoir qu'avait à assumer le préfet en poste. 3. — Intense en même temps qu'oppressant par nécessité, le rythme de succession d'un titulaire à l'autre mit donc logiquement en pièces la magistrature. Le personnel, lui, n'entrait " plus ni en compte ni en nombre "[211] ; il était complètement perdu. La logique était que la perte du contenant entraînât celle du contenu.

57. Sans doute est-ce à nouveau la rage démoniaque qui m'entraîne et me contraint à l'évocation de maux sans nombre[212]. 2. Un certain Jean originaire de Mazaca — Tibère César changea le nom de la cité en celui de Césarée, quand, par ruse, il eut fait venir à Rome Archélaos, le roi de la Cappadoce, et l'y eut retenu prisonnier ; quant à la Cappadoce, il fut le premier, à la différence de ce qu'elle était à l'origine, à en faire une province assujettie à payer tribut à Rome[213] — ; il était donc originaire de cette cité, mais une fois enrôlé parmi les *scriniarii* du maître de milice, le voici qui, à force de ruse, en sa qualité de Cappadocien, se glisse dans l'entourage de l'empereur, dont il devient un familier ; après avoir pro-

211. Pour une citation identique, voir **18** 1 : οὔδ' ἐν λόγῳ οὐδ' ἐν ἀριθμῷ.

212. La transition est d'une virulence toute spéciale. C'est que Jean s'apprête à donner ce qu'il tient pour le morceau de bravoure de la dernière partie du traité, qui contient un long développement sur les méfaits de Jean le Cappadocien, l'ennemi par excellence (**57** 2-**70**), voir, pour les détails, *supra*, p. CLXX-CLXXXIII.

213. Sur le changement de toponyme, voir *supra*, p. CLXX-CLXXIII.

ἐπαρχότης θεηλάτοις συνείχετο θυέλλαις, τῶν μὲν ὑπηκόων ταῖς ἀκινήτοις κτήσεσι δι᾽ ἔνδειαν | ἀπολεγόντων, By 220 **τῶν δὲ πρακτόρων μηκέτι τοὺς φόρους εἰσάγειν, οὐκ ὄντων ὑποτελῶν, τοῖς κρατοῦσιν ἰσχυόντων. Ὑπουργεῖν δὲ ὅμως ταῖς δαπάναις τοσαύταις οὔσαις καὶ οὕτως ἀνενδότοις ⟨ὁ⟩ κατὰ καιρὸν ὕπαρχος συνωθεῖτο.** 3. **Εἰκότως οὖν ἄλλος ἐξ ἄλλου συνεχεῖς ὁμοῦ καὶ βαρεῖς ἐξ ἀνάγκης διαδεχόμενοι τὴν ἀρχὴν διέσπασαν.** 4. **Ἡ δὲ τάξις**

“ οὐδ᾽ ἐν λόγῳ οὐδ᾽ ἐν ἀριθμῷ, ”

ἀπωλώλει δὲ παντελῶς· τῶν γὰρ περιεχόντων ἀπολλυμένων, εἰκὸς ἦν ἀπολέσθαι τὰ περιεχόμενα. | Wü 146

57. Καί πού μέ τ᾽ αὖ τὸ δαιμόνιον συνωθεῖ πρὸς ἀνάμνησιν ἐξάγον μυρίων κακῶν. 2. **Ἰωάννης τις ἐκ Μαζάκων ὁρμώμενος (Καισάρειαν τὴν πόλιν Τιβέριος Καῖσαρ μετωνόμασεν, Ἀρχέλαον τῶν Καππαδοκῶν βασιλέα δόλῳ μεταστειλάμενος ἐν τῇ Ῥώμῃ καὶ κατασχὼν ἐν αὐτῇ· τὴν δὲ Καππαδοκίαν, οὐκ οὖσαν ἄνωθεν, πρῶτος ἐπαρχίαν Ῥωμαίοις ὑπόφορον ἀπέφηνεν) - οὗτος ὥρμητο μέν, ὡς ἔφην ἐξ ἐκείνης, τοῖς δὲ τῆς στρατηγίδος ἀρχῆς σκρινιαρίοις συναριθμούμενος, δολερῶς, οἷα Καππαδόκης, παρεισδὺς οἰκειοῦται τῷ βασιλεῖ καὶ**

---

2 3 θεηλάτοις O^2 edd. : θειλ- O ‖ συνείχετο O^2 edd. : συνήχ- O ‖ 8 ὁ suppl. Fu^n Be Wü By ‖ 4 2 οὐδ᾽ ἐν^1 edd. : οὐδενὶ O ‖ οὐδ᾽ ἐν^2 Fu^n Be Wü By : οὐδὲ O Fu ‖ 3 ἀπωλώλει Wü By : απολωλει O ἀπολώλει Fu Be ‖ 4 εἰκὸς O^2 edd. : εἰκὼς O ‖ ἀπολέσθαι O^2 edd. : ἀπωλ- O.

57 1 1 μέ τ᾽ αὖ By : μεταυ O μετὰ Fu Be με Wü ‖ συνωθεῖ O^2 Wü By : συνώθει Fu Be συνοθει O ‖ 2 ἐξάγον Wü By : εξαγων O ἐξάγων Fu Be ‖ 2 2 Μαζάκων Wü By : μαζακῶν O Μαζακῶν Fu Be ‖ Καισάρειαν O^2 edd. : Κεσ- O ‖ 3 τῶν O Fu By : τὸν Fu^n Be Wü ‖ 4 μεταστειλάμενος edd. : μετατ- O ‖ 9 οἰκειοῦται O^2 edd. : οἰκιοῦ- O.

mis des réformes au profit de l'État de portée incroyable, il parvint au grade de logothète[214]. 3. Puis, quand il eut accédé plus tard, comme à l'aide d'un marche-pied, au rang de ceux que l'on nomme les *illustres*, et sans avoir laissé connaître le naturel qui était le sien, il fut d'un seul coup hissé à la dignité de préfet. 4. L'empereur ne souffrit plus par la suite, en raison de sa bonté et sa douceur, que la magistrature fût confiée à de méchants magistrats ; il l'avait compris et découvert à travers leurs actions[215] :

“ Vilaines gens toujours que les Cappadociens ! Ont-ils un ceinturon ?
Leur vilenie progresse, mais c'est en vue d'un gain qu'ils sont le plus vilains.
Ont-ils deux ou trois fois la main au grand chariot ?
Pour des années ce sont des vilains au carré. ”

5. Ainsi donc, comme je viens de le dire, quand il eut fait main basse sur le pouvoir dans l'État, le Cappadocien

214. Auditeur aux comptes, c'est-à-dire *discussor*, voir, par exemple, Procop., *Goth.*, III, 1, 28 : ἦν δὲ Ἀλέξανδρός τις ἐν Βυζαντίῳ τοῖς δημοσίοις ἐφεστὼς λογισμοῖς· λογοθέτην τὴν τιμὴν ταύτην ἑλληνίζοντες καλοῦσι Ῥωμαῖοι. Le personnage était en fonction en 540-541, voir *PLRE* III, s.v. *Alexander* 5, p. 43-44. Le mot avait sûrement ici une acception péjorative, que l'on serait tenté de rendre par “ chef comptable ”, voir, *supra*, p. CLXXIII.

215. Le poème conservé dans le traité est une autre version réduite à quatre vers d'un sixain de l'*Anthologie* (XI, 238). On voit bien que la tradition en a été altérée très tôt, par diverses altérations du rythme, qui ont affecté les vers 2 et 3. En amont de O, un copiste n'a plus perçu la diction du pentamètre au v. 2. Il a fabriqué un autre hémistiche en ἕνεκ' εἰσὶ φαυλότατοι, que le jeu des onciales a transformé en ἔτι φ. puis en ἐπιφαυλότατοι dans O.

κρείττονα πίστεως ἐπαγγειλάμενος πρᾶξαι ὑπὲρ τῆς πολιτείας εἰς λογοθέτας προῆλθεν. 3. Εἶτ' ἐκεῖθεν, ὥσπερ κατ' ἐπιβάθραν, ἐπὶ τοὺς λεγομένους ἰλλουστρίους | ἀνελθὼν καὶ μήπω γνωσθεὶς ὁποῖός τίς ἐστι τὴν O 89
φύσιν ἀθρόως εἰς τὴν ὕπαρχον ἀνηρπάσθη τιμήν. 4. Οὐδὲ γὰρ ὕστερον ὑπέμενεν ὁ βασιλεύς, καλὸς καὶ ἐπιεικὴς τυγχάνων, πονηροῖς ἄρχουσι καταπιστεῦσαι τὴν ἀρχήν, ἤδη μαθὼν καὶ τοῖς ἔργοις εὑρὼν ὡς

" Καππαδόκαι φαῦλοι μὲν ἀεί, ζώνης δὲ τυχόντες
φαυλότεροι· κέρδους δ' εἵνεκα φαυλότατοι·
ἢν δ' ἄρα δὶς καὶ τρὶς μεγάλης δράξωνται ἀπήνης,
δή ῥα τότ' εἰς ὥρας φαυλεπιφαυλότεροι. " | Wü 147

5. Οὕτως οὖν ὡς ἔφθην εἰπών, ὁ πονηρὸς Καππαδόκης, δυνάμεως ἐπιλαβόμενος δημοσίας, ἀπηργάσατο συμ-

---

TEST. : **57** 4 Gl (MNv1 p. 235 F. M.) Καππαδόκαι φαῦλοι μὲν ἀεί, ζώνης δὲ τυχόντες / φαυλότεροι, κέρδους δ' ἕνεκα ἔτι φαυλότατοι / ἢν δ' ἄρα δὶς καὶ τρὶς δράξονται μεγάλως ἀπηνεῖς, / δή ῥα τότ' εἰς ὥρας φαυλεπιφαυλοτέρους.

FONT. : **57** 4 5-8 *Anth.* XI, 238, 1-4 qui habet v. 4 δή τότε γίνονται (vid. app. cr. ad loc.) ‖ 5 7 [Phalaris], *Ep.* 136, 1 (ἐνεῖρξαι τῷ ταύρῳ).

---

3 2 ἐπιβάθραν O^2 edd. : επιβάραθραν O ‖ 3 ἐστι edd. : ἐστιν O ‖ 4 1 ὕστερον Fu^n Be^n Wü By : υ[......] O ὑ[...] Fu Be ‖ καλὸς O^2 edd. : καλως O ‖ 4 Καππαδόκαι O Gl (M p. 235 F. M.) edd. : καππάδω καὶ Gl (v_1 p. 235 F. M.) καππαδοκες Gl (N p. 235 F. M.) ‖ 5 εἵνεκα Anth. edd. : ἕνεκα O Gl (MNv_1 p. 235 F. M.) ‖ φαυλότατοι Anth. edd. : ἐπιφαυλό- O ἔτι φ. Gl (MNv_1 p. 235 F. M.) ‖ 6 τρὶς O^2 edd. : τρεῖς O ‖ μεγάλης δράξωνται Anth. edd. : δράζωνται μεγαλως O ‖ ἀπήνης Anth. edd. : ἀπηνεῖς O Gl (N p. 235 F. M.) ἀπεινῆς Gl (Mv_1 p. 235 F. M.) ‖ 7 δὴ-ὥρας edd. : δ' ἤρατο τις δρας O δειρατότης δρᾶς Gl (v_1 p. 235 F. M.) δειρατότις δρὰς Gl (M p. 235 F. M.) δηρατότης ὅρας Gl (N p. 235 F. M.) ‖ φαυλεπιφαυλότεροι edd. : φαυλεπιφαυλοτέρους Gl (MNv_1 p. 235 F. M.) φαυλ' επιφαυλοτέρας O ‖ 5 2 ἀπηργάσατο By : απηργασ- O ἀπειρ- O^2 Fu Be Wü.

accomplit des calamités : d'abord, il installa des chaînes, des anneaux, des entraves et des fers, fit aménager à part, dans l'obscurité, à l'intérieur de la cour du prétoire, un cachot particulier pour le châtiment de ses administrés, à la façon de Phalaris[216], une femmelette, très fort seulement sur ses esclaves, il y enferma[217] les opprimés, sans exempter personne, de quelque condition qu'il fût, des tortures, et il fit mettre en croix, sans la moindre enquête, ceux qu'une simple calomnie dénonçait comme possesseur d'or, en ne les délivrant que dépouillés ou morts. 6. Le peuple fut témoin ; moi, je connais ces agissements pour en avoir été le spectateur et avoir été présent sur place. De quelle façon, je vais le dire. 7. Déjà avancé en âge, un cerain Antiochos lui fut signalé comme propriétaire d'un bas laine de pièces d'or. Après l'avoir appréhendé, il le fit suspendre par les bras à d'épais cordages, jusqu'à ce que le vieillard, qui niait, fût libéré de ses liens, mort. 8. De ce meurtre infâme, je fus, pour ma part, le spectateur : je connaissais Antiochos[218].

58. Telle fut l'action la plus modérée du Cappadocien : plût au ciel qu'il fût le seul à avoir mis la vigilance au service de ses injustices. Le Briarée de la mythologie avait des mains sans nombre, comme disent les poètes[219] : aussi l'abominable démon[220], qui avait encore pour ses méfaits des suppôts sans nombre, ne se conten-

216. Le tyran d'Agrigente (570-554) Phalaris (cf. **58** 7) appartient au moins autant à la légende qu'à l'histoire. L'épisode du taureau en métal, où il faisait brûler ses adversaires, est particulièrement célèbre ; il est mentionné déjà par Pindare (*P*. 1, 95-96) ; voir encore Plb., XII, 25, 1-3 (avec une vive critique de Timée). Est conservée aussi sous le nom de Phalaris une correspondance apocryphe. Voir H. Volkmann, art. *Phalaris*, dans *KP* 4 (1975), col. 698-699 et S. Bianchetti, *Falaride e Pseudo-Falaride : storia e leggenda*, Rome, 1987.

218. Le personnage n'est pas connu par ailleurs et n'a pas trouvé place dans *PLRE*.

φοράς, πρῶτον μὲν δεσμὰ καὶ πέδας καὶ ποδοκάκας καὶ σίδηρα προθείς, ἔνδον τῆς | πραιτωρίας αὐλῆς ἰδιω- By 222
τικὴν ἐν σκότῳ φυλακὴν ἀφορίσας ταῖς ποιναῖς τῶν ὑπ' αὐτῷ τελούντων, Φάλαρις ὥσπερ ἄνανδρος καὶ μόνοις τοῖς δούλοις ἰσχυρότατος, ἐκεῖ τε ἐνείργων τοὺς πιεζομένους, οὐδένα τύχης οἵασοῦν ἐξαιρούμενος τῶν αἰκισμῶν, ἀναρτῶν τε ἁπλῶς ἀζητήτως τοὺς μόνον ἔχειν χρυσίον διαβαλλομένους καὶ ἢ γυμνοὺς ἢ νεκροὺς ἀπολύων. 6. Καὶ τούτων μάρτυς μὲν ὁ δῆμος, ἐγὼ δὲ οἶδα θεωρὸς γενόμενος καὶ παρὼν τοῖς πραττομένοις· καὶ ὅπως, ἐρῶ. 7. Ἀντίοχός τις, ἤδη γέρων τὴν ἡλικίαν, ἐμηνύθη αὐτῷ χρυσίου δεσπότης εἶναί τινος. Συσχὼν οὖν αὐτὸν καλῳδίοις στιβαροῖς ἀνέδησεν ἐκ χειροῖν ἕως ἔξαρνος γενόμενος ὁ γέρων νεκρὸς τῶν δεσμῶν ἠλευθερώθη. 8. Ταύτης ἐγὼ τῆς μιαιφονίας γέγονα θεωρός· ἠπιστάμην γὰρ τὸν Ἀντίοχον.

58. Πρᾶξις μὲν οὖν αὕτη τῷ Καππαδόκῃ πασῶν μετριωτάτη καὶ εἴθε γοῦν μόνος ταῖς ἀδικίαις ἐνηγρύπνει. Βριάρεως δὲ καθάπερ ὁ τοῦ μύθου μυρίας χεῖρας ἔχειν τοῖς ποιηταῖς λέγεται, οὕτως καὶ ἐκεῖνος ἀλάστωρ ἀπείρους ὑπουργοὺς τῶν κακῶν ἔχων οὐκ ἐπὶ τῆς βασι-
λέως μό|νον εἰργάζετο, ἀλλ' ἐπὶ πάντα τόπον τε καὶ O 89^{v}

FONT. : **58** 1 3-4 Hom. A 403 || 6 2-4 Eur., *Bacch.* 13.

3 πέδας O^{2} edd. : παιδας O || ποδοκάκας edd. : πεδο- O^{2} παιδο- O || 4 πραιτωρίας O^{2} edd. : -τορίας O || 6 ἄνανδρος O edd. : ἄνταconi. Wü^{n} || 7 ἐνείργων O^{2} edd. : ενεργῶν O || 8 οἰασοῦν O^{2} Fu Be Wü : οἵας οὖν O By || 9 ἀναρτῶν τε edd. : αναρτῶνται O || 7 3 αὐτὸν O^{2} edd. : αὐτων O || καλῳδίοις Be Wü By : καλωδ- O Fu || στιβαροῖς O^{2} edd. : στηβ- O || χειροῖν O edd. : χεροῖν O^{2} || 4 ἔξαρνος Wü By : εξαρ[.]ος O ἔξαρμος O^{2} Fu Be || 8 2 ἠπιστάμην Be Wü By : ἐπ- O Fu.

58 1 2 γοῦν Fu Be Wü : [….] O γ' οὖν By || μόνος edd. : μόναις O || 4 καὶ Wü By : […] O Fu Be || 5 ὑπουργοὺς edd. : [………] O.

tait-il pas d'œuvrer dans la cité impériale, mais il expédiait en tout lieu et en toute région des gens à son image ; comme une machine à pomper[221], il tirait partout à la surface l'obole restée cachée jusqu'alors. 2. De ses nombreux recors, je ne mentionnerai qu'un, pour démontrer l'infamie des autres. 3. Il avait un homonyme, proche de sa famille, un individu dont la malignité diabolique surpassait le concevable, comme lui un Cappadocien, dont la physionomie suffisait à dévoiler l'âme infâme. 4. Fort corpulent, il avait aussi un visage énorme ; à ses mâchoires difformes, les joues gonflées à l'excès[222] par les chairs, formaient des sacs pesants suspendus à son visage, comme une casaque. Le peuple le surnommait " *Maxilloplumbacius* " [Mâchoires de plomb][223]. 5. Ce Cerbère aux dents acérées[224] était le fléau du genre humain ; quant à ma Philadelphie, il l'a broyée si menu[225] qu'après lui, vide non seulement de richesses, mais aussi d'êtres humains, elle est incapable pour jamais de tirer parti du moindre incitant propre à changer et à améliorer la situation. 6. On avait corné aux oreilles de celui qui était rien moins qu'un démon infernal " qu'étaient disponibles ", comme l'a dit Euripide, " la Lydie et ses terres fécondes[226] ": il amena avec lui une meute de bêtes féroces et une armée de Cappadociens, qu'il jeta sur le pays ; il n'opérait pas avec un titre commun ou un titre moyen, mais avec celui de préfet du prétoire. 7. Pour lors, pendant le séjour qu'il y fit, il n'y eut pas un des infortunés de la région à qui il laissa après lui

222. An. Bandy [(1983), p. 332] souligne que la forme de participe parfait ἐξοιδημένος ne doit pas être corrigée. On s'en gardera d'autant plus que le verbe est relativement rare, surtout à cette forme participale. On n'en connaît qu'une seule autre occurrence, ἐξῳδημένον, chez Libanios (*Prog.*, 12, 27, 6), où il s'agit de la poitrine d'un homme.

χώραν ἀπέστελλε τοὺς ὁμοίους αὐτῷ, δίκην ἐξιπω-
τῆρος τὸν ἁπανταχοῦ λανθάνοντα | τέως ὀβολὸν ἀνι- Wü 148
μώμενος. 2. Ἐκ δὲ τῶν πολλῶν ἑνὸς πρὸς ἀπόδειξιν τῆς
τῶν λοιπῶν βδελυρίας ἀναμνησθήσομαι. 3. Ὁμώνυμός
τις ἦν αὐτῷ, πρὸς γένος ἐγγύς, ἀνὴρ ὑπὲρ πᾶσαν ἐπί-
νοιαν θεηλάτου κακίας, Καππαδόκης μὲν καὶ αὐτὸς καὶ
ἐκ μόνης τῆς τοῦ σώματος διασκευῆς τὸ βδελυρὸν τῆς
ψυχῆς ἐκκαλύπτων. 4. Ἦν μὲν γάρ τις πολύσαρκος καὶ
περιττὸς τὴν ὄψιν· πλάτει μὲν ἀμόρφῳ καὶ κρεῶν περ-
ιττώμασι τὰς σιαγόνας ἐξοιδημένος καὶ τῷ βάρει τῶν
σαρκῶν οἷα μανδύην ἀποκρεμάσας τοῦ προσώπου τῶν
θυλάκων· Μαξιλλοπλουμβάκιον αὐτὸν ὁ δῆμος ἀπεκά-
λει. 5. Οὗτος ὁ Κέρβερος ὁ καρχαρόδους κοινὸς μὲν
ἐτύγχανεν ἁπάντων ὄλεθρος, τὴν δ' ἐμὴν Φιλαδέλφειαν | By 224
οὕτως εἰς λεπτὸν ἀπεμασήσατο, ὡς μετ' αὐτὸν ἔρημον
οὐ χρημάτων μόνον ἀλλὰ καὶ ἀνθρώπων γενομένην
μηδεμίαν ἐπιδέχεσθαι τὸ λοιπὸν ἀφορμὴν τῆς ἐπὶ τὸ
κρεῖττον μεταβολῆς. 6. Περιηχηθεὶς γὰρ ὁ μηδὲν ἢ νερ-
τέριος δαίμων, ὡς Εὐριπίδης εἶπεν,

" Λυδῶν ὑπάρχειν τὰς πολυχρύσους γαίας, "

στῖφος θηρίων καὶ Καππαδοκῶν στρατὸν ἐπαγόμενος
ἐνσκήπτει τῇ χώρᾳ, οὐδὲν κοινόν, οὐδὲν μέσον, ἀλλ'
ἔπαρχος πραιτωρίων χρηματίζων. Εἶτα διατρίβων ἐν

---

7 ἐξιπωτῆρος By : ἐξειποτῆρος O ἐξειπότηρος Fu Be ἐξιμότηρος Fu^n ἐξυγροτῆρος Wü || 2 2 βδελυρίας edd. : βδελλυ- O || 3 2 γένος Fu Wü By : γενος O γένους O^2 Fu^n Be || 3 θεηλάτου O^2 edd. : θεϊλατου O || 4 βδελυρὸν edd. : δελλυρὸν O || 4 3 ἐξοιδημένος O By : ἐξῳδ- Fu Be Wü || 4-5 τῶν θυλάκων O Fu Be By : τὸν θύλακον Wü || Μαξιλλοπλουμβάκιον By : μαξιλλοπλ[.....]κιον O -μάκιον Fu Be Wü -λλοθυλάκιον Fu^n || 5 1 καρχαρόδους edd. : καρχαρωδ- O || 2 δ' ἐμὴν edd. : δἐμὴν O || 6 ἢ O^2 edd. : οι O || 2 Εὐριπίδης O^2 edd. : -πείδης O || εἶπεν O By : εἶπε Fu Be Wü || 3 γαίας O Fu By : γύας Be Wü || 6 πραιτωρίων edd. : -τορίων O.

objet de quelque valeur, épouse, vierge, jeune garçon, sans le mettre à mal et le souiller : jusqu'au bout, son comportement fut, pour les châtiments infligés aux innocents celui d'un Phalaris[227], pour les meurtres perpétrés sur les étrangers, celui d'un Busiris[228], pour ses complaisances et ses actes lubriques, celui d'un Sardanapale[229].

59. Et puisse-t-il en être resté là et n'être pas devenu pour les sujets la cause principale de douleurs et de terreurs pires que dans la tragédie. Pour la plupart de ses actes impies, une description détaillée me donnerait le frisson — ils sont infinis en nombre, au point qu'à eux seuls, ils rempliraient d'énormes volumes de lamentations — ; aussi mon traité se contentera-t-il d'évoquer, dans le style de la tragédie, une seule de ses actions, perpétrée pour de l'argent. 2. Dans ma Philadelphie, il y avait un certain Petronius[230], un homme considérable tant pour sa naissance que pour sa fortune, et de haute culture ; il devait à ses ascendants la propriété d'un trésor de pierres précieuses, qu'il gardait à l'écart de la vue des gens en raison de leur beauté autant que de leur grosseur. 3. Quand il l'eut enlevé et chargé de fers, le Cyclope se mit en devoir de le faire battre de verges, nu, sans merci, par des barbares, après l'avoir enfermé dans l'écurie aux

227. Déjà cité en **57** 5, voir la note *ad l.*

228. Dans la légende grecque, Busiris, fils de Poséidon et de Lysianassa, était un roi d'Égypte établi par Osiris (D.S., I, 17, 3), quoiqu'il ne figure dans aucune des dynasties pharaoniques. Arrivé en Égypte, Héraclès y fut couronné de bandelettes et amené à l'autel de Zeus pour y être sacrifié. Au moment de la consécration, il repoussa ses gardiens et les massacra, ainsi que Busiris leur roi (Hdt., II, 45). Très tôt, la personne odieuse de Busiris fit l'objet d'éloges paradoxaux. L'Athénien Polycratès, celui-là même qui avait fourni à Anytos, Mélétos et à d'autres leur discours d'accusation contre Socrate, en avait composé un. Isocrate lui répliqua et l'œuvre est conservée (11 *Busiris*). L'argument anonyme (I p. 188, l. 40-41 Mathieu-Brémond) écrit : *Il avait la réputation d'être xénophobe et d'offrir en sacrifice les étrangers.*

230. Le personnage est inconnu par ailleurs, voir *supra*, p. CLXXXV et *PLRE* III, s.v. *Petronius* 1, p. 992.

αὐτῇ οὐδενὶ τῶν δειλαίων τῆς χώρας οἰκητόρων οὐ σκεῦος οἱονοῦν, οὐ γαμετήν, οὐ παρθένον, οὐ μειράκιον ἀπήμαντον καὶ φθορᾶς ἔξω καταλέλοιπεν, ταῖς μὲν ποιναῖς τῶν ἀναιτίων ὡς Φάλαρις, ταῖς δὲ ξενοκτονίαις ὡς | Βούσιρις, ταῖς δὲ ῥαθυμίαις καὶ τρυφαῖς ὡς Σαρ- Wü 149 **δανάπαλλος διατελῶν.**

59. Καὶ εἴθε ἄχρι τούτων, καὶ μὴ καὶ πόνων καὶ φόβων ὑπὲρ τραγῳδίαν ἐγένετο τοῖς ὑπηκόοις αἰτιώτατος. Τὰ πλεῖστα δὴ οὖν τῶν αὐτοῦ μιασμάτων ἐξηγεῖσθαι φρίττων (ἄπειρα δέ | ἐστιν, ὡς δὴ αὐτὰ καὶ O 90 **μόνα μεγίστας βίβλους πενθήρεις ἀποτελεῖν), μίαν αὐτοῦ πρᾶξιν τέως χρημάτων ἕνεκα τραγῳδήσω τῷ λόγῳ.** 2. **Πετρώνιός τις ἐπὶ τῆς ἐμῆς Φιλαδελφείας, ἀνὴρ ἀξιόλογος γένει τε ⟨καὶ⟩ περιουσίᾳ καὶ λόγοις διαπρεπής· οὗτος ἐκ προγόνων κύριος ἦν λίθου τιμίας πολλῆς ἅμα καὶ διὰ κάλλος καὶ μέγεθος τοῖς ἰδιώταις ἀπόπτως.** 3. **Τοῦτον ἁρπάσας ὁ Κύκλωψ σίδηρά τε περιθεὶς γυμνὸν ῥάβδοις ἔξαινε διὰ βαρβάρων ἀφειδῶς, ἐνείρξας αὐτὸν ἐπὶ τῆς ἐπαύλεως τῶν ἡμιόνων (στά-**

FONT. : **59** 3 3 [Phalaris], *Ep.* 136, 1 (ἐνεῖρξαι τῷ ταύρῳ).

---

7 δειλαίων O[2] edd. : δηλ- O || οἰκητόρων edd. : οἰκηστ- O || 8 οἱονοῦν O[2] Fu Be Wü : οἷον οὖν [οἱο-] O By || 10 ἀναιτίων O[2] edd. : ἀνετ- O || 11 ῥαθυμίαις edd. : ῥαθιμ- O || Σαρδανάπαλλος O : -νάπαλος edd.

59 1 1 ἄχρι τούτων Fu[n] Wü By : [.......]των O [...] τούτων Fu Be || καὶ μὴ ante καὶ[4] transt. Be Wü || καὶ[3] O edd. : del. O[2] || πόνων Fu[n] By : μόνων O Be Wü || 2 ἐγένετο O By : ἐγίν- Fu Be Wü || 3 δὴ οὖν edd. : [.....] O || 4 φρίττων O Be Wü By : φρίττω Fu || δὴ O By : καὶ Fu Be Wü || αὐτὰ O Wü By : αὐτῶν Fu Be || καὶ O By : om. Fu Be Wü || 5 μόνα O Wü By : μόνων Fu Be || 6 πρᾶξιν Be Wü By : πραξ- O πράξ- Fu || 2 1 Πετρώνιός edd. : περώνιος O || 2 καὶ suppl. Fu[n] Be Wü By : om. O Fu || 3 οὗτος edd. : ουτως O || 4 κάλλος O[2] edd. : -λλους O || 5 ἀπόπτως By : ἀ[...]τως O ἀπόβλεπτος O[2] ἀχρήστως Fu Be ἀπόπτου Wü ἀχρήστου Fu[2] e coni. Clariss. Roquefort || 3 2 ἔξαινε edd. : -νεν O || 3 ἐνείρξας O[2] edd. : ενειξας O.

mules (en latin, on l'appelle *stabulum*)[231]. 4. Le fait connu, " épouvantée dès lors se leva la cité, mains pressées sur les yeux " [232], et le peuple se mit à pousser des cris de douleur sans oser ni porter secours à la victime déchirée à coups de verges ni faire fléchir l'exécrable démon. 5. L'évêque de la cité pourtant, escorté de ses prêtres et muni aussi des Saintes Écritures, courut à lui, dans l'espoir de le faire fléchir par ce moyen. Le Salmoneus[233], lui, qui jetait sur Dieu le même regard que sur les hommes, les fit monter sur une scène et leur fit exécuter leur affaire, sans se priver le moins du monde de lancer comme insultes les mots obscènes dont on use dans ce que l'on appelle des bordels[234]. 6. Les symboles de Dieu se trouvaient à découvert et sous les yeux de tous ; outragé en même temps qu'eux, le prêtre[235] se lamentait amèrement en voyant qu'on laissait ainsi traîner le divin dans le déshonneur. 7. Quant à Petronius, qui regardait Dieu comme supérieur à sa propre fortune, quand il eut envoyé un message chez lui, il fit apporter et jeter tout ce qu'il avait, y compris ses pierres précieuses, dans la cour du Cyclope ; 8. son or aussi, il le prit et le déposa sur un compte à intérêt destiné à ses tourmenteurs, en disant qu'ils s'étaient donné du mal sur sa personne, au titre de sportule (c'est ainsi qu'en latin on nomme la cotisation).

232. D'origine inconnue, l'hexamètre est d'une expressivité remarquable. On notera notamment l'allitération en -π, la paronomase πτήξασα/πήξατο, avec *lusus etymologicus*. Eugenio Amato nous signale que le rapprochement entre πόλις et le verbe πτήσσω est déjà le fait d'Euripide (*Suppl.*, 268-269). Le passage aurait-il un ton quelque peu humoristique ? C'est ce que paraît indiquer l'allusion au Cyclope. Dans ce cas, Pétronius serait un autre Ulysse, et la foule horrifiée, le chœur de ses marins. Le trait des mains pressées sur les yeux annoncerait le sort qui attend le Cyclope. L'hexamètre dactylique viendrait-il d'un drame satyrique perdu ? En plus de la pièce d'Euripide, on connaît un *Cyclope* d'Aristias, le fils de Pratinas.

βλον αὐτὸν Ἰταλοὶ λέγουσιν). 4. Οὗ δὴ γνωσθέντος,

“ ὦρτο πόλις πτήξασα καὶ ὄμμασι πήξατο χεῖρας ”,

ἀνεκώκυέ τε ὁ δῆμος, ⟨μηδὲ⟩ βοηθεῖν τῷ διασπωμένῳ μηδὲ πείθειν τολμῶν τὸν ἀλάστορα. 5. Ὅ γε μὴν τὴν πόλιν ἐπισκοπῶν σὺν τοῖς ἱερωμένοις ἅπασιν ἀναλαβὼν καὶ τὰ θεῖα λόγια ἔδραμεν ὡς | αὐτόν, πείθειν δι’ By 226
αὐτῶν ἐννοήσας. Ὁ δὲ Σαλμωνεύς, ἴσα τοῖς ἀνθρώποις καὶ θεὸν ὁρῶν, ἐκέλευσεν ἐπὶ σκηνῆς ἐλθόντας πράττειν τὰ ἑαυτῶν, μηδὲν ὑποστελλόμενος τῶν ὅσα | ἐν πορ- Wü 150
νείοις κεκλημένοις τοῖς ἀκολάστοις λόγοις ἀσελγαίνεσθαι. 6. Καὶ ἀσκεπῆ καὶ πᾶσι κάτοπτα παρῆν τὰ θεοῦ γνωρίσματα καὶ ὁ ἱερεὺς μετ’ αὐτῶν ὑβριζόμενος ἐθρήνει πικρῶς, οὕτως ὁρῶν τὸ θεῖον περιορώμενον ἀτίμως. 7. Ὁ δὲ Πετρώνιος, τῆς οἰκείας περιουσίας πρῶτον ὁρῶν τὸν θεόν, πέμψας εἰς οἶκον πάντα ὅσα ἦν αὐτῷ σὺν καὶ τοῖς λίθοις ἐκείνοις ἐνεγκὼν ἔρριψεν ἐπὶ τῆς αὐλείου τοῦ Κύκλωπος. 8. Καὶ τὸ δὲ χρυσίον λαβὼν ἐπὶ τόκῳ κατέθηκεν ἐπὶ τοὺς τιμωρούς, ὡς δὴ κεκμηκότας ἐπ’ αὐτῷ, σπορτούλων ἕνεκα (οὕτω δὲ τὸν ἔρανον οἱ Ῥωμαῖοι προσαγορεύουσιν).

FONT. : **59** 4 2 poeta ignotus.

---

4 3 ἀνεκώκυε edd. : -κυεν O || μηδὲ Fu^{n} suppl. Wü By : om. O Fu Be || διασπωμένῳ O^{2} edd. : -σπομένῳ O || 5 4 ἴσα O^{2} A By : εἴσα O εἰς Fu Be Wü || τοῖς ἀνθρώποις O By : τοὺς ἀνθρώπους Fu Be Wü || 6 ὑποστελλόμενος edd. : -λομένους O || πορνείοις O^{2} edd. : -νίοις O || 7 τοῖς post πορνείοις add. Wü e coni. Kroll || ἀσελγαίνεσθαι O^{2} Fu Be By : ασελγενεσθαι O ἀσελγαίνεται Wü e coni. Kroll || 6 1 πᾶσι edd. : πᾶσιν O || κάτοπτα edd. : καθοπτὰ O || 3 οὕτως edd. : οὗτος O || 7 1 οἰκείας edd. : οἰκίας O || 3 τοῖς … ἐκείνοις O Wü By : ταῖς … ἐκείναις Fu Be || τῆς O By : τοῦ suppl. Wü om. Fu Be || 4 αὐλείου edd. : ἀλίου O || Κύκλωπος edd. : -λοπος O || 8 1 τὸ δὲ By : τοτε O […] τό τε Fu Be τότε Wü || λαβὼν O^{2} edd. : λαβὸν O.

60. Voilà qui avait semblé modéré ; le Cerbère résolut de commettre en plus des crimes de sang. 2. D'un certain Proclos[236], un vétéran de l'armée locale, il exigeait des taxes pour vingt pièces d'or ; il prit des mesures de contrainte contre l'homme, qui n'avait pas la somme, et émoussa le tranchant de tous les instruments de torture sur les muscles du pauvre malheureux qui, faute d'avoir encore le courage de vivre et la permission d'en finir, découvrit un moyen ingénieux pour mourir. 3. Il s'agrippa donc à ses tortionnaires et promit, sous l'empire de la nécessité, de leur donner les vingt pièces d'or[237], s'ils consentaient à le suivre sur le chemin conduisant à son pied-à-terre ; une fois arrivé, il y entra, pendant que les gardes restaient à l'extérieur aux aguets, s'attacha au cou un nœud coulant et se débarrassa de l'existence. 4. Comme il ne sortait pas, lorsqu'ils eurent pénétré dans le logis et l'eurent vu pendu, les gardes jetèrent son corps sur la place où ils le foulèrent tous aux pieds en prétendant avoir été ses dupes ; quant à ses biens, ils les mirent au pillage sans daigner même lui laisser pour sépulture un pauvre bout de linceul.

61. Tout à de si hautes prouesses, le Lestrygon[238] ou plutôt

" le massacreur d'enfants, fléau de ma patrie ",

comme le dit le fameux Lycophron, étendit à une année entière le sac de la Lydie[239]. 2. Mais, trouvant mesquin et

236. Sur ce personnage, inconnu autrement et qui pour cette raison n'a même pas trouvé place dans *PLRE* III, voir *supra*, p. CLXXXV-CLXXXVI.

237. Comme le souligne C. Kelly [(2004), p. 141], la somme était considérée comme exorbitante à l'époque.

238. Allusion à Antiphatès, voir Hom. κ 116 : αὐτίχ' ἕνα μάρψας ἑτάρων ὁπλίσσατο δεῖπνον. " Il broie l'un de mes gens, dont il fait son dîner " (Bérard).

60. Μετρίου δὲ τούτου δόξαντος εἶναι, συνεῖδεν ὁ Κέρβερος καὶ μιαιφονίας ἐργάσασθαι. 2. Πρόκλον οὖν τινα, ἀπόμαχον τῆς ἐπιχωρίου στρατιᾶς, εἴκοσι χρυσίνους ἀπαιτῶν | εἰσφέρειν αὐτῷ συνώθει οὐκ ἔχοντα, καὶ O 90v πάντα τὰ τῶν ποινῶν ὄργανα ἀπήμβλυνε τοῖς νεύροις τοῦ ἀθλίου πένητος, ὃς τὸ λοιπὸν μηδὲ ζῆν ὑπομένων μηδὲ τελευτᾶν συγχωρούμενος τέχνῃ μετῆλθε τὸν θάνατον. 3. Λαβὼν οὖν τοὺς ποινουργοὺς καὶ δοῦναι τοὺς εἴκοσι χρυσοῦς ἐξ ἀνάγκης ἐπαγγειλάμενος εἰ τυχὸν ἕψονται ἐπὶ τὸ καταγώγιον αὐτῷ γινομένῳ, ὡς ἦλθεν ἐκεῖ, παρελθών, τῶν φυλάκων ἔξωθεν προστηρούντων, βρόχον ἐνάψας τῷ τραχήλῳ τῆς ζωῆς ἀπηλλάγη. 4. Ὡς δὲ τὸ λοιπὸν οὐ προῆλθεν, εἰσφρήσαντες ἐκεῖνοι καὶ ἐξηρτημένον αὐτὸν ἰδόντες τὸν μὲν νεκρὸν αὐτοῦ ἔρριψαν ἐπ' ἀγορᾶς συμπα|ιτοῦντες, ὡς δῆθεν Wü 151 ἠπατημένοι, τὰ δὲ ὄντα αὐτῷ διήρπασαν, μηδὲ πρὸς ταφὴν οἰκτροῦ τινος ἐπιρρίμματος ἀξιώσαντες.

61. Τοιούτοις κατορθώμασιν ἐνασχολούμενος ὁ Λαιστρυγών, ἢ μᾶλλον

“ ὁ τεκνοραίστης λυμεὼν ἐμῆς πάτρης ”,

ὥς φησιν ὁ | Λυκόφρων ἐκεῖνος, ἐφ' ὅλον ἔτους τὴν By 228 πόρθησιν τῶν Λυδῶν διέτεινεν. 2. Γλίσχρον δὲ καὶ φαῦ-

---

FONT. : **61** 1 3-4 Lycoph. 38.

---

60 2 2 στρατιᾶς edd. : στρατείας O || 4 ἀπήμβλυνε edd. : -βλυνεν O || 5 ὃς edd. : ὡς O || 6 τελευτᾶν edd. : -τὰν O || μετῆλθε edd. : -ῆλθεν O || 7 θάνατον edd. : θανᾶ O || 3 2 ἐπαγγειλάμενος Be By : ἀπ- O Fu Wü || 4 5 ἐπιρρίμματος Wü By : ἐπιρηματος O ἐπιρρήματος Fu ἐπιβλήματος Fu^{n} Be.

61 1 2 Λαιστρυγών Be Wü By : ληστρυγών O Fu || 3 τεκνοραίστης Be Wü By : τεκνορεστης O τεκνορραίστης Fu || 4 ἐφ' edd. : επ O || ἔτους By : ετους O ἔτος Fu Be Wü || 5 διέτεινεν By : -νε Fu Be Wü διέτιν- O.

médiocre de se borner à soumettre la Lydie, heureuse avant lui, à ses injustices, ce fut sur tout le diocèse à la fois du massif d'Asiane qu'il résolut de déployer son impiété. 3. Une loi des origines avait imposé la construction pour les provinces d'une double route ; la route large servait aux véhicules, la route rapide, aux chevaux d'attelage (les autorités les ont appelés *veredi* et la raison, nous l'avons donnée, nous le savons, dans nos notes *Sur les mois*)[240]. 4. Sans que tout le continent, ou presque, ne fût en liaison (avec les autorités), il n'était pas aisé de rapporter aussi vite que possible aux maîtres du gouvernement les événements qui se déroulaient en Orient, alors qu'elles en étaient parfois, à soumettre à leurs armes jusqu'à l'Océan même. 5. Toujours est-il que, grâce à la route rapide, l'arrivée de l'information avait lieu avant celle de la rumeur : eh bien, ce dispositif si salutaire pour les affaires, Larges Mâchoires résolut de l'abolir de son propre chef : il avait convaincu son parent et complice de son infamie, le préfet, après avoir décrété la superfluité d'un service public de poste, sans concevoir, lui dont le cerveau était plus pétrifié que Niobé elle-même[241], l'utilité de l'institution. 6. Sans que l'empire le sût (comment eût-il admis les catastrophes pour l'État ?), le préfet fit disparaître aussi cet œil du gouvernement. 7. Par suite, alors que les espèces pourrissaient dans les propriétés,

240. Le passage est dans *Mois* (I, 31-32, 1) : κλαβουλάριος ὀχηματικός · κλάβον γὰρ τὸν οἴακα καλοῦσιν. Βήλωξ, ὀξύς, ὃς καὶ βεραιδικὸς ἔτι καὶ νῦν λέγεται. Βεραίδους δὲ Ἰταλοῖς εἶναι δοκεῖ τοὺς ὑποζυγίους ἵππους ... ὅπερ ἐστίν, ἕλκειν τὸ ὄχημα · ὅθεν καὶ δασύνουσι γράφοντες τὸ ῥαίδας ὄνομα ἐκ τοῦ ῥᾳδίως ἐπίρρηματος παρηγμένον· οἱ γὰρ βεραίδους τοὺς ῥαίδας ἐκτὸς λέγοντες σφόδρα πλανῶνται. Toutefois, Jean se trompe car les *veredi* étaient des chevaux de selle et leur usage pour le trait était interdit, A.H.M. Jones, *LRE* II, p. 1345 (n. 14 à II, p. 830). Sur le démantèlement du *cursus publicus*, voir Procop., *Arc.*, 30, 5-11 ; E. Stein, II, p. 440 ; Jones, *LRE* II, p. 833 sqq., avec la n. 23 ; J. Caimi (1981) 323-350 et ici même, la note à II **10** 4. Pour le service des postes en général, voir *supra*, p. CCLXXI-CCLXXVIII.

λον ἡγούμενος εἰ μόνην τὴν πρόσθεν εὐδαίμονα Λυδίαν
ὑπάγοι τοῖς ἀδικήμασιν, ἐφ' ὅλην ὁμοῦ τὴν τῆς
Ἀσιανῆς ῥάχεως διοίκησιν συνεῖδεν ἐκτεῖναι τὴν ἀσέ-
βειαν. 3. Νόμος ἄνωθεν ἐκράτησε πλατὺν ἅμα καὶ ὀξὺν
δρόμον ἐνιδρῦσθαι ταῖς ἐπαρχίαις, ὧν ὁ μὲν πλατὺς
ὀχήμασιν ἐχρῆτο, ὁ δὲ ὀξὺς ὑποζυγίοις ἵπποις (βεραί-
δους αὐτοὺς οἱ κρατοῦντες ὠνόμασαν καὶ τὴν αἰτίαν ἐν
τοῖς Περὶ Μηνῶν ἴσμεν ἀποθέμενοι). 4. Τῆς γὰρ ἠπεί-
ρου σχεδὸν ἁπάσης ⟨μὴ τελούσης⟩ ὑπ' αὐτοῖς, οὐκ ἦν
εὐχερὲς τὰ πρὸς τὴν ἕω συμβαίνοντα ἐπὶ τοὺς κυρίους
τοῦ πολιτεύματος ὡς θᾶττον ἀναφέρειν, ἔστιν ὅτε καὶ
αὐτὸν ὠκεανὸν τοῖς ὅπλοις ὑπάγοντας. 5. Τῷ γοῦν ὀξεῖ
δρόμῳ τὰ τῆς μηνύσεως πρὸ τῆς ἀκοῆς ἐγίνετο· καὶ
ταύτην τὴν οὕτω σωτηριώδη τοῖς πράγμασιν ἐπίνοιαν
συνεῖδεν ὁ Πλατύγναθος ἀπα|λεῖψαι δι' οἰκείας μηνύ- O 91
σεως, ἀναπείσας τὸν ὁμόγνιον καὶ ὁμόψυχον τῆς αὐτοῦ
βδελυρίας ὕπαρχον, περιττὴν εἶναι διαγνοὺς τὴν τῶν
δημοσίων ἵππων | ὑπηρεσίαν, οὐ συνορῶν ὁ Νιόβης Wü 152
αὐτῆς λιθωδέστερος τὸ τοῦ πράγματος χρήσιμον. 6. Ὁ
δὲ ὕπαρχος, ἀγνοούσης τῆς βασιλείας (πῶς γὰρ ἐνεδί-
δου τοῖς κοινοῖς ἀτυχήμασιν ;), καὶ ταύτην τὴν ὄψιν
τῆς πολιτείας ἠφάνισεν. 7. Ἔνθεν τῶν εἰδῶν ἀπράτων
ἐνσηπομένων ταῖς κτήσεσιν, ἐξαλίου σχεδὸν τῆς Ἀσια-

FONT. : 3 3-5 *Mens.* I, 32 p. 15, 17-21 Wü.

---

2 3 ἐφ' ὅλην edd. : επολην O || 3 1 ἐκράτησε edd. : -τησεν O || 1-2 ὀξὺν δρόμον edd. : οξύδρομον O || 3 βεραίδους edd. : βερέδους O || 4 2 μὴ τελούσης suppl. By : τελούσης suppl. Wü τελούσης post ὑπ' αὐτοῖς suppl. Be[n] || 5 ὑπάγοντας Wü By : [..]άγοντας O [...] Fu Be περιάγοντας Fu[n] || 5 1 γοῦν O Fu Be Wü : γ' οὖν By || 6 βδελυρίας edd. : βδελλυ- O || 8 λιθωδέστερος edd. : λιθοδ- O || τὸ Be Wü By : το O om. Fu || τοῦ edd. : του O || 6 2 ἀγνοούσης edd. : ἀγνωού- O || 7 1 εἰδῶν edd. : εἰδὼν O || 2 ἐξαλίου By : εξ αλιου O ut vid. εξαλρου O[2] ἐξ ἀλεύρου Fu ἐξαλρου Be ἐξαλεύρου Wû.

parce que l'Asiane se trouvait presque hors jeu[242], le contribuable fut perdu, lorsqu'on le somma de payer les taxes aux collecteurs en or et non plus en espèces, qu'établi loin de la mer, il n'eut plus la ressource de vendre ses espèces ni, comme autrefois, l'autorisation de les verser en payement au trésor. 8. Ces mesures eurent pour conséquence aussi que l'on opéra des lieux où elles étaient casernées le transfert de troupes pour les besoins du trésor, de sorte qu'en raison de cette coïncidence, comme le produit de la terre restait immobilisé dans le pays, les taxes durent être aussi[243] changées en or et les récoltes se muèrent en terre, année après année[244]. 9. Que ne s'est-il trouvé le seul à dévorer cette unique province aussi et que ne se soient point présentés, dans chaque cité et dans chaque contrée, d'autres pareils à lui ou pires encore pour déterrer l'obole enfouie par un moyen quelconque, entraînant avec eux une armée de scélérats et des meutes de Cappadociens.

62. On amassa donc d'infinies richesses pour le parangon de justice qu'était le préfet, au point qu'elles l'incitèrent même à une usurpation, parce que la partie la plus arrogante de la population était de son côté et se joignait à ses entreprises. 2. Bien qu'il la flattât et en fît sa complice, il pensait ne la pouvoir convaincre qu'il était un partisan fervent de la faction correspondante, sans revêtir,

242. Nous n'avons trouvé le mot ἐξάλιος dans aucun dictionnaire. A. Bandy [(1983), p. 334-335] l'explique en donnant une valeur intensive au préfixe ἐξ- puis ἅλιος au sens de " vain, inutile ". On peut discuter sur le sens de l'adjectif. On pourrait aussi bien considérer qu'il s'agit de ἅλιος au sens de " marin " et voir dans la proposition correspondante une indication d'ordre géographique. Toutefois, il y aurait alors une répétition. Plus loin, Jean mentionne l'éloignement par rapport à la mer. À notre sens, on doit souligner ce qui paraît bien constituer une création verbale, presque argotique.

244. Jean décrit ici les abus de la *coemptio* (le mot grec συνωνή est donné en **70** 1) et ses conséquences catastrophiques, voir Av. Laniado [(2002), p. 45, n. 161] et *supra*, p. CLXXXVI-CLXXXVII.

νῆς τυγχανούσης, ὁ συντελεστὴς ἀπώλετο, χρυσίον πρὸς τῶν δασμολογούντων ἀντὶ τῶν εἰδῶν εἰσπραττόμενος, μηδὲ διαπωλεῖν τὰ εἴδη δυνάμενος, πόρρω θαλάσσης ἀπῳκισμένος, μηδὲ δαπανᾶν, ὡς πάλαι, τῷ δημοσίῳ συγχωρούμενος. 8. Τούτοις ἠκολούθησε καὶ ἡ τῶν ἐνιδρυμένων τοῖς τόποις στρατευμάτων μετάθεσις πρὸς τὸ χρειῶδες ὑπὸ τῶν κοινῶν γενομένη, ὡς κἀκ τούτου τοῦ συγκυρήματος τῶν καρπῶν ἐναπομενόντων τῇ χώρᾳ καὶ τοὺς μὲν φόρους εἰς χρυσίον μεταβληθῆναι, τοὺς δὲ καρποὺς ἀπογεοῦσθαι κατ' ἔτος. 9. Καὶ εἴθε μόνος αὐτὸς καὶ μόνην ἐκείνην τὴν | ἐπαρχίαν By 230
ἔτυχε διατρώγων καὶ μὴ καθ' ἑκάστην πόλιν τε καὶ χώραν, οἷος αὐτός, ἄλλοι καὶ χείρους αὐτοῦ τὸν ὁποῖα δ' ἂν κατορωρυγμένον ὀβολὸν ἀνασπῶντες παρῆλθον, στρατὸν ἀλαστόρων καὶ στίφη Καππαδοκῶν ἐπισυρόμενοι.

62. Συνήχθη οὖν πλοῦτος ἄπειρος τῷ δικαιοτάτῳ ὑπάρχῳ, ὥστε αὐτὸν καὶ πρὸς τυραννίδα παρακαλεῖν, τῆς αὐθαδεστέρας μοίρας τοῦ δήμου συνούσης αὐτῷ καὶ τοῖς ἐγχειρουμένοις συναπτομένης. 2. Θεραπεύων οὖν καὶ προσοικειούμενος αὐτὴν οὐκ ᾤετο πείθειν ὡς ἐρα|στὴς εἴη τοῦ κατ' αὐτὴν κόμματος, εἰ μὴ πρὸς τὴν Wü 153

---

3 συντελέστης Fu Be By : συντελεστης O -στὴς Wü || 5 διαπωλεῖν edd. : -πολεῖν O || 6 ἀπῳκισμένος Fu^2 Be Wü By : απωκεισμένον O -μένον coni. Fu ἀποκείμενα Fu^n || 8 3 χρειῶδες edd. : χριωδὲς O || ὑπὸ O edd. : ὑπὲρ coni. Be^n || κἀκ Be Wü By : κακ O κᾀκ Fu || 5 καὶ O Fu By : del. Be Wü || 6 ἀπογεοῦσθαι Be By : απογεουσθαι O ἀπογαιοῦ- Fu Wü || 9 3 ἔτυχε edd. : ἔτυχεν O || διατρώγων edd. : -τρογων O || 4 ὁποῖα Wü By : οποῖα O ὁποίᾳ Fu Be || 5 ἀνασπῶντες edd. : ἀναπῶντες O || 6 ἐπισυρόμενοι edd. : ἐπὶ ἑ. O.

62 1 1 Συνήχθη edd. : συνειχ- O || 2 2 προσοικειούμενος edd. : προσοικιουμένος O || πείθειν edd. : πιθειν O || 3 εἰ μὴ edd. : ἢ μὶ O.

pour la traversée vers l'Orient, un habit à la teinte d'un vert resplendissant et donc sans s'afficher lui-même devant tous. 3. Que fit-il donc aux Ciliciens et à tous ceux sur qui il fit peser le fardeau des impôts, en contradiction avec la bienveillance de l'empereur ? Il n'est absolument personne qui l'ait ignoré[245]. 4. Revenu chez nous, en voyant les océans de richesses couler autour de lui, il propulsa tous ses familiers, y compris naturellement ses cuisiniers, aux premières dignités de l'État ; aussi n'était-il personne, même parmi les esclaves qu'il avait achetés, qui fût laissé sans rien, privé de vastes richesses[246] et d'honneurs qu'eussent enviés des curiales ; quant à lui[247], il vivait dans la luxure, se baignant avec des jeunes gens épilés, dont la peau lisse ne laissait rien deviner des signes de la virilité, et des putains sans retenue ; il prenait et s'offrait en même temps sans se retenir, “ blême du double vice ”, pompant à si larges rasades le vin pur des victimes à brûler que ses compagnons nus avaient à le porter vautré sur une litière. 5. Il engloutissait le vin pour équilibrer ses ingestions de victuailles ; son appétit de luxe ne se contentait pas du détroit longeant la Ville ni de l'Hellespont tout entier ; il ne subsistait

245. Jean de Cappadoce était un partisan des Verts, alors que le couple impérial était du côté des Bleus. Le Lydien décrit ici ce qui allait entraîner la chute du Cappadocien en 541, voir *supra*, p. CLXXVIII-CLXXIX et CLXXXI-CLXXXIII.

246. L'expression βαθέως πλούτου ne se rencontre pas. Plus correct sur le plan morphologique, πλούτου βαθέος est repris par Michel Psellos (*Acte* 1, 190 p. 150 Dennis), sans qu'il y ait trace d'une imitation. Bekker et Bandy ont donc raison de corriger la leçon βαθέως du manuscrit O.

247. Ici commence le long récit des débauches de Jean de Cappadoce, qui s'étend jusqu'à **65** 4. Il est coupé de deux digressions, dont le but est notamment de noircir le personnage qu'il dépeint (**63** et **64** 2-5). L'auteur grossit ainsi le premier crayon qu'il avait déjà donné en II **21**.

ἔω διαβαίνων αὐτὸς καὶ στολὴν ἀνθηρῷ χλοάζουσαν | O 91^{v}
χρώματι περιθέμενος καὶ στολὴν ἀνθηρῷ χλοάζουσαν | O 91^{v}
χρώματι περιθέμενος διαφανὴς ἅπασι γένοιτο. 3. Οἷα μὲν οὖν ἔπραξε περὶ Κίλικας καὶ ὅσοις τοὺς δασμοὺς ἐπέβρισεν ἄχθεσι παρὰ τὴν βασιλέως εὐμένειαν, οὐδενὶ τῶν πάντων ἠγνόηται. 4. Ἐπανελθὼν δὲ πρὸς ἡμᾶς, ὡς εἶδεν ὠκεανοὺς χρημάτων περιρρέοντας αὐτόν, πάντας μὲν ᾠκειωμένους αὐτῷ καὶ τοὺς ὀψοποιούς γε μὴν ἐπὶ τὰ πρῶτα τῶν τῆς πολιτείας ἀξιωμάτων ἀνήρπασεν, ὡς μηδένα καὶ τῶν ἀργυρωνήτων αὐτοῦ ἔξω πλούτου βαθέως καὶ τιμῆς βουλευταῖς εὐκταίας ἀφεθῆναι γυμνόν, αὐτὸς δὲ ἐτρύφα, μειρακίοις ψιλοῖς καὶ μήπω ⟨τῷ⟩ λείῳ τοῦ σώματος ἀρρενοφανέσι καὶ πορνῶν ταῖς ἀκολάστοις συμβαλανευόμενος καὶ ἀκολασταίνων τῷ πράττειν ἅμα καὶ πάσχειν, " ἐξ ἑκατέρας ὠχριῶν νόσου ", ἕλκων τε ἐπὶ τῶν ἐμπύρων τὸν ἄκρατον οὕτως ἀφειδῶς, ὡς φοράδην ἐκκεχυμένον ὑπὸ τῶν γυμνῶν ἀναβαστάζεσθαι, πρὸς ἀντιβολὴν ὄψων ἐπιχωννύντος τὸν οἶνον. 5. Οὐκ ἐξαρκοῦντος τῇ τρυφῇ οὐ τοῦ ὑποκειμένου τῇ πόλει πορθμοῦ, οὐχ Ἑλλησπόντου σύμπαντος, τὸ λοιπὸν οὐ κτενός, οὐκ ἔλοπος, ⟨οὐ⟩ χρυσοστάθμου ἰχθύων

FONT. : **62** 4 10 ἐξ - νόσου Juv. 2, 50.

---

4 ἀνθηρῷ χλοάζουσαν edd. : ἀνθηροχλοάζουσαν O || 6 διαφανὴς edd. : διαφανη O || 3 2 ἔπραξε edd. : -ξεν O || δασμοὺς Fu^{n} Be Wü By : δεσμοὺς [-ους]O Fu || 3 ἄχθεσι edd. : ἄχθεσιν O || 4 2 περιρρέοντας edd. : περιρέ- O || αὐτὸν edd. : αὐτῶν O || 3 ᾠκειωμένους edd. : ὠκιωμ- O || 4 ἀξιωμάτων edd. : ἀξιομ- O || 5 ἀργυρωνήτων edd. : ἀργυρον- O || βαθέως O Fu Wü : βαθέος Be By || 7 μειρακίοις edd. : μηρ- O || τῷ suppl. Wü By || λείῳ Wü By : λίω O Be λείω Fu || 8 ἀρρενοφανέσι edd. : -νέσιν O || 9 τῷ By : τὸ O Fu Be Wü || 10 νόσου edd. : νοσους O || 13 δ' post πρὸς add. Wü || ἐπιχωννύντος Wü By : ἐπιχωννύντων Fu Be ἐπιχοννυντων O || 5 2 δὲ post ἐξαρκοῦντος coni. Be^{n} || 3 οὐ Fu^{n} suppl. Wü By || χρυσοστάθμου Be Wü By : -τάθμους O Fu -οβαφοῦς Fu^{n}.

désormais dans les eaux marines ni peigne ni élops ni variété de poisson négociable contre de l'or[248], en sorte que les serviteurs de son luxe se tournèrent vers le Pont-Euxin, parce que la mer n'avait plus de ressources en poisson, les montagnes ou les forêts, en oiseaux, que le Phase entier ne fournissait plus à suffisance pour ses banquets : les peignes qui, pour se déplacer naturellement d'un point à l'autre, avaient confié leur sort à l'art de voler s'étaient évadés dans les airs, comme s'ils utilisaient leurs coquilles en guise d'ailes, et ils paraissaient faire la nique à la voracité des Cappadociens.

63. Mais puisque le hasard a voulu que s'offre une mention du poisson " élops ", je vais exposer ce que je sais à son propos. 2. C'est un poisson tendre, translucide, en sorte qu'il paraît avoir une chair compacte et cristalline, et non pas épaisse et fibreuse ; vivipare, il produit aussi une sorte de bol. 3. Il a son habitat naturel dans les sites agréables ; aussi était-ce avec accompagnement de flûtes et de cymbales qu'on le servait à Rome, comme le dit Athénée. 4. En nageant, il se couvre les yeux avec les opercules dont la nature l'a doté de part et d'autre. 5. Aristote, tous les naturalistes et Aristophane de Byzance dans son *Résumé des propriétés naturelles des poissons* l'appellent " élops ", mais les Romains *aquipenser*, pour les raisons qu'ils ont mises par écrit. 6. Romains tous les deux, Cornélius Népos et le poète

ποικιλίας καταλειφθείσης τῷ πελάγει, ἐπὶ τὸν Εὔξεινον
οἱ τῆς τρυφῆς ὑπηρέται ἐτρέποντο, μὴ τῇ θαλάττῃ
ἰχθύος, μὴ τοῖς ὄρεσιν ἢ τοῖς ἄλσεσιν ὀρνέου συγχω-
ρουμένου, μὴ Φάσιδος ὅλου ταῖς εὐωχίαις ἀπο|χρῶν- Wü 154
τος, ὡς ἀφίστασθαι τοὺς κτένας, | μὴ τῇ κατὰ φύσιν ἐκ By 232
τόπου εἰς τόπον πτήσει καταπιστεύοντας ἑαυτούς,
ἀλλ' εἰς ἀέρα, τοῖς ὀστράκοις ὡσεὶ πτέρυξι χρωμένους,
δοκεῖν ἐκκλίνειν τὴν Καππαδοκῶν ἀδηφαγίαν.

63. Ὅτι δὲ τυχὸν ἔλοπος τοῦ ἰχθύος μνήμη πα-
ρῆλθεν, περὶ αὐτοῦ τὰ γνωσθέντα μοι παραθήσομαι.
2. Ἰχθύς ἐστιν ἁπαλός, διαυγής, ὡς ⟨ὡσ⟩εὶ πηκτὴν καὶ
κρυσταλλώδη ἀλλ' οὐ ναστὴν καὶ ἰνώδη δοκεῖν ἔχειν
τὴν σάρκα· ζῳοτόκος μὲν καὶ μηρυκισμόν τινα ἀνάγων.
3. Πέφυκε δὲ τοῖς εὐτυχέσιν | ἐνδιατρίβειν τόποις· ὅθεν O 92
μετ' αὐλῶν καὶ κυμβάλων τοῖς Ῥωμαίοις παρετίθετο,
ὥς φησιν Ἀθήναιος. 4. Ἐν δὲ τῷ νήχεσθαι σκέπει τοὺς
ὀφθαλμοὺς ταῖς παραπεφυκυίαις αὐτῷ πτέρυξιν. 5. Καὶ
ἔλοπα μὲν αὐτὸν Ἀριστοτέλης καὶ πάντες οἱ φυσικοὶ
καλοῦσιν, καὶ Ἀριστοφάνης δὲ ὁ Βυζάντιος ἐν τῇ Ἐπι-
τομῇ τῶν ἐν ἰχθύσι Φυσικῶν, οἱ δὲ Ῥωμαῖοι ἀκυιπήν-
σερα, δι' ἃς αὐτοὶ γεγράφασιν αἰτίας. 6. Κορνήλιος δὲ

FONT. : **63** 2 3-4 Plin., *H.N.*, IX, 17 ‖ 3 Ath., VII, 294 e ‖ 5 1 Arist., *Hist. anim.* II, 13, 505 a 15.

---

4 καταλειφθείσης edd. : -ληφθήσης O ‖ Εὔξεινον edd. : -ξινον O ‖ 8 ἀφίστασθαι edd. : ἀφίπτασθαι O ‖ 9 εἰς τόπον edd. : εἰ στον O ‖ καταπιστεύοντας edd. : καπι- O ‖ 10 ὡσεὶ Fu Be Wü : ωσει O ὡς εἰ By ‖ πτέρυξι edd. : -ξιν O.

63 1 1 παρῆλθεν O By : -ῆλθε Fu Be Wü ‖ 2 2 ὡς ὡσεὶ nos : ὡς ὡς εἰ By ωσι O ὡσεὶ Fu Be ὡς Wü ‖ πηκτὴν edd. : πικτην O ‖ 2 οὐ ναστὴν edd. : οὖν αστην O ‖ ἰνώδη edd. : εινωδη O ‖ δοκεῖν Fu Wü By : -κειν O -κῶν Fu^{n} Be ‖ 3 ζῳοτόκος edd. : -τοκος O^{2} -τωκος O ‖ 4 1 σκέπει edd. : σκέπη O ‖ 2 πτέρυξιν O By : -ξι Fu Be Wü ‖ 5 3 καλοῦσιν O By : -σι Fu Be Wü.

Laberius disent qu'un certain Optatus, amiral de la flotte des Carpathes, un familier de l'empereur Claude, avait apporté des élops de la mer du Sud et les avait disséminés dans la mer au large d'Ostie et de la Campanie[249].

64. Tel est le genre de propos que l'on peut tenir sur le poisson. Lors du voyage, ou plutôt du transport en retour[250] du Cappadocien, c'étaient des filles en files qui lui faisaient escorte, le corps moulé dans des *sandyces*, dévoilant au grand jour[251]

" ce qu'à des yeux de mâles on ne peut que voiler. "

2. Laissant un bref moment le sujet proposé, je vais tâcher d'expliquer ce qu'est le *sandyx* et le type de vêtements qu'avaient eus jadis les Lydiens. 3. Chez les Lydiens, qui avaient été riches en or jadis, on aimait confectionner, en raison de l'or que leur fournissait en abondance le Pactole en plus de l'Hermos, des tuniques tissées d'or (témoin aussi Pisandre[252] qui a dit :

" Lydiens aux tuniques d'or "),

249. Pour tout ceci, voir notre étude dans Introduction, t. I, p. CCLXX-CCLXXI.

250. Dans son emploi, le mot ἀνακομιδή rectifie la tonalité neutre d'ἄνοδος ; il nous paraît constituer une allusion à **62** 4 et aux abus de boisson du Cappadocien.

251. Citation adaptée d'Euripide (*Héc.*, 570).

252. Voir Introduction, t. I, p. CXXXVI-CXXXIX.

Νέπως καὶ Λαβέριος ὁ ποιητής, ἄμφω Ῥωμαῖοι, φασὶν Ὀπτᾶτόν τινα ναύκληρον τοῦ Καρπαθίου στόλου, οἰκεῖον Κλαυδίου βασιλέως, ἐνεγκόντα ἐκ τῆς κάτω θαλάσσης ἔλοπας ἀνὰ μέσον τῆς Ὀστίας καὶ Καμπανῆς περισπεῖραι θαλάσσης.

64. Τοιαῦτα μέν τινα τοῦ ἰχθύος χάριν εἰρήσθω. Περὶ δὲ τὴν ἄνοδον, μᾶλλον δὲ ἀνακομιδήν, τοῦ | Καππαδόκου στιχηδὸν αὐτῷ παρεφαίνοντο κόραι σάνδυξι περικεχυμέναι τὰ μέλη, προφανῶς ἐκκαλύπτουσαι ὅσα Wü 155

“ καλύπτειν ὄμματ᾽ ἀρσένων ἐχρῆν ”.

2. Πρὸς βραχὺ δὲ τὸ προκείμενον ἀφείς, ὅ τι τυγχάνει σάνδυξ καὶ ποῖον εἶδος ἐσθήματος γέγονε Λυδοῖς τὸ πάλαι, ἑρμηνεῦσαι πειράσομαι. 3. Σπουδὴ γέγονε τοῖς πολυχρύσοις τὸ πάλαι Λυδοῖς εὐπορίᾳ χρυσίου, ὅσον αὐτοῖς ὁ Πακτωλὸς μετὰ τὸν Ἕρμον ἐχορήγει, καὶ χρυσοστήμονας διεργάζεσθαι χιτῶνας (καὶ μάρτυς ὁ Πείσανδρος εἰπών·

“ Λυδοὶ χρυσοχίτωνες ”),

FONT. : **64** 1 5 Eur. *Hec.* 570 qui habet κρύπτουσ᾽ ἃ κρύπτειν ὄμματ᾽ ἀρσένων χρεών ‖ 3 6 Pis. Lar., fr. 17 Heitsch.

---

6 2 δὲ Νέπως Wü By : δὲ πῶς O Νέπως Fu Be ‖ 4 οἰκεῖον edd. : οἰκίον O ‖ 5 ἀνὰ edd. : ανανα O ‖ Ὀστιας Wü By : οστειας O Ὀστησίας Fu Be ‖ Καμπανῆς Wü By : -πάνης O Fu Be.

Ordiuntur capitulum **64** ab v. 1 1 Τοιαῦτα Wü By ab Περὶ Fu Be ‖ **64** 1 3 στιχηδὸν edd. : στηχ- O ‖ κόραι σάνδυξι edd. : κόραις ανδυξιν O ‖ 2 1 τυγχάνει Be Wü By : -χάνοι [-χαν-] O Fu ‖ 2 γέγονε edd. : -νεν O ‖ 3 3 Πακτωλὸς edd. : πάκ- O ‖ 4 χιτῶνας edd. : χειτόν- O ‖ Πείσανδρος edd. : πισ- O.

et pas seulement cela, mais encore ce que l'on appelle les " sandyces " (c'étaient des tuniques de leur invention ; celles de lin [σινδών] laissaient passer le plus de lumière, mais ils les plongeaient dans une teinture d'huile de santal [σάνδυξ] ; la fibre de la plante a la couleur de la chair) ; par ce moyen, les femmes de Lydie, qui voilaient d'ombre la nudité de leur corps, semblaient n'être vêtues que d'air ; c'était par une beauté étrangère au bien et à la décence qu'elles attiraient les regards. 4. Avec ce genre de tunique dont elle l'avait enveloppé, Omphale un jour transforma en femme Héraclès qui nourrissait pour elle un amour honteux ; de ce fait aussi Héraclès fut traité de " Sandon ", comme l'ont rapporté le philosophe romain Apulée dans son ouvrage intitulé *Eroticus* et Tranquillus [Suétone] avant lui dans son traité *Sur les courtisanes illustres*. 5. De là vient, je pense, la désignation dont on use aujourd'hui encore par raillerie à l'endroit des " Sandons " : c'est d'après le mode de fabrication des draps à base de lin [σινδών] que le commun croit donner aux " Sandons " cette qualification, comme s'ils étaient en effet des draps[253].

65. Tel est le type de propos que l'on pourrait tenir en manière de digression, mais, pour ma part, j'en reviendrai au Cappadocien. 2. Des putains l'attiraient alors dans leurs bras, au sortir de ceux d'autres putains, toute nudité au vent, et elles le prenaient à coups de baisers lascifs qui le forçaient à les baiser incontinent. 3. Les bourses vidées, il prenait sa part tant des mets que des boissons

253. Voir notre étude dans Introduction, t. I, p. CCLXXI-CCLXXXII.

καὶ οὐκ αὐτοὺς μόνους ἀλλὰ καὶ τοὺς καλουμένους σάνδυκας (χιτῶνες δὲ ἦσαν ὑπ᾽ αὐτῶν | εὑρημένοι, By 234 λινῶν μὲν οἱ διειδέστατοι, σάνδυκος δὲ χυλῷ τῆς βοτάνης καταβάπτοντες αὐτούς· σαρκοειδὴς δὲ ὁ χρὼς τῆς βοτάνης), οἷς αἱ γυναῖκες τῶν Λυδῶν γυμνῷ τῷ σώματι ἐπισκιάζουσαι οὐδὲν μὲν ἐδόκουν ἢ ἀέρα μόνον περικεῖσθαι, κάλλει δὲ ἔξω τοῦ καλοῦ | καὶ σώφρονος O 92^v ἐφείλκοντο τοὺς θεωμένους. 4. Τοιούτῳ τὸν Ἡρακλέα χιτῶνι περιβαλοῦσα Ὀμφάλη ποτὲ αἰσχρῶς ἐρῶντα παρεθήλυνεν· ταύτῃ καὶ Σανδὼν Ἡρακλῆς ἀνηνέχθη, ὡς Ἀπουλήϊος ὁ Ῥωμαῖος φιλόσοφος ἐν τῷ ἐπιγραφομένῳ Ἐρωτικῷ καὶ Τράγκυλλος δὲ πρὸ αὐτοῦ ἐν τῷ Περὶ Ἐπισήμων Πορνῶν ἀνενηνόχασιν, 5. ἔνθεν οἶμαι σανδόνας ἔτι καὶ νῦν πρὸς διασυρμοῦ λέγεσθαι, οὓς τὸ πλῆθος ἀπὸ τῆς κατασκευῆς τῶν σινδόνων σανδόνας ὡσανεὶ σινδόνας οἴεται χρηματίζειν. | Wü 156

65. Τοιαῦτα μὲν ἄν τις ὡς ἐν παρεκβάσει λέγοι, ἐγὼ δὲ πρὸς τὸν Καππαδόκην ἐπάνειμι. 2. Ἐπεσπῶντο δὲ αὐτὸν πόρναι ὑπ᾽ ἄλλων πορνῶν γυμνοφανῶν βασταζόμενον φιλήμασιν ἐκλύτοις πρὸς μίξιν αὐτίκα βιαζομένοις. 3. Ὁ δὲ κεχυμένος ἐκ τῶν προτεινομένων ὄψων τε καὶ ποτῶν πρὸς κιναίδων ἄλλων ἐλάμβανεν· τοσαῦτα

FONT. : 4 1-5 Apul. fr. Beaujeu || 1-6 Suet., fr. 202 Reifferscheid.

8 σάνδυκας edd. : ἄνδυκας O quod correxit O^2 -σ- super v. scripto || 10 καταβάπτοντες Fu Be By : καταβαπ- O κατέβαπτον Be^n Wü || ὁ edd. : ο O || 11 οἷς Fu^n Wü By : οὓς O Fu Be || 13 σώφρονος edd. : -φρωνος O || 14 ἐφείλκοντο edd. : ἐφήλ- O || 4 2 χιτῶνι edd. : -τονι O || 3 παρεθήλυνεν O By : -θήλυνε Fu Be Wü || 4 Ἀπουλήϊος Be By : ἀπολήϊος O Ἀπολήϊος Fu Wü || 5 Ἐρωτικῷ edd. : -κῶ O -κὸν Fu^n || Τράγκυλλος Be Wü By : Τράκ- O Fu || 5 2 σανδόνας edd. : -δωνας O || 4 ὡσανεὶ Fu Be Wü : ὡσανὶ O ὡς ἂν εἰ By || σινδόνας edd. : -δωνας O.

Ordiuntur capitulum **65** ab v. 1 1 Τοιαῦτα Wü By ἐγὼ Fu Be || 1 1 παρεκβάσει edd. : ἐκπαρβπαρεκβάσει O || 3 2 ἐλάμβανεν O By : -νε Fu Be Wü.

présentés par d'autres bardaches[254] ; les denrées étaient abondantes et raffinées au point qu'elles le faisaient vomir quand sa bouche ne suffisait plus à les contenir ; comme un torrent, elle noyait la salle de banquet et mettait pas mal en danger la vie des courtisans qui glissaient sur le vernis brillant des mosaïques[255]. 4. Ainsi il menait une vie de continuelle crapule joignant les jours aux nuits à telles enseignes que l'étoile du matin marquait le terme de ses ripailles, celle du soir le début des affaires. 5. Mais pour que rien ne vînt contrecarrer ses débordements, il renonça une fois pour toutes au Temple de la Justice (*Secretum* est l'appellation qu'on lui donne dans les cours de justice), tolérant tout juste d'y faire une apparition le jour où, sous le tournis[256] que lui donnaient son intempérance en fait de nourriture, il sélectionna les membres les plus éminents du personnel (de ses *officiales*) pour les châtier[257]. Il fit nommer des juges près le Portique de l'empereur : de la sorte, tandis qu'ils entendaient les procès pour affaires financières, lui se réservait, comme nous venons de le dire[258], l'usage de ses veilles[259].

66. Non, il n'y eut plus désormais avocat assez zélé pour plaider en prononçant un discours orné capable de convaincre un magistrat au pouvoir très élevé, car aucune affaire ne se traitait plus au *Secretum*, pas d'intercession, de pétition *ex parte*, d'instruction, d'évaluation (μέτρησις), de péréquation (ἐξίσωσις) ou, en général, d'autre

254. Voir déjà **62** 4. Sont-ce des services sexuels qu'indique " le pissat et le bren " de II **21** 2 ? Cela nous paraît fort probable.

255. Le mot ψηφολόγημα est rarissime. Nous n'en connaissons qu'une seule autre occurrence dans la littérature, chez Héron le Mécanicien (*Stéréom.*, II, 35, 1). Il figure aussi dans deux inscriptions de Délos (*ID*, 2310, 7 et 2426, 3).

258. Référence à **62** 4-**65** 4.

259. Allusion à la réforme judiciaire du 8 avril 539 et à la *Nov.* LXXXII, par laquelle furent créés les *judices pedanei*, voir *supra*, p. CCLXXXIV-CCLXXXVI.

δὲ ἦν καὶ οὕτω μαλακά, ὡς ἔμετον αὐτῷ κινεῖν, μηκέτι χωροῦντος τοῦ στόματος, χειμάρρου δὲ δίκην ἐξαυλακίζοντος τὴν ἑστίαν καὶ κίνδυνον οὐ μικρὸν ἐξολισθαίνουσι τοῖς κόλαξι τῷ στιλπνῷ τῶν ψηφολογημάτων ἐπιφέροντος. 4. Οὕτω διετέλει σηπόμενος, συνάπτων ταῖς νυξὶ τὰς ἡμέρας, ὥστε πέρας μὲν αὐτῷ ἑστιωμένῳ τὸν φωσφόρον, ἀρχὴν δὲ πραγμάτων τὸν ἕσπερον γίνεσθαι. 5. Ὅπως δὲ μὴ τυχὸν ἐμπόδισμα ταῖς ῥᾳθυμίαις ἐγγένοιτο, ἀπολέγει καθάπαξ τῷ Τεμένει τῆς Δίκης (Σήκρητον αὐτὸ καλοῦσιν ἐν τοῖς δικαστηρίοις), φαίνεσθαι μόνον ὑπομένων ἐν αὐτῷ ὅτε περιφερόμενος τῇ ἀμετρίᾳ τῶν σιτίων τοὺς ἐπιφανεστάτους τῆς τάξεως ταῖς ποιναῖς ἐξέθετο. Δικαστὰς δὲ προβάλλεται ἐπὶ τῆς βασιλέως Στοᾶς, ὥστε, ἐκείνων τῶν ἐπὶ χρήμασι δικῶν ἀκροω|μένων, αὐτόν, ὡς ἔφθημεν εἰπόντες, ἀγρυπνεῖν. | O 93 By 236

66. Οὐκ ἦν οὖν τὸ λοιπὸν οὐ δικηγόρῳ σπουδὴ λόγῳ κοσμῆσαι τὴν συνηγορίαν πείθειν ἄρχοντα δυναμένῳ μέγιστον, οὐδενὸς τὸ λοιπὸν ἐπὶ Σηκρήτου πραττομένου, οὐ πρεσβείας ἢ μονομεροῦς ἐντυχίας ἢ διδασκαλικοῦ ἢ μετρήσεως ἢ ἐξισώσεως ἤ τινος ἑτέρου | τῶν Wü 157

TEST. : **65** 5 3 Bas p. XXII W Σέκρετον δικαστήριον.

3 ἔμετον Wü By : ἐμετὸν Fu Be αιμετὸν O ‖ αὐτῷ edd. : αὐτὸ O ‖ 6 κόλαξι edd. : -ξιν O ‖ 5 2 ἐγγένοιτο edd. : ενγέν- O ‖ ἀπολέγει Fu^{n} Wü By : απολέγειν O -γειν Fu Be ‖ καθάπαξ Fu Be Wü : καθάπάξ O καθ' ἅπαξ By ‖ 3 Σήκρητον edd. : σίκ- O σέκ- Gl ‖ 4 αὐτῷ Fu^{n} Be Wü By : αὐτοῖς [αυ-]O Fu ‖ 5 σιτίων O Wü By : σίτων Fu Be ‖ 8 αὐτόν edd. : αυτων O ‖ 8 ὡς Fu Be By : ως O οἷς Be^{n} Wü ‖ ἔφθημεν Wü By : εφθην O ἔφθην Fu Be ‖ εἰπόντες Wü By : ειποντες O εἰπών Fu Be ‖ ἀγρυπνεῖν O edd. : ἐναγ- coni. Be^{n}.

66 1 1 οὐ edd. : ου O οὐδὲ coni. Be^{n} ‖ λόγῳ Wü By : λόγων O Fu Be ‖ 2 ἢ ante πείθειν add. Be ‖ δυναμένῳ Fu Wü By : -μένω O -μένων Be ‖ 4 ἢ^{1} edd. : εἰ O ‖ 5 μετρήσεως edd. : μετρίσ- O ‖ ἐξισώσεως edd. : ἐξισόσ- O.

cause, de sorte qu'il n'y eut plus aucun maître de l'éloquence à prêter sa vigilance pour des objets du genre. 2. Pour qui en effet s'y fût-il attaché, ou à quelles fins eût-il persisté à y dire des éloges, quand il n'y avait même pas de témoin, ou, dans l'ensemble, de personne capable de louer l'ordonnance des cours de justice. 3. Alors, le personnel fut perdu et, vu le manque d'affaires, une désertion désolante infecta la cour de justice ; gémissements et larmes furent le lot de ceux qui étaient parvenus au terme de leur carrière, plongeant dans une vieillesse sans ressources. 4. Dès lors, plus personne ne s'annonçait pour faire carrière ; d'habitude, c'était précédemment plus de mille tachygraphes qui, chaque année, entraient dans la carrière et procuraient ainsi à ceux qui la cessaient en renonçant à leur charge, surtout à celui que l'on appelle le *matricularius*, mot mis pour " conservateur des rôles "[260], un revenu non négligeable. 5. C'est là aussi une faillite dont j'ai pris ma part, sans même avoir trouvé durant l'accomplissement de ma carrière, de quoi couvrir mes dépenses quotidiennes[261]. 6. La Vérité m'en est témoin, de tachygraphe qui ait accompli son service durant une année entière d'engagement, je n'en connais pas un seul, le départ tenant à de multiples raisons : d'abord, la pénurie totale affectant les affaires, ensuite, la difficulté à se procurer les *probatoriae*. Pourquoi ? C'est ce que je vais dire.

260. Voir *supra*, p. CCXVIII-CCXX. Dans la littérature, le calque ματρικουλάριος ne figure que chez Jean (voir **67** 4) ou chez Photios, qui le copie. On a toute raison de croire que Jean fut en effet *cornicularius* ; au moment où il prit sa retraite, le temps lointain des engagements nombreux et des grasses sportules subséquentes avait disparu depuis longtemps. S'il fut aussi *matricularius* durant sa dernière année, il n'y a pratiquement rien gagné. C'est ainsi que Photios [*Bibl.*, *cod.* 180, 125 b 19 (I, p. 188 H.)] a compris notre passage. Voir J. Schamp, (1987), p. 189.

261. Tout ceci est la conséquence logique des réformes du 8 avril 539.

πάντων, ὥστε λοιπὸν οὐδένα τῶν ἔμπροσθεν εἰωθότων εὐδοκιμεῖν περὶ λόγους τοιούτοις τισὶν ἐπαγρυπνεῖν. 2. Τίνι γὰρ ἤμελλέ τις ἀρέσκειν ἢ τίνος χάριν τῶν ἐπαίνων ἀντέχεσθαι ὅτε μηδὲ μάρτυς ἦν τις ἢ ὅλως ἐπαινεῖν τὸ σχῆμα τῶν δικαστηρίων δυνάμενος ; 3. Ἔνθεν ἀπόλωλεν ἡ τάξις καί, πραγμάτων οὐκ ὄντων, ἀσχήμων ἐρημία κατερρύπωσε τὸ δικαστήριον· οἰμωγαί τε καὶ δάκρυα τῶν πρὸς τὸ πέρας τῆς στρατείας ἀφικνουμένων, εἰς γῆρας ἄπορον καταφερομένων. 4. Εἰκότως οὖν οὐδεὶς ἐπὶ στρατείαν ἀπήγγελλεν, τὸ πρὶν εἰωθός, ὑπὲρ χιλίους κατ᾽ ἔτος ἕκαστον ταχυγράφους στρατευομένους τοῖς παυομένοις τῶν πόνων, μάλιστα τῷ λεγομένῳ ματρικουλαρίῳ, ἀντὶ τοῦ τῶν καταλόγων φύλακι, πόρον οὐ μικρὸν περιποιεῖν. 5. Καὶ ταύτης ἐγὼ μετέσχον τῆς ἀστοχίας, μηδὲ τὴν ἐφήμερον δαπάνην ἐν τῷ πληροῦν τὴν στρατείαν εὑράμενος. 6. Μαρτυρούσης γάρ μοι τῆς Ἀληθείας, ἕνα ταχυγράφον παρ᾽ ὅλον τὸν ἐνιαυτὸν τοῦ πληρώματος οὐκ οἶδα στρατευσάμενον, πολυτρόπου τῆς ἀφορμῆς τυγχανούσης· πρῶτον μὲν τῆς ἐν τοῖς πράγμασι παντελοῦς ἀπορίας, εἶτα δὲ καὶ τῆς τῶν καλουμένων προβατωριῶν δυσπορίστου μεταλήψεως· καὶ ὅπως, ἐρῶ.

---

6 πάντων bis scripsit O || εἰωθότων edd. : ἰω- O || 7 τοιούτοις Be Wü By : τοιούτους [-οῦ-]O Fu || 2 1 ἤμελλέ Wü By : ἡμελλεν O ἔμ- Fu Be || ἀρέσκειν O By : ἀρκέσειν Fu Be Wü || 3 3 κατερρύπωσε Be Wü By : κατερριπωσεν O κατερρίπ- Fu κατηρίπ- Fu^{2} || οἰμωγαί edd. : οἶμωγε O || 4 ἀφικνουμένων edd. : -ουμενον O || 5 γῆρας edd. : πηρας O || 4 2 ἀπήγγελλεν edd. : -γελεν O || 3 ἕκαστον O Wü By : om. Fu Be || 4 καὶ ante μάλιστα add. Be^{n} Wü || δὲ post μάλιστα addend. esse coni. Be^{n} || 5 τῷ edd. : τω O || 6 φύλακι edd. : -κει O || 5 3 στρατείαν edd. : -τιὰν O || 6 4 πρῶτον edd. : πρῶτος O || 5 τῆς O^{2} edd. : τοῖς O || πράγμασι edd. : -σιν O || 6 προβατωριῶν Wü By : -τορίων O -τοριῶν Fu Be.

67. L'Antiquité connaît un présent de cinq pièces d'or aux *memoriales* pour une *probatoria adiutoris* envoyée à l'autorité préfectorale[262], même au temps où, d'après les données du mythe[263], brillait l'âge d'or de tout son éclat ; à présent que l'on ne peut même plus trouver de nos jours un mot assez évocateur de la misère ambiante, on a jugé bon de vendre à vingt pièces d'or la *probatoria*. 2. Mais, lorsque l'on eut constaté que personne ne courait le risque, ou plutôt, n'avait le moyen de se procurer une *probatoria* à un prix si élevé, ce fut un arrêté d'exécution[264] que l'on réussit à extorquer à son propre avantage : il n'autorisait personne à entrer, sans un rescrit impérial, dans une carrière de fonctionnaire au service des préfets. 3. Toute la procédure tournait à la disgrâce pour la magistrature : la loi d'origine avait donné à celle-ci le droit d'enrôler de sa propre initiative tous ceux qu'elle voudrait pour être tachygraphes près la cour de justice. 4. Cette voie d'accès aussi avait donc désormais laissé place nette, en sorte que les intérêts du personnel coururent à un désastre total ; arraché jusqu'à la racine, le service de ceux que l'on nomme les *matricularii* fut perdu. 5. Que dire encore ? Après le terme de leur carrière, les fonctionnaires partent tous du même pas traîner le restant de leur vie douloureuse dans une honteuse indigence. 6. J'ai donc démissionné de la carrière après quarante ans de fonction, sans en avoir rien rapporté que le

262. Sur les *probatoriae*, voir *supra*, p. CCXIII-CCXIV.

263. Allusion au célèbre passage d'Hésiode. (*T.J.*, 109-110) : χρύσεον μὲν πρώτιστα γένος μερόπων ἀνθρώπων / ἀθάνατοι ποίησαν Ὀλύμπια δώματ' ἔχοντες.

264. L'expression τύπος πραγματικός est de la langue purement juridique (cf. **29** 1, **42** 4), voir Just., *Nov.*, VII, 2, 1, latin *pragmatica forma* (15 avril 535, à Bélisaire).

67. Ἡ παλαιότης πέντε χρυσίνους οἶδε παρεχομένους τοῖς μεμοριαλίοις ὑπὲρ προβατωρίας ἀδιούτωρος πρὸς τὴν ἔπαρχον ἐξουσίαν καταπεμπομένης καὶ τότε, O 93^{v}
ἡνίκα | κατὰ τὸν μυθικὸν ὁ χρυσοῦς αἰὼν ἐξέλαμπεν· | Wü 158
νῦν δέ, ὅτε οὐδὲ ὄνομα ἔστιν εὑρεῖν τῷ καθ' ἡμᾶς χρόνῳ ἀρκοῦν ἐπιδεῖξαι τὴν ἐν αὐτῷ μοχθηρίαν, | εἴκοσι χρυ- By 238
σῶν ἔκριναν αὐτοῖς ἀποδίδοσθαι τὴν προβατωρίαν. 2. Ὡς δὲ ἔγνωσαν μηδένα τολμᾶν, μᾶλλον δὲ μὴ ἔχειν τοσούτου χρήματος προβατωρίαν πορίζεσθαι, τύπον πραγματικὸν ἑαυτοῖς ἐξεμύζησαν μηδενὶ συγχωροῦντα γραμμάτων ἄνευ βασιλικῶν ἐπὶ στρατείαν ὑπὸ τοῖς ἐπάρχοις διαβαίνειν. 3. Τὸ δὲ ὅλον πρὸς ἀτιμίας ἐπράττετο τῆς ἀρχῆς, τοῦ νόμου δόντος ἀνέκαθεν αὐτῇ, δι' οἰκείων ψήφων οὓς ἂν ἐθέλῃ τοῖς ταχυγράφοις τοῦ δικαστηρίου συναριθμεῖν· καὶ πολλοὺς αὐτὸς ἐπίσταμαι ἀπὸ διαλαλιᾶς στρατευσαμένους, διαπρέψαντάς τε ἅμα καὶ τὴν ζώνην ἐντίμως ἀποθεμένους. 4. Καὶ ταύτης δὴ οὖν τῆς ὁδοῦ τὸ λοιπὸν σχολαζούσης, εἰς παντελῆ δυστυχίαν ἤλασε τὰ τῆς τάξεως· τὸ δὲ τῶν καλουμένων ματρικουλαρίων ῥιζόθεν ἀνασπασθὲν ὄλωλε φρόντισμα. 5. Καὶ τί λέγω, αὐτῶν πάντων καθ' ὁμαλοῦ μετὰ τὸ τῆς στρατείας πέρας ἐν ἀπορίᾳ αἰσχρᾷ ὀδυνηρὸν τὸν λοιπὸν τῆς ζωῆς χρόνον παρασυρόντων ; 6. Τὴν οὖν στρατείαν ἀπεθέμην τεσσαράκοντα ἐνιαυτοὺς προσε-

Font. : **67** 1 4 Hes. *Op. et dies*, 109-125.

67 1 1 οἶδε edd. : -δεν O || 2 προβατωρίας Wü By : -τορίας [-ρι-]O Fu Be || ἀδιούτωρος Fu Be By : ἀδιούτορος [αδ-] O Wü || 4 τὸν O Wü By : τὸ Fu Be || ἐξέλαμπεν O By : -πε Fu Be Wü || 7 et 2 2 προβατωρίαν Wü By : -τορίαν [-ρι-] O Fu Be || 2 3 ἐξεμύζησαν edd. : -μοίζησαν O || 3 3 ἐθέλῃ edd. : -λοι O || 4 αὐτὸς Fu^n Be Wü By : αὐτοὺς O Fu || 5 διαλαλιᾶς Be Wü By : διαλαλ[...] O -λίας Fu || διαπρέψαντάς edd. : διαπρεψαντες O || 4 3 τὰ O^2 edd. : om. O || 5 1 καθ' ὁμαλοῦ Be By : καθομαλοῦ O Fu Wü || 2 στρατείας edd. : στρατιας O || 6 2 στρατείαν edd. : -τιαν O.

titre dû après un service complet[265]. 7. Sans doute serait-il beau d'enfin tirer sa révérence à cette tragédie, car son dénouement suffit largement à mettre en exergue la vérité ; toutefois, je pense que j'ai encore un autre récit à entreprendre.

68. Une loi ancienne[266] prescrivait que toutes les matières, de quelque nature qu'elles fussent, traitées sous la juridiction des préfets, vraisemblablement aussi sous celle des autres magistratures, eussent une formulation en latin. Quand on eut transgressé la loi, comme on l'a dit[267], et pas pour d'autres raisons, le processus d'amoindrissement se mit en marche. 2. Toutes les matières traitées en Europe[268] continuèrent par nécessité à observer l'ancienne rédaction, parce que ses habitants, bien que Grecs pour la plupart, s'exprimassent en langue latine, et surtout ceux qui exerçaient un emploi public. 3. Voilà ce qu'a transformé le Cappadocien en un énoncé sénile et terre-à-terre, non qu'il se souciât de clarté, mais pour que les pièces, aisées d'accès et banales, ne fissent aucune difficulté à ceux qui, conformément à ses vues, se risquaient à remplir des documents ne relevant pas de leur compétence[269]. 4. Dans son action, ses écrits, ses innovations et les secousses qu'il imprimait de toutes les manières à l'ancienne organisation, ce n'était plus, suivant l'usage, aux inspecteurs attitrés des régions, ceux que l'on appelle les *tractatores*, un mot mis pour " gouverneurs régionaux "[270], qu'il confiait les pièces à remplir, afin que rien ne se fît dans l'illégalité ; au contraire, il donnait l'ordre lui-même que les transactions fussent remplies par les gens de sa maison, s'assurant la maîtrise

265. Référence à III **30** 10.
266. Référence à II **12** 1 = III **42** 1.
267. Référence à II **12** 2 = III **42** 2.
270. Sur les *tractatores*, voir III **21** 2.

δρεύσας καὶ μηδὲν παρὰ τὴν ἐπωνυμίαν τοῦ πληρώματος ἀπενεγκάμενος. 7. Καὶ καλὸν μὲν ἀναχωρῆσαι τὸ λοιπὸν τῆσδε τῆς τραγῳδίας, ἀποχρώσης τῆς ἐκβάσεως ἐπιδεῖξαι τὴν ἀλήθειαν, πλὴν καὶ ἄλλης χρῆναι νομίζω ἀφηγήσεως ἅψασθαι.

68. Νόμος ἀρχαῖος ἦν πάντα μὲν τὰ ὁπωσοῦν πραττόμενα παρὰ τοῖς ἐπάρχοις, τάχα δὲ καὶ ταῖς ἄλλαις
τῶν ἀρχῶν, τοῖς Ἰταλῶν ἐκφωνεῖσθαι ῥήμασιν. | Οὗ Wü 159
παραβαθέντος, ὡς εἴρηται, οὐ γὰρ ἄλλως, τὰ τῆς ἐλαττώσεως προὔβαινεν. 2. Τὰ δὲ περὶ τὴν Εὐρώπην πραττόμενα | πάντα τὴν ἀρχαιότητα διεφύλαξεν ἐξ ἀνάγκης O 94
διὰ τὸ τοὺς αὐτῆς οἰκήτορας, καίπερ Ἕλληνας ἐκ τοῦ πλείονος ὄντας, τῇ τῶν Ἰταλῶν φθέγγεσθαι φωνῇ, καὶ μάλιστα τοὺς δημοσιεύοντας. 3. Ταῦτα μετέβαλεν ὁ Καππαδόκης εἰς γραώδη τινὰ καὶ χαμαίζηλον ἀπαγγελίαν, οὐχ ὡς σαφηνείας φροντίζων, ἀλλ᾽ ὅπως πρόχειρα ὄντα καὶ κοινὰ μηδεμίαν ἐμποιοῖ δυσχέρειαν τοῖς κατὰ σκοπὸν ⟨αὐτοῦ⟩ πληροῦν τὰ μηδαμόθεν αὐτοῖς
ἀνή|κοντα τολμῶσιν. 4. Πράττων γὰρ καὶ γράφων καὶ By 240
καινοτομῶν καὶ ἐκ παντὸς τρόπου σαλεύων τὴν ἀρχαιότητα, οὐ τοῖς ἁρμοδίοις τῶν χωρῶν ἐπιστάταις, οὓς καλοῦσι τρακτευτάς, ἀντὶ τοῦ κλιματάρχας, ἢ διαψηφισταῖς ἐδίδου κατὰ τὸ σύνηθες τὰ πραττόμενα πρὸς πλήρωσιν, ὥστε μηδὲν παρὰ τὸν νόμον γίνεσθαι, ἀλλ᾽ αὐτὸς διὰ τῶν οἰκείων πληροῦσθαι τὰ σύμβολα

3 μηδὲν edd. : μηδε O || 7 2 τραγῳδίας edd. : -δείας O.
68 1 1 ὁπωσοῦν O Fu Be Wü : ὅπως οὖν By || 3 Οὗ edd. : ου O || 4 ἦν post γὰρ add. Wü || 5 προὔβαινεν By : προύβ- O πρού-βαινε Fu Be προὔβαινε Wü || 3 3 σαφηνείας Be Wü By : -νίας O Fu || 4 ἐμποιοῖ By : εμποιεῖ O -ποιῇ Fu Be Wü || δυσχέρειαν edd. : -χεριαν O || 5 αὐτοῦ suppl. edd. || 6 τολμῶσιν O By : -σι Fu Be Wü || 4 4 κλιματάρχας Fu^n Wü By : κλημ- O^2 κληματούρχας O Fu Be || 5 ἐδίδου O^2 edd. : δίδου O || 7 οἰκείων edd. : -κίων O.

des bordereaux des dépenses qui étaient aux fonctionnaires chargés de les remplir[271]. 5. Par après, lorsque, suite à des papiers que l'on avait pris le risque de produire au mépris des règles requises, surgissaient d'énormes difficultés pour les contribuables, il se fâchait et infligeait des peines de mort à ceux qui ne comprenaient pas la portée des papiers délivrés sans contrôle et au petit bonheur[272]. 6. La pratique prévalut à partir d'alors ; tous, au petit bonheur, écrivent, remplissent et délivrent les pièces dont ils ignorent totalement le sens, alors que dans le passé elles étaient garanties par d'innombrables procédés, tant par ce que l'on appelait les *cottidiana*, c'est-à-dire les journaliers, de l'*ab actis* et les bureaux compétents que par les employés qui en percevaient le revenu. Mais pourquoi allonger le propos ? Tous ces usages sont tombés en désuétude[273], sans rien préserver de reconnaissable des perfections d'antan.

69. Tel fut, jusqu'au bout, dans son comportement, l'ennemi des lois le plus altéré de sang, quand Dieu détourna sa face et décida de livrer le responsable des maux à ses propres forfaits, en le convainquant que[274]

> “ Justice et Vengeance font choir sur le chef des mauvais les coups du Malin. ”

2. Dans sa haute indulgence, l'empereur ne savait rien de ses méfaits ; sous la pression d'une tyrannie sans mélange, tous prenaient la défense du maudit Cappado-

271. Pour les *tractatores*, voir *supra*, p. CCLXXXIX-CCXCI.

272. Allusion à III **65** 5 ?

273. Nous avons essayé de rendre par un équivalent phonétique, une succession de phonèmes –p/t-, l'expressivité de l'original, caractérisé par la multiplication des sons en –p- à la faveur de paronomases et de polyptotes.

274. L'hexamètre dactylique est inconnu par ailleurs. Le vers exprime bien que le récit est arrivé à un tournant, la description de la chute de Jean de Cappadoce. Voir, pour davantage de détails, *supra*, p. CLXXX.

ἐκέλευσεν, τῶν εἰωθότων παρέχεσθαι δαπανημάτων τοῖς ἁρμοδίοις πληρωταῖς αὐτὸς γινόμενος κύριος. 5. **Εἶτα ἐκ τῆς μὴ κατὰ τὸ προσῆκον τολμωμένης τῶν χαρτῶν ἐκδόσεως μεγίστων ἀνισταμένων τοῖς ὑποτελέσι δυσχερῶν, αὐτὸς ἠγανάκτει καὶ θανάτους ἐπέφερε τοῖς οὐκ ἐπισταμένοις τὴν τῶν ἀνέδην καὶ ὡς ἔτυχεν ἀπολελυμένων χαρτῶν δύναμιν.** 6. **Καὶ νόμος ἐκράτησεν ἐξ ἐκείνου καὶ πάντες ὡς ἔτυχε καὶ γράφουσι καὶ πληροῦσι καὶ ἀπολύουσι τὰ παντελῶς αὐτοῖς ἀγνοούμενα, τὸ πρὶν μυρίοις κατησφαλισμένα τρόποις, τοῖς τε λεγομένοις | κοττιδιανοῖς, οἱονεὶ ἐφημέροις, τοῦ ἀβ ἄκτις,** Wü 160 **τοῖς τε προσφόροις σκρινίοις καὶ αὐτοῖς δὲ τοῖς ἐξ αὐτῶν ἔχουσι τὸν πόρον.** 7. **Καὶ τί μακρηγορῶ ; πάντα παντελῶς διαπέπτωκε μηδεμίαν ἐπίγνωσιν τῶν πρὶν κατορθωμάτων διασῴζοντα.**

69. Οὕτως τοῦ μιαρωτάτου πολεμίου τῶν νόμων διαγενομένου, ἐπεστράφη θεός, ἐκδοῦναι τὸν αἴτιον | τῶν O 94^{v} **κακῶν ταῖς ἰδίαις πράξεσι ψηφισάμενος, πείθων αὐτὸν ὡς**

“ ἔστι Δίκη Νέμεσίς τε κακοῖς κακότητα φέρουσα ”.

2. **Τοῦ γὰρ ἠπιωτάτου βασιλέως μηδὲν τούτων ἐπισταμένου, πάντων δὲ διὰ τὴν ἄκρατον δυναστείαν, καίπερ ἀδικουμένων, συνηγορούντων τῷ πονηρῷ Καππαδόκῃ**

---

8 ἐκέλευσεν O By : -σε Fu Be Wü || εἰωθότων edd. : ἰω- O || 9 γινόμενος O By : γεν- Fu Be Wü || 5 3 ὑποτελέσι edd. : -σιν O || 4 δυσχερῶν Fu By : -ρων O -ρειῶν Be Wü || ἐπέφερε edd. : -ρεν O || 5 ἀνέδην Fu^{n} Wü By : ἀναίδην O Fu Be || 6 2 ἔτυχε edd. : -χεν O || γράφουσι edd. : -σιν O || πληροῦσι edd. : -σιν O || 3 ἀπολύουσι edd. : -σιν O || 5 οἱονεὶ nos : οἷον εἰ By οἱονὶ O οἷον Fu Be Wü || 6 προσφόροις edd. : προσφορος O || 7 1 τί edd. : τι O^{2} τη O || 2 διαπέπτωκε edd. : -κεν O.

69 1 1 Οὕτως O By : -τω Fu Be Wü || 2 ἐπεστράφη θεὸς O Wü By : θ. ἐ. Fu Be || 3 ψηφισάμενος edd. : ψηφησ- O || 2 1 ἠπιωτάτου Fu^{n} Be Wü By : ηπιοτατου O^{2} ηπιστατου O ἠπιστάτου Fu || 2 δυναστείαν edd. : -τίαν O.

cien, malgré les dénis de justice qu'ils essuyaient, et faisaient de lui devant l'empereur les éloges les plus outrés (qui se fût risqué à prononcer même son nom sans y joindre des éloges ?)[275] : il n'y eut que la femme partageant le joug de l'empereur — plus qu'aucune autre de n'importe quelle époque, par son intelligence et sa commisération pour les victimes d'injustices, elle faisait preuve de vigilance et elle ne supportait pas de laisser le gouvernement sombrer définitivement dans un gouffre — pour se rendre auprès de l'empereur, armée de griefs d'un poids non négligeable. Elle lui apprit tous les faits qui lui avaient complètement échappé jusque-là, et le risque qu'il y avait non seulement pour le sujet d'être anéanti sous les maux, mais aussi pour l'empire même sur le point de vaciller. 3. Au demeurant bon et lent à tirer vengeance[276] des méchants, l'empereur qui était naturellement en proie à d'insolubles difficultés[277], ne trouvait pas même le moyen de déloger celui qui mettait le gouvernement sens dessus dessous. 4. Justement, dans quel trouble calamiteux le Cappadocien avait plongé les affaires et dans quel embarras et confusion inextricables il avait jeté la perception des taxes en mêlant les unes aux autres ce que l'on appelle les cotes de l'impôt ! C'était au point que sa magistrature ne pourrait jamais arriver à son terme et qu'il ne se trouvait aucun membre ni du Sénat ni, en général, du personnel ayant la justice dans ses attributions pour oser prendre en mains l'administration. 5. Pour l'assistance aux sujets néanmoins, l'empereur y pourvoyait dans la mesure de l'humainement possible.

70. Les contribuables, eux, n'avaient plus de ressources et on ne leur en avait pas laissé à cause des

276. Le substantif ἀμύνη ne figure pas dans les dictionnaires ; en revanche, ἄμυνα est loin d'être rare. D'un point de vue lexicographique, la leçon ἀμύνη est donc *difficilior*. C'est la raison pour laquelle elle a été privilégiée par les éditeurs les plus récents.

καὶ τοῖς πάντων ἐξοχωτάτοις ἐπαίνοις ἐπ' αὐτῷ παρὰ βασιλεῖ χρωμένων (τίς γὰρ ἂν ἐτόλμησε καὶ μόνης ἐπαίνων χωρὶς μνησθῆναι τῆς αὐτοῦ προσηγορίας ;), μόνη ἡ ὁμόζυγος γυνή, κρεῖττον τῶν ὄντων ὁτεδήποτε ἐπὶ συνέσει καὶ συμπαθείᾳ τῶν ἀδικουμένων ἀγρυπνοῦσα, μὴ φέρουσα τὸ λοιπὸν περιορᾶν τὴν πολιτείαν βυθιζομένην, οὐ μετρίοις λόγοις ὡς τὸν βασιλέα ὁπλισθεῖσα διαβαίνει, ἅπαντα αὐτὸν τὰ τέως | διαλαν- By 242 θάνοντα διδάσκουσα, καὶ ὡς κινδυνεύοι οὐ τὸ ὑπήκοον μόνον ἐναπολεῖσθαι τοῖς κακοῖς ἀλλὰ καὶ αὐτὴν ἐγγὺς σαλεύεσθαι τὴν βασιλείαν. 3. Εἰκὸς οὖν ὁ βασιλεύς, καλὸς ὢν καὶ πρὸς ἀμύνην τῶν κακῶν βραδύς, ἀμηχάνοις ἀπορίαις εἴχετο, μηδὲ ἀποκινεῖν τὸν καταστροφέα τοῦ πολιτεύματος εὑρίσκων. 4. Οὕτως ἔτυχεν, οἷα κακῶς | ταράξας τὰ πράγματα καὶ τοὺς φόρους ἀπορίᾳ Wü 161 καὶ συγχύσει ἀδιακρίτῳ σκοτώσας, ἀλλήλαις τὰς λεγομένας ἐπινεμήσεις ἐμμίξας, ὡς μηδέποτε πέρας αὐτῷ γενέσθαι τῆς ἀρχῆς μηδέ τινα τῶν ἀπὸ τῆς βουλῆς ἢ ὅλως τοῦ δικαίου πέρι ἀγρ⟨υπν⟩οῦντα τολμᾶν ἐπιλαβέσθαι τῆς διοικήσεως. 5. Ἐπεκούρει δὲ ὅμως ⟨τοῖς⟩ ὑπηκόοις ὁ βασιλεὺς καθ' ὅσον ἀνθρώποις δυνατόν.

70. Οἱ δὲ ὑποτελεῖς, τὸ λοιπὸν οὐκ οὔσης αὐτοῖς οὐδὲ ἀφεθείσης περιουσίας διὰ τὰς συνωνὰς καὶ ἀγγα-

---

4 ἐξοχωτάτοις edd. : -χοτάτοις O ‖ 5 ἐτόλμησε edd. : -σεν O ‖ 7 κρεῖττον By : κριττον O κρείττων Fu Be Wü ‖ ὁτεδήποτε Fu Be Wü : ὅτε δή ποτε By ο τε δη ποτε O ‖ 3 1 Εἰκὸς edd. : εἰκως O ὡς εἰκὸς an εἰκότως coni. Be[n] ‖ 2 ἀμύνην Wü By : αμυνήν O ἄμυναν Fu Be ‖ 3 ἀποκινεῖν edd. : -κεινεῖν O ‖ 4 1 κακῶς O Wü By : κακός Fu Be ‖ 2 φόρους O Wü By : πόρους Fu Be ‖ 6 πέρι ἀγρυπνοῦντα Wü By : περιαγροῦντα Fu Be περιαγρουντα O περιαλγοῦντα an περιεργοῦντα coni. Be[n] ‖ 5 1 ὅμως Fu[n] Be Wü By : ὁμοίως O Fu ‖ 2 τοῖς Fu[n] suppl. Be Wü By.

70 1 2 συνωνὰς edd. : -νονὰς O ‖ ἀγγαρείας Wü By : αγγαριους O -ρίους Fu Be.

ventes à prix forcés, des réquisitions pour le service public[278] et des corvées qui s'ensuivaient[279] ; nourrissons accrochés aux seins, les femmes portaient des fardeaux et transportaient les espèces depuis l'intérieur éloigné des terres jusqu'à la mer : autant de cadavres restant sur la route du voyage, sans recevoir ni pitié ni sépulture[280]. Les percepteurs réclamaient des taxes, qui s'en prenaient aux biens, par des tours et sous des noms multiples[281], *censualia*, *holographica*, *bouleutica*, *homodoula*, *homocensa*, *aphantica*, *egkataleleimmena*, *politica*, *tamiaca*, *deputata*, *recollata*, *relegata*, *rephousa*, *ceratismoi*, *rhopai*, *parallagai*, *tocoi*, *endomatica*, *metatorika* et, outre l'exigence impitoyable de verser ces taxes en argent liquide, des myriades de maux se dressaient, comme les têtes de l'hydre, menaçant les contribuables, *meritica*, *suffragia*, *[...]ima*, *comitatensia*, *monoptera*, *monastica*, *apemelemena*, *leucochrysa* et, au bout du compte, les troupes toujours cantonnées chez eux et, à la place d'une

278. Le mot technique συνωνή désigne la *coemptio*, voir III **61** 7 et *supra*, p. CLXXXVI-CLXXXVII.

279. Le développement rappelle III **61** 7-8 ; le mot ἀγγαρεία n'est pas très fréquent en littérature, voir Épict., IV, 1, 79 ; Suét., π. βλασφημιῶν, β 191-193 p. 59 Taillardat ; Artémid., V, 16 ; Lib., *Or.* 50 (titre) ; *A.C.O.* I, 1, 7 p. 71, 12 (431). En revanche, il est assez commun dans les *Novelles* de Justinien [XVII, 9 (p. 123, 39) ; 10 (p. 124, 13) ; CXXVIII, 22 (p. 645, 10) ; CXXXIV, 1 (p. 678, 2-3)]. Il a fait l'objet de notices dans les dictionnaires byzantins. En outre, il a passé depuis longtemps, sous le calque *angaria*, en latin, voir *Dig.*, L, 4, 18, 29 (Charisius, *De muneribus civilibus*). An. Bandy [(1983), p. 339] paraît confondre, en citant un autre passage (*Dig.*, L, 5, 10, 2), le masculin *angarius* avec *angaria*.

280. An. Bandy [(1983), p. 340] propose une construction fort surprenante sur le plan grammatical. La phrase introduite par οἱ ὑποτελεῖς n'a pas de verbe ; il était aisé de suppléer un ἦσαν ; le groupe ἀνελεεῖς - θάνατοι est l'attribut du sujet ὑποτελεῖς ; point n'est nécessaire d'imaginer une phrase dont θάνατοι — sans article — serait le sujet, comme le fait Bandy ; en outre, le second génitif absolu est double ; les deux parties sont fortement liées par le groupe τε ... καὶ ; il est absurde d'écrire : " the τε introduces this gen. abs. parallel to the preceding nominative of ὑποτελεῖς ".

**ρείας καὶ τοὺς ἐξ αὐτῶν πόνους, γυναικῶν τε σὺν ἐπι-
μαζίοις βρέφεσιν ἀχθοφορουσῶν καὶ διακομιζουσῶν τὰ
εἴδη ἐκ μεσογείου μακρᾶς ἐπὶ θάλασσαν, ἀνελεεῖς καὶ
ἄταφοι ἐπὶ τῆς ὁδοιπορίας θάνατοι, τῶν τε τοὺς δασ-
μοὺς πρατ|τομένων πολυτρόπους καὶ πολυσημάντους** O 95
**ἐφόδους αἰτούντων κηνσουάλια, λογογραφικά, βου-
λευτικά, ὁμόδουλα, ὁμόκηνσα, ἀφαντικά, ἐγκαταλε-
λειμμένα, πολιτικά, ταμιακά, δηπουτᾶτα, ῥεκολλᾶτα,
ῥελεβᾶτα, ῥεφοῦσα, κερατισμούς, ῥοπάς, παραλλαγάς,
τόκους, ἐνδοματικά, μητατωρικὰ καὶ μετα τὴν τούτων
ἀνελεῆ φόρων ἀπαίτησιν ἐπὶ τοῦ νομίσματος ἄλλων
μυρίων, ὥσπερ ἐξ ὕδρας, ἀνισταμένων κακῶν τοῖς ὑπο-
τελέσιν ὑπεράνω, μεριτικῶν, σουφφραγίων, [...........]** By 244
ίμων, κο|μιτατησίων, μονοπτέ|ρων, μοναστικῶν, ἀπη- Wü 162
**μελημένων, λευκοχρύσων, καὶ τὸ πέρας τὰς ἐνιδρυμέ-
νας ἀεὶ στρατιὰς καὶ τῶν ὑπερμαχούντων τὰς κατ'**

---

3 ἐπιμαζίοις edd. : επιμαζήους O ‖ 5 εἴδη edd. : ἤδη O ‖ μεσογείου : -γίου O ‖ ἀνελεεῖς O Fu Wü By : ἀνηλ- Be ‖ 6 ἄταφοι Fu Be By : αταφοι O ἀτάφους Wü ‖ 6 θάνατοι Fu Be By : θανατοι O -νάτους Wü ‖ τοὺς edd. : τοῖς O ‖ 8 ἐφόδους Wü By : ἐφο[....] O Fu Be ‖ αἰτούντων Wü By : [.........] O ‖ 9 ἐγκαταλελειμμένα edd. : -λελιμμένα O ‖ 10 δηπουτᾶτα Wü By : [.....] τατα O δεποτάτα Fu δεπουτάτα Be ‖ ῥεκολλᾶτα Wü By : [.]ε[....]ατα O -ολάτα Fu Be ῥεκολλοκᾶτα Carney ‖ 11 ῥελεβᾶτα Caimi : ῥελεγᾶτα Wü By [.]ελεκατα O om. Fu Be ‖ ῥεφοῦσα Wü By : [.......] O ῥέφουσα Fu Be ‖ κερατισμούς By : κεραστισμοις O κεραστ- Fu Be Wü ‖ παραλλαγὰς Wü By : [.......]ὰ[.] O παραλλα[.]α Fu Be ‖ 12 τόκους O Wü By : τόπους Fu Be ‖ 13 ἀνελεῆ φόρων Wü By : [...]φορον O [...]ελληφορον Fu Be ‖ 15 ὑπεράνω μεριτικῶν Wü By : [.......]ροιτικῶν O ὑπὲρ ἀνωμεριτικων Fu Be ‖ σουφφραγίων By : σουφρ- Wü σουσουπαιδων O σουσος παιδων Fu Be ‖ [.............]ίμων Wü By : [....]ιμων O Fu Be ‖ 16 κομιτατησίων edd. : κομητατησιων O ‖ μοναστικῶν Wü By : μονασ[.....] O μονα[...] Fu Be ‖ ἀπημελημένων Wü By : [.......]ενων O ἀπηλλημένων Fu Be ‖ 17 καὶ τὸ Wü By : [...] O Fu Be ‖ 17-18 τὰς - στρατιὰς Wü By : τας ἐν [...] O Fu Be ‖ 18 τῶν Wü By : [...] O Fu Be ‖ κατ' Wü By : κατὰ O Fu Be.

protection des administrés, les pillages, rapts, violences et destructions perpétrés par les armées traversant les provinces, comme il arrive nécessairement en cas de départ en campagne : voilà pourquoi l'ensemble des sujets supputait que serait plus légère à supporter l'invasion des barbares que la domination des siens. 2. Dès lors ces raisons, ou plutôt, ces tragiques situations firent qu'abandonnant les terres de leur naissance, tous préféraient même vagabonder que travailler en gens raisonnables, droit qu'on ne leur avait même pas accordé, et remplirent à flots la Ville impériale de foules inutilisables ; la portée de la loi qui réprimait l'infinité des délits s'étendit considérablement, à la mesure de la population, de sorte qu'on en vint à promouvoir des magistrats tombés en désuétude dans le passé, préteurs et questeurs, suivant l'usage qui avait jadis prévalu à Rome, comme nous l'avons décrit précédemment[282]. 3. Mais, devant l'ardeur que l'on mettait à poursuivre les fautes du peuple, la masse se souleva, se coalisa en une funeste entente et bouta le feu à presque toute la ville. 4. Tandis que le Cappadocien passait à la trappe[283], le feu, qui avait pris naissance aux entrées de la cour, gagna alors le Premier Temple, puis la Salle des Anciens de Julien, que

282. Référence à II **29** 3.

283. Par la suite, Jean décrit le désastre que provoqua la sédition " Nika " de janvier 532, voir *supra*, p. CLI-CLXIX.

αὐτῶν τῶν προνοουμένων λαφυραγωγοὺς ἁρπαγὰς βίας τε καὶ φθορὰς τῶν παραπορευομένων διὰ τῶν ἐπαρχιῶν στρατευμάτων ὅσα κατὰ τὸ ἀναγκαῖον ἐπὶ τοὺς πολέμους ὁρμᾶν συμβαίνει, δι' ὃ κουφοτέραν τὴν ἐπιδρομὴν τῶν βαρβάρων τῆς ἐπιστασίας τῶν οἰκείων τὸ ὑπήκοον ἑαυτῷ συλλογίζεται. 2. **Διὰ ταύτας τοίνυν τὰς αἰτίας, μᾶλλον δὲ περιστάσεις, τὰς ἐνεγκούσας αὐτοὺς ἀπολείποντες ἅπαντες καὶ ῥᾳθυμεῖν μᾶλλον ἢ κάμνειν σωφρόνως ἐθέλοντες, οἷα μηδὲ συγχωρούμενοι, τὴν βασιλέως πόλιν ὄχλων ἀχρήστων ἐνεφόρησαν· καὶ πολὺς ἦν ὁ νόμος πρὸς ἀπειρίαν πταισμάτων τῷ πλήθει συνεκτεινόμενος, ὥστε καὶ τοὺς τὸ πρὶν ἠμελημένους ἄρχοντας προαγαγεῖν, πραίτωράς τε καὶ κυαισίτωρας, κατὰ τήν ποτε κρατήσασαν παρὰ Ῥωμαίοις συνήθειαν, ὡς προαφηγησάμεθα.** 3. **Τῶν δὲ τοῖς ἁμαρτήμασι τοῦ δήμου ἐπεξιόντων σφοδρότερον, ἀναστὰν τὸ πλῆθος καὶ εἰς κακοδαίμονα συναχθὲν ὁμόνοιαν πᾶσαν ἐγγὺς τὴν πόλιν ἐνέπρησεν.** 4. **Καὶ ὁ μὲν Καππαδόκης ἄφαντος ἐγένετο, ἀρχῆς δὲ λαβόμενον τὸ πῦρ ἐκ τῶν τῆς αὐλῆς εἰσόδων, εἶτα ἐξ αὐτῶν ἐπὶ τὸ Πρῶτον Ἱερόν, ἐξ οὗ ἐπὶ τὴν Ἰουλιανοῦ Γερουσίαν, ἣν καλοῦσι Σενᾶτον κατὰ**

19 αὐτῶν τῶν Wü By : [...]O Fu Be || 21 πολέμους bis scrips. O || 22 δι' ὃ By : διὸ O Fu Be Wü || 23 οἰκείων edd. : οικίων O || 2 1 αἰτίας edd. : ἀρτίας O || 4 σωφρόνως O² edd. : -φρώνως O || τὴν O edd. : εἰς τὴν coni. Fuⁿ || 5 ὄχλων ἀχρήστων Wü By : ὄχλον ἄχρηστον O Fu ὄχλου ἀχρήστου Be || 6 συνεκτεινόμενος edd. : συνεκτινομενος O || 8 πραίτωράς Fu Be By : πραιτορας O -τοράς Wü || κυαισίτωρας Fu Be By : κυεσιτορας O -τορας Wü || 3 1 ἁμαρτήμασι edd. : -μασιν O || 3 κακοδαίμονα Be Wü By : κακοδαιμονας O -νας Fu || ὁμόνοιαν O Be Wü By : -νοίας Fu || 4 ἐνέπρησεν By : ἐνέπρισεν O -σε Fu Be Wü || 4 3 ἐξ οὗ Wü By : εξῶν O ἐξ ὧν Fu Be || 4 καλοῦσι edd. : -σιν O || Σενᾶτον Wü By : σηνάτ- O σήνατ- Fu σένατ- Be || κατὰ O edd. : καὶ coni. Fu².

l'on appelle *Sénat* suivant " la Salle des assemblées d'Auguste ", ensuite l'agora, que l'on appelle le Zeuxippe, d'après le roi Zeuxippos, sous le règne de qui, au cours de la 38e olympiade, les Mégariens colonisateurs de Byzance avaient donné son nom à l'agora pour lui faire honneur, comme, pour les Portiques de Charidèmos, les Mégariens colonisateurs de Cyzique ; de ce dernier, il y existe aussi une mention en tant que roi des Grecs, comme l'a rapporté Castor[284] dans sa *Chronique abrégée*. 5. Car les thermes publics ont pris le nom nouveau de *Severeum*, d'après Sévère, qui avait dirigé les Romains : pour une arthrite dont il était affligé, il avait fait construire les thermes lors de l'occupation de la Thrace à cause de son différend avec Niger. 6. Quand les si vastes corps de bâtiments furent en flammes, on en ôta bien sûr les portiques traversant la ville jusqu'à l'Agora de Constantin et dont les hautes et belles colonnes aux lignes pures ombrageaient la Grand-Rue. C'étaient des Campaniens, dit-on, qui, par reconnaissance pour Constantin, avaient bâti les portiques ; ils étaient venus à Byzance de Parthénopé, aujourd'hui Naples, et de l'ancienne Dicéarque, à présent Pouzzoles, accompagnant l'empereur, on l'a dit, par reconnaissance. 7. Furent donc réduites en cendres d'un seul coup (comment n'eût-ce pas été le

284. Cf. I **2** 1. Sur le personnage, voir Introduction, t. I, p. CLVI-CLVII et *supra*, p. CLXV.

τὴν Αὐγούστου | Πανιήγυριν, ἀφ' ἧς ἐπὶ τὴν ἀγοράν, ἣν (Wü 163, O 95^{v}) καλοῦσι Ζεύξιππον ἀπὸ Ζευξίππου βασιλέως, ὑφ' ᾧ ἐπὶ τῆς τριακοστῆς ὀγδόης Ὀλυμπιάδος Μεγαρεῖς εἰς Βυζάντιον ἀποικήσαντες πρὸς τιμὴν αὐτοῦ τὴν ἀγορὰν οὕτως ἐπωνόμασαν, καθάπερ τὰς Χαριδήμου Στοὰς οἱ Κύζικον οἰκίσαντες Μεγαρεῖς· καὶ οὗτος βασιλεῦσαι Ἑλλήνων μνημονεύεται, ὡς ὁ Κάστωρ ἐν Ἐπιτομῇ Χρονικῶν ἀπέθετο. 5. Τὸ γὰρ δημόσιον βαλανεῖον Σεβήρειον ἀπὸ Σεβήρου, Ῥωμαίων ἡγησαμένου, παρω|νόμασται, (By 246) ὃς ἀρθρίτιδι νόσῳ ἐνοχλούμενος ἐδείματο τὸ βαλανεῖον, προσκαρτερῶν τῇ Θρᾴκῃ διὰ τὴν πρὸς Νίγρον διαφοράν. 6. Τῶν δὲ τηλικούτων σωμάτων εἰς πῦρ μεταβαλόντων, ἡρπάγησαν μὴν ⟨αἱ⟩ μέχρι τῆς Κωνσταντίνου Ἀγορᾶς τὴν πόλιν διευθύνουσαι στοαί, κάλλει καὶ μεγέθει κιόνων εὐγράμμως διασκηνοῦσαι τὴν πλατεῖαν· Καμπανοὶ ταύτας εἰς χάριν Κωνσταντίνου λέγονται κατασκευάσαι, ἀπὸ Παρθενόπης τῆς καθ' ἡμᾶς Νεαπόλεως καὶ τῆς ποτε Δικαιαρχίας, νῦν δὲ Πουτεόλων, εἰς Βυζάντιον πρὸς χάριν, ὡς εἴρηται, τοῦ βασιλέως παραγενόμενοι. 7. Συναπετεφρώθη οὖν (πῶς γὰρ οὐκ ἤμελλον ;) τὰ συνημμένα τοῖς μέσοις πρὸς τὸ

FONT. : **70** 4 10-11 Castor, 250 F 2 a J || 5 3 ἀρθρίτιδι νόσῳ ἐνοχλούμενος : Herod., II, 15, 4 ὑπὸ νόσου ἀρθρίτιδος ἐνοχλούμενον.

---

7 Μεγαρεῖς edd. : μεσγαρις O || 9 Χαριδήμου edd. : χαρειδήμους O || 10 οἰκίσαντες edd. : οικησ- O || οὗτος Wü By : [.....] Fu Be ου legisse dixit in O Wü^{n} γὰρ Fu^{n} || 5 1 Σεβήρειον Be Wü By : [..]βηριον O Σεβήριον Fu || 3 ἐνοχλούμενος Fu^{2} By : [......] υμενος O [...]υμενος [-μέ-] Fu Be || 5 Νίγρον Wü By : [......] O Νῖγρον Fu Be || 6 2 μεταβαλόντων Fu^{n} Be Wü By : [.........]των O μεταβαλλό- Fu || μὴν By : μη O om. Fu Be Wü || αἱ suppl. edd. || 3 διευθύνουσαι Fu^{n} Be Wü By : διευθήν- [-θην-]O Fu || 5 πλατεῖαν edd. : πλατιαν O || Καμπανοὶ Wü By : Καμπάνοι O Fu Be || 9 παραγενόμενοι Be Wü By : -νομένων O Fu || 7 2 ἤμελλον Wü By : ημελλον O ἔμελλον Fu Be.

cas ?) les constructions réunissant par le milieu le nord[285] et le sud ; et la Ville était une montagne, des amoncellements noirâtres abrupts, comme à Lipari[286] ou au Vésuve, rendue inhabitable par la poussière, la fumée et l'odeur pestilentielle dégagée par les matières calcinées, frappant les spectateurs d'une peur pitoyable. 8. Et le peuple, ou plutôt, la populace barbare et impitoyable fut soumise aux châtiments que lui avait valus sa victoire même : un massacre pêle-mêle, au fil de l'épée, jusqu'à concurrence de presque cinquante mille, tandis que la Ville qui avait été frappée, elle gisait-là dans le feu, les monceaux de gravats et les décombres hideux, consternée. Mais Dieu (car cela ne tenait qu'à lui seul) soulagea une telle…

71. (…) mais, après Dieu, ce fut néanmoins la Fortune de l'empereur qui vint à bout de l'amas de ruines sur tout le terrain, et ce, en peu de temps. 2. Meilleure et plus belle fut la cité que l'on vit surgir, forte et sûre à la fois, comme si, à partir de la matière informe, le Créateur rappelait à nouveau, comme il l'avait fait alors, l'univers à la lumière, grâce au seul pouvoir de Sa volonté[287].

72. Ce fut donc là le terme de la “ pirato-magistrature ”[288] du maudit Cappadocien. 2. Pour contre-balancer sa malignité, Dieu octroya un bienfait dans les malheurs : 3. ce fut Phocas, un patricien, le petit-fils du très juste Salvius, le fils de Cratéros, le plus pieux des

286. Voir la note à II **29** 1, où nous justifions notre correction.

287. Cette remarque philosophique est dans le ton de celle de II **23** 1.

288. Le mot λησταρχία est une création de Jean, selon toute apparence. Par la suite, il n'apparaît plus, au tournant des 13e et 14e s. que chez le chroniqueur Éphrem (*Chr.*, 7286) et dans un recueil d'*Extraits variés* astrologiques (*CAG* 9, 1, p. 182, 16 Weinstock).

βόρειον καὶ νότον ἄνεμον οἰκοδομήματα καὶ ὄρος ἦν ἡ πόλις καὶ βουνοὶ μέλανες ἀπερρωγότες, κα|θάπερ ἐν Wü 164 **Λιπάρῃ ἢ Βεσβίῳ, κόνει καὶ καπνῷ καὶ δυσωδίᾳ τῶν ἀποτεφρουμένων ὑλῶν ἀοίκητος, φόβον ἐλεεινὸν τοῖς θεωμένοις ἐνσείουσα.** 8. **Καὶ ὁ μὲν δῆμος, μᾶλλον δὲ τὸ βάρβαρον καὶ ἀνελεὲς πλῆθος, ποιναῖς ταῖς ἀξίαις πρὸς αὐτῆς ὑπεστάλη τῆς νίκης, εἰς πέντε σύνεγγυς μυριάδας σιδήρῳ χύδην διαφθαρέν, ἡ δὲ πόλις ἔρριπτο πυρὶ καὶ χώμασι καὶ λειψάνων ἀμορφίᾳ κατάπληκτος.** 9. **Ἀλλὰ θεὸς (μόνου γὰρ ἦν αὐτοῦ) τὴν τοσαύτην παραμυθήσας** (expl. f. 95^{v}) **|.**

71. **|** (l. 8, f. 98v) **ἐνίκησε δὲ ὅμως μετὰ θεὸν ἡ βασιλέως Τύχη κατὰ πάντα τὸν ἐρειπιῶνα καὶ ἐν βραχεῖ χρόνῳ.** O 98^{v} 2. **Κρείττων δὲ ἡ πόλις καὶ καλλίων ὤφθη ἰσχυρά τε ὁμοῦ καὶ ἀσφαλής, καθάπερ ἐξ ἀμόρφου ὕλης αὖθις τοῦ Δημιουργοῦ, καθάπερ τότε, τὸ πᾶν εἰς φῶς μόνῃ τῇ δυνάμει τῆς βουλῆς ἀνακαλοῦντος. |** By 248

72. **Πέρας οὖν τοῦτο τῆς πρώτης λησταρχίας τοῦ πονηροῦ Καππαδόκου.** 2. **Ἀντίρροπον δὲ θεὸς τῇ κακίᾳ εὐμένειαν ταῖς συμφοραῖς ἐπιδέδωκεν.** 3. **Φωκᾶς γέγονεν ἀνὴρ εὐπατρίδης, Σαλβίου μὲν τοῦ δικαιοτάτου**

---

3 βόρειον Fu Be Wü : βορέον O βορραῖον By || οἰκοδομήματα Be Wü By : οικοδομητα O -μητά Fu || 4 ἀπερρωγότες edd. : ἀπερογοτες O || 7 ἐνσείουσα edd. : -σίουσα O || 8 2 ἀνελεὲς edd. : -ηλεὲς O || 4 σιδήρῳ edd. : -ρω O^{2} -δειρω O || 5 λειψάνων edd. : λιψ- O || 9 2 παραμυθήσας O Fu Wü By : -θήσασθαι Be.

71 1 2 κατὰ πάντα τὸν ἐρειπιῶνα Wü By : [.......]πα[...] τ. ἐ. O κ. π. συνειπών Fu Be κ. π. συνειποῦσα Fu^{2} καθάπερ ἔφθην εἰπών coni. Be^{n} || 2 1 δὲ O edd. : τε Fu^{2} || καὶ - ὤφθη Wü By : [........]φθη O καὶ[...] Fu Be || 3 ὕλης By : ὕλ[..] O ὅλου Fu Be Wü || τότε - πᾶν By : το[....]παν O τότε πᾶν Fu Be τόδε τὸ πᾶν Wü.

inter **71** et **72** ΛΟΓΟΣ praebet O, quod del. Be Wü By.

hommes, qui, après s'être distingué d'abord parmi ceux que l'on appelle les *silentiarii* de la cour et avoir surpassé par l'immense générosité de ses donations tous ceux qui forcèrent jamais l'admiration pour leur grandeur d'âme, accéda à la dignité des " Pères de l'Empire "[289] ; 4. à la tête d'une vaste fortune et secourable aux besogneux, c'était pour lui seul qu'il réservait la parcimonie. Ses habitudes, sa frugalité étaient si rigoureux que ceux qui avaient des moyens chichement mesurés tenaient pour simple son train de vie. 5. Partageait-il aussi avec ses amis les biens de sa maison que lui permettaient les revenus de sa fortune ? Lui prenait pour toute nourriture les témoignages de plaisir de ses commensaux, en homme respectable et amoureux de la beauté, mais dénué de toute fatuité. De lui et de lui seul (...).

73. (...) et ourdir une ruse. Il rougissait de tendre la main quand il manquait de l'indispensable, mais il soupirait, se lamentait et ses yeux gonflés de larmes trahissaient, même pour ceux qui le connaissaient mal, l'étendue de sa détresse. 2. En homme de bien capable de saisir une douleur de l'âme décelable à un simple relâchement du visage, Phocas, qui l'avait vu par hasard, retardait le

289. Sur le panégyrique de Phocas, voir *supra*, p. CLXXXIX-CCIII. L'expression " père de l'Empire " a un modèle latin (Cassiod., *Var.*, VI, 3, 2 p. 176, 7 Mommsen : *formula praefecturae praetorio*, de 511) : *et nunc pater appellatur imperii*. Le personnage dont il s'agit est le Joseph de la Bible, à qui le Pharaon accorde des honneurs inusités : *ipse carpentum reverendus ascendit : ad hoc gloriae culmen evectus, ut per sapientiam conferret populis quod praestare non potuerat potentia dominantis*. Entendons que Phocas devint préfet du prétoire. Est-ce aussi une façon de souligner, contre tous les détracteurs, l'attachement de Phocas à la religion officielle ?

ἔγγονος, Κρατέρου δὲ τοῦ πάντων εὐσεβεστάτου παῖς, ὃς τὰ πρῶτα τοῖς λεγομένοις σιλεντιαρίοις τῆς αὐλῆς | Wü 165 διαπρέψας, τοὺς πώποτε ἐπὶ τῇ μεγαλειότητι ψυχῆς ⟨θαυμασθέντας⟩ μετὰ δόσεων ἀμετρίας ὑπερβαλλόμενος, ἐπὶ τοὺς πατέρας τῆς βασιλείας κατ᾽ ἀξίαν ἀνῆλθεν. 4. Πλούτῳ κομῶν καὶ τοῖς δεομένοις ἐπαρκῶν, αὐτὸς ἑαυτῷ μόνῳ τὴν φειδωλίαν διέσῳζεν· δίαιτα γὰρ ἦν αὐτῷ καὶ τροφῆς ἀσιτία τοσαύτη ὅση τοῖς ἄγαν μεμετρημένοις τὸν βίον ἐν εὐτελέσιν ἠριθμεῖτο. 5. Καὶ τῆς μὲν περιουσίας τύχης αὐτοῦ ἀξίως τὰ τῆς ἑστίας διένεμε τοῖς φίλοις, αὐτὸς δὲ μόναις ταῖς τῶν δαιτυμόνων εὐθυμίαις ἐτρέφετο, σεμνὸς μὲν καὶ φιλόκαλος ὢν ἀλλ᾽ οὐ καλλωπιστής. Ἐξ αὐτοῦ καὶ μόνου (expl. f. 98v) |

73. … | καὶ δόλον ῥάπτειν, αἰτεῖν μὲν ἠρυθρία τῶν O 96 ἀναγκαίων δεόμενος, ἔστενε δὲ καὶ οἴμωζε καὶ δάκρυσι πεφορτωμένος τὰς ὄψεις δῆλος ἦν καὶ τοῖς ἄγαν ἀγνοοῦσιν αὐτὸν ὡς εἴη λυπούμενος. 2. Τοῦτον ὁ Φωκᾶς ἐκ τύχης ἰδών, καὶ ὡς ἀνὴρ ἀγαθὸς καὶ λαβεῖν ἱκανὸς ψυχῆς ὀδύνην ἐκ μόνης ὀλιγωρίας τοῦ προσώ-

---

72 3 3 εὐσεβεστάτου edd. : ευσεβεστατους O ‖ 4 ὃς edd. : ως O ‖ ἐν ante τοῖς addend. esse cens. Fu^{n} ‖ 5 μεγαλειότητι Wü By : μεγαλητι O -λότητι Fu Be ‖ 6 θαυμασθέντας suppl. By : -αζομένους suppl. Wü e coni. Kroll ‖ 8 ἀνῆλθεν By : ἀνηλ- O ἀνήλυθε Fu ἀνελήλυθε Be Wü ‖ 4 1 δὲ ante κομῶν coni. Be^{n} add. Wü ‖ κομῶν Be Wü By : κωμῶν O Fu ‖ 2 διέσῳζεν edd. : διεσ[..]εν O διασώζων Fu^{n} ‖ 3 αὐτῷ edd. : αὔτη O ‖ τροφῆς Be^{n} Wü By : τροφης O τρυφ- Fu Be ‖ 4 μεμετρημένοις edd. : μεμετριμ- O ‖ 5 3 διένεμε Fu^{n} Wü By : διε[..]εν O διε[…] Fu Be ‖ ταῖς O Fu Be By : om. Wü ‖ δαιτυμόνων Be Wü By : δαιμο[…] O δαιμόνων Fu ‖ 4 ἐτρέφετο Fu^{n} Be Wü By : ἐστρέφετο [εστρε-] O Fu ‖ σεμνὸς edd. : -νη O.

73 1 1 δόλον ῥάπτειν By : δολουράπτειν O Fu δολορράπτειν Fu^{n} δόλους ῥ. Be Wü ‖ 2 ἔστενε edd. : -νεν O ‖ οἴμωζε Fu^{2} Wü By : οίμοζεν O ᾤμοζε Fu ᾤμω- Be ‖ 2 3 ὀλιγωρίας edd. : -γορίας O.

moment de lui adresser la parole. Me faisant quérir (il me faisait l'honneur de me préférer aux autres) ou plutôt jouant un bon tour en alléguant que certains tours de grammaire prétendument ne le laissaient pas en repos, il acceptait de recevoir de moi une faveur et désirait que je songe à quelqu'un pour lui donner un enseignement sur la langue employée en Italie ; il recherchait un Libyen. Il savait, prétendait-il, qu'un Libyen a plus de vivacité dans la conversation que les Italiens. 3. Comme une des personnes présentes soufflait le nom de Speciosus, il se leva, s'approcha de celui qui venait de parler et de moi et nous engagea à prendre rendez-vous avec Speciosus[290]. 4. C'était une aubaine à mes yeux : au plus tôt, je lui amène Speciosus, car je connaissais bien l'homme. 5. Le prenant à part, Phocas se mit à le supplier et à le presser avec humilité de le faire profiter de ses connaissances en matière de langue. 6. Pendant un instant d'aparté, il me demanda de prendre cent pièces d'or destinées à Speciosus. Ceci fait, en les offrant à Speciosus au titre de ce que l'on appelle des arrhes (συστατικά), je le convainquis de rendre de plus fréquentes visites à cet homme tout de bonté. Lui de son côté (comment se fût-il dérobé ?) se trouva dès potron-minet aux aguets devant la porte de celui qui lui avait, croyait-il, adressé une demande. Phocas le fit quérir et, avec courtoisie, le pria de ne pas installer ses quartiers devant la préfecture avant qu'il l'y eût appelé expressément et invité à se montrer devant lui. Faisant à son art crédit de couvrir une manœuvre qui enveloppait le piège, Speciosus renonça désormais à

290. Le personnage est inconnu par ailleurs, voir *PLRE* III, s.v. *Speciosus* 1, p. 1181.

που γνωριζομένην, εἰπεῖν τι πρὸς αὐτὸν ἀνεβάλ|λετο· Wü 166
ἐμὲ δὲ μεταστειλάμενος (καὶ γὰρ ἀγαπᾶν παρὰ τοὺς ἄλλους ἠξίου), | ἀπατώμενος μᾶλλον ὡς εἴη περὶ λογυ- By 250
δρίων τινῶν δῆθεν οὐκ ἄφροντις καὶ χάριν ἐθέλων παρ' ἐμοῦ λαβεῖν, ἠξίου περινοῆσαί τινα πρὸς διδασκαλίαν αὐτῷ τῆς Ἰταλίδος φωνῆς, Λίβυν ἐπιζητῶν· αὐτὸν γὰρ ἔφασκεν ἐγνωκέναι στωμυλωτέρως παρὰ τοὺς Ἰταλοὺς διαλέγεσθαι. 3. **Ἑνὸς δὲ τῶν παρόντων Σπεκιώσου μνήμην ἀνάγοντος, ἐξαναστὰς ἐμέ τε καὶ τὸν εἰπόντα ἀντεβόλει πρὸς ἔντευξιν ἐκείνου παρακαλῶν.** 4. **Ἐγὼ δὲ ἕρμαιον ἡγησάμενος ὡς τάχος τὸν Σπεκιῶσον ἄγω πρὸς αὐτόν· καὶ γὰρ ἠπιστάμην τὸν ἄνθρωπον.** 5. **Ὁ δὲ λαβὼν αὐτὸν κατ' ἰδίαν γονυπετῶν διετέλει καὶ σωφρόνως ἐκλιπαρῶν ᾔτει τῆς οὔσης αὐτῷ μεταδοῦναι φωνῆς.** 6. **Ἐμὲ δὲ χωρίσας βραχὺ τοῦ λόγου ἑκατὸν χρυσίνους λαβεῖν ἠξίωσε δοθησομένους ἐκείνῳ. Ὃ δὴ πράξας ἐγὼ καὶ τῶν λεγομένων συστατικῶν ἕνεκα τῷ Σπεκιώσῳ δοὺς ἔπεισα συχνότερον πρὸς τὸν πάντα ἀγαθὸν ἐκεῖνον ἄνθρωπον φοιτᾶν· ⟨ὁ δὲ⟩ (πῶς γὰρ οὐκ ἤμελλεν ;) ὄρθριος παρῆν, πρὸ τῆς αὐλείου τοῦ δῆθεν ἠξιωκότος αὐτὸν παραφυλάττων· ὁ δὲ μεταστειλάμενος καὶ θεραπεύσας ἀντεβόλησε μὴ πρότερον προσεδρεύειν αὐτῷ πρὶν αὐτὸς διαστειλάμενος ἀξιώσῃ γενέσθαι παρ' αὐτόν·**

4 ἀνεβάλλετο Fu^{n} Wü By : ἀν[...]λετο O Fu Be || 6 ὡς εἴη By : ὥσει[.] O ὡσεὶ Fu Be ὡς εἴην Be^{n} Wü || λογυδρίων Be Wü By : λογοιδρύων O Fu λογοδηριῶν Fu^{n} || 7 ἐθέλων edd. : [......] O || 8 περινοῆσαί edd. : -νοήσαι O || 9 Λίβυν Be Wü By : λιβ[.]ν O Λιβὺν Fu || αὐτὸν By : αυτο[.] O -τὸς Fu -τοὺς Fu^{n} Be Wü || 10 στωμυλωτέρως Be By : [....]λωτερως O στομ- Fu Wü || 4 2 ἕρμαιον By : ἑρμαῖον Fu Be Wü || 2 Σπεκιῶσον Wü By : σπεκιοσον O -κίωσον Fu Be || 5 2 κατ' ἰδίαν edd. : καθἰδιαν O || 3 ᾔτει Fu Be By : ἤτει O Wü || 6 2 ἠξίωσε edd. : ηξίωσεν O || ἐκείνῳ edd. : εκεινο O || Ὃ Be Wü By : ο O ὁ Fu || 4 ἔπεισα edd. : ἔπισα O || 5 ὁ δὲ Fu^{n} suppl. Wü By || ἤμελλεν Wü By : [.]μελλεν O ἔμ- Fu Be || 6 αὐλείου edd. : -λίου O || 8 ἀντεβόλησε edd. : -ησεν O || 9 ἀξιώσῃ Be^{n} Wü By : αξιωσ[.] O ἀξίως Fu Be.

prendre son quart. Aussi bien le souci de Phocas, qui possédait une excellente formation dans l'une et l'autre littérature, n'était-il pas non plus de trouver un répétiteur dans des matières dont, par comparaison avec la majorité, il avait une remarquable connaissance. 7. Et qui ne devinerait en voyant les beaux gestes dont cet homme fit bénéficier le genre humain l'intensité de sa piété à l'endroit de la divinité ? 8. En citant une dernière action de lui, je mettrai un terme à mes descriptions de ses innombrables bienfaits.

74. Près de Pessinonte, la cité de Galatie — c'est le nom qu'a reçu l'endroit du fait qu'y avaient péri (πεσεῖν) d'innombrables Gaulois de la région du Rhône qui s'y étaient précipités (ἐπιπεσόντων) sous la direction de Brennus et qui avaient fait valoir leurs droits à une terre portant leur nom en usant de violence[291], comme le disent les Romains Fenestella et Sisenna, dont Varron a produit les citations dans son *Des affaires humaines* (pour ma part, je n'ai pas encore trouvé les livres)[292] — 2. dans cette cité donc se trouvait un sanctuaire dédicacé à l'armée immaculée des Saints Anges[293] consacrés au Dieu ineffable. En même temps que tous les

291. Sur les faits et l'étymologie proposée par Jean, voir *supra*, p. CXCVII-CXCIX.

292. Sur ces auteurs, voir t. I respectivement p. CLXII-CLXIII et CLV-CLVI.

293. Pour l'identification du site, voir *supra*, p. CXCIV-CXCV.

**καὶ τὸ λοιπὸν ὁ Σπεκιῶσος, συμβάλλων τῇ τέχνῃ
περιόδῳ τοῦ σκέμματος, | ἀφείθη τῆς προσεδρίας· οὐδὲ** O 96
γὰρ ἔμελε τῷ Φωκᾷ, μάλα πρὸς | ἑκατέραν παρεσ- Wü 167
**κευασμένῳ παιδείαν, μαθητείαν εὑρεῖν ἐκείνοις, ἃ παρὰ
τοὺς πολλοὺς ἀξιολόγως ἠπίστατο.** 7. **Καὶ τίς ⟨οὐκ ἂν⟩
**στοχάσηται ἐκ τῶν περὶ ἀνθρώπους τἀνδρὸς κατορ-
θωμάτων, πόσης ἦν περὶ τὸ θεῖον εὐσεβείας.** 8. **Μιᾶς
οὖν πράξεως αὐτοῦ ἐπιμνησθεὶς πέρας ἐπιθήσω ταῖς
ὑπὲρ ἀριθμὸν αὐτοῦ τῶν ἀγαθῶν ἀφηγήσεσιν. |** By 252

74. Πρὸς Πεσινοῦντι ⟨τῇ⟩ πόλει τῆς Γαλατίας (οὕτω δὲ τὸ χωρίον ὀνομασθῆναι συμβέβηκεν ἐκ τοῦ πεσεῖν ἀπείρους ἐκεῖ Γαλατῶν τῶν περὶ Ῥοδανὸν ἐπιπεσόντων τῇ χώρᾳ, Βρέννου ἡγησαμένου, καὶ τὴν ὁμώνυμον αὐτοῖς χώραν ἐκδικεῖν βιαζομένων, ὡς Φενεστέλλας καὶ Σισέννας οἱ Ῥωμαῖοί φασιν, ὧν τὰς χρήσεις ὁ Βάρρων ἐπὶ τῶν Ἀνθρωπίνων Πραγμάτων ἀνήγαγεν· ἐγὼ δὲ τὰς βίβλους οὔπω τεθέαμαι) 2. **ἐκεῖ τοίνυν τέμενος ἦν τῇ ἀχράντῳ στρατιᾷ τῶν ἱερῶν ἀγγέλων τῷ ἀρρήτῳ θεῷ καθωσιωμένων· περὶ οὗ μετὰ πάντας ἀνθρώπους γνοὺς**

FONT. : **74** 1 5 (Fenestella) H. Peter, *Hist. Rom. fragm.* p. 273, nº 8 || 6 (Sisennas) Ibid. p. 296, nº 133.

---

10 Σπεκιῶσος Wü By : [.........] O -κίωσος Fu Be || τῇ τέχνῃ Fu Be By : τη τέχνη O τῇ τεχνικῇ Fu^{n} τὴν τέχνην Wü || 11 ἀφείθη By : [....]θει O Be ἔφθη Fu^{n} ἐπαύθη Wü || 12 ἔμελε Wü By : ἔμελλεν O ἔμελλε Fu Be || παρεσκευασμένῳ edd. : παρασκευασμένω O || 13 μαθητείαν edd. : -τίαν O || εὑρεῖν ἐκείνοις edd. : ευρεκεινοις O || 14 ἀξιολόγως edd. : [.......]ως O || 7 1 τίς Wü By : τις O Fu Be || οὐκ ἂν suppl. By : οὐ suppl. Wü || 2 στοχάσηται O By : -άσεται Fu Be Wü || 3 πόσης edd. : πόσος O.

74 1 1 Πεσινοῦντι τῇ By : πεσεινουν τηι O Π. Fu Wü Πεσσινοῦντι Be || 3 τῶν edd. : τον O || 6 Σισέννας Wü By : σισενας O -σένας Fu Be || 2 2 τῷ ἀρρήτῳ θεῷ Fu By : τω ἀρρητω θεω O τοῦ ἀρρήτου θεοῦ Fu^{n} Be Wü || 3 καθωσιωμένων By : καθοσιωμενων O -μένον Fu Be Wü.

hommes, Phocas avait appris qu'un certain Ellamos[294] avait fait à la divinité, en un seul versement, une donation de vingt livres d'or ; il s'empressa d'ajouter en faveur des desservants une subvention complémentaire de quatre-vingt pièces d'or pour faciliter la pratique de l'hospitalité dans le sanctuaire.

75. Tels étaient donc les procédés dont il usait durant son service public ; d'autre part, chaque année, il versait sous le manteau de l'or pour la rançon des prisonniers, continuant à pleurer s'il se trouvait quelqu'un pour lui faire un récit sur une invasion ennemie ou un prélèvement de prisonniers. Je ne rougis pas d'en appeler au témoignage de la Vérité, car je dis vrai. 2. Je le sais pour avoir, en son absence, reçu de ses valets de chambre une somme en or répondant à la quantité des prisonniers rançonnés. 3. Cultivant l'humanité avec excès, il avait vendu à l'encan son linge et en y ajoutant le plus qu'il avait pu, il avait envoyé le montant pour servir à l'acquittement de la rançon ; il avait adopté le fils de Théoprépès[295] qu'il avait éduqué en tout point pour qu'il s'adonnât à des activités de ce genre. 4. Mais ce dernier surpassa son prédécesseur qui gagnait en âge et qui rendait témoignage que de telles pratiques étaient conformes à ses vœux, en sorte qu'il rendît grâce à la divinité parce que, au terme de sa vie corporelle[296], ses gestes de piété lui assuraient l'immortalité à travers les actions de son fils.

294. Nom inconnu par ailleurs. Le personnage ne figure même pas dans les prosopographies habituelles.

295. Personnages inconnus par ailleurs. Théoprépès fait défaut dans *PLRE* II. Curieusement, il a une notice dans *PLRE* III, s.v. *Theoprepes*, p. 1312. Nous ne connaissons qu'une seule occurrence du nom propre masculin Θεοπρέπης (*Studia Pontica* III, 125, 1, Amasée, époque impériale). Pour son fils, adopté par Phocas, voir *PLRE* III, s.v. *Anonymus* 71, p. 1440. J. Caimi (1984) 260, n. 192 trouve l'épisode du fils de Théoprépès, adopté (?) par Phocas, assez obscur.

ὁ Φωκᾶς ὡς Ἔλλαμός τις τῷ θείῳ χρυσίου λίτρας εἴκοσιν ὑφ' ἓν ἐπιδούς, τοῖς ἱερουμένοις πρόσοδον ὀγδοήκοντα χρυσῶν προσγενέσθαι τῷ ἱερῷ εἰς φιλοξενίαν ἐσπούδασεν.

75. Τοιαύταις μὲν οὖν τέχναις ἐπὶ τῆς πόλεως ἐχρῆτο, χρυσίον δὲ κατ' ἔτος ἕκαστον ἐπὶ λύτροις αἰχμαλώτων λαθραίως ἐκχέων διετέλει δακρύων εἴ πού τις περὶ πολεμίων ἐφόδου καὶ ἀπαγωγῆς αἰχμαλώτων πρὸς αὐτὸν διεξίοι τῷ λόγῳ. Καὶ μάρτυρα | Wü 168 τὴν Ἀλήθειαν οὐκ αἰδοῦμαι καλεῖν ἀληθεύων. 2. Οἶδα κοιτωνιτῶν αὐτῷ χρυσίου τοσούτου τυχών, ἀπόντος αὐτοῦ, πρὸς τὸ πλῆθος τῶν λυτρουμένων. 3. Ταύτης γὰρ τῆς φιλανθρωπίας ὑπερανθούσης, ἐσθῆτα διεπώλησεν | O 97v καὶ προσθεὶς ὅσον ἦν αὐτῷ δυνατὸν πρὸς χρείαν τῶν λύτρων ἐξέπεμψε τούτων ἀμύνην ἀντίρροπον καὶ Θεοπρέπους ἀνέλαβε τὸν υἱὸν κατὰ πάντα τρόπον ἐκπαιδεύσας τοιούτοις ἐνασχολεῖσθαι. 4. Ὁ δὲ αὐτὸν παριόντα καὶ μαρτυροῦντα τοῖς γινομένοις κατ' εὐχὰς ἀπενίκησεν, ὡς ἐκεῖνον χάριτας εἰδέναι τῷ θείῳ ὅτι τῷ σώματι τελευτῶν ταῖς εὐσεβείαις ἀθάνατος διὰ τῶν παρὰ τοῦ παιδὸς πραττομένων διαμενοῖ. | By 254

---

5 ὑφ' ἓν Wü By : ὕφεν O ὑφὲν Fu Be || ἐπιδούς Fu Be By : επιδους O εἴη δούς Fu[2] Wü.

75 1 3 λαθραίως edd. : -θρέως O || 5 διεξίοι Be Wü By : διεξιη O διεξίῃ Fu || 2 1-2 κοιτωνιτῶν αὐτῷ Fu[n] Wü : κυτο[...]ων [....] O κυτονίστων [...] Fu Be || 3 2 ὑπερανθούσης Wü By : [....]ανθούσης O [...]ἀνθούσης Fu Be || διεπώλησεν Wü By : διε[....]σεν O -λεσεν Fu Be || 3 πρὸς χρείαν Wü By : προσ[....]αν O προ[...]αν Fu Be πρόνοιαν Fu[2] || 4 τούτων Wü By : [...]τον O τοῦτον Fu Be || ἀμύνην ἀντίρροπον Wü By : ἀμυ[.......]ροπον O ἀμ. ἀντίροπον Fu Be ἀμύνειν καὶ ἀν. Fu[2] || καὶ O edd. : τοῦ Fu[2] || Θεοπρέπους O Wü By : θεοπρεποῦς Fu Be || 5 ἀνέλαβε edd. : -βεν O || υἱὸν Be Wü By : [....] O υἱον Fu || 6 τοιούτοις By : τοιοῦτ- O τούτοις Fu Be Wü || 4 1 αὐτὸν By : τὸν O Fu Be Wü || 2 πατέρα post παριόντα add. Wü || 3 ἐκεῖνον Wü By : εκεινων O ἐκείνων Fu Be || 5 διαμενοῖ By : διαμ[....] O -μένοι Fu Be Wü.

76. Heureux de trouver en lui un homme de pareille grandeur, l'empereur eut grand-peine à le persuader de manifester en public sous les yeux de tous la généreuse libéralité qui faisait le fond de son âme, de prendre en charge l'administration publique et de saisir à bras le corps la barre du gouvernement entier que le poids des maux faisait désormais sombrer vers l'abîme. 2. Pour sa part, ce fut à contre-cœur (il est vrai qu'il ne va pas sans risque de décliner l'invitation de pareil empereur) qu'il s'engagea dans le service ; cependant tout effrayé qu'il était et bouleversé par l'énormité de ses craintes, il vit que Dieu était présent à ses côtés, disposé à lui venir en aide. 3. Dès qu'il eut pris possession de la magistrature et qu'il se fut présenté à la cour, à peine montait-il sur le char que le peuple entier, tous âges et sexes confondus, les mains levées au ciel à l'unisson, faisait monter vers Dieu en même temps que ses larmes des hymnes d'actions de grâce parce qu'Il avait jugé dignes de Sa haute prévoyance les hommes accablés de mille maux. 4. Quand Il daigne convaincre les hommes, Dieu leur montre Sa présence pour la promotion du bien par l'efficace de Ses actions et de Ses décisions. 5. Le préfet se tenait debout devant le char, quand, ajustant une flèche sur son arc (le peuple usait encore de telles armes), un vilain le visa ; mais la flèche manqua l'objectif : indemne, Phocas apparut clairement comme l'homme de la Providence[297]. 6. Après cet événement, le peuple

297. Aucune autre source ne mentionne l'attentat contre Phocas, encore qu'il n'y ait pas de raison véritable de le mettre en doute (E. Stein, *Bas-Empire* II, p. 456) ; *PLRE* III, s.v. *Phocas* 5, p. 882 ne fait pas mention de l'attentat. Voir *supra*, p. CC-CCI.

76. Τοσοῦτον ὄντα τὸν ἄνδρα χαίρων ὁ βασιλεὺς
πείθει καμάτῳ πολλῷ κοινὴν εἰς ἅπαντας ἐπιδείξασθαι
τὴν οὖσαν αὐτῷ τῆς ψυχῆς ἐλευθερίαν καὶ τὴν ὑπὲρ
τῶν κοινῶν ἀναδέξασθαι φροντίδα καὶ διϊθῦναι τὸν
οἴακα βυθιζομένης ἤδη τοῖς κακοῖς τῆς ὅλης πολιτείας.
2. Ὁ δὲ ἄκων (οὐδὲ γὰρ ἀσφαλὲς βασιλέως αἴτησιν
παρακρούσασθαι τοιούτου) τὴν μὲν λειτουργίαν ὑπῆλ-
θεν, δεδιὼς δὲ ὅμως καὶ τῷ μεγέθει τῶν φόβων ἰλιγγιῶν
εἶδε τὸν θεὸν παρόντα βοηθεῖν αὐτῷ προθυμούμενον.
3. Ἅμα γὰρ τὴν ἀρχὴν παραλαβὼν καὶ τῆς αὐλῆς προ-
φανεὶς ἐπὶ τῆς ἀπήνης ἀνεφέρετο ⟨καὶ⟩ σύμπας ὁ δῆμος
ἡλικία τε πᾶσα καὶ φύσις ὁμοῦ τὰς χεῖρας εἰς τὸν
οὐρανὸν ἀνατείναντες ὕμνους εὐχαρι|στηρίους μετὰ Wü 169
δακρύων ἀνέφερον τῷ θεῷ τοσαύτης ἀξιώσαντι προ-
νοίας τοὺς μυρίοις κατεστρωμένους κακοῖς. 4. Πείθειν
δὲ θεὸς ἀνθρώπους ἀξιώσας δείκνυσι παρεῖναι τοῖς
πραττομένοις καὶ βουλαῖς αὐτοῦ προϊέναι τὰ χρηστά.
5. Ὡς γὰρ ἔστη τῆς ἀπήνης ἔμπροσθεν ὁ ὕπαρχος,
βέλος ἐναφεὶς τόξῳ πονηρός τις (ἔτι γὰρ ὁ δῆμος
τεύχεσιν ἐχρῆτο) στοχάζεται μὲν αὐτοῦ, τοῦ δὲ βέλους
ἀμπλακόντος, αὐτὸς μὲν ἀβλαβὴς | ὢν ἄνθρωπος τῆς O 97
Προνοίας φανερῶς ἀπεδείχθη. 6. Τούτου δὲ συμβάντος,

---

76 1 4 διϊθῦναι edd. : διειθυναι O ‖ οἴακα edd. : οίκα O ‖ 2 2 λειτουργίαν edd. : -γειαν O ‖ ὑπῆλθεν O By : -λθε Fu Be Wü ‖ 3 δεδιὼς edd. : [...]ιως O ‖ φόβων Fu[n] Wü By : φο[...] O Fu Be ‖ ἰλιγγιῶν edd. : ἠλ- O ‖ 4 εἶδε edd. : εἶδεν O ‖ 3 1 τῆς Fu Be By : της O τὴς Wü ‖ 2 καὶ suppl. Wü By ‖ 3 καὶ edd. : [...] O ‖ 4 οὐρανὸν Be Wü By : ουνον O οὔρανον Fu ‖ 5 ἀνέφερον edd. : ἀναφερω O ‖ θεῷ edd. : θω O ‖ 6 μυρίοις del. esse censet Wü ‖ κατεστρωμένους κακοῖς O By : κα. κατ. Fu Be Wü ‖ 4 1 πείθειν edd. : πείθει O ‖ 2 ἀνθρώπους O Be Wü By : ἀνδρώ- Fu ‖ 5 2 ἐναφεὶς By : αναφείς O ἀνα- Fu ἀναθεὶς Be Wü ‖ 3 τεύχεσιν Wü By : ατ[.]χεσιν O ἀτυχήσεσιν Fu Be ‖ 4 ἀμπλακόντος Be Wü By : εμπλακεντος O ἐμπλακέντος Fu ‖ ὢν ἄνθρωπος Wü By : [......]ωπος O ὡς θεόπαις Fu Be ‖ 5 φανερῶς Wû By : φανερος O -ρὸς Fu Be.

renonça graduellement aux armes et aux désordres, et il continua à acclamer avec des chants l'empereur tout puissant et à s'abandonner à des manifestations de joie et à des bacchanales, passant sans transition des pires désordres et craintes à la flûte et à la danse, alors que les biens de première nécessité avaient en abondance regagné la cité parce sans peur et avec joie ceux qui avaient trouvé un refuge quelconque et y avaient glissé entre les mailles des périls arrivaient à flots en ville et y ramenaient du même coup la prospérité sous toutes ses formes. 7. Car chacun en était venu à nourrir l'espérance que ce serait sans mal et avec profit qu'irait désormais pour les sujets le cours de leur existence, au moins dans la surabondance des biens, depuis le jour où, à la suite du même préfet, l'empereur mit tout son zèle à restaurer le Temple du grand Dieu[298]. Aussi était-ce un fleuve de richesses qui s'écoulait, déversé grâce aux prières de l'empereur et à la justice du préfet. 8. Donc, quatre mille livres d'or : voilà ce que fit déverser le préfet d'emblée pour les travaux du sanctuaire, sans que l'on eût à subir le moindre déni de justice ou que la prospérité ambiante fût détournée pour une œuvre impie. Sa joie était de se montrer digne de contribuer à rendre hommage à Dieu et à promouvoir la piété. 9. Il n'y a pas lieu de s'étonner que la présence de Dieu facilite celle de toutes choses pour ceux qui pour l'abondance en biens comptent sur Son action davantage que sur l'ingéniosité des hommes. 10. Quant au personnel (de la magistrature)[299], comme si

298. Il s'agit de la reconstruction de Sainte-Sophie, voir *supra*, p. CXCIX.

299. Nous ne voyons pas pourquoi An. Bandy [(1983), p. 346] estime qu'ici le mot τάξις doit avoir le sens de " political order " ou " government ".

ὁ μὲν δῆμος τῶν ὅπλων καὶ θορύβων παρεχώρει τόν τε κράτιστον ἀνυμνῶν βασιλέα ἐν εὐθυμίαις ἡδυπαθῶν καὶ σκιρτήμασι διετέλει, ἀθρόως ἐκ μεγίστων θορύβων καὶ φόβων εἰς αὐλοὺς καὶ χορείας μεταβαλών, πᾶσα δὲ ἀφθονία τῶν ἐπιτηδείων κατελήλυθε τὴν πόλιν, ἀδεῶς καὶ μετ' εὐφροσύνης πάντων τῶν ὁπουδήποτε κρυπτομένων καὶ διαφυγόντων τοὺς κινδύνους εἰσρεόντων τῇ πόλει καὶ παντοίαν συμφορούντων εὐετηρίαν· 7. **Ἤδη γὰρ ἅπας ἤλπισεν ἀβλαβῆ καὶ λυσιτελῆ τὸ λοιπὸν ἔσεσθαι τοῖς ὑπηκόοις τὴν τοῦ βίου | μέθοδον, τῶν γε** By 256 **ἀγαθῶν ἐν αὐτῇ πλημμυρούντων, ἐξ ὧν ὁ βασιλεὺς μετὰ τὸν αὐτὸν ὕπαρχον ἐνάρχεται προθύμως ἀνιστᾶν τὸ τοῦ μεγάλου θεοῦ Τέμενος· καὶ ποταμὸς ἔρρει χρημάτων ταῖς βασιλέως εὐχαῖς καὶ τῇ δικαιοσύνῃ τοῦ ὑπάρχου χεόμενος.** 8. **Τέσσαρας οὖν χιλιάδας αὐτίκα χρυσίου λιτρῶν ὁ ὕπαρχος τοῖς ἔργοις ἐπέχεε τοῦ ἱεροῦ, μηδενὸς | ἀδικουμένου μηδὲ τῆς τυχούσης εὐετ-** Wü 170 **ηρίας εἰς ἀσεβῆ ποίησιν ἐπινοηθείσης· ἔχαιρε γὰρ ἠξιωμένος εἰς θεοῦ τιμὴν καὶ σπουδὴν εὐσεβείας παρατεινόμενος.** 9. **Καὶ θαυμάζειν οὐκ ἔνεστιν εἰ, θεοῦ παρόντος, πάντα παρεῖναι συμβαίνει τοῖς αὐτῷ μᾶλλον ἢ περινοίαις ἀνθρώπων τὴν ἀφθονίαν τῶν ἀγαθῶν ἀναφέρουσιν.** 10. **Ἡ δὲ τάξις, καθάπερ τις σβεννυμένης ἤδη**

---

6 4 σκιρτήμασι edd. : -σιν O || 5 χορείας Be Wü By : χωριας O χωρείας Fu || 6 ἐπιτηδείων edd. : δίων O || κατελήλυθε edd. : -θεν O || 7 ὁπουδήποτε Fu Be Wü : [....]δηποτε O ὅπου δή ποτε By || 9 συμφορούντων Be Wü By : συμφερουντων O συμφερ- Fu || 7 1 Ἤδη O Wü By : ᾔδει Fu Be || 2 ἤλπισεν Wü By : [.......] O [...]τις οὖν Fu Be || λυσιτελῆ edd. : λυσητ- O || 3 τοῖς ὑπηκόοις edd. : [.......]κοος O || 4 πλημμυρούντων By : πλημμυ- O Fu Be Wü || ἐξ ὧν Fu[n] Wü By : ἔχων O Fu Be || 6 ἔρρει edd. : ερρει O || 7 καὶ del. Fu[2] || 8 2 ἐπέχεε Be Wü By : επεχεν O ἐπέσχε Fu vel ἐπέσχεν Fu[2] || 4 ἔχαιρε edd. : -ρεν O || 5 ἠξιωμένος edd. : ηξιομένος O || 9 2 παρόντος Be Wü By : παρον- O -τως Fu || αὐτῷ edd. : αυτον O || 10 1 εἴ ante τις add. Fu[2] Wü.

l'on déversait en abondance de l'huile sur une flamme mourante, il reprit son éclat. Et, dans les affaires, ce fut un joyeux vacarme ; des profits honnêtes et admissibles pour la loi s'ensuivaient pour ceux qui la servaient ; le Temple de Justice avait rouvert ses portes ; des orateurs y faisaient briller leurs discours ; la production de livres et l'émulation rendait au gouvernement toute la richesse de son teint. Le (…) [fin de f. 97r].

φλογὸς ἔλαιον ἀφθόνως ἐπιχέει, ἀνέλαμψεν· καὶ θόρυβος ἦν τοῖς πραττομένοις χαρίεις καὶ κέρδη σώφρονα καὶ φίλα τῷ νόμῳ τοῖς ὑπηρετοῦσιν ἠκολούθει καὶ τὸ Τέμενος τῆς Δίκης ἀνεῴγει καὶ ῥήτορες τοῖς λόγοις ἐνέπρεπον καὶ βιβλίων προαγωγαὶ καὶ φιλονεικία ἐφ' ὅλον τὸ χρῶμα ἐπανῄει τοῦ πολιτεύματος. ὁ (expl. f. 97)

---

2 ἀνέλαμψεν O By : -ψε Fu Be Wü || 3 χαρίεις edd. : -ριῆς O || σώφρονα edd. : -ρωνα O || 6 προαγωγαὶ edd. : -γογαὶ O || φιλονεικία edd. : -νικια O || 7 ἐφ' ὅλον edd. : [...]λον O || ἐπανῄει edd. : επανιη O.

NOTES COMPLÉMENTAIRES

LIVRE II

P. 2.

5. A. Heisenberg [*BZ*, 13 (1904), p. 222] suggérait de conserver la forme ἐκδραμοῦντος de O. Pourtant, elle recouvre sûrement un aoriste originel, comme περιθεμένου, un peu plus loin. Un -ο- mal tracé a dû être identifié comme la forme usuelle avec ligature pour -ου-. La confusion était d'autant plus facile qu'elle correspondait en effet à celle que produisait habituellement la langue parlée. Nous ne voyons pas de raison suffisante pour revenir à la leçon du manuscrit.

P. 4.

8. On évitera de traduire en fonction du sens que peut revêtir le mot soit en latin soit en français. Autant que nous sachions, le grec ψῆφος n'a jamais le sens de " boule ". Les lexicographes latins se sont efforcés de l'éclairer, voir Isid., *Orig.*, XIX, 31, 11 (cf. XX, 8, 2) *et bullae quod similes sint rotunditate bullis quae in aqua vento inflantur*. Aussi a-t-on trouvé étrange l'équivalence établie par Jean. Dans une courte note, G. Becker [*Rh. Mus.*, 29 (1874), p. 499] corrige en ψόφου, qui donnerait une étymologie raisonnable du substantif, d'après Isidore. En fait, l'explication de notre auteur implique une sorte de métonymie ; du reste, sauf à l'aide d'un calque, la donnée romaine était intraduisible. On trouve maintes explications de même style dans la littérature historique de langue grecque, voir Plut., *Rom.*, 20, 4 (πομφόλυξ) ; *Sert.*, 14, 4 (χρυσᾶ περιδέραια, cf. *Q.R.*, 53 (= *Mor.*, 277 C) ; 101 (= *Mor.*, 287 F) ; Jean a songé surtout à l'aspect ornemental qu'avait pris la *bulla* dans la haute aristocratie. Dans des documents alchimiques datés de l'époque constantinienne, les papyri de Leyde et de Stockholm [R. Halleux (1981), p. 23], βοῦλλα figure avec le sens de " bouton ", à propos de l'étain (*Leid.*, 6, p. 85, 32 ; 13, p. 87, 82 ; 57, p. 98, 342 ; *Holm.*, 7, p. 112, 47 Halleux).

10. Il s'agit, naturellement, des " associés " du second triumvirat, Antoine et Lépide.

11. Rien n'oblige, comme le souligne An. Bandy [(1983), p. 287], à changer le texte des manuscrits en ἐκείνους. Pour des expressions du même genre, voir Zos., II, 48, 5 (παρ' ἐκείνῳ) et III, 31, 1 (παρ' αὐτοῖς).

12. Les transpositions de voyelles et de diphtongues sont relativement fréquentes : II **4** 1 (ἀποδωδεκα O pour ἀποδέδωκα), **10** 4 (πολλων O pour ὅπλων), III **6** 1 (πλήθους O pour πληθύος O²A), **14** 2 (παραπωλολεν O pour παραπόλωλε), **24** 2 (συντηθεμένων O pour συντεθειμ-), **34** 5 (Κουρβολὼν O pour Κορβουλὼν), **46** 3 (ανατεθησεις O pour ἀνατεθείσ-) et **64** 1 (στηχιδον O pour στιχηδὸν). Voir An. Bandy, (1983), p. 287.

13. Fulvia n'a jamais eu le moindre lien de parenté avec Octave. Voir t. I, p. CCCLXVIII.

P. 6.

20. On trouvera un commentaire détaillé du chapitre, t. I, p. DCCXXI-DCCXXV.

P. 7.

22. Depuis longtemps, l'usage de l'éventuel au subjonctif était sorti de l'usage dans la langue courante en cédant la place à l'indicatif, voir Mc, 6, 55 (καὶ ὅπου ἂν εἰσεπορεύετο). C'est ce type de tournure que l'on a ici dans O. Toutefois, O² a la forme correcte, en sorte que, selon toute apparence, la faute doit être attribuée au copiste, et non pas à l'écrivain. An. Bandy [(1983), p. 288] énumère les cas semblables où l'on trouve le subjonctif. Il s'en faut pourtant que l'on doive créditer Jean d'un souci d'atticisme en la matière. Dans deux des cas que signale Bandy (III **9** 9 ; **20** 10), la tournure figure dans une principale, là où la langue classique eût préféré un optatif. Ailleurs, on a une sorte d'éventuel, mais le subjonctif remplace l'optatif oblique (**43** 5 ; **67** 3 ; **73** 7).

P. 8.

24. Nous ne comprenons pas le passage exactement de la même manière que Bandy [(1983), p. 288]. Le sens du verbe ἀναδείκνυμι “ proclamer ” et, par conséquent, “ nommer ”, est bien connu. L'antécédent logique du relatif ὃν est τῷ ἱππάρχῳ. Jean nous indique qu'Octavien César a renforcé les pouvoirs du nouveau préfet du prétoire qu'il créait. Il ne s'agit donc pas d'une “ reconstitution ” (“ had reconstituted ”) chez Bandy [(1983), p. 91]. Il reste que la rédaction est maladroite : la relative est amenée par un participe sans verbe conjugué, puis nous avons une principale dont le sujet doit être tiré du pronom relatif. À notre sens, il n'est pas judicieux d'évoquer l'emploi du même verbe en III **33** 2, où il est question de l'érection par Constantin de la Syrie et de la Palestine en provinces. Évidemment, n'en

déplaise à An. Bandy [(1983), p. 318], dans le passage en question, Jean n'a cure de l'exactitude historique. D'ailleurs, l'erreur que semble lui prêter Bandy n'est qu'apparente. La petite province de Palestine, qui subsista comme telle jusqu'au IIIe s. et qui ne couvrait que les régions situées à l'ouest du Jourdain, n'avait plus rien à voir avec celle que créa Constantin : Palestina I (l'ancienne région de même nom) et la Palestina Salutaris (Sinaï et Pétrée), c'est-à-dire la partie sud de l'ancienne province d'Arabie. Sur la dénomination de préfet, voir t. I, p. DLIV.

26. Il est assez fréquent que le verbe εὑρίσκω soit suivi d'une construction participiale à l'accusatif. C'est la construction que préconise An. Bandy [(1983), p. 288-289]. Son choix l'oblige à postuler la présence d'un οὖσαν sous-entendu. Le savant américain s'appuie sur une construction de Thucydide (V, 26, 2) qu'il juge analogue (εὑρήσει οὐκ εἰκὸς ὂν εἰρήνην). On peut au moins en discuter. La complication nous paraît inutile, car le texte du manuscrit s'explique aisément. La leçon ἑτέραν O²A est une *lectio facilior* pour le sens.

28. Même si la formulation est passablement alambiquée, il reste que Jean voulait établir par la titulature la supériorité du préfet du prétoire sur le préfet, sans autre précision, qui est en réalité un simple préteur urbain. Suivant Vasis [(1909), p. 115], le mot ἐξοχήν, dépourvu de sens, devrait être remplacé par ἐξουσίαν. Du même coup, le savant grec reconstitue toute la complétive sous la forme ὥστε τὴν ἀρχὴν ἀναφέρεσθαι πρός τι καὶ μὴ δοκεῖν ἀόριστον ἔχειν τὴν ἐξουσίαν. Jean ne souhaitait sûrement pas faire entendre que la puissance grandissante du préfet du prétoire dût faire l'objet d'une limitation. C'est évidemment le prétoire — et le personnel qui y travaille, où figurait Jean le Lydien — qui fait toute la grandeur du premier.

P. 9.

29. La dédicace au préfet du Prétoire C. Septicius Clarus (119-122 pCn) n'est connue que par le présent passage de Jean, voir H. Ailloud (1931), p. XVIII et Marie-Claude Vacher (1993), p. XVIII, qui écrivent tous les deux Septicius Clarus. Il s'agit du personnage à qui Pline le Jeune a dédié l'ensemble de sa correspondance [G. Winkler, art. *Septicius* dans *KP* 5 (1975), col. 121 ; E. Cizek, (1977), p. 9-13 ; voir Plin., I, 1 ; 15 ; VIII, 1]. Le Préfet du Prétoire et Suétone auraient subi la disgrâce en même temps en raison de leur familiarité excessive à l'endroit de Sabina, l'épouse d'Hadrien : *Septicio Claro praefeto praetorio et Suetonio Tranquillo epistularum magistro multisque aliis, quod apud Sabinam uxorem in eius usu familiarius se tunc egerant quam reverentia domus aulicae postulabat, successores dedit, uxorem etiam ut morosam et asperam dimissurus, ut ipse dicebat, si privatus fuisset* [(Spart.), *H.A. Hadr.*, 11, 3]. Septicius avait, en 119, succédé à

Similis : *cum quidem etiam Simili alteri praefecto Septicium Clarum successorem dedit* [Ibid., 9, 5, avec le commentaire de J.-P. Callu (1992), p. 28, n. 88]. On connaît le *praenomen* du personnage grâce à un éloge qui apparaît au détour d'une lettre : (à propos d'Erucius Clarus) *Habet avunculum C. Septimium, quo nihil verius, nihil simplicius, nihil candidius, nihil fidelius novi* (Plin., II, 9, 4). Par ailleurs, il existe une inscription funéraire d'Ostie (*CIL* XIV, 1594) en l'honneur de C. Septicius Cissus, dont le père se donnait comme un esclave de Septicius Clarus, évidemment notre préfet. Le *praenomen* du défunt confirme la donnée de Pline le Jeune. Dans son édition des fragments de Suétone, Roth a corrigé la graphie de Jean en Σεπτικίῳ, à juste titre selon Stein [art. *Septicius* 4, dans *RE* II A 2 (1923), col. 1558]. Sur le sens de ἐν γράμμασιν, voir An. Bandy, [(1983), p. 289]. Quant au participe exprimant l'idée de " dédicacer ", il est transmis par O sous une forme incorrecte, ἀποτίνων, qu'il était aisé de corriger en ἀποτείνων, pas qu'ont franchi Fuss et Bandy. Cependant, ἀποτείνω n'a, autant qu'on sache, jamais ce sens. En revanche, le verbe ἀνατείνω a bien cette signification, attestée par nombre d'occurrences dans les *papyri* du II-IIIe s. de notre ère, voir, par exemple, *PDiog* I, 17, 1-2 (IIe-IIIe s.) ἀνέτεινα (ἀνέτινα) βιβλ[ίδι]α τῷ λαμπροτάτῳ [ἡγεμόνι]. J.D. Morgan [(1986), p. 544] offre de nombreux exemples pertinents. La correction est indispensable. Le verbe ἀποτείνω pourrait bien correspondre au latin *exhibere*, pour indiquer un ouvrage longuement attendu. Suétone était connu pour la lenteur qu'il mettait à achever ses livres (Plin., V, 10, 1, à Suétone).

P. 10.

33. Le terme ne semble pas être si ancien. Il apparaît comme substantif, pour désigner un officier dépendant d'un *comes*, par exemple, dans une loi du 30 mai 394 (*CTh* VIII, 4, 18, au préfet du prétoire Rufin), voir Cassiod., *Var.*, VIII, 27 (titre ; adressée par Athanaric à Florentianus en 527). On peut l'employer comme adjectif, voir *CJ* I, 46, 2 (416, au préfet du prétoire Monaxius), Just. *Nov.* VIII, 2 ; 3 ; 5 (à Jean de Cappadoce, préfet du prétoire pour la seconde fois) ; XXVII, 1 (535, au même) ; XXX, 1, 1 (536, au même). La plus ancienne occurrence de κομιτιανός que nous connaissions date de 444, où il est question d'un certain Holosiricus (*ACO* II, 1, 3 p. 49, 19) qui, à Éphèse, contribua à aider l'évêque Olympius à consacrer Bassianus comme évêque d'Éphèse (voir *PLRE* II, s.v. p. 567). Chez Théodoret de Cyr (*Ep.* 42 de la collection Sirmond, II p. 112, 2-3 Azéma), il désigne les fonctionnaires du comte. La lettre date de 446-447. Voir encore *PLRE* II, s.v. *Florentianus*, p. 476. Le *comitianus* dont parle Cassiodore équivaudrait au *comitiacus*, c'est-à-dire à un membre de l'*officium* du *magisterium praesentale* à Ravenne. Nous ne connaissons pas d'autre occurrence du substantif δευτεροστρατηλατιανός.

P. 11.

36. Voir I **33** 2.

37. Suivant An. Bandy [(1983), p. 290, voir p. 96], il faut lire ἐθελήσοι avec les manuscrits. Renvoyant à Lampe (*PGL*, s.v. ὅταν 1, p. 976), il en conclut que l'optatif futur a été introduit à l'époque tardive de la prose grecque. Les exemples du dictionnaire ne montrent rien de semblable. Le savant américain aurait mieux fait de renvoyer à Kühner-Gerth [(1963), p. 183-184] qui montre que dès l'époque classique l'optatif futur apparaît dans le style indirect comme équivalent de l'indicatif futur. Rien de pareil ici. Toutefois, l'optatif futur se trouve encore en subordination après des principales dont le verbe est ressenti comme un présent littéraire et historique (voir N. Basile, *Sintassi storica del greco antico*, Bari, 2001, p. 404, n. 141). C'est le cas qui nous occupe. Par conséquent, nous ne corrigeons pas le texte du manuscrit. Voir déjà Introduction, t. I, p. XVII.

38. Référence explicite à II **5** 1.

P. 12.

41. Περσίκιον. *LSJ* (s.v. p. 1395) donne comme seule attestation pour le mot et le sens de " sceptre " précisément notre passage. Les seules ocurrences qu'outre Jean nous connaissions pour le mot sont à chercher chez Constantin Porphyrogénète (*Cér.*, p. 414, l. 5-11 et p. 470, ll. 19-20 B). Reiske (Commentaire à Constantin Porphyrogénète, *De caerimoniis*, Bonn, 1830, p. 386) découvre le mot sous une autre forme dans le traité (395, l. 6-7), et il le traduit par *marsupium, sacellus*. C'est la traduction de Du Cange [(1943), col. 1158], qui cite le Ps.- Codinus (IV, 31, 3 p. 285, 5-7 Preger). Ce dernier texte est traduit par G. Dagron [(1984), p. 209-211], qui hésite (p. 262) entre " bourse, poche ou sac ". Le personnage mis en scène n'est autre que l'architecte principal qui avait reconstruit Sainte-Sophie. Toutefois, les seules données que nous possédions sur lui proviennent des *Patria*, en sorte qu'elles sont peu fiables. Suivant *PLRE* III (s.v. *Ignatius*, p. 614), il s'agirait d'un personnage fictif. On peut se demander si le bon peuple de Constantinople ne jouait pas sur les mots. Confondue volontairement avec le sceptre, la " bourse " raillerait avec insolence les richesses de l'empereur.

42. Il n'y a pas lieu de corriger la graphie du mot correspondant à Chalcédoine. On trouve normalement en latin *Calchedon*, voir Sall., *Hist.*, IV, 69, 13 ; Méla, I, 101 ; Lucain, IX, 959.

P. 13.

44. L'explication de Jean rejoint celle d'Isidore (*Orig.*, XVIII, 6, 8) *Sica a secando dicta. Est enim gladius brevis quo maxime utuntur qui apud Italos latrocinia exercent ; a quo et sicarii dicti. Tranquillus* (*lud. hist.* 195) *autem dicit : " Dum cuiusdam gladiatoris in ludum*

emissi gladius curvatus fuisset ex acie recta, procucurrit unus ad id corrigendum ; tumque a pugnante responsum est : sic ha pugnabo. Inde sicae nomen datum et (X, 252) *Sicarius vocatur quia ad perpetrandum scelus telis armatus est. Sica enim gladius est, a secando vocatus.* La suite du chapitre est une digression à l'occasion de laquelle Jean définit *a contrario* ce qu'est une *sica*. Le mot *esicium*, parfois écrit *isicium*, désigne une viande hachée, puis pilée au mortier, de la quenelle [J. André, (1974), p. 229 (index)] ; par suite, il existe des vocables comme *esiciatus* et *esiciolum* (diminutif). Le composé n'a pas trouvé place dans le répertoire d'Ernout-Meillet (*DELL*, s. v. *edo*, p. 191-192). Comme l'indique Klotz (*o.l.*, col. 2216), Jean a pris *esiciata* (pourquoi le savant allemand préfère-t-il la forme *isiciata* ?) pour *sicata*, qu'il prend pour un participe créé sur la base de *sica*. À notre connaissance, *sicarius* ne peut désigner un κρεουργός que de façon métaphorique. Voir déjà, à propos du festin infâme proposé par Atrée à Thyeste, Esch., *Ag*., 1592, où le composé est un adjectif. L'erreur de Jean tient-elle à une mélecture ou à la volonté de trouver à tout prix une étymologie ? Un lecteur glose le passage dans la marge de droite sous la forme : σικάριοι σικευτά.

P. 14.

51. Les leçons des manuscrits (προσἐπίγραφοντος O προσεπιγράφοντος O^2) sont différentes de ce qu'on lit en III **40** 4 (προϋπογραφοντος O). Les extraits du livre III peuvent sembler un second crayon des chapitres correspondants du livre II. Faut-il nécessairement corriger ici en fonction de ce qui se lit en III ? Ou faut-il corriger les deux ? C'est l'option suivie par An. Bandy [(1983), p. 202]. Selon lui, la raison pour laquelle le maître des offices apposait sa signature était de contrôler et d'approuver les certificats délivrés par le préfet du prétoire, qui gardait la haute main sur l'administration de la poste publique. Par suite, il faudrait lire προσυπογράφοντος au lieu de προϋπογράφοντος. On peut se demander ce que signifie au juste le préverbe προ-. L'antériorité par rapport au départ du courrier ou à la signature du préfet du prétoire ? Dans la première hypothèse, rien n'obligerait à corriger. Nous ne croyons pas non plus qu'il y ait lieu de toucher au passage du livre II. Un verbe προσεπιγράφω est bien attesté, chez Théophraste (*Car*., 13, 10). Ce qui est piquant, c'est qu'il est précisément question d'un περίεργος, qui, par excès de zèle, enterre prématurément tous les membres d'une famille. On ne peut exclure que d'un passage à l'autre, Jean n'ait éprouvé le besoin de conférer davantage d'expressivité à la description.

P. 15.

54. Comme l'avait bien fait remarquer Vasis [(1909), p. 116], le δὲ semble bien être superflu. An. Bandy [(1983), p. 292-293] tente bien

de le justifier, mais pas toujours à bon escient. Il commence par renvoyer à I **10** 4, où, nous semble-t-il, la construction est parfaitement régulière. Autre est le cas de I **16** 2, qui est parallèle au passage qui nous occupe. Jean a oublié le participe qui précède et a coordonné avec δὲ la principale avec la phrase précédente. Selon Bandy, les exemples de pareilles négligences ne manqueraient pas à l'époque classique. Il cite alors Andocide [1 (*Sur les mystères*), 12], Thucydide (IV, 100), Xénophon (*An.*, VI, 6, 16) et Démosthène [57 (*Contre Théocrinès*), 11]. Seul le troisième passage offre quelque analogie avec le nôtre. Pour des cas semblables, voir surtout J.D. Denniston, (1978), p. 182. Il n'y a donc aucune raison de corriger.

P. 17.

59. Il existe deux mots, μανδύας, qui est masculin, et μανδύη, féminin. L'accusatif du premier est μανδύαν (Jg 3, 16 ; *Règnes*, I, 17, 38 ; II, 20, 8). Les occurrences de l'accusatif μανδύην ne sont pas beaucoup plus nombreuses (Artém., II, 3 ; D. C., LVII, 13, 5 ; LXVII, 8, 3 ; LXXVII, 3, 3 ; Poll., VII, 60 ; *Mag.*, III **58** 4). Seul, un passage de Dion Cassius (LVII, 13, 5) permet de déterminer le genre du mot (φαιάν). Hormis le présent passage, nous ne connaissons qu'une seule autre occurrence de μανδύης, au datif μανδύῃ, chez Léon le Diacre (p. 83, 12 B.). Apparemment, il n'existe pas de forme μανδύᾳ. Le mot avait une morphologie incomplète. Pour une autre description, voir C. Kelly, (2004), p. 232-233.

61. Selon An. Bandy [(1983), p. 293-294], καταπόρφυρος signifie, non pas “ tout en pourpre ” (ὁλοπόρφυρος), mais d'un “ pourpre soutenu ”. Le savant américain renvoie à *LSJ* (s.v., p. 907) qui écrit “ all-purple ”, en donnant comme seule occurrence justement le présent passage. Nous croyons cependant qu'il a raison, bien que nous n'ayons pas trouvé d'autre attestation du mot.

P. 18.

63. Sur la distinction entre toscan (Θοῦσκος/*Tuscus*) et étrusque (Ἐτροῦσκος/*Etruscus*), qui remonte à Varron, voir D. Briquel, (1991), p. 510-514 (notre passage est cité p. 512, n. 84). En grec, nous ne connaissons pas d'autre occurrence de καρταμέρα ou de καρτάλαμον. *LSJ* (s.v. καρτάλαμον, p. 880) donne comme seule occurrence le présent passage et ajoute le diminutif καρταλάμιον qui est traduit par *fiscella*, voir Du Cange (s.v. καρταλάμιον, col. 596). On trouve aussi une forme καρταλάμιν dans les *Miracula XIV sancti Artemisii*, p. 20, 6 Papadopoulos-Kerameus (*BHG* 173). En revanche, une forme à initiale aspirée est bien représentée chez Constantin Porphyrogenète (*Cér.*, p. 466, 15 ; 469, 12 ; 470, 3 ; 471, 4 B.). Le mot avait causé bien de la tablature au grand Reiske (voir p. 521 de son commentaire), qui y voit un emprunt aux deux mots latins *charta* et *lamina*. Il s'agi-

rait de “ chartae aureae, chartae plumbeae ”. E. Trapp (*Lexicon zur Byzantinischen Gräzität*, 4, Vienne, 2001, s.v. καρταλάμιν et καρταμέρα, p. 768) ne trouve à citer en outre que καρταλάμιν donné par un papyrus. Varron (*L.l.*, V, 116 : *Balteum, quod cingulum e corio habebant bullatum, balteum dictum*) signale l'origine gauloise de *balteum*, mais nulle part il n'évoque ni *cartalamum* ni *cartamera*. Toutefois, ailleurs il attribue au mot une origine étrusque (*Sed Varro in Scauro baltea dixit et Tuscum vocabulum esse*, d'après Charisius, dans *GLK* I, 77, 5 cité par Ernout-Meillet, *DELL*, s.v., p. 65). Dans le même chapitre V, 116, il est aussi question de mots utilisés par les Anciens (pour *galea*) ; ailleurs, de mots pris au grec (V,114 pour *pannus*). D'autre part, aux yeux de Jean, le latin n'est qu'une forme évoluée de l'éolien (I **5** 2). Dans ce cas, on aurait ici une synthèse de ce qu'est le traité de Varron *De la langue latine*.

P. 19.

66. À deux occasions, le manuscrit donne des formes surprenantes comme ἀργυρέου ou σιδηρέου, III **16** 2. À côté des formes contractes attendues, on en trouve d'élargies en ἀργυραῖος [*Histoire d'Alexandre*, 2377 ; 5581 (rec. poét. byz.) ; *Par.* 66, 3 ; 68, 6 des *Patria*, p. 65 Preger ; sc. à Thuc., V, 16, 2] ou σιδηραῖος (Cyr. J., *Hom.*, 16, 19 ; J. Scylitzès, *Vie de Basile et de Constantin*, 8, 49). Ces mots n'ont pas trouvé accueil dans le *LSJ* ; σιδηραῖος ne figure que dans le Lampe (*PGL*, s.v. p. 1232).

67. Le *celox* était une sorte de brigantin, un navire léger. Attesté depuis les débuts de la latinité, le mot a été emprunté à date ancienne au grec κέλης (dial. κέληξ), influencé dans sa finale par *velox* ; cf. l'emploi adjectif dans Pl., *Poen.*, 543, en jeu de mots avec *corbita*. Voir Ernout-Meillet, *DELL*, s.v. *celox*, p. 112. *Barca* appartient au bas latin et dérive sans doute de *baris* , emprunté au grec βᾶρις, lui-même emprunté, voir Ernout-Meillet, *DELL*, s.v. *barca*, p. 66. On ne trouve que de rares occurrences de *barca* en grec, avec un sens priapéen chez Hésychios (B 252 s.v. βάρκα· αἰδοῖον, παρὰ Ταραντίνοις. καὶ περόνη) et, avec le sens attendu, dans la version poétique byzantine de l'*Histoire d'Alexandre* (version R, 2016-2017). La relation étymologique entre *sarcinarius* et *sarcina* saute aux yeux, encore qu'Ernout-Meillet (*DELL*, s.v. *sarcio*, p. 594-595) ne signale pas le mot. *Sarcinarius* n'apparaît guère, comme adjectif, que chez César (*Civ.*, I, 81, 7 : *sarcinaria iumenta*) ou comme substantif avec le sens de “ muletier ” (Porph., *Hor. Ep.*, II, 2, 72, cf. I, 13, 6). Nous n'en connaissons pas d'adaptation en grec. En revanche, le grec a des mots comme σάρκινον et σαρκιναρίων (Du Cange, s.v., col. 1336). Pour d'autres informations, voir p. 444-453.

68. *CTh.* XI, 30 *De appellationibus et poenis earum et consultationibus*.

P. 21.

71. À travers le mot τρυφή, Jean vise Théodose II. L'expression μετὰ τὴν ἐναλλαγὴν qui vise la crise de la préfecture telle qu'elle est décrite en II **11** doit s'entendre dans un sens résolument négatif. Voir J. Caimi (1984), 345-346 et 349. Pour une étude générale sur la notion, voir A. Passerini, *La* τρυφή *nella storiografia ellenistica*, dans *Studi Italiani di Filologica Classica* n.s., 11 (1934), p. 35-56 ; J. Tondriau, *La tryphé, philosophie royale hellénistique*, dans *Revue des Études Anciennes*, 50 (1948), p. 49-57]. Passerini (p. 44-51) montre que la τρυφή doit nécessairement conduire à la ruine de l'État. Elle revient assez souvent, ainsi que le verbe correspondant, dans le traité, pratiquement toujours dans des contextes négatifs, voir II **6** 1 (l'empereur a le choix entre la direction de l'armée et la τρυφή) ; **20** 3 ; **21** 1 (à propos des aménagements luxueux exécutés à la préfecture du prétoire, cf. III **62** 4-5) ; III **51** 2 (Anastase influencé par son mauvais génie Marinos) ; **53** 2 (Aréobindus sous Anastase) et **58** 6 (Sardanapale).

74. L'expression οἱ τῶν δικῶν κύριοι est un calque du latin *dominus litis*, voir Ulpien (*Ad edictum* VIII) dans *Dig*., XII, 3, 7 ; Macer (*De appellationibus* I) dans *Dig*., XLIX, 1, 4, 5.

P. 22.

76. Le participe περιεστηκότες équivaut au latin *circumstantes* qui évoque à son tour des expressions comme *corona praestantium*, *circumstans populus* ou *circumfusa multitudo*, soit le public présent debout au jugement, voir J. Caimi, (1984), p. 367 avec A. Cecchini, *Studi sull'ordinamento processuale romano e germanico* I *Il processo romano*, Padoue (dans *Studi economico-giuridici … in onore del Prof. Giuseppe Borgna*), 1925, p. 131-145). Ce dernier cite de très nombreuses sources presque exclusivement latines, y compris ecclésiastiques. Le mérite du rapprochement avec Jean revient à M. J. Caimi.

P. 23.

80. Voir An. Bandy [(1983), p. 296] qui signale un texte de Sévérien de Gabala (5, 898, 42 Saville), qu'il cite d'après Lampe (*PGL*, s.v. εἰκών I. B.2, p. 410) : καὶ γὰρ βασιλέως ἀπόντος εἰκὼν βασιλέως πληροῖ χώραν βασιλέως (…) καὶ προσκυνοῦσιν ἄρχοντες (…) καὶ δῆμοι προσκυνοῦσιν, οὐ τὴν σανίδα, ἀλλὰ πρὸς τὸν χαρακτῆρα τοῦ βασιλέως. En fait, le texte est reproduit par Jean Damascène (*Des trois images*, III, 122, 1-5) et Théodore Stoudite (*Ep*. 528). Pour un texte de même farine, voir J. Dam., *Imag*., dans *PG* 95, col. 317 ! Ὅταν εἰκόνες καὶ χαρακτῆρες βασιλικοὶ εἰς πόλιν εἰσέρχωνται, καὶ ὑπαντῶσιν αὐταῖς ἄρχοντες καὶ δῆμοι μετ' εὐφημίας καὶ φόβου, οὐ σανίδα τιμῶντες, οὐ τὴν κηρόχυτον γραφὴν, ἀλλὰ τὸν χαρακτῆρα τοῦ ἐπιγείου βασιλέως. Καὶ εἰ ὅλως τοῦ ἐπιγείου βασιλέως τοιαύτη τιμὴ πρέπει, μὴ παρόντος τοῦ βασιλέως ἐκεῖ, εἰ μὴ μόνης τῆς εἰκόνος, πόσῳ μᾶλλον τοῦ ἐπου-

ρανίου βασιλέως Χριστοῦ τοῦ Θεοῦ ἡμῶν τιμᾶσθαι καὶ προσκυνεῖσθαι τὴν εἰκόνα δεῖ.

P. 26.

90. L'indication d'origine permet à notre écrivain de souligner, *a contrario*, les vices de Jean de Cappadoce. On doit évidemment entendre que le préfet connaissait parfaitement le latin, voir *PLRE* II, s.v. *Constantinus* 8, p. 312.

91. Sur le personnage (*PLRE* II, s.v. *Constantinus* 8, p. 312-313), voir *supra*, p. 365-366, avec la note d'An. Bandy [(1983), p. 297]. Il est attesté dans son grade entre le 7 août et le 27 décembre 471 (voir *CJ* I, 40, 14 et XII, 57, 14). Son petit-fils, dont il est question au §suivant, est *Rufus* 3 (*PLRE* II, s.v. p. 959), inconnu par ailleurs.

P. 27.

95. L'ironie mordante s'exprime, comme l'a bien vu An. Bandy [(1983), 297], par une personnification et par des expressions scatologiques. Pour lui, les excréments en question auraient envahi son lit à telles enseignes qu'ils y auraient pris la stature d'hommes ou de femmes. Nous ne sommes pas sûr qu'il ait compris correctement. En fait, ce sont les thuriféraires de Jean de Cappadoce qui sont comparés aux excréments ; ceux qui montent la garde représentent le personnel ordinaire de la préfecture que Jean oblige à de longues attentes humiliantes. Son caprice pouvait décider de leur faire subir un sort infamant : les livrer aux pires de ses affidés. Les plus féroces de ces gardiens sont des loups et des sauvages. La comparaison est donc logique. Nous sommes tentés de supposer que les favoris du préfet sont les mêmes qui lui rendent les services sexuels décrits complaisamment en III **62** 4 et **65** 2-3.

P. 28.

98. Sous le nom de Sésostris, il faut entendre Sanwosret III, le pharaon de la XIIe dynastie qui établit la domination égyptienne au cœur de la Nubie et amena les armées de son pays en Syrie (1877-1839 aCn) ; sur ses constructions, voir Hdt., II, 110 et, par exemple, K. Lange, [(1954), p. 23]. Pour la date, voir H.-E. Legrand, (1936), p. 40-41 ; H. Helck, art. *Sesostris*, dans *KP* 5 (1975), col. 148. Dans la tradition grecque, la légende finit par recouvrir entièrement la réalité historique du personnage sous la figure d'Alexandre le Grand, celui du roman, naturellement [voir, tout récemment, Corinne Jouanno, (2002), p. 65-66, avec les notes, p. 96-98]. Pour les statues de Sésostris III, voir K. Lange, (1954), p. 28-35]. Sous Amasis (570-526 aCn), dernier pharaon avant la période perse, l'Égypte connut une prospérité exceptionnelle [H.W. Helck, art. *Amasis* 1, dans *KP* 1 (1975), col. 289].

Les constructions édifiées sous son règne sont fameuses, voir Hdt., II, 175-176.

100. Référence explicite à II **18**.

P. 29.

101. Jean tenait à souligner vigoureusement l'importance de son œuvre, sans laquelle une foule de connaissances sur les anciens usages se fût perdue complètement. W. Kroll [*Berliner philologische Wochenschrift*, 28 (1904), col. 869] affirme ne pas comprendre la leçon de Wünsch et des manuscrits μὴ γοῦν et propose de corriger en ἤ γ' οὖν. L'émendation revient à établir une identité rigoureuse entre les deux termes et par conséquent affaiblit la démonstration à laquelle se livre l'écrivain.

102. Sur la teinture philosophique de cette page, à rapprocher de III **71**, voir Introduction, t. I, p. LII-LV.

P. 31.

107. Jean désigne ici explicitement sa source, le traité de Pierre le Patrice sur le maître des offices. Treize chapitres en sont conservés dans *Cér.* de Constantin Porphyrogénète, voir E. Stein, *Bas-Empire* II, p. 728. Il s'agit presque certainement de *Cér.* I, 84-95 (p. 386-433 B.). Sur Pierre le Patrice, voir Introduction, t. I, p. XLIV, CCVI-CCVIII et CDLXXV-CDLXXXII. Le passage a retenu l'attention du lecteur qui écrit dans la marge de droite : περὶ ἱστορίας.

P. 32.

110. W. Kroll [*Berliner philologische Wochenschrift*, 28 (1904), col. 869] propose de corriger le participe εἰλούμενος en ἐνειλούμενος, car la construction du verbe simple avec le datif n'est pas attestée. Toutefois, une construction analogue se trouve chez Maxime de Tyr (22, 3 p. 188, 68-69 Trapp) οἱ περὶ τὰς δίκας εἰλούμενοι. On n'évoquera pas une occurrence d'Alciphron (3, 24 οὐ περὶ τὰς οἰκίας ἀλλὰ παρὶ τὸ Κράνειον εἰλουμένους), où les compléments marquent simplement la localisation ; en revanche, dans 3, 28, 3 νύκτωρ δὲ περικαλύπτοντα τὴν κεφαλὴν τριβωνίῳ καὶ περὶ χαμαιτυπεῖα εἰλούμενον, qui dépeint le comportement sexuel du philosophe, le complément porte à la fois sur le lieu et sur l'activité correspondante. Nous ne connaissons qu'un seul emploi du datif avec le verbe simple : ὁ γὰρ ἐναποληφθεὶς ἀὴρ τῇ κοιλότητι εἰλούμενος (Sophonias, *In an.*, p. 85, 13 Hayduck). Toutefois, on peut faire observer qu'un lexicographe (Apollon., p. 129, 9) décrit πέδιλα comme τὰ ὑποδήματα, οἱονεὶ τὰ τοῖς ποσὶν εἰλούμενα. Commentateur du 13e s. probablement, Sophonias ne peut avoir constitué un modèle pour Jean le Lydien. En revanche, on aurait quelque droit à évoquer comme précédent l'article d'Apollonios. Il ne nous paraît donc pas indispensable de corriger.

P. 36.

117. On trouve ailleurs (*Mois*, IV, 115 p. 153, 23) la forme Λιπάραις, il est vrai dans une citation de Panaitios. Voir les singuliers Λιπάρας (IV, 115 p. 153, 25) et Λιπάραν (IV, 115, p. 154, 4). Toutefois, Jean emploie ailleurs le même datif Λιπάρῃ, au moins dans les éditions précédentes (*Mag.* III **70** 7), qui est d'origine dialectale (voir, pour le nominatif, Call., *H.Art.* 47. Les autres occurrences figurent dans les scolies *ad l.*). Trace des lectures grammaticales de Jean ? Ce n'est probablement pas la bonne hypothèse. On ne peut exclure a priori que le mot ait possédé, au moins en partie, un double jeu de déclinaisons. En tout cas, une lettre de Théodore Studite (*Ép.* 48, 57) a un datif remontant probablement à un nominatif en –ης : ὑπὲρ τίνος ἐν Λιπάρει τῇ ὑπερέκεινα Σικελίας ἀδελφοὶ ἡμῶν ἐν φυλακῇ τηρούμενοι. Rien n'interdit de croire qu'il en ait été de même déjà à l'époque de notre auteur. Par conséquent, nous corrigeons — mais est-ce vraiment une correction ? — en Λιπάρει dans les deux passages de *Mag.*, ce qui fait disparaître toute anomalie.

120. On s'expliquerait facilement l'omission d'un mot-outil aussi court que εἰ. Pourtant, An. Bandy [(1983), p. 300], qui nous paraît avoir eu raison de l'introduire dans son texte, comme l'avait fait avant lui pour la première fois R. Wünsch [(1903), p. 84], suggère, en se fondant sur Mt 19, 9, que l'émendation ne s'impose peut-être pas. La construction de la péricope évangélique n'a aucun rapport avec la nôtre. Lampe (*PGL*, s.v. μή, p. 867), qui cite un passage du *Chr. Pasch.* (*PG* 92, col. 1012 A) où la conjonction est construite avec l'indicatif, donne le sens de “ unless ”. Dans le *Chronicon*, qui remploie un passage évangélique, le ton est extrêmement familier. À notre avis, on ne doit pas chercher là un exemple parallèle, qui justifierait le texte du manuscrit tel qu'il nous est parvenu.

121. Apparemment, la préfecture de la Ville existait à Constantinople dès la création, selon Jean, qui a en tête le modèle de Rome. Voir, sur ce point, t. I, p. DXVIII-DXX. En vérité, la magistrature n'y fut installée qu'en 359, sous le règne de Constance II. La date précise n'est pas assurée. Ce fut un 11 du mois, mais il est malaisé de trancher entre septembre et décembre de l'année, voir G. Dagron, (1968), p. 214, n. 9. On ne voit pas pourquoi An. Bandy [(1983), p. 301], qui ne paraît pas conscient de la difficulté, opte pour décembre. On constate, une fois de plus, que Jean amalgame la création de la plupart des institutions nouvelles en l'attribuant au fondateur.

124. La phrase est fondée sur la comparaison. C'est ce qui explique le génitif τῆς ... Ῥώμης, où, précisément, Rome l'Ancienne est le second terme de la comparaison. Nous supposons que c'est là ce qu'An. Bandy [(1983), p. 301] appelle un “ genitive of connection ”. Les exemples auxquels il fait appel (Plat., *Rép.*, V, 459 b ; Soph., *Él.*, 317) ne sont guère convaincants.

LIVRE III

P. 42.

1. Le texte n'est pas facile à établir (voir les notes critiques). En bonne logique, An. Bandy [(1983), p. 132 et 302] a opté pour l'optatif futur ἐσοπτρίσοιτο, en face de l'aoriste retenu par les éditeurs précédents. On trouve une construction analogue en III **30** 6. L'emploi normal est dans le style indirect, voir R. Kühner – B. Gerth I (1963), p. 183-184. Dans le présent passage, on a un discours indirect au sens large, car Jean annonce le contenu de ce que sera la suite du traité ; on pourrait considérer qu'il en va de même en III **30** 6, qui donne une copie d'un texte officiel prononcé lors du départ à la retraite de Jean. La difficulté tient à la présence d'un ἄν. À l'époque classique, les rares (voir *LSJ*, s.v. ἄν, A.III.h, p. 97) exemples attestés [Plat., *Lois*, IV, 719 e (Ao Stob.) ἂν ἐπαινέσοι, corrigé par Bekker en ἐπαινέσαὶ ; Lys., 1 (*M. d'Ératosthène*), 22 οὐδὲν ἂν καταλήψοιτο, où le ἂν est supprimé depuis Bekker] sont donnés comme fautifs et corrigés. Cependant, d'après An. Bandy, qui cite Sophocles [(1914), s.v. ἄν 3, p. 132-133), l'emploi serait relativement fréquent dans la prose tardive. L'abondance des exemples cités par le lexicographe américain ne doit pas faire illusion, car toutes les références doivent être vérifiées : Zos., I, 5, 3 (οὐκ ἂν ἀρκέσοι) ; Thdt., *Hér.*, dans *PG* 83, col. 368, 44-45 (τούτους εἰκότως ἄν τις ἐφευρετὰς ὀνομάσοι) ; en revanche, la *junctura* de type ἂν βλάψοι est relativement fréquente chez Eustathe (*Il.*, I, p. 304, 12 ; II, p ; 174, 24 ; III, p. 116, 22 ; *Od.*, II, p. 310, 7, cf. *Souda*, K 1855, s.v. κναφεύς) ; mais on rejettera Ph., *Migr.* 210 (βλάψοι est corrigé en βλάψαι) ; Tat., *Aux Gr.*, 22, 1 (τίς οὐκ ἂν χλευάσοι est corrigé en χλευάσειε). Force est d'ailleurs de constater que, pour Zosime, on ne possède qu'un seul manuscrit ancien et un apographe récent ; que, pour le traité de Théodoret, on ne possède pas à ce jour, autant que nous sachions, d'édition critique.

2. Jean fait-il allusion à des faits précis ? On pense évidemment à la dernière défaite de Totila à Busta Gallorum, probablement en juin 552 et à sa mort peu après. Son premier lieutenant et successeur Theia ne put résister aux troupes impériales que pendant quelques mois, avant de succomber à son tour, probablement le 30 octobre de la même année (sur les événements, voir notamment E. Stein, *Bas-Empire*, II, p. 599-604). Toujours est-il que Justinien tenait Totila pour un adversaire particulièrement redoutable. Dans la *Pragmatique Sanction* du 13 août 554 (*Nov. App.* VII, 2), qui frappe de nullité toutes les mesures prises sous son règne, le roi des Ostrogoths est appelé *tyrannus* et son régime une *tyrannis*.

P. 43.

6. Nous croyons qu'il n'y a pas lieu de critiquer ici l'insertion de la particule de liaison ni le lui reprocher d'être une normalisation excessive. La chute du δ' tient à une confusion d'onciales suivie d'une haplographie.

P. 48.

23. La leçon du manuscrit (τη O, τῇ O^2) n'offre aucun sens. Fuss [(1812), p. 156] opte pour τῇ, qui ne se construit pas mieux ; Bekker [(1837), p. 199] et R. Wünsch [(1903), p. 91] choisissent de corriger en οἷ. Bandy [(1983), p. 303] suppose que τη résulte d'une faute de prononciation. Dans ce cas, un article est indispensable. Comme le fait observer J.D. Denniston [(1978), p. 548], la particule τοι est fréquemment placée entre un article et un substantif, ou une préposition et un substantif. Un lecteur a souligné dans la marge de droite l'intérêt du chapitre : συναγωγαὶ τῶν σχολῶν.

24. Sans qu'il y ait chez notre auteur la moindre intention de dépréciation, le sort des collègues de cette catégorie intéresse beaucoup moins notre auteur. À notre sens, ce bout de phrase joue en quelque sorte le rôle d'une parenthèse. C'est pour quoi, malgré W. Kroll [*Berliner philologische Wochenschrift*, 28 (1904), col. 870], il ne nous a pas paru utile judicieux d'écrire οἳ ‹δὲ› μένοντες.

P. 49.

27. Allusion au service des postes, dont il est question dans notre t. I, p. DCXLII et surtout *supra*, p. CCLXXI-CCLXXVIII. Le *veredus* est à proprement parler le cheval de trot ou de poste, et, *veredarii*, ceux qui les montent, les courriers (cf. Sidoin., *Ép*., V, 7, 3 ; *CTh* VIII, 4, 8, 1), par opposition au *parhippus* πάριππος, cheval de renfort, c'est-à-dire le cheval chargé des bagages et de la poste proprement dite (*CTh* VIII, 5, 14, 1 ; *CJ* XII, 50, 4). Or, l'écrivain fait du πάριππος l'équivalent du *veredus*, voir An. Bandy [(1983), p. 304]. Selon Fuss [(1820) p. 30], il pourrait s'agir du cheval de poste *paraveredus* (*Cod. Th*., VIII, 15, 7 ; Cassiod., *Var*. V, 39, 14 p. 166 l. 6-8 de 523/526). D'autre part, il est difficile de croire que Jean ait été incapable de distinguer les deux types de montures. Dans un autre traité (*Mois*, I, 32), il évoque le *veredus*, qu'il caractérise par sa vélocité : velox (véloce) : *rapide, celui que l'on appelle aujourd'hui encore « veredaricus ». Mais les Italiens croient que les* veredi sont des *chevaux mis sous le joug*, (...), *c'est-à-dire qu'ils tirent le char* (?). : Βήλωξ, ὀξύς, ὃς καὶ βεραιδαρικὸς ἔτι καὶ νῦν λέγεται. Βεραίδους δὲ Ἰταλοῖς εἶναι δοκεῖ τοὺς ὑποζυγίους ἵππους .... ὅπερ ἐστίν, ἕλκειν τὸ ὄχημα.

P. 55.

45. On a bien ici ce qui ressemble à une critique. On s'explique donc mal, *a priori*, la restitution Αὐγουσταλίων proposée par An.

Bandy. Wünsch, lui, proposait de lire μαγιστριανῶν. Il est vrai que le mot apparaît déjà en III **7** 1 et à nouveau en III **24** 1. Cependant, on doit éviter de s'y laisser tromper. Les personnages mentionnés dans notre paragraphe ont un lien évident avec la justice et il leur est loisible d'en détourner le cours ou l'exercice. Or, c'est loin d'être le cas pour les personnages appelés μαγιστριανοί en III **7** 1, qui sont de simples *agentes in rebus*. La donnée institutionnelle condamne de ce fait la conjecture de Wünsch. Par ailleurs, la conjecture Αὐγουσταλίων de A et de BANDY ne vaut pas beaucoup plus cher. Même s'ils ont des avantages appréciables, les Augustales n'en demeurent pas moins, eux aussi, de simples employés. Par suite, ils n'avaient pas davantage ce type de latitudes. Les seuls personnages pour lesquels on puisse imaginer une activité du genre sont les *memoriales*, qui réapparaissent en **26** 2 et **67** 1. Par suite, on doit, en III **9** 10 4 lire Μεμοριαλίων, comme le suggère, au terme d'une longue étude philologico-institutionnelle, J. Caimi [(1984), p. 440], voir *supra*, p. CCXXIII et CCXCIII.

P. 56.

50. Le sens est évidemment potentiel, en sorte que l'introduction d'un ἂν dans la phrase est indispensable. Quant au verbe principal, il se présente dans O sous la forme d'une graphie relativement fréquente dans les manuscrits antiques : ὑπὸ μείνοι. Logiquement, Fuss et Wünsch ont corrigé en ὑπομείνοι, alors que Bekker et Bandy proposent un ὑπομένοι, certes moins attendu. An. Bandy [(1983), p. 306] déclare que la forme est constituée d'un aoriste second du verbe μένω, avec les formes d'optatif attendues dans ce cas. En renvoyant à E. A. Sophocles [(1914), p. 38, §5], il prétend que ce type de forme reflète l'usage de la langue tardive ?

P. 57.

51. Comme le rappelle à juste titre An. Bandy [(1983), p. 307] la reconstitution et l'élucidation du passage font difficulté. Le processus mis en œuvre ici a été éclairé brillamment par W. Seston et M. Euzennat [(1971), p. 487-488]. Lors du prononcé des décisions judiciaires, l'usage voulait que les premiers à les lire fussent les assesseurs du magistrat. Ils le faisaient après que le document eut pris une forme achevée, un texte « épuré », c'est-à-dire un καθαρόν (voir **11** 2 τοῦ λεγομένου καθαροῦ), lequel était présenté aussi à la signature du magistrat. Les *secretarii* en donnaient une lecture publique, et, le jour même, un *secretarius* en tirait un résumé (σύνοψις) qui était soigneusement conservé afin de prévenir toute tentative de fraude. Jean établit une opposition entre σχεδάριον et un terme technique, rendu sous la forme ρεκινον O (ῥέκινον O²), qui se comprend mal, quoique les deux premiers éditeurs l'aient adoptée. Plus ingénieusement, R. Wünsch proposait de le lire sous la forme ῥεκιτᾶτον, calque exact d'un mot latin bien connu, *recitatum*, dont aucune occurrence ne figure

ailleurs. Toutefois, le mot ne semble pas avoir la signification exigée par le contexte. La forme ῥέκηνσος, encore qu'elle soit tout aussi peu attestée, paraît avoir eu la signification voulue par le contexte. Elle a été proposée par Vasis [(1909), p. 32], acceptée par la suite par R. Wünsch [(1911), p. 574] et approuvée par J. Caimi [(1984), p. 368, avec la n. 163]. Le terme ἀντιβολή a le sens de « collation » depuis Strabon (XVII, 5, 1 p. 790) au moins, voir *LSJ*, s.v. ἀντιβολή, p. 154.

P. 58.

54. Le manuscrit porte ici une lacune, que l'on s'est attaché à combler le mieux possible. À la suite de Preger, Wünsch propose de restituer καταξέων, qui peut revêtir un sens positif ; inversement, ce n'est pas le cas pour καταξαίνων, que nous retenons à la suite de Bandy. Le « Démon », c'est évidemment Jean le Cappadocien dont il sera longuement question dans la suite du livre III.

P. 59.

56. La prononciation a provoqué la disparition de la conjonction de coordination ἤ, confondue avec l'initiale du mot suivant ἰδιωτικῆς. Voir An. Bandy, (1983), p. 308.

57. Référence à III **23** 2.

P. 63.

63. La phrase est très complexe, et nous avons dû multiplier les signes de ponctuation pour la rendre intelligible. En vérité, elle s'achève par un long génitif absolu, entrecoupé par une parenthèse sous forme de proposition incise. An. Bandy [(1983), p. 309] essaie d'établir une liaison syntaxique entre ἠπίσταντο et οἰομένων. Il découvre une anacoluthe causée par l'influence de παιδευθέντες, qui vient juste avant ἠπίσταντο. Comment explique-t-il σοφοὶ δὲ ἦσαν ? À notre sens, il n'y a rien de tout cela.

64. Référence à III **14** 1.

65. W. Kroll [*Berliner philologische Wochenschrift*, 28 (1904), col. 870] proposait de combler l'espace manquant plutôt par les mots μὲν πιεζόμενοι τῷ μεγίστῳ, ce qui semble un peu long.

66. Référence à III **4** 4.

P. 64.

69. Nous supposons que c'est le verbe διαμέμνημαι qui a inspiré à T.F. Carney [(1971 b), p. 3] les lignes suivantes : « (John the Lydian) received secondary education in Greek and Latin and had such a reputation for proficiency in his studies that, *at the age of 14*, he served as temporary secretary to the dreaded *commentarienses* in their travels to the East to discipline Appion and his following in 504 » (c'est Carney qui souligne). Nous laisserons au lecteur le loin

d'apprécier leur pertinence. W. Kroll [*Berliner philologische Wochenschrift*, 28 (1904), col. 870] proposerait aussi de corriger la phrase dont il stigmatise l'allure désordonnée. Voir sur ce point Introduction, t. I, p. XXXII-XXXVI.

P. 65.

70. Dans l'original, le § 2 ne forme qu'une seule phrase, qui est un beau modèle de rhétorique « lydienne ». On a souvent souligné combien le passsage était mal écrit. Sans doute est-ce vrai, encore qu'il ne faille pas exagérer, au point de lui refuser toute valeur historique. Stein par exemple (*Bas-Empire*, II, p. 783) veut ajouter μαθὼν après διαμέμνημαι. Il faut se demander quel est le sens précis du verbe διαμέμνημαι, qui apparaît uniquement dans *Mag*. De prime abord, il faut distinguer les occurrences à la troisième et à la première personne. Jean l'emploie en I **7** 2 pour introduire une citation de Virgile (VIII, 168-169 et 187-189) ; **12** 6 (à propos d'une citation de Suétone). Le fait n'a rien d'étonnant. La forme n'est pas d'un emploi fréquent, et dans toutes les occurrences où nous avons pu la découvrir ailleurs, elle sert à introduire une citation ou une référence littéraire [Ph., *Ivr.*, 2 (une citation de la Bible, non autrement précisée ; *Nombr.*, 6, 2 ; *Lév.*, 10, 9 ?) ; *Quis rerum*, 250 (allusion à l'*Épinomis* de Platon) ; Hipp., *De l'univers*, fr. 3 (allusion au début du *Timée*) ; *ACO* (concile d'Éphèse, en 431) I, 1, p. 11, l. 9 et I, 1, 6, p. 31, l. 20 (une citation d'Isaïe)]. Seules, naturellement, les occurrences à la première personne pourraient exprimer un souvenir personnel, et elles ne sont pas plus fréquentes. Un scoliaste (*scolie* V à Hom., *Od.*, 224) donne le verbe comme équivalent à ὥς μοι ἀναφέρει ἡ ψυχή. Dans *ACO* [(Chalcédoine, 451) II, 1, 1, p. 175, l. 2], un secrétaire exprime ingénument (οὐ διαμέμνημαι) qu'il ne se rappelle plus le déroulement exact de la séance. Dans le présent traité, en I **28** 5, il ne peut guère s'agir que d'un souvenir personnel, datant de la préfecture de Marinos (512-515). En III **8** 7 le verbe exprime un souvenir personnel ; III **20** 9 où il est impossible de trancher entre un souvenir personnel ou un cas qui aurait fait école et par conséquent figuré dans les annales. La première interprétation est toutefois plus vraisemblable. La construction de cette période particulièrement embrouillée doit être examinée dans le détail, comme l'a fait A. Bandy (p. 309-310). Rien n'oblige à construire le verbe exprimant la réminiscence avec le participe πληρῶν qui suit immédiatement. Le but est de faire ressortir l'efficacité et le pouvoir des *commentarienses*. Par conséquent, la proposition complétive de διαμέμνημαι introduite par ὡς exprime le contenu du souvenir (ἥ τε...ἐπίστευεν) ; le génitif absolu complexe, dont l'élément verbal est à l'aoriste, Ἀναστασίου ... νομικωτάτου renvoie à un moment antérieur à celui qui a vu se déployer la toute puissance des *commentarienses*. On comprendra de la même manière la proposition relative

tronquée μεθ' ἃς .... ἀποκλείοντος, dont le verbe, facile à suppléer, est à tirer de l'infinitif aoriste ἐγχειρίσαι. Non sans vanité, Jean souligne qu'il a lui-même servi dans ce prestigieux service, dont il évoque des hauts faits et du même coup il les frappe vigoureusement du cachet de l'authenticité en sa qualité d'ancien *chartularius*. Par conséquent, le moment où il était *chartularius* est à distinguer soigneusement des faits historiques relatés, qu'il n'eût pu connaître, du moins comme employé de la préfecture. La ponctuation du texte grec doit faire apparaître clairement les différents niveaux de l'information. Pour une explication des événements historiques mentionnés ici, voir Introduction, t. I, p. XXXII-XXXVI.

72. Pour une citation identique, voir **56** 4 : οὐδ' ἐν λόγῳ οὐδ' ἐν ἀριθμῷ. R. Wünsch [(1903), p. 105] a eu le mérite d'identifier l'origine poétique de la citation ; on complétera par la note d'A.S.F. Gow (*Theocritus*. II *Commentary, Appendix, Indexes, and Plates*, 2e éd., Cambridge, 1952, p. 257). Théocrite [14 (*L'amour de Kyniska*), 48-49] avait écrit : ἄμμες δ'οὔτε λόγῳ τινὸς ἄξιοι οὔτ' ἀριθμητοί, / δύστηνοι Μεγαρῆες ἀτιμοτάτῃ ἐνὶ μοίρῃ. La sc. Kueagp à Théocr., 14, 48 donne : ὥσπερ οὐδὲ οἱ Μεγαρεῖς ὑπὸ τῆς Πυθίας ἐλέχθησαν εἶναί τινος ἄξιοι λόγου. ἱστορεῖ γὰρ Δεινίας (fr. 7 III, p. 25 Müller), ὅτι οἱ Μεγαρεῖς φρονηματισθέντες ποτέ, ὅτι κράτιστοι τῶν Ἑλλήνων εἰσίν, ἐπύθοντο τοῦ θεοῦ, τίνες κρείττονες τυγχάνοιεν.Ὁ δὲ ἔφη · Γαίης μὲν πάσης τὸ Πελασγικὸν Ἄργος ἄμεινον, / ἵπποι Θρηΐκιαι, Λακεδαιμόνιαι δὲ γυναῖκες, / ἀνδρῶν δ' οἳ πίνουσιν ὕδωρ καλῆς Ἀρεθούσης, / ἀλλ' ἔτι καὶ τῶν εἰσιν ἀμείνονες, οἳ τὰ μεσηγύ / Τίρυνθος ναίουσι καὶ Ἀρκαδίης πολυμήλου, / Ἀργεῖοι λινοθώρηκες, κέντρα πτολέμοιο· / ὑμεῖς δ', ὦ Μεγαρεῖς, οὔτε τρίτοι οὔτε τέταρτοι / οὔτε δυωδέκατοι, οὔτ' ἐν λόγῳ οὔτ' ἐν ἀριθμῷ . Le fragment poétique est repris dans l'*Anthologie* (XIV, 73). Dans une des épigrammes de Callimaque (25, 5-6, p. 87 Pfeiffer), on lisait : τῆς δὲ ταλαίνης / νύμφης ὡς Μεγαρέων οὐ λόγος οὐδ' ἀριθμός. Les vers devaient rencontrer un beau succès par la suite. Photios (*Lex.*, s.v. Ὑμεῖς ὦ Μεγαρεῖς, p. 617 Naber) les cite à son tour précédés d'une brève présentation : χρησμοῦ κομμάτιόν ἐστιν παροιμιαζόμενον οὕτως. Avec son érudition coutumière, il assortit la citation d'une série de références : ἱστορεῖ δὲ Μνασέας (fr. 50 Müller), ὅτι Αἰγιεῖς οἱ ἐν Ἀχαίαι καταναυμαχήσαντες Αἰτωλοὺς καὶ λαβόντες πεντηκόντορον αὐτῶν, δεκάτην Πυθοῖ ἀνατιθέντες ἠρώτων τίνες κρείττονες εἶεν τῶν Ἑλλήνων· ἡ δὲ Πυθία ἔχρησεν αὐτοῖς τὰ προκείμενα· καὶ Ἴων δὲ Αἰγιεῦσι δοθῆναι τὸν χρησμὸν ἱστορεῖ· τινὲς δὲ οἴονται Μεγαρεῦσιν εἰρῆσθαι αὐτὸν, καὶ προφέρονται· Ὑμεῖς δ', ὦ Μεγαρεῖς, οὔτε τρίτοι, οὔτε τέταρτοι· ὡς καὶ Καλλίμαχος ἐν τοῖς ἐπιγραμματίοις· -τῆς δὲ ταλαίνης Νύμφης, / ὡς Μεγαρέων, οὐ λόγος, οὐδ' ἀριθμός. Pour une forme plus brève, voir Paus. gr., Y 50 Erbse ;

Souda, Y 108, s.v. ὑμεῖς ὦ Μεγαρεῖς ; Michel Apostolios (1, 59) ne retient qu'une partie de l'information : Αἰγιεῖς οὔτε τρίτοι, οὔτε τέταρτοιl ἐπὶ τῶν παντελῶς εὐτελῶν καὶ μικρῶν. ἐρωτώντων γάρ τινων, τίνες κρείττους τῶν Ἑλλήνων, τοῦτο ἀπεφθέγξαντο· Αἰγιεῖς οὔτε τρίτοι οὔτε τέταρτοι. On observera toutefois que Clément d'Alexandrie (*Str.*, VII, 18, 110, 2) prête le mot à Théognis : ὑμεῖς δ', ὦ Μεγαρεῖς, φησὶν ὁ Θέογνις, οὔτε τρίτοι οὔτε τέταρτοι. Le point de départ de l'oracle est-il à chercher dans une de ces plaisanteries teintées de xénophobie que l'on s'échange de peuple à peuple avec un sourire jaune ? Au dossier, on peut ajouter un fragment comique [*CAF*, fr. 502 (anonyme)] : Μεγαρεῖς γὰρ ἔξω τοῦ λόγου καὶ τἀριθμοῦ. Un des sept sages, Pittacos de Mytilène aurait écrit (*Anth.*, XI, 440) le vers suivant : Μεγαρεῖς δὲ φεῦγε πάντας· εἰσὶ γὰρ πικροί.

P. 66.

75. Comme l'indique An. Bandy [(1983), p. 310], on doit probablement corriger la leçon ὄγκων des manuscrits en ὀγκῶν. On notera toutefois que la construction du verbe avec un régime au génitif partitif ne paraît être attestée qu'ici. Kroll et Preger, cités par R. Wünsch [(1903), p. 105], proposaient de lire ὄγκῳ ; dans ce cas, Ῥωμαϊκῶν ῥημάτων en serait simplement le démonstratif.

76. L'expression κατ' ὦπα est fort peu répandue. Elle est tirée de l'homérique εἰς ὦπα. Nous n'en connaissons qu'une seule autre occurrence, où elle figure sous une forme légèrement différente (κατὰ τὸν ὦπα), dans l'*Anonyme*, *Dialogue sur la science politique* (p. 1, 4). Il n'y a donc aucune raison de modifier le texte, quoi qu'en ait dit W. Kroll [*Berliner philologische Wochenschrift*, 28 (1904), col. 870], voir An. Bandy, (1983), p. 310-311.

77. An. Bandy, [(1983), p. 311] croit deviner la présence d'un accent circonflexe, reste ultime des signes effacés. Par conséquent, il vaut mieux reconstituer la forme en -έω du verbe correspondant, dont les occurrences sont relativement nombreuses. Voir *LSJ*, s.v. ὀφείλειν II, p. 1277 (début).

78. Le sens d'« archives » pour ἀρχεῖα est bien connu. Il remonte au moins à l'époque hellénistique, voir *LSJ*, s.v. ἀρχεῖον, p. 251. Il était donc inutile de proposer la correction ἀρχαίων, comme l'avait fait Dindorf (H. Estienne, *Thes. Ling. Gr.*, I, 2097), en se fondant sur un passage de Malalas [XVIII, 8, 87 (p. 429, 1 B.). An. Bandy [(1983), p. 311] confond Henry Estienne avec Étienne de Byzance. Voir *infra*, III **35** 6 n.

P. 69.

83. Le verbe περιφράζω ne signifie pas vraiment une traduction. Voir *Lsj*, s.v. 1393 : « express periphrastically ». Mais la version ainsi

obtenue était utilisée ensuite comme une authentique traduction des documents en cause. Vasis [(1909), p. 118] voulait corriger en παρέφραζεν, d'après παράφρασις, qui se lit quelques lignes plus bas. Cramer, cité par Fuss [(1820), p. 35] proposait de corriger en περιέγραψεν. Aucune de ces émendations ne s'impose. Évidemment, on doit construire Ἰταλίδι (διαλέκτῳ, voir An. Bandy, (1983), p. 312.

86. Sur Tribonien, voir t. I, p. DLXXXVIII-DXC.

P. 75.

97. La leçon μεταυτῶν du manuscrit O se justifie difficilement. On ne voit pas à quoi l'anaphorique αὐτός pourrait se rattacher dans ce qui précède, et il ne peut annoncer ce qui suit, soit les μεμοριάλιοι. À vrai dire, on serait tenté de lire μετ' ἐμαυτοῦ qui conviendrait parfaitement pour le sens, mais qui imposerait une correction trop violente du texte. On admettra aisément qu'une forme de type ἑαυτῷ ou αὑτῷ puisse équivaloir à, par exemple, ἐμαυτῷ ; le phénomène se rencontre en attique, et pas seulement dans la tragédie, mais aussi en prose. Voir *LSJ*, s.v. ἑαυτοῦ, p. 466. La difficulté tient au fait que la préposition μετά construite avec un datif est une tournure exclusivement réservée à la poésie, surtout épique, voir R. Kühner – B. Gerth, I (1963), p. 507. C'est la raison pour laquelle nous adoptons μεθ' αὑτοῦ, malgré An. Bandy [(1983), p. 314]. La ligature marquant — ου — est assez facile à confondre en minuscule avec un simple -ὸν, lu -ῶν.

99. An. Bandy [(1983), p. 314] tient absolument à faire un sort au -ε- initial de la leçon εφησίν de O (φησὶν O^2). Elle peut s'expliquer par une dittographie dans l'onciale à l'initiale du mot, corrigée par la suite par O^2. Toutefois, nous ne voyons pas comment justifier la présence d'un τε ici.

101. La tournure οὐ μετρίως est négative ; ce type de litotes est fréquent. L'omission de négations monosyllabiques n'est pas rare dans le manuscrit, comme le signale An. Bandy [(1983), p. 314] : III **62** 5 (οὐ) ; **28** 3 ; **45** 3 (οὐχ), sans compter une négation composée comme οὔπω, **43** 4. Voir An. Bandy [(1983), p. 314].

P. 78.

110. Seul emploi d'un mot de ce type, réservé à la poésie, dans l'ensemble de l'œuvre conservé. Le rappel des faits inspire du lyrisme à notre auteur, qui prend déjà le ton du panégyrique.

111. La cité de Daras, nommée aussi Anastasioupolis (III **47** 4) par les Byzantins, était un poste situé à environ douze milles aux nord-ouest de la forteresse perse de Nisibe. Sur l'importance stratégique de cette position avancée, voir *supra*, p. CXIV-CXV. Sur les raisons qui poussent à voir dans cette nomination à l'Université un événement datant d'environ 545, voir Introduction, t. I, p. XXXVIII-XLIII.

112. Le mot πραγματικός, au sens administratif, reparaît plus loin, voir III **42** 4 ; **67** 2. Pour le sens du mot, voir *LSJ*, s.v., p. 1458 (*prag-*

matica sanctio) et Lampe, *PGL*, s.v., p. 1126 (« imperial mandate, *sanctio pragmatica* »).

P. 80.

114. Diodore écrit (I, 13, 4) : Ἔνιοι δὲ τῶν ἱερέων φασὶ πρῶτον Ἥφαιστον βασιλεῦσαι, πυρὸς εὑρετὴν γενόμενον καὶ διὰ τὴν εὐχρηστίαν ταύτην τυχόντα τῆς ἡγεμονίας · γενομένου γὰρ ἐν τοῖς ὄρεσι κεραυνοβόλου δένδρου καὶ τῆς πλησίον ὕλης καομένης προσελθόντα τὸν Ἥφαιστον κατὰ τὴν χειμέριον ὥραν ἡσθῆναι διαφερόντως ἐπὶ τῇ θερμασίᾳ, λήγοντος δὲ τοῦ πυρὸς ἀεὶ τῆς ὕλης ἐπιβάλλειν, καὶ τούτῳ τῷ τρόπῳ διατηροῦντα τὸ πῦρ προκαλεῖσθαι τοὺς ἄλλους ἀνθρώπους πρὸς τὴν ἐξ αὐτοῦ γινομένην εὐχρηστίαν. Diodore de Sicile (I, 13, 2-3) compare deux traditions. La première, d'origine héliopolitaire, fait de Rê-Atoum, c'est-à-dire Hélios, le premier roi d'Egypte. La seconde, provenant de Memphis, donne la priorité à Ptah, c'est-à-dire à Héphaistos. A partir de la sixième dynastie, elle l'a emporté sur la précédente. Voir P. Bertrac – Y. Vernière, (1993), p. 190 (n. complémentaire 4 à I, 13, 4 p. 45).

P. 81.

116. An. Bandy [(1983), p. 316] fait observer que l'on se trouve ici devant la seule proposition subordonnée finale du traité introduite par ὅπως et construite avec ἄν. Le fait n'a rien d'étonnant, car il s'agit en principe d'une pièce officielle produite par les services du préfet du prétoire Héphaistos. On notera en outre que le verbe de la subordonnée est à l'optatif dans le manuscrit. On trouve en effet, notamment chez Hérodote, Thucydide et Xénophon, ce type d'accord, quand la proposition principale est à un temps secondaire de l'indicatif, R. Kühner – B. Gerth, II (1963), p. 386. Ce n'est pas le cas ici. C'est le participe parfait du génitif absolu précédent qui a entraîné le recours à l'optatif.

117. Selon An. Bandy [(1983), p. 316], le mot τάξις signifierait ici, non pas le personnel de la préfecture, mais le « political order ». Nous ne voyons pas pourquoi. Jean lui-même déclare qu'il a reçu l'accolade du préfet devant l'ensemble du personnel réuni pour lui rendre hommage (**30** 4). On peut supposer que c'était le rituel obligatoire. Par conséquent, très logiquement, la dignité accordée rejaillit sur la communauté, qui est ainsi honorée en la personne d'un de ses membres.

118. Avec raison, C. Kelly [(2004), p. 25] souligne l'habileté de Jean dans la mise en scène. Trois personnages apparaissent : le préfet du prétoire, l'empereur et le bénéficiaire de la cérémonie, qui en est le centre. Tous les compagnons de travail ne sont là que pour lui faire escorte. En fait, plusieurs d'entre eux prenaient évidemment leur retraite au même moment que Jean, mais ils ne sont donnés nulle part comme bénéficiaires d'un honneur. On doit reconnaître que la terminologie officielle avait su trouver pour les bons serviteurs de l'État une

heureuse formule : *immortalitati coniunximus* (*CTh* VI, 22, 6 du 13 décembre 381).

P. 83.

121. Le mot désigne une région des Alpes centrales, comprenant le sud des vallées de la Piave, jusqu'au lac de Côme, le sud du Tyrol, les Grisons et la vallée du Rhin jusqu'au lac de Constance, voir E. Meyer, art. *Raeti*, *Raetia*, dans *KP* 4 (1975), col. 1330 ; E. Meyer, *Die geschichtlichen Nachrichten über die Räter und ihre Wohnsitze*, dans *Jsgu*, 55 (1970), p. 119-125, spécialement p. 120 (avec rappel des passages de Strabon) et 124 ; Regula Frei-Stolba, *Die Räter in den antiken Quellen*, dans *Schriftenreihe des Rätischen Museums Chur*, 28 (1984), p. 6-21. Jean le Lydien n'est cité dans aucune de ces études approfondies. Les *Reatici* n'apparaissent dans la littérature latine qu'après César [Virg., *Géorg*., II, 96 ; Hor., *Od*., IV, 4, 17 ; 14, 15 ; LIV., V, 33, 11 ; OV., *Tr*., II, 226, voir D. Cloud, (1998), p. 102 ; toutefois, Caton mentionnait des *Raeti*, d'après Pline (*H.N*., III, 130)]. Nous sommes surpris que depuis Wünsch on trouve la référence de Jean suffisamment précise, voir C. Wittig, (1910), p. 94-98 ; An. Bandy, (1983), p. 318 (n. à p. 184, 12). Notre auteur évoque les montagnes de Germanie, qu'il appelle les Ῥητικὰ ὄρη, appellation dont nous ne connaissons pas d'exemple en grec. Naturellement, aucun mot équivalent ne figure dans le passage de César indiqué, pas plus qu'il n'y est question des montagnes de Germanie ni de la Celtique montagneuse. Faut-il penser à un passage de Pomponius Méla (III, 3, 30) : *montium altissimi Taunus et Retico ?* Le *Retico* ne se trouve qu'ici. Le dernier éditeur, M.A. Silberman [(1988, p. 266 (n. compl. 10, à la p. 76)] se demande s'il s'agit du massif montagneux à l'est de Bonn ou des *Raeticae Alpes*, qu'évoque Tacite (*Germ*., 1, 1) : *Germania omnis a Gallis Raetisque et Pannoniis fluminibus, a Sarmatibus Dacisque mutuo metu aut montibus separatur*. Bien connues, les montagnes de Rhétique ont une désignation tirée de l'ancien nom de l'Inn [Fr. Lasserre, [(1966, p. 220 n. 5 (complémentaire à la p. 179)], voir Str., IV, 6, 8 ; VII, 5, 2 ; Arr., *Tact*., 44, 2 ; *Al*., 1, 10. Dans les quatre passages, la graphie est de type Ῥαιτική. La tentation de corriger Ῥητική, un *hapax*, en Ῥαιτική est forte assurément ; on s'en abstiendra pourtant, car Jean a pu suggérer une sorte de liaison étymologique avec le mot Ῥῆνος. Pour la source commune au Rhin et au Danube, voir Him., 9 (*Épithalame pour Sévéros*), 88-92 : Τότε Ἴστρος μὲν τῆς κατὰ Βόσπορον θαλάττης ἤρα, Ῥῆνος δὲ τῆς τῶν Κελτῶν πόλεων γείτονος. Τούτους τοὺς ποταμοὺς ἐκ μιᾶς πηγῆς ἀνίσχοντας σχίζων ὁ Ἔρως τῷ πόθῳ, τὸν μὲν Εὐξείνῳ Πόντῳ νυμφίον, τὸν δὲ Ἀτλαντίδι θαλάσσῃ δέδωκε, cf. Str., VII, 1, 5 ἔστι δὲ πλησίον αὐτῆς ἥ τε τοῦ Ἴστρου πηγὴ καὶ ἡ τοῦ Ῥήνου καὶ ἡ μεταξὺ ἀμφοῖν λίμνη καὶ τὰ ἕλη τὰ ἐκ τοῦ Ῥήνου διαχεό-

μενα ; Jul., 3 (*Constance ou de la royauté*), 17, p. 144 Bidez καὶ Ῥαιτοὶ δὲ τὰ ὑπὸ τὴν ἄρκτον, ἵνα Ῥήνου τέ εἰσιν αἱ πηγαὶ καὶ αἱ τοῦ Ἴστρου πλησίον παρὰ τοῖς γείτοσι βαρβάροις ; scolie à D. P., 295 Ἄλπιος ἀρχήb Ἄλπις ὄρη μέγιστα τῆς Εὐρώπης, καὶ ῥεῖ ἐκ μὲν θατέρου μέρους ὁ Ἴστρος, ἐκ δὲ τοῦ δυτικωτέρου ὁ Ῥῆνος. De la proximité approximative des deux fleuves pour leurs sources respectives, on pouvait facilement tirer une exploitation rhétorique, à la façon d'Himérios. La donnée de Jean relève-t-elle de ce courant d'inspiration ? Dans le passage de César [*G.G.*, I, 1, 1, voir Klotz, art. *Lydos* 7, dans *RE*, XIII, 2 (1927), col. 2214], Jean retient tout au plus l'indication relative à la Celtique en général ; en revanche, *G.G.*, IV, 10, 1 [*Mosa (...) parte quadam ex Rheno recepta*] prête à ce type de confusion. La référence est de toute façon destinée à donner l'impression de l'érudition.

P. 84.

124. De quelle langue maternelle s'agit-il ? À haute époque, les Thraces, qui avaient une langue indo-européenne, mais affiliée plutôt au groupe balto-slave [B. Sergent, (1995), p. 99], ne comprenaient pas nécessairement le grec (Xén., *An.*, VII, 6, 8). Jean a-t-il rencontré des habitants de la Thrace devenus latinophones ou a-t-il utilisé un lexique où figurait déjà l'étymologie ? La seconde hypothèse est la plus vraisemblable. On lit en effet chez Isidore (*Orig.*, XIII, 21, 28) une étymologie de même farine : *Danubius Germaniae fluvius vocari fertur a nivium copia quibus magis augetur.* A. Bandy [(1983), p. 317] cite d'après M. Treu (*Excerpta anonymi byzantini ex codice Parisino Suppl. Gr.* 607 A. IIX Städtisches Gymnasium zu Ohlau 1880. 2. Wissenschaftlicher Teil. 1880. Progr. Nr. 167) un passage sûrement inspiré par notre chapitre : Οὗτος ὁ Ἴστρος τὴν ἰδίαν προσηγορίαν φυλάσσει ἕως *Σιρμίου τῆς πάλαι Ῥωμαίων εὐδαίμονος πόλεως*, ἔσχατον δὲ ὑπὸ Γηπαίδων οἰκουμένης. *Ἀποβάλλει μέντοι παρὰ τοῖς ἐπιχωρίοις τὸ ἔμπροσθεν ὄνομα, Δανούβιος μετακληθείς· οὕτω* γὰρ *αὐτὸν οἱ Θρᾷκες ἐκάλεσαν, δι' ὅτι* εἰς τὰ *πρὸς ἄρκτον* καὶ *θρασκίαν* ὄρη *συννεφὴς ὁ ἀὴρ* ὢν *ἐκ τῆς ὑποκειμένης τῶν ὑγρῶν ἀμετρίας αὐτοῖς συνεχοῦς ἐπομβρίας νομίζεταί· Δανούβιον δὲ τὸν νεφελοφόρον ἐκεῖνοι καλοῦσιν πατρίως*. Ἐντεῦθεν μεταβέβληκεν ὁ Ἴστρος τὴν ἑαυτοῦ ὀνομασίαν, Δανούβιος μετακληθείς. Nous avons souligné les parties de ce texte qui ont leur point de départ dans *Mag.*

P. 85.

129. La notation est un écho d'un passage d'Hérodote (VII, 39-40, 1) : Ὡς δὲ ταῦτα ὑπεκρίνατο, αὐτίκα ἐκέλευε τοῖσι προσετέτακτο ταῦτα πρήσσειν τῶν Πυθίου παίδων ἐξευρόντας τὸν πρεσβύτατον μέσον διαταμεῖν, διαταμόντας δὲ τὰ ἡμίτομα διαθεῖναι τὸ

μὲν ἐπὶ δεξιὰ τῆς ὁδοῦ, τὸ δ' ἐπ' ἀριστερά, καὶ ταύτῃ διεξιέναι τὸν στρατόν. Ποιησάντων δὲ τούτων τοῦτο, μετὰ ταῦτα διεξήιε ὁ στρατός. Xerxès punit de la sorte Pythios de Lydie, dans une scène où l'ironie est atroce. Père de cinq fils, ce dernier avait magnifiquement traité le Roi. Pour récompense, il demanda que l'un au moins d'entre eux, l'aîné, fût dispensé de l'obligation d'accompagner l'armée. Xerxès laissa la vie sauve à Pythios et à quatre de ses fils ; en récompense, l'aîné subit le sort décrit par Hérodote. Pour une interprétation du passage, voir J. Schamp, (1987, 2), p. 128 et *supra*, p. VIII-X. Jean transforme l'événement en une donnée ethnologique. W. Kroll [*Berliner philologische Wochenschrift*, 28 (1904), col. 871] affirme ne pas comprendre la raison d'être du pronom αὐτὸς qu'il propose de remplacer par l'adverbe οὕτως. À notre sens, αὐτός revêt ici la valeur emphatique propre à la forme de nominatif, voir J. Humbert, *Syntaxe grecque*, 3e éd., Paris, 1960, § 42, p. 34-35.

130. Nous ne connaissons pas de chef militaire du VIe s. portant un nom qui aurait pu servir d'étymon à Λαζική. Cependant, on notera qu'il existait, depuis longtemps, une cité de Colchide nommée « Vieille Lazique », voir Arr., *Péripl. M. Eux.*, 18, 4 ; D. P., s.v. Λαζοί· Σκυθῶν ἔθνος. Ἔστι καὶ χωρίον Παλαιὰ Λαζική, ὡς Ἀρριανός. Elle se situait sur la côte est de l'Euxin, au-delà de Dioscorias ; Pline (VI, 12) est le premier à présenter les Lazes dans leur nouvel habitat, qui doit se situer au nord de l'Hopa jusqu'au Bathys ; après quoi, ils s'étendirent largement dans toute la Colchide et vers l'intérieur [A. Silberman, (1995), p. 35 (n. 82 complémentaire à la p. 9)]. La cité doit correspondre à l'actuelle Nebug, appelée aussi Neghepsouco, A. Silberman, (1995), p. 52 (n. 194 complémentaire à la p. 16). La migration des Lazes doit s'être produite après la mort de Strabon, vers 21 ap. J.-C. Sur le plan administratif, Justinien paraît avoir montré l'exemple de l'emploi nouveau de Lazique pour Colchide (*Nov.* XXVIII, pr. 32-33, 16 juillet 535, à Bélisaire). Le mot Λαζική est particulièrement fréquent chez les historiens du VIe s., où il a totalement éclipsé celui de Κολχίς. Apparemment, il est tiré de l'ethnonyme Λάζης, voir Herrmann, art. *Lazai*, dans *RE* 23 (1924), col. 1043. Pour l'élucidation du texte de Jean les articles de Ruge et de Wecker (respectivement *Kolchis* 1 et *Kolchoi*, dans *RE* 21 (1921), col. 1070-1071 et 1071), n'apportent rien.

P. 86.

133. Du verbe δρυφάσσω, le grec a tiré un substantif δρύφακτος, « entouré d'une cuirasse » ou un adjectif verbal identique. La locution traduite par « coffre-fort » τὴν δρυφάκτην λάρνακα est propre à notre écrivain. On a d'autant moins de raison de corriger la forme verbale qu'on la retrouve ailleurs dans le traité, I **7** 1, voir An. Bandy, (1983), p. 319. Le mot a fait l'objet de diverses gloses montrant l'évo-

lution du sens, qui ne doit rien à notre auteur, voir Photios, *Lex.* Δ 775 δρύφακτοί· ξύλινοι θώρακες. Τὰ διαφράγματα ἢ τὰ περιτειχίσματα. C'est elle que reprend en partie l'*Et.Gen.* AB, s.v. δρυφάκτους, avec une glose intercalée ἢ τοὺς νῦν καλουμένους καγκέλλους, que nous citons d'après Ch. Theodoridis [(1982), p. 432-433]. Voir aussi Δ 776 δρυφάκτους· τὰς θύρας τοῦ δικαστηρίου, ἃς καὶ κιγκλίδας ἔλεγον. Φασὶ δὲ καὶ οὓς ἡμεῖςt ἐπανωγέω περιπάτους λέγομεν.

P. 87.

134. Nous ne connaissons pas d'emploi de ἀρχαῖον comme substantif pour désigner « les archives ». En revanche, ἀρχεῖον est bien connu dans ce sens depuis la fin du Ier s. de notre ère au moins, voir Ign., *Philad.*, 8, 2 (où les « archives » en question ne sont autres que l'Ancien Testament). Comme l'indique An. Bandy [(1983), p. 319], Lampe (*PGL*, s.v. ἀρχαῖον, p. 232) donne, il est vrai, le sens de « archives » pour ἀρχαῖον, en ne proposant qu'une seule occurrence, J. Mal., XVIII, 44, 33 (p. 449, 21 B.). Nous hésitons à le suivre car Thurn imprime le même texte avec la graphie ἀρχείοις. Sur ce point, voir déjà la note à III **19** 1.

P. 88.

138. Comme l'indique An. Bandy [(1983), p. 319], le mot διαφραγμός ne figure pas dans les dictionnaires courants. Nous ne connaissons pas d'autre occurrence du mot, que Jean paraît bien donner comme un néologisme. Nous ne croyons pas non plus qu'il soit indispensable de corriger en διάφραγμα.

P. 89.

139. Bandy [(1983), p. 319], Jean cite ici P. Festus (40, 8 L) : Cancri *dicebantur ab antiquis, qui nunc per deminutionem cancelli ; ex quo genere sunt calces, qui per deminutionem appellantur calculi*. Au demeurant, l'explication qu'on lit ici est correcte en grande partie ; Ernout-Meillet (*DELL*, s.v. *cancri*, p. 91) citent un article de Skutsch, d'après qui " *cancri* est une forme dissimilée de *carcer*, mot qui semble avoir désigné à l'origine un objet fait de matériaux entrelacés, un treillis. " Le grec a des calques κάγκελος, κάγκελον ou κάγγελον (voir *LSJ* s.v. p. 848) en face du classique κιγκλίς. Quant au pluriel *casses*, il n'a guère que des diminutifs tardifs et rares comme *cassiculus* ou *cassiculum*, voir Ernout-Meillet, *DELL*, s.v. *casses*, p. 103. Il ne semble pas qu'il y ait de relation morphologique entre *carcer* et *casses*, donné l'un comme d'origine indéterminée, l'autre comme sans doute emprunté. Le mot κάσσεις doit être restitué, de façon presque sûre, là où le manuscrit O est déficient sur base de la glose tirée de notre texte. Bandy [(1983), p. 190 et p. 319] ne paraît pas s'en être aperçu.

P. 91.

143. La phrase vise à la rhétorique. Selon An. Bandy [(1983), p. 320], le τε répondrait au μὲν qui précède. Nous ne connaissons pas de construction analogue dans la prose classique. Le savant américain signale deux cas semblables, III **57** 5 et **76** 6. À notre avis, Jean a quelque difficulté à composer une période de grand style.

P. 98.

155. Zénon, empereur d'Orient en 474-475, puis, après l'usurpation de Basiliscos, de 476 à 491, voir *supra*, p. XCI-CI. J. Caimi [*L'avvento di Zenone in Lyd.* Mag. 3, 45 (sous presse, titre provisoire), que nous remercions pour son intervention (courriel du 9 septembre 2004), attire notre attention sur la forme ὑπεξελθόντος, que R. Wünsch [(1903), p. 134] avait déjà corrigée de façon très brillante en ὑπεξελόντος. Il trouve plus économique l'émendation ὑπεισελθόντος (ὑπεισέρχομαι), d'après un verbe qui peut revêtir le sens de " succéder ", comme διαδέχομαι [voir *Nov.* Cxviii, 3 pr. (p. 570, 17) de 543 : ἵνα εἰς τὰ τῶν ἰδίων γονέων δίκαια ὑπεισέλθωσιν]. L'émendation de Wünsch (dittographie d'onciales, dont l'une est fautive) nous paraît plus économique et plus riche de sens.

P. 99.

159. L'expression ταῖς ἀληθείαις a une signification presque adverbiale, voir An. Bandy, (1983), p. 324. Voir, par exemple, Isoc., 15 (*Échange*), 283 ; Plb., X, 40, 5 ; Babr., I, 75, 20 ; 83, 4. La question est de savoir à quoi il faut rattacher la locution. Anastase est soucieux d'établir un équilibre entre recettes et dépenses. À notre sens, Jean insiste, non pas sur les impôts qui peuvent être conservés, mais sur l'efficacité des mesures fiscales prises par l'empereur. Ταῖς ἀληθείαις porte, non pas sur δύναιντο, mais sur προσαρμόσας. Nous ponctuons en conséquence.

160. Pour une dramatisation de même style, mais à propos des drames familiaux qui déchirèrent la famille d'Hérode le Grand, voir J., *GJ*, I, 431 : Τάς γε μὴν ὑπαίθρους εὐπραγίας ἡ τύχη τοῖς κατ' οἶκον ἀνιαροῖς ἐνεμέσησεν, καὶ κακοδαιμονεῖν ἐκ γυναικὸς ἤρξατο περὶ ἣν μάλιστα ἐσπούδασεν. Sous la forme que lui donne An. Bandy [(1983), p. 324], la citation est méconnaissable. Le verbe παραλύω revient en **49** 2, toujours à propos du même Marinos.

P. 102.

167. Sur l'œuvre d'Anastase comme constructeur, voir *supra*, p. CXIV-CXV.

P. 103.

170. Le même verbe apparaissait déjà en **46** 1, dans un contexte identique.

171. Le jugement à l'endroit des *vindices* est ici entièrement négatif. Les notes de Jean font peut-être écho à des critiques qui sonnent ailleurs, ainsi, dans la *Nov.* XXXVIII praef. (p. 246, 33-34) τοὺς ὀλεθρίους μισθωτὰς οὓς δὴ βίνδικας καλοῦσι. Voir aussi Just., *Nov.* XXVIII, 4, 1 (p. 215, 37-38) ; Évagr., *HE*, III, 42 (p. 144, 22), avec Pauline Allen, (1981), p. 162-163. Vues positives chez Prisc., *Anast.*, 193-195 ; C. Capizzi, (1969), p. 148 avec les n. 227-231.

P. 105.

175. En termes de syntaxe scolaire, on peut croire à une irrégularité. En effet, le sujet du génitif absolu est le même que celui de la proposition principale. On ne peut trop s'en étonner dans un texte de date aussi tardive. Toutefois, le phénomène existe déjà à l'époque classique, voir Thuc., III, 13, 7, qui offre un cas fort semblable au nôtre. On verra R. Kühner – B. Gerth, II (1963), p. 110. Le but est de souligner vigoureusement l'action indiquée par le génitif absolu.

176. Le manuscrit donne la forme masculine δημοσίοις, qu'An. Bandy [(1983), p. 327] corrige à juste titre, non sans se demander s'il n'a pas tort. Le savant américain évoque à l'appui un passage d'Hippocrate (*Ép.* 19), où l'on trouverait un accord de ce type. Pour notre part, nous n'avons rien trouvé de semblable dans le *corpus* hippocratique.

178. Peut-on tirer de ce passage des informations chronologiques ? Anastase ne revêtit que trois fois les insignes consulaires, en 492, 497 (sans collègue) et en 507, soit immédiatement après Fl. Aréobindus Dagalaifus (voir *PLRE* II, p. 1244-1245 et *supra*, p. XLIII-XLVI). En 507, Marinus exerçait déjà les fonctions de *chartularius* pour la partie orientale de l'Empire. Les flatteries d'Aréobindus immédiatement après la conclusion de la paix avec la Perse et l'élection d'Anastase au consulat étaient de nature à faire envisager l'avenir avec optimisme.

180. Le lecteur attire dans la marge de droite l'attention sur l'intérêt du passage : βασιλεὺς Ἰουστῖνος.

181. Sur l'empereur Justin Ier (518-527), voir *supra*, p. CXXIII-CXXXII.

182. Jean met sur le même pied Marinos et tous ceux qui devaient à Anastase leur avancement. On doit donc entendre au départ οἱ Μαρίνου transformé fort logiquement en ὅσοι Μαρίνου. Il n'y a donc aucune raison d'introduire ici une préposition παρὰ comme le souhaitait W. Kroll [*Berliner philologische Wochenschrift*, 28 (1904), col. 871].

P. 106.

183. Les chapitres **52** et **53** roulent sur les fameuses portes du Caucase. Voir, à ce propos, *supra*, p. XXVII-XLVI.

184. La cité d'Artaxata (aujourd'hui Artashat, au sud-est d'Yerewan), sur la rive gauche de l'Araxes (auj. l'Aras), fut fondée en 188 par Artaxias sur une suggestion d'Hannibal et devint la capitale de l'Arménie. Elle est décrite par Strabon (XI, 14, 5-6 p. 528-529), qui lui

donne aussi le nom d' 'Αρταξιάσατα, voir Tac., *Ann.*, II, 56, 3 ; VI, 39, 1 ;XII, 50, 2 ; 51, 5 ; XIII, 39, 9 ; 41, 3 ; Plut., *Luc.*, 31, 3 ; App., XII (*Mithr.*), 104, 484 Goukowsky ; D. C., XXXVI, 51, 1 ; IXL, 39, 3 ; Ptol., *Géog.*, V, 13, 12 ; VIII, 19, 10.

185. À la suite de la catastrophe de Julien de juin 363 en Perse, il fut désigné comme empereur, mais il mourut inopinément le 17 février 364. Voir *PLRE* I, s.v. *Fl. Iovianus* 3, p. 461. Sur les clauses du pacte passé avec les Perses, voir *supra*, p. XV.

186. Sur Salutius, préfet du prétoire deux fois, du 1er mars 362 au 30 juin 365, puis, du 2 novembre 365 au printemps 367, voir *supra*, p. XXXII.

187. Du côté perse, le principal négociateur avait été à l'époque Surena. Sur le personnage, voir *PLRE* I, s.v. *Surena*, p. 861 et *supra*, p. XXXII avec la n. 84.

188. On doit donner à l'adverbe une valeur pleine. En effet, Jean distingue deux étapes qui s'annulent. D'abord le traité de l'été 363, puis, après une brève période d'affrontements, après 441, un nouveau traité qui, pratiquement, ramenait à la situation antérieure, voir *supra*, p. XXXV. Il ne s'agit donc pas d'un ambassadeur, mais du roi Isdigerdes II (*PLRE* II, s.v. *Isdigerdes* II, p. 627-628), qui régna de 438 à 457.

P. 108.

194. Parmi les historiens, dont il est question un peu plus bas (**53** 4), on doit sans doute placer Procope (*Pers.*, I, 8, 1-3), qui, aux généraux mentionnés par Jean, en ajoute un quatrième, Céler. L'ensemble des *Guerres* fut publié en 551, voir M. Folkerts, art. *Prokopios* 2, dans *KP* 4, col. 1166.

195. Située sur le cours supérieur du Tigre, Amida, aujourd'hui Dijârbekr (en turc, Kara Amid), fut assiégée et prise par Sapor II en 359, ce dont Ammien Marcellin fut un témoin oculaire (XIX, 1-8, 4), voir H. Treidler, art. *Amida*, , dans *KP*, 1 (1975), col. 300.

196. Sur Céler, maître des offices sous Anastase de 503 à 518 et consul en 508, voir *PLRE* II, s.v. *Celer* 2, p. 275-277.

197. Référence à III **52** 3.

198. Nous considérons que la leçon Τραϊανου de O indique la bonne voie pour Τραϊανῷ, que nous adoptons ; il est inutile de la corriger en Ἁδριανῷ, comme le suggère An. Bandy [(1983), p. 329]. Voir, sur ce point, t. I, p. CLXXIII-CLXXV.

P. 109.

201. Justin Ier mourut de maladie le 1er août 527. L'action du souverain est à peine indiquée, encore est-ce toujours en termes péjoratifs (voir **51** 5-6 et *supra*, p. CXXIII-CXXV).

202. Sur Chosroes Ier, roi de Perse de 531 à 579, voir *PLRE* II, s.v. *Chosroes* 1, p. 293 et *PLRE* III, s.v. *Chosroes* 1 *Anoushirvan*, p. 303-

306. Jean l'appelle ici un " diable " (κακοδαίμων) ; plus loin, il l'appellera ὁ ἄτακτος (**55** 2). Ménandre Protecteur (fr. 11, p. 209 Müller), à propos de la paix de cinquante ans conclue en 561, rappelle les titres dont on parait Chosroès : θεῖος, ἀγαθός, εἰρηνοπάτριος, ἀρχαῖος, βασιλεὺς βασιλέων, εὐτυχής, εὐσεβής, ἀγαθοποιός, γίγας γιγάντων.

P. 111.

207. Sur cette équation, que l'on ne trouve pas ailleurs à notre connaissance, voir *supra*, p. CXLV.

208. Allusion à la prise d'Antioche de juin 540, voir *supra*, p. CXXVIII.

209. Probablement allusion à la conquête de la Mauritanie en 540, voir *supra*, p. CXLIII.

210. Nouvelle allusion à la défaite de Vitigès en 540, voir **55** 4.

P. 114.

217. Dans le traité, le verbe ἐνείργω (ἐνείργνυμι) n'apparaît qu'ici et en **59** 3, où il est question d'un autre Cappadocien copiant, en pire, les comportements monstrueux de son chef, Jean de Cappadoce, le préfet du prétoire. En vérité, il n'est pas d'un emploi extrêmement fréquent, voir Épiph., *Pan.*, II p. 443, 5 (à propos de l'âme enfermée dans les tuniques de chair) ; *Et. Gud.* E p. 427, 5 ; K p. 303, 34 ; Eust., *Od.* II, p. 236, l. 38 (à propos de cochons). En revanche, on le trouve cinq fois dans la *Chronique* de Nicétas Choniatas (*Alexis*, 2, p. 252, 8 ; 3, 1 p. 493, 25 ; *Manuel*, 1, 2 p. 80, 23 ; *Andronic*, 1, 2 p. 336, 11, où se lit l'*unicum* ἐνείργνυνται). Toutefois, une autre forme a trouvé place dans [Phalar.], *Ép.* 136, 1 (οὐδὲ βουλομένους τοὺς περὶ Κλεόμβροτον ἐνεῖρξαι τῷ ταύρῳ). Le passage fait allusion au célèbre enfermement dans le taureau. L'usage du mot par Jean ne relève donc sûrement pas du hasard. Jean de Cappadoce et son suppôt se conduisent tous deux comme des Phalaris aux prisons vibrant du cri des suppliciés.

219. Déjà Jean lui-même (*Mois*, IV, 3 p. 67, 7-12) : Οἱ δὲ μυθικοὶ Βριάρεω τὸν χειμῶνα καλοῦσι πολύχειρά τινα, διὰ τὸ πολυσχιδῶς τὸ ὑγρὸν ἐκχεῖσθαι κατ' αὐτόν. Καὶ νῦν μὲν μάχεται ὁ Βριάρεως τῷ Διὶ οιΙονεὶ τῷ ἡλίῳ καὶ σύμμαχος αὖθις αὐτῷ γίνεται διὰ τὸ τὴν ὑγρὰν οὐσίαν σύμμαχον εἶναι τῇ θερμῇ. Un Briarée figure dans l'*Iliade* (A 401-404) pour désigner un être aux cent bras dans la langue des dieux ; dans celle des hommes, il répondait au nom d'Égéon. Ce qui est curieux, c'est que le personnage y est un allié de Zeus, cf. Hésiode, *Th.*, 817 (passage probablement inauthentique) ; ailleurs (Hés., *Th.*, 149), il est fils de la Terre et de Ciel, mais il combat aux côtés de Zeus (714). Or, dans la *Titanomachie* d'Eumélos de Corinthe, Aegeon, fils de Gê et de Pontos, combattait avec les Titans

contre Zeus, A. Severyns, (1928), p. 169. Callimaque (*Dél.*, 143) met Briarée au nombre des travailleurs occupés sous l'Etna. Jean n'avait probablement qu'une idée assez mince des transformations que subit le monstre à travers la littérature. Jean le Cappadocien est un Briarée parce qu'il dispose de cent bras disposés à travailler dans son intérêt. Eugenio Amato nous signale que Favorinos d'Arles (*Cor.*, 11) fait également allusion à Briarée en recourant à une citation anonyme (fr. 2 ; 8 Bernabé = 12 Davies), qui serait un vers d'Eschyle. Le recours au mot ἀλάστωρ dans la suite immédiate plaiderait dans le même sens. Voir son article *Su due improbabili citazioni dai Korinthiaka di Eumelo (F 2 ; 8 Bernabé = 12 Davies) : un nuovo frammento lirico di autore incerto (Eschilo ?) e un oracolo sibillino*, dans *Emerita*, 70/1 (2002), p. 45-68.

220. Faut-il, comme An. Bandy [(1983), p. 222], imprimer le mot avec une capitale à l'initiale ? À ce compte, on doit interpréter le personnage comme un nom propre. Chez Homère, différents personnages, Achéens aussi bien que Troyens, portent le même nom. On voit ainsi en action tantôt un guerrier de Pylos (Δ 295) ou un autre Achéen, compagnon de Mékisteus (Θ 333 = N 422), tantôt un guerrier lycien, victime d'Ulysse (E 677) ou le père d'un Trôs tué par Achille (Y 463). Comme nom commun, le mot désigne un démon vengeur — " celui qui n'oublie pas " —, attesté seulement à partir d'Eschyle (*Pers.*, 354 ἀλάστωρ ἢ κακὸς δαίμων) ; dans le même sens, c'est le génie vengeur d'Œdipe (S., *OC*, 788 χώρας ἀλάστωρ οὑμὸς ἐνναίων ἀεί) ; ailleurs, c'est le génie faisant peser sa malédiction sur les Atrides (*Ag.*, 1500-1501 ὁ παλαιὸς / δριμὺς ἀλάστωρ 'Ατρέως), ou Oreste qui se présente comme tel à Athéna sur l'ordre d'Apollon (Esch., *Eum.*, 236). Voir H. Von Geisau, art. *Alastor*, dans *KP* 1 (1975), col. 230 et P. Wathelet, (1988), p. 251-255. M. Wathelet souligne vigoureusement les harmoniques chtoniennes du mot. Il signale [(1988), p. 253] d'autres personnages mythologiques homonymes chez Asclépiade de Tragile, Ovide, et Jean Tzetzès, mais pas le nôtre. La majuscule affaiblit le texte. Le sens du mot est défini par Plutarque (*Q. G.*, 25, 297 A) : *Mais on a qualifié d'exécrable l'auteur de crimes inoubliables et appelés à rester longtemps dans les mémoires.* 'Αλλ' ἀλάστωρ μὲν κέκληται ὁ ἄληστα καὶ πολὺν χρόνον μνημονευθέντα δεδρακώς. On lira avec intérêt la note de J. Boulogne [(2002), p. 409 (n. compl. 133 à la p. 199].

P. 115.

221. Aucune des leçons retenues par les éditeurs ne correspond à un vocable connu par ailleurs. Selon Bandy [(1983), p. 332], la leçon du manuscrit recouvre le terme ἐξιπωτήρ, qui équivaut au latin *expressor* (St. Byz., cité par L. Dindorf, *Thes. Gr. Ling.* IV, p. 1307). Il n'en existe pas d'autre occurrence. En tout cas, des mots de forma-

tion analogue existent, dans le domaine médical. Ils sont tirés du verbe ἐξιπόω, qui signifie " faire suppurer ". Surtout, ἐξιπωτήρ fait jeu de mot avec ἐξισωτής, qui désigne un *peraequator*, voir Du Cange, s.v. ἐξισωτής, col. 403 (nombreuses références) ; *LSJ*, s.v. ἐξισωτής, p. 595, avec A.H.M. Jones, *LRE*, I, p. 455 ; II, p. 798 et 814. Le titre de ce fonctionnaire gouvernemental est connu depuis le IVe s. au moins.

223. Le personnage n'est pas connu par d'autres sources. Les tentatives d'identification demeurent hypothétiques. Voir *supra*, p. CLXXXIII-CLXXXIX et *PLRE* III, s.v. *Ioannes " Maxilloplumacius "* 10, p. 626. Les éditeurs se demandent s'il est à distinguer de *Ioannes* 19, scriniaire de l'Empire d'Orient (*PLRE* III, p. 637-638).

224. L'épithète καρχαρόδους, fort courante, est attestée depuis les origines. Jean paraît avoir été le seul à l'appliquer à Cerbère. Toutefois, déjà Homère (K 360, N 198) l'employait à propos de chiens.

225. Du verbe μασάομαι, divers composés sont attestés, en ἀνα-, ἐκ-, δια- et κατα-. En revanche, ἀπομασάομαι ne paraît pas avoir été utilisé ailleurs, voir An. Bandy (1983), p. 332.

226. En fait, Euripide (*Bacch.*, 13) avait écrit : Λιπὼν δὲ Λυδῶν τὰς πολυχρύσους γύας. Il était aisé de remplacer le dernier mot par γαίας, voir aussi *IA*, 786-788 : οἵαν αἱ πολύχρυσοι / Λυδαὶ καὶ Φρυγῶν ἄλοχοι / στήσουσι παρ' ἵστοις. On doit délimiter l'étendue exacte de la prétendue citation d'Euripide, que l'on a été tenté de corriger (voir apparat critique). Le groupe de mots Λυδῶν ὑπάρχειν τὰς πολυχρύσους γαίας forme un excellent trimètre iambique, que l'on doit maintenir tel quel, même s'il paraît être tributaire du hasard. On peut supposer que *via* une anthologie ou un traité sur la Lydie l'original a été transmis sous une forme altérée ; la part d'Euripide ici se limite aux mots Λυδῶν ... τὰς πολυχρύσους γαίας. Voir, sur ce point, E. Amato, *Per una nuova lettura dei* PCG *Adesp. 155*, dans *Emerita*, 72 (2004), p. 207-226, plus spécialement p. 221 et n. 59.

P. 116.

229. Roi légendaire d'Assyrie, identifié généralement avec Assurbanipal (668-626 aCn) et cité pour la première fois par Hérodote (II, 150). Ctésias (F 1b § 23, p. 54-55 Lenfant = D.S., II, 23, 1-3) donne une description qui allait servir de modèle à une longue tradition représentée par Diodore de Sicile, Nicolas de Damas, Athénée, Eusèbe de Césarée et Georges le Syncelle : Σαρδανάπαλλος δὲ τριακοστὸς μὲν ὢν ἀπὸ Νίνου τοῦ συστησαμένου τὴν ἡγεμονίαν, ἔσχατος δὲ γενόμενος Ἀσσυρίων βασιλεύς, ὑπερῆρεν ἅπαντας τοὺς πρὸ αὐτοῦ τρυφῆι καὶ ῥαιθυμίαι. Χωρὶς γὰρ τοῦ μηδ' ὑφ' ἑνὸς τῶν ἔξωθεν ὁρᾶσθαι, βίον ἔζησε γυναικός· καὶ διαιτώμενος μὲν μετὰ τῶν παλλακίδων, πορφύραν δὲ καὶ τὰ μαλακώτατα τῶν ἐρίων ταλασιουργῶν, στολὴν μὲν γυναικείαν ἐνεδεδύκει, τὸ δὲ πρόσωπον καὶ πᾶν τὸ σῶμα ψιμυθίοις καὶ τοῖς ἄλλοις τοῖς τῶν ἑταιρῶν

ἐπιτηδεύμασιν ἁπαλώτερον πάσης γυναικὸς τρυφερᾶς κατεσκεύαστο. (2) Ἐπετήδευσε δὲ καὶ τὴν φωνὴν ἔχειν γυναικώδη, καὶ κατὰ τοὺς πότους οὐ μόνον ποτῶν καὶ βρωτῶν τῶν δυναμένων μάλιστα τὰς ἡδονὰς παρέχεσθαι συνεχῶς ἀπολαύειν, ἀλλὰ καὶ τὰς ἀφροδισιακὰς τέρψεις μεταδιώκειν ἀνδρὸς ἅμα καὶ γυναικός· ἐχρῆτο γὰρ ταῖς ἐπ' ἀμφότερα συνουσίαις ἀνέδην, τῆς ἐκ τῆς πράξεως αἰσχύνης οὐδὲν ὅλως φροντίζων. (3) ἐπὶ τοσοῦτο δὲ προήχθη τρυφῆς καὶ τῆς αἰσχίστης ἡδονῆς καὶ ἀκρασίας, ὥστ' ἐπικήδειον εἰς αὑτὸν ποιῆσαι, καὶ παραγγεῖλαι τοῖς διαδόχοις τῆς ἀρχῆς μετὰ τὴν ἑαυτοῦ τελευτὴν ἐπὶ τὸν τάφον ἐπιγράψαι τὸ συγγραφὲν μὲν ὑπ' ἐκείνου βαρβαρικῶς, μεθερμηνευθὲν δὲ ὕστερον ὑπό τινος Ἕλληνος· " εὖ εἰδὼς ὅτι θνητὸς ἔφυς, σὸν θυμὸν ἄεξε τερπόμενος θαλίῃσι· θανόντι σοι οὔτις ὄνησις· καὶ γὰρ ἐγὼ σποδός εἰμι, Νίνου μεγάλης βασιλεύσας. ταυτ' ἔχω, ὅσσ' ἔφαγον καὶ ἐφύβρισα καὶ μετ' ἔρωτος τέρπν' ἔπαθον, τὰ δὲ πολλὰ καὶ ὄλβια κεῖνα λέλειπται ". Voir W. Röllig, art. *Sardanapal*, dans *KP* 4 (1975), col. 1550-1551. Dominique Lenfant [(2004), p. 54-55 et 245-246 (notes)] n'a pas éprouvé le besoin de s'expliquer sur la structure du fragment de Ctésias tiré de Diodore qu'elle ne donne pas au complet.

P. 117.

231. Nonobstant le risque de rompre l'illusion tragique, Jean ne peut s'empêcher pour la circonstance de se livrer à ses jeux philologiques favoris : employer des mots latins, déjà entrés dans la langue commune, et en donner l'explication. On possède plusieurs gloses du mot *stabulum*, voir Chr. Gasgeber – J. Diethart, (1998), p. 470 *C.G.L.*, VII, 290 *stabulum* αὐλὴ ἡ τῶν προβάτων, ἔπαυλις, ἱπποστάσιον (-ις), ὀνοστάσιον, πανδοχεῖον, σταθμὸς ἔνθα οἱ βόες ἵστανταὶ ; Λ.Ρ.Δ. 126 p. 452 σταῦλος ἡ ἔπαυλις τῶν ἡμιόνων. Le mot était déjà employé dans la langue commune au VIe s., voir J. Mal., XVI, 6, 79-80 (p. 396, l. 2-4 B.) καὶ παρέλαβε τὸν σταῦλον τοῦ Πρασίνου μέρους λιπόμενον, καὶ ἐνίκησε κατὰ κράτος ; Hsch., K 844, s.v. καρνοστάσιον· στάβλος, ὅπου τὸ κάρνον ἵσταταὶ ; Georges le Moine Continué (*Michel et Théodora*, 19, réd. A), p. 825, 13 B ἔκτισε δὲ Μιχαὴλ στάβλον τοῖς ἵπποις. Naturellement, on le trouve aussi pour désigner le " comte de l'étable " (κόμης τοῦ στάβλου), qui allait donner le français " connétable ".

233. La légende de ce dernier est relativement bien connue. Originaire de Thessalie, il se rendit en Élide, où il fonda une ville, à laquelle il donna son nom. Fou d'orgueil, il se prétendait l'égal de Zeus et exigeait qu'on lui rendît un culte. Il faisait accrocher à son char des outres remplies de chaudrons en métal en lançant au ciel des flambeaux. Ainsi, disait-il, il tonnait et jetait des éclairs comme Zeus. Son impiété fit sa perte : outragé, le dieu le foudroya. Voir Virg., *Én.*, VI, 585-594 ; D. S., IV, 68, 1-2 ; Str., VIII, 3, 33 p. 357 ; Manil., V, 91-97 ;

Ps.-Apollod., *Bibl.*, I, 89 ; Hyg., *Fables*, 61. Le supplice est le même que celui qu'avait subi Antiochos, du fait de Jean de Cappadoce (**57** 7), mais sans mort d'homme. L'essentiel est évidemment dans le sacrilège.

234. La construction est difficile, comme le fait observer An. Bandy [(1983), p. 333]. De la forme ασελγενεσθαι de O, il était aisé de tirer ἀσελγαίνεσθαι que l'on trouve dans O². Il est donc inutile de corriger en ἀσελγαίνεται, comme le proposait Kroll, dont R. Wünsch [(1903), p. 150] accepte l'émendation. Le participe ὑποστελλόμενος est construit transitivement (μηδὲν) avec un génitif partitif suivi d'une relative dont le verbe impersonnel ἔστι n'est pas exprimé. C'est à lui qu'il faut rattacher l'infinitif ἀσελγαίνεσθαι. Κεκλημένοις se construit avec τοῖς πορνείοις, et τοῖς ἀκολάστοις λόγοις est régi par ἀσελγαίνεσθαι. Toutefois n'est pas pertinent le rapprochement avec le κινουμένοις (...) τοῖς τῶν ἱππέων στρατηγοῖς de I **37** 7, où personne ne verra " a dative absolutive expressing means ".

235. Le desservant obligé à cette parodie sacrilège ne peut guère avoir été que l'évêque. Voir la note d'An. Bandy [(1983), p. 333].

P. 118.

239. Pourquoi cette rectification ? Lycophron évoque les méfaits d'Héraclès, qui venait de ramener sur terre Cerbère. Jean continue son développement sur le chien à trois têtes. Héraclès tua le roi Lycos de Thèbes, qui avait fait violence à l'épouse d'Héraclès, Mégara, la fille de Créon. Frappé de folie par Héra, il tua Mégara et les quatre enfants qu'il avait eus d'elle. C'est évidemment le thème de l'*Héraclès* d'Euripide et de l'*Hercule furieux* de Sénèque. Voir sc. à Lyc., 38 b Ἡρακλῆς μετὰ τὴν Κερβέρου ἀναγωγὴν εἰς Θήβας ἐλθὼν Λύκον Θηβῶν βασιλεύοντα καὶ βιαζόμενον Μεγάραν τὴν Κρέοντος θυγατέρα γυναῖκα δὲ Ἡρακλέος " τοξεύσας ἀνεῖλε ". Μανίᾳ δὲ συσχεθεὶς τῆς Ἥρας ὀργῇ καὶ τὴν ἰδίαν γυναῖκα ταύτην Μεγάραν καὶ τοὺς δ' παῖδας αὐτῆς τοξεύσας ἀνεῖλεν Ὀνίτην, Θηρίμαχον, Δημοκόωντα καὶ Κρεοντιάδην. Jean cite encore Lycophron (33-34) dans *Mois* (IV, 67 p. 121, 1-2 Wünsch). Pour T. F. Carney [(1971 b), p. 62-63], " Lycophron, a Lydian poet contemporary with John, wrote an attack on John the Cappadocian ; this occurred in his *Alexandra*, a work apparently written in iambic trimeters ".

P. 119.

241. Il doit s'agir de l'héroïne thébaine, fille de Tantale et sœur de Pélops, qui était fière du nombre de ses enfants, dont le nombre varia au cours de la tradition, deux fois douze suivant Homère, dix chez les tragiques, sept chez la plupart des mythographes. Elle blessa Léto, qui chargea Apollon et Artémis d'abattre la progéniture à coups de flèches. En proie au désespoir, elle se retira sur le mont Sipyle, où elle fut métamorphosée en un rocher, que l'on montrait encore au temps de

Pausanias (I, 21, 3) et de Quintus de Smyrne (I, 299-306). Eschyle fut l'auteur d'une *Niobé*, dont nous avons conservé quelques fragments. En outre, on possède de nombreuses représentations figurées, voir A. Lesky, art. *Niobe*, dans *KP* 4 (1975), col. 135-136.

P. 120.

243. Le καὶ de la proposition consécutive de **61** 8 ne doit sûrement pas être supprimé, comme l'indique à juste titre An. Bandy [(1983), p. 335]. Toutefois, nous ne comprenons pas son raisonnement. Il semble considérer qu'un καὶ peut coordonner un génitif absolu avec la proposition à l'infinitif. On donnera simplement au καί une valeur adverbiale.

P. 122.

248. Dans l'édition d'A. Bandy [(1983), p. 230, l. 24], la fin de la longue phrase est placée après le génitif absolu gouverné par ἐπιχωννύντος. Dès lors, on a un génitif absolu qui est en l'air, car toute la construction qui précède repose sur des participes au nominatif parfaitement réguliers. Fuss [(1812), p. 264] et E. Bekker [(1837), p. 256] corrigeaient tous deux le participe en ἐπιχωννύντων mais n'ont pas tenu compte de l'ensemble de la construction. T.F. Carney [(1971 c), p. 112] ne paraît pas avoir aperçu le problème et construisait déjà comme A. Bandy. D'autre part, pour le sens, le génitif absolu est parfaitement dans la ligne de ceux de la suite. En le construisant avec eux, on évite ainsi toute difficulté grammaticale. On préférera donc la reconstitution de Wünsch [(1903), p. 153], qui ajoute la particule δ' et on modifiera la ponctuation habituelle.

P. 125.

256. Vasis [(1909), p. 122] considère que περιφερόμενος de O est dépourvu de sens ; il propose de le corriger en παραφερόμενος. Avec raison, An. Bandy [(1983), p. 337] retient la leçon du manuscrit, voir Moer., p. 199, 24 ἰλιγγιᾶν ἀντὶ τοῦ στροβοῦσθαι ἢ περιφέρεσθαι Ἕλληνες et Hsch., ι 553 ἰλιγγιᾶν· τὸ ἐσκοτῶσθαι. καὶ δοκεῖν περιφέρεσθαι, κύκλῳ συστρέφεσθαι.

257. À quoi fait allusion notre écrivain ? Le passage est peut-être une référence à **57** 5. A. Bandy [(1983), p. 337] prétend qu'ici le mot τάξις ne doit pas être entendu au sens habituel, que nous lui donnons, mais dans celui de " political order " ou de " government ". Toutefois, sa traduction n'est pas plus claire que la nôtre, et il n'a pas cherché à vraiment élucider la signification.

P. 128.

268. D'après An. Bandy [(1983), p. 339], le mot " Europe " désignerait la Sicile et l'Italie, il cite à l'appui un passage de Tite-Live (XL, 43, 1), où il est question des habitants de Cumes obtenant de Rome le droit d'utiliser le latin comme langue officielle. Les faits se

déroulèrent en 180 aCn. Personne ne croira que Jean de Cappadoce ait eu quelque titre à influencer dans les matières judiciaires la politique linguistique de l'Italie et de la Sicile. C'est de la province d'Europe qu'il s'agit, soit la partie de la Thrace entourant Constantinople, de laquelle, toutefois, la capitale ne relevait pas sur le plan administratif. Peu avant 535, le *Synecdèmos* de Hiéroclès (p. 12-13 Honigmann) donne six provinces rattachées à la Thrace, Εὐρωπή, Ῥοδόπη, Θρᾴκη, Αἱμίμοντος, Μυσία et Σκυθία.

269. Jean a déjà traité de la politique linguistique de l'empire byzantin naissant, voir II **12** 1-2 et III **42** 1-2 et *supra*, p. LXXII. Au siège de la préfecture ainsi que dans toute l'administration des six provinces du diocèse thracique, la langue officielle fut le latin jusqu'à l'époque de Jean de Cappadoce, qui procéda à l'hellénisation de l'administration, sauf pour les deux provinces latinophones de Mésie Seconde et de Scythie, qui, le 18 mai 536, furent rattachées au ressort d'un magistrat nouveau, le *quaestor Justinianus exercitus*. Voir E. Stein, *Bas-Empire* II, p. 439 et 474. Le problème remontait au rattachement en 421 de l'Illyricum à l'Empire romain d'Orient, qui y laissait d'importants territoires à population latinophone, comme la Dacie, la Mésie au nord de l'Hémus et de nombreuses zones de Thrace où le latin s'était répandu depuis le IIIe s., sans compter des régions partiellement bilingues comme la Scythie, au littoral hellénophone et à l'intérieur latinophone. Désormais, les populations ne regardaient plus en direction de Sirmium la latine, mais de Naïssus d'abord (Ni4), puis de Thessalonique, voir G. Dagron, (1984), p. 34. Sur le nouveau questeur, voir t. I, p. DLXXV-DLXXIX. On conçoit que l'innovation ait profondément irrité les fonctionnaires de vieille roche, tout imbus, comme notre auteur, de leurs mérites.

P. 130.

275. Sur les difficultés à communiquer avec l'empereur et surtout à lui dire la vérité, voir, à propos de Constance II, Amm., XV, 5, 37-38 (...) *Constantius, uti iam caelo contiguus casibusque imperaturus humanis, magniloquentia sufflabatur adulatorum, quos augebat ipse spernendo proiciendoque id genus parum callentes* (...) *Quae res perniciosa vitiorum est altrix. Ea demum enim laus grata esse potestati debet excelsae, cum interdum et vituperationi secus gestorum pateat locus*, avec XXVIII, 1, 25 (sous Valentinien Ier) et, en sens inverse, Procop., *Arc.*, 9, 41 : Πάντων δέ οἱ ἐκποδὼν ἱσταμένων καὶ σιωπῇ τὴν ἐς τὸν Θεόδοτον ὀδυρομένων ἐπιβουλήν, μόνος ὁ Πρόκλος τὴν τοῦ καλουμένου κοιαίστωρος ἔχων ἀρχὴν καθαρὸν ἀπέφαινε τοῦ ἐγκλήματος εἶναι τὸν ἄνθρωπον καὶ θανάτου οὐδαμῇ ἄξιον, avec Amm., XVI, 7, 4-8 ; XXVII, 7, 6-7. L'idée est évidemment que l'empereur est victime de mauvais conseils. Comme l'indique C. Kelly [(2004), p. 222-223], ce type de justification est relativement fréquent, surtout chez les écrivains ecclésiastiques. Pour excuser Constantin

d'avoir condamné à l'exil Athanase d'Alexandrie, Théodoret (I, 33, 1-2, cf. Socr., I, 35, 3-4 ; l'épisode est dans II Sam. 16, 1-4 et 19, 24-30) revendique le précédent de Ziba, qui avait précédemment servi dans la maison de Saul. Si Constance II choisit de soutenir l'arianisme, ce fut sous la pression d'évêques hétérodoxes (Soz., III, 18, 3-4 pour Eusèbe de Nicomédie ; IV, 2, 1-4 pour Macédonios ; Soc., II, 27, 1 pour Macédonios ; Théod., *HE*, II, 3, 6-8 pour Eusèbe de Nicomédie ; 13, 1-2 ; 27). Constance II eût préféré qu'on libéra Gallus, le frère de Julien, après sa capture, mais ses ministres l'avaient déjà fait exécuter (Philost., IV, 1 p. 58 Bidez-Winkelmann ; Zon., XIV, 9, 16-21). La couronne ne pouvant être découverte, le même procédé politique jouera ici pendant le sédition " Nika " (**70** 4) : Jean de Cappadoce, Tribonien et d'autres joueront les fusibles et passeront à la trappe, quittes à rebondir par la suite.

277. Sans doute faut-il voir ici une allusion à ce que nous avons appelé " l'année terrible " (540-541), voir III **56** 1 et *supra*, p. CXLVII-CLI.

P. 131.

281. L'écrivain procède ici à une vertigineuse énumération d'impôts censés frapper en même temps les populations. Pour une explication détaillée, voir Introduction, t. I, p. CCXVIII-CCXXXIV. On n'échappe pas à l'impression que notre auteur a accumulé des noms d'impôts qu'il a découverts dans des documents officiels, sans se préoccuper de savoir s'ils n'étaient pas, au moins dans certains cas, abrogés depuis longtemps.

P. 134.

285. La leçon προστοβορέον de O prête à hésitation. Contre tous ses prédécesseurs, An. Bandy [(1983), p. 246 et 342] opte pour πρὸς τὸ βορραῖον, en citant à l'appui un passage des *Hymnes* de Romanos (58, 16, 7). Si l'on met à part les scoliastes et les lexicographes, le mot βορραῖος n'est pas d'un emploi fréquent : Esch., *Sept*, 527 ; Arat., 893 ; Lyc., 898 ; *Anth.*, VI, 245, 2 ; IX, 561, 2. Il est exclusivement poétique. On ne relèvera qu'une seule exception, Oribase (*Coll. med.*, IX, 9, 3), chez qui elle ne s'explique que par la présence de Βορρᾶς à la ligne suivante. Nous ne croyons pas que cela soit suffisant pour que l'on introduise dans le présent texte une forme aberrante. Dès lors, nous revenons à la formulation plus attendue πρὸς τὸ βόρειον.

P. 138.

296. Selon An. Bandy [(1983), p. 345], le participe τελευτῶν pourrait dissimuler une allusion au suicide qu'aurait envisagé Phocas.

BIBLIOGRAPHIE

I ABRÉVIATIONS COURANTES

BHG = HALKIN, Fr., *Bibliotheca Hagiographica Graeca,* I-III, 3e éd., Bruxelles, 1957.

DPhA = GOULET, R. (éd.), (1989), *Dictionnaire des philosophes antiques* I, *Abam(m)on à Axiothéa,* Paris, 1989 ;
(1994) = *Dictionnaire des philosophes antiques* II, *Babélyca d'Argos à Dyscolius,* Paris, 1994 ;
(2000) = *Dictionnaire des philosophes antiques* III, *D'Eccélos à Juvénal,* Paris, 2000.
(2005) = *Dictionnaire des philosophes antiques* IV, *De Labeo à Ovidius,* Paris, 2005.

DU CANGE = Carolus du Fresne DU CANGE, *Glossarium ad scriptores mediae et infimae graecitatis* I-II, Lyon, 1688 (réimpr. du Collège de France, 1943).

JONES, A.H.M., *LRE* = JONES, A.H.M., *The Later Roman Empire 284-602. A Social, Economic and Administrative Survey*, Oxford, 1964.

Nov. Auct. = HALKIN, Fr., *Novum Auctarium Bibliothecae Hagiographicae Graecae,* Bruxelles, 1984.

LAUFFER = LAUFFER, S., *Diokletians Preisedikt,* Berlin, 1971.

ODB = Al. P. KAZHDAN, Alice-Mary TALBOT, Ant. CUTLER, T.E. GREGORY et Nancy P. SEVCENKO (édd.), *The Oxford Dictionary of Byzantium* I-III, New York-Oxford, 1991.

PLRE I = JONES, A.H.M., MARTINDALE, J.R., MORRIS, J., *The Prosopography of the Later Roman Empire,* vol. I, A.D. 260-395, Cambridge, 1971.

PLRE II = MARTINDALE, J.R., *The Prosopography of the Later Roman Empire,* vol. II, A.D. 395-527, Cambridge, 1980.

PLRE III = MARTINDALE, J.R., *The Prosopography of the Later Roman Empire,* vol. III, A.D. 527-641, 2 vol., Cambridge, 1992.

PmbZ = WINKELMANN-LILIE, R.-J.-LUDWIG, Claudia-PRATSCH, Th.-ROCHOW, Ilse, *Prosopographie der mittel-byzantinischen Zeit. Prolegomena,* Berlin-New York, 1998.

STEIN, E., *Bas-Empire* I = STEIN, E., *Histoire du Bas-Empire.* Tome premier *De l'État Romain à l'État Byzantin (284-476),* I Texte II Notes et cartes, Desclée de Brouwer, 1959.

STEIN, E., *Bas-Empire* II = STEIN, E., *Histoire du Bas-Empire.* II, Paris-Bruges, 1949 [réimpr. Amsterdam, 1968], pp. 729-734 et 838-840.

STEIN, E., *Officium* = STEIN, E., *Untersuchungen über das Officium der Prätorianerpräfektur seit Diocletian,* Vienne, 1922 (2e éd., Hakkert, Amsterdam, 1962).

L.R.D. = Λέξεις ῥωμαϊκῆς διαλέκτου éd. par Chr. GASTGEBER-J. DIETHART, (1998).

II. SOURCES PRIMAIRES

1. EDITIONS DE JEAN LE LYDIEN

BANDY, A.C., (1983) = BANDY, A. C., *Ioannes Lydus on powers or the magistracies of the Roman State. Introduction, Critical Text, Translation, Commentary, and Indices,* Philadelphie, 1983.

BEKKER, E., (1837) = BEKKER, E., *Joannes Lydus,* dans Corpus Scriptorum Historiae Byzantinae, n° 20, Bonn, 1837.

FUSS, J.D., (1812) = FUSS, J. D., *Joannis Laurentii Lydi Philadelpheni De magistratibus rei publicae romanae libri tres,* avec préface de C.B.Hase, Paris, 1812.

WACHSMUTH, C., (1897) = WACHSMUTH, C., *Ioannis Laurentii Lydi liber de ostentis et calendaria graeca omnia,* Leipzig, 1897.

WÜNSCH, R., (1903) = WÜNSCH, R., *Ioanni Lydi de magistratibus populi Romani libri tres,* Leipzig, 1903.

2. EDITIONS D'AUTRES TEXTES

ANDRÉ, J., (1974) = ANDRÉ, J., (1974) = *Apicius. L'art culinaire,* Paris, 1974.

ANGLIVIEL de la BEAUMELLE, L., voir SABBAH, G.

ANTÈS, S., (1981) = ANTÈS, S., *Corippe (Flavius Cresconius Corippus). Éloge de l'empereur Justin II,* Paris, 1981.

ARNAUD-LINDET, Marie-Pierre, (1990) = ARNAUD-LINDET, Marie-Pierre, *Orose. Histoires (Contre les païens)*, I Livres I-III, Paris, 1990 ;

ARNAUD-LINDET, Marie-Pierre, (1991) = ARNAUD-LINDET, Marie-Pierre, *Orose. Histoires (Contre les païens)*, II Livres IV-VI, Paris, 1991 ;

ARNAUD-LINDET, Marie-Pierre, (1991 b) = ARNAUD-LINDET, Marie-Pierre, *Orose. Histoires (Contre les païens)*, III Livres VII – index, Paris, 1991.

AUBRETON, R., (1972) = AUBRETON, R., *Anthologie grecque.* Première partie. *Anthologie palatine* X (livre XI), Paris, 1972.

AUBRETON, R.-BUFFIERE, F., (1980) = AUBRETON, R.,-BUFFIERE, F., *Anthologie grecque.* Deuxième partie. *Anthologie de Planude.* XIII, Paris, 1980.

AUJAC, Germaine et LASSERRE, Fr., (1969) = AUJAC, Germaine et LASSERRE, Fr., *Strabon. Géographie* I. 1e partie (Introduction générale – Livre I), Paris, 1969.

BALADIÉ, R., (1989) = BALADIÉ, R., *Strabon. Géographie.* IV (Livre VII), Paris, 1989.

BEKKER, E., (1840) = BEKKER, E., *Constantinus Porphyrogenitus de thematibus et de administrando imperio,* Bonn, 1840.

(1921) = BEKKER, E., *Anecdota Graeca,* III, Berlin, 1921.

BERNABÉ, Alb., (1987) = BERNABÉ, Alb., *Poetarum epicorum graecorum. Testimonia et fragmenta* I, Leipzig, 1987.

BERTRAC, P.-VERNIERE, Yvonne, (1993) = BERTRAC, P.-VERNIERE, Yvonne, *Diodore de Siicile. Bibliothèque historique* I, Paris, 1993

BIDEZ, J., (1932) = BIDEZ, J., *L'empereur Julien. Discours de Julien César* I 1e partie. *Discours de Julien César,* Paris, 1932.

BIDEZ, J.-CUMONT, Fr., (1932) = BIDEZ, J.-CUMONT, Fr., *Imp. Caesaris Flavii Claudii Iuliani Epistulae Leges Poematia Fragmenta varia,* Paris, 1922.

BIDEZ, J.-WINKELMANN, F., *Philostorgius Kirchengeschichte,* 3e éd. Revue, Berlin, 1981.

BLOCKLEY, R.C., (1981-1983) = BLOCKLEY, R. C., *The fragmentary classicising Historians of the later roman Empire. Eunapius, Olympiodorus, Priscus and Malchus* I-II, Liverpool, 1981-1983.

BOULOGNE, J., (2002) = BOULOGNE, J., *Plutarque. Conduites méritoires de femmes. Étiologies romaines-Étiologies grecques. Parallèles mineurs,* Paris, 2002.

CAMERON, Alan, *Some Prefects called Julian,* dans *Byzantion,* 47 (1977), p. 42-64.

CASEVITZ, M., POUILLOUX, J., CHAMOUX, Fr., (1992) = CASEVITZ, M., POUILLOUX, J., CHAMOUX, Fr., *Pausanias. Description de la Grèce.* I *L'Attique,* Paris, 1992.

CHAMOUX, Fr., voir *supra,* CASEVITZ, M.

CHARLET, J.-L., (2000 a) = CHARLET, J.-L., *Claudien. Œuvres.* II 1 *Poèmes politiques (395-398),* Paris, 2000.

CHASTAGNOL, A., (1994) = CHASTAGNOL, A., *Histoire Auguste. Les empereurs romains des IIe et IIIe siècles,* Paris, 1994.

CHAUVOT, A., (1986) = CHAUVOT, A., *Procope de Gaza, Priscien de Césarée Panégyriques de l'empereur Anastase Ier*, Bonn, 1986.

CONSTANS, L.-A., (1940) = CONSTANS, L.-A., *Cicéron. Correspondance,* I, Paris, 1940.

DE BOOR, C., *Theophanis Chronographia* I, Leipzig, 1883.

DENNIS, G.T., *Michael Psellus Orationes forenses et acta,* Stuttgart-Leipzig, 1994.

DINDORF, L., (1831) = DINDORF, L., *Ioannis Malalae Chronographia,* Bonn, 1831.

DÜBNER, Fr., (1841) = DÜBNER, Fr., *Hesiodi carmina,* Paris, Didot, 1841.

DUFOURNET, J., *Geoffroy de Villehardouin. La conquête de Constantinople,* Paris, 2004.

DUFRAIGNE, P., (1975) = DUFRAIGNE, P., *Aurelius Victor. Livre des Césars,* Paris, 1975.

FABRE, P., (1936 b) = FABRE, P., *César. La guerre civile* II Livre III, Paris, 1936.

FONTAINE, J., (1977, 1) = FONTAINE, J., *Ammien Marcellin. Histoire* T. IV. 1 Livres XXIII-XXV. *Texte et traduction,* 2e tirage, Paris, 1987 (1977) ;

FONTAINE, J., (1996) = FONTAINE, J., *Ammien Marcellin. Histoire*. T. III. Livres XX-XXII, Paris, 1996 (avec la collaboration de FRÉZOULS, É. et BERGER, J.D.)

voir aussi *infra* GALLETIER, Éd.

FORMISANO, M., (2003) = FORMISANO, M., *P. Flavio Vegezio Renato. L'arte della guerra romana,* Milan, 2003.

FREYBURGER, Marie-Laure-RODDAZ, M., (1994), *Dion Cassius. Histoire romaine. Livres 48 et 49,* Paris, 1994.

GALLETIER, Éd.-FONTAINE, J., (1978), GALLETIER, Éd.-FONTAINE, J., *Ammien Marcellin. Histoire* I (livres XIV-XVI), Paris, 1968 (2e tirage, 1978).

GARZYA, A., ROQUES, D., (2000) = GARZYA, A.-ROQUES, D., *Synésios de Cyrène* II-III. *Correspondance,* Paris, 2000.

GOW, A.S.F., (1992) = GOW, A. S. F., *Theocritus* I (*Introduction, Text and Translation*) et II (*Commentary, Appendix, Indexes and Plates*), 2e éd. (5e tirage), Cambridge, 1992.

HALM, C., *Victor Vitensis historia persecutionis Africanae provinciae sub Geiserico et Hunerico regibus Wandalorum,* Berlin, 1961 (1879[1]) (MGH AA III, 1).

HANSEN, G.C., (1995 a) = HANSEN, G.C., *Sokrates Kirchengeschichte,* Berlin, 1995.

HANSEN, G.C., (1995 b) = HANSEN, G.C., *Theodoros Anagnostes Kirchengeschichte,* 2e éd., Berlin, 1995.

HEITSCH, E., (1964) = HEITSCH, E., *Die griechischen Dichterfragmente der römischen Kaiserzeit* II, Göttingen, 1964.

HELLEGOUARC'H, J., (1999) = HELLEGOUARC'H, J., *Eutrope. Abrégé d'histoire romaine,* Paris, 1999.

HELLEGOUARC'H, J., voir aussi LE BONNIEC, H.

HENRY, R., (1959-1977) = HENRY, R., *Photius. Bibliothèque* I-VIII, Paris, 1959-1977.

JACOBY, Fr., (1927), *Die Fragmente der griechischen Historiker* II Kommentar, Berlin, 1927.

JACQUEMARD-LE SAOS, Jacqueline, *Querolus (Aulularia). Le Grincheux (Comédie de la petite marmite),* Paris, 1994.

KASSEL, R.-AUSTIN, C., (1983) = KASSEL, R.-AUSTIN, C., *Poetae comici Graeci* (*PCG*) IV, Berlin-New York, 1983.

KASSEL, R.-AUSTIN, C., (1986) = KASSEL, R.-AUSTIN, C., *Poetae comici Graeci* (*PCG*) V, Berlin-New York, 1986.

KENT, R.G., (1967) = KENT, R.G., *Varro. On the Latin Language* I-II, Cambridge (Mass.)-Londres, 1967.

KEYDELL, R., (1967) = KEYDELL, R., *Agathiae Myrinaei Historiarum libri quinque*, Berlin, 1967.

LABOURT, J., *Saint Jérôme. Lettres,* I-VII, Paris, 1949-1961.

LANCEL, S., (1972-1991) = LANCEL, S., *Actes de la conférence de Carthage en 411,* I-IV, Paris, 1972-1991 (SC 194, 195, 224, 373).

LANG, C., (1985) = LANG, C., *Flavi Vegeti Renati Epitoma rei militaris,* Leipzig, 1985.

LASSERRE, Fr., (1966) = LASSERRE, Fr., *Strabon. Géographie.* II (Livres III et IV), Paris, 1966.

LASSERRE, Fr., (1967) = LASSERRE, Fr., *Strabon. Géographie.* III (Livres V et VI), Paris, 1967.

LASSERRE, Fr., (1981) = LASSERRE, Fr., *Strabon. Géographie.* IX (Livre XII), Paris, 1981.

Voir aussi AUJAC, Germaine.

LENFANT, (2004) = LENFANT, Dominique, *Ctésias de Cnide. La Perse. L'Inde. Autres fragments,* Paris, 2004.

LITTLEWOOD, A.R., *Michael Psellus Oratoria minora,* Leipzig, 1985.

LOYEN, A., (1970) = LOYEN, A., *Sidoine Apollinaire* II *Lettres* (Livres I-V), Paris, 1970.

MAISANO, R., (1995) = MAISANO, R., *Discorsi di Temistio,* Turin, 1995.

MALINGREY, Anne-Marie-LECLERCQ, Ph., *Palladios. Dialogue sur la vie de Jean Chrysostome* I-II, Paris, 1988 (SC 341-342).

MARIÉ, Anne-Marie, (1984) = MARIÉ, Anne-Marie, *Ammien Marcellin. Histoire* t. V (livres XXVI-XXVIII), Paris, 1984.

MARTIN, J.-PETIT, P., (1979) = MARTIN, J.-PETIT, P., *Libanios. Discours* I *Autobiographie* (Discours I), Paris, 1979.

MOMMSEN, Th., *Cassiodori senatoris Variae,* Berlin, 1894 (MGH AA XII).

MONAT, P., (1992) = MONAT, P., *Firmicus Maternus. Mathesis* I, Paris, 1992.

MORAVCSIK, G.-JENKINS, R.J.H., (1967) = MORAVCSIK, G.-JENKINS, R.J.H., *Constantine Porphyrogenitus. De administrando imperio,* Washington, 1967.

MOSSHAMMER, A.S., (1984) = MOSSHAMMER, A.S., *Georgii Syncelli ecloga chronographica,* Leipzig, 1984.

OIKONOMIDES, N., (1972) = OIKONOMIDES, N., *Les listes de préséance byzantines des IXe et Xe siècles,* Paris, 1972.

PARMENTIER, L., (1998) = PARMENTIER, L., *Theodoret Kirchengeschichte,* 3e éd. revue par G.Chr.Hansen, Berlin, 1998.

PASCHOUD, Fr., (1971) = PASCHOUD, Fr., *Zosime. Histoire nouvelle* I (livres I et II), Paris, 1971 ; 2e éd., Paris, 2000.

(1979, 1) = PASCHOUD, Fr., *Zosime. Histoire nouvelle* II 1e partie (livre III), Paris, 1979.

(1979, 2) = PASCHOUD, Fr., *Zosime. Histoire nouvelle* II 2e partie (livre IV), Paris, 1979.

(1986) = PASCHOUD, Fr., *Zosime. Histoire nouvelle* III 1e partie (livre V), Paris, 1986.

(1989) = PASCHOUD, Fr., *Zosime. Histoire nouvelle* III 2e partie (livre VI), Paris, 1989.

(1996) = PASCHOUD, Fr., *Histoire Auguste* V, 1 *Vies d'Aurélien, Tacite,* Paris, 1996.

(2000) = PASCHOUD, Fr., *Zosime. Histoire nouvelle* I (livres I et II), Paris, 2e éd., Paris, 2000.

PERTUSI, A., (1955) = PERTUSI, A., *Scholia vetera in Hesiodi opera et dies,* Milan, 1955.

PETER, H., (1883) = PETER, H., *Historicorum romanorum fragmenta,* Leipzig, 1883.

PETIT, P., voir aussi MARTIN, J.

PFEIFFER, R., *Callimachus* I *Fragmenta,* Oxford, 1949 ;
Callimachus II *Hymni et epigrammata,* Oxford, 1953.

PREGER, T., *Scriptores originum constantinopolitanarum* I-II, Leipzig, 1901-1907.

REISKE, J.J., (1829-1830) = REISKE, J.J., *Constantini Porphyrogeniti imperatoris de cerimoniis aulae byzantinae libri duo,* I-II, Bonn, 1829-1830.

RODDAZ, M., voir *supra* FREYBRUGER, Marie-Laure.

ROQUES, D., voir aussi *supra,* GARZYA, A.

SABBAH, G., (1989) = SABBAH, G., *Ammien Marcellin. Histoire* II (livres XVII-XIX), Paris, 1989 ;

SABBAH, G.-ANGLIVIEL de la BEAUMELLE, L., (1999) = SABBAH, G.-ANGLIVIEL de la BEAUMELLE, L., *Ammien Marcellin. Histoire* VI Livres XXIX-XXXI, Paris, 1999.

SCHWARTZ, Ed., (1939) = SCHWARTZ, Ed., *Kyrillos von Skythopolis,* dans *Texte und Untersuchungen,* 4, 4 (1939), p. 85-200 (*Leben des Sabas*).

SEECK, O., *Q.Aurelii Symmachi quae supersunt,* 2e éd., Berlin, 1961 (1883[1]) (MGH AA VI, 1).

SEGONDS, A.-Ph., (1985) = SEGONDS, A.-Ph., *Proclus. Sur le premier Alcibiade de Platon,* I-II, Paris, 1985.

SEMI, F., (1965) = SEMI, F., *M. Terentius Varro* III, Venise, 1965.

SERBAT G., *Celse. De la médecine* I, Paris, 1995.

SHACKLETON BAILEY, D.R., (1977) = SHACKLETON BAILEY, D.R., *Cicero : Epistulae ad Familiares* I (62-47 B.C.), Cambridge-Londres-New York-Melbourne, 1977.

SILBERMAN, A., (1988) = SILBERMAN, A., *Pomponius Mela. Chronographie,* Paris, 1988.

SILBERMAN, A., (1995) = SILBERMAN, A., *Arrien. Périple du Pont-Euxin,* Paris, 1995.

SIRINELLI, J. et PLACES, des, Éd., (1974) = SIRINELLI, J. et PLACES, des, Éd., *Eusèbe de Césarée. La Préparation évangélique* Livre I, Paris, 1974 (SC 206).

TAILLARDAT, J., (1967) = *Suétone.* Περὶ βλασφημιῶν, περὶ παιδιῶν. *Des termes injurieux, des jeux grecs (extraits byzantins),* Paris, 1967.

THEODORIDIS, Ch., (1982) = THEODORIDIS, Ch., *Photii patriarchae Lexicon* I, Berlin-New York, 1982.

THEODORIDIS, Ch., (1998) = THEODORIDIS, Ch., *Photii patriarchae Lexicon* II, Berlin-New York, 1998.

THURN, J., (2000) = THURN, J., *Ioannis Malalae Chronographia,* Berlin-New York, 2000.

TOMSIN, Alf., (1952) = TOMSIN, Alf., *Etude sur le Commentaire Virgilien d'Aemilius Asper,* Paris, 1952.

TURCAN, R., (1982) = TURCAN, R., *Firmicus Maternus. L'erreur des religions païennes,* Paris, 1982.

VACHER, Marie-Claude, (1993) = VACHER, Marie-Claude, *Suétone. Grammairiens et rhéteurs,* Paris, 1993.

VEH, O., (1970) = VEH, O., *Prokop Perserkriege,* Munich, 1970.

VOGT, A., (1935) = VOGT, A., *Constantin VII Porphyrogénète. Le livre des Cérémonies.* (1935) = I [Livre I-Chapitres 1-46 (37)], Paris, 1935.

VOGT, A., (1939) = VOGT, A., *Constantin VII Porphyrogénète. Le livre des Cérémonies.* II [Livre I-Chapitres 47 (38)-92 (83)], Paris, 1939.

WESSELING, P., (1840) = WESSELING, P., Ἱεροκλέους γραμματικοῦ Συνέκδημος, dans E. BEKKER, (1840).

3. TRADUCTIONS

1. Textes grecs et latins

FESTUGIÈRE, A.-J., *Vie de Théodore de Sykéôn,* dans *Subsidia Hagiographica,* n° 48, Bruxelles, 1970.

FESTUGIÈRE, A.-J., (1975) = FESTUGIÈRE, *Évagre.* Histoire ecclésiastique, dans *Byzantion,* 45 (1975), p. 187-488.

LEHMANN, Chr., Capt., (2000) = LEHMANN, Chr., Capt., *Ioannis Laurentii Philadelphensis Lydi* Περὶ μηνῶν *liber IV, 1-63.* Traduction et commentaire, mém. de licence inédit, Fribourg, 2000.

MARAVAL, P., (1990) = MARAVAL, P., *Procope de Césarée. Histoire secrète,* Paris, 1990.

MARAVAL, P. (1998) = MARAVAL, P., *Réception de Chalcédoine dans l'Empire romain d'Orient,* dans MAYEUR, J.-M., PIÉTRI, Ch. (†) et Luce, VAUCHEZ, A. et VENARD, M., *Histoire du christianisme.* 3. *Les Églises d'Orient et d'Occident (432-610),* s.l. (Desclée), 1998.

MANGO, C.-SCOTT, R., (1997) = MANGO, C.-SCOTT, R., *The Chronicle of Theophanes Confessor. Byzantine and Near Eastern History ad 284-813* (translated with Introduction and Commentary), Oxford, 1997.

ROQUES, D., (1990, 1) = *Hérodien. Histoire des empereurs romains de Marc-Aurèle à Gordien III.* Postface de Luciano Canfora, Paris, 1990.

ROQUES, D., (1990, 2) = ROQUES, D., *Procope de Césarée. La guerre contre les Vandales.* Guerres de Justinien livres III et IV, Paris, 1990.

SAVINEL, P., (1984) = SAVINEL, P., *Arrien. Histoire d'Alexandre. L'anabase d'Alexandre le Grand,* Paris, 1984.

2. Textes orientaux

AGAPIUS de Menbidji : A.A.VASILIEV, *Kitab al-'Unvan. Histoire universelle écrite par Agapius (Mahboub) de Menbidj,* dans *PO* 8, 3, Paris, 1912, p. 399-547 ;
L.CHEIKHO, *Agapius Episcopus Mabbugensis. Historia universalis,* Paris, 1912, *Csco* 65, Scr. ar. 10.

ÉLIE de Nisibe : E.W.BROOKS, *Eliae Metropolitae Nisibeni Opus chronologicum* I, Rome-Paris-Leipzig, 1910, *Csco* Scr. syr. III, 7.

JEAN d'Éphèse : E.W. BROOKS, *Iohannis Ephesini Historiae ecclesiasticae pars tertia,* Louvain, 1936, *Csco* 106, Scr. syr. 55 (III, 3).

JOSUÉ le Stylite : A. LUTHER, *Die syrische Chronik des Josua Stylites,* Berlin-New York, 1997.

W. WRIGHT, *The Chronicle of Josuah the Stylite composed in syriac A.D. 507,* Cambridge, 1882.
Fr.R. TROMBLEY-J.W. WATT, *The Chronicle of Pseudo-Joshua the Stylite,* Liverpool, 2000.

LAZARE de Pharbe : trad. du P. GHESARIAN, dans V. LANGLOIS, *Collection des historiens anciens et modernes de l'Arménie,* II, Paris,

MICHEL le Syrien : J.B.CHABOT, *La chronique de Michel le Syrien, patriarche jacobite d'Antioche (1160-1199),* I-III, Paris, 1899-1904

ZACHARIE le Scholastique : E.W.BROOKS, *Historia ecclesiastica Zachariae Rhetori vulgo adscripta,* Louvain, 1924, *Csco* Scr. syr. III, 6.

III LITTÉRATURE SECONDAIRE

ALLEN, Pauline, (1981) = ALLEN, Pauline, *Evagrius Scholasticus. The Church Historian,* Louvain, 1981.

AMATO, E., *Su due improbabili citazioni dai Korinthiaka di Eumelo (F 2 ; 8 Bernabé = 12 Davies) : un nuovo frammento lirico di autore incerto (Eschilo ?) e un oracolo sibillino,* dans *Emerita,* 70/1 (2002), p. 45-68.
Per una nuova lettura dei PCG *Adesp. 155,* dans *Emerita,* 72 (2004), p. 207-226.

AMIRANTE, L., *Appunti per la storia della " redemptio ab hostibus "*, dans *Labeo* 3 (1957), 198-220.

ANDT, E., *La procédure par rescrit,* Paris, 1920.
AVOTINS, Ivars, (1992) = AVOTINS, Ivars, *On the Greek of the Novels of Justinian,* Hildesheim-Zürich-New York, 1992.

BAGNALL, R.S., CAMERON, Al., SCHWARTZ, S.R. et WORP, K.A., (1987) = BAGNALL, R.S., CAMERON, Al., SCHWARTZ, S.R. et WORP, K.A., *Consuls of the Later Roman Empire,* Atlanta, Georgia (Philological Monographs of the American Philological Association, 36), 1987.
BARDY, G., voir PALANQUE, J.-R.
BARNES, T.D., (1982) = BARNES, T.D., *The New Empire of Diocletian and Constantine,* Cambridge (Mass.)-Londres, 1982.
BELKE, Kl., (1984) = BELKE, Kl. mit Beiträgen von RESTLE, M., *Galatien und Lykaonien,* dans *Tabula Imperii Byzantini* 4, Vienne, 1984.
BÉRARD, J., (1957) = BÉRARD, J., *La colonisation grecque de l'Italie méridionale et de la Sicile dans l'Antiquité,* 2e édition, Paris, 1957.
BERGER, Pamela C., (1981) = BERGER, Pamela, C., *The Insignia of the* Notitia Dignitatum, New York-Londres, 1981.
BERTHELOT, A., (1930) = BERTHELOT, A., *L'Asie ancienne centrale et sud-orientale d'après Ptolémée,* Paris, 1930.
BESNIER, M., (1937) = BESNIER, M., *L'empire romain de l'avènement des Sévères au concile de Nicée,* Paris, 1937.
BETHMANN-HOLLWEG (von), U., (1865-1866) = BETHMANN-HOLLWEG (von), U., *Der römische Civilprozess* 2 *Formulae* et 3 *Cognitiones,* Bonn, 1865-1866.
BIDEZ, J., (1930) = BIDEZ, J., *La vie de l'empereur Julien,* Paris, 1965 (1930).
BIDEZ, J.-CUMONT, Fr., (1938) = BIDEZ, J.-CUMONT, Fr., *Les mages hellénisés. Zoroastre Ostanès et Hystaspe d'après la tradition grecque* I-II, Paris, 1938 (2e tirage, 1973).
BIEBER, Margarete, (1961) = BIEBER, Margarete, *The History of the Greek and Roman Theater,* Princeton, New Jersey, 1961.
BLOCKLEY, R.C., (1984) = BLOCKLEY, R.C., *The romano-persian Treatises of A.D. 299 and 363,* dans *Florilegium,* 6 (1984), p. 28-49 ;
BLOCKLEY, R.C., (1985) = BLOCKLEY, R.C., *Subsidies and Diplomacy : Rome and Persia in Late Antiquity,* dans *Phoenix,* 39 (1985)), p. 62-774.

BLÜMNER, H., (1912) = BLÜMNER, H., *Technologie und Terminologie der Gewerbe und Künste bei Griechen und Römern* I, Leipzig, 1912 (repr. Hildesheim, 1969).

BOARDMAN, J., (1993) = BOARDMAN, J., *The Oxford History of Classical Art,* Oxford, 1993.

BOSWORTH, A.B., (1977) = BOSWORTH, A.B., *Arrian and the Alani,* dans *Harvard Studies in Classical Philology,* 81 (1977), p. 217-255.

BOSWORTH, A.B., (1983) = *Arrian at the Caspian Gates : a Study in Methodology,* dans *Classical Quarterly,* N.S. 33 (1983), p. 265-276.

(1993) = *Arrian and Rome : the Minor Works,* dans *A.N.R.W.* II, 34, 1 (1993), p. 226-27

BOWERSOCK, G.B., (1969) = BOWERSOCK, G.B., *Greek Sophists in the Roman Empire,* Oxford, 1969.

BRÉHIER, L., voir aussi de la BRIOLLE, P.

BRÉHIER, L., (1949) = BRÉHIER, L., *Les institutions de l'Empire byzantin,* Paris, 1949.

BURGMANN, L., GASTGEBER, Ch. et DIETHART, J., (1998) = BURGMANN, L., GASTGEBER, Ch. et DIETHART, J., *Lexicographische Testimonia der Werke des Ioannes Lydos,* dans BURGMANN, L. (ed.), *Fontes Minores* X, Francfort-sur-le-Main, 1998, p. 213-225.

BUSOLT, G.-SWOBODA, (1926) = BUSOLT, G.-SWOBODA, H., *Griechische Staatskunde* II. *Darstellung einzelner Staaten und der zwischenstaatlichen Beziehungen,* Munich (dans le *Handbuch* de W.Otto), 1926.

CAIMI, J., (1984) = CAIMI, J., *Burocrazia e diritto nel* De magistratibus *di Giovanni Lido,* Milan, 1984.

CAIMI, J., (1987) = *Per l'esegesi di Giovanni Lido " De magistratibus " III, 9,* dans *Studi in onore di Arnaldo Biscardi* VI, Milan, p. 159-178.

CALLU, J.-P. : voir BONAMENTE, G.

(2004) = *L'habit et l'ordre social : le témoignage de l'* Histoire Auguste, dans *An Tard,* 12 (2004), p. 187-194.

CAMERON, A., (1970) = CAMERON, A., *Claudian. Poetry and Propaganda at the Court of Honorius,* Oxford, 1970.

CAPIZZI, C., (1969) = CAPIZZI, C., *L'imperatore Anastasio I (491-518),* Rome, 1969.

CARNEY, T.F., (1967) = CARNEY, T.F., *The Helops : A Case-Study of the Transmission of a Piece of Scientific Knowledge by the Scholarship of Antiquity* dans *Phoenix,* 21 (1967), pp. 202-220

CARNEY, T.F., (1968) = CARNEY, T.F., *Looking for a writer's picture of reality,* dans *RELO,* 2 (1968), pp. 35-81.

CARNEY, T.F., *Lydos,* dans *R.-E.,* Suppl. XII (1970), coll. 521-523.

CARNEY, T.F., (1971) = CARNEY, T.F., *Bureaucracy in traditional society. Romano-Byzantine bureaucracies viewed from within*

(1971 a) : *A Survey of Roman and Byzantine bureaucracies,* 191 pp.) ;

(1971 b) : *Byzantine bureaucracy from within* (220 pp.) ;

(1971 c) : *John the Lydian : On the magistracies of the Roman constitution* (129 pp.) [traduction, mais sans le texte, cf. I p. 483], Lawrence (Kansas), 1971.

CARRIÉ, J.-M.-ROUSSELLE, Aline, (1999) = CARRIÉ, J.-M. ROUSSELLE, Aline, *L'Empire romain en mutation des Sévères à Constantin 192-337,* s.l. (Paris), 1999.

CASTER, R.A., (1988) = CASTER, R.A., *Guardians of Language : The Grammarian and Society in Antiquity,* Berkeley-Los Angeles-Londres, 1988

CHRIST, von, W.-W. SCHMID-O. STÄHLIN, (1912) = CHRIST, von, W.

CHRISTENSEN, A., (1944) = CHRISTENSEN, A., *L'iran sous les Sassanides,* 2e éd., Copenhague, 1944 (reimpr. Osnabrück, 1971).

CIZEK, E., (1977) = CIZEK, E., *Structures et idéologie dans " Les Vies des douze Césars " de Suétone,* Paris, 1977.

CLAUDE, D., (1969) = CLAUDE, D., *Die byzantinische Stadt im 6. lahrhundert,* Munich, 1969 ((*Byzantinisches Archiv,* Heft 13).

CLAUSS, M., (1980) = CLAUSS, M., *Der magister officiorum in der Spätantike (4.-6. Jahrhundert). Das Amt und sein Einfluss auf die kaiserliche Politik,* Munich, 1980.

DABROWA, E., *Roman Policy in Transcaucasia from Pompey to Domitian,* dans D.H. FRENCHE-C.SS. LIGHTFOOT (édd.), *The Eastern Frontier of the Roman Empire,* dans *British*

Institute of Archaelogy at Ankara, Mon. 11, 1989, p. 67–76.

DAGRON, G., (1969) = DAGRON, G., *Aux origines de la civilisation byzantine : langue de culture et langue d'État,* dans *Revue Historique,* 241 (1969) = *La romanité chrétienne en Orient,* Londres, 1984.

DAGRON, G., (1974) = DAGRON, G., *Naissance d'une capitale. Constantinople et ses institutions de 330 à 451,* Paris, 1974.

DAGRON, G., (1984) = DAGRON, G., *Constantinople imaginaire. Études sur le recueil des " Patria ",* Paris, 1984.

DAGRON, G., (1996) = DAGRON, G., *Empereur et prêtre. Étude sur le " césaropapisme " byzantin,* Paris, 1996.

DELBRÜCK, R., (1929) = DELBRÜCK, R., *Die Consulardiptychen und verwandte Denkmäler,* Berlin-Leipzig, 1929.

DELMAIRE, R., (1989) = DELMAIRE, R., *Les responsables des finances impériales au Bas-Empire romain (IVe-VIe s.). Études prosopographiques,* Bruxelles, 1989.

DELMAIRE, R., (1995) = DELMAIRE, R., *Les institutions du Bas-Empire romain de Constantin à Justinien.* I *Les institutions civiles palatines,* Paris, 1995.

DELMAIRE, R., (2004) = *Le vêtement dans les sources juridiqued du Bas-Empire,* dans *An Tard,* 12 (2004), p. 195-202.

DEMOUGEOT, Émilienne, (1951) = DEMOUGEOT, Émilienne, *De l'unité à la division de l'empire romain 395-410. Essai sur le gouvernement impérial,* Paris, 1951.

DENNISTON, J.D., (1978) = DENNISTON, J.D., *The Greek Particles,* 2e éd., Oxford, 1978.

DOWNEY, Gl., (1961) = DOWNEY, Gl., *A History of Antioch in Syria from Seleucus to the Arab Conquest,* Princeton, 1961.

DUBOIS, Ch., (1907) = DUBOIS, Ch., *Pouzzoles antique (histoire et topographie),* Paris, 1907.

DUVAL, N., (1979) = DUVAL, N., *Sirmium ville impériale ou capitale ?,* dans *Corsi di cultura sull'arte ravennate e bizantina,* 26 (1979), p. 53-90.

DVORNIK, Fr., (1964) = DVORNIK, Fr., *Byzance et la primauté romaine,* Paris, 1964.

EUZENNAT, M., voir SESTON, W.

FEISSEL, D., (1998) = FEISSEL, D., *Vicaires et proconsuls d'Asie du IV*[e] *au VI*[e] *siècle,* dans *Antiquité tardive,* 6 (1998), p. 91-104.

FERGUSON, J., (1990) = FERGUSON, J., *Epicureanism under Roman Empire* dans ANRW II 36, 4 (1990), p. 2257-2327.

FESTUGIÈRE, A.-J., (1959) = FESTUGIÈRE, A.-J., *Antioche païenne et chrétienne. Libanius, Chrysostome et les moines de Syrie,* Paris, 1959.

FLUSIN, B., (1972) = FLUSIN, B., *L'essor du monachisme oriental,* voir MAYEUR. M.

FOLZ, R., (1972) = FOLZ, R.-GUILLOU, A., MUSSET, L., SOURDEL, D., *De l'Antiquité au monde médiéval,* Paris, 1972.

FREI-STOLBA, Regula, *Die Räter in den antiken Quellen,* dans *Schriftenreihe des Rätischen Museums Chur,* 28 (1984), p. 6-21.

FRIDH, A.J., *Terminologie et formules dans les* Variae *de Cassiodore. Études sur le développement du style administratif aux dernières siècles de l'Antiquité,* Stockholm, 1956.

FUSS, J.D., (1820) = FUSS, J.D., *J.D. Fuss ad Carolum Benedictum Hase epistola, in qua Joannis Laurentii Lydi de Magistratibus Reipublicae Romanae opusculi textus et versio emendantur, loci difficiliores emendantur,* Liège, 1820.

GERTH, B., voir *infra,* s.v. KUHNER, R.

GIARDINA, A., (1977) = GIARDINA, A., *Aspetti della burocrazia nel basso impero,* s.l., s.d. [Rome, 1977].

GIBBON, E., (1983) = GIBBON, E., *Histoire du déclin et de la chute de l'empire romain* I-II, Paris (trad. M.F. Guizot), " Bouquins ", 1983.

GLOTZ, G., (1928) = GLOTZ, G., *La cité grecque,* Paris, 1928.

GOULET, R., (1989), (1994), (2000), (2005), voir *DPha*

GRIMAL, P., (1963) = GRIMAL, P., *Dictionnaire de la mythologie grecque et romaine,* 3e éd., Paris, 1963.

GRUMEL, V., *Traité d'études byzantines,* I : *La chronologie,* Paris, 1958.

GUILLAND, R., (1951) = GUILLAND, R., *La Mésè ou Régia.* Ἡ Μέση, ἡ Ῥηγία, dans *Actes du VIe Congrès des Études Byzantines* (Paris, 1948), 2, 1951, p. 171-182

GUILLAND, R., (1954) = GUILLAND, R., *1. La Basilique, la Bibliothèque et l'Octogone,* dans *Mélanges d'Histoire Lit-*

téraire et de Bibliographie offerts à Jean Bonnerot, Paris, 1954, p. 97-107.

GUILLAND, R., (1957) = GUILLAND, R., *Le Palais du Kathisma.* Τὸ Παλάτιον τοῦ Καθίσματος, dans *Byzantinoslavica,* 18 (1957), p. 39-76 ;

GUILLAND, R., (1961) = GUILLAND, R., *Sur les itinéraires du* Livre des Cérémonies, dans Ἀθῆνα, 65 (1961), p. 74-100 ;

GUILLAND, R., (1962) = GUILLAND, R., *À propos du chapitre 69 du Livre I du* Livre des Cérémonies. *Les courses à Byzance,* dans *Byzantinoslavica,* 23 (1962), p. 203-226 ;

GUILLAND, R., (1966) = GUILLAND, R., *Études sur la topographie de Byzance. Les Thermes de Zeuxippe* Τὸ δημόσιον λουτρὸν Ζεύξιππον. Ὁ Ζεύξιππος dans *Jahrbuch der Österreichischen byzantinischen Gesellschaft,* 15 (1966), p. 261-271 ;

GUILLAND, R., (1967) = GUILLAND, R., *Silentiaire,* dans *Mélanges A.K.Orlandos,* IV, Athènes, 1967, p. 33 = GUILLAND, R., *Titres et fonctions de l'Empire byzantin,* Londres, 1976, n° XVII) ;

GUILLAND, R., (1969) = GUILLAND, R., *Études de topographie de Constantinople byzantine* I-II, Berlin-Amsterdam, 1969.

GUILLAND, R., (1976) = GUILLAND, R., *Titres et fonctions de l'Empire byzantin,* Londres, 1976.

GUILLOU, A., voir FOLZ, R.

GUTSFELD, A., (1998) = GUTSFELD, A., *Der Prätorianerpräfekt und der kaiserliche Hof im 4. Jahrhundert n. Chr.,* dans WINTERLING, A. (1998), p. 75-102.

HAGL, W., (1997) = HAGL, W., *Arcadius Apis Imperator. Synesius von Kyrene und sein Beitrag zum Herrscherideal der Spätantike,* Stuttgart, 1997.

HAMMOND, N.G.L., *Epirus : the geography, the Ancient Remains, the history and the topography of Epirus and adiacent areas,* Oxford, 1967.

HASLUCK, F.W., (1910) = HASLUCK, F.W., *Cyzicus,* Cambridge, 1910.

HAURY, J., (1937) = HAURY, J., *Prokop und der Kaiser Justinian,* dans *Byzantinische Zeitschrift,* 37 (1937), p. 1-9.

HERZOG, R.-SCHMIDT, P.L., (1993) = HERZOG, R.-SCHMIDT, P.L. (éd.), *Nouvelle histoire de la littérature latine 5 Restaura-*

tion et renouveau 284-374, Turnhout (trad. G.Nauroy), 1993.

HERZOG, R.-SCHMIDT, P.L., (2000) = HERZOG, R.-SCHMIDT, P.L. (éd.), *Nouvelle histoire de la littérature latine* 4 *L'âge de transition 117-284*, Turnhout (trad. française Fr.Heim), 2000.

HIRSCHFELD, O., (1913) = HIRSCHFELD, O., *Die agentes in rebus,* dans *Kleine Schriften,* Berlin, 1913.

HOHLWEIN, N., (1912) = HOHLWEIN, N., *L'Égypte romaine. Recueil des termes techniques relatifs aux institutions politiques et administratives de l'Égypte romaine suivi d'un choix de textes papyrologiques,* Paris-Louvain, 1912.

HOMO, L., (1933) = HOMO, L., *Le Haut-Empire,* Paris, 1933.

HUART, Cl., (1925) = HUART, Cl., *La Perse antique et la civilisation iranienne,* Paris, 1925.

HUBERT, H., (1932, 2) = HUBERT, H., *Les Celtes depuis l'époque de la Tène et la civilisation celtique,* Paris, 1974 (1932).

HUMBERT, J., *Syntaxe grecque,* 3e éd., Paris, 1960.

HUNGER, H., (1978) = HUNGER, H., *Die hochsprachliche profane Literatur der Byzantiner* I, Munich, 1978 (dans le *Handbuch* de H.Bengtson, XII, 5, 1).

HUXLEY, G.L., (1983) = HUXLEY, G.L., *John of Lydia on Zeuxippos and Charidemos,* dans *Philologus,* 127 (1983), p. 311-314.

JACQUES, Fr.-SCHEID, J., (1992) = JACQUES, Fr.-SCHEID, J., *Rome et l'intégration de l'empire 44 av. J.-C-260 ap. J.-C.* I *Les structures de l'empire romain,* 2e éd., Paris, 1992.

JANIN, R., (1950) = JANIN, R., *Constantinople byzantine. Développement urbain et répertoire topographique*, Paris, 1950.

JOUANNO, Corinne, (2002) = JOUANNO, Corinne, *Naissance et métamorphoses du oman d'Alexandre,* Paris, 2002.

KABIERSCH, J., (1960) = KABIERSCH, J., *Untersuchungen zum Begriff der Philanthropia bei dem Kaiser Julian,* Wiesbaden, 1960.

KAPLAN, M., (1992) = KAPLAN, M., *Les hommes et la terre à Byzance du VIe au XIe siècle,* Paris, 1992.

KARAYANNOPOULOS, I.E., (1971) = KARAYANNOPOULOS, I.E., περὶ τῆ βυζαντινῆς ἱστορίας, Thessalonique, 1971, nº 99, p 141.

KARAYANNOPULOS, J., (1958) = KARAYANNOPULOS, J., *Das Finanzwesen des frühbyzantinischen Staates,* Munich, 1958 (Südosteuropäische Arbeiten, 52).

KELLY, C., (2004) = KELLY, C., *Ruling the Later Roman Empire,* Cambridge (Mass.)-Londres, 2004.

KIENAST, D., (1990) = KIENAST, D., *Römische Kaisertabelle. Grundzüge einer römischen Kaiserchronologie,* 1990.

KLOTZ, A., art. *Lydos* 7 dans *R.-E.,* XIII, 2 (1927), coll. 2210-2217.

KOUKOULES, Ph., (1951) = KOUKOULES, Ph., Βυζαντινῶν βίος καὶ πολιτισμός I-IV, Athènes, 1951.

KRAUTHEIMER, R., (1999) = KRAUTHEIMER, R., *Rome, portrait d'une ville 312-1308,* Paris (trad. Françoise Monfrin), 1999.

KÜHNER, R.-GERTH, B., (1963) = KÜHNER, R.-GERTH, B., *Ausführliche Grammatik der griechischen Sprache* II *Satzlehre* I, Munich, 1963.

KUSSMAUL, P., *Pragmaticum und Lex. Formen spätrömischer Gesetzgebung 408-457,* Göttingen.

LAMBRECHTS, P., BOGAERT, P., *Nouvelles données sur l'histoire du christianisme à Pessinonte,* dans *Festschrift F. Altheim* I, Berlin, 1969, p. 552-564.

LANGE, K., (1954) = LANGE, K., *Sesostris. Ein ägyptischer König in Mythos, Geschicht und Kunst,* Munich, 1954.

LANIADO, Avshalom, (2002) = LANIADO, Avshalom, *Recherches sur les notables municipaux dans l'empire protobyzantin,* Paris, 2002.

LIEBESCHUETZ, J.H.W.G., (1972) = LIEBESCHUETZ, J.H.W.G., *Antioch. Civil and Imperial Administration in the Later Roman Empire,* Oxford, 1972.

LOT, F., (1927) = LOT, F., *La fin du monde antique et le début du Moyen-Age,* Paris, 1927 [1968].

Mc CORMICK, M., (1986) = Mc CORMICK, M., *Eternal Victory. Triumphal Rulership in Late Antiquity, Byzantium and the Early Medieval West,* Cambridge-Paris, 1986.

MASON, H.J., (1974) = MASON, H.J., *Greek Terms for Roman Institutions. A Lexicon and Analysis,* Toronto, 1974.

MAZAL, O., (1989) = MAZAL, O., *Handbuch der Byzantinistik,* Graz, 1989.

MEURANT, A. (2004) = MEURANT, A., *Quand coule trois fois le sang pour fonder Rome. Quelques réflexions à propos de* OROS., *Hist.*, II, 4, 2-3, dans DEPROOST, P.-Aug.-MEURANT, A. (2004), p. 95-123.

MEYER, E., *Die geschichtlichen Nachrichten über die Räter und ihre Wohnsitze,* dans *JSGU,* 55 (1970), p. 119-125.

MOMMSEN, Th., (1985, 1) = MOMMSEN, Th., *Histoire romaine.* I *Des commencements de Rome jusqu'aux guerres civiles,* Paris (trad. C.A. Alexandre), 1985.

MORAVCSIK, G., (1958) = MORAVCSIK, G., *Byzantinoturcica.* I *Die byzantinischen Quellen der Geschichte der Türkvölker,* 2e éd., Berlin, 1958.

MORGAN, J.D., MOROSI, R., (1977) = MORGAN, J.D., MOROSI, R., *L'*officium *del prefetto del pretorio nel VI secolo,* dans *Romanobarbarica,* 2 (1977), p. 103-148.

MORGAN, J.D., MOROSI, R., (1978) = MORGAN, J.D., MOROSI, R., Cancellarii *in Cassiodoro e in Giovanni Lido,* dans *Romanobarbarica,* 3 (1978), p. 127-157.

MOROSI, R., voir sous MORGAN, J.D.

MOURGUES, J.-L., (1998) = MOURGUES, J.-L., *Forme diplomatique et pratique institutionnelle des* Commentarii Augustorum, dans *La mémoire perdue. Recherches sur l'administration romaine,* (= *MEFR* 243), Paris-Rome, 1998, p. 123-197.

MUSSET, L., (1994) = MUSSET, L., *Les invasions : les vagues germaniques,* 3e éd., Paris, 1994.

NAUTIN, P., (1977) = NAUTIN, P., *Origène* I *Sa vie et son œuvre,* Paris, 1977.

NELLEN, D., *Viri litterati. Gebildetes Beamtentum und spätrömisches Reich im Westen zwischen 284 und 395 nach Christus,* Bochum, 1977.

O'MEARA, D.J., *Geometry and the Divine in Proclus,* dans T. KOETSIER-L. BERGMANS (éd.), *Mathematics and the Divine : a historical Study,* 2005, p. 135-145.

PATLAGEAN, Évelyne, (1977) = PATLAGEAN, Évelyne, *Pauvreté économique et pauvreté sociale à Byzance, 4e-7e siècles,* Paris, 1977.

PAVOLINI, C., (1986) = PAVOLINI, C., *La vita quotidiana a Ostia,* Rome-Bari, 1986.

PETIT, P., (1956) = PETIT, P., *Recherches sur la publication et la diffusion des discours de Libanios,* dans *Historia,* 5 (1956), p. 479-509.

PIGANIOL, A., (1947) = PIGANIOL, A., *Histoire romaine.* IV 2. *L'empire chrétien (325-395),* Paris, 1947.

PORENA, F., (2003) = PORENA, F., *Le origini della prefettura del pretorio tardoantico,* Rome, 2003.

PURPURA, G., (1979) = PURPURA, G., *Il " magister officiorum " e la " schola agentum in rebus "* , dans *Labeo,* 25 (1979), p. 202-208.

PURPURA, G., *Giovanni di Cappadocia e la sua composizione della commissione del primo codice di Giustiniano,* dans *Annali del Seminario Giuridico dell'Università di Palermo,* 36 (1976), p. 49-67.

RICHARDOT, Ph., (1998) = RICHARDOT, Ph., *La fin de l'armée romaine (284-476),* Paris, 1998.

ROBERT, L., *Villes d'Asie Mineure. Études de géographie ancienne,* 2e éd., Paris, 1962.

ROCHETTE, Br., (1997, 1) = ROCHETTE, Br., *Justinien et la langue latine. À propos d'un prétendu oracle rendu à Romulus d'après Jean le Lydien,* dans *Byzantinische Zeitschrift,* 90 (1997), p. 413-415.

ROQUES, D., (1989) = ROQUES, D., *Études sur la Correspondance de Synésios de Cyrène,* Bruxelles, 1989 (coll. Latomus, n° 205).

RUBIN, B., (1960) = RUBIN, B., *Das Zeitalter Justinians,* I, Berlin, 1960.

SARTRE, M., (1997) = SARTRE, M., *Le Haut-Empire romain. Les provinces de Méditerranée orientale d'Auguste aux Sévères,* Paris, 1997.

SCHAMP, J., (1987, 1) = SCHAMP, J., *Photios historien des lettres. La* Bibliothèque *et ses notices biographiques,* Liège-Paris, 1987, pp. 185-194.

SCHEID, J., voir *supra* JACQUES, Fr.

SCHMID, W., voir *supra* CHRIST.

SCHMIDT, P.T., voir *supra* HERZOG, R.

SCHNEIDER, J., (1999) = SCHNEIDER, J., *Les traités orthographiques grecs antiques et byzantins,* Turnhout, 1999 (Corpus Christianorum. Lingua Patrum III).

SCHÖNFELD, D., *Wörterbuch der altgermanischen Personen und Völkernamen,* Heidelberg, 1911.

SCHÜRER, E., (1985) = SCHÜRER, E., *Storia del popolo giudiaico al tempo di Gesù Cristo (175 a.C.-135 d.C.)* I, édition dirigée et revue par G.Vermes, F. Millar, M. Black avec la collaboration de Pamela Vermes, traduite par O. Soffritti, Brescia, 1985.

SCOTT, R.D., (1972) = SCOTT, R.D., *John Lydus on some procedural changes,* dans *Byzantina,* 4 (1972), p. 441-451.

SEECK, O., (1920) = SEECK, O., *Libanius gegen Lucianus,* dans *Rheinisches Museum,* 73 (1920), p. 84-101 ;

SEECK, O., *Regesten der Kaiser und Päpste für die Jahre 311 bis 476 n. Chr. : Vorarbeit zu einer Prosopographie der christlichen Kaiserzeit,* Francfort-sur-le Main, 1964.

SERGENT, B., (1995) = SERGENT, B., *Les Indo-Européens. Histoire, langues, mythes,* Paris, 1995.

SESTON, W. et EUZENNAT, M., (1971) = SESTON, W.-EUZENNAT, M., *Un dossier de la chancellerie romaine : la* Tabula Banasitana. *Étude de diplomatique,* dans *Comptes rendus de la l'Académie des Inscriptions,* Paris, 1971, p. 468-490.

SEVERYNS, A., (1928) = SEVERYNS, A., *Le cycle épique dans l'école d'Aristarque,* Paris, 1928.

SOPHOCLES, E.A., (1914) = SOPHOCLES, E.A., *Greek Lexicon of the Roman and Byzantine Periods (from B.C. 146 to A.D. 1100*), Cambridge-Londres, 1914.

STEIN, E., (1937) = STEIN, E., *Deux questeurs de Justinien et l'emploi des langues dans ses novelles,* dans *Annuaire de l'Institut de philologie et d'histoire orientales,* II (1933-1934). *Mélanges Bidez,* p. 869-872 repris dans E. STEIN, (1968), p. 359-384.

STEIN, E., (1968) = STEIN, E., *Opera minora selecta,* Amsterdam, 1968.

STEPHENSON, P., (2000) = STEPHENSON, P., *Byzantium's Balkan Frontier. A Political Study of the Northern Balkans, 900-1204,* Cambridge, 2000.

SWOBODA, H., voir *supra* BUSOLT, G.

TALBERT, R.J.A., (2000) = TALBERT, R.J.A. (éd.), *Barrington Atlas of the Greek and Roman World,* Princeton-Oxford, 2000 (contient un volume de cartes et deux de " Map-by-map ").

TATAKIS, B., *Panétius de Rhodes le fondateur du moyen stoïcisme, sa vie et son œuvre,* Paris, 1931.

VÄÄNÄNEN, V., (1981) = VÄÄNÄNEN, V., *Introduction au latin vulgaire,* 3e éd., Paris, 1981.

VASIS, S., (1908) = VASIS, S., Εἰς Ἰωάννου τοῦ Λυδοῦ τὸ περὶ ἀρχῶν τῆς Ῥωμαίων πολιτείας διορθωτικὰ καὶ ἑρμηνευτικά, dans Ἐπετηρὶς τοῦ Ἐθνικοῦ Πανεπιστημείου, 1907-1908, pp. 110-122.

VASIS, S., (1909, 1) = VASIS, S., Κριτικὸν ἐπίμετρον εἰς τὸ Περὶ ἀρχῶν τῆς Ῥωμαίων πολιτείας σύνταγμα Ἰωάννου Φιλαδελφέως τοῦ Λυδοῦ, dans Βυζαντίς, 30 (1909), p. 31-34.

VASIS, S., (1909, 2) = VASIS, S., Περὶ τοῦ Ἀττικοῦ ἢ Ῥαλλείου κώδικος τοῦ περὶ ἀρχῶν τῆς Ῥωμαίων πολιτείας συντάγματος Ἰωάννου τοῦ Λυδοῦ, Τεσσαρακ. Κόντου, Athènes, 1909, pp.36-66 (c.r. dans *BPhW,* 1911, pp. 569-576 Wünsch).

VASILIEV, A.A., (1950) = VASILIEV, A.A., *Justin the First. An Introduction to the Epoch of Justinian the Great,* Cambridge (Mass.), 1950.

WAELKENS, M., (1971) = WAELKENS, M., *Pessinonte et le Gallos,* dans *Byzantion,* 41 (1971), p. 349-373 = *Hommage au R.P.R.J. Loenertz* III.

WATHELET, P., (1988) = WATHELET, P., *Dictionnaire des Troyens de l'Iliade,* Liège, 1988.

WHITBY, M., (1988) = WHITBY, M., *The Emperor Maurice and his Historian. Theophylact Simocatta on Persian and Balkan Warfare,* Oxford, 1988.

WILLEMS, P., (1872) = WILLEMS, P., *Le droit public romain,* 2e éd.., Louvain-Paris-Bonn, 1872.

WINTERLING, Al., (1998) = WINTERLING, Al. (éd.), *Comitatus. Beiträge zur Erforschung des spätantiken Kaiserhofes,* Berlin, 1998.

WITTIG, K., (1910) = WITTIG, K., *Quaestiones Lydianae,* Königsberg, 1910.

ZACHARIÄ von LINGENTHAL, E., (1982) = ZACHARIÄ von LINGENTHAL, E., *Aus und zu den Quellen des römischen Rechts,* dans *Zeitschrift Savigny-Stiftung,* 12 (1982), p. 75-99.

IV. RESSOURCES INFORMATIQUES

PHI CD ROM # 5.3 by the Packard Humanities Institute. (1) Latin Texts (2) Bible Versions.

PHI CD ROM # 7 by the Packard Humanities Institute (Greek Documentary Texts). (1) Inscriptions (Cornell, Ohio State, et al.) (2) Papyri (Duke, U. of Michigan).

TLG Version E by the University of California, Irvine.

TLG® Digital Library by the University, Irvine.

APPENDICE

APPENDICE
Lydus latinizans

Hormis le livre des *Cérémonies,* le traité de Jean est l'œuvre grecque qui renferme le plus grand nombre de mots latins. L'influence du latin sur le grec, particulièrement au VIe s., à l'époque protobyzantine, formerait sans doute le sujet d'une étude intéressante, que nous suggérons à d'autres. On se contente ici d'en fournir les bases. Les mots donnés sous la forme qu'ils revêtent chez Jean sont ceux pour lesquels nous n'avons pas trouvé d'autre occurrence. Pour le reste, on a fait usage des dictionnaires courants, y compris le Du Cange. C'est d'eux que proviennent les formes placées entre parenthèses ou crochets droits.

I. MOTS EN CARACTÈRES LATINS

advocati III **8** 6.
aediles I **35** 1.
conscriptos I **16** 2.
decemviratum I T. **45**.
dominos I **6** 3.
facite III **12** 3.
fideicommissarios I **48** 5.
imperare I **4** 2.
nepos I **42** 3.
quaerere I **25** 2.
queror I **25** 7.
tutelarios I **48** 5.

II. EXPRESSIONS LATINES EN CARACTÈRES LATINS

III. TITRES LATINS EN CARACTÈRES LATINS

IV. EXPRESSIONS OU MOTS LATINS EN CARACTÈRES GRECS

Latinus	Graecus
ab actis	ἀβ ἄκτις
accendere	ἀκκένδερε
accensio	ἀκκηνσίων
accensus	ἀκκῆνσος
acipenser	ἀκιπήσιος
adiutor	ἀδιούτωρ
admissionalis	ἀμισσιωνάλιος
adorator	ἀδωράτωρ
adorea	ἀδωρέα
aedes	αἴδεις
alea	ἆλα
aluta	ἀλοῦτα
ancila	ἀγκίλα
ancilium	ἀγκίλιον
andabata	ἀνδαβάτης
annonae	ἀννῶναι
annoniacum	ἀννωνιακόν
antecessor	ἀντεκήνσωρ
a pigmentis	ἀ πιγμέντις
applicitarii	ἀπλικιτάριοι, ἀπλικτάριοι

aquipenser	ἀκυιπῆνσερ
arcuarii	ἀρκουάριοι
armatura	ἀρματοῦρα
armigeri	ἀρμιγέροι
armilligeri	ἀρμιλλιγέροι
arquites	ἀρκύτης
a sabanis	ἀσαβάνις
a secretis	ἀσηκρῆτις
atellana	ἀτελλάνη
atrum	ἄτρον
atrabatticae	ἀτραβαττικαί (ἀτραβατικαί)
Augustales	Αὐγουστάλιοι
auxiliaris	αὐξιλιάριος
ballistarius	βαλλιστάριος (βαλλιστράριος)
balteus	βάλτεος
barca	βάρκα
beneficialis	βενεφικιάλιος
brachiatus	βραχιᾶτος
bratteolatus	βραττεολᾶτος
bruta	βροῦτα
bucinator	βουκινάτωρ (βυκινάτωρ)
bulla	βοῦλλα
Calendae	Καλένδαι
caliculus	καλλίκλιον
campagium	καμπάγιον
campagus	κάμπαγος
campus	κάμπος
cancellarius	καγκελλάριος
cancellum	κάγκελλον
cancelli	κάγκελλοι
candidatus	κανδιδᾶτος
capere	κάπερε
capitulum	καπίτουλον
capitum	κάπιτον (κάπητον)
cartalamum	καρτάλαμον (καρταλάμιον)
cartamera	καρταμέρα
casses	κάσσης
castra	κάστρα
celamina	κηλάμινα

celer	κέλερ
celeres	κελέριοι
celibana	κηλίβανα
celox	κέλωξ (κέλοξ)
censor	κήνσωρ
censuales	κηνσουάλης (κηνσούαλιος)
censualia	κηνσουάλια
censura	κηνσοῦρα
census	κῆνσος
centenarius	κεντηνάριος
centurio	κεντ(ο)υρίων
chartularius	χαρτουλάριος
circitor	κιρκίτωρ (κηρκήτωρ)
classicus	κλασσικός
clavicularius	κλαβικουλάριος
clibanarius	κλιβανάριος
clientes	κλιέντης
clipeatus	κλιπεᾶτος
clipeum	κλίπεον
codicillus	κωδίκιλλος
cohortalis	κοορτάλιος
cohortes	κοόρτης (κοόρτις)
colientes	κολιέντης
collegium	κολλήγιον
comes	κόμης, κόμις
comitatensis	κομιτατήσιος
comitatus	κομιτᾶτος
comitianus	κομιτιανός
commenta	κομμέντα
commentariensis	κομμενταρήσιος (κομενταρήσιος)
completio	κομπλητίων (κομπλατίων)
condere	κόνδερε
conscriptus	κόνσκριπτος
consecratio	κωνσεκρατίων
consilium	κονσίλιον
consul	κόνσουλ
cornicines	κορνίκινες
cornicularius	κορνικουλάριος
cornucopium	κορνουκόπιον
cottidianus	κοττιδιανός
crepidata	κρηπιδᾶτα

cura epistularum	κοῦρα ἐπιστουλάρουμ
curia	κουρία
curio	κουριών
curiosus	κουριῶσος
cursor	κούρσωρ
cuspator	κουσπάτωρ
cuspus	κούσπους
custodes	κουστώδης
decemprimus	δεκέμπριμος
deputatum	δηπουτᾶτον
deputatus	δηπουτᾶτος
dictator	δικτάτωρ
dictatura	δικτατοῦρα (δικτατωρία)
dominatio	δομινατίων
draconarius	δρακωνάριος
ducenarius	δουκηνάριος
exceptarii	ἐκσκεπτάριοι
excubitor	ἐκσκουβίτωρ
expediti	ἐξπεδῖτοι
fabrica	φάβρικα (φαβρικόν, φάβριξ, φαυρική)
fames	φάμης
famosum	φαμῶσον [φάμο(υ)σον, φάμωσσον]
famulus	φάμουλος
ferentarii	φερεντάριοι
fibula	φίβουλα (φίβλα)
fideicommissarius	φιδεϊκομμισσάριος
flammula	φλάμμουλα (φλάμουλον)
flammularius	φλαμμουλάριος (φλαμουλάριος)
frumentarius	φρουμεντάριος
funditores	φουνδίτωρες
garbula, garbulum	γάρβουλον
gemmatus	γεμμᾶτος
gleba	γλῆβα (γλέβα)
glubare	γλοβᾶρε
hastatus	ἀστᾶτος (ἅστατος)

illustris	ἰλλούστριος
imaginiferi	ἰμαγινιφέροι
imperator	ἰμπεράτωρ
instrumentarius	ἰνστρουμεντάριος
instrumentum	ἰνστρούμεντον
juba	ἰοῦβα
lanciarius	λαγκιάριος
lanciolatus	λαγκιολᾶτος
largitio	λαργιτίων
laticlavius	λατικλάβιος
legatus	ληγᾶτος (ληγάτος)
legio	λεγεών, λεγιών
liburna	λίβυρνα (λιβυρνίς)
limbus	λιμβός
litigator	λιτιγάτωρ
lorum	λῶρος
magister	μάγιστρος (μαγίστρος)
magisterium	μαγιστέριον (μαγιστόριον)
magistrianus	μαγιστριανός
manceps	μάγκιψ
manica	μάνικα (μανίκια, τὰ)
manipulus	μάνιπλος
manumissa	μανούμισσα
matrix	μάτριξ
matricularius	ματρικουλάριος
memoriales	μεμοριάλιοι
mensor	μήνσωρ
metator	μητάτωρ
metatoricus	μητατωρικός (μητατορικός)
munerarius	μουνεράριος
nenia	νηνία
nepa	νέπα
nepeta	νέπετα (νέπιτα, νέπετος)
nepos	νέπως (νέπους)
nocturnus	νοκτοῦρνος
nomenculator	νωμενκο(υ)λάτωρ (νωμενκλάτωρ)
nova	νόβα

ocreatus	ὀκρεᾶτος
officia	ὀφφίκια
optio	ὀπτίων
ordinarius	ὀρδινάριος
paenula	φαινόλης
palatium	παλάτιον
palliata	παλλιᾶτα
paludamentum	παλουδάμεντον
paratura	παρατοῦρα
parentes	παρέντης
parma	πάρμα (πάρμη)
parricidas	παρρικίδας
parricidium	παρρικίδιον
patres	πάτρης
patricius	πατρίκιος
patrimonius	πατριμώνιος
pecunia	πεκουνία
pedaneus	πεδάνεος
pedum	πεδῶν
peregrinus	περεγρῖνος
per se	περ ση
persicium	περσίκιον
personalius	περσωνάλιος (περσονάλιος)
pilarii	πιλάριοι
planipedaria	πλανιπεδάρια
pontifex	ποντίφεξ
praeco	πραίκων
praefectus	πραίφεκτος
praetextata	πραιτεξτᾶτα
praetor	πραίτωρ
praetorianus	πραιτωριανός
praetorium	πραιτώριον
praetorius	πραιτώριος
prima	πρῖμα
primiscrinius	πριμισκρίνιος
primosagittarius	πριμοσαγιττάριος
primoscutarii	πριμοσκουτάριοι
princeps	πρίγκ(ε)ιψ
privatus	πριουᾶτος (πριβᾶτος)
probare	προβᾶρε

probatoria	προβατωρία
promotae	προμῶται
protector	προτίκτωρ
protribunalia	προτριβουνάλια
quaesitor	κυαισίτωρ
quaestio	κυαιστίων
quaestionarius	κυαιστιωνάριος
quaestor	κυαίστωρ
quaestus	κυαίστους
querela	κυερῆλα
querimonia	κυεριμωνία
rationales	ῥατιωνάλιοι (ῥατιονάλιοι)
rationes	ῥατίωνες
recensum	ῥέκηνσον
recollatum	ῥεκολλᾶτον
regendarius	ῥεγενδάριος
regesta	ῥέγεστα
regius	ῥήγιος
relevatum	ῥελεβᾶτον
res gestas	ῥῆς γέστας
rex	ῥήξ
sacrae	σάκραι (ἡ σάκρα)
sagittarius	σαγιττάριος (σαγιττάρις)
samiarius	σαμιάριος
sarcina	σάρκινα (σάρκινον)
sarcinariae	σαρκιναρίαι
scriba	σκρίβα (σκρείβας)
scriniarius	σκρινιάριος
scrinium	σκρίνιον
scutatus	σκουτᾶτος
scutlatus	σκουτλᾶτος (σκουτουλᾶτος)
scutum	σκοῦτον
secretarius	σηκρητάριος
secretum	σήκρητον
segmenta	σηγμέντα
sella	σέλλα
sellium	σελλίον
sementa	σημέντα

semissalia	σημισσάλια
senatus	σενᾶτοι
Senatus	Σενᾶτος (Σενᾶτον, τὸ)
servus	σέρβος
sica	σῖκα
sicarius	σικάριος
sicata	σικᾶτα
signifer	σιγνηφέρος (σιγνοφόρος)
silentium	σιλέντιον
silentiarii	σιλεντιάριοι
singularius	σιγγουλάριος (σιγγλάριος)
solidus	σόλιδος
solium	σόλιδος
sportula	σπόρτουλα (σπόρτουλον)
stabulum	στάβλον
subadiuva	σουβαδιούβας
suggestio	σουγγεστίων
suffragium	σουφφράγιον
tabernarius	ταβερνάριος
tablia	ταβλία (ταβλίον)
tegere	τέγερε
temporales	τεμποράλιαι
tesserarius	τεσσεράριος
tiro	τείρων, τίρων
titulus	τίτλος, τίτουλος
toga	τόγα
togatus	τογᾶτος
torquatus	τορκουᾶτος
trabea	τραβαία
tribunus	τριβοῦνος (τρίβουνος)
tribus	τρίβους
triumphalia	τριουμφάλια
tubicines	τουβίκινες (τουβάτωρ)
tubulamenta	τουβουλάμεντα
tufa	τοῦφα
turma	τοῦρμα
turmalis	τουρμάλιος
turmarii	τουρμάριοι
tutelarius	τουτηλάριος

urbanus	οὐρβανός
vaginarii	βαγινάριοι
veredus	βέραιδος [βέρεδον (τὸ), βέρεδος]
vernaculus	βέρνακλος
verutarii	βερουτάριοι
veteranus	βετερανός [οὐετ(ε)ρανός,
βετρανός]	
vexillarius	βηξιλλάριος
vexillatio	βηξιλλατίων (βιξιλλ-, οὐηξελλ-)
vexillum	βήξιλλον
vindex	βίνδιξ
vinearii	βινεάριοι

V. COMPOSÉS MIXTES

αὐρίγαμμος
βοηθοῦρα
διαιτάριοι
ἐξοδιάριος
ἐπισηκρητεύω
κομπλεύσιμα
τογατηφόρος
τουρμάρχης
τρακτευτής
τρακτεύω

VI. MOTS FORGÉS

ἀντιδικτάτωρ

INDEX NOMINVM

INDEX VARIORVM POTIORVM

TABLE DES MATIÈRES

TOME II

COLLECTION DES UNIVERSITÉS DE FRANCE

OUVRAGES PARUS

Série grecque

dirigée par Jacques Jouanna
de l'Institut
professeur émérite à l'Université de Paris Sorbonne

Règles et recommandations pour les éditions critiques (grec). (1 vol.).

ACHILLE TATIUS.
Le Roman de Leucippé et Clitophon. (1 vol.).

AELIUS ARISTIDE (Pseudo-)
Arts rhétoriques. (2 vol.).

AELIUS THÉON.
Progymnasmata. (1 vol.).

ALCÉE.
Fragments. (2 vol.).

LES ALCHIMISTES GRECS.
(3 vol. parus).

ALCINOOS.
Les doctrines de Platon. (1 vol.).

ALEXANDRE D'APHRODISE.
Traité du destin. (1 vol.).

ANDOCIDE.
Discours. (1 vol.).

ANONYME DE SÉGUIER.
Art du discours politique (1 vol.).

ANTHOLOGIE GRECQUE.
(12 vol. parus).

ANTIGONE DE CARYSTE.
Fragments. (1 vol.).

ANTIPHON.
Discours. (1 vol.).

ANTONINUS LIBERALIS.
Métamorphoses. (1 vol.).

APOLLONIOS DE RHODES.
Argonautiques. (3 vol.).

APPIEN.
Histoire romaine. (4 vol. parus).

APSINÈS.
Art rhétorique. (1 vol.).

ARATOS.
Phénomènes. (2 vol.).

ARCHILOQUE.
Fragments. (1 vol.).

ARCHIMÈDE. (4 vol.).

ARGONAUTIQUES ORPHIQUES. (1 vol.).

ARISTÉNÈTE. (1 vol.).

ARISTOPHANE. (5 vol.).

ARISTOTE.
De l'âme. (1 vol.).
Catégories. (1 vol.).
Constitution d'Athènes. (1 vol.).
Du ciel. (1 vol.).
Économique. (1 vol.).
Génération des animaux. (1 vol.).
De la génération et la corruption. Nlle éd. (1 vol.).
Histoire des animaux. (3 vol.).

Marche des animaux - Mouvement des animaux. (1 vol.).
Météorologiques. (2 vol.).
Parties des animaux. (1 vol.).
Petits traités d'histoire naturelle. (1 vol.).
Physique. (2 vol.).
Poétique. (1 vol.).
Politique. (5 vol.).
Problèmes. (3 vol.).
Rhétorique. (3 vol.).
Topiques. (1 vol. paru).

ARISTOTE (Pseudo-).
Rhétorique à Alexandre. (1 vol.).

ARRIEN.
L'Inde. (1 vol.).
Périple du Pont-Euxin. (1 vol.).

ASCLÉPIODOTE.
Traité de tactique. (1 vol.).

ATHÉNÉE.
Les Deipnosophistes. (1 vol. paru).

ATTICUS.
Fragments. (1 vol.).

AUTOLYCOS DE PITANE.
Levers et couchers héliaques. - La sphère en mouvement. - Testimonia. (1 vol.).

BACCHYLIDE.
Dithyrambes. Epinicies. Fragments. (1 vol.).

BASILE (Saint).
Aux jeunes gens. Sur la manière de tirer profit des lettres helléniques. (1 vol.).
Correspondance. (3 vol.).

BUCOLIQUES GRECS.
Théocrite. (1 vol.).
Pseudo-Théocrite, Moschos, Bion. (1 vol.).

CALLIMAQUE.
Hymnes. - Épigrammes. - Fragments choisis. (1 vol.).

LES CATOPTRICIENS GRECS.
Les miroirs ardents (1 vol. paru).

CHARITON.
Le roman de Chaireas et Callirhoé. (1 vol.).

COLLOUTHOS.
L'enlèvement d'Hélène. (1 vol.).

CTÉSIAS DE CNIDE.
La Perse. L'Inde. Autres fragments. (1 vol.).

DAMASCIUS.
Traité des premiers principes. (3 vol.).
Commentaire du Parménide de Platon. (4 vol.).

DÉMÉTRIOS.
Du Style. (1 vol.).

DÉMOSTHÈNE.
Œuvres complètes. (13 vol.).

DENYS D'HALICARNASSE.
Opuscules rhétoriques. (5 vol.).
Antiquités romaines. (2 vol. parus).

DINARQUE.
Discours. (1 vol.).

DIODORE DE SICILE.
Bibliothèque historique. (10 vol. parus).

DION CASSIUS.
Histoire romaine. (3 vol. parus).

DIOPHANTE.
Arithmétique. (2 vol. parus).

DU SUBLIME. (1 vol.).

ÉNÉE LE TACTICIEN.
Poliorcétique. (1 vol.).

ÉPICTÈTE.
Entretiens. (4 vol.).

ESCHINE.
Discours. (2 vol.).

ESCHYLE.
Tragédies. (2 vol.).

ÉSOPE.
Fables. (1 vol.).
EURIPIDE.
Tragédies (12 vol.).
FAVORINOS D'ARLES.
Œuvres (1 vol. paru).
GALIEN. (2 vol. parus).
GÉOGRAPHES GRECS.
(1 vol. paru).
GÉMINOS.
Introduction aux phénomènes. (1 vol.).
GRÉGOIRE DE NAZIANZE (le Théologien) (Saint).
Correspondance. (2 vol.).
Poèmes. (1 vol. paru).
HÉLIODORE.
Les Éthiopiques. (3 vol.).
HÉRACLITE.
Allégories d'Homère. (1 vol.).
HERMÈS TRISMÉGISTE. (4 vol.).
HÉRODOTE.
Histoires. (11 vol.).
HÉRONDAS.
Mimes. (1 vol.).
HÉSIODE.
Théogonie. - Les Travaux et les Jours. - Bouclier. (1 vol.).
HIPPOCRATE. (11 vol. parus).
HOMÈRE.
L'Iliade. (4 vol.).
L'Odyssée. (3 vol.).
Hymnes. (1 vol.).
HYPÉRIDE.
Discours. (1 vol.).
ISÉE.
Discours. (1 vol.).
ISOCRATE.
Discours. (4 vol.).
JAMBLIQUE.
Les mystères d'Égypte. (1 vol.).
Protreptique. (1 vol.).
JEAN LE LYDIEN.
Des magistratures de l'État romain. (2 vol. parus).
JOSÈPHE (Flavius).
Autobiographie. (1 vol.).
Contre Apion. (1 vol.).
Guerre des Juifs. (3 vol. parus).
JULIEN (L'empereur).
Lettres. (2 vol.).
Discours. (2 vol.).
LAPIDAIRES GRECS.
Lapidaire orphique. - Kerygmes lapidaires d'Orphée. - Socrate et Denys. - Lapidaire nautique. - Damigéron. - Evax. (1 vol.).
LIBANIOS.
Discours. (2 vol. parus).
LONGIN. RUFUS.
Fragments. Art rhétorique. (1 vol.).
LONGUS.
Pastorales. (1 vol.).
LUCIEN. (3 vol. parus).
LYCURGUE.
Contre Léocrate. (1 vol.).
LYSIAS.
Discours. (2 vol.).
MARC-AURÈLE.
Écrits pour lui-même. (1 vol. paru).
MARINUS.
Proclus ou sur le bonheur. (1 vol.).
MÉNANDRE. (3 vol. parus).
MUSÉE.
Héro et Léandre. (1 vol.).
NICANDRE.
Œuvres. (1 vol. paru).
NONNOS DE PANOPOLIS.
Les Dionysiaques. (19 vol.).

NUMÉNIUS. (1 vol.).

ORACLES CHALDAIQUES. (1 vol.).

PAUSANIAS.
Description de la Grèce. (6 vol. parus).

PHOCYLIDE (Pseudo-). (1 vol.).

PHOTIUS.
Bibliothèque. (9 vol.).

PINDARE.
Œuvres complètes. (4 vol.).

PLATON.
Œuvres complètes. (26 vol.).

PLOTIN.
Ennéades. (7 vol.).

PLUTARQUE.
Œuvres morales. (20 vol. parus).
Vies parallèles. (16 vol.).

POLYBE.
Histoires. (12 vol. parus).

PORPHYRE.
De l'Abstinence. (3 vol.).
Vie de Pythagore. - Lettre à Marcella. (1 vol.).

PROCLUS.
Commentaires de Platon. - Alcibiade. (2 vol.).
Théologie platonicienne. (6 vol.).
Trois études. (3 vol.).

PROLÉGOMÈNES À LA PHILOSOPHIE DE PLATON. (1 vol.).

QUINTUS DE SMYRNE.
La Suite d'Homère. (3 vol.).

SALOUSTIOS.
Des Dieux et du Monde. (1 vol.).

SAPHO-ALCÉE.
Fragments. (1 vol.).

SCYMNOS (Pseudo-)
voir GÉOGRAPHES GRECS.

SIMPLICIUS
Commentaire du Manuel d'Épictète (1 vol. paru).

SOPHOCLE.
Tragédies. (3 vol.).

SORANOS D'ÉPHÈSE.
Maladies des femmes. (4 vol.).

STRABON.
Géographie. (10 vol. parus).

SYNÉSIOS DE CYRÈNE.
Hymnes (1 vol.).
Lettres (2 vol.).
Opuscules (1 vol. paru).

THÉOGNIS.
Poèmes élégiaques. (1 vol.).

THÉOPHRASTE.
Caractères. (1. vol.).
Métaphysique. (1 vol.).
Recherches sur les plantes. (5 vol.).

THUCYDIDE.
Histoire de la guerre du Péloponnèse. (6 vol.).

TRIPHIODORE.
La Prise de Troie. (1 vol.).

XÉNOPHON.
Anabase. (2 vol.).
L' Art de la Chasse. (1 vol.).
L'Art équestre. (1 vol.).
Banquet. - Apologie de Socrate. (1 vol.).
Le Commandant de la Cavalerie. (1. vol.).
Cyropédie. (3 vol.).
Économique. (1 vol.).
Helléniques. (2 vol.).
Mémorables (1 vol. paru).

XÉNOPHON D'ÉPHÈSE.
Ephésiaques ou Le Roman d'Habrocomès et d'Anthia. (1 vol.).

ZOSIME.
Histoire nouvelle. (5 vol.).
Tome I. Nlle éd. (1 vol.).

Série latine

dirigée par Jean-Louis Ferrary
de l'Institut
directeur d'études à l'École Pratique des Hautes Études (IVe section)

Règles et recommandations pour les éditions critiques (latin). (1 vol.).

ACCIUS.
Œuvres. Fragments. (1 vol.).

AMBROISE (Saint).
Les devoirs. (2 vol.).

AMMIEN MARCELLIN.
Histoires. (7 vol.).

L. AMPÉLIUS.
Aide-mémoire. (1 vol.).

L'ANNALISTIQUE ROMAINE.
(3 vol. parus).

APICIUS.
Art culinaire. (1 vol.).

APULÉE.
Apologie. - Florides. (1 vol.).
Métamorphoses. (3 vol.).
Opuscules philosophiques. - Fragments. (1 vol.).

ARNOBE.
Contre les Gentils. (1 vol. paru)

LES ARPENTEURS ROMAINS.
(1 vol. paru)

AUGUSTIN (Saint).
Confessions. (2 vol.).

AULU-GELLE.
Nuits attiques. (4 vol.).

AURÉLIUS VICTOR.
Livre des Césars. (1 vol.).
Abrégé des Césars. (1 vol.).

AVIANUS.
Fables. (1 vol.).

AVIENUS.
Aratea. (1 vol.).

BOÈCE.
Institution arithmétique. (1 vol.).

CALPURNIUS SICULUS.
Bucoliques.

CALPURNIUS SICULUS (Pseudo).
Éloge de Pison. (1 vol.).

CASSIUS FELIX.
De la médecine. (1 vol.).

CATON.
De l'Agriculture. (1 vol.).
Les Origines. (1 vol.).

CATULLE.
Poésies. (1 vol.).

CELSE.
De la médecine. (1 vol. paru).

CÉSAR.
Guerre civile. (2 vol.).
Guerre des Gaules. (2 vol.).

CÉSAR (Pseudo-).
Guerre d'Afrique. (1 vol.).
Guerre d'Alexandrie. (1 vol.).
Guerre d'Espagne. (1 vol.).

CETIUS FAVENTINUS.
Abrégé d'architecture privée. (1 vol.).

CICÉRON.
L'Amitié. (1 vol.).
Aratea. (1 vol.).
Brutus. (1 vol.).
Caton l'ancien. De la vieillesse. (1 vol.).
Correspondance. (11 vol.).
De l'invention (1 vol.).
De l'orateur. (3 vol.).
Des termes extrêmes des Biens et des Maux. (2 vol.).

Discours. (22 vol.).
Divisions de l'Art oratoire. - Topiques. (1 vol.).
Les Devoirs. (2 vol.).
L'Orateur. (1 vol.).
Les Paradoxes des Stoïciens. (1 vol.).
De la République. (2 vol.).
Traité des Lois (1 vol.).
Traité du Destin. (1 vol.).
Tusculanes. (2 vol.).

CLAUDIEN.
Œuvres. (3 vol. parus).

COLUMELLE.
L'Agriculture, (4 vol. parus).
Les Arbres. (1 vol.).

COMŒDIA TOGATA.
Fragments. (1 vol.).

CORIPPE.
Éloge de l'Empereur Justin II. (1 vol.).

CORNÉLIUS NÉPOS.
Œuvres. (1 vol.).

CYPRIEN (Saint).
Correspondance. (2 vol.).

DOSITHÉE.
Grammaire latine. (1 vol.).

DRACONTIUS.
Œuvres. (4 vol.).

ÉLOGE FUNÈBRE D'UNE MATRONE ROMAINE. (1 vol.).

ENNODE DE PAVIE.
Lettres. (1 vol. paru).

L'ETNA. (1 vol.).

EUTROPE.
Abrégé d'Histoire romaine. (1 vol.).

FESTUS.
Abrégé des hauts faits du peuple romain. (1 vol.).

FIRMICUS MATERNUS.
L'Erreur des religions paiennes. (1 vol.).
Mathesis. (3 vol.).

FLORUS.
Œuvres. (2 vol.).

FORTUNAT (Venance). (4 vol.).

FRONTIN.
Les aqueducs de la ville de Rome. (1 vol.).

GAIUS.
Institutes. (1 vol.).

GARGILIUS MARTIALIS
Les remèdes tirés des légumes et des fruits. (1 vol.)

GERMANICUS.
Les phénomènes d'Aratos. (1 vol.).

HISTOIRE AUGUSTE.
(5 vol. parus).

HORACE.
Epitres. (1 vol.).
Odes et Epodes. (1 vol.).
Satires. (1 vol.).

HYGIN.
L'Astronomie. (1 vol.).

HYGIN (Pseudo-).
Des Fortifications du camp. (1 vol.).

JÉRÔME (Saint).
Correspondance. (8 vol.).

JUVÉNAL.
Satires. (1 vol.).

LUCAIN.
Pharsale. (2 vol.).

LUCILIUS.
Satires. (3 vol.).

LUCRÈCE.
De la Nature. (2 vol.).

MACROBE.
Commentaire au songe de Scipion. (2 vol.).

MARTIAL.
Épigrammes. (3 vol.).

MARTIANUS CAPELLA.
Les Noces de philologie et Mercure. (1 vol. paru).

MINUCIUS FÉLIX.
Octavius. (1 vol.).

PREMIER MYTHOGRAPHE DU VATICAN. (1 vol.).

NÉMÉSIEN.
Œuvres. (1 vol.).

OROSE.
Histoires (Contre les Païens). (3 vol.).

OVIDE.
Les Amours. (1 vol.).
L'Art d'aimer. (1 vol.).
Contre Ibis. (1 vol.).
Les Fastes. (2 vol.).
Halieutiques. (1 vol.).
Héroïdes. (1 vol.).
Métamorphoses. (3 vol.).
Pontiques. (1 vol.).
Les Remèdes à l'Amour. (1 vol.).
Tristes. (1 vol.).

PALLADIUS.
Traité d'agriculture. (1 vol. paru).

PANÉGYRIQUES LATINS. (3 vol.).

PERSE.
Satires. (1 vol.).

PÉTRONE.
Le Satiricon. (1 vol.).

PHÈDRE.
Fables. (1 vol.).

PHYSIOGNOMONIE (Traité de). (1 vol.).

PLAUTE.
Théâtre complet. (7 vol.).

PLINE L'ANCIEN.
Histoire naturelle. (36 vol. parus).

PLINE LE JEUNE.
Lettres. (4 vol.).

POMPONIUS MELA.
Chorographie. (1 vol.)

PROPERCE.
Élégies. Nlle éd. (1 vol.).

PRUDENCE. (4 vol.).

QUÉROLUS. (1 vol.).

QUINTE-CURCE.
Histoires. (2 vol.)

QUINTILIEN.
Institution oratoire. (7 vol.)

RHÉTORIQUE À HÉRENNIUS. (1 vol.).

RUTILIUS NAMATIANUS.
Sur son retour. (1 vol.).

SALLUSTE.
Conjuration de Catilina. Guerre de Jugurtha. Fragments des Histoires. (1 vol.).

SALLUSTE (Pseudo-).
Lettres à César. Invectives. (1 vol.).

SÉNÈQUE.
Apocoloquintose du divin Claude. (1 vol.).
Des Bienfaits. (2 vol.).
De la Clémence. (Nlle éd. 1 vol.).
Dialogues. (4 vol.).
Lettres à Lucilius. (5 vol.).
Questions naturelles. (2 vol.).
Théâtre. Nlle éd. (3 vol.).

SIDOINE APOLLINAIRE. (3 vol.).

SILIUS ITALICUS.
La Guerre punique. (4 vol.).

STACE.
Achilléide. (1 vol.).

Les Silves. (2 vol.).
Thébaïde. (3 vol.).

SUÉTONE.
Vie des douze Césars. (3 vol.).
Grammairiens et rhéteurs. (1 vol.).

SYMMAQUE.
Lettres. (4 vol.).

TACITE.
Annales. (4 vol.).
Dialogue des Orateurs. (1 vol.).
La Germanie. (1 vol.).
Histoires. (3 vol.).
Vie d'Agricola. (1 vol.).

TÉRENCE.
Comédies. (3 vol.).

TERTULLIEN.
Apologétique. (1 vol.).

TIBULLE.
Élégies. (1 vol.).

TITE-LIVE.
Histoire romaine. (30 vol. parus).

VALÈRE MAXIME.
Faits et dits mémorables. (2 vol.).

VALERIUS FLACCUS.
Argonautiques. (2 vol.).

VARRON.
Économie rurale. (3 vol.).
La Langue latine. (1 vol. paru).

LA VEILLÉE DE VÉNUS
(Pervigilium Veneris). (1. vol.).

VELLEIUS PATERCULUS.
Histoire romaine. (2 vol.).

VICTOR DE VITA.
Histoire de la persécution vandale en Afrique. – La passion des sept martyrs. – Registre des provinces et des cités d' Afrique. (1 vol.).

VIRGILE.
Bucoliques. (1 vol.).
Énéide. (3 vol.).
Géorgiques. (1 vol.).

VITRUVE.
De l' Architecture. (9 vol. parus)

Catalogue détaillé sur demande

Ce volume,
le quatre cent cinquante deuxième
de la série grecque
de la Collection des Universités de France,
publié aux Éditions Les Belles Lettres,
a été achevé d'imprimer
en novembre 2006
dans les ateliers
de l'imprimerie Peeters s. a.
à Louvain, B-3000

N° d'édition : 6517.
Dépôt légal : novembre 2006.

Imprimé en Belgique